国家哲学社会科学成果文库

NATIONAL ACHIEVEMENTS LIBRARY
OF PHILOSOPHY AND SOCIAL SCIENCES

公羊学发展史

黄开国 著

人民出版社

黄开国 汉族，1952年生，四川大英人。现为四川师范大学教授。1976年毕业于四川大学哲学系。先后在四川省社科院、杭州师范大学从事中国哲学史研究与教学，任助理研究员、研究员、教授，1999年享受国务院特殊津贴。出版专著《廖平评传》《诸子百家兴起的前奏》《巴蜀哲学史稿》《经学管窥》、《儒家人性与伦理新论》、《儒学与经学探微》等20余部，主编《经学辞典》、《诸子百家大辞典》等。在《中国社会科学》《哲学研究》《中国史研究》《近代史研究》、《孔孟学报》（台湾）等海内外80家学术刊物上发表论文200余篇，其中被《新华文摘》等全文转载30余篇，获省政府以上相关奖励12次，独立承担国家课题与省部级重点课题多项。

《国家哲学社会科学成果文库》
出版说明

为充分发挥哲学社会科学研究优秀成果和优秀人才的示范带动作用，促进我国哲学社会科学繁荣发展，全国哲学社会科学规划领导小组决定自 2010 年始，设立《国家哲学社会科学成果文库》，每年评审一次。入选成果经过了同行专家严格评审，代表当前相关领域学术研究的前沿水平，体现我国哲学社会科学界的学术创造力，按照"统一标识、统一封面、统一版式、统一标准"的总体要求组织出版。

全国哲学社会科学规划办公室
2011 年 3 月

目　　录

CONTENTS

前　言

　　春秋公羊学是以训解《春秋公羊传》① 而形成的经学学派，是经学中与政治联系最为紧密的一门学说。它在中国经学史上具有极其重要的地位：既是封建中央集权制形成的重要理论依据，也是瓦解君主专制的理论形式；不仅在经学统治地位的确立中起到了重大作用，而且是经学终结的直接体现。

　　但对春秋公羊学史的总体性研究，学术界基本上没有展开。其断代史的研究，仅有陈其泰先生的《清代公羊学》，另有美国学者艾尔曼及中国港台学者在内有关人物个案的相关论著，其中虽然有不少值得关注的成果，但都未能从整体上把握住春秋公羊学史的发展逻辑，而存在诸多的不足。有的因缺乏历史的辩证分析，而作出不适当的简单肯定或否定；有的没有把握住春秋公羊学与其他经学派别相区分的特点，论说常常不够准确，甚至还出现误说。至于根据不同时期、人物的具体情况，知人论世，作出有区别的深入研究，揭示各自的理论特点与独特的时代内容，更是做得很不够。这与春秋公羊学在中国经学史、文化史上的地位与影响极不相称。

　　本书从翔实的第一手资料出发，有选择地吸收前贤尤其是当今学者的研究成果，以春秋公羊学的发展史为经，以春秋公羊学理论内涵为纬，经纬交织地剖析春秋公羊学理论的历史变化，以西汉还西汉，以东汉还东汉，以清

---

　　①　以下凡无特别说明，《春秋公羊》、《公羊春秋》、《公羊传》、《公羊》、《公》皆指《春秋公羊传》。

代还清代，以董仲舒还董仲舒，以何休还何休，以刘逢禄还刘逢禄，各归其位，力求准确地说明不同历史阶段所具有的独特内容，并公允地评价其理论得失。依据汉代以来的社会历史变化及其与社会政治、文化的相互作用，而出现的春秋公羊学的理论变化，可以将其两千年的发展史大致分为六个阶段：战国的形成阶段、西汉的兴盛阶段、东汉的成熟阶段、汉后至清中期的衰落阶段、清代的理论复兴阶段、晚清与近代的嬗变阶段。

形成阶段的春秋公羊学是儒家春秋学的一个学派，为《春秋》三传之学中的齐学，是为结束战国的战乱，企求实现中国一统的政治理论，其成果为《公羊传》。但《公羊传》绝非公羊氏一家之学，而是整个齐学的成果结晶，是战国儒家齐学学者的共同成果，它的准确命名应当如"齐诗"、"齐论语"一样，称之为"齐春秋"。此外，孟子、荀子等人的思想也对《公羊传》的形成有较大影响，《公羊传》还吸收某些鲁学学者的观念。绝不能因《公羊传》之名，便将其著作权仅归于公羊氏名下，否则，就会出现三百五十年中仅公羊氏家五传其学等无根之谈。

此时的春秋公羊学是以文王之正为内涵的大一统这一核心观念所构成的理论。所谓以文王为正的大一统，包含理想与现实两个方面的内容：一方面文王之正是一种理想，是《公羊传》树立的一种尺度、描绘的一幅蓝图。由对文王之正大一统的理想追求，形成了春秋公羊学大一统的大同盛世的社会蓝图；以文王之正的大一统来说明社会的发展，则形成了春秋公羊学的历史发展观；为给文王之正制造终极的理论根据，又必然诱发出春秋公羊学的哲学思想。这一方面是随着春秋公羊学的发展而逐步完成的，在《公羊传》中还仅仅是其雏形。另一方面是运用这一尺度来判定现实，而引发对现实问题的关切，对各种不合文王之正的社会现实进行批判，这是《公羊传》的现实性所在。这一关注现实的精神、批判的精神，不仅通过《公羊传》的讥、贬、绝突出地体现出来，也是春秋公羊学的活力与生命力所在。其后春秋公羊学的发展，只要是凸显了这一精神的时期，往往是春秋公羊学最为活跃，也是最有建树的时期。西汉与晚清的春秋公羊之所以成为有影响力的社会思潮，最根本的原因就在于其对现实的关注与批判。《公羊传》提出的三世异辞、内外异辞等说，则成为后来春秋公羊学发展的基本理论内容；《公羊传》不是以种族、肤色、地域，而是以文化、道德、文明的高低来判定社会发展高低的夷夏之辨，不仅为古代正确处理华夏与四周各民族的关系提供了准则，更对其后中华民族大融合起到了深远的积极影响。这个阶段的春秋公羊学带有既维护周礼的一面，也有肯定现实变化的一面。对书与不书的书法发明，则开启了春秋公羊学解释学的发展方向。

兴盛阶段的春秋公羊学是在经学的国学地位确立后的时代显学，是西汉今文经学的主要派别。它在君主专制的中央集权开始形成的历史背景下，为经学统治地位的确立与君主专制的中央集权制的形成提供理论服务。此时的春秋公羊学与现实政治有着十分密切的联系，是中央王朝决策的主要理论依据。它的大一统思想具有维护国家统一、反对分裂，强调统治者道德修养的积极意义，也有被利用来为君主专制辩护、成为思想专制的理论武器的弊端，而后一个方面的意义在西汉最高统治者的引导下，有日益强化的趋势。

董仲舒是这个阶段的代表人物，他的春秋公羊学主要见于《春秋繁露》的前17篇。他首次提出孔子素王说，将《春秋》视为孔子改制之书，为后人借孔子的旗号来发挥各自的理论，提供了理论依据。董仲舒提出的"三统"说历史观，尽管是一种历史循环论，但具有反对一人、一姓家天下的价值，也包含有继承以往历史文化的意义，在西汉政治生活中影响极大，成为许多经学家的共识。他以三世异辞解释《春秋》文本，用黜夏、新周、故宋论说《春秋》当新王，构建起了具有春秋公羊学特色的理论体系。董仲舒春秋公羊学最有时代意义的是将先秦儒家的革命说变为经学的改制说，这是适应汉景帝不准讲革命之后思想界变化的表现。革命说重视破，改制说强调立；革命的主动权在下，改制的权力在天子。改制说的中心是对王道的探讨，而以奉天法古、贵元重始为主要内容。贵元重始说没有以元为气，更没有以元为哲学最高范畴。董仲舒哲学的最高范畴是天，而不是元，元是指王道之始、王道之本的政治学概念，贵元重始要求君主从行政的始端就注重保持王道纯正性。董仲舒对春秋公羊学的另一重要贡献，是提出调《春秋》无通辞，通过对《公羊传》书法的解释，形成了春秋公羊学解释学的重要方法论。无通辞的灵魂是重视解释的灵活性，这有助于人们根据不同时代的需要而加入不同的时代内容，但过分强调透过甚至离开文字来探讨所谓经典的"本义"，也容易诱发牵强附会之说。

在董仲舒的春秋公羊学中，既有维护中央集权的大一统的成分，也包含有制约君主权力、关爱人民的因素。他借天人感应的谴告说，借助上天的绝对权威，警示人君要警惧天命，但引入天人感应理论，用社会政治得失——附会灾异，使春秋公羊学从此有了较多的可怪之论，也将春秋公羊学的发展引向了神秘主义。

成熟阶段的春秋公羊学，是在经过西汉末年谶纬神学兴起，及其今文经学的神秘化、烦琐化，与东汉古文经学的发展超过今文经学的背景下出现的。谶纬神学自西汉末年兴起后，经过东汉最高统治者的极力推崇，成为高于经学的内学，今文经学与其相互影响，变得更为神秘、烦琐，也随之日益衰落。与之相应的是古文经学得到极度发展，东汉著名的经学大师多为古文经学家。同时，东汉的今文经学缺乏与政治的紧密联系，这时春秋公羊学已经变成主要是经学传授中的一门学问，失去了西汉的显赫地位。但在东汉末年却出现了何休这位著名的春秋公羊学大师，他与董仲舒有很大的不同，董仲舒是与现实政治密切联系的思想家，而何休则主要是一位经学家。

何休在春秋公羊学发展史上的最大成就，是通过《春秋公羊经传解诂》①对春秋公羊学理论作出条理性的系统总结。何休解经的特点是以例言经，贯彻了《礼记·经解》的属辞比事原则，但将例固定化，不仅会导致矛盾时出，更丧失了春秋公羊学解释的灵活性精神。他以"三科九旨"统宗春秋公羊学理论，但"三科九旨"之说非何休首创，而是出自纬书。何休还对"王鲁"、"二类"、"五始"、"六辅"、"七等"、"七缺"等义例作出详细的论说，并吸收当时哲学界的成果，以元气释元，使元年之元获得哲学的最高意义。何休的春秋公羊学最有价值的地方是提出以据乱、升平、太平的"三世"说，承认社会是一个由野蛮到文明不断进步的渐进过程，代表着古代历史观的最高水平。"三世"说由三世异辞发展而来，董仲舒讲三世异辞已经有历史发展的思想成分，但以据乱、升平、太平言"三世"，将三世异辞说由主要是书法理论发展为"三世"说的历史观，则是何休完成的。太平世的无华夏与狄夷之分的大一统是这一历史观的理想追求，大一统实现的途径是异内外，基础是道德的进步，这带有强调道德决定论的意义，它不同于董仲舒特别注重王道的政治关怀，这是时代变化在春秋公羊学上的

---

① 以下凡无特别说明，《春秋公羊解诂》、《公羊解诂》、《解诂》皆指《春秋公羊经传解诂》。

反映。

在以谶纬神学为内学的东汉，何休的春秋公羊学受到谶纬神学的深刻影响。他以谶解经，运用新"五德终始"说的五行相生，附会孔子著《春秋》是为汉制法，其可怪之论更为突出。但何休的孔子为赤制说，以孔子为先知先觉的神圣，却没有将孔子说成是受命之王，这是孔子形象的改变。孔子是否为王，对春秋公羊学有极大的意义。王是政治的最高权威，以孔子为王实际上是以孔子的思想作为政治最高裁判标准，也就是以孔子之是非为是非。此说固然有以孔子之道制约人君的积极意义，但天无二日，说孔子为王，毕竟为君主专制的君主所不喜，何休根本不讲孔子为王，是春秋公羊学理论向现实王权的屈服。不以孔子为素王，孔子就丧失了王的政治人格，而仅仅是最高道德的伦理人格了，这也决定了何休讲太平世的实现不关注王道，而注重人君的道德修养，将道德的进步视为社会发展的决定因素。至于何休从维护春秋公羊学的立场，墨守其学，废疾《穀梁》①、膏肓《左传》②，而引发的与郑玄的论争，则在经学史上产生了极其深远的影响。此后的春秋公羊学在理论上基本再没有什么创新可言。

衰落阶段从东汉末年到清代中期。自东汉末年，经过郑玄以古文经学为主，综合今古文经学之后，今文经学自此一直衰落不振，春秋公羊学更是一落千丈。这个阶段可分为两个小阶段：一是从三国迄五代十国，此时公羊学虽然已明显衰微，但是，汉代经学的影响还存在，研治《公羊传》的人与著述仍时见于史记。据《隋书·儒林传》记载：晋代虽然还有人诵读《公羊传》，却"不能通其义"；南北朝则是"儒者多不措怀"；到了隋代，竟然是"殆无师说"，连其师说也几无流传了。可见，公羊学自汉代以来的每况愈下。唐代科举取士，更加剧了春秋公羊学的衰落。二是从宋到清中期时期的阶段，随着程朱理学正统地位的确立，四书取代五经，春秋公羊学进一步衰落，尽管一些学者如刘敞、赵汸的著作对春秋公羊学有所触及，但春秋公羊学基本上没有理论的发展，更无重大社会反响。

---

　　① 即《春秋穀梁传》，以下凡无特别说明，《春秋穀梁》、《穀梁春秋》、《穀梁传》、《穀梁》、《穀》皆指《春秋穀梁传》。
　　② 即《春秋左氏传》，以下凡无特别说明，《左氏春秋》、《春秋左传》、《左传》、《左氏》、《左》皆指《春秋左氏传》。

这个阶段值得一提的是《春秋公羊疏》的成书。此疏是否是徐彦所作，徐彦为何时人，历代争论不休。依据韩愈的相关论说，此疏的内容不少采自南北朝等来推断，最后成书当在韩愈50岁之后。徐彦疏忠实于何休注的发明，反映了南北朝经学的注不驳经、疏不驳注的学风。由于徐彦疏没有提出有创见的新论，所以历代评价都不高。在春秋公羊学发展史上，此疏的价值在于有助于何休注的理解，为理解何休《解诂》所必经的津梁。所以，尽管缺乏新意，价值不大，徐彦疏还是与何休注一同被列入了《十三经注疏》。但徐疏也偶有对《解诂》的误说，不可盲目全信。

理论复兴阶段的清代，仅仅是在理论上对春秋公羊学的回复，是乾嘉汉学走到末路，经学为寻求新的理论出路而向历史理论资源的寻求，对春秋公羊学有恢复之功。这个阶段的春秋公羊学就其主要内容而论，复兴的是东汉何休的春秋公羊学，而缺乏西汉春秋公羊学与现实政治相结合的真精神，从庄存与到刘逢禄无不是这样。此阶段有一个从重大义到重微言的发展过程，庄存与为其开端，开始重视《公羊》之义，经过庄述祖到刘逢禄，转变为重视"三科九旨"的经学微言，形成了以春秋公羊学为中心的常州学派。

刘逢禄是这个阶段的代表。他的春秋公羊学虽然以回复董仲舒、何休相标榜，但他真正重视的是何休之学，他对春秋公羊学30义例的归纳，完全是以何休的《公羊解诂》为根据。他提出《春秋》为五经之管钥，无《公羊》则无《春秋》，无"三科九旨"则无《公羊》之说，以"三科九旨"统《公羊》，以《公羊》统《春秋》，以《春秋》统六经，将"三科九旨"视为整个经学的核心所在。同时，他开启以《公羊》遍说群经的风气，以"三科九旨"论说《论语》等经典，著作《申墨守》、《广墨守》、《申废疾》、《广废疾》、《申膏肓》、《广膏肓》，以"三科九旨"来评判三传的得失，重启汉代的今古文经学之争。刘逢禄的春秋公羊学是清代社会发展变化与乾嘉汉学盛极而衰的表现，适应了社会发展变化需要新的理论出现的时代要求。

这个阶段的春秋公羊学在方法论上，深受乾嘉汉学的治学方法的影响，在解释春秋公羊学中多文字训诂名物制度之辨，也在《公羊传》的整理上取得了前所未有的巨大成就。前有凌曙，开以礼制说《公羊》的新途；后有陈立，集历代《公羊传》注疏之大成。但就春秋公羊学的发展而言，二人都没有创新的理论贡献。

嬗变阶段犹如落日的余霞，代表人物是晚清及近代的廖平、康有为，而刘逢禄的学生龚自珍、魏源为其过渡的中介。自梁启超以来，学术界皆以龚、魏的春秋公羊学有批评时政、主张社会改革的意义，其实他们的春秋公羊学或今文经学著作并没有与社会现实结合的证据。龚自珍确有春秋公羊学的著作，但里面并没有批判时政的内容。从他一生的思想变化及其全部著述来看，龚自珍很难说是今文经学家，他的著述大部分都属于乾嘉汉学的范围。他自小受到段玉裁的影响，主张以字解经，即使在他晚年，也主张坚守朴学，不仅对文字训诂的价值给予充分肯定，还带有对自己"啜九流"的后悔，希望儿孙"肯肩朴学"。龚自珍对晚清思想的最大影响在社会批判，而不在经学。他有关经学的许多观念不仅不是今文经学，而且与今文经学正相反对：如今文经学主张六经为孔子作，龚自珍则认为六经早于孔子，孔子只是述而不作；今文经学极其反对以史说经，经史不分，龚自珍却讲六经为史之大宗；等等。魏源虽然作了《诗古微》、《书古微》，发明西汉之学，但其中并没有与现实相结合的内容，他的经世观念，如"师夷之长技以制夷"等著名口号，都不见于他的春秋公羊学著作。魏源于春秋公羊学不推重何休之学，而重视董仲舒之学，认为董仲舒得内圣外王之全，主张要以董仲舒为宗，这与魏源是一位著名的经世思想家有密切关系。魏源重董仲舒与其师刘逢禄重何休不同，这反映了清代春秋公羊学从仅仅是"学"的发明，到学与治的结合的转变。

正是这一转变开启廖平与康有为的春秋公羊学与社会现实相结合的先声。与刘逢禄发明"三科九旨"不同，廖平与康有为都以孔子改制说为春秋公羊学的根本，讲求托古改制，带有强烈的经世精神与批判精神，其经学都具有融合古今中西的时代特点，但二人的春秋公羊学又有很大的不同。

廖平是从迷信孔子与孔经的立场，以尊孔尊经为基本观念，来发挥春秋公羊学。但廖平经学第一变之前的《公羊三十论》，还没有像后来那样神化孔子与孔经，虽然廖平已经将孔子改制作为春秋公羊学的最重要内容，却反对何休神化《春秋》，认为《春秋》有孔子改制，也有从史的一面，并对何休不明从史的种种误说作出批评。但在后来的《知圣篇》与《公羊补正》中，廖平却对孔子、孔经作出古往今来从未有过的神化，试图为古今中西之争找到解决的法宝，认为孔经不仅有治中国的万世法，也有治理全球的万世法，西方的各种学说皆为孔经的流变，并远远落后于孔经学说。当他将孔经用于解决中西古今之争的理论一再破产后，又遁入所谓孔经天学的幻想，而先后有所谓孔经人学小统说、大统说与孔经天学的小统说、大统说，及其以五运六气解《诗》、《易》的经学六变。而他的经学六变，尽管对孔子、孔经做了空前绝后的神化，却愈变愈奇，不知所云，宣告了从经学理论上维护经学的破产，说明了经学终结的历史必然性。

与廖平经学家的身份不同，康有为是一位政治家，他不迷信孔子、孔经，而是利用春秋公羊学的孔子改制说，打着孔子的旗号，来宣传维新变法的政治主张，为在中国实现君主立宪制造理论根据。他在《董氏春秋学》中，极力推崇董仲舒之学，以孔子改制统宗春秋公羊学，将董仲舒视为孔子的唯一真传。在《孔子改制考》中，他将孔子打扮成改制的教主，将历史上各种有关孔子为王的种种附会之说一一引用，对孔子素王说做了极度的发挥。尽管康有为的孔子改制说确实受到过廖平的影响，但二人讲孔子改制的实质却有根本不同：廖平所讲改制的内容是经学的纲常名教，康有为的要义则是在中国实现自由、民主、平等的资本主义制度。春秋公羊学可以为君主专制的中央集权提供理论根据，但绝不能为近代民主政治开出光明坦途，更不可能提供解决中国向何处去的药方。康有为借助孔子改制来实现其政治改革的努力，同样以百日维新的失败而宣告破产。廖平在理论上的失败与康有为在政治上的失败，从不同方向无情地宣告了经学的终结。

春秋公羊学在其发展中形成了一套独特的基本理论。主要内容由哲学的孔子改制说，政治学的大一统，以德为本、关注人民的王道政治，历史观的"三世"说与"三统"说构成。这些内容有微言与大义之分：大义是其中所说的经学政治伦理原则；微言是其中的历史观、哲学理论。大义千古不变，微言则具有极大灵活性，可随时代变化而作出不同的解说，不同时代的人都可以借发挥微言，而讲出所需要的时代内容。春秋公羊学之为春秋公羊学在微言，而不在大义，春秋公羊学理论的演化就是通过对微言的不断发明来实现的。

春秋公羊学本质上是经学的政治伦理学说，它包含着一些有价值的思想观念：如重视大一统，反对国家分裂；对文王之正的理想追求，提倡王道政治，强调君王的道德修养，重视礼制的作用，关注社会民生；以道德的高低、文明的进步来判分夷夏；肯定历史是一个前进的进步过程，以斥责社会道德沦丧、政治黑暗为主要内容的现实批判；等等。这些成分在历史上对维护国家统一、促进民族的融合与社会进步等起到了积极的作用，对当代和谐社会与民主政治建设也具有借鉴意义。而春秋公羊学的维护君主专制、神化孔子与六经，及其以谶解经等内容，则是应当认真批判与摈弃的。此外，春秋公羊学解释《春秋》注重灵活性与重例的诠释学方法，在经学的诠释学中最具有典型意义，不仅对春秋公羊学理论的建构及其中国传统文化的发展起到了极大作用，对当代文化研究与创新也有可供借鉴的价值。

第 一 章

《春秋》——春秋公羊学之源

　　春秋公羊学是依托训解《春秋公羊传》而形成的经学学派。尽管西汉所立五经博士就有春秋公羊博士，《春秋公羊传》后来又成为十三经之一，但严格说来儒家的经典原本只有《易》、《诗》、《书》、《礼》、《春秋》五经，也有加《乐》为六经的六经之说。①但对《乐经》是有异说的，或说《乐》附于《诗》，②或说《乐》因秦火而亡。③最初出现的《公羊传》其实并不具有经的地位，而只是对《春秋》经的训解，《春秋》可以说是《公羊传》之源。二者是经与传的关系，没有对《春秋》经、传关系的较为清楚的认识，就难以深入到春秋公羊学的研究。

――――――――――――

　　① 《庄子·天运篇》："孔子谓老聃曰：'丘治《诗》、《书》、《礼》、《乐》、《易》、《春秋》六经。'"《礼记·经解》："其为人也温柔敦厚，《诗》教也；疏通知远，《书》教也；广博易良，《乐》教也；絜静精微，《易》教也；恭俭庄敬，《礼》教也；属辞比事，《春秋》教也。"陆贾《新语》的《道基》、《术事》亦言六经。《韩诗外传》卷五："夫六经之策，皆归论汲汲，盖取之乎《关雎》。"刘向《说苑》卷十八《辨物》、《孔子家语》亦言六经。但《法言》言五经，见《吾子》、《问神》、《寡见》、《五百》等篇；《白虎通》有"五经"的条目，"《五经》何谓？谓《易》、《尚书》、《诗》、《礼》、《春秋》也？"亦有五经、六经并言者，如《史记》的《天官书》、《封禅书》、《太史公自序》多言六经，但于《乐书》、《儒林传》则言五经；《汉书》言五经18次，又言六经15次；《后汉书》言五经34次，又言六经14次；刘知几《史通》言五经14次，又言六经13次；章学诚《文史通义》言五经4次，言六经7次。

　　② 蒋伯潜的《十三经概论》在"绪论"中对《乐》附于《诗》之说有详细的论说，可参见。

　　③ 班固说："古者以《易》、《书》、《诗》、《礼》、《乐》、《春秋》为六经，至秦燔书，《乐》经亡，今以《易》、《书》、《诗》、《礼》、《春秋》为五经。"（转引自朱彝尊：《经义考》卷二百九十五）徐坚说："古者以《易》、《书》、《诗》、《礼》、《乐》、《春秋》为六经。至秦焚书，《乐经》亡。今以《易》、《诗》、《书》、《礼》、《春秋》为五经。"（《初学记·文部·经典第一》卷二十一）

第一节　传是对经的转授、传授

传相对经而言，是对经的训解。晓传必先明经。历代对经的解说甚多，最早的解说出自许慎的《说文解字》，刘师培在《经学教科书》中据许慎之说，认为经的本义是指织丝上的横线："盖经之义，取象治丝，纵丝为经，横丝为纬。"[①]此种含义的经与经学无关。与经学相关联的经最早指古代的书籍。古代的书写在简上，用革或丝将其贯穿在一起，称为册书、编书，类似现代的线装书，故章太炎在《经学略说》中说："经者，今所谓线装书矣。"[②]后来的五经就是古书中最重要的部分，为官府所藏，简长二尺四寸。[③]王充在《论衡》的《谢短篇》、《宣汉篇》、《正说篇》都谈到这一点[④]，说"二尺四寸，圣人文语"[⑤]。孔颖达疏杜预《左传序》引用郑玄之说，也说五经之策二尺四寸，而郑玄之说又引自《孝经・钩命决》。[⑥]就其源而论，五经不过是古代官府所藏的文献。

由于五经在古代文化中的特殊地位，特别是被法定为经的地位后，而发展出许多经的引申义，《经籍纂诂》中训经的常、法、理、道等义项，皆为经学之经的含义。主要有三：第一，法典之义。《尔雅・释言》："典，经也。"经与典互训，意指法典。第二，无所不通之义。刘熙在《释名・释典

---

① 刘师培：《经学教科书・经字定义》，陈居渊：《经学教科书注》，上海古籍出版社2006年版，第8页。

② 章太炎：《国学讲演录》，华东师范大学出版社1995年版，第44页。

③ 王充认为，其他书籍的简长都没有达到五经书的二尺四寸，故为短书。如《论衡》的《骨相篇》说："若夫短书俗记、竹帛胤文，非儒者所见，众多非一。"《书虚篇》说："世信虚妄之书，以为载于竹帛上者，皆贤圣所传，无不然之事，故信而是之，讽而读之；睹真是之传，与虚妄之书相违，则并谓短书不可信用。"《龙虚篇》说："世俗之言，亦有缘也。短书言：'龙无尺木，无以升天。'又曰'升天'，又言'尺木'，谓龙从木中升天也。彼短书之家，世俗之人也。"《谢短篇》说："彼人问曰：'二尺四寸，圣人文语，朝夕讲习，义类所及，故可务知。汉事未载于经，名为尺籍短书，比于小道，其能知，非儒者之贵也。'"这些说法将短书与俗记、虚妄之书、世俗之言相提并论，可见王充所说的短书主要是指五经以外的实俗书。《正说篇》论《论语》简长一尺说："以其遗非经，传文纪识恐忘，故以但八寸尺（周代一尺当汉代八寸，故说八寸尺），不二尺四寸也。"这是将儒家的传记也视为短书。因此，王充所说的短书不可一概否定。

④ 参见黄晖：《论衡校释》第3册，中华书局1996年版，第821页。

⑤ 黄晖：《论衡校释》第2册，中华书局1996年版，第557页。

⑥ 参见阮元刻：《十三经注疏》下册，中华书局1982年版，第1704页。

艺》中以无所不通的路径释经:"经,径也。如径路无所不通,可常用也。"第三,指不易的常道。据《释诂》,典与彝、法、则、刑、范、矩、恒、律等相通,皆可训为常,谓常礼法也。① 郑注:"典,常也,经也,法也。王谓之礼经,常所秉以治天下也。邦国官府谓之礼法,常所以守为法式也。常者其上下通名。"②《白虎通·五经》说:"经所以有五何?经,常也。有五常之道,故曰《五经》。"③《玉篇·糸部》:"经,常也。"这种常道包含着无穷的义理,与之相联系,经亦被训为义,《玉篇·糸部》:"经,义也。"就文体说,经是法典;就功用说,经是无所不通的路径;就价值说,经是永恒不变的常道,包含圣人之道的义理。其中第三种含义最重要,也是古人训经最常用的,故《经籍纂诂》据历代著作对经的各种训释,以"常"为第一义。④ 经学也就是经典、法典、常道之学,学好经学,人就寻求到了无所不通的康庄大道,掌握到了人生必须遵循的永恒常道。

经学上有"圣经贤传"⑤ 之说,以经出于圣人,传则是贤人对圣人之道的传承。故传有转授、传授之义。南梁的刘勰说:"盖传者,转也;转受经旨,以授于后,实圣文之羽翮,记籍之冠冕也。"⑥传是后人对经典之义的转授。唐朝的刘知几也有类似的论说:"盖传者转也,转受经旨,以授后人。或曰传者,传也,所以传示来世。"⑦为后人转授经义,与给后世传授经义,都是通过人们对经典的解释,而使其得以传承。所以,传即转授、传授之义。而传的转授、传授经典,是通过训诂来实现的,这就是刘知几说的"传之时义,以训诂为主"⑧训诂二字最早见于《尔雅》,《尔雅》的前三篇中第一、三篇分别为《释诂》与《释训》。邢昺疏:"释,解也。诂,古也。

---

① 参见阮元刻:《十三经注疏》下册,中华书局 1982 年版,第 2569 页。

② 阮元刻:《十三经注疏》下册,中华书局 1982 年版,第 2585 页。

③ 班固:《五经》,《白虎通》卷九,陈立:《白虎通疏证》下册,中华书局 1994 年版,第 445 页。

④ 参见阮元编:《经籍纂诂》上册,成都古籍书店 1982 年版,第 353 页。

⑤ 朱熹:《大学章句序》,《四书章句集注》,中华书局 2003 年版,第 2 页。

⑥ 刘勰:《文心雕龙·史传第十六》,周振甫:《文心雕龙注释》,人民文学出版社 1981 年版,第 169 页。

⑦ 刘知几:《史通·内篇·六家第一》,浦起龙:《史通通释》卷一,江苏广陵古籍刻印社 1991 年版,第 5 页。

⑧ 刘知几:《史通·内篇·补注第十七》,浦起龙:《史通通释》卷五,江苏广陵古籍刻印社 1991 年版,第 8 页。

古今异言，解之使人知也。"①邢昺的疏解是根据《说文》来讲的，《说文·言部》："诂，训故言也。""诂"是指用当代的语言去解释古字的字义。"训"之义是"以物之事、义、形、貌告道人也"②；《说文·言部》："训，说教也"；"训"在《尔雅》中被解释为"道"，汉代指通过言说以教训。唐孔颖达疏《诗·周南·关雎》时，综合《尔雅》、《说文》之说："诂者，古也，古今异言通之使人知也；训者，道也，道物之貌以告人也。"③可见训、诂都有训释字词、教训于人之义。在经学中也就是对经的训解，而使世人得知经典之义，并借其训释使经义而得以不断传承。从解释学的角度说，经为被解释的文本，传则是解释者对经的训解，传的训诂就是采用当代通行易晓的文字，对已有经典中古文的诠释。先有后来被称之为经的著述，在有了训释其书的著作后，才形成经学上的经、传关系。传依附于经，经通过传而得以流传，二者是相辅相成的。所以，刘知几说："传之与经，其犹一体，废一不可，相须而成。"④

清代的章学诚则从六经皆史的角度，认为原本无经、传之名，经、传只是相对的称呼："六经不言经，三传不言传，犹人各有我而不容我其我也。依经而有传，对人而有我，是经、传人我之名，起于势之不得已，而非其质本尔也。"⑤经、传的关系如人、我的关系，是一种相对的称谓。他还有一个更出名的比喻："因传而有经之名，犹之因子而立父之号矣。"⑥经、传的关系如父子，有了儿子，才有父亲，也是以经、传为相对的解释。章学诚此说看到了经、传的相对性，在时间上是先有经，而后才有解经之传。但只讲经、传名称上的相对性，不如刘勰、刘知几关于传的界说，更能够说明经、传的从属关系。其实，章学诚也并不否认经、传间的主从关系，认为"传

<hr/>

① 阮元刻：《十三经注疏》下册，中华书局1982年版，第2568页。
② 阮元刻：《十三经注疏》下册，中华书局1982年版，第2589页。
③ 阮元刻：《十三经注疏》上册，中华书局1982年版，第269页。
④ 刘知几：《史通·外篇·申左第五》，浦起龙：《史通通释》卷十四，江苏广陵古籍刻印社1991年版，第13页。
⑤ 章学诚：《文史通义·内篇一·经解上》，叶瑛：《文史通义校注·内篇一》上册卷一，中华书局2000年版，第93页。
⑥ 章学诚：《文史通义·内篇一·诗教上》，叶瑛：《文史通义校注·内篇一》上册卷一，中华书局2000年版，第62页。

固翼经者耳"①，传只是经的羽翼；甚至强调经、传之间的主从的依附关系是一种不易之理，"盖经为主，而传为附，不易之理也"②。传只能附属于经，是因为传是对经的训解，离开经，就不可能有传的存在。因此，在经与传之间，二者的相对性是次要的，二者的主从关系才是主要的。

传之所以只是对经的转授、传授，并从属于经，是由于经具有原典的性质。经在经学中被视为神圣不可怀疑的典籍，出于圣人之手，是圣人之道的完美体现，故被视为永恒不变的常道。传对经的训解常常受到经的影响与制约，只能依经为说，而不能离经、背经为训，若弃经信传，就会受到无情的批评。杜预的《春秋经传集解》，被晁公武一方面许其"其发明甚多，古今称之"；另一方面又指责"其弊则弃经信传。如成公十三年麻隧之战，《传》载秦败绩，而《经》不书，以为晋直秦曲；则韩役书战，时公在师，复不须告；克获有功，亦无所讳，于《左传》之例皆不合。不曰《传》之谬，而猥称经文阙漏，其尤甚者至如此"③。以至注不违经、疏不破注成为经学解释学的铁律，尽管在实际上，传对经的解释要受到主客观多种因素的影响，而不可能完全"复制"式地对经作出解释，但是，至少在训解六经的人那里，都自认为是对经的忠实解说，得到圣人的本义或正传，故历代六经的注疏，多以正义、本义为名，如唐代有孔颖达的《五经正义》，宋代有欧阳修的《诗本义》、朱熹的《周易本义》，元代有程端学的《春秋本义》，清代有蔡德晋的《礼经本义》等。尽管这些以正义、本义自诩的人，都自信得到圣人之道的真传，但我们要判断这些"正义"、"本义"是否合于原典，在多大程度上合于原典，有多少是解释者的误说，有多少是解释者的新东西，既不能盲目地相信他们的自诩，也不能凭仅后人的某些评价，而必须从原典出发，这就必须先有对被训解原典的准确的认识。所以，要认识传的《春秋公羊》，首先应该有对其所依托的经的《春秋》的了解。

---

① 章学诚：《文史通义·内篇一·经解中》，叶瑛：《文史通义校注·内篇一》上册卷一，中华书局2000年版，第103页。

② 章学诚：《校雠通义·汉志六艺第十三之一》，王重民：《校雠通义通解》，上海古籍出版社1987年版，第75—76页。

③ 晁公武：《郡斋读书志·春秋类》卷一下，《四库全书》本，上海古籍出版社1987年版。

第二节 《春秋》本为史记

《春秋》本是古代史记的名称，历代并无异议。不同的是有的以为是鲁国史的专名，如《隋书·经籍志》说："《春秋》者，鲁史策书之名。"①杜预说："《春秋》者，鲁史记之名也。"②有的以为《春秋》是古代史记的通名，而《乘》、《梼杌》、《纪年》等名则是《春秋》的别名③，如王充说："《春秋》者，鲁史记之名，《乘》、《梼杌》同。"④唐代的刘知几说："《乘》与《纪年》⑤、《杌》，其皆《春秋》之别名者乎？"⑥刘知几还借后世史书名称的不同，来说明春秋各国史记名称的不同，但"体统不殊"、"其义一也"："夫司马迁曰《书》，班固曰《志》，蔡邕曰《意》，华峤曰《典》，张勃曰《录》，何法盛曰《说》，名目虽异，体统不殊。亦犹楚谓之《梼杌》，晋谓之《乘》，鲁谓之《春秋》，其义一也。"⑦北宋的孙奭《孟子疏》也说："《春秋》其名有三，自晋国所记言之，则谓之《乘》，以其所载以田赋乘马之事，故以因名为《乘》也；自楚国所记而言之，则谓之《梼杌》，以其所载以记嚚凶之恶，故以因名为《梼杌》也；鲁以编年，举四时，记为事之名，故以因名为《春秋》也。"认为晋之《乘》、楚之《梼杌》、鲁之《春秋》为不同内容、体裁的史书。此说最早出于东汉赵岐的《孟子注》："此三大国史记之异名，《乘》者，兴于田赋乘马之事，因以为名；《梼杌》者，嚚凶之类，

---

① 魏征等：《隋书·经籍志第二十七》卷三十二，《四库全书》本，上海古籍出版社 1987 年版。

② 阮元刻：《十三经注疏》下册，中华书局 1982 年版，第 1705 页。

③ 但叶适却以晋之《乘》、楚之《梼杌》为战国时妄立名字，与《春秋》的史书不同。他说："诸侯之为，日存君侧以其善行，以其恶戒，此晋人之言《春秋》也；教之《春秋》而为之耸善而抑恶焉，以戒劝其心，此楚人之言《春秋》也；韩宣子所见，孔子所修，左氏所传，此鲁之《春秋》也。然则晋谓之《乘》，楚谓之《梼杌》，当是战国时妄立名字，上世之史固皆名《春秋》矣。"（《习学记言》卷十二）

④ 王充：《论衡·正说篇》，黄晖：《论衡校释》第 4 册，中华书局 1996 年版，第 1139 页。

⑤ 《纪年》指《竹书纪年》，刘知几认为"《竹书纪年》其所纪事皆与《鲁春秋》同"，说见《史通·内篇·六家第一》。

⑥ 刘知几：《史通·内篇·六家第一》，浦起龙：《史通通释》卷一，江苏广陵古籍刻印社 1991 年版，第 4 页。

⑦ 刘知几：《史通·内篇·书志第八》，浦起龙：《史通通释》卷三，江苏广陵古籍刻印社 1991 年版，第 3 页。

兴于记恶之戒，因以为名；《春秋》以二始举四时，记万事之名。"①宋代的朱熹在《孟子集注》中亦主此说："《乘》，义未详。赵氏以为兴于田赋乘马之事。或曰：取记载当时行事而名之也。《梼杌》，恶兽名，古者因以为凶人之号，取记恶垂戒之义也。《春秋》者，记事者必表年以首事。年有四时，故错举以为所记之名也。古者列国皆有史官，掌记时事。此三者皆其所记册书之名也。"这是以鲁之《春秋》、晋之《乘》、楚之《梼杌》为不同的史记著作，所载内容偏重不同。这些解释虽然有差异，但无不肯定《春秋》为史书。

在《春秋》的得名上，一般都认为古代史记编年为记，一年有春秋冬夏四季，故错举春秋以表示一年。《公羊传》说："《春秋》编年，四时具然后为年。"②杜预说："记事者，以事系日，以日系月，以月系时，以时系年，所以纪远近、别同异也。故史之所记，必表年以首事，年有四时，故错举以为所记之名也。"③今存《春秋》就是以编年的方式，来叙说以鲁国为主的春秋史的，虽然今存《春秋》为五经之一，但是，其文则史，可以证明这一说法是有根据的。《公羊传》与治《左传》的杜预皆有此说，可以说这是三传的共同认识。

而在一年四季中所以取春秋二季为名，在经学看来是因，春为阳中，为万物之生，秋为阴中，是万物之成，春秋蕴涵万物的生成之义。徐彦疏《春秋公羊传》时所列的20个问答中的第7个问答，就是对《春秋》得名的说明："问曰：案《三统历》云：'春为阳中，万物以生；秋为阴中，万物以成，故名《春秋》。'贾、服依此以解《春秋》之义，不审何氏何名《春秋》乎？答曰：《公羊》何氏与贾、服不异……而《春秋说》云：'始于春，终于秋，故曰《春秋》'者，道春为生物之始，而秋为成物之终，故云始于春，终于秋，故曰《春秋》也。"④古代以人君为政当取法于天，若人君能取法阴阳而得其中，就可以政通人和，《春秋》之义即本此。在经学史上，汉代以来多持此说，如东汉的贾逵说："《春秋》取法阴阳之中，春为阳中，万物以生；秋为阴中，万物以成，欲使人君动作不失中也"；刘熙

---

① 阮元刻：《十三经注疏》下册，中华书局1982年版，第2728页。
② 阮元刻：《十三经注疏》下册，中华书局1982年版，第2208页。
③ 阮元刻：《十三经注疏》下册，中华书局1982年版，第1705页。
④ 阮元刻：《十三经注疏》下册，中华书局1982年版，第2196页。

说："《春秋》者，春、秋、冬、夏终而成岁，《春秋》书人事卒岁，而究备春秋温凉中，象政和也，故举以为名也"；唐代的颜师古说："《春秋》孔子约史记而修之也，天有四时，春为阳中，万物以生；秋为阴中，万物以成，故错互举之包十二月而为名也"①；徐彦疏也说，《春秋》之名含有"欲使人君动作不失中也"② 之义。这些对史记取名《春秋》的解释，带有以人法天的哲学意义。此外，后来的春秋公羊学还有以刑赏、褒贬、西狩获麟等来附会《春秋》得名的说法，但遭到了郑樵的批评："或谓《春秋》之名取赏以春夏，刑以秋冬；或谓一褒一贬，若春若秋；或谓春获麟，秋成书，谓之《春秋》，皆非也。惟杜预所谓年有四时，故错举以为所记之名此说得之。"③据刘知几说，此说出于儒家。④

作为史记的《春秋》产生于何时？刘知几认为《春秋》与《尚书》皆出于三代：

> 《春秋》家者，其先出于三代。案《汲冢琐语》太丁时事，且为《夏殷春秋》。孔子曰："疏通知远，《书》教也。""属辞比事，《春秋》之教也"⑤。知《春秋》始作，与《尚书》同时。⑥
>
> 在昔三坟、五典、《春秋》、《梼杌》，即上代帝王之书，中古诸侯之记。⑦

《春秋》与《尚书》出于三代，甚至与三坟、五典等书一样古老。依刘知几

---

① 以上所引皆见朱彝尊：《经义考》卷一百六十八，《四库全书》本，上海古籍出版社 1987 年版。

② 阮元刻：《十三经注疏》下册，中华书局 1982 年版，第 2196 页。

③ 郑樵：《春秋经·春秋总辨》，《六经奥论》卷四，《四库全书》本，上海古籍出版社 1987 年版。

④ 刘知几说："儒者之说《春秋》也，以事系日，以日系月；言春以包夏，举秋以兼冬，年有四时，故错举以为所记之名也。"（《史通·内篇·六家第一》）

⑤ 刘知几所引孔子之语，出自《礼记·经解》："孔子曰：'入其国，其教可知也。其为人也温柔敦厚，《诗》教也；疏通知远，《书》教也；广博易良，《乐》教也；絜静精微，《易》教也；恭俭庄敬，《礼》教也；属辞比事，《春秋》教也。'"

⑥ 刘知几：《史通·内篇·六家第一》，浦起龙：《史通通释》卷一，江苏广陵古籍刻印社 1991 年版，第 3—4 页。

⑦ 刘知几：《史通·内篇·杂述第三十四》，浦起龙：《史通通释》卷十，江苏广陵古籍刻印社 1991 年版，第 1 页。

此说,《春秋》应当是中国最古的史书,在夏、商代就已经有史记的《夏春秋》、《殷春秋》了。

据王国维对"史"的研究,史字从又,持中,义为持书之人,"掌文书者谓之史"①,"史为掌书之官,自古为要职,殷商以前……大小官名及职事多由史出"②,这说明三代不仅有史书,而且已经有专门职掌史书的史官。古代左史记言,右史记事,依左右二史的职责所分,汉代就以《尚书》为记言之史,《春秋》为记事之史。班固在《汉书·艺文志》说:"古之王者,世有史官,君举必书,所以慎言行,昭法式也。左史记言,右史记事,其事为《春秋》,言为《尚书》,帝王靡不同之。"班固的《艺文志》本于刘歆的《七略》,故班氏此说实出于西汉的刘氏。东汉的荀悦也说:"古者天子诸侯,有事必告于庙。朝有二史,左史记言,右史记动;动为《春秋》,言为《尚书》;君举必记,臧否成败,无不存焉。"③作为古史的《春秋》是君主行事的历史记录,是由史官中的右史所写成。刘知几也肯定此说:"寻夫左史、右史,是曰《春秋》、《尚书》。"④刘知几还从《春秋》、《尚书》的内容,来证明古代确有史官的记言、记事之别:

> 古者言为《尚书》,事为《春秋》,左右二史,分尸其职。盖桓、文作霸,纠合同盟,春秋之时,事之大者也,而《尚书》缺纪。秦师败绩,缪公诚誓,《尚书》之中,言之大者也,而《春秋》靡录。此则言、事有别,断可知矣。⑤

《尚书》为记言之史,故于事件尤其是重大的历史事件也多有疏漏;《春秋》为记事之史,故连重要的言论也疏于记载。《春秋》既出于右史,则其书必然为记事之史。这是以《春秋》的著作权归史官的右史所有。这一说法似

---

① 王国维:《释史》,《观堂集林》第一册卷六,中华书局 1999 年版,第 263 页。
② 王国维:《释史》,《观堂集林》第一册卷六,中华书局 1999 年版,第 269 页。
③ 荀悦:《申鉴》,《百子全书》上册,浙江古籍出版社 1998 年版,第 268 页。
④ 刘知几:《史通·内篇·忤时第十三》,浦起龙:《史通通释》卷二十,江苏广陵古籍刻印社 1991 年版,第 10 页。
⑤ 刘知几:《史通·内篇·载言第三》,浦起龙:《史通通释》卷二,江苏广陵古籍刻印社 1991 年版,第 4 页。

乎可以在《尚书》与《春秋》记载重点的不同得到证实。①

章学诚从"六经皆先王之政典也"②出发，认定《春秋》出于西周，作者当为周公。他说：

> 韩宣子之聘鲁也，观书于太史氏，得见《易》象、《春秋》，以为周礼在鲁。夫《春秋》乃周公之旧典，谓周礼之在鲁可也。《易》象亦称周礼，其为政教典章，切于民用而非一己空言，自垂昭代而非相沿旧制，则又明矣。③

《春秋》即周礼之一，故为周公所著的旧典。由章学诚的六经皆史推论，则《春秋》具有史书的性质。章学诚的"六经"皆史并不是仅仅将六经视为历史书籍，而是首先看成圣王经世的政典。但是，他也不否认"六经"具有史的性质，只是不将"六经"皆史的史视为只是简单的历史记载，而认为具有经世政典的意义。这是以《春秋》出于西周，著作权归周公所有。④章学诚又说："六艺非孔氏之书，乃周官之旧典也。《易》掌太卜，《书》藏外史，《礼》在宗伯，《乐》隶司乐，《诗》颂于太师，《春秋》存乎国史。夫子自谓述而不作，明乎官司失守，而师弟子之传业，于是判焉。"⑤章学诚说的六艺为周之旧典，存于国史，是以六经皆史说为前提的。章太炎、刘师培也以六经皆史，认定《春秋》出于孔子之前。章太炎说："六经都是古史……史就是后世的经"⑥，"《春秋》，往昔先王旧记也"⑦。刘师培在《经学

---

① 吴淑玲博士在《"左史记言，右史记事"考辨》一文中，依据《礼记》等资料考辨后，认为班固的"左史记言，右史记事"之说是错误的，最初的历史真实情况应该是"左史记事，右史记言"。可备一说。参见《沈阳师范大学学报》（社会科学版）2006 年第 2 期。

② 章学诚：《文史通义·内篇一·易教上》，叶瑛：《文史通义校注》上册卷一，中华书局 2000 年版，第 1 页。

③ 章学诚：《文史通义·内篇一·易教上》，叶瑛：《文史通义校注·内篇一》上册卷一，中华书局 2000 年版，第 2 页。

④ 刘知几在引述《左传》"韩宣子之聘鲁"这段话后，早就得出与章学诚近似的结论："然《春秋》之作，始自姬旦，成于仲尼。"（《史通·外篇·申左第五》）以《春秋》最早作于周公。

⑤ 章学诚：《校雠通义·原道第一之二》，王重民：《校雠通义通解》，上海古籍出版社 1987 年版，第 2 页。

⑥ 章太炎：《经的大意》，傅杰编：《章太炎学术史论集》，中国社会科学出版社 1997 年版，第 26 页。

⑦ 章太炎：《春秋故言》，傅杰编：《章太炎学术史论集》，中国社会科学出版社 1997 年版，第 112 页。

教科书》中提出有古代六经、周公制礼作乐而成的六经①，则《春秋》早在西周以前的古代就存在了。人们对六经皆史说无论有多少异说，②但就《春秋》而论，此说具有否定《春秋》只是孔子所作之经的含义，却是人们所一致肯定的。

而经学是严于经史之分的，若六经皆为史，经学的成立就失去了依据，所以，在明代的王阳明以前的一千多年，治经学者从来没有人提出过所谓六经皆史说。章学诚等人的六经皆史说，也受到今文经学家的尖锐批评。治经学的多数人认为，作为六艺的《春秋》与周之旧典的《春秋》是不同的，章学诚所说存于国史的周之旧典，只能是史记的《春秋》，而非经学所说六艺的《春秋》。但是，即使以《春秋》为史书而论，说三代已有《春秋》，或以周公作《春秋》，都不能解释为什么今存《春秋》只从鲁隐公开始，《管子》等书中有关《春秋》文献也只有春秋时期的历史记载这一事实。所以，这些说法都不过是推测之说。

较为可信的是孟子的《春秋》出现在春秋时期的说法：

> 孟子曰："王者之迹熄而《诗》亡，《诗》亡然后《春秋》作。晋之《乘》，楚之《梼杌》，鲁之《春秋》，一也。"③

著名历史学家蒙文通先生在《周代学术发展论略》一文中，对孟子的"《诗》亡然后《春秋》作"作出历史学的详尽论辩，并重点说明"这样一个事实"："《春秋》只能开始于鲁隐公元年（前722年），绝不是偶然的。应当正是由于各国史学在这个时期才有了较普遍的发展，才开始积累了较广泛的、较系统的可以依据的史料。《史通·惑经》说：'观汲冢出纪，皆与鲁史符同。至如周之东迁，其说稍备，隐、桓以上，难得而详。此之烦省，皆与《春秋》不别。'"④《春秋》的出现，是中国古代史学在春秋时期空前大发展的结果。此说从历史学的角度证明了《春秋》出现在春秋时期的历

---

① 参见《经学教科书》第三、四、五课。
② 参见蒋国保：《章学诚六经皆史说新论》，《华东师范大学学报》2007年第6期。
③ 杨伯峻：《孟子译注》上册，中华书局1986年版，第192页。
④ 蒙文通：《古学甄微》，巴蜀书社1987年版，第8—9页。

史必然性，乃是周王朝东迁之后有文字的历史记载有一定积累，并开始流行于各国的结果。

诸多先秦史料可以雄辩地证明这一点。《管子》一书就引及《春秋》三次。两次出于《管子·法法第十六》："故《春秋》之记，臣有弑其君、子有弑其父者矣"；"故《春秋》之记，臣有弑其君，子有弑其父者，得此六者，而君父不智也"。一次出于《管子·山权数第七十五》："《春秋》者，所以记成败也"，此处同时还引有《诗》、《行》、《时》、《易》等多种著述。《墨子》在证明鬼神时，曾引各国《春秋》的鬼神记载为说：杜伯为鬼追杀周宣王，"著在周之《春秋》"；庄子仪荷朱杖击杀燕简公，"著在燕之《春秋》"；宋文君鲍之时观辜祭祀不敬慎，被袜子杖揖而殪于坛上，"著在宋之《春秋》"；齐国王里国、中里徼之讼，中里徼不诚，被祭祀之羊起而折其脚而死，"著在齐之《春秋》"。① 《国语》的《晋语》载："羊舌肸习于《春秋》"②；《楚语》有"教之《春秋》"③；《左传》有晋韩宣子来聘，"见《鲁春秋》"④ 的述说。由这些记载可知，在春秋时期齐、晋、鲁、燕、宋、楚各国包括周王朝皆有《春秋》，《春秋》不过是当时各国史记的通名。⑤ 除开见于古籍的这些记载，各国《春秋》不见记载的一定还很多，所以，刘知几说："斯则《春秋》之目，事匪一家。至于隐没无闻者，不可胜载……故《墨子》曰：'吾见百国《春秋》。'⑥盖皆指此也。"⑦百国《春秋》绝大多数已经失传，朱彝尊在《经义考》中认为，存其名者仅有八家："按《公羊传》有不修《春秋》，则鲁之《春秋》也；周、燕、齐、宋皆有《春秋》，载在《墨子》，合以晋《乘》、楚《梼杌》、郑《志》，百国《春秋》之名仅存

---

① 以上皆见《墨子·明鬼下》，《百子全书》上册，浙江古籍出版社1998年版，第331页。
② 佚名：《国语·晋语七》下册，上海古籍出版社1982年版，第445页。
③ 佚名：《国语·楚语上》下册，上海古籍出版社1982年版，第527页。
④ 阮元刻：《十三经注疏》下册，中华书局1982年版，第2029页。
⑤ 但顾炎武以为，《春秋》只是鲁国史记之名，周、燕、宋、齐之史不一定以《春秋》为名，墨子以其名《春秋》是据鲁史之名而称之："犹之墨子书言周之《春秋》，燕之《春秋》，宋之《春秋》，齐之《春秋》。周、燕、宋、齐之史，非必皆《春秋》也，而云《春秋》者，因鲁史之名以名之也。"（《日知录·三易》卷一）
⑥ 魏徵等：《隋书·李德林传列传第七》卷四十二，《四库全书》本，上海古籍出版社1987年版。
⑦ 刘知几：《史通·内篇·六家第一》，浦起龙：《史通通释》卷一，江苏广陵古籍刻印社1991年版，第4页。

其八而已。"①但春秋时期各国皆有史记的《春秋》的存在②，则是可信的，表明孟子以《春秋》出于《诗》亡之后的说法是较为可信的。春秋开始于公元前 770 年，《春秋》却开始于隐公元年，为公元前 722 年，距春秋始年相差 48 年，孔子的《春秋》是据鲁史等《春秋》而成，抛开春秋公羊学关于孔子作《春秋》的神怪之说，《春秋》始于隐公元年，这也说明作为史记的《春秋》记载不可能早于春秋以前。

关于《春秋》出现时代的说法，尽管历史上异说纷纭，但无不以《春秋》为孔子以前的史书。从《墨子》可知《春秋》有鬼神的记述，而从《管子》、《左传》、《国语》、《孟子》等书来看，《春秋》的历史记载主要是重大历史事件的记述，此即所谓记成败，同时具有成德义、教人从善的功用。这些说明《春秋》的内容较为丰富，但主要是历史事件的记述。特别值得一提的是，作为史记的史官在记录历史事件时，都具有秉笔直书、不畏权贵的精神。

> 乙丑，赵穿攻灵公于桃园，宣子未出山而复。大史书曰："赵盾弑其君。"以示于朝，宣子曰："不然。"对曰："子为正卿，亡不越竟，反不讨贼，非子而谁?"宣子曰："呜呼! '我之怀矣，自诒伊戚。'其我之谓矣。"……孔子曰："董狐，古之良史也，书法不隐。"③

所谓书法就是不加隐瞒地据实记录历史。这是中国古代史学的优良传统。作为编纂史书的史官，为了维护这一求实的优良传统，为了保存历史的真实，甚至不惜牺牲自己的生命，以至前赴后继。如《左传》载：襄公二十五年，齐国的崔杼弑君，"大史书曰：'崔杼弑其君。'崔子杀之。其弟嗣书，而死者二人。其弟又书。乃舍之。南史氏闻大史尽死，执简以往，闻既书也，乃还"④。太史兄弟三人为如实地记录这一史实，竟有二人献出了自己的生命，

---

① 朱彝尊：《经义考》卷一百六十八，《四库全书》本，上海古籍出版社 1987 年版。
② 历史上也有人否认墨子的百国《春秋》之说，如吴莱在《春秋意林后序》中说："墨子战国人，妄称有百二十国春秋耳，非圣人之遗言也。"（朱彝尊：《经义考》卷一百八十）
③ 阮元刻：《十三经注疏》下册，中华书局 1982 年版，第 1867 页。
④ 阮元刻：《十三经注疏》下册，中华书局 1982 年版，第 1984 页。

另有两位史官也准备为此而前赴后继，这就保证了作为史记的《春秋》所具有实录的史料价值。而《春秋》所如实记载的史实，也为后来司马迁撰写《史记》提供了可信的史料。

作为史记的《春秋》，不仅盛行于春秋，而且在孔子作《春秋》后，也还有不少人以《春秋》为名，从事史记的著述。清人赵翼在《陔余丛考》卷二中，对历史上以《春秋》命名的著述，进行过仔细的考辨，可借以知晓历史上以《春秋》命名的著作，在后世仍然不绝于书。①

第三节　孔子作《春秋》

按照经学的说法，史记的《春秋》与《公羊传》没有直接的关系，与《公羊传》有直接关系的是五经之一的《春秋》。②但五经之一的《春秋》，却是孔子主要参照鲁史的《春秋》所修订，史记的《春秋》在有了孔子所著的《春秋》之后，被《公羊传》称之为不修《春秋》③，王充在《论衡》的

---

① 赵翼说："《春秋》，鲁史记名。韩宣子聘鲁，见《易象》与《鲁春秋》，此孔子未修以前《春秋》也。然不独鲁史以此为名也，《国语》楚庄王问教太子之法于申叔时，对曰：'教之以《春秋》，而为之耸善抑恶焉。'晋羊舌肸习《春秋》，悼公使之教太子。又《管子·法法篇》曰：'《春秋》之记，有弑君弑父者。'《权数篇》曰：'《诗》者所以记物也，《春秋》所以记成败也。'庄王、管子、羊舌肸在孔子前，则所谓《春秋》必非孔子所修鲁史可知，是齐、晋、楚皆有《春秋》也。《墨子》曰：'吾见百国《春秋》。'《韩非子·备内篇》有《桃左春秋》，虽不知何国书，要亦一《春秋》也。韦昭注《国语》，谓以天时记人事，故曰《春秋》。房玄龄注《管子》，谓《春秋》周公之凡例，而诸侯之国史也，则周时列国之史皆名《春秋》也。《墨子》有周之《春秋》，燕之《春秋》，宋之《春秋》，齐之《春秋》。又按《吕览·求人篇》：'观于《春秋》自鲁隐公至哀公十有二世，其所以得之，所以失之，其术一也。'《庄子·齐物论》：'《春秋》经世，先王之志，圣人议而不辨。'又云：'《诗》以道志，《书》以道事，《礼》以道行，《乐》以道和，《易》以道阴阳，《春秋》以道名分。'此则孔子所修之《春秋》，可见战国时已大行于世矣。自后虞卿有《春秋》，吕不韦有《吕氏春秋》，陆贾有《楚汉春秋》，赵长君有《吴越春秋》，袁晔有《献帝春秋》，司马彪有《九州春秋》，习凿齿有《汉晋春秋》，王范有《交广春秋》，杜崧有《任子春秋》，孙盛有《魏氏春秋》《晋阳秋》，臧严有《栖凤春秋》，李公绪有《战国春秋》，王韶之有《晋安帝春秋》，刘允济采鲁哀公后十二世接战国为《鲁后春秋》，崔鸿有《十六国春秋》，萧方等有《三十国春秋》，韦述撰《唐春秋》，梁固、胡旦皆有《汉春秋》，尹洙有《五代春秋》，吴任臣有《十国春秋》，则又皆仿《春秋》之名而为之者也。"（《陔余丛考·春秋》卷二）

② 在经学中流行的观点是将《春秋》视为五经之一，郑樵《六经奥论》的《总文·读诗书春秋法》一文还谈到一种观点，就是以五经分经史之说，此说出自唐陆龟蒙："六经之中有经有史，区而别之，《礼》、《诗》、《易》为经，《书》与《春秋》为史尔。"

③ 阮元刻：《十三经注疏》下册，中华书局1982年版，第2228页。

《艺增篇》、《说日篇》皆以不修《春秋》为孔子之前的鲁国史记。在《春秋公羊》学看来，未修《春秋》是史，孔子所修的《春秋》是经，二者存在经史之分，绝不可混为一谈。

一、五经之一的《春秋》为孔子所作

第一个肯定《春秋》为孔子做的是孟子，他说："世衰道微，邪说暴行有作，臣弑其君者有之，子弑其父者有之。孔子惧，作《春秋》。"[①]并说："孔子曰：'其义则丘窃取之矣。'"[②]还将孔子著《春秋》与大禹治洪水、周公攘狄夷，并称为历史上的三大重要事件。荀子未明确肯定《春秋》是孔子所作之经，但他有"《春秋》之微也"[③]一说。赵伯雄先生认为，"班固在《汉书·艺文志》中所说的'昔仲尼没而微言绝，七十子丧而大义乖'，其中'微言'二字应该就是从荀子'《春秋》之微也'这一类意思中衍生出来的；相对于孟子，荀子对《春秋》的定性似乎更抓住了它的本质"[④]。据此，荀子似乎也肯定《春秋》与孔子的联系。经战国之后，出现了传《春秋》的左氏、公羊、榖梁、邹氏、夹氏五家，其中邹氏无师，夹氏无有书[⑤]，而其余三家皆以《春秋》为孔子所著。《公羊传》不仅以《春秋》为孔子所作，而且认为是为后来圣王所作，所谓孔子"制《春秋》之义，以俟后圣"[⑥]。杜预《春秋左传·序》说："仲尼因鲁史策书成文，考其真伪，而志其典礼，上以遵周公之遗制，下以明将来之法……左丘明受经于仲尼，以为经者不刊之书也。"[⑦]范宁《春秋榖梁传·序》也说："孔子睹沧海之横流，乃喟然而叹曰：'文王既没，文不在兹乎！'言文王之道丧，兴之者在己，于是就大师而正《雅》、《颂》，因鲁史而修《春秋》。"[⑧]所以，尽管三传异说，后来还有所谓今古文经学的纷争，但在肯定《春秋》为孔子作、以

① 杨伯峻：《孟子译注·滕文公章句下》上册，中华书局1986年版，第155页。
② 杨伯峻：《孟子译注·离娄章句下》上册，中华书局1986年版，第192页。
③ 荀子：《劝学》，梁启雄：《荀子简释》，中华书局1983年版，第8页。
④ 赵伯雄：《春秋学史》，山东教育出版社2004年版，第85页。
⑤ 参见《汉书·艺文志》关于《春秋》的结语。
⑥ 阮元刻：《十三经注疏》下册，中华书局1982年版，第2354页。
⑦ 阮元刻：《十三经注疏》下册，中华书局1982年版，第1705页。
⑧ 《阮元刻：十三经注疏》下册，中华书局1982年版，第2359页。

《春秋》为经这一点上却无二致。由三传皆以传《春秋》之传自居，也可表明三传皆以《春秋》为经，而三传所认定经的《春秋》都是孔子所作的《春秋》。①即使《左传》以孔子的《春秋》"其发凡以言例，皆经国之常制，周公之垂法，史书之旧章"，但也承认《春秋》"非圣人孰能修之"②，只有孔子才能够修定其书。

西汉的董仲舒在《春秋繁露》中对孔子所作《春秋》作出了深入的阐发，他肯定"仲尼之作《春秋》也，上探正天端，王公之位，万民之所欲，下明得失，起贤才，以待后圣，故引史记，理往事，正是非，见王公，史记十二公之间，皆衰世之事，故门人惑，孔子曰：'吾因其行事，而加乎王心焉，以为见之空言，不如行事博深切明'"③。不仅认定孔子据鲁史作《春秋》，还借孔子之口对为什么要据鲁史作《春秋》作出了解释，④ 这就是以空言为说，不如借用史的行事来得深切明著。董仲舒此说不仅成为后来春秋公羊学解释孔子为何要据史记著《春秋》的权威性理论，而且也成为章学诚反对以空言说经，认为六经皆史的理论依据，他论证六经皆史，反对空言说经皆据以为说。⑤ 但是，二者的意义却迥然不同，春秋公羊学所要强调的是《春秋》据鲁史，而不同于鲁史，是经非史，而章学诚所要说明的是道不离器，孔子的《春秋》是与史实不可分割地联系在一起的。

曾向董仲舒问学的著名史学家司马迁，以其深厚广博的历史知识，更是在《史记》的《三代世表》、《十二诸侯年表》、《孔子世家》、《匈奴列传》、《司马相如列传》、《儒林传》、《太史公自序》等篇中，一再申论"孔子因史文次

---

① 参见赵生群：《春秋经、传研究》，上海古籍出版社 2000 年版，第 4—6 页。

② 阮元刻：《十三经注疏》下册，中华书局 1982 年版，第 1705 页。

③ 董仲舒：《俞序第十七》，《春秋繁露》卷六，钟肇鹏：《春秋繁露校释》（校补本）上册，河北人民出版社 2005 年版，第 356 页。

④ 董仲舒此说是借孔子之口为说，将在董仲舒的章节详论。这里只是指出，以孔子加王心于《春秋》这是春秋公羊学的说法，而不是孔子的思想。

⑤ 如章学诚说："六经皆史也，形而上者谓之道，形而下者谓之器。孔子之作《春秋》也，盖曰：'我欲讬之空言，不如见诸行事之深切著明。'"（《答客问上》，叶瑛：《文史通义校注·内篇一》上册卷五，中华书局 2000 年版，第 471—472 页）又如："夫子曰：'我欲讬之空言，不如见诸行事之深切著明也。'此《春秋》之所以经世也。圣如孔子，言为天铎，犹且不以空言制胜，况他人乎？故善言天人性命，未有不切于人事者。三代学术，知有史而不知有经，切人事也。"（《浙东学术》，叶瑛：《文史通义校注·内篇五》上册卷五，中华书局 2000 年版，第 523 页）

《春秋》"①，对孔子作《春秋》作出了最详明的论说。他甚至说："孔子在位听讼，文辞有可与人共者，弗独有也。至于为《春秋》，笔则笔，削则削，子夏之徒不能赞一辞。"②《春秋》文辞的每一个字都是孔子所定，孔子所写成经文的每一个字，连他的高足也不能提出一点意见。《春秋·说题辞》也说："孔子作《春秋》一万八千字，九月而书成，以授游、夏，游、夏之徒不能改一字。"③这是将《春秋》的著作权全部归于孔子个人所有。而子夏之徒不能赞一辞，更是强调孔子所作《春秋》的尽善尽美，一字不可易。而有义无义则是史的《春秋》与孔子所作《春秋》的根本区别，《春秋》之为经即在有孔子之义。对孔子之义的训解阐发，构成春秋公羊学从《春秋》所发明的微言大义。

但孔子曾自道"述而不作，信而好古"④，后来一些学者据此以孔子有述无作，以《春秋》归于周公，为孔子之前早有的典籍。但是，他们往往也不否认孔子著《春秋》。这种一方面肯定《春秋》为旧典，一方面又承认孔子作《春秋》的矛盾之说，在许多学者那里都存在。如杜预以《春秋》本为周公旧典，其发凡五十，即为周公旧例，孔子只是针对周衰史乱，而稍加刊正，"其发凡以言例，皆经国之常制，周公之垂法，史书之旧章"⑤。但他并不否认《春秋》为孔子所作，说"仲尼从而修之，以成一经之通体"⑥；并以为"文王既没，文不在兹乎？"为孔子"此制作之本意也"⑦，说《春

---

① 司马迁：《秦始皇本纪第六》，《史记》卷六，《四库全书》本，上海古籍出版社1987年版。
② 司马迁：《孔子世家第十七》，《史记》卷四十七，《四库全书》本，上海古籍出版社1987年版。
③ 转引自朱彝尊：《经义考》卷一百六十八，《四库全书》本，上海古籍出版社1987年版。
④ 阮元刻：《十三经注疏》下册，中华书局1982年版，第2481页。
⑤ 阮元刻：《十三经注疏》下册，中华书局1982年版，第1706页。杜预此说遭到皮锡瑞的激烈批判，皮氏说："《春秋》之旨晦，而孔子之道不尊，正由此等谬说启之。据孟子说，孔子作《春秋》是一件绝大事业，大有关系文字，若杜预经承旧史，史承赴告之说，止是钞录一过，并无褒贬义例，则略识文字之钞胥，皆能为之，何必孔子。即曰'直书其事'、不虚美、不隐恶，则古来良史如司马迁、班固等，以优为之，何必孔子？孔子何以有'知我'、'罪我'、'其义窃取'之言？孟子何以推尊孔子作《春秋》之功，配古帝王，说得如此惊天动地，与其信杜预之说夺孔子制作之功，以归之周公，曷若信孟子之言，尊孔子制作之功以上继周公乎？"（《论春秋是作不是钞录，是作经不是作史，杜预以为周公作凡例，陆淳驳之甚明》，《经学通论·春秋四》，中华书局1982年版，第3—4页）
⑥ 阮元刻：《十三经注疏》下册，中华书局1982年版，第1706页。
⑦ 阮元刻：《十三经注疏》下册，中华书局1982年版，第1708页。

秋》"非圣人孰能修之?"①杜预不仅在《左传集注·序》明确说孔子著《春秋》,而且,杜佑在《通典》中也谈到这一点:"晋武帝泰始中,尚书杜元凯议:'昔仲尼之制《春秋》也,因鲁史以明王法,丧中之祥祫,讥贬之文著焉。'"②刘知几也是如此,他一方面说《春秋》为三代已有之书,"上古之书,有三坟、五典、八索、九丘,其次有《春秋》、《尚书》、《梼杌》、《志》、《乘》"③;另一方面又明确说:"逮仲尼之修《春秋》也,乃观周礼之旧法,遵鲁史之遗文;据行事,仍人道;就败以明罚,因兴以立功;假日月而定历数,藉朝聘而正礼乐;微婉其说,志晦其文;为不刊之言,著将来之法,故能弥历千载,而其书独行。"④即使以言六经皆史著称的章学诚也不例外,他一方面说,"六艺存周公之旧典,夫子未尝著述也"⑤,"夫《春秋》乃周公之旧典"⑥;另一方面又不得不说,"且如六经,同出于孔子"⑦,"孔子之作《春秋》也,盖曰:'我欲讬之空言,不如见诸行事之深切著明'"⑧。

　　但是,经的《春秋》与所谓不修《春秋》,在文字上究竟有多少不同,其实是无法得到证实的;相反,倒是有可靠的文献资料包括出土文物可以证明,《春秋》与鲁史基本相同,历史上因此有人怀疑或否认《春秋》为孔子所修。如杜预、郑樵、刘知几等人皆有论说,这些论说杨伯峻在《春秋左传注·前言》、《经书浅谈·春秋》中有所引用。钱玄同的《春秋左氏考证书

---

　① 阮元刻:《十三经注疏》下册,中华书局1982年版,第1705页。

　② 杜佑:《礼九·沿革九·吉礼八·时享》,《通典》上册卷四十九,岳麓书社1995年版,第720页。

　③ 刘知几:《史通·内篇·题目第十一》,浦起龙:《史通通释》卷四,江苏广陵古籍刻印社1991年版,第5页。

　④ 刘知几:《史通·内篇·六家第一》,浦起龙:《史通通释》卷一,江苏广陵古籍刻印社1991年版,第4页。

　⑤ 章学诚:《文史通义·内篇一·诗教上》,叶瑛:《文史通义校注》上册卷一,中华书局2000年版,第62页。

　⑥ 章学诚:《文史通义·内篇一·易教上》,叶瑛:《文史通义校注》上册卷一,中华书局2000年版,第2页。

　⑦ 章学诚:《文史通义·内篇五·浙东学术》,叶瑛:《文史通义校注》上册卷五,中华书局2000年版,第524页。

　⑧ 章学诚:《文史通义·内篇五·答客问上》,叶瑛:《文史通义校注》上册卷五,中华书局2000年版,第471—472页。

后》、顾颉刚的《春秋三传及国语之综合研究》、徐仲舒的《左传选·后序》、《孔子与〈春秋〉》，及其杨伯峻的著述、赵伯雄先生的《春秋学史》、胡念贻先生的《〈左传〉的真伪和写作时代问题考辨》等均主此说。持这一观点的人认为，《论语》没有孔子作《春秋》的记录，《春秋》书法也存在不统一①甚至是相互矛盾②的情况，《公羊传》谈到孔子明知《春秋》昭公十二年的"伯于阳"是"公子阳生"之误，也没有修改，③从文字看五经中的《春秋》与《公羊传》说的不修《春秋》"基本相同"④。徐中舒分析《坊记》和《韩非子》所称《鲁春秋》四条材料，"皆与今本无异"，而认定"《鲁春秋》并未经过孔子笔削"，"《春秋》是孔子没后孔门弟子得自鲁太史"⑤。韩国成均馆大学博士朴晟镇在《从三传看〈春秋〉不是孔子所修》一文中归纳了前人否认《春秋》为孔子作的理由后，又从《孟子》、《史记》关于孔子作《春秋》之说的相互矛盾，而得出如下结论："关于《春秋》的修订者，只要联系西周以来的修史制度去读它，就不难发现其著作权应归于鲁国自隐至哀十二公时期的史官。"⑥但是，无论是历史上还是今人的这些说法多是只取可以证明自己观点的论据为说，而对大量的关于《春秋》为孔子作的史料视而不见。由于历史的久远，在诸多重大的文化问题与历史事件上，都存在各种异说，甚至是相互矛盾，任何一种观点都可以在前人的著述中找到自己需要的史料。但是，不全面掌握史料，虽然作出严谨的合于逻辑的分析，也是很难得出令人信服的结论的，在一些问题上多年异说纷纭，原因就在于此。

否认孔子作《春秋》的结论，实际上是难以成立的。如杨伯峻所说历史上否认孔子作《春秋》的人物，只要全面考察他们的著作，就可以发现

① 如记非鲁国的卿大夫参加盟会，或书名或不书名；记载弑君事件，自庄公以上弑君者皆不书氏，闵公以下皆书氏；僖公二十一年以前对楚国君都称"楚人"，此后则或称"楚人"，或称"楚子"，宣公十一年以后都称"楚子"了。

② 如鲁襄公十四年，孙林父、宁殖逐出卫献公，可是，同年的《春秋》却记为"卫侯出奔齐"。这不符合孔子所强调的反对犯上作乱的君臣大义。

③ 昭公十二年《春秋经》云："春，齐高偃师师纠北燕伯于阳。"《公羊传》云："伯于阳者何？公子阳生也。子曰'我乃知之矣。'在侧者曰：'子苟知之，何以不革？'曰：'如尔所不知何？'"

④ 文史知识编辑部编：《经书浅谈·春秋》，中华书局1984年版，第73页。

⑤ 徐仲舒：《孔子与〈春秋〉》，《四川大学学报》2008年第6期。

⑥ 朴晟镇：《从三传看〈春秋〉不是孔子所修》，《零陵师范高等专科学校学报》2002年第2期。

他们其实并没有完全否认《春秋》为孔子作。杜预、刘知几之说已见前述，郑樵也不例外。郑樵确实在《春秋考·自述》中有说："按《春秋》之经，则鲁史记也。"但是，郑樵《六经奥论》①卷四不仅以《春秋经》为篇名，而且在该卷第一篇《春秋总辨》一开首就说："《春秋》者，鲁史记之名也。有未经夫子笔削之《春秋》西周四百年事②，有已经夫子笔削之《春秋》东迁后二百四十二年事。"可见，郑樵是以《春秋》有经史之分的，而经的《春秋》为孔子所作，并不是认为《春秋》只有鲁国史记的《春秋》。即使如章太炎这样偏向古文经学的大师，虽然以孔子"窃"史法，也没有否认孔子对《春秋》的著作权。他借对孔子自道的"罪"、"窃"之说的新解，也肯定《春秋》出自孔子修定："自孔子以鲁故史，依太史丘明为主，而修《春秋》……《春秋》凡例，掌在史官，而仲尼以退吏私受其法，似若盗窃，又亦疑于侵官，此其言'罪'、言'窃'所由也。"③刘师培的《经学教科书》中也有孔子定六经一课，承认孔子自卫返鲁，"乃编列鲁国十二公之行事作为《春秋》"④。总之，尽管对孔子与《春秋》的关系，历史上与今天仍不乏异说，但肯定《春秋》为孔子所作或所修，可以说是占主流的看法。《春秋》为孔子所作，可以说是经学的共识。⑤

承认《春秋》为孔子作的人一般都认为，《春秋》中蕴涵着孔子的理想寄托。孟子有"其义则丘窃取之"之说，《公羊传》有孔子著《春秋》"以俟后圣"之说，《穀梁传》以《春秋》"一字之褒，宠逾华衮之赠；片言之贬，辱过市朝之挞"⑥，《左传》也以《春秋》含有"王道之正，人伦之

---

① 此书是否为郑樵所著，是一个有争论的问题，明人黎温等认为此书为郑樵所作，但《四库全书总目》以为非郑樵所作，而是危邦辅托之郑樵，今人亦有异义。相关的异义可参见杨新勋：《〈六经奥论〉作者与成书考辨》，《淮北煤炭师范学院学报》（哲学社会科学版）2006 年第 4 期。

② 这里小五号字为郑樵的原注，下同。

③ 章太炎：《经的大意》，傅杰编：《章太炎学术史论集》，中国社会科学出版社 1997 年版，第 113 页。

④ 刘师培：《经学教科书·经指定义》，陈居渊：《经学教科书注》，上海古籍出版社 2006 年版，第 19 页。

⑤ 也有极个别的人认为孔子的《春秋》完全是鲁史旧文，只是对旧文有所削减。如王守仁说："至于《春秋》，虽称孔子作之，其实皆鲁史旧文。所谓'笔'者，笔其旧；所谓'削'者，削其繁，是有减无增。"（《传习录》卷上）

⑥ 阮元刻：《十三经注疏》下册，中华书局 1982 年版，第 2359 页。

纪"①，纬书有孔子"志在《春秋》"之说，司马迁以《春秋》为礼义之大宗，班固称之为微言大义。② 这些不同的说法都将《春秋》视为含有孔子义理的著作，因此，从《春秋》去发明孔子的"义"，就成为训解《春秋》的最重要任务。经学的春秋公羊学史就主要是一部历代经学家不断"解释"孔子之"义"的"发现史"，春秋公羊学则是春秋学派中最重发明微言大义的经学派别。徐复观说："《春秋》之所以入于六经，是因孔子从鲁史中取其'义'，离开孔子所取之义，这只能算是历史中的材料而不能算是经。"为此，他批评将《春秋》视为同于鲁史的观点，是"真可谓昧于经之所以为经的本源"③。

但徐复观又说："孔子作《春秋》，意在借批评二百四十二年的历史事实，以立是非的标准，而建立一门史学，这是毫无可疑的。"④ 如果说《春秋》立是非的标准，这是完全正确的，但认定《春秋》仅仅是为了"建立一门史学"就值得商榷了，这实际上是把《春秋》视为史学类的史书，就难以解释为什么后来的今文经学总是从《春秋》，而不是从其他的儒学著作中发明出了一套非常异义、可怪之论来，更不能说明为什么是春秋公羊学而不是其他什么学说成为西汉与晚清、近代的显学。《春秋》其实是一部具有两面性的著作，从其文则史说，它是一部与春秋史有联系的历史文献；从"其义则丘窃取之"说，它则是一部含有政治、伦理、哲学、历史观的经学著作。这种两面性一直是春秋学史发展中不同派别分歧的根源，也是各派不断受到其他派别攻难，而不能自圆其说的症结所在。从《春秋》的两面性，形成了以《公羊传》与《左传》为代表的两大发展方向：一是重在以史实解说经义的左传学，一是重在以义理解释《春秋》的春秋公羊学。《公羊传》则是春秋公羊学形成阶段的著作，是最初从义理来发明《春秋》的成果。由《公羊传》重在义理的发挥开其端，才有后来《春秋公羊》学的一

---

① 阮元刻：《十三经注疏》下册，中华书局 1982 年版，第 1707 页。

② 此即《汉书·艺文志》说的："昔仲尼没而微言绝，七十子丧而大义乖。故《春秋》分为五，《诗》分为四，《易》有数家之传。"

③ 徐复观：《中国经学史的基础》，（台湾）学生书局 1990 年版，第 26 页。

④ 徐复观：《儒家思想的转折及天哲学的完成》，《两汉思想史》第二卷，华东师范大学出版社 2001 年版，第 202 页。

套说辞。所以，《春秋》绝不仅仅只是为了"建立一门史学"的史学著作。从经学的角度研究《春秋》，重点也不在史学的发明，而在经学义理的探究。

二、孔子是仅采鲁史还是采百国宝书而成《春秋》

孔子据史记作《春秋》，究竟是仅据鲁史，还是博采一百二十国宝书而成？经学中的有两种说法，这两种说法分别以《左传》与《公羊传》为代表。

《左传》一派认为孔子是据鲁史而作《春秋》，如杜预的《左传序》以为"仲尼因鲁史策书成文，考其真伪，而志其典礼，上以遵周公之遗制，下以明将来之法"①；后来亦有人赞同此说，如卢钦说："孔子因鲁史记而修《春秋》。"②王皙说："仲尼约鲁史修《春秋》。"③并在《春秋皇纲论》中多次论及这一点。苏轼说："孔子因鲁史为《春秋》，一断以礼。"④刘敞也持此说，认为《春秋》是"孔子本据鲁史而作，……非必有百二十国宝书"。他还据昭公关于《公羊传》对"伯于阳"的解释，认定"《春秋》之作据鲁史审矣"，并批评《公羊传》的"其所云云者，皆诬圣人也"⑤。清人齐召南《春秋公羊传注疏考证》也说："按天子称元年于天下，诸侯称元年于其国，《春秋》本是鲁史，自书鲁君之年，若晋《乘》、楚《梼杌》自书晋君、楚君之年，《史记·十二诸侯年表》起自共和，齐、晋、秦、楚诸国各记年份，此可为古诸侯得纪元于其国之明证也。"⑥这是以诸侯国纪年得称元年，来证明《春秋》完全是本鲁史而成，而与其他国家的史书没有关系。据鲁史说常常以孔子仅据鲁史著《春秋》，来解释《春秋》经文的详略与阙疑现象，认为这些本是鲁史原有的，如刘敞说：《春秋》本"鲁史而作，鲁史所书有详有略，仲尼止考核是非，加褒贬而已"⑦。但是，有的人看法并不坚定，如刘敞在解释"郑伯克段于鄢"时说："观此一节，似左氏亦以《春

---

① 阮元刻：《十三经注疏》下册，中华书局 1982 年版，第 1705 页。
② 转引自朱彝尊：《经义考》卷一百六十八，《四库全书》本，上海古籍出版社 1987 年版。
③ 王皙：《春秋皇纲论》卷一，《四库全书》本，上海古籍出版社 1987 年版。
④ 苏轼：《学士院试春秋定天下之邪正论》，《东坡全集》卷四十，《四库全书》本，上海古籍出版社 1987 年版。
⑤ 刘敞：《春秋权衡》卷十三，《四库全书》本，上海古籍出版社 1987 年版。
⑥ 范宁：《春秋公羊传注疏》卷一附《考证》，《四库全书》本，上海古籍出版社 1987 年版。
⑦ 刘敞：《春秋权衡》卷八，《四库全书》本，上海古籍出版社 1987 年版。

秋》为据百二十国宝书作者。"①

《公羊》一派则以为孔子的《春秋》是以鲁国《春秋》为主，而广采一百二十国宝书，孙毂编《古微书》说："闵因叙昔孔子受端门之命，制《春秋》之义，使子夏等十四人求周史记，得百二十国宝书。"②徐彦说："夫子修《春秋》，祖述尧、舜，下包文、武，又为大汉用之训世，不应专据鲁史，堪为王者之法也，故言据百二十国宝书也。周史而言宝书者，宝者，保也，以其可世世传保以为戒，故云宝书也。"③孔子作《春秋》不是仅据鲁史的《春秋》，而是采一百二十国史书而成。但是，人们从《春秋》中只能考知六十个国家，④徐彦解释说："其初求也，实得百二十国史，但有极美可以训世，有极恶可以戒俗者，取之；若不可为法者，皆弃而不录，是故止得六十国也。"⑤这一解释牵强附会，任何一国的史记都存在可以训世与戒俗的史料，绝不是不见于《春秋》的其余国没有可以训世与戒俗的内容，而被孔子弃而不取。刘敞的《春秋权衡》也多次谈到这一看法为《公羊传》之说，并被他视为《公羊传》的三大要旨之一，而作出严厉的批评："《公羊》所以异于二传者，大指有三。曰据百二十国宝书而作，曰新周、故宋、以春秋当新王，曰张三世，吾以为皆非也。"⑥他还在书中多次批评《公羊传》的误解《春秋》在于不知孔子是据鲁史而作，而与百二十国宝书无关。其实，此说非《公羊》家专利，后来治经宗《左传》的章太炎也有类似的说法：孔子"既窥百国之书，贯穿考核，然后能笔削一经也"⑦。

这两种说法都未可完全相信，较为公允的看法应该是孔子作《春秋》，主要是据鲁国的史记，但也有春秋各国史记的采用。仅持一种看法，就无法解释《春秋》记载鲁国以外的其他国家，及其《春秋》以鲁史为主的情况。

与此相关的问题是，孔子是否西去周室观书。这也有两种不同的说法。

①　刘敞：《春秋权衡》卷一，《四库全书》本，上海古籍出版社 1987 年版。

②　孙毂编：《古微书》卷二十九，《四库全书》本，上海古籍出版社 1987 年版。

③　阮元刻：《十三经注疏》下册，中华书局 1982 年版，第 2195 页。

④　但是，《春秋》仅述及中国五十余国，加戎夷宿潞之属，才有六十国，故有人对百二十国宝书之说表示怀疑。

⑤　阮元刻：《十三经注疏》下册，中华书局 1982 年版，第 2195 页。

⑥　刘敞：《春秋权衡》卷八，《四库全书》本，上海古籍出版社 1987 年版。

⑦　章太炎：《国学讲演录》，华东师范大学出版社 1995 年版，第 114 页。

班固说，孔子只是在鲁国与左丘明一道观其史记，并无西去周室观书之事："以鲁周公之国，礼文备物，史官有法，故与左丘明观其史记，据行事，仍人道，因兴以立功，就败以成罚，假日月以定历数，借朝聘以正礼乐。"①在肯定孔子曾西去周室观书的看法中，司马迁、纬书《春秋·感精符》《春秋·考异邮》《春秋·说题辞》的说法各有不同。司马迁以为，孔子西去观书周室，是在干七十余君不得用之后，系孔子亲往："是以孔子明王道，干七十余君，莫能用，故西观周室，论史记旧闻，兴于鲁而次《春秋》"②；而春秋公羊学与纬书等却以为是在西狩获麟之后，是孔子弟子子夏等十四人前往周室，孔子并未前去："昔孔子受端门之命，制《春秋》之义，使子夏等十四人求周史记，得百二十国宝书，九月经立，具有其文"③。孔颖达《春秋左氏传序疏》，还记载了汉代春秋公羊学的另一种说法："沈氏云：《严氏春秋》引《观周篇》云：孔子将修《春秋》，与左丘明乘如周，观书于周史，归而修《春秋》之经，丘明为之传，共为表里。"④孔颖达疏所引的《严氏春秋》为西汉春秋公羊学严（彭祖）氏一派的著作，严氏之学源出董仲舒，治《公羊》的严氏有孔子与左丘明一道观书的说法，而左丘明为《左传》的作者，所以，此说有抬高《左传》地位的嫌疑，而春秋公羊学的严氏有其说，估计此说为西汉经学所普遍认可，这说明《公羊》与《左传》尽管存在今古文经学的不同，但在一些问题上却有相同或是相近的说法，并不是截然对立的。这一说法遭到元代经学家郝经的激烈批评，被他在《春秋三传折衷·序》中斥为"尤妄"之说："《严氏春秋》又引《观周篇》云：'孔子将修《春秋》，与左丘明乘如周，观书于周史，归而修《春秋》之经，丘明为之传，共为表里。'此尤妄焉者也。圣人修经不敢公传，道之口授弟子，岂与其徒公然如京师，探天子之史而观之，以讥贬当世，必不然

---

① 班固：《艺文志第十》，《汉书》卷三十，《四库全书》本，上海古籍出版社1987年版。

② 司马迁：《十二诸侯年表第二》，《史记》卷十四，《四库全书》本，上海古籍出版社1987年版。

③ 阮元刻：《十三经注疏》下册，中华书局1982年版，第2195页。据朱彝尊《经义考》卷一百六十八引闵因曰："孔子受端门之命，制《春秋》之义，使子夏等十四人求周史记，得百二十国宝书，九月经立。"此说当出于闵因，闵因具体情况不详，据朱彝尊引用其人其说，是依时序排列的，闵因被置于刘向与扬雄之间，似乎当为西汉人，系治春秋公羊学的儒者。董仲舒《春秋繁露·俞序》载"子贡、闵子、公肩子言其切而为国家资也"，则孔子弟子闵子骞与子贡、公肩子皆传《春秋》，闵因或为闵子之后。

④ 阮元刻：《十三经注疏》下册，中华书局1982年版，第1705页。

矣。圣人修经，高弟如曾、闵，文学如游、夏，而皆不与，岂独与丘明共之乎？亲授传旨犹不敢与，又况与圣人同时并修分为经、传乎？故此为尤妄焉者也。"①康有为在《新学伪经考·汉书艺文志辨伪上》也说，孔颖达所引之说为刘歆之流的伪窜，"不足据也"②。这些批评是符合春秋公羊学对《春秋》的看法的，但不一定合于历史的真相。

三、孔子作《春秋》的时间

在孔子作《春秋》的时间问题上也颇多异说。司马迁就有三种不同的说法，在《十二诸侯年表》中，司马迁以孔子作《春秋》是在游说诸国不得施展抱负之后：

> 是以孔子明王道，干七十余君，莫能用，故西观周室，论史记旧闻，兴于鲁而次《春秋》，上记隐，下至哀之获麟，约其辞文，去其烦重，以制义法，王道备，人事浃。③

此说没有孔子著《春秋》的确切时间，从孔子"干七十余君，莫能用"看，时间当在自卫返鲁之时，王充在《论衡·谢短篇》中质问《春秋》家之短，就有自卫返鲁作《春秋》一条④。对《春秋》家不能解释的这一问题，王充还作出鲁卫为当时天下最贤之国，鲁卫不能用，则天下不能用，故孔子退而作《春秋》的回答。⑤从徐彦疏说"《左氏》以为鲁哀十一年夫子自卫反

---

① 郝经：《陵川集》卷二十八，《四库全书》本，上海古籍出版社 1987 年版。
② 康有为：《新学伪经考》，中华书局 1988 年版，第 52 页。
③ 司马迁：《十二诸侯年表第二》，《史记》卷十四，《四库全书》本，上海古籍出版社 1987 年版。
④ 王充说："问《春秋》家曰：孔子作《春秋》，周何王时也？自卫反鲁，然后《乐》正，《春秋》作矣。自卫反鲁，哀公时也。自卫，何君也？俟孔子以何礼，而孔子反鲁作《春秋》乎？孔子录史记以作《春秋》。史记本名《春秋》乎？制作以为经，乃归《春秋》也。"（《论衡·谢短篇第三十六》卷十二）
⑤ 王充说："孔子曰：'吾自卫反鲁，然后《乐》正，雅颂各得其所。'是谓孔子自知时也。何以自知？鲁、卫，天下最贤之国也。鲁、卫不能用己，则天下莫能用己也，故退作《春秋》，删定《诗》、《书》。以自卫返鲁言之，知行应聘时，未自知也。何则？无兆象效验，圣人无以定也。鲁、卫不能用，自知极也；鲁人获麟，自知绝也。道极命绝，兆象著明，心怀望沮，退而幽思。"（《论衡·知实篇第七十九》卷二十六）

鲁，十二年告老，遂作《春秋》"①，则自卫返鲁著《春秋》为《左传》之说。② 但是，杜预在《春秋左传·序》中却否认此说出于《左传》："《春秋》之作，《左传》及《穀梁》无明文，说者以为仲尼自卫反鲁，修《春秋》，立素王。"③据孔子素王说为《公羊》独有，杜预是以此说出于春秋公羊学。孔颖达疏《春秋》哀公十四年："贾逵、服虔、颍容等皆以为孔子自卫反鲁，考正礼乐，修《春秋》，约以周礼。"贾逵、服虔、颍容皆治《左传》，则孔子自卫返鲁著《春秋》之说，也是治《左传》学者的共识。依此说则孔子著《春秋》的时间始于哀公十一年。

在《孔子世家》中，司马迁又以孔子作《春秋》在西狩获麟后：

> 鲁哀公十四年春，狩大野。叔孙氏车子钼商获兽，以为不祥。仲尼视之，曰："麟也。"取之。曰："河不出图，洛不出书，吾已矣夫！"颜渊死，孔子曰："天丧予！"及西狩见麟，曰："吾道穷矣！"喟然叹曰："莫知我夫！"子贡曰："何为莫知子？"子曰："不怨天，不尤人，下学而上达，知我者其天乎！"……乃因史记作《春秋》，上至隐公，下讫哀公十四年，十二公。④

在《儒林传》中，司马迁也以孔子作《春秋》在西狩获麟后："西狩获麟，曰'吾道穷矣。'故因史记作《春秋》。"⑤西狩获麟之后作《春秋》之说，系公羊家之说。《春秋》即终于哀公十四年春西狩获麟，《公羊传》更以西狩获麟为孔子作《春秋》之兆，董仲舒也说："有非力之所能致而自至者，西狩获麟，受命之符是也，然后托乎《春秋》，正不正之间，而明改制之义，

---

① 阮元刻：《十三经注疏》下册，中华书局 1982 年版，第 2195 页。
② 朱彝尊引毛奇龄之说亦以此说为《左传》之说，并认为关于孔子著《春秋》时间的三种说法都不可信："若夫夫子作《春秋》之年，则司马迁谓孔子厄陈蔡时作，在哀六年；左氏说谓孔子自卫反鲁，遂作春秋，则在哀十一年；而公羊说则谓，孔子西狩获麟得端门之命，乃作春秋，则又在哀公十四年。总是揣摹之言，不足据者。若其云受端门之命，则见戴宏《解疑论》，此后世纬学，不足信夫。获麟作书，本属不幸，而反以为夫子受命之符瑞，无稽之言，吾不取焉。"（《经义考》卷一百六十八）
③ 阮元刻：《十三经注疏》下册，中华书局 1982 年版，第 1708 页。
④ 司马迁：《孔子世家第十七》，《史记》卷四十七，《四库全书》本，上海古籍出版社 1987 年版。
⑤ 司马迁：《儒林列传第六十一》，《史记》卷一百二十一，《四库全书》本，上海古籍出版社 1987 年版。

一统乎天子，而加忧于天下之忧也，务除天下所患，而欲以上通五帝，下极三王，以通百王之道，而随天之终始，博得失之效，而考命象之为，极理以尽情性之宜，则天容遂矣。"①将西狩获麟与孔子作《春秋》联系为说，是春秋公羊学关于孔子著《春秋》的特有说法。司马迁的西狩获麟之后作《春秋》之说，是从其师董仲舒而来。但是，由于司马迁的史学家身份所具有的史学素养，他的孔子西狩获麟之后作《春秋》说，就较少《春秋公羊》学的神怪之说，而只是以《春秋》为孔子之道的寄托。这一说法甚至得到以治《左传》而闻名的杜预的认同，他在《左传序》中说："据《公羊》经止获麟，而左氏小邾射不在三叛之数。故余以为感麟而作，作起获麟，则文止于所起，为得其实。"②依此说孔子作《春秋》始于哀公十四年的西狩获麟。

在《太史公自序》中，司马迁又说孔子著《春秋》在厄于陈蔡时：

> 孔子厄陈蔡，作《春秋》；屈原放逐，著《离骚》；左丘失明，厥有《国语》；孙子膑脚，而论《兵法》；不韦迁蜀，世传《吕览》；韩非囚秦，《说难》、《孤愤》；《诗》三百篇，大抵贤圣发愤之所为作也。③

孔子厄陈蔡在哀公六年，依此说孔子著《春秋》的时间开始于哀公六年。但是，司马迁在这里是用来说明历史上的传世之作都是贤圣发愤之作的一个论据，并不是直接讨论孔子作《春秋》的时间问题。《孔丛子》载，子思也有此说："文王困于羑里作《周易》，祖君厄于陈蔡作《春秋》，吾困于宋可无作乎！"④就孔子厄于陈蔡之时的处境而论，春秋典册藏在官府，孔子厄于陈蔡根本不可能有作《春秋》的条件。而徐彦疏以为，此说是指孔子厄于陈蔡时，有了作《春秋》之意："孔子厄陈蔡之时，始有作《春秋》之意，未正作，其正作犹在获麟之后也，故《家语》云：'晋文之有霸心，起

---

① 董仲舒：《符瑞第十六》，《春秋繁露》卷六，钟肇鹏：《春秋繁露校释》（校补本）上册，河北人民出版社2005年版，第352页。

② 阮元刻：《十三经注疏》下册，中华书局1982年版，第1709页。

③ 司马迁：《太史公自序第七十》，《史记》卷一百三十，《四库全书》本，上海古籍出版社1987年版。

④ 孔鲋：《孔丛子·居卫第七》，《百子全书》上册，浙江古籍出版社1998年版，第79页。

于曹、卫；越王句践之有霸心，起于会稽。夫陈蔡之间，丘之幸也。'庸知非激愤厉志，始于是乎者？是其有意矣。"①这一说法，遭到叶梦得的批评："晋文图霸之心固已久矣，曹卫乃其成事，而谓霸心起于此，不应疏谬乃尔。岂孔子之言哉？"②尽管将晋文云云诬为孔子之言，不合史实，但徐彦之说不失为一种解释。

后人关于孔子作《春秋》的时间，基本上不出司马迁三种说法，只是补充了一些论据。由于三种说法不同，所以，引起了后人对孔子作《春秋》时间的疑惑。的确，这三种说法上虽然存在差异，但是可以统一的。《春秋》是孔子为拨乱反正而作，而孔子拨乱反正的想法从开始到见于《春秋》的成书，应该有一个过程。厄于陈蔡孔子开始有了著《春秋》的想法，自卫返鲁是孔子作《春秋》的开始，而西狩获麟则是孔子作《春秋》的完成。三种不同说法只是角度不同而已，所以，被司马迁在不同的地方所论及。而以《春秋》为孔子所作，在西汉经学与三传之学中都是没有异义的。

四、孔子《春秋》与史记《春秋》的异同

孔子的《春秋》与史记的《春秋》的异同，最好的说明应该是孔子的"其文则史，其义窃取"的自道。二者相同之处在于都是以史事的记载为基础，不同之处则在史的《春秋》以忠于史实为原则，而孔子《春秋》则以发明义理为重点。所以，孔子的《春秋》被视为经，而得到后人的尊崇。以《公羊传》为依凭的春秋公羊学即是春秋学中最重义理发明的经学派别。

由于史记的《春秋》自孔子的《春秋》流行后就佚失了，所以，无法对二者的文字异同作出可信的比较。从今存的史料看，孔子《春秋》与史记《春秋》文字的不同，较为可信的仅有两条。一条见于司马迁所说："孔子读史记至文公，曰'诸侯无召王'；'王狩河阳'者，《春秋》讳之也。"③"天王狩于河阳"，今《春秋》不在文公篇，而在僖公二十八年冬，被春秋公羊学视为孔子尊王的笔法，为孔子所作。"诸侯无召王"，今《春秋》无此语，系史记

---

① 阮元刻：《十三经注疏》下册，中华书局1982年版，第2195页。
② 叶梦得：《春秋考》卷一，《四库全书》本，上海古籍出版社1987年版。
③ 司马迁：《太史公自序第七十》，《史记》卷一百三十，《四库全书》本，上海古籍出版社1987年版。

《春秋》的原文。司马迁说孔子著《春秋》笔则笔，削则削，由此可见一斑。而反对诸侯召王，与讳诸侯召王，二者的精神实质是一致的，都是维护周天子的绝对权威，是尊王的表现。区别在于史记的《春秋》明确反对诸侯召王，而孔子的《春秋》则是以微言的隐晦方式来曲折地表达这一点。

另外一条见于王充的《论衡》，即庄公七年夏四月辛卯关于陨星的记载，据王充所言史记的《春秋》记载是"雨星不及地尺而复"，而孔子则将其修定为"星霣如雨"①。而王充之说是根据《公羊传》而来，《公羊传》说："不修《春秋》曰'雨星不及地尺而复'。君子修之曰：'星霣如雨。'"②按照王充的解释，孔子这一修正是，"以为地有山陵楼台，云不及地尺，恐失其实，更正之曰如雨。如雨者，为从地上而下，星亦从天霣而复，与同，故曰如。夫孔子虽云不及地尺，但言如雨，其谓霣之者，皆是星也。孔子虽定其位，著其文，谓霣为星，与史同焉"③。就是说，史记的《春秋》此条记载与实际不完全相合，孔子的修定就比较合乎实际了，但是，在内容上与史记是相同的。由此条看，孔子的《春秋》相对于史记的《春秋》较为精炼，更为准确，在文字上虽然有差别，但内容并没有什么不同。叶梦得也论及《春秋》与《史记》这一记载的不同，但并不认为是孔子笔削史记的《春秋》而来，而是孔子自为之辞："雨星者，自上而下之辞，犹言雨雪之雨，如雨者，众多之辞，犹言号令众多如雨之雨，若旧史曰雨星，《春秋》修之曰星霣如雨，则二义不同矣。霣者，至地之辞，不及地尺而复者，是不至地之辞，若旧史谓不至地，《春秋》修之谓至地，则二义亦不同矣。《春秋》盖未尝有变旧史，而自为之辞者也。"④这就否认了孔子对史记《春秋》的笔

---

① 王充说：《春秋》"庄公七年：夏四月辛卯，夜中恒星不见，星霣如雨。"《公羊传》曰："如雨者何？非雨也。非雨则曷为谓之如雨？不修《春秋》曰：雨星，不及地尺而复。君子修之，'星霣如雨'。"不修《春秋》者，未修《春秋》时《鲁史记》，曰"雨星不及地尺如复"。君子者，谓孔子也。孔子修之，"星如雨"。如雨者，如雨状也。山气为云，上不及天，下而为雨。星陨不及地，上复在天，故曰如雨。孔子正言也。夫星霣或时至地，或时不能，尺丈之数难审也。《史记》言尺，亦以太甚矣。夫地有楼台山陵，安得言尺？孔子言如雨，得其实矣。孔子作《春秋》，故正言如雨。如孔子不作，不及地尺之文，遂传至今。（《论衡·艺增篇第二十七》卷八）《论衡·说日篇第三十二》的文字基本相同。

② 阮元刻：《十三经注疏》下册，中华书局1982年版，第2228页。

③ 王充：《论衡·说日篇第三十二》卷十一，黄晖：《论衡校释》第2册，中华书局1996年版，第512—513页。

④ 叶梦得：《春秋公羊传谳》卷二，《四库全书》本，上海古籍出版社1987年版。

削，而是自为之辞。

从现存的材料看，很难证明孔子的《春秋》与史记的《春秋》的差异。所以，后来的春秋公羊学家与经学家，提出了孔子有修定史记《春秋》文字的诸多例证。这些说法，多是为证明经的《春秋》与史的《春秋》的不同，但却多难以为据。譬如，有的说《春秋》僖公十六年的经文"陨石于宋五"与"六鹢退飞过宋都"，是孔子将史记的"五石"、"鹢六"改为"石五"、"六鹢"而成，刘勰甚至以为孔子这一修定，不仅文字详备，而且一字见义："《春秋》辨理，一字见义，五石六鹢，以详备成文。"①给予极高的评价。但是，顾炎武认为，这不过是齐鲁间陋儒的穿凿之说：

> 《公》《穀》二传，相传受之子夏，其宏纲大指得圣人之深意者凡数十条。然而齐鲁之间，人自为师，穷乡多异，曲学多辩，其穿凿以误后人者亦不少矣。且如"陨石于宋五，六鹢退飞过宋都"，此临文之不得不然，非史云"五石"，而夫子改之"石五"；史云"鹢六"，而夫子改之"六鹢"也。穀梁子曰："陨石于宋五，后数，散辞也。""六鹢退飞过宋都，先数，聚辞也。""天下之达道五所以行之者三"，其散辞乎？"凡为天下国家有九经"，其聚辞乎？初九潜龙，后九也；九二见龙，先九也。世未有为之说者也。②

照《穀梁传》的说法，名词在先、数词在后为散词，数词在先、名词在后为聚词，"五石"、"鹢六"与"石五"、"六鹢"的差别，从语言学来说，不过是名词与数词排列的两种变化，一以名词在先，数词在后；一以数词在先，名词在后。这是用所谓散词、聚词来说明两种不同的排列，并不认为这两种排列有什么重大的意义区别。顾炎武则不仅否定了《穀梁传》的散词、聚词之说，并认为这种排列并没有什么孔子的修定，只不过是"临文之不得不然"，也就是记述这两种情况所应该采用的文笔，根本没有所谓史记与孔子之经的差别。

---

① 刘勰：《文心雕龙》，周振甫：《文心雕龙注释》，人民文学出版社1981年版，第18页。
② 顾炎武：《陨石于宋五》，《日知录》卷四，《四库全书》本，上海古籍出版社1987年版。

今存《春秋》书十二公第一年，皆称元年，董仲舒、何休等人皆以为这是孔子所修定，并以为其中蕴涵了巨大的意义。但是，不少学者指出人君即位称元年，不过是史书记载历史的常规，欧阳修在《五代史·汉本纪》中说：

> 人君即位称元年，常事尔，古不以为重也。孔子未修《春秋》，其前固已如此，虽暴君昏主，妄庸之史，其记事先后远近，莫不以岁月一二数之，乃理之自然也。其谓一为元，亦未尝有法，盖古人之语尔。及后世曲学之士，始谓孔子书"元年"为《春秋》大法，遂以改元为重事。①

顾炎武在《日知录》中，又引徐无党注与吕伯恭《春秋讲义》的如下两段话："古谓岁之一月亦不云一而曰'正月'，《国语》言六吕曰'元闲大吕'，《周易》列六爻曰'初九'，大抵古人言数多不云'一'，不独谓年为'元'也"；"命日以'元'，《虞典》也；命祀以'元'，《商训》也。年纪日辰之首其谓之元，盖已久矣，岂孔子作《春秋》而始名之哉。说《春秋》者乃言《春秋》谓一为'元'，殆欲深求经旨，而反浅之也"②。这些论说引用孔子之前的各种文献，证明古人多不言"一"，而多以"元"，不仅有"元年"、"元日"，而且有"元祀"等名称，而且有称一月为正月，六爻第一爻为"初"等说法。不仅诸多的古代文献可以为证，古代彝器也可以证明，如西周的《师虎敦铭》就有"元年既望"的铭文。可见，所谓"元年春"，不过是包括鲁史在内的古代史书本有的记述，而非孔子所修定。

又如，"王正月"也被认为是孔子的修定，但是，顾炎武在《日知录》中却列举文物为说，证明"尊王正为法"乃是古代各诸侯国的一条法则：

> 《广川书跋》载《晋姜鼎铭》曰："惟王十月乙亥。"而论之曰："圣人作《春秋》，于岁首则书王，说者谓谨始以正端。今晋人作鼎而曰'王十月'，是当时诸侯皆以尊王正为法，不独鲁也。"李梦阳言："今人

---

① 欧阳修：《汉本纪第十》，《新五代史》卷十，《四库全书》本，上海古籍出版社1987年版。
② 顾炎武：《谓一为元》，《日知录》卷四，《四库全书》本，上海古籍出版社1987年版。

往往有得秦权者，亦有'王正月'字。以是观之，《春秋》'王正月'，必鲁史本文也。言王者，所以别于夏、殷，并无他义。刘原父以'王'之一字为圣人新意，非也。子曰：'述而不作，信而好古。'亦于此见之。"①

这里用晋鼎、秦权的铭文，证明"王正月"不但是鲁国史记的文字，而且也是包括秦国、晋国在内的各诸侯国所通行的法则。真实文物的铭文，在史料的可靠性上，较之文本资料更具有可信性。顾炎武用文物铭文来证明"王正月"是各国史文的通例，这一证明是无可辩驳的。顾炎武还引赵伯循之说，以"王正月"不过是诸侯禀受天子的正朔："天子常以今年冬班明年正朔于诸侯，诸侯受之，每月奉月朔甲子以告于庙，所谓禀正朔也，故曰王正月。"所以，《春秋》的"王正月"也就是以"周正"为历法的标准，他称许《左氏传》的"元年春，王周正月"的这一解释，为"古人解经之善，后人辨之累数百千言而未明者，传以一字尽之矣"②。

此外，被春秋公羊学大肆发挥的"赵盾弑君"的记载，也不是出于孔子之手，而是见于春秋晋国的《太史书》。顾炎武说："《太史书》曰：'赵盾弑其君。'此董狐之直笔也。'子为正卿，亡不越境，反不讨贼。'此董狐之巽辞也。传者不察其指，而妄述孔子之言，以为越境乃免，谬矣。穿之弑，盾主之也，讨穿犹不得免也。君臣之义无逃于天地之间，而可逃之境外乎？"③顾炎武的批评是针对《左传》宣公二年的记载：

　　赵穿攻灵公于桃园。宣子未出山而复。大史书曰："赵盾弑其君。"以示于朝。宣子曰："不然。"对曰："子为正卿，亡不越竟，反不讨贼，非子而谁？"宣子曰："乌呼，'我之怀矣，自诒伊戚'，其我之谓矣！"孔子曰："董狐，古之良史也，书法不隐。赵宣子，古之良大夫也，为法受恶。惜也，越竟乃免。"

---

① 顾炎武：《王正月》，《日知录》卷四，《四库全书》本，上海古籍出版社 1987 年版。
② 顾炎武：《王正月》，《日知录》卷四，《四库全书》本，上海古籍出版社 1987 年版。
③ 顾炎武：《赵盾弑其君》，《日知录》卷四，《四库全书》本，上海古籍出版社 1987 年版。

顾炎武斥责《左传》中这一孔子之语是张冠李戴，肯定赵盾弑君的记载出于晋国的史书，而非所谓圣人笔法。依此类推，《春秋》众多的弑君记载也应当并非孔子的笔法，而是春秋史书的文笔。

有的还从出土文献来证明，鲁史的《春秋》与所谓孔子的《春秋》在文字上并不存在什么差异。晋代在汲郡汲县的旧冢，出土了一批先秦文献，文字为蝌蚪文，其中就有古代历史记载的史书，名为《纪年》（即《竹书纪年》）。杜预在注《左传》后所写的《春秋左传集解·后序》中就将其与《春秋》相比较：

> 其《纪年》篇，起自夏、殷、周，皆三代王事，无诸国别也。唯特记晋国，起自殇叔，次文侯、昭侯，以至曲沃庄伯。庄伯之十一年十一月，鲁隐公之元年正月也，皆用夏正，建寅之月为岁首，编年相次……其著书文意，大似《春秋》经，推此足见古者国史策书之常也。

经过比较，杜预得出的结论是《竹书纪年》与《春秋》相近似。刘知几后来在《史通·惑经》中也对此有所分析：

> 观汲冢所记，皆与鲁史符同。至如周之东迁，其说稍备，隐、桓已上，难得而详，此之烦省，皆与《春秋》不别。又"获君曰止"、"诛臣曰刺"，"杀其大夫曰杀"，"执我行人"，"郑弃其师"，"陨石于宋五"，其事并出《竹书纪年》，唯"郑弃师"出《琐语》、《晋春秋》也。诸如此句，多是古史全文。①

刘知几根据《春秋》与汲冢出土的《竹书纪年》等相比较，得出《春秋》记载的文字多出古史，而且文句多是古史全文。正是依据这些证据，郑樵认为经的《春秋》实际上就是鲁国的史记："按《春秋》之经，则鲁史记也，初无同异之文，亦无彼此之说，良由三家所传之书有异同，故是非从

---

① 刘知几：《史通·外篇·惑经第四》，浦起龙：《史通通释》卷十四，江苏广陵古籍刻印社1991年版，第8页。

此起。"①

《春秋》的文本包括春秋公羊学认为较为重要的条目，在杜预、刘知几、欧阳修、郑樵、顾炎武、赵翼等人看来都不过是鲁史或其他史书的旧文，而且是可以由土文献所证明的。可见，被视为经的《春秋》与史的《春秋》在文字的异同上，并没有如一些人所说的那样多，更不像春秋公羊学所说的完全为孔子所作。其文则史，说明孔子的《春秋》在史实的记载上，文字多同于史记的《春秋》，所以，史的《春秋》有阙疑之处，经的《春秋》也有所阙疑。而不同之处反倒是很少的，春秋公羊学及后人所说的孔子所定的文字，多是缺乏坚实根据的臆说，是难以为据的。赵翼说："孔子修《春秋》，鲁史旧文不可见，故无从参校圣人笔削之处。今以《汲冢纪年》书考之，其书鲁隐公及邾庄公盟姑蔑，即《春秋》公及邾仪父盟于蔑也；书晋献公会虞师伐虢灭下阳，即《春秋》虞师灭夏阳也。据此可见当时国史，其文法大概本与《春秋》相似，孔子特酌易数字，以寓褒贬耳。杜预所谓推此可以知古者国史策书之常也。而孔子删订《春秋》之处，亦即此可见。又鲁庄公七年星陨如雨，《公羊传》谓原本乃雨星不及地尺而复，孔子修《春秋》改曰星陨如雨。是亦可见圣人改削之迹。"②《春秋》的底本与孔子的《春秋》，并不存在春秋公羊学所说的那样多的不同，仅有孔子的不多删改。而孔子的笔削已经多不可考，只可从"星陨如雨"等处考知笔削的痕迹。诚如朱熹所说："今硬说那个字是孔子文，那个字是旧史文，如何验得？"③但也有人认为，孔子笔削不少，刘敞在《春秋权衡》中解襄公元年"围宋彭城"时说："《左氏》曰：'非宋地，追书也。'由是言之，则孔子作《春秋》所笔削多矣，岂专用旧史者乎？"④

尽管春秋公羊学关于经的《春秋》与史的《春秋》文字之异的例证，今天已经难以取信，但是，《春秋》确实经过孔子的笔削，而不是对史实的原封不动地照抄。孔子的《春秋》被视为经，并不在文字上与史的《春秋》

---

① 郑樵：《春秋考序》，《通志》卷六十三，《四库全书》本，上海古籍出版社1987年版。

② 赵翼：《春秋底本》，《陔余丛考》卷二，上海古籍出版社1995年版。

③ 朱熹：《春秋煞有不可晓处》，《春秋·纲领》，《朱子语类》卷八十三，《四库全书》本，上海古籍出版社1987年版。

④ 刘敞：《春秋权衡》卷六，《四库全书》本，上海古籍出版社1987年版。

有多大的出入，而在于孔子通过笔削所寄托的思想，及其后来儒学家对此的解说。如同《诗》、《书》，原本是三代的文献，但经过儒家的义理发明，才发展为公认的经典。加上孔子所具有的圣人地位，《春秋》又认为是孔子的作品，人们就更注重从中发明微言大义，其文则史的《春秋》才会被视为完全不同于史的经典，以至出现《左传》不传《春秋》的说法，而处处从义理来发明《春秋》。春秋公羊学的通过所谓书法，由文字的灵活解释以发挥出所谓圣人的微言大义，就是其突出的代表。这既是春秋公羊学在《春秋》学上的巨大贡献，也是春秋公羊学对《春秋》学造成的重大伤害。这就是历史的辩证法。

第　二　章

战国：形成阶段的春秋公羊学

　　春秋公羊学形成的标志是《春秋公羊传》的成书。自孔子著《春秋》后，孔子曾将《春秋》传于他的弟子，弟子再传之后人，在《春秋》的传授中，形成了数家之学，最有名的是《春秋》三传之学①，《公羊传》即其中之一。《公羊传》是形成阶段的春秋公羊学，也是春秋公羊学的开端。②《春秋公羊传》是战国以来由沈子、公羊子等人解释《春秋》之说的传承并不断修订的结果，虽然著于竹帛的时间在西汉初年的汉景帝，但以《春秋公羊传》为内容的春秋公羊学，主要反映的是战国时期人们对《春秋》的训解，是春秋公羊学形成阶段的代表著作，是后来春秋公羊学得以发展的基础。《公羊传》传者多为齐人，齐地自战国以来多怪诞之风，受其学风的影响，虽然何休说"其中多非常异义可怪之论"③，但是，从总体上说还是较为平实，是战国时期以齐地为主的儒生适应战国的时代背景，运用儒学的政治道德伦理观念借助对《春秋》的解说，而发展出的具有时代特色的儒学理论。

---

　　① 《汉书·艺文志》的《六艺略》载西汉传《春秋》学者有五家，但在结语中却只言四家，而无《左传》："故有《春秋公羊》、《穀梁》、《邹》、《夹》之《传》。四家之中，《春秋公羊》、《穀梁》立于学官，邹氏无师，夹氏未有书。"这五家之学，西汉以来较有影响为《左传》、《春秋公羊传》、《穀梁传》三家。

　　② 蒋庆在《公羊学引论》中说："孔子通过作《春秋》、传（去声）《春秋》及口说《春秋》创立了公羊学。"（辽宁教育出版社1995年版，第61页）又说："《公羊传》是孔子自传，公羊口说则是孔子亲说。"（该书第68页）此说不合经学的圣经贤传之说，孔子作《春秋》，绝没有可能自己再去作传，以传弟子。若传为孔子传，依三传得名的通例，当以孔子命其传命，而不应当以公羊命名。若《公羊传》只是孔子自传，则不当以传名，而应直称《春秋经》。

　　③ 阮元刻：《十三经注疏》下册，中华书局1982年版，第2190页。

第一节　《公羊传》的形成

从孔子著《春秋》到《公羊传》的著于竹帛，经过了三百余年的时间。对《公羊传》的形成，历史上异说纷纭，至今迄无定论。这些说法各有所见，也各有所缺，若能取其所见，补其所缺，就可以得出较为公允的结论。

一、《公羊传》源出七十子中的子夏、曾子诸人

《公羊传》的最初源头，一般都以为源出子夏。《孝经·钩命决》说："孔子在庶，德无所施，功无所就，志在《春秋》，行在《孝经》，以《春秋》属商，《孝经》属参。"商即卜商，字子夏，卫人，为孔子弟子，是七十子之一，以文学著称。这是以子夏与曾子分别为孔子的《春秋》、《孝经》的传人。据徐彦疏，"《春秋》属商，《孝经》属参"之说，为《孝经说》引孔子语①，是纬书的说法。纬书成书在西汉末年，而儒家传记往往多托名孔子，故未必有孔子以《春秋》传于子夏，《孝经》传于曾子之事。但是，这一说法可能是汉代经学的流行说法，才得以写入东汉被称为内学的纬书。

在纬书以外，东汉的戴宏的"序"也以子夏为《公羊传》的最初传人："子夏传与公羊高，高传与其子平，平传与其子地，地传与其子敢，敢传与其子寿。至汉景帝时，寿乃其弟子齐人胡毋子都著于竹帛，与董仲舒皆见于图谶。"②《三国两汉学案》说戴宏字符襄，为济北刚县人，为治《春秋公羊传》的经学家③，故《穀梁注疏》说："《春秋公羊》、《左氏》论难纷然，贾逵、服虔共相教授，戴宏、何休亦有唇齿。"④但《后汉书》无传，只是在《吴佑传》中言及戴宏："佑以光禄四行迁胶东侯相。时济北戴宏父为县丞，宏年十六，从在丞舍。佑每行园，常闻讽诵之音，奇而厚之，亦与为友，卒成儒宗，知名东夏，官至酒泉太守。"⑤注引《济北先贤传》说："宏字元襄，

---

① 阮元刻：《十三经注疏》下册，中华书局1982年版，第2195页。
② 阮元刻：《十三经注疏》下册，中华书局1982年版，第2190页。
③ 唐晏：《三国两汉学案》，中华书局1986年版，第441页。
④ 阮元刻：《十三经注疏》下册，中华书局1982年版，第2444页。
⑤ 范晔：《吴延史卢赵列传第五十四》，《后汉书》卷六十四，《四库全书》本，上海古籍出版社1987年版。

刚县人也，年二十二，为郡督邮，曾以职事见诘，府君欲挞之，宏曰：'今鄙郡遭明府，咸以为仲尼之君国，小人少以宏为颜回，岂闻仲尼有挞颜回之义?'府君异其对，即日教署主簿也。"据此，戴宏当为汉安帝时人，而少以学行闻名郡县。东汉经学特重家法，各经博士皆据家法为说，戴宏之说当本于师说，非他所杜撰。何休解诂《春秋公羊》也以《公羊传》源自子夏，可证《公羊传》出于子夏可能是汉代春秋公羊学的共同看法。

汉代以前，并无《公羊传》出自子夏之说。董仲舒在《春秋繁露·俞序》引《春秋》先师之说时，曾两次引及子夏，子夏也是"俞序"唯一两次引其说的《春秋公羊》先师。董仲舒是西汉最早也是最著名的春秋公羊学大师，东汉春秋公羊学的严、颜之学均出自董仲舒，戴宏无论是治严氏还是颜氏之学，都有可能得闻董仲舒之说。故戴宏之说可能源出董仲舒，但是，董仲舒引传《春秋》的先师，在孔子弟子七十子中，还有子贡、曾子，此外还言及其他的春秋公羊先师，并非只有子夏一人，戴宏则变为子夏一人。

但戴宏此说却在后来得到普遍认同。如荀崧《疏请增置博士》说："儒者称公羊高亲受子夏。"[1]陆德明说："公羊高受之于子夏。"[2]洪迈说："公羊高实受之于子夏。"[3]这与子夏在孔子弟子中的特殊地位与在经学传承中的巨大贡献是分不开的，洪迈的一席话最好地说明了这一点：

孔子弟子惟子夏于诸经独有书，虽传记杂言未可尽信，然要为与他人不同矣。于《易》则有传[4]；于《诗》则有序，而毛诗之学，子夏授

---

① 严可均：《全晋文》卷三十七，《四库全书》本，上海古籍出版社1987年版。

② 陆德明：《经典释文·次第》上册，上海古籍出版社1984年版，第14页。

③ 洪迈：《容斋随笔·容斋续笔》卷十四，《四库全书》本，上海古籍出版社1987年版。

④ 指《子夏易传》，朱彝尊以为"刘向《七略》有《子夏易传》，但此书不行已久，今所存多失真本"（《经义考》卷五）。而刘彬在《子夏易学初探》曾从《公羊传》的以始释元，来证明《子夏易传》确为子夏所著："《周易正义》在《乾》卦辞'元亨利贞'下引《子夏易传》:'《子夏传》云: 元，始也。亨，通也。利，和也。贞，正也。'《周易集解》也引《子夏易传》这段话，与此完全相同。值得注意的是，《子夏易传》以'始'释'元'，与《春秋公羊传》完全相同。《春秋》隐元年《公羊传》曰: '元年者何? 君之始年也。'显然以'始'释'元'。案《公羊传》传自子夏……可见《公羊传》以'始'释'元'正是承子夏。而《子夏易传》也以'始'释'元'，与子夏《公羊传》相同，这正是《子夏易传》的作者为子夏的一条力证。"（《易学与儒学国际学术研讨会论文集·易学卷》，山东大学易学与中国古代哲学研究中心，2005年）

高行子，四传而至小毛公，或云传曾申五传而至大毛公；于《礼》则有《仪礼·丧服传》一篇；于《春秋》所云不能赞一辞，盖亦尝从事于斯矣，公羊高实受之于子夏；穀梁赤者，《风俗通》亦云云子夏门人；于《论语》，则郑康成以为仲弓、子夏等所撰定也。后汉徐防上疏云："《诗》、《书》、《礼》、《乐》定自孔子，发明章句始于子夏。"①斯其证云。②

薛季宣在《书古文训》的"自序"亦有"子夏学《书》，见于孔子"③之说。对子夏是否著《易传》、《诗序》，作《丧服传》，传《诗》④、《书》与《春秋》，定《论语》，在经学史上尽管不乏异义，但是，在七十子中被认为对经学有如此贡献的人，仅子夏一人。这与子夏在七十子中以"文学"著称，孔子去世后又为魏文侯之师的特出地位不无关系。所谓"文学"主要是对《诗》、《书》、《礼》、《乐》等典籍有深入造诣，并善于著作的学者。《春秋》从大旨上说是一部政治著作，子夏为魏文侯师，不仅有"文侯受子夏经艺"⑤的记载见于《史记》，而且子夏及其弟子的政治实践，与《春秋》的精神也是相通的。司马迁在《儒林传》中就给予子夏很高的地位："仲尼既没，七十子之徒散游诸侯，大者为卿相师傅，小者友教士大夫，或隐而不见。故子张居陈，澹台子羽居楚，子夏居西河，子贡终于齐。如田子方、段干木、吴起、禽滑厘之属，皆受业于子夏之伦，为王者师。是时，独魏文侯好学。"⑥像子夏这样不仅本人做到好学的魏文侯的老师，还培养出为多位王者师的弟子，在七十子中可以说是绝无仅有的。这些都使得《公羊传》出自子夏说，成为春秋公羊学所易接受的说法，春秋公羊学也可借子夏的独特地位来提高其影响。

---

① 徐防上疏原文为："臣闻《诗》、《书》、《礼》、《乐》，定自孔子；发明章句，始于子夏。其后诸家分析，各有异说。"（《邓张徐张胡列传第三十四》，《后汉书》卷四十四）

② 朱彝尊：《经义考》卷五，《四库全书》本，上海古籍出版社 1987 年版。

③ 朱彝尊：《经义考》卷八十一，《四库全书》本，上海古籍出版社 1987 年版。

④ 班固的《汉书·艺文志第十》说："又有毛公之学，自谓子夏所传，而河间献王好之，未得立。"

⑤ 司马迁：《魏世家第十四》，《史记》卷四十四，《四库全书》本，上海古籍出版社 1987 年版。

⑥ 班固：《儒林传第五十八》，《汉书》卷八十八，《四库全书》本，上海古籍出版社 1987 年版。

由于子夏在先秦传承中的突出地位，除《公羊传》托始子夏之外，《穀梁》也托始子夏，杨士勋说："穀梁子名淑，字元始，鲁人，一名赤，受经于子夏，为经作传，故曰《穀梁传》。传孙卿，孙卿传鲁人申公，申公传博士江翁。"①近代的廖平在《公羊补正》中，据班固的《汉书》记古人名姓，无名遗姓绝少，三传人名多有异文，认为公、穀系卜之双声，羊、梁为商之迭韵，同音异字，实指子夏一人。潘祖荫在给廖平此书作序时指出，廖平此说"本于罗（璧）、万（见春）而小易之"②。而这一看法并没有获得学术界的普遍认可。

以子夏为传《春秋公羊》及其《穀梁》之始，在历史上遭到不少人的否定。最有代表性的说法见于元代的郝经，他不仅否定子夏与《春秋公羊》、《穀梁》的关系，还在子夏说之外，提出了三传皆本于曾子的说法。郝经说：

> 按夫圣人修经，子夏以文学称，使之从周太史，请求记录与鲁史左验，卒成其书，事或有之。谓《春秋》之义授之商，而商传之公、穀，二氏而为之传，则未敢以为然也。而公羊氏于昭公二十五年称孔子者一，文公四年称高子者一，庄公三十年称子司马子者一，闵公元年称子女子者一，隐公十一年、定公元年称子沈子者二，庄公三年、二十四年、僖公二十年、二十四年、二十八年称鲁子者五，穀梁氏于桓公三年、十四年、僖公十六年、成公五年、昭公四年、哀公十三年称孔子者六，定公元年称沈子者一，隐公五年、桓公九年称尸子者二，桓公三年称子贡者一，襄公二十三年称蘧伯玉者一，公羊氏终篇非惟不及子夏，但称孔子者一，而孔门高弟皆不及焉。穀梁氏亦不及子夏而称孔子者六，称子贡者一，而其余高弟亦皆不及焉。③

郝经认为，子夏有可能参与西去周室观书的工作，帮助过孔子著《春秋》，但是，子夏独传孔子《春秋》以授公羊高、穀梁淑，则不可相信。《公羊

---

① 阮元刻：《十三经注疏》下册，中华书局1982年版，第2358页。
② 潘祖荫：《公羊补正序》，转引自《光绪井研县志》，井研县编史修志委员会，1985年，第142页。
③ 转引自朱彝尊：《经义考》卷一百九十三，《四库全书》本，上海古籍出版社1987年版。

传》与《穀梁传》记载了多位先师，却没有一次引及子夏，若子夏为二传之源，不可能一次都无子夏的记载。郝经的这一辩驳有一定说服力。他还进一步指出，子夏说出于纬书，为谶纬之说，根本不值得相信：

> 为《公》、《穀》之学者，以《孝经说》云："《春秋》属商，《孝经》属参。"闵因"序"云："孔子受端门之命，制《春秋》之义，使子夏等十四人求周史记，得百二十国宝书。"遂谓公羊高、穀梁淑受经于子夏，彼皆汉兴以来谶纬曲说，岂可以为？[①]

谶纬之说多神怪之论，不可轻易相信。但是，谶纬也不可一概否定，尤其是纬书中一些关于经学的说法，多出于当时的经生之手，往往在神秘的色彩后面隐藏着一些历史的真实。所以，尽管《公羊传》、《穀梁传》都没有言及子夏，但是，董仲舒在《春秋繁露·俞序》中明确两次引有子夏之说："故卫子夏言：'有国家者，不可不学《春秋》，不学《春秋》，则无以见前后旁侧之危，则不知国之大柄，君之重任也。故或胁穷失国，捡杀于位，一朝至尔，苟能述《春秋》之法，致行其道，岂徒除祸哉！乃尧、舜之德也。'"[②] "故子夏言：'《春秋》重人，诸讥皆本此，或奢侈使人愤怨，或暴虐贼害人，终皆祸及身。'"[③]这说明子夏的确传过《春秋》，否则，董仲舒不可能有此引用。而且，董仲舒所引子夏的第一段话，与孟子论《春秋》多有相近之处，都是从防范乱臣贼子来说的，而第二段话则与汉代春秋公羊学的发明多有契合处。这说明子夏的确是传过《春秋》的。《公羊传》无子夏的记述，可能是一种偶然的巧合，并不能以此否定子夏对《春秋》的传授。

　　郝经的三传皆本于曾子之说，依据是《公羊传》五次引及鲁子，而鲁子乃是曾子的传抄之误：

---

① 转引自朱彝尊：《经义考》卷一百九十三，《四库全书》本，上海古籍出版社1987年版。

② 董仲舒：《俞序第十七》，《春秋繁露》卷六，钟肇鹏主编：《春秋繁露校释》（校补本）上册，河北人民出版社2005年版，第356页。

③ 董仲舒：《俞序第十七》，《春秋繁露》卷六，钟肇鹏主编：《春秋繁露校释》（校补本）上册，河北人民出版社2005年版，第363页。

　　独公羊氏称鲁子者五，与孔子直称子同，则著其师之所传，故推尊之如孔子，亦如孔子既没，门弟子之称有子，师事而尊称之也。既尊之，又屡称之，岂非本其所自而乐道之欤？孔门之高弟一不及焉。《语》《孟》传注无所谓鲁子者而屡称焉，故疑鲁为曾，曾鲁之文相近，传写之误，遂以曾子为鲁子，昔人辨古文之差，以鱼为鲁，此岂非误曾为鲁乎？且公羊氏于昭公十九年，许世子止弑君之传，以乐正子春为说，乐正子春曾子之弟子，则鲁子为曾子无疑也。左氏则言授之曾申，公羊氏则屡称曾子，穀梁氏言子贡而不及子夏，盖左氏、公羊氏皆出曾子，而穀梁氏受之沈子、尸子之徒，沈子、尸子之徒则受之曾子也。二氏之传出于曾子，非出于子夏明矣。三传之传皆本之曾子。①

　　郝经统计有误，《公羊传》不是 5 次，而是 6 次引及鲁子②，鲁子无疑是《公羊传》称引最多的人物。但是，在《论语》《孟子》及其传注中，皆无鲁子的记载，而《论语》《孟子》中曾子被数次言及，所以，郝经怀疑此鲁子当指曾子。而曾子被误为鲁子，是因二字字形相近。但是，误曾为鲁的可能性不大，因曾、鲁的上半部分有很大差别，鲁的上半部分是一个鱼字，字形有三层，曾的上半部分的字形仅有二层，二者在字形结构上有较大的差异，非郝经所说的以鱼为鲁之误可比。同时，1 处出错有可能，5 处皆错则不大可能，尤其是曾子为七十子中的著名人物，若非《公羊传》所记确是鲁子，出现 6 处以不知名的鲁子误代曾子，这是难以想象的。郝经的论证虽然不一定能够成立，但是曾子确与《春秋》有一定关系，董仲舒在《春秋繁露·俞序》中说："《春秋》之道，大得之则以王，小得之则以霸。故曾子、子石盛美齐侯安诸侯，尊天子。"③说明曾子有关于《春秋》的论说，并

---

　　①　转引自朱彝尊：《经义考》卷一百九十三，《四库全书》本，上海古籍出版社 1987 年版。

　　②　《公羊传》称引鲁子六次的记载是：第一条，见庄公三年，鲁子曰："请后五庙以存姑姊妹。"第二条，见庄公二十三年，鲁子曰："我贰者，非彼然，我然也。"第三条，见僖公五年，鲁子曰："盖不以寡犯众也。"第四条，见僖公二十年，鲁子曰："以有西宫，亦知诸侯之有三宫也。"第五条，见僖公二十有四年，鲁子曰："是王也，不能乎母者，其诸此之谓与？"第六条，见僖公二十八年，鲁子曰："温近而践土远也。"

　　③　董仲舒：《俞序第十七》，《春秋繁露》卷六，钟肇鹏主编：《春秋繁露校释》（校补本）上册，河北人民出版社 2005 年版，第 363 页。

被董仲舒所引以为说。而且《公羊传》昭公十九年，有曾子的弟子乐正子春"视疾"的记述，并以乐正子春为至孝的代表；思孟学派源出曾子，先秦儒家人物的著作只有《孟子》有较多的关于《春秋》的论述，并与西汉春秋公羊学的观念最为接近，所以，尽管郝经以鲁子误为曾子之说不可信，但追溯起来，曾子确与《春秋公羊》有密切的联系。

《春秋》寄托着孔子的理想，孔子一定会将其传于他的弟子，为了保证《春秋》能够流于后世，孔子所传至少应该是多人，而绝不可能只传一人。纬书说只传子夏，郝经说出于曾子，而无关子夏，都是片面之词。仅从董仲舒的《春秋繁露·俞序》来看，孔子弟子除了子夏、曾子外，还有子贡、闵子骞、公肩子与《春秋》有关："子贡、闵子、公肩子言其切，而为国家资也。其为切，而至于杀君亡国，奔走不得保社稷，其所以然，是皆不明于道，不览于《春秋》也。"①所以，在七十子中传《春秋》者非一，至少有子夏、曾子、子贡、闵子骞、公肩子数人，而《春秋繁露·俞序》提到的七十子的弟子中世硕也是《春秋公羊》的重要传人。司马迁说："及如荀卿、孟子、公孙固、韩非之徒，各往往捃摭《春秋》之文以著书，不可胜纪。"②由此可见，先秦传《春秋》者除董仲舒所说七十子及其后学外，后来还有孟子、荀子、韩非、公孙固等人及其弟子们一大批人才。

二、《公羊传》是齐学先师的成果

在讨论《公羊传》的传承者问题上，有一个值得注意的难点，就是《公羊传》的各种称子的情况。晁说之早就提出疑问："既曰一家之传，而特书子公羊子者，孰谓高欤，且又载鲁子、高子之辞，何邪？而又复有子沈子者、子女子者、子北宫子者，高之所子，欤抑平、地、敢、寿之所子欤？"③子公羊子究竟是不是指公羊高，公羊高与高子的关系如何，子沈子等称子究竟是公羊高所称还是其子孙所称，这些都是值得考虑的问题。

郝经在辨析曾子传《春秋》时，也注意到了《公羊传》中言先师，有

---

① 董仲舒：《俞序第十七》，《春秋繁露》卷六，钟肇鹏主编：《春秋繁露校释》（校补本）上册，河北人民出版社 2005 年版，第 356 页。

② 司马迁：《十二诸侯年表第二》，《史记》卷十四，《四库全书》本，上海古籍出版社 1987 年版。

③ 晁说之：《三传说》，《景迂生集》卷十二，上海古籍出版社 1987 年版。

两种称谓不同的情况，并试图作出合理的解释。他认为，这两种不同的称谓
分别用来指称公羊子的师友、先师：

> 　　夫加子于上者，辟圣人直称子也，直称子尊而师之也，故公羊氏之
> 称子沈子、子司马子、子女子与，自称子公羊子，皆其师友也。其称高
> 子，与穀梁氏之尸子、沈子等皆其师也，故尊之与孔子同。穀梁氏于隐
> 公五年自称曰穀梁子，而上不加公羊寿子，穀梁氏之门人尊称之也。其
> 蘧伯玉则记孔子之时贤大夫之言，亦著其师之所授者也。①

据自汉代以来的说法，《公羊传》是公羊寿在汉景帝时，与弟子胡毋生一道
著于竹帛的。汉代著书绝无自称为子者，《公羊传》的子公羊子当指公羊
高，而不可能是如郝经所说是指公羊寿本人，子公羊子是公羊寿对先祖也是
先师的一种尊称，由子公羊子以推，子沈子等以子系于姓名之前者，应该都
是《春秋公羊》的先师，而不是郝经所说的师友。直接称子的反倒是《春
秋公羊》以外的《春秋》师友，而不是郝经所说的《春秋公羊》先师。故
鲁子、高子都不是《春秋公羊》的先师，而是《春秋公羊》的师友。高子
绝不可能是公羊高，将高子说成是公羊高，完全是不明《春秋公羊》先师、
师友之分的误说。其实，何休在《公羊解诂》隐公十一年，释"子沈子曰：
'君弑，臣不讨贼，非臣也。不复仇非子也。葬，生者之事也。《春秋》君
弑贼不讨，不书葬，以为不系乎臣子也'"时，就已经正确地指出："子沈
子，后师。明说此意者，明臣子不讨贼当绝，君丧无所系也。沈子称子冠氏
上者，著其为师也。不但言子曰者，辟孔子也。其不冠子者，他师也。"②用
他师、本师来分辨《公羊传》的两种称谓，较之郝经的说法不仅清晰明快，
而且更符合《公羊传》的原意。徐彦疏也说："传所以记鲁子者，欲言孔氏
之门徒受《春秋》，非唯子夏，故有他师矣。其隐十一年传记'子沈子'者，
欲明子夏所传，非独公羊氏矣，故辄记其人以广义也。"③顾炎武在《子沈
子》中也肯定何休之说，据《公羊传》中有"子公羊子曰"，"子司马子

---

① 转引自朱彝尊：《经义考》卷一百九十三，《四库全书》本，上海古籍出版社 1987 年版。
② 阮元刻：《十三经注疏》下册，中华书局 1982 年版，第 2210 页。
③ 阮元刻：《十三经注疏》下册，中华书局 1982 年版，第 2226 页。

曰"，"子女子曰"，"子北宫子曰"等记载，认为"何后师之多软！然则此传不尽出于公羊子也明矣"①。赵翼在《夫子》中，也持此说："《公羊传序》有子公羊子、子司马子，何休释曰：加子于姓上，名其为师也；若非师而但有德者，不以子冠氏也。《梁溪漫志》云：《列子》书亦其门人所集，故曰子列子，子冠氏上，明其为师也，不但言子者，所以避孔子也。又陈后山以《南丰瓣香》称为子曾子，朱晦庵称周、程曰子周子、子程子，亦自托于弟子之列也。"②所以，《公羊传》两种称谓与郝经的解说正好相反。

郝经之误，一误以子公羊子为公羊寿的自称，再误高子为公羊高，三误鲁子为曾子，而有直接称子者为《春秋公羊》先师，子冠于前者为师友的误说。子本是古代男子的泛称，汉以后才成为专门用于孔子等圣贤的尊称，即使是孔子被神化以后，也还有以子相称的，如北齐刘昼的书就以《刘子》相称，故"高子"、"鲁子"之称，无疑是一种尊称，但绝无郝经的"尊之与孔子同"之意。若以子相称，就是与孔子同尊，则称子者多矣，尊何其滥矣？说《春秋公羊》直接以子相称是尊称，无疑是正确的，但说加子于上者是有所避，这于情于理都不通。岂有本师不如他师尊，尊他师无所讳，尊本师倒有所避？所以，《公羊传》以子系于姓名之前与直接称子的两种称呼，只是为了分别本师与他师的不同身份，并不存在所谓有所避的问题。如果说尊本师要避孔子称子，他师就更应该避讳了。况子司马子等并不是郝经所说的以子系于姓名之前，而是以子系于司马子等称子者之前，故绝不存在避讳孔子称子之举，不仅不避讳称子，反而在称某子之前再加一子，是双重地称子。这只能是对《春秋公羊》先师特别尊重的称谓。

此外，以师、师友称子是战国时期的一个普遍现象。顾炎武对称子的历史演变有一段精炼的说明：

> 春秋自僖、文以后，而执政之卿始称子。其后则匹夫而为学者所宗亦得称子，老子、孔子是也。又其后则门人亦得称之，乐正子、公都子之流是也。故《论语》之称子者，皆弟子之于师。《孟子》之称子者，

① 顾炎武：《子沈子》，《日知录》卷四，《四库全书》本，上海古籍出版社1987年版。
② 赵翼：《陔馀丛考》卷三十六，《续修四库全书》第1152册，第53页。

皆师之于弟子，亦世变之所从来矣。《论语》称孔子为子，盖夫子而省其文，门人之辞也。亦有称夫子者，"夫子矢之"，"夫子喟然叹曰"，"夫子不答"，"夫子莞尔而笑"，"夫子怃然曰"，不直曰子，而加以"夫"避不成辞也。①

由此可见，战国时期的称子是十分泛滥的，并没有严格的规定。而《论语》称孔子，除记载孔子的语言用"子曰"外，弟子称孔子为"夫子"，并不是单单一个"子"。况且，在《公羊传》刚刚被著于竹帛时，还没有儒学独尊、孔子被神化的社会背景，并不存在要避讳孔子称子的情况。所以，郝经的说法是完全不能成立的。

《公羊传》于引先师之外，还引鲁子、高子他师为说，这与孔子传《春秋》非传一人有关。战国传《春秋》非一，各人因悟性不同，所得也有差异，这种差异在后传弟子中会愈来愈大，而有传《春秋》的五家之学，但都同出孔子，不同系统之间又有相通的地方，即使在后来出现今古文经学纷争的情况下，也还有会通三传之说，三家相互称引的情况，所以，西汉初年的《春秋公羊》引用传《春秋》的《穀梁》、《左传》二传的师友之说是完全可能的。这可以在《穀梁》找到旁证。《穀梁》定公元年，释经文"夏，六月癸亥，公之丧至自乾侯"时说："正君乎国，然后即位也。沈子曰：'正棺乎两楹之间，然后即位也。'"而《公羊传》在释此条经文时，也引有沈子之语："正棺于两楹之间，然后即位。子沈子曰：'定君乎国，然后即位。'"沈子对此条经文的解释应该是相同的，但《春秋公羊》与《穀梁》所引的沈子语录却不完全相同。从《春秋公羊》、《穀梁》皆有"正棺于两楹之间，然后即位"，"定（《穀梁》为"正"，"正"与"定"通）君乎国，然后即位"来看，尽管《穀梁》与《春秋公羊》分别以其中的一句话为沈子的语录，今天已经很难确定这两句话到底哪一句是沈子的，还是皆为沈子之语。但《公羊传》称沈子是子沈子，与称子公羊子一样，可以断定为《春秋公羊》先师，由此可以肯定的是《穀梁传》引《春秋公羊》先师的语录。《穀梁》称引沈子，不称子沈子，是以沈子为《穀梁》的师友，《穀梁》可

① 顾炎武：《大夫称子》，《日知录》卷四，《四库全书》本，上海古籍出版社1987年版。

以称引《春秋公羊》先师，《春秋公羊》也可以称引《穀梁》的师说，这是很正常的。而且《公羊传》与《穀梁传》相互引用他师的语句可能不止一处，只是由于时间久远，而缺失了先师的姓名。

《公羊传》称引鲁子有 6 次，或许也可以借此得到解答。鲁既是姓氏，也是古代山东鲁国的简称，鲁子可以用来称呼鲁姓男子，也可以来称呼山东鲁国的男子。《公羊传》中称引先师子公羊子只 1 次，子沈子称引最多，也只有 3 次，若鲁子是指一鲁姓男子，为《春秋公羊》的先师，其称引大大超过包括公羊子在内的的任何一位先师，这是不合常理的。所以，鲁子不可能是一个人的尊称，而是鲁地治《春秋》的学者的通称，应该主要是对《穀梁》学的先师的尊称。《春秋公羊》为齐学，《穀梁》为鲁学，儒家齐鲁之学同出孔子，孔子又是鲁国人，齐学的《春秋公羊》较多地称引鲁学的《穀梁》先师之说，是再自然不过了。由于时间久远，对所引《穀梁》鲁学先师的记忆不确切，不能一一指名道姓，就以鲁子来通称，这样就出现了 6 次引及鲁子的现象。《公羊传》还引有高子之说，从《公羊传》不称子高子来看，高子不是《公羊传》一系的先师，而是其他传《春秋》学的先师，所以，郝经说高子是公羊高，完全是误说。这说明《公羊传》的形成，主要是先秦春秋公羊学发展的成果，但也有对鲁子、高子等他师的吸收。

《公羊传》关于先师、师友的记载共有 15 条。① 值得注意的是，《公羊传》所记先师有子沈子、子公羊子、子司马子、子女子、子北宫子诸人，不及子夏、曾子，而《春秋繁露》所记《春秋》先师，则有子夏、曾子、子贡、闵子、公肩子、世子、子池、子石诸人，除世子（即世硕）、子池不

---

① 第一条，见隐公十一年，子沈子曰："君弑，臣不讨贼，非臣也。子不复仇，非子也。葬，生者之事也。《春秋》君弑，贼不讨，不书葬，以为不系乎臣子也。"第二条，见桓公六年，子公羊子曰："其诸以病桓与？"第三条，见庄公三年，鲁子曰："请后五庙以存姑姊妹。"第四条，见庄公十年，子沈子曰："不通者，盖因而臣之也。"第五条，见庄公二十三年，鲁子曰："我贰者，非彼然，我然也。第六条，见庄公三十年，子司马子曰："盖以操之为已蹙以矣！"第七条，见闵公元年，子女子曰："以《春秋》为《春秋》，齐无仲孙，其诸吾仲孙与？"第八条，见僖公五年，"鲁子曰："盖不以寡犯众也。"第九条，见僖公二十年，鲁子曰："以有西宫，亦知诸侯之有三宫也。"第十条，见僖公二十有四年，鲁子曰："是王也，不能乎母者，其诸此之谓与？"第十一条，见僖公二十八年，鲁子曰："温近而践土远也。"第十二条，见文公四年，高子曰："娶乎大夫者，略之也。"第十三条，见宣公五年，子公羊子曰："其诸为其双双而俱至者与！"第十四条，见定公元年，子沈子曰："定君乎国，然后即位。"第十五条，见哀公四年，子北宫子曰："辟伯晋而京师楚也。"

详，子石尚有争议外①，子夏、曾子、子贡、闵子、公肩子都是七十子中的人物。杨士勋说："景帝好《春秋公羊》，胡毋之学兴，仲舒之义立。"②将《公羊传》著于竹帛是胡毋生、公羊寿，胡毋生与董仲舒皆为汉景帝时的博士，是同一时段的人。《史记·儒林传》："齐之言《春秋》者多受胡毋生，公孙弘亦颇受焉。"③公孙弘为胡毋生的学生，他与董仲舒同在汉武帝时为官，则胡毋生可能在年龄上要大于董仲舒。④《公羊传》与《春秋繁露》应当是春秋公羊学的两部最早著作，但《公羊传》成书要稍早于《春秋繁露》，两书所言《春秋》先师最具可靠性。作为差不多同一时代的春秋公羊学著作，所言《春秋公羊》先师上也理应相同或至少有较多的相同。不可理解的是《公羊传》与《春秋繁露》所言《春秋》的先师竟没有丝毫的重合，《公羊传》所言人物一个都不见于《春秋繁露》，而《春秋繁露》所述先师又无一人见于《公羊传》，尤其不可解的是《史记·儒林传》以董仲舒治《春秋公羊》，却没有言及公羊氏。这是令人感到疑惑的地方。

徐复观已经注意到这个问题。他认为"由此可以推知，仲舒所受承者，较胡毋所传之《公羊传》为博。且由此可以推知，孔子晚年作《春秋》，为当时及门弟子所共闻"⑤。但是，董仲舒所受博大，并不能说明为什么《春秋繁露》没有《公羊传》所言先师的记载，所以，徐复观并没有对此作出合理的解释。是否可以作这样的解释：《春秋》的齐学虽然源出子夏、曾子等人，但形成与《春秋》鲁学相区分的《春秋》齐学即《公羊传》文本是由公羊寿、胡毋生来实现的，他们对《春秋公羊》在齐地的传承有较多的了解，在记述《春秋》齐学先师时，就自然以齐地的儒生为主，故言《公

① 董仲舒《春秋繁露·俞序》还言及子石，一说子石为公孙龙，一说即世硕。详见钟肇鹏主编：《春秋繁露校释》（校补本）上册，河北人民出版社2005年版，第364页关于子石的注。

② 转引自朱彝尊：《经义考》卷一百七十，《四库全书》本，上海古籍出版社1987年版。

③ 司马迁：《史记·儒林列传第六十一》卷一百二十一，《四库全书》本，上海古籍出版社1987年版。

④ 徐复观在《儒家思想的转折及天哲学的完成》一文中，对胡毋生年长于董仲舒有详细的辨析。参见《两汉思想史》第二卷，华东师范大学出版社2001年版，第196页。

⑤ 徐复观：《儒家思想的转折及天哲学的完成》，载《两汉思想史》第二卷，华东师范大学出版社2001年版，第201页。

羊传》先师不及子夏等前贤，以突出公羊氏为主的齐地儒生。董仲舒则为赵人①，虽然得《春秋》齐学的精义，但《春秋繁露》的成书稍晚于《公羊传》，在《公羊传》已经述及齐学先师之后，董仲舒没有必要重复其人。而且，董仲舒的春秋学成就超过胡毋生、公羊寿，他自以为得到孔子的真传，而孔子的真传是由七十子及其后学流传下来，所以，董仲舒言《春秋》先师仅及七十子及其后学世硕，既有自己的春秋学本于七十子之义，也有对公羊寿不及七十子的不满。所以，才出现了《公羊传》与《春秋繁露》所言《春秋》先师毫无重合的现象。但这种不同恰好给我们以提示：《春秋》齐学源于子夏、曾子等七十子，但《公羊传》的形成则是由齐学色彩的儒生，也就是《公羊传》所载的子公羊子、子北宫子、子沈子等先师所共同完成的。这些《春秋公羊》齐学先师，朱彝尊认为可能同为子夏的弟子："按《春秋》为孔子所作，则说《春秋》者必系孔氏门人，若《公羊传》所称沈子、司马子、女子、北宫子、鲁子、高子……皆子夏之徒与？"②从《春秋公羊》源出子夏，说这些《春秋公羊》先师为子夏之徒大体不差，但是，从子夏到公羊寿约三百五十年的时间，其间所记的《春秋公羊》先师不可能是同一辈，这些先师之间可能存在辈分的不同，相互之间也有可能存在师生关系，只是由于时间与史料的原因，这些先师之间的师承关系无从考知。

在《公羊传》中虽有子公羊子等公羊先师的记载，但却无传承世系的说明。《公羊传》的传授序列，最早出于东汉的戴宏。徐彦疏引戴宏"序"："子夏传于公羊高，高传与其子平，平传与其子地，地传与其子敢，敢传与其子寿，至汉景帝时，寿乃与齐人胡毋子都著于竹帛。"③何休《解诂》亦同此说④，则公羊高至公羊寿是父子相传，一共五代相授，此说存在明显的问题。《四库全书总目提要》就已经根据《公羊传》有多位不同姓氏的经师，

---

① 班固《汉书·董仲舒传》说，董仲舒是广川人，广川在战国属赵国，故董仲舒为赵人。
② 转引自朱彝尊：《经义考》卷二百八十二，《四库全书》本，上海古籍出版社1987年版。
③ 阮元刻：《十三经注疏》下册，中华书局1982年版，第2189页。
④ 何休："解云：孔子至圣，观无穷，知秦无道，将必燔书，故《春秋》之说口授子夏。度秦至汉，乃著竹帛，故《说题辞》云'传我书者，公羊高也。'戴宏序云：'子夏传与公羊高，高传与其子平，平传与其子地，地传与其子敢，敢传与其子寿。'至汉景帝时，寿乃其弟子齐人胡毋子都著于竹帛，与董仲舒皆见于图谶。是也。"（《十三经注疏》下册，中华书局1982年版，第2190页）

指出《公羊传》并非尽出公羊子：

> 案《汉书·艺文志》：“《公羊传》十一卷。”班固自注曰：“公羊子，齐人。”（案《汉·艺文志》不题颜师古名者，皆固之自注）颜师古《注》曰：“名高（案此据《春秋说》彦《疏》《题词》之文，见徐彦疏所引）。”……今观《传》中有“子沈子曰”、“子司马子曰”、“子女子曰”、“子北宫子曰”，又有“高子曰”、“鲁子曰”，盖皆传授之经师，不尽出于公羊子。①

晚清的崔适也怀疑《公羊传》出于公羊氏一家之说：

> 刘歆所撰《七略》，始有《春秋公羊传》之名，与公羊氏之籍，戴宏“序”乃有公羊氏之世系及人名，何以前人不知，后人知之也。且合《仲尼弟子列传》、《孔子世家》与《十二诸侯年表》、《本纪》、汉诸帝纪观之，子夏少孔子四十四岁，孔子生于襄公二十一年，则子夏生于定公二年，下迄汉景帝之初，三百四十余年，自子夏至公羊寿，甫及五传，则公羊氏世世相去六十余年，又必父享耄年，子皆夙慧，乃能及之，其可信乎？是故戴宏谓至汉景帝时著于竹帛，亦非也。②

疑古派的健将钱玄同说：“至于公羊氏之名曰高，及公羊高、公羊平、公羊地、公羊敢、公羊寿，这五代传经的世系，乃更是东汉人所臆造。”③徐复观也认为戴宏的公羊传承是凭空杜撰，“只是因《春秋公羊》、《左传》在东汉初的争胜，《春秋公羊》家为抬高自己的地位，私自造出来，以见其直接出于孔门的嫡系单传”④。在《中国经学史的基础》一书中，徐复观进一步详细申诉了自己的这一观点，并以为戴宏关于《公羊传》传授的来源之说，

---

① 阮元刻：《十三经注疏》下册，中华书局1982年版，第2189页。
② 崔适：《春秋复始·序证》卷一，《续修四库全书》，上海古籍出版社2007年版。
③ 钱玄同：《重论经今古文学问题》，转引自康有为：《新学伪经考》，中华书局1988年版，第438页。
④ 徐复观：《儒家思想的转折及天哲学的完成》，《两汉思想史》第二卷，华东师范大学出版社2001年版，第199页。

"可能即出于谶纬"①。崔适说不可信，钱玄同直斥为臆造，徐复观说是春秋公羊家为抬高自己的地位的私造杜撰，都是言之有理的。而且，从中国文化史来看，即使在先秦以后，由一家独传一门学说约三百五十年，也是根本没有过的，在社会动乱的春秋战国更是不可想象的。但戴宏为什么要造出以公羊氏系的传承世系，崔适与徐复观都无说明。

这与戴宏将《公羊传》之名与《公羊传》之实混为一谈有关。《公羊传》的得名始于公羊寿与胡毋生将其著于竹帛，公羊寿与胡毋生有师生关系，胡毋生尊其师，而著名为《公羊传》。徐彦说："《春秋公羊》者，子夏口授公羊高，高五世相授，至汉景帝时，公羊寿共弟子胡毋生乃著竹帛，胡毋生题亲师，故曰《春秋公羊》，不说卜氏矣。且《穀梁》者，亦是著竹帛者题其亲师，故曰《穀梁》也。"②但是，《公羊传》并不是公羊氏的家学相传，而是战国《春秋》齐学的传本。在战国时的齐地，无论是《春秋》学说的口传，还是文本的传承，《春秋》齐学都应该有一个较为公认的版本，而这个版本数代相传，并不断得到修补。但是，相传、修补并不是只发生在公羊氏一家，而是在齐地甚至齐地以外所有治《春秋》齐学的人中间。《公羊传》所说的子沈子、子司马子、子女子、子北宫子等人，都是战国《春秋》齐学的传人，子公羊子只是传人之一，有幸的是西汉初年子公羊子的后代公羊寿也传《春秋》齐学，并有弟子胡毋生，胡毋生又有幸做了博士，得以将齐学所传《春秋》正式著为竹帛，而取名《公羊传》。不过，《公羊传》并不是公羊氏一家之学，而是《春秋》齐学的成果，是公羊子、北宫子、沈子等先师一起创造出来的。本来如齐学的《齐诗》、《齐论语》一样，应该取名《齐春秋》，但是，因公羊寿之故而取名《公羊传》，这就造成了名实不符的情况，容易使人据其名而视为公羊氏一家之学，不知其为《春秋》齐学之实的误解。戴宏正是出于这样的误解，才造出了《春秋公羊》的传授世系。这是戴宏杜撰《春秋公羊》世系的缘由所在。而戴宏关于《春秋公羊》世系的传授，从子夏传公羊高开始就不可信，这一说法在先秦文献

① 徐复观：《徐复观论经学史两种》，上海书店出版社2005年版，第125页。
② 阮元刻：《十三经注疏》下册，中华书局1982年版，第2195页。

绝无佐证，在西汉文献中也绝无其说，连公羊寿也不敢言。① 所以，不能将《公羊传》视为公羊氏的一家之学，而要看成《春秋》中的齐学著述，是战国齐学儒生在《春秋》上的共同成果，正确的命名应当如《齐诗》、《齐论语》一样，称之为《齐春秋》。

公羊寿以《春秋》齐学的成果所命名的《公羊传》，带有抬高公羊氏的意味，所以，开初并没有得到董仲舒等人的承认。董仲舒的春秋学亦属于齐学，但他的《春秋繁露》不以《春秋公羊》为名，其训解《春秋》从没有《春秋公羊》之称，整部《春秋繁露》无一次言及"公羊"。《汉书·董仲舒传》只说董仲舒治《春秋》，而无有治《春秋公羊》之说。司马迁整部《史记》多次言及齐学《春秋》，但无称之为《公羊传》者，如"上大夫董仲舒推《春秋》义，颇著文焉"②；"自公孙弘以《春秋》之义绳臣下取汉相③；"丞相公孙弘者……年四十余，乃学《春秋》杂说"④；"董仲舒……以治《春秋》，孝景时为博士……孙弘治《春秋》不如董仲舒，而弘希世用事，位至公卿……唯董仲舒名为明于《春秋》……齐之言《春秋》者多受胡毋生，公孙弘亦颇受焉……步舒至长史，持节使决淮南狱，于诸侯擅专断，不报，以《春秋》之义正之，天子皆以为是"⑤。《太史公自序》多次论及闻于董仲舒的《春秋》，这些地方的《春秋》都指的是齐学《春秋》，却无一次《公羊传》之称。这说明，《公羊传》初出并没有得到治《春秋》齐学学者的认同。《史记》全书仅在《儒林传》一处有关"公羊"的文字："故汉兴至于五世之间，唯董仲舒名为明于《春秋》，其传公羊氏也。"这段文字位于述说董仲舒《春秋》学的末尾，其言"其传公羊氏也"，为《史记》全书绝无仅有的一次，而"唯董仲舒名为明于《春秋》"，已经是有关董仲舒《春秋》

---

① 而《春秋繁露校释》（校补本）在关于"俞序"的注释中，据赵岐的《孟子·万章上》注"公明高，曾子弟子"，而认为"公明高即公羊高，师事子夏、曾子"（钟肇鹏主编：《春秋繁露校释》（校补本）上册，河北人民出版社 2005 年版，第 364 页）。但是，赵岐的注、孙奭的疏，皆无公明高即公羊高之说。有关《孟子》注疏的著述，如焦循的《孟子正义》等皆无其说。

② 司马迁：《十二诸侯年表第二》，《史记》卷十四，《四库全书》本，上海古籍出版社 1987 年版。

③ 司马迁：《平准书第八》，《史记》卷三十，《四库全书》本，上海古籍出版社 1987 年版。

④ 司马迁：《平津侯主父列传第五十二》，《史记》卷一百一十二，《四库全书》本，上海古籍出版社 1987 年版。

⑤ 司马迁：《儒林列传第六十》，《史记》卷一百二十一，《四库全书》本，上海古籍出版社 1987 年版。

学的总结，不需后面"其传公羊氏也"的画蛇添足。所以，笔者怀疑这最后的六字，为司马迁之后某人的补注，并非司马迁的原文。后人习惯以三传区分不同的春秋学，皆以董仲舒治《春秋公羊》，而司马迁却仅有董仲舒治《春秋》之说，而无传《春秋公羊》的明说，于是有人就在最后加注六字。而且《史记》的《平津侯主父列传》说公孙弘也只是说"学《春秋》杂说"，《儒林传》述及胡毋生、公孙弘，也只是说他们是"齐之言《春秋》者"，而无传《春秋公羊》之说，连将《公羊传》著于竹帛的胡毋生及其弟子，都无治《春秋公羊》的说法，反倒是于董仲舒要系上"其传公羊氏也"，司马迁岂能如此疏忽？

《公羊传》虽然有公羊氏的自我抬高之嫌，其实却是《春秋》齐学的集结，单就其文本而言，是得到包括董仲舒在内的齐学学者认同的。所以，汉武帝时，《公羊传》就已经被作为《春秋》齐学的著作，而得到中央王朝的承认，并因董仲舒、公孙弘两位《春秋》齐学大师的出现，而盛极一时。在戾太子少壮时，就有"诏受《公羊春秋》"①的记载。刘向、刘歆点校图书时，《公羊传》已经被作为《春秋》齐学的著作而得到普遍的认同。从此，《公羊传》就公认为《春秋》齐学的著作，被所有治经学者所认可。但是，《公羊传》的名称，很容易被人误以为是公羊氏一家之学，所以，才出现了班固在《汉书·艺文志》将《公羊传》的著作权归于公羊子的名下，与戴宏以公羊氏家传其学350年的杜撰，及其以公羊子为公羊高、公羊高为高子各种无根之说的出现。

历史上也有人对公羊氏的真实性表示怀疑。宋代罗泌撰《路史》，炎帝之后不言有公羊、穀梁氏。罗璧《识遗》也说，公羊、穀梁自高、赤作传外，更不见有此姓。万见春谓皆姜字切韵脚，疑为姜姓假托。公羊高是否确有其人，康有为也表示怀疑，他从《公羊传》、《穀梁传》、《毛诗》等书在西汉都无作者之名，其名姓皆出于后世，认为公羊高之名不过是后人的伪撰："袭伪成真，歧中又歧。如公羊、穀梁本无名字，而公羊忽名高，穀梁忽名赤、名俶，几若踵事增华。"②但是，此说遭到了许多人的反对，朱彝尊就肯

---

① 班固：《武五子传第三十三》，《汉书》卷六十三，《四库全书》本，上海古籍出版社1987年版。
② 康有为：《新学伪经考》，中华书局1988年版，第63页。

定公羊氏、穀梁氏的真实性："然自高传子平，平传子地，地传子敢，敢传子寿，见于戴宏所记，而班氏《古今人表》载有二子，居第四等，计刘氏、宋氏《世本》亦必载之，未必假托也。又按，《春秋》为孔子所作，则说《春秋》者必系孔氏门人，若公羊传所称沈子、司马子、女子、北宫子、鲁子、高子，《穀梁传》所称尸子、沈子皆是矣，子言之《春秋》属商，其皆子夏之徒与？"①《四库全书总目提要》也批评罗璧等人之说："案邹为邾娄、披为勃鞮、木为弥牟、殖为舌职，记载音讹，经典原有是事。至弟子记其先师，子孙述其祖父，必不至竟迷本字，别用合声。"②而在《礼记·杂记》中有"凿巾以饭，公羊贾为之也"的记载，说明春秋战国是有公羊氏的，而不是罗璧说的没有公羊氏。既然古代实有公羊氏，那些关于公羊为假托之说自然不能成立，公羊氏为《公羊传》的传人是不可否定的。

三、孟子、荀子与《公羊传》的成书

有一个奇怪的现象是，无论是《公羊传》还是《春秋繁露》所说的《春秋公羊》先师，都没有谈到孟子与荀子。《公羊传》压根没有提及孟子③、荀子，《春秋繁露》提到孟子，是在批评孟子的性善论时所提到的，是否孟子与荀子与《公羊传》就没有关系呢？绝不能这样说。司马迁早就指出了孟子、荀子是《春秋》的重要传承人，他说："及如荀卿、孟子、公孙固、韩非之徒，各往往捃摭《春秋》之文以著书，不可胜纪。汉相张苍历谱五德，上大夫董仲舒推《春秋》义，颇著文焉。"④而且，就孟子与荀子的思想看，他们都与《公羊传》的形成有一定联系，刘师培著《群经相通论》中就分别有《公羊孟子相通考》、《公羊荀子相通考》。

依据可靠材料，孟子是第一个对孔子作《春秋》作出较多评说，并予以高度赞颂的人。他有三段重要的论说：

---

① 转引自朱彝尊：《经义考》卷二百八十二，《四库全书》本，上海古籍出版社1987年版。

② 阮元刻：《十三经注疏》下册，中华书局1982年版，第2189页。

③ 《公羊传》提到孟子，但此孟子非彼孟子，哀公十二年记载"孟子卒"，是指昭公的夫人，为吴女。

④ 司马迁：《十二诸侯年表第二》，《史记》卷十四，《四库全书》本，上海古籍出版社1987年版。

　　王者之迹熄而《诗》亡，《诗》亡然后《春秋》作。晋之《乘》，楚之《梼杌》，鲁之《春秋》，一也；其事则齐桓、晋文，其文则史。孔子曰："其义则丘窃取之矣。"①

　　世衰道微，邪说暴行有作，臣弑其君者有之，子弑其父者有之。孔子惧，作《春秋》。《春秋》，天子之事也；是故孔子曰："知我者其惟《春秋》乎！罪我者其惟《春秋》乎！"②

　　昔者禹抑洪水而天下平，周公兼夷狄，驱猛兽而百姓宁，孔子成《春秋》而乱臣贼子惧。③

孟子这三段话中，包含的要点有三：

　　第一，《春秋》为孔子所作，但孔子作《春秋》是据鲁史的《春秋》等春秋史为基础的。所以说其文则史，其事则齐桓、晋文，但是，孔子在作之时，寄寓了自己的"义"，从而，《春秋》也就变成了与史不同的经，成了体现圣人之道的经典。故孔子有"知我者"、"罪我者"的自道。这一说法，为后来的今文经学尤其是春秋公羊学从《春秋》去发明三世说、大一统等所谓孔子的微言大义制造了理论依据。《公羊传》昭公十二年载孔子语："《春秋》之信史也，其序则齐桓晋文，其会则主会者为之也，其辞则丘有罪焉耳"，与孟子之说是一致的。

　　第二，孔子作《春秋》是有见于春秋的政治衰败，痛心于当时发生的臣弑君、子弑父的社会现象，目的是要矫正当时的各种违礼的言行。所以，乱臣贼子为《春秋》所诛绝，而有《春秋》成乱臣贼子惧之说。这不仅为后人探讨孔子作《春秋》的原因，也为确立《春秋》的性质，定下了基调。董仲舒、司马迁的《春秋》为礼义之大宗，实源于此。

　　第三，孔子作《春秋》与一般的"作"不同，具有非常重大的意义，是"天子之事"。所以，孟子将其与禹治洪水平天下，周公兼夷狄、驱猛兽

---

　　① 杨伯峻：《孟子译注·离娄章句下》上册，中华书局1986年版，第192页。赵岐于此注："其文史记之文也，孔子自谓窃取之以为素王也。孔子人臣，不受君命，私作之，故言窃，亦圣人之谦辞。"

　　② 杨伯峻：《孟子译注·滕文公章句下》上册，中华书局1986年版，第155页。赵岐于此注："世衰道微，周衰之时也。孔子惧正道遂灭，故作《春秋》，因鲁史记，设素王之法，谓天子之事也。知我者，谓我正纲纪也；罪我者，谓时人见弹贬者，言孔子以《春秋》拨乱也。"

　　③ 杨伯峻：《孟子译注·滕文公章句下》上册，中华书局1986年版，第155页。

而宁百姓，三者相提并论，给予极高的评价。孔子本为布衣，而为天子之事，必然为不知孔子者所诟病，故孔子自道"罪我者其惟《春秋》乎!"至于孔子作《春秋》怎么就成了天子之事呢？孟子没有作出明确的回答。但是，天子之事已经包含着孔子为王之义，此开后来春秋公羊学的孔子素王说。

孟子关于《春秋》的这些思想，后来成为以春秋公羊学为代表的今文经学关于孔子著《春秋》的基本理论。此外，孟子关于定乎一的一统观念，也与春秋公羊学的大一统有一致之处：

> 孟子见梁襄王，出，语人曰："望之不似人君，就之而不见所畏焉。卒然问曰：'天下恶乎定？'吾对曰：'定于一。''孰能一之？'对曰：'不嗜杀人者能一之。''孰能与之？'对曰：'天下莫不与也。王知夫苗乎？七八月之间旱，则苗槁矣。天油然作云，沛然下雨，则苗浡然兴之矣。其如是，孰能御之？今夫天下之人牧，未有不嗜杀人者也。如有不嗜杀人者，则天下之民皆引领而望之矣。诚如是也，民归之，由水之就下，沛然谁能御之？'"①

孟子的定乎"一"，也就是天下一统的大一统，而大一统以能行仁政为先决条件。这些都为春秋公羊学的大一统说所吸收。而大一统是春秋公羊学的最重要观念之一，所以，《公羊传》等先秦西汉的著作虽然没有孟子为《春秋公羊》先师的记载，但从后来春秋公羊学的观念来看，孟子的思想是战国时期可考的思想家中与春秋公羊学思想最为相近的学者。从这个角度说，即使孟子没有成为《公羊传》传授系统中的人，但至少后来的春秋公羊学是吸收了孟子的这些观念的。

荀子对《公羊传》的形成也有一定的影响。清儒汪中在《荀卿子通论》的短文中说了两个理由：第一，"董仲舒治《公羊春秋》，作书美荀卿，其学皆有所本。""荀卿之学，出于孔氏，而尤有功于诸经。"②此说出于西汉的刘

---

① 杨伯峻：《孟子译注·梁惠王章句上》上册，中华书局 1986 年版，第 12—13 页。
② 汪中：《述学·荀卿子通论》，《清经解》第五册，上海书店 1988 年版，第 245 页。

向，刘向校对《孙卿书》所写的"序"说："至汉兴，江都相董仲舒亦大儒，作书美孙卿。"又说："孙卿善为《诗》、《书》、《礼》、《易》、《春秋》。"第二，荀子书中有两条《公羊春秋》说："《大略篇》、《春秋》贤穆公、善胥命，则为《公羊春秋》之学。"①就第一条而言，在《春秋繁露》中其实并没有对荀子称赞的明确记载，人们理解刘向的董仲舒美荀子，是指董仲舒在人性论上明确反对孟子的性善论，而有类似荀子性恶论的说法。其实，这一看法是对董仲舒人性论的误解。②虽然不能在人性论上找到董仲舒只是继承荀子的证据，但是，汪中肯定荀子在七十子之后至汉初对五经的传承功不可没，却是不得不承认的，这其中也包括对《春秋》的传承。而《公羊春秋》为齐学，荀子在齐国稷下学宫三为祭酒，即使没有董仲舒的美荀卿，荀子对《春秋》齐学的形成也是有贡献的。关于第二点，赵伯雄先生的《春秋学史》据汪中之说作出了具体的说明③，并以此证明"《荀子》一书中确有《春秋公羊》之义"④。但是，赵伯雄先生说荀子是"继承"、"采用"了《春秋公羊》之义，却不一定。荀子传《春秋》，是根据自己的思想来作解释，荀子以"微"来定性《春秋》的特质，必然重视从义理的发挥来解释《春秋》，这与《公羊传》解释《春秋》的精神完全是一致的，而《大略篇》的《春秋》贤穆公、善胥命两条所谓《公羊传》之说，就是荀子对《春秋》之"微"的发明。所以，不排除荀子受口传《公羊传》影响的可能，但也不排除后来成书的《公羊传》采用荀子之说的这一可能性。笔者认为，重视对《春秋》之微的发明，这是荀子对《公羊传》形成的最大影响。此外，荀子多次讲到的"一天下"，与《公羊传》的大一统也存在明显的一致性。

关于荀子与《公羊传》的关系，杨向奎结合刘师培的论说作出了进一步的说明：

他（指刘师培）的《公羊、荀子相通考》，还是有见解的。因为，

---

① 汪中：《述学·荀卿子通论》，《清经解》第五册，上海书店 1988 年版，第 245 页。
② 参见黄开国：《儒家人性与伦理新论》，陕西人民出版社 2006 年版，第 61—99 页。
③ 参见赵伯雄：《春秋学史》，山东教育出版社 2004 年版，第 88—89 页。
④ 赵伯雄：《春秋学史》，山东教育出版社 2004 年版，第 88 页。

照我看来，《荀子》和《公羊》本属于一派，所以，思想体系有相通之处。他的文章开头说："昔汪容甫先生作《荀卿子通论》，谓《荀子·大略篇》言，贤穆公、善胥命，以证卿为公羊春秋学；又惠定宇《七经古义》亦引《荀子》周公东征、西征之文以证《公羊》之说，则《荀子》一书多《公羊》大义，彰彰明矣。"他自己又补充了一些事例来说明这一问题，比如《公羊》讥世卿，而《荀子》亦有许多类似思想，如"尚贤使能，则等位不遗"；又如《公羊》倡大一统，荀子也倡大一统，如《王制》"四海之内若一家"，这些都是正确的说法，有力的证明。我向来认为，《公羊》和荀子属于一个学派，他们是儒家，而接近法家。①

《公羊传》的思想的学派性还可以争论，不能因有合于荀子的地方，就说是一定接近法家；也不能有更多接近于孟子的成分，而否认受到荀子思想的影响。

四、《公羊传》为口传

按照汉代的说法，《公羊传》在著于竹帛前，是通过口授的方式相传的。司马迁说，孔子著《春秋》，"七十子之徒口受其传指，为有所刺讥褒讳挹损之文辞不可以书见也"②。《汉书·艺文志》说："《春秋》有所褒讳贬损，不可书见，口授弟子，弟子退而异言……及末世口说流行，故有《春秋公羊传》、《穀梁传》、《邹》、《夹》之传。"③这里以《春秋公羊传》、《穀梁传》、《邹》、《夹》之传皆为口传，而没有涉及《左传》。④司马迁之说出于董

---

① 杨向奎：《译史斋学术文集》，上海人民出版社 1983 年版，第 87 页。
② 司马迁：《十二诸侯年表第二》，《史记》卷十四，《四库全书》本，上海古籍出版社 1987 年版。
③ 班固：《艺文志第十》，《汉书》卷三十，《四库全书》本，上海古籍出版社 1987 年版。
④ 值得注意的是《汉书·艺文志》在"《春秋古经》十二篇，《经》十一卷"之后，也只附有"公羊、穀梁二家"，而以《左传》另列："《左氏传》三十卷，左丘明，鲁太史。"这是否是刘歆《七略》的原文，还是有班固的修改，是值得讨论的。若为刘歆原文，刘歆是反对《左传》不传《春秋》之说的，他分列《春秋》与《左传》，不将《左传》与《公羊传》等并列，是否是从《左传》有竹帛记载，非口传来说？若是班固的修改，是否是班固认为《左传》不传《春秋》？从《汉书·艺文志》记载六艺的规则说，一般传某经之传都会附在某经之后，《左传》不附《春秋》之后，这很有可能是《左传》不传《春秋》观念的反映。

仲舒，为《春秋公羊》学之说，但《汉书·艺文志》本于刘歆，而刘歆是偏向于《左传》的，故此说应该是西汉的公论。后来，此说被多数人所接受，如徐彦说："子夏口授公羊高"①，认为《春秋公羊》自子夏开始就是口授相传。啖助说："《春秋公羊》、《穀梁》初亦口授"②，"古之解说悉是口传，自汉以来乃为章句"③。认为不仅《公羊传》为口传，先秦解说经典的传书包括三传都是口传的。

为什么《春秋》要以口授的方式传播？汉代的人讲了三条原因。一是司马迁说的《春秋》的文辞有"刺讥褒讳挹损"，不可以明言见之于书。对这些不可明言见之于书的内容，就需要私下的口授相传。二是与此相联系的所谓畏祸说，此说认为《春秋》有对权势者的讥刺，孔子为避免因此而带来的祸害，而在讥刺时往往以"微文"的形式来表述，以至当事者读其书，还不知道是对自己的讥刺，更不知道讥刺自己什么。《春秋公羊传》定公元年载："定、哀多微辞，主人习其读而问其传，则未知己之有罪焉尔。"何休注："于是此孔子畏时君，上以讳尊隆恩，下以辟害容身，慎之至也。"孔颖达疏举例说："假令读定元年经，而问其传之解诂云'定何以无正月？正月者，正即位也。定无正月者，即位后也'，则无以知其国当绝，定公不得继体奉正之义；假令读定公二年经云'新作雉门及两观'，而问其传之解诂云'修书不书，此何以书？讥。何讥尔？不务乎公室也'，正以久不修理，不以公室为急务，故书之，无以知其僭天子是也。"④《汉书·艺文志》曰："《春秋》所贬损大人当世君臣，有威权势力，其事实皆形于传，是以隐其书而不宣，所以免时难也。"⑤畏祸说既是对《春秋》口传原因的解释，也是对孔子的"刺讥褒讳挹损"不可书见原因的说明。三是所谓孔子预见到秦始皇的焚书坑儒，而预先采取的措施。何休在《春秋公羊传序》中说："孔子至圣，观无穷，知秦无道，将必燔书，故《春秋》之说口授子夏"；《春秋公羊传》隐公二年，"纪子伯者何？无闻焉尔"；何休解诂说："言无闻

---

① 转引自朱彝尊：《经义考》卷一百七十，《四库全书》本，上海古籍出版社 1987 年版。

② 转引自朱彝尊：《经义考》卷一百七十，《四库全书》本，上海古籍出版社 1987 年版。

③ 啖助：《三传得失议第二》，《春秋集传纂例》卷一，《四库全书》本，上海古籍出版社 1987 年版。

④ 阮元刻：《十三经注疏》下册，中华书局 1982 年版，第 2334 页。

⑤ 班固：《艺文志第十》，《汉书》卷三十，《四库全书》本，上海古籍出版社 1987 年版。

者，《春秋》有改周受命之制，孔子畏时远害，又知秦将燔《诗》、《书》，其说口授相传，至汉公羊氏及弟子胡毋生等，乃始记于竹帛，故有所失也。"①这是何休采谶纬的神怪之说，不可相信。但是，前面讲的两条理由还是有一定道理的。

《春秋》的口传，也可从孔子的人格来说明。孔子被孟子称为"圣之时者"，而明哲保身是"圣之时者"的必备品质，这与孔子有明哲保身的主张是一致的，在《春秋》中也有对明哲保身的肯定。刘向说：

> 是故谏有五：一曰正谏，二曰降谏，三曰忠谏，四曰戆谏，五曰讽谏。孔子曰："吾其从讽谏矣乎！"夫不谏则危君，固谏则危身，与其危君宁危身。危身而终不用，则谏亦无功矣。智者度君权时，调其缓急，而处其宜，上不敢危君，下不以危身。故在国而国不危，在身而身不殆；昔陈灵公不听泄冶之谏而杀之，曹羁三谏曹君不听而去，《春秋》序义虽俱贤，而曹羁合礼。②

在泄冶的谏而杀身与曹羁的谏不危身之间，《春秋》更加赞赏的是曹羁谏不危身的明哲保身。刘向之说本于《公羊传》的如下记载：

> 曹羁者何？曹大夫也。曹无大夫，此何以书？贤也。何贤乎曹羁？戎将侵曹，曹羁谏曰："戎众以无义，君请勿自敌也。"曹伯曰："不可。"三谏，不从，遂去之，故君子以为得君臣之义也。③

曹国本无大夫，《春秋》却称曹羁为大夫，这是孔子对曹羁的称赞，孔子称赞曹羁是因为他既得君臣之义，又能明哲保身。孔子有"知我者其惟《春秋》乎！罪我者其惟《春秋》乎"④之叹，孟子说："孔子成《春秋》而乱

---

①　何休此说又见《春秋公羊传解诂》文公十四。

②　刘向：《正谏》，《说苑》卷九，《百子全书》上册，浙江古籍出版社 1998 年版，第 187 页。

③　阮元刻：《十三经注疏》下册，中华书局 1982 年版，第 2238 页。

④　司马迁亦载孔子此说，弟子受《春秋》，孔子曰："后世知丘者以《春秋》，而罪丘者亦以《春秋》。"（《史记·孔子世家第十七》）

臣贼子惧。"[①]为了躲避乱臣贼子的祸害以明哲保身，孔子在《春秋》中就不可能直言不讳地指斥乱臣贼子，但是，孔子又得将其义传给弟子，口传就成为唯一的形式。康有为说："《春秋》……戮当世大人，自不能容于世，故以微文见义，别详口授，而竹帛不著焉，亦其势也。"[②]

《公羊传》为口传的证据，还在《公羊传》文本的内证。内证有三：第一，书中多齐人语。《春秋公羊》中明言齐人语一共有24条材料，其中一条有重复不计，共有23条齐人语。[③] 而明言鲁人语仅一条，此条鲁人语为《春秋》经文，见于僖公十六年"是月，六鹢退飞"，《公羊传》解"是月"以为是"鲁人语"，则此条鲁人语实为孔子所书的经文。这就说明，《公羊传》用以解《春秋》的语言多为齐人语，故徐彦疏说："是以《春秋》之内，于此乎悉解为齐人语，而此一文独为鲁人语者，以是经文孔子作之，孔子鲁人，故知鲁人语。彼皆是诸传文，乃胡毋生、公羊氏皆为齐人，故解为齐人语。"[④]我们说某个地方的地方语言，常常是指一个地方的口语，而不是文本语言。作为运用同一文字的不同地区，其文本语言是相同的，差异只在口头语言的不同，所以，《公羊传》多齐人语也是其书口传的一个重要证明。何休在解诂《公羊传》隐公五年的"登来之也"时就说："登，读言

---

① 杨伯峻：《孟子译注·离娄章句上》上册，中华书局1986年版，第165页。

② 康有为：《教学通义·春秋》，刘梦溪主编：《中国现代学术经典·康有为卷》，河北教育出版社2004年版，第70页。

③ 这23条材料是：1. 如即不如。见隐公元年，"母欲立之，己杀之，如勿与而已矣"；2. 昉，适也。见隐公二年，"始灭昉于此乎"；3. 登来即得来。见隐公五年，"公曷为远而观鱼？登来之也"；4. 同母言母弟者，若谓不如为如矣，见隐公七年，"母弟称弟，母兄称兄"；5. 及者累也。见桓公二年，"宋督弑其君与夷，及其大夫孔父"。又见僖公十年，"晋里克弑其君卓子，及其大夫荀息"；6. 怴，狂也。桓公五年，"陈侯鲍卒。曷为以二日卒之？怴也"；7. 化，行过无礼之谓。见桓公六年，"曷为慢之？化我也"，又见哀公六年，"愿诸大夫之化我也"；8. 樵，薪也。见桓公七年，"焚之者何？樵之也"；9. 怒，迁怒。见庄公四年，"此非怒与"；10. 脰，颈也。见桓公十二年，"万怒，搏闵公，绝其脰"；11. 瘠，病也。见桓公二十年，"大灾者何？大瘠也"；12. 偻，疾也。见桓公二十四年，"夫人不偻，不可使入"；13. 伐人者为客，读伐长言之。见桓公二十八年，"《春秋》伐者为客"；14. 见伐者为主，读伐短言之。见桓公二十八年，"伐者为主"；15. 无垢加功曰漱，去垢曰浣。桓公三十一年，"临民之所漱浣也"；16. 踊，豫也。僖公十年，"踊为文公讳也"；17. 诈，卒也。僖公三十三年，"诈战不日"；18. 党，所也。文公十三年，"往党，卫侯会公于沓，至得与晋侯盟。反党，郑伯会公于斐"；19. 废，置也。宣公八年，"去其有声者，废其无声者"；20. 踊，上也。无高下有绝，加蹑板曰棓，成公二年，"踊于棓而窥客"；21. 殆，疑也。襄公五年，"莒将灭之，故相与往殆乎晋也"；22. 怒，迁怒。昭公十一年，"非怒也，无继也"；23. 于诸，置也。哀公六年，"陈乞使人迎阳生于诸其家"。

④ 阮元刻：《十三经注疏》下册，中华书局1982年版，第2255页。

得。得来之者，齐人语也。齐人名求得为得来，作登来者，其言大而急，由口授也。"章学诚也承认，孔子弟子传《春秋》"或取简毕，或授口耳，录其文而起义"①，而他所说的授口耳就是指《公羊传》而言。

第二，经中无说处，传皆以无闻存疑。孔子著《春秋》实多阙疑，顾炎武曾指出：

> 孔子曰："吾犹及史之阙文也。"史之阙文，圣人不敢益也。《春秋》桓公十七年："冬十月朔，日有食之。"传曰："不书日，官失之也。"僖公十五年："夏五月，日有食之。"传曰："不书朔与日，官失之也。"以圣人之明，千岁之日至可坐而致，岂难考历布算以补其阙，而夫子不敢也，况于史文之误而无从取正者乎，况于列国之事得之传闻不登于史策者乎？……子不云乎："多闻阙疑，慎言其余。"岂特告子张乎，修《春秋》之法亦不过此。②

《公羊传》对《春秋》的这些阙疑之处，往往以无闻为解。如隐公二年，"纪子伯者何？无闻焉尔"；桓公十五年，"夏五者何？无闻焉尔"③；文公十四年，"宋子哀者何？无闻焉尔"。凡是经所缺疑之处，先师皆无说，《公羊传》也以无闻为辞，这也说明《公羊传》在先秦非有文本，而是口头相传的。闻是相对于口而言，若不是口传，而是文本传授，就应该说无文，怎么会说无闻呢？故孔颖达疏说："《春秋公羊》之义，口授相传，五世以后方著竹帛，是以传家数云无闻焉尔。"④

第三，传中对传义的解说，多以问答的形式。如隐公元年一开首就是一连串的问答："元年春，王正月。元年者何？君之始年也。春者何？岁之始

---

① 章学诚：《文史通义·内篇一·诗教上》，叶瑛校注：《文史通义校注》上册卷一，中华书局2000年版，第62页。

② 顾炎武：《春秋阙疑之书》，《日知录》卷四，《四库全书》本，上海古籍出版社1987年版。

③ 顾炎武在《日知录》卷四中专门有一条辨析"夏五"为孔子《春秋》阙文的文字，全文如下："'夏五'，《鲁史》之阙文欤？《春秋》之阙文欤？如谓《鲁史》之阙文者，笔则笔，削则削，何独阙其所不必疑，以示后世乎？阙其所不必疑以示后世，推不诚伯高之心，是不诚于后世也，圣人岂为之哉。不然，则'甲戌'、'己丑'、'叔喜生'、'仲孙忌'又何为者？是故'夏五'，《春秋》阙文也，非《鲁史》之阙文也。"

④ 阮元刻：《十三经注疏》下册，中华书局1982年版，第2301页。

也。王者孰谓？谓文王也。曷为先言王，而后言正月？王正月也。何言乎王正月？大一统也。公何以不言即位？成公意也。何成乎公之意？公将平国而反之桓。曷为反之桓？桓幼而贵，隐长而卑，其为尊卑也微，国人莫知。隐长又贤，诸大夫扳隐而立之。隐于是焉而辞立，则未知桓之将必得立也。且如桓立，则恐诸大夫之不能相幼君也，故凡隐之立为桓立也。隐长又贤，何以不宜立？立适以长不以贤，立子以贵不以长。桓何以贵？母贵也。母贵则子何以贵？子以母贵，母以子贵。"《公羊传》的全书几乎都是通过这种问答形式来解说经义的，而这种问答形式与口传的方式正好符合。口传之时，学生提问，先师作答，一问一答，经义就在问答中被训解了。《公羊传》以问答为解经的形式，正是《公羊传》在先秦口传的遗留痕迹。

《公羊传》的口传，使其免受秦始皇的焚书坑儒之厄，同时，也使《公羊传》在流传中得以被不断地修订。在著作只能著于竹帛的先秦，一旦写为定本，就很难得以修订，而口传则可根据人们的需要，而得到随时的修改，《公羊传》也就成为战国齐地儒生不断修订的共同成果。在此意义上说，口传的方式反倒是《公羊传》形成的优点。当然，也不能否认口传而导致的失真，如宋代的家铉翁说："盖公、穀者虽授学于圣门高弟，皆口以传授不为之书，至汉兴以后裔孙门人始为之书，以传于世，有失真者矣。"[1]晁说之也论及口传之失，而主张回到子夏："虽曰父子口以授受而密矣，不能无所遗误舛逆，亦人情之所不免也。如昭三十一年冬，黑肱以滥来奔，曰文何以无邾娄？何休曰：据读曰邾娄。说者曰：公羊子口读，则邾娄黑肱是口读，与策书不无同异也……以故一章之间，玉石错出，而精深昭远之功少。其酿嘲亿措之害，不胜其多也，可不惜乎？夫其所谓精深昭远者，特绝乎后儒笔墨之迹，意气思索之所及，苟不自乎子夏而谁欤？今学者劣以耳目闻见，而忽之，又岂不重可惜乎？呜呼！"[2]回到子夏是不可能的，可以做到的是根据孔子的思想来解说《公羊传》。

第二节 对《春秋》的解释与书法的发明

春秋公羊学是一门对《春秋》及其《公羊传》不断解释而发展起来的

---

① 家铉翁：《明五始》，《春秋集传详说》纲领，《四库全书》本，上海古籍出版社1987年版。
② 晁说之：《三传说》，《景迁生集》卷十二，上海古籍出版社1987年版。

学说。不同时代的春秋公羊学家依其解释的不同，而建立起了自己的春秋公羊学理论。《公羊传》就是最早由解释《春秋》而建立起来的春秋公羊学理论。《公羊传》对《春秋》的解释，奠定了其后春秋公羊学对《春秋公羊传》的解释方向。在经学的解释学中，春秋公羊学具有典型意义，而《公羊传》是春秋公羊学解释学的开端。

一、《公羊传》对《春秋》的解释

《公羊传》是解释《春秋》的著作。《春秋》记载了从公元前722年至公元前481年241年的历史，仅有1万8千字①，今存1万6千余字。在这样小的篇幅中记载长达241年的历史，必然十分简略。而越是简略，就越有供后人发挥的余地。到西汉初年而有解释《春秋》的《左传》、《公羊传》、《穀梁传》、《邹》、《夹》五家之学。其中，《春秋公羊传》、《穀梁传》在西汉皆立于学官，《左传》流传于民间，邹氏无师，夹氏无书，一直流传到今天的只有《左传》、《公羊传》、《穀梁传》三传。在西汉初年，五经中能够形成五家之学的仅有《春秋》，这说明先秦儒家对《春秋》的重视超过其他经典，《春秋》学是先秦儒家最发达的学说，而《公羊传》则是先秦解释《春秋》最重要的成果。

今存《公羊传》并非完本，尚有佚文，如《艺文类聚》卷三十八《礼部上》所引"《公羊传》曰：'祭者，荐其时也，荐其义也，非享味也'"，就不见于今本。又如《白虎通·三纲》引用的"《春秋传》曰：'君处此，臣请归也'"，也不见于今本《公羊传》。据《白虎通》引《春秋传》可考者绝大多数出于《公羊传》②，故此条材料也极有可能出于《公羊传》。但是，《公羊传》因西汉就被立于学官，得到中央政府的珍藏，所以，基本上还是

① 参见《史记·太史公自序》集解引曹魏人张晏说，并见《春秋公羊传》昭公二十八年疏引唐人徐彦《春秋说》。
② 如《白虎通》卷一的《爵》：引《春秋传》"大国称侯，小者伯、子、男也"，出于《公羊传》隐公元年；又，引《春秋传》"大夫无遂事"，出《公羊传》隐公八年；又，引《春秋传》"天子三年然后称王"，出《公羊传》文公九年；《白虎通》卷三的《封公侯》："《春秋传》曰："适以长不以贤，立子以贵不以长也"，出《公羊传》隐公元年；《白虎通》卷四的《三军》："《春秋传》曰：'此受命于君，如伐齐则何？大其不伐丧也。大夫以君命出，进退在大夫也'"，出自《公羊传》襄公十九年；又，引"《春秋传》曰：'其言入何？篡辞也'"，出《公羊传》庄公八年；等等，皆可为证。

保留了汉代的原貌，可以作为研究形成阶段春秋公羊学的可信史料。

在汉代，《公羊传》与《春秋经》是分开单行的，而今存《春秋公羊传》是经、传合一的，经、传的合一可能出于徐彦之手。① 据裴骃说"《春秋公羊》经、传凡四万四千"② 字，除去经文，《公羊传》只有不到三万字，这说明《公羊传》对《春秋》的解释较为简略，对《春秋》的解释还没有完全展开。在今存《公羊传》中，有许多年份的文字基本上只是对《春秋》经文原封不动的照抄，根本没有一点对《春秋》的发挥与说明，如桓公十七年，庄公十五年、二十一年，僖公十一、十二、十三、三十二年，文公十年、十七年，宣公二年、十三年、十四年、十七年，成公四年、七年、十一年、十四年，襄公十四年、十七年、二十年、二十四年、二十八年、三十一年，昭公二年、三年、六年、七年、十年、十四年、二十四年、二十八年、三十年，定公三年、七年、十一年，哀公元年、十年、十一年等，共计有38 年之多。为了一目了然，我们以桓公十七年为例列表说明，并与《左传》的经文相对照：

	《左传》所见桓公十七年《春秋》经文	《公羊传》所见桓公十七年经文
1	春，正月，丙辰，公会齐侯、纪侯盟于黄	春，正月，丙辰，公会齐侯、纪侯盟于黄
2	二月，丙午，公会邾仪父，盟于雄	二月，丙午，公及邾娄仪父盟于雄
3	夏，五月，丙午，及齐师战于奚	五月，丙午，及齐师战于奚
4	六月，丁丑，蔡侯封人卒	六月，丁丑，蔡侯封人卒
5	秋，八月，蔡季自陈归于蔡。癸巳，葬蔡桓侯。及宋人、卫人伐邾	秋，八月，蔡季自陈归于蔡。癸巳，葬蔡桓侯。及宋人、卫人伐邾娄
6	冬十月，朔，日有食之	冬十月，朔，日有食之

从这里看到的《公羊传》与《左传》的经文，除第 3 条少一个夏字外，几

---

① 此说出于《四库全书提要》关于该书的提要："三《传》与《经》文，《汉志》皆各为卷帙。以《左传》附《经》始于杜预，《公羊传》附《经》则不知始自何人。观何休《解诂》但释《传》而不释《经》，与杜异例，知汉末犹自别行。今所传蔡邕《石经残字公羊传》，亦无《经》文，足以互证。今本以《传》附《经》，或徐彦作《疏》之时所合并欤？"（阮元刻：《十三经注疏》下册，中华书局1982 年版，第2189 页）

② 见《史记·太史公自序》集解引裴骃说。

乎是一字不差。这也说明《公羊传》38 年的照抄《春秋》的经文，与《左传》并没有多大差别。相对《穀梁传》只有 18 年没有对经文的解释，《左传》仅有 2 年没有解释经文的现象，《公羊传》解释《春秋》经文的年份较《左传》、《穀梁传》要少得多，几乎只占到 1/6。赵生群先生的《春秋经传研究》指出，据上海人民出版社 1977 年出版的《春秋左传集解》，以西狩获麟为断，统计《春秋》经文的总数为 1870 条，《左传》依经作传的条目在 1300 条以上，在 2/3 以上，无传的仅 550 条；《穀梁传》依经作传条目有 750 条，占 1/3 以上，有经无传的条目在 1100 条以上；《公羊传》依经作传的条目约 570 条，不到 1/3，有经无传的条目约 1300 条。[①] 这说明《公羊传》在对《春秋》经的条目解释数量上，还没有《穀梁》多，更是远远少于《左传》。而且，被后来的春秋公羊学所特别重视的一些条目，《公羊传》也没有解释，如宣公二年，"晋赵盾弑其君夷皋"，董仲舒曾经反复辩论其义，《公羊传》却只是照录经文，而没有作出丝毫解说。这与后来处处以发明义理、书法为主的春秋公羊学是有较大差别的，不同阶段的春秋公羊学对《春秋》的解释有着不同的时代内容与自身特点。这也说明春秋公羊学对《春秋》的解释有一个从简略到详细的发展过程，春秋公羊学就是在解释的不断丰富中得到发展的。

《公羊传》对《春秋》的解释，以对《春秋》一书性质的认识为基准。对《春秋》一书的性质的判定，见于《公羊传》对"西狩获麟"的解说：

> 何以书？记异也。何异尔？非中国之兽也。然则孰狩之？薪采者也。薪采者则微者也，曷为以狩言之？大之也。曷为大之？为获麟大之也。曷为获麟大之？麟者仁兽也。有王者则至，无王者则不至。有以告者曰："有麇而角者。"孔子曰："孰为来哉！孰为来哉！"反袂拭面，涕沾袍。颜渊死，子曰："噫！天丧予。"子路死，子曰："噫！天祝予。"西狩获麟，孔子曰："吾道穷矣！"《春秋》何以始乎隐？祖之所逮闻也。所见异辞，所闻异辞，所传闻异辞。何以终乎哀公十四年？曰：备矣！君子曷为为《春秋》？拨乱世，反诸正，莫近诸《春秋》。则未知其为是

---

① 赵生群：《春秋经、传研究》，上海古籍出版社 2000 年版，第 42—43 页。

与？其诸君子乐道尧、舜之道与？末不亦乐乎尧、舜之知君子也？制《春秋》之义以俟后圣，以君子之为，亦有乐乎此也。①

"西狩获麟"是历代春秋公羊学最重视发挥《春秋》的问题之一。《公羊传》最初的解释是，采薪者是最底层的人，他获得猎物，原本是一件很平常的事。但是，因为获得的是代表仁德的麒麟，所以，《春秋》用了周天子、诸侯王才配称的"狩"字②来表示这是一件具有极其重大意义的事件，是孔子受天命的征兆，而麒麟被获表示的是圣人之道不能行于当世，因此，孔子才顺应天命制作《春秋》，以传圣人之道。尽管这一解说带有天命论的意味，但先秦是天命论盛行的时代，这并不奇怪。相对于谶纬、何休对西狩获麟的解说，《公羊传》的解说并没有多少怪异成分，当然，谶纬、何休对西狩获麟的解说也是以孔子受命为前提的。而《公羊传》将麒麟的出现与王的有无联系起来，则成为后来春秋公羊学的孔子素王说的嚆矢。

但是，《公羊传》此说也有相互矛盾之处，这就是明确以西狩获麟为"记异"，从《公羊传》全部关于记异的材料看，记异不是大雨、日食之类的自然界灾难，就是火灾等人类社会的灾难，均非受命的瑞祥。所以，一再引孔子的"天丧余"等语为说，实际上是以西狩获麟为孔子将亡之异。何休说："吉凶不并，瑞灾不兼。"③是瑞祥，就不是灾异，反之亦然。依据何休之说，西狩获麟若为孔子受命于天之瑞，就不应该称之为异。这个问题在《公羊传》中是没有得到解决的。

在《公羊传》的这一解读中，包含着对《春秋》性质五层含义的认识：第一，《春秋》是孔子受命之作，是圣人之道的载体；第二，《春秋》虽然以鲁国十二公的历史为主，但是一部完备的著作；第三，《春秋》是一部拨乱反正之作；第四，这部著作体现的是尧、舜之道；第五，它是孔子为后来的圣人所预备的。《公羊传》的这一说法较为符合《春秋》的本意。从《论语》看，孔子思想的核心是仁观念，是以伦理思想为根本的。但孔子所著《春秋》则是通过春秋历史的记载，批评现实社会的礼崩乐坏，以实现拨乱

---

① 阮元刻：《十三经注疏》下册，中华书局1982年版，第2352—2354页。
② 如桓公四年的"公狩于郎"，僖公二十八年的"天王狩于河阳"。
③ 徐彦疏引何氏说。(《十三经注疏》下册，中华书局1982年版，第2354页)

反正，达到实现正名、恢复文王之世理想政治的目的。因此，《春秋》主要是表述孔子政治思想的作品，政治观是《春秋》的主要思想。《公羊传》对《春秋》所作的解释，符合《春秋》的基本精神，《公羊传》对《春秋》的发挥，也重在对其所寓含的政治思想的发挥。这是《公羊传》解释《春秋》的基本方向。《公羊传》以文王为正的大一统的基本思想，就是沿着这一基本方向而发展出来的。

这个基本方向，也决定了《公羊传》对《春秋》的解释，没有像后来董仲舒、何休的肆意发挥，而是较为平实的。徐复观说，《公羊传》"从思想内容上看，这是一部谨严质实的书"①，这是符合《公羊传》的实际的。如实地分析《公羊传》对《春秋》的解释，就不得不承认《公羊传》解释的平实性。如僖公十六年，"春，王正月戊申朔，陨石于宋五。是月，六鹢退飞，过宋都"，《公羊传》解释说：

> 曷为先言陨而后言石？陨石记闻，闻其嗔然，视之则石，察之则五。是月者何？仅逮是月也。何以不日？晦日也。晦则何以不言晦？《春秋》不书晦也。朔有事则书，晦虽有事不书。曷为先言六而后言鹢？六鹢退飞，记见也，视之则六，察之则鹢，徐而察之则退飞。五石六鹢，何以书？记异也。外异不书，此何以书？为王者之后，记异也。②

这是从事件发生过程给人耳闻目睹感觉的先后，及其观察事物的由粗到精，来说明孔子为什么要以陨石五、六鹢退飞的顺序来记叙这两件事。其解释十分符合人的认识发展过程，根本就没有何休所说什么预示宋襄公的五年见执，六年终败，如五、六鹢之数的"天之与人，昭昭著明，甚可畏也"③的天人感应，也不存在刘勰所说的什么"一字见义"的微言大义。

这特别体现在《公羊传》对《春秋》所记灾异的解释上。《春秋》记

① 徐复观：《儒家思想的转折及天哲学的完成》，《两汉思想史》第二卷，华东师范大学出版社 2001 年版，第 202 页。

② 阮元刻：《十三经注疏》下册，中华书局 1982 年版，第 2255 页。

③ 阮元刻：《十三经注疏》下册，中华书局 1982 年版，第 2255 页。

载的灾异共计45次，其中记灾16次，隐公1次、桓公4次、庄公3次、僖公1次、宣公1次、成公1次、襄公1次、定公1次、哀公2次；记异29次，隐公3次、桓公2次、庄公5次、僖公4次、文公5次、成公1次、昭公3次、哀公3次。《公羊传》所谓灾异主要是不常见的自然现象或自然灾害，其中螟、螽、大水、大旱、火灾、歉收、大瘠被称为灾，日食、彗星、星陨、陨石、大雨、震电、大雨雪、不雨、大雨雹、数月不雨、晦冥、雷击、雨螽、雨木冰、陨霜杀菽、地震、多麋、有蜮、有蜚、螽、鹢飞、鹳鹆来巢、火灾、长狄则被称为异。从这些关于灾异的记载来看，《公羊传》对灾异的区分并不严格，如螽在桓公五年记为灾、文公三年与哀公十二年则记为异；火灾有的被记为灾，有的被记为异；昭公十八年，宋、卫、陈、郑之"灾"，《公羊传》则以"记异"来解释。但灾异大体上还是有区别的，这就是《公羊传》定公元年说："异大乎灾也"。灾异统而言之是指自然灾害与不常见的自然现象，分而言之则有轻重的区别。文公二年，从十二月到秋七月的七个月不下雨，《公羊传》说："何以书？记异也。大旱以灾书，此亦旱也，曷为以异书？大旱之日短而云灾，故以灾书。此不雨之日长而无灾，故以异书也。"《公羊传》的这一解释有悖常理，如徐复观所批评"岂有七个整月不下雨而不成灾之理？"[①]而《公羊传》的此条解释，正好证明异大乎灾的说法。但徐复观由此说，记异"对人而言，并不成灾"，记灾"才说明某一现象对人发生灾害"[②]，这就值得商榷了。这不仅与他批评七月不雨之异不成灾之说自相矛盾，也与《公羊传》的记异相冲突。如地震在《公羊传》中被列为异，而不是列为灾，如果说《公羊传》的记异对人没有灾害发生，难道连地震对人类也没有灾难吗？应该说，《公羊传》所说的灾异对人说来都是无益的，但也并不是所有的灾异都一定会引起祸害，如记灾中的螟、螽，记异中多麋、有蜮、有蜚、螽、鹢飞、鹳鹆来巢、长狄就不一定有什么祸害；异大乎灾也不是绝对的，如不雨为异，但大水却为灾，大水明显较一般的不雨的危害要大。这说明《公羊传》对灾异的划分并不严密。

---

① 徐复观：《儒家思想的转折及天哲学的完成》，《两汉思想史》第二卷，华东师范大学出版社2001年版，第202页。

② 徐复观：《儒家思想的转折及天哲学的完成》，《两汉思想史》第二卷，华东师范大学出版社2001年版，第202页。

对《春秋》这些不常见的自然现象与自然灾害，西汉的春秋公羊学从天人感应的方向，一一给予了各种附会的神怪之说，而在《公羊传》中，基本上是作如实的解释。所以，《公羊传》对不常见的自然现象与自然灾害，不是不加解释，就是以"记异也"或"记灾也"几个字予以简单的说明。只有两条材料将灾异的出现，说成是因人君的政治而生：

> 晦者何？冥也。震之者何？雷电击夷伯之庙者也。夷伯者，曷为者也？季氏之孚也。季氏之孚则微者，其称夷伯何？大之也。曷为大之？天戒之，故大之也。何以书？记异也。[①]
>
> 冬，蜮生。未有言蜮生者，此其言蜮生何？蜮生不书，此何以书？幸之也。幸之者何？犹曰受之云尔。受之云尔者何？上变古易常，应是而有天灾，其诸则宜于此焉变矣。[②]

前一条出于僖公十五年，是针对季孙氏所信任的家臣夷伯而发，认为雷电击夷伯之庙意在警戒配臣执国命；后一条出于宣公十五年，是针对鲁国实行"初税亩"，意在警告对古制的"十一而税"的改变，就是所谓"变古易常"。这种说法类似于西汉春秋公羊学的谴告说，但诚如徐复观所说，这也是自幽厉时代以来就有的"古老思想"。除此两条外，《公羊传》的其他关于灾异的论说，都没有与人事相联系。

从整体上说，《公羊传》对《春秋》的解释，都是紧扣政治思想来发明的，而且解释一般都朴实严谨，与汉代春秋公羊学多非常异义、可怪之论有很大的不同。除开说灾异的两条之外，所有的解释都基本上合于孔子不语怪、力、乱、神的训条。

但是，何休称《公羊传》多非常异义、可怪之论，并将文不与而实与的肯定齐桓公、晋文公等人的专封、专讨，列为非常异义。在有明天子的条件下，诸侯不得专封、专讨，这是常义，《公羊传》允许在无明天子的情况下，诸侯可以专封、专讨，这是"非"常异义，何休的解说是正确的。而

---

① 阮元刻：《十三经注疏》下册，中华书局 1982 年版，第 2254 页。
② 阮元刻：《十三经注疏》下册，中华书局 1982 年版，第 2287 页。

肯定在无明天子的情况下，诸侯可以专封、专讨，正是《公羊传》的最有价值的思想之一。何休还将《公羊传》称赞齐襄公的所谓复九世仇[①]，也列为非常异义之中，甚至说百世复仇也是可以的，这是倡导复仇主义，与儒家的和而不同思想是背道而驰的，并不符合孔子的思想，也不是对《春秋》的正确训解。有幸的是，《公羊传》的这一观念被儒家的和合思想所消解，在中国历史上并没有发生太大的影响。何休所说的《公羊传》中的可怪之论，是指哀公三十一年的以叔术为贤之说。叔术虽然有让国之美，但有妻嫂的恶名。按儒家伦理，妻嫂绝对应该遭到贬斥，《公羊传》却许为贤者，所以，被何休称之为奇怪之论。这一奇怪之论包含着《公羊传》政治重于伦理的趋向，杀兄妻嫂，也不失为贤者。何休所说的《公羊传》的非常异义、可怪之论，都是从儒家的政治伦理原则而言，按照儒家政治伦理的一般原则而论是错误的，但《公羊传》却予以肯定。这样的非常异义与可怪之论，并不带有神秘主义，这是《公羊传》与董、何春秋公羊学的区别。

从总体上说，《公羊传》对《春秋》的解释是较为平实的，但也有望文生义等缺点，如襄公二十七年，《春秋》载"豹及诸侯之大夫盟于宋"，《公羊传》解释说："为卫石恶在是也，曰恶人之徒在是矣。"石恶为宋国大夫，《春秋》几次有记载，但并没有石恶为恶的记载，而《公羊传》仅以其名恶，就以石恶为恶人之徒，完全是望文生义之说。所以，此说遭到人们的严厉批评，齐召南说："此传甚陋，就令石恶是大恶人，亦不能危殆诸侯，况以其名恶，即谓之恶人乎？王应麟《困学纪闻》曰：'以石恶为恶人，刘原父非之，曰董贤可谓贤乎？'"[②]以名有恶字，就断言为恶徒，有贤字难道就

---

① 此说见《公羊传》庄公四年："（经）纪侯大去其国。（传）大去者何？灭也。孰灭之？齐灭之。曷为不言齐灭之？为襄公讳也。《春秋》为贤讳。何贤乎襄公？复仇也。何仇尔？远祖也。哀公亨乎周，纪侯谮之。以襄公之为于此焉者，事祖祢之心尽矣。尽者何？襄公将复仇乎纪，卜之曰：'师丧分焉。寡人死之，不为不吉也。'远祖者，几世乎？九世矣。九世犹可以复仇乎？虽百世可也。家亦可乎？曰：不可。国何以可？国君一体也；先君之耻犹今君之耻也，今君之耻犹先君之耻也。国君何以为一体？国君以国为体，诸侯世，故国君为一体也。今纪无罪，此非怒与？曰：非也。古者有明天子，则纪侯必诛，必无纪者。纪侯之不诛，至今有纪者，犹无明天子也。古者诸侯必有会聚之事、相朝聘之道，号辞必称先君以相接，然则齐、纪无说焉，不可以并立乎天下。故将去纪侯者，不得不去纪也。有明天子，则襄公得为若行乎？曰：不得也。不得则襄公曷为为之？上无天子，下无方伯，缘恩疾者可也。"

② 齐召南：《春秋公羊传考证》卷二十一，《四库全书》本，上海古籍出版社1987年版。

是贤人吗？刘敞用汉哀帝时的佞臣董贤没有一点贤明，来批驳《公羊传》的望文生义最有说服力。

二、《公羊传》对《春秋》书法的发明

《公羊传》对《春秋》的解释，在形式上是一种文本的解读，但这种文本解读绝不只是文字的训诂，而是要透过《春秋》的文本去发掘文字背后所蕴涵的义理，这就是后来春秋公羊学所称之为微言大义的那一套。所以，我们看到《公羊传》常常以提问的方式，如"何以书"、"何以不书"、"何讥尔"、"何以名"、"其称人何"之类的提问，去追寻《春秋》为什么要记载或不记载某一人、事的含义。正是在这些追寻中，形成了后来春秋公羊学所说的书法。而对后来春秋公羊学影响最大的，也莫过于《公羊传》对《春秋》所谓书法的解释。陈其泰先生说："公羊学的特征之一是解释性"，"公羊学说专讲'微言大义'，对《春秋》或《公羊传》中简略的文字大胆地阐释、发挥，故公羊学可视为中国古代一门解释学"①。而对《春秋》微言大义的发明，在《公羊传》与后来的春秋公羊学中，都主要是透过对书法的解释来完成的。借书法以发明义理，是春秋公羊学解释《春秋》的主要方法，也是春秋公羊学的显著特点。

（一）《春秋公羊》学的书法

《春秋》言简意赅，孔子有"其文则史，其义丘窃取之"之说，这都为《公羊传》解释《春秋》书法提供了话语的根据。在春秋公羊学看来，《春秋》的每一个字都蕴涵着圣人之义，即春秋公羊学所说的微言大义，而孔子的圣人之义只有借助孔子的书法，透过文字之表才能探究到。相对于董仲舒、何休对书法的解释，《公羊传》并不是认为《春秋》处处有所谓圣人之义，对书法的解释也较为粗略，但却为后来春秋公羊学解释孔子书法奠定了基础，是春秋公羊学解释书法的开端，也是经学发明孔子书法的起点。

"书法"一词，最早出自孔子之口，是孔子称赞晋国史官董狐时所说。《左传》宣公二年：

---

① 陈其泰：《春秋公羊学说体系的形成及其特征》，《山东大学学报》2002 年第 6 期。

赵穿攻灵公于桃园。宣子未出山而复。大史书曰："赵盾弑其君。"以示于朝。宣子曰："不然。"对曰："子为正卿，亡不越竟，反不讨贼，非子而谁？"宣子曰："乌呼，'我之怀矣，自诒伊戚'，其我之谓矣！"孔子曰："董狐，古之良史也，书法不隐。赵宣子，古之良大夫也，为法受恶。惜也，越竟乃免。"①

这里的书法不隐是赞扬董狐的秉笔直书，此种书法只是史氏之法②，或称之为史家之法。书与笔通，故书法又被称之为笔法，吕祖谦说："《史记·世家》多书别国事，如《鲁世家》却书晋国、秦国之类，此皆是当时大事，笔法最高，如此条例亦看史者所当知。"③这里讲的司马迁笔法最高，也是就史家之法而言。清代赵翼在《廿二史劄记》中对廿二史书法的异同有较不少论说，可以从史家书法的角度来认识廿二史的差异。④ 笔法或书法还有一种含义，是指文字书写运笔方法，在严可均所辑的《全秦文》中，有一篇相传是李斯所著的《用笔法》⑤，所言笔法就是指文字书写之法。史家之法的书法属于史学的范畴，文字书写的书法属于艺术的范畴，都不是春秋公羊学所说的书法。

春秋公羊学的书法属于经学的范畴，是指孔子著《春秋》的文字表述的方法，与史学与文字书写的书法不同。经学的书法或笔法一词，在《公羊传》及其董仲舒、何休的著作中都没有发现。史学与文字书写的书法自《史记》以来的历代的史籍中多有论及，而经学的书法或笔法一词的出现，并大量被运用是在宋代。朱熹的《朱子语类》与《四书章句集注》中，都

---

① 阮元刻：《十三经注疏》下册，中华书局1982年版，第1867页。

② 钱时《融堂书解》卷一，在解《舜典》序"虞舜侧微，尧闻之聪明，将使嗣位，历试诸难，作《舜典》"时说："至此段末，独书绩用弗成一语，以著帝尧知人之明，此史氏书法之妙。"

③ 吕祖谦：《纲领》，《左氏传续说》卷首，《四库全书》本，上海古籍出版社1987年版。

④ 赵翼论史家书法，只使用书法一词，而无笔法之说。仅《陔馀丛考》卷三十七的《内兄弟》有"蒙教笔法"一语，其中笔法指的是文字书写之法。可见，他认为书法与笔法是不同的，故《廿二史劄记》没有笔法一说。

⑤ 全文如后："夫书之微妙，道合自然。篆籀以前，不可得而闻矣。自上古作大篆，颇行于世，但为古远，人多不详，今斯删略繁者，取其合理，参为小篆。凡书，非但裹结流快，终籍笔力轻健。蒙将军恬《笔经》，犹自简略。斯更修改，望益于用矣。用笔法，先急回，后疾下，鹰望鹏逝，信之自然，不得重改，如游鱼得水，景山兴云，或卷或舒，乍轻乍重。善思之，此理可见矣。"

没有经学的书法与笔法之说，但朱熹的其他著作是承认有《春秋》书法的，如《晦庵集》中说："圣经书法之妙，非它人之所及"①；"季札辞国而生乱，孔子因其来聘，贬而书名，所以示法，《春秋》明大义，书法甚严可以鉴矣"②。而他的《资治通鉴纲目》一书言及书法三千三百多次③，朱熹此书虽然是评说史书，但从他关于书法的论说，及其刘友益的《书法凡例》④等的论说看⑤，朱熹所说的书法为的是"阐明褒贬进退之旨"⑥，是运用孔子著《春秋》的书法来评说历史。很显然这已经不是史学、文字书写的书法，而是经学的书法了。

不仅朱熹的《资治通鉴纲目》大量运用孔子书法之说，宋代以来凡言六经者无不有经学的书法或笔法之说。如元代胡炳文《周易本义通释》卷一释坤卦上六"龙战于野其血玄黄"说："不言阴与阳战，而曰龙战于野，与《春秋》书王师败绩于茅戎，书天王狩于河阳，同一书法也。"又在释履卦六三"眇能视跛能履履虎尾咥人凶武人为于大君"时说："《易》、《春秋》书法美恶不嫌同辞，履六三一爻并书之者，恶三不中，且不正也。"这是言《易经》的书法。宋代时澜在《增修东莱书说》卷三十二的《康王之诰》之序"康王既尸天子遂诰诸侯作康王之诰"时，又言及"此孔子之书法也"。宋代钱时的《融堂书解》卷七在释《盘庚上》的序文"盘庚五迁将治亳殷民咨胥怨作盘庚三篇"时说："故首序云自契至于成汤八迁，他书皆不

---

① 朱熹：《九江彭蠡辨》，《晦庵集》卷七十二，《四库全书》本，上海古籍出版社 1987 年版。

② 朱熹：《温公疑孟下》，《晦庵集》卷七十三，《四库全书》本，上海古籍出版社 1987 年版。

③ 当然，此书也收入一些朱熹以外他人的著作，《四库全书》关于该书的提要对此有详细说明："自后宋遂昌尹起莘有《发明》，永新刘友益有《书法》，元祁门汪克宽有《考异》，望江王幼学有《集览》，上虞徐昭文有《考证》，明武进陈济纠幼学之失有《集览正误》，建安冯智舒有《质实》，或以揆笔削之旨，或以详援引之实，皆为有功于朱子之书者，弘治中莆阳黄仲昭遍取诸家之言附载本条之下，以备稽考。陈仁锡因之，并为评，刻而未能有所论断。我圣祖仁皇帝默契《春秋》谨严之旨，于事之可法、可戒，或傅会失实，不衷于理者，详加批论凡百有余条，所以考古鉴今，析疑征信用，垂奕禩者，洵非往代儒生拘义牵义、蠡测管窥之流所能拟议矣。"（《四库全书总目》上册，中华书局 1983 年版，第 755 页）虽然《御批资治通鉴纲目》包括有宋元明清四代人以至康熙皇帝的御批，但皆为发明朱熹《资治通鉴纲目》一书的附属。

④ 朱熹：《资治通鉴纲目》卷首下，《四库全书》本，上海古籍出版社 1987 年版。

⑤ 如揭傒斯在《纲目书法序》中说："刘氏《纲目书法》者其辞则《春秋公羊》、《穀梁》，其义则《春秋》，而其志则朱子也。"（《资治通鉴纲目》卷首下）

⑥ 纪昀：《四库全书总目》上册，中华书局 1983 年版，第 755 页。

著几迁，而独书于此二序善之也，此孔氏之书法也。"这是就《书经》言书法。宋代严粲的《诗缉》卷六释《芄兰》序文"刺惠公也，骄而无礼大夫刺之"时说："卫惠公、郑昭公皆见逐。惠公拒天子之师以入卫，《春秋》不言复，然以其终得国也，故出入皆称卫侯；忽以世子当立，然以其终失国也，故出入皆称忽。此圣人书法之严也，首序称惠公、称忽，皆用《春秋》书法，知经圣人之手矣。"这是就《诗经》言书法。宋代卫湜的《礼记集说》卷十三说："古之诸侯不生名，惟死而告终，然后名之，然有生名者，德不足以名君子，而位号存焉耳。故天子不言出，诸侯不生名，皆谓君子不亲恶故也。二者《春秋》之书法也。"这是就《礼》言书法。类似关于笔法的论说，也时见于后来历代解经之书。值得注意的是，言《易》、《诗》、《书》、《礼》的书法或笔法，多与《春秋》书法或笔法相比较，如惠周惕的《诗说》卷中说："此诗人之微旨，《春秋》之笔法也。"纳兰性德编《合订删补大易集义粹言》卷十二，引宋代吕祖谦《易说》："此见圣人笔法，与作《春秋》、解《诗》一同，斡旋一字，便见意全。"清代刁包《易酌》卷十二亦有"《春秋》之笔法乎"之语。这说明经学的书法都是以对《春秋》的书法解释为根据，而将其推衍于其他经典的。而发明《春秋》书法最早也最为经学界所公认的是春秋公羊学，后来经学所说的书法也多以春秋公羊学为据①，治经学者常借对孔子书法的解释，来阐发自己的思想。春秋公羊学的书法对中国经学的解释学建立，及其经学思想的发展起到了其他学派不可替代的作用。虽然，在《公羊传》及其董仲舒、何休的著作中，没有书法一词，但就后来经学所说的书法，无论是就其精神，还是就其主要内容来说，其发明权无疑属于《公羊传》。

（二）"三世异辞"

《公羊传》对孔子书法的发明，主要有"三世异辞"、"内外异辞"、书与不书、实与文不与等内容。"三世异辞"是《公羊传》对《春秋》的孔子书法的重要论说。《公羊传》三次提到"三世异辞"，一次见于隐公

---

① 很多经学家尤其是偏向今文经学的学者都认为《左传》是无书法可言的。但也有人认为解《春秋》的三传都有书法，如戴震就说："《春秋》一再传，而笔削之意已失。故传之存者三家，各自为例，以明书法，不得《春秋》之书法者盖多。"（《戴震集》，上海古籍出版社1980年版，第195页）肯定三传皆有书法，但又认为三传都失去了《春秋》书法的本义。

元年，是在解说《春秋》记"公子益师卒"时没有去世日期的记载时所言：

> 何以不日？远也。所见异辞，所闻异辞，所传闻异辞。①

一次见于桓公二年，是在解释"三月，公会齐侯、陈侯、郑伯于稷，以成宋乱"时所说：

> 内大恶讳，此其目言之何？远也。所见异辞，所闻异辞，所传闻异辞。隐亦远矣，曷为为隐讳？隐贤而桓贱也。②

一次见于哀公十四年，是在解释孔子著《春秋》为什么从隐公开始时所说：

> 《春秋》何以始乎隐？祖之所逮闻也。所见异辞，所闻异辞，所传闻异辞。③

从这三次出现"三世异辞"的文句来分析，"三世异辞"不过是说孔子著《春秋》，将鲁国十二公的 242 年分为所见、所闻、所传闻三个时段，以所见世为孔子生活的时段，以父亲辈所闻为所闻世，以祖父辈所传闻为所传闻世。所以，"三世"的划分，不过是以距离孔子时间的远近来作的区分，故隐公、桓公两条"三世异辞"说都以时间距离远，来解释公孙益师卒不书日，及其记叙鲁桓公罪恶的直言不讳，哀公一条对为什么《春秋》开始于隐公，也是从隐公是祖父辈所闻的最早时间来说的。

《公羊传》的"三世异辞"说，是依时间的远近将十二公分为所见世、所闻世、所传闻世。按照何休的说法，因时间远近、十二公辈份不同的亲疏差别，在"三世"的叙述上而有文辞之异。在所传闻世，因其疏远恩浅，记载简略，凡是大夫去世，无论有罪（如隐公八年"无骇卒"）

---

① 阮元刻：《十三经注疏》下册，中华书局 1982 年版，第 2200 页。
② 阮元刻：《十三经注疏》下册，中华书局 1982 年版，第 2213 页。
③ 阮元刻：《十三经注疏》下册，中华书局 1982 年版，第 2353 页。

无罪（如隐公元年"公子益师卒"）都不书写去世的日子；而所闻世，则因较为亲近有恩，只是对无罪大夫的去世，书写日子（如宣公三年"丙戌，郑伯兰卒"），而对有罪的大夫去世则不书写日期（如宣公四年"叔孙得臣卒"）；在所见世，因亲近恩深，无论有罪无罪，大夫去世都书写日子（如定公五年"丙申，季孙隐如卒"，哀公三年"丙子，季孙斯卒"）。从所见世有罪无罪皆书日，所传闻世有罪无罪皆不书日来看，《公羊传》"三世异辞"的书不书日并不是据有罪无罪来决定，而主要是指孔子书写《春秋》用辞详略的不同，书日为详，不书日为略，时间愈远辞愈略，愈近则愈详。但书日不书日的详略的不同，并不包含何休所说的恩情深浅之义，故顾炎武批判说："何休见桓公二年，会稷之传，以恩之浅深，有'讳'与'目言'之异，而以书日不书日，详略之分，为同此例，则甚难而实非矣。"①

"三世异辞"的"异"除了有详略的不同，还有隐显的不同。详略的不同是指记载文字的多少，隐显的不同则指文字的运用。直书其事是显，微辞则是隐。"微辞"一语出于《公羊传》定公元年："定、哀多微辞。主人习其读而问其传，则未知己之有罪焉尔。"要理解这段话的真实含义，必须注意与此段话紧密联系的前面一段文字："春王。定何以无正月？正月者，正即位也。定无正月者，即位后也。即位何以后？昭公在外，得入不得入未可知也。曷为未可知？在季氏也。"定公即位的第一年，按《春秋》书法应该有"元年春，王正月"的文字，但这里却只有"春王"两个字，而没有"正月"，《公羊传》的解释是，这固然与定公即位在正月以后有关，但更重要的是这一书法，包含着孔子对季孙氏专权罪恶的谴责，说明定公的即位非继体奉正。但出于明哲保身，及其为尊者讳等原因，孔子又不可能直接斥责大权在握的季孙氏，只好用没有"正月"的"微辞"来表达。因其使用微辞，即使是季孙氏看到《春秋》这样书记，也不知道是孔子在谴责自己。由此可知，微辞是用隐晦的言辞，借彼言此，来表达自己的思想，具有文字表述与真实含义不一致的特点。

在所传闻世与所闻世，《公羊传》没有明确说有无微辞的问题，但是，

---

①　顾炎武：《子沈子》,《日知录》卷四，《四库全书》本，上海古籍出版社 1987 年版。

实际上是承认有微辞的。所以，只是说"定、哀多微辞"，只言多少，而不言有无。在所传闻世与所闻世，孔子没有明哲保身的理由，但仍然要为尊者、贤者、亲者讳，所以，还是需要微辞的。如《春秋》第二次讲到三世异辞时，就对鲁桓公的罪恶直言不讳，《公羊传》说这是因为鲁桓公在所传闻世。但有人质疑鲁隐公在鲁桓公前面，为什么对他的过错《春秋》却要隐晦呢？《公羊传》的回答是"隐贤而桓贱也"。这里指的是《春秋》隐公五年的"公观鱼于棠"，书"观鱼"，而不直接贬斥鲁隐公张百金之鱼。可见即使在所传闻世，出于为贤者讳、为尊者讳、为亲者讳也需要微辞来表达，但相对所见世，微辞的运用较少，故所见世与所闻世、所传闻世的隐、显的不同，并不是绝对的，而只是相对的。

顾炎武曾分析《公羊传》的"三世异辞"说："窃疑'所见异辞，所闻异辞，所传闻异辞'，此三语必有所本。而齐、鲁诸儒述之，然其义有三：阙文，一也；讳恶，二也；言孙，三也。从前之一说，则略于远而详于近；从后之二说，则晦于近而章于远。读《春秋》者，可以得之矣。"①"三世异辞"的详略的不同，是因时代较远而史文有缺，隐显的不同则是出于为尊者、贤者、亲者讳，及其为避祸而不得不采用的逊辞，顾炎武的这一说法是合于《公羊传》的本意的。

"三世异辞"发明的书法，否认《春秋》全书的文字表述是千篇一律的，认为存在前后之异与文字隐显之别的变化，因此，应该根据"三世"的不同来分析文字、洞悉微辞背后的真实含义。这具有反对胶着于文字，注意文字与所表述的含义之间不一致的意义，是对《春秋》文本的灵活性解释。但《公羊传》的"三世异辞"，还仅仅是从书法的角度来论说，并没有后来春秋公羊学的三世说的含义，在借书法发挥微言大义方面还做得很不够，但这一书法发明对春秋公羊学后来的发展却有极其重要的影响。后来一些治春秋公羊学的人物，以"三世异辞"的书日不书日等，来发明《春秋》的时、月、日例，并由"三世异辞"而发展出春秋公羊学最重要的"三世"说；借所谓微辞的解释发挥各种微言大义，这些都与《公羊传》发明的"三世异辞"书法有直接的联系。正是历代的不断发挥，给春秋公羊学不断

---

① 顾炎武：《子沈子》，《日知录》卷四，《四库全书》本，上海古籍出版社 1987 年版。

增添了新的内容。

（三）"内外异辞"

"内外异辞"是《公羊传》解释《春秋》书法论说较多的内容。《公羊传》讲"内外异辞"的材料共有76条，言内辞37条，其中隐公5条，桓公5条，庄公4条，僖公7条，文公7条，宣公2条，成公3条，襄公1条，昭公1条，定公1条，哀公1条；言外辞39条，其中隐公6条，桓公4条，庄公7条，僖公3条，文公4条，宣公4条，成公2条，襄公4条，昭公2条，定公2条，哀公1条。其中最值得注意的有两条，这两条对内外异辞作出了原则性的规定。一条出于隐公十年：

> 《春秋》录内而略外，于外大恶书，小恶不书；于内大恶讳，小恶书。①

这里的所说内外分别指鲁国与鲁国之外的其他华夏国家，内辞是用于记叙鲁国的文辞，外辞是记叙其他国家的文辞。内外有别，记载鲁国时大的罪恶要隐讳，而对小的罪恶则予以书写；他国则只记载大的罪恶，对小的罪恶则忽略不书。这是内辞与外辞在书写上的一般原则，这一原则也主要是就详略而言，所以《公羊传》说"录内而略外"，对鲁国的事情记载要详细，而对他国的事情记载则较为简略。后来春秋公羊学说"内外异辞"包含有王鲁等义，不过是何休等人的发挥，并不是《公羊传》的本义。

但《公羊传》说的详内略外并不是绝对的。按照详内略外的原则，对鲁国的大恶应当不书，但涉及夺城取邑、战伐等时，也不能不书。所以，尽管鲁隐公被视为贤人，处于所传闻世的开端，但在一个月内两次攻取他国城邑②，这就不能拘于一般原则，而应该予以公开的谴责，而被孔子书于《春秋》经文中。"内不言败"是《春秋》的一条原则，但庄公九年却说"及齐师战于乾时，我师败绩"。这次鲁庄公是打着为鲁桓公复仇的旗号与齐国开战的，《公羊传》是肯定复仇的，甚至有复九世仇之说，理应得到肯定。

---

① 阮元刻：《十三经注疏》下册，中华书局1982年版，第2210页。
② 《春秋》隐公十年，"六月壬戌，公败宋师于菅。辛未取郜，辛巳取防"。

但这次与齐交战的所谓复仇不是出自鲁庄公而是臣下，鲁庄公只是打着复仇的旗号，实际上是讨伐齐国不接纳流亡在鲁国的齐公子子纠①，所以，鲁庄公不仅没有得到肯定，反而受到讥讽，还破"内不言败"之例，将鲁国的这次惨败书记下来。对于外国的记载同样如此，《公羊传》多次说《春秋》"外相如不书"、"外灾不书"、"外异不书"②，但是，如果灾害影响到鲁国，《春秋》也会书记。《春秋》主张嫁娶亲迎，而纪侯娶鲁女不亲迎，只是令大夫履绪出面，《春秋》"外逆女不书"，但要讥讽纪侯的不亲迎，也在书中记叙了此事。③ 可见，《公羊传》所理解的《春秋》"内外异辞"，既有原则性的规定，就是所谓内外当书与当不书，也有灵活性的规定，即书当不书（如内大恶不书，而取邑、战伐等则书）、当不书而书（如外灾、外异当不书，而涉及鲁国则书）。这一解释，就是后来董仲舒所说的《春秋》无通辞。

另一条出自成公十五年，《春秋》经文载："叔孙侨如会晋士燮、齐高无咎、宋华元、卫孙林父、郑公子鰍、邾娄人会吴于钟离。"《公羊传》解释说：

> 曷为殊会吴？外吴也。曷为外也？《春秋》内其国而外诸夏，内诸夏而外夷狄。王者欲一乎天下，曷为以外内之辞言之？言自近者始也。④

上一条的内外只涉及华夏，这一条的内外涉及华夏与周围夷狄。在华夏的范围内，内外的区分是鲁国与其他华夏国家，如果将四周夷狄也纳入其中，整个华夏民族都属于内，外则指四周夷狄。这是"内外异辞"说在空间的扩张。所谓"自近者始"，是说大一统的实现是一个从鲁国到华夏各国，再到四周夷狄的发展过程。在实现大一统之前，是有内外之分的，这是《春秋》在叙述鲁国、华夏、夷狄时采取"内外异辞"的依据。《公羊传》还没有据

① 参见《十三经注疏》下册，中华书局 1982 年版，第 2230 页。
② 如庄公十一年、二十一年，僖公十四年、十六年，成公五年，昭公十八年，都有类似记载。
③ 参见阮元刻：《十三经注疏》下册，中华书局 1982 年版，第 2202 页。
④ 阮元刻：《十三经注疏》下册，中华书局 1982 年版，第 2297 页。

乱、升平、太平的"三世"说，所以，这一"内外异辞"说与"三世"说
没有什么联系，将从鲁国到华夏，再到夷狄发展的"内外异辞"，说成是据
乱、升平、太平的发展过程，是后来何休的发展。但是，《公羊传》的"内
外异辞"说，却为何休的发展提供了基础。而以鲁国到华夏，再到夷狄发
展的王天下之说，则带有以礼仪之邦的鲁国为大一统的基础的观念，这是
《公羊传》对周天子已经丧失信心的表现。

这一"内外异辞"涉及处理华夏与夷狄的关系，《公羊传》的原则是与
中国而不与夷狄。如《公羊传》在解释隐公七年"戎伐凡伯于楚丘，以归"
时，就提出"不与夷狄之执中国也"[1]；庄公十年，在论说"荆败蔡师于莘，
以蔡侯献舞归"时，也说到"不与夷狄之获中国也"[2]；僖公二十一年，论
楚子执宋公时，也有"不与夷狄之获中国也"之说。当吴国已经是天下最
强大的国家，具有"吴在是则天下诸侯莫敢不至"的威势时，《春秋》于哀
公十三年，却书"公会晋侯及吴子于黄池"。《公羊传》说这一书法包含"不
与夷狄之主中国"[3] 之义。从这些《公羊传》对《春秋》书法的解读中可
知，凡在记叙中国与夷狄时，原则上都肯定中国，而否定夷狄。春秋时期的
情形是，"夷狄也，而亟病中国，南夷与北狄交。中国不绝若线，桓公救中
国，而攘夷狄，卒帖荆，以此为王者之事也"[4]，面对夷狄对中国的威胁，
齐桓公的攘夷受到《公羊传》的高度肯定，被《公羊传》许为王者之事，
与其夷夏之辨的思想是分不开的。

但是，这一原则不是固定的，《公羊传》的中国与夷狄的划分，不在种
族、肤色、地域的不同，而在有无道德伦理，具体地说就是懂不懂礼、守不
守礼的问题。一句话，就是以文明的高低来分判中国与夷狄。当懂不懂礼、
守不守礼发生变化时，华夏与夷狄的主体也会发生相应的变化。所以，《公
羊传》所说的夷狄一般是指华夏以外四周的不懂礼仪的少数民族，如僖公
二十九年"介葛卢来"，《公羊传》说："介葛卢者何？夷狄之君也。何以不

---

① 阮元刻：《十三经注疏》下册，中华书局 1982 年版，第 2209 页。
② 阮元刻：《十三经注疏》下册，中华书局 1982 年版，第 2232 页。
③ 阮元刻：《十三经注疏》下册，中华书局 1982 年版，第 2351—2352 页。
④ 阮元刻：《十三经注疏》下册，中华书局 1982 年版，第 2249 页。

言朝？不能乎朝也。"①这是以夷狄不懂朝聘之礼。但《公羊传》的夷狄又不仅仅指四周的少数民族，有时也用来指斥不守礼、没有道德伦理的华夏各国或人物。如桓公十五年，邾娄、牟、葛三国的君主都来朝拜无德的鲁桓公，《春秋》皆以"人"相称，《公羊传》解释说："皆何以称人？夷狄之也。"②在宣公十二年著名的晋楚邲之战中，楚君有忧民之心，"笃于礼而薄于利"，《春秋》书"晋荀林父帅师，及楚子战于邲"，《公羊传》认为这是"不与晋而与楚子为礼也"③。也就是将晋国及其统帅视为夷狄，而将原是夷狄的楚国视为华夏。昭公二十三年，在将中国与夷狄的吴相比较时，针对中国的不守礼义，《公羊传》甚至说"中国亦新夷狄也"④。同样，中国也不只是固定地指华夏各国，当四周的少数民族国家及其人物向文明进步时，就不再是夷狄，而是中国了，故邲之战楚国国君被称子，视为守礼者；宣公十五年，晋灭赤狄潞氏，《春秋》书"以潞子婴儿归"，夷狄无爵，但《春秋》称赤狄潞国国君为子，这是将其视为中国，其原因则在"潞子之为善也……离于夷狄"⑤。吴亦为夷狄，但有贤人季札，所以吴本"无君无大夫"，然而《春秋·襄公二十九年》书"吴子使札来聘"，将吴视为中国，认为"有君有大夫"⑥。昭公二十三年，《春秋》书吴"获陈夏啮"，夏啮为陈大夫，吴为夷狄，按照"小夷言伐而不得言战，大夷言战而不得言获，中国言获而不得言执"⑦，以获言吴，这是以吴为中国，其原因在于"吴少进也"⑧。在定公四年，吴、楚交战，《春秋》称"吴子"，是因吴"忧中国"，当吴入楚，《春秋》直称吴，是因为吴"反夷狄"⑨。诚如梁启超所说："《春秋》之中国彝狄，本无定名，其有彝狄之行者，虽中国也，靦然而彝狄矣；其无彝狄之行

---

① 阮元刻：《十三经注疏》下册，中华书局 1982 年版，第 2262 页。
② 阮元刻：《十三经注疏》下册，中华书局 1982 年版，第 2285 页。
③ 阮元刻：《十三经注疏》下册，中华书局 1982 年版，第 2221 页。
④ 阮元刻：《十三经注疏》下册，中华书局 1982 年版，第 2327 页。
⑤ 阮元刻：《十三经注疏》下册，中华书局 1982 年版，第 2286 页。
⑥ 阮元刻：《十三经注疏》下册，中华书局 1982 年版，第 2313 页。
⑦ 董仲舒：《精华第五》，《春秋繁露》卷三，钟肇鹏主编：《春秋繁露校释》（校补本）上册，河北人民出版社 2005 年版，第 159 页。
⑧ 阮元刻：《十三经注疏》下册，中华书局 1982 年版，第 2327 页。
⑨ 阮元刻：《十三经注疏》下册，中华书局 1982 年版，第 2337 页。

者，虽彝狄也，彬然而君子矣。"①

《公羊传》对中国与夷狄的这些评说，说明至少在战国时，《公羊传》就对中国与四周少数民族的区分有一个理性的认识。不依地域、民族、肤色、习俗的差别，而是以文明、道德的进步为标准，来区分中国与夷狄，文明进步被誉为中国，不守礼义被斥为夷狄，这对中华民族的大融合，形成追求文明进步的共同价值观，起到了积极的作用。这是春秋公羊学对中国历史发展的巨大贡献，这个贡献首先应该归功于《公羊传》的中国夷狄之辨，而《公羊传》夷狄之辨的理论是通过发明"内外异辞"的书法而建立起来的。

"三世异辞"是从时间上说明《春秋》的书法，"内外异辞"则是从空间上对《春秋》书法的说明。较之"三世异辞"，"内外异辞"不是单纯发明书法，而是将书法的发明与义理的阐释很好地结合在一起，并由此发展出了夷夏之辨等有价值的理论。这确立了后来春秋公羊学借书法以发明义理的基调。"内外异辞"的书法既有内小恶书大恶不书、与中国不与夷狄等原则性的规定，又没有将原则性绝对化，当条件改变或是变化情况之时，又反对固执原则，作灵活的变通，从变而移，体现着原则性与灵活性的统一。

在《公羊传》"内外异辞"的书法中，还有三条解释值得注意。这三条材料分别见于僖公十六年、文公三年、襄公九年，都是关于宋国灾异的记叙，一条是石五六鹢之异，一条是雨蜮者之异，一条是火之灾。根据外灾异不书的原则，这三件事情是不应该记载的，但《公羊传》却全部作了记叙，而且作出了解释，这就是"为王者之后记异也"、"为王者之后记灾也"。宋为殷商之后，故称宋为王者之后。但是，《公羊传》于夏之后的杞只称伯，而不称公，《公羊传》对名的称呼是十分严格的，依"天子三公称公，王者之后称公，其余大国称侯，小国称伯、子、男"②的原则，《公羊传》绝没有将杞作为王者之后来看待。根据"通三统"的说法，在周代，夏、商都应该作为王者之后来处理，但在《公羊传》中，只有商才是王者之后，夏则不属于王者之后了，这就是后来董仲舒所说的绌夏，以夏之后为小国。也

---

① 梁启超：《〈春秋〉中国夷狄辨序》，《饮冰室合集》第二册，中华书局 1989 年版，第 49 页。

② 阮元刻：《十三经注疏》下册，中华书局 1982 年版，第 2207 页。

正因为没有以杞为王者之后，依据外灾异不书的原则，也就没有关于杞的灾异的记载。绌夏也就与亲周、故宋，形成了以《春秋》当新王的新"三统"。但是，《公羊传》并没有这方面的明确论说，对此作出清楚的论说的是董仲舒。这说明，春秋公羊学的思想，有一个从不明确到明确的发展过程。明确地提出"亲周"、"故宋"、以《春秋》当新王的"三统"说，是董仲舒为春秋公羊学增添的内容，正是历代春秋公羊学家不断增砖添瓦，才形成春秋公羊学的发展史。

（四）书与不书

司马迁说孔子著《春秋》笔则笔、削则削，子夏之徒不能赞一词。笔即书，削为不书，所以，书与不书也就是司马迁所说的笔削。《公羊传》解释《春秋》书法，谈得最多的是书与不书。"何以书"、"何以不书"的提问语式，在《公羊传》比比皆是。《公羊传》书与不书的材料共有 157 条之多，其中隐公 18 条，桓公 18 条，庄公 34 条，闵公 1 条，僖公 17 条，文公 14 条，宣公 8 条，成公 12 条，襄公 9 条，昭公 10 条，定公 6 条，哀公 10 条。书与不书的书法在《公羊传》的书法中包含的内容最广，前面论说的"三世异辞"与"内外异辞"都涉及书与不书的书法，如"三世异辞"的大夫去世有书日不书日之异，"内外异辞"有内小恶书、大恶不书等。

所谓书与不书的书法，是追寻《春秋》对事件书或不书的规则，及其书与不书背后的意蕴问题，是《公羊传》也是后来的春秋公羊学借解说《春秋》以建立其理论的主要书法。这种通过对书与不书的分析，所得出《春秋》的书法规则，就是后来春秋公羊学所说的例。《礼记·经解》说："属辞比事①，《春秋》教也……属辞比事而不乱，则深于《春秋》者也。"②《春秋》记载历史事件，具有缀属文辞、比排事实的特点。属辞是指《春秋》文辞的连缀，比事是指文辞对所连缀事件的排列。属辞、比事的角度不同。但实际上是相通的，在逻辑学上都属于归纳的方法。《公羊传》认为《春秋》的书与不书都不是随意而发，其中都有一定的规则可循，并具有圣人义。因此，《公羊传》对书与不书的探讨，也就是属辞比事以论《春

---

①　赵友林在《〈春秋〉学中的属辞比事》一文中，对历代经学家关于属辞比事作出了较为详细的论说，可参考。该文载《聊城大学学报》（社会科学版）2008 年第 1 期。

②　阮元刻：《十三经注疏》下册，中华书局 1982 年版，第 1609 页。

秋》的具体化，是对深于《春秋》则属辞比事而不乱的解释。由此，笔者认为《礼记·经解》的属辞比事为《春秋》之教的说法，很可能出于战国的《春秋公羊》先师。

书是在一定条件下、按一定的语式对某一类事件的记叙。《公羊传》所言书，有"首时过则书"，"书其重者"，"内小恶书"，"以喜书"，"以罕书"，"书甚佞"，"以灾书"，"以异书"等项。其中书自然的灾异数量不少，不常见的自然变异在古人那里，因为得不到科学的解释，而被视为反常的现象。这类反常的现象，《春秋》往往都要加以记载，如彗星的出现等天象变化，风雨冰霜等气候变异，水灾旱灾虫灾等自然灾害，《公羊传》在解释《春秋》所书的这类事件时，总是说"何以书？记异也"、"何以书？记灾也"；《公羊传》对是非的判断，是以礼为断的，凡不合礼的事件都会予以讥、贬、绝，并予以书记，这方面的数量最多，"何以书？讥"之类的文句在《公羊传》随处可见。

不书则是一定条件下，对某一类事件的不予记载。《公羊传》言不书，有"外逆女不书"，"外取邑不书"，"外小恶不书"，"常事不书"，"外相如不书"，"外夫人不书葬"，"外灾不书"，"外异不书"，"纳币不书"，"入郛不书"，"外平不书"，"媵不书"，"修旧不书"，"闰不书"等项，凡遇这些不书所规定的情况，《春秋》都采用不书来处理。此外，《公羊传》谈论得最多的不书，并关系春秋公羊学微言大义的发挥的是，在君主被弑、弑君的乱臣贼子没有被讨伐的情况下的不书葬。如鲁隐公十一年，《春秋》书鲁隐公薨，却不书葬，《公羊传》说：

> 何以不书葬？隐之也。何隐尔？弑也。弑则何以不书葬？《春秋》君弑，贼不讨，不书葬，以为无臣子也。[1]

《春秋》的不书葬，表示的是对臣子不讨伐乱臣贼子的痛恨，也是对君君臣臣大义的维护。《公羊传》的解释书法，不管如何怪诞，最终都会落实到对尊王等政治大义上，后来的春秋公羊学也无不如此。所以，春秋公羊学的讨

---

[1] 阮元刻：《十三经注疏》下册，中华书局1982年版，第2210页。

论书法绝不是目的，而只是一种手段、方式，是借以论证儒学纲常的形式。当然，春秋公羊学书法的手段、方式的意义，在不同的时代是有所不同的，西汉的春秋公羊学家用以论证中央集权的大一统，而晚清康有为则利用来否定君主专制。

这种在一定条件下、按一定的语式记叙某一类事件的书或不书，都要求在严格的规定下应用并严格遵守，而不能随意改变。凡是合于书与不书条件的，都应该按书与不书来处理。可以说，书与不书是《春秋》属辞比事的两种主要方式。所谓《春秋》属辞比事，其失则乱，主要是就《春秋》书与不书的原则而言的。书与不书可以说是《春秋》笔削的通例。

但是，通例只是一定条件下的通例，而不是无条件的通例，因而不是绝对的。在变化了的条件下，通例不再是通例。同时，通例不能概括事物的全部，只讲通例，就不能涵括千差万别的事变。所以，《公羊传》认为《春秋》书法还有特例，这就是当书而不书与当不书而书。所谓当书而不书是书的特例，是指按书的通例当书却不书的情况，这种特例也可称之为例外。如君主去世的书葬是通例，但君弑贼未讨的情况下却不书葬，这是当书而不书，是书葬的特例，也是书葬的例外。当不书而书则是不书的例外，譬如对鲁国以外的灾异应该不书，这是不书的通例，但当他国的灾异影响到鲁国时，也会予以记载。君主被弑、贼未讨，就应当不书葬，但襄公八年，《春秋》却书"葬郑僖公"，《公羊传》解释说："贼未讨，何以书葬？为中国讳也。"①说明只是出于为中国讳的原因，才将当不书葬改为书葬。

因此，书与不书是记载某一类事件的原则，当书而不书与不当书而书则是其特殊的处理。前者的对象是某一类的所有事件，如君主去世都应该书葬，他国的灾异应该都不书，而后者只是其特殊情况，如君主被弑贼未讨就不书葬，外国灾异影响到鲁国就予以书记。可见，二者不是矛盾的，而是相互补充的。只不过不书、书是通例，而当书而不书、不当书而书是特例。因此，当书而不书是对书的不足的补充，当不书而书是对不书的补充。只有结合当书而不书与当不书而书，才能够对书与不书有全面和深入的理解。就君主去世而言，只看到君主去世书葬的书的通例，而不知道君弑、贼未讨不书

---

① 阮元刻：《十三经注疏》下册，中华书局 1982 年版，第 2303 页。

葬的不书的特例，就不能对《春秋》关于君主去世的书葬有全面的了解。知道君弑、贼未讨不书葬的通例，而不知道出于为中国讳也书葬的特例，同样不能对不书葬有全面的了解。所以，要全面地认识《春秋》的书，就离不开当书而不书；要全面认识《春秋》的不书，就必须知晓当不书而书。只见书与不书，而不知当书而不书、当不书而书，就不可能真正全面地理解《公羊传》的书与不书的书法及其意蕴。

书与不书是《春秋》书法原则性的体现，而当书而不书、当不书而书则是灵活性的体现。原则性与灵活性不是相反对的，而是相互补充的。如对影响到鲁国的外国灾异的当不书而书，更加突出了《春秋》以鲁为主的观念；而出于为中国讳的不当书葬的书葬，绝不是取消了贬绝乱臣贼子的意义，而是借为中国讳的书法更加深了对弑君的犯上作乱的痛恨。《春秋》的书与不书的原则性较为容易理解，而当书而不书、当不书而书的灵活性则不易为人了解。所以，《公羊传》注重的是对当书而不书、当不书而书的解释，体现了《公羊传》对《春秋》书法解释灵活性的重视。

此外，《公羊传》的书法还重视文、实异同的辨析。文实的关系讲的是语言文字与其表达的思想内容的关系，《公羊传》在肯定《春秋》文实一致性的同时，更注重二者之间的差异性。如对齐桓公、晋文公的专封、专讨，《公羊传》认为是实与文不与，从文与实的不同，来肯定春秋战国时期的礼乐征伐不自天子出的社会变化的合理性。[1] 如同书有不书相对应，文不与而实与当有实不与而文与与之相应，但在《公羊传》中却没有实不与而文与之说，到董仲舒在解释赵盾弑君再现其名时，才有文与（再现其名）而实不与（弑君之罪）的说明。但是，这一由文实异同所引起的讨论，特别是注意文实之间的差异性的解释方法，给予了解释者在解读语言文字时的灵活发挥，这对后来春秋公羊学的借书法之说，通过文字来探讨圣人之意产生了较为重要的影响。

同号、同辞而贵贱、美恶不同，是《公羊传》从《春秋》总结出的另一重要书法。《公羊传》隐公七年说："滕侯卒。何以不名？微国也。微国

---

[1] 由文与实不与而引发的论说是《公羊传》的重要思想内容，将在下一节作深入的讨论。

则其称侯何？不嫌也。《春秋》贵贱不嫌同号，美恶不嫌同辞。"①同号、同辞是言辞的相同，所谓贵贱不嫌同号，是指身份等级不同的人，用同一的名号来称呼，如大国齐国的国君与小国滕国的国君，皆称侯。但是，齐、滕同号，并不表示齐国与滕国的国君具有同等的地位。美恶不嫌同辞，指善与恶都用相同的文辞来记叙，如继体之君（鲁文公、鲁成公）亦称即位，继弑君（鲁桓公、鲁宣公）亦称即位，皆有起文。同样，这里的同辞也不代表否认了其中所包含的善恶差别。这一书法的意义，在于说明同样的名号、文辞，表述的对象、所含的褒贬是不同的。是从同中有异来说明文与实的差异，与文不与而实与可以相互补充。

在《公羊传》所发明的《春秋》书法中，"三世异辞"是从时间上来说明《春秋》文辞的不同，"内外异辞"则是从空间上对《春秋》用词不同发明，这实际上包含着这样一个方法论的意义，就是时空的变化，文辞也应该有所变化。这里体现的是解释《春秋》的灵活性。对书的全面认识，离不开当书而不书，对不书的全面理解，离不开当不书而书，则是原则性与灵活性的统一。而文不与而实与，同号、同辞而贵贱、美恶不同，重视的是文字的表述与实际的含义的差别，同样体现了不拘泥于文字解释《春秋》的灵活性。可见，《公羊传》对《春秋》书法的解释，最重视的是灵活性。这种重视《春秋》书法的灵活性，在后来的春秋公羊学的解释学中得到了极大的发挥，也是春秋公羊学的活力所在。但是，文字与含义之间的灵活性是有一个度的问题的，如果将这种差别扩大化，就可以走到得鱼忘筌的地步，而根本不顾文字的本义，离开文字去做任意的发挥，后来的春秋公羊学出现奇怪之论，与此有不可分割的联系。所以，《公羊传》对《春秋》书法的发明，是带有两面性的。但《公羊传》关于《春秋》书法的发明，却为后来的春秋公羊学的发展奠定了解释学的方法论基础。

《公羊传》从开始就注重对《春秋》中所含义理发明的解释方向，重视从书与不书等书法来揭示《春秋》义理的治学方法，则对春秋公羊学后来发展以深远的影响，奠定了整个春秋公羊学诠释学的方法论基础。

---

① 阮元刻：《十三经注疏》下册，中华书局 1982 年版，第 2208 页。

第三节 《公羊传》的基本思想

《公羊传》对《春秋》的义理发明，重在政治思想的阐发。而这一阐发，受到战国时期的社会状况的深刻影响。面对自春秋以来的动荡战乱给人们带来的长期灾难，人们无不渴望国家的统一。但是，战国的历史转变究竟向何处去，并不是清楚的。所以，《公羊传》既有对原有政治制度的疑惑，也有着对未来社会发展的模糊向往，而表现出既不能完全否定旧有的观念，又不能对未来社会的发展作出明确描绘的矛盾。但是，《公羊传》很明确地提出了以文王为正的大一统，为未来社会的统一规划出了一幅理想的蓝图。这是《公羊传》的基本思想，也是《公羊传》的政治观。这其中既有对孔子以来儒家政治思想的继承，也有新时代内容的发展。

一、以文王为正的大一统

《公羊传》从《春秋》所得出的最重要政治观念是以文王为正的大一统。这是《公羊传》在训解隐公元年的经文"元年春，王正月"时提出的观念：

> 元年者何？君之始年也。春者何？岁之始也。王者孰谓？谓文王也。曷为先言王而后言正月？王正月也。何言乎王正月？大一统也。①

关于"元年春王正月"的解释，在后来董仲舒、何休的解释中，赋予了许多丰富的内涵。但是，《公羊传》的说法却比较平实，认为元年不过是君主即位的第一年，春指春季的第一个季度，为一年之始，将王置于正月的前面，含有君主谨始之义，而这里的谨始之义是指谨正岁首，即一年的开端。古代社会的经济命脉是农业，一年的历法开端正与不正是十分严重的事件，这会影响到农作物的收成。农业收成的不好，在古代的和平年代，尚且会造成一定的困难，在战火连绵的战国时期，对一个国家的国力、社会安定，具

---

① 阮元刻：《十三经注疏》下册，中华书局1982年版，第2196页。

有更为紧迫的意义，所以，《公羊传》十分重视历法的岁首确立的准确性。《公羊传》所理解的元年春王正月，正是在这一意义上来论说的。

但是，《公羊传》并不只是对历法与农业生产的重视，在这背后隐含着对社会政治安定的关注。王正月不仅是正一年之始，也是为国家的战争胜利、政治安宁寻求保障。所以，更为深层的意义在于将王解释为文王，以王正月为大一统。本来是鲁隐公的即位，却不说鲁隐公，而要说文王，这里面包含有《公羊传》所谓正，除了历法之正外，最重要的意义还在于政治、伦理之正，是以文王为楷模的，即所谓文王之正。正是有了文王之正的王正月，才有大一统。《公羊传》的大一统，是面对战国七雄逐鹿的局面，而提出的一统政治纲领；是希望能有类似文王的圣人出现，来结束春秋战国的战乱，实现天下的统一。这是战国儒家对当时割据纷争的解决方案，也是其政治的理想蓝图。应该说，《公羊传》中大一统的含义还比较粗略，但以文王为理想的君主，希望天下能够在文王之正的统治下实现天下一统这一思想还是很明确的。

在《公羊传》以前的所有儒家著作中，虽然有一统的观念，如《孟子·梁惠王》的"定于一"，《孟子·尽心上》、《荀子·富国》的"王天下"，但我们都没有发现有"大一统"一词。《公羊传》是"大一统"一词的最早出处。"一统"之义即统一，《公羊传》在一统前面加上一个"大"字，是对统一的美好渴望与赞美。在《公羊传》中"大"字的用法主要有两类：一是用来说明事物的规模、数量、程度，与小相对，如大水，大有年、大雩、大雨雪、大旱、大饥、大灾、大败、大蒐、大丧、大事、大吉等。二是用作对重大事件的评价，依事件性质的不同，评价也分为两类。一是贬斥的评价，如隐公元年，"大郑伯之恶"；庄公元年，"外取邑不书，此何以书？大之也。何大尔？自是始灭也"；庄公四年，"纪侯大去其国"；庄公二十八年，"大无麦禾"；僖公十五年，"季氏之孚则微者，其称夷伯何？大之也"；成公五年，"梁山崩何以书？记异也。何异尔？大也"；哀公十四年，"薪采者则微者也，曷为以狩言之？大之也。曷为大之？为获麟大之也"① 等。二

---

① "西狩获麟"在春秋公羊学中有多种训解，这里在预示孔子将逝，哀叹"吾道穷矣"，这一意义上来使用。

是赞美的评价，如庄公十八年，公追戎于济西"此未有言伐者，其言追何？大其为中国追也"；僖公二十二年，"故君子大其不鼓不成列"；文公十一年，冬十月甲午，鲁叔孙得臣败狄于咸，"其言败何？大之也。其日何？大之也。其地何？大之也"；文公十四年，"晋人纳接菑于邾娄，弗克纳……其言弗克纳何？大其弗克纳也"；宣公十五年，"宋人及楚人平。外平不书。此何以书？大其平乎已也"；宣公十六年，"大有年"。无论是用作贬斥还是赞美，前面加上一个"大"字，就使得被贬斥或是被赞美的事件，成为不是一般的事件，而是值得大书特书的重要事件。"大一统"一词的"大"，就是在第二种意义上来使用的，充分表现了战国时期人们对一统的极度渴望与无限赞美。

　　《春秋》记载十二公，皆有"王正月"，总计在242年中有93次"王正月"的用语。除去隐公元年外，还有如下记载：桓公4次，见元年、二年、十年、十八年；庄公10次，见元年、三年、五年、八年、十年、十一年、十六年、十九年、二十二年、三十年；闵公2次，见元年、二年；僖公15次，见元年、二年、三年、四年、六年、八年、十年、十五年、十六年、十八年、二十四年、二十五年、二十六年、三十年、三十二年；文公7次，见元年、三年、五年、八年、十二年、十三年、十四年；宣公7次，见元年、三年、四年、九年、十一年、十六年、十七年；成公9次，见元年、三年、五年、六年、七年、九年、十四年、十六年、十八年；襄公13次，见元年、二年、八年、十一年、十四年、十六年、十九年、二十年、二十一年、二十二年、二十九年、三十年、三十一年；昭公15次，见元年、三年、四年、五年、六年、七年、十年、十一年、十五年、二十年、二十五年、二十六年、三十年、三十一年、三十二年；定公8次，见二年、三年、五年、六年、七年、八年、九年、十五年；哀公2次，见元年、八年。《春秋》如此不惜篇幅地反复宣扬"王正月"，说明孔子作《春秋》时所隐含最重要的观念就是"王正月"。尽管除第一次的"元年春、王正月"外，《公羊传》对后来的"元年春、王正月"都没有解释。但是，根据董仲舒的"《春秋》用辞，已明者去之，未明者著之"① 之说，未作解释的所有"元年春、王正

---

① 董仲舒：《楚庄王第一》，《春秋繁露》卷一，钟肇鹏主编：《春秋繁露校释》（校补本）上册，河北人民出版社2005年版，第6页。

月"都属于已明者去之，都可以通过第一次的解释，来推论它们都具有以
文王为正的大一统含义。对这一点，《公羊传》在解释成公八年，"秋，七
月，天子使召伯来锡公命"，也作出了说明："其称天子何？元年春王正月，
正也，其余皆通矣。"①"其余皆通"正是说《春秋》所有的"元年春、王
正月"都具有以文王为正的大一统之义。②这说明孔子寓含于《春秋》的最
重要也是最根本的观念，就是《公羊传》所发明的以文王为正的大一统。

　　《公羊传》的以文王为正的大一统，有着丰富的含义。它至少有这样三
层意思：第一，所谓文王之正的正的主要含义是指合于礼的规范，这一所谓
礼虽然保留了周礼的许多内容，却已经不是完全意义上的周礼，而是包含着
时代变化的社会规范。第二，是以文王为圣明君主的完美体现，以文王政治
为最高理想境界，并以文王之正作为是非的尺度，来评判春秋战国自周天子
到各国执政者们的言行，对其不合于礼的言行进行无情的批评。第三，既是
希望也是要求各国行政能够以文王为榜样，从一开始就以文王之正为标准来
治理国家，并希望通过由内到外的不断发展，在未来实现以文王为正的大一
统理想。

　　这三层含义在《公羊传》与后来春秋公羊学的发展中，具有不同的意
义。就第一层意思说，所谓文王之正的礼的标准，构成《公羊传》评判一
切是非的标准。作为文王之正最重要的礼本是春秋时期最为盛行并得到从上
到下普遍认可的社会规范，《公羊传》以礼作为评判是非的标准，反映了对
历史的继承，但《公羊传》所说的礼，并不是原封不动的周礼，而是包含
有时代变化的成分，所以，《公羊传》的以礼评判是非，带有随时代变化而
变化的含义。这对于后来的春秋公羊学形成变易的哲学观、历史观有极大的
影响。就第二层意思说，当以文王之正来评判春秋、战国的政治时，这里的
文王之正已经不是所谓礼可以概括的了，而成为一种是非判定的绝对标准，
文王之正可以说是真善美的代名词，当运用它来衡量春秋战国的社会状况
时，《公羊传》对从周天子到各国执政者们就只能主要是严厉的批判。就第
三层意思说，以文王为正要求各国统治者，带有从道德、政治严格要求统治

---

　　①　阮元刻：《十三经注疏》下册，中华书局1982年版，第2293页。
　　②　当然，对"其余皆通"也可以作另一种解释：若元年春王正月能够以文王为正，则万事皆顺。
这两种解释都可以成立。

者的积极意义；而以文王为正的理想追求，则是《公羊传》在衰世为人们描绘的理想蓝图，而这一理想蓝图的实现，在《公羊传》与后来的春秋公羊学中都是以对现实的"衰世"批判为起点的。

从大一统的这三层含义及其意义中，可以看出《公羊传》的大一统的理想与现实的两个方面。一方面所谓文王之正只是一种理想，是《公羊传》所树立的一种尺度、描绘的一幅蓝图，只存在《公羊传》的理想中，并不具有现实性。但是，却具有独特的价值。由对文王之正大一统的理想追求，形成了春秋公羊学所描绘的大一统的大同盛世的社会蓝图；以文王之正的大一统来规划社会的发展时，则形成了春秋公羊学的社会渐变的历史发展观；为给文王之正制造终极的理论根据，又必然诱发出春秋公羊学的哲学思想。这一方面是随着春秋公羊学的发展而逐步完成的，在《公羊传》中还仅仅是其雏形。另一方面是运用这一尺度来判定现实，就必然出现对不合文王之正的现实批判，而引发春秋公羊学对现实问题的关切，这是《公羊传》的现实性所在。这种对政治的关切、对现实的批判，是春秋公羊学以文王为正的大一统的基本精神，因为只有将文王之正落实于现实，春秋公羊学才具有现实的政治意义。后来的春秋公羊学者多以现实的批判为己任，绝不是偶然的，乃是春秋公羊学的精神使然。这一关注现实的精神、批判的精神，是《公羊传》的生命力所在，这对后来春秋公羊学说也是如此。这不仅在《公羊传》中有突出的体现，也是春秋公羊学的活力与生命力所在。其后春秋公羊学的发展，只要是凸显了这一精神的时期，往往是春秋公羊学最为活跃，也是最有建树的时期。西汉与晚清的春秋公羊学之所以最有历史价值与社会影响，最根本的原因就在于对现实与历史的批判精神。

面对《春秋》所载春秋时期的礼崩乐坏，及其战国群雄逐鹿的现实，《公羊传》看到了以文王为正的大一统并没有在当时实现的可能性，所以，虽然有以文王为正的大一统观念，但对此观念及其如何实现这一政治理想却没有作出多少论说。而在将大一统落实到春秋战国的现实时，《公羊传》只能将大一统的实现寄希望于徒有其名的周天子，或者说是借助周天子的名号来表述其大一统的观念。这就是《公羊传》尊王的观念。

在上面所引《公羊传》成公八年的"其称天子何"一段，所解释的

《春秋》经文是"天子使召伯来锡公命"①，年份是成公八年而不是元年，月份是秋七月而不是一年开端的正月，都不应该有"元年春王正月"之说。但是，因为与天子的使命有关，而出现了"元年春王正月"的大一统之说。这是《公羊传》将大一统寄托于周天子的明证。所以，周天子在《公羊传》中受到尊崇，并成为一统的表征。如《公羊传》隐公元年，解"祭伯来"："祭伯者何？天子之大夫也。何以不称使？奔也。奔则曷为不言奔？王者无外，言奔则有外之辞也。"②僖公二十四年、成公十二年等地方，都有"王者无外"之说，这是自周代以来"溥天之下，莫非王土；率土之滨，莫非王臣"③ 的说法。"王者无外"是从地理疆域对大一统的肯定。《公羊传》还依孔子的"天下有道，礼乐征伐自天子出"④，一再说"有天子存，则诸侯不得专地也"⑤，肯定只有天子才具有专封、专讨与行使礼乐征伐的特权。因此即使是诛灭像庆封这样罪大恶极之人，《公羊传》也反对没有得到周天子准许的诸侯专封："其言执齐庆封何？为齐诛也。其为齐诛奈何？庆封走之吴，吴封之于防。然则曷为不言伐防？不与诸侯专封也。庆封之罪何？胁齐君而乱齐国也。"⑥

在事关专讨等天子的权威问题上，《公羊传》一般都肯定天子的绝对权威，否认诸侯、卿大夫的僭越，并对《春秋》所记载的一切僭越之举都进行了严厉的贬绝。如诸侯只能前往朝见天子，而不能让天子前来，故晋文公实召天子，而《春秋》讳言"公朝于王所"、"天王狩于河阳"，《公羊传》都以"不与致天子也"⑦ 的语句，表示了对晋文公行为的贬斥。而涉及与王相关的表述，《公羊传》都以尊王为说。如桓公九年，以众大释天子所居之京师："京师者何？天子之居也。京者何？大也。师者何？众也。天子之居，必以众大之辞言之"⑧；僖公八年，以微者的王人系于诸侯之上，"王人

---

① 阮元刻：《十三经注疏》下册，中华书局1982年版，第2293页。
② 阮元刻：《十三经注疏》下册，中华书局1982年版，第2299页。
③ 阮元刻：《十三经注疏》上册，中华书局1982年版，第463页。
④ 阮元刻：《十三经注疏》下册，中华书局1982年版，第2521页。
⑤ 阮元刻：《十三经注疏》下册，中华书局1982年版，第2212页。
⑥ 阮元刻：《十三经注疏》下册，中华书局1982年版，第2317页。
⑦ 阮元刻：《十三经注疏》下册，中华书局1982年版，第2261页。
⑧ 阮元刻：《十三经注疏》下册，中华书局1982年版，第2219页。

者何？微者也。曷为序乎诸侯之上？先王命也"①；成公元年，本晋师败绩，但经书"王师败绩于贸戎"，《公羊传》说："然则曷为不言晋败之？王者无敌，莫敢当也"②；成公十三年，会晋侯等伐秦前夕，鲁成公于京师朝天子，《公羊传》称赞其"不敢过天子也"③。这些论说从不同方向表述了《公羊传》的尊王，带有对周天子的尊崇之义。尤其是王者无敌、不敢过天子之说，最清楚地表现了《公羊传》的尊王观念。

《公羊传》的尊王，并不只是仅仅对周天子名义的尊崇，而是以周天子必须遵循文王之正为前提。《公羊传》在文公九年，讥刺周顷王刚即位，在三年丧期之内就使毛伯来求金时，不仅指出了周顷王的不合于礼，而且说明了所以讥刺的原因在于"王者无求，曰：是子也，继文王之体，守文王之法度，文王之法无求而求，故讥之也"④。即文王之后的每一位周天子都是继承文王之体的君主，都应该以文王之法为其行为的准绳。这一文王之法是唯一正确的法度，也就是文王之正，也就是所谓礼。这就是所谓继承文王之体的君主应该遵守的"从王正也"⑤。所以，《公羊传》的尊王是以礼为内在依据的，合礼则正，反之就不正，"王正"则从，王不正就会受到《公羊传》的讥刺。如桓公十五年，天王使家父来求车，为非礼的行为，而受到讥讽："何以书？讥。何讥尔？王者无求；求车，非礼也。"⑥僖公二十四年，周襄王因不能孝敬母亲⑦，引起内乱，出居于郑，《春秋》书"天王出居于郑"，《公羊传》以为这是对周襄王不能孝敬母亲的贬斥："王者无外，此其言出何？不能乎母也。"⑧所以，《公羊传》的尊王有对周天子权威的维护，但从根本上说却是尊文王之法即尊礼，当周天子出现不合于礼的行为时，也会遭到《春秋》毫不留情的贬斥。以至《公羊传》将文王之正视为君子即

---

① 阮元刻：《十三经注疏》下册，中华书局1982年版，第2252页。
② 阮元刻：《十三经注疏》下册，中华书局1982年版，第2289页。
③ 阮元刻：《十三经注疏》下册，中华书局1982年版，第2295页。
④ 阮元刻：《十三经注疏》下册，中华书局1982年版，第2269页。
⑤ 阮元刻：《十三经注疏》下册，中华书局1982年版，第2215—2216页。
⑥ 阮元刻：《十三经注疏》下册，中华书局1982年版，第2221页。
⑦ 《左传》以此时周襄王之母已经去世，而《公羊传》以尚存于世，二者的看法有所不同。故何休《解诂》说："正以襄王之母于今仍在，亦非继母，与《左氏》异也。"（阮元刻：《十三经注疏》下册，中华书局1982年版，第2295页）
⑧ 阮元刻：《十三经注疏》下册，中华书局1982年版，第2295页。

所有统治者必须遵守的法则，隐公三年在总结宋国的祸乱时，就以宋宣公不守文王所制定的嫡长子继承制，而导致宋国连续内乱，提出"君子大居正"①。君子是统治者的泛称，"大居正"之大与"大一统"之大同义，是要求统治者都应该以"居正"为最高法则，而所谓"居正"也就是遵守文王之正，"大居正"就是以遵守文王之法为第一位的要务。有人说，"君子大居正"的"'居正'一语是有特定含义的，不是指一般的遵循正道，而是指在继承问题上要谨遵正轨"②。就"大居正"的出处而言的，《公羊传》所提出的"大居正"，确实是就宋国内乱的根源在于没有实行嫡长子继承制而言的。但是，《公羊传》的精神不是就事论事，而是要从中升华出一般的义理原则，所以，将"大居正"仅仅理解为君主继承的居正，未免过于狭隘。

二、尊王与诸侯专杀、专讨、专封的矛盾

《公羊传》的尊王理论，以文王之正为根本要求。但是，战国并不存在所谓文王之正实行的条件，而《公羊传》所说的文王之正的大一统，还带有对周的幻想。这从《公羊传》在文公十三年释"世室屋坏"时，明确提出了"欲天下之一乎周"之说就可得到证明：

> 世室者何？鲁公之庙也。周公称太庙，鲁公称世室，群公称宫。此鲁公之庙也，曷为谓之世室？世室，犹世室也，世世不毁也。周公何以称太庙于鲁？封鲁公以为周公也。周公拜乎前，鲁公拜乎后。曰："生以养周公，死以为周公主。"然则周公之鲁乎？曰："不之鲁也，封鲁公以为周公主。"然则周公曷为不之鲁？欲天下之一乎周也。③

鲁公指周公之子伯禽，世室是鲁国祭祀鲁公的宗庙。伯禽封于鲁，是因周公的功劳，所以，鲁国为周公建了太庙，并在祭祀时先周公，后鲁公。《公羊传》解释周公不到鲁国，不过是要表达天下一统于周的大一统。但是，"一

---

① 阮元刻：《十三经注疏》下册，中华书局 1982 年版，第 2204 页。
② 参见赵伯雄：《春秋学史》，山东教育出版社 2004 年版，第 49 页。
③ 阮元刻：《十三经注疏》下册，中华书局 1982 年版，第 2272 页。

乎周"已经成为历史，在战国只能够存在人们的回忆中，作为《公羊传》大一统的历史依凭。

面对战国的社会变化，《公羊传》的尊王除了讲所谓守文王之法之外，还有时代变化的内容，这就是在实际上肯定诸侯的专杀、专讨、专封。春秋时期周天子的权威已经十分衰落，真正在社会政治生活中唱主角的是所谓齐桓公、晋文公、楚庄王、阖闾、勾践五霸[1]，而在一些诸侯国之中，也出现了君主权力失落，由卿大夫甚至陪臣执国命，如子家驹所说："诸侯僭于天子，大夫僭于诸侯久矣。"[2]战国更是七雄逐鹿，《汉书·地理志》说："周室既衰，礼乐征伐自诸侯出，转相吞灭，数百年间，列国耗尽。至春秋时，尚有数十国，五伯迭兴，总其盟会。陵夷至于战国，天下分而为七，合从连衡，经数十年。"[3]《公羊传》出于大一统的考虑，在名义上要有一个至上的权威，不得不承认周天子的一统地位，但是，面对"上无天子，下无方伯"的现实，又不得不承认诸侯的专杀、专讨、专封合理性、合法性，于是在《公羊传》中有所谓实与名不与的说法。

《公羊传》对此有数条相关的论说，归纳起来主要有两类，一是在实与文不与的解释下，变相的承认诸侯专杀、专讨的合理性。如庄公四年，齐襄公在没有周天子的允许下，灭掉了纪国，《春秋》的记载是"纪侯大去其国"，《公羊传》的解说是：

> 大去者何？灭也。孰灭之？齐灭之。曷为不言齐灭之？为襄公讳

---

① 五霸之说历史上颇有异义，此从顾炎武之说："五伯之称有二：有三代之五伯，有春秋之五伯。《左传·成公二年》，齐国佐曰：'伯之霸也，勤而抚之，以役王命。'杜元凯云：'夏伯昆吾，商伯大彭、豕韦，周伯齐桓、晋文。'《孟子》：'五霸者，三王之罪人也。'赵台卿注：'齐桓、晋文、秦缪、宋襄、楚庄。'二说不同。据国佐对晋人言，其时楚庄之卒甫二年，不当遂列为五，亦不当继此无伯而定于五也。其通指三代无疑。《国语》：'祝融能昭显天地之光明，其后八姓，昆吾为夏伯，大彭、豕韦为商伯，庄子、彭祖得之，上及有虞，下及五伯。'李轨注：'彭祖名铿，尧臣，封于彭城，历虞、夏至商，年七百岁。'是所谓五伯者，亦商时也。是知国佐以前其有五伯之名也久矣。若《孟子》所称五伯，而以桓公为盛，则此就东周以后言。如严安所谓'周之衰三百余岁，而五霸更起'者也。然赵氏以宋襄并列，亦未为允。宋襄求霸不成，伤于泓以卒，未尝霸也。《史记》言越王勾践'遂报强吴，观兵中国，称号五伯'。子长在台卿之前，所闻笃辞。然则言三代之五伯，当如杜氏之说；言春秋之五伯，当列勾践而去宋襄。《荀子》以桓、文及楚庄、阖闾、勾践为五伯，斯得之矣。"（《日知录》卷四）

② 阮元刻：《十三经注疏》下册，中华书局1982年版，第2328页。

③ 班固：《地理志第八上》，《汉书》卷二十八上，《四库全书》本，上海古籍出版社1987年版。

也。《春秋》为贤讳。何贤乎襄公？复仇也……古者有明天子，则纪侯必诛，必无纪者。纪侯之不诛，至今有纪者，犹无明天子也。古者诸侯必有会聚之事、相朝聘之道，号辞必称先君以相接，然则齐、纪无说焉，不可以并立乎天下。故将去纪侯者，不得不去纪也。有明天子，则襄公得为若行乎？曰：不得也。不得则襄公曷为为之？上无天子，下无方伯，缘恩疾者可也。①

又如，宣公十一年，楚庄王杀陈夏征舒，这是贤君诛杀罪大恶极之人，《春秋》却书"楚人"，而不书楚子，《公羊传》解释说：

此楚子也，其称人何？贬。曷为贬？不与外讨也。不与外讨者，因其讨乎外而不与也，虽内讨亦不与也。曷为不与？实与而文不与。文曷为不与？诸侯之义，不得专讨也。诸侯之义不得专讨，则其曰实与之何？上无天子，下无方伯，天下诸侯有为无道者，臣弑君，子弑父，力能讨之，则讨之可也。②

再如，昭公四年，楚子伐吴，"执齐庆封杀之"③，定公元年，"晋人执宋仲几于京师"④，《公羊传》都有所谓"实与而文不与"之说。

这些材料都在文字上不认可诸侯有消灭、废置人君及其讨伐有罪臣子的权力，即使像楚庄王这样的贤王，来讨伐人人得而诛之的夏征舒，在文字表述上也是绝对不可容许的，所以，楚庄王要被《春秋》贬斥为楚人。但是，《公羊传》认为礼乐征伐自天子出，这只是在有明天子的状态下，才有条件实行这一原则，而在春秋战国的"上无天子，下无方伯"的情况下，诸侯如齐桓公、楚庄王甚至是大夫都可以在一定的范围内行使专杀、专讨、专执的权限。而专杀、专讨、专执的对象一般是罪大恶极之人，如像向周天子进谗的纪侯、弑君的夏征舒、胁君乱国的齐庆封、不为天子守城的宋仲几。但

---

① 阮元刻：《十三经注疏》下册，中华书局1982年版，第2226页。
② 阮元刻：《十三经注疏》下册，中华书局1982年版，第2284页。
③ 阮元刻：《十三经注疏》下册，中华书局1982年版，第2317页。
④ 阮元刻：《十三经注疏》下册，中华书局1982年版，第2334页。

即使是讨伐这样的乱臣贼子，也不符合礼乐征伐自天子出的文王之正，故只能文不与。《公羊传》以实与文不与的解释，在实际上肯定了春秋战国时期的这类现象。这一现象的出现，实际上是周天子权威没落，新的社会力量形成的表现。那些能够行使专杀、专讨、专执的人，不过是当时最有权势的人物，他们已经取代周天子，而成为社会秩序的维护者。所以，实与文不与的文不与不过是一纸空文，实与才是具有时代意义的东西。

另一大类是在实与文不与的解释下，对诸侯的专封的肯定。诸侯的专封有两种情况，一是由诸侯、大夫决定国君的废置，如文公十四年，《春秋》记："晋人纳接菑于邾娄，弗克纳。"《公羊传》的解释是：

> 纳者何？入辞也。其言弗克纳何？大其弗克纳也。何大乎其弗克纳？晋郤缺帅师，革车八百乘，以纳接菑于邾娄，力沛若有余而纳之。邾娄人言曰："接菑，晋出也；貜且，齐出也。子以其指，则接菑也四，貜且也六。子以大国压之，则未知齐、晋孰有之也，贵则皆贵矣。虽然，貜且也长。"郤缺曰："非吾力不能纳也，义实不尔克也。"引师而去之，故君子大其弗克纳也。此晋郤缺也，其称人何？贬。曷为贬？不与大夫专废置君也。曷为不与？实与而文不与。文曷为不与？大夫之义，不得专废置君也。①

诸侯国君的废置，是属于周天子的权力。而《公羊传》却对晋国大夫郤缺参与邾娄国君的废置，发出"大其弗克纳"的褒奖。虽然这里也说大夫无废置君主的权力，在文字上不能肯定郤缺的行为，但在春秋的社会状况下，却又肯定郤缺的能够以"义"为决断，并示以褒奖。依此，只要符合所谓"义"，连国君的废置也可由大夫来决定。

更多的是对齐桓公等复国、筑城的专封的肯定。如僖公元年，狄灭邢，得齐桓公救亡而重新复国，《公羊传》说：

> 救不言次，此其言次何？不及事也。不及事者何？邢已亡矣。孰亡

① 阮元刻：《十三经注疏》下册，中华书局 1982 年版，第 2273 页。

之？盖狄灭之。曷为不言狄灭之？为桓公讳也。曷为为桓公讳？上无天子，下无方伯，天下诸侯有相灭亡者，桓公不能救，则桓公耻之。曷为先言次而后言救？君也。君则其称师何？不与诸侯专封也。曷为不与？实与而文不与。文曷为不与？诸侯之义不得专封也。诸侯之义不得专封，则其曰实与之何？上无天子，下无方伯，天下诸侯有相灭亡者，力能救之，则救之可也。①

僖公二年，狄灭卫国，齐桓公率师恢复卫国，并为之筑城②；僖公十四年，齐桓公率诸侯为杞国城缘陵③，《公羊传》在这两处解释中，从"曷为为桓公讳"之后的文句差不多都是一字不差。可见，《公羊传》在解说对诸侯专封为什么要实与文不与的理由时，不仅在表述的顺序上，而且在文字上几乎都是一样的。这表明，《公羊传》的实与文不与的解说带有公式化的特点，这也说明实与文不与的解释是一种原则性的论说。就文不与而说，是在有天子、方伯的条件下，从文字上绝不允许诸侯的专封，所谓"诸侯之义不得专封"。但在上无天子、下无方伯的情况下，又"实与"诸侯的专封，所谓"力能救之，则救之可也"，这在实际上肯定诸侯甚至是大夫具有专封的权力，与对专讨、专杀、专执的肯定具有同一的时代意义。《公羊传》的肯定实与，使礼乐征伐自天子出变成了一纸空文，而肯定了社会发生的历史变动。这是《公羊传》政治思想中最有价值的地方。

专杀、专讨、专封在分封制的时代，都是政治生活中的大事，理应为天子一人所决断，任何诸侯都无权过问。《公羊传》的实与文不与，实是对分封制政治制度的否定。尽管文不与，带有肯定礼乐征伐自天子出的意味，但更多的是肯定理想的文王之治的表现，反映了《公羊传》文王之正的大一统理想。《公羊传》的高明之处在于，它并没有完全痴迷于这一理想，而是从现实出发，承认春秋战国是"上无天子、下无方伯"的战乱时代，并认可在这样的时代诸侯甚至是大夫都具有专封、专讨的权力。齐桓公为春秋最强大的诸侯国君主，《公羊传》肯定最多的是齐桓公的专封、专讨，这多少

---

① 阮元刻：《十三经注疏》下册，中华书局1982年版，第2246页。
② 阮元刻：《十三经注疏》下册，中华书局1982年版，第2247页。
③ 阮元刻：《十三经注疏》下册，中华书局1982年版，第2253—2254页。

是将大一统的实现寄希望于类似齐桓公这样的霸主。这既不同于孟子的"仲尼之徒无道桓文之事者"①，也不同于董仲舒的"是以仲尼之门，五尺童子言羞称五伯"②。这是《公羊传》高于孟子的地方，也是《公羊传》不同于董仲舒的地方。但是，文不与的一面，又使《公羊传》的实与的思想难以得到彻底的落实。文公十四年，晋郤缺帅师纳接菑于邾娄，遭到邾娄人的责难后主动放弃，《春秋》"大其弗克纳"。虽然《公羊传》承认《春秋》有"实与而文不与"之义，在实际上肯定郤缺，但更强调的是大夫之义不得专废，并两次据以贬斥郤缺："其称人何？贬。曷为贬？不与大夫与废置君也。曷为不与？文曷为不与？大夫之义不得专废置君也。"③这正好说明了《公羊传》思想的矛盾性。关于《公羊传》的这一矛盾性，杨向奎在《〈公羊传〉的历史哲学》中进行了深入的分析，而杨先生主要是肯定其进步的意义："文不与而实与，这种理论说明在过渡时代，由于诸侯兼并而逐渐统一，一方面是旧势力的没落而新兴力量强大。这种局面反映了统治阶级内部矛盾加深，但新生力量的成长，大一统的局面逐渐形成，于是《公羊》对之加以肯定，虽然在文字上还有保留。"④

　　《公羊传》是战国流传的口头传说，齐桓晋文是春秋时期的人物，实与齐桓晋文的专封、专讨，只是战国春秋公羊学家的依托，并不是现实的寄托。这种不是现实的寄托，而又要以齐桓晋文为说的情况，反映了战国春秋公羊学既希望大一统，又没有看到大一统出现的矛盾与困惑。这一困惑是有意义的，它是战国儒家对孔子以来就一直探寻的历史课题的一种态度。自周天子权威失落，面对礼崩乐坏的社会动荡，从孔子创立儒家以来，如何结束各诸侯国的战乱，及其对付四方夷狄对中华民族的入侵，实现以文王之治的理想大一统，一直是儒学家所探究的主要课题，也是儒学家的政治实践。孔子遑遑于复兴西周盛世，孟子汲汲于仁义王道的实现，都是在游说多位国君以实现大一统，当其理想抱负得不到施展时，才退而著书立说；荀子三为稷

---

① 杨伯峻：《孟子译注·梁惠王章句上》上册，中华书局1986年版，第14页。
② 董仲舒：《对胶西王越大夫不得为仁第三十二》，《春秋繁露》卷九，钟肇鹏主编：《春秋繁露校释》（校补本）下册，河北人民出版社2005年版，第603页。
③ 阮元刻：《十三经注疏》下册，中华书局1982年版，第2273页。
④ 杨向奎：《译史斋学术文集》，上海人民出版社1983年版，第89页。

下祭酒，弟子韩非、李斯直接参与了秦始皇的统一事业。战国的春秋公羊学虽然以大一统为其理想追求，但是，中原各国都不具备完成大一统的条件。秦国虽然最终完成中国的统一，可是，秦国以法家的思想为统治思想，被视为不守礼义的虎狼之国①，依《公羊传》的以礼为标准的夷夏之辨，齐桓晋文为夏，秦为夷，儒家是不愿意也不承认秦的一统的，所以，《公羊传》只能将大一统的希望通过依托齐桓、晋文的类似人物来实现。《公羊传》这种依托虽然不现实，却表明了对大一统的强烈愿望。

三、借讥、贬、绝对礼崩乐坏的批判

一种与现实完全冲突的理想，在与现实相联系时，必然会引发出以其理想为坐标而对现实的批判。《公羊传》以文王之正为理想，面对《春秋》所载不合于文王之正的各种现象，也发出了严厉的批判，这一批判见于《公羊传》对各种不合于文王之正的讥、贬、绝中。可以说，《公羊传》的基本思想主要就是由文王之正的大一统的理想层面，与对礼崩乐坏的讥、贬、绝的现实层面这两个方面所构成。

《春秋》是否有褒贬，在后来的经学家那里是有不同看法的。治《春秋公羊》的经学家都承认《春秋》有褒贬，董仲舒说："《春秋》采善不遗小，掇恶不遗大，讳而不隐，罪而不忽，□□②以是非，正理以褒贬，喜怒之发，威德之处，无不皆中，其应可以参寒暑冬夏之不失其时已，故曰圣人配天。"③司马迁说："《春秋》采善贬恶，推三代之德，褒周室，非独刺讥而已也。"④何休《公羊解诂》说："《春秋》褒贬，皆以功过相除计。"⑤而刘逢禄在《春秋公羊经何氏释例》以褒、讥、贬、绝为三科九旨的九旨之一。

---

① 《史记》的《苏秦列传》中苏秦游说楚王时楚王回答苏秦，《樗里子甘茂列传》中游腾游说楚王，《孟尝君列传》中苏代游说孟尝君，《屈原贾生列传》中屈平说楚怀王等，都有"秦虎狼之国"的说法。可见此说是战国时的公认说法。

② 原文不存，钟肇鹏主编以为所脱两字似乎当作"明察"（参见《春秋繁露校释》（校补本）下册，河北人民出版社 2005 年版，第 1077 页），其说可据。

③ 董仲舒：《威德所生第七十九》，《春秋繁露》卷十七，钟肇鹏主编：《春秋繁露校释》（校补本）下册，河北人民出版社 2005 年版，第 1075—1076 页。

④ 司马迁：《太史公自序第七十》，《史记》卷一百三十，《四库全书》本，上海古籍出版社 1987 年版。

⑤ 阮元刻：《十三经注疏》下册，中华书局 1982 年版，第 2233 页。

清代的皮锡瑞在《经学通论》中说："说《春秋》者，须知《春秋》是孔子作，作是做成一书，不是钞录一过，又须知孔子所作者，是为万世作经，不是为一代作史，经史体例所以异者，史是据事直书，不立褒贬，是非自见，经是必借褒贬是非，以定制立法，为百王不易之常经。"①认为《春秋》是万世之经，必有褒贬，并有一篇《论〈春秋〉一字褒贬之义，宅心恕而立法严》的专论。② 即使不专治《春秋公羊》学的许多人也都承认《春秋》有褒贬，范宁《春秋穀梁传序》说："一字之褒，宠逾华衮之赠；片言之贬，辱过市朝之挞。"③刘勰说："《春秋》一字以褒贬"④；"昔者夫子闵王道之缺，伤斯文之坠，静居以叹凤，临衢而泣麟，于是就太师以正《雅》、《颂》，因鲁史以修《春秋》。举得失以表黜陟，征存亡以标劝戒；褒见一字，贵逾轩冕；贬在片言，诛深斧钺"⑤。认为《春秋》的只言片语皆有褒贬，而且《春秋》的褒是莫大的荣耀，《春秋》的贬是最大的耻辱。刘知几也肯定《春秋》有褒贬说："昔夫子修《春秋》，吴、楚称王，而仍旧曰子。此则褒贬之大体，为前修之楷式也。"⑥"昔夫子修《春秋》，别是非，申黜陟，而贼臣逆子惧。"⑦ 这些说法的表述虽异，但无不肯定《春秋》有褒贬。

也有的否认《春秋》有褒贬，如孔颖达在《左传序》时说："《春秋公羊传》、《穀梁传》之书，道听涂说之学，或日或月，妄生褒贬。"⑧朱熹也反对以褒贬说《春秋》："《春秋》只是直载当时之事，要见当时治乱兴衰，非是于一字上定褒贬。"⑨并宣称自己不相信褒贬说："若谓添一个字，减一个字，便是褒贬，某不敢信。"⑩吕大圭的《春秋或问》卷一，有一篇《春秋褒

---

① 皮锡瑞：《论春秋是作不是钞录是作经不是作史杜预以为周公作凡例陆淳驳之甚明》，《经学通论》卷四，中华书局1982年版，第2页。

② 参见《经学通论》卷四第十七论。

③ 阮元刻：《十三经注疏》下册，中华书局1982年版，第2359页。

④ 刘勰：《文心雕龙》，周振甫：《文心雕龙注释》，人民文学出版社1981年版，第11页。

⑤ 刘勰：《文心雕龙》，周振甫：《文心雕龙注释》，人民文学出版社1981年版，第169页。

⑥ 刘知几：《史通·内篇·称谓第十四》，浦起龙：《史通通释》卷一，江苏广陵古籍刻印社1991年版，第13页。

⑦ 刘知几：《史通·内篇·载文第十六》，浦起龙：《史通通释》卷一，江苏广陵古籍刻印社1991年版，第6页。

⑧ 阮元刻：《十三经注疏》下册，中华书局1982年版，第1703页。

⑨ 朱熹：《朱子语类·春秋》卷八十三，《四库全书》，上海古籍出版社1989年版。

⑩ 朱熹：《朱子语类·春秋》卷八十三，《四库全书》，上海古籍出版社1989年版。

贬论》,也反对《春秋》褒贬说。郑樵在《通志》卷四十六的《谥略第一·序论第一》中,更是认为褒贬说是对《春秋》的最大危害,而说道:"臣恐褒贬之说不已,则《春秋》或几乎息。"连被认为重视春秋公羊学的赵汸在《春秋属辞》的《存策书之大体第一序》中亦批判褒贬说:"为《春秋公羊》者遂以《春秋》为夫子博采众国之书,通修一代之史者,于是褒贬之说盛行,又有以为有贬无褒者,又有以一经所书皆为非常,而常事不书者,有谓黜周、王鲁者,有谓用夏变周者,其失在不知有存策书大体之义而已,说经昧其源委一至是哉。"①赵汸不仅否认《春秋》有褒贬之说,而且认为以褒贬说《春秋》是完全的误说,是《春秋》一直得不到说明的原因之一。

　　《公羊传》明确承认《春秋》有褒贬。但是,《公羊传》言褒只有一条材料,见于隐公元年,是对邾娄仪父来鲁国的褒奖:"仪父者何?邾娄之君也。何以名?字也。曷为称字?褒之也。曷为褒之?为其与公盟也。与公盟者众矣,曷为独褒乎此?因其可褒而褒之。此其为可褒奈何?渐进也。"②除此以外,《公羊传》基本上没有褒的明确语言。而言讥、贬、绝的地方达到近百处,根据大略的统计,《公羊传》言讥最多,约五十次;贬次之,近四十次;绝最少,近十次。这是由当时的社会状况所决定的,春秋时期礼崩乐坏,战国时代群雄逐鹿,旧有的秩序被打破,新的社会规范尚未建立,整个社会处于动乱之中,所谓"《春秋》之中,弑君三十六,亡国五十二,诸侯奔走不得保其社稷者不可胜数"③,而战国的战乱较之春秋更是有增无减。这与安定祥和的文王之治的理想完全是背道而驰的,所以,战国儒生在训解《春秋》时,只能够是借讥、贬、绝,来体现其对现实的批判。在短短不到3万字的一部著作中,有百条讥、贬、绝,说明在《公羊传》的学者眼中对当时社会礼崩乐坏的深恶痛绝。东汉末年的宋均讲《春秋公羊》的"三科九旨"就以讥、贬、绝为九旨之一,后来孔广森自立"三科九旨"亦据宋衷此说。宋代的孙复提出《春秋》有贬无褒之说,而在经学界有较大的影响,但此说遭到清代纪昀等人的批判:"自孙复倡为有贬无褒之说,说《春

---

① 赵汸:《春秋属辞》卷一,《四库全书》本,上海古籍出版社1989年版。
② 阮元刻:《十三经注疏》下册,中华书局1982年版,第2197—2198页。
③ 司马迁:《史记·太史公自序第七十》卷一百三十,《四库全书》本,上海古籍出版社1987年版。

秋》者必事事求其所以贬，求其所以贬而不得，则锻炼周内以成其罪，而《春秋》益荒。"①虽然孙复之说有过头之嫌，但讥、贬、绝是《春秋》社会批判的主要内容却是无法否认的。

讥、贬、绝都是对违背礼制的各种言行的否定，但是，有程度轻重不同的区分。一切不合于礼制的言行，都在讥与贬之列，而其中较为严重的情形则被列为绝的对象。讥的含义是讥刺、讥讽，是讥、贬、绝中最轻微的批评，是对一般不合礼的行为的讥刺。贬有贬低、贬斥之意，是对较为严重的不合于礼的言行的批判，较之讥的讥讽、讥刺，贬在语气上要更重一些。但《公羊传》的讥、贬有时也分得并不清楚，对同一件事，常常是讥、贬互用。如隐公三年、宣公十年的讥世卿之说，既以称尹氏、崔氏为贬，又说贬是讥世卿。而在多数地方，《公羊传》言贬都是独立于讥而单独使用的，如隐公二年，贬展无骇的灭极；庄公元年，贬弑君杀夫的桓公夫人齐姜；僖公二十七年，贬执宋公的楚子；文公十四年，贬废置君主的晋大夫郤缺；宣公十一年，贬专杀的楚庄王等。就贬的这些事件而言，涉及灭国、弑君、专封、专杀等，都属于礼制的重要部分。绝有绝灭、诛绝之义，较之讥、贬是最严重的批判、最严厉的责罚，而不只是"断绝爵位"②，《公羊传》所绝的人都是罪大恶极之人，如淫于蔡的陈君佗③，得罪于天子并有篡位之罪的卫侯朔④，诱杀蔡侯般的楚子虔⑤等。用刑法来比喻，讥是对一般犯罪的惩处，可免于有期徒刑或缓刑；贬是对较为严重犯罪的判罚，是有期徒刑；绝是对罪大恶极的判决，是无期徒刑或死刑。讥、贬、绝虽然有程度轻重的差别，但都是对现实的批判。而批判的尺度就是《公羊传》所谓的文王之正，而所谓文王之正，并不是周文王的已成法典，而是《公羊传》根据战国时期发展所规定具有新的时代内容的文王之正。由于讥、贬、绝都是对现实的批判，不用一一详明，下面只通过《公羊传》的讥来分析。

就讥而言，《公羊传》所讥主要有两大类：一是不合于礼制言行的讥

---

① 纪昀：《四库全书总目》上册，中华书局1983年版，第235页。
② 平飞：《〈公羊传〉"以义解经"的特质发微》，《孔子研究》2008年第4期。
③ 参见《春秋公羊传》桓公六年。
④ 参见《春秋公羊传》桓公十六年、庄公六年。
⑤ 参见《春秋公羊传》昭公十一年。

刺，如隐公二年的"讥始不亲迎也"，三年，讥"武氏子来求赙"，五年，讥"初献六羽"；桓公二年，讥"纳于太庙"，三年，讥"齐侯送姜氏于讙"，十五年，讥"天王使家父来求车"；庄公元年，讥"筑王姬之馆于外"；等等。对这些不合于礼制的讥讽，《公羊传》往往以"非礼也"的文句来作断语，如庄公二十二年的讥"肆大省"与讥"公如齐纳币"等处，皆以被讥讽的言行"非礼也"为结尾。这是《公羊传》在表述讥的时候所运用的典型语式，在《公羊传》中总计至少有 24 处之多，由此可见，《公羊传》的讥是以合不合礼为其标准的。就所讥的内容而言，涉及名分等级、婚娶、丧祭等礼制。如隐公三年，"武氏子来求赙。何以书？讥。何讥尔？丧事无求，求赙非礼也，盖通于下"；桓公五年，"天王使仍叔之子来聘。仍叔之子者何？天子之大夫也。其称仍叔之子何？讥。何讥尔？讥父老，子代从政也"；庄公二十二年，"冬，公如齐纳币。（传）纳币不书，此何以书？讥。何讥尔？亲纳币，非礼也"；等等。这些地方所讥刺的非礼，都是指不符合周礼的言行，所以，这些讥刺带有维护周礼的性质。

但是，《公羊传》并不是完全维护周礼，也有否定周礼的地方，如隐公三年，释"尹氏卒"：

> 尹氏者何？天子之大夫也。其称尹氏何？贬。曷为贬？讥世卿，世卿非礼也。[1]

宣公十年"齐崔氏出奔卫"一条，《公羊传》亦有同样的解说：

> 崔氏者何？齐大夫也。其称崔氏何？贬。曷为贬？讥世卿，世卿非礼也。[2]

世卿世禄原本是周礼的规定，可是《公羊传》却不止一次地说世卿非礼，予以讥刺。这一观念是对春秋战国时期社会阶层分化的历史变化的承认，否

---

① 阮元刻：《十三经注疏》下册，中华书局 1982 年版，第 2204 页。
② 阮元刻：《十三经注疏》下册，中华书局 1982 年版，第 2283 页。

定了分封制下贵族世卿世禄的特权，肯定了新兴社会阶层取代世卿贵族的合法性。所以，世卿非礼不仅含有反对古代分封制的世卿世禄制度，而且带有承认新兴社会阶层合理性的意义。可见，《公羊传》反对周代以来的世卿世禄制度，所要维护的礼，已经不完全是原封不动的周礼，而是包含新兴社会阶层利益的礼。

《公羊传》所讥的另一大类内容，是对当权者只顾自己的骄奢淫逸，而不顾人民死活的言行的批评。如隐公五年，讥"观鱼于棠"；桓公四年，讥"公狩于郎"，八年，讥本应于冬祭的"春烝"；庄公二十八年，讥"臧孙辰告籴于齐"，二十九年，讥凶年"修旧"，三十一年，讥"筑台于郎"、"筑台于薛"与"筑台于秦"；成公十八年，讥"筑鹿囿"；定公二年，"新作雉门及两观"等。这些讥讽既是儒家要求统治者应该洁身自好，爱民如子，反对统治者的骄奢淫逸，也是主张给人民的生活以一定保障的体现。它是自孔子以来儒家民本观念在《公羊传》的体现。所以，《公羊传》特别反对增加人民的负担，在宣公十五年论及"初税亩"时说：

> 初税亩。初者何？始也。税亩者何？履亩而税也。初税亩何以书？讥。何讥尔？讥始履亩而税也。何讥乎始履亩而税？古者什一而藉。古者曷为什一而藉？什一者，天下之中正也。多乎什一，大桀小桀；寡乎什一，大貉小貉。什一者，天下之中正也，什一行而颂声作矣。[1]

初税亩无疑是古代税制的一个进步，《公羊传》采用讥刺的态度是不恰当的。但是，《公羊传》在这里提出统治者对人们征收赋税的标准是 1/10，指斥不符合这一标准就是桀纣与貉狼，其所批判的对象就是春秋战国时期各国的统治者。当时的统治者为在群雄逐鹿中获得胜利，也为保持自己骄奢淫逸的腐化生活，征收人民的赋税远远超过 1/10，有的甚至达到了 2/3，如《晏子春秋》说："民参其力，二入于公，而衣食其一。公积朽蠹，而老少冻馁。"[2]所以，尽管《公羊传》的什一而税带有理想的色彩，但什一而税确有

---

① 阮元刻：《十三经注疏》下册，中华书局 1982 年版，第 2287 页。

② 晏婴：《晏子春秋·内篇问下第四》卷四，《百子全书》上册，浙江古籍出版社 1998 年版，第448 页。

减轻人民的赋税，批判统治者贪得无厌的积极思想成分。大貉小貉的指责，出于《孟子·告子下》说："欲轻之于尧、舜之道者，大貉小貉也；欲重之于尧、舜之道者，大桀小桀也。"①朱熹的《孟子章句集注》解释孟子此说："什一而税，尧、舜之道也。多则桀，寡则貉。今欲轻重之，则是小貉、小桀而已。"认为孟子所说税制上的尧、舜之道就是什一而税，轻于、重于什一而税则为大桀小桀、大貉小貉，这也说明孟子的思想与《公羊传》形成确有紧密的联系。《公羊传》不仅认为什一而税是尧、舜之道，而且认为是"天下之中正"，这是要为整个社会确立一个通行的公平的赋税尺度，以保证统治者的合理需求，又给人民的生活以一定的保障。按照何休的解释，鲁宣公实行"初税亩"，是以最好的田地为标准来实行税收，无疑是对人民的残剥。所以，《公羊传》的讥刺"初税亩"带有反对春秋战国时期统治者过分剥削人民的积极意义。哀公十二年的"讥始用田赋"②，也具有这样的意义。

由《公羊传》对统治者不顾农时，一味地沉溺于田猎游乐、修筑宫室，及其不顾人民生活的残征暴敛，这一系列的批判来看，《公羊传》秉承了从孔子、孟子以来的儒家对人民的某种关切。人民是社会的底层，在连年战乱不断的战国时期，人民的处境更是水深火热、朝不保夕，《公羊传》的这一思想具有同情人民，给人民一定社会保障的积极意义。它既是儒家重民思想在战国的发展，也成为西汉春秋公羊学的重要思想成分。

《公羊传》的讥、贬、绝并不是对春秋执政者所有罪恶的揭露批判。《公羊传》昭公元年说：

> （陈侯之弟）何以不称弟？贬。曷为贬？为杀世子偃师贬。曰："陈侯之弟招杀陈世子偃师。"大夫相杀称人，此其称名氏以杀何？言将自是弑君也。今将尔，词曷为与亲弑者同？君亲无将，将而必诛焉。然则曷为不于其弑焉贬？以亲者弑，然后其罪恶甚，《春秋》不待贬绝而罪恶见者，不贬绝以见罪恶也。贬绝然后罪恶见者，贬绝以见罪恶也。③

---

①　阮元刻：《十三经注疏》下册，中华书局1982年版，第2761页。

②　阮元刻：《十三经注疏》下册，中华书局1982年版，第2351页。

③　阮元刻：《十三经注疏》下册，中华书局1982年版，第2316页。

与犯罪的情况类似，有的犯罪一目了然，事实清楚，证据确凿，不用公安机关侦讯就可以结案，而有的犯罪较为隐晦，必须经过公安机关侦讯才能结案。《公羊传》所批判的不合于礼的现象也有两类：一类是不需讥、贬、绝，就可以明显看出其不合礼的罪恶，对此《公羊传》就没有讥、贬、绝的必要；另一类是需要讥、贬、绝，才可以将其不合礼的罪恶揭露出来，这个时候《公羊传》才采用讥、贬、绝。所以，《公羊传》的讥、贬、绝并不是对所有罪恶的都一一指名道姓的批判，而只是对其中部分较为隐晦的罪恶的揭露。与此说相联系的是"壹讥"之说，庄公四年"冬，公及齐人狩于郜"，《公羊传》说：

> 公曷为与微者狩？齐侯也。齐侯则其称人何？讳与仇狩也，前此者有事矣，后此者有事矣，则曷为独于此焉？讥于仇者将壹讥而已。故择其重者而讥焉，莫重乎其与仇狩也。于仇者则曷为将壹讥而已？仇者无时，焉可与通，通则为大讥，不可胜讥，故将壹讥而已，其余从同。①

齐侯与鲁庄公有杀父之仇，不共戴天，根本不应该与之交往，若是与之交往，就已经是应当大讥的行为，与之一起狩猎，更是错上加错。而鲁庄公与齐侯的交往是经常的，所以，要讥刺就会讥不胜讥，而只能选择最严重的事件，进行"壹讥"，也就是一次性的总结讥刺。总结性的一次讥刺并不代表只是讥刺一次，而是与之相关的违礼行为都包括在讥刺之列。所以，必须将讥、贬、绝与不待讥、贬、绝的两个部分结合起来，将"壹讥"与未书之讥结合起来，才可以看出春秋当权者的所有罪恶，准确认识春秋时礼崩乐坏的严重情况。

《公羊传》的讥、贬、绝有一个重要原则，是所谓"疾始"。如隐公二年、八年的"疾始灭也"，隐公四年的"疾始取邑也"，隐公五年的"讥始僭诸公"，桓公七年的"疾始以火攻也"，等等，皆以"疾始"为说。《公羊传》僖公十七年说："君子之恶恶也疾始，善善也乐终。"② "疾始"是对各

---

① 阮元刻：《十三经注疏》下册，中华书局1982年版，第2227页。

② 阮元刻：《十三经注疏》下册，中华书局1982年版，第2255页。

种罪恶开始所表示的极大愤恨，也含有希望将罪恶消灭在开始之义。所以，"疾始"所"疾"的事件与人物，都受到《公羊传》的严辞痛斥。如《春秋》最早记载灭国的是鲁国大夫展无骇，当展无骇在隐公八年去世时，就只说："无骇卒"。《公羊传》说："此展无骇也，何以不氏？疾始灭也，故终其身不氏。"①认为《春秋》对展无骇直呼其名，而不称其姓，是因展无骇帅师消灭极国，而对他的谴责。据《庄公》十年，《公羊传》对蔡侯献舞的直呼其名的解释："州不若国，国不若氏，氏不若人，人不若名，名不若字，字不若子。蔡侯献舞何以名？绝。曷为绝之？获也。曷为不言其获？不与夷狄之获中国也。"②从这里可见不称其姓，在讥、贬、绝中属于绝的范围，是最为严厉的谴责之一。

值得注意的是《公羊传》"疾始"的"始"并不是真正的开始，而是《春秋》所托之始。《公羊传》隐公二年，在贬展无骇灭极时说：

> 无骇者何？展无骇也。何以不氏？贬。曷为贬？疾始灭也。始灭昉于此乎？前此矣。前此则曷为始乎此？托始焉尔。曷为托始焉尔？《春秋》之始也。③

《春秋》的"托始"，是指《春秋》记载中最先出现的罪恶，而不是罪恶的最先开始，故《公羊传》言疾始基本上都在隐公、桓公之年。所以，《公羊传》的"托始"说，并不是对罪恶出现开始时间的追寻，而是表达对罪恶开始的疾恶如仇，带有将罪恶消灭于萌芽的方法论意义。某一罪恶的开始很难追寻到最先的源头，但可以通过"托始"的方式，来给罪恶的开始制定一个开端，并以此表达将罪恶消灭于萌芽的观念。这对后人训解《春秋》有很大的影响。从"托始"发展开来，可以把《春秋》的文辞都说成是孔子理想的寄托，不同的人都可以借一个"托"字，对"所托"作出自己的

---

① 阮元刻：《十三经注疏》下册，中华书局 1982 年版，第 2210 页。
② 阮元刻：《十三经注疏》下册，中华书局 1982 年版，第 2232 页。
③ 阮元刻：《十三经注疏》下册，中华书局 1982 年版，第 2202 页。

阐发，以发挥出适合自己需要的观念。历史上的许多经学思想家①就是借助这一方法，来创立自己的思想体系的。

《公羊传》通过讥、贬、绝对《春秋》不合于礼义的行为的批判，是一种现实的批判，孟子的乱臣贼子惧之说绝不是偶然的。这种现实批判精神在西汉春秋公羊学中被发扬光大，以至有人为此而付出了生命。这一精神也是中国文化最宝贵的财富，每当中国历史走入黑暗之时，总会有一批有志之士不顾个人安危，奋起批判社会的黑暗，而给社会带来光明的曙光。在作为十三经的传统文化典籍中，《公羊传》明显具有这种强烈的现实批判精神，在信奉经典的时代，许多思想家的现实批判精神都与《公羊传》的影响有一定的关系。

四、守经与权变

在关于《公羊传》的书法与基本思想的分析中，都可以看到形成阶段春秋公羊学在经权关系上的内在矛盾。一方面，《公羊传》主张对经的维护，主张礼乐征伐自天子出，反对诸侯、大夫的专讨、专封，对一切不符合礼的行为进行了无情的批评，同时，又以实与文不与来肯定齐桓公、晋文公甚至是大夫的专封、专讨。相对而言，《公羊传》较之西汉春秋公羊学的注重权变不同，而比较注重守礼的一面，这是形成阶段春秋公羊学的特点。

《公羊传》的主张守礼重于权变的最有力证明，有两处相关的论说。一处见于僖公二十二年，宋楚泓之战，宋襄公在敌强我弱的情况下，死守"君子不厄人"、"君子不鼓不成列"之礼，结果招致宋国大败的结局，《公羊传》对此却予以高度评价：

> 故君子大其不鼓不成列，临大事而不忘大礼，有君而无臣，以为虽文王之战，亦不过此也。②

文王是《公羊传》的最高标准，说宋襄公此战可以与文王之战相媲美，将

---

① 笔者这里所说的经学思想家，是指借经学的素材来建立起一套思想体系的人，主要是指历史上迷信今文经学或利用今文经学的学者。

② 阮元刻：《十三经注疏》下册，中华书局 1982 年版，第 2259 页。

宋襄公与文王相提并论，在《公羊传》中绝无仅有。宋襄公面对国家的存亡，迂腐而不知变通，招致国家在战争中的大败，《公羊传》却作出如此之高的评价，足见其主张对礼的坚守。另一处见于襄公三十年，宋国夫人伯姬在火灾中遇害，《春秋》书法"外夫人不书葬"，却大书"葬宋共姬"，这是对宋共姬的最大褒奖。而所以得到这样的褒奖，《公羊传》认为是她面对生死的危险，仍能坚守"妇人夜出，不见傅、母，不下堂"① 之礼。在守礼与国家的存亡、个人的生死之间，《公羊传》只肯定对礼的坚守，而没有相应的权变。此外，宣公十五年，宋、楚交战，楚司马子反与宋大夫华元有鉴于这场战争给人民带来的巨大灾难，在没有得到国君许可的情况下，相互通报各自的境况，和平地结束了这场战争。《春秋经》书"宋人及楚人平"，《公羊传》虽然有"大其平乎已也"的赞誉，但不仅没有文不与而实与之说，而且只是一味地贬斥："此皆大夫也，其称人何？贬。曷为贬？平者在下也。"②尽管子反与华元之举都是出于恻隐之心，却因违背了礼的规定，而遭到贬斥。这与董仲舒高度称赞司马子反的"当仁不让"，有着很大的不同。它是儒家面对战国时期的剧烈动荡，而企图用礼的坚守来矫正时弊的反映。然而，这是不现实的，也是《公羊传》的缺陷。《公羊传》这一对礼的坚守，与《公羊传》以灵活多变来解释《春秋》的精神是不一致的。

说《公羊传》主张对礼的坚守，只是相对的。《公羊传》同时也承认权的重要性，桓公十一年，"宋人执郑祭仲"，《公羊传》解释说：

> 祭仲者何？郑相也。何以不名？贤也。何贤乎祭仲？以为知权也。其为知权奈何？古者郑国处于留。先郑伯有善于邻公者，通乎夫人以取其国，而迁郑焉，而野留。庄公死已葬，祭仲将往省于留，涂出于宋，宋人执之。谓之曰："为我出忽而立突。"祭仲不从其言，则君必死，国必亡。从其言，则君可以生易死，国可以存易亡。少辽缓之，则突可故出，而忽可故反，是不可得则病，然后有郑国。古人之有权者，祭仲之权是也。权者何？权者反于经，然后有善者也。权之所设，舍死亡无所

---

① 阮元刻：《十三经注疏》下册，中华书局1982年版，第2314页。
② 阮元刻：《十三经注疏》下册，中华书局1982年版，第2286页。

设。行权有道，自贬损以行权，不害人以行权，杀人以自生，亡人以自存，君子不为也。①

按照《左传》的记叙，这位祭仲是很值得讨论的人，他被宋人捉住后，为了保命，竟迫使世子忽出逃卫国，而立公子突为郑国之君，后来，因为专权，与郑厉公（即公子突）发生冲突，而赶走了郑厉公，才让世子忽回国做了国君。可是，《公羊传》却对祭仲给予"古人之有权者"的高度评价，《公羊传》对祭仲的这一评价，得到后来公羊学的一致肯定，祭仲在两汉也成为知权的典范，而受到人们的称颂。当然他也遭到后人的病诟，清人张尚英在《公羊传折诸》卷一就说："冯衍说廉丹②，背莽降汉曰：'祭仲立突，而出忽，终得复位，美于《春秋》，以死易生，以存易亡，君子之道也。'汉世为公羊学者皆以祭仲为贤，愚谓祭仲畏而逐忽立突，与梁王僧辩畏高齐而废晋安王，方智迎立贞阳侯渊明，事绝相类，大臣执国柄，不能守死以奉所事，徒乱人国而已矣。"

但《公羊传》这一段话的要义不在对祭仲的评价与《左传》的不同，而在于它是公羊学最早明确论说经权关系的文字，并提出了处理经权关系的原则：第一，行权必须合于善的要求，只能以合于善为前提；第二，只能在生死存亡的重大问题上，这是说行权的范围；第三，行权只能自我贬损，而不许危害他人，这是行权的准则。只有合符这三个要点的行权，才为《公羊传》所肯定。

除了上面这段话以外，《公羊传》在解释庄公十九年"公子结媵陈人之妇于鄄，遂及齐侯、宋公盟"时，也涉及经权关系：

媵者何？诸侯娶一国，则贰国往媵之，以侄娣从。侄者何？兄之子也。娣者何？弟也。诸侯壹聘九女，诸侯不再娶。媵不书，此何以书？

---

① 阮元刻：《十三经注疏》下册，中华书局1982年版，第2220页。
② 《后汉书·冯衍传》载："莽遣更始将军廉丹讨伐山东。丹辟衍为掾，与俱至定陶。莽追诏丹曰：'仓廪尽矣，府库空矣，可以怒矣，可以战矣。将军受国重任，不捐身于中野，无以报恩塞责。'丹惶恐，夜召衍，以示之。衍因说曰：'衍闻顺而成者，道之所大也；逆而功者，权之所贵也。是故期于有成，不问所由；论于大体，不守小节。昔逢丑父伏轼而使其君取饮，称于诸侯；郑祭仲立突而出忽，终得复位，美于《春秋》。盖以死易生，以存易亡，君子之道也。……'丹不能从。"

为其有遂事书。大夫无遂事，此其言遂何？聘礼：大夫受命不受辞，出竟有可以安社稷、利国家者，则专之可也。①

公子结出使陈国原本是为国君婚姻，并没有受命与齐国、宋国结盟，但公子结却行权与之结盟，按照《公羊传》大夫无遂事的原则，这本来应该受到批评，却得到《公羊传》的称赞。综合这两段关于经权关系的论说，《公羊传》的经权说至少有这样几点含义。第一，权是反经的，但反经并不是指与经的价值取向相冲突，而是一致的，是以符合善为最高准则的；第二，行权只有在事关生死的时刻才可以，而不能作为一般的原则来运用；第三，行权可以造成对行权者的损毁，但绝不能损毁他人的利益声誉；第四，在涉及国家安全、社稷存亡的重大问题上，可以在没有国君授命的情况下专权而行，但必须以"安社稷、利国家"为前提。这里面所包含的最重要原则，就是行权必须要符合善的要求，合于国家社稷的利益，而坚决不能追求个人的私利，包含不道德的杂质。这是公利重于私利，国家社稷与人民高于个人的有价值思想成分。

---

① 阮元刻：《十三经注疏》下册，中华书局 1982 年版，第 2236 页。

第　三　章

西汉：春秋公羊学的兴盛阶段

西汉是经学的确立时代，也是春秋公羊学发展史上的兴盛阶段。这个阶段的春秋公羊学以董仲舒为代表，董仲舒结合西汉社会的发展，对《春秋》作出了适应时代发展需要的新解释，使春秋公羊学成为最受汉武帝赏识的学说，春秋公羊学也居于经学的显学地位。西汉的春秋公羊学具有与政治密切联系的特点，在西汉的政治生活中起着重大的作用，成为西汉王朝解决重大政治问题的主要理论根据，西汉春秋公羊学首次从哲学上对大一统理论作出论证，并提出孔子素王说、《春秋》新王说、通三统等说，形成了较为完整的春秋公羊学理论。但这时的春秋公羊学开始与阴阳五行相结合，用天人感应来系统解说《春秋》的自然灾异，附会社会政治人事，使春秋公羊学开始了有多神怪之说的变化。

第一节　经学统治地位的确立

春秋公羊学在西汉的最初发展，是随着儒学地位的提升而变化的。儒学地位提升的结果，使经学取得钦定的官学地位，成为全社会的统治思想。由于《公羊传》在先秦就提出大一统的政治追求，加上董仲舒顺应时代的发挥，使春秋公羊学成了经学中最适应西汉中央集权需要的理论，而得到汉武帝的大力扶持，铸就了春秋公羊学发展史上的最辉煌阶段。这个阶段的春秋公羊学不仅在理论上得到大发展，而且出现了一大批在政治生活中崭露头角的春秋公羊学学者，他们将春秋公羊学与现实的政治结合起来，在西汉的学术与政治领域都发生了巨大的影响。

　　一度横扫六合的强大秦帝国，却二世而亡，秦始皇由始皇传至万万世的意愿很快化为泡影。① 西汉是在秦王朝的废墟上建立起来的，秦的速亡，向西汉王朝的最高统治者与思想家提出了总结秦亡的教训，探寻长治久安的历史课题。从汉高祖刘邦开始，就已经认识到了"马"上得之，不可"马"上治之的道理，所以，这位曾将儒冠用来盛小便的皇帝，竟让常常"说称《诗》、《书》"而受到自己多次辱骂的陆贾，来探讨国家成败的问题。② 陆贾之书号为《新语》，《新语》之新不在语言文字，而在内容之新，新在"行仁义法先圣"③。娄敬说汉高祖，受到刘邦赏识被赐姓刘氏，其中也有"有德则易以王，无德则易以亡"④ 的儒家观念。叔孙通说汉高祖："夫儒者难与进取，可与守成。"⑤并因此奉命制作汉仪，他制作的廷仪更使汉高祖感受到了做皇帝的尊贵。⑥ 汉文帝时，贾谊在著名的《过秦论》中将秦亡的原因归结为："废先王之道，燔百家之言，以愚黔首"，"仁心不施"，"繁法严刑"，

---

　　①　《史记·秦始皇本纪》载：秦初并天下，令丞相、御史议帝号，丞相等上皇帝号，秦始皇制曰："朕闻太古有号毋谥，中古有号，死而以行为谥。如此，则子议父，臣议君也，甚无谓，朕弗取焉。自今已来，除谥法。朕为始皇帝。后世以计数，二世三世至于万世，传之无穷。"

　　②　《史记·郦生陆贾列传》载："陆生时前说称《诗》、《书》。高帝骂之曰：'乃公居马上而得之，安事诗书！'陆生曰：'居马上得之，宁可以马上治之乎？且汤武逆取而以顺守之，文武并用，长久之术也。昔者吴王夫差、智伯极武而亡；秦任刑法不变，卒灭赵氏。乡使秦已并天下，行仁义，法先圣，陛下安得而有之？'高帝不怿而有惭色，乃谓陆生：'试为我著秦所以失天下，吾所以得之者何，及古成败之国。'陆生乃粗述存亡之征，凡著十二篇。每奏一篇，高帝未尝不称善，左右呼万岁，号其书曰《新语》。"

　　③　司马迁：《郦生陆贾列传第三十七》，《史记》卷九十七，《四库全书》本，上海古籍出版社1987年版。

　　④　司马迁：《刘敬叔孙通列传第三十九》，《史记》卷九十九，《四库全书》本，上海古籍出版社1987年版。

　　⑤　司马迁：《刘敬叔孙通列传第三十九》，《史记》卷九十九，《四库全书》本，上海古籍出版社1987年版。

　　⑥　《史记·刘敬叔孙通列传》载："汉七年，长乐宫成，诸侯群臣皆朝十月。仪：先平明，谒者治礼，引以次入殿门，廷中陈车骑步卒卫宫，设兵张旗志，传言'趋'，殿下郎中侠陛，陛数百人，功臣列侯诸将军军吏以次陈西方，东乡；文官丞相以下陈东方，西乡。大行设九宾，胪传。于是皇帝辇出房，百官执职传警，引诸侯王以下至吏六百石以次奉贺。自诸侯王以下莫不振恐肃敬。至礼毕，复置法酒。诸侍坐殿上皆伏抑首，以尊卑次起上寿。觞九行，谒者言：'罢酒。'御史执法举不如仪者辄引去。竟朝置酒，无敢谨哗失礼者。于是高帝曰：'吾乃今日知为皇帝之贵也。'"

而提出"攻守势异"。秦王朝的以吏为师，以法家的严刑峻法为国策，被西汉初年的思想家公认为是秦亡的一个重要原因。与法家的严刑峻法相反对的是儒家道德教化，对秦亡天下的反思及其繁法严刑的批判，蕴涵着对儒家思想的肯定。自刘氏王朝成立以来，长于守成的儒家学说逐渐受到重视，是历史发展的必然。

而汉初"接秦之弊，丈夫从军旅，老弱转粮饷，作业剧而财匮，自天子不能具钧驷，而将相或乘牛车，齐民无藏盖"① 的状况，又迫使统治者不得不采取休养生息的黄老之术作为统治思想。《汉书·儒林传》说："故汉兴，然后诸儒始得修其经艺，讲习大射乡饮之礼。叔孙通作汉礼仪，因为太常，诸生弟子共定者，咸为选首，于是喟然叹兴于学。然尚有干戈，平定四海，亦未暇遑庠序之事也。孝惠、吕后时，公卿皆武力有功之臣。孝文时颇征用，然孝文帝本好刑名之言。及至孝景，不任儒者，而窦太后又好黄老之术，故诸博士具官待问，未有进者。"②尽管儒家思想没有在汉初取得统治地位，但已经逐渐得到包括最高统治者在内的逐步重视。服儒服的叔孙通在汉高祖时官至太子太傅，陆贾为大夫，官拜博士者高祖时有叔孙通，惠帝时有孔鲋弟子襄，文、景之世，更有申公、贾谊、韩婴、董仲舒、胡毋生、辕固生数人之多，都反映了汉初儒学的渐受重视的发展趋势。当西汉经过文景之治，国力开始强大起来时，因循无为就失去了存在的基础，黄老之学的统治地位就被儒学所取代。

儒学取代黄老的标志，是经学统治地位的确立，以汉武帝置五经博士这一历史事件为标志。儒学与经学是两个有密切联系，但又有区分的概念。儒学与经学都尊孔子，以《易》、《书》、《诗》、《礼》、《春秋》为经典，都重视圣人之道，讲内圣外王，注重探讨政治伦理的问题。但儒学是由孔子所创立的儒家学派，产生于春秋末期，经学则是汉武帝置五经博士之后才出现的；儒学虽然以五经为经典，但并不是最高统治者所钦定、为全社会公认的法定经典，经学的五经却是由汉武帝钦定、为全社会公认的法定经典；儒学是民间之学，经学是官学的统治思想；儒学是诸子百家之一，经学凌驾于诸子百家

---

① 司马迁：《平准书第八》，《史记》卷三十，《四库全书》本，上海古籍出版社 1987 年版。

② 司马迁：《儒林列传第六十一》，《史记》卷一百二十一，《四库全书》本，上海古籍出版社 1987 年版。

之上；儒学只是一门学术，经学同时又是入仕的敲门砖；儒学可以讨论批评，经学只准信奉注疏。从时间上说，儒学在先，经学在后，儒学产生于先秦，经学出现在西汉，经学是由儒学发展而来。从地位上说，儒学只是民间之学，经学则是钦定的官方之学。从作用上说，儒学只是诸子百家中的一门，经学则是全社会的统治思想。当统治者认识到儒学是长治久安的最好守成理论时，将儒家的经典法定为全社会的官方典籍时，儒学就变成了经学，由一家之学变成了全社会的统治思想。

从思想文化的角度来说，经学统治地位的确立，也就是人们所说的罢黜百家、独尊儒术。对汉武帝的罢黜百家、独尊儒术，学术界存在较多的分歧。历史上与当今的多数人都肯定存在罢黜百家、独尊儒术，也有人说罢黜百家、独尊儒术是"子虚乌有"①，还有人说此说始成于司马光，司马光伪造"罢黜百家，独尊儒术"说的基本动机，是反对王安石变法②；有人认为罢黜百家、独尊儒术不是在汉武帝，而是在汉成帝时③，或是认为罢黜百家、独尊儒术始于汉武帝，完成于汉成帝④；也有人认为，汉武帝既尊儒术，又"悉延百端之学"⑤。尽管分歧很大，但是，从西汉的学术发展来看，汉武帝确实有罢黜百家、独尊儒术的举措。否认汉武帝的罢黜百家、独尊儒术最主要的论据是汉武帝没有完全做到罢黜百家，但实行了与是否完全做到了，这是两个不同的问题，绝不能以没有完全做到，来否认其实行。同时，罢黜百家、独尊儒术只是承认经学为法定的官方统治思想，不允许在官方的学校教授诸子百家，这是一种文化政策，是只许通经成为读书人的入仕之道，并不是不允许诸子百家的存在，更不是要消灭诸子百家，也不排斥诸子百家在民间一定限度的流传。当然，一旦超过统治者所容许的度，诸子百家的学者就会被统治者以非圣无法的罪名予以打击，甚至是严酷地迫害。只要

---

① 孙景坛：《汉武帝"罢黜百家独尊儒术"子虚乌有——中国近现代儒学反思的一个基点性错误》，《南京社会科学》1993 年第 6 期。

② 参见庄春波：《汉武帝"罢黜百家，独尊儒术"说考辩》，《孔子研究》2000 年第 4 期。

③ 参见王葆玹：《中国学术从百家争鸣时期向独尊儒术时期的转变》，《哲学研究》1990 年第 1 期。

④ 参见刘松来：《"罢黜百家独尊儒术"完成于汉成之世考》，《江汉论坛》2007 年第 11 期。

⑤ 杨生民：《汉武帝"罢黜百家，独尊儒术"新探——兼论汉武帝"尊儒术"与"悉延（引）百端之学"》，《首都师范大学学报》2000 年第 5 期。类似的文章还有袁德良、袁刚的《论汉武帝前期政治思想的嬗变——兼论"罢黜百家，独尊儒术"与"悉延百端之学"》，《山西大学学报》（哲学社会科学版）2008 年第 6 期。

不是将罢黜百家误认为是消灭百家，也就容易承认汉武帝的罢黜百家、独尊儒术了。用汉武帝没有完全做到罢黜百家，来否认罢黜百家、独尊儒术的历史事实是根本不能成立的。有的用西汉至汉武帝以后实行的是霸王道杂用，来否认罢黜百家独尊儒术，不知霸王道杂用说的是西汉武帝以来的政治体制，而非思想文化的问题，这与汉武帝在思想文化上有没有实行罢黜百家、独尊儒术是两个不同的问题，二者没有必然联系。政治上的霸王道杂用与思想文化上的独尊儒术，虽然有不协调，但是可以并存的。

　　罢黜百家、独尊儒术不是一蹴而就的，而是一个过程。从历史的发展来看，是儒学与诸子百家长期斗争的结果，在汉武帝即位后，也经过了六次行动①，才最终确立了经学的统治地位。这就是建元元年（前140年）的罢申、韩之学；同年七月发生的"议立明堂"；建元五年（前136年）的初置五经博士；建元六年（前135年），窦太后去世后，武安君田蚡为丞相，黜黄老、刑名百家之言，延文学儒者以百数人；元光元年（前134年）的诏举贤良文学对策；元朔五年（前124年）的为经学博士置弟子员。透过汉武帝时的六次重大行动，可以看到经学取代汉初黄老学的统治地位及其诸子并存的状况，并不是一帆风顺的，而是一个曲折的过程。自汉武帝置五经博士，采取一系列奖励经学的措施之后，"天下之学士靡然乡风矣"，"自此以来，则公卿大夫士吏斌斌多文学之士矣"②，"自武帝立五经博士，开弟子员，设科射策，劝以官禄，讫于元始③，百有余年，传业者浸盛，支叶蕃

---

　　① 最早提出此说的是黄开国：《独尊儒术与西汉学术大势》，载《哲学研究》1990年第4期。四年后，管怀伦在《汉武帝"罢黜百家独尊儒术"确有其事———与孙景坛同志商榷》（《南京社会科学》1994年第6期）亦采此说，认为汉武帝"罢黜百家，独尊儒术"的过程包括六个环节。后来管怀伦又在《"罢黜百家独尊儒术"的历史过程考论》（《江苏社会科学》2008年第1期）提出这一过程"由八个形态各异的重大事件构成"，另外增加了建元元年夏四月，汉武帝的下诏励孝，彰显儒学社会功能；建元元年夏五月，汉武帝下诏令祠官修山川之祠，通过礼神实现尊儒。但很难将汉武帝的这两次下诏说成是"重大事件"，同时，这两次所谓事件与罢黜百家、独尊儒术也没有直接联系。就鼓励孝道而论，乃是汉初以来就有的国策，并非发生在汉武帝之时，如惠帝时四年就有"举民孝弟、力田者复其身"的记载，吕后有"初置孝弟力田二千石者一人"的记载，汉文帝、汉景帝的诏书更是有诸多鼓励孝道的内容；而诏令祠官修山川之祠，也是从汉高祖以来就有的，汉武帝只是将其变为岁修而已，山川之祠也更多的是与方士相关，与儒学无多大关系。

　　② 司马迁：《儒林列传第六十一》，《史记》卷一百二十一，《四库全书》本，上海古籍出版社1987年版。

　　③ 元始为汉平帝的年号。

滋，一经说至百余万言，大师众至千余人，盖禄利之路然也"①。皮锡瑞的《经学历史》以汉武帝时期为经学的昌明时代，以汉元帝、汉成帝开始为经学的极盛时代，正是对自汉武帝之后西汉经学极度发展的说明。

经学统治地位的取得，确立了经学在其后两千年的官方正统地位，也为包括春秋公羊学在内的整个经学的发展提供了条件。但经学的发展要受到官方统治思想变化的影响而变化，不同典籍自身内容的不同，与历代统治者对经典取舍的不同等因素，使经学的发展在各个阶段上呈现出不同的特点。同时，经学的发展也有学术自身发展的内在理路，不同阶段的经学在典籍选择的侧重点，对经典内容的阐释上，都各具不同的时代特色，而使不同阶段的经学有不同的表现重点。春秋公羊学则是经学形成后最早出现的经学显学。

第二节　春秋公羊学在西汉的辉煌

春秋公羊学不仅在经学统治确立的过程中起了巨大的作用，同时，经学统治地位的确立，也为春秋公羊学在西汉的盛极一时创造了条件。西汉春秋公羊学的兴盛，突出地表现在《公羊传》在西汉的巨大发展，它不仅成为西汉王朝政治决策的主要理论依据，而且春秋公羊学家的积极参与政治并成为政治上的显贵。

一、西汉春秋公羊学与齐学

西汉春秋公羊学对政治的热情，与齐学的传统有直接的关系。战国有齐学与鲁学之分，由于地理、文化渊源等的不同，齐学与鲁学也有所不同。据周立升、蔡德贵两位先生的研究，《论语·雍也》说的"知者乐水，仁者乐山；知者动，仁者静；知者乐，仁者寿"②，就分别是对齐学、鲁学的说明：齐学达于事理而周流无滞，有似于水；鲁学安于义理而厚重不迁，有似于山。齐学具有很强的兼容性、变通性，是智者型的；鲁学则是单一性的文化、守常性，是仁者型的。③ 战国的儒家也有齐学与鲁学之分，对儒家的齐

---

① 班固：《儒林传第五十八》，《汉书》卷八十八，《四库全书》本，上海古籍出版社1987年版。
② 阮元刻：《十三经注疏》下册，中华书局1982年版，第2479页。
③ 参见周立升、蔡德贵：《齐鲁文化考辨》，《山东大学学报》（哲学社会科学版）1997年第1期。

鲁之分，梁启超说：

> 两汉以前，儒家学派，可以地域区分，所谓齐学、鲁学，风气各自
> 不同。鲁是孔子所居的地方，从地理方面看，在泰山以内，壤地褊小，
> 风俗谨严；从历史方面看，自周公以来，素称守礼之国。又有孔子诞
> 生，门弟子极多。鲁派家法，严正呆板狭小，有他的长处，同时亦有他
> 的短处。齐与鲁接壤，蔚为大国，临海富庶，气象发皇，海国人民，思
> 想异常活泼，直接隶属孔门的时候，齐学风尚无大别，以后愈离愈远，
> 两派迥不相同了。①

儒学发源于鲁国，儒家的鲁学较为纯正地保留了孔子创立的儒学精神，以固
守礼制为特点，而儒家的齐学受齐文化的影响，与鲁学的差异愈来愈大。齐
学的特点是灵活多变。正是在齐学灵活多变的学风影响下，形成了以灵活性
为灵魂的儒家齐学。《公羊传》的灵活精神，就是儒家齐学学风的表现。

儒家的齐学与鲁学在对现实政治的态度上，也有较大的区别。这反映
在受齐学影响的儒生多能积极地参与现实的政治活动，并能随时代的变化
而在理论上作创新的跟进，而受鲁学影响的儒生对现实的政治相对兴趣不
大，较为固守儒学的原则条律。儒家以制礼作乐为最大荣誉，能够参与新
王朝的制礼，这是莫大的荣耀，但叔孙通征儒生为汉王朝制礼却有两位鲁
儒不肯行：

> 叔孙通使征鲁诸生三十余人。鲁有两生不肯行，曰："公所事者且
> 十主，皆面谀以得亲贵。今天下初定，死者未葬，伤者未起，又欲起礼
> 乐。礼乐所由起，积德百年而后可兴也。吾不忍为公所为。公所为不合
> 古，吾不行。公往矣，无污我！"叔孙通笑曰："若真鄙儒也，不知
> 时变。"②

---

① 梁启超：《清代学术概论·儒家哲学》，天津古籍出版社 2003 年版，第 129 页。
② 司马迁：《刘敬叔孙通列传第三十九》，《史记》卷九十九，《四库全书》本，上海古籍出版社
1987 年版。

叔孙通斥责这两位儒生，及其这两位儒生对叔孙通的不屑一顾，正好从一个侧面表明儒家中齐学与鲁学精神的差异。叔孙通可以说是代表齐学的儒生，以时变为尚，而鲁地的这两位则是代表鲁学的儒生，以合古为准则。合古与时尚是齐学与鲁学的不同价值取向。正是在这一不同的价值取向下，西汉初年主动而积极地参与政治的儒生，多是齐学的学者。汉景帝时的那次关于汤武革命的著名争论，也反映了齐学的儒家学者辕固生对政治的积极参与。《史记·儒林传》说：

> 辕固生者，齐人也。以治《诗》，孝景时为博士。与黄生争论景帝前。黄生曰："汤武非受命，乃弑也。"辕固生曰："不然。夫桀纣虐乱，天下之心皆归汤武，汤武与天下之心而诛桀纣，桀纣之民不为之使而归汤武，汤武不得已而立，非受命为何？"黄生曰："冠虽敝，必加于首；履虽新，必关于足。何者，上下之分也。今桀、纣虽失道，然君上也；汤、武虽圣，臣下也。夫主有失行，臣下不能正言匡过以尊天子，反因过而诛之，代立践南面，非弑而何也？"辕固生曰："必若所云，是高帝代秦即天子之位，非邪？"于是景帝曰："食肉不食马肝，不为不知味；言学者无言汤、武受命，不为愚。"遂罢。是后学者莫敢明受命放杀者。①

对汉景帝而言，辕固生与黄生之说都带有两面性。辕固生之说固然有为汉王朝取得政权提供天命论的意义，但汤、武、汉王朝可以受命，那么也就存在其他人受命取代汉王朝的可能性，而隐含革汉王朝之命的可能性。黄生之说尽管有为汉王朝现存统治提供合理性的作用，但只承认现存秩序的合法性，也就否定了汉王朝取代秦王朝的合法性，隐含有贬斥汉高祖为乱臣贼子之义。就为汉王朝的取得政权提供天命论的根据与维护汉王朝现存统治而言，西汉王朝都是欢迎的。但是，黄生之说所蕴涵的贬斥汉王朝为乱臣贼子的含义，与辕固生之说所隐含的革汉王朝之命的可能性，又都是汉王朝所绝不能

---

① 司马迁：《儒林列传第六十一》，《史记》卷一百二十一，《四库全书》本，上海古籍出版社1987年版。

接受的。辕固生与黄生之说就其主观意愿而论，绝不可能有不利于西汉王朝的想法。他们都是从维护西汉王朝这一方面立论的，只是角度不同而已，一个是立足于维护西汉现实政治的尊卑社会等级制度，另一个是为汉王朝取得统治提供天命论的依据，但都没有看到另一方面的含义。汉景帝是看到了黄生与辕固生之说的两面性，也知道他们的出发点是为维护西汉王朝，所以不了了之。从辕固生与黄生维护西汉王朝而言，两人的出发点又有所不同，黄生是以维持现状为条件的，因而是保守的；而辕固生是以推翻旧政权为前提的，因而是积极的。辕固生是齐诗学者，与叔孙通一样属于儒学的齐学一派，他关于汤、武革命的言论是为新兴汉王朝服务的积极理论，是对西汉王朝合理性的热情讴歌。以叔孙通、辕固生为代表的齐学儒生的言行，反映了齐学所具有的积极参与政治的热情。

　　完成从天命论的高度为西汉王朝的合法性作论证的历史任务，不是儒学中的其他学派，而是齐学中的春秋公羊学，是董仲舒的春秋公羊哲学。这并不是偶然的，这与春秋公羊学自战国以来就关注政治，并以大一统为其政治理想有着密切的关系。汉武帝开始的中央集权的加强，使战国春秋公羊学的大一统的形而下的层面不再是没有现实基础的理想，大一统也顺理成章地成为时代发展所最需要的理论，齐学的春秋公羊学最好地迎合了西汉政治发展的需要。政治需要与理论的契合，使汉武帝特别青睐春秋公羊学，春秋公羊学也为汉武帝的大一统提供了最好的理论服务，春秋公羊学成为汉武帝时最有影响的经学学派，治《公羊》的经生也一度最为显贵，得以盛极一时，实是历史发展的必然。古今中外，所有能够兴盛一时的理论，都与历史的发展有某种契合，概莫能外。

二、春秋公羊学在西汉的盛行

　　春秋公羊学的盛行，可以从西汉春秋公羊学派的发展与春秋公羊学家的特出地位这两个方面得到充分的说明。

　　武帝初置五经博士，就有董仲舒所传的春秋公羊学。自此以后，春秋公羊学在西汉立于博士的经学中，很快就成为人数众多、发展最为迅速的学派。据《史记·儒林列传》、《汉书·儒林传》的记载，汉初传《公羊传》有胡毋生与董仲舒，但自立五经博士后，胡毋生之学除弟子公孙弘以外，不见其他传者的记载，传春秋公羊学的基本上是董仲舒的后学。董仲舒的弟子有兰陵褚大、东平嬴公、广川段仲、温吕步舒等人，其中嬴公被誉为最守师法者；嬴公授东海孟卿、鲁眭弘。在董仲舒之后，嬴公与弟子眭弘对《公羊传》的传承所起的作用最大，尤其是眭弘后来成一家之学的名家，多出其门下。眭弘授东海严彭祖与鲁国颜安乐①，"孟弟子百余人，唯彭祖、安乐为明，质问疑谊，各持所见。孟曰：'《春秋》之意，在二子矣!'孟死，彭祖、安乐各颛门教授。由是《公羊春秋》有颜、严之学"②。严彭祖授琅琊王中，王中授同郡公孙文、东门云。严、颜两家，以颜安乐之学影响最大，名家者也最多。颜安乐授淮阳泠丰次君、淄川任公，"由是颜家有泠、任之学"③。眭弘的弟子还有贡禹、疏广，疏广授琅琊管路，贡禹授颍川堂溪惠，惠授泰山冥都，冥都与管路又事颜安乐，颜氏又有管、冥之学。管路授孙宝，泠丰授马宫、琅琊左咸，咸传其学，"徒众尤盛"④。《公羊传》在传习的人数上，与成一家之言的数量上，在西汉经学中都是名列前茅的。严、颜之学一直流传到西汉末年，在东汉各以家法教授的十四家博士中，也有严、颜两家之学。此外，据惠栋援引郑玄之说，还有诸多春秋公羊学的传承人未被载入史记："康成《六艺论》云，治公羊者胡毋生、董仲舒，董仲舒弟子嬴公、嬴公弟子眭弘，眭弘弟子庄彭祖及颜安乐，安乐弟子阴丰（《儒林传》作泠丰）、刘向、王彦（无考）、刘子政从颜公孙受《公羊春秋》，《本传》不载，然封事多用《公羊》说。"⑤一般人都知道刘向治《春秋穀梁传》，而不知他也传《公羊》，另有无可考知的王彦等人，西汉传《公羊》

---

① 《汉书·儒林传》："胡毋生字子都，齐人也。治《公羊春秋》，为景帝博士。与董仲舒同业，仲舒著书称其德。年老，归教于齐，齐之言《春秋》者宗之，公孙弘亦颇受焉。而董生为江都相，自有传。弟子遂之者，兰陵褚大、东平嬴公、广川段仲、温吕步舒。大至梁相，步舒丞相长史，唯嬴公守学不失师法，为昭帝谏大夫，授东海孟卿、鲁眭弘。孟为符节令，坐说灾异诛，自有传。"从这段记载中，容易产生将嬴公等视为胡毋生弟子的误解。范晔不察，而在《后汉书·儒林传》说："《前书》齐胡毋子都传《公羊春秋》，授东平嬴公，嬴公授东海孟卿，孟卿授鲁人眭弘，眭弘授东海严彭祖、鲁人颜安乐。"误将董仲舒的弟子及其后学皆归属于胡毋生之下，只要对照《史记·儒林列传》，就可以很清楚地知道嬴公等皆为董仲舒的弟子，而不是胡毋生的弟子，这是范晔对《汉书·儒林列传》的误读。

② 班固：《儒林传第五十八》，《汉书》卷八十八，《四库全书》本，上海古籍出版社 1987 年版。

③ 班固：《儒林传第五十八》，《汉书》卷八十八，《四库全书》本，上海古籍出版社 1987 年版。

④ 司马迁：《平津侯主父列传第五十二》，《史记》卷一百一十二，《四库全书》本，上海古籍出版社 1987 年版。

⑤ 阮元、王先谦编：《清经解·续清经解》第 3 册，凤凰出版社 2005 年版，第 2858 页。

的学者远远多于史记的记载。

春秋公羊学家的特出地位主要表现在政治上受到重视。在汉武帝时，春秋公羊学家公孙弘善于迎合皇帝的意志，并熟练地运用经学的理论来文饰吏事①，"习文法吏事，而又缘饰以儒术"②，而得到武帝的青睐，官至宰相，封为平津侯，是西汉第一个登上宰相的经学家。董仲舒在贤良对策时，得到汉武帝的赏识，被拜为江都相，在任上治国取得了很大的成绩，以至刘向称赞"董仲舒有王佐之材"③。退休后，董仲舒还受到武帝的倚重，"朝廷如有大议，使使者及廷尉张汤就其家而问之，其对皆有明法"④。许多高官皆出于董仲舒的门下，司马迁说："仲舒弟子遂者：兰陵褚大、广川殷忠、温吕步舒。褚大至梁相。步舒至长史，持节使决淮南狱，于诸侯擅专断，不报，以《春秋》之义正之，天子皆以为是。弟子通者，至于命大夫，为郎、谒者、掌故者以百数。而董仲舒子及孙皆以学至大官。"⑤此外，董仲舒的三传弟子严彭祖为宣帝时博士，先后为河南郡太守、左冯翊，官至太子太傅；弟子王中，为元帝少府，东门为荆州刺史，孙文为东平太傅。同为董仲舒三传弟子的颜安乐官至齐郡太守丞，弟子任公为少府，泠丰官至淄川太守，贡禹至御史大夫，疏广至太子太傅，管路为御史中丞，冥都为丞相史，孙宝为大司农，马宫至大司徒，左咸任郡守九卿。其中董仲舒、公孙弘、眭弘、贡禹、疏广、孙宝、马宫等人，在《汉书》中皆有传。西汉两百多年的历史，《汉书》总计一百卷，除去本纪与志书等之外，能够被专门列传的人是十分难得的，而治《公羊传》的人物就有7人被专门列传，可见春秋公羊学家在西汉政治生活中的特出地位。这些经学家因其在政治上居于要职，而在政治生活中具有很大的能量，学术借助政治得到风行，使春秋公

---

①　参见《史记·平津侯主父列传第五十二》："弘奏事，有不可，不庭辩之。尝与主爵都尉汲黯请间，汲黯先发之，弘推其后，天子常说，所言皆听，以此日益亲贵。尝与公卿约议，至上前，皆倍其约以顺上旨。汲黯庭诘弘曰：'齐人多诈而无情实，始与臣等建此议，今皆倍之，不忠。'上问弘。弘谢曰：'夫知臣者以臣为忠，不知臣者以臣为不忠。'上然弘言。左右幸臣每毁弘，上益厚遇之。"

②　司马迁：《刘敬叔孙通列传第三十九》，《史记》卷九十九，《四库全书》本，上海古籍出版社1987年版。

③　班固：《董仲舒传第二十六》，《汉书》卷五十六，《四库全书》本，上海古籍出版社1987年版。

④　班固：《董仲舒传第二十六》，《汉书》卷五十六，《四库全书》本，上海古籍出版社1987年版。

⑤　司马迁：《儒林列传第六十一》，《史记》卷一百二十一，《四库全书》本，上海古籍出版社1987年版。

羊学显赫一时。

第三节　春秋公羊学与西汉政治

　　与政治的密切联系，是西汉经学的显著特点。举凡一切重大的政治决策，包括朝庭礼仪，皇帝的封禅和祭祀、明堂、辟雍等重大国典礼仪，刑律的制定和修改，有关诸侯王、列侯、公卿一类重大狱事的裁决，重大的封赏、改历等，都有经学博士参加。经学博士也利用五经来附会政治，提出解决问题的方案，所谓以《周易》占变、以《禹贡》治河、以《洪范》察变、以《春秋》决狱、以《诗》当谏书成为西汉经学的时尚，也就是后来经学所津津乐道的所谓经世致用。其中，以《春秋》决狱就是春秋公羊学与政治紧密联系的体现。

一、春秋公羊学成为决策的主要理论根据

　　自经学取得统治地位后，经学就成为西汉王朝决策的理论依据，春秋公羊学的作用显得尤其突出。汉武帝赐书严助，明确要求：

> 　　具以《春秋》对，毋以苏秦从横。①

这是由皇帝出面，公开要求臣下以《春秋》的理论为准绳。而武帝所说的《春秋》就是指《春秋公羊传》，这可以由西汉皇帝的诏书与大臣们的上奏得到证实。太初四年（前101年），汉武帝要为其出征匈奴找根据，就在诏书中引用《春秋》："高皇帝遗朕平城之忧，高后时单于书绝悖逆。昔齐襄公复九世之仇，《春秋》大之。"②哀帝要将生母定陶恭王妃丁姬升格为皇后，据"《春秋》'母以子贵'"，而以"定陶太后曰恭皇太后，丁姬曰恭皇后"③。哀

　　① 班固：《严朱吾丘主父徐严终王贾传第三十四上》,《汉书》卷六十四上,《四库全书》本，上海古籍出版社1987年版。

　　② 班固：《匈奴传第六十四上》,《汉书》卷九十四上,《四库全书》本，上海古籍出版社1987年版。

　　③ 班固：《哀帝纪第十一》,《汉书》卷十一,《四库全书》本，上海古籍出版社1987年版。

帝册免丁明也引《春秋》为据："盖'君亲无将，将而诛之'，是以季友鸩叔牙，《春秋》贤之；赵盾不讨贼，谓之弑君。"①"母以子贵"出于《公羊传》隐公元年；"君亲无将"出于庄公三十二年；复九世仇之说出于《公羊传》庄公四年；赵盾不讨贼为弑君，更是春秋公羊学的重要观念。这说明汉武帝、汉哀帝所说的《春秋》不是别的，就是《春秋公羊传》。这些材料说明西汉最高统治者对《春秋公羊传》是何等的青睐。

上行必下效。在皇帝的表率下，大臣议政、上书时，更是常常引用《春秋公羊传》。其中明言"《春秋》之义"②的，就有如下记载：

（1）大鸿胪禹奏："故《春秋》之义，诛君之子不宜立。"③

（2）徐偃以为《春秋》之义，大夫出疆，有可以安社稷，存万民，颛之可也。④

（3）匡衡议，以为"《春秋》之义，诸侯不能守其社稷者绝"⑤。

（4）御史大夫贡禹、博士匡衡以为，"《春秋》之义，许夷狄者不一而足"⑥。

（5）贡禹奏言："《春秋》之义，父不祭于支庶之宅，君不祭于臣仆之家，王不祭于下土诸侯。"⑦

（6）毋将隆奏曰："《春秋》之谊，家不臧甲，所以抑臣威，损私力也。"⑧

---

① 班固：《佞幸传第六十三》，《汉书》卷九十三，《四库全书》本，上海古籍出版社 1987 年版。

② 赵伯雄先生的《春秋学史》第二章第二节之"二"，列两汉人物所引"《春秋》"义，共计 18条，其中属西汉者为 10 条。

③ 班固：《景十三王传第二十三》，《汉书》卷五十三，《四库全书》本，上海古籍出版社 1987年版。

④ 班固：《严朱吾丘主父徐严终王贾传第三十四下》，《汉书》卷六十四下，《四库全书》本，上海古籍出版社 1987 年版。

⑤ 班固：《杨胡朱梅云传第三十七》，《汉书》卷六十七，《四库全书》本，上海古籍出版社 1987年版。

⑥ 班固：《傅常郑甘陈段传第四十》，《汉书》卷七十，《四库全书》本，上海古籍出版社 1987年版。

⑦ 班固：《韦贤传第四十三》，《汉书》卷七十三，《四库全书》本，上海古籍出版社 1987年版。

⑧ 班固：《盖诸葛刘郑孙毋将何传第四十七》，《汉书》卷七十七，《四库全书》本，上海古籍出版社 1987年版。

（7）（孙）宝奏："《春秋》之义，诛首恶而已。"①

（8）丞相、将军皆曰："《春秋》之义，大夫出疆，有可以安国家，则颛之可也。"②

（9）杜钦上疏曰："《春秋》之义亡遂事，汉家之法有矫制，故不得侯。"③

（10）王骏曰："《春秋》之义，大能变改。"④

（11）司隶校尉骏、少府忠行廷尉事劾奏："《春秋》之义，诸侯不得专地，所以一统尊法制也。"⑤

（12）御史中丞众等奏："《春秋》之义，意恶功遂，不免于诛，上浸之源不可长也。"⑥

（13）御史中丞众等奏："《春秋》之义，原心定罪。"⑦

（14）何武为大司空，又与丞相翟方进共奏言："《春秋》之义，用贵治贱，不以卑临尊。"⑧

（15）谏大夫龚胜等十四人以为："《春秋》之义，奸以事君，常刑不舍。"⑨

（16）司隶校尉涓勋奏："《春秋》之义，王人微者序乎诸侯之上，尊王命也。⑩

---

① 班固：《盖诸葛刘郑孙毋将何传第四十七》，《汉书》卷七十七，《四库全书》本，上海古籍出版社 1987 年版。

② 班固：《冯奉世传第四十九》，《汉书》卷七十九，《四库全书》本，上海古籍出版社 1987 年版。

③ 班固：《冯奉世传第四十九》，《汉书》卷七十九，《四库全书》本，上海古籍出版社 1987 年版。

④ 班固：《宣元六王传第五十》，《汉书》卷八十，《四库全书》本，上海古籍出版社 1987 年版。

⑤ 班固：《匡张孔马传第五十一》，《汉书》卷八十一，《四库全书》本，上海古籍出版社 1987 年版。

⑥ 班固：《薛宣朱博传第五十三》，《汉书》卷八十三，《四库全书》本，上海古籍出版社 1987 年版。

⑦ 班固：《薛宣朱博传第五十三》，《汉书》卷八十三，《四库全书》本，上海古籍出版社 1987 年版。

⑧ 班固：《薛宣朱博传第五十三》，《汉书》卷八十三，《四库全书》本，上海古籍出版社 1987 年版。

⑨ 班固：《薛宣朱博传第五十三》，《汉书》卷八十三，《四库全书》本，上海古籍出版社 1987 年版。

⑩ 班固：《翟方进传第五十四》，《汉书》卷八十四，《四库全书》本，上海古籍出版社 1987 年版。

（17）翟方进奏曰："《春秋》之义，尊上公谓之宰，海内无不统焉。"①

（18）御史大夫田广明谓太仆杜延年："《春秋》之义，以功覆过。"②

（19）高昌侯董宏上书言："《春秋》之义，母以子贵。"③

上列 19 条中，第 1 条的"诛君之子不立"，出自《公羊传》昭公十二年；第 2、8 条的"大夫颛之可也"之说，出自《公羊传》庄公十九年等处；第 4 条的"许夷狄者不一而足"，出自《公羊传》文公九年；第 7 条的"诛首恶"，出自《公羊传》僖公二年；第 9 条的"亡遂事"，出自《公羊传》桓公八年等处；第 11 条的"诸侯不得专地"，出自《公羊传》桓公元年等处；第 16 条的"王人微者序乎诸侯之上"，出自《公羊传》庄公六年、僖公八年；第 19 条的"母以子贵"，出自《公羊传》隐公元年。9 条出自《公羊传》的明文，约占 50%。其余虽然在《公羊传》中没有对应的文句，但多是春秋公羊学思想观念的表述。如第 3 条的"诸侯不能守其社稷者绝"，是《公羊传》的讥、贬、绝中绝的一项重要内容；第 5、6、14 条的"父不祭于支庶之宅"、"家不臧甲"、"用贵治贱，不以卑临尊"等语，是《公羊传》在祭祀等问题上严尊卑上下思想的表述；第 12、13 条的"意恶功遂，不免于诛"、"原心定罪"，是董仲舒等人发挥《春秋公羊传》而成为西汉决狱的主要原则；第 17 条的"海内无不统"所本，是《公羊传》的大一统观念的表述；第 10 条的"大能变改"、第 15 条的"奸以事君，常刑不舍"、第 18 条的"以功覆过"等说，都可以在《公羊传》中找到类似的思想。这说明，西汉君臣在决断重大问题时，所引的《春秋》多指《公羊春秋》，而且不少是出于《公羊传》的明文。

除开"《春秋》之义"之外，《汉书》还有许多明引《春秋》的地方，这些地方所引《春秋》也主要是《公羊春秋》。公孙弘、董仲舒等人的引用

---

① 班固：《翟方进传第五十四》，《汉书》卷八十四，《四库全书》本，上海古籍出版社 1987 年版。

② 班固：《酷吏传第六十》，《汉书》卷九十，《四库全书》本，上海古籍出版社 1987 年版。

③ 班固：《王莽传第六十九上》，《汉书》卷九十九上，《四库全书》本，上海古籍出版社 1987 年版。

自不必说，他人引用《公羊传》的至少有如下记载。如胶西王议曰："《春秋》曰'臣毋将，将而诛'。"①谷永说："《春秋》为亲者讳。"②邹阳说："庆父亲杀闵公，季子缓追逸贼，《春秋》以为亲亲之道也。"③公孙玃说："昔者郑祭仲许宋人立公子突以活其君，非义也，《春秋》记之。"④路温舒说："臣闻《春秋》正即位，大一统而慎始也。"⑤王褒说："共惟《春秋》法五始之要，在乎审已正统而已。"⑥刘敞等说："周襄王不能事母，《春秋》曰'天王出居于郑'，由不孝出之，绝之于天下也。"⑦隽不疑说："昔蒯聩违命出奔，辄距而不纳，《春秋》是之。"⑧王吉说："《春秋》所以大一统者，六合同风，九州共贯也。"⑨魏相说："《春秋》讥世卿，恶宋三世为大夫，及鲁季孙之专权，皆危乱国家。"⑩京房说："《春秋》纪二百四十二年灾异，以视万世之君。"⑪张敞说："故仲尼作《春秋》，迹盛衰，讥世卿最甚。"⑫萧望之说："《春秋》恶士匄帅师侵齐，闻齐侯卒，引师而还，君子大其不伐丧，

---

① 班固：《淮南衡山济北王传第十四》，《汉书》卷四十四，《四库全书》本，上海古籍出版社 1987 年版。

② 班固：《文三王传第十七》，《汉书》卷四十七，《四库全书》本，上海古籍出版社 1987 年版。

③ 班固：《贾邹枚路传第二十一》，《汉书》卷五十一，《四库全书》本，上海古籍出版社 1987 年版。

④ 班固：《贾邹枚路传第二十一》，《汉书》卷五十一，《四库全书》本，上海古籍出版社 1987 年版。

⑤ 班固：《贾邹枚路传第二十一》，《汉书》卷五十一，《四库全书》本，上海古籍出版社 1987 年版。

⑥ 班固：《严朱吾丘主父徐严终王贾传第三十四下》，《汉书》卷六十四下，《四库全书》本，上海古籍出版社 1987 年版。

⑦ 班固：《霍光金日磾传第三十八》，《汉书》卷六十八，《四库全书》本，上海古籍出版社 1987 年版。

⑧ 班固：《隽疏于薛平彭传第四十一》，《汉书》卷七十一，《四库全书》本，上海古籍出版社 1987 年版。

⑨ 班固：《王贡两龚鲍传第四十二》，《汉书》卷七十二，《四库全书》本，上海古籍出版社 1987 年版。

⑩ 班固：《魏相丙吉传第四十四》，《汉书》卷七十四，《四库全书》本，上海古籍出版社 1987 年版。

⑪ 班固：《眭两夏侯京翼李传第四十五》，《汉书》卷七十五，《四库全书》本，上海古籍出版社 1987 年版。

⑫ 班固：《赵尹韩张两王传第四十六》，《汉书》卷七十六，《四库全书》本，上海古籍出版社 1987 年版。

以为恩足以服孝子，谊足以动诸侯。"①杜邺说："昔秦伯有千乘之国，而不能容其母弟，《春秋》亦书而讥焉。"②杜邺又说："《春秋》不书纪侯之母，阴义杀也。……案《春秋》灾异，以指象为言语，故在于得一类而达之也。"③这些地方所称的《春秋》，绝大多数也都出于《公羊传》的明文，少数是《公羊传》之义的引申。仅有第4条的以祭仲非义，是本于《春秋穀梁传》的"恶祭仲"，而与《公羊传》的赞许祭仲知权之说不同。这说明西汉政治决策引用的《春秋》，虽然也有偶尔引用《春秋穀梁传》的地方，但绝大多数是据《春秋公羊传》为说。清代学者齐召南说："夫汉世《春秋》之学，独尊《公羊》微论……总览四百年中，朝廷诏令所垂，士大夫奏议封章所引，乃至决事、断狱、定律据经，阴阳五行之占、世运五德之说，盖莫不以《公羊》为宗。"④这基本上合于汉代尤其是西汉的实际。可以说，西汉皇帝与大臣所说的《春秋》就是《春秋公羊传》，这与西汉立学官、设博士，《春秋》一直是由治《春秋公羊传》的学者来担任的情况是相应的。

即使王莽篡汉时，也不得不几次引用《公羊传》来作文饰与依据。陈崇奏莽功德有"不顾《春秋》之明义，则民臣何称，万世何述"⑤之说；王莽上奏太后说："然自孔子作《春秋》以为后王法，至于哀之十四而一代毕，协之于今，亦哀之十四也。赤世计尽，终不可强济。"⑥王莽之孙功崇公王宗叛乱自杀，王莽以"《春秋》之义，'君亲毋将，将而诛焉'"⑦定其罪。前两条的《春秋》述万世，为后王法，皆为西汉《公羊传》之义，后一条则为《公羊传》之原文。王莽在经学上是崇《周礼》、尊古文经学的，但也

---

①　班固：《萧望之传第四十八》，《汉书》卷七十八，《四库全书》本，上海古籍出版社1987年版。

②　班固：《谷永杜邺传第五十五》，《汉书》卷八十五，《四库全书》本，上海古籍出版社1987年版。

③　班固：《谷永杜邺传第五十五》，《汉书》卷八十五，《四库全书》本，上海古籍出版社1987年版。

④　齐召南：《春秋公羊传注疏卷二十八考证》，《春秋公羊传注疏考证》，《四库全书》本，上海古籍出版社1987年版。

⑤　班固：《王莽传第六十九上》，《汉书》卷九十九上，《四库全书》本，上海古籍出版社1987年版。

⑥　班固：《王莽传第六十九中》，《汉书》卷九十九中，《四库全书》本，上海古籍出版社1987年版。

⑦　班固：《王莽传第六十九下》，《汉书》卷九十九下，《四库全书》本，上海古籍出版社1987年版。

不得不引用《公羊传》为其篡汉作论证，足见《公羊传》在西汉政治生活中的地位与影响。这具有极大的讽刺意义：《公羊传》本来是汉王朝最重要的理论典籍，竟被王莽用来论说汉世将尽，成为他取代汉王朝的理论依据。

二、春秋公羊学与西汉政治实践

西汉经学不仅是政治决策的理论依据，而且还被运用于政治实践中。就春秋公羊学而论，最为后来经学所津津乐道的，就是所谓以《春秋》决狱。这一点将在讨论董仲舒的春秋公羊学时详论，这里只探讨春秋公羊学对西汉政治的影响。

西汉君臣在处理、讨论诸多重大政治问题时，春秋公羊学都成为决断的根据。但《春秋》无通辞，《公羊传》对《春秋》的解释常常存在两种完全相反的说法。这样，在针对同一重大问题的讨论中，常常出现针锋相对的两种意见，而这完全相反的两种意见都有春秋公羊学的理论支持。但不是所有于春秋公羊学有据的意见，都能够得到最高统治者的认可。最高统治者的裁决，引导着春秋公羊学的发展。最有意义的是这样两件事情：其一，是围绕汉武帝元鼎年间，博士徐偃出使行风俗，在胶东、鲁国矫制鼓铸盐铁的事件。围绕这一事件，以徐偃为一方，终军为一方，展开了激烈的争论：

> 御史大夫张汤劾偃矫制大害，法至死。偃以为《春秋》之义，大夫出疆，有可以安社稷，存万民，专之可也。汤以致其法，不能诎其义，有诏下军问状。军诘偃说："古者诸侯国异俗分，百里不通，时有聘会之事，安危之势，呼吸成变，故有不受辞造命专己之宜；今天下为一，万里同风，故《春秋》'王者无外'。偃巡封域之中，称以出疆何也？且盐铁，郡有余藏，正二国废国家，不足以为利害，而以安社稷存万民为辞，何也？"又诘偃……偃穷诎，服罪当死。军奏"偃矫制颛行，非奉使体，请下御史征偃即罪。"奏可。上善其诘。①

---

① 班固：《严朱吾丘主父徐严终王贾传第三十四下》，《汉书》卷六十四下，《四库全书》本，上海古籍出版社 1987 年版。

徐偃矫制的鼓铸盐铁，对保障民生、发展经济是有积极作用的，而且在他看来是合于《公羊传》精神的，在《公羊传》中也确实找得到理论根据。面对徐偃据《公羊传》的辩词，连治狱最著名的张汤也无法应对。但是，终军依据春秋公羊学的大一统说，却得出徐偃擅自矫制，不仅无功，反而罪当至死的结论。这是两种完全相反的判断，但只有终军的说法得到皇帝的肯定，徐偃的说法没有得到承认，以致最后连自己也不得不认罪伏法。

其二，是汉宣帝时丞相、将军与少府萧望之关于冯奉世功过的争论：

> 先是时，汉数出使西域，多辱命不称，或贪污，为外国所苦……奉世与其副严昌计……诸国悉平，威振西域。奉世乃罢兵以闻。宣帝召见韩增，曰："贺将军所举得其人。"奉世遂西至大苑。大苑闻其斩莎车王，敬之异于它使。得其名马象龙而还。上甚说，下议封奉世。丞相、将军皆曰："《春秋》之义，大夫出疆，有可以安国家，则专之可也。奉世功效尤著，宜加爵土之赏。"少府萧望之独以奉世奉使有指，而擅矫制违命，发诸国兵，虽有功效，不可以为后法。即封奉世，开后奉使者利，以奉世为比，争逐发兵，要功万里之外，为国家生事于夷狄。渐不可长，奉世不宜受封。上善望之议，以奉世为光禄大夫、水衡都尉。①

冯奉世的开拓西域、抵御外族的入侵，对保卫边疆、维护国家的安定功不可没，所以，大得龙颜欢心，丞相、将军们还依据《公羊传》的理论，主张对冯奉世加官晋爵。但是，此事却遭到萧望之的反对，萧望之援引《公羊传》的大夫出境不得擅自生事为说，与终军给徐偃定罪的说法是完全一致的，都是立足于对矫制违命的反对。值得深思的是，汉宣帝采取了同汉武帝一样的决断。

《公羊传》确有大夫出境，若可以安国家、利万民，则可以不受君命约束而专行一说，但是，上述两件事例的结局说明，在已经建立起中央集权的西汉王朝，春秋公羊学的这一观念并不被最高统治者所承认。西汉最高统治

---

① 班固：《冯奉世传第四十九》,《汉书》卷七十九,《四库全书》本，上海古籍出版社 1987 年版。

者所喜好的是春秋公羊学中尊王、有助于维护中央集权的成分，所以，徐偃、冯奉世的专行虽然能够安国家、利万民，但有不尊君主、擅自做主的一面，这一方面如果不能达到圣贤才能做到的权反经而合于经的境界，就有危及君主集权的潜在危险，而这是最高统治者所绝不能容忍的。所以，徐偃、冯奉世的专行到头来并没有得到承认，不仅无功，反而有罪。而身为宰相并被封侯的匡衡遭人举报"专地盗土以自益"，也根据"《春秋》之义，诸侯不得专地，所以一统尊法制也"，被定为"不道"，而"免为庶人"。①这些现实的政治取向，使《公羊传》中实与诸侯专封、专讨的内容，被日益洗刷。而终军、萧望之以春秋公羊学中大一统的形而下层面的尊王为说，将君主置于国家、人民的利益之上，原本是董仲舒的春秋公羊学与《公羊传》所绝不容许的，但却得到了最高统治者的欣赏。汉武帝尊崇《春秋》的不是别的，正是被曲解的形而下的尊现实之王的理论。

有一件特别能说明这一点的事例，就是对冒充卫太子的裁决：

> 始元五年，有一男子乘黄犊车，建黄旐，衣黄襜褕，著黄帽，诣北阙，自谓卫太子。公车以闻，诏使公卿、将军、中二千石杂识视。长安中吏民聚观者数万人。右将军勒兵阙下，以备非常。丞相、御史、中二千石至者莫敢发言。京兆尹不疑后到，叱从吏收缚。或曰："是非未可知，且安之？"不疑曰："诸君何患于卫太子！昔蒯聩违命出奔，辄距而不纳，《春秋》是之。卫太子得罪先帝，亡不即死，今来自诣，此罪人也。"遂送诏狱……廷尉验治何人，竟得奸诈。本夏阳人，姓成名方遂，居湖，以卜筮为事。有故太子舍人尝从方遂卜，谓曰："子状貌甚似卫太子。"方遂心利其言，几得以富贵，即诈自称诣阙，廷尉逮召乡里知识者张宗禄等，方遂坐诬罔不道，要斩东市。一云姓张名延年。②

在这一事件中，丞相与各位大臣都不敢发一言，这说明他们对冒充者至少

① 班固：《匡张孔马传第五十一》，《汉书》卷八十一，《四库全书》本，上海古籍出版社1987年版。

② 班固：《隽疏于薛平彭传第四十一》，《汉书》卷七十一，《四库全书》本，上海古籍出版社1987年版。

是半信半疑，而隽不疑则作出就是卫太子也是罪人的判决。隽不疑判决的依据是《公羊传》关于卫国蒯聩、蒯辄父子废立正当性的评判。蒯聩本为太子，后出奔国外，卫灵公又改立蒯聩的儿子蒯辄为太子，《公羊传》只承认蒯辄的正当性。看起来，隽不疑的判决与《公羊传》是相合的，但是，卫太子是被冤屈的，且在汉武帝晚年得到平反①，而蒯聩被《公羊传》斥为无道，二者是不同的。按照《春秋》决狱原其志的精神，卫太子与蒯聩绝不能相提并论，所以，若是真卫太子出现，隽不疑的判决并不完全合于《公羊传》的本义。隽不疑是在真卫太子的前提下作出的判决，这尽管未必合于《春秋》之义，但无疑具有维护在位皇帝权威性的意义，也是将《公羊传》尊文王的尊王变为了尊在位之王的尊王，是对《公羊传》原有思想的偏离。当危及在位皇帝权威时，即使知道是遭到冤屈并曾经被立为太子的卫太子，也会被毫不留情地逮捕下狱，以至杀头，这是隽不疑判决的现实意义所在。而隽不疑的决判得到汉昭帝与实际掌权的大将军霍光的称赞：

> 天子与大将军霍光闻而嘉之，曰："公卿大臣当用经术明于大谊。"由是名声重于朝廷，在位者皆自以不及也。大将军光欲以女妻之，不疑固辞，不肯当。久之，以病免，终于家。京师纪之。后赵广汉为京兆尹，言："我禁奸止邪，行于吏民，至于朝廷事，不及不疑远甚。"②

这最好地说明了西汉君臣、经生以经术明大义的精神，就是借助经术来为西汉王朝的政治稳定服务，为当权的皇帝服务。

可见，西汉的最高统治者对春秋公羊学的理论并不是全盘接受的，只有符合西汉王朝的政治需要的内容才会被采纳，而他们最喜爱的是其中形而下的尊现实之王、维护中央集权的成分。西汉春秋公羊学的尊王是尊西汉的刘

---

① 《汉书》卷六十三《武五子传第三十三》载："久之，巫蛊事多不信。上知太子惶恐无他意，而车千秋复讼太子冤，上遂擢千秋为丞相，而族灭江充家，焚苏文于横桥上，及泉鸠里加兵刃于太子者，初为北地太守，后族。上怜太子无辜，乃作思子宫，为归来望思之台于湖。天下闻而悲之。"

② 班固：《隽疏于薛平彭传第四十一》，《汉书》卷七十一，《四库全书》本，上海古籍出版社1987年版。

氏之王，是现实之王，是对现实政治的肯定。所以，西汉讲大一统重视的是君主政令的一统，所谓"《春秋》所以大一统者，六合同风，九州共贯也"①。而《公羊传》尊王的王是以文王之正为内涵的理想之王，是对理想政治的推崇。同一的尊王大一统，在《公羊传》与西汉的春秋公羊学中具有不同的时代含义，是有历史变化的。正是这一历史变化，引导了春秋公羊学尊王理论对现实的屈从，使春秋公羊学中尊王的理想成分日益削弱，而最后变成了只是对现存之王的尊崇，大一统的原有合理成分也日渐淡化，而变成了只是君主的一统。这不仅为西汉王朝的中央集权提供了最适合其需要的服务，也为后来君主专制的日益强化提供了理论根据。三纲五常中君臣伦常的绝对化，固然出于历代王朝最高统治者个人私欲的需要，也与西汉以后的春秋公羊学的尊王之说理论的变化有密切联系。② 随着时代的变化，而作出理论的相应改变，是思想文化发展的共同规律。这在以解释经典为基础的经学上表现得特别明显。

三、春秋公羊学者对现实政治的批判

对现实政治的批评是西汉春秋公羊学的重要方面。与《公羊传》的公开言讥、贬、绝的批判不同，西汉春秋公羊学对现实政治的批判是以天人感应的理论为中介来进行的，这是西汉春秋公羊学的一个显著特征。

这与西汉经学的阴阳五行化有密切关系。自春秋末年以来，阴阳与五行学说就得以各自流行，经过战国的合流而形成的阴阳五行学说，成为思想界最有影响的学说。董仲舒将阴阳五行引入他的思想体系，借阴阳五行学说建

---

① 班固：《王贡两龚鲍传第四十二》，《汉书》卷七十二，《四库全书》本，上海古籍出版社 1987 年版。

② 当然，这一变化不是一下子就完成了，在汉武帝时，还出现过汲黯出使东粤，过河内，见父子相食，而谨以便宜，持节发河内仓粟以赈贫民之事，而武帝"贤而释之"；元帝时，还发生了"使护西域骑都尉甘延寿、副校尉陈汤，矫发戊己校尉屯田吏、士及西域胡兵攻郅支单于"之事。苏东坡在《公羊三道》的《问大夫无遂事》中，还肯定汲黯、陈汤的做法："西汉之法有矫诏之罪，而当时之名臣皆引此以为据，若汲黯开仓以赈饥民，陈汤发兵以诛郅支，若此者专之可也，不然获罪于《春秋》矣。"苏东坡是根据《公羊传》之说，肯定汲黯与陈汤的不得君命的"专之"，但西汉总的趋势是皇权绝对化，而不是赞扬臣下的便宜行事的专权。

立起了天人感应的哲学体系，阴阳五行成为最有影响的学说。[1] 顾颉刚说："汉代人的思想骨干，是阴阳五行。无论在宗教上，在政治上，在学术上，没有不用这套方式的。"[2]西汉春秋公羊学家对政治的批评，就是借助于阴阳五行为骨干的天人感应来进行的。这一所谓天人感应不过是"则《乾》、《坤》之阴阳，效《洪范》之咎征"，"以傅《春秋》"[3]，以《周易》的阴阳与《洪范》的五行相配合，用现实政治来附会《春秋公羊传》的灾异学说。《汉书》有专门的《五行志》记载这方面的内容，而《五行志》在《汉书》诸志中的篇幅最多，竟达五万五千字之多。原本在《公羊传》中主要是作为自然变异记载的灾异，一一被西汉经学家运用来附会政治的得失，作为政治批判的工具。

天人感应中的阴阳五行学说，阴阳是根本，提供原则；五行只是说明解释这一原则的方式，提供解释的范式。阴阳的原则是阳尊阴卑，五行的解释方式是相生相克。西汉经学认为，阳尊阴卑的原则本于天："阳尊阴卑，卑者随尊，尊者兼卑，天之道也。"[4]这种源于天道的阳尊阴卑是人类社会的根本法则，是政治安定的基石所在："尊卑之礼明则人伦之序正，人伦之序正则乾坤得其位，而阴阳顺其节，人主与万民俱蒙佑福。尊卑者，所以正天地之位，不可乱也。"[5] 所以，董仲舒要高唱"道之大原出于天，天不变道亦不变"[6]。在阳尊阴卑的原则下，套用五行的范式来解释自《春秋》十二公至西汉十二世的所谓灾异，以言政治得失，是西汉经学的最重要的内容。皮锡瑞在《经学通论》论《易经》部分的《论阴阳灾变为易之别传》中说：

---

① 这是依据现存《春秋繁露》的文本与学术界对董仲舒哲学的流行看法，但是，这一看法其实是值得怀疑的。根据《史记》、《汉书》中的关于董仲舒论说灾异的记载，特别是《汉书·五行志》的大量材料来看，董仲舒在论说灾异时，总是用阴阳失调来解释，如所谓阴盛之类来说明，而没有用五行的理论来论说。董仲舒的《天人三策》也只言阴阳，班固也说"仲舒治国，以《春秋》灾异之变推阴阳所以错行"，而无五行的记载，似乎董仲舒只言阴阳，而无五行的论说。

② 顾颉刚：《汉代学术史略》，东方出版社 1996 年版，第 1 页。

③ 班固：《五行志第七上》，《汉书》卷二十七上，《四库全书》本，上海古籍出版社 1987 年版。

④ 班固：《谷永杜邺传第五十五》，《汉书》卷八十五，《四库全书》本，上海古籍出版社 1987 年版。

⑤ 班固：《武王嘉师丹传第五十六》，《汉书》卷八十六，《四库全书》本，上海古籍出版社 1987 年版。

⑥ 班固：《董仲舒传第二十六》，《汉书》卷五十六，《四库全书》本，上海古籍出版社 1987 年版。

借天道以儆戒人君，古已有之，阴阳五行原本分为二家，"其后二家皆窜入儒家，此亦有所自来"，"后世君尊臣卑，儒臣不敢正言匡君，于是亦假天道进谏，以为仁义之说，人君之所厌闻，而祥异之占，人君之所敬畏，陈言既效，遂成一代风气，故汉世有一种天人之学，而齐学尤盛，伏《传》、《齐诗》、《公羊春秋》，皆齐人所传也"①。皮氏之说稍狭，天人感应之学固然是西汉经学家儆示人君的工具，同时，也是批判现实政治及其政治斗争的武器。不同的政治集团都会利用天人感应的理论，有针对地对各种灾异作出解释，以影射灾异是由某人、某事引起的，来达到打击对方的目的，这在西汉的思想文化背景下是最有效的政治斗争手段。这种用作政治斗争的方面，是春秋公羊学在西汉政治生活中最常见的运用。但是，这是春秋公羊学的滥化与低俗化。所谓滥化与低俗化是说政治斗争中的春秋公羊学，已经沦为权势者们的斗争武器，成为影射政治的工具。

值得关注的是春秋公羊学的政治批判方面。与西汉政治皇权的加剧相应，春秋公羊学家在运用天人感应来进行政治批判时，往往带有维护皇权，将政治失误归结为臣下的趋向。杜钦说："《春秋》日蚀三十六，地震五，或夷狄侵中国，或政权在臣下，或妇乘夫，或臣子背君父，事虽不同，其类一也。"②这是对灾异的原则性解释，带有整体性的意义。它不仅是西汉春秋公羊学解释《春秋》灾异的原则，也是说明西汉灾异的原则。夷狄、臣下、人妇、儿子相对于中国、君主、丈夫、父亲而言，是一种阴阳关系，同时更是政治上的尊卑、等级名分关系，春秋公羊学将自然灾异的出现，都认定是政治上的阳尊阴卑原则受到干扰或破坏。在《汉书》中我们经常会看到，当政治出现问题，又恰逢自然灾异出现时，总会有人臣上书皇帝，含沙射影或是直言不讳地批评某些权臣、外戚，最著名的如刘向对王氏外戚的批评。③ 这一

① 皮锡瑞：《经学通论》卷一，中华书局1982年版，第18页。
② 班固：《杜周传第三十》，《汉书》卷六十，《四库全书》本，上海古籍出版社1987年版。
③ 《汉书·楚元王传》载："成帝即位，显等伏辜，更生乃复进用，更名向。向以故九卿召拜为中郎，使领护三辅都水。数奏封事，迁光禄大夫。是时，帝元舅阳平侯王凤为大将军，秉政，倚太后，专国权，兄弟七人皆封为列侯。时数有大异，向以为外戚贵盛，凤兄弟用事之咎。而上方精于《诗》、《书》，观古文，诏向领校中《五经》秘书。向见《尚书·洪范》，箕子为武王陈五行阴阳休咎之应。向乃集合上古以来历春秋、六国至秦、汉符瑞灾异之记，推迹行事，连传祸福，著其占验，比类相从，各有条目，凡十一篇，号曰《洪范五行传论》，奏之。天子心知向忠精，故为凤兄弟起此论也，然终不能夺王氏权。"

政治批判的趋向是维护皇权，对形成以君主专制为核心的三纲，起到了极大的作用。同时，对制约君主的肆意妄为，钳制某些权贵的肆意为非作歹，也起到了一定作用，一些贪赃枉法的权贵因此受到应有的惩罚，这也是不能否认的。所以，这一政治批判是有一定积极意义的，它的背后有自古以来并特别受到儒学推崇的贤人政治理念。当然，更应该看到的是一些真正为民的官吏，也因此而遭到不白之冤。因为在黑暗的政治体制下，只有阴险狡诈之辈才会常常如鱼得水。

　　一种理论如果完全依附于现实政治，就成为现实政治的附庸，而丧失了理论的独立性，这样的理论也就失去了生命力。西汉的春秋公羊学在一定程度上还具有这样的独立性，这不仅表现在对现实的一般政治批评上，更主要地表现在对皇权政治的批评上。因为在一般的政治批评中，尽管有推崇贤人政治、向往政治清明的成分，但主要是对皇权政治的维护，带有对现实政治的依附；而对皇权政治的批评，使春秋公羊学理论真正成为了现实批判的武器。西汉经学界中勇于批判皇权政治的人物，基本上都是春秋公羊学家。这既是《公羊传》批评现实的精神在西汉春秋公羊学的发扬光大，也是西汉春秋公羊学得以发展的动力之一。当然，由于这方面的内容受到正统史学家在著书时的砍削，即使保存一二，也是以歪曲的形式而留存于世。

　　对皇权政治的批评，莫过于对汉王朝存在合理性的批评。早在汉景帝时，《齐诗》学者辕固生在与黄生的辩论中，就有汤、武受命之说。尽管辕固生是为西汉王朝的合理性作理论论证，但也包含着在一定条件下革西汉王朝之命的可能性，汉景帝看到了这一隐忧，因而他明确表示："言学者无言汤、武受命，不为愚。"司马迁说："是后学者莫敢明受命、放杀者。"[1] 其实，司马迁此说有些笼统，也不符合西汉经学的实际。受命与放杀是汤、武革命的两个方面。受命是说汤、武取得政权的合理性，放杀是说对桀、纣的讨伐，一是讲破，一是讲立，汉景帝之后，并不是都不讲受命、放杀。对于受命，不仅讲，而且是大讲，汉武帝的策问，董仲舒的《天人三策》及其诸多经学家的论说都有受命的内容，以论证西汉王朝的受命于天。对于放杀也

——————————

[1]　司马迁：《儒林列传第六十一》，《史记》卷一百二十一，《四库全书》本，上海古籍出版社 1987 年版。

有讲论，如齐诗学的"三基"、"五际"说均有革命之说①，这一革命之说是具有改朝换代的意义的，放杀无疑为其题中之义。董仲舒在《春秋繁露》中也有关于诛杀桀、纣等无德君主如诛杀一夫之人的说法。可见，放杀也有论说，但这一方面的论述都是用于历史，而没有也无人敢用于现实。是不是放杀说在西汉就没有现实意义呢？放杀说的本质是革命，是改朝换代，西汉的春秋公羊学家是有改朝换代的说法，只是不是以革命、放杀为说，而是以所谓禅让来曲折地表达此意：

> 孝昭元凤三年正月，泰山、莱芜山南匈匈有数千人声，民视之，有大石自立，高丈五尺，大四十八围，入地深八尺，三石为足，石立后有白乌数千下集其旁。是时，昌邑有枯社木卧复生；又上林苑中大柳树断枯卧地，亦自立生，有虫食树叶成文字，曰："公孙病已立。"孟推《春秋》之意，以为："石、柳，皆阴类，下民之象；泰山者，岱宗之岳，王者易姓告代之处。今大石自立，僵柳复起，非人力所为，此当有从匹夫为天子者。枯社木复生，故废之家公孙氏当复兴者也。"孟意亦不知其所在，即说曰："先师董仲舒有言，虽有继体守文之君，不害圣人之受命。汉家尧后，有传国之运。汉帝宜谁差天下，求索贤人，禅以帝位，而退自封百里，如殷、周二王后，以承顺天命。"孟使友人内官长赐上此书。时，昭帝幼，大将军霍光秉政，恶之，下其书廷尉。奏眭弘妄设祆（妖）言惑众，大逆不道，皆伏诛。后五年，孝宣帝兴于民间，即位，征孟子为郎。②

眭弘是董仲舒的再传弟子，他的这一上书是西汉春秋公羊学家借灾异进行政治批评的典范，也最能体现西汉春秋公羊学的批评精神。这一批评的矛头直指西汉王朝的皇权，反映了当时西汉王朝的由盛转衰，是一种改朝换代的声音。所以，眭弘只能够得到被杀头的下场。尽管汉宣帝的出现，经学家将眭

---

① 参见曹建国：《诗纬三基 四始 五际 六情说探微》，《武汉大学学报》（人文科学版）2006 年第 4 期。

② 班固：《眭两夏侯京翼李传第四十五》，《汉书》卷七十五，《四库全书》本，上海古籍出版社 1987 年版。

弘的改朝换代转化成了汉宣帝受命的预言，但是，这改变不了眭弘的批评实质。值得注意的是眭弘的这一批评理论，是出于董仲舒。董仲舒也曾因说灾异被汉武帝差点杀了头：

> 先是辽东高庙、长陵高园殿灾，仲舒居家推说其意，草稿未上，主父偃候仲舒，私见，嫉之，窃其书而奏焉。上召视诸儒，仲舒弟子吕步舒不知其师书，以为大愚。于是下仲舒吏，当死，诏赦之，仲舒遂不敢复言灾异。①

董仲舒这次言说灾异的材料保存在《汉书·五行志》中。尽管董仲舒从此以后不敢再谈灾异，但其中包含的敢于批评人君的政治批判精神，却在后继者中得以传承。眭弘说得之于先师董仲舒完全符合事实。当然，这种批判皇权政治的事例，在君主专制的严厉打压下，经过董仲舒差点被杀头，特别是眭弘以大逆不道的罪名被杀头以后，就基本上难以觅见了。

　　但是，批判皇权政治的理论依据，却得以保存了下来。从眭弘要求汉皇禅让的说法中，可以很清楚地看出，眭弘禅让说的理论依据是春秋公羊学的三统说，这一理论的系统创立者就是西汉的春秋公羊学大师，也是眭弘的祖师董仲舒。眭弘之后，在汉成帝时，还可以看到刘向、谷永的上书中都引有三统说。刘向说：

> 王者必通三统，明天命所授者博，非独一姓也。②

谷永说：

> 臣闻天生蒸民，不能相治，为立王者以统理之，方制海内非为天子，列土封疆非为诸侯，皆以为民也。垂三统，列三正，去无道，开有

---

①　班固：《董仲舒传第二十六》，《汉书》卷五十六，《四库全书》本，上海古籍出版社1987年版。
②　班固：《楚元王传第六》，《汉书》卷三十六，《四库全书》本，上海古籍出版社1987年版。

德，不私一姓，明天下乃天下之天下，非一人之天下也。①

刘向治《春秋穀梁传》，谷永博学经书，都不是公羊学家，但他们都认为三统说的本质是以天下为天下人之天下，而非一人或一姓人之天下。这一观念实际上是孟子的得民心者得天下②的发展，是古代现实政治批判的理论武器，也是改朝换代合理性的理论依据。虽然在西汉的政治生活中，只有少数人敢于在政治实践中以此观念来评判或警示刘氏王朝，但其意义不可低估。这是先秦儒学的真精神在西汉经学的延续，也是西汉春秋公羊学最宝贵的价值所在。而在东汉的政治领域，虽然也有君臣引及春秋公羊学的三统说，但是，却看不到用三统说来说明天下非一姓之天下的观念。这是春秋公羊学及其经学发展的变化，正是这一变化使古代的政治理论日益缺乏批判的精神，尤其是批判皇权政治的精神。

第四节　春秋公羊学与其他经学派别的学派之争

学术总是在论争中得以发展的。西汉春秋公羊学的发展，也是在经学内部的论争中得以实现的。这包括两个方面的论争：一方面是今文经学内部的论争，主要是与春秋穀梁学派的论争；另一方面是与古文经学的论争，主要是与《春秋左传》学派的论争。自武帝立五经博士后，这一论争就开始了，而武帝时期发生的经学论争都与董仲舒相关。

一、汉武帝时围绕春秋公羊学的论争

汉武帝初置五经博士，《易》有杨何，《书》有张生、孔安国，《诗》有齐（辕固生）、鲁（申公）、韩（韩婴），《礼》有徐氏，《春秋》有《公

---

① 班固：《谷永杜邺传第五十五》，《汉书》卷八十五，《四库全书》本，上海古籍出版社 1987年版。

② 《孟子·离娄上》说："桀纣之失天下也，失其民也。失其民者，失其心也。得天下有道：得其民，斯得天下矣。得其民有道：得其心，斯得民矣。"

羊》。①自此以后，就出现了春秋公羊学与经学中的其他学派的论争。最早的论争出现在董仲舒与《韩诗》学派创始人韩婴之间。《史记·儒林列传》称，韩生在汉文帝时任博士，董仲舒在汉景帝时为博士，似韩婴年长于董仲舒。韩生以治《诗》为燕赵间学者所宗，董仲舒亦为燕赵间（广川）人，而以治《公羊春秋》而著称。武帝初置经学博士，多由文、景时儒学博士转化而来，韩生、董仲舒也应分别为《韩诗》、《公羊春秋》的经学博士。《汉书·儒林传》载：

> 韩婴，燕人也。孝文时为博士，景帝时至常山太傅。婴推诗人之意，而作内、外《传》数万言，其语颇与齐、鲁间殊，然归一也。淮南贲生受之。燕、赵间言《诗》者由韩生。韩生亦以《易》授人，推《易》意而为之传。燕、赵间好《诗》，故其《易》微，唯韩氏自传之。武帝时，婴尝与董仲舒论于上前，其人精悍，处事分明，仲舒不能难也。②

这很可能是汉代经学所发生的第一次论争，论争的具体内容，简文有缺，不得而知。但从韩婴处事精明、董仲舒"不能难"来看，这次纷争似以平分秋色而告终。以《诗》分，汉代今文经学有齐、鲁、韩三家之学，《公羊》于《春秋》为齐学，所以，董仲舒与韩婴之争带有齐学与韩学之争的意义。

同行是冤家，古已有之。在春秋公羊学内部还发生了董仲舒与公孙弘之争。公孙弘受《公羊春秋》于胡毋生，是汉代经生第一个做丞相并被封侯的人。公孙弘为政，习文法吏事，缘饰以儒术，故史称"公孙弘以《春秋》之义绳臣下、取汉相"③。但他治《春秋》不如董仲舒，关于这个问题，周桂钿先生在《董学探微》第一章第四部分提出三证：一是董仲舒对策高于公孙弘；二是董仲舒的弟子吾丘寿王研究《春秋》，长于公孙弘；三是朝廷每有大议，都要派人请教董仲舒。笔者觉得还可补充一个最重要的证据，就

---

①　此处所言与《汉书·儒林传》不尽一致，请参见黄开国《汉代经学博士考辩》的相关考辨，该文载《中国史研究》1993 年第 2 期。

②　班固：《儒林传第五十八》，《汉书》卷八十八，《四库全书》本，上海古籍出版社 1987 年版。

③　班固：《食货志第四下》，《汉书》卷二十四下，《四库全书》本，上海古籍出版社 1987 年版。

是董仲舒著有《春秋繁露》，此书对《公羊》的阐发不仅为后代经学所重，而且影响两千多年，公孙弘则谈不上春秋公羊学理论的建树。

关于公孙弘与董仲舒之争，《史记·儒林列传》有所记载。而《汉书·董仲舒传》讲得更为详明：

> 仲舒为人廉直，是时方外攘四夷，公孙弘治《春秋》不如仲舒，而弘希世世事，位至公卿。仲舒以弘为从谀，弘嫉之。胶西王亦上兄也，尤纵恣，数害吏二千石。弘乃言于上曰："独董仲舒可使相胶西王。"胶西王闻仲舒大儒，善待之。仲舒恐久获罪，病免。①

董仲舒与公孙弘之争，是齐学中春秋公羊学内部之争。较之董仲舒与韩婴之争，这一纷争更为严酷，真所谓同行是冤家。除了学术派别之争，更有非学术的政治利害之争。把非学术的因素掺杂进学术纷争之中，常常严重地伤害学术，压抑人才。公孙弘学不如董仲舒，由嫉妒其学而延及政治陷害，诚为人格的一大污点，却能显贵一时，这不仅是中国古代政治大不幸，更是中国传统学术的大不幸，可悲的是这一不幸不断在历史与现实中上演。

武帝时，与董仲舒有关的第三次经学论争发生在春秋公羊学派与春秋穀梁学派之间。《汉书·儒林传》载：

> 瑕丘江公，受《穀梁春秋》及《诗》于鲁申公，传子至孙为博士。武帝时，江公与董仲舒并。仲舒通《五经》，能持论，善属文。江公呐于口，上使与仲舒议，不如仲舒。而丞相公孙弘本为春秋公羊学，比辑其议，卒用董生。于是上因尊《公羊》家，诏太子受《公羊春秋》，由是《公羊》大兴。②

申公为《鲁诗》学派的创始人，又传《春秋穀梁传》，皆属鲁学范围。从《汉书》有关申公的记载来分析，申公是汉初至武帝时，鲁学最重要的代表

① 班固：《董仲舒传第二十六》，《汉书》卷五十六，《四库全书》本，上海古籍出版社1987年版。
② 班固：《儒林传第五十八》，《汉书》卷八十八，《四库全书》本，上海古籍出版社1987年版。

人物，由他及其弟子组成的学派，有着可与齐学相抗衡的力量。以至《史记·儒林列传》称，申公"弟子为博士者十余人"，"学官弟子行虽不备，而至于大夫、郎中、掌故以百数"，足见鲁学之盛。武帝议立明堂，还以"束帛加璧安车驷马迎申公"①。江公为申公最著名弟子，他与董仲舒之争，是汉代经学的齐学与鲁学之争。齐、鲁之间皆传孔子之学。但齐地处沿海，管子治齐遗泽未灭，其学多黄老刑名之风，亦多方士怪诞之习，尤以邹衍阴阳五行之学的盛行，使齐地儒学多受齐风浸染。而鲁国为孔、孟故乡，较多地保留了一些原始儒学之风，故鲁学多以儒学正宗自居。儒学内部的齐、鲁之争，汉初已有，叔孙通制仪受到鲁儒生的斥责，即为一例。儒学转化为经学之后，江公与董仲舒之争则是经学中齐学与鲁学的第一次交锋。

从"江公与董仲舒并"一语来看，春秋穀梁学与公羊学似一度并没有轩轾之分。但因在二家论争之中，江公败于董仲舒，才使《春秋穀梁》未被重视，而使《公羊》大兴。江公失败的原因，一因江公本人不善言辩，二因董仲舒得到丞相公孙弘之助，党同伐异，并非完全是依据学术的优劣。

武帝时经学内部的三次争论，都与董仲舒相关绝不是偶然的，这说明以董仲舒为代表的春秋公羊学是争论的中心所在，而董仲舒则是公认的春秋公羊学的主帅。其中董仲舒的春秋公羊学与江公的春秋穀梁学之争最有意义，因为它奠定了汉代齐学压倒鲁学的经学格局。

二、宣帝时春秋公羊学与春秋穀梁学之争

汉代经学经武帝、昭帝二代发展，至宣帝时有一大的变化，就是经学博士由最初的初置五经博士，发展为十五家经学博士。② 而经学的这一大分化，与宣帝时今文经学内部的纷争有直接联系。假如说武帝以来今文经学的发展是十五经学博士出现的基础，那么宣帝时今文经学内部的纷争则是其直接的催化剂。

宣帝时期是今文经学的内部纷争全面展开的年代。《易》分立施（雠）、孟（喜）、梁丘（贺），《公羊》变为颜（安乐）、严（彭祖）之学等等，皆

---

① 司马迁：《儒林列传第六十一》，《史记》卷一百二十一，《四库全书》本，上海古籍出版社 1987 年版。

② 参见黄开国：《汉代经学博士考辩》，《中国史研究》1993 年第 2 期。

是其证。而最有名的纷争有三次，第一次是鲁诗学派的内部之争，发生在《鲁诗》宗师经学博士江公与王式之间；第二次是《尚书》学内部的派别之争，发生在大夏侯（胜）与小夏侯（建）之间；第三次是《春秋》中春秋公羊学与春秋穀梁学的再次争论，这次争论是宣帝时今文经学内部最有影响的纷争。宣帝时的前两次论争与春秋公羊学无关，故不予讨论，而只对第三次经学论争作一讨论。

武帝时，春秋穀梁学败于春秋公羊学。但二家之争并未停息，昭帝时，传《春秋穀梁》的荣广曾数困当时的《春秋公羊》大师眭弘。而卫太子通《春秋公羊传》后，又私问《春秋穀梁传》，并特别喜好。宣帝从民间龙兴，承卫太子之绪脉，因汉代特重孝道，为着政治的需要，宣帝从即位之初就大力扶佐春秋穀梁学，并在甘露三年"称制临决"，召开了以兴《春秋穀梁》学为主要目的的著名石渠阁会议。《汉书·儒林传》载：

　　宣帝即位，闻卫太子好《春秋穀梁传》，以问丞相韦贤、长信少府夏侯胜及侍中乐陵侯史高，皆鲁人也，言《春秋》，穀梁子本鲁学，公羊氏乃齐学也，宜兴《春秋穀梁》。时千秋为郎，召见《公羊》家并说，上善《春秋穀梁》说，擢千秋为谏大夫给事中，后有过，左迁平陵令。复求能为《春秋穀梁》者，莫及千秋。上愍其学且绝，乃以千秋为郎中户将，选郎十人从受，汝南尹更始翁君本自事千秋，能说矣。会千秋病死，征江公孙为博士。刘向以故谏大夫通达待诏，受《春秋穀梁》，欲令助之。江博士复死，乃征周庆、丁姓待诏保宫，使卒授十人。[①]

　　自元康中始讲，至甘露元年，积十余发，皆明习。乃召五经名儒、太子太傅萧望之等大议殿中，平《公羊》、《春秋穀梁》同异，各以经处是非。时《公羊》博士严彭祖、侍郎申挽、伊推、宋显，《春秋穀梁》议郎尹更始、待诏刘向、周庆、丁姓并论，《公羊》家多不见从。愿请内侍郎许广，使者亦并内《春秋穀梁》家中郎王亥，各五人，议三十余事。望之等十一人各以经义对，多从《春秋穀梁》，由是《春秋穀梁》

_____

① 班固：《儒林传第五十八》，《汉书》卷八十八，《四库全书》本，上海古籍出版社 1987 年版。

之学大盛。①

此一大段材料，详细明白地叙说了宣帝是如何支持春秋穀梁学，从而使春秋穀梁学压倒春秋公羊学、鲁学胜过齐学的。但是，学术的发展有自身的规律。政治可以促进学术，学术可借政治以风行，学术的生命力却在学术自身。宣帝的扶持，固然使春秋穀梁学兴盛一时，在此之后，春秋穀梁学却日渐衰弱，以致《后汉书·儒林列传》竟无一春秋穀梁学大师可载。而《春秋》内的今文经学之争，也让位于《公羊春秋》与《左氏春秋》的今文经学与古文经学之争了。但也需要指出的是，《春秋穀梁传》的一度取代《春秋公羊传》，也反映了宣帝对武帝以来文化政策的调整。

三、宣帝之后的今古文经学之争

继宣帝以后，今文经学内部之争比较有影响的是，元帝时的《易》学内部之争，发生在五鹿充宗与京房之间。五鹿充宗虽然借政治权术，消灭了他的学术对手，但最终《京氏易》却被立于学官，成为西汉最后一家被立为经学博士的今文经学。自元帝以后，今文经学内部较为明显、激烈的纷争基本上不见于史料了，代之而起的是围绕《春秋左传》为中心的古文经学与今文经学之争。这一论争与春秋公羊学的兴衰有直接关系。

古文经学的逐渐兴起是今文经学与古文经学相争的必要条件，武帝时，古文经学虽未被立于学宫，但不绝如丝，仍有发展。宣帝时，有《春秋左传》学者胡常，曾以明《春秋穀梁传》而被拜为经学博士，又有《春秋左传》学者张禹，与萧望之同任御史，萧望之为太子太傅后，因常听张禹称道《春秋左传》而好之，就向宣帝推荐张禹，张禹被征待诏，但未及问就病死了。这是《春秋左传》为代表的古文经学受到在朝儒生权臣重视的开始，为古文经学能在中央王朝与今文经学相抗衡打开了缺口。

成帝时，《春秋左传》的影响有了决定性的大前进。张禹有再传弟子尹咸、翟方进、胡常三人，其中翟方进作上了宰相，对《春秋左传》的推动很有影响。《春秋左传》甚至成为最高决策的理论依据之一。《汉书·梅福

---

① 班固：《儒林传第五十八》，《汉书》卷八十八，《四库全书》本，上海古籍出版社1987年版。

传》："绥和二年，立二王后，推迹古文，以《左氏》、《春秋穀梁传》、《世本》、《礼记》相明，遂下诏封孔子世为殷绍嘉公。"连张霸伪造《百两篇尚书》，也要采《春秋左传》之文，《春秋左传》在成帝时的影响不容忽视，由此可见一斑。

最重要的是出现了刘歆这位经学大师，与在中秘发现了古文《左氏春秋传》。刘歆为刘向之子，成帝河平中，父子领校秘书，在中央政府官藏秘书中，刘歆发现了古文经《春秋左传》，并大好之。丞相史尹咸家传《左氏》，素有研究，于是与刘歆一起校定《春秋左传》的经、传，为汉代《春秋左传》研究提供了第一个经校定的版本。刘歆又向当时的丞相翟方进与尹咸两人请教，质问大义，使《春秋左传》在刘歆那里发生了一个具有里程碑意义的变化。《汉书·刘歆传》说：

> 初，《左氏传》多古字古言，学者传训故而已。及歆治《左氏》，引传文以解经，转相发明，由是章句义理备焉。

章句之学为宣帝以来今文经学传授的主要形式，刘歆改变自贾谊以来《左传》只重训故的学风，并注意到对义理的发明，这对《左传》的发展具有划时代的影响。可以说，《春秋左传》之成为春秋左传学是由刘歆完成的。

刘歆大好《春秋左传》是基于这样一种认识："歆以为左丘明好恶与圣人同，亲见夫子，而公羊、穀梁在七十子后，传闻之与亲见之，其详略不同。"①著作《春秋左传》的左丘明是孔子弟子，亲自受教于孔子，是非好恶与孔子无异。而传《春秋公羊传》的公羊子、传《春秋穀梁传》的穀梁子却在左丘明之后，只是经传闻而得孔子之说，所以，《春秋左传》详明，《公羊》、《春秋穀梁传》疏略。刘歆曾据以与他好《春秋穀梁传》的父亲刘向进行辩难，而"向不能非间也"②。

哀帝即位，改变元帝、成帝时宠用后党外戚之习，而重用刘氏宗族。刘

---

① 班固：《楚元王传第六》，《汉书》卷三十六，《四库全书》本，上海古籍出版社 1987 年版。
② 班固：《楚元王传第六》，《汉书》卷三十六，《四库全书》本，上海古籍出版社 1987 年版。

歆为楚元王之后，为刘氏宗室成员，又以其学著称当世，因而受到哀帝的重视。正是在这样的背景下，刘歆提议将《春秋左传》等古文经立于学官，而与今文经学发生了第一次冲突。

《汉书·刘歆传》说："及歆亲近，欲建立《左氏春秋》及《毛诗》、《逸礼》、《古文尚书》皆列于学官。哀帝令歆与五经博士讲论其义，诸博士或不置对，歆因移书太常博士。"①很多论著据此以为，似为刘歆一人发动了这次论争，其实，刘歆发动的这次论争，还得到了五官中郎将春秋穀梁传学者房凤、光禄勋王龚两位权臣的支持。《汉书·儒林传》载：

> 大司马票骑将军王根……荐（房）凤明经通达，擢为光禄大夫，迁五官中郎将。时光禄勋王龚以外属内卿，与奉车都尉刘歆共校书，三人皆侍中。歆白《左氏春秋》可立，哀帝纳之，以问诸儒皆不对。歆于是数见丞相孔光，为言《左氏》以求助。光卒不肯，唯凤、龚许歆，遂共移书责让太常博士。

结果引起诸儒的怨恨，以致名儒大司空师丹大怒，奏歆变乱旧章，非毁先帝所立。刘歆等三人也被贬逐出京师，补任外吏，以失败而告终。

值得注意的是刘歆为主要代表所发动的这次古文经学议立学官之事，始终得到哀帝的支持。哀帝先是诏下与经学博士讲论其义，及至师丹奏歆时，哀帝还说："歆欲广道术，亦何以为非毁哉？"②但是，朝中多数大臣与经学博士，先是以不置对的冷处理来消极对抗，在刘歆等人移书责让太常博士后，又一起攻讦刘歆，最终是把刘歆三人赶出了中央王朝。这与宣帝欲立《春秋穀梁传》，而得到了多数儒臣的支持正相反，形成鲜明的对照，反映了西汉后期皇权的衰落。

刘歆议立《春秋左传》等古文经学经典的试验虽然失败，但他所著的《移太常博士书》，却不失为古文经学与今文经学第一次纷争的宝贵文献。这篇文献的中心是为《春秋左传》等古文经立于学官制造根据，主要讲了三

---

① 班固：《楚元王传第六》，《汉书》卷三十六，《四库全书》本，上海古籍出版社1987年版。
② 班固：《楚元王传第六》，《汉书》卷三十六，《四库全书》本，上海古籍出版社1987年版。

层意思。

第一，讲历史的根据。

刘歆认为，经学讲的道在三代时是明著的，自周末以后，就被破坏了，于是孔子才整理五经，制作《春秋》。战国重孙吴之术，道又被弃遗，再经秦火，仲尼之道废绝一时。因此，汉兴以后，渐重儒学。儒经虽时出，但多离全经已远，所以，武帝才有"书缺简脱，朕甚闵焉"之叹，而置五经博士。其后，孝宣皇帝又增立数家经学博士，目的都是为了保持和发扬孔子之道。而他的议立《春秋左传》等经学博士，与哀帝的下诏试对，不过是扬孔子之道、承先帝之法罢了。这一说法是韩愈的道统论的最早雏形。

第二，古文经学同今文经学一样同为孔子之道，并可补今文经学的脱误。

刘歆提出，古文经《逸礼》、《尚书》都是从孔子旧宅中发现的，《春秋左传》是孔子弟子左丘明所著，这三本著作都藏在秘府，只是因机缘而未被立于学官，所谓"遭巫蛊仓卒之难，未及施行"[1]。其中《春秋左传》一书，又有民间流传授受，可与中央秘藏之书相佐证，故刘歆说："其古文旧书，皆有征验，外内相应，岂苟而已哉！"[2]刘歆还用《逸礼》、《古文尚书》、《春秋左传》等古文经，"以考学官所传，经或脱简，传或简编"[3]。证明今文经不如古文经完整，古文经才是保存完整的孔经贤传。

第三，批评今文经学的抱残守缺，门户之见。

这集中见于如后一段文字："往者缀学之士不思废绝之阙，苟因陋就寡，分文析字，烦言碎辞，学者罢老且不能究其一艺。信口说而背传记，是末师而非往古，至于国家将有大事，若立辟雍、封禅、巡狩之仪，则幽冥而莫知其原。犹欲抱残守缺，挟恐见破之私意，而无从善服义之公心，或怀拓嫉，不考情实，雷同相从，随声是非，抑此三学，以《尚书》为备，谓《左氏》为不传《春秋》，岂不哀哉！"[4]刘歆认为，今文经学不明废绝之失，只是因陋就简的抱残所缺，所以，根本不能解决辟雍等国家大事。今文经学

① 班固：《楚元王传第六》，《汉书》卷三十六，《四库全书》本，上海古籍出版社 1987 年版。
② 班固：《楚元王传第六》，《汉书》卷三十六，《四库全书》本，上海古籍出版社 1987 年版。
③ 班固：《楚元王传第六》，《汉书》卷三十六，《四库全书》本，上海古籍出版社 1987 年版。
④ 班固：《楚元王传第六》，《汉书》卷三十六，《四库全书》本，上海古籍出版社 1987 年版。

的反对古文经学，不过是"专己守残，党同门，炻道真"的门户之见。而这里谈到的今文经学的今文《尚书》二十八篇为备，《左传》不传《春秋》之说，后来一直是今文经学反对古文经学的两个最重要论据。

刘歆责让太常经学博士言语虽激切，但论说有据，说理充分，其批评今文经学尤能切中要害。所以，尽管刘歆议立《春秋左传》等古文经四经失败了，但从学术发展来看，却是有积极意义的。而《移太常博士书》，更是经学史上弥足珍贵的史料。同时，刘歆的议立古文经学，是对西汉以春秋公羊学为代表的今文经学的挑战，也由此开启了历史上的今古文经学之争，这为东汉古文经学的兴起埋下了伏笔。

第　四　章

董仲舒的春秋公羊学

　　董仲舒是西汉春秋公羊学最主要的代表，也是春秋公羊学发展史上最重要的人物。他通过对《公羊传》的新解释，建立起了适应君主专制需要的春秋公羊学理论。《公羊传》在列国征战的情况下，提出了希图以文王之正来一统的政治理想，董仲舒的春秋公羊学则是在中央集权已经实现的情形下，通过天子受命于天与王道永恒不变的论证，不仅为现存的大一统作出了哲学论证，更为重要的是为君主专制长治久安提供了一整套理论方略。同时，董仲舒通过对《春秋公羊传》的阐发，建立起了系统的春秋公羊学，并奠定了其后春秋公羊学发展的理论体系。

第一节　董仲舒的生平大略与《春秋繁露》

　　在《史记》与《汉书》中都有董仲舒的记载。这些记载有的简略，或相互参差，以至对董仲舒生平与著述的诸多问题今天还存在诸多异义。

一、生平大略

　　董仲舒，字宽夫①。董仲舒的故里，从《史记》以来历代均说是在广川。西汉的广川为诸侯国，包括现在山东的德州与河北衡水市的枣强、景

　　──────────

　　① 此据清代乾隆年间《钦定礼记义疏》一书中《引用姓氏》的说法。

县。这三个地方历史上都有关于董仲舒的纪念遗址，自古以来，三地都以董仲舒为故乡人。"故三邑皆祀董子，皆有董子故迹。其作志书，皆自以董子为乡人。德州斥景州之牵引，景州斥德州之附会，枣强又出而斥二州之影占。数百年来，喧如聚讼，迄今未有所归。"① 到现在，山东、河北这三地都以董仲舒为故乡人，而举办各种纪念董仲舒的活动。

西汉名广川的区划，除广川国外，还有广川县，广川县为广川国所辖十七县之一，见《汉书·地理志第八下》。班彪认为《史记》说董仲舒为广川人，是指广川县，而非广川国。② 西汉的广川县包括今天河北的景县、枣强县的部分地区，据此董仲舒的故里应该在河北景县或枣强县。而《春秋繁露·五行对》载，"河间献王问温城董君"，汉代温县在今河南省，属河内郡，似乎董仲舒的故里又在河南的温城。但钟肇鹏先生考证，认为古温城并不在河南，而是在河北景县内，汉代为广川修县之修市，温城为其古称。汉代广川的修县、修市皆在现在河北的景县，景县至今仍有温城乡，即沿袭古温城之名，③ 为景县古有温城的证明。郦道元的《水经注》在"浊漳水"条下的"衡漳"说："汉武帝元朔三年，封广川惠王子刘嘉为侯国。《地理风俗记》云：'修县西北八十里有蒲领乡，故县也。'""又东迳董仲舒庙南。仲舒，广川人也。"这是从水系来肯定修县、广川与董仲舒故里的联系。华东师范大学资源与环境学院石超艺先生在《明清时期漳河平原段的河道变迁及其与"引漳济运"的关系》④ 一文所列的地图中，也明确以景县为漳河水系的范围，而景县即修县。在《元史》中有两条材料可以互证这一点，一条说："景州广川镇，汉董仲舒之里也，河间尊福乡，博士毛苌旧居也，皆请建书院，设山长员。"⑤另一条说：吕思诚"泰定元年进士第，授同知辽州事，未赴。丁内艰。改景州蓨县尹……县多淫祠，动以百余计，刑牲以祭

① 纪昀等：《董子故里志六卷提要》，《四库全书总目》上册，中华书局1983年版，第541页。
② 《后汉书·班彪传》："若迁之著作，采获古今，贯穿经、传，至广博也。一人之精，文重思烦，故其书刊落不尽，尚有盈辞，多不齐一。若序司马相如，举郡县，著其字，至萧、曹、陈平之属，及董仲舒并时之人，不记其字，或县而不郡者，盖不暇也。"
③ 参见钟肇鹏：《春秋繁露校释》（校补本）上册，河北人民出版社2005年版，第693—694页。
④ 该文载《中国历史地理论丛》2006年第3期。
⑤ 宋濂：《列传第七十》，《元史》卷一百八十三，《四库全书》本，上海古籍出版社1987年版。

者无虚日，思诚悉命毁之，唯存江都相董仲舒祠"①。元代明确以修县、广川镇为景州所属，并都肯定为董仲舒的故乡，这些证据表明河北景县说较有理据。

董仲舒的生卒年更是异说纷纭。《史记》、《汉书》没有明确的说明，后人依据二书关于董仲舒的记载而作出各种判断。苏舆在《春秋繁露义证》所附的《董子年表》中，以文帝元年（前179年）为年表的开始，以董仲舒的卒年在太初元年（前104年）。尽管苏舆说得很清楚，董仲舒的生卒年月无可考，只能确定生于汉景帝之前，卒于汉武帝之时，但一般人都据此认为董仲舒的生卒年在公元前179年至公元前104年。杨树达的《汉书管窥》卷六以"董之卒年当在元狩五六年及元鼎三年间也"②，即公元前118—前114年之间；李威熊的《董仲舒与西汉学术》，"推断仲舒大概生于高后朝（前187—前180年）"，"死在武帝中晚期，即元狩五年与元鼎三年间"（公元前118—前114年）③；华友根先生的《董仲舒思想研究》第一章认为，董仲舒的生卒年大约在公元前190年至公元前115年，这些说法都以董仲舒的年龄在七十余岁。钟肇鹏先生在《董子生卒年考》中认为，董仲舒的生卒年在公元前194年至公元前114年，年龄在80岁左右；④ 王永祥先生的《董仲舒评传》认为，董仲舒的生年在公元前192年，卒年在公元前106年至前104年之间，年龄八十余岁。周桂钿先生的《董学探微》认为董仲舒的生年在公元前200至公元前198年，卒年在公元前107年以后，年龄有九十余岁。⑤ 美国康涅狄格学院桂思卓的博士论文 *From Chroni-cle to Canon*⑥ 第二章，也认为董仲舒年龄有九十余岁，将董仲舒的生卒年定在公元前196年至公元前105年。这些关于董仲舒年龄的说法之间相差二十来年，其中生年最早在公元前200年，最晚在公元前187年，相差13年；其卒年最早在公元前114年，最晚在公元前104年，相差10年，但都有一定的证据支持。在

① 宋濂：《列传第七十二》，《元史》卷一百八十五，《四库全书》本，上海古籍出版社1987年版。
② 杨树达：《汉书管窥》，科学出版社1955年版，第342页。
③ 李威熊：《董仲舒与西汉学术》，台北文史哲出版社1978年版，第2—3页。
④ 参见钟肇鹏：《春秋繁露校释》（校补本）下册，河北人民出版社2005年版，第1124页。
⑤ 参见周桂钿：《董学探微》第一章，北京师范大学出版社1989年版。
⑥ 此书已由剑桥大学出版社1996年出版，本章所用该书的成果，系西南大学周兵教授所翻译的内容，载德州经济开发区2009年出版的《董子研究》第一辑。

人生七十古来稀的古代，可以确定的是董仲舒是一位长寿的学者，他最重要的活动时间在汉武帝时。

董仲舒的大致事迹也还是清楚的。他在汉景帝时，就以治《公羊春秋》被立为博士，同为《公羊春秋》博士的还有胡毋生。司马迁称："言《春秋》于齐鲁自胡毋生，于赵自董仲舒。"①二人同朝为博士，可能胡毋生的年龄大于董仲舒。董仲舒曾著书称赞毋生。②唐人徐彦在《公羊传序》的疏中说："胡毋生本虽以《公羊》经、传传授董氏，犹自别作《条例》。"认为董仲舒与胡毋生之间有师生的授受关系，后来凌曙等人采其说，将董仲舒说成是胡毋生的弟子。但此说不可信。③徐彦之前无此说，《公羊传》疏引卫宏之说，胡毋生与"董仲舒皆见于图谶"；又引《孝经说》："子夏传于公羊氏，五世乃至胡毋生、董仲舒。"说明汉代的著述都以董仲舒与胡毋生为同一代之人，并无师生的授受关系。而且，从《史记·儒林列传》、《汉书·儒林传》中可见，董仲舒不仅是西汉最有成就的春秋公羊学大师，而且培养出一大批春秋公羊学者，武帝以后西汉春秋公羊学的名家皆出于董仲舒之门。今人徐复观先生在《中国经学史的基础》中认为，"汉代《公羊传》的传承统绪出于董仲舒而非胡毋"④，肯定董仲舒在两汉春秋公羊学中的宗师地位，这是符合两汉经学的实际的。春秋公羊学能够成为西汉经学的显学，并成为在中国思想文化史上极有影响的学说，首先应当归功于董仲舒。

董仲舒的春秋学师从何人而来，《史记》、《汉书》皆无明说。《汉书·儒林传》载，胡毋生"治《公羊春秋》，为景帝博士。与董仲舒同业，仲舒著书称其德"。有的论著就据此"同业"之说，说董仲舒也是公羊寿的弟子："公羊寿在汉代有两个著名的学生：一是胡毋生……一是董仲舒"⑤。这里的"同业"准确的解释应该是指董仲舒与胡毋生同治春秋公羊学，而不是说二

①　司马迁：《儒林列传第六十一》，《史记》卷一百二十一，《四库全书》本，上海古籍出版社 1987 年版。

②　后汉李固《祀胡毋先生教一首》，载有引董仲舒称赞胡毋生之说："胡毋子都贱为布衣，贫为匹夫，然而乐义好礼，正行至死，故天下尊其身而俗慕其声，甚可荣也。"（《文馆词林》卷 699，中华书局 2001 年版，第 466 页）。

③　关于这个问题，可参见徐复观《两汉思想史》第二卷，第 196 页；钟肇鹏：《董仲舒与胡毋生》，《河北学刊》2001 年第 5 期。

④　徐复观：《中国经学史的基础》，台湾学生书局 1990 年版，第 177 页。

⑤　周桂钿：《汉代公羊学传授考》，《史学史研究》1996 年第 2 期。

人一定同师，《史记》也没有董仲舒与胡毋生同为公羊寿弟子的记载，在没有其他证据支持的情况下，不能仅据《汉书》的"同业"，就认定董仲舒就是胡毋生的弟子。况且，《汉书》关于董仲舒的记载，时有误解《史记》之处，如被历代所相信的所谓董仲舒治学"三年不窥园"的佳话，就是误解《史记·儒林列传》"弟子传以久次相受业，或莫见其面盖三年"① 而来。② 若认定董仲舒与胡毋生同师，则《春秋繁露》所言《公羊》先师，与《公羊传》无一重合的现象，也无法解释。故董仲舒之学，非出自公羊寿，当出自秦末汉初一位佚名的公羊学大师。

董仲舒在汉武帝时的对策之后受到赏识，也因此而有著名的《天人三策》。③王充说："孝武之时，诏百官对策，董仲舒策文最善。"④而被拜为江都相。⑤ 几年后，董仲舒回到朝廷，在朝中任大夫，这期间坐说灾异差点被杀头，还发生了董仲舒与榖梁学者江公的争辩，这次争辩在丞相公孙弘的支持下，以春秋公羊学的胜利而告终。⑥ 后董钟舒遭到公孙弘的嫉妒，又被派往作胶西王之相，尽管胶西王很尊敬董仲舒，但董仲舒担心时间久而获罪，以病辞职。从此，董仲舒在京城过着退休的生活，但朝廷一有大事，汉武帝总要派使者前往咨询意见。

董仲舒是一位十分关注时政的思想家、政治家，但他不同于只知道一味迎合汉武帝的公孙弘。他对西汉的时政外交、豪强官僚的兼并、人民所遭受

---

① 《史记·儒林列传》："董仲舒，孝景时为博士，下帷讲诵，弟子传以久次相受业，或莫见其面盖三年。董仲舒不观于舍园，其精如此。"

② 详细的论说见徐仁甫：《董仲舒"三年不窥园"辨》，《文史杂志》1986 年第 2 期。

③ 关于《天人三策》是否是董仲舒的作品，孙景坛在《董仲舒的〈天人三策〉是班固的伪作》（《南京社会科学》2000 年第 10 期）一文中，提出异议，虽然未为学术界接受，但文中谈到《史记》无《天人三策》的只言片语等说，还是值得思考。

④ 王充：《论衡·佚文第六十一》，黄晖：《论衡校释》第三册，中华书局 1996 年版，第 863 页。

⑤ 关于此次对策的时间，至今众说纷纭，主要有四种不同的说法。据《史记·儒林列传》，在建元元年（前 140 年）；《汉书·武帝纪》则系于元光元年（前 134 年）；清人齐召南提出建元五年说（前 136 年），见《汉书考证》卷五十六；苏诚鉴在《董仲舒对策在元朔五年议》（《中国史研究》1984 年第 3 期）提出元朔五年说（前 124 年）。这些说法在时间上最长的相差 16 年之多，各有一定理由，也都有某些史料的支持，在历史上与当代也各有其支持者，但又都存在不能解答的疑难。在这四种说法外，李迎春提出元光五年（前 138 年）说，（《董仲舒上〈天人三策〉时间考》，《郑州航空工业管理学院学报》（社会科学版）2006 年第 25 卷第 2 期）。

⑥ 参见拙文：《汉代经学之争》，《孔子研究》1994 年第 4 期。

的严酷盘剥等都提出了批评，① 还提出诸多建设性的提议，其中不少得到汉武帝的采纳，史载"初令郡国举孝廉各一人，从董仲舒之言也"②，"武帝从董仲舒之言，始举贤良文学"③。尤其是董仲舒在《天人三策》中提出的"诸不在六艺之科孔子之术者，皆绝其道，勿使并进。邪辟之说灭息，然后统纪可一而法度可明，民知所从矣"④，对汉武帝实行罢黜百家、独尊儒术的思想一统起到了较大的影响。⑤ 这表明，董仲舒与后来那些只是以注释典籍为业的经学家是不同的，这也是董仲舒与何休的重大区别。所以，董仲舒可以成为具有历史影响的思想家，而何休只能成为一位著名的经学家。

二、著述与《春秋繁露》

董仲舒的著述，在《汉书·艺文志》的《春秋》类，有《公羊董仲舒治狱》十六篇；儒家类，有"《董仲舒》百二十三篇"；另外，《汉书》的《礼乐志》、《循吏列传》、《五行志》、《食货志》、《匈奴传》、《董仲舒传》等都保存有董仲舒的对策、上书等文献。《董仲舒传》说："仲舒所著，皆明经术之意，及上疏条教，凡百二十三篇。而说《春秋》事得失，《闻举》、《玉杯》、《蕃露》、《清明》、《竹林》之属，复数十篇，十余万言，皆传于后世。"

西汉所载董仲舒的著作主要有三：一是《公羊董仲舒治狱》，《汉书·艺文志》列在《春秋》类。此书是董仲舒依据《春秋》断狱的记载，其后的历代《艺文志》、《经籍志》或作《春秋决狱》、《春秋决事》，为十卷本，原文载有232事，《崇文总目》载此书已经阙失，《文献通考》仅存78事，⑥ 据

---

① 参见《汉书》的《礼乐志》、《食货志》、《匈奴传》等。《礼乐志》有董仲舒"立大学以教于国，设庠序以化于邑"的主张；《食货志》有董仲舒对"富者田连阡陌，贫者无立锥之地"的批评，及其"薄赋敛，省徭役，以宽民力"建议等。

② 司马光：《汉纪九·世宗孝武皇帝上之上》，《资治通鉴》卷十七，《四库全书》本，上海古籍出版社1987年版。

③ 魏徵：《经籍志二第二十八》《隋书》卷三十三，《四库全书》本，上海古籍出版社1987年版。

④ 班固：《董仲舒传第二十六》，《汉书》卷五十六，《四库全书》本，上海古籍出版社1987年版。

⑤ 无论董仲舒的对策是在立五经博士之前，还是之后。董仲舒的对策对汉武帝的罢黜百家、独尊儒术的思想一统的影响都是不可否认的，即使汉武帝的立五经博士在董仲舒的对策之前，汉武帝的举措是政策性的，需要理论的支持，董仲舒的对策则在理论上提供了思想一统的依据。

⑥ 王尧臣：《春秋类》，《崇文总目》卷一，《四库全书》本，上海古籍出版社1987年版。

学苑出版社 2003 年出版的《董仲舒集》的编辑者说现存仅八事，[①] 但其实只有六事。其中的"妻甲夫乙殴母。甲见乙殴母而杀乙。《公羊》说甲为姑讨夫，犹武王为天诛纣"[②]，此无疑为《公羊》说，但不一定如编辑者说就一定是《春秋决事》之文。另一条，董仲舒说上曰："《春秋》它穀不书，至于麦禾不成则书之，以此见圣人于五穀最重麦与禾也。"见于《汉书·食货志上》，是董仲舒上书的内容，这里丝毫没有涉及决狱的问题，所以不可以说成是《春秋决事》的佚文。据陈镇苏先生的考辨，今存仅九事。[③]

二是《董仲舒》一百二十三篇，即上疏条教的著述，包括《天人三策》、《灾异对》等，《汉书·艺文志》列在儒家类。《隋书·经籍志》有《董仲舒集》一卷，《宋史·艺文七》同，《新唐书·艺文四》作二卷，从《文献通考》卷二百三十所言《董仲舒集》一卷本，"惟录本传中三策，及古文苑所载《士不遇赋》、《诣公孙弘记室书》二篇而已"来看，《董仲舒集》实际上就是《汉书》说的《董仲舒》的一部分，但在流传中有遗失。

三是董仲舒说《春秋》事得失的数十篇，包括《闻举》、《玉杯》、《蕃露》、《清明》、《竹林》等，尽管没有提到董仲舒最重要的著作《春秋繁露》，但《玉杯》、《竹林》皆见于后来《春秋繁露》，所以，董仲舒说《春秋》事得失的数十篇，就是后来所说的《春秋繁露》，或至少是《春秋繁露》的部分原本，只是没有《春秋繁露》的名称。在二十五史中，《春秋繁露》最早见于《隋书·经籍志》，后来历代正史的《经籍志》、《艺文志》与目录著述皆有记载，一般都为十七卷本。但《西京杂记》[④] 卷二，已有"董仲舒梦蛟

---

① 学苑出版社 2003 年出版的袁长江主编的《董仲舒集》，不明《董仲舒公羊治狱》与《春秋决事》本为一书，而误作两书，以至在搜集董仲舒遗文时，竟于《董仲舒公羊治狱》收有六事，《春秋决事》收有八事，而其中重复的竟有六事。

② 《礼记·檀弓》孔颖达《正义》引《公羊》说。且在这之后有郑玄的驳议："乙虽不孝，但殴之耳，杀之大甚，凡在官者未得杀之，杀之者士师也。"郑玄的驳议也只作《公羊》说，而没有说是董仲舒决狱的案例，而郑玄驳《公羊》说，是与何休的争论有关，并不与董仲舒有联系。

③ 参见陈苏镇：《汉代政治与春秋学》，中国广播电视出版社 2001 年版，第 256 页。

④ 关于《西京杂记》的作者，《隋书·经籍志》著录 2 卷，无著撰者。《旧唐书·经籍志》始题葛洪作，《郡斋读书志》载，江左人或以为吴均依托为之。《四库全书总目》列入小说家杂事类，兼题刘歆、葛洪二人姓名。现代学者多认为是葛洪依托之作，也有人认为是刘歆之作。其书存有西汉故事，不排除有刘歆的著述可能。《汉书·艺文志》本于刘歆，《西京杂记》已有《春秋繁露》之名，但《艺文志》却没有《春秋繁露》的记载，所以，最后编定成书当在六朝时。

龙入怀，乃作《春秋繁露》词"之说。说明至少在六朝时，已有《春秋繁露》一书的存在。但此书自宋代程大昌①以来，陈振孙、朱熹、程端学、黄云眉等人皆疑其非本真，② 如《少室山房笔丛正集》卷十二所说："自宋以来读者咸以为疑，而莫能定其真伪。"而多数学者认为《春秋繁露》虽然出于六朝人的编纂，有的篇章不一定是董仲舒的著述，但绝大多数的篇章是合于董仲舒的思想的，可以认定为董仲舒的著作。③ 正如《四库全书总目》关于该书的提要所说："其书发挥《春秋》之旨，多主《春秋公羊》，而往往及阴阳五行。考仲舒《本传》,《蕃露》、《玉杯》、《竹林》皆所著书名，而今本《玉杯》、《竹林》乃在此书之中，故《崇文总目》颇疑之，而程大昌攻之尤力，今观其文，虽未必全出仲舒，然中多根极理要之言，非后人所能依托也。"④从《春秋繁露》的内容看，应该说绝大多数篇章是合于董仲舒的思想的，不能否认董仲舒的著作权。

关于《春秋繁露》的得名，《崇文总目》说："按《逸周书·王会解》：'天子南面，立绖无⑤繁露。'注云：'冕之所垂也。'有联贯之象，《春秋》属辞比事，仲舒立名或取诸此。"王应麟在《汉制考》卷二，引《周礼》"大司乐成均"疏："董仲舒作《春秋繁露》，繁，多；露，润，为《春秋》作义，润益处多。"这两种解释一从物象、一从字义上来解释"繁露"之义，以说明此书是对《春秋》之义的发明。但徐复观先生认为，《春秋繁露》的得名是编定者以《春秋》概括第一部的内容，以《繁露》概括第二部分的内容，并认为"《繁露》一词，乃指董氏所作的许多篇章的内容，实即帝王

① 程大昌说：《春秋繁露》"辞意浅薄，间掇取董仲舒策语，杂置其中，辄不相伦比，臣固疑非董氏本书矣。"（转引自《春秋繁露义证》,第500页）

② 历代学者对《春秋繁露》评说的相关内容，可参看朱彝尊的《经义考》卷一百七十一，及其钟肇鹏的《春秋繁露》（校补本）下册附录的《董仲舒著作著录》一文。

③ 对程大昌、黄震等人以《春秋繁露》为伪书，否认董仲舒所作的批评，可参见徐复观《两汉思想史》第二卷，《董仲舒春秋繁露研究》的 "《春秋繁露》的真伪问题"，及其钟肇鹏的《春秋繁露》（校补本）下册的附录七 "《春秋繁露》考辨"。而关于《春秋繁露》真伪的争论在海外也有发生，美国康涅狄格学院桂思卓的博士论文 From Chronicle to Canon 第二章，就有对《春秋繁露》真伪的评说；北海道大学的关村博道有日本关于《春秋繁露》真伪争论的评析，见《日本学者关于〈春秋繁露〉的论争评析》（《西南民族大学学报》2009年第1期）。

④ 纪昀等：《四库全书总目》，中华书局1983年版，第244页。

⑤ 据徐复观此字疑为 "而" 之误。（《两汉思想史》第二卷，第192页）

之术，故即以‘繁露’为象征"①。此说有分裂《春秋》与《繁露》的联系之嫌，且徐复观先生是以《春秋繁露》第二部分为天的哲学部分，而非帝王之术。②编定者也未必有徐复观先生所说的将其书划分为《春秋》学、天的哲学、关于礼制的杂文三部分的现代观念。

自汉代到《春秋繁露》编定以前，人们无不以董仲舒为孔子圣人之道的正宗传人：

> 孔子将死，遗谶书……又曰："董仲舒乱我书。"③其后，江都相董仲舒，论思《春秋》，造著传记。④

> 永平中，钟离意为鲁相，到官，出私钱万三千文，付户曹孔䜣治夫子车，身入庙，拭几席剑履……孔子寝堂床首，有悬瓮。意召孔䜣问："何等瓮也？"……对曰："夫子瓮也，背有丹书，人勿敢发也。"意曰："夫子圣人，所以遗瓮，欲以悬示后贤耳。"发之，中得素书，文曰："后世修吾书，董仲舒。"⑤

---

① 徐复观：《两汉思想史》第二卷，华东师范大学出版社 2001 年版，第 191 页。

② 参见徐复观：《两汉思想史》第二卷，华东师范大学出版社 2001 年版，第 191—192 页。

③ 在东汉，对"乱"的解释有三种不同的观念。王充在《论衡·案书篇》中说："谶书云'董仲舒乱我书'，盖孔子言也。读之者或为乱我书者，烦乱孔子之书也，或以为乱者，理也，理孔子之书也。共一'乱'字，理之与乱，相去甚远。然而读者用心不同，不省本实，故说误也。夫言烦乱孔子之书，才高之语也。其言理孔子之书，亦知奇之言也。出入圣人之门，乱理孔子之书，子长、子云无此言焉。世俗用心不实，省事失情，二语不定，转侧不安。案仲舒之书不违儒家，不反孔子，其言'烦乱孔子之书者'，非也。孔子之书不乱，其言理孔子之书者，亦非也。孔子曰'师挚之始，《关雎》之乱，洋洋乎盈耳哉！'乱者，终孔子言也。孔子生周，始其本；仲舒在汉终其末。班叔皮续太史公书，盖其义也。赋颂篇下其有'乱曰'章，盖其类也。孔子终论，定于仲舒之言。"东汉社会对董仲舒乱我书的解释有两种对立的看法，一种是以治训乱，认为董仲舒是整理、治理孔子之书的人，这是今文经学的流行说法；另一种是训乱为混乱之乱，而以董仲舒对《春秋》的解说是对孔子的曲解，徐复观亦采此说，他认为董仲舒乱我书的谶语"殆出于某一经生痛仲舒对《春秋》之曲说"（《两汉思想史》第二卷，第 221 页）。王充则认为这两种解释都是不正确的，应该以终训乱，是说孔子终论定于董仲舒。

④ 王充：《实知篇第七十八》，《论衡》卷二十六。《案书篇第八十三》也有"谶书云：董仲舒乱我书"之语。

⑤ 郦道元：《泗水·西南过鲁县北》注，《水经注》卷二十五，《四库全书》本，上海古籍出版社 1987 年版。

谶书、素书皆谶纬之属。从西汉末年谶纬关于董仲舒理孔子之书①的预言，到东汉诸多董仲舒治孔子之书，及其六朝人关于董仲舒梦蛟龙入怀的各种神话，都表明社会上流行着这样一种观念：董仲舒与孔子是一脉相传，落实处则在董仲舒的春秋公羊学。经过西汉人以阴阳五行说《春秋》之后，六朝人自然会将董仲舒关于阴阳五行的论说，也视为春秋公羊学的内容。所以，编定者要将董仲舒论《春秋》与阴阳五行的内容都纳入其书，并将其书命名为《春秋繁露》。由此也不难理解编定者以《春秋繁露》作为书名，不过是以其书的内容都是对春秋公羊学的发明而已，但并没有所谓春秋学、天的哲学的区分观念。这部书不仅是研究董仲舒的春秋公羊学，也是研究西汉春秋公羊学最重要的著作。皮锡瑞说："汉人之解说《春秋》者，无有古于是书，而广大精微，比伏生《大传》、《韩诗外传》尤为切要。"②苏舆称："西汉大师说经，此为第一书矣。"③这是对《春秋繁露》的公允评说。

用今天的分析眼光来看，确如徐复观先生所说《春秋繁露》并不全都是关于《春秋》的论说。《四库全书总目》也说："其《书》发挥《春秋》之旨，多主《春秋公羊》，而往往及阴阳五行……虽颇本《春秋》以立论，而无关经义者多，实《尚书大传》、《诗外传》之类。"④并因此而改变其书向来列于经解的惯例，将其置于《春秋》经解的附录中。历代治《春秋繁露》的学者多认为其中春秋学的部分，主要包括从"《楚庄王》第一"到"《俞

①　王充是反对此说的，他认为这是谶纬的神怪之言，与亡秦者胡，秦始皇颠倒我衣裳等谶语，皆系不可信的后人附会："原此以论，孔子见始皇、仲舒，或时但言'将有观我之宅'、'乱我之书'者，后人见始皇入其宅，仲舒读其书，则增益其辞，著其主名。如孔子神而空见始皇、仲舒，则其自为殷后子氏之世，亦当默而知之，无为吹律以自定也。孔子不吹律，不能立其姓，及其见始皇，睹仲舒，亦复以吹律之类矣。案始皇本事，始皇不至鲁，安得上孔子之堂，踞孔子之床，颠倒孔子之衣裳乎？始皇三十七年十月癸丑出游，至云梦，望祀虞舜于九嶷。浮江下，观藉柯，度梅渚，过丹阳，至钱唐，临浙江，涛恶，乃西百二十里，从陕中度，上会稽，祭大禹，立石刊颂，望于南海。还过，从江乘，旁海上，北至琅邪。自琅邪北至劳、成山，因至之罘，遂并海，西至平原津而病，崩于沙丘平台。既不至鲁，谶记何见，而云始皇至鲁？至鲁未可知，其言孔子曰'不知何一男子'之言，亦未可用。'不知何一男子'之言不可用，则言'董仲舒乱我书'亦复不可信也。"（《论衡·实知第六十一》）

②　皮锡瑞：《经学通论论》卷四，中华书局1982年版，第5页。

③　苏舆：《春秋繁露义证例言》，《春秋繁露义证》，中华书局1996年版，第2页。

④　纪昀：《四库全书总目》，中华书局1983年版，第244页。

序》第十七"的前 17 篇。魏源在《董子春秋发微》中，认为应该包括从《蕃露》①到《十指》的 25 篇②；徐复观先生则认为，在 17 篇之外，还应加上《三代改制质文》、《爵国》、《仁义法》、《必仁且智》、《观德》、《奉本》6 篇，共计有 23 篇专言《春秋》大义③；邓红先生的《董仲舒的春秋公羊学》在详细搜罗《春秋繁露》中关于论说《春秋》的条目后④，认为还应该加上《深察名号第三十五》、《顺命第七十》，共计 25 篇。⑤ 除此以外，《天人三策》等也是研究董仲舒的春秋公羊学不可忽略的文献。而在引用《春秋繁露》的相关篇章时，我们一定要考虑到其书的错简、残缺等情况，钟肇鹏先生的《春秋繁露》校补本可以在这方面提供迄今最有价值的参考。

《春秋繁露》虽然是解释《春秋公羊传》之书，但与后来注疏性质的经学著作不同，它不是用章句的形式来逐条解说经文，而是有选择地采取其中相关内容，来作为董仲舒春秋公羊学理论的养分。相对于注疏性质的著述，此书具有更大的理论灵活性，最便于义理的发挥。这是此书的优点。董仲舒能够建立起较为系统的春秋公羊学理论，与《春秋繁露》的这一优点有着密切的联系，但也容易导致脱离经典文本，发生牵强附会的情况。

第二节　《春秋》为素王所立新王之道

春秋公羊学在其发展史上的变化，常常是从对孔子的新解释入手的。对孔子的不同解释，春秋公羊学的内容也随之而发生变化，由此而形成了不同

---

①　今本《春秋繁露》无《繁露》的篇目。魏源以为，《繁露》为董仲舒言说《春秋》的首篇，后人不察，误将楚庄王一章移于《繁露》篇首，而将本为篇名的《繁露》改为书名，同时，误以《楚庄王》为首篇（《魏源集》上册，中华书局 1976 年版，第 135 页）。魏源此说是根据其师刘逢禄发明的《春秋公羊传》义例以"三科九旨"为宗，而对《春秋繁露》篇章的说明，并不一定符合董仲舒的本意。

②　参见《魏源集》上册，中华书局 1976 年版，第 135—136 页。而魏源关于董仲舒《春秋》学 25 篇的分析，也是依刘逢禄之说而作出的，故其次序、篇名与今本多不相合。魏源所列董仲舒《春秋》学 25 篇是：《繁露》、《俞序》、《奉本》、《三代改制质文》、《爵国》、《符瑞》、《仁义》、《王道》、《顺命》、《观德》、《玉杯》、《玉英》、《精华》、《竹林》、《灭国》、《随本消息》、《度制》、《郊议》、《二端》、《天地阴阳》、《五行相胜》、《阳尊阴卑》、《正贯》、《十指》。

③　徐复观：《两汉思想史》第二卷，华东师范大学出版社 2001 年版，第 191 页。

④　据邓红的《董仲舒的春秋公羊学》统计，《春秋繁露》共计引用《春秋》经、传有 331 条事例和史实。见该书第 4 页。

⑤　邓红：《董仲舒的春秋公羊学》，中国工人出版社 2001 年版，第 5 页。

时期的春秋公羊学。董仲舒春秋公羊学的出发点，是将孔子神化为受命于天的素王，将《春秋》说成是孔子的改制之作，并以此为基础，从《春秋》中发明出一套带有神秘色彩的春秋公羊学理论。

一、孔子素王说

据《史记·殷本纪》，素王之说最早出于商汤时："伊尹处士，汤使人聘迎之，五反然后肯往从汤，言素王及九主之事。"《索引》注："素王者，太素上皇，其道质素，故称素王。"伊尹所谓素王是指太古以质补之道治民的皇帝。其后，《庄子·天道篇》亦有素王之说："夫虚静恬淡，寂寞无为者，万物之本也。明此以南乡，尧之为君也；明此以北面，舜之为臣也。以此处上，帝王天子之德也；以此处下，玄圣素王之道也。"叶德辉的《庄子集释》引成玄英注："有其道而无其爵者，所谓玄圣素王，自贵者也，即老君、尼父是也。"似乎庄子已有以孔子为素王之意。但成玄英之注，并不符合庄子的本意。庄子是以守虚静恬淡、寂寞无为之道，无帝王爵位的人为素王，孔子的思想是以仁为中心，所以，庄子并无以孔子为素王之意。从伊尹的质素、《庄子》的恬淡无为言素王来看，素王一词最早当为道家之言，非儒家之说却是可以肯定的。

素王之说在西汉开始变为儒家的人格观念。司马迁在《史记·秦本纪》中引贾谊的《过秦论》就有素王之说："诸侯起于匹夫，以利合，非有素王之行也，其交未亲，其下未附，名为亡秦，其实利之也。"从批判"以利合"即"非素王之行"，此素王指不以利为务的仁义君主或仁义之士，已经是以儒家的标准来作为素王的判定标准。但贾谊还没有以孔子为素王的观念。孔子素王说最早见于汉武帝时的《淮南子·主术训》："孔子之通，智过于苌宏，勇服于孟贲，足蹑郊菟，力招城关，能亦多矣。然而勇力不闻，伎巧不知，专行孝道，以成素王，事亦鲜矣。《春秋》二百四十二年，亡国五十二，弑君三十六，采善钮丑，以成王道，论亦博矣。"从此段话的内容看，一定是一位治《春秋》的学者所写，就西汉通行的是春秋公羊学，尊孔子为素王之说，应该是出于春秋公羊学。

但《公羊传》将孔子视为受命于天的圣人，没有孔子为素王之说。在春秋公羊学发展史上，有明确史料可以证明第一个将孔子说成是素王的人不是别人，就是董仲舒。① 他在《天人三策》中说：

> 孔子作《春秋》，先正王而系万事，见素王之文焉。②

这里的素王含义，董仲舒并没有进一步说明。但根据后来经学界的解释，是说孔子受命于天，虽有天子之德，却无天子之位，故称素王。这比较合符董仲舒的思想。从董仲舒在汉景帝时已经是《春秋公羊传》的博士，由《淮南子》成书在汉武帝时来推测，《淮南子》的孔子素王说应该源于董仲舒。董仲舒弟子百余人，《淮南子》的孔子素王说，可能出自这百余弟子中的一位，尤其是用王道说《春秋》，这正是董仲舒言《春秋》的特征。

董仲舒的《春秋》为素王之文，与孟子说《春秋》为"天子之事"有相通之处，但又有所不同，孟子没有直接以孔子为素王，董仲舒则直接称孔子为素王。不以孔子为素王，《春秋》的天子之事，就缺乏理论的依据，且有僭越之嫌。自董仲舒首次提出孔子素王说后，孔子有了王的身份，孟子的《春秋》天子之事，才得到圆满的说明。孔子也不再只是伦理的圣人人格，同时也是政治的君主人格，从政治方面借解释以发挥所谓孔子的思想，也才有了依据。

---

① 历史上也有人不以孔子素王说出于董仲舒的说法。如宋代叶梦得的《春秋考》卷十四说："《春秋公羊》素王之论……盖起于《家语》齐大史子余美孔子云：'天其素王之乎？'儒者因之，遂以孔子为素王，而以左丘明为素臣。盖虽杜预犹知其非也。《春秋公羊》妖妄，本不至于是。然作俑之始，实有以开其端。"清代的张尚瑗在《三传折诸》的《左传折诸》卷首上，引宋代家玄翁之语，也有此说："齐太史子余曰：'天其以夫子为素王乎？'盖言无其位而托王法，以行其诛赏也。后人因谓仲尼为素王，丘明为素臣，以其能辅翼圣经垂之来世耳。"可见，以孔子素王说出于齐太史子余之说，在宋代非一人之论，而其源则出自《孔子家语》卷九："齐太史子与适鲁，见孔子。孔子与之言道，子与悦曰：'吾鄙人也，闻子之名不觊子之形久矣，而未知宝贵也。乃今而后知泰山之为高，渊海为大。惜乎！夫子之不逢明王，道德不加于民，而将垂宝以贻后世。'遂退，而谓南宫敬叔曰：'今孔子先圣之嗣自弗父何以来，世有德让，天所祚也。成汤以武德王天下，其配在文，殷宗已下，未始有也。孔子生于衰周，先王典籍错乱无纪，而乃论百家之遗记，考正其义，祖述尧、舜，宪章文武，删《诗》述《书》，定《礼》理《乐》，制作《春秋》，赞明《易》道，垂训后嗣以为法式，其文德著矣。然凡所教海束修已上三千余人，或者天将欲与素王之乎？夫何其盛也。'"《家语》虽然在《汉书》中有著录，但今所存非七十子之书，而是王肃之作。齐太史的语言也非春秋时人之语，说孔子修六经绝非春秋时人的说法。所以，将孔子素王说出于齐国太史子余之说是不可信的，若齐太史已有其说，作为齐学的《公羊传》中不可能没有反映。叶梦得、家玄翁采以为说，更不可信。

② 班固：《董仲舒传第二十六》，《汉书》卷五十六，《四库全书》本，上海古籍出版社1987年版。

董仲舒的素王说，与庄子、贾谊的素王说不同，带有十分浓厚的天命论神秘主义。他在解释西狩获麟时说：

> 有非力之所能致而自至者，西狩获麟，受命之符是也。①

尽管《公羊传》论西狩获麟，已经有孔子受命于天的含义，但还没有明确将西狩获麟说成是孔子受命之瑞，同时存在以西狩获麟为记异的相互矛盾。董仲舒没有采纳《公羊传》的记异之说，而只取受命于天的含义，并首次明确地讲出西狩获麟就是孔子受命之瑞。这就消除了《公羊传》吉凶并、瑞灾同的矛盾。通过发挥性的解释，消除已有理论中的矛盾，将其没有明确的思想逐渐明确起来，是每一种理论发展的重要方式。

孔子素王说的提出，使孔子成为具有天命承担者与无冕之王的双重身份，由此也提升了孔子著《春秋》的重大意义。《春秋》也成为天命与君主治道完美的体现。这就给人们从《春秋》去发明所谓微言大义，提供了理论支撑。所以，自董仲舒此说一出，谶纬就以此作为神化孔子的最重要观念，在《论语纬》的《摘辅像》、《春秋纬》的《演孔图》等著述中，都有不少神化孔子的神怪之说，以证明孔子是受命于天的素王。其后的春秋公羊学家言春秋公羊学，更是以孔子素王说作为其出发点，即使是治《左传》的经学家，也相信孔子素王说，如贾逵的《春秋序》说："孔子览史记，就是非之说，立素王之法。"综合今古文经学的郑玄在《六艺论》说："孔子既西狩获麟，自号素王，为后世受命之君，制明王之法。"卢植的孙子卢钦也说："先儒皆言孔子立素王也。"②

但是，董仲舒以西狩获麟作为孔子为王的论说，确如徐复观先生所说，是"诬诞之谈"③，在理论上并无可取之处。此说也成为春秋公羊学多荒诞之论的根源，历史上春秋公羊学的各种奇谈怪论，无不与西狩获麟的孔子素

---

① 董仲舒：《符瑞第十六》，《春秋繁露》卷六，钟肇鹏：《春秋繁露校释》（校补本）上册，河北人民出版社 2005 年版，第 352 页。

② 以上引文均转引自魏了翁：《春秋左传要义》卷首，《四库全书》本，上海古籍出版社 1987 年版。

③ 徐复观：《两汉思想史》第二卷，华东师范大学出版社 2001 年版，第 214 页。

王说有密切的联系。所以，此说在历史上也遭到许多人的批评，如杜预在《春秋左传序》中就说："仲尼素王，丘明素臣，又非通论也。"叶梦得的《春秋公羊传谳》也数次指斥孔子素王说为"妖妄"之言。但是，不可否认的是以西狩获麟为论据的孔子素王说，对春秋公羊学与整个经学发展的影响都是十分深远的。这是董仲舒对春秋公羊学发展作出的重大理论贡献。有了孔子素王说，《春秋》改制、《春秋》为新王等说，才会顺理成章地推出，后来各种神化孔子的学说也才得以发展出来。

二、《春秋》为改制之作

与孔子素王说直接相联系的，是董仲舒的《春秋》为孔子改制之作。此说自董仲舒提出后，就成为春秋公羊学的最重要的内容之一。冯友兰先生说"春秋公羊学的基本精神是'改制'"①，这是对西汉的春秋公羊学的准确把握。而改制说的创立者就是董仲舒，在董仲舒的春秋公羊学中较之尊王的大一统等说，改制说具有更为重要的意义。大一统是《公羊传》已经提出的观念，而改制说则是董仲舒的首创；大一统固然反映了历史发展趋势，而改制说则为大一统的长治久安提供了制度的保障。所以，讲董仲舒的春秋公羊学应该首重改制说的讨论。

（一）《春秋》改制说

《公羊传》并没有《春秋》改制之说，此说的发明权无疑也应该归功于董仲舒。董仲舒在以西狩获麟为孔子受命之符后，接着说：

> 然后托乎《春秋》正不正之间，而明改制之义，一统乎天子，而加忧于天下之忧也，务除天下所患，而欲以上通五帝，下极三王，以通百王之道，而随天之终始，博得失之效，而考命象之为，极理以尽情性之宜，则天容遂矣。②

这是春秋公羊学发展史上第一次明确地以《春秋》为改制之作的说法。照

---

① 冯友兰：《中国哲学史新编》中册，人民出版社2001年版，第100页。
② 董仲舒：《符瑞第十六》，《春秋繁露》卷六，钟肇鹏：《春秋繁露校释》（校补本）上册，河北人民出版社2005年版，第352页。

此而论，孔子著《春秋》就不是一般意义上的著书立说，而是受命改制，是天意的体现。这种上升到天意的高度的论说，使《春秋》带有体现天意的神圣性，成为了人类社会的百科全书，具有贯通百王之道，与天地相始终，使天下皆归于正，让人明得失，尽性穷命，消除人类一切忧患的永恒价值。这是自孟子以后对《春秋》的最高称颂。改制是政治问题，以《春秋》为改制之作，表明了董仲舒对《春秋》的解释主要是从政治方面来立论的。

改制一词，在五经中均未言及。只是在《易经》、《革卦》的象辞中有含义较为相近的革命说："天地革而四时成，汤、武革命，顺乎天而应乎人。"《周易正义》疏以改制训革命："此卦明改制革命，故名革也。"但改制与革命的含义并不完全相同。革命是相对于旧王朝而言，是革统治者、旧王朝的命，是破；改制是从新王朝立论，是在破除旧制度的基础上建立新制度，是立。不破不立，破立相辅相成，构成历史变革的两个方面。最早出现的是革命一说，见于《周易》，是对历史上汤、武革命的肯定。自春秋以来，随着周天子权威的失落，要不要进行社会变革已经作为一个历史课题提了出来。但在较长一段时间里，人们认为"周德虽衰，天命未改"①，还带有对周王朝的某种幻想，《公羊传》虽然有对齐桓、晋文的某种肯定，与对周礼某些内容的改变，也还没有革命之说。孟子开始肯定汤、武革命，他在与齐宣王讨论诛弑时有一段对话：

> 齐宣王问曰："汤放桀，武王伐纣，有诸？"孟子对曰："于传有之。"曰："臣弑其君，可乎？"曰："贼仁者谓之'贼'，贼义者谓之'残'。残贼之人，谓之'一夫'。闻诛一夫纣矣，未闻弑君也。"②

孟子以汤、武讨伐桀、纣是诛杀一夫，而非弑君，这种对汤、武革命的称赞，包含着对革命的高度肯定。儒家言说汤、武革命，绝不是发思古之幽情，而是借古人以言现实，是要求现实变革的理论表现。革命说是先秦儒家最有价值的政治理念与历史观念，这一思想在儒家的齐学中被保存与发扬，

---

① 阮元刻：《十三经注疏》下册，中华书局1982年版，第1868页。
② 杨伯峻：《孟子译注·梁惠王下》上册，中华书局1986年版，第42页。

汉景帝时，《齐诗》博士辕固生讲汤、武革命就是其表现。

　　尽管改制、革命都有关社会变革，但二者的意义又有所不同。由于革命强调的是破，而对已经取得政权的王朝来说，最需要的不再是破，而是立，要在改变旧制度的基础上，如何建立新制度的问题。所以，革命说与改制说实际上是两个不同的时代课题，革命说是推翻旧政权的理论，改制说是建立新政权的课题。董仲舒讲改制，而不讲革命，是时代关注的政治课题变化的反映。从二者的性质论，革命说是革在位君主的命，是为不在位者推翻当政者所制造的理论，肯定了人臣或人民造反的合理性，造反必有战争等暴力，因此，革命说带有肯定暴力手段的意义；而改制说是对旧王朝制度的改变，也就是新制度的建立，不涉及革命说的战争暴力。所以，在位的君主可以欢迎讲改制，但却很难容忍革命之说。这一理论内涵决定了革命之说已经不适合西汉王朝的政治需要了。汉景帝不准讲汤、武革命，原因实在于此。

　　董仲舒有见于此，而首倡改制之义。董仲舒讲改制，说得十分清楚，改制的实行必须"一统乎天子"，也就是将一切政治权利归于君主，这就否认了其他人的改制权，这是改制说与革命说最重要的不同。革命说主张人人皆有推翻暴君的政治权利，改制说则承认君主一人的特权，将社会变革的政治权利交给在位的君主，在君主之外，任何人都没有权利谈改制，这就取消了卑者、不在位者改变现实的权利，这是一种明显为君主集权作论证的理论，也是董仲舒改制说的要义所在，它为君主专制的长治久安提供了最有价值的经学理论。但只有天子才可以言改制，与董仲舒的孔子改制说是不协调的，因为孔子虽然有天子之德，却无天子之位。所以，《中庸》说："非天子，不议礼，不制度，不考文……虽有其位，苟无其德，不敢作礼乐焉；虽有其德，苟无其位，亦不敢作礼乐焉。"[1]这段话明显是对董仲舒承认孔子有改制之实的修正，同时，也是对董仲舒改制"一统乎天子"的进一步强化。由此，似乎可以推测《中庸》的最后成书当在董仲舒之后。

　　革命说重视的是变，董仲舒的改制说虽然承认有三统循环之类的变化，但更强调变中有不变的道，并将其不变的道视为永恒的内容，这是革命说与改制说在理论上的另一重大不同。董仲舒说：

---

　　① 阮元刻：《十三经注疏》下册，中华书局1982年版，第1643页。

今所谓新王必改制者，非改其道，非变其理，受命于天，易姓更王，非继前王而王也，若一因前制，修故业，而无有所改，是与继前王而王者无以别。受命之君，天之所大显也；事父者承意，事君者仪志，事天亦然；今天大显已，物袭所代而率与同，则不显不明，非天志，故必徙居处，更称号，改正朔，易服色者，无他焉，不敢不顺天志，而明自显也。若夫大纲，人伦道理，政治教化，习俗文义尽如故，亦何改哉！故王者有改制之名，无易道之实。①

新王是受命之君，非继前王之君，为了表示与前一王朝的不同，新王必须通过改制来表示自己与前朝的区别，以表明自己的受命于天。但改制不是完全去除前朝的一切，而只是变更居处、称号、正朔、服色等，至于人伦大纲、政治教化等都没有变化，所以，改制并不意味道、理的改变。也就是说，无论历史朝代如何改变，其中都有一个永恒不变的道、理在其中。董仲舒此说即后来道统说的滥觞。而道之所以不变，在于天的不变，这就是《天人三策》所说"道之大原出于天，天不变，道亦不变"②。值得注意的是董仲舒所说的道有两种，一种是"万世无弊"的道，是永恒不变的；一种是"必有偏而不起之处"的"先王之道"，是有损益的，会随着时间的推移而出现弊端，这就需要"救弊之政"，这就是"继乱世者其道变"③。而董仲舒所说的永恒不变的道或理就其内容而言，不过是儒学所讲的以尊尊、亲亲为主要内容的政治伦理原则，而以王道为其统领。杨向奎先生在《汉武帝与董仲舒》一文中评价董仲舒的这一改制说时指出："所谓改制只是一种表示……只是一种形式上的变更，丝毫无补于实际"，是"不同于《公羊传》的改制，他的改制主张比法家的变法倒退了一大步"。④的确，董仲舒的改制说只讲形式上的改变，并没有实质的改变，但绝不能说就不同于《公羊传》，因为《公羊传》中并没有改制的观念；更不能说比较法家而言是退步，至少从现

---

① 董仲舒：《楚庄王第一》，《春秋繁露》卷一，钟肇鹏：《春秋繁露校释》（校补本）上册，河北人民出版社 2005 年版，第 29 页。

② 班固：《董仲舒传第二十六》，《汉书》卷五十六，《四库全书》本，上海古籍出版社 1987 年版。

③ 以上引文均见班固：《董仲舒传第二十六》，《汉书》卷五十六，《四库全书》本，上海古籍出版社 1987 年版。

④ 杨向奎：《译史斋学术文集》，上海人民出版社 1983 年版，第 110 页。

实政治的实践来说，改制说主张"天不变，道亦不变"是有历史意义的。历史发展有两种形式，一是剧烈的革命变动，这种变动往往与战乱暴力相联系，所谓"汤、武革命，杀伐是用"①；一是没有剧烈变动的渐进变化，如尧、舜的禅让，采取的是和平方式。无论是哪一种方式，都包含着历史的继承与变革的两个方面，但革命方式与杀伐有更多的联系，重视的是变革，禅让的和平方式更强调历史继承的一面。一味讲革命，不合于社会平稳发展的需要，董仲舒用改制说来替代革命说，强调改制只是正朔、服色的改变，而道则永恒不变，就是重视历史发展的继承一面，继承既包括对不变的道即政治伦常的继承，也包括对文化、文明的继承。但改制说也不同于禅让说，它回避了政权交替的问题，而只是关注新政权的建立问题。所以，董仲舒的改制说关注的不是政权的交替，而是新政权的建设及其对历史的继承一面。

相对而言，虽然革命说能够为新王朝提供理论的支持，西汉王朝在建立之初也很需要合理性、合法性的理论论证，而大讲汉高祖的"革命创制"②，但在政权已经巩固的汉景帝时就不喜欢革命之说了。在汉景帝后，革命说成为被冷落的理论，除齐诗学、《诗纬》在解释《诗经》时有革命之说，与人们引用《易经》原有"汤、武革命"的话之外，几乎看不到在谈论历史与讨论现实政治时有过革命之说，而都是以改制说来表示王朝的兴替，如说"文王改制"③、"三代改制"④ 等；或是以改制为当代君主实行的改革，如讲汉武帝"太初改制"⑤、"元帝改制"⑥。以至汉哀帝时，还出现过一场由方士甘忠可与儒生李寻共同导演的改制闹剧，"以建平二年为太初元年，号

①　魏收：《严棱　毛修之　唐和　刘休宾　房法寿第三十一》，《魏书》卷四十三，《四库全书》本，上海古籍出版社 1987 年版。

②　班固：《叙传第七十下》，《汉书》卷一百下，《四库全书》本，上海古籍出版社 1987 年版。

③　班固：《司马相如传第二十七下》，《汉书》卷五十七下，《四库全书》本，上海古籍出版社 1987 年版。

④　班固：《公孙弘卜式儿宽传第二十八》，《汉书》卷五十八，《四库全书》本，上海古籍出版社 1987 年版。

⑤　班固：《郊祀志第五下》，《汉书》卷二十五下，《四库全书》本，上海古籍出版社 1987 年版。

⑥　班固：《韦贤传第四十三》，《汉书》卷七十三，《四库全书》本，上海古籍出版社 1987 年版。

曰陈圣刘太平皇帝"①。由儒家的革命说变化为经学的改制说，是中国思想的一个重大历史变化，这一变化是适应君主专制政治需要的理论表现，董仲舒是关键性的人物。

董仲舒之学属于齐学。在齐学的诗学中，是有革命之说，汉景帝时与黄生辩论汤、武革命的是《齐诗》学者辕固生，绝不是偶然的。董仲舒虽然不以《齐诗》学者的身份而知名，但是熟知《齐诗》理论。如《齐诗》的四始说，是用木、火、金、水主运春、夏、秋、冬四时，《春秋繁露·天辨在人》就采其说："金、木、水、火各奉其主以从阴阳……故少阳因木而起，助春之生也；太阳因火起，助夏之养也；少阴因金而起，助秋之成也；太阴因水而起，助冬之藏也。"与《齐诗》四始说有紧密联系的是五际说，由此构成著名的四始五际说，而五际中有革命一说，是说出于阴阳交汇的某一点上，就会有革命的发生。董仲舒能够采齐诗学的四始说，也一定知晓其革命之说。但辕固生与黄生的革命与弑杀的争论，给了董仲舒以深刻的影响。董仲舒虽然不是这场争论的直接参与者，但他此时已经为博士，至少具有旁观者的身份。熟知革命说的董仲舒在其著作中没有革命一说，而只有改制之说，显然与这场争论中汉景帝不准言汤、武革命的态度有关。只讲改制，不讲革命，这就消除了革命说所隐含的革西汉王朝的命的可能性，而代之只是承认西汉王朝改制的合法性问题，即使改革也是西汉王朝、在位君主的问题，而不关他人革命来推翻统治王朝的问题。这是齐学理论向现实的屈服，董仲舒的春秋公羊学能够受到汉武帝的重视，绝不是偶然的。徐复观先生说，"改制一词，可能即由董仲舒所创造"②，结合当时的文化背景与齐学的特点，这一推测是有充分根据的。

自董仲舒的这一改制说出现后，就成为汉代经学的通行之说。《礼记·大传》说："立权度量，考文章，改正朔，易服色，殊徽号，异器械，别衣服，此其所得与民变革者也。其不可得变革者则有矣，亲亲也，尊尊也，长

① 班固：《眭两夏侯京翼李传第四十五》，《汉书》卷七十五，《四库全书》本，上海古籍出版社1987年版。

② 徐复观：《两汉思想史》第二卷，华东师范大学出版社2001年版，第215页。

长也，男女有别，此其不可得与民变革者也。"①在著名的盐铁论辩中，文学也说："圣王之治世，不离仁义。故有改制之名，无变道之实。上自黄帝，下及三王，莫不明德教，谨庠序，崇仁义，立教化。此百世不易之道也。"②这些说法，都是董仲舒改制说的翻版，连语言也十分近似。不仅如此，最高统治者也往往依据改制的理论，在遇到社会危机时，借通过所谓改变年号，来表示所谓更化，以图带来社会的安宁，而在历史上上演了一场场的改元闹剧。翻阅历史，在西汉武帝之前，在位帝王绝没有发生所谓改元的事情，虽然汉文帝即位 16 年后，在历史上第一次改元"后元"，但此次改元，是受到方士的欺骗："十七年，得玉杯，刻曰'人主延寿'。于是天子始更为元年，令天下大酺。"③汉景帝有前元、中元、后元三个年号，后元与汉文帝的年号重复，这在后来改元中是绝没有的现象。而前、中、后的名称只是表示时间的概念，还不是如太平之类的年号那样，具有强烈的政治意味。但自董仲舒提出改制的理论之后，改变年号就成为帝王挽救危机的家常便饭，所用年号也全部是具有政治意义的，即使如汉武帝这样雄才大略的君主，其年号也有11 个之多（建元、元光、元朔、元狩、元鼎、元封、太初、天汉、太始、征和、后元）。自此以后，历代君主一遇危机就改号，以至历代王朝年号之多，数不胜数，其中那些最适合帝王统治政治需要的年号被历代使用最多。据笔者粗略统计，以天字开头的年号，有天命、天佑等 66 个；以大字开头的年号，有大安、大统等 33 个；以永字开头的有永平、永和等 28 个。其中的太平、天佑等年号为七八个朝代所重复使用，有的皇帝在位数年，但有不少年号，如唐高宗在位 34 年，就有 13 个年号，不到 3 年就换一个年号。元代的郑玉曾讥讽历代帝王的热衷改变年号："后世帝王遂因袭之，数年一改，以为美事。乃以改元之多寡为享国之久长，或于一岁之内有改元再三者，又一国之中有前后重复者，甚至于不待逾年而自改元，又复有改年为载者。斯皆率意妄作。"④这种改变年号闹剧地不断上演，体现了董仲舒的改制

---

① 《礼记》成于西汉宣帝的戴圣之手，从《大传》的这段话来看，明显与董仲舒的改制说如出一辙，可以肯定这是受到董仲舒的影响，据此推测《大传》的最后成书可能在董仲舒之后。

② 桓宽：《相刺第二十》，《盐铁论》卷五，《四库全书》本，上海古籍出版社 1987 年版。

③ 司马迁：《孝文本纪第十》，《史记》卷十，《四库全书》本，上海古籍出版社 1987 年版。

④ 郑玉：《春秋阙疑》卷一，《四库全书》本，上海古籍出版社 1987 年版。

说对历史的深远影响。但是，这是对董仲舒改制说的庸俗化、低俗化，只是形式的改制。

董仲舒高于其他经学家的地方，就在于他虽然强烈地感受到了汉景帝不容许革命之说，他的著作也没有革命一词，但他却保留了孟子肯定汤、武革命的精神。孟子汤、武革命的精神是将不得民心的暴君称为"一夫"，肯定对其讨伐的合理性，这一点董仲舒是再三致意的。他说：

> 故王者爱及四夷，霸者爱及诸侯，安者爱及封内，危者爱及旁侧，亡者爱及独身。独身者，虽立天子诸侯之位，一夫之人耳，无臣民之用矣，如此者，莫之亡而自亡也。①

居于天子之位的王，若只是爱自己一身，这样的人只能称之为"一夫"之人，这与孟子的诛杀桀、纣为杀"一夫"，连用词都是完全一样的。此外，董仲舒在其著作中，还将其汤、武对桀、纣的诛杀，提高到天意的高度，予以前所未有的肯定，这见于《尧、舜不擅移汤、武不专杀》。苏舆认为此篇非董仲舒之文，② 其实此文就其思想而言，完全符合董仲舒的思想。而且，此文很可能是针对黄生与辕固生的辩论而发。

在这篇文章中，董仲舒提出了四个最重要的观念：第一，是天命无常，所谓"天之无常予，无常夺也"③；第二，君主是否受天命，要看是否具有最高的道德，及其民心的向背，"天之生民，非为王也；而天立王，以为民也。故其德足以安乐民者，天予之，其恶足以贼害民者，天夺之"④；第三，汤、武伐桀、纣，是有道伐无道，是天理、人礼的体现，"有道伐无道，此天理也"，否认汤、武伐桀、纣的合法性，"非徒不知天理，又不明人礼"⑤；

---

① 董仲舒：《仁义法第二十九》，《春秋繁露》卷八，钟肇鹏：《春秋繁露校释》（校补本）上册，河北人民出版社 2005 年版，第 566 页。

② 苏舆：《春秋繁露义证》，中华书局 1996 年版，第 219 页。

③ 董仲舒：《尧、舜不擅移汤武不专杀第二十五》，《春秋繁露》卷七，钟肇鹏：《春秋繁露校释》（校补本）上册，河北人民出版社 2005 年版，第 498 页。

④ 董仲舒：《尧、舜不擅移汤武不专杀第二十五》，《春秋繁露》卷七，钟肇鹏：《春秋繁露校释》（校补本）上册，河北人民出版社 2005 年版，第 498 页。

⑤ 董仲舒：《尧、舜不擅移汤武不专杀第二十五》，《春秋繁露》卷七，钟肇鹏：《春秋繁露校释》（校补本）上册，河北人民出版社 2005 年版，第 499 页。

第四，无论是尧、舜的禅让，还是汤、武的征伐，虽然形式不一，但都是天命的表现，而不是他们个人的主观意志，所以说是非擅移、非擅伐。这里的前三点含义，在孟子等儒学家的思想中早已存在。董仲舒所增加的尧、舜不擅移，汤、武不擅伐，并没有在实质上取消汤、武革命说，反而将汤、武对桀、纣的征伐，上升到了天命的高度。从本篇最后的"何谓汤、武弒"①的反诘中，也可以明显看出董仲舒是反对黄生之说而赞成辕固生之说。只是鉴于汉景帝不准言说汤、武革命，董仲舒巧妙地用所谓不擅伐，从形式上似乎迎合了汉景帝的旨意，但实际上依然保留了儒家汤、武革命说的内在精神。董仲舒的再传弟子眭孟在汉昭帝时，正是依据董仲舒之说，而提出求索贤人、禅以帝位的主张。眭弘虽然得到董仲舒的真传，但是，容不得讲革命的西汉王朝，同样容不得讲禅让，因为眭弘说的禅让与革命一样，在本质上都是改朝换代，只不过革命是以流血的战争方式，而禅让是以和平演变的形式，所以，他的结局只能是以"妖言惑众"的罪名被杀头。从汉景帝的不准言汤、武革命到眭弘言禅让的被杀，反映了皇权政治对不利于皇权绝对化思想观念的打压逐步加剧，正是在这打压的过程中，原本与政治密切联系的儒学所发展出的经学，日益变成一门越来越依附现实政治同时又越来越远离现实的学问。而西汉是这一转变的关键时期。

（二）"三统"说

董仲舒的《春秋》改制说，有一理论根据，就是"三统"说。不明"三统"说，就不可能真正理解董仲舒的《春秋》改制说。

"三统"说在董仲舒之前的著作中，我们没有看到，在《公羊传》中也没有此说。这是董仲舒为春秋公羊学所增添的新内容。冯友兰先生说：董仲舒的"三统"说"在哲学史上不失为一有系统的历史哲学"②。在春秋公羊学发展史上，标志着春秋公羊学历史哲学的初步形成。

在董仲舒提出"三统"说之前，先秦的阴阳五行学者邹衍及其弟子提出的五德终始说，是最有影响的历史发展观。邹衍在当时受到极高的推崇，"重于齐；适梁，惠王郊迎，执宾主之礼；适赵，平原君侧行撇席；如燕，

---

① 董仲舒：《尧、舜不擅移汤武不专杀第二十五》，《春秋繁露》卷七，钟肇鹏：《春秋繁露校释》（校补本）上册，河北人民出版社 2005 年版，第 500 页。

② 冯友兰：《中国哲学史》下册，中华书局 1961 年版，第 537 页。

昭王拥彗先驱，请列弟子之座而受业，筑碣石宫，身亲往师之"①。五德终始说是根据五行的相克来说明朝代的更替，《吕氏春秋》的《有始览·应同篇》曾有说明：

> 凡帝王者之将兴也，天必先见祥乎下民。黄帝之时，天先见大螾大蝼。黄帝曰："土气胜。"土气胜，故其色尚黄，其事则土。及禹之时，天先见草木秋冬不杀。禹曰："木气胜。"木气胜，故其色尚青，其事则木。及汤之时，天先见金刃生于水。汤曰："金气胜。"金气胜，故其色尚白，其事则金。及文王之时，天先见火，赤乌衔丹书集于周社。文王曰："火气胜。"火气胜，故其色尚赤，其事则火。代火者必将水，天且先见水气胜。水气胜，故其色尚黑，其事则水。

这是以历史上黄帝、夏禹、商汤、周文分别为土、木、金、火的代表，而以代周的王朝必然为水。所以，秦始皇就据此以秦为水德之运，以十月为岁首。《史记·秦始皇本纪》说："始皇推终始五德之传，以为周得火德，秦代周德，从所不胜。方今水德之始，改年始，朝贺皆自十月朔。衣服旄旌节旗皆上黑。数以六为纪，符、法冠皆六寸，而舆六尺，六尺为步，乘六马。更名河曰德水，以为水德之始。刚毅戾深，事皆决于法，刻削毋仁恩和义，然后合五德之数。于是急法，久者不赦。"这是五德终始说在历史上第一次所掀起的闹剧。西汉王朝在初期也是据五德终始说来确立汉王朝的历史地位，汉文帝时丞相张苍以汉为水德，认为代周的不是秦，而是汉，汉王朝当按水运之德来建立自己的制度。而鲁人公孙臣提出另一种说法，认为秦为水德，土克水，汉代秦，所以，汉王朝当为土德。贾谊也持土德说，《史记·屈原贾生列传》说："贾生以为汉兴至孝文二十余年，天下和洽，而固当改正朔，易服色，法制度，定官名，兴礼乐，乃悉草具其事仪法，色尚黄，数用五，为官，悉更秦之法。"

五德终始用五行相克的理论来说明朝代的更替，着眼点在新王朝对旧王

---

① 司马迁：《孟子荀卿列传第十四》，《史记》卷七十四，《四库全书》本，上海古籍出版社1987年版。

朝的克制，与儒学的革命说有一致之处，这就是革命必须经过战争，相克也必然发生克者与被克者的斗争。在汉景帝已经不准讲革命的背景下，用相克之说来说明历史的变化，同样会遇到革命说的困境，既然历史是五行相克的变化，汉王朝克秦是必然的，那么，汉王朝的被克也是必然的。董仲舒很清楚五德终始说再也不会受到汉王朝的欢迎，所以，他虽然有一套阴阳五行的系统说法，其中就有五行相克理论，却没有采用五德终始说来解释历史的发展，而是提出"三统"说，来替代五德终始说，正如他用改制说来取代革命说一样。当然，董仲舒的"三统"说与五德终始说有许多相同之处，顾颉刚的《五德终始说下的政治与历史》① 一文有详细的论说，可参考。但"三统"说与五德终始说有一个很大的不同，就在于五德终始说强调历史的变革，而"三统"说则重视历史的继承。

　　董仲舒"三统"说的最大特点是与改制说联系在一起的。他解释《公羊传》为什么称"王正月"之王为文王时说：

　　　　传曰："王者孰谓？谓文王也。曷为先言王而后言正月？王正月也。"何以谓之王正月？曰：王者必受命而后王，王者必改正朔，易服色，制礼乐，一统于天下，所以明易姓非继人，通以己受之于天也。王者受命而王，制此月以应变，故作科以奉天地，故谓之王正月也。②

《春秋》是以鲁史为本的，"王正月"表示的是鲁国君主的即位第一年的第一个月，这里的王当指鲁国的君主，但《公羊传》却以文王来解释。为什么不是指鲁君，而是指文王，《公羊传》没有进一步解释，是董仲舒回答了这个问题。他认为这是因为文王是周王朝的受命之君，只有受命之君才具有改制的资格。而改正朔是改制的最重要内容，所谓正指一年中的第一个月，朔是指一月的第一天的开始，《春秋》的"王正月"是根据文王的正朔来确立正月的起点，所以，"王正月"之王是文王，而非鲁君。经过董仲舒的进一步解释，《公羊传》的以文王为"王正月"之王，才得到说明。春秋公羊

　　① 顾颉刚：《古史辨》第五册，上海古籍出版社 1982 年版，第 404—616 页。
　　② 董仲舒：《三代改制质文第二十三》，《春秋繁露》卷七，钟肇鹏：《春秋繁露校释》（校补本）上册，河北人民出版社 2005 年版，第 421 页。

学的理论就是通过一代一代人的不断解释，而日益丰富繁杂起来的。所以，一开始并不存在一个系统的春秋公羊学，在不同阶段、不同的春秋公羊学者那里春秋公羊学的内容是不同的。

"三统"说以夏、商、周三代为三统的代表，与孔子关于三代礼制损益可知的思想有密切联系。《论语·为政》："子张问：'十世可知也？'子曰：'殷因于夏礼，所损益，可知也；周因于殷礼，所损益，可知也。其或继周者，虽百世，可知也。'"孔子关于三代礼制损益的说法，是一种承认历史变革与继承相互作用，但主要是强调历史继承的发展理论。自孔子以后，尤其是秦汉以来，以夏、商、周三代言历史的发展成为一种范式。在司马迁的《史记》中常常可以看到关于三代的论说，三代一词在《史记》的 130 篇中多次出现。董仲舒的"三统"说借夏、商、周三代为说，一方面是受到孔子思想影响，另一方面与当时理论发展的状况是同步的。这说明任何思想理论都要受到当时整个理论界发展状况的制约，而打上时代的烙印。

古代特重历法，董仲舒的"三统"说也首重"三正"。所谓"三正"，即三代正朔的不同：夏以一月为正月，以天明为一日的开始；商以十二月为正月，以鸡鸣为一日的起点；周以十一月为正月，以半夜为一日的起点。董仲舒说：

> 其谓统三正者，曰：正者、正也，统致其气，万物皆应而正，统正，其余皆正，凡岁之要，在正月也，法正之道，正本而末应，正内而外应，动作举错，靡不变化随从，可谓法正也。①

正朔本质上是一个历法问题，只要历法的起点正确，就可以保证一年节气的准确，而使万物皆得其正。这反映了古代农业社会对历法的重视。"三正"不同，物象的颜色也不同，夏为黑色，商为白色，周为赤色。以此，黑白赤三种颜色就成为董仲舒所说"三统"的标志，及其夏、商、周三代的改制

---

① 董仲舒：《三代改制质文第二十三》，《春秋繁露》卷七，钟肇鹏：《春秋繁露校释》（校补本）上册，河北人民出版社 2005 年版，第 444 页。

的最重要内容。① 依黑白赤"三统"不同,在服色、礼器、官制、刑法等方面都要与其所尚的颜色相一致。对此,董仲舒有诸多附会之说,但这些说法除了可以满足"三统"说的理论建构外,并没有多少实际的意义,无须多论。

董仲舒的"三统"说认为,历史的发展是从黑统开始,经过白统,到赤统,再到黑统的周而复始的循环。这是一种理论假设,是为寻找历史发展的规律所制造出来的。历史上并没有所谓依黑、白、赤三统循环的事实,夏、商、周三代确有历法等制度的不同,但并不是所谓黑、白、赤的"三统"改制的循环。所以,"三统"说并不合符历史发展的实际,也不可能把握到历史的规律问题。相对而言,"三统"说在理论上并没有五德终始说的优势,五德终始说至少有一套五行相胜的说法作支持,而"三统"说除了建寅、建丑、建子,黑、白、赤三色的不同等附会之说外,并没有可以称得上说服力的理论论证。董仲舒不取已经较为成熟的五德终始说来论说历史,而以缺乏说服力的所谓"三统"说来论证朝代的兴替,这是因为五德终始说是以五行相克为依据的,而五行相克与革命说在本质上是相一致的,这与董仲舒用改制说来取代革命说是同一的。"三统"说与五德终始说的不同,在于刻意回避了历史的兴替是否需要革命的问题。

钱穆在评说顾颉刚的《五德终始下的政治和历史》时,曾引用《三代改制质文》的"王者改制作科奈何?曰:当十二色,历各法而正色,逆数三而复,纰三之前,曰五帝,帝迭首一色,顺数五而相复",而得出如下结论:

> 逆数三而复者,如黑统之前为赤统,赤统之前为白统,白统之前仍为黑统,黑白赤共三统,黑属水,白属金,赤属火,水克火,火克金,

---

① 《白虎通义·三正》引《尚书大传·略说》:"夏以孟春月为正,殷以季冬月为正,周以仲冬月为正。夏以十三月为正,色尚黑,以平旦月为朔。殷以十二月为正,色尚白,以鸡鸣为朔。周以十一月为正,色尚赤,以夜半为朔。"与董仲舒之说相同,可见"三正"说并不是董仲舒的发明,在他之前的伏胜著作中就有论说,但三正只是董仲舒"三统"说的一个内容。"三统"说的实质是讲历史发展规律问题,三正主要谈是历法,董仲舒引三正讲三统,是利用三代历法来证明三统。所以,不能将《尚书大传》的"三正"说成是"三统"说,并以此证明在董仲舒之前就有所谓"三统"说。

是逆数相胜的。置于顺数五而复，则如赤帝神农之后为黄帝，赤帝属火，黄帝属土，火生土，是相生的。可证《月令》的相生说，和五德帝运的相胜说，在董仲舒的书里是混并为一的了。①

钱穆解释"三统"说的逆数三而复是一种五行相克的学说，既不符合董仲舒以改制说取代革命说的思想变化，也与董仲舒的原意不符。所谓逆数三而复，是就"三统"说的三正而言，即夏建寅、商建丑而周建子，指的是三代正月的逆数，即一月（夏正）、十二月（商正）、十一月（周正）的逆数，而非五行的相胜说。若以五行相胜解释三统说的逆数三而复，至少有几点不通：第一，依照夏为黑统，商为白统，周为赤统，黑属水，白属金，赤属火，则夏为水，商为金，周为火，依三统循环，周代商是火克金，周之后的王朝代周是水克火，可以说是五行相克，但商代夏就说不通了，因为用五行相胜说来比附，商代夏应该是金克木，但夏为水非木，而金与水之间是相生的关系，非相克的关系。第二，三统说的黑、白、赤是就三正的不同物色为说，而不是依五行为说，董仲舒绝没有以水、金、火说三统，五行说中的水、金、火可以与黑、白、赤相应，但绝不能说董仲舒"三统"说的黑、白、赤就是五行中的水、金、火；第三，黑、白、赤的"三统"说从王朝兴替的王正月来说，其顺序是夏历的一、十二、十一月，既有顺数，也有逆数，而只不是逆数，若说只是逆数三，就与夏、商、周的相继兴替的历史时序不符。可能钱穆已经感到"三统"说与五行相胜的差异，所以，他没有直接说三统说有五行相胜说，而是用"五德帝运的相胜说"为说，但这并不能改变问题的实质，五德帝运的相胜说实际上就是五行相胜说在历史观的运用。同样，钱穆说董仲舒的顺数五而复，是关于历史王朝兴替的五行相生说，也是值得商榷的，在董仲舒的年代，还没有出现以五行相生来论说历史王朝兴替的说法，用五行相生来论说历史王朝的兴替，其创立者是董仲舒之后的刘向。② 董仲舒讲五帝为黄帝、颛顼、帝喾、尧、舜，尽管这与刘向的五行相生说中的从黄帝到舜的次序是完全相同的，③ 但是，董仲舒与刘向的

---

① 顾颉刚：《古史辨》第 5 册，上海古籍出版社 1982 年版，第 624 页。
② 参见杨权：《新五德理论与两汉政治》第三章，中华书局 2006 年版。
③ 杨权：《新五德理论与两汉政治》第三章，中华书局 2006 年版，第 138 页。

不同在于，刘向是以五行相生来推论历代帝王的兴替，董仲舒讲王朝兴替的历史发展顺序，只讲"三统"，而没有用到五行说。所以，董仲舒并没有将五帝与五行相生联系起来，董仲舒若是用五行相生来论说历代帝王的兴替，就必然与"三统"说的黑、白、赤循环发生矛盾，因为以三为基数的循环，与以五为基数的循环绝不可能对应。尽管董仲舒有五行相生与五行相胜的详细论说，但主要是用以说明宇宙构成的系统，虽然也将五行说用于论说灾变，①或是用五行比附司徒、司寇、司空、司农、司马等职官，以五行相胜等来论述其相互间的关系，如所谓司农不轨，司徒诛之是金胜木等，②但董仲舒在讲历史王朝的帝德变化绝没有涉及五行相生或是五行相胜说。钱穆的这一观念被许多人引用为说，连目前对以五行言德运最有研究的《新五德理论与两汉政治》一书也讲，钱穆认为"董仲舒之书早已偏向于五行相生的顺数一边"③，这是不符合董仲舒"三统"说本义的。

为了证明所谓"三统"说，董仲舒还将历史上的皇帝说联系在一起，用三王、五帝、九皇的三组术语来说明历史发展：

> 王者之法必正号，绌王谓之帝，封其后以小国，使奉祀之；下存二王之后以大国，使服其服，行其礼乐，称客而朝；故同时称帝者五，称王者三，所以昭五端，通三统也。是故周人之王，尚推神农为九皇，而改号轩辕，谓之黄帝，因存帝颛顼、帝喾、帝尧之帝号，绌虞，而号舜曰帝舜，录五帝以小国；下存禹之后于杞，存汤之后于宋，以方百里，爵号公，皆使服其服，行其礼乐，称先王客而朝。④

> 故圣王生则称天子，崩迁则存为三王，绌灭则为五帝，下至附庸，绌为九皇，下极其为民。⑤

---

① 详见《汉书·五行志》关于董仲舒论说灾异的材料。

② 参见周桂钿：《董学探微》，北京师范大学出版社 1989 年版，第 59—60 页。

③ 杨权：《新五德理论与两汉政治》第三章，中华书局 2006 年版，第 39 页。

④ 董仲舒：《三代改制质文第二十三》，《春秋繁露》卷七，钟肇鹏：《春秋繁露校释》（校补本）上册，河北人民出版社 2005 年版，第 448 页。

⑤ 董仲舒：《三代改制质文第二十三》，《春秋繁露》卷七，钟肇鹏：《春秋繁露校释》（校补本）上册，河北人民出版社 2005 年版，第 454 页。

三王是指新王与距离最近两个王朝，如周为新王，就封夏、商两代之后，称先王而朝，是为三王；五帝是之三王之外，与新王距离较近的五个王朝，在周为新王时，指黄帝、颛顼、帝喾、尧、舜；九皇是指距五帝更遥远的九个王朝，指从神农开始前推的九个王朝。这里三王、五帝、九皇的三组术语所表示的不过是新王与以往王朝时间距离的远近及其亲疏的不同。与新王的远近亲疏不同，封地也有大小的不同，这就是所谓"远者号尊而地小，近者号卑而地大，亲疏之义也"①。而无论是三王、五帝、九皇的变化，都是按照三统循环的变化而引起的，并没有与"三统"说同列的五、九循环的历史王朝更替之说。

　　杨向奎先生曾评价董仲舒的"三统"说："这是一种历史观，真是'新鬼大而故鬼小'，历史越远地位越低，本来法家具有进步的历史观，正统派儒家则倾向于复古，公羊派的"三世"说则接近法家，董仲舒的说法承袭了公羊学，但又倒退了一步，前期公羊学本来适应新兴地主阶级要求而接近法家，到汉武帝时代，地主阶级政权已经巩固，公羊学也就倒退了一步而接近正统儒家。"②除开以儒法言进步与否的时代缺陷外，杨向奎先生这段话，还有三点不当：第一，说公羊派的"三世"说，过于笼统；第二，在何休之前，公羊派还没有明确历史观的三世说，董仲舒不可能承袭；第三，杨向奎先生所引董仲舒的原文都是"三统"说的文字，而非"三世"说，"三统"说与"三世"说在春秋公羊学中是不同的。说正统儒家的历史观认为历史是退化的，所以要复古，也不否认董仲舒确有推崇尧、舜的复古思想，他也讲过奉天法古之类的话，但就"三统"说而论，并没有历史退化的思想，而是认为历史越古越不值一提，也就是杨向奎先生所说的"新鬼大而故鬼小"，五帝不如三王、九皇不如五帝，比九皇更古的王朝后代只能是"下极其为民"。复古是越古越有价值，董仲舒的"三统"说以越古地位越下，越古越不如，这怎么能说是复古呢？关于"三统"说的意义，蒋庆先生的一段话，作出了较为公允的评说："公羊家的通三统说既是改制创新之说，又是尊重传统之说；既主张六合同风、九州共贯的一统论，又主张存二

<hr>

　　① 董仲舒：《三代改制质文第二十三》，《春秋繁露》卷七，钟肇鹏：《春秋繁露校释》（校补本）上册，河北人民出版社 2005 年版，第 454 页。

　　② 杨向奎：《译史斋学术文集》，上海人民出版社 1983 年版，第 111 页。

王后的多统论；既承认新政权有独立的合法性，又不否认旧政权有其存在的合理性。故在通三统的思想中，世界是多统中的一统世界，世界既丰富多彩，又统一有序；既增加了新的内容，又不尽弃旧成分。如此的世界既生动活泼，又秩序井然，充分体现出了孔子所追求的中庸之道。"①

　　在"三统"说之外，董仲舒还提出一文一质的文质递变说。用文质递变来说明历史的发展，相传也出自邹衍。严安上书说："臣闻邹子曰：'政教文质者，所以云救也，当时则用，过则舍之，有易则易之。'故守一而不变者，未睹治之至也。"②颜师古注，《邹子》为邹衍之书。所以，文质递变并非董仲舒的发明。但严安所引邹衍之书，今已不存，现在可以在文献中看到的最早文质递变说，是董仲舒的论说："王者以制，一商一夏，一质一文。"③根据商为质，周为文，文质递变，董仲舒认为《春秋》改制，就应该改文从质，用商之质救周文之弊：

　　　　志为质，物为文，文著于质，质不居文，文安施质；质文两备，然后其礼成；文质偏行，不得有我尔之名；俱不能备，而偏行之，宁有质而无文，虽弗予能礼，尚少善之，介葛卢来是也；有文无质，非直不予，乃少恶之，谓州公寔来是也。然则《春秋》之序道也，先质而后文，右志而左物，故曰："礼云礼云，玉帛云乎哉！"推而前之，亦宜曰："朝云朝云，辞令云乎哉！""乐云乐云，钟鼓云乎哉！"引而后之，亦宜曰："丧云丧云，衣服云乎哉！"是故孔子立新王之道，明其贵志以反和，见其好诚以灭伪，其有继周之弊，故若此也。④

　　　　齐顷公吊死视疾；孔父正色而立于朝，人莫过而致难乎其君；齐国佐不辱君命，而尊齐侯；此《春秋》之救文以质也。⑤

　　① 蒋庆：《公羊学引论》，辽宁教育出版社 1995 年版，第 314—315 页。
　　② 班固：《严朱吾丘主父徐严终王贾传第三十四下》，《汉书》卷六十四下，《四库全书》本，上海古籍出版社 1987 年版。
　　③ 董仲舒：《三代改制质文第二十三》，《春秋繁露》卷七，钟肇鹏：《春秋繁露校释》（校补本）上册，河北人民出版社 2005 年版，第 454 页。
　　④ 董仲舒：《玉杯第二》，《春秋繁露》卷一，钟肇鹏：《春秋繁露校释》（校补本）上册，河北人民出版社 2005 年版，第 43 页。
　　⑤ 董仲舒：《王道第六》，《春秋繁露》卷四，钟肇鹏：《春秋繁露校释》（校补本）上册，河北人民出版社 2005 年版，第 242 页。

在《十指》中，董仲舒将改文从质作为《春秋》十指之一："承周文而反之质，一指也。"①董仲舒的改文从质说，虽然是用以说明历史发展的规律，但是，并不仅仅是一种纯理论所谓说辞。结合武帝时的穷兵黩武，当时官僚豪强的穷奢极欲，董仲舒此说有极其深刻的现实意义。

朱熹曾批评董仲舒、司马迁的从质说："太史公、董仲舒每欲改用夏之忠，不知汉初盖已是质也。"②"太史公、董仲舒论汉事，皆欲用夏之忠。不知汉初承秦，扫去许多繁文，已是质了。"③ 认为汉初时繁饰的周文已经被扫除，已经是质而非文，董仲舒、司马迁的用夏之忠以从质，不适合汉初的实际。用夏之忠出于董仲舒的"夏上忠，殷上敬，周上文"④ 一说。司马迁在《史记·高祖本纪》赞中，对董仲舒以忠、敬、文言三代作出具体说明："夏之政忠，忠之敝，小人以野，故殷人承之以敬；敬之敝，小人以鬼，故周人承之以文；文之敝，小人以僿，故救僿莫若以忠。三王之道若循环，终而复始。周秦之间，可谓文敝矣。秦政不改，反酷刑法，岂不缪乎？故汉兴，承敝易变，使人不倦，得天统矣。"在董仲舒的思想中以忠、敬、文言三代，应属于"三统"说的内容，依"三统"说，孔子改制当变赤统为黑统，用夏之忠改周之文；"改文从质"说不同于"三统"说，依"文质递变"，则当该周之文，从商之质。所以，朱熹说用夏之忠以从质，是混淆了董仲舒"三统"说与"改文从质"说。同时，朱熹此说没有看到董仲舒之说是针对汉武帝时的情况所言，并不只是就汉初而言，这从董仲舒有关的时政论说中，都可以得到证明。汉初确如朱熹所说是质，但汉武帝时文弊已经开始显露了。

此外，董仲舒还提出主天法商而王，主地法夏而王，主天法质而王，主地法文而王的"四法"说。此说最无理据，从"文质递变"说看，夏为文，商为质，主地法夏其实就是主地法文、主天法商也就是主天法质，何须四分？所以，相对于"三统"说、"文质递变"说，董仲舒的"四法"说在后

　① 董仲舒：《十指第十二》,《春秋繁露》卷五，钟肇鹏：《春秋繁露校释》（校补本）上册，河北人民出版社 2005 年版，第 313 页。

　② 朱熹：《礼一·论考礼纲领》,《朱子语类》卷八十四，《四库全书》本，上海古籍出版社 1987 年版。

　③ 朱熹：《历代二》,《朱子语类》卷一百三十五，《四库全书》本，上海古籍出版社 1987 年版。

　④ 班固：《董仲舒传第二十六》,《汉书》卷五十六，《四库全书》本，上海古籍出版社 1987 年版。

来的春秋公羊学发展中基本上没有什么影响。

董仲舒综合这些说法有一段带有总结性的话语：

> 故王者有不易者、有再而复者、有三而复者、有四而复者、有五而复者、有九而复者，明此通天地、阴阳、四时、日月、星辰、山川、人伦。[1]

董仲舒在这里用到五个"复"字，但含义是不同的，前面三个"复"字都带有循环往复之义，而后面两个"复"字，并没有循环往复之义。不易是指道，也就是所谓王者有改制之名，无易道之实；二而复是指一文一质的文质递变；三而复是指三统说的三统循环；四而复是指四法说的主地法夏而王等的循环。五而复指五帝，九而复则指九皇而言，都是指三统的变化而引起的五帝、九皇构成的变化，属于"三统"说的内容。就历史发展而论，董仲舒实际上推出了三种发展观，以三为基数的"三统循环"说，以二为基数循环的"文质递变"说，以四为基数的"四法"说。从数学说，历史的发展到底是二的文质递变还是三的三统循环，或是四的四法循环，董仲舒是没有说明也不可能说明的。而且，同时套用二、三、四的循环来解释历史的发展，必然陷入自相矛盾。[2] 如就《春秋》改制而言，依"三统"说的以黑统替代周的赤统，是回复到夏的黑统；依文质递变说的改周之文，是向商的质的回复。这两种说法明显存在矛盾：是应该回复到夏的黑统，还是该从商之质？这是董仲舒所不能回答的。而依四法说，《春秋》改制是主天法商而王，还是主地法夏而王、主天法质而王、主地法文而王，连董仲舒也无法作出说明。这些说法的混乱是一目了然的，但"三统"说无疑是董仲舒从发挥《公羊传》中所建立的主要历史观，也是对后来春秋公羊学发展最有影响的学说。

董仲舒的"三统"说、"文质递变"说、"四法"说，尽管有相互含混

---

① 董仲舒：《三代改制质文第二十三》，《春秋繁露》卷七，钟肇鹏：《春秋繁露校释》（校补本）上册，河北人民出版社 2005 年版，第 454 页。

② 徐复观早就指出董仲舒的这一自相矛盾："他一定要把质文互救的观念，组入到他的"三统"说中去……便牵附而诬诞了。三统有三，而文质只有二，以二配三，如何配得上？"（徐复观：《两汉思想史》第二卷，华东师范大学出版社 2001 年版，第 216 页）

的地方，但有一个共同点，就是讲历史的发展，没有革命说的重视推翻旧王朝的革命之义，与五德终始说强调的相克之义，而是重视救弊，重视互补。《王道》说《春秋》改制是"救文以质也"，而救文以质也就是《春秋》十指之一的"承周文而反之质"①，所以，董仲舒的改文从质说的"改"是改制的改，这个"改"有对周文的继承一面，是救，而不是你死我活的革命、五行相克。"三统"说的三统循环，更是在无易道之实的情况下，救弊补偏，只是正朔、服色的改变。所以，董仲舒由"三统"说等表现的历史观，是一种强调历史继承性的发展观，不同于革命说、五德终始说的重视历史的变革性，这种历史观最适合社会安定的平稳发展。董仲舒以"三统"说为主的历史观，已经表现出对五行相克言德运的历史观的否定，虽然他还没有找到合适的理论来替代五德终始说，但却对随后以五行相生言德运理论的出现有筚路蓝缕之功。

董仲舒的"三统"说在汉代的政治生活中发生了重大的影响。汉王朝就将其作为汉代政治制度的内容。《汉书》说：

> 初，武帝时，始封周后姬嘉为周子南君，至元帝时，尊周子南君为周承休侯，位次诸侯王。使诸大夫博士求殷后，分散为十余姓，郡国往往得其大家，推求子孙，绝不能纪。时，匡衡议，以为"王者存二王后，所以尊其先王而通三统也。其犯诛绝之罪者绝，而更封他亲为始封君，上承其王者之始祖。《春秋》之义，诸侯不能守其社稷者绝。今宋国已不守其统而失国矣，则宜更立殷后为始封君，而上承汤统，非当继宋之绝侯也，宜明得殷后而已。今之故宋，推求其嫡，久远不可得；虽得其嫡，嫡之先已绝，不当得立。《礼记》孔子曰：'丘，殷人也。'先师所共传，宜以孔子世为汤后。"上以其语不经，遂见寝。至成帝时，梅福复言宜封孔子后以奉汤祀。绥和元年，立二王后，推迹古文，以《左氏》、《穀梁》、《世本》、《礼记》相明，遂下诏封孔子世为殷绍嘉公。

---

① 董仲舒：《十指第十二》，《春秋繁露》卷五，钟肇鹏：《春秋繁露校释》（校补本）上册，河北人民出版社 2005 年版，第 313 页。

语在《成纪》。①是时，福居家，常以读书养性为事。②

这里虽然有推迹古文一语，但实际上所依据的是董仲舒的"三统"说。从这里也可以看出来，汉朝自认是代周而王的王朝，并不承认秦王朝的正统性，所以，要立商、周二代之后，以与三统说相应。虽然最后到汉成帝时，才确立以孔子后裔作为商之后袭爵，但从匡衡与梅福上书都明确讲到"通三统"，及其封孔子之后为公来看，汉王朝以孔子为商后，不过是为了合于董仲舒的"通三统"之义。汉成帝在封孔吉为殷绍嘉侯的诏书中，也明确讲到通三统之说："盖闻王者必存二王之后，所以通三统也。昔成汤受命，列为三代，而祭祀废绝。考求其后，莫正孔吉，其封吉为殷绍嘉侯。"③同时，由于"三统"说毕竟还讲历史王朝的循环，也就还保留了先秦儒学反对家天下的进步思想因素，而被许多思想家尤其是治《春秋公羊传》的思想家，作为反对一姓专制的思想武器，以致眭弘还为此献出了生命。

董仲舒的"三统"说作为春秋公羊学首次提出的历史观，丰富与发展了春秋公羊学的理论，从此，历史观就成为春秋公羊学的最重要内容之一，后来何休提出中国古代最有价值的"三世"说的历史观，绝不是偶然的。但是，董仲舒的"三统"说，既有回避革命说讲汤、武革命的尴尬，又保留有革命说反对家天下的因素，这种两面性既可能被汉王朝所接受，也可以成为眭弘要求汉王朝禅让的理论依据，"三统"说本身具有的理论不严谨性，使它虽然在西汉一度得到普遍的认可，并成为封孔子之后的理论依据，但东汉以来就没有发生多少实际影响了。

（三）"绌夏"、"新周"、"故宋"与"王鲁"说

从新王必改制，《春秋》为改制之书，必然得出《春秋》新王说。这就

---

① 据《汉书·成帝纪》，并不是直接封孔子之后为殷绍嘉公的，而是先在绥和元年二月，诏封孔吉为殷绍嘉侯，一月后才"进爵为公，及周承休侯皆为公，地各百里"。

② 班固：《杨胡朱梅云传第三十七》，《汉书》卷六十七，《四库全书》本，上海古籍出版社 1987年版。

③ 班固：《成帝纪第十》，《汉书》卷十，《四库全书》本，上海古籍出版社 1987 年版。

是董仲舒一再谈"《春秋》作新王之事"①，"以《春秋》当新王"②。而《春秋》当新王的具体内容又是以"三统"说为根据所推论出来的。

所谓《春秋》当新王，并不是说以《春秋》为王，而是说《春秋》包含着继周的一王大法，有所谓"王心"：

> 仲尼之作《春秋》也，上探正天端，王公之位，万民之所欲，下明得失，起贤才，以待后圣，故引《史记》，理往事，正是非，见王公，史记十二公之间，皆衰世之事，故门人惑，孔子曰："吾因其行事，而加乎王心焉，以为见之空言，不如行事博深切明。"③

孔子虽为素王，但他的《春秋》绝非空泛之论，而是针对周末的衰败，提出了一套救周之弊的新王之法。《春秋》的新王之法，不是随意制定的，而是有其理论依据的。这个根据就是"三统"说，依据"三统"说，董仲舒对《春秋》改制作出如下解释：

> 故《春秋》应天作新王之事，时正黑统，王鲁，尚黑，绌夏、亲周、故宋，乐宜亲《招武》，故以虞录亲，乐制宜商，合伯、子、男为一等。④
>
> 春秋上绌夏，下存周，以春秋当新王。……《春秋》作新王之事，变周之制，当正黑统，而殷、周为王者之后；绌夏，改号禹谓之帝，录其后以小国。故曰：绌夏、存周，以《春秋》当新王。不以杞侯，弗同王者之后也；称子又称伯何？见殊之小国也。⑤

---

① 董仲舒：《三代改制质文第二十三》，《春秋繁露》卷七，钟肇鹏：《春秋繁露校释》（校补本）上册，河北人民出版社 2005 年版，第 449 页。

② 董仲舒：《三代改制质文第二十三》，《春秋繁露》卷七，钟肇鹏：《春秋繁露校释》（校补本）上册，河北人民出版社 2005 年版，第 448—449 页。

③ 董仲舒：《俞序第十七》，《春秋繁露》卷六，钟肇鹏：《春秋繁露校释》（校补本）上册，河北人民出版社 2005 年版，第 356 页。

④ 董仲舒：《三代改制质文第二十三》，《春秋繁露》卷七，钟肇鹏：《春秋繁露校释》（校补本）上册，河北人民出版社 2005 年版，第 432 页。

⑤ 董仲舒：《三代改制质文第二十三》，《春秋繁露》卷七，钟肇鹏：《春秋繁露校释》（校补本）上册，河北人民出版社 2005 年版，第 449 页。

这里所说的"正黑统"、"王鲁"、"绌夏"、"亲周"（又作存周）、"故宋"，都是董仲舒按照"三统"说，对《春秋》改制的说明。其中正黑统是对《春秋》改制的总体说明，而绌夏等是从夏、商、周三代与《春秋》改制的关系说明。依三统循环，代周之赤统的应该是黑统，这是正黑统之义。但是，董仲舒以《春秋》为黑统，在汉代并没有得到最终承认，西汉末年讲《春秋》为赤统，而非黑统，并以《春秋》为汉制，最终承认的是汉为赤统。这种说法是将秦置于正统王朝的序列之外，但是，从董仲舒在《尧、舜不擅移汤、武不专杀》说周无道而秦伐之、秦无道而汉伐之，《郊语》说周与秦皆为天子，《天人三策》说秦继周、汉继秦等论说来看，董仲舒似乎是将秦置于正统王朝的系列之内。所以，尽管董仲舒没有关于汉王朝为何统之说，但据他的秦继周、汉继秦来推论，夏、商、周分别代表黑白赤，周为赤统，代周的秦当为黑统，代秦的汉当为白统，而不是赤统，这与汉王朝最终认可的汉为赤统说是不相应的。但是，在西汉初年确实实行过黑统之制，不过依据的是五德终始说的五行相克的理论，而不是董仲舒的"三统"说。

在《春秋繁露》的《五行相生》[①] 中，董仲舒两次将"本朝"与五行的火相联系，他说"本朝者火也"[②]，"南方者火，本朝也"[③]，按照字义看，本朝之义应该指汉王朝而言，似乎董仲舒又有以汉王朝为火德之说。但是，历代皆无是说，即使苏舆在其注中也不以汉为火德为说，而是训"本朝"为"朝中"。然而，苏舆之训也不可通，董仲舒的五行说以土为最尊贵，朝中为皇权，为中央，相应的当为土德，而不是火德。虽然对此至今还没有一个可以较为令人信服的训解，但结合董仲舒的全部思想看，他绝没有以汉王朝为火德之说。否则，就与他的代周者为黑统等说不合了。因为，按照黑、白、赤的"三统"循环，无论是否承认秦为"三统"之一，汉王朝都不可能是火德的赤统。

在谶纬与何休的《解诂》中，明确以汉代为赤统，以《春秋》为汉制

---

① 此篇苏舆的《春秋繁露义证》作第五十八篇，钟肇鹏校补本以为学说先后，五行相生当在五行相胜后，而改为五十九篇。

② 董仲舒：《五行相生第五十九》，《春秋繁露》卷十三，钟肇鹏：《春秋繁露校释》（校补本）下册，河北人民出版社 2005 年版，第 834 页。

③ 董仲舒：《五行相生第五十九》，《春秋繁露》卷十三，钟肇鹏：《春秋繁露校释》（校补本）下册，河北人民出版社 2005 年版，第 837 页。

法。有的论著据此认为，汉为赤制是"汉人普遍相信的"①，并将其作为董仲舒政治学说的第一项内容来讨论。② 这一说法是既不明汉代学术的发展，也不懂董仲舒思想的误说。董仲舒讲历史发展的顺序是三统说，依董仲舒的三统说推论，无论是以秦为正统王朝的秦继周，还是不以秦为正统王朝的汉继周，汉怎么说也不能是赤统。汉为赤制的理论依据是汉承尧后，与新五德始终说。③ 这两个理论在董仲舒的思想中是根本不存在的，《汉书·郊祀志》说是刘向、刘歆父子的理论，顾颉刚在《五德终始说下的政治与历史》亦据以为说，北京师范大学史学所的汪高鑫先生认为是刘歆所创立的④，杨权先生的《新五德理论与两汉政治》认为创立者是刘向。这些研究成果都表明，董仲舒的经学中是没有汉为赤制、《春秋》为汉制法之说，而只有《春秋》为黑统之说。《春秋繁露》也没有尧为火德说，清代沈钦韩的《后汉书疏证》在疏证"汉不得为尧后"一语时，引《尚书·尧典》正义所引郑玄说后，论及："如郑意推之，舜以十一月为正，尚赤；尧以十而月为正，尚白；高辛以十三月为正，尚黑；是尧不得为火德也，《繁露·改制》同，亦无少昊。"⑤《春秋繁露》言五帝无少昊，尧就不可能成为火德，无尧为火德的内容，当然更不可能有汉为火德说。

与《春秋》为黑统说相联系的绌夏，是指在《春秋》的新王一统中，夏已经不是作为二王之后而存在，而是退到五帝一组的系列，所以，《春秋》记"杞伯来朝"，称伯而不称公："王者之后称公，杞何以称伯？《春秋》上绌夏，下存周，以《春秋》当新王。"⑥故宋⑦、亲周是指在《春秋》的黑统中，周、商与《春秋》新王亲疏的不同，虽然依照"存三统"之说，商周皆为二王后，在"存三统"之列，但《春秋》新王是继周而王，而非

---

① 陈苏镇：《汉代政治与春秋学》，中国广播电视出版社 2001 年版，第 151 页。
② 陈苏镇：《汉代政治与春秋学》，中国广播电视出版社 2001 年版，第 151 页。
③ 详细的论述参见杨权：《新五德理论与两汉政治—尧后火德说考论》，中华书局 2006 年版。
④ 汪高鑫：《论刘歆的新五德终始历史学说》，《中国文化研究》2002 年夏之卷，第 85—94 页。
⑤ 沈钦韩：《后汉书疏证》卷三，《续修四库全书》第 271 册，上海古籍出版社 2002 年版，第 50 页。
⑥ 董仲舒：《三代改制质文第二十三》，《春秋繁露》卷七，钟肇鹏：《春秋繁露校释》（校补本）上册，河北人民出版社 2005 年版，第 448 页。
⑦ 在《公羊传》中无故宋之说，但《榖梁传》二处言及故宋。桓公二年："孔，氏，父，字，谥也。或曰其不称名，盖以祖讳也，孔子故宋也。"襄公九年："春，宋灾。外灾不志，此其志何也？故宋也。"是说宋为孔子之故国，故为其讳。这与董仲舒三统说中的含义是完全不同的。

继商而王，所以，商周与《春秋》有亲疏的不同。亲周相对故宋言，是说周相对于商与《春秋》新王较为亲近。但有人据《索引》之说，认为"'亲周'是示'天下有宗主'"①，这是值得商榷的。若亲周是以周为宗主，就应该奉行周制，而无须改制，也就没有孔子改制的《春秋》当新王了，孔子著《春秋》也就是多余的了。

但是，亲周在包括宋本在内的诸多《春秋繁露》的版本中皆作"新周"。②新、亲义异，是新还是亲，关系到对董仲舒春秋公羊学理论的不同理解。有的根据《公羊传》宣公十六年有新周之说，③而认为《春秋繁露》的亲周当作新周。以至孔广森解"新周"二字说："周之东迁，本在王城，及敬王避子朝之难更迁成周，作传者据时言之号成周为新周，犹晋徙于新田，谓之新绛，郑居郭、邬之地，谓之新郑云尔。"④认为"新周"如同"新郑"，是就东周迁都成周之后而言。陈澧对孔广森此说极为推许，认为"《春秋公羊》新周二字自董生以来将近两千年，至㢲轩乃得其解"⑤。其实，孔广森的解释是不明《公羊传》的以史解经，这也难怪后来刘逢禄要激烈地批评孔广森。惠栋也认为，《公羊传》的"新周"当读为"亲周"⑥，《史记·孔子世家》说："《春秋》据鲁，亲周，故殷。"这是可以互证的。所以，《公羊传》的"新周"当读为"亲周"。在董仲舒的春秋公羊学中，"亲周"与"绌夏"、"故宋"，皆为《春秋》新王改制的内容，既以《春秋》为新王，就不可能有"新周"之说；且"亲周"与"故宋"相对，说明周商在《春秋》新王中的亲疏不同，根本不能作"新周"解。"亲周"在董仲舒的表述中也作"存周"，如《三代改制质文》就以"绌夏"、"存周"、以《春秋》当新王为说，"存周"之意是说周虽然已经失去天命，但按"三统"说还可以保存王者之后的地位，若以新训亲，则"存"是否可以

---

① 陈恩林：《春秋和公羊传的关系》，《吉林大学研究生论文集刊》（社会科学版）1982年第1期。

② 参见钟肇鹏：《春秋繁露校释》（校补本）上册，河北人民出版社2005年版，第433页注⑧。

③ 参见《春秋公羊》宣公十六年："夏成周宣谢灾。成周者何？东周也。宣谢者何？宣宫之谢也。何言乎成周宣谢灾？乐器藏焉尔。成周宣谢灾何以书？记灾也。外灾不书此何以书？新周也。"

④ 孔广森：《春秋公羊通义》卷七，阮元、王先谦编：《清经解、续清经解》第5册，凤凰出版社2005年版，第5851页。

⑤ 陈澧：《东塾读书记》卷十，阮元、王先谦编：《清经解、续清经解》第12册，凤凰出版社2005年版，第4709页。

⑥ 转引自钟肇鹏：《春秋繁露校释》（校补本）上册，河北人民出版社2005年版，第433页注⑧。

训亲呢？

　　"绌夏"、"亲周"、"故宋"是董仲舒根据"三统"说，对《春秋》"新王存三统"的说明。就《春秋》新王改制的方式而言，则是董仲舒的"王鲁"之说。而对董仲舒是否有"王鲁"说，是有异议的。陈恩林先生在《春秋和公羊传的关系》一文中认为，"王鲁"为董仲舒的误读。"王鲁"应作"主鲁"，是说孔子修《春秋》以鲁为主，即《史记·孔子世家》说的据鲁："（孔子）乃因史记作《春秋》，上至隐公，下讫哀公十四年，十二公。据鲁、亲周、故殷，运之三代，约其文辞而指博。"其实，并不存在所谓董仲舒的误读。司马迁在《史记》中称三代，是就夏、商、周而言，而绝没有以鲁与商、周为三代之说。鲁为周的诸侯国，不可以与夏、商并称三代，若据鲁为以鲁为主，就绝不可能与亲周、故宋形成所谓运之三代，这与司马迁的三代之说是不合的，司马迁也绝不可能犯以鲁与周、宋并称三代这样的错误。司马迁对董仲舒春秋公羊学有深切的体悟，此处的据鲁就是董仲舒的缘鲁以言王义，即以《春秋》当新王，在此意义上，据鲁与故宋、亲周，才形成了新王与周、宋的新"三统"，也就可以说运之三代。正是在王鲁的含义上，司马迁才会将据鲁、故宋、亲周三者并列，若直言三代，就用不着在宋、周的前面加上故、亲的修饰语，也只有在王鲁的意义上，故宋、亲周的故、亲之义才能得到合理的说明。所以，并不存在所谓董仲舒的"误读""王鲁"，更不能证明董仲舒没有"王鲁"说。司马迁的春秋公羊学出自董仲舒，用司马迁之说来证董仲舒之误，似乎也是一种不合事理的倒置之论。

　　《春秋繁露》也可证董仲舒确有"王鲁"说。《三代改制质文》不仅明确讲到王鲁："故《春秋》应天作新王之事，时正黑统，王鲁，尚黑，绌夏、亲周、故宋。"《奉本》与《俞序》等也有王鲁之义，只是说法不同。在《奉本》中称之为"缘鲁以言王义"：

　　　　夫至明者，其照无疆，至晦者，其暗无疆。今《春秋》缘鲁以言王义，杀隐、桓以为远祖，宗定、哀以为考妣，至尊且高，至显且明，其基壤之所加，润泽之所被，条条无疆。前是常数十年，邻之幽人近其墓而高明。大国齐、宋，离不言会，微国之君，卒葬之礼，录而辞繁；远夷之君，内而不外。当此之时，鲁无鄙疆，诸侯之伐哀者皆言我，邾娄庶其、鼻我、邾娄大夫，其于我无以亲，以近之故，乃得显明；隐、桓，亲《春秋》之先人也，益师卒而不日；于稷之会，言其成宋乱，以远外也；黄池之会，以两伯之辞，言不以为外，以近内也。①

在《俞序》中，也两次提到孔子著《春秋》,因行事加王心：

> 仲尼之作《春秋》也，上探正天端，王公之位，万民之所欲，下明得失，起贤才，以待后圣，故引史记，理往事，正是非，见王公，史记十二公之间，皆衰世之事，故门人惑，孔子曰："吾因其行事，而加乎王心焉。"以为见之空言，不如行事博深切明。②
>
> 孔子曰："吾因行事，加吾王心焉。"假其位号，以正人伦；因其成败，以明逆顺。故其所喜，则桓、文行之而遂；其所恶，则乱国行之终以败。故始言大恶，终言小过，是亦始于麤粗，终于精微，教化流行，德泽大洽，天下之人，人有士君子之行，而少过矣，亦讥二名之意也。③

《奉本》的一段话有错乱，故历代名家对其中的一些语句皆无有确解。但结合董仲舒《俞序》的两段话，就可以清楚董仲舒的意思：因行事加王心也就是缘鲁以言王义，都是说孔子著《春秋》,借鲁史以寄托改制的王法，这正是对"王鲁"说的发明。"王鲁"说是《春秋》新王改制的表现形式，是董仲舒对孔子缘鲁以言王义、因行事加王心的精练概括。否认"王鲁"说，就不能解释董仲舒一再论说的王义、王心，及其引《史记》十二公、假位号等说。董仲舒的"王鲁"说除了成为后来春秋公羊学的重要内容之一外，还是晚清春秋公羊学最喜言说的托古改制说的理论之一。既然《春秋》之义是假十二公来论说的，是借鲁以言王义，则依托历史以言微言大

---

① 董仲舒：《奉本第三十四》,《春秋繁露》卷九，钟肇鹏：《春秋繁露校释》（校补本）下册，河北人民出版社 2005 年版，第 639 页。

② 董仲舒：《俞序第十七》,《春秋繁露》卷六，钟肇鹏：《春秋繁露校释》（校补本）上册，河北人民出版社 2005 年版，第 356 页。

③ 董仲舒：《俞序第十七》,《春秋繁露》卷六，钟肇鹏：《春秋繁露校释》（校补本）上册，河北人民出版社 2005 年版，第 368 页。

义，就不仅成为春秋公羊学家解经的理论依据，也为其借解经来发挥自己所需要的理论提供了方法论的便宜。

董仲舒认为，孔子缘鲁以言王义，是通过将《春秋》十二公分为三等的形式来表现的：

> 《春秋》分十二世以为三等：有见，有闻，有传闻。有见三世，有闻四世，有传闻五世。故哀、定、昭，君子所见也；襄、成、宣、文，君子所闻也；僖、闵、庄、桓、隐，君子所传闻也。所见六十一年，所闻八十五年，所传闻九十六年。于所见，微其辞；于所闻，痛其祸；于所传闻，杀其恩与情俱也。是故逐季氏，而言又雩，微其辞也；子赤杀，弗忍言日，痛其祸也；子般杀而书乙未，杀其恩也。屈伸之志，详略之文皆应之。吾以其近近而远远，亲亲而疏疏也。①

这里首次把十二公分为所见三世、所闻四世、所传闻五世三等，所谓"三等"也就是后来春秋公羊学流行的"三世"。董仲舒所说的"三世"不仅有具体的年代数字，同时，还有"三世异辞"的解释。其解释除了《公羊传》畏祸说，还包括亲疏角度的论说。这是董仲舒对《公羊传》"三世异辞"说的发展。春秋公羊学的"三世"说还有一种更重要的意义，这就是据乱、升平、太平的"三世"说，见于何休的《公羊解诂》。"三世异辞"说主要是对《春秋》书法的发明，而据乱、升平、太平的"三世"说则主要是一种历史观。董仲舒言"三世"还没有明确的历史观的"三世"说，基本上是"三世异辞"说的发挥。历史上对"三世"说两种含义的明确区分，刘逢禄早已指出，见于《刘礼部集》的《释三科例上》。但至今许多人还忽略这一区分，许多论著认为董仲舒已经有"张三世"之说，如李威熊先生在《董仲舒与西汉学术》说："这是（指上面所引一段话的最后几句）董氏对'三世'的批评立场，他本着儒家亲疏远近的大义，朝代近者，只有'微其辞'，但对于朝代愈远者，则批评的态度越为严苛。这或许是后来公羊家

---

① 董仲舒：《楚庄王第一》，《春秋繁露》卷一，钟肇鹏：《春秋繁露校释》（校补本）上册，河北人民出版社2005年版，第17页。

'据乱世'、'升平世'、'太平世''三世'理想进化社会之说的肇端。"①但李威熊先生的话还有保留，而《中国经学思想史》则明确肯定，董仲舒有"张三世"的变易观，②这是不明"张三世"与"三世异辞"说的区别，也是不明董仲舒与何休之学差别的说法。

但董仲舒的"三世异辞"说与"王鲁"说联系起来看，就具有历史观的意义了。结合"王鲁"说的缘鲁以言王义、因行事以加王心的论说，《春秋》是将从隐公到哀公的历史，看成是由鲁国之内到无内外之分、由麤粗进到精微的发展过程，而所谓无内外之分、所谓精微的阶段，就是"教化流行，德泽大洽"的大一统的太平盛世。这已经包含历史是由乱到治的向前发展的历史观，开后来何休的三世说的先声。尽管董仲舒的三世异辞说还不是"三世"说，但对"三世"说的形成功不可没。

董仲舒的"孔子素王"说、"三统"说，由《春秋》改制而得出的"绌夏"、"新周"、"故宋"及其"王鲁"等说，是对春秋公羊学理论的重要发展，这些观念也就是后来春秋公羊学所说的微言。董仲舒提出的这些经学微言，在后来春秋公羊学的发展中，成为春秋公羊学理论的最重要内容。春秋公羊学的义理有微言与大义之分，微言包括孔子改制、"三统"说、"三世"说等，即哲学、历史发展观的观念，而大义则指三纲五常的政治、伦理观念。春秋公羊学之为春秋公羊学的特色不在大义，而在微言，因为一切经学学派的大义都是相同的，都是以三纲五常为最高原则的。完全可以说，在春秋公羊学的发展史上，《公羊传》为春秋公羊学的发展提供了文本的依据，而董仲舒则奠定了发明微言的理论基石。由董仲舒对微言的发明，才奠定了春秋公羊学理论的基本特色。但是，由董仲舒提出的这些经学微言，也成为春秋公羊学后来多奇怪之论的根源之一，并因此而遭到了人们的批评，如齐召南说："自传有此文（指'成周宣谢灾'，《传》'新周也'），董仲舒辈说之，司马迁亦述之，至何休而更加穿凿。使后世视圣人，尊王之书，萌悖逆之志者，实为之厉阶焉。孟子曰《春秋》成，而乱臣贼子惧其何说耶？不可不辨。"③认为董仲舒所发明的"新周"、"故宋"、"以《春秋》

---

① 李威熊：《董仲舒与西汉学术》，台北文史哲出版社 1978 年版，第 104 页。
② 参见姜广辉主编：《中国经学思想史》第二卷，中国社会科学出版社 2003 年版，第 65—71 页。
③ 齐召南：《春秋公羊传注疏考证》卷十六，《四库全书》本，上海古籍出版社 1987 年版。

当新王"之说，不仅不是对《春秋》与孔子思想的正确发明，反而有害于经义。

第三节　《春秋》之义的发明

董仲舒借解释《公羊传》，不仅阐发了《春秋》立新王之道的经学微言，还首次明确将《春秋》定性为言义的著作。他说："《春秋》，义之大者也。"①"《春秋》，大义之所本耶!"②认为《春秋》所言不仅是大义，而且是大义之本。所以，在《春秋繁露》经常可以见到对所谓"《春秋》之义"的发明。此外《春秋繁露》随处可见的"《春秋》之道"、"《春秋》之法"③ 等语，都是董仲舒对《春秋》之义的不同表述。一切大义皆存于《春秋》，对《春秋》的这一定义，为经学从《春秋》去发明圣人之义，提供了充分的理论依据，这对后来春秋公羊学的发展具有重大的意义。

但是，董仲舒所谓义，与《公羊传》的含义有着不同的时代内容。《公羊传》是在战火纷飞的战国历史条件下来发明《春秋》，所以，提出了以文王之正为理想的大一统，企盼着大一统的实现。董仲舒则是在皇权的大一统已经实现的历史条件下，来阐发《春秋公羊传》之义的。所以，证明中央集权的大一统的合法性、合理性，并为其提供长治久安的理论方略，就决定着董仲舒春秋公羊学发明大义的基本方向与大体内容，而这一切都是围绕着王道的论述来进行的。

一、《春秋》为人道、王道之大全

董仲舒所谓义、所谓道、所谓法，不是别的，就是孔子在《春秋》中所寄托的人道与王道。他说：

① 董仲舒：《楚庄王第一》，《春秋繁露》卷一，钟肇鹏：《春秋繁露校释》（校补本）上册，河北人民出版社 2005 年版，第 17 页。

② 董仲舒：《正贯第十一》，《春秋繁露》卷五，钟肇鹏：《春秋繁露校释》（校补本）上册，河北人民出版社 2005 年版，第 305 页。

③ 《春秋繁露》言《春秋》之道共 7 次：《楚庄王》、《玉英》各 2 次，《竹林》、《二端》、《俞序》各 1 次；言《春秋》之法共 10 次：《玉杯》、《俞序》、《郊义》、《必仁且智》各 1 次，《竹林》、《玉英》、《精华》各 2 次。

《春秋》论十二世之事，人道浃而王道备。①

《春秋》修本末之义，达变故之应，通生死之志，遂人道之极者也。②

《春秋》记纤芥之失，反之王道。③

《春秋》二百四十二年之文，天下之大，事变之博，无不有也。④

《春秋》十二公的记述，不只是鲁国从隐公到哀公十二公的鲁国史，也不仅仅是春秋时期的历史记载，而是完备地体现了人道、王道的各种法则，是一部本末皆具、纤芥无遗的政治百科全书。

（一）人道与王道

人道是相对于天道、地道而言的：

天道施，地道化，人道义。⑤

施、化、义是董仲舒关于天道、地道、人道的不同规定。这里说的人道之义，绝不只是指仁义之义，而是合宜之义，是就一般原则而言，合宜与否的判定标准是礼义，这是以礼义为人道的根本内容与人类社会所有制度规范的准则。人道与天地之道虽然不同，但人受命于天，故人道本于天道："人之受命于天也，取仁于天而仁也，是故人之受命天之尊，父兄子弟之亲，⑥ 有忠信慈惠之心，有礼义廉让之行，有是非逆顺之治，文理灿然而厚，知广大

---

① 董仲舒：《玉杯第二》，《春秋繁露》卷一，钟肇鹏：《春秋繁露校释》（校补本）上册，河北人民出版社2005年版，第50页。

② 董仲舒：《玉杯第二》，《春秋繁露》卷一，钟肇鹏：《春秋繁露校释》（校补本）上册，河北人民出版社2005年版，第61页。

③ 董仲舒：《王道第六》，《春秋繁露》卷四，钟肇鹏：《春秋繁露校释》（校补本）上册，河北人民出版社2005年版，第242页。

④ 董仲舒：《十指第十二》，《春秋繁露》卷五，钟肇鹏：《春秋繁露校释》（校补本）上册，河北人民出版社2005年版，第313页。

⑤ 董仲舒：《天道施第八十二》，《春秋繁露》卷十七，钟肇鹏：《春秋繁露校释》（校补本）下册，河北人民出版社2005年版，第1095页。

⑥ 父兄上当有"有"字。

有而博，唯人道为可以参天。"①构成人道的内容的仁义、忠信、礼让等伦常道德及其规范皆源于天，是天施于人的。人道不仅出于天，还与众人之情相关："大富则骄，大贫则忧，忧则为盗，骄则为暴，此众人之情也。圣者则于众人之情，见乱之所从生，故其制人道而差上下也。"②这里将圣人制人道与差上下联系为说，最清楚不过地说明了董仲舒所谓人道，不过是社会政治的等级、经济上的贫富等差，这是董仲舒所谓人道的根本内容。董仲舒说的"人道义"，不过是将表现社会差别的政治经济的等级制度与为其服务的伦常规范视为天经地义的社会法则。由于董仲舒也考虑到人情的因素，所以，他所说的人道虽然主要是以礼义来规范人们的社会生活，要人们恪守礼义，但也包含着对人的情感、人民生活的一定关注。而对人的情感、人民生活的关注，是董仲舒所说人道的价值所在。

从董仲舒对司马子反的评价中，最清楚地说明了他说的人道关注人民的精神。鲁宣公十五年，楚庄王围困宋国，双方僵持一段时间，楚国军队只剩七天的粮食了，楚庄王派司马子反与宋国的华元相会，司马子反知道宋国"易子而食之，析骸而炊之"的惨况后，竟在没有得到楚王允许的情况下，私下答应撤军。《春秋》的记载是："宋人及楚人平。"《公羊传》解释说："外平不书。此何以书？大其平乎已也……此皆大夫也，其称人何？贬。曷为贬？平者在下也。"认为《春秋》称楚国、宋国的两位大夫为人，是贬斥他们的专政擅名。但董仲舒却作出了与《公羊传》不同的看法，认为不是贬斥司马子反，而是称赞他有仁与让美德。《春秋繁露》用了几段文字来反复申论这一点：

> 司马子反为君使，废君命，与敌情，从其所请，与宋平，是内专政，而外擅名也。专政则轻君，擅名则不臣，而《春秋》大之，奚由哉？
> 曰："为其有惨怛之恩，不忍饿一国之民，使之相食。推恩者远之

① 董仲舒：《王道通三第四十四》，《春秋繁露》卷十一，钟肇鹏：《春秋繁露校释》（校补本）下册，河北人民出版社2005年版，第732页。

② 董仲舒：《度制第二十七》，《春秋繁露》卷八，钟肇鹏：《春秋繁露校释》（校补本）上册，河北人民出版社2005年版，第508页。

为大，为仁者自然为美。今子反出己之心，矜宋之民，无计其闲，故大之也。"

难者曰："《春秋》之法，卿不忧诸侯，政不在大夫。子反为楚臣，而恤宋民，是忧诸侯也；不复其君，而与敌平，是政在大夫也。溴梁之盟，信在大夫，而《春秋》刺之，为其夺君尊也；平在大夫，亦夺君尊，而《春秋》大之，此所闲也。且《春秋》之义，臣有恶擅名美，故忠臣不显谏，欲其由君出也。《书》曰：'尔有嘉谋嘉猷，入告尔君于内，尔乃顺之于外。'曰：'此谋此猷，惟我君之德。'此为人臣之法也；古之良大夫，其事君皆若是。今子反去君近而不复，庄王可见而不告，皆以其解二国之难，为不得已也，奈其夺君名美何！此所惑也。"

曰："《春秋》之道，固有常有变，变用于变，常用于常，各止其科，非相妨也。今诸子所称，皆天下之常，雷同之义也；子反之行，一曲之变，独修之意也。夫目惊而体失其容，心惊而事有所忘，人之情也；通于惊之情者，取其一美，不尽其失。《诗》云：'采葑采菲，无以下体。'此之谓也。今子反往视宋，闻人相食，大惊而哀之，不意之至于此也，是以心骇自动，而违常礼。礼者，庶于仁，文质而成体者也。今使人相食，大失其仁，安著其礼，方救其质，奚恤其文，故曰：'当仁不让。'此之谓也。《春秋》之辞，有所谓贱者，有贱乎贱者，夫有贱乎贱者，则亦有贵乎贵者矣。今让者，《春秋》之所贵，虽然，见人相食，惊人相爨，救之忘其让，君子之道，有贵于让者也，故说《春秋》者，无以平定之常义，疑变故之大义，则义几可谕矣。"①

这里的非难一方，就是《公羊传》的看法，这一看法也为后来的何休所赞成。依照公羊学的所谓笔法而论，大夫称人是贬，而不是称赞，《公羊传》与何休的说法似乎符合《春秋》的本意。但董仲舒认为非难者的观念不过是常人的雷同之说，而认为《春秋》是称许司马子反的，这是对笔法作灵活的理解，是公羊学的灵魂，所以，他的解释不仅更符合孔子最重仁德的原

---

① 董仲舒：《竹林第三》，《春秋繁露》卷二，钟肇鹏：《春秋繁露校释》（校补本）上册，河北人民出版社 2005 年版，第 89—91 页。

意，而且更具有关注人民的价值。在对司马子反的评说中，也体现了董仲舒的常变观，常变关系不完全等同于经权关系，经权关系一定是经高于权，但常变关系则不是常高于变，从董仲舒以常义与大义来区分常变来看，大义应当高于常义，所以，常变的关系是变高于常的关系。

董仲舒所说的王道，包含天地人之道。他通过对王的文字训诂，来说明这一点：

> 古之造文者，三画而连其中，谓之王；三画者，天地与人也，而连其中者，通其道也，取天地与人之中以为贯，而参通之，非王者庸能当是。①

王字的三横，代表天地人，中间一竖表示贯穿天、地、人。董仲舒用训诂来言说经义，还不止这一处，② 这说明今文经学并不是不讲训诂的。人们通常用以讲训诂或言说大义来区分今古文经学，是值得考虑的。后来东汉的古文经学家许慎在《说文解字》中也引用了董仲舒的"一贯三为王"③ 之说，但剥夺了董仲舒的发明权，而将此说的发明权归于孔子，反映了古文经学家对今文经学家的不公正态度。由董仲舒这一关于王的训诂，可以知道他说的王道包含天道、地道、人道在内。但是，天道、地道只是为王道提供形而上的支持，人道才是王道的落实处。因而，董仲舒谈王道，与论人道一样，就其内容而言，主要还是讲的等级制的政治经济制度与伦常规范，如说"孔子明得失，差贵贱，反王道之本"④ 等，以差贵贱为王道之本。最能说明这一点的是他著名的王道三纲之说：

> 凡物必有合……阴者，阳之合；妻者，夫之合；子者，父之合；臣

---

① 董仲舒：《王道通三第四十四》，《春秋繁露》卷十一，钟肇鹏：《春秋繁露校释》（校补本）下册，河北人民出版社 2005 年版，第 732 页。

② 关于《春秋繁露》训诂的详细说明，可参见康有为《董氏春秋学·董子经说第八》"训诂附"部分。

③ 参见段玉裁：《说文解字注》，上海古籍出版社 1981 年版，第 9 页。

④ 董仲舒：《王道第六》，《春秋繁露》卷四，钟肇鹏：《春秋繁露校释》（校补本）上册，河北人民出版社 2005 年版，第 207 页。

者，君之合。物莫无合，而合各相阴阳。阳兼于阴，阴兼于阳，夫兼于妻，妻兼于夫，父兼于子，子兼于父，君兼于臣，臣兼于君，君臣、父子、夫妇之义，皆取诸阴阳之道。君为阳，臣为阴；父为阳，子为阴；夫为阳，妻为阴。阴道无所独行①，其始也不得专起，其终也不得分功，有所兼之义。是故臣兼功于君，子兼功于父，妻兼功于夫，阴兼功于阳，地兼功于天……是故仁义制度之数，尽取之天，天为君而覆露之，地为臣而持载之，阳为夫而生之，阴为妇而助之，春为父而生之，夏为子而养之，秋为死而棺之，冬为痛而丧之，王道之三纲，可求于天。②

君臣、夫妻、父子的关系，被董仲舒借助天地、阴阳、四时的自然现象，附会以尊卑、主从的关系，说成是天经地义的法则、王道的三大纲领。这就借阴阳的观念，为社会的等级名分制造了合理性、合法性，为君权、夫权、父权寻找到了理论根据。王道另一重要内容是五常："夫仁、谊、礼、知、信五常之道，王者所当修饬也；五者修饬，故受天之佑，而享鬼神之灵，德施于方外，延及群生也。"③这就是所谓三纲五常，后来东汉的班固所撰的《白虎通义》将其称之为三纲五性。董仲舒是第一个明确提出三纲五常，并将其视为王道最根本内容的经学家。他将君臣、父子、夫妇三种伦理关系说成是人际关系的纲，将仁、义、礼、智、信五种理论道德规范说成是处理人际关系的基本规范，譬喻为人所经常走的道路，这就从以前儒学的各种伦理关系与各种伦理道德的规范中，将这三种伦理关系与五种处理规范，上升到了纲常的地位。而三纲五常的核心不过是专制制度的等级名分的固定化，其核心是君主专制。自董仲舒此说出现以后，三纲五常的纲常论就成为经学大义一直不变的基本内容，但在经学发展的不同时期，对三纲五常论证的重点是不同的，经学中以董仲舒为代表的汉学主要是对三纲的合法性说明，而以朱

---

①　此句原文作"阴阳无所独行"，与前后文义不合，据钟肇鹏《春秋繁露校释》（校补本）下册第790页注九改。

②　董仲舒：《基义第五十三》，《春秋繁露》卷十二，钟肇鹏：《春秋繁露校释》（校补本）下册，河北人民出版社2005年版，第788—791页。

③　班固：《董仲舒传第二十六》，《汉书》卷五十六，《四库全书》本，上海古籍出版社1987年版。

熹为代表的宋学则重在五常的论述，以仁、义、礼、智为天理。

当然，三纲五常并不是董仲舒王道的全部内容，他说：

> 《春秋》二百四十二年之文，天下之大，事变之博，无不有也，虽
> 然，大略之要，有十指。十指者，事之所系也，王化之所由得流也。举
> 事变，见有重焉，一指也；见事变之所至者，一指也；因其所以至者而
> 治之，一指也；强干弱枝，大本小末，一指也；别嫌疑，异同类，一指
> 也；论贤才之义，别所长之能，一指也；亲近来远，同民所欲，一指
> 也；承周文而反之质，一指也；木生火，火为夏，天之端，一指也；切
> 刺讥之所罚，考变异之所加，天之端，一指也。举事变，见有重焉，则
> 百姓安矣；见事变之所至者，则得失审矣；因其所以至而治之，则事之
> 本正矣；强干弱枝，大本小末，则君臣之分明矣；别嫌疑，异同类，则
> 是非著矣；论贤才之义，别所长之能，则百官序矣；承周文而反之质，
> 则化所务立矣；亲近来远，同民所欲，则仁恩达矣；木生火，火为夏，
> 则阴阳四时之理相受而次矣；切刺讥之所罚，考变异之所加，则天所欲
> 为行矣。①

《春秋》是无所不包的，但从大指而论可归纳为十个方面。而从董仲舒关于
十指的论说看，所谓安百姓、审得失、正事之本、明君臣之分、著是非、序
百官等，无不与君主之治相关，所以，这十个方面都是对王道的说明。十指
中也包括同民之所欲的内容，再次说明董仲舒的王道对人民有一定程度的关
怀。所以，不顾人民的死活，不关切人民利益的政治，绝不是董仲舒所说的
王道。这是对《公羊传》关怀人民精神在汉代的继承与发展。

从王贯通天地人来说，人道与王道是一不是二，人道也就包括在王道之
中。只是所言的角度不同，人道是从人类社会而言，王道则是从君主而言，
都是对《春秋》之义的说明。在二者之间，董仲舒最重视的是王道。他有
一段论述天、君、人关系的经典语言：

---

① 董仲舒：《十指第十二》，《春秋繁露》卷五，钟肇鹏：《春秋繁露校释》（校补本）上册，河北
人民出版社 2005 年版，第 313、317 页。

> 《春秋》之法：以人随君，以君随天。曰：缘民臣之心，不可一日
> 无君，一日不可无君，而犹三年称子者，为君心之未当立也，此非以人
> 随君耶！孝子之心，三年不当，而踰年即位者，与天数俱终始也，此非
> 以君随天邪！故屈民而伸君，屈君而伸天，《春秋》之大义也。①

这段话所解释的文字出自《公羊传》文公九年，但《公羊传》只是从孝道
立论，② 从天、君、人的关系为说，是董仲舒的新解。就道而论，天、君、
人分别代表天道、王道、人道，对天、君、人关系的说明，也就是对天道、
王道、人道关系的说明。王道固然得屈从天道，但人道则只能屈从王道，人
道必须通过王道来实现，离开王道，人道就是一句空话。尽管天道在名义上
是王道的依据，但实际上是玄虚一格，真正有决定意义的是王道。董仲舒关
于天道、人道、王道的论说，是以王道为核心，从天道的高度为王道制造哲
学的依据，突出王道的决定性作用，折射出君主已经成为整个社会的最高主
宰的政治现实，同时，也为君主专制的中央集权的大一统提供了理论根据。

（二）《春秋》为君主的必读教科书

要保证君主实现王道，就必须使君主明白王道之义。不明其义，谈何王
道的实现？而王道不在别处，就在孔子所著的《春秋》中，所以，《春秋》
被视为君主必读的教科书。在被历代诸多学者视为《春秋繁露》自序的
"俞序"中，董仲舒一再申论说：

> 仲尼之作《春秋》也，上探正天端，王公之位，万民之所欲，下
> 明得失，起贤才，以待后圣……子贡、闵子、公肩子言其切而为国家资
> 也……而至于杀君亡国，奔走不得保社稷，其所以然，是皆不明于道，

---

① 董仲舒：《玉杯第二》，《春秋繁露》卷一，钟肇鹏：《春秋繁露校释》（校补本）上册，河北人
民出版社 2005 年版，第 48 页。

② 《公羊传》文公九年原文为："春，毛伯来求金。毛伯何？ 天子之大夫也。何以不称使？ 当丧
未君也。逾年矣，何以谓之未君？ 即位矣而未称王也。未称王何以知其即位？ 以诸侯之逾年即位，亦知
天子之逾年即位也。以天子三年然后称王，亦知诸侯于其封内三年称子也，逾年称公矣。则曷为于其封
内三年称子？ 缘民臣之心不可一日无君，缘终始之义，一年不二君，不可旷年无君。缘孝子之心，则三
年不忍当也。"

不览于《春秋》也。①

　　故卫子夏言："有国家者，不可不学《春秋》，不学《春秋》，则无以
见前后旁侧之危，则不知国之大柄，君之重任也。故或胁穷失国，捅杀
于位，一朝至尔，苟能述《春秋》之法，致行其道，岂徒除祸哉！乃
尧、舜之德也。"②

　　《春秋》之道，大得之则以王，小得之则以霸。③

《春秋》一书包含着国君治国理政的大经大法，凡是国家治理的政治成功，
无不取决于《春秋》；而弑君亡国政治失败的根源，则在于没有学习或是不
明《春秋》。一个国君只要学习了《春秋》，明白了《春秋》之义，也就是明
白了《春秋》的王道，小则可以成就齐桓、晋文的霸业，大则可以成就圣
王之功，甚至可以与尧、舜相提并论。董仲舒在论说这一观念时，还引用到
子夏、子贡等七十子及其后学，以说明这一观念是七十子相传的微言大义。
尽管董仲舒在人性论上曾激烈地批评孟子的性善论，在引用七十子对《春
秋》的认识上也没有言及孟子，但显然与孟子关于"孔子成《春秋》而乱
臣贼子惧"的看法是相一致的。同时，董仲舒与孟子之说还有所不同，孟
子是从褒贬意义上，重点说明孔子对乱臣贼子的贬绝，而董仲舒的重点在说
明《春秋》对实现王道的价值上，这一不同是不同的时代在春秋公羊学上
的反映。

　　董仲舒关于《春秋》的这一观念，也可以从司马迁的一些说法得到佐
证。司马迁是一位伟大的史学家，但也是一位很有经学造诣的经学家，曾向
董仲舒学习过公羊春秋学。他所著的《史记》一书，尽管许多地方采用的
是《左传》一书，但在对《春秋》性质的看法上，却基本上是忠实于董仲

---

①　董仲舒：《俞序第十七》，《春秋繁露》卷六，钟肇鹏：《春秋繁露校释》（校补本）上册，河北
人民出版社 2005 年版，第 356 页。

②　董仲舒：《俞序第十七》，《春秋繁露》卷六，钟肇鹏：《春秋繁露校释》（校补本）上册，河北
人民出版社 2005 年版，第 356 页。

③　董仲舒：《俞序第十七》，《春秋繁露》卷六，钟肇鹏：《春秋繁露校释》（校补本）上册，河北
人民出版社 2005 年版，第 363 页。

舒之说的。① 他在与上大夫壶遂的著名辩论中，明确地声称，自己关于《春秋》的看法是"闻之董生"②。他所述闻之董生关于《春秋》看法的如下表述："孔子知言之不用，道之不行也，是非二百四十二年之中，以为天下仪表，贬天子，退诸侯，讨大夫，以达王事而已矣。子曰：'我欲载之空言，不如见之于行事之深切著明也。'夫《春秋》，上明三王之道，下辨人事之纪，别嫌疑，明是非，定犹豫，善善恶恶，贤贤贱不肖，存亡国，继绝世，补敝起废，王道之大者也。"③这些说法都可以从《春秋繁露》找到类似的语句，其中的"别嫌疑"、"善善恶恶"、"王道之大者"等语句，皆为《春秋繁露》的原文。

司马迁论六经，其中关于《春秋》的看法，也完全同于董仲舒之说：

> 《春秋》辩是非，故长于治人……《春秋》以道义。拨乱世反之正，莫近于《春秋》……故有国者不可以不知《春秋》，前有谗而弗见，后有贼而不知。为人臣者不可以不知《春秋》，守经事而不知其宜，遭变事而不知其权。为君主父而不通于《春秋》之义者，必蒙首恶之名。为人臣子而不通于《春秋》之义者，必陷篡弑之诛，死罪之名。其实皆以为善，为之不知其义，被之空言而不敢辞。夫不通礼义之旨，至于君不君，臣不臣，父不父，子不子。夫君不君则犯，臣不臣则诛，父不父则无道，子不子则不孝。此四行者，天下之大过也。以天下之大过予之，则受而弗敢辞。故《春秋》者，礼义之大宗也。④

这里以《春秋》为拨乱反正之作，认为《春秋》在六经中的特点是长于治，

---

① 除去本节正文所论外，司马迁与董仲舒的联系还有诸多佐证。如《十二诸侯年表》说，孔子著"《春秋》，上记隐，下至哀之获麟，约其辞文，去其烦重，以制义法，王道备，人事浃"，与董仲舒的《春秋》"人道浃而王道备"，在用语与含义上是完全相同的；《太史公自序》说《春秋》"据鲁，亲周，故殷，运之三代"，则是董仲舒的王鲁、亲周、故宋说。

② 司马迁：《太史公自序第七十》，《史记》卷一百三十，《四库全书》本，上海古籍出版社 1987 年版。

③ 司马迁：《太史公自序第七十》，《史记》卷一百三十，《四库全书》本，上海古籍出版社 1987 年版。

④ 司马迁：《太史公自序第七十》，《史记》卷一百三十，《四库全书》本，上海古籍出版社 1987 年版。

出于董仲舒论六经的一段话："君子知在位者不能以恶服人也，是故简六艺以赡养之。《诗》、《书》序其志，《礼》、《乐》纯其美，《易》、《春秋》明其知，六学皆大，而各有所长。《诗》道志，故长于质；《礼》制节，故长于文；《乐》咏德，故长于风；《书》著功，故长于事；《易》本天地，故长于数；《春秋》正是非，故长于治人；能兼得其所长，而不能遍举其详也。"[①]尽管董仲舒没有"《春秋》礼义之大宗"一语，但董仲舒关于《春秋》的论说，实际上是包含这一观念的。董仲舒以《春秋》为王道之大者，而礼义的一系列规范就构成所谓王道的最重要内容，司马迁之说是对董仲舒王道之大者的另一种表述。此外，董仲舒多次谈到礼义对于君主进行教化的作用及其对节制情欲、防止社会动乱的意义，这些观念都会引导司马迁从董仲舒的思想中，导出礼义之大宗一说。司马迁此说，是对董仲舒关于《春秋》的认识的确解。

二、奉天法古与贵元重始

给《春秋》的王道提供形而上的理论依据，是董仲舒春秋公羊学的一大特点。《公羊传》没有王道一词，更没有王道的形而上论证，董仲舒春秋公羊学的特点，是以王道为中心，并为其提供了形而上的论证，这是董仲舒对公羊学的发展。

（一）奉天法古与皇权的绝对化

要说明董仲舒为《春秋》王道所提供的形而上理论，必须联系董仲舒的哲学，才能得到合理的解释。董仲舒的哲学讲天人感应，以天为有意志、有伦理道德的神，同时，还借自然的天，借阴阳五行来构建其哲学体系，将世界的万事万物都纳入阴阳五行的图式中。统观董仲舒的哲学，天无疑是最高范畴，是万事万物的主宰，也是世界的本原。如说"天者，百神之大君也"[②]，在《郊义》中，董仲舒还有"天者，百神之君也"的类似说法；在

---

① 董仲舒：《玉杯第二》，《春秋繁露》卷一，钟肇鹏：《春秋繁露校释》（校补本）上册，河北人民出版社 2005 年版，第 57—58 页。

② 董仲舒：《郊语第六十五》，《春秋繁露》卷十四，钟肇鹏：《春秋繁露校释》（校补本）下册，河北人民出版社 2005 年版，第 911 页。

《天人三策》中说"天者群物之祖也"①，并一再在其著作中讲所谓"天命"、"天意"、"天理"、"天志"、"天心"等。在天人关系上大讲为人者天，人受命于天，人副天数，天之生人，天为人之曾祖父等，认为人类社会的一切，包括人的身体构造、情感意识、伦理道德无不都是天所决定的，是天之副。可以说，在董仲舒的哲学体系中，没有任何一个概念可以与天相提并论，只有天才是董仲舒哲学的形而上的最高根据。

董仲舒对《春秋》的形而上证明，就是从天的高度，将《春秋》视为一部表达天意的神圣之作。他说："《春秋》之道，奉天而法古。"②虽然奉天与法古在这里是并列，但在董仲舒的思想中，二者是不能相提并论的，相对而言，最根本的是奉天，而不是法古。古之所以可以为法，在于古代的君主能够很好地奉行天意。所以，只有奉天之说才给董仲舒的春秋公羊学提供了形而上的哲学支持。所谓奉天是说《春秋》之道都是对天道的遵奉，也就是说孔子所著的《春秋》是上天意志的体现。而这个所谓上天的意志，不过是通过君主来实行所谓王道。他说：

> 臣谨案《春秋》之文，求王道之端，得之于正。正次王，王次春。春者，天之所为也；正者，王之所为也。其意曰，上承天之所为，而下以正其所为，正王道之端云尔。然则王者欲有所为，宜求其端于天。③

《公羊传》的"春王正月"四个字的排列顺序，绝不是随意的，而是含有君主遵奉天意、以正其所为的深意。所以，王道的根据在于天意，具有不可怀疑的神圣性。正是在此意义上，董仲舒说："道之大原出于天，天不变，道亦不变。"④用天的不变性，推论出王道的永恒不变。而王道实施者的君主不过是天意的执行者：

---

① 班固：《董仲舒传第二十六》，《汉书》卷五十六，《四库全书》本，上海古籍出版社 1987 年版。
② 董仲舒：《楚庄王第一》，《春秋繁露》卷一，钟肇鹏：《春秋繁露校释》（校补本）上册，河北人民出版社 2005 年版，第 25 页。
③ 班固：《董仲舒传第二十六》，《汉书》卷五十六，《四库全书》本，上海古籍出版社 1987 年版。
④ 班固：《董仲舒传第二十六》，《汉书》卷五十六，《四库全书》本，上海古籍出版社 1987 年版。

《春秋》之序辞也，置王于春正之间，非曰：上奉天施，而下正人，然后可以为王也云尔！①

通过对《春秋》文字的训解，王与王道都获得了天意的支持。而王道的实现，关键在君主的政治得失。所以，如何才配称合格的君主，君主如何才能实现王道，就成为董仲舒所关注的问题。王充早就指出，《春秋繁露》是以君臣政治得失为中心内容的："《新语》，陆贾所造，盖董仲舒相被服焉，皆言君臣政治得失，言可采行，事美足观。"②桓谭也说："董仲舒专精于述古，年至六十余，不窥园井菜。余为《新论》，术辨古今，亦欲兴治也，何异《春秋》褒贬邪！"③可见，桓谭与王充都认为董仲舒的《春秋繁露》是通过褒贬来言说王道的政治得失，目的在实现国家的治理。

从天意的高度，董仲舒将受命于天的君主称为天子。天子在董仲舒的思想中，并非仅仅是居于天子之位，最根本的判定在于看他是否受命于天。他说：

受命之君，天意之所予也。故号为天子者，宜视天为父，事天以孝道也。④

唯天子受命于天，天下受命于天子，一国则受命于君。君命顺，则民有顺命；君命逆，则民有逆命；故曰："一人有庆，兆民赖之。"此之谓也。⑤

圣人正名，名不虚生，天子者，则天之子也。⑥

---

① 董仲舒：《竹林第三》，《春秋繁露》卷二，钟肇鹏：《春秋繁露校释》（校补本）上册，河北人民出版社 2005 年版，第 108 页。

② 王充：《论衡·案书第八十三》，黄晖：《论衡校释》第四册，中华书局 1996 年版，第 1169 页。

③ 桓谭：《新论·本造第一》，上海人民出版社 1977 年版，第 1 页。

④ 董仲舒：《深察名号第三十五》，《春秋繁露》卷十，钟肇鹏：《春秋繁露校释》（校补本）下册，河北人民出版社 2005 年版，第 648 页。

⑤ 董仲舒：《为人者天第四十一》，《春秋繁露》卷十一，钟肇鹏：《春秋繁露校释》（校补本）下册，河北人民出版社 2005 年版，第 705 页。

⑥ 董仲舒：《郊语第六十五》，《春秋繁露》卷十四，钟肇鹏：《春秋繁露校释》（校补本）下册，河北人民出版社 2005 年版，第 913 页。

天子就是上天的儿子，是代表父亲的天来治理天下的。在董仲舒的思想中，并不是所有在位的君主都是合法的君主，只有受命于天的天子，才是具有合法性的君主，而这样的君主是受天命，代表上天来来治理社会、教化人民的。① 天意在人世间的落实，离不开君主。天子拥有绝对的权威，是天下人心所系："人之得天得众者，莫如受命之天子，下至公、侯、伯、子、男，海内之心，悬于天子。"② 将天子的身份与地位绝对化，是董仲舒春秋公羊学的突出特点。

而《公羊传》讲在没有明天子的条件下，诸侯可以专封、专讨、专地。从维护君主的绝对权威出发，董仲舒坚决地反对这一点：

> 有天子在，诸侯不得专地，不得专封，不得专执天子之大夫，不得舞天子之乐，不得致天子之赋，不得适天子之贵。③

只要有天子存在，而不管天子贤明不贤明，任何人都不得享有专杀、专讨等特权。《公羊传》允许在没有明天子的条件下，肯定诸侯的专封、专讨、专杀的合理性的观念，在董仲舒的思想中已经荡然无存。我们看到董仲舒在训解《春秋公羊传》时，只有不许诸侯专封、专讨、专杀的说辞，如说："是故齐桓不予专地而封，晋文不予致王而朝，楚庄弗予专杀而讨，三者不得，则诸侯之得殆此矣。"④ "桓公救中国，攘夷狄，卒服楚，至为王者事；晋文再致天子，皆止不诛，善其牧诸侯，奉献天子，而服周室，《春秋》予之为伯"⑤；"观乎许田，知诸侯不得专封；观乎齐桓、晋文、宋襄、楚庄，知任贤奉上之功"⑥。对齐桓公、晋文公为代表的诸侯霸主，董仲舒只肯定他们

---

① 参见黄开国《儒家性品级说的开端》的相关论述，《哲学研究》2000 年第 9 期。

② 董仲舒：《奉本第三十四》，《春秋繁露》卷九，钟肇鹏：《春秋繁露校释》（校补本）下册，河北人民出版社 2005 年版，第 632 页。

③ 董仲舒：《王道第六》，《春秋繁露》卷四，钟肇鹏：《春秋繁露校释》（校补本）上册，河北人民出版社 2005 年版，第 222 页。

④ 董仲舒：《楚庄王第一》，《春秋繁露》卷一，钟肇鹏：《春秋繁露校释》（校补本）上册，河北人民出版社 2005 年版，第 1 页。

⑤ 董仲舒：《王道第六》，《春秋繁露》卷四，钟肇鹏：《春秋繁露校释》（校补本）上册，河北人民出版社 2005 年版，第 230 页。

⑥ 董仲舒：《王道第六》，《春秋繁露》卷四，钟肇鹏：《春秋繁露校释》（校补本）上册，河北人民出版社 2005 年版，第 263 页。

的奉献天子、服周室、奉上的一面，而涉及专封、专杀之类，则只有"不予"、"不得"一类的一连串否定语言。他甚至说"齐桓、晋文不尊周室，不能霸"①，齐桓公、晋文公能够成为春秋最有影响的霸主，就在于他们能够尊奉周王朝。他还在《王道》中一再申论，《春秋》之所以出现弑君三十二、亡国五十二，就在于"臣下上逼，借拟天子"，"晋文再致天子，齐桓会王世子，擅封邢卫杞，横行中国，意欲王天下"②所致。这是在君臣关系上，完全以君为臣纲作为标准来判定是非，以尊王为第一要义。所以，他对以齐桓公为代表的春秋五霸，表示出不屑一顾，说什么"仲尼之门，五尺之童羞称五伯"③，这与《公羊传》在一定程度上的肯定五霸是完全不同的。

董仲舒改变《公羊传》对齐桓公、晋文公专封等的评价，只讲不允许诸侯的专封等，这种改变的背后有着强烈的现实性。西汉自开国以来就存在中央与诸侯国之间的矛盾，强干弱枝，加强中央集权，削弱地方诸侯王的势力，一直是现实政治中的最大课题。通过几代皇帝尤其汉武帝采用的推恩令，基本上解决了这个问题："文帝采贾生之议分齐、赵，景帝用晁错之计削吴、楚。武帝施主父之册，下推恩之令，使诸侯王得分户邑以封子弟，不行黜徙，而藩国自析。"④但是，中央集权的合理性还缺乏理论的论证。董仲舒反对诸侯的专封等，就在理论上为汉武帝的中央集权提供了论证。他不仅明确反对诸侯的专封等，还将汉武帝的强干弱枝政策作为《春秋》的大义，他在《十指》中说，强干弱枝是《春秋》十大指意之一，而"强干弱枝，大本小末，则君臣之分明矣"⑤，"立义以明尊卑之分，强干弱枝，以明大小之职"⑥，明确地以强干弱枝所要解决的问题就是君臣的尊卑关系，也就是君主的集权问题。这就将汉武帝的强干弱枝上升到《春秋》之法的高度，

---

① 董仲舒：《奉本第三十四》，《春秋繁露》卷九，钟肇鹏：《春秋繁露校释》（校补本）下册，河北人民出版社 2005 年版，第 633 页。

② 董仲舒：《王道第六》，《春秋繁露》卷四，钟肇鹏：《春秋繁露校释》（校补本）上册，河北人民出版社 2005 年版，第 213 页。

③ 班固：《董仲舒传第二十六》，《汉书》卷五十六，《四库全书》本，上海古籍出版社 1987 年版。

④ 班固：《诸侯王表第二》，《汉书》卷十四，《四库全书》本，上海古籍出版社 1987 年版。

⑤ 董仲舒：《十指第十二》，《春秋繁露》卷五，钟肇鹏：《春秋繁露校释》（校补本）上册，河北人民出版社 2005 年版，第 313 页。

⑥ 董仲舒：《盟会要第十》，《春秋繁露》卷五，钟肇鹏：《春秋繁露校释》（校补本）上册，河北人民出版社 2005 年版，第 300 页。

而《春秋》之法是代表天意的，因而也就将汉武帝的政策神化为天意的体现。这种联系现实政治的需要，来诠释《春秋》，发明大义，将现实的需要同《春秋》相附会，是春秋公羊学经世致用的精神所在。春秋公羊学最兴盛的时期在西汉与晚清两个时期，就与这两个时期很好地发挥了这种精神有密不可分的联系，而董仲舒是西汉在这方面做得最成功的代表。

董仲舒对君权的绝对化，还表现在天、君、人关系的规定上。他将"屈民而伸君，屈君而伸天"①，视为《春秋》之大义也。徐复观先生曾辨析董仲舒此说，认为"站在董仲舒的立场，'屈民而伸君'是虚，是陪衬；而'屈君而伸天'一句才是实，是主体。至于统治者及后世小儒，恰恰把他倒转过来，以至发生无穷的弊害，这是董仲舒始料所不及的"②。用虚实、陪衬主体来评说董仲舒的这两句话，是值得商榷的。这里的关键是屈君还是伸君的问题，董仲舒在这个问题上，是带有两面性的。相对于天，君要屈；相对于百姓，君要伸。应该说这两个方面在董仲舒的思想中，都具有重要的意义，而绝没有虚实、陪衬主体之分。如果硬要说虚实、陪衬主体之分，反倒是应该以伸君为董仲舒思想的主体与实的方面。因为董仲舒的全部思想都是围绕着王道来做文章的，是以王道为中心的。所以，我们看到，董仲舒虽然有屈君之说，但如何屈君却少有论说，而倒是对如何伸君处处用心细说，强调在人类社会所有的人都必须服从君主，将屈民伸君即臣民服从君主，作为处理君民关系的准则。而人民只能无条件地拥戴君主，"犹众星之共北辰，流水之宗沧海也"③。君主在董仲舒的春秋公羊学中，不仅具有天之子的神性，而且也是高居于整个社会之上、凌驾于万民之上的绝对权威。人民在君主面前，只有服从与接受其教化的命运，所以，董仲舒的性同一说认为只有君主的教化，才能够使民性成善，而一再强调王教对民性成善的决定作用。④ 当然，董仲舒所要伸的君，指的是受命于天的君主，而非那些只有其位而无其实的帝王，而伸受命于天的君也就是天意在现实社会的落实。若说

----

① 董仲舒：《玉杯第二》，《春秋繁露》卷一，钟肇鹏：《春秋繁露校释》（校补本）上册，河北人民出版社 2005 年版，第 48 页。

② 徐复观：《两汉思想史》第二卷，华东师范大学出版社 2001 年版，第 212 页。

③ 董仲舒：《观德第三十三》，《春秋繁露》卷九，钟肇鹏：《春秋繁露校释》（校补本）下册，河北人民出版社 2005 年版，第 606 页。

④ 参见黄开国：《先秦儒家人性论的总结》，《国际儒学研究》2001 年第 11 辑。

董仲舒以屈君为主、为实，伸天也就无法落实，变成了一句空话。

董仲舒甚至将君主与天地相提并论，视为万物之本。他说：

> 君人者，国之本也，夫为国，其化莫大于崇本，崇本则君化若神，不崇本则君无以兼人。无以兼人，虽峻刑重诛，而民不从，是所谓驱国而弃之者也，患孰甚焉！何谓本？曰：天、地、人，万物之本也。天生之，地养之，人成之；天生之以孝悌，地养之以衣食，人成之以礼乐，三者相为手足，合以成体，不可一无也。无孝悌则亡其所以生，无衣食则亡其所以养，无礼乐则亡其所以成也。三者皆亡，则民如麋鹿，各从其欲，家自为俗，父不能使子，君不能使臣，虽有城郭，名曰虚邑。如此，其君枕块而僵，莫之危而自危，莫之丧而自亡，是谓自然之罚，自然之罚至，重袭石室，分障险阻，犹不能逃也。[①]

这里先说君主为一国之本，崇君就是崇本，只要崇君，国家的治理就可以如神化。后面又说天地人为万物之本，这里与天地并提的人，并不是指一般的人，而是大写的人，是指受命于天的君主，从人成之以礼乐看，这一点是很清楚的。在董仲舒的思想中，能够制礼作乐、用礼乐教化人民的只能是君主，这在《深察名号》与《实性》中有清楚的说明。在董仲舒之前，荀子在《礼论》中有礼三本之说："天地者，生之本也；先祖者，类之本也；君师者，治之本也。"[②]《大戴记·礼三本》有完全相同的说法。他们的说法与董仲舒的说法有两点重大的不同，第一，荀子、《大戴记》只是从礼的角度讲三本，董仲舒则是从万物的角度讲三本，范围要大得多；第二，荀子、《大戴记》除了讲君主外，还提到先祖，而且讲君主是与师一起相提并论的，并没有突出君主的独特地位，而董仲舒在天地外，只讲君主，没有先祖，更没有师，这就将君主提高到与天地相同的地位。君主就不仅只是人类社会的主宰，同时也成为万物的决定者。

董仲舒这些关于君主的论说，一方面折射了汉武帝以来皇权的绝对化，

---

① 董仲舒：《立元神第十九》，《春秋繁露》卷六，钟肇鹏：《春秋繁露校释》（校补本）上册，河北人民出版社2005年版，第380页。

② 梁启雄：《荀子简释》，中华书局1983年版，第356页。

另一方面又为皇权的绝对化提供了理论的根据，而本质上不过是要维护绝对皇权下的大一统："《春秋》大一统者，天地之常经，古今之通谊也。"①将大一统提高到通行天地、古今的高度。董仲舒所说的大一统，是《公羊传》大一统的发展。这体现在三个方面，第一，董仲舒将大一统提升到了天意的高度，这是《公羊传》所没有的；第二，《公羊传》讲大一统只是就人类社会而言，董仲舒的大一统还包括万物的一统；第三，董仲舒的大一统主要是指思想的一统："今师异道，人异论，百家殊方，指意不同，是以上亡以持一统；法制数变，下不知所守。臣愚以为诸不在六艺之科孔子之术者，皆绝其道，勿使并进。邪辟之说灭息，然后统纪可一而法度可明，民知所从矣。"②这是在政治的一统已经实现的情况下，对大一统的更高要求。而思想上的一统，无疑可以起到保证政治一统的作用。董仲舒的大一统是以儒家思想作为唯一正统思想的统一理念，诚如周桂钿先生所言，董仲舒的大一统主要是讲思想的一统，它是百家争鸣之后必然出现的结果，有着积极的作用，同时，也有诸多负面的影响。③

　　董仲舒的大一统重视思想的一统，目的在于为君权绝对化的政治制度寻求长治久安的药方，只有思想上的一统，才能够保障政治上的一统。王阳明说，破山中贼易，破心中贼难，实可以说明董仲舒重视思想一统的价值。而这一思想上的一统，可以说是汉武帝最需要的理论。当着"大一统专制政治成熟"④ 之后，董仲舒提出的思想一统最适合现实的政治需要，春秋公羊学能够成为汉武帝最欣赏的经学，原因就在于此。当然，董仲舒提出的思想一统，对汉武帝的罢黜百家、独尊儒术，建立经学博士制度，兴建全国的官学等，是起到了相当影响的。但这个问题不是董仲舒的春秋公羊学本身的研究范围，所以，就不作进一步的讨论。

　　蒋庆先生在《公羊学引论》中，对包括董仲舒在内的公羊学的大一统有一个评说：

---

　　① 班固：《董仲舒传第二十六》，《汉书》卷五十六，《四库全书》本，上海古籍出版社1987年版。
　　② 班固：《董仲舒传第二十六》，《汉书》卷五十六，《四库全书》本，上海古籍出版社1987年版。
　　③ 详细的论说参见《董学探微》第十三章的论述，在这一章中，周桂钿先生对董仲舒的大一统作出了周密而深刻的分析。
　　④ 徐复观：《两汉思想史》第二卷，华东师范大学出版社2001年版，第182页。

　　大一统的"一统"是自下而上的立元正始，而不是自上而下的整齐划一，即"统一。从公羊家的解释来看，一是元，统是始，一统就是元始，元始就是万物（包括政治社会）的形上根基，或者说本体。政治社会以至山川草木都必须系于此本体，才有存在的价值，故何休解"统"为"揔系之辞"、"政教之始"，是"天人之大本，万物之所系"，徐彦疏为"万物无不一一皆奉之（自下而上）以为始（本体）"。董仲舒在《春秋繁露》中讲春秋变一为元，圣人属万物为一而系之元，讲春秋一元大始，立元崇本，贵元重始，均是此意。由此可见，公羊学所讲的"一统"的本义是指政治社会必须自下而上地归依（系于）一个形上的本体，从而使这一政治社会获得一个超越的存在价值，而不是自上而下地以一个最高权力为中心来进行政治范围的集中统一。①

其实从《公羊传》到董仲舒，再到东汉的何休，有关大一统的论述中，都很难找到大一统有自下而上的一统的观念。《公羊传》对大一统无直接论说，董仲舒、何休的大一统说都明确表示，大一统的一统是受命改制的一统，中心是受命改制之王，这样的大一统绝不可能是什么自下而上的。蒋庆先生将徐彦疏的"奉之"，解释为"自下而上"，是不符合本意的。"奉之"恰好是下对上的遵行，而不是自下而上。尊尊是公羊学的一个基本原则，绝没有自下而上的观念。蒋庆先生是怀着相信公羊学的观念来解说的，虽然有的论说不一定符合公羊学的本意，但希望从传统文化发掘"经世治国"观念的用心发人深思。

　　董仲舒的天子受命于天，虽然有为皇权绝对化作论证的意义，但是，它又绝不是一种为满足皇帝个人私欲的理论。相反，董仲舒的这一理论带有规范、制约皇帝的行为，反对其胡作非为的积极内涵。董仲舒在《春秋繁露》中，一再将仁、义、礼、智、信等说成是天理、天心，"人之德行，化天理而义"②，"仁，天心"③，并将至高德行作为天子受命于天的根据，"德侔天

---

　　① 蒋庆：《公羊学引论》，辽宁教育出版社 1995 年版，第 325 页。
　　② 董仲舒：《为人者天第四十一》，《春秋繁露》卷十一，钟肇鹏：《春秋繁露校释》（校补本）下册，河北人民出版社 2005 年版，第 702 页。
　　③ 董仲舒：《俞序第十七》，《春秋繁露》卷六，钟肇鹏：《春秋繁露校释》（校补本）上册，河北人民出版社 2005 年版，第 363 页。

地者，称皇帝，天佑而子之，号称天子"①。既然天子是道德最高的人，就应当为人表率，成为道德的楷模。不仅如此，以至在董仲舒的著作中圣人还时常被作为与天子、君主含义相同的同义词来使用，② 如他说"故圣者法天"③，又说"为人主者，法天之行"④；治国、制民、为天下兴利，皆为天子之所为，而《保位权》说"圣人之治国"，"圣人之制民"，《考功名》说"圣人致太平"，"圣人之为天下兴利也"，"圣人承之以治，是故春修仁而求善，秋修义而求恶，冬修刑而致清，夏修德而致宽，此所以顺天地，体阴阳"⑤。董仲舒的性同一说以君主为民性成善的教化者，而《实性》以圣人为民性成善的教化者："天之所为，止于茧、麻与禾，以麻为布，以茧为丝，以米为饭，以性为善，此皆圣人所继天而进也，非情性质朴之能至也，故不可谓性。"⑥在许多地方，董仲舒更是在一段话的前后部分，分别用圣人、天子互称，如"天施符授圣人王，法则性命形乎先祖，大昭乎王君"⑦；"圣人副天之所行以为政，故以庆副暖而当春，以赏副暑而当夏，以罚副清而当秋，以刑副寒而当冬，庆赏罚刑，异事而同功，皆王者之所以成德也。庆赏罚刑，与春夏秋冬，以类相应也，如合符，故曰：王者配天"⑧；"行天德者，谓之圣人。为人主者，居至德之位，操杀生之势，以变化民，民之从

---

① 董仲舒：《三代改制质文第二十三》，《春秋繁露》卷七，钟肇鹏：《春秋繁露校释》（校补本）上册，河北人民出版社 2005 年版，第 454 页。

② 当然，董仲舒所说的圣人不一定都是与天子同义，有时他仅仅以圣人为道德的至高人格，有时以圣人为高于贤人的人格，有时特指孔子或周公。但多数的用法是以圣人与天子同义。

③ 董仲舒：《楚庄王第一》，《春秋繁露》卷一，钟肇鹏：《春秋繁露校释》（校补本）上册，河北人民出版社 2005 年版，第 25 页。

④ 董仲舒：《离合根第十八》，《春秋繁露》卷十八，钟肇鹏：《春秋繁露校释》（校补本）上册，河北人民出版社 2005 年版，第 371 页。

⑤ 董仲舒：《如天之为第八十》，《春秋繁露》卷十七，钟肇鹏：《春秋繁露校释》（校补本）下册，河北人民出版社 2005 年版，第 1080 页。

⑥ 董仲舒：《实性第三十六》，《春秋繁露》卷十，钟肇鹏：《春秋繁露校释》（校补本）下册，河北人民出版社 2005 年版，第 682 页。

⑦ 董仲舒：《三代改制质文第二十三》，《春秋繁露》卷七，钟肇鹏：《春秋繁露校释》（校补本）上册，河北人民出版社 2005 年版，第 475 页。

⑧ 董仲舒：《四时之副第五十五》，《春秋繁露》卷十三，钟肇鹏：《春秋繁露校释》（校补本）下册，河北人民出版社 2005 年版，第 797 页。

主也……故曰圣人配天"①；"天令之谓命，命非圣人不行；质朴之谓性，性非教化不成；人欲之谓情，情非度制不节。是故王者上谨于承天意，以顺命也；下务明教化民，以成性也；正法度之宜，别上下之序，以防欲也"②。在这些地方董仲舒都是以圣人为天子，君主即圣人，这是董仲舒关于天子、君主的最重要规定。

　　董仲舒以天子为圣人，除了神化、美化天子外，主要的目的还是用天意来引导君主，要君主重视"为民"的问题。他认为天子既然是上天的儿子，是代表上天治理天下。所谓"天之生民，非为王也；而天立王，以为民也。故其德足以安乐民者，天予之，其恶足以贼害民者，天夺之"③。所以，君主就应该体现上天的仁爱，实行以德为主的德治与仁政，教导人民向善，同时还要关注人民的疾苦，给人民的生活以保障。这样的君主，才能够成为万民所拥戴的天子："王者，民之所往，君者，不失其群者也；故能使万民往之，而得天下之群者，无敌于天下。"④而天子与万民的关系，犹如人心与人体："君者，民之心也，民者，君之体也；心之所好，体必安之；君之所好，民必从之。故君民者，贵孝弟而好礼义，重仁廉而轻财利，躬亲职此于上而万民听，生善于下矣。"⑤既然君主与人民存在心与体的关系，所以，君主应该对人民有一定程度的关切，这是先秦以来儒家重民思想的发展。尽管随着封建中央集权的加剧，君民的关系向着人民权益日益丧失殆尽的方向发展，但董仲舒关于对人民的一定关怀是天意体现的观念，对遏制君权还是有一定作用的，这是西汉春秋公羊学有价值的思想之一。

　　君主不仅要爱民，还要爱及四周的夷狄，所谓"王者爱及四夷"⑥。这

　　① 董仲舒：《威德所生第七十九》，《春秋繁露》卷十七，钟肇鹏：《春秋繁露校释》（校补本）下册，河北人民出版社2005年版，第1074—1076页。

　　② 班固：《董仲舒传第二十六》，《汉书》卷五十六，《四库全书》本，上海古籍出版社1987年版。

　　③ 董仲舒：《尧、舜不擅移汤武不专杀第二十五》，《春秋繁露》卷七，钟肇鹏：《春秋繁露校释》（校补本）上册，河北人民出版社2005年版，第498页。

　　④ 董仲舒：《灭国上第七》，《春秋繁露》卷五，钟肇鹏：《春秋繁露校释》（校补本）上册，河北人民出版社2005年版，第168页。

　　⑤ 董仲舒：《为人者天第四十一》，《春秋繁露》卷十一，钟肇鹏：《春秋繁露校释》（校补本）下册，河北人民出版社2005年版，第708页。

　　⑥ 董仲舒：《仁义法第二十九》，《春秋繁露》卷八，钟肇鹏：《春秋繁露校释》（校补本）上册，河北人民出版社2005年版，第566页。

是对《公羊传》夷夏之辨的发展，也说明董仲舒所说的"王者大一统"，是包括华夏与夷狄在内的一统，这是对《公羊传》大一统、夷夏之辨所增添的新内容。西汉"自武帝以来"远离汉王朝的诸多异族国家"皆献见"①，董仲舒将夷狄纳入王者所爱的范围，正是这一变化的反映。司马相如说"兼容并包"、"遐迩一体，中外禔福"②，也正是董仲舒春秋公羊学夷夏之辨的反映，③并成为西汉王朝处理民族政策的原则。中国能够成为一个多民族的大家庭，春秋公羊学的夷夏之辨功不可没，而董仲舒的王者爱及四夷，构成了其中的宝贵内容。

而当君主失去道德，也就意味着违背天意，这时，君主就会受到上天的谴告：

> 国家将有失道之败，而天乃先出灾害以谴告之，不知自省，又出怪异以警惧之，尚不知变，而伤败乃至。以此见天心之仁爱君主而欲止其乱也。自非大亡道之世者，天尽欲扶持而全安之，事在强勉而已矣。④

> 凡灾异之本，尽生于国家之失，国家之失乃始萌芽，而天出灾害以谴告之；谴告之，而不知变，乃见怪异以惊骇之；惊骇之，尚不知畏恐，其殃咎乃至。以此见天意之仁，而不欲陷人也。⑤（此段旧版原本在《必仁且智》，钟肇鹏先生以为此段话与仁、智无关，故移至《二端》）

这就是所谓谴告说。谴告说是董仲舒天人感应说的最重要内容，是将君主的一切政治行为都与上天相感应并会引起上天相应反应的理论。⑥ 这也被董仲

---

① 参见班固：《地理志第八下》，《汉书》卷二十八下，《四库全书》本，上海古籍出版社1987年版。

② 班固：《司马相如传第二十七下》，《汉书》卷五十七下，《四库全书》本，上海古籍出版社1987年版。

③ 冯友兰说："司马相如对夷狄和中国区分，完全是从文化上讲的，这正是春秋公羊家所讲的《春秋》之义。"（《中国哲学史新编》中册，第57页）

④ 班固：《董仲舒传第二十六》，《汉书》卷五十六，《四库全书》本，上海古籍出版社1987年版。

⑤ 董仲舒：《二端第十五》，《春秋繁露》卷六，钟肇鹏：《春秋繁露校释》（校补本）上册，河北人民出版社2005年版，第345页。

⑥ 由于这一理论将君主与上天的感应，说成是事事必有对应的应验，所以，连对董仲舒极为称许的二程也批评说："仲舒说天人相与之际亦略见些模样，只被汉儒推得大过，亦何必说某事有某应？"（《二程遗书》卷二十二下，《四库全书》本，上海古籍出版社1987年版）

舒视为春秋公羊学的重要内容："孔子作《春秋》，上揆之天道，下质诸人情，参之于古，考之于今。故《春秋》之所讥，灾害之所加也；《春秋》之所恶，怪异之所施也。书邦家之过，兼灾异之变；以此见人之所为，其美恶之极，乃与天地流通而往来相应，此亦言天之一端也。"①董仲舒认为，君主受到谴告被惊骇之后还不知悔改，就会失去天佑，而丧失天子的地位。他说："天子不能奉天之命，则废而称公，王者之后是也。"②王者之后称公，也就由天子降为三公的等序，失去了君主的地位。董仲舒认为，没有道德的君主，不过是自取灭亡的"一夫之人"："亡者爱及独身，独身者，虽立天子诸侯之位，一夫之人耳，无臣民之用矣，如此者，莫之亡而自亡也。"③这种自取灭亡的君主，也就是桀、纣一类天下共弃的暴君，"天之所弃，天下弗佑，桀、纣是也"④。董仲舒由此在《尧、舜不擅移汤、武不专杀》说，对这样的君主进行诛杀，是有道杀无道，是合于天理的，他甚至说："故夏无道而殷伐之，殷无道而周伐之，周无道而秦伐之⑤，秦无道而汉伐之，有道伐无道，此天理也。"⑥由此他提出："故天子命无常，唯命是德庆。"⑦并以古代禅泰山为天子有 72 人之多的历史来证明这一观念。所以，董仲舒尽管在空间上将皇权绝对化，但在时间上却没有将皇权固定化，而是认为以天子为代表的皇权是变化的，是可以转移的。而如何转移，则看谁有可与天地之德相匹配的至德。诚如徐复观先生所指出："董氏肯定了大一统的专制体

---

① 董仲舒：《尧、舜不擅移汤武不专杀第二十五》，《春秋繁露》卷七，钟肇鹏：《春秋繁露校释》（校补本）上册，河北人民出版社 2005 年版，第 498 页。

② 董仲舒：《顺命第七十》，《春秋繁露》卷十五，钟肇鹏：《春秋繁露校释》（校补本）下册，河北人民出版社 2005 年版，第 947 页。

③ 董仲舒：《仁义法第二十九》，《春秋繁露》卷八，钟肇鹏：《春秋繁露校释》（校补本）上册，河北人民出版社 2005 年版，第 566 页。

④ 董仲舒：《观德第三十三》，《春秋繁露》卷九，钟肇鹏：《春秋繁露校释》（校补本）下册，河北人民出版社 2005 年版，第 606 页。

⑤ 对周无道秦伐之之说，黄震在《黄氏日抄》卷五十六中论《春秋繁露》时已经提出质疑，认为是于理未驯之说："余多烦猥，甚至于理不驯者有之，如云宋襄公由其道而败，《春秋》贵之，襄公岂由其道者耶？如云周无道而秦伐之，以与殷周之伐并言，秦果伐无道者耶？"

⑥ 董仲舒：《尧、舜不擅移汤武不专杀第二十五》，《春秋繁露》卷七，钟肇鹏：《春秋繁露校释》（校补本）上册，河北人民出版社 2005 年版，第 498 页。

⑦ 董仲舒：《三代改制质文第二十三》，《春秋繁露》卷七，钟肇鹏：《春秋繁露校释》（校补本）上册，河北人民出版社 2005 年版，第 431 页。

制，并不等于他肯定了'家天下'。"①

皮锡瑞在《经学历史》中说："汉有一种天人之学而齐学尤盛。《伏传》五行，《齐诗》五际，《公羊春秋》多言灾异，皆齐学也。《易》有象数占验，《礼》有明堂阴阳，不尽齐学，而其旨略同。当时儒者以为人主至尊，无所畏惮，借天象以示儆，庶使其君有失德者犹知恐惧修省。"②董仲舒关于天子受命于天的思想，可以说正是皮锡瑞所说的天人之学的经典理论。自董仲舒之后，西汉经学家利用谴告说来警戒君主确实成为一种时尚，如夏侯胜、京房、翼丰、李寻、孔光、谷永等皆有借灾异言说谴告之举，但是，董仲舒天人之学的主要意义与出发点并不在警戒君主，而在于正面引导君主向善，在于强调道德对君主的意义，将天命的转移与道德联系在一起。而其中的谴告说，更是得到极度的发展，后来班固在《汉书》中专列的《五行志》，依附《洪范》，以阴阳五行为骨架，以天人感应为骨髓，对春秋以来的灾异，一一附会为说，实际上就是一部董仲舒等人谴告说的集合。这种天人之学带有天人感应神秘主义的色彩，对西汉后期经学中的神秘主义与方士合流而形成谶纬神学，起到了极大的作用。③诚如《四库全书总目》在《日讲书经解义提要》所说："然伏生、董仲舒、刘向、刘歆之所推，特术家傅会之说。"④以至徐复观先生说：

　　我的推测，谶语是古已有之，而缘经以为纬书。而夏侯始昌的《洪范五行传》，京房之《易》，翼奉之《诗》，皆系由仲舒所引发；纬书更各由此异说滋演而生，遂大盛于哀平之际。故先秦经学，实至仲舒而一大歪曲；儒家思想，亦至仲舒而一大转折；许多中国思维之方式，常在合理中混入不合理的因素，以致自律性的演进，停滞不前，仲舒实是一关键性人物。⑤

---

①　徐复观：《两汉思想史》第二卷，华东师范大学出版社 2001 年版，第 183 页。

②　皮锡瑞：《经学历史》，中华书局 1989 年版，第 106 页。

③　参见黄开国：《论汉代谶纬神学》，《中国哲学史研究》1984 年第 1 期；《论谶纬神学的产生》，《江西社会科学》1992 年第 3 期。

④　纪昀：《四库全书总目》上册卷十二，中华书局 1983 年版，第 100 页。

⑤　徐复观：《两汉思想史》第二卷，华东师范大学出版社 2001 年版，第 221 页。

这一说法是有根据的，可由西汉自董仲舒以来学术思想的发展得到证实。

相对于奉天，法古在董仲舒的春秋公羊学中论说不多，也不具备奉天的形而上的意义。董仲舒所以将其与奉天相提，是为了给他奉天的形而上理论找到理想的蓝图。而这一理想蓝图在西汉的现实社会中并不存在，自春秋以来的历史更是动乱不断，所以，董仲舒只能够从古代的历史去寻求这一蓝图：

> 五帝三王之治天下，不敢有君民之心，什一而税，教以爱，使以忠，敬长老，亲亲而尊尊，不夺民时，使民不过岁三日，民家给人足，无怨望忿怒之患、强弱之难，无谗贼妒疾之人，民修德而美好，被发衔哺而游，不慕富贵，耻恶不犯，父不哭子，兄不哭弟，毒虫不螫，猛兽不搏，抵虫不触，故天为之下甘露，朱草生，醴泉出，风雨时，嘉禾兴，凤凰麒麟游于郊，图圄空虚，画衣裳而民不犯，四夷传译而朝，民情至朴而不文。①

这种以五帝三王的古代政治美仑美奂的观念，是董仲舒讲法古的思想根源。需要指出的是，董仲舒在这里所指五帝三王，与他"三统"说的五帝三王是不同的，"三统"说的五帝三王可以说是历史上的任何一个王朝，并随着三统循环而发生变化，而这里的五帝三王则是儒家所说古代以尧、舜为代表的圣王。董仲舒的法古，就是以尧、舜等古代先王作为效法的榜样，"《春秋》之于世事也，善复古，讥易常，欲其法先王也。"②在董仲舒的思想中，五帝三王的理想政治并非仅仅是理想，而是古代真实存在的现实。所以，他在《天人三策》中说，只要汉武帝能够奉天而行，"则三王之盛易为"。同时，董仲舒认为，先王之道与后王之道，是古今相通的，先王之法如规矩，后世必须以先王之法为参考："是故虽有巧手，弗修规矩，不能正方圆；虽有察耳，不吹六律，不能定五音；虽有知心，不览先王，不能平天下；然则

---

① 董仲舒：《王道第六》，《春秋繁露》卷四，钟肇鹏：《春秋繁露校释》（校补本）上册，河北人民出版社 2005 年版，第 195 页。

② 董仲舒：《楚庄王第一》，《春秋繁露》卷一，钟肇鹏：《春秋繁露校释》（校补本）上册，河北人民出版社 2005 年版，第 27 页。

先王之遗道，亦天下之规矩六律已！故圣者法天，贤者法圣，此其大数也；得大数而治，失大数而乱，此治乱之分也；所闻天下无二道，故圣人异治同理也，古今通达，故先贤传其法于后世也。"①而无论董仲舒如何为其法古说作论证，他的法古在客观上只是为汉武帝提供了一幅虚构的图画，但法古之说，却是后来春秋公羊学的托古说的滥觞。托古说以历史发展是一个文明进步的过程，三代的美好图景不过是圣人的假托，这较之董仲舒对三代的认识显然要科学得多，但以托古与孔子改制相联系，将托古作为改制的手段，则诱发了廖平、康有为的孔子改制说，而在晚清发生了极其重要的影响。

　　董仲舒奉天法古说，具有丰富的内容，但归根结底，不过是以论证王道的合法性、合理性、永恒不变为归宿。而王道本质上是一个政治学的问题，这说明董仲舒的春秋公羊学关注的重点在政治。但是，宋明理学对董仲舒最推崇的是他在《对胶西王越大夫不得为仁》中所说的："仁人者正其道不谋其利，修其理不急其功。"②这两句话在《汉书·董仲舒传》的《天人三策》中作："正其谊不谋其利，明其道不计其功。"③程颢说："董仲舒曰：'正其谊不谋其利，明其道不计其功。'此董子所以度越诸子。"④这是程朱理学对董仲舒的评说，反映了程朱理学的价值评判标准。但董仲舒的经学最重要的意义，并不在所谓义利之辨，而在于对王道的阐发。

　　（二）贵元正始与正王道之始

　　与奉天之说相联系的是董仲舒的贵元重始之说。董仲舒此说是通过对《春秋》的"元年春王正月公即位"的解释而发挥出来的。《公羊传》解释《春秋》的这几个字，提出了以文王之正为理想的大一统，董仲舒将大一统作为王道的重要内容，主要在奉天法古说中作出论说，所以，他对这几个字的解释，不再仅仅以大一统为说，同时提出了贵元重始说。贵元重始说，也

　　①　董仲舒：《楚庄王第一》，《春秋繁露》卷一，钟肇鹏：《春秋繁露校释》（校补本）上册，河北人民出版社 2005 年版，第 25 页。
　　②　董仲舒：《对胶西王越大夫不得为仁第三十二》，《春秋繁露》卷九，钟肇鹏：《春秋繁露校释》（校补本）上册，河北人民出版社 2005 年版，第 603 页。
　　③　周桂钿在《董学探微》中认为，《春秋繁露》的文字为董仲舒的原文，而《汉书》中记载是经过班固润色了的。经过班固的润色，而含义有了差别。关于这个不同及其意义的详细论说，请参见该书第 146 页。
　　④　朱熹、吕祖谦：《总论圣贤》《近思录》卷十四，《四库全书》本，上海古籍出版社 1987 年版。

是对王道的探索，但与奉天法古不同，贵元重始说是探究王道的开端，以保证王道在一开始就得以正确的贯彻，而不至发生差之毫厘、谬以千里的情况。

董仲舒贵元重始说最重要的概念是"元"。对这个概念的理解，关系到董仲舒春秋公羊学诸多问题的认识。徐复观先生认为元是元气，具有根源之义；① 金春峰先生也认为元是元气；② 蒋庆先生认为元是元气，是宇宙万物的本体；③ 曾振宇先生说：董仲舒是继《管子》之后，"气本体论的主要代表人物"④，气、一、元"三者内涵相同、外延相近，实质上属于话词不同但内涵与外延相同的同语反复"⑤。冯友兰先生认为："在董仲舒的体系中，'元'不可能是种物质性的实体。即使把'元'解释成'元气'，而这个'元气'也定是有意识和道德性质的东西。"⑥并以为"董仲舒所说的'元'可能就是他所说的'天'"⑦。周桂钿先生否认元为元气说，但认为元是董仲舒哲学的最高范畴，而将董氏哲学说成是"元一元论"⑧。还有人将元说成是董仲舒哲学的最高范畴，是至上神。⑨ 这些看法，虽然不尽相同，但有一个共同的观念，就是将元视为一个哲学观念，或认为元就是天，或认为元是较之于天更根本的最高范畴。

其实，董仲舒所说的元绝不是一个哲学观念，而是一个政治学的概念。他所说的元，是指元年之元，也就是君主年号顺序的第一、开始之义，而不是将元像天那样，视为有意志的至上神，具有对万物的决定作用。董仲舒有人副天数之说，有天为人之曾祖父，天生人有贪仁之性，君主为天子等说，而在元与人的关系上，董仲舒绝没有类似的说法。但是，由于董仲舒特别看重元年对王道的初始意义，所以，对元作出了极尽夸大的论说，而使人们发

---

① 参见徐复观：《两汉思想史》第二卷，华东师范大学出版社2001年版，第219页。

② 参见金春峰：《汉代思想史》，中国社会科学出版社1987年版，第149页。

③ 参见蒋庆：《公羊学引论》，辽宁教育出版社1995年版，第277—278页。

④ 曾振宇：《天人衡中：〈春秋繁露〉与中国文化》，河南大学出版社1998年版，第35页。

⑤ 曾振宇：《天人衡中：〈春秋繁露〉与中国文化》，河南大学出版社1998年版，第36页。

⑥ 冯友兰：《中国哲学史新编》中册，人民出版社2001年版，第75页。

⑦ 冯友兰：《中国哲学史新编》中册，人民出版社2001年版，第74页。

⑧ 参见周桂钿：《董学探微》，北京师范大学出版社1989年版，第38页。

⑨ 参见李荣亮：《董仲舒"天"的重新诠释——兼对"元"的解读》，《牡丹江大学学报》2008年第5期。

生了误解，出现了许多人将元视为比天更高的范畴的认识。

在春秋公羊学发展史上，董仲舒是第一个对元作出深入发挥并赋予其极其丰富政治含义的经学家。在《春秋》与《公羊传》中，元与年合在一起，表示诸侯即位第一年之义，并没有特殊意义的解说，董仲舒却认为《春秋》将第一年不称一年而改称元年，包含着孔子的深远用意：

> 《春秋》谓一元之意，一者万物之所从始也，元者辞之所谓大也。谓一为元者，视大始而欲正本也。《春秋》深探其本，而反自贵者始。故为君主者，正心以正朝廷，正朝廷以正百官，正百官以正万民，正万民以正四方。四方正，远近莫敢不壹于正，而亡有邪气奸其间者。是以阴阳调而风雨时，群生和而万民殖，五谷孰而草木茂，天地之间被润泽而大丰美，四海之内闻盛德而皆徕臣，诸福之物，可致之祥，莫不毕至，而王道终矣。①
>
> 谓一元者，大始也。知元年志者，大人之所重，小人之所轻。是故治国之端在正名，名之正，兴五世，五传之外，美恶乃形，可谓得其真矣，非子路之所能见。②
>
> 《春秋》何贵乎元而言之？元者，始也，言本正也，道王道也③；王者，人之始也。王正，则元气和顺，风雨时，景星见，黄龙下；王不正，则上变天，贼气并见。④

董仲舒说元年始于孔子作《春秋》的改一为元，但据可靠的文献与文物的铭文证明，在商周已有以元年称君主的第一年的记载，⑤叶梦得指出："古者谓人君即位之始年，不曰一年，而曰元年；岁之始月，不曰一月，而曰正

---

① 班固：《董仲舒传第二十六》，《汉书》卷五十六，《四库全书》本，上海古籍出版社 1987 年版。

② 董仲舒：《玉英第四》，《春秋繁露》卷三，钟肇鹏：《春秋繁露校释》（校补本）上册，河北人民出版社 2005 年版，第 121 页。

③ 此语《春秋繁露校释》（校补本）标点作"道，王道也"。

④ 董仲舒：《王道第六》，《春秋繁露》卷四，钟肇鹏：《春秋繁露校释》（校补本）上册，河北人民出版社 2005 年版，第 193 页。

⑤ 关于这个问题的详细论说，请参见周桂钿《董学探微》，北京师范大学出版社 1989 年版，第 38—39 页。

月，自尧、舜以来见之矣。元年之称见于《伊训》，正月之称见于《舜典》，非《春秋》创为之文也。"①董仲舒此说并不合于历史的真实。从上面三段话中可见，董仲舒关于元的解释，最多的是以始训元，而这在《周易》、《尚书》中早已出现，阮元的《经籍纂诂》训《周易》、《尚书》的元有始、长、首、大等义，而以"始"为元的第一义，②《尔雅·释诂》也以元训始，这说明以始训元也不是董仲舒的发明。董仲舒的这一训解所以在春秋公羊学中发生了重大的影响，就在于他赋予了元特殊的含义。

董仲舒的以始训元无疑有开始、起始、开端的时间含义，但始并不只是一个纯粹的时间概念，而是有确定含义的始，这就是王道之始。上面所引用董仲舒的这几段话中，较一般论述董仲舒的"元"所引的文字稍多，目的是希望通过这些文字，能够联系董仲舒论"元"的前后文，来较为准确地把握住董仲舒的"元"概念的含义。在上面的三段引文中，有两段明确讲到王道，一段讲到治国，而治国也是王道的问题，这说明董仲舒所说的孔子改一年为元年的所谓"始"，不过是重视王道之始，这是董仲舒的以"始"训元的最根本内涵。特别是"元者，始也，言本正也，道王道也"一语，则最清楚地表明了这一点。董仲舒两次讲到孔子改一为元为"大始"，所谓"大始"从文字上说有两种含义，一是对始的重视，一是以始为重大之事，无论是哪种含义，都表达了董仲舒对王道之始的极端重视。③这是以元为贵、以始为重的贵元重始说的实质。当然，董仲舒所说的元是与天联系在一起的，《春秋说》："以元之深，正天之端；以天之端，正王者之政。"④这一解释说明元不过是王道从天寻求到形而上的根据，但元本身并不是天，而只是表示王道一开始就从天得到纯正的规定性。所以，董仲舒以始训元，是与天联系在一起的，元与天的联系，才使董仲舒的王道获得形而上的依据，具有不可怀疑的绝对权威。

---

①　叶梦得：《春秋考》卷四，《四库全书》本，上海古籍出版社 1987 年版。

②　阮元编：《经籍纂诂》上册，成都古籍书店 1982 年版，第 188—189 页。

③　近年来，刘国民的《董仲舒之"元"的重新诠释》（《广西社会科学》2003 年第 4 期）、刘红卫的《董仲舒"元"概念新解》（《管子学刊》2005 年第 3 期），都开始注重从强调君主在天人体系中的地位和作用来探讨元的本义，这对正确理解董仲舒的"元"概念有积极意义。但是，尚未掌握到董仲舒"元"的最本质的含义在重王道之始。

④　转引自阮元：《十三经注疏》下册，中华书局 1982 年版，第 2196 页。

董仲舒在这三段话中，还两次将大始与正本联系为说，"谓一为元者，视大始而欲正本也"；"元者，始也，言本正也"。这里的正本或本正的"本"是指什么？联系其出处的全文可知，所谓本绝不是指宇宙的根本或根源，而是指的王道之本。故在这两句话之后，都是紧扣王道为说。王道事关君主，董仲舒以名号为圣人对天意的阐发，他训君号说："深察君号之大意，其中亦有五科：元科、原科、权科、温科、群科：合此五科以一言，谓之君。君者，元也；君者，原也；君者，权也；君者，温也；君者，群也。是故君意不比于元，则动而失本；动而失本，则所为不立；所为不立，则不效于原；不效于原，则自委舍；自委舍，则化不行；用权于变，则失中适之宜；失中适之宜，则道不平、德不温；道不平、德不温，则众不亲安；众不亲安，则离散不群；离散不群，则不全于君。"①元是君主第一位的含义，而这个含义就是王道之本，所以，他以为君意不比于元则动而失本。从所谓名号的阐发，来说明事物的本质，是董仲舒春秋公羊学正名说的基本内容，也是董仲舒训解《春秋公羊传》，发挥其春秋公羊学的重要手法。这说明董仲舒关于"元"的观念，无论是以始训元，还是以本训元，及其以元为君号的第一义，都属于政治学的范畴，而不是讲宇宙论、本体论的问题。

但是，在另一段话中，董仲舒似乎有以元为宇宙本原及其元先于天地的思想：

> 惟圣人能属万物于一，而系之元也，终必②及本所从来而承之，不能遂其功，是以《春秋》变一谓之元，元犹原也，其义以随天地终始也，故人惟有终始也。而生死③必应四时之变，故元者，为万物之本，而人之元在焉，安在乎？乃在乎天地之前。故人虽生天气及奉天气者，不得与天元，本天元命，而共违其所为也。故春正月者，承天地之所为也，继天之所为而终之也，其道相与共功持业，安容言乃天地之元？天

---

① 董仲舒：《深察名号第三十五》，《春秋繁露》卷十，钟肇鹏：《春秋繁露校释》（校补本）下册，河北人民出版社 2005 年版，第 657 页。

② "必"原文作"不"，钟肇鹏《春秋繁露校释》（校补本）上册第 321 页注三校改。

③ "死"原文作"不"，据惠栋校改为"死"。钟肇鹏《春秋繁露校释》（校补本）上册第 323 页注⑧，经过考辨认为，惠栋校合于董仲舒之义，故据以改正。

地之元，奚为于此，恶施于人？大其贯承意之理矣。①

此文在苏舆的《春秋繁露义证》还重见于《玉英》。这里讲到"元犹原也"，又说"元者为万物之本"，从字义说，原与本均有本原之义。人们讲董仲舒为元一元论，元是宇宙的根源，主要根据就在于这段话。但是，对这段话的文字，俞樾在《诸子平议》中是有异议的。他指出，"安在乎乃在乎天地之前"中的"乃在乎"三字为衍文。② 经过俞樾的校改，董仲舒的这段话就不存在有所谓天地之前的宇宙本原的元，而是否定至少是质问元在天地之前的观念。董仲舒的这段话就不存在所谓天地之前的宇宙本原的元。俞樾此说的依据是"圣人之言，未有及天地之前者，有物混成，先天地生，此老氏之旨，非圣人之言也"③。但是，钟肇鹏先生据苏舆、冒广生的校注，认为俞樾之说不确，"乃在乎"三字非衍文，董仲舒确有元在天地之先的思想，是对老子"有物混成，先天地生"的申说。④ 这两种说法都有训诂的依据，但这是两种完全不同的理解，同一段话绝不可能有两种完全不同的含义，所以，这两种训解只有其中一种是符合董仲舒的本意的。联系"元犹原"一语出处的前后文看，可知所谓元就《春秋》言，是由一所变来，原实际上就是一，更严谨地说董仲舒的这个一，是指序数系列的第一，是将君主即位的第一年变为元年而来。在董仲舒的所有论著中，绝没有以一为万物产生之本的说法，此说是老子之说，而且老子产生万物的一绝不是序数系列中的第一之一。董仲舒虽然有吸收老子思想的地方，但主要是人君南面之术，如《离合根》说"故为人主者，以无为为道，以不私为宝，立无为之位"等，而绝没有采纳老子以一为万物之本的观念。

就原之义而论，董仲舒说得很明确是"随天地终始"，这就是说原是随天地变化而变化的，相对天地而言，元、原，只能是第二位的。而所谓元

---

① 董仲舒：《重政第十三》，《春秋繁露》卷五，钟肇鹏：《春秋繁露校释》（校补本）上册，河北人民出版社 2005 年版，第 320 页。

② 参见俞樾：《诸子平议》下册，上海书店 1985 年版，第 514 页。

③ 俞樾：《诸子平议》下册，上海书店 1985 年版，第 514 页。

④ 参见董仲舒：《重政第十三》，《春秋繁露》卷五，钟肇鹏：《春秋繁露校释》（校补本）上册，河北人民出版社 2005 年版，第 322 页注⑩。

"随天地终始"，是指三统循环的变化，依天命的变化而变化，随着天命的变化，而有改正朔、新的始"元"出现的变化。同时，这段话另外还两次提到"承天"、"继天"，而没有承元、继原的说辞，也可说明董仲舒是以天高于元，只有天才是董仲舒哲学的最高范畴，元绝没有天的地位，更不可能有高于天的地位。俞樾的校改否认董仲舒此段话有元先于天地之意，是符合董仲舒的思想的。

既然如此，为什么董仲舒要说"元者万物之本"？怎样理解这句话的含义呢？董仲舒这里所说的本，也就是他在论元时多次讲到的"正本"之本，这个本是王道之本，而不是万物产生之本。他在训解君的名号时，明确以元为第一义，原为第二义，就是说元、原都是君的本有之义。董仲舒最重视王道，在他看来，只要君主能够奉行王道，不仅人类社会包括自然界的万物都会各得其所，这就抓住了问题的根本，这就是元为万物之本的意思。

就董仲舒所有言本的论说来看，元为万物之本也没有人们所说的哲学最高范畴的意义。董仲舒言本有如下几种情况：相对于末而言，如说"教，政之本也，狱，政之末也"[1]；从主次而言，如"甘者，五味之本也"[2]；从原因、根源而言，如"利者，盗之本也"[3]。这些本的含义并不具备哲学最高范畴的意义。就是董仲舒多次说"天地人为万物之本"的本，也没有哲学最高范畴的含义，而是分别从（天）生、（地）养、（人）成来论说天地人对万物的决定作用。所以，董仲舒讲元为万物之本，并不是说元是万物产生的根源，而是要强调孔子改一为元的重大意义，抓住了王道之本。董仲舒之后的许多人解董仲舒的元为万物之本，多引何休注关于元的解释，说元为元气，以此证明董仲舒的元是世界的本原，那是根本不能够成立的。董仲舒的著作中有元气一词，但元气与元在董仲舒的思想中是两个完全不同的概念。[4] 联系董仲舒春秋公羊学的整个思想及其对元的全部训释，根本没有把

---

① 董仲舒：《精华第五》，《春秋繁露》卷三，钟肇鹏：《春秋繁露校释》（校补本）上册，河北人民出版社 2005 年版，第 178 页。

② 董仲舒：《五行之义第四十二》，《春秋繁露》卷十一，钟肇鹏：《春秋繁露校释》（校补本）下册，河北人民出版社 2005 年版，第 716 页。

③ 董仲舒：《天道施第八十二》，《春秋繁露》卷十七，钟肇鹏：《春秋繁露校释》（校补本）下册，河北人民出版社 2005 年版，第 1095 页。

④ 关于这个问题，《董学探微》第二章第一节有详细的论说可参考。

元视为宇宙本原的思想。

此外，董仲舒讲的人之元、天元，并不是说在人、天之外，还有一个高悬的元。关于天元，除董仲舒在上段话中言及外，在西汉人的著作中还有两见。一见于司马迁说："王者易姓受命，必慎始初，改正朔，易服色，推本天元①，顺承厥意。"②《索引》以元气为说不确，但说"推行运所在，以定正朔"，则正确地说明了天元与正朔的确定有关。一见于汉哀帝的诏书："盖闻《尚书》五曰考终命，言大运一终，更纪天元人元，考文正理，推历定纪，数如甲子也。"③这里说的大运一终更纪天元，更清楚地说明天元就是指新王的正朔而言。结合西汉关于天元的说法，可知天元与改制的正朔相关，这就是董仲舒说的："改正之义，奉元而起，古之王者受命而王，改制称号正月。"④正朔为新王的开端，而正朔的确定本于天，元为始、为本，故称之为天元。所以，天元的概念绝不是哲学本原的概念，而是与确定正朔相关的概念，正朔实际上是个历法问题，在董仲舒的思想中则是与改制相关的政治问题，所以，天元的深层含义是指新王从一开始就从天获得纯正之本。至于人元，除董仲舒讲到一次外，查遍《全汉文》西汉也仅有汉哀帝的诏书谈到一次，但从人元与天元联系在一起说，人元置于天元之后来看，人元也与王朝更替的改制有关，再结合董仲舒的天人关系的规定，可以肯定的是董仲舒讲的人元是指新王朝在初始时从天获得的纯正之本，所以，人元绝不是哲学本原性的观念，更不可能有天地之先的人元存在。

董仲舒强调元，制造出天元、人元等观念，不过是重视王道之始。他重视王道之始的观念，具体说来就是后来被称为春秋公羊学所说的"五始"，将其说得十分神秘高贵。在春秋公羊学发展史上，董仲舒是第一个提出五始说的人。他说：

---

① 蒋庆在《公羊学引论》中说"天元"为司马迁之语（该书第 282 页），司马迁确有天元一词，但从天元一词出处的全文来看，司马迁言天元，与董仲舒同义，司马迁学《公羊》于董仲舒，故司马迁此说当本于董仲舒。

② 司马迁：《历书第四》，《史记》卷二十六，《四库全书》本，上海古籍出版社 1987 年版。

③ 班固：《眭两夏侯京翼李传第四十五》，《汉书》卷七十五，《四库全书》本，上海古籍出版社 1987 年版。

④ 董仲舒：《三代改制质文第二十三》，《春秋繁露》卷七，钟肇鹏：《春秋繁露校释》（校补本）上册，河北人民出版社 2005 年版，第 443 页。

是故《春秋》之道，以元之深，正天之端；以天之端，正王之政；
以王之政，正诸侯之即位；以诸侯之即位，正竟内之治。五者俱正，而
化大行。①

《春秋》记十二公，正常情况下在第一年的开始都有"元年春，王正月，公
即位"九字，董仲舒的"五始"说，就是由此而发挥出来的。董仲舒在这
里虽然没有明确的五始一词，但他对元的训解最重始、本之义，他的"五
者俱正"实际上已经含有正"五者"之本、之始的思想，可以说是"五始"
说的最初版本。当然，董仲舒的"五者俱正"是指元、天之端、王之政、
诸侯即位、境内之治，何休的《文谥例》则说："五始者，元年、春、王、
正月、公即位是也。"②后来一般讲五始说，都采用的是何休的说法，连《左
传》孔颖达疏所引《公羊》者说，也是据何休之说："元者气之始，春者四
时之始，王者受命之始，正月者政教之始，公即位者一国之始。"③颜师古注
《汉书》，也是根据何休之说。④尽管董仲舒的"五始"说是最初的版本，何
休说是最终的定本，但二者都体现了对王道之始、之本的重视。而"五始"
说的本质，是强调新王受命从一开始，就不仅从上天获得纯正之本，而且将
这一纯正之本贯穿于整个人类社会的各个层次，也就是从一开始就保证王道
在时空上的纯正性。用一句话来说，董仲舒贵元重始的"五始"说不过是
所谓正王道之始。《公羊传》有"疾始"说，表现对非礼的深恶痛绝，目的
是拨乱反正，董仲舒的"五始"说重始的始正、本正，目的是引导君主从
一开始就自觉地遵守王道，以保证君主专制的长治久安。同时，"贵元重
始"说的本正源于天，这对借天的无上权威，来抑制君主为非作歹具有积
极的意义。时代不同，春秋公羊学的内容也有不同。

自董仲舒之后，"五始"说就成为重要的政治概念被应用。在历代正史
中，五始一词最早见于《汉书·王褒传》。王褒上书引"《记》曰：'共惟

---

① 董仲舒：《二端第十五》,《春秋繁露》卷六，钟肇鹏：《春秋繁露校释》（校补本）上册，河北
人民出版社 2005 年版，第 338 页。
② 阮元刻：《十三经注疏》下册，中华书局 1982 年版，第 2195 页。
③ 阮元刻：《十三经注疏》下册，中华书局 1982 年版，第 1713 页。
④ 参见《汉书》卷六十四下，《严朱吾丘主父徐严终王贾传第三十四下》颜师古注。

《春秋》法五始之要，在乎审己正统而已。'"①王褒为蜀人，受益州刺史王襄推荐，而得汉宣帝诏征，王褒引"五始"说的上书在刚入京城之初，王褒知道"五始"说，极大可能是在偏僻的四川。由此可以说明至少在汉宣帝时，"五始"说已经作为一种观念被写入《记》一类的解经著作中，而成为人们引用的对象，而发生了较大的影响，以至在蜀地的王褒也能够熟知其说。

董仲舒的"贵元重始"说与西汉《易》学有密切联系。重始的观念是《易》学的重要观念，在西汉就受到经学家的重始。戴德、戴圣的《礼记》都论及《周易》重始的观念。《礼记·经解》说："《易》曰：君子慎始，差若毫厘，缪以千里。"②《大戴礼·保傅》说："《易》：'正其本，万物理，失之毫厘，差之千里，故君子慎始也。'"尽管今本《周易》无此语，但二戴《记》皆引用其说，说明此语确为《易》之遗文，其说出于先秦，而受到西汉经学的推崇。司马迁在《史记·太史公自序》,将重始观念与春秋的弑君、亡国联系为说："《春秋》之中，弑君三十六，亡国五十二，诸侯奔走不得保其社稷者，不胜其数。查其所以，皆失其本已。故《易》曰：'君子慎始，差以毫厘，谬以千里。'"司马迁曾学《公羊》于董仲舒，这里借用弑君亡国的悲惨事例，说明慎始观念的重要性，很可能源于董仲舒。也由此可以找到董仲舒"贵元重始"的思想原因，就在于通过以一开始就注重王教的纯正性，以防范类似春秋弑君亡国的悲惨后果，从而保证汉王朝的长治久安。这说明"贵元重始"是一种防患于未然的忧患意识。

董仲舒所以有这样的意识，与他对汉武帝时政治形势的看法有关，汉武帝的雄才大略，丰功伟绩，并没有掩盖住虚假繁华背后的社会危机，董仲舒以思想家的敏锐眼光，早就看出了这一危机。《汉书·食货志上》载董仲舒说："富者田连阡陌，贫者无立锥之地。又颛川泽之利，管山林之饶，荒淫越制，逾侈以相高；邑有人君之尊，里有公侯之富，小民安得不困？又加月为更卒，已复为正，一岁屯戍，一岁力役，三十倍于古；田租口赋，盐铁之利，二十倍于古。或耕豪民之田，见税什五。故贫民常衣牛马之衣，而食犬

---

① 班固：《严朱吾丘主父徐严终王贾传第三十四下》,《汉书》卷六十四下,《四库全书》本，上海古籍出版社1987年版。

② 《十三经注疏》下册，中华书局1982年版，第1611页。

觺之食。重以贪暴之吏，刑戮妄加，民愁亡聊，亡逃山林，转为盗贼，赭衣半道，断狱岁以千万数。""贵元重始"从现实说，就是要注意到还没有爆发出来的危机，将其消灭在萌芽状态中。"贵元重始"是董仲舒治国的最重要的政治理念，但它带有理想化的成分。而其理想的成分，在君主专制时代是根本不现实的，没有一个王朝一开始就有所谓纯粹的本正，更不可能将其所谓始正保持下来，但绝不能因此而否认董仲舒"贵元重始"的积极意义，这就是对政治"正义"追求的希望。现实政治虽然是黑暗的，但是公羊学希望本正的"贵元重始"，却至少可以给人们批评现实黑暗提供理论依据，或矫正政治偏差以理论借鉴。

第四节　董仲舒诠释春秋公羊学的方法

董仲舒能从《春秋公羊传》中发挥出适应时代需要的学说，与其方法密不可分。[①] 他的这一方法，也是今文经学诠释学的经典范式，在西汉今文经学中极具代表性，更给其后两千年经学诠释发展以深远的影响，大凡在经学义理方面有所成就的经学家，都或直接或间接、或明或暗、或自觉或不自觉地受到了董氏这一方法的影响。

一、道有常变，礼有经权

董仲舒是经学史上借用典籍以言己学的开山人物。他研治《春秋公羊传》，不是为了墨守其学，而是要借以建立自己的董氏春秋公羊学。他的治经就不可能以文字训诂为主，"我注六经"，而只能是"六经注我"，以解经来灵活地阐发己说。

《春秋公羊传》为解《春秋》之传。《春秋》成于孔子之手，《春秋公羊传》出于战国，汉初才著为竹帛。董仲舒要借以建立富有武帝时代气息的春秋公羊传学，就不能将其经、传如实地看做春秋战国的历史著作，而只有通过一番诠释，将《春秋》改造成一部包括后来，甚至是无所不包的书，才可为他借以发挥己说提供根据。

---

① 参见黄开国：《董氏公羊学方法论》，《哲学研究》2001 年第 11 期。

　　《春秋》是孔子本鲁国旧史而成，相传孔子曾寓其义于其中，孟子论《春秋》，大致本此为说。《庄子》视《春秋》为"道名分"① 之书，荀子讲"《春秋》之微"②，《礼记·经解》以《春秋》为"属辞比事"之教，基本上是就其内容、特点为说，把《春秋》看做孔子政治理想体现的历史著作。董仲舒则作神话般地夸大，说《春秋》是孔子"应天作新王之事"③，"探正天端"、"以俟后圣"④ 的改制之作，有为后世所立的未来之制。他甚至说，《春秋》"天下之大，事变之博，无不有也"⑤，把《春秋》视为无所不有的百科大全，过去未来、万事万物都包括其中。这样，通过人们的不同解释，从《春秋》去发现各自所需的观念就顺理成章了。

　　然而，董仲舒强调解释与发现都必须合于《春秋》之道。在哲学上，董仲舒讲"天不变，道亦不变"，但只说不变，就缺乏作灵活解释的余地。为此，他提出道有常变说："《春秋》之道，固有常有变，变用于变，常用于常，非相妨也。"⑥道有常变不是说有两种不同的道，而是指道具有常、变两种特性。道之常是道在一般情况下的普遍适用性，是讲其原则性；道之变是道在特殊情形下的变通，是讲其灵活性。原则性要求执一不二，灵活性则反对拘泥不变，两种特性相互独立存在，各自适用于不同场合，因而，道具备原则性与灵活性的双重品格。因其原则性，必须守其常，不可离常而言道；因其灵活性，又可予以变通，使道具有一定的伸张度。

　　道是如此，礼亦相同。董仲舒说："《春秋》有经礼，有变礼。为如安性平心者、经礼也；至有于性虽不安，于心虽不平，于道无以易之，此变礼也。是故昏⑦礼不称主人，经礼也；辞穷无称，称主人，变礼也。天子三年

　　① 郭庆藩：《庄子集释》第四册，中华书局 1982 年版，第 1067 页。
　　② 梁启雄：《荀子简释》，中华书局 1983 年版，第 8 页。
　　③ 董仲舒：《三代改制质文第二十三》，《春秋繁露》卷七，钟肇鹏：《春秋繁露校释》（校补本）上册，河北人民出版社 2005 年版，第 432 页。
　　④ 董仲舒：《俞序第十七》，《春秋繁露》卷六，钟肇鹏：《春秋繁露校释》（校补本）上册，河北人民出版社 2005 年版，第 356 页。
　　⑤ 董仲舒：《十指第十二》，《春秋繁露》卷五，钟肇鹏：《春秋繁露校释》（校补本）上册，河北人民出版社 2005 年版，第 313 页。
　　⑥ 董仲舒：《竹林第三》，《春秋繁露》卷二，钟肇鹏：《春秋繁露校释》（校补本）上册，河北人民出版社 2005 年版，第 91 页。
　　⑦ 昏与婚通。

然后称王，经礼也；有故，则未三年而称王，变礼也。妇人无出境之事，经礼也；母为子娶妇，奔丧父母，变礼也。明乎经变之事，然后知轻重之分，可与适权矣。"①董氏以前言礼的区分，或言礼与仪，分别指礼的精神实质与其仪节仪式；或言经礼与曲礼，一指礼的大纲，一指礼的细目。董氏以经、变言礼，与以常、变相对言道同义，是分指礼的原则性与灵活性而言。原则性讲求对礼的固守不变，所以让人心性平安；灵活性是礼的反常变通，故使人性不安心不平。但经、变皆合于道，因此，既不可执经以否变，亦不许执变以否经，而应经、变各处其所，分别运用。只有既明经又明变，才可以适权。权的本意是秤上的秤锤，依物体的重量发生变化而推移。权既是称量的标准，又带有灵活性。董仲舒所说的适权，是一种权变思想，重在灵活性的一面，精神实质是反对固执不变。

董仲舒对《春秋》的这种解释，是一种全新的诠释，它给人们理解《春秋》加进了变数的因子。《春秋》所言就不只是甲等于甲的简单同一，而是甲既有甲，同时包含乙甚至是丙、丁等的变数，有了对其作灵活变通的内在依据。但是，若对其变数没有限定，甚至只讲甲是乙、丙、丁等的一面，就会走到否定甲首先是甲的极端去，成为儒家的异端邪说。

作为汉代"群儒首"的董仲舒给《春秋》加进变数的因子，仅仅是为假经以注我，替他灵活地发挥己说提供便利，他绝不希望由此而引发异端邪说。因此，在常与变、经与变之间，他是以常、经为主，以变服从于常、经，反对以变害常，以变害经。他认为，常与变、经与变的关系，就是经与权的关系，"权之端焉，不可不察也。夫权虽反经，亦必在可以然之域，不在可以然之域，故虽死亡，终弗为也，公子目夷是也。故诸侯父子兄弟，不宜立而立者，《春秋》视其国，与宜立之君无以异也，此皆在可以然之域也；至于郤取乎莒，以之为同居，目曰莒人灭郤，此在不可以然之域也。故诸侯在不可以然之域者，谓之大德，大德无踰闲者，谓正经；诸侯在可以然之域者，谓之小德，小德出入可也；权谲也，尚归之以奉巨经耳。故《春

---

① 董仲舒：《玉英第四》，《春秋繁露》卷三，钟肇鹏：《春秋繁露校释》（校补本）上册，河北人民出版社 2005 年版，第 129 页。

秋》之道，博而要，详而反一也。"①。变只能在道、礼所允许的尺度内，超出"可以然"这个尺度是绝对不允许的。他称道之常、经礼是"大德"，为人所不可"踰闲"的"正经"；道之变、变礼是"小德"，为人可以出入的"权谲"，但这个小德必须在可以然的领域，否则，即使是付出死亡的代价也是不可行的。董仲舒这一经高于权、权必须服从经的观念，成为后来经学家处理经权关系的准则。

董仲舒对经权关系的规定，使变数的因子受到了严格限制，有利于防范假变以害道，但不利于借经以言己说。一个正统经学家的立场，使董仲舒只能作出这样的规定，但借经以言己说的治经目的，又需要他强调变的一面，以至他说："说《春秋》者无以平定之常义，疑变故之大则，义几可谕矣。"②认为常义与变义并无轻重之分，同为理解《春秋》所不可或缺。

二、辞有常变之分

道与礼是《春秋》所说的内容，属于观念形态的东西，必须借助文字这一语言形式表现出来。文字是表现思想内容的形式，具有相对独立性。董氏借经言说同样是要通过文字的诠释来实现的，因而，如何解说《春秋》文字，对他具有更直接的意义。为其借经注我之便，董仲舒对文字的训解注入了更多的变数因子。

与讲道有常变、礼有经变相应，董仲舒把《春秋》的文字分为常辞与变辞两大类。常辞是从经、常的方面论说《春秋》，变辞则从权、变的方面加以言讲。从经学家所喜谈的经例来讲，常辞所言属正例一类，变辞所说为变例之属。

常辞又称之为正辞，它直接正面地体现着《春秋》的道义法则，故董仲舒总是把常辞所表示的内容称为"《春秋》之法"、"《春秋》之道"或"《春秋》之义"等。《春秋》道义法则散布在各个方面，常辞因而各种各样。但无论何种常辞，都具有普遍性的特点。在《春秋》中，凡合于同一

---

① 董仲舒：《玉英第四》，《春秋繁露》卷三，钟肇鹏：《春秋繁露校释》（校补本）上册，河北人民出版社 2005 年版，第 143 页。

② 董仲舒：《竹林第三》，《春秋繁露》卷二，钟肇鹏：《春秋繁露校释》（校补本）上册，河北人民出版社 2005 年版，第 91 页。

道义法则的事物，都是用同一的常辞来表述的。如《春秋》每一年开始，几乎都有"春王正月"的常辞；而论中国与夷狄，其常辞总是与中国礼，而不与夷狄为礼；论叙战争，善偏战，恶诈战则是其常辞；言内外的常辞，鲁为内时诸夏为外，诸夏为内时夷狄为外。这种普遍性是常辞的一大特点。

常辞受其名分等级的制约。名分等级不同，常辞亦异。董仲舒说："《春秋》慎辞，谨于名伦等物也。是故小夷言伐，而不得言战；大夷言战，而不得言获；中国言获，而不得言执。有小夷避大夷，而不得言战；大夷避中国，而不得言获；中国避天子，而不得言执。名伦弗予，嫌于相臣之辞也。是故大小不等，贵贱如其伦，义之正也。"①同言战争，因天子、中国、大夷、小夷的名分等差不同，而有与之相应的执、获、战、伐四种常辞。《春秋》常辞的确定，依其所言对象的名分等级为转移，体现了儒家讲名分、重等差的精神风貌。

尽管常辞以名分等级为标准，但同一名分等级的事物，又可适用于同一常辞，因而，它并不排斥普遍性。常辞因其普遍性，就只有一般性，而排除其特例变化。故在语式上，可表述为如下公式：

凡甲皆等于甲。

因此，常辞所表述的往往是人的共识，不含歧义性，简单明白，无须多加论说就易为人理解。

与常辞相反，变辞则变化多方，难以知晓，因而，董氏对其详为辨析。他把变辞分为三类情况：一是因事物本身发生了变化，常辞已不足以明变，而需采用变辞为说。如《春秋》言礼的常辞，是予中国不予夷狄。晋为中国，楚为夷狄，《春秋》记载宣公十二年的晋楚邲之战，却说："晋荀林父师师及楚子战于邲。"称楚君为子是褒，荀林父称名是贬，以楚为礼，不与晋为礼，这就是有反于常辞的变辞。而《春秋》所以"移其辞"，是因为

---

① 董仲舒：《精华第五》，《春秋繁露》卷三，钟肇鹏：《春秋繁露校释》（校补本）上册，河北人民出版社 2005 年版，第 159 页。

"今晋变而为夷狄，楚变而为君子"①。

二是常辞不足以概括所言的全部对象，而需采用变辞以补其不及。如常辞否定妇人出境，但为父母奔丧，为子娶妇，妇人又可以出境；常辞于婚礼不称主人，但无母时只有以主人相称；常辞坚决反对大夫专权，但"有可以安社稷、利国家者，专之可也"②；等等。类似常辞所不能包括的特殊情况，都得用变辞来说明。

这两类变辞与常辞正好相反，常辞讲一般情形、普遍性，变辞则讲变动情形、特殊性。在常辞肯定的地方，变辞则予以贬斥，反之亦然。因此，这两类变辞的语式与常辞的语式正好相反，可表述为：

有的乙可以是甲。

而事物的变动性、特殊性，则是这二类变辞存在的根据。

三是为亲者、尊者、贤者讳而采用的变辞。《春秋》笔法规定，凡不合于道义法则的人事，都应用常辞予以贬绝。但若事关亲者、尊者、贤者，直接用常辞来否定，就有违儒家的亲亲、尊尊、贤贤的原则；同时直言不讳地贬绝大权在握的尊者，又很容易招来无妄之灾，以至杀身之祸，因而，只能予以避讳，采用变辞来曲折婉转地表达其义。

此类变辞有温辞、婉辞、诡辞、微辞四种。温辞是用温和的语言，对亲者、尊者的不义行为表示塞怨的用语，所谓"视其温辞，可以知其塞怨"③。如《春秋》记君弑曰薨，夫人奔曰逊，与仇狩曰齐人，鲁定公受国于季氏不敢名胁，而书即位，昭公娶同姓，而避姬姓之称等。

婉辞是对亲者、尊者不合礼的言行进行贬斥，但不直言贬之所以然。《春秋》常辞言中国，一般是国与爵号连称，如郑伯、齐侯、晋侯之类。但

①　董仲舒：《竹林第三》，《春秋繁露》卷二，钟肇鹏：《春秋繁露校释》（校补本）上册，河北人民出版社 2005 年版，第 76 页。

②　董仲舒：《精华第五》，《春秋繁露》卷三，钟肇鹏：《春秋繁露校释》（校补本）上册，河北人民出版社 2005 年版，第 167 页。

③　董仲舒：《楚庄王第一》，《春秋繁露》卷一，钟肇鹏：《春秋繁露校释》（校补本）上册，河北人民出版社 2005 年版，第 17 页。

昭公十二年，却书"晋伐鲜虞"，只言晋的国名，而去其爵号；又不用中国言获的获，而用小夷言伐的伐，就是一条贬斥晋侯为夷狄的婉辞，董仲舒说："今晋不以同姓忧我，而强大厌我，我心望焉，故言之不好，谓之晋而已，婉辞也。"①此外，"郑伐许"、"卫伯伐凡"、"晋败王师"等都是婉辞，从文字上可以看出明白的贬斥，但对贬之所以然，只有婉转相求才能理解。

诡辞是通过改易事实或变易人名的方式来为亲者、尊者、贤者讳的用语。董仲舒说："《春秋》之书事，时诡其实以有避也；其书人，时易其名以有讳也。故诡晋文得志之实以代讳，避致王也；诡莒子号，谓之人，避隐公也；易庆父之名，谓之仲孙；变盛谓之成，讳大恶也。然则说《春秋》者，入则诡辞，随其委曲，而后得之。今纪季受命乎君，而经书专，无善一名，而文见贤，此皆诡辞，不可不察。"②鲁用八佾，言六佾（隐公五年）；郑许易地，不言易言假（桓公元年）；鲁灭同姓之国，变盛为成（闵公元年）之类，都是改易事实的变辞。隐公行为不肖，易莒子为莒人（隐公八年）；纪君灭国，易名于纪季（庄公三年）；言庆父，改称齐仲孙（闵公元年）之类，则是变易人名的变辞。改易事实是以乙言甲，变易人名是张冠李戴，因此，诡辞与所言人事之间，往往联系曲折，甚至毫无联系，故董仲舒说，要索解诡辞，只有"随其委屈而后得之"。

微辞是用隐微难明的言辞，来为亲者、尊者避讳的词语，主要见于所见世。董仲舒分《春秋》十二公为三世，隐、桓、庄、闵、僖五公为传闻世，宣、文、成、襄四公为所闻世，昭、定、哀三公为所见世。三世有亲疏远近的不同，用辞亦异。"子般杀而书乙未，杀其恩也"（庄公三十二年），对传闻世发生的祸害直言无忌，连日子都写得清清楚楚，没有一点隐讳。"子赤杀，弗忍书日，痛其祸也"（文公十八年），于所闻世仅言其祸，而讳言祸害发生的时间。"逐季氏而言又雩"（昭公二十五年），于所见世连祸害本身也隐讳不言，而用天旱求雨的"雩"来暗示，这一条及类似记载都是董氏所说的微辞。因而，微辞与所表征的人事并无关联，甚至可以风马牛不

---

① 董仲舒：《楚庄王第一》，《春秋繁露》卷一，钟肇鹏：《春秋繁露校释》（校补本）上册，河北人民出版社 2005 年版，第 13 页。

② 董仲舒：《玉英第四》，《春秋繁露》卷三，钟肇鹏：《春秋繁露校释》（校补本）上册，河北人民出版社 2005 年版，第 151 页。

相及。

温辞、婉辞、诡辞、微辞虽各有特点，但都具有出于避讳、其辞与所言人事不相一致以至毫不相干的共性。这类变辞的语式可表述为：

乙或丙、或丁……都可以是甲。

因此，它较前二类变辞具有更大的灵活性。

《春秋》辞分常变，变辞又分为三类多种，不仅具有多样性，而且具有极大的灵活性。所以，对《春秋》文辞就不能作固定的执一理解，而应常变各止其科，尤其要注意各种变辞的特点，予以灵活的变通。这样，利用其辞的多样性与变化性，就可方便地借辞以言己说了。

三、《春秋》无通辞

变辞、常辞只是对词的类型的区分。古文一词多义，词可活用，名词可作动词用，动词、形容词又可作名词用等。因而，辞的含义只有在语句中才能确定，语句又是依一定语法规则形成的，而不同著作的用词规则也各有特色。要从文辞来诠释《春秋》，就离不开对其用词规则的认识。在董仲舒看来，《春秋》的用词规则大致可分为以下六种：

其一，"《春秋》用辞，已明者去之，未明者著之"[1]。宣公十一年，楚庄王杀陈夏征舒，《春秋》贬庄王为"楚人"，以明其不予诸侯专讨之义。其后，楚灵王杀庆封（昭公四年），因不予诸侯专讨之义已明，而齐庆封之罪未著，《春秋》就称灵王为"楚子"，并用天子言执的执，书"执齐庆封"，来说明庆封罪大当诛。楚庄王是贤君，楚灵王是暴君，如不晓已明、未明的用辞规则，人们就会对贬庄王而称灵王为子大惑不解，甚至由肯定齐庆封当诛的笔法，错误地推出《春秋》认可诸侯专讨之义，南辕而北辙。

其二，"《春秋》之辞多所况，是文约而法明也"[2]。苏舆注："词多以

---

[1]　董仲舒：《楚庄王第一》,《春秋繁露》卷一，钟肇鹏：《春秋繁露校释》（校补本）上册，河北人民出版社 2005 年版，第 6 页。

[2]　董仲舒：《楚庄王第一》,《春秋繁露》卷一，钟肇鹏：《春秋繁露校释》（校补本）上册，河北人民出版社 2005 年版，第 1 页。

况譬而见，所谓比例。"①凡属同一类例的事物，《春秋》都用同一笔法，或褒或贬。如诸侯专封、专讨、致王而朝，《春秋》都予以贬绝，即使齐桓、晋文、楚庄这类贤君，皆无一例外。解《春秋》者，就可由此类例以况譬其余相同的事物，而探明其义。

其三，"《春秋》常于其嫌得处，见其不得也"②，于嫌不得处见其得。晋国发生弑君事件，赵盾出逃在外，根本不知情，赵盾又是贤臣，在人们眼中他应没有一点责任，但《春秋》却给他加上了"弑君"的罪名；许止为父进药，未尝药而父亡，人们认为也没什么大错，《春秋》却将"弑父"的罪名加于其身，这是嫌得而见其不得。楚国司马子反背着君主，与宋国讲和，属大夫专权，应受到严厉贬绝，但《春秋》却大加褒奖，这是嫌不得而得。正如苏舆所说：《春秋》"常于众人之所善，见其恶焉，于众人所忽焉，见其美焉。"③

其四，事同而异论，事异而同论。事同而异论，是指几件看似相同的事，因其理异而褒贬却不相同。如祭仲与逢丑父俱枉以存君，但一使君主处于荣耀之地，一使君主陷于屈辱之处，《春秋》因而一褒一贬。辕涛涂、逢丑父俱欺三军，庆父、阖庐俱弑君，"此四者罪同"，《春秋》却"或死或不死，或诛或不诛"④。事异而同论，是指几件看似不同的事，因其理同而得到相同的褒奖或贬斥。死或不死、诛或不诛、是褒是贬，则依是否合于《春秋》之法为转移。

其五，书与不书。书是文字记录，不书是无文字记载，董仲舒认为《春秋》的书表征一定的义，不书同样表现着某种特定的义。"君杀贼讨，则善而书其诛，若莫之讨，则君不书葬，贼不复见。不书葬，以为无臣子也；贼不复见，以其宜灭绝也。"⑤有不书之义，则有不依辞之义。有的书也

---

① 苏舆：《春秋繁露义证》，中华书局1996年版，第3页。

② 董仲舒：《楚庄王第一》，《春秋繁露》卷一，钟肇鹏：《春秋繁露校释》（校补本）上册，河北人民出版社2005年版，第1页。

③ 苏舆：《春秋繁露义证》，中华书局1996年版，第3页。

④ 董仲舒：《精华第五》，《春秋繁露》卷三，钟肇鹏：《春秋繁露校释》（校补本）上册，河北人民出版社2005年版，第178页。

⑤ 董仲舒：《玉杯第二》，《春秋繁露》卷一，钟肇鹏：《春秋繁露校释》（校补本）上册，河北人民出版社2005年版，第61页。

是不书的体现，如赵盾弑君不宜复见，许止弑父不应书葬，《春秋》却复见、书葬，但书葬是"不宜书葬而书葬"，复见是"不宜复见而复见"①。这类有书之义，恰是不书之指。因而，对其训解就应从不书去认识，而不能胶柱于复见、书葬以言义。

《春秋》的用词规则，同其词类一样，具有多样性、可变性，不拘一格，充满灵活的变数。根据对《春秋》文辞的解释，董仲舒得出一个总结性的结论："《春秋》无通辞"②，或"《春秋》无达辞"③。通与达同义，是指《春秋》文辞具有多变的灵活性，这个结论为其灵活地借经言说提供了文本学的根据，而这个结论的得出，又离不开董氏以变的精神训解《春秋》的释经方法。董仲舒同时还讲到《易》与《诗》的诠释："《诗》无达诂，《易》无达占，《春秋》无达辞。从变从义，而一以奉人。"④对所有经典的文辞训解，都不能拘泥于一种固定的模式，而应该以灵活的变的精神，去探求其中的圣人之义。董仲舒的这一治经方法得到后来经学家的一致肯定，宋代的晁以道就说："董仲舒曰：'《诗》无达诂，《易》无达占，《春秋》无达辞。'……呜呼！古之人善学如此。今一字诂训，严不可易，一说所及，诗书无辨，若五经同意，三代同时，何其固邪？"⑤

四、由辞明指、假辞言指、离辞言指

对《春秋》及其文辞的解释，虽不是董仲舒治经的目的，而只是他以明其说的一个手段，但既有治经之名，就决定着通过《春秋》文辞以明其义指的由辞明指法，乃是董氏发明其说所不可缺少的方法。由辞明指与董氏对《春秋》文辞的训解有着直接的关联，董氏解释其文辞虽重其变的灵活性，但同时强调凡变都有某种规定性，他称之为"处"，认为言其文辞，只

---

① 董仲舒：《玉杯第二》，《春秋繁露》卷一，钟肇鹏：《春秋繁露校释》（校补本）上册，河北人民出版社 2005 年版，第 61 页。

② 仲舒：《竹林第三》，《春秋繁露》卷二，钟肇鹏：《春秋繁露校释》（校补本）上册，河北人民出版社 2005 年版，第 76 页。

③ 董仲舒：《精华第五》，《春秋繁露》卷三，钟肇鹏：《春秋繁露校释》（校补本）上册，河北人民出版社 2005 年版，第 181 页。

④ 董仲舒：《精华第五》，《春秋繁露》卷三，钟肇鹏：《春秋繁露校释》（校补本）上册，河北人民出版社 2005 年版，第 181 页。

⑤ 晁以道：《儒言·同异》，《四库全书》本，上海古籍出版社 1987 年版。

要各得其处，就可从中正确地探得其义指。这种依赖《春秋》文辞，据以讲明义指的由辞明指法，是董仲舒阐发《春秋》之义的重要方法，为人们正确理解《春秋》作出了很大贡献。

然而，董仲舒以辞明指要明的主要是己指，而非原封不动地解释《春秋》。因而，由辞言指之外，他更重视假辞言指，即借助《春秋》文辞，以发明己说。而他赋予《春秋》文辞的诸多变数因子，则为他假借其文辞以言己说，提供了极大的灵活性。由辞言指是以辞为出发点、依据，由辞出义，辞与指之间有内在的一致性；而假辞言指的辞只是一种假借、一种符号，是借用这种符号，使其辞以附己意，辞与指之间只有形式的联系，而无必然的联系。借助于假辞言指法，董氏把《春秋》的许多文字，变成了附会己指的符号。

从《春秋》之辞中，本来只应发现与《春秋》同一之指。但董氏的以辞明指既有由辞言指，又有假辞言指，因而，董仲舒发明的指并不一定就是与《春秋》同一之指，虽然董仲舒自信己指就是《春秋》之指，但二者的差异是客观存在的。这也是历史上诸多奢谈义理的经学家的自信，所以，他们往往以圣人之道的发明者自居，总是喜欢以什么"正义"、"本义"一类字眼来自诩其说，不断地上演出一幕幕发现经、传"真谛"的喜剧来，而董仲舒则是这类经学家中最早的典型代表。

任何文辞都不能完全表达其义指，因而，由辞明旨难以穷尽其义，更不利其自由地发挥其说。所以，对董仲舒来说，由辞明指的由辞言指是根本不够的；假辞言指虽是假辞以就我指，但毕竟还要借辞为说，而无论赋予其辞多大的灵活性，其辞的伸张度总是有限的，因而，也不能满足他建立己学目的的需要。于是，他连辞的符号也要丢掉，提出离辞言指的治经之法。此法又称为"任其指者不任其辞"，他说："《春秋》之于偏战也，犹其于诸夏也，引之鲁则谓之外，引之夷狄则谓之内；比之诈战则谓之义，比之不战则谓之不义；故盟不如不盟，然而有所谓善盟；战不如不战，然而有所谓善战；不义之中有义，义之中有不义。辞不能及，皆在于指，非精心达思者，其孰能知之……由是观之，见其指者，不任其辞，然后可与适道矣。"①所谓见其指

---

① 董仲舒：《竹林第三》，《春秋繁露》卷二，钟肇鹏：《春秋繁露校释》（校补本）上册，河北人民出版社 2005 年版，第 84 页。

不任其辞，就是根本不受文辞的束缚，去自由地发挥己说。董仲舒认为唯有如此，然后才可以"适道"，说明此法是董氏借治经以立其说的主要方法。董氏此说看到了辞表现指的局限性，对于反对拘泥文字、墨守成义是有积极意义的。

但是，离辞言指未免有割裂经、传文辞与义指的联系之嫌，而在董仲舒看来，此法实本于《春秋》经、传。《春秋》的变辞，就有不少与其所言义指没有直接联系；《春秋》用辞的嫌得而不得，嫌不得而得，文与实不与，实与文不与，其所言之辞与其指就有一定的分离，而不书之义更是无辞之义。对类似文辞就只有靠精心达思、超迈文字去用心领会，才会得其义指。在董仲舒看来，《春秋公羊传》治《春秋》，发明天子年即位、诸侯于封内三年称子诸义，皆不见于经文中，却"操之与经无异"①，早已运用了离辞言指。因而，董仲舒认为他的离辞言指是承继《春秋公羊传》而来。但在《春秋公羊传》中是不明确的，董仲舒则将其明确表述出来，并且作为建立其学的主要方法而自觉地加以了运用。

董仲舒由辞言指与借辞言辞、离辞言指，其实是不同的治学方法。由辞言辞是训解文本的方法，借辞、离辞以言指则是建立自己学术的方法；前者是讲辞中之义，后者是讲辞外之义或无辞之义。而在这三种方法的运用中，董仲舒还有另一重要的方法贯穿其中，就是他说的贯比法。他认为研治《春秋》，无论是否有经、传文字的根据，但只要运用"翻援比类"的贯比之法，所得出的结论都是合于《春秋》之道的"法论"，"以比言之，法论也"，"贯比而论是非虽难，悉得其义一也"②。

贯比又称比贯，单言比或贯，是以类例为其大前提，既可连贯又可推比的方法。连贯是依类例将分散的事物连属为一，推比是依类例由此及彼，以至万千。他说："是故论《春秋》者合而通之，缘而求之，伍其比，偶其类，览其绪，屠其赘……以比贯类，以辨付赘者，大得之也。"③"得一端而

①　董仲舒：《玉杯第二》，《春秋繁露》卷一，钟肇鹏：《春秋繁露校释》（校补本）上册，河北人民出版社2005年版，第50页。
②　董仲舒：《玉杯第二》，《春秋繁露》卷一，钟肇鹏：《春秋繁露校释》（校补本）上册，河北人民出版社2005年版，第61页。
③　董仲舒：《玉杯第二》，《春秋繁露》卷一，钟肇鹏：《春秋繁露校释》（校补本）上册，河北人民出版社2005年版，第50页。

多连之，见一空而博贯之，则天下尽矣"①。这里的合而通之，伍其比、一端而多连等，都是贯比法的具体运用。借助于贯比之法，董仲舒将其所言之指都与《春秋》类例联系了起来，从而说明了他所言之指无不合于《春秋》之法。

董仲舒的贯比所言类例，不是逻辑学上的类，也不是数学中的例，而是《春秋》的道义法则，指的是人类社会的政治伦理准则，因而，绝不具备公理的性质。因此，当他用类例去贯比时，就根本不是科学的逻辑推论，贯比得出的结论也无真实性可言，而只能是用他认定的道义法则，去推断是非得失。董仲舒这一方法实是儒家将其政治伦理原则绝对化在方法论上的体现。由于贯比以其类例为前提，因而，儒家的道义法则乃是立论的根据，它是无须论说就自明的。而由辞言指、假辞言指及离辞言指，无论是否依赖文辞，其道义法则都需经过论说而得出。所以，董仲舒的贯比法是以道义法则为其立论的前提，其他方法则以道义法则为推论的结果，二者正好相反。

由董仲舒所确立的这些方法，可以较好地满足借治经以言其说的多重需要。贯比法以道义法则为准则性的前提，可保证对儒家政治伦常基本准则的固守；依经言指，可给人以忠实经、传的假象；借经言指、离经言指，则能供其灵活、自由地发挥己说。对任何一位借经、传以言义理的经学家来说，不仅要恪守儒家经典的法则，给人以笃守经、传的印象，同时，又得根据时代的变化，讲出与之相适应的新义理来，这些方法可以满足诠释经典的多重需要。董仲舒运用其法，建立起了与时代相契合的董氏春秋公羊学，在汉代发生了重大影响。后人借其法，也能由同一的儒家经典中，去发现其时代所需的义理来。所以，董仲舒在经学史上的价值，不仅在于建立起了董仲舒春秋公羊学，而且更在于他借以建立其学的一整套治经方法。尤其是他提出的"《春秋》无通辞"之说，不仅是对春秋公羊学书法精神的高度精练概括，也是董仲舒深得春秋公羊学训释灵魂的体现。

---

① 董仲舒：《精华第五》,《春秋繁露》卷三，钟肇鹏：《春秋繁露校释》（校补本）上册，河北人民出版社 2005 年版，第 186 页。

第五节　董仲舒的政治批判与实践

董仲舒创立的春秋公羊学原本就是为现实政治服务的经学理论，身体力行地将其运用于现实政治本来就是题中之义。董仲舒不仅是一位春秋公羊学大师，在经学上作出了巨大的理论贡献，而且也是一位将经学运用于现实政治的实践家。这是董仲舒与何休的重大不同之处，也是董仲舒能够成为具有划时代影响的人物的一个重要原因。

一、对现实政治的批判

在经学家看来，经学理论是尽善尽美的，但现实政治却是功利、肮脏、黑暗的。董仲舒将春秋公羊学的理论运用于现实政治，目的是要以经学来指导、矫正现实，使经学理论的理想变为现实的蓝图。但是，任何理论在现实面前总是苍白的、软弱的，理论可以指导现实，但这种指导只是在理论合于现实需要的前提下，才有实现的可能，现实从来都不会屈从理论，特别是在君主专制的时代，理论只有合于君主专制的需要，才能够得到认可。

而君主专制有长远利益与当前利益、整体利益与局部的区分。所谓长远利益是就维护君主专制的长治久安而言，当前利益则是指眼前的短暂利益；整体利益是指君主专制的全局利益，局部利益则指君主的个人利益，这二者本来是可以统一的，但是，君主权力的不受制约，使君主的恶性得以无节制的疯狂肆虐，这就使得二者常常又是相背离的。为着个人的淫欲，君主常常以眼前的、个人的骄奢淫逸来危害长远的、整体的利益，这就必然带来现实的黑暗。董仲舒的春秋公羊学所维护的，是君主专制的长远利益与整体利益，所以，批判现实政治就成为董仲舒政治实践的最重要内容。

（一）对汉武帝苛政的批评

董仲舒的现实政治批判，针对当时社会的贫富分化，对人民的极度贫困表现出极大的关注。他多次给皇帝上书，提出关注农业、民生的问题，其中最著名的见于如下一段话：

　　古者税民不过什一，其求易共①；使民不过三日，其力易足。民财内足以养老尽孝，外足以事上共税，下足以蓄妻子极爱，故民说从上。至秦则不然，用商鞅之法，改帝王之制，除井田，民得卖买，富者田连阡陌，贫者无立锥之地。又颛川泽之利，管山林之饶，荒淫越制，逾侈以相高；邑有人君之尊，里有公侯之富，小民安得不困？又加月为更卒，已复为正，一岁屯戍，一岁力役，三十倍于古；田租口赋，盐铁之利，二十倍于古。或耕豪民之田，见税什五。故贫民常衣牛马之衣，而食犬彘之食。重以贪暴之吏，刑戮妄加，民愁亡聊，亡逃山林，转为盗贼，赭衣半道，断狱岁以千万数。汉兴，循而未改。古井田法虽难卒行，宜少近古，限民名田，以澹不足，塞并兼之路。盐铁皆归于民。去奴婢，除专杀之威。薄赋敛，省徭役，以宽民力。然后可善治也。②

古代什一而税，最早由孟子所提出，③ 也是《公羊传》的重要理论；使民不过三日，指人民服徭役的时间一年不超过三天，此说出自《礼记·王制》，亦见《大戴记·主言》，④这是自先秦以来儒家对税赋、徭役的制度设计。董仲舒承继了先秦儒家的这一思想，⑤ 希望将其落实于汉代的政治实践，依据儒家这一理想，董仲舒对秦代不顾人民死活，造成"富者田连阡陌，贫者无立锥之地"的极度两极分化，进行了十分激烈的批判。实际上，董仲

---

　　① "共"与"供"通。

　　② 班固：《食货志第四上》，《汉书》卷二十四上，《四库全书》本，上海古籍出版社1987年版。

　　③ 《孟子·滕文公上》认为，夏、商两代的税制就是什一而税："夏后氏五十而贡，殷人七十而助，周人百亩而彻，其实皆什一也。……请野九一而助，国中什一使自赋。"并在与白圭讨论税制时，反对统治者过分的掠夺人民，也反对白圭的二十税一，认为过分的掠夺与二十税一，就是大貉小貉、大桀小桀，都不合于尧、舜之道，但孟子并没有明确说尧、舜之道就是什一而税。而《礼记》、《公羊传》、《穀梁传》都说古代实行的是什一而税。朱熹《孟子章句集注》说："什一而税，尧、舜之道也。"此后，孟子所说的什一而税的税制就是尧、舜之道，就成了人们解释孟子税制思想的不刊之论。

　　④ 《礼记·王制》说："古者公田籍而不税，市廛而不税，关讥而不征，林麓川泽，以时入而不禁。夫圭田无征，用民之力，岁不过三日。田里不粥，墓地不请。"《大戴记·主言》说："昔者明主关讥而不征，市廛而不税，税十取一，使民之力，岁不过三日，入山泽以时，有禁而无征，此六者取财之路也。"

　　⑤ 此说还见于《春秋繁露·五行顺逆第六十》："劝农事，无夺民时，使民岁不过三日，行什一之税。"

舒的这段话似乎只有批判秦王朝苛政的含义，但绝不是没有现实意义的，而是借古讽今，借对秦政的批判来批判汉武帝时期的政治，这也是西汉许多思想家进行现实批判的一种惯用手法。所以，在这段话中董仲舒批评秦王朝有"断狱岁以千万数"一语，而在对策中则明确以"一岁之狱以万千数"为汉王朝的弊端。① 可见，董仲舒批评的矛头所指的真正对象是西汉王朝。

只要仔细分析董仲舒的这段话，就可以更明确这一点。其中谈到"盐铁之利"，而盐铁之政非秦王朝的苛政，在西汉贾谊等批判秦王朝的论著中都没有指责盐铁之政的内容。盐铁之政起于汉武帝，《汉书·酷吏列传》说："会浑邪等降，汉大兴兵伐匈奴，山东水旱，贫民流徙，皆仰给县官，县官空虚。于是丞上指，请造白金及五铢钱，笼天下盐铁，排富商大贾，出告缗令。"此段话又见于《汉书·张汤传》。御史大夫卜式还因言郡国不便盐铁，而被汉武帝贬秩为太子太傅，事见《汉书·卜式传》。汉昭帝始元六年（前83年），皇帝还亲自下诏讨论盐铁问题，而有桓宽著名的《盐铁论》流传至今。所以，盐铁问题显然是针对汉武帝的政治而发，这与后面的"盐铁皆归于民"主张正遥相呼应。此外，董仲舒在批评秦王朝苛政后，有一句"汉兴，循而未改"，则更是明确指责西汉王朝与秦王朝没有什么本质的差别，其实，汉初的文景之治并不是因循秦的苛政，董仲舒此说范围过广，实际所指责的则是汉武帝。文中的"刑戮妄加"等语，指责并兼等语，提出的"限民名田"、"塞并兼之路"、"盐铁皆归于民"等主张，都明显是针对与汉武帝时期的政治状况而发，所以，这段话应当是董仲舒对汉武帝时期政治的批评，而重点在批评对人民经济上的苛政。

（二）借灾异对现实政治的批判

借解灾异，假天意以批评现实政治，是董仲舒批评现实政治运用得最多

---

① 原文见《汉书·董仲舒传》的《天人三策》："古者修教训之官，务以德善化民，民已大化之后，天下常亡一人之狱矣。今世废而不修，亡以化民，民以故弃行谊而死财利，是以犯法而罪多，一岁之狱以万千数。以此见古之不可不用也，故《春秋》变古则讥之。"《汉书·礼乐志第二》亦有类似记述："今汉继秦之后，虽欲治之，无可奈何。法出而奸生，令下而诈起，一岁之狱以万千数，如以汤止沸，沸俞甚而无益。"

的手法。① 《汉书·五行志第七上》记载董仲舒言说灾异有 20 条，《汉书·五行志第七中之上》记载董仲舒言说灾异有 3 条，《汉书·五行志第七中之下》记载董仲舒言说灾异有 14 条，《汉书·五行志第七下之上》记载董仲舒言说灾异有 7 条，《汉书·五行志第七下之下》记载董仲舒言说灾异有 40 条，共计有 84 条之多。这些言说灾异的材料绝大部分是对《春秋公羊传》所载灾异的说明，只有很少部分是对西汉灾异的解说，而这部分的解说最具有现实性。其中最值得注意的是在武帝建武六年的《对高庙灾》。全文如下：

> 武帝建元六年六月丁酉，辽东高庙②灾。四月壬子，高园③便殿火。董仲舒对曰："《春秋》之道举往以明来，是故天下有物，视《春秋》所举与同比者，精微眇以存其意，通伦类以贯其理，天地之变，国家之

---

① 赵翼在《廿二史札记》卷二中，对西汉经学家借天人感应言说灾异的情形有一概略的说明："汉兴，董仲舒治《公羊春秋》，始推阴阳为儒宗者。宣、元之后，刘向治《穀梁》，数其祸福，傅以《洪范》。(《五行志序》)而后天之与人又渐觉亲切。观《五行志》所载，天象每一变必验一事，推既往以占将来，虽其中不免附会，然亦非尽空言也。昌邑王为帝无道，数出微行，夏侯胜谏曰：'久阴不雨，臣下有谋上者。'时霍光方与张安世谋废立，疑安世漏言，安世实未言，乃召问胜。胜对《洪范五行传》云：'皇之不极，厥罚常阴，时则有下人谋上者。'光、安世大惊。(《胜传》)宣帝将祠昭帝庙，旄头剑落泥中，刃向乘舆，帝令梁邱贺筮之，云有兵谋，不吉，上乃还。果有任宣子章匿庙间，欲俟上至为逆，事发伏诛。(《贺传》)京房以《易》六十四卦更直日用事，以风雨寒温为侯，各有占验。每先上疏言其将然，近者或数月，远或一岁，无不屡中。(《房传》)翼奉以成帝独亲异姓之臣，为阴气太甚，极阴生阳，恐反有火灾。未几，孝武园白鹤馆火。(《奉传》)是汉儒之言天者，实有验于人，故诸上疏者皆言之深切著明，无复忌讳。翼奉谓，人气内逆则感动天地，变见于星气。犹人之五脏六体，脏病则气色发于面，体病则欠伸动于貌也。李寻谓：'日失其度，晻昧无光，阴云邪气，在日出时者为牵于女谒，日出后者为近臣乱政，日中者为大臣欺诬，日入时者为妻妾役使所营也。'孔光谓：'皇之不极，则咎征荐臻。'其传曰：'有日月乱行诸变异也。'而尤言之最切者莫如董仲舒，谓'国家将有失道之败，天乃先出灾害以谴告之，以此见天心之仁，爱人君，欲止其乱也。'谷永亦言，'灾异者，天所以儆人君过失，犹严父之明诫，改则祸消，不改则咎罚。'是皆援天道以证人事，若有秒忽不爽者。而其时人君亦多遇灾而惧，如成帝以灾异用翟方进言，遂出宠臣张放于外，赐萧望之爵，登用周堪为谏大夫。又因何武言，擢用辛庆忌。哀帝亦因灾异用鲍宣言，召用彭宣、孔光、何武，而罢孔宠、息夫躬等。其视天犹有影响相应之理，故应之以实不以文。"

② 高庙是汉高祖死后为其建的庙宇。刘庆柱教授经过实地调查认为："高庙应在长安城内，安门大街以东，长乐宫西南。约在今西安市未央区未央乡西叶寨村东南"。(参见刘庆柱：《西汉十一陵》，陕西人民出版社 1987 年版)西汉君主死后所修的庙，一般都在其陵墓旁边。辽东远距京城，其高庙于礼不合。

③ 《三辅黄图》卷五《宗庙》记载汉高祖刘邦的高园，"于陵上作之，既有正寝，以象生平正殿路寝也；又立便殿于寝殿，以象休息闲晏之处也。"

事，粲然皆见，亡所疑矣。按《春秋》鲁定公、哀公时，季氏之恶已熟，而孔子之圣方盛。夫以盛圣而易熟恶，季孙虽重，鲁君虽轻，其势可成也。故定公二年五月两观灾。两观，僭礼之物。① 天灾之者，若曰：僭礼之臣可以去。已见罪征，而后告可去，此天意也。定公不知省。至哀公三年五月，桓宫、厘宫②灾。二者同事，所为一也，若曰：燔贵而去不义云尔。哀公未能见，故四年六月亳社③灾。两观、桓、厘庙、亳社，四者皆不当立，天皆燔其不当立者以示鲁，欲其去乱臣而用圣人也。季氏亡道久矣，前是天不见灾者，鲁未有贤圣臣，虽欲去季孙，其力不能，昭公是也。至定、哀乃见之，其时可也。不时不见，天之道也。今高庙不当居辽东，高园殿不当居陵旁，于礼亦不当立，与鲁所灾同。其不当立久矣，至于陛下时天乃灾之者，殆其时可也。昔秦受亡周之敝，而亡以化之；汉受亡秦之敝，又亡以化之。夫继二敝之后，承其下流，兼受其猥，难治甚矣。又多兄弟亲戚骨肉之连，骄扬奢侈，恣睢者众，所谓重难之时者也。陛下正当大敝之后，又遭重难之时，甚可忧也。故天灾若语陛下：'当今之世，虽敝而重难，非以太平至公，不能治也。视亲戚贵属在诸侯远正最甚者，忍而诛之，如吾燔辽东高庙乃可；视近臣在国中处旁仄及贵而不正者，忍而诛之，如吾燔高园殿乃可'云尔。在外而不正者，虽贵如高庙，犹灾燔之，况诸侯乎！在内不正者，虽贵如高园殿，犹燔灾之，况大臣乎！此天意也。罪在外者天灾外，罪在内者天灾内，燔甚罪当重，燔简罪当轻，承天意之道也。"④

对董仲舒的这段话，有人认为这是"中国古代以'莫须有'杀人的理论基础"，"其中的'当今之世，虽敝而重难，非以太平至公，不能治也。视亲戚贵属在诸侯远正最甚者，忍而诛之，如吾燔辽东高庙乃可；视近臣在国中处旁仄及贵而不正者，忍而诛之，如吾燔高园殿乃可'，就是要汉武帝滥杀无

---

① "两观"为天子之制，鲁为诸侯国而设两观，不合礼制，故言僭礼。
② "桓宫"、"厘宫"为鲁国为祭祀鲁桓公、鲁僖公所立宫庙。
③ "亳社"即殷社。古代建国必立社，殷都亳，故名，为亡国之社。
④ 班固：《五行志第七上》，《汉书》卷二十七上，《四库全书》本，上海古籍出版社1987年版。

辜"。①这是误读。董仲舒主张德主刑辅,在思想上反对滥杀无辜,不可能有"滥杀无辜"的主张,说是"莫须有"的杀人理论的基础,更是无稽之谈。其实,这段话的实质是董仲舒运用春秋公羊学的理论,借助言说灾变的形式,对汉武帝政治的批评,是董仲舒批评现实政治的一份杰作。理由有三:

第一,西汉的灾异理论认为,政治出现问题,就会有相应的天变,也就是灾异的出现。所以,灾异不是自然问题,而是政治混乱、黑暗的表现,在西汉自汉武帝以来的政治生活中,借言说灾异,常常是经学家、政治家进行政治斗争或政治批评的手段。政治斗争若出于争权夺利的目的,常常有明确的影射对象,董仲舒的这次言说灾异,根本没有争权夺利的目的,也没有政治斗争中明确的影射对象,而是笼统地说诸侯王与近臣的不正者,所以,完全是一种政治批评。

第二,董仲舒这次言说灾异,用来对比的是《春秋》所载鲁定公、鲁哀公时期发生的灾异,董仲舒认为其中两次灾异,都是上天对季孙氏专权僭礼的谴告,谴告的含义是要去除季孙氏的专权。②鲁定公、鲁哀公都是鲁国政治混乱的时期,董仲舒以史论今,带有批评武帝时期政治的深层含义。此外,董仲舒还言及亳社灾,对此灾异,"董仲舒、刘向以为亡国之社,所以为戒也。天戒若曰:国将危亡,不用戒矣。《春秋》火灾,屡于定、哀之间,不用圣人而纵骄臣,将以亡国,不明甚也"③。所以,董仲舒还有警戒汉武帝不省天意、将有亡国之祸的含义。

第三,董仲舒认为汉武帝时这两次灾异的发生,是上天启示汉武帝除去不正的诸侯王与近臣,直接针对的是诸侯王、近臣中的不正者,但高庙、高园都是祭祀汉高祖的设施,所以,董仲舒言说灾异同样与皇权相关,而当时皇权的代表正是汉武帝,尽管董仲舒没有直接批评汉武帝的语言,但是,天

---

① 《孙景坛评点〈汉书·董仲舒传〉,昭示班固作伪》,2008年3月1日,http://www.xinfajia.net/4247.html。

② 《汉书·五行志第七上》保存的董仲舒对这两次言说灾异的记载,可以为证:"定公二年'五月,雉门及两观灾'。董仲舒、刘向以为此皆奢僭过度者也。先是,季氏逐昭公,昭公死于外。定公即位,既不能诛季氏,又用其邪说,淫于女乐,而退孔子。天戒若曰,去高显而奢僭者。""哀公三年'五月辛卯,桓、厘宫灾'。董仲舒、刘向以为此二宫不当立,违礼者也。哀公以季氏之故不用孔子。孔子在陈闻鲁灾,曰:'其桓、厘之宫乎!'以为桓季氏之所出,厘使季氏世卿者也。"

③ 班固:《五行志第七上》,《汉书》卷二十七上,《四库全书》本,上海古籍出版社1987年版。

降灾异于皇家的高庙、高园，实际上包含着对汉武帝政治过失的批评。

当然，董仲舒的批评是有策略考虑的，他是在肯定汉武帝为明君，可以实现太平之治的前提下来论说灾异的，所以，他强调汉武帝时出现灾异是当其时。尤其宝贵的是董仲舒按照春秋公羊学的理论，提出"非以太平至公，不能治也"之说，希望汉武帝以"太平至公"的精神来处理政治问题，这才是董仲舒言说灾异的目的所在。诚如《四库全书总目》的《文选补遗·提要》说："董仲舒《火灾对》亦不免附会经义。"①就此而论，董仲舒的这次灾异对根本不是什么"莫须有"杀人的理论基础，而是借助春秋公羊学对汉武帝的进谏。

而任何理论都有两面性，尤其是言说灾异的理论。在这段话中，也会引申出对董仲舒不利的观念，以历史上鲁定公、鲁哀公为说，容易引起影射汉武帝为鲁定公之流的猜想；以圣人孔子不得其用为说，也可能引起董仲舒以圣贤自诩而不得其用的埋怨的怀疑；而从灾异推出的杀近臣、诸侯王的天意，必然引起权贵门愤恨，以至于董仲舒得到当死的处罚，被他弟子吕步舒视为大愚，还差点被杀了头："先是辽东高庙、长陵高园殿灾，仲舒居家推说其意，草稿未上，主父偃候仲舒，私见，嫉之，窃其书而奏焉。上召视诸儒，仲舒弟子吕步舒不知其师书，以为大愚。于是下仲舒史，当死，诏赦之，仲舒遂不敢复言灾异。"②当然，董仲舒可能有怀才不遇的观念，但绝没有对汉武帝不敬的想法，汉武帝很清楚这一点，加上董仲舒儒学大师的声望，所以才得到汉武帝的特赦。董仲舒此后不再言灾异，但这绝不是说董仲舒从此就不讲天人感应的灾异说，诚如冯友兰先生所指出的，只是董仲舒从此不再将其灾异与实际政治相附会。③

董仲舒的这次言说灾异，在当时是一场悲剧。后来却得到了汉武帝的积极回应，《汉书·五行志》在叙述完董仲舒的这次言说灾异后，接着说：

> 先是，淮南王安入朝，始与帝舅太尉武安侯田蚡有逆言。其后胶西于王、赵敬肃王、常山宪王皆数犯法，或至夷灭人家，药杀二千石，而淮南、衡山王遂谋反。胶东、江都王皆知其谋，阴治兵弩，欲以应之。

---

①　纪昀：《四库全书总目》（下册）卷一八七，中华书局 1983 年版，第 1704 页。

②　班固：《董仲舒传第二十六》，《汉书》卷五十六，《四库全书》本，上海古籍出版社 1987 年版。

③　参见冯友兰：《中国哲学史新编》中册，人民出版社 2001 年版，第 51 页。

至元朔六年，乃发觉而伏辜。时田蚡已死，不及诛。上思仲舒前言，使仲舒弟子吕步舒持斧钺治淮南狱，以《春秋》谊颛断于外，不请。既还奏事，上皆是之。①

可见，董仲舒言说灾异至少在消除不正诸侯王方面是被汉武帝采用了，而且还对董仲舒弟子的专断，予以完全肯定。遗憾的是董仲舒去除近臣中的不正者却难以得到回应。这是有原因的，因为诸侯王的强大与中央集权的君主专制是根本不相容的，去除诸侯王中的不正者的主张，正为解决中央王朝与诸侯王的矛盾提供了理论支持，符合汉武帝大一统的政治需要。而近臣是由皇帝的爱好所决定的，去近臣不正者，涉及的实际是皇帝的爱好，这绝不是董仲舒所能改变的。

二、治国与决狱的政治实践

董仲舒虽然没有在中央王朝做过大官，但先后为江都王、胶西王之相，担任过两个诸侯国的执政者，《汉书》说他"再相诸侯，身修国治"②。江都王是有名的骄王，胶西王则"尤纵恣"③，但董仲舒都能够以经学的义理来匡正他们，著名的"夫仁人者，正其谊不谋其利，明其道不计其功"④，就出自于董仲舒答江都王问。由于董仲舒的威望，两位骄王都尊重他，史载董仲舒治国是成功的。

（一）阴阳错行以治国

董仲舒治国所依据的也主要是春秋公羊学的理论，"仲舒治国，以《春秋》灾异之变，推阴阳所以错行，故求雨，闭诸阳，纵诸阴；其止雨反是。⑤行之一国，未尝不得所欲"。⑥《春秋繁露》中有《止雨》、《求雨》两篇，对求雨、止雨的仪式有详细的说明。尽管董仲舒治国的止雨、求雨之术被班固

---

① 班固：《五行志第七上》，《汉书》卷二十七上，《四库全书》本，上海古籍出版社 1987 年版。
② 班固：《叙传第七十下》，《汉书》卷一百下，《四库全书》本，上海古籍出版社 1987 年版。
③ 班固：《董仲舒传第二十六》，《汉书》卷五十六，《四库全书》本，上海古籍出版社 1987 年版。
④ 班固：《董仲舒传第二十六》，《汉书》卷五十六，《四库全书》本，上海古籍出版社 1987 年版。
⑤ 《春秋繁露》有《求雨》、《止雨》两篇，其止雨、求雨之术，带有明显的方术特色，这一点遭到人们不少的诟病。
⑥ 班固：《董仲舒传第二十六》，《汉书》卷五十六，《四库全书》本，上海古籍出版社 1987 年版。

视为治国的重要成就，但遭到王充的批判："董仲舒求雨，申《春秋》之义，设虚立祀，父不食于枝庶，天不食于下地。诸侯雩礼所祀，未知何神。如天神也，唯王者天乃歆，诸侯及今长吏，天不享也。神不歆享，安耐得神？"①"董仲舒申《春秋》之雩，设土龙以招雨，其意以云龙相致。……礼，画雷樽象雷之形，雷樽不闻能致雷，土龙安能而动雨？顿牟掇芥，磁石引针，皆以其真是，不假他类。他类肖似，不能掇取者，何也？气性异殊，不能相感动也。"②诸侯雩礼祭天不合于礼，得不到神佑；土龙与云性类不同，不能相互感应，无论是从礼制，还是同类相应来说，董仲舒的求雨、止雨之术都是不可行，而且是难以让人理解："仲舒之言雩祭可以应天，土龙可以致雨，颇难晓也。"③但是，王充有时又认可董仲舒的求雨、止雨之术，说什么董仲舒"修雩治龙，必将有义，未可怪也"④，表现出矛盾的态度。明末清初的王夫之则对此作出激烈的批评："天人之际难言矣！……乃其弊也，或失之诬，或失之鬼。……其鬼也，依附经义以乱祀典，如董仲舒土龙祈雨之术，徒以亵天而导淫祀，长巫风，败风教，则惧以增迷，人事废而天固不可格也。"⑤认为董仲舒阴阳错行的止雨、求雨之术完全是宗教迷信的巫术。

求雨、止雨关系到农业收成的好坏，而农业是古代经济最重要的部门，董仲舒对求雨、止雨的重视，是治国重视经济的表现。而其中的设坛等法术充满了方士的神秘色彩，使得后人甚至认为董仲舒也是法术高明的人物，东汉的应劭在《风俗通》中就有类似的记载⑥："武帝时迷于鬼神，尤信越巫，董仲舒数以为言。武帝欲验其道，令巫诅仲舒，仲舒朝服南面，诵咏经论，不能伤害，而巫者忽死。"⑦胡适也因此将董仲舒视为方士之类的人物，并得到学术界的一些认可。但这只是董仲舒将春秋公羊学运用于政治实践的神道

---

① 王充：《论衡·明雩第四十五》，黄晖：《论衡校释》第二册，中华书局1996年版，第668页。
② 王充：《论衡·乱龙第四十七》，黄晖：《论衡校释》第三册，中华书局1996年版，第693—694页。
③ 王充：《论衡·案书第八十三》，黄晖：《论衡校释》第四册，中华书局1996年版，第1169页。
④ 王充：《论衡·案书第八十三》，黄晖：《论衡校释》第四册，中华书局1996年版，第1170页。
⑤ 王夫之：《五代中》，《读通鉴论》卷二十九，世界书局1936年版，第632页。
⑥ 元代谢应芳的《辨惑编》卷二将《风俗通》的这一记载误作《白虎通》："《白虎通》论曰：'武帝时迷于鬼神，尤信越巫，董仲舒数以为言，武帝欲验其道，令巫诅仲舒，仲舒朝服南面诵咏经论，不能伤害，而巫者忽死。'"
⑦ 应劭：《怪神》，《风俗通义》卷九，朱谦之：《风俗通义校注》下册，中华书局1981年版，第423页。

设教，并非经学的本有之义。

西汉时，就有人从政治方面对董仲舒的政治实践与才干作出极高的评价，以至刘向称："董仲舒有王佐之才，虽伊、吕亡以加，管、晏之属，伯者之佐，殆不及也。"但他的儿子刘歆认为："伊、吕乃圣人之耦，王者不得则不兴。故颜渊死，孔子曰'噫！天丧余。'唯此一人为能当之，自宰我、子赣、子游、子夏不与焉。仲舒遭汉承秦灭学之后，六经离析，下帷发愤，潜心大业，令后学者有所统壹，为群儒首。然考其师友渊源所渐，犹未及乎游、夏，而曰管、晏弗及，伊、吕不加，过矣。"①刘歆的观点也得到二程的呼应，《二程遗书》卷二十二下载："问：'史称董仲舒是王佐才，如何？'曰：'仲舒是言其学术，若论至王佐才，须是伊周，其次莫如张良、诸葛亮、陆宣公。'"刘歆、二程的评说较为合于实际。东汉时，班固将董仲舒与公孙弘、儿宽相提并论，视为武帝时期值得称道的政治代表人物："孝武之世，外攘四夷，内改法度，民用凋敝，奸轨不禁。时少能以化治称者，惟江都相董仲舒、内史公孙弘、儿宽，居官可纪。三人皆儒者，通于世务，明习文法，以经术润饰吏事，天子器之。"②尽管董仲舒在政治上并没有多少功绩可言，但是，他在政治实践中的以经术润饰吏事、运用春秋公羊学来处理政治问题，却在经学中具有极大的意义。

（二）《春秋》决狱

西汉经学的最大特点，就是将经术与政治相结合。所谓以《禹贡》治河，③ 以《洪范》察变，④ 以《春秋》决狱，⑤ 以《诗》当谏书，⑥ 成为时

---

① 以上所引皆见班固：《董仲舒传第二十六》，《汉书》卷五十六，《四库全书》本，上海古籍出版社 1987 年版。

② 班固：《循吏传第五十九》，《汉书》卷八十九，《四库全书》本，上海古籍出版社 1987 年版。

③ 《汉书·平当传》载："当以经明《禹贡》，使行河，为骑都尉，领河堤。"

④ 《汉书·两夏侯传》载，夏侯胜明《洪范》，据天久阴不雨，而预言有臣下谋上的政变。

⑤ 《汉书·董仲舒传》载董仲舒有《春秋治狱》，董仲舒弟子"仲舒在家，朝廷如有大议，使使者及廷尉张汤就其家而问之"；《汉书·张汤传》载，张汤治狱"请博士弟子治《尚书》、《春秋》，补廷尉史，平亭疑法"；《汉书·五行志第七上》载，"上思仲舒前言，使仲舒弟子吕步舒持斧钺治淮南狱，以《春秋》谊颛断于外，不请。既还奏事，上皆是之"。

⑥ 《汉书·儒林传》载：昭帝崩，昌邑王嗣立，以行淫乱废，昌邑群臣皆下狱诛，唯中尉王吉、郎中令龚遂以数谏减死论。式系狱当死，治事使者责问曰："师何以无谏书？"式对曰："臣以《诗》三百五篇朝夕授王，至于忠臣孝子之篇，未尝不为王反复诵之也；至于危亡失道之君，未尝不流涕为王深陈也。臣以三百五篇谏，是以亡谏书。"

尚。董仲舒政治实践的特色，就是用春秋公羊学作为行政的根据，而最为后人所称道的就是所谓以《春秋》决狱，董仲舒本人则是以《春秋》决狱的代表。

《春秋》决狱的《春秋》指的就是《春秋公羊传》。《汉书·艺文志》的春秋家载有《公羊董仲舒治狱》16 篇，这一名称无可怀疑的表明董仲舒治狱的理论根据是春秋公羊学。王充说："仲舒表《春秋》之义，稽合于律，无乖异者。"①就是对董仲舒的春秋公羊学治狱的极高评价。宋王应麟也说《公羊董仲舒治狱》16 篇"皆《公羊》之学也"②。东汉的应劭说："故胶西相董仲舒老病致仕，朝廷每有政议，数遣廷尉张汤亲至陋巷，问其得失。于是作《春秋决狱》二百三十二事，动以经对，言之详矣。"③《春秋决狱》就是《汉书·艺文志》记载的《公羊董仲舒治狱》。《春秋》治狱在中国经学史与中国法律史上，开以经定法之先河，经即是法，但又高于法，法必须从经中寻求合理性，否则，法就没有合法性、合理性。

从仅存董仲舒断狱的记载看，他治狱的最高原则就是《春秋繁露·精华》所说的"原其志"，即以主观动机为判定罪行的根据。董仲舒认为，这一原则是孔子在《春秋》所定：

> 《春秋》之论事，莫重于志。……礼之所重者，在其志，志敬而节具，则君子予之知礼；志和而音雅，则君子予之知乐；志哀而居约，则君子予之知丧。故曰非虚加之，重志之谓也。志为质，物为文，文著于质，质不居文，文安施质；质文两备，然后其礼成；文质偏行，不得有我尔之名；俱不能备，而偏行之，宁有质而无文，虽弗予能礼，尚少善之，介葛卢来是也；有文无质，非直不予，乃少恶之，谓州公寔来是也。④

---

①　王充：《论衡·程材篇》，黄晖：《论衡校释》第二册，中华书局 1996 年版，第 542 页。

②　王应麟：《艺文·春秋》，《玉海》卷四十，《四库全书》本，上海古籍出版社 1987 年版。

③　范晔：《杨李翟应霍爰徐列传第三十八》，《后汉书》卷四十八，《四库全书》本，上海古籍出版社 1987 年版。

④　董仲舒：《玉杯第二》，《春秋繁露》卷一，钟肇鹏：《春秋繁露校释》（校补本）上册，河北人民出版社 2005 年版，第 40—42 页。

文指器物、装饰等外在的东西，质指精神情志等内在的东西，重志就是要重视内在的精神情志。从礼而言，文质彬彬，两者皆具，才是真正的合礼，若不能皆具，宁有质而无文。就决狱而论，就是要重视人的主观动机，而不能就事论事。重视主观动机在决狱中的意义，有其合理性的，并为历代律法所肯定，即使现代司法，也对主观动机给予应有的考虑。

董仲舒对此有一段著名的论说：

> 《春秋》之听狱也，必本其事而原其志。志邪者，不待成；首恶者，罪特重；本直者，其论轻。是故逢丑父当斩，而辕涛涂不宜执，鲁季子追庆父，而吴季子释阖庐，此四者，罪同异论，其本殊也。俱欺三军，或死或不死；俱弑君，或诛或不诛；听讼折狱，可无审耶！故折狱而是也，理益明，教益行；折狱而非也，暗理迷众，与教相妨。教，政之本也，狱，政之末也，其事异域，其用一也，不可不以相顺，故君子重之也。①

所谓"原其志"，就是考察犯罪的主观动机，并据此来判定其刑罚。首先要防止的是主观动机邪恶的犯罪，要将其消灭在萌芽中；对罪犯中的首恶，一定要严惩；对没有犯罪的主观动机的犯罪，要给以从轻处理，这就是"论罪原②深浅定法诛，然后绝属之分别矣"③。所以，齐国逢丑父、陈国辕涛涂俱欺三军，鲁国庆父与吴国阖闾俱弑君，但逢丑父欺骗晋军，虽然让齐侯得以逃脱，却使齐侯置于耻辱的地位；而陈国的辕涛涂欺齐三军，是不满齐桓公的假道陈国伐楚，有值得肯定的因素。庆父的弑君完全是大逆不道，而阖闾的弑君不仅因吴王僚的为王不正当，④ 还有为季子讳

---

① 董仲舒：《精华第五》，《春秋繁露》卷三，钟肇鹏：《春秋繁露校释》（校补本）上册，河北人民出版社 2005 年版，第 177—178 页。

② "原"各本皆作"源"，据钟肇鹏《春秋繁露校释》（校补）第 307 页注（九）改。

③ 董仲舒：《正贯第十一》，《春秋繁露》卷五，钟肇鹏：《春秋繁露校释》（校补本）上册，河北人民出版社 2005 年版，第 305 页。

④ 参见《公羊传·襄公二十九年》："阖庐曰：'先君之所以不与子国，而与弟者，凡为季子故也。将从先君之命与？则国宜之季子者也。如不从先君之命与？则我宜立者也。僚恶得为君乎？'于是使专诸刺僚。"

的因素。① 所以，逢丑父当死而辕涛涂不死，庆父当诛而阖闾不诛，同罪而异论。徐彦在疏《解诂》时认为，董仲舒以《春秋》的逢丑父当死，并不符合《春秋》的本意，并指责董仲舒此说即何休所指责的"《春秋》不非而说者非之"的"背经"之说。② 徐彦此疏是对何休《解诂》的误解，在《解诂·成公二年》，何休明确说："如贤丑父，是赏人之臣绝其君也。"以逢丑父不当为贤，这与董仲舒斥逢丑父当死是一致的。所以，何休绝不能以董仲舒此说为"背经"之论。

原其志重视的是人的主观动机，但主观动机是否值得肯定，则在符不符合政治伦理的纲常。合于纲常者则是，反之亦然。董仲舒对祭仲等四人的评说，明确的说明这一点：

> 公子目夷复其君，终不与国；祭仲已与，后改之；晋荀息死而不听；卫曼姑拒而弗内，此四臣事异而同心，其义一也。目夷之弗与，重宗庙；祭仲与之，亦重宗庙；荀息死之，贵先君之命；曼姑拒之，亦贵先君之命也。事虽相反，所为同，俱为重宗庙，贵先帝之命耳。③

宗庙、先帝之命为《春秋》所肯定，故四人行事不同甚至相反，但都合于《春秋》的重宗庙、贵先帝的原则，所以，《春秋》对他们都是一致肯定的。这是异事而同论。无论是同事异论，还是异事同论，都是以人的主观动机是否合于君主专制的政治伦常原则为评定标准的。董仲舒决狱的这一精神，成为后来历代断狱的依据。

董仲舒的治狱与酷吏的严刑峻法相比，是较为温和的。无论是董仲舒对《春秋》人物罪行的判决，还是具体案例的处理都是如此。弑父、弑君为《春秋》之法最痛斥的大逆不道，但董仲舒对《春秋公羊传》的许止弑父、

---

① 参见《公羊传·昭公二十七年》："夏，四月，吴弑其君僚。"何休注："不书阖卢弑其君者，为季子讳，明季子不忍父子兄弟自相杀，让国阖庐，欲其享之，故为没其罪也。不举专诸弑者，起阖庐当国，贱者不得贬，无所明文，方见为季子讳，本不出贼，以除阖庐罪，虽可贬，犹不举。"

② 参见阮元：《十三经注疏》下册，中华书局 1982 年版，第 2190 页。

③ 董仲舒：《玉英第四》，《春秋繁露》卷三，钟肇鹏：《春秋繁露校释》（校补本）上册，河北人民出版社 2005 年版，第 143 页。

赵盾弑君，却作出赦而不诛的判决：

> 盾之狱不可不察也。夫名为弑父，而实免罪者，已有之矣；亦有名为弑君，而罪不诛者，逆而距之，不若徐而味之。且吾语盾有本，《诗》云："他人有心，予忖度之。"此言物莫无邻，察视其外，可以见其内也。今案盾事，而观其心，愿而不刑，合而信之，非篡弑之邻也。按盾辞号乎天，苟内不诚，安能如是？是故训其终始，无弑之志，挂恶谋者，过在不遂去，罪在不讨贼而已。臣之宜为君讨贼也，犹子之宜为父尝药也；子不尝药，故加之弑父，臣不讨贼，故加之弑君，其义一也。所以示天下废臣子之节，其恶之大若此也。故盾之不讨贼为弑君也，与止之不尝药为弑父无以异，盾不宜诛，以此参之。①

赵盾无弑君之心，更无弑君的行为，只是在赵穿弑君时，赵盾没有逃出国境，回朝后没有及时讨伐乱臣贼子，所以，尽管《春秋》书赵盾弑君，但却与其他弑君的乱臣贼子有所区别，而没有真正的诛绝，这与许止进药不尝而导致君父死亡，被《春秋》视为弑父一样。所以，董仲舒对许止、赵盾无心之过的弑父、弑君，并没有给予乱臣贼子弑父、弑君一样的看待，而是认为应该赦而不诛。这一判决很好地体现了董仲舒的原心决狱的精神。

董仲舒对具体案例的判决，也体现了温和的精神：

> 甲父乙与丙争言相斗，丙以佩刀刺乙，甲即以杖击丙，误伤乙。甲当何论？或曰："殴父也，当枭首。"议曰："臣愚以为父子，至亲也，闻其斗，莫不有怵怅之心。扶杖而救之，非所以欲殴父也。《春秋》之义，许止父病，进药于其父而卒。君子原心，赦而不诛。甲非律所谓殴父也。不当坐。"②

儿子见父亲被他人殴打，为救父亲，却反伤了父亲，有的人认为应该这是犯

---

① 董仲舒：《玉杯第二》，《春秋繁露》卷一，钟肇鹏：《春秋繁露校释》（校补本）上册，河北人民出版社2005年版，第62页。

② 李昉等：《太平御览》（第三册）卷六百四十，中华书局1985年版，第2868页。

了杀头之罪，董仲舒却以为，儿子本意是救父，所以，根本谈不上犯罪。这与赵盾无弑君之心、许止无弑父之心，皆赦而不诛的判决是相同，都体现了董仲舒决狱对主观动机的重视，但又绝不是一棍子打死。

同时，董仲舒的决狱还有许多值得肯定的地方。下面有两例法律关系相近的判案：

> 时有疑狱曰："甲无子，拾道旁弃儿乙养之以为子。及乙长，有罪杀人，以状语甲，甲藏匿乙。甲当何论？"仲舒断曰："甲无子，振活养乙，虽非所生，谁与易之！《诗》云'螟蛉有子，蜾蠃负之。'《春秋》之义，'父为子隐'，甲宜匿乙。"诏不当坐。①
>
> 甲有子乙以乞丙，乙后长大而丙所成育。甲因酒色谓乙曰："汝是吾子。"乙怒，杖甲二十。甲以乙本是其子，不胜其忿，自告县官。仲舒断之曰："甲生乙，不能长育以乞丙，于义已绝矣！虽杖甲，不应坐。"②

养子与养父、生父的关系，从血缘关系说，应该重视生父一方，但是，董仲舒在涉及这类案例时，他不重血缘关系，却看重抚养关系。若是生父没有尽到抚养的义务，抛弃了儿子，生父与儿子已经没有父子之义了，就不能以父子关系论断。所以，董仲舒判决上述两案，皆以养父与养子为父子关系来判决，尽管董仲舒也引用了孔子"父为子隐"③之说，但含义却有很大的不同。孔子的父子关系是血缘的亲疏关系，董仲舒这里讲的却是没有血缘联系的养父与养子的关系，这是在法律上对宗法的血缘关系的否定，重视的是事实关系及其权利与义务的对应，具有积极的意义。

---

① 杜佑：《东晋成帝咸和五年，散骑侍郎贺乔妻于氏上表》，《通典》（中册）卷六十九，岳麓书社1995年版，第982页。

② 杜佑：《东晋成帝咸和五年，散骑侍郎贺乔妻于氏上表》，《通典》（中册）卷六十九，岳麓书社1995年版，第982页。

③ 刘清平教授在《哲学研究》2002年第2期发表《美德还是腐败》，提出儒家"亲亲相隐"主张与"腐败"的关系问题，在中国思想史界引起一场大讨论，《哲学研究》《中国哲学史研究》等先后刊文近四十篇，相关的争鸣文章及文献，由郭齐勇教授编成《儒家伦理争鸣集——以"亲亲互隐"为中心》，2004年由湖北教育出版社出版，这是由儒家"父为子隐"在当代引起的制度、学术争论。

而关系到夫死妻子改嫁的案例，董仲舒也表现出极大的宽容：

> 甲夫乙将船，会海盛风，船没，溺流死亡，不得葬四月。甲母丙即嫁甲。欲当何论？或曰："甲夫死未葬，法无许嫁。以私为人妻，当弃市。"议曰："臣愚以为《春秋》之义，言夫人归于齐，言夫死无男，有更嫁之道也。妇人无专制恣擅之行，听从为顺。嫁之者归也。甲又尊者所嫁，无淫衍之心，非私为人妻。明于决事，皆无罪名。不当坐。"①

他肯定夫死无男、妻子改嫁，是《春秋》之义，认为寡妇再嫁是有经学根据的。只要再嫁得到了尊者、长者的认可，而不是寡妇个人的私自行为，就不应该以犯罪论处。这一事例说明，董仲舒并不反对寡妇再嫁，这与后来宋明理学讲求名节，反对寡妇再嫁，饿死事小失节事大的观念是有极大不同的。

董仲舒开创的《春秋公羊》治狱，很快就成为西汉司法实践的"原心定罪"、"论心定罪"原则，形成了以《春秋公羊传》断狱的风气。所谓"《春秋》之义，原心定罪"②；"圣王断狱，必先原心定罪"③，"故《春秋》之治狱，论心定罪。志善而违于法者免，志恶而合于法者诛"④。"原心定罪"、"论心定罪"被视为圣人之道，为圣王断狱的最高准则，成为西汉政治生活的准则。经常向董仲舒请教治狱的张汤，"决大狱，欲傅古义，乃请博士弟子治《尚书》、《春秋》，补廷尉史，平亭疑法"⑤，并因此而得到治《公羊春秋》的丞相公孙弘的极力称赞。⑥ 翟方进"兼通文法吏事，以儒雅

---

① 李昉等：《太平御览》（第三册）卷六百四十，中华书局 1985 年版，第 2868 页。
② 班固：《薛宣朱博传第五十三》，《汉书》卷八十三，《四库全书》本，上海古籍出版社 1987 年版。
③ 班固：《何武王嘉师丹传第五十六》，《汉书》卷八十六，《四库全书》本，上海古籍出版社 1987 年版。
④ 王利器：《盐铁论校注》，桓宽：《刑德第五十五》，《盐铁论》卷十，第 344 页。
⑤ 班固：《张汤传第二十九》，《汉书》卷五十九，《四库全书》本，上海古籍出版社 1987 年版。
⑥ 参见《汉书·张汤传》载："是时，上方乡文学，汤决大狱，欲傅古义，乃请博士弟子治《尚书》、《春秋》，补廷尉史，平亭疑法。奏谳疑，必奏先为上分别其原，上所是，受而著谳法廷尉挈令，扬主之明。……是以汤虽文深意忌不专平，然得此声誉。而深刻吏多为爪牙用者，依于文学之士。丞相弘数称其美。"

缘饰法律",而被"号为通明相"①，所谓儒雅缘饰法律，主要是指以春秋公羊学的治狱观念来文饰刑法，给严酷的刑法以温情儒雅的外表。

但是，当其运用于政治案例的判决时，董仲舒《春秋》治狱所带有的温和精神就消失了。以"原心定罪"为原则的《春秋》治狱，同时也导致了刑法的惨急："自公孙弘以《春秋》之义绳臣下、取汉相，张汤以峻文决理为廷尉，于是见知之法生，而废格沮诽穷治之狱用矣。其明年，淮南、衡山、江都王谋反迹见，而公卿寻端治之竟其党与，坐而死者数万人，吏益惨急而法令察。"②据中国政法大学博士宋国华的研究，所谓见知之法，"是指监察或主管官吏见知民或吏犯法而不举告、揭发，监管或主管官吏应负连带之责"③。见知之法的出现与以《春秋》治狱的司法实践有直接的联系。此法导致了西汉治狱的"上下相殴，以刻为明"④。晚清著名法学家沈家本在分析西汉的见知之法时也说："见知部主之法造，自（张）汤、（张）禹，文景仁厚之风荡然无遗，至创为腹诽之法而冤伤益不可问也。"⑤宣帝时，"受《春秋》，通大义"⑥ 的路温舒，就对西汉的治狱提出严厉的批评，"故天下之患，莫深于狱；败法乱正，离亲塞道，莫甚乎治狱之吏"⑦，而主张用《尚书》的"与其杀不辜，宁失不经"⑧ 来矫正当时的治狱残酷。哀帝时，鲍宣讲民有七亡、七死，前三死的"酷吏殴杀"、"治狱深刻"、"冤陷亡辜"⑨，都与治狱相关。清代戴震曾批评程朱理学的以理杀人，而早在明代的卓尔康就批评董仲舒等人"以《春秋》杀人"："两汉之时尚有董仲舒《繁露》，掇拾《公羊》之大义，亦成一书，颇有生发，若别著《决事比》

---

① 班固：《翟方进传第五十四》，《汉书》卷八十四，《四库全书》本，上海古籍出版社 1987 年版。

② 班固：《食货志第四下》，《汉书》卷二十四下，《四库全书》本，上海古籍出版社 1987 年版。

③ 宋国华：《汉代见知之法考述》，《咸阳师范学院学报》2008 年第 3 期，第 17 页。

④ 班固：《刑法志第三》，《汉书》卷二十三，《四库全书》本，上海古籍出版社 1987 年版。

⑤ 沈家本：《历代刑法考》，中华书局 1985 年版，第 1496 页。

⑥ 班固：《贾邹枚路传第二十一》，《汉书》卷五十一，《四库全书》本，上海古籍出版社 1987 年版。

⑦ 班固：《贾邹枚路传第二十一》，《汉书》卷五十一，《四库全书》本，上海古籍出版社 1987 年版。

⑧ 阮元刻：《十三经注疏》，上册，中华书局 1982 年版，第 135 页。

⑨ 班固：《王贡两龚鲍传第四十二》，《汉书》卷七十二，《四库全书》本，上海古籍出版社 1987 年版。

以助断狱深刻者之焰，大非正谊、明道者所宜。盖王、何以老庄释经，何休尚谓罪浮桀、纣，① 况以《春秋》杀人乎？"② 这说明西汉以《春秋》治狱，并不是如后来今文经学家所赞美的那样只有美好的一面，它也有消极的一面。但是，我们要注意董仲舒与酷吏之间的区别，董仲舒《春秋》治狱也不同于衍生出来的见知之法。

《春秋》治狱有一个基本精神，就是维护中央王朝与皇帝的绝对权威，这也是《春秋》治狱的目的所在，这在政治案例的判决中表现尤其明显。如在治淮南王之狱时，胶西王议其罪，依据《公羊传》的"臣毋将，将而诛"，主张对淮南王处以极刑，并对参与者一律从严惩处，以致被判死刑的就达数万人之多，所谓"坐而死者数万人"。而严厉惩处的目的是为了"使天下明知臣子之道，毋敢复有邪僻背畔之意"③，也就是让天下的臣子都自觉的忠诚于君主，不敢有对西汉王朝三心二意。汉成帝时，在治梁王立的罪案时，附带揭发出与其姑园子通奸的罪行，有司报请以死罪论处，但是，谷永上书，据《公羊传》的"为亲者讳"，认为这样做"非所以为公族隐讳，增朝廷之荣华，昭圣德之风化也"，"天子由是寝而不治"④，为了维护西汉王室的尊严，连这样伤风败俗、严重违法的罪行也被隐瞒下来，而得不到追究。⑤ 通过这两件事例，可以看出以《春秋》治狱在其实践中，并不是真正的要严格按照经义来处理刑狱，将圣人之道运用于刑狱，而是以经义为文饰，来为西汉王朝的统治服务。而这一点正是春秋公羊学大一统形而下层面的应有之义，春秋公羊学能够成为西汉的显学绝不是偶然的。

董仲舒的"原心定罪"后来一直是决狱的金科玉律，被历代作为断案的准绳。东汉安帝时，河间人尹次、颍川人史玉犯杀人罪被判死刑，尹次的

① 《晋书·范宁传》载："时以浮虚相扇，儒雅日替，宁以为其源始于王弼、何晏，二人之罪深于桀纣。"何休为东汉末年人，王弼、何晏为三国人，何休不可能评说后人的学说，卓尔康是将范宁之说误作何休之说了。

② 卓尔康：《春秋辩义》卷首三，《四库全书》本，上海古籍出版社 1987 年版。

③ 班固：《淮南衡山济北王传第十四》，《汉书》卷四十四，《四库全书》本，上海古籍出版社 1987 年版。

④ 班固：《文三王传第十七》，《汉书》卷四十七，《四库全书》本，上海古籍出版社 1987 年版。

⑤ 王夫之在《读通鉴论》卷五《成帝》中说："汉诸王之以禽兽行废者不一，汉廷无有能据道以处此者，而谷永能言之。其曰：'帝王不窥人私，而《春秋》为尊者讳。'此义行，迄乎东汉，秽德不章。"对其危害作出了公允的评说。

兄长与史玉的母亲到衙门表示愿意代死，而自缢身亡，尚书陈忠就准备改判两人的死刑，应劭驳议时就引用董仲舒的"原心定罪"为说："若乃小大以情，原心定罪，此为求生，非谓代死可以生也。"①15 岁少年霍谞的舅舅宋光，被人诬陷"妄刊章文"下狱，霍谞奏记大将军梁商："谞闻《春秋》之义，原情定过，赦事诛意，故许止虽弑君而不罪，赵盾以纵贼而见书。此仲尼所以垂王法，汉世所宜遵前修也。"②也以"原心定罪"为说，并将其上升到孔子所定王法的高度。《三国志·魏书》卷二十四《韩崔高孙王传》载，高柔上书说，公孙晃"虽为凶族，原心可恕"；《三国志·魏书》卷二十八《王毋丘诸葛邓钟传》载，议郎段灼上疏说："（邓）艾诚恃养育之恩，心不自疑，矫命承制，权安社稷；虽违常科，有合古义，原心定罪，本在可论。"《旧唐书》卷五十《刑法志第三十》载，刑部员外郎孙革奏："《王制》称五刑之理，必原父子之亲以权之，慎测浅深之量以别之。《春秋》之义，原心定罪。周书所训，诸罚有权。"明代 13 岁的崔鉴，气愤父亲的小老婆欺凌亲生母亲，用刀将小老婆杀死。时任刑部主事的吴桂芳著论拟赦，并得到尚书闻渊认可："此董仲舒《春秋》断狱，柳子厚《复雠议》也。"③崔鉴得以无罪释放。这一决狱依据的就是以政治伦常原则为依据的"原其志"。所列历史上的寥寥数例，就可以知道董仲舒的"原心定罪"在君主专制时代深远的影响。

第六节　董仲舒春秋公羊学的历史评价

由董仲舒所创立的春秋公羊学，是春秋公羊学发展史上第一个系统的理论，在中国经学史上具有里程碑的意义，春秋公羊学其后的发展基本上是沿着董仲舒所开创的方向而来的。董仲舒之所以成为从古到今具有重大而深远影响的思想家，主要的原因就在于他的春秋公羊学，他的这套学说一方面为

---

① 范晔：《杨李翟应霍爰徐列传第三十八》,《后汉书》卷四十八,《四库全书》本，上海古籍出版社 1987 年版。

② 范晔：《杨李翟应霍爰徐列传第三十八》,《后汉书》卷四十八,《四库全书》本，上海古籍出版社 1987 年版。

③ 张廷玉等：《列传第一百十一》,《明史》卷二百二十三,《四库全书》本，上海古籍出版社 1987 年版。

君主专制的等级名分的合理性、合法性制造了理论根据，另一方面又为维护君主专制的长治久安提出各种治国方略。

司马迁说董仲舒"至卒，终不治产业，以修学著书为事"①，"故汉兴至于五世之间，唯董仲舒名为明于《春秋》"②。刘歆说："仲舒遭汉承秦灭学之后，六经离析，下帷发愤，潜心大业，令后学者有所统壹，为群儒首。"③肯定其首屈一指的地位，但刘歆同时认为从历史看，董仲舒还比不上七十子中的子游、子夏等人，"然考其师友渊源所渐，犹未及乎游、夏"④。到东汉，董仲舒得到一致的极高评价，班固将董仲舒治《春秋公羊传》与文王演《易》、孔子作《春秋》相继为说："昔殷道弛，文王演《周易》；周道敝，孔子述《春秋》，则《乾》、《坤》之阴阳，效《洪范》之咎征，天人之道粲然著矣。汉兴，承秦灭学之后，景、武之世，董仲舒治《公羊春秋》，始推阴阳，为儒者宗。"⑤《汉书》说他治《春秋公羊》，三年不窥园。⑥"下帷覃思，论道属书，说言访对，为世纯儒"⑦。在西汉，董仲舒发明的春秋公羊学之义就已经被作为经典理论而被引用，如宣帝初即位，路温舒上书说："臣闻《春秋》正即位，大一统而慎始也。"⑧王吉上书说："《春秋》所以大一统者，六合同风，九州岛共贯也。"⑨二人所言《春秋》大一统之义，已经是董仲舒对大一统的发挥之义。到东汉，董仲舒之说更是常常被大臣、

---

① 司马迁：《儒林列传第六十一》，《史记》卷一百二十一，《四库全书》本，上海古籍出版社1987年版。

② 司马迁：《儒林列传第六十一》，《史记》卷一百二十一，《四库全书》本，上海古籍出版社1987年版。

③ 班固：《董仲舒传第二十六》，《汉书》卷五十六，《四库全书》本，上海古籍出版社1987年版。

④ 班固：《董仲舒传第二十六》，《汉书》卷五十六，《四库全书》本，上海古籍出版社1987年版。

⑤ 班固：《五行志第七上》，《汉书》卷二十七上，《四库全书》本，上海古籍出版社1987年版。

⑥ 王充说："儒书言：'董仲舒读《春秋》，专精一思，志不在他，三年不窥园菜。'夫言不窥园菜，实也；言三年，增之也。仲舒虽精，亦时解休，解休之间，犹宜游于门庭之侧；则能至门庭，何嫌不窥园菜？闻用精者，察物不见，存道以亡身；不闻不至门庭，坐思三年，不及窥园菜。"（《儒增第二十六》，《论衡》卷八）可见，三年不窥园之说在东汉已经被写入儒书，成为儒林的美谈。但此为误读司马迁《史记》之说，不足为据。

⑦ 班固：《叙传第七十下》，《汉书》卷一百下，《四库全书》本，上海古籍出版社1987年版。

⑧ 班固：《贾邹枚路传第二十一》，《汉书》卷五十一，《四库全书》本，上海古籍出版社1987年版。

⑨ 班固：《王贡两龚鲍传第四十二》，《汉书》卷七十二，《四库全书》本，上海古籍出版社1987年版。

经生引用，桓谭著《新论》，明言承继董仲舒。董仲舒的著作被许多人诵读，以至马援小女马皇后"能诵《易》，好读《春秋》、《楚辞》，尤善《周官》、《董仲舒书》"。①董仲舒的著作甚至被视为不同于传记的经典，王充说：

> 若夫陆贾、董仲舒，论说世事，由意而出，不假取于外，然而浅露易见，观读之者，犹曰传记。②
>
> 董仲舒著书，不称子者，意殆自谓过诸子也。……孔子终论，定于仲舒之言。③
>
> 文王之文在孔子，孔子之文在仲舒。④

汉代以孔子度越诸子，以五经高于传记，王充一方面说文王、孔子、董仲舒一脉相承，另一方面反对将董仲舒的著作视为传记，认为孔子思想的最终定论完成于董仲舒，将董仲舒的著作与五经并举，认为是孔子之道的正统。此外，班固的《白虎通义》与许慎的《说文解字》都有不少引董仲舒之说的地方。⑤ 正是出于对董仲舒极其推崇，本来对董仲舒土龙致雨等宗教迷信之说进行系统批评的王充，也对董仲舒加以袒护："仲舒览见深鸿，立事不妄，设土龙之象，果有状也。"⑥还见于董仲舒之龙说不终，"《论衡》终之。故曰'乱龙'，乱者，终也"⑦，著为《乱龙篇》，予以维护。⑧ 董仲舒在东汉

---

① 范晔：《皇后纪第十上》，《后汉书》卷十上，《四库全书》本，上海古籍出版社1987年版。
② 王充：《论衡·超奇第三十九》，黄晖：《论衡校释》第二册，中华书局1996年版，第608页。
③ 王充：《论衡·案书第八十三》，黄晖：《论衡校释》第四册，中华书局1996年版，第1170页。
④ 王充：《论衡·超奇第三十九》，黄晖：《论衡校释》第二册，中华书局1996年版，第614页。
⑤ 详细的论述请参见周桂钿《董仲舒评传：独尊儒术　奠定汉魂》，广西教育出版社1995年版，第184—185页。
⑥ 王充：《论衡·乱龙第四十七》，黄晖：《论衡校释》第三册，中华书局1996年版，第705—706页。
⑦ 王充：《论衡·乱龙第四十七》，黄晖：《论衡校释》第三册，中华书局1996年版，第705—706页。
⑧ 胡适在《中国哲学史大纲》的《导言》中说："王充的《论衡》，是汉代一部奇书，但其中如《乱龙篇》极力为董仲舒作土龙求雨一事辩护，与全书的宗旨恰恰相反。篇末又有'《论衡》终之，故曰乱龙。乱者，终也'的话，全无道理。明是后人假造的。"认为《乱龙篇》是后人的伪作，并不是王充著作。其实，胡适此说并非定论，王充的思想并不是纯粹如一的，在《论衡》中有不少与王充批判宗教迷信的基本思想观念不一致的说法，如《论衡·变动篇》说："秦之将灭、都门内崩；霍光家且败，第墙自坏。……然而门崩墙坏，霍败亡之征也。"《论衡·奇怪篇》说："帝王之必有怪奇，不见于物，则效于梦矣。"不能将这些都视为不是王充的观念。这是思想家思想多样性的表现，并不奇怪。

的地位与影响由此可见一斑。

后来随着春秋公羊学的衰落，董仲舒也在很长一段时间没有得到应有的关注。但晋代荀崧在关于增设经学博士的上疏中，将董仲舒重视《春秋公羊传》作为其设立博士的根据，说《春秋公羊传》"公羊高亲受子夏，立于汉朝，辞义清隽，断决明审，董仲舒之所善也"①。此外，还出现了魏国经学家刘兰，因诋毁董仲舒而死亡的记载：

> 刘兰，武邑人。年三十余，始入小学，书《急就篇》。家人觉其聪敏，遂令从师，受《春秋》、《诗》、《礼》于中山王保安。……唯兰推经、传之由，本注者之意，参以纬侯及先儒旧事，甚为精悉。自后经义审博，皆由于兰。兰又明阴阳，博物多识，为儒者所宗……兰学徒前后数千，成业者众，而排毁《公羊》，又非董仲舒，由是见讥于世。永平中，为国子助教。延昌中，静坐读书，有人叩门，门人通焉，兰命引入。其人葛巾单衣，入与兰坐，谓兰曰："君自是学士，何为每见毁辱，理义长短，竟知在谁而过，无礼见陵也。今欲相召，当与君正之。"言终而出。出后，兰告家人。少时而患卒。②

由"经义审博皆由于兰"、"为儒者所宗"之语，可见刘兰的经学造诣之高，但他诋毁董仲舒不仅被世人所讥刺，而且还被神人索命，这一神怪之说，表明董仲舒在经学界依然具有神圣的地位，只是《春秋公羊传》未得到重视，而少被论及。

宋代以来，董仲舒较多地被论及，受到以程朱为代表的理学家的肯定。如程颢说："董仲舒曰：'正其义，不谋其利；明其道，不计其功。'此董子所以度越诸子。"③朱熹说："汉儒最纯者莫如董仲舒，仲舒之文最纯者莫如三策。"④

① 房玄龄：《王湛荀崧范汪刘惔张凭韩伯列传第四十五》，《晋书》卷七十五，《四库全书》本，上海古籍出版社1987年版。
② 魏收：《儒林第七十二》，《魏书》卷八十四，《四库全书》本，上海古籍出版社1987年版。
③ 朱熹、吕祖谦编著：《近思录》卷十四第七，《四库全书》本，上海古籍出版社1987年版。
④ 朱熹：《礼四·小戴记》，《朱子语类》卷八十七，《四库全书》本，上海古籍出版社1987年版。

"汉儒惟董仲舒纯粹，其学甚正，非诸人比"①。但他们肯定董仲舒的主要是义利之辨，除此之外，他们对董仲舒经学的评价并不高，程颢说："汉儒如毛苌、董仲舒，最得圣贤之意，然见道不甚分明。下此即至扬雄，规模又窄狭矣"②，并说"董仲舒论事先引《春秋》，论事则是，引《春秋》则非"③，批评董仲舒以《春秋》附会实事，而这正是董仲舒春秋公羊学的特质。朱熹也有类似批评："汉儒惟董仲舒纯粹，其学甚正，非诸人比。只是困苦无精彩，极好处也只有'正谊、明道'两句。下此诸子皆无足道。"④董仲舒的经学在汉代无人可比，但最可取处不过正谊、明道两句话，其余则多无精彩。甚至有人批评董仲舒专治《春秋公羊传》是经学上的党同伐异：

> 国家因党与而倾亡，经术因党与而不明。《春秋》以传而分为三，董仲舒、江公、刘歆于三家始倡其所异而堤防之。杜预，何休，范宁又辟土宇而兴干戈焉。《毛诗》初异于郑氏，王肃申毛，孙毓理郑，皆相待如寇仇，愈出而愈怨矣。元行冲叹其父康成，兄子慎，宁言孔圣误，不道服郑非，良有以也。⑤

认为董仲舒等人的分治三传，是造成《春秋》不明的根源所在。程朱等人对董仲舒评价不高，与其自诩学说直接孟子相关，也与董仲舒学说的某些内容，如在人性论上批评孟子、重视圣王教化⑥等理念相关。尽管如此，程朱还是肯定了董仲舒在汉唐超越他人的地位与贡献。真德秀的《西山读书记》在引述了二程朱熹等人对董仲舒的评说后，有一段自己的评说：

---

① 朱熹：《战国汉唐诸子》，《朱子语类》卷一百三十七，《四库全书》本，上海古籍出版社 1987年版。

② 朱熹、吕祖谦编著：《近思录》卷十四第八，《四库全书》本，上海古籍出版社 1987 年版。

③ 朱熹编著：《二程外书》卷十一，《四库全书》本，上海古籍出版社 1987 年版。

④ 朱熹：《战国汉唐诸子》，《朱子语类》卷一百三十七，《四库全书》本，上海古籍出版社 1987年版。

⑤ 晁以道：《儒言·党》，《四库全书》本，上海古籍出版社 1987 年版。

⑥ 如《朱子语类》卷一百二十五说："董仲舒云，质朴之谓性，性非教化不成。性本自成，于教化下一成字，极害理。"

愚按：仲舒醇正近理之言见称于诸老先生外，如曰：强勉学问则闻见博而智益明，强勉行道则德日起而大有功；又引曾子尊闻行知之说，此二条最有功于学者。盖学道之要，致知力行而已。《虞书》之精一，《论语》之知及仁守，《中庸》之博学笃行，皆是也。秦汉以下未有识之者，而仲舒能言之，此岂诸儒所可及哉。其曰："道之大原出于天。"则天命率性之意尤所谓知其本源者，至谓"有国者不可不知《春秋》"，其言亦有补于世。……使得从游于圣人之门，渊源所渐，当无惭于游、夏矣。惜其生于绝学之后，虽潜心大业，终未能窥大道之全，至或流于灾异之术，吁可叹哉。①

真德秀评价董仲舒，虽然也有"未能窥大道之全"的微词，但认为董仲舒的经学多"醇正近理之言"，若列孔子门下，当不输于子游、子夏。

宋儒也有人对董仲舒评价极高，如胡安国就说："董仲舒名儒也，多得《春秋》要义，所对切中当世之病，如罢黜百家表章六经，其功不在孟子下，何谓缓而不切乎？"②肯定董仲舒得《春秋》要义，对经学的贡献不亚于孟子在儒学上的贡献。黄震也说：

> 自孟子没后，学圣人之学者惟仲舒，其天资粹美，用意纯笃，汉唐诸儒鲜其比者。使幸而及门于孔氏，亲承圣训，庶几四科之流亚矣。若其谓正其谊不谋其利，明其道不计其功，如许正论，前无古人，其后能见之发挥者惟伊洛诸儒，尝见之行事者惟诸葛孔明，所谓汉贼不两立，成败利钝不暇计者也，呜呼至矣。③

认为董仲舒之学接续孟子，得孔子之真传，宋代伊洛诸儒亦是对董仲舒的发挥。这一点也得到明代经学家吕柟的认同："董仲舒，汉之醇儒也。其初有功于孔子之道者乎？孟轲之后邪说又息，孔子之道大明于世自董

---

① 真德秀：《董子之学》，《西山读书记》卷三十，《四库全书》本，上海古籍出版社 1987 年版。
② 真德秀：《董子之学》，《西山读书记》卷三十，《四库全书》本，上海古籍出版社 1987 年版。
③ 黄震：《读史汉书董仲舒》，《黄氏日抄》卷四十七，上海古籍出版社 1987 年版。

子始。"①承认董仲舒是自孟子后，对孔子之道的传承功劳最大的人。司马光还在《独乐园咏·读书堂》诗中，称颂董仲舒说："吾爱董仲舒，穷经守幽独。所居虽有园，三年不游目。邪说远去耳，圣言饱充腰。发策登汉庭，百家始消伏。"②正是历代对董仲舒的推崇，使董仲舒在元代的至顺元年（1330年）十二月己酉，被配祀孔庙："以董仲舒从祀孔子庙，位列七十子之下"③；明代成化二年（1466年），还"追封董仲舒广川伯"④。

当清代今文经学兴起之时，董仲舒更是受到空前的重视。刘逢禄说庄存与"素精董子《春秋》"⑤。在《春秋正辞》等著作中，庄存与最喜欢引用的就是董仲舒的"道之大原出于天"一语，董仲舒对庄存与的经学思想影响很大。⑥ 常州学派的奠基者刘逢禄更是服膺董仲舒，甚至说："拨乱反正，莫近《春秋》；董何之言，受命如响，然则求观圣人之志，七十子所传，舍是奚适焉。"⑦魏源也认为："扶经之心，执圣之权，冒天下之道者，莫如董生。"⑧皮锡瑞以为"孟子之后，董子之学最醇。"⑨ 唐晏也说："西汉儒者仲舒最为大宗，所言皆天道性命之旨，孔门之微言也。……仲舒之学亦偏乎五行阴阳之术。古云通天、地、人，曰儒；通天、地，不通人，曰技。仲舒之异于李寻、冀奉者，正以此尔。"⑩晚清廖平的经学尊孔尊经，也与董仲舒的春秋公羊学存在密切的联系，康有为著《春秋董氏学》，认为"欲学《公羊》

---

① 吕枏：《泾野子内篇》卷二，上海古籍出版社 1987 年版。

② 转引自周桂钿：《董仲舒评传：独尊儒术奠定汉魂》，广西教育出版社 1995 年版，第 187 页。

③ 宋濂：《文宗本纪第三十四》，《元史》卷三十四，《四库全书》本，上海古籍出版社 1987 年版。

④ 张廷玉：《礼志第二十六吉礼四》，《明史》卷五十，《四库全书》本，上海古籍出版社 1987 年版。

⑤ 刘逢禄：《记外王父庄宗伯公甲子场墨卷后》，《刘礼部集》第 10 卷，《续修四库全书》，上海古籍出版社 2002 年版。

⑥ 参见黄开国：《清代今文经学的兴起》，巴蜀书社 2008 年版，第一章第四节。

⑦ 刘逢禄：《春秋公羊经何氏释例叙》，《清经解、清经解续编》第 8 册，凤凰出版社 2005 年版。

⑧ 魏源：《董子春秋发微序》，《魏源集》上册，中华书局 1976 年版，第 135 页。

⑨ 皮锡瑞：《论董子之学最醇，微言大义存于董子之书，不必惊为非常异义》，《经学通论·春秋》，中华书局 1982 年版，第 4 页。

⑩ 唐晏：《两汉三国学案》，中华书局 1986 年版，第 422 页。

者，舍董生安归"①，并以董仲舒为孔子之道唯一真传。当然，晚清的春秋公羊学不同于董仲舒的春秋公羊学，他们的尊崇董仲舒也只是他们理解的董仲舒，并非完全合于董仲舒的本来面目。

在当代，举凡中国哲学史、思想史、文化史的论著，都以董仲舒为重要的代表性人物，从一个侧面说明董仲舒依然是今天有巨大影响的思想家。

---

① 康有为：《春秋董氏学序》,《春秋董氏学》,中华书局 1990 年版，第 1 页。

第　五　章

西汉末年开始的经学变化

西汉经学同政治的密切联系，决定了政治的变动一定引起经学的变化。西汉王朝自宣帝一度中兴后，就像一个在斜坡上滚动的圆球，沿着衰落的道路不断下滑。元帝以后的哀、平年间更是变本加厉。随着西汉王朝王权的衰落，王氏外戚势力日渐加强，王莽代汉的企图日益明显。[①] 与这一政治格局的变化相联系，以春秋公羊学为代表的今文经学进一步向着阴阳五行化的方向发展，并与方士的宗教迷信相结合，在中国思想文化界出现了一股以政治预言为中心内容的谶纬神学。谶纬神学的出现，不仅对西汉末年的经学，而且对东汉经学的发展也有着极其重大的影响。

第一节　谶纬神学的出现与影响

谶纬神学是指西汉末年开始兴起的一股社会思潮。这股社会思潮自西汉末年出现后，就很快风行起来，并在东汉成为地位超越经学的钦定思想。不了解谶纬神学，就不可能真正认识东汉经学。

---

① 《汉书·五行志》载西汉童谣三事，都发生在元、成、哀三世，其中，元、哀时各占一事，成帝时占四事。三则童谣中，一则是预言赵飞燕残害皇太子之事。另外两则分别说："井水溢，灭灶烟，灌玉堂，流金门"；"邪径败良田，谗口乱善人。桂树华不实，黄爵巢其颠。故为人所羡，今为人所怜"。据《汉书·五行志》的解释说，这些都是预言王莽代汉的童谣。

一、谶、纬与谶纬神学

谶纬一词，不见于西汉人的著述与《汉书》，始见于《后汉书》。东汉后，谶纬一词开始在史记与经学著述中时常出现。谶纬虽然连称，但二者的含义不同。谶具有应验、灵验之义。《说文》："谶，验也，从言，籤声。"凡是有应验的预言，就叫做"谶"。宣扬这种预言的书，就叫做"谶书"。张衡说："立言于前，有征于后，故智者贵焉，谓之谶书。"①纬相对经而言，织布的纵丝称经，横丝称纬，《说文》："纬，织横丝也。"故解释经书的书就被称做纬书。汉代儒学有"五经"、"七经"之说，纬书也有"五纬"、"七纬"之称。

《四库全书总目提要》认为，谶自谶，纬自纬，二者非一类：

> 儒者多称"谶纬"，其实谶自谶，纬自纬，非一类也。谶者诡为隐语，预决吉凶。《史记·秦本纪》称卢生奏录图书之语，是其始也。纬者，经之支流，衍及旁义。《史记》自序引《易》"失之毫釐，差以千里"，《汉书·盖宽饶传》引《易》"五帝官天下，三王家天下"，注者均以为《易》纬之文是也。盖秦汉以来，去圣日远，儒者推阐论说，各自成书，与经原不相比附。如伏生《尚书大传》、董仲舒《春秋阴阳》，核其文体，即是纬书。特以显有主名，故不能托诸孔子。其他私相撰述，渐杂以术数之言，既不知作者为谁，因附会以神其说。迨弥传弥失，又益以妖妄之词，遂与谶合而为一。然班固称："圣人作经，贤者纬之。"杨侃称："纬书之类，谓之秘经。图谶之类，谓之内学。河洛之书，谓之灵篇。"胡应麟亦谓："谶纬二书，虽相表里，而实不同。"则纬与谶别，前人固已分析之。后人连类而讥，非其实也。右《乾凿度》等七书，皆《易》纬之文，与图谶之荧惑民志、悖理伤教者不同。②

就谶纬神学而论，这一说法并不能完全成立。谶纬神学的谶与纬虽有差别，

---

① 范晔：《张衡列传第四十九》，《后汉书》卷五十九，《四库全书》本，上海古籍出版社1987年版。

② 纪昀：《四库全书总目》（上册）卷六，中华书局1983年版，第47页。

但都具有十分浓厚的宗教神秘色彩。谶书作者托名于天帝、神仙。汉成帝时甘忠可制造谶书，托名赤精子，说是"上帝使真人赤精子，下教我此道"[1]。王莽时，哀章在铜匮上所造的谶文，其一托名"天帝"，其一托名"赤帝"，当时的谶文还托丹石、三能文马、铁契、石龟、文圭、玄印、石书、玄龙石、神井、大神石、铜符、帛图等。谶书作者为增加神秘性，还在谶书中配有古怪的图画，因此谶书也叫做图书、图谶、图录、谶记、符谶、符箓等。纬书托名孔子，孔子本来是儒家学派的创始人，在谶纬中却被描绘成"前知千岁，后知万世"[2] 的神人，有"孔子作《春秋》，为赤制而断十二公"[3] 等说法。《孝经·钩命诀》还将孔子的形貌描绘成海口、牛唇、舌理七重、虎掌、龟脊、辅喉、骈齿。班固在《后汉书·典引篇》中说："夫图书亮章，天哲也，孔猷天命，圣孚也。"[4]可见在谶纬神学盛行的东汉，人们心目中的孔子已经不是"人"，而是通天的"神"。纬书也有图画，七纬中有《稽览图》、《坤灵图》、《演孔图》、《保乾图》、《握诚图》等。可见，纬书与谶书都是假托神怪的著作。谶纬的相同主要表现在其神学本质上。《后汉书·光武帝纪》注："谶，符命之书也，……言为王者受命之徵验也。"纬书也是讲上天符命的，天人感应的神学气味十分浓厚，《后汉书·五行志》注引《春秋·潜潭巴》33 条，全是说明某日日食所预示的上天对人君政治失误的警示，这说明谶纬在本质上并无根本的差别，[5] 都是以符命为中心内容，与政治有密切联系。

但谶、纬之源是有区别的。谶纬神学之谶本于方士的谶语，其纬则源今文经学。二者出现的时间也有先后的不同。作为宗教迷信预言的谶的出现要早于纬的出现。最早出现的谶并不是《四库全书》所说的燕人卢生所奏录图书，而是出自西周的周宣王时期：

① 班固：《眭两夏侯京翼李传第四十五》，《汉书》卷七十五，《四库全书》本，上海古籍出版社 1987 年版。

② 王充：《论衡·实知第六十一》，黄晖：《论衡校释》第四册，中华书局 1996 年版，第 1069 页。

③ 范晔：《隗嚣、公孙述列传第三》，《后汉书》卷十三，《四库全书》本，上海古籍出版社 1987 年版。

④ 范晔：《班彪列传第三十上》，《后汉书》卷四十上，《四库全书》本，上海古籍出版社 1987 年版。

⑤ 参见钟肇鹏在《谶纬论略》中提出八证，说明了谶纬二者并不存在本质的差别。详见钟肇鹏：《谶纬论略》，辽宁教育出版社 1991 年版，第 9—10 页。

　　　　宣王立，女童谣曰："檿弧箕服，实亡周国。"后有夫妇鬻是器者，宣王使执而戮之。既去，见处妾所弃妖子，闻其夜号，哀而收之，遂亡奔褒。后褒人有罪，入妖子以赎，是以褒姒，幽王见而爱之，生子伯服。王废申后及太子宜咎，而立褒姒、伯服代之。废后之父申侯与缯西畎戎共攻杀幽王。《诗》曰："赫赫宗周，褒姒灭之。"①

　　这是最早的一条谶语，讲西周将灭于褒姒的预言，见于《国语·郑语》中。司马迁著《史记·周本纪》也取以为说。其后，这种谶语时有出现。《史记·赵世家》载：秦穆公（前659—前621年）梦得上帝预言，"公孙支书而藏之，秦谶于是出矣"，谶之名最早就见于此；秦始皇时，燕人卢生奏录图书，其中有"亡秦者胡也"②的谶语。秦汉之间，有"楚虽三户，亡秦必楚"③的谶语。这些谶语文字简略，只是直接的预言某事，而缺乏理论的论述，是谶纬神学形成的直接思想来源，但还不是谶纬神学。谶纬神学的谶，有《河洛》、《图书》等言符命的著作，以符命为其中心，依托神怪，有一套系统的理论。

　　秦及西汉早中期言谶者皆为宣扬宗教迷信的方士。方士往往托名神仙鬼怪，具有极大的迷惑性、神圣性。《史记·封禅书》与《汉书·郊祀志》述武帝时的方士，除了重点记叙李少君、谬忌、少翁、栾大、公孙卿、公玉带等大方士外，更有"海上燕齐怪迂之士多更来言神事矣"，"齐人之上疏言神怪奇方者以万数"等记载，并三次提到"遣数千人"求神采药，足见方士宗教迷信泛滥之惊人。方士受到皇帝的宠遇更非经生可比，其中最为典型的要数栾大了。栾大一见武帝，即被封五利将军，一月后又得天士将军、地士将军、大通将军的职官，还封为二千户的乐通侯，娶了卫长公主为妻，赐金十万斤，而且，"天子亲如五利之第，使者存问供给，相属于道。自大主将相以下，皆置酒其家，献遗之"，以至不臣天子。④成帝时凡能方术者，皆得侍诏。方士在西汉的地位与影响由此可见一斑。但是，方士之说缺少理论的

──────────

　　①　班固：《五行志第七下之上》，《汉书》卷二十七下之上，《四库全书》本，上海古籍出版社1987年版。

　　②　司马迁：《秦始皇本纪第六》，《史记》卷六，《四库全书》本，上海古籍出版社1987年版。

　　③　班固：《陈胜项籍传第一》，《汉书》卷三十一，《四库全书》本，上海古籍出版社1987年版。

　　④　参见《汉书·郊祀志》。

文饰，而西汉在学术理论方面最可观的就是今文经学，方士只有在吸收今文经学的理论素养之后，用天人感应的受命学说等理论来丰富谶语的粗陋之说，才形成了以符命为中心内容的谶纬神学。

经学虽然在汉武帝时成为了法定的统治思想，但是，无论是在政治决策方面，还是在社会影响方面，实际的状况远远不如方士。正是这种差别，促使经学去吸收方士的思想成分来对抗方士。经学吸收了方士托神怪为说的神秘主义要素，以神其说，纬书就是在这一学术背景下出现的。所以，纬书的出现绝不可能早于谶的出现。与经相对的纬之名最早见于《汉书·李寻传》，李寻说王根有"五经六纬"。但是，这里的六纬是指哪六部纬书，是存在分歧的。孟康以六纬是五经纬加乐经纬，张晏认为是五经纬加孝经纬，但都承认这是关于纬书的最早记载。王会汾在《后汉书·李寻传考证》时指出："阎若璩云：'纬起哀平。'而平子言：'成哀之后，乃始闻之。'初亦不省所谓，读班书《李寻传》成帝元延中寻说王根曰：'五经六纬尊术显士。'则知成帝朝已有纬名矣，下言成于哀平之际最分明也。"①这说明纬书的出现与谶纬神学的出现在时间上大致相同。

《四库全书》则将《史记》所引《易》，说成是《易》纬之文，并认为伏生《尚书大传》、董仲舒《春秋繁露》等皆为纬书：

> 《史记·自序》引《易》"失之毫釐，差以千里"，《汉书·盖宽饶传》引《易》"五帝官天下，三王家天下"，注者均以为《易》纬之文是也。盖秦汉以来，去圣日远，儒者推阐论说，各自成书，与经原不相比附。如伏生《尚书大传》、董仲舒《春秋阴阳》，核其文体，即是纬书。特以显有主名，故不能托诸孔子。其他私相撰述，渐杂以术数之言，既不知作者为谁，因附会以神其说。迨弥传弥失，又益以妖妄之词，遂与谶合而为一。②

这就将纬书的出现提前到了先秦，最迟也在西汉初年。这一说混淆了一般阐释

---

① 历史上人们对此的认识是有分歧的，刘歆就以为六纬是就二十八宿而论，而非谶纬所言的六纬，齐召南在《汉书·李寻传考证》中亦赞同刘歆之说。

② 纪昀：《四库全书总目》（上册）卷六，中华书局1983年版，第47页。

五经的著述与纬书的区别，也忽略了纬书出现的历史背景，难以成立。《史记》所引《易》为《易》的传、记之文，伏生与董仲舒的著作是对《尚书》《春秋》的阐发，尽管其中包含着天人感应、阴阳五行的神秘主义成分，但基本上都是对经义的发挥，而纬书则是用方士的宗教迷信来附会五经的著作，以宗教迷信为主，二者虽然名义上都与五经相联系，但实际上性质迥异。章学诚在论及《易经》的神道设教时，就已经对经学与谶纬神学的区别作出了深刻的论说："盖圣人首出御世，作新视听，神道设教，以弥纶乎礼乐刑政之所不及者，一本天理之自然，非如后世讬之诡异妖祥，谶纬术数，以愚天下也。"①所以，绝不能因谶纬神学与经学皆有神秘主义的成分，而将二者混为一谈。就纬书与董仲舒等人阐释五经的著述而论，后者以孔子为圣人，前者则以孔子为神；后者以仁义、礼制为基本观念，前者则以符命为其主导；后者本质上是人文的，以政治伦理为主要内容，前者本质上是神学的，以神学迷信为主；后者属于经学的范畴，前者则属于谶纬神学。二者出现的时间上也有先后之别，阐释五经的著作，如《易》传、《礼》记②等自战国以来就普遍流行，而以方士的宗教迷信附会五经的纬书如五经纬等出现的时间，与西汉末年谶纬神学的形成是同步的。所以，我们不能将阐释五经的《易》传、《礼》记、《尚书大传》《春秋繁露》等著述，说成是纬书，更不能以此来论定谶纬神学的形成。

《四库全书》虽然将谶纬神学的纬书与一般阐发五经的著作混为一谈，但却正确地说明了纬书具有"杂以术数"、"附会以神其说"、"妖妄之词"、"与谶合一"的特点。③而纬书的这一特点与今文经学尤其是春秋公羊学有

---

① 章学诚：《文史通义·内篇一·经解上》，叶瑛：《文史通义校注·内篇一》上册卷一，中华书局2000年版，第1页。

② 这里的《易》传、《礼》记，是指解释《易经》、《仪礼》的传记之类，是解释儒家五经传记的泛称，而非特指十三经中的《易传》与《礼记》。

③ 皮锡瑞在《经学历史》中也谈到这一点，说："汉儒言灾异，实有征验。如昌邑王时，夏侯胜以为久阴不雨，臣下有谋上者，而应在霍光。昭帝时，眭孟以为有匹夫为天子者，而应在宣帝。成帝时，夏贺良以为汉有再受命之祥，而应在光武。王莽时谶云：'刘秀当为天子。'尤为显证。故光武以《赤伏符》受命，深信谶纬。五经之义，皆以谶决。贾逵以此兴《左氏》，曹褒以此定汉礼。于是五经为外学，七纬为内学，遂成一代风气。"（参见皮锡瑞：《经学历史》，中华书局1989年版，第108—109页）灾异、符命与政治并不存在必然的联系，今文经学所言灾异、谶纬神学所言符命也并非灵验，不是多言或中，就是附会之说。皮锡瑞说汉儒言灾异实有征验，是不正确的，但是，这段话却简要地说明了谶纬神学与西汉今文经学的内在联系，及其谶纬神学在西汉、东汉之交的风行，与在东汉的特出地位、对东汉经学发展所起的作用。

密切的联系。西汉今文经学虽然以言经义为主，但杂有不少言灾异的内容，尤其是董仲舒的天人感应说，本身就带有神秘性，以至于胡适将董仲舒视为富于宗教心的方士。徐复观在谈到纬书的出现时也说："谶语是古已有之，而缘经以为纬书。而夏侯始昌的《洪范五行传》，京房之《易》，翼奉之《诗》，皆系由仲舒所引发；《纬书》更各由此异说滋演而生，遂大盛于哀平之际。"①钟肇鹏先生的《谶纬论略》一书第五章，对谶纬与西汉今文经学的密切联系有详尽的论说，其中特别谈到《春秋繁露》对谶纬形成的影响："不论从《春秋繁露》中天人感应的主导思想，对《春秋》大义微言的阐述、礼制、训诂以及篇目命名都可以看出董仲舒的著作是谶纬的先导，谶纬是董仲舒思想的继承和发展。"②今文经学尤其是董仲舒的春秋公羊学是纬书形成的最重要资源。纬书就是今文经学援引方士的宗教迷信，附会经学，名义上辅翼五经的著述。但今文经学的著述与方士的谶语，都只是谶纬神学的思想来源，而不是谶纬神学，《谶纬论略》列举历史上关于谶纬出现的 11种异说，如出于孔子、七十子、春秋、秦代等说及其出于《河图》等说，都是将谶纬神学与其来源混而不分的误说，钟肇鹏先生的著作已有驳正，无须再论。

由于纬书具有依附经书的特点，也就有发明经书的内容，涉及经义、天文、地理、历史、文字学等，内容较为驳杂。皮锡瑞说："图谶本方士之书，与经义不相涉。汉儒增益秘纬，乃以谶文牵合经义。其合于经义者近纯，其涉于谶文者多驳。故纬，纯驳互见，未可一概诋之。其中多汉儒说经之文：如六日七分出《易纬》，周天三百六十度四分度之一出《书纬》，夏以十三月为正云云出《乐纬》；后世解经，不能不引。三纲大义，名教所尊，而经无明文，出《礼纬·含文嘉》。马融注《论语》引之，朱子注亦引之，岂得谓纬书皆邪说乎？"③皮锡瑞区分纬书有合于经义与涉于谶文两个方面的内容，评价其纯驳互见，是公允的。纬书在本质上与谶没有区别，同时还包含有经义的阐发等内容。正是纬书的两面性特点，使人们对纬书与谶纬的关系出现了两种不同的看法，历史上胡应麟等人强调纬书与谶的不同，过分重

① 徐复观：《两汉思想史》第二卷，华东师范大学出版社 2001 年版，第 221 页。
② 参见钟肇鹏：《谶纬论略》，辽宁教育出版社 1991 年版，第 127 页。
③ 皮锡瑞：《经学历史》，中华书局 1989 年版，第 109 页。

视纬书与谶纬的区别一面；而王鸣盛等人及古史辨派的主将顾颉刚等人都过分肯定纬书与谶在本质上没有差别的一面，而忽略了纬书依附经书的特点，及其在内容上与谶书的差异。

二、纬神学的盛行

西汉王朝衰落之时，为挽救其衰落命运的汉王朝，与有着问鼎野心的各种各样野心家，无一不希望从天命论中为自己找到理论根据。方士的谶语与今文经学的天人感应就成为最合适的理论素材，而二者本身就存在相通的地方，于是方士利用经学的天人感应理论，将原有谶语形式发展为一套符命理论，经学则吸收方士的神怪之说，附会经义，制作纬书，二者交互影响，而形成了以言符命为中心的谶纬神学。谶纬神学从政治说是西汉政治衰败的产物，从思想文化说是方士的宗教迷信与今文经学的天人感应学说相互影响并最终合流的结果。

《汉书》关于谶纬神学著述出现的最早记载，见于《李寻传》："成帝时，齐人甘忠可诈造《天官历》、《包元太平经》，以言'汉家逢天地之大终，当更受命于天，天帝使真人赤精子，下教我此道。'忠可以教重平夏贺良、容丘丁广世、东郡郭昌等。"[1]《汉书》的《哀帝纪》、《王莽传》也有相关的记叙。哀帝时，夏贺良还通过李寻等人，以谶纬神学为根据，上演了一次经学家与方士联合制造的改元、改号的短命闹剧。李寻"治《尚书》，与张孺、郑宽中同师。宽中等守师法教授，寻独好《洪范》灾异，又学天文、月令、阴阳"[2]。这一学术性格决定了李寻思想与谶纬神学的相通，成就了经学家与方士的相互利用。但是，清醒的经学家却看出了谶纬神学与经学的绝异："中垒校尉刘向奏忠可假鬼神罔上惑众，……奉车都尉刘歆……以为不合《五经》，不可施行。"[3]尽管最早的谶书出现在汉成帝时，但由于受到绝大多数经学家与当权者的抵制，影响还不大，作为社会思潮的谶纬神学的出现是

---

① 班固：《眭两夏侯京翼李传第四十五》，《汉书》卷七十五，《四库全书》本，上海古籍出版社1987年版。

② 班固：《眭两夏侯京翼李传第四十五》，《汉书》卷七十五，《四库全书》本，上海古籍出版社1987年版。

③ 班固：《眭两夏侯京翼李传第四十五》，《汉书》卷七十五，《四库全书》本，上海古籍出版社1987年版。

在西汉的哀、平之际，[①] 而以哀帝时上演了那场改制的闹剧为其兴起的序幕。

其后，谶纬神学成为王莽代汉的理论武器，风靡一时。王莽利用符命为自己代汉制造天命的依据，代汉的当年，就遣五威将王奇等十二人班《符命》四十二篇于天下。《汉书·王莽传》有一大段"总有说之"的文字，[②] 详尽地罗列了王莽代汉的各种符命祥瑞，同时对王莽造作的符命及其性质作出了最清楚的说明，这就是"大归言莽当代汉有天下云"[③]。与方士的谶语相比较，王莽造作的符命不再粗俗简陋，而是有一套理论文饰，所谓"其文尔雅依托，皆为作说"[④]，即指此而言。这是谶纬神学的著作与以往的谶语在形式上的重大差别。而一些野心家则利用符命作为自己升官发财的手段，不少人因此而得到意想不到的飞黄腾达，[⑤] 造作符命成为当时的时尚，

---

① 参见钟肇鹏：《谶纬论略》，辽宁教育出版社1991年版，第23—24页；黄开国：《论汉代谶纬神学》，《中国哲学史研究》1984年第1期。

② 这段文字见《汉书·王莽传第六十九中》，全文如后："帝王受命，必有德祥之符瑞，协成五命，申以福应，然后能立巍巍之功，传于子孙，永享无穷之祚。故新室之兴也，德祥发于汉三七九世之后。肇命于新都，受瑞于黄支，开王于威功，定命于子同，成命于巴宕，申福于十二应，天所以保祐新室者深矣，固矣！武功丹石出于汉氏平帝末年，火德销尽，土德当代，皇天眷然，去汉与新，以丹石始命于皇帝。皇帝谦让，以摄居之，未当天意，故其秋七月，天重以三能文马。皇帝复谦让，未即位，故三以铁契，四以石龟，五以虞符，六以文圭，七以玄印，八以茂陵石书，九以玄龙石，十以神井，十一以大神石，十二以铜符帛图。申命之瑞，浸以显著，至于十二，以昭告新皇帝。皇帝深惟上天之威不可畏，故去摄号，犹尚称假，改元为初始，欲以承塞天命，克厌上帝之心。然非皇天所以郑重降符命之意，故是日天复决以龟书。又侍郎王盱见人衣白布单衣，赤缋方领，冠小冠，立于王路殿前，谓盱曰：'今日天同色，以天下人民属皇帝。'盱怪之，行十余步，人忽不见。至丙寅暮，汉氏高庙有金匮图策：'高帝承天命，以国传新皇帝。'明旦，宗伯忠孝侯刘宏以闻，乃召公卿议，未决，而大神石人谈曰：'趣新皇帝之高庙受命。毋留！'于是新皇帝立登车之汉氏高庙受命。受命之日，丁卯也。丁，火，汉氏之德也；卯，刘姓所以为字也。明汉刘火德尽，而传于新室也。皇帝谦谦，既备固让，十二符应迫著，命不可辞，惧然祗畏，莽然闵汉氏之终不可济，亹亹左右之不得从意，为之三夜不御寝，三日不御食。延问公侯卿大夫，金曰：'宜奉如上天威命。'于是乃改元定号，海内更始。新室既定，神祗欢喜，申以福应，吉瑞累仍。《诗》曰：'宜民宜人，受禄于天；保右命之，自天申之。'此之谓也。"（班固：《汉书》卷九十九中，《四库全书》本，上海古籍出版社1987年版）

③ 班固：《眭两夏侯京翼李传第四十五》，《汉书》卷七十五，《四库全书》本，上海古籍出版社1987年版。

④ 班固：《王莽传第六十九中》，《汉书》卷九十九中，《四库全书》本，上海古籍出版社1987年版。

⑤ 《汉书·王莽传中》载：王莽据符命拜十一公，其中卫将军、奉新公王兴为看守城门小官；前将军、崇新公王盛则是卖烧饼的小贩："王兴者，故城门令史。王盛者，卖饼。莽按符命求得此姓名十余人，两人容貌应卜相，径从布衣登用，以视神焉。余皆拜为郎。"

"是时，争为符命封侯，其不为者相戏曰：'独无天帝除书乎？'"①为博取富贵，不少方士、经生、政客、投机者都纷纷造作符命，希图万一，这在《汉书》尤其是《后汉书》中有许多记叙。

王莽代汉在短时间内失败，虽然无情地宣告了"符命"的破产，但是，谶纬神学可以为野心家提供所谓天命的根据，最适合当时政治动乱时期的需要，所以，谶纬神学反而得到不断发展，受到越来越多人的信奉。公孙述引用谶纬，以证明他是代王莽之后的真命天子："以为孔子作《春秋》，为赤制而断十二公，明汉至平帝十二代，历数尽也，一姓不得再受命。又引《录运法》曰：'废昌帝，立公孙。'《括地象》曰：'帝轩辕受命，公孙氏握。'《援神契》曰：'西太守，乙卯金。'谓西方太守而乙绝卯金也。五德之运，黄承赤而白继黄，金据西方为白德，而代王氏，得其正序。"②刘秀龙兴，也不断有人进献符命，先有宛人李通等以图谶说刘秀："刘氏复起，李氏为辅。"后有同窗好友彊华所献的《赤伏符》："刘秀发兵捕不道，卯金修德为天子。"③从西汉末年到东汉初年，谶纬神学被形形色色的野心家、政治家用做为自己服务的理论武器，上演了一场又一场的政治闹剧。

东汉的开国皇帝刘秀当之无愧的是信奉谶纬的代表人物，他登上皇帝宝座，依据的理论就是谶纬神学。他在即位的《告天文》中就引有《赤伏符》等，用以说明他当天子是天帝在谶文中早就注明了的。在封禅文告中，就先后引用谶纬《河图·赤伏符》、《河图·会昌符》、《河图·合古篇》、《河图·提刘予》、《雒书·甄曜度》、《孝经·钩命决》的文字，④用以证明他封禅是天命决定的。刘秀遇事更是常以谶决之，赵翼在《廿二史劄记》卷四的《光武信谶书》中，罗列刘秀迷信谶纬的史料，有如下论说：

> 光武微时，与邓晨在宛，有蔡少公者学谶，云："刘秀当为天子。"

---

① 班固：《眭两夏侯京翼李传第四十五》，《汉书》卷七十五，《四库全书》本，上海古籍出版社1987年版。

② 范晔：《隗嚣公孙述列传第三》，《后汉书》卷十三，《四库全书》本，上海古籍出版社1987年版。

③ 范晔：《光武帝纪第一下》，《后汉书》卷一下，《四库全书》本，上海古籍出版社1987年版。

④ 参见《后汉书·祭祀上》。

或曰："是国师公刘秀耶？"（刘歆以谶文欲应之，故改名秀）。光武戏曰："安知非仆。"（《晨传》）西门君惠曰："刘氏当复兴，国师姓名是也。"（《王莽传》）李通素闻其父说谶云："刘氏复兴，李氏为辅。"故通与光武深相结。（《通传》）其后破王郎，降铜马，群臣方劝进，适有旧同学强华者，自长安奉《赤付符》来，曰："刘秀发兵捕不道，四夷云集龙在野，四七之际火为主。"群臣以为受命之符，乃即位于鄗南。是谶记所说，实于光武有征，故光武尤笃信其术，甚至用人行政，亦以谶书从事。方议选大司空，《赤伏符》有曰："王梁主卫作玄武。"帝以野王县本卫地之所徙，玄武水神之名，司空水土官也，王梁本安阳人，名姓地名俱合，遂拜梁为大司空。（《梁传》）又以谶文有"孙咸征狄"之语，乃以平狄将军孙咸为大司马。（《景丹传》及《东观汉记》）此据谶书以用人也。因《河图》有"赤九会昌"之文，光武于高祖为第九世，故其祀太庙至元帝而止，成、哀、平三帝则祭于长安。（本纪）会议灵台处所，众议不定，光武曰："吾以谶决之。"此据谶书以立政也。且廷臣中有信谶者则登用之。贾逵欲尊《左氏传》，乃奏曰："五经皆无证图谶以刘氏为尧后者，惟左氏有明文。"（《左传》，陶唐氏既衰，其后有刘累，学扰龙，范氏其后也。范归晋后，其处者皆为刘氏。）[1] 由是《左氏传》遂得选高才生习。（《逵传》）其不信谶者则贬黜随之。帝以尹敏博学，使校图谶，令蠲去崔发为王莽著录者。敏曰："谶非圣人所作，其中多近鄙别字，恐疑误后生。"帝不听。敏乃因其阙文增之曰："君无口，为汉辅。"帝诏敏诘之，对曰："臣见前人增损图书，故学为之耳。"帝深非之。（《敏传》）桓谭对帝言"臣不读谶书"，且极论谶书之非经。帝大怒，以为非圣无法，欲斩之。（《谭传》）帝又语郑兴，欲以谶断郊祀。兴曰："臣不学谶。"帝怒曰："卿非之耶！"兴诡词对曰："臣于书有所不学，而无所非也。"兴数言政事，帝以其不善谶，终不任用。（《兴传》）是光武之信谶书，几等于圣经贤传，不敢有一字致疑矣。

从这些记载中，可见刘秀对谶纬的迷信程度，谶纬神学不仅是他决策的最

---

[1] 贾逵上此奏议，非在汉光武帝时，而在汉章帝建初元年，不当将其列入光武信谶之中。

高理论依据，也是他任用人才的标准。故范晔在《后汉书》中，不厌其烦地一再指出汉光武帝的迷信谶纬，说他"沈几先物，深略纬文"①；"帝方信谶，多以决定嫌疑"②；"光武善谶，及显宗、肃宗因祖述焉"③；"光武尤信谶言"④。刘秀的极度迷信谶纬神学对东汉的思想文化产生了极大的影响。

　　正是在刘秀的提倡下，谶纬神学一开始就被钦定为东汉的统治思想，成为决策的最高理论依据，政治生活中的绝对权威。其后皇帝下诏、大臣上书总是常常引用谶纬为说，如汉章帝在元和二年（85 年）的诏书中，就引用了《河图》、《尚书·璇机钤》、《帝命验》等为说⑤；汉安帝在诏书说："披图案籍，建武元功二十八将，佐命虎臣，谶记有征。"⑥郎𫖮上书，引《孝经·钩命决》"岁星守心年穀丰"与《诗·汜历枢》"卯酉为革政，午亥为革命，神在天门，出入候听"⑦；张纯上书议建辟雍，据"七经谶"为说，并在封禅奏议中引《乐·动声仪》"以《雅》治人"⑧；刘瑜上书引"《河图》授嗣，正在九房"⑨；谢弼上书，引《援神契》"天子行孝，四夷和平"⑩；汉章帝时，朝臣在为汉明帝立庙的奏议中称颂明帝"聪明渊塞，著在图谶"⑪；

①　范晔：《光武帝纪第一下》，《后汉书》卷一下，《四库全书》本，上海古籍出版社 1987 年版。

②　范晔：《桓谭冯衍列传第十八上》，《后汉书》卷二十八上，《四库全书》本，上海古籍出版社 1987 年版。

③　范晔：《张衡列传第四十九》，《后汉书》卷五十九，《四库全书》本，上海古籍出版社 1987 年版。

④　范晔：《方术列传第七十二上》，《后汉书》卷八十二上，《四库全书》本，上海古籍出版社 1987 年版。

⑤　范晔：《张曹郑列传第二十五》，《后汉书》卷三十五，《四库全书》本，上海古籍出版社 1987 年版。

⑥　范晔：《冯岑贾列传第七》，《后汉书》卷十七，《四库全书》本，上海古籍出版社 1987 年版。

⑦　范晔：《郎𫖮襄楷列传第二十》，《后汉书》卷三十下下，《四库全书》本，上海古籍出版社 1987 年版。

⑧　范晔：《张曹郑列传第二十五》，《后汉书》卷三十五，《四库全书》本，上海古籍出版社 1987 年版。

⑨　范晔：《杜栾刘李刘谢列传第四十七》，《后汉书》卷五十七，《四库全书》本，上海古籍出版社 1987 年版。

⑩　范晔：《杜栾刘李刘谢列传第四十七》，《后汉书》卷五十七，《四库全书》本，上海古籍出版社 1987 年版。

⑪　范晔：《肃宗孝章帝纪第三》，《后汉书》卷三，《四库全书》本，上海古籍出版社 1987 年版。

杨赐上书引《春秋谶》"天投蜺，天下怨，海内乱"①；刘瑜上书"指事案经谶以对"②；如此等等。谶纬神学成为引经据典的最重要内容，决策的依据，以至于怀疑、反对谶纬神学，就会被视为非圣无法，遭到杀头的重罚。

最能体现谶纬神学在东汉思想文化界地位的是所谓白虎观会议。经学的发展，必然在各家各派之间产生歧义，而作为统治思想的经学，又要求思想一统，不允许歧义的存在。所以，在西汉汉宣帝时就有石渠阁会议，由汉宣帝"称制临决"，而这次会议的主要内容就是"《五经》诸儒杂论同异"③，也就是对经学歧义由皇帝钦定标准的统一答案。东汉谶纬神学的出现，带来经学的进一步歧义，汉章帝时不得不召开了类似石渠阁的白虎观会议，也是由章帝"称制临决"。这次会议在对经义、制度等重大问题进行讨论时，总是先引谶纬，再引五经。在班固根据这次会议著成的《白虎通》中，论证"天子一爵"，先后引用《援神契》、《钩命决》、《尚书》、《中候》、《书》、《易》的文字；论爵的五等或三等，则先后引用《含文嘉》、《王制》、《春秋传》；论灾异则先后引用《春秋·潜潭巴》、《乐·稽耀嘉》、《春秋》、《传》、《尚书大传》；论性情则先后引用《钩命决》、《乐·动声仪》、《元命苞》、《礼运》；论日月先后引用《含文嘉》、《感精符》、《援神契》、《春秋》等，引文总是谶纬在五经之前，这种前后顺序的用心安排，表明谶纬的地位在五经之上。章帝"称制临决"的白虎观会议，实际上是一次以谶纬统一五经、用谶纬神学来规范经学的会议。

制礼作乐被儒学、经学视为最神圣的大典。经学制礼作乐的理论根据存于五经，但东汉的制礼作乐却是以谶纬神学为最高依据。如汉章帝时，博士曹充上书章帝，言"大汉当自制礼，以示百世"；并引《河图·括地象》"有汉世礼乐文雅出"、《尚书·璇机钤》"有帝汉出，德洽作乐，名《予》"，作为东汉制礼作乐的根据，而得到汉明帝的赏识，汉明帝还据此将

①　范晔：《杨震列传第四十四》，《后汉书》卷五十四，《四库全书》本，上海古籍出版社1987年版。

②　范晔：《杜栾刘李刘谢列传第四十七》，《后汉书》卷五十七，《四库全书》本，上海古籍出版社1987年版。

③　班固：《韦贤传第四十三》，《汉书》卷七十三，《四库全书》本，上海古籍出版社1987年版。

太乐官改名太予乐。元和二年，汉章帝在决定制定礼乐的诏书中也引谶纬作为根据："《河图》称'赤九会昌，十世以光，十一以兴'。《尚书·璇机钤》曰：'述尧理世，平制礼乐，放唐之文。'予末小子，托于数终，曷以缵兴，崇弘祖宗，仁济元元？《帝命验》曰：'顺尧考德，题期立象。'"曹充的儿子曹褒趁机上疏迎合，尽管被太常所否定，一时搁浅，但章和元年（87年），曹褒就得到汉章帝的钦命，受命撰著汉仪，史称"褒既受命，及次序礼事，依准旧典，杂以《五经》谶记之文，撰次天子至于庶人冠婚吉凶终始制度，以为百五十篇，写以二尺四寸简"①。曹褒制作的《汉礼》虽然后来因为章帝的去世，没有得到实行。但从其父亲提出制礼作乐，到曹褒完成的整个过程中，无论是曹氏父子还是汉章帝，都是将谶纬作为最高的理论依据。而在这之前的樊儵"与公卿杂定郊祠礼仪"，也是"以谶记正《五经》异说"。②制礼作乐在儒学与经学中是最神圣的，竟然也要以谶纬为据，可见谶纬神学的影响之一斑。而引谶纬于制礼作乐，对某些坚守经学立场的经学家来说，是根本无法接受的，所以，曹褒的制礼就遭到张酺的激烈反对，"后太尉张酺、尚书张敏等奏褒擅制《汉礼》，破乱圣术，宜加刑诛。帝虽寝其奏，而《汉礼》遂不行"。③王夫之曾评说此事："章帝命曹褒制汉礼，不参群议，断自上裁，而褒杂引五经、旁及谶纬以成之。和帝之加元服，亦既用之矣，张酺奏褒擅制、破乱圣术而废之，褒所定礼遂不传于世，亦可惜矣！褒之引谶纬以定彝典，其说今间见于郑玄，如号上帝以耀宝魄之类，诚陋矣；若其杂引五经以参同异者，初未尝失。而酺以专家抱残之学，屈公义以伸其私说，其不能通于吉凶哀乐之大用也庸愈乎？"④王夫之是坚决反对谶纬神学的，他认为曹褒的制礼引谶为说"诚陋矣"，但不同意在去除谶纬的同时，将合于经义的成分及其礼仪也一同抛弃，其说公允。

　　甚至历法的制定也要从谶纬神学中找到依据。古代历法由于自然科学的

①　范晔：《张曹郑列传第二十五》，《后汉书》卷三十五，《四库全书》本，上海古籍出版社1987年版。

②　范晔：《樊宏阴识列传第二十二》，《后汉书》卷三十二，《四库全书》本，上海古籍出版社1987年版。

③　范晔：《张曹郑列传第二十五》，《后汉书》卷三十五，《四库全书》本，上海古籍出版社1987年版。

④　王夫之：《读通鉴论》卷七，中华书局1975年。

总体落后，一种历法颁布后一段时间，常常与天象的实际运行不符合而发生偏差。到汉章帝时，汉光武帝时期制作的《四分历》，已经出现晦朔失实的现象。汉章帝于是下诏治历，而在其诏书中就引用了《河图》、《尚书·璇玑钤》、《帝命验》、《春秋·保乾图》等谶纬为说，范晔也有"章帝复发圣思，考之经谶"的记载。①贾逵等人在这次治历的讨论中也多据谶纬为说，引用到《考灵曜》、《命历序》等；而为《四分历》辩护的河南尹祉、太子舍人李泓等人，则据图谶证明《四分历》最合天象："《四分历》本起图谶，最得其正，不宜易。"②汉顺帝时关于历法的讨论中，也引用到《河图·帝览嬉》、《雒书·乾曜度》、《感精符》、《文曜钩》、《运斗枢》等。③而李泓等人甚至说："即用甲寅元，当除《元命苞》天地开辟获麟中百一十四岁，……以应《保乾图》'三百岁斗历改宪'之文。"④蔡邕说《四分历》："深引《河》、《雒》图谶以为符验，非史官私意独所兴构。"⑤边韶说："以《河图·帝览嬉》、《雒书·乾曜度》推广九道，百七十一岁进退六十三分，百四十四岁一超次，与天相应，少有阙谬。"⑥要历法去与谶纬相合，以是否合于谶纬来断定历法的正确。由治历中的这些昏乱胡话，可见谶纬神学在东汉的影响之大，连自然科学的历法也受到严重的侵蚀。

但是，谶纬神学的符命是任何人都可以利用的，特别是在社会动乱年代，一切人都可以利用它来为自己服务，这一特点决定了谶纬神学具有危险性。王莽早已看到了这一点，曾力图统一谶纬神学，宣布"非五威将率所班，皆下狱"⑦。并对造作其他符命的人，予以无情的镇压，如李焉与卜者王况造作谶书十余万言，言"汉家当兴"，李氏"当为汉辅"，及其王莽与"莽大臣吉凶，各有日期"，而被"狱治皆死"⑧。刘秀同样深知这一点，也很

①　以上所引皆见范晔《后汉书·律历中》。
②　范晔：《律历中》，《后汉书》志第二，《四库全书》本，上海古籍出版社1987年版。
③　以上所引皆见范晔《后汉书·律历中》。
④　范晔：《律历中》，《后汉书》志第二，《四库全书》本，上海古籍出版社1987年版。
⑤　范晔：《律历中》，《后汉书》志第二，《四库全书》本，上海古籍出版社1987年版。
⑥　范晔：《律历中》，《后汉书》志第二，《四库全书》本，上海古籍出版社1987年版。
⑦　班固：《眭两夏侯京翼李传第四十五》，《汉书》卷七十五，《四库全书》本，上海古籍出版社1987年版。
⑧　班固：《王莽传第六十九下》，《汉书》卷九十九下，《四库全书》本，上海古籍出版社1987年版。

重视将谶纬法定地统一起来："帝以（尹）敏博通经记，令校图谶，使镯去崔发所为王莽著录次比"①，要去除符命中与王莽相关的一切内容；薛汉也在"建武初，为博士，受诏校定图谶"②。所谓"校定"，就是制定为东汉王朝服务的统一的谶纬神学。中元元年（56 年），刘秀"宣布图谶于天下"。③这一所谓图谶不过是以刘秀受命为中心的符命之说。自此，西汉以来的造作的符命，得以由《河图》、《洛书》、七经纬④之名有选择的保留下来，而在东汉王朝颁发的谶纬之外，皆视为大逆不道、非圣无法。如扶风人苏朗伪言图谶事，下狱死。⑤ 即使是皇亲国戚也不能幸免，如真定王刘扬造作谶记："赤九之后，瘿扬为主。"而被汉光武帝敕令诛杀；⑥ 刘秀的亲儿子楚王刘英被告发造作图书，以大逆不道的罪名被黜废；⑦ 阜陵质王刘延作图谶，"事下案验……辞所连及，死徙者甚众"⑧。

谶纬神学的宗教迷信性质，也招致历代经学家的激烈批判，后来不少经学家对汉儒的"信纬不信经"⑨ 进行了激烈的批评。如真德秀说："六经者先王之格言，而谶纬者末世之邪说。"⑩ 秦蕙田说："谶纬之书出以乱经矣，

---

① 范晔：《儒林列传第六十九下》，《后汉书》卷七十九下，《四库全书》本，上海古籍出版社 1987 年版。

② 范晔：《儒林列传第六十九下》，《后汉书》卷七十九下，《四库全书》本，上海古籍出版社 1987 年版。

③ 范晔：《光武帝纪第一下》，《后汉书》卷一下，《四库全书》本，上海古籍出版社 1987 年版。

④ 据《后汉书·樊英传》章怀注，七经纬包括："易纬"——《稽览图》、《乾凿度》、《坤灵图》、《通卦验》、《是类谋》、《辨终篇》；"书纬"——《璇玑钤》、《考灵耀》、《刑德放》、《帝命验》、《运期授》；"诗纬"——《推度灾》、《汜历枢》、《含神雾》；"礼纬"——《含文嘉》、《稽命征》、《斗威仪》；"乐纬"——《动声仪》、《稽耀嘉》、《斗图征》；"孝经纬"——《援神契》、《钩命决》；"春秋纬"——《演孔图》、《元命包》、《文耀钩》、《运斗枢》、《感精符》、《合诚图》、《考异邮》、《保乾图》、《汉含孳》、《佑助期》、《握诚图》、《潜潭包》、《说题辞》等篇目。

⑤ 范晔：《班彪列传第三十上》，《后汉书》卷四十上，《四库全书》本，上海古籍出版社 1987 年版。

⑥ 范晔：《任李万邳刘耿列传第十一》，《后汉书》卷二十一，《四库全书》本，上海古籍出版社 1987 年版。

⑦ 范晔：《光武十王列传第三十二》，《后汉书》卷四十二，《四库全书》本，上海古籍出版社 1987 年版。

⑧ 范晔：《光武十王列传第三十二》，《后汉书》卷四十二，《四库全书》本，上海古籍出版社 1987 年版。

⑨ 惠士奇：《礼说》卷二，《四库全书》本，上海古籍出版社 1987 年版。

⑩ 真德秀：《大学衍义》卷十三，《四库全书》本，上海古籍出版社 1987 年版。

自郑玄之徒号称大儒皆主其说，学者由此牵惑没溺。"①胡渭亦赞同张衡说："宜收藏图谶，一禁绝之，则朱紫无所眩，典籍无瑕玷矣。"②特别著名的是欧阳修对谶纬神学的批判，将谶纬神学斥为"乱臣贼子"，是造成"三纲颓，五常废"的根源，并提议删除九经正义中的谶纬神学。③ 这些批评深刻地揭露了谶纬神学的实质。同时，鉴于谶纬神学在政治上的危险性一面，在东汉以后历代有禁绝谶纬神学之举。隋炀帝时，就禁绝图谶，"搜天下书籍与谶纬相涉者，皆焚之，为吏所纠者至死。自是无复其学，秘府之内，亦多散亡"④。其后，谶纬神学基本上被禁绝。

---

① 秦蕙田：《五礼通考》卷九，《四库全书》本，上海古籍出版社1987年版。
② 胡渭：《易图明辨》卷二，《四库全书》本，上海古籍出版社1987年版。
③ 《欧阳修集》附录四有一篇《论删去九经正义中谶纬札子》的札子，全文如后：暴秦焚书，六经亡轶。汉儒掇拾遗言，各立门户，其幸而传至今日者，固其守先待后之功，而诈伪繁兴，亦莫甚于彼时。而于其中敢于诬天蔑圣者，则以谶纬为甚。谶纬之书，莫知所自起，王莽笃好之，其下遂相与诈造欺蒙，以售其私。而莽又明知其欺而乐用之，以愚黔首，而借以篡汉天下。盖乱臣贼子之言也，而托诸孔子。然既托诸孔子，则虽以光武之贤，犹不能无惑焉。唐作《九经正义》，犹引用其说。欧阳修疏请削除，见亦伟矣，惜犹未曾抉其底里痛扫涤之，以解后世惑也。夫谶纬之托诸圣言者，为其"前知"也，为其"知天"也。《中庸》曰"至诚之道，可以前知"，又曰"思知人，不可以不知天"，疑若似矣。顾差若毫厘，即谬以千里。夫天者，理也，叙则为典，秩则为礼，立之为三纲，行之为五常。三纲立，五常行，则人无逆天，物极则长，而所以"生生之谓易"者行乎其间，乾坤于以不毁。三纲颓，五常废，则人物凋丧，渐消渐毁，以至于无而乾坤息。故孔子曰："殷因于夏礼，所损益可知也。周因于殷礼，所损益可知也。其或继周者，虽百世可知也。"孔子之所为知天而可以前知者，如是而已。若夫继周而为汉，汉帝姓刘，孔子安得知之，而又何用知之哉？孔子葬母，既封兵，雨甚而墓崩，孔子不能前知也。而谓孔子知沙丘崩为汉元王皇后之祥乎？《国语》有之曰："吾非瞽史，安知天道？"盖瞽者业专，其艺必精，故能以数测气，推现至隐。如神灶、梓慎、京房、焦赣之流，犹古瞽史之遗，见于史氏，代不乏人。然其为术，所为文史星历，近于卜祝之间者，又奚得以六经、《语》、《孟》治天下之大经大法错处杂陈，而谓圣之所以为圣在此也哉？况夫王莽时，刘歆辈所造奸言，直是执左道以乱政，又安可令其托于孔子惑世诬民而莫之正耶？汉承七国之后，圣远道微，言庞事杂，故如所传斩蛇交龙等事，犹与篝火狐鸣一辙。萧、曹辈皆未尝学问，不知正其前失，转艳称于后世。后世惑之，王莽遂乘之以移其社稷当涂，典午更用之以灭其子孙，而辗转相灭。由是讹以传讹，暴以易暴，五代十六国之交，视弑君篡国为天之所命，圣之所记，史臣津津称道之。呜呼！人心若此，几何不入于禽兽也！又如晋王嘉《拾遗记》等书，所称黄帝金枝玉叶，武王白鱼流乌之类，谓自古帝王受命之符罔不如是。夫删《书》断自唐、虞，既有其事，周、孔必述，周孔不述，其诬可知。王嘉辈何能从千载以后而得千载以前之事？其博洽过于周、孔如是也？其为拾汉、魏之遗蘖，诬帝王以神怪，不待明者而决矣。《书》曰："天视自我民视，天听自我民听。"民心之所归，是乃天之符命耳。人者，万物之灵也，天地之心也，五和之秀气也。不观之人而观之云物鸟兽，何其荣末而虐本欤！亦异乎圣人之言矣。陋儒不察，遂使谶纬之文述之学校，被之闾阎，虽妇人小子亦同然一辞，其所以为人心之害者，岂细故哉！
④ 魏徵：《经籍志第二十七》，《隋书》卷三十二，《四库全书》本，上海古籍出版社1987年版。

三、谶纬神学与东汉经学

经学本是汉武帝以来的统治思想，谶纬神学则是西汉今文经学与方士合流的产物。但东汉的经学却不如谶纬神学。谶纬神学在东汉被称为"内学"，地位在经学之上："汉自武帝颇好方术，天下怀协道艺之士，莫不负策抵掌，顺风而届焉。后王莽矫用符命，及光武尤信谶言，士之赴趣时宜者，皆骋驰穿凿，争谈之也。……自是习为内学，尚奇文，贵异数，不乏于时矣。"①皮锡瑞也说："故光武以《赤伏符》受命，深信谶纬。五经之义，皆以谶决。贾逵以此兴《左氏》，曹褒以此定汉礼。于是五经为外学，七纬为内学，遂成一代风气。"②在这种风气下，谶纬神学的迷雾笼罩着整个东汉的经学界。

是否信奉谶纬神学，成为经学家荣辱升降的决定性因素。最有名的例子是桓谭、郑兴与贾逵的不同遭遇。桓谭是东汉初年最早公开反对谶纬神学的经学家，《东观汉记·传六》说他"少好学，遍治五经，能文，有绝才"，曾与刘歆、扬雄一起讨论学问。他曾上书直言不讳地批评汉光武帝说："今诸巧慧小才伎数之人，增益图书，矫称谶记，以欺惑贪邪，诖误人主，③ 焉可不抑远之哉！臣谭伏闻陛下穷折方士黄白之术，甚为明矣；而乃欲听纳谶记，又何误也！"④引起光武帝的极大不满。后来光武帝诏议灵台时，他又公然反对汉光武帝以谶决之：

> 帝谓谭曰："吾欲以谶决之，何如？"谭默然良久，曰："臣不读谶。"帝问其故，谭复极言谶之非经。帝大怒曰："桓谭非圣无法，将下斩之！"谭叩头流血，良久乃得解。出为六安郡丞，意忽忽不乐，道病

---

① 范晔：《方术列传第七十二上》，《后汉书》卷八十二上，《四库全书》本，上海古籍出版社 1987 年版。

② 皮锡瑞：《经学历史》，中华书局 1989 年版，第 109 页。

③ 《东观记》卷十一载，《谭书》云："矫称孔丘为谶记，以误人主也。"

④ 范晔：《桓谭冯衍列传第十八上》，《后汉书》卷二十八上，《四库全书》本，上海古籍出版社 1987 年版。

卒，时年七十余。①

尽管桓谭当时已经是七十多岁德高望重的老人，但因公开反对谶纬神学，而被以非圣无法的罪名判处斩立决，叩头流血许久才被免除死刑，但也未逃脱被流放死于途中的悲惨命运。郑兴也是东汉初年的经学大师，他没有像桓谭那样激烈的批评谶纬，虽然较为圆滑地回应了光武帝的问题，没有招致杀头之罪，却也得不到应有的重用：

> 帝尝问兴郊祀事，曰："吾欲以谶断之，何如？"兴对曰："臣不为谶。"帝怒曰："卿之不为谶，非之邪？"兴惶恐曰："臣于书有所未学，而无所非也。"帝意乃解。兴数言政事，依经守义，文章温雅，然以不善谶故不能任。②

桓谭、郑兴这样经学界的领袖级人物，反对谶纬或不为谶，就落得如此下场，其他人可想而知。与此形成鲜明对照的是贾逵善说图谶，而得到汉章帝的格外赏识，以至于他母亲生病，汉章帝也要赏赐金钱，"逵母常有疾，帝欲加赐，以校书例多，特以钱二十万"③。对这一反差，连范晔在《后汉书》中也叹息说："桓谭以不善谶流亡，郑兴以逊辞仅免，贾逵能附会文致，最差贵显。世主以此论学，悲矣哉！"④王应麟《玉海》曾据《后汉书》记载东汉与谶纬相关的人物："至光武笃信斯术，学者比肩。沛献集纬以通经，曹褒撰谶以定礼，是以桓谭疾其虚伪，尹敏戏其深瑕，张衡发其僻谬，荀悦明其诡诞。郅恽上书王莽曰：'汉历久长，孔为赤制。'莽以恽据经谶，难即害之。苏竟善图纬：'孔丘祕经，为汉赤制。'朱浮讲图谶，张纯以建辟雍，

---

① 范晔：《桓谭冯衍列传第十八上》，《后汉书》卷二十八上，《四库全书》本，上海古籍出版社1987年版。

② 范晔：《郑范陈贾张列传第二十六》，《后汉书》卷三十六，《四库全书》本，上海古籍出版社1987年版。

③ 范晔：《郑范陈贾张列传第二十六》，《后汉书》卷三十六，《四库全书》本，上海古籍出版社1987年版。

④ 范晔：《郑范陈贾张列传第二十六》，《后汉书》卷三十六，《四库全书》本，上海古籍出版社1987年版。

尹敏，世祖以敏博通经记令校图谶；景鸾受河、洛、图纬，薛汉建武初为博士，受诏校定图谶，曹褒次序礼事，依准旧典，杂以五经谶记之文；樊儵以谶记正五经异说，郑玄通京氏易，马融集诸生考论图纬，闻玄善算，乃召见，玄曰：'时睹祕书纬术之奥。'贾逵摘谶互异。张衡集上事云：'河洛五九，六艺四九，谓八十一篇也。'杨厚引见问以图谶，翟酺善图纬天文历算，著《援神钩命解诂》十二篇；赵典学孔子七经、河图、洛书、内外艺术、靡不贯综，刘瑜尤善图谶、天文、历算之术，徐稚兼综星官、算历、河图七纬，申屠蟠明图纬，李固明河图谶，咸名应图箓，越登槐鼎之任，郑兴、贾逵以附同称显，桓谭、尹敏以乖忤沦败，……李郃善河、洛、风星。公沙穆锐思河洛推步之术。"①

　　在这些人物中，关于郑兴、尹敏的说法并不可信。此说本于《后汉书》的如下记载："郑兴、贾逵，以附同称显；桓谭、尹敏，以乖忤沦败。"②但《后汉书》中根本找不到郑兴附同谶纬神学的记载，所以，范晔将郑兴与贾逵一样视为附会谶纬神学的人是不恰当的。此外，范晔将尹敏与桓谭都视为反对谶纬神学的人，也不合于《后汉书》关于尹敏的记载：

　　　　帝以敏博通经记，令校图谶，使蠲去崔发所为王莽著录次比。敏对曰："谶书非圣人所作，其中多近鄙别字，颇类世俗之辞，恐疑误后生。"帝不纳。敏因其阙文增之曰："君无口，为汉辅。"帝见而怪之，召敏问其故。敏对曰："臣见前人增损图书，敢不自量，窃幸万一。"帝深非之，虽竟不罪，而亦以此沈滞。③

尹敏虽然认为谶书不是圣人的作品，但只是就其文字粗陋不尔雅而言，并没有像桓谭那样"极言谶之非经"，同时，他还借校定图谶的方便，编造谶语，希图富贵。他是因伪造图谶被发现，而被刘秀打入冷宫的，与反对谶纬神学

---

①　王应麟：《汉六纬河洛七纬内学》，《玉海》卷六十三，《四库全书》本，上海古籍出版社1987年版。

②　范晔：《方术列传第七十二上》，《后汉书》卷八十二上，《四库全书》本，上海古籍出版社1987年版。

③　范晔：《儒林列传第六十九上》，《后汉书》卷七十九上，《四库全书》本，上海古籍出版社1987年版。

的斗士桓谭不可同日而语。

正是最高统治者的这种导向，使东汉经学界信奉谶纬神学成为时尚，不少人都以讲说图谶为荣，如朱浮说："臣浮幸得与讲图谶。"①而言说谶纬神学的人更是比比皆是，如杨春卿、杨统、杨厚祖孙三代"善图谶学"，杨统还作《内谶》二卷；②景鸾"作《易说》及《诗解》，文句兼取《河》，《洛》"③；任安"从同郡杨厚学图谶，究极其术"④；董扶"事同郡杨厚，学图谶"⑤；博士郭凤"亦好图谶，善说灾异，吉凶占应"⑥；廖扶"专精经典，尤明天文、谶纬，风角、推步之术"⑦；马融"集诸生考论图纬"⑧；郑玄去世前，"以谶合之，知命当终，有顷寝疾"⑨；刘辅"好经书，善说《京氏易》、《孝经》、《论语》传及图谶"⑩；刘瑜"少好经学，尤善图谶"⑪；薛汉"少传父业，尤善说灾异谶纬"⑫。汉碑中也记载了许多信奉谶纬神学的人物，阮元在《七纬序》中说："姚浚尤明图纬秘奥，姜肱兼明星纬，郭泰探

① 范晔：《朱冯虞郑周列传第二十三》，《后汉书》卷三十三，《四库全书》本，上海古籍出版社1987年版。

② 范晔：《苏竟杨厚列传第二十上》，《后汉书》卷三十上，《四库全书》本，上海古籍出版社1987年版。

③ 范晔：《儒林列传第六十九上》，《后汉书》卷七十九上，《四库全书》本，上海古籍出版社1987年版。

④ 范晔：《儒林列传第六十九上》，《后汉书》卷七十九上，《四库全书》本，上海古籍出版社1987年版。

⑤ 范晔：《方术列传第七十二下》，《后汉书》卷八十二下，《四库全书》本，上海古籍出版社1987年版。

⑥ 范晔：《方术列传第七十二上》，《后汉书》卷八十二上，《四库全书》本，上海古籍出版社1987年版。

⑦ 范晔：《方术列传第七十二上》，《后汉书》卷八十二上，《四库全书》本，上海古籍出版社1987年版。

⑧ 范晔：《张曹郑列传第二十五》，《后汉书》卷三十五，《四库全书》本，上海古籍出版社1987年版。

⑨ 范晔：《张曹郑列传第二十五》，《后汉书》卷五十九，《四库全书》本，上海古籍出版社1987年版。

⑩ 范晔：《光武十王列传第三十二》，《后汉书》卷四十二，《四库全书》本，上海古籍出版社1987年版。

⑪ 范晔：《杜栾刘李刘谢列传第四十七》，《后汉书》卷五十七，《四库全书》本，上海古籍出版社1987年版。

⑫ 范晔：《儒林列传第六十九下》，《后汉书》卷七十九下，《四库全书》本，上海古籍出版社1987年版。

综图纬，李休又精群纬，袁良亲执经纬，杨震明河洛纬度，祝睦该洞七典，唐扶综纬河洛，刘熊敦五经之纬图，杨著穷七道之奥，曹全甄极毖纬，蔡湛少耽七典，武梁兼通河洛，张表该览群纬，丁鲂兼究祕纬，李翊通经综纬。"①汉碑反映出来的只是东汉信奉谶纬神学的冰山一角，诚如范晔所说，"自中兴之后，儒者争学图纬"②；"及光武尤信谶言，士之赴趣时宜者，皆骋驰穿凿"③。这些讲求谶纬神学的经学家，既有今文经学的博士，也有马融这样的古文经学家以及郑玄这样的兼通今古文经学的大师。可以说，东汉包括古文经学在内的经学无不浸染着谶纬神学的色彩。

尽管谶纬神学得到光武帝的大肆提倡，但也遭到坚守经学正统立场的经学家的坚决反对："通儒硕生，忿其妖妄不经，奏议慷慨，以为宜见藏摈"④。他们反对谶纬神学的目的，在学术上为的是维护经学的纯洁性，桓谭的上书就说得很清楚，他反对谶纬神学就是希望汉光武帝"屏群小之曲说，述《五经》之正义"。⑤"《五经》正义"一词，最早的出处可能就出于此，这是以经学为正义，与谶纬神学的邪说相对而言。在东汉，为维护经学的纯洁性而反对谶纬神学最有名的人物是张衡。张衡是中国历史上著名的科学家，他因制造地动仪享誉世界科技史，同时，张衡也是一位"通《五经》，贯六艺"⑥的经学家，他在汉顺帝时，"以图纬虚妄，非圣人之法"⑦，上书顺帝，公开批评谶纬神学，并在这篇文献中提出禁绝图谶的提议：

臣闻圣人明审律历以定吉凶，重之以卜筮，杂之以九宫，经天验

① 朱维铮编：《周予同经学上论著选集》（增订本），上海人民出版社 1983 年版，第 56 页。
② 范晔：《张衡列传第四十九》，《后汉书》卷五十九，《四库全书》本，上海古籍出版社 1987 年版。
③ 范晔：《方术列传第七十二上》，《后汉书》卷八十二上，《四库全书》本，上海古籍出版社 1987 年版。
④ 范晔：《方术列传第七十二上》，《后汉书》卷八十二上，《四库全书》本，上海古籍出版社 1987 年版。
⑤ 范晔：《桓谭冯衍列传第十八上》，《后汉书》卷二十八上，《四库全书》本，上海古籍出版社 1987 年版。
⑥ 范晔：《张衡列传第四十九》，《后汉书》卷五十九，《四库全书》本，上海古籍出版社 1987 年版。
⑦ 范晔：《张衡列传第四十九》，《后汉书》卷五十九，《四库全书》本，上海古籍出版社 1987 年版。

道，本尽于此。或观星辰逆顺，寒燠所由，或察龟策之占，巫觋之言，其所因者，非一术也。立言于前，有征于后，故智者贵焉，谓之谶书。谶书始出，盖知之者寡。自汉取秦，用兵力战，功成业遂，可谓大事，当此之时，莫或称谶。若夏侯胜、眭弘之徒，以道术立名，其所述著，无谶一言。刘向父子领校秘书，阅定九流，亦无谶录。成、哀之后，乃始闻之。《尚书》尧使鲧理洪水，九载绩用不成，鲧则殛死，禹乃嗣兴。而《春秋谶》云："共工理水。"凡谶皆云黄帝伐蚩尤，而《诗谶》独以为蚩尤败，然后尧受命。《春秋·元命包》中有公输班与墨翟，事见战国，非春秋时也。又言"别有益州"。益州之置，在于汉世。其名三辅诸陵，世数可知，至于图中讫于成帝。一卷之书，互异数事，圣人之言，势无若是，殆必虚伪之徒，以要世取资。往者侍中贾逵摘谶互异三十余事，诸言谶者皆不能说。至于王莽篡位，汉世大祸，八十篇何为不戒？则知图谶成于哀、平之际也。且《河洛》、《六艺》，篇录已定，后人皮傅，无所容篡。永元中，清河宋景遂以历纪推言水灾，而伪称洞视玉版。或者至于弃家业，入山林。后皆无效，而复采前世成事，以为证验。至于永建复统，则不能知。此皆欺世罔俗，以昧势位，情伪较然，莫之纠禁。且律历、封候、九宫、风角，数有征效，世莫肯学，而竞称不占之书。譬犹画工，恶图犬马而好作鬼魅，诚以实事难形，而虚伪不穷也。宜收藏图谶，一禁绝之，则朱紫无所眩，典籍无瑕玷矣。①

汉顺帝本人是一位十分迷信谶纬神学的皇帝，从他诏令修订历法的事件中，参与者皆引用谶纬神学为说，就可以看出来这一点。在已有桓谭等人反对谶纬神学招致悲惨命运的前车之鉴的背景下，张衡敢于上书顺帝，明确反对谶纬神学，提出禁绝图谶，这是需要极大勇气与胆识的。更为重要的是，张衡以他对历史与当代史的熟知，指斥纬书与《尚书》、史实的诸多不符以及纬书的自相矛盾，这不仅有力地证明了纬书出于成哀之后，并不是所谓赤精子之类的神仙或是孔子的著述；而且揭露了谶纬神学预言的虚伪本质，指出谶

① 范晔：《张衡列传第四十九》，《后汉书》卷五十九，《四库全书》本，上海古籍出版社1987年版。

纬的预言多是采前事以为验证，并非能够准确预言天命成败。如西汉王莽篡汉，东汉顺帝作为被废太子重新登上皇帝宝座的永建复统，类似的政治大事谶纬中都没有预言。所以，谶纬并非是天神预言的著述，不过是虚伪之徒，以邀世取资的产物。虽然张衡要求禁绝图谶的提议，没有也不可能得到汉顺帝的支持，但他对谶纬神学本质的揭露，在谶纬神学风行的东汉无疑是一副清醒剂。当然，张衡将风角等术数与律历混而不分，肯定风角等术数有征效，这种看法又是不可取的。而"典籍无瑕玷"的结语则表明，他反对谶纬神学的出发点和目的与桓谭是一脉相承的，都是为了维护经学的纯洁性。

第二节　今古文经学的消长

与谶纬神学在思想界的风行相联系，经学也发生了重大的变化。一方面是今文经学的发展由盛转衰，另一方面是古文经学开始迅速发展，成为超过今文经学的经学派别。

一、今文经学由盛转衰

自武帝立五经博士，设博士弟子员，劝以利禄，今文经学从此得到迅速的发展。司马迁说："天下之学士靡然乡风。"[①] 班固称自武帝立五经博士以后百余年，经学"传业者浸盛，支叶蕃滋，一经说至百余万言，大师众至千余人，盖禄利之路然也"[②]。元帝以好儒著称于史，今文经学自汉元帝之后发展到极盛。皮锡瑞在《经学历史》中，将汉元帝以后到东汉末年称之为经学极盛时代：

　　经学自汉元、成至后汉，为极盛时代。其所以极盛者，汉初不任儒者，武帝始以公孙弘为丞相封侯，天下学士靡然乡风。元帝尤好儒生，韦、匡、贡、薛，并致辅相，自后公卿之位，未有不从经术进者。青紫

---

① 司马迁：《儒林列传第六十一》,《史记》卷一百二十一，《四库全书》本，上海古籍出版社 1987 年版。

② 班固：《儒林传第五十八》,《汉书》卷八十八，《四库全书》本，上海古籍出版社 1987 年版。

拾芥之语，车服稽古之荣。黄金满籝，不如教子一经。以累世之通显，动一时之羡慕。后汉桓氏代为师傅；杨氏世作三公。宰相须用读书人，由汉武开其端，元、成及光武、明、章继其轨。经学所以极盛者，此其一。武帝为博士官置弟子五十人，复其身。昭帝增满百人。宣帝末，增倍之。元帝好儒，能通一经者皆复。数年，以用度不足，更为设员千人，郡国置五经百石卒史。成帝增弟子员三千人。平帝时，增元士之子得受业如弟子，勿以为员。岁课甲乙丙科，为郎中、太子舍人、文学掌故。后世生员科举之法，实本于此。经生即不得大用，而亦得有出身，是以四海之内，学校如林。汉末太学诸生至三万人，为古来未有之盛事。经学所以极盛者，又其一。①

皮锡瑞是从今文经学家的立场来判定的。他判定极盛的标准有两个，一是元成以后居于公卿高位的"未有不从经术进者"，二是经学生员众多。的确，元帝以后，经学大师为相的人数不少，如汉元帝时有韦玄成、匡衡为相，汉成帝时有张禹、翟方进、薛宣为相，汉哀帝时有孔光、平当为相，至于任其他职官的经学家就更多了，通经入仕成为时尚，以至西汉齐鲁一带流行"遗子黄金满籝，不如一经"②的谚语。但是，经学大师为相，并没有带来经济的繁荣与政治的安定，所以，班固讥讽说：

> 自孝武兴学，公孙弘以儒相，其后蔡义、韦贤、玄成、匡衡、张禹、翟方进、孔光、平当、马宫及当子晏咸以儒宗居宰相位，服儒衣冠，传先王语，其酝藉可也，然皆持禄保位，被阿谀之讥。彼以古人之迹见绳，乌能胜其任乎！③

虽然班固将做宰相的经学大师都讥刺为"持禄保位"的"阿谀"之徒，对西汉任宰相的儒学大师评价都不高，但这些儒学大师所取得拜相封侯的崇高

---

① 皮锡瑞：《经学历史》，中华书局1989年版，第101页。
② 班固：《韦贤传第四十三》，《汉书》卷七十三，《四库全书》本，上海古籍出版社1987年版。
③ 班固：《匡张孔马传第五十一》，《汉书》卷八十一，《四库全书》本，上海古籍出版社1987年版。

政治地位，无疑激发了人们对经学的学习热情，而博士弟子员的人数众多，更从组织制度上保证了经学的迅速发展。

除皮锡瑞所说的两点理由外，还有更重要的一点，就是西汉的今文经学博士的建制到汉元帝时已经最后完成，这是今文经学发展到高峰的最重要标志。尽管西汉今文经学讲求师法，要求弟子遵守师说，但是，西汉经学到汉宣帝时，却从汉武帝的五经博士发展到经有数家，皆置博士的局面。以至皮锡瑞在《经学历史》中充满疑惑地说：

> 汉人最重师法。师之所传，弟之所受，一字毋敢出入；背师说即不用。师法之严如此。而考其分立博士，则有不可解者。……二夏侯出张生，而同原伏生；使其学同，不必别立；其学不同，是背师说，尤不应别立也。……是小夏侯求异于大夏侯，大夏侯又求异于欧阳，不守师传，法当严禁，而反为之分立博士，非所谓"大道多歧亡羊"者乎？《史记》云："言《易》者本于杨何。"立《易》，杨已足矣；施、孟、梁丘师田王孙，三人学同，何分颛门；学如不同，必有背师说者。乃明知孟喜改师法，不用，后又为立博士，此何说也？京房受《易》焦延寿而托之孟氏，孟氏弟子不肯，皆以为非，而亦为立博士，又何说也？施、孟、梁丘，今不可考；惟京氏犹存其略。飞伏、世应，多近术数，是皆立所不当立者。二戴、严、颜不当分立，亦可以此推之。①

皮锡瑞所谓不当立云云，实是不明西汉经学讲求师法实质的疑惑，而造成这一不应有的疑惑的原因在于，他对西汉的守师法之守作出了固守不变的误解，而没有看到守师法的背后是鼓励创新的。西汉经学在汉武帝立五经博士之始，经学理论在总体上是不成熟的，除董仲舒的春秋公羊学最有系统性之外，其余各家博士之学都较为疏漏，经学要与其皇帝钦定的"国学"的地位相匹配，需要其学说的大发展，这是经学发展的内在要求。这一内在要求推动着经学理论的发展，所以，尽管西汉经学讲师法，也有孟喜不守师法而不得任用之类的记载，绝非皮锡瑞所说的"一字毋敢出"，相反，最高统治

---

① 皮锡瑞：《经学历史》，中华书局1989年版，第77—78页。

者实际上是鼓励经学的创新发展的。凡是勇于创新的经师，能够自成一家之言，都会受到重视，而被立于学官，成为经学博士，以至公然伪造老师临终遗嘱①的孟喜之学也被立于学官，甚至张霸伪造《尚书》百二篇，也在汉成帝时被征召。建初四年（79 年），东汉章帝的诏书说："汉承暴秦，褒显儒术，建立五经，为置博士。其后学者精进，虽曰承师，亦别名家。……此皆所以扶进微学，尊广道艺也。"②就是对西汉经学博士制度实质的说明：讲求师法，并不意味着不允许在师说之外别创新说，而是鼓励经学的创新发展。③ 正是对经学创新的鼓励，所以弟子不守师法，勇于在师说之外别立新说、各自名家的情况不断涌现，最初的五经博士之学到汉宣帝都得到了很大发展，出现五经各经全面分立学派，才带来了西汉经学的辉煌，人才济济，各家之学皆被立为博士的兴旺局面：《易》有施、孟、梁丘三家，《书》有欧阳、大夏侯、小夏侯三家，《礼》有庆氏、大戴、小戴三家，《春秋》有《公羊》的严、颜和《穀梁》三家，形成今文经学十五家博士并立学官的局面，汉元帝时又增立京氏《易》。④自此至东汉，今文经学再也没有新立博士、设学官的记载，这标志着今文经学的博士建置已经完成，同时也预示着今文经学的发展走到顶峰。

　　盛极转衰，物极必反，高峰预示着回落。西汉今文经学的极度发展之时，也是开始衰退之际。在西汉今文经学的发展中，本身就蕴含着其衰退的因素。立于学官，成为博士，就可以获得利禄，甚至拜相封侯，这无疑刺激着经生争立博士的努力，而要被立为博士，必须在经学理论上有所成就，至少要建立起一套自圆其说的理论，为此，必然就要求其经学理论的细化、深化，从纵、横两个维度，时、空两个方向来扩展其理论，这样，各经之学都存在被烦琐化的可能。分章断句的章句之学，就是在这一背景下得到急速发展的。章句之学缘起于对五经训解的分章断句，王充说："夫经之有篇也，犹有章句也。有章句，犹有文字也。文字有意以立句，句有数以连章，章有

---

　　① 《汉书·儒林传》载："喜好自称誉，得《易》家候阴阳灾变书，诈言师田生且死时枕喜膝，独传喜，诸儒以此耀之。同门梁丘贺疏通证明之，曰：'田生绝于施仇手中，时喜归东海，安得此事？'"

　　② 范晔：《肃宗孝章帝纪第三》，《后汉书》卷三，《四库全书》本，上海古籍出版社 1987 年版。

　　③ 参见黄开国：《汉代经学的师法与家法》，《经学研究论丛》台湾，1994 年第 2 辑。

　　④ 此处说法与《汉书》之说稍有不同，参见黄开国：《汉代经学博士考辩》，《中国史研究》1993 年第 2 期。

体以成篇，篇则章句之大者也。谓篇有所法，是谓章句复有所法也。"①章句之学起于何时？徐防说："发明章句，始于子夏。"②这是为抬高章句之学的地位而依托子夏，不足为据。但西汉时，章句之学就已经出现，汉景帝时丁宽所著《易说》就被称之为"《小章句》"③。章句之学的明显发展，是在武帝立五经博士之后，汉宣帝增立的数家经学博士之间，夏侯胜斥责夏侯建就有"章句小儒，破碎大道"④之语；汉成帝时，张禹作《论语章句》献给成帝，刘歆治《左氏》，"引传文以解经，转相发明，由是章句义理备焉"⑤；《汉书·艺文志》载《易经》的施雠、孟喜、梁丘贺三家博士之学皆有章句，而《尚书》的欧阳、大夏侯、小夏侯也全有章句。东汉的章句之学更加普及，王充说："世俗学问者，不肯竟经明学，深知古今，急欲成一家章句。"⑥经师"南面为师，且夕讲授章句，滑习义理"⑦，就是其写照。《后汉书》关于东汉章句之学的记述随处可见，如牟长"著《尚书章句》……俗号为《牟氏章句》"，⑧包咸作《论语章句》，伏黯改定《齐诗章句》，景鸾作《月令章句》，薛汉"父子以章句著名"，杜抚定《韩诗章句》，张匡作《韩诗章句》，钟兴作《严氏春秋章句》，程曾作《孟子章句》，⑨曹褒作《章句辩难》⑩，桥玄著《礼记章句》，号"桥君学"⑪，卢植作《尚书章句》，⑫綦母

① 王充：《论衡·正说篇第八十一》，黄晖：《论衡校释》第四册，中华书局1996年版，第1129页。

② 范晔：《邓张徐张胡列传第三十四》，《后汉书》卷四十四，《四库全书》本，上海古籍出版社1987年版。

③ 班固：《儒林传第五十八》，《汉书》卷八十八，《四库全书》本，上海古籍出版社1987年版。

④ 班固：《眭两夏侯京翼李传第四十五》，《汉书》卷七十五，《四库全书》本，上海古籍出版社1987年版。

⑤ 班固：《楚元王传第六》，《汉书》卷三十六，《四库全书》本，上海古籍出版社1987年版。

⑥ 王充：《论衡·程材篇第三十四》，黄晖：《论衡校释》第二册，中华书局1996年版，第538页。

⑦ 王充：《论衡·谢短篇第三十六》，黄晖：《论衡校释》第二册，中华书局1996年版，第554—555页。

⑧ 范晔：《儒林列传第六十九上》，《后汉书》卷七十九上，《四库全书》本，上海古籍出版社1987年版。

⑨ 以上所引皆见《儒林列传第六十九下》，《后汉书》卷七十九下，《四库全书》本，上海古籍出版社1987年版。

⑩ 范晔：《张曹郑列传第二十五》，《后汉书》卷三十五，《四库全书》本，上海古籍出版社1987年版。

⑪ 范晔：《李陈庞陈桥列传第四十一》，《后汉书》卷五十一，《四库全书》本，上海古籍出版社1987年版。

⑫ 范晔：《吴延史卢赵列传第五十四》，《后汉书》卷六十四，《四库全书》本，上海古籍出版社1987年版。

阎、宋忠作《五经章句》①，樊英作《京氏易章句学》，世号"樊氏学"，②甚至连汉明帝也有《五家要说章句》之作，③明帝的诏令还规定，功臣子孙、四姓末属的学子"悉令通《孝经章句》"④。汉和帝永元十四年（102 年），徐防上疏还提议"博士及甲乙策试，宜从其家章句"⑤，这一建议不仅得到皇帝的赏识，也得到公卿大臣的一致拥护。可见，在东汉经学界，能够著为章句的多是著名的经学家，而考取博士、弟子员则必以据章句为说，章句甚至成为策取孝廉等的必试科目。

章句之学的发展，导致了今文经学日益烦琐化。刘歆在《移太常博士书》中就指责博士的今文经学："往者缀学之士不思废绝之阙，苟因陋就寡，分文析字，烦言碎辞，学者罢老且不能究其一艺。"⑥西汉末年、东汉初年的桓谭也说：

> 秦近君能说《尧典》，篇目两字之说，至十余万言，但说"曰若稽古"，三万言。⑦

学者一生不能究一经，《尧典》的篇目二字要用十多万文字来解说，解释"曰若稽古"要用三万多字，可见汉代今文经学烦琐之一斑。以至"王莽之时，省五经章句皆为二十万，博士弟子郭路夜定旧说，死于烛下"⑧。五经各经的文字数量不同，将章句一律定为二十万，未免划一，但由此可以看到，当时五经章句之学都已经到了过分烦琐，以至需要皇权出面删减，还导

① 范晔：《袁绍刘表列传第六十四下》，《后汉书》卷七十四下，《四库全书》本，上海古籍出版社1987 年版。

② 范晔：《方术列传第七十二上》，《后汉书》卷八十二上，《四库全书》本，上海古籍出版社 1987 年版。

③ 范晔：《桓荣丁鸿列传第二十七》，《后汉书》卷三十七，《四库全书》本，上海古籍出版社 1987 年版。

④ 范晔：《儒林列传第六十九上》，《后汉书》卷七十九上，《四库全书》本，上海古籍出版社 1987 年版。

⑤ 范晔：《邓张徐张胡列传第三十四》，《后汉书》卷四十四，《四库全书》本，上海古籍出版社1987 年版。

⑥ 班固：《楚元王传第六》，《汉书》卷三十六，《四库全书》本，上海古籍出版社 1987 年版。

⑦ 桓谭：《正经第九》，《新论》卷上，上海人民出版社 1967 年版，第 35 页。

⑧ 王充：《论衡·效力篇第三十七》，黄晖：《论衡校释》第二册，中华书局 1996 年版，第 583 页。

致博士弟子删书死于烛下的事件，则说明了当时经学烦琐的惊人程度。可以毫不夸大地说，今文经学发展到西汉末年，已经成为烦琐哲学，到东汉这一现象更是有增无减。范晔说："及东京，学者亦各名家。而守文之徒，滞固所禀，异端纷纭，互相诡激，遂令经有数家，家有数说，章句多者或乃百余万言，学徒劳而少功，后生疑而莫正。"①

面对经学的烦琐化，经学界出现了要求删减五经章句的强烈呼声，删减五经章句的记载，不绝于《后汉书》。汉光武帝在中元元年的诏书中，就有"《五经》章句烦多，议欲减省"② 之说；孔奇"博通经典，作《春秋左氏删》"③；樊鯈"删定《公羊严氏春秋》章句，世号'樊侯学'"④；张霸"以樊鯈删《严氏春秋》犹多繁辞，乃减定为二十万言，更名'张氏学'"⑤；郑众"受诏作《春秋删》十九篇"⑥；"初，（桓）荣受朱普学章句四十万言，浮辞繁长，多过其实。及荣入授显宗，减为二十三万言。郁复删省定成十二万言。由是有《桓君大小太常章句》"⑦；张奂以"《牟氏章句》浮辞繁多，有四十五万余言，奂减为九万言"⑧；钟兴受"诏令定《春秋》章句，去其复重，以授皇太子"⑨；伏恭以"父黯章句繁多，恭乃省减浮辞，定为二十万言"⑩。这些记载除孔奇、郑众所删章句为古文经学外，其余均

① 范晔：《张曹郑列传第二十五》，《后汉书》卷三十五，《四库全书》本，上海古籍出版社1987年版。

② 范晔：《肃宗孝章帝纪第三》，《后汉书》卷三，《四库全书》本，上海古籍出版社1987年版。

③ 范晔：《郭杜孔张廉王苏羊贾陆列传第二十一》，《后汉书》卷三十一，《四库全书》本，上海古籍出版社1987年版。

④ 范晔：《樊宏阴识列传第二十二》，《后汉书》卷三十二，《四库全书》本，上海古籍出版社1987年版。

⑤ 范晔：《郑范陈贾张列传第二十六》，《后汉书》卷三十六，《四库全书》本，上海古籍出版社1987年版。

⑥ 范晔：《郑范陈贾张列传第二十六》，《后汉书》卷三十六，《四库全书》本，上海古籍出版社1987年版。

⑦ 范晔：《桓荣丁鸿列传第二十七》，《后汉书》卷三十七，《四库全书》本，上海古籍出版社1987年版。

⑧ 范晔：《皇甫张段列传第五十五》，《后汉书》卷六十五，《四库全书》本，上海古籍出版社1987年版。

⑨ 范晔：《儒林列传第六十九下》，《后汉书》卷七十九下，《四库全书》本，上海古籍出版社1987年版。

⑩ 范晔：《儒林列传第六十九下》，《后汉书》卷七十九下，《四库全书》本，上海古籍出版社1987年版。

为今文经学，这反映了今文经学在东汉烦琐化的状况，与经学界对其烦琐化的不满与矫正。以至于班固在《艺文志》哀叹："古之学者耕且养，三年而通一艺，存其大体，玩经文而已，是故用日少而畜德多，三十而五经立也。后世经传既已乖离，博学者又不思多闻阙疑之义，而务碎义逃难，便辞巧说，破坏形体；说五字之文，至于二三万言。后进弥以驰逐，故幼童而守一艺，白首而后能言；安其所习，毁所不见，终以自蔽。此学者之大患也。"①一种学说当陷入烦琐化的泥潭，也就预示着其生命力的衰退。

今文经学章句之学的烦琐化也引起了人们对章句之学的不满，鸿儒名宿皆不屑于章句之学。如桓谭"博学多通，遍习《五经》，皆诂训大义，不为章句"②；王充"好博览而不守章句"③；卢植"能通古今学，好研精而不守章句"④；班固"所学无常师，不为章句，举大义而已"⑤；韩融"少能辩理而不为章句学"⑥；荀淑"博学而不好章句，多为俗儒所非"⑦；梁鸿"博览无不通，而不为章句"⑧。徐干在《中论》第一篇《治学》中就将章句之学与鄙儒联系起来，批评其详于名物，而丧失大义："凡学者大义为先，物名为后，大义举而物名从之。然鄙儒之博学也，务于物名，详于器械，矜于训诂，摘其章句，而不能统其大义之所极，以获先王之心。此无异乎女史诵诗、内竖传令也。故使学者劳思虑而不知道，费日月而无成功。"著名的白虎观会议的召开，一个重要原因就在于对章句之学的矫正：

---

　①　班固：《艺文志第十》,《汉书》卷三十,《四库全书》本,上海古籍出版社1987年版。

　②　范晔：《桓谭冯衍列传第十八上》,《后汉书》卷二十八上,《四库全书》本,上海古籍出版社1987年版。

　③　范晔：《王充王符仲长统列传第三十九》,《后汉书》卷四十九,《四库全书》本,上海古籍出版社1987年版。

　④　范晔：《吴延史卢赵列传第五十四》,《后汉书》卷六十四,《四库全书》本,上海古籍出版社1987年版。

　⑤　范晔：《班彪列传第三十上》,《后汉书》卷四十上,《四库全书》本,上海古籍出版社1987年版。

　⑥　范晔：《荀韩钟陈列传第五十二》,《后汉书》卷六十二,《四库全书》本,上海古籍出版社1987年版。

　⑦　范晔：《荀韩钟陈列传第五十二》,《后汉书》卷六十二,《四库全书》本,上海古籍出版社1987年版。

　⑧　范晔：《逸民列传第七十三》,《后汉书》卷八十三,《四库全书》本,上海古籍出版社1987年版。

（杨）终又言："宣帝博征群儒，论定《五经》于石渠阁。方今天下少事，学者得成其业，而章句之徒，破坏大体。宜如石渠故事，永为后世则。"于是诏诸儒于白虎观论考同异焉。①

这些记载将通古今之学、研精、无常师、博学、博览与守章句相对为说，并指责章句之徒为俗儒、鄙儒，破坏大体，说明东汉经学界已经认识到章句之学的弊端，尤其是烦琐化的章句之学对经学的危害。对章句之学的批评，具有反对今文经学的烦琐化，强调追求经学本义的积极意义。此外，烦琐化也必然导致经生沉溺文字章句，不通古今，脱离实际，王充就批评从事章句之学的经生说："章句之生，不览古今，论事不实。"②同时，矫枉过正也带来了一些负面的影响，如范晔所哀叹："章句渐疏，而多以浮华相尚，儒者之风盖衰矣。"③从反对烦琐化到疏于章句的物极必反，导致了东汉末年的浮华之风。

今文经学的衰退还体现在东汉博士制度的变化上。《后汉书》说：

昔王莽、更始之际，天下散乱，礼乐分崩，典文残落。及光武中兴，爱好经术，未及下车，而先访儒雅，采求阙文，补缀漏逸。……于是立《五经》博士，各以家法教授，《易》有施、孟、梁丘、京氏，《尚书》欧阳、大小夏侯，《诗》齐、鲁、韩，《礼》大小戴，《春秋》严、颜、凡十四博士，太常差次总领焉。④

所谓十四家博士，均为西汉所立的今文经学博士。尽管在东汉发生过短暂立《左传》博士的事件，但到东汉末年，基本上是这十四家经学博士。诚如班固所言，博士之学的发达与利禄有密切关系。刘师培在论说今文经学为什么

---

① 范晔：《杨李翟应霍爰徐列传第三十八》，《后汉书》卷四十八，《四库全书》本，上海古籍出版社 1987 年版。

② 王充：《论衡·别通篇第三十八》，黄晖：《论衡校释》第二册，中华书局 1996 年版，第 592 页。

③ 范晔：《儒林列传第六十九下》，《后汉书》卷七十九下，《四库全书》本，上海古籍出版社 1987 年版。

④ 范晔：《儒林列传第六十九上》，《后汉书》卷七十九上，《四库全书》本，上海古籍出版社 1987 年版。

被古文经学取代的原因时，也特别强调了今文经学作为博士之学的弊端：

> 东汉之后，凡两汉博士之家法。悉湮没不传，其传者转在古文，其故何哉？盖博士之学，利禄之学也，上者奉之以进身，下者持之以糊口，与后世科举之学略同。故治其学者，只期利禄之及身，如桓荣夸"稽古"之荣是也，岂果有发明经义之心哉！通经致用，不过自欺之词，故其学愈趋而愈陋。若古文之学，兴于举世不为之日，治其学者，不以显晦易其心，故研精殚思，实事求是，其故一。且汉代说经之儒，心之所希，不过以得立学官而止。今文之书，既立博士，治其学者，一若所求已获，遂生自懈之心，故传者愈多，精者愈鲜；若古文之学，自西汉至东汉，争立博士，未克施行，或甫立而旋废，治其学者，希其得立于学官，而争竞之心以起，故其说愈降而愈精，其故二。有此二故，由是而古文之学昌，由是而今文之学衰。①

刘师培较班固更进一步指出了博士之学以追逐利禄为目的，必然丧失精研经学的动力，而导致今文经学的衰退。这一见解是深刻的。西汉、东汉皆立今文经学博士，但为什么西汉今文经学兴盛而东汉则古文经学兴盛？这就需要从东汉、西汉的经学博士制度的不同来探究。

与西汉的经学博士相较，东汉经学博士在地位、作用都与西汉有所不同。西汉明确以"通达国体"为经学博士的必备条件，汉成帝关于博士的诏书就清楚地说明了这一点："古之立太学，将以传先王之业，流化于天下也。儒林之官，四海渊原，宜皆明于古今，温故知新，通达国体，故谓之博士。"②"通达国体"为的是参与政治，所以，在涉及朝廷大事时，西汉经学博士常常参与决策，皇帝的诏书时常可见"与中二千石……博士议"③之语；遇到日食等灾变，皇帝常常下诏"公卿大夫、博士、议郎其各悉心，惟思变意，明以经对，无有所讳"④；而博士也常常作为皇帝的特使巡行天

---

①　刘师培：《汉代古文学辩诬》，《刘师培儒学论集》，四川大学出版社2010年版，第131页。
②　班固：《成帝纪第十》，《汉书》卷十，《四库全书》本，上海古籍出版社1987年版。
③　班固：《武帝纪第六》，《汉书》卷六，《四库全书》本，上海古籍出版社1987年版。
④　班固：《成帝纪第十》，《汉书》卷十，《四库全书》本，上海古籍出版社1987年版。

下，如汉武帝"遣博士大等六人分循行天下，存问鳏、寡、废、疾"①，"遣博士中等分循行，谕告所抵，无令重困"②，汉元帝"遣谏大夫博士赏等二十一人循行天下，存问耆老、鳏、寡、孤、独、乏困、失职之人"③，汉成帝"遣光禄大夫博士嘉等十一人行举濒河之郡水所毁伤困乏不能自存者，财振贷"④。而东汉的经学博士则只以教授经学为主，变成了类似教书先生的职官，与政治疏远，除了在议立新置经学博士时能够参与其事，在其他国家大事决策的政治活动中几乎没有参与的记载，更没有受命代皇帝巡行天下的殊荣。今文经学本身就是与现实政治有密切联系的学说，离开与现实政治的血脉关系，今文经学就丧失了发展的动力。

东汉博士制度的重大变化还体现在强调家法原则上。与西汉的重师法不同，东汉讲求严守家法。师法为经师教授弟子的师说，师法未必成一家之言，而家法则成一家之言，是较为系统的经学理论。从汉光武帝开始，东汉的博士之学就特别强调严守家法，其后由皇帝出面多次重申家法的要求，如元初四年（114年），诏令"帝以经传之文，多不正定，乃选通儒谒者刘珍及博士、良史诣东观，各校家法"⑤；本初元年（146年），诏令"千石、六百石、四府掾属、三署郎、四姓小侯先能通经者，令各随家法"⑥；左雄上书也要求"诸生试家法"⑦，不守家法就要受到指责，徐防上书就指斥"太学试博士弟子，皆以意说，不修家法"⑧。违背家法原则，就会被取消做经学博士的资格，张玄为《公羊春秋》颜氏经学博士，又讲《公羊》的严氏学、冥氏学，"兼通数家法"，而被光武令其还署。⑨ 由此形成了东汉"家法

---

① 班固：《武帝纪第六》，《汉书》卷六，《四库全书》本，上海古籍出版社1987年版。
② 班固：《武帝纪第六》，《汉书》卷六，《四库全书》本，上海古籍出版社1987年版。
③ 班固：《元帝纪第九》，《汉书》卷九，《四库全书》本，上海古籍出版社1987年版。
④ 班固：《成帝纪第十》，《汉书》卷十，《四库全书》本，上海古籍出版社1987年版。
⑤ 范晔：《宦者列传第六十八》，《后汉书》卷七十八，《四库全书》本，上海古籍出版社1987年版。
⑥ 范晔：《孝顺孝冲孝质帝纪第六》，《后汉书》卷六，《四库全书》本，上海古籍出版社1987年版。
⑦ 范晔：《左周黄列传第五十一》，《后汉书》卷六十一，《四库全书》本，上海古籍出版社1987年版。
⑧ 范晔：《邓张徐张胡列传第三十四》，《后汉书》卷四十四，《四库全书》本，上海古籍出版社1987年版。
⑨ 范晔：《儒林列传第六十九上》，《后汉书》卷七十九上，《四库全书》本，上海古籍出版社1987年版。

学者日盛"① 的局面。樊儵的《公羊严氏春秋章句》,世号"樊侯学";② 张霸删樊儵《严氏春秋》世称"张氏学"③;《韩诗》学者杜抚作《诗题约义通》,被学者称为"杜君法";④ 杨统有《家法章句》之作。各家弟子还撰著家学学案性质之书,以扬一家之学,如郑玄"传授生徒,并以郑氏家法"⑤,弟子据以撰《郑志》,李固弟子作《德行》,朱穆的弟子则著书述其《体行》。这些史料足证后汉讲求家法是何其盛行。

不可否认,东汉今文经学强调家法,加强了一家之学的地位与影响,所以,不少著名的经学博士,尤其是成为帝师的博士,作为一家之学的宗主,常常有成百上千以至上万的弟子,如《梁丘易》的宗师张兴名下"弟子自远至者,著录且万人"⑥;治严氏春秋的楼望"教授不倦,世称儒宗,诸生著录九千余人"⑦。在一家之学的名义下,往往形成经学的一大宗派,同时也是政治上不可忽略的势力。八代为博士的欧阳歙"坐在汝南臧罪千余万发觉下狱。诸生守阙为歙求哀者千余人,至有自髡剔者"⑧;治颜氏春秋的儒宗楼望去世,"门生会葬者数千人,儒家以为荣"⑨。东汉的世家豪族有不少就出自经学世家。

但十四家经学的"各以家法教授",又严重地窒息了今文经学的发展。

---

① 范晔:《卓鲁魏刘列传第十五》,《后汉书》卷二十五,《四库全书》本,上海古籍出版社 1987 年版。

② 范晔:《樊宏阴识列传第二十二》,《后汉书》卷三十二,《四库全书》本,上海古籍出版社 1987 年版。

③ 范晔:《郑范陈贾张列传第二十六》,《后汉书》卷三十六,《四库全书》本,上海古籍出版社 1987 年版。

④ 范晔:《儒林列传第六十九下》,《后汉书》卷七十九下,《四库全书》本,上海古籍出版社 1987 年版。

⑤ 范晔:《张曹郑列传第二十五》,《后汉书》卷三十五,《四库全书》本,上海古籍出版社 1987 年版。

⑥ 范晔:《儒林列传第六十九下》,《后汉书》卷七十九下,《四库全书》本,上海古籍出版社 1987 年版。

⑦ 范晔:《儒林列传第六十九下》,《后汉书》卷七十九下,《四库全书》本,上海古籍出版社 1987 年版。

⑧ 范晔:《儒林列传第六十九下》,《后汉书》卷七十九下,《四库全书》本,上海古籍出版社 1987 年版。

⑨ 范晔:《儒林列传第六十九下》,《后汉书》卷七十九下,《四库全书》本,上海古籍出版社 1987 年版。

说经必守家法，治经以家法为原则，使得经生成为家法的附属，而丧失其创新的能力。东汉古文经学压倒今文经学，固然有多方面的原因，但与博士的今文经学严守家法有密切联系。东汉守家法与西汉守师法，同一个守字，却具有不同的意义，西汉的守是允许创新的守，东汉的守则是主要是信守成说的守。这反映了与博士制度相关的两汉文化政策的不同：西汉鼓励创新，所以，在讲守师法的西汉出现了今文经学的大发展，而东汉强调保守，所以，以家法教授为前提的今文经学基本上没有什么大发展。东汉有许多以言章句之学名家的今文经学家，也出现了何休对春秋公羊学作系统总结的经学家，但却没有出现一位像董仲舒这样堪称思想家的经学大师。

此外，由今文经学向神秘主义方向发展而来的谶纬神学，同时也对今文经学产生了极大的负面影响。被刘秀钦定为东汉"内学"后，今文经学更加讲求阴阳五行化的神秘主义，《后汉书》记载不少经学博士都是谶纬神学的迷信者，他们不仅将图谶作为经学教育的必修课，而且在其著述与上疏中引谶纬神学为说更是家常便饭，以至《白虎通》对重大政治制度与社会规范的解释也是以谶纬为最高准则。谶纬神学对经学的侵蚀，严重地损害了经学的纯洁性。而何休的《解诂》则是东汉今文经学以谶纬神学解释经典的最重要著作，这一点将在论述何休时详论。

今文经学衰退在东汉是一个不争的历史事实，以至出现了经学博士执教的太学一片荒芜的现象："自安帝览政，薄于艺文，博士倚席不讲，朋徒相视怠散，学舍颓敝，鞠为园蔬，牧儿荛竖至于薪刈其下。"[1] 但经学毕竟是两汉钦定的"国学"，通过经学的学习，考取博士弟子员，就可以获得国家的承认和相应的待遇，经学的学习成为读书人入仕的最主要途经，也由此促成了经学教育的发达。这不仅体现在从中央到地方各级官学中，顺帝时"更修黉宇，凡所结构二百四十房，千八百五十室。试明经下第补弟子，增甲乙之科员各十人，除郡国耆儒皆补郎、舍人。……自是游学增盛，至三万余生"[2]；从武帝置博士弟子员五十人到三万人，太学学生增加了六百倍之

---

[1] 范晔：《儒林列传第六十九上》,《后汉书》卷七十九上,《四库全书》本，上海古籍出版社1987年版。

[2] 范晔：《儒林列传第六十九下》,《后汉书》卷七十九下,《四库全书》本，上海古籍出版社1987年版。

多。与官学的发达相应，地方的民间经学教育也很兴旺。地方经师中以经学教授学生数百人、上千人的人物，在《后汉书》比比皆是，如刘琨、杨政、郎顗、唐檀、孔彦、牟融、鲁丕、伏湛、程普、李育、桓郁、桓典、李恂、谢该、徐子盛、魏应、薛汉、刘茂、甄宇、甄普、刘淑、孔长、廖扶、丁恭、檀敷、史弼、边韶等人，皆教授弟子常百余人或数百人，牟长、宋登、吴章、曹曾、王良、杜抚、李恂、张玄、颖容、杨伦、张奂、李膺、郭太的弟子皆千余人或数千人，东汉地方经学教育的盛况，由此可见一斑。这种由经师本人而不是通过官府创办的学校，对发展地方的民间教育具有积极的意义。后来中国古代的私塾、书院之类的地方民间教育，与东汉地方经学的私人教学有密切联系，可以说东汉的地方私人教育就是后来地方民间教育的滥觞。官方教育与民间教育的互补，促成了中国古代教育的发达。

二、古文经学的兴起

此长则彼消。与今文经学的衰退相对应，是古文经学的兴起，并在东汉成为压倒今文经学的经学派别。

所谓今古文经学，最早本于典籍文字的不同。中国古代文字，最早出现的是甲骨文，后来是金文，西周晚期有籀文，称为大篆，其后是秦代的篆文，即所谓小篆，秦代实行书同文的制度，以小篆为统一的文字，而使秦以前的文字被废除。秦代同时出现隶书，[①] 隶书在汉代成为通行的所谓"今文"，也就是当时的流行文字。西汉被立于学官的经学学派所用的典籍，都是用当时通行的隶书写成，故称之为今文经。古文经则是六国时保留下来的儒家经典，因其文字用的是战国时的篆文，故被称之为古文经。

古文经在西汉有三个重要来源：一是惠帝三年（前 192 年）除挟书律

---

① 通行的说法是，隶书为程邈所造，但此说并非定论，史书最早论及程邈造隶书是晋代的卫恒，卫恒的《四体书势》说："昔周宣王时，史籀始著《大篆》十五篇，或与古同，或与古异，世谓之籀书者也。及平王东迁，诸侯力政，家殊国异，而文字乖形。秦始皇帝初兼天下。丞相李斯乃奏益之，罢不合秦文者，斯作《仓颉篇》，中车府令赵高作《爰历篇》，太史令胡毋敬作《博学篇》，皆取史籀大篆，或颇省改，所谓小篆者。或曰，上土人程邈为衙狱吏，得罪始皇，幽系云阳十年，从狱中作大篆，少者增益，多者损减，方者使员，员者使方，奏之始皇。始皇善之，出以为御史，使定书。或曰，邈所定乃隶字也。"（《晋书·卫恒传》）但程邈造隶书之说，只是关于程邈造书说的一种说法，所以卫恒只说"或曰"，并没有完全肯定。

后，一些在秦王朝埋藏的先秦六国典籍原本得以重见天日，被献给国家，收藏在中央图书馆。汉武帝时，司马迁著《史记》也得以采古文经的《左传》为说："据《左氏》、《国语》，采《世本》、《战国策》，述《楚汉春秋》，接其后事，讫于天汉。其言秦、汉，详矣。"①《汉书·艺文志》关于以"中古文"与今文经文字、版本异同的校雠说明，也是依据刘歆校书中秘所看到过的各种古文经。第二个来源是鲁恭王坏孔子宅时，得到的古文经："及鲁恭王坏孔子宅，欲以为官，而得古文于坏壁之中，《逸礼》有三十九篇，《书》十六篇。天汉之后，孔安国献之，遭巫蛊仓卒之难，未及施行。及《春秋》左氏丘明所修，皆古文旧书，多者二十余通，臧于秘府，伏而未发。"②第三个来源是好儒的河间献王所得的古文经，河间献王"修学好古，实事求是。从民得善书，必为好写与之，留其真，加金帛赐以招之。由是四方道术之人不远千里，或有先祖旧书，多奉以奏献王者，故得书多，与汉朝等。……献王所得书皆古文先秦旧书，《周官》、《尚书》、《礼》、《礼记》、《孟子》、《老子》之属，皆经传说记，七十子之徒所论。其学举六艺，立《毛氏诗》、《左氏春秋》博士。修礼乐，被服儒术，造次必于儒者。山东诸儒多从而游"。③由于古文经都没有被中央政府立于学官，最多也只是得到郡国地方政府的承认，所以相对今文经学而言，古文经学在西汉基本上是民间之学。为争立学官，古文经学在经典的训释上，就必然求异于今文经学，由此使原本只是经典文字不同的经学学派，衍生出一系列的不同。今古文经学的异同，后来成为经学史上的重大问题，而在晚清近代被诸多学者一再论及，经学大师廖平所著《今古学考》一书，以平分今古之说论今古文经学的异同，是迄今为止学术界最有影响的成果。

　　古文经最重要的经典有两部，一部是《左传》，一部是《周礼》。《周礼》一书受到今文经学的激烈贬斥："林孝存以为武帝知《周官》末世渎乱不验之书，故作《十论》、《七难》以排弃之，何休亦以为六国阴谋之书。"④加上

① 班固：《司马迁传第三十二》，《汉书》卷六十二，《四库全书》本，上海古籍出版社 1987 年版。
② 班固：《楚元王传第六》，《汉书》卷三十六，《四库全书》本，上海古籍出版社 1987 年版。
③ 班固：《景十三王传第二十三》，《汉书》卷五十三，《四库全书》本，上海古籍出版社 1987年版。
④ 贾公彦：《序周礼兴废》，阮元刻：《十三经注疏》上册，中华书局 1982 年版，第 636 页。

王莽特别重视，其改制多取《周礼》为说，所以，古文经学在与今文经学增立学官时，无论是从学术上还是从政治上考虑，都不可能抬出《周礼》一书。加上今文经学的显学是春秋公羊学，最能够向今文经学争地位、争影响的，《左传》一书无疑是最佳的选择。汉代古文经学兴起，《左传》成为标尺性的典籍，最值得关注。

从西汉初年，《左传》就有流传。《汉书·儒林传》：

> 汉兴，北平侯张苍及梁太傅贾谊……皆修《春秋左氏传》。谊为《左氏传》训故，授赵人贯公，为河间献王博士。

张苍年长于贾谊，西汉最早传《左传》的当是张苍。据唐代陆德明的《经典释文》关于《左传》传授的记载：荀卿"传武威张苍，苍传洛阳贾谊"[1]，则张苍之学出于荀子，贾谊为张苍的弟子。赵伯雄先生的《春秋学史》认为，《经典释文》以张苍授贾谊不可信，因为张苍以汉为水德，贾谊以汉为土德。[2] 张苍与贾谊在汉为何德上的异说，并不能推翻《经典释文》的说法。要证明张苍与贾谊没有《左传》的传承关系，应该从二人所学的不同来证明，而不是用关于汉为何德的现实政治问题观念的不同来说明。但《经典释文》说贾谊与张苍存在授受的师生关系，也难以为据，从《史记》、《汉书》关于贾谊的记载来看，贾谊年轻时就以"以能诵《诗》《书》、属文称于郡中，河南守吴公闻其秀材，召置门下，甚幸爱"[3]。文帝即位，以吴公的政绩为天下第一，而被授以廷尉，贾谊被文帝拜为博士，就是得到吴公的推荐。吴公的老师是李斯，吴公为荀子的再传弟子，贾谊为吴公门下，与荀子也有一定渊源。汉代论经学传承，重师法、家法，对贾谊这样重要人物的师传，若与时任丞相的张苍真有师生关系，是绝不会忽略不计的，但无论是《史记》还是《汉书》，都没有说张苍与贾谊有师生关系，陆德明为唐代人，突然说张苍与贾谊为师生，实难令人信服。虽然陆德明的说法不可信，但张苍与贾谊都与荀子有一定的渊源，却是可以肯定的，故荀子是汉代

---

①　陆德明：《经典释文》上册，上海古籍出版社 1984 年版，第 52 页。
②　参见赵伯雄：《春秋学史》，山东教育出版社 2004 年版，第 172 页。
③　班固：《贾谊传第十八》，《汉书》卷四十八，《四库全书》本，上海古籍出版社 1987 年版。

《左传》学的来源。而孟子论《春秋》与汉代春秋公羊学多有契合之处，于此，似乎可以体会出汉代今古文经学与孟子、荀子的某种联系，换句话说，汉代今古文经学的分歧与孟子、荀子的分歧是有某种联系的。

张苍与贾谊虽然都是西汉最早传《左传》的学者，但对《左传》传播最有贡献的当推贾谊。《左传》作为《春秋》三传之一，与《春秋公羊传》在许多方面都存在不同，最显著的不同在于《左传》重在以史实来解说《春秋》，与《公羊传》的重在发明《春秋》的微言大义不同。张苍传《左传》的具体情况史无明文，但贾谊以"训故"发明《左传》，是有明文记载："谊为《左氏传》训故。"① "训故"是什么？班固在谈到西汉刘歆之前的《左传》传授时说："初《左氏传》多古字古言，学者传训故而已。"②可见，贾谊的"训故"不是别的，主要重在对《左传》中古字古言的训解，也就是后来通称的"训诂"，这是西汉早中期学者传授《左传》的主要方式，与《左传》文字较多、以记载史实为主的特点有契合之处，后来这也成为古文经学主要治经方法。

相当长一段时间，以《左传》为代表的古文经学只是在郡国与民间流传，并没有得到中央政府的承认，更没有兴起的政治条件。但这种状况，经过贯公及其后学的发展，在西汉后期得到改变。宣帝以来，京兆尹张敞、御史张禹、议郎尹更始、太子太傅萧望之、丞相翟方进、丞相史尹咸、待郎贾护、太中大夫刘歆等都是《左传》的信奉者。这些人物都是政治上有话语权的人物，加上刘歆宗室的特殊身份，他们信奉《左传》极大地扩大了《左传》的影响。而且《左传》得到了最高统治者的认可，成帝封孔子之后为殷绍嘉公，《左传》即为依据的主要典籍；以至再后还得到哀帝的默许，由刘歆发动了一场议立《左传》等古文经典于学官的运动。虽然这场运动失败了，但对以《左传》为代表的古文经学的兴起有极大的历史意义。在汉平帝时，随着王莽代汉步伐的加剧，刘歆利用王莽的势力，终于使《左传》等古文经学堂而皇之地登上了朝堂，"莽奏起明堂、辟雍、灵台，为学者筑舍万区，作市、常满仓，制度甚盛。立《乐经》，益博士员，经各五人。

---

① 班固：《儒林列传第五十八》，《汉书》卷八十八，《四库全书》本，上海古籍出版社 1987 年版。
② 班固：《楚元王传第六》，《汉书》卷三十六，《四库全书》本，上海古籍出版社 1987 年版。

征天下通一艺教授十一人以上及有逸《礼》、古《书》、《毛诗》、《周官》、《尔雅》、天文、图谶、钟律、月令、兵法、《史篇》文字，通知其意者，皆诣公车"①。这里没有提到《左传》，但应该包括《左传》一书是没有问题的。虽然从与此次事件相关的《王莽传》、《刘歆传》中都没有看到《左传》等古文经学被立于学官的明确文字，但《汉书·儒林传》的结语却在叙及西汉所立经学博士时说："初，《书》唯有欧阳，《礼》后，《易》杨，《春秋》公羊而已。至孝宣世，复立《大小夏侯尚书》，《大小戴礼》，《施、孟、梁丘易》，《穀梁春秋》。至元帝时，复立《京氏易》，平帝时，又立《左氏春秋》、《毛诗》、逸《礼》、古文《尚书》，所以罔罗遗失，兼而存之，是在其中矣。"这说明，汉平帝时刘歆借助王莽的政治势力，确实使《左传》等古文经学立于学官，设置了经学博士。

王莽代汉很快烟消云散，刘秀以刘氏再受命而建立东汉王朝，依靠王莽得立博士的《左传》等古文经学，在政治上理应被东汉王朝所抛弃，在学术上更是受到今文经学的抵制。但是，刘歆、王莽利用古文经学是一回事，古文经学作为经学的一大学派又是另一回事。所以，东汉并没有因为刘歆、王莽的关系而冷落古文经学，相反，经过刘歆等人的努力，以《左传》为代表的古文经学，在东汉王朝的初期就得到进一步的发展，出现了古文经学兴旺的局面。

西汉的左传学，由贾谊一系发展而来。而对东汉的左传学最有影响的是贾护、刘歆两人，故《汉书·儒林传》说：

> 谊为《左氏传训故》，授赵人贯公，为河间献王博士，子长卿为荡阴令，授清河张禹长子。禹与萧望之同时为御史，数为望之言《左氏》，望之善之，上书数以称说。后望之为太子太傅，荐禹于宣帝，征禹待诏，未及问，会疾死。授尹更始，更始传子咸及翟方进、胡常。常授黎阳贾护季君，哀帝时待诏为郎，授苍梧陈钦子佚，以《左氏》授王莽，至将军。而刘歆从尹咸及翟方进受。由是言《左氏》者本之贾

---

① 班固：《王莽传第六十九上》，《汉书》卷九十九上，《四库全书》本，上海古籍出版社1987年版。

护、刘歆。①

说东汉"言《左氏》"者本之贾护、刘歆，是基于这样一个事实：东汉初年，治《左传》的三位经学大师陈元、郑兴、贾逵都与贾护或刘歆有直接关系。但是，贾护与刘歆对《左传》在东汉发展的意义作用是不能相提并论的。贾护之学源于贾谊，东汉初三位《左传》大师只有陈元之学出于贾护，陈元的父亲陈钦为贾护的弟子，从陈元"元少传父业，为之训诂"②来看，陈元之学本于贾护，但贾护之学是沿着贾谊的"训故"路数发展而来，并没有刘歆使《左传》"章句义理备焉"③的创新，所以，陈元之学在东汉后并没有得到发展。刘歆治《左传》并无师承，但他"博见强志，过绝于人"④，在受诏与其父刘向校书中秘时，发现《左传》而大好，并"引传文以解经，转相发明，由是章句义理备焉"⑤，而成为左传学发展史上最具开创性的人物，东汉另外两位左传学的大师就出于刘歆。其中郑兴曾得到刘歆的极大赏识，《后汉书》说他："晚善《左氏传》，遂积精深思，通达其旨，同学者皆师之。天凤中，将门人从刘歆讲正大义，歆美兴才，使撰条例、章句、传诂。"⑥贾逵是贾谊的八代孙，贾逵的父亲为贾徽，"从刘歆受《左氏春秋》，兼习《国语》、《周官》，又受《古文尚书》于涂恽，学《毛诗》于谢曼卿，作《左氏条例》二十一篇。逵悉传父业，弱冠能诵《左氏传》及《五经》本文，以《大夏侯尚书》教授，虽为古学，兼通五家、《穀梁》之说。"⑦尽管贾逵一定有家学相传的影响，但其学受到刘歆更大的影响，这是

---

① 班固：《儒林列传第五十八》，《后汉书》卷八十八，《四库全书》本，上海古籍出版社 1987 年版。

② 范晔：《郑范陈贾张列传第二十六》，《后汉书》卷三十六，《四库全书》本，上海古籍出版社 1987 年版。

③ 班固：《楚元王传第六》，《汉书》卷三十六，《四库全书》本，上海古籍出版社 1987 年版。

④ 范晔：《郑范陈贾张列传第二十六》，《后汉书》卷三十六，《四库全书》本，上海古籍出版社 1987 年版。

⑤ 班固：《楚元王传第六》，《汉书》卷三十六，《四库全书》本，上海古籍出版社 1987 年版。

⑥ 范晔：《郑范陈贾张列传第二十六》，《后汉书》卷三十六，《四库全书》本，上海古籍出版社 1987 年版。

⑦ 范晔：《郑范陈贾张列传第二十六》，《后汉书》卷三十六，《四库全书》本，上海古籍出版社 1987 年版。

可以肯定的。无论是郑兴还是贾逵，虽然以古文经学为主，但是，都没有仅仅拘泥于古文经学，而是同时也研习今文经学；不仅治《左传》，而且也治今文经的典籍。三位大师中贾逵的年龄稍小，故《后汉书》论建武初年的经学大师说："建武初，元与桓谭、杜林、郑兴俱为学者所宗"；"兴好古学，尤明《左氏》《周官》，长于历数，自杜林、桓谭、卫宏之属，莫不斟酌焉"①；"自是莫不抱负坟策，云会京师，范升、陈元、郑兴、杜林、卫宏、刘昆、桓荣之徒，继踵而集"②。这里讲到建武初年的著名经学大师中，除范升治《梁丘易》、刘昆为《施氏易》、桓荣治《欧阳尚书》之外，其余皆为古文经学的学者，陈元与郑兴皆治《左传》，杜林则为《古文尚书》的大家，卫宏治《毛诗》，桓谭以反对谶纬神学而著称，加上随后的治《左传》的贾逵，郑兴之子郑众，可以说，东汉初年的古文经学已经出现大师辈出的盛况。而对东汉左传学贡献最大的当数由刘歆所传的郑兴、贾逵二人两支，也成为东汉古文经学的宗师，故范晔说："郑、贾之学，行乎数百年中，遂为诸儒宗。"③

正是古文经学东汉初年就出现古文经学的兴起，《左传》等古文经学争立学官再次被提上了议事日程：

> 建武中，郑兴、陈元传《春秋左氏》学。时尚书令韩歆上疏，欲为《左氏》立博士，范升与歆争之未决，陈元上书讼《左氏》，遂以魏郡李封为《左氏》博士。④

据《后汉书·郑范陈贾张列传》："时，尚书令韩歆上疏，欲为《费氏易》、《左氏春秋》立博士，诏下其议。四年正月，朝公卿、大夫、博士，见于云

---

① 范晔：《郑范陈贾张列传第二十六》，《后汉书》卷三十六，《四库全书》本，上海古籍出版社1987年版。

② 范晔：《儒林列传第六十九上》，《后汉书》卷七十九上，《四库全书》本，上海古籍出版社1987年版。

③ 范晔：《郑范陈贾张列传第二十六》，《后汉书》卷三十六，《四库全书》本，上海古籍出版社1987年版。

④ 范晔：《儒林列传第六十九上》，《后汉书》卷七十九上，《四库全书》本，上海古籍出版社1987年版。

台。"这次议立《左传》等古文经学博士的时间，当发生在光武帝即位后的第三年末与第四年初。同刘歆议立《左传》等古文经博士一样，这次议立《左传》等古文经学博士也遭到了今文经学的反对，以《梁丘易》学者范升博士为反对派的一方，以韩歆、许淑、陈元为另一方，双方不仅在朝廷上展开了一场激烈的辩难，同时，还通过上书向光武帝阐发了各自的理由。范升上书说：

> 臣闻主不稽古，无以承天；臣不述旧，无以奉君。陛下愍学微缺，劳心经艺，情存博闻，故异端竞进。近有司请置《京氏易》博士，群下执事，莫能据正。《京氏》既立，《费氏》怨望，《左氏春秋》复以比类，亦希置立。《京》、《费》已行，次复《高氏》，《春秋》之家，又有《骈》、《夹》。如今《左氏》、《费氏》得置博士，《高氏》、《骈》、《夹》，《五经》奇异，并复求立，各有所执，乖戾分争。从之则失道，不从则失人，将恐陛下必有厌倦之听。孔子曰："博学约之，弗叛矣夫。"夫学而不约，必叛道也。颜渊曰："博我以文，约我以礼。"孔子可谓知教，颜渊可谓善学矣。《老子》曰："学道日损。"损犹约也。又曰："绝学无忧。"绝末学也。今《费》、《左》二学，无有本师，而多反异，先帝前世，有疑于此，故《京氏》虽立，辄复见废。疑道不可由，疑事不可行。《诗》、《书》之作，其来已久。孔子尚周流游观，至于知命，自卫反鲁，乃正《雅》、《颂》。今陛下草创天下，纪纲未定，虽设学官，无有弟子，《诗》、《书》不讲，礼乐不修，奏立《左》、《费》，非政急务，孔子曰："攻乎异端，斯害也已。"传曰："闻疑传疑，闻信传信，而尧、舜之道存。"愿陛下疑先帝之所疑，信先帝之所信，以示反本，明不专已。天下之事所以异者，以不一本也。《易》曰："天下之动，贞夫一也。"又曰："正其本，万事理。"《五经》之本自孔子始，谨奏《左氏》之失凡十四事。[①]

---

① 范晔：《郑范陈贾张列传第二十六》，《后汉书》卷三十六，《四库全书》本，上海古籍出版社1987年版。

范升反对《左传》立于博士的理由，基本上是今文博士反对刘歆议立《左传》的理由，刘歆有所谓"谓左氏为不传《春秋》"①，范升也有"《左氏》不祖孔子，而出于丘明，师徒相传"② 之说，否认《左传》与《春秋》有经传关系。范升还提出《左传》等"非先帝所存，无因得立"③，借先帝无有来反对增立《左传》等古文经博士。最重要的是范升打出了维护经学"一本"的旗帜，隐射《左传》等古文经为经学"异端"、"末学"，若是增立《左传》等古文经，不仅将引起经学"乖戾分争"，而且会引起经学的歧义。这与董仲舒要求罢黜百家的理由是一致的，只不过范升是用来反对古文经学。同时，范升还在上奏中，列《左氏》所失十四事，以证《左传》的谬误，"时难者以太史公多引《左氏》，升又上太史公违戾《五经》，谬孔子言，及《左氏春秋》不可录三十一事"④，为了攻击《左传》，范升不仅再列出《左传》不合圣人之义的三十一事，甚至也批评到了司马迁及其《史记》一书。后来班固批评司马迁及其《史记》一书，"其是非颇缪于圣人"⑤ 一语，就本于范升之说。

针对范升的反对意见，陈元上书进行了有说服力的反驳：

> 臣元窃见博士范升等所议奏《左氏春秋》不可立，及太史公违戾凡四十五事。案升等所言，前后相违，皆断截小文，媟黩微辞。以年数小差，掇为巨谬；遗脱纤微，指为大尤；抉瑕摘衅，掩其弘美，所谓"小辩破言，小言破道"者也。升等又曰："先帝不以《左氏》为经，故不置博士，后主所宜因袭。"臣愚以为若先帝所行而后主必行者，则盘庚不当迁于殷，周公不当营洛邑，陛下不当都山东也。往者，孝武皇帝好《公羊》，卫太子好《穀梁》，有诏诏太子受《公羊》，不得受《穀

---

①　班固：《楚元王传第六》，《汉书》卷三十六，《四库全书》本，上海古籍出版社 1987 年版。

②　范晔：《郑范陈贾张列传第二十六》，《后汉书》卷三十六，《四库全书》本，上海古籍出版社1987 年版。

③　范晔：《郑范陈贾张列传第二十六》，《后汉书》卷三十六，《四库全书》本，上海古籍出版社1987 年版。

④　范晔：《郑范陈贾张列传第二十六》，《后汉书》卷三十六，《四库全书》本，上海古籍出版社1987 年版。

⑤　班固：《司马迁传第三十二》，《汉书》卷六十二，《四库全书》本，上海古籍出版社 1987 年版。

梁》。孝宣皇帝在人间时，闻卫太子好《穀梁》，于是独学之。及即位，为石渠论而《穀梁氏》兴，至今与《公羊》并存。此先帝后帝各有所立，不必其相因也。孔子曰："纯，俭，吾从众；至于拜下，则违之。"①夫明者独见，不惑于朱紫，听者独闻，不谬于清浊，故离朱不为巧眩移目，师旷不为新声易耳。方今干戈少弭，戎事略戢，留思圣艺，眷顾儒雅，采孔子拜下之义，卒渊圣独见之旨，分明白黑，建立《左氏》，解释先圣之积结，洮汰学者之累惑，使基业垂于万世，后进无复狐疑，则天下幸甚。臣元愚鄙，尝传师言。如得以褐衣召见，俯伏庭下，诵孔氏之正道，理丘明之宿冤；若辞不合经，事不稽古，退就重诛，虽死之日，生之年也。

陈元指出范升所指责的《左传》四十五事，不过是以小差为巨谬，以纤微为大尤，抉瑕摘衅，掩其弘美的"小辩破言，小言破道者也"，不足为据。他还举盘庚迁殷，周公营洛邑，光武帝都洛阳，宣帝增立数家博士，说明先帝后帝各有所立，否决了范升的说法。同样，陈元也打出"诵孔氏之正道"的旗号，来肯定《左传》为经学的正宗，绝不是不传《春秋》，更不是范升所说的异端、末学。同时桓谭在《新论》中也说："《左传》遭战国寝废。后百余年，鲁人穀梁赤为《春秋》，残略，多有遗失；又有齐人公羊高，缘经文作传，弥离其本事矣。《左氏传》于经，犹衣之表里，相待而成。经而无传，使圣人闭门思之，十年不能知也。"②肯定《左传》与《春秋》的经传关系，是东汉初年古文经学家为增立《左传》的最重要理论依据。后来又经过范升与陈元的十余次辩难，在汉光武帝的裁决下，《左传》终于被立于学官，司隶从事李封被拜为《左传》博士，但"诸儒以《左氏》之立，论议讙哗，自公卿以下，数廷争之。会封病卒，《左氏》复废"③。

虽然东汉初年这次议立《左传》最终失败了，但是，这次事件却具有

---

① 《论语·子罕篇》原文作："子曰："麻冕，礼也；今也纯，俭，吾从众。拜下，礼也；今拜乎上，泰也。虽违众，吾从下。"据此，与陈元后文"采孔子拜下之义"，其"至于拜下，则违之"，似当为"至于拜上，则违之"。

② 桓谭：《正经第九》，《新论》卷上，上海人民出版社1967年版，第37页。

③ 范晔：《郑范陈贾张列传第二十六》，《后汉书》卷三十六，《四库全书》本，上海古籍出版社1987年版。

极大的意义。第一，刘秀支持讨论《左传》立为博士的问题，并一度设立《左传》博士，这就承认了古文经学的合法性。从而，为古文经学在东汉的发展提供了合法的舞台。《后汉书·儒林传》虽然说是以十四博士的今文家法教授，但东汉王朝自始至终并不排斥古文经学。第二，东汉初年就发生了这一事件，说明古文经学在东汉初年就已经拥有可与今文经学相抗衡的实力，这与刘歆以来古文经学的发展是分不开的。

其后，汉明帝、汉章帝都以喜爱古文经而著称，加上稍后出现的古文经学大师贾逵，不仅在学问上是一流，而且十分善于迎合东汉的政治、学术潮流，二者相互作用，而造成了古文经学的兴旺。在汉明帝时，贾逵为《左传》、《国语》著作的《解诂》五十一篇，就受到明帝的格外重视，而被"写藏秘馆"。贾逵所以能够的得到汉明帝的赏识，在他后来给汉章帝上书中说得很清楚，是因为他善于附会图谶："臣以永平中上言《左氏》与图谶合者，先帝不遗刍荛，省纳臣言，写其传诂，藏之秘书。"[1]在汉章帝时，贾逵更是通过皇帝使古文经学大行于世。贾逵所以能够得到汉章帝的格外青睐，同样与他特别善于从汉王朝的政治需要，并附会图谶来论证《左传》的优长有直接关系。《后汉书》说：

> 肃宗立，降意儒术，特好《古文尚书》、《左氏传》。建初元年，诏逵入讲北宫白虎观、南宫云台。帝善逵说，使发出《左氏传》大义长于二传者。[2]

笔者怀疑这段记载的前后顺序有误，汉章帝特好古文经，应当出现在了解到古文经学的价值后，而他认识到古文经的价值，是通过贾逵之说，在没有贾逵上书论说《左传》之前，他不可能对古文经有所谓"特好"，所以，汉章帝的"特好"古文经，可能发生在贾逵论说《左传》"帝善逵说"后。为什么前人论《左传》都没有得到贾逵这样的效果呢？看一看贾逵给汉章帝

---

① 范晔：《郑范陈贾张列传第二十六》，《后汉书》卷三十六，《四库全书》本，上海古籍出版社1987年版。

② 范晔：《郑范陈贾张列传第二十六》，《后汉书》卷三十六，《四库全书》本，上海古籍出版社1987年版。

上书的内容就可以明白这一点：

> 臣谨摘出《左氏》三十七事尤著明者，斯皆君臣之正义，父子之
> 纪纲。其余同《公羊》者什有七八，或文简小异，无害大体。至于祭
> 仲、纪季、伍子胥、叔术之属，《左氏》义深于君父，《公羊》多任于
> 权变，其相殊绝，固以甚远，而冤抑积久，莫肯分明。……今《左氏》
> 崇君父，卑臣子，强干弱枝，劝善戒善，至明至切，至直至顺。且三代
> 异物，损益随时，故先帝博观异家，各有所采。《易》有施、孟，复立
> 梁丘，《尚书》欧阳，复有大小夏侯，今三传之异亦犹是也。
>
> 又《五经》家皆无以证图谶明刘氏为尧后者，而《左氏》独有明
> 文。《五经》家皆言颛顼代黄帝，而尧不得为火德。《左氏》以为少昊
> 代黄帝，即图谶所谓帝宣也。如令尧不得为火，则汉不得为赤。其所发
> 明，补益实多。①

这两段话集中表明了贾逵论说《左传》深得汉章帝欢心的原因。主要有两
个方面：第一，贾逵从君臣父子的纲纪上，论证了《左传》最合圣人之道，
也就是最适合维护君主专制的伦常秩序，而这是任何一个统治王朝都十分欢
迎的。其实，在经学中，今文经学尤其是春秋公羊学最善于论说经学大义，
贾逵为了证明《左传》的现实政治价值，不仅吹嘘《左传》"深于君父"，
还诋毁《公羊传》"多任于权变"，这是经学上最早攻击《公羊传》善权变
的言论。而贾逵所列举的《公羊传》善权变的祭仲、纪季、伍子胥、叔术
四人的例子，赵伯雄先生在《春秋学史》中作出了详细的分析，认为贾逵
只有第四个例子说得有些道理，其余都是不合《公羊传》原义的曲说，并
以此批评贾逵说："由此可以看出，东汉的古文家，为了给古文经典争地
位，有时竟也不顾事实，无中生有，甚至灭裂文字，断章取义，这样的论
辩，一点也没有实事求是的严肃态度，因此也就毫无学术性之可言。"②虽然
贾逵的说法没有什么依据，但得出了《左传》高于《公羊传》的结论。

---

① 范晔：《郑范陈贾张列传第二十六》，《后汉书》卷三十六，《四库全书》本，上海古籍出版社
1987年版。

② 赵伯雄：《春秋学史》，山东教育出版社2004年版，第195—196页。

第二，尤其关键的是，贾逵深谙东汉王朝最高统治者的心理动向。他曾总结以往古文经学争立学官失败教训："至光武皇帝，奋独见之明，兴立《左氏》、《穀梁》，会二家先师不晓图谶，故令中道而废。"[1]深知东汉最高统治者对谶纬神学的偏爱，而从依附谶纬神学的角度，来发掘《左传》的现实政治价值。到西汉后期，汉为尧后之说，已经成为汉王朝合法性的重要理论，此说经谶纬神学进一步肯定与发展，更成为刘秀立国的根本。汉为尧后最早的出处，见于《汉书·眭弘传》，是眭弘上书汉成帝时所言："汉家尧后，有传国之运。"眭弘为董仲舒再传弟子，当为春秋公羊学之说，东汉更成为经学界的共识。但"汉为尧后"的历史依据何在？却一直没有找到，贾逵则从《左传》中找到了依据。他找到的依据有两点：

一是《左传》有刘氏为尧后的明确记载。在《左传》有三条相关的材料，第一条：晋人患秦之用士会也……乃使魏寿余伪以魏叛者以诱士会，执其帑于晋，使夜逸。请自归于秦，秦伯许之。履士会之足于朝。秦伯师于河西，魏人在东。寿余曰："请东人之能与夫二三有司言者，吾与之先。"使士会。士会辞曰："晋人，虎狼也，若背其言，臣死，妻子为戮，无益于君，不可悔也。"秦伯曰："若背其言，所不归尔帑者，有如河。"乃行。绕朝赠之以策，曰："子无谓秦无人，吾谋适不用也。"既济，魏人噪而还。秦人归其帑。其处者为刘氏。[2]

第二条见于《左传》襄公二十四年，范宣子说："昔匄之祖，自虞以上，为陶唐氏，在夏为御龙氏，在商为豕韦氏，在周为唐杜氏，晋主夏盟为范氏，其是之谓乎？"

第三条见于《左传》昭公二十九年，蔡墨说："有陶唐氏既衰，其后有刘累，学扰龙于豢龙氏，以事孔甲，能饮食之。夏后嘉之，赐氏曰御龙，以更豕韦之后。龙一雌死，潜醢以食夏后。夏后飨之，既而使求之。惧而迁于鲁县，范氏其后也。"

结合《左传》的这三段史料，可知士会家族留在秦地以刘为姓，则刘、范同祖，而陶唐氏即尧，范氏的祖先是尧，刘氏的祖先当然也是尧。而从尧

① 范晔：《郑范陈贾张列传第二十六》，《后汉书》卷三十六，《四库全书》本，上海古籍出版社1987年版。

② 《左传》文公十三年，阮元刻：《十三经注疏》下册，中华书局1982年版，第1852页。

到刘氏有这样一个谱系：

陶唐氏→御龙氏（夏）→豕韦氏（商）→唐杜氏（周）→范氏、刘氏（春秋）。

而"其处者为刘氏"一语，是将刘氏与尧之后联系起来的关键。此语是否是《左传》的原文，从历史到现代都是有争论的，[①] 但至少可以肯定的是东汉《左传》是有这样一句话，这句话也成为贾逵证明《左传》"独有"汉为尧后的"明文"。

二是只有《左传》关于古史记载的顺序才合于尧为火德。这就是贾逵说的"《左氏》以为少昊代黄帝，即图谶所谓帝宣也"，帝宣不是说西汉的汉宣帝，而是指谶纬中所说的少昊。李贤《后汉书》注："《河图》曰：'大星如虹，下流华渚，女节意感，生白帝朱宣。'宋均注曰：'朱宣少昊氏也。'"古史的序列，在黄帝之后是谁，有两种说法，并形成两种不同的五帝系列。依《左传》的少昊代黄帝，其五帝当为：

黄帝→少昊→颛顼→帝喾→尧。

依五经的以颛顼代黄帝则为：

黄帝→颛顼→帝喾→尧→舜。

与五行相生相配合，以黄帝为土德起点推论，在这两种不同的系列中尧的德运是不同的。《左传》的尧正好处于火德的位置：

黄帝（土）→少昊（金）→颛顼（水）→帝喾（木）→尧（火）。

五经的尧则不是火德，而是木德：

黄帝（土）→颛顼（金）→帝喾（水）→尧（木）→舜（火）。

只有以尧为火德，汉承尧后为赤制才有历史的根据。通过与谶纬相附会，贾逵论证了《左传》与图谶的相合，说明了汉为赤制在《左传》中是有根据的，而五经却没有"汉为尧后"的材料，这就证明了《左传》高于

---

① 如孔颖达在关于此文的疏中就说："士会之帑在秦不显，于会之身复无所辟，《传》说'处秦为刘氏'，未知何意言此。讨寻上下，其文不类，深疑此句或非本旨。盖以为汉室初兴，捐弃古学，《左氏》不显于世，先儒无以自申。刘氏从秦徒魏，其源本出刘累，插注此辞，将以媚于世。"认为是汉儒所伪造。沈韩钦在《后汉书疏证》卷三说："《左氏》所以为古学者，以其先著竹帛，汉儒安敢窜益语句，若然，异学之徒必加摘发，《左氏》绝学，益无以自明矣，三代而后，汉祚四百年后莫能京，性与天道，岂无先几，《左氏》先师，虽不为汉，实关启汉之符。"（《续修四库全书》本，第51页）认为系《左传》的原文，非汉儒所伪。

五经的独特价值，而东汉王朝的"汉为尧后"才有了依据，这正是东汉王朝最需要的理论。

由贾逵申论《左传》深于君臣父子大义，及其附会谶纬，① 可见古文经学家并不是不讲大义，也并不是都反对谶纬神学的。贾逵也因善于附会图谶，被范晔称为"最差贵显"的学者。而古文经学的《左传》、《穀梁春秋》、《古文尚书》、《毛诗》也因贾逵的缘故，而大行于世，"逵数为帝言《古文尚书》与经传《尔雅》诂训相应，诏令撰欧阳、大小夏侯《尚书古文同异》，逵集为三卷，帝善之。复令撰《齐》、《鲁》、《韩诗》与《毛氏》异同，并作《周官解故》。迁逵为卫士令。八年，乃诏诸儒各选高才生，受《左传》、《穀梁春秋》、《古文尚书》、《毛诗》，由是四经遂行于世。皆拜逵所选弟子及门生为千乘王国郎，朝夕受业黄门署，学者皆欣欣羡慕焉"②。自此，古文经学取得与今文经学一样的合法地位，通经入仕，不再只是今文经学的特权，古文经学也成为皇室选拔人才的依据，在汉章帝之后，汉安帝、汉灵帝都有诏选《古文尚书》、《毛诗》、《左传》、《穀梁春秋》的记载。

从自贾逵之后，古文经学得到前所未有的发展，出现了马融、服虔、卢植等古文经学大师及其以古文经学为主综合两汉今古文经学的郑玄，可以说，纵观东汉的经学，古文经学的发展都远远超过了今文经学。无论是研习古文经学的人数，还是古文经学人才辈出的局面，今文经学都是不可同日而语的。以至《后汉书·儒林传》在关于五经传授的结语中，都偏重于古文经学的评述，如论《易经》传授的结语："建武中，范升传《孟氏易》，以授杨政，而陈元、郑众皆传《费氏易》，其后马融亦为其传。融授郑玄，玄作《易注》，荀爽又作《易传》，自是《费氏》兴，而《京氏》遂衰。"关于《尚书》传授的结语："中兴，北海牟融习《大夏侯尚书》，东海王良习《小夏侯

---

① 但《隋书·经籍志》却在论谶纬典籍时说："唯孔安国、毛公、王璜、贾逵之徒独非之，相承以为妖妄，乱中庸之典。"自《隋书》之后，贾逵反对谶纬神学之说时见于后来的某些著述，如陈祥道在《礼书》卷七十一说："谶纬始于汉哀平间，伪书也，故桓谭、贾逵、蔡邕、王肃之徒疾之如仇。"这是不合于历史的，阎若璩曾《尚书古文疏證第九十九条》卷七中，指出《隋书》的误说及其根源："或又问：《隋志·谶纬篇》云：'贾逵之徒独非之。'与范书'逵能附会文致最差贵显'者不合，何也？'余曰：'此盖《隋志》误读张衡疏：'侍中贾逵摘谶互异三十余事，诸言谶者皆不能说'之文，以为逵非谶，不知逵第摘之云尔，初无所非也。"

② 范晔：《光武十王列传第三十二》，《后汉书》卷四十二，《四库全书》本，上海古籍出版社1987年版。

尚书》,沛国桓荣习《欧阳尚书》。荣世习相传授,东京最盛。扶风杜林传《古文尚书》,林同郡贾逵为之作训,马融作传,郑玄注解,由是《古文尚书》遂显于世。"关于《诗经》传授的结语:"中兴后,郑众、贾逵传《毛诗》,后马融作《毛诗传》,郑玄作《毛诗笺》。"关于《礼》传授的结语:"中兴,郑众传《周官经》,后马融作《周官传》,授郑玄,玄作《周官注》。玄本习《小戴礼》,后以古经校之,取其义长者,故为郑氏学。玄又注小戴所传《礼记》四十九篇,通为三《礼》焉。"关于《春秋》传授的结语:"建武中,郑兴、陈元传《春秋左氏》学。时尚书令韩歆上疏,欲为《左氏》立博士,范升与歆争之未决,陈元上书讼《左氏》,遂以魏郡李封为《左氏》博士。"正是古文经学在东汉的发展超过了今文经学,郑玄又以古文经学为主遍注群经,从而,造成了两千来年的经学主要是古文经学占据主流的格局。唐代武德二年(619年),诏令陪祀孔子的历代贤人中,就有东汉的贾逵、杜子春、马融、卢植、郑康成、服虔、何休七人,其中只有何休一人是今文经学家,其余都是古文经学家或偏重古文经学的人。钱穆先生论汉代今古文经学说:"无今文之启行,则经学无向荣之望。无古文之后殿,则经学无坚久之效。"①其后一句,正是对古文经学在东汉兴起的历史评价。

---

① 钱穆:《国学概论》,商务印书馆1997年版,第120页。

第 六 章

东汉：春秋公羊学的成熟阶段

——何休对春秋公羊学的系统总结

东汉是春秋公羊学的成熟阶段，代表人物为东汉末年的何休。东汉与西汉虽然都是刘氏王朝的统治，但是，两汉的思想文化却有较大的不同。就经学而论，西汉盛行的是以春秋公羊学为主的今文经学，东汉兴盛的则是《左传》、《古文尚书》等古文经学；西汉今文经学大师辈出，古文经学则少有名家，而东汉的今文经学却无多少大师可数，古文经学的大师如雨后春笋般不断涌现。相对而言，东汉包括春秋公羊学在内的今文经学都不如古文经学。

但在东汉末年，却出现了一位春秋公羊学的大师——何休，他对以往的春秋公羊学理论作出系统的发挥、总结，形成了完整理论体系的春秋公羊学，标志着春秋公羊学理论的完全成熟，其后，春秋公羊学的理论基础没有什么变化。西汉的春秋公羊学以董仲舒为代表，何休则是东汉春秋公羊学的代表，何休与董仲舒是春秋公羊学发展史上最耀眼的双星。春秋公羊学理论至何休得到最完备的阐发，后来人们言说春秋公羊学多取何休之说。同时，何休以谶解经，使春秋公羊学的神秘主义成分更加浓厚，后人讥刺《公羊》善谶，就是指何休的春秋公羊学而言。[1] 而何休以例释经的阐发方式，他以

---

[1] 不少论著论说春秋公羊学，常常笼统地说《公羊》善谶，这是不准确的，在谶纬神学没有兴起前，春秋公羊学并没有"善谶"的特点，春秋公羊学的"善谶"，是在谶纬神学成为社会的法定统治思想之后，这主要体现在何休的著作中。

经学家而不是思想家的身份来发挥春秋公羊学，这些因素都影响了何休对思想观念的发挥，因此，尽管何休对春秋公羊学有系统的理论总结，但他在中国思想史上的地位远逊于董仲舒。

第一节 何休生平与著述

关于何休的生平事迹，《后汉书》的《张曹郑列传》、《郭杜孔张廉王苏羊贾陆列传》、《吴延史卢赵列传》、《儒林列传下》中都有言及。对照《后汉书》关于何休的这些零星记载，就会发现其中多相互矛盾，不值得完全相信。清代王先谦注《后汉书》，已经就何休闭门著述17年提出疑问；孟祥才也就何休卒年提出质疑①，但极为简略，且有误说之处。

一、疑窦丛生的生平

记载何休生平文字最多的是《后汉书·儒林传》：

> 何休字邵公，任城樊人也。父豹，少府。休为人质朴讷口，而雅有心思，精研六经，世儒无及者。以列卿子诏拜郎中，非其好也，辞疾而去。不仕州郡。进退必以礼。太傅陈蕃辟之，与参政事。蕃败，休坐废锢，乃作《春秋公羊解诂》，覃思不窥门，十有七年。又注训《孝经》、《论语》、风角七分，皆经纬典谟，不与守文同说。又以《春秋》驳汉事六百余条，妙得《公羊》本意。休善历算，与其师博士羊弼，追述李育意，以难二传，作《公羊墨守》、《左氏膏肓》、《穀梁废疾》。党禁解，又辟司徒。群公表休道术深明，宜侍帷幄，佞臣不悦之，乃拜议郎，屡陈忠言。再迁谏议大夫，年五十四，光和五年卒。

后人言何休生平，多据此为说。由此可知何休出生在一个官僚家庭，他的父亲何豹做过少府的高官，为九卿之一。汉桓帝时，何豹还以少府的身份推荐过名士崔寔，见《后汉书·崔寔传》。按照汉代的"任子"制度，何休早年

---

① 参见孟祥才：《〈后汉书·儒林传〉所记何休卒年献疑》，《中国史研究》2002年第3期。

被征拜为郎，但不久就以生病为由辞去官职。后来太傅陈蕃请他出来参政时，何休再次出仕。在参与陈蕃的政治活动后，因陈蕃被害，何休受到牵连，从此闭门著述 17 年，其后，被司徒辟用，拜为议郎，迁谏议大夫，卒于汉灵帝光和五年（182 年），活了 54 岁。从这段话中，可以确定何休生平的几个重大问题：

第一，何休卒于光和五年（182 年），上推 54 年，何休当生于汉顺帝永建四年（129 年），所以，何休的生卒年在公元 129 年到公元 182 年。

第二，陈蕃失败，何休被禁锢，有闭门著述 17 年之事。

第三，在党锢解禁后，何休被司徒所辟，先后做过议郎、谏议大夫的官职。

但参照《后汉书》的其他记载加以分析，就可以发现其中有值得怀疑的地方。而辨析上述记载的关键，是陈蕃的被杀与党锢的解禁。

陈蕃是东汉末年与宦官集团对抗阵营的领袖人物，范晔在《后汉书》论陈蕃时说："桓、灵之世，若陈蕃之徒，咸能树立风声，抗论惛俗。而驱驰崄厄之中，与刑人腐夫同朝争衡，终取灭亡之祸者，彼非不能洁情志、违埃雾也。愍夫世士以离俗为高，而人伦莫相恤也。以遁世为非义，故屡退而不去；以仁心为己任，虽道远而弥厉。及遭际会，协策窦武，自谓万世一遇也。憬憬乎伊、望之业矣！功虽不终，然其信义足以携持民心。汉世乱而不亡，百余年间，数公之力也。"[①]据《后汉书》中的《灵帝纪》与《陈蕃传》《窦武传》《党锢列传》的记载，陈蕃在延熹八年（165 年）七月由太中大夫升任太尉，汉灵帝建宁元年（168 年）春由太尉升为太傅，同年九月被害。随着陈蕃诛杀宦官的失败，"宗族、门生、故吏皆斥免禁锢"[②]。则何休参与陈蕃的政治活动的时间，很可能在公元 165 年以后。而公元 168 年陈蕃的被害，是考辨何休生平的第一个坐标。

东汉的党锢先后有四次。第一次党锢始于汉桓帝延熹九年（166 年），而不是一些论著及其百度百科的"党锢"辞条所说发生在永康元年（167

---

①　范晔：《陈王列传第五十六》，《后汉书》卷六十六，《四库全书》本，上海古籍出版社 1987 年版。

②　范晔：《陈王列传第五十六》，《后汉书》卷六十六，《四库全书》本，上海古籍出版社 1987 年版。

年)。《后汉书·桓帝纪》载:"司隶校尉李膺等二百余人受诬为党人,并坐下狱,书名王府。"发生在延熹九年的十二月,而在第二年,"六月庚申,大赦天下,悉除党锢,改元永康"。汉桓帝也在当年十二月去世。可见,永康元年不是第一次党锢发生的时间。证以《后汉书·陈蕃传》,当延熹九年党锢发生时,陈蕃还以太尉身份上书汉桓帝,为其申辩:"九年,李膺等以党事下狱考实,蕃因上疏。"《后汉书·党锢列传》也说:"天子震怒,班下郡国,逮捕党人,布告天下,使同忿疾,遂收执膺等。其辞所连及陈寔之徒二百余人,或有逃遁不获,皆悬金购募。使者四出,相望于道。明年,尚书霍谞、城门校尉窦武并表为请,帝意稍解,乃皆赦归田里,禁锢终身。而党人之名,犹书王府。"也可知第一次党锢发生的时间在延熹九年,而不是永康元年。

第二次党锢发生在陈蕃失败被杀的建宁元年(168年),与陈蕃有关系的宗族、门生、故吏皆遭禁锢。① 第三次党锢发生在汉灵帝建宁二年(169年),"冬十月丁亥,中常侍侯览讽有司奏前司空虞放、太仆杜密、长乐少府李膺、司隶校尉朱宇、颍川太守巴肃、沛相荀昱、河内太守魏朗、山阳太守翟超皆为钩党,下狱,死者百余人,妻子徙边,诸附从者锢及五属。制诏州郡大举钩党,于是天下豪桀及儒学行义者,一切结为党人"②。这次党锢是第一次党锢的继续与扩大,第一次党锢被禁锢的李膺等人受到更为严酷的迫害,《党锢列传》说:"前党故司空虞放、太仆杜密、长乐少府李膺、司隶校尉朱宇、颍川太守巴肃、沛相荀翌、河内太守魏朗、山阳太守翟超、任城相刘儒、太尉掾范滂等百余人,皆死狱中。"第四次党锢发生在灵帝熹平五年(176年),《党锢列传》说:"熹平五年,永昌太守曹鸾上书大讼党人,言甚方切。帝省奏大怒,即诏司隶、益州槛车收鸾,送槐里狱掠杀之。于是又诏州郡更考党人门生故吏父子兄弟,其在位者,免官禁锢,爰及五属。"一些论著与百度的"党锢"辞条说,东汉的党锢只有两次,没有将陈蕃被害随之而来的党锢及其第二年接着发生的第三次党锢算在其中,与历史

①　孟祥才的《〈后汉书·儒林传〉所记何休卒年献疑》,忽略了这次党锢,所以,将第三次党锢说成是第二次党锢,第二次党锢与陈蕃被害相关,而第三次党锢是第一次党锢的继续,第一次党锢是李膺等人被逮捕,但永康元年被赦免,第三次党锢是李膺等人再次被禁锢,并被害身亡。

②　范晔:《孝灵帝纪第八》,《后汉书》卷八,《四库全书》本,上海古籍出版社1987年版。

事实不符。

党锢解禁有三次。第一次在第一次党锢后的永康元年的六月庚申，"悉除党锢，改元永康"。但这次解禁时间极短，接着有更为严酷的党锢发生。第二次在汉灵帝光和二年（179 年）四月，"丁酉，大赦天下，诸党人禁锢小功以下皆除之"①。据《党锢列传》说，此次解禁是"自从祖以下，皆得解释"，只涉及党人的一部分。②党锢的最终解禁在汉灵帝中平元年（184年），《后汉书·党锢列传》说："中平元年，黄巾贼起，中常侍吕强言于帝曰：'党锢久积，人情多怨。若久不赦宥，轻与张角合谋，为变滋大，悔之无救。'帝惧其言，乃大赦党人，诛徙之家皆归故郡。"这次解禁后，党人才有重返政治舞台的可能。从第一次党锢发生到党锢最终解禁，时间正好近二十年，所以，《后汉书》论党锢时说："海内涂炭，二十余年，诸所蔓衍，皆天下善士。"③汉灵帝中平元年党锢最终解禁，这是考辨何休生平的第二个坐标。

陈蕃被害，及其党锢解禁是东汉末年的重要政治事件，且有诸多资料可以互证，所记时间应该是可信的。综合这些史料，尤其是以上述两个坐标为准，就可以发现《儒林传》关于何休生平的记载有如下几个疑点：

第一，关于何休的生卒年。《儒林传》所载何休卒年是汉灵帝光和五年（182 年），而党锢最终解禁在汉灵帝中平元年（184 年），就是说何休去世于党锢最终解禁之前两年。既然何休去世在党锢最终解禁以前，《儒林传》载何休在党锢最终解禁后为议郎，还从议郎迁升谏议大夫，就是不可信的。党锢最终解禁是一件大事，范晔不大可能将其记错，何休在党锢最终解禁后为官记载的数语也有理据，所以，最可能出现的记载错误是何休卒年上，何休的卒年不应是光和五年（182 年），而应在中平元年（184 年）的党锢最终解禁之后。相关的论著关于何休的卒年都是根据《儒林传》的记载来说的，生年则是就卒年上推 54 年得出来的，若何休卒年发生错误，由卒年上推出来

---

①　范晔：《孝灵帝纪第八》，《后汉书》卷八，《四库全书》本，上海古籍出版社 1987 年版。

②　孟祥才说这次党锢解禁是第一次解禁，忽略了永康元年的"悉除党锢"，参见孟祥才：《〈后汉书·儒林传〉所记何休卒年献疑》，《中国史研究》2002 年第 3 期。

③　范晔：《党锢列传第五十七》，《后汉书》卷六十七，《四库全书》本，上海古籍出版社 1987 年版。

的生年也不可信。在肯定党锢最终解禁与解禁后何休为官记载可信性的基础上，可以较为确定的是何休卒年应该在公元184年之后，考虑到何休出来做官需要一点时间，才可能由议郎升为谏议大夫，何休的卒年至少应该在公元184年后几年，《儒林传》将何休的卒年定于公元182年，至少提前了三四年以上。孟祥才先生根据党锢最终解禁后，何休出来先后任司空掾、议郎、谏议大夫的经历"可能是四五年时间"，而推断何休的卒年当在中平五年，是范晔将中平五年误作光和五年。中平五年为公元188年，但孟祥才先生的误作公元185年。① 这一推测较《后汉书》的记载更为可信。若何休的卒年在中平五年，何休去世时54岁，则何休的生年在汉顺帝阳嘉四年（135年）。何休的生卒年当为公元135年到188年，而不是公元129年至公元182年。

第二，关于何休闭门著述十七年成《公羊解诂》，前人早有所怀疑。何休是在第二次党锢时受到禁锢的，从第二次党锢发生的建宁元年（168年）算起，十七年后也应该是公元184年，为汉灵帝中平元年，即党锢最终解禁之年。闭门著述，加之被党锢，何休是不可能出来做官的，何休被司空征召，若在闭门著述十七年之后，只能在公元184年的党锢最终解禁之后，但《儒林传》说何休的卒年是公元182年。若肯定《儒林传》关于何休卒年是公元182年，何休被废锢后就不可能有十七年的时间闭门著述。徐彦在疏《公羊春秋解诂序》时，可能就发现了闭门著述十七年说有可疑之处，而只说："何邵公精学十五年，专以《公羊》为已业。"从何休被禁锢到党锢解禁，有十七年时间，而《儒林传》又讲到何休闭门著述后还有过做官的经历，徐彦疏可能是考虑到这些因素，而说何休精学十五年。王先谦的《后汉书集解》也认为："陈蕃事败在建宁元年九月，是岁在戊申，而何休卒于光和五年壬戌，首尾仅十五载。而晚年又应公府之辟，历官议郎、谏议大夫，则杜门不过十年耳。"王先谦之说否定闭门著述十七年，是以《儒林传》所载何休卒年为基点的。从建宁元年（168年）到所谓何休的卒年公元182年，正好是十五年，王先谦定何休闭门著述只有十年左右，是除去何休党锢最终解禁后为官的四五年。若肯定何休的卒年在党锢最终解禁并为官后的几年，从何休被禁锢的公元168—184年的党锢最终解禁，正好是十七年时间，故闭门著述十七年是有可

---

① 孟祥才：《〈后汉书·儒林传〉所记何休卒年献疑》，《中国史研究》2002年第3期。

能的，不可轻易否定。孟祥才先生以何休卒年在中平五年，就否定了王先谦立论的前提，但又认为王先谦的质疑有道理，这是两可矛盾之说。

第三，《儒林传》说党锢最终解禁后何休被辟司徒，而今存《公羊解诂》，何休自称为"汉司空掾"，而不是司徒掾，据此可以肯定何休做过司空掾。一般而言，一个人不可能被司空、司徒同时所辟，何休自称司空掾，可以肯定的是何休党锢最终解禁后出来做过司空掾，而不是《儒林传》说的司徒掾。

此外，《后汉书·史弼传》还记载，在议郎任上，何休曾积极地推荐清廉正直的史弼为相，而得罪了当时大权在握的宦官侯览等人："议郎何休又讼弼有干国之器，宜登台相，征拜议郎。侯览等恶之。"①这一记载也存在时间的误差，据史弼于"光和（178—184 年）中，出为彭城相，会病卒"②，史弼当死于 178—184 年之间，即使以史弼去世于 184 年，也是党锢最终解禁之年，《儒林传》记载何休是在党锢最终解禁之后为议郎的，如果确定何休有推荐史弼一事，则《后汉书》关于史弼的死期的记叙就提前了；若是史弼的死期记载没有差错，何休解禁后作议郎时就不可能有推举已经去世的史弼之事。此外，据《后汉书·宦者列传》："熹平元年，有司举奏览专权骄奢，策收印绶，自杀。"③熹平元年为公元 172 年，则侯览死于党锢最终解禁之前的 13 年，照《儒林传》的说法何休是在党锢最终解禁后为议郎的，此时侯览死去已经有十余年之久，说何休为议郎推举史弼而得罪侯览，也是值得怀疑的。

由于《后汉书》关于何休的记叙太少，相关问题还得存疑，但《儒林传》关于何休卒年、何休被司徒所辟，及其《史弼传》载何休为议郎举荐史弼等记载，至少是不可全信的。

史书记载何休的生平虽然多疑，但何休清正的一生，及其在经学上的重大贡献，还是不容怀疑的，他也因此在后代受到推崇。唐代贞观二十一年（647 年）间，诏以左丘明、卜子夏、公羊高、穀梁赤、伏胜、高堂生、戴圣、毛苌、孔安国、刘向、郑众、杜子春、马融、卢植、郑康成、服子慎、

---

① 范晔：《吴延史卢赵列传第五十四》，《后汉书》卷六十四，《四库全书》本，上海古籍出版社1987 年版。
② 范晔：《吴延史卢赵列传第五十四》，《后汉书》卷六十四，《四库全书》本，上海古籍出版社1987 年版。
③ 范晔：《宦者列传第六十八》，《后汉书》卷七十八，《四库全书》本，上海古籍出版社 1987年版。

何休、王肃、王辅嗣、杜元凯、范宁、贾逵二十二人为孔庙从祀，是历史上以先儒配享孔子之始，何休就在其中。宋代祥符三年（1010 年），何休还被诏封为任城伯。

二、何休的著作与学派性

何休一生的大多数时间，都潜心读书与经学研究，勤于著述，从事学术活动，写作了不少有关经学的著作。

（一）何休的著述

何休有些像西汉末年的扬雄，有口吃的毛病，不善言辞，却精于思辨。他的学问涉及范围很广，前秦①的王嘉说：

> 何休木讷多智，三坟、五典、阴阳、算术、河洛、谶纬及远年古谚、历代图籍，莫不成诵。门徒有问者，则为注记，而口不能说。作《左氏膏肓》、《公羊废疾》、《穀梁墨守》谓之"三阙"，言理幽微，非知几藏徃不可通焉。及郑康成蜂起而攻之。求学者不远千里赢粮而至，如细流之赴巨海，京师谓康成为经神，何休为学海。②

这里错误地将《穀梁废疾》、《公羊墨守》说成是《公羊废疾》、《穀梁墨守》，清代张英等编辑的《御定渊鉴类函》卷二百三十引用此条也沿袭其误。但王嘉关于何休的评说基本上是可信的，由此可见，何休的学问极其广博。当时通行的经学、谶纬及其古代各种学术，以及历法、算术等自然科学，何休都有深入的研究，故王应麟的《玉海》卷四十四等皆有"郑康成善筹，翟酺、何休善厯筹"之说。而何休也以其学问广博，被誉为"学海"，与号称"经神"的郑玄，③ 被视为东汉末年学术界的双峰。

何休学术的重点在经学，春秋公羊学则是其中心。史称何休"雅有心

---

① 历代以《拾遗记》的作者王嘉为晋人，但据《四库全书提要》的考证与《北史》等的记载，王嘉为前秦时术士，而非晋人，故不采流行的晋人说。

② 王嘉：《拾遗记》卷六，《四库全书》本，上海古籍出版社 1987 年版。

③ 在《拾遗记》卷六中，还载有东汉以任永为"经苑"之说，与"学海"、"经神"并称。

思，精研六经，世儒无及者"①，《续汉书》等也有此说。这说明何休在经学上造诣极高，对六经之学都有极高的建树。据《后汉书·儒林传》，何休的著作有《春秋公羊解诂》、《孝经》、《论语》注、训解风角七分之作、"以《春秋》驳汉事六百余条"的《春秋汉议》，及其《公羊墨守》、《左氏膏肓》、《穀梁废疾》，涉及范围很广。梁阮孝绪的《七录》与《隋·经籍志》中，已经没有何休注《孝经》、《论语》的记载，这两部书早佚，现在无从考知。清代刘逢禄著《论语述何》，也只在《北堂书钞》找到一条何休的《论语》注，而侯康在《补后汉书艺文志》、曾朴在《补后汉书艺文志并考》的《何休论语注》条，都指明此注实出自何晏《论语集解》，疑"休"为"晏"字之讹，认为此条非何休之说。《隋书·经籍志》中有《春秋汉议》十三卷，即何休以《春秋》驳汉事六百余条之作；另外著录有《左氏膏肓》十卷、《穀梁废疾》三卷、《公羊墨守》十四卷、《春秋公羊谥例》一卷、《春秋公羊解诂》十一卷，都是与春秋公羊学相关的著作。

宋代以后，包括被汉儒称之为"三阙"的何休著作渐已散佚，宋代叶梦得的《春秋考》卷三说："《箴膏肓》世犹有全书，《起废疾》亦略于《穀梁》注见之，惟《发墨守》无传。"但其后皆已佚失。现在仅残存于依托王应麟辑佚的《发墨守》、《起废疾》、《箴膏肓》中，但三书总计才七十来条，其中《发墨守》四条、《起废疾》四十余条、《箴膏肓》二十余条，不到原书的十分之一，而其中有的只有郑玄批评何休的材料，何休"三阙"的原文更是少之又少。清代的刘逢禄亦有辑录，见于《申墨守》、《申废疾》、《申膏肓》。②《春秋公羊谥例》亦不存，仅见于《春秋公羊传》的疏中，马国翰的《玉函山房辑佚书》有辑录，《续修四库全书》第 1202 册收入。何休完整的著作现在唯存《春秋公羊经传解诂》，保留于《十三经注疏》，这部书是训解《春秋公羊传》的权威著作。何休经学最重要的贡献无疑在春秋公羊学，《春秋公羊经传解诂》是其理论的集中体现。

（二）《春秋公羊经传解诂》的缘起

从东汉经学的总格局看，虽然是古文经学占据优势，但是，被立于学官

---

① 范晔：《儒林列传第六十九下》，《后汉书》卷七十九下，《四库全书》本，上海古籍出版社 1987 年版。

② 刘逢禄的这三部书都作为《春秋公羊经何氏解诂后录》收入《续修四库全书》第 129 册，《申墨守》收入何休《解诂》原文共 89 条；《申膏肓》收入何休之说 30 条；《申废疾》收入何休之说 39 条。

的依然是今文经学的十四家博士，尽管《左传》一度被立于学官，也很快就废除了。东汉的博士官尽管没有西汉那样的地位与影响，却仍然是班固所讥的"利禄之路"，是朝廷承认的官方学术，今文经学依然有得以发展的土壤。一种理论发展到一定阶段，必然出现各种异义，引发相互间的论争，作为汉代今文经学显学的春秋公羊学，到东汉更是如此。在东汉今古经学的论争中，古文经学也常常将矛头指向春秋公羊学，贾逵以《左传》附会谶纬，发起对春秋公羊学的攻难，以《左传》义长，《公羊》义短，更是动摇了春秋公羊学的显学地位。面对内部的异义，外部的争论，都促使春秋公羊学必须在理论上有一个总结性的说明。

正是在这一背景下，东汉末年出现了何休这位春秋公羊学的大师，他面对古文经学与其他经学派别的挑战，墨守《公羊》，废疾《穀梁》，膏肓《左氏》，著作《春秋公羊解诂》，对春秋公羊学作出了系统总结，这部书也是今存《十三经注疏》中汉代今文经学家唯一被保留下来的典籍。了解何休著作《春秋公羊经传解诂》的缘起，有助于准确地认识何休的春秋公羊学。这个问题何休在《春秋公羊经传解诂·序》中作出了说明：

> 昔者孔子有云："吾志在《春秋》，行在《孝经》。"此二学者，圣人之极致，治世之要务也。传《春秋》者非一。本据乱而作，其中多非常异义可怪之论，说者疑惑，至有倍经任意、反传违戾者。其势虽问不得不广，是以讲诵师言至于百万犹有不解，时加酿嘲辞，援引他经，失其句读，以无为有，甚可闵笑者，不可胜记也。是以治古学、贵文章者谓之俗儒，至使贾逵缘隙奋笔，以为《公羊》可夺，《左氏》可兴。恨先师观听不决，多随二创。此世之余事，斯岂非守文持论、败绩失据之过哉！余窃悲之久矣。往者略依胡毋生《条例》，多得其正，故遂隐括使就绳墨焉。

这篇序言，是认识何休著作《春秋公羊解诂》一书的纲要，包括三层含义。第一，是对《春秋》一书的认识。何休将《春秋》与《孝经》相提并论，将其视为孔子思想的"极致"，治理天下国家的"要务"。他根据谶纬的说法，[①]

---

① 《孝经·钩命决》："孔子在庶，德无所施，功无所就，志在《春秋》，行在《孝经》。"

以《春秋》为孔子之志的体现，而与孔子之行相区别，相对于行的志指思想、理想等观念形态。这一认识反映了从西汉末年以来春秋公羊学对《春秋》认识的新变化。孟子以《春秋》为使"乱臣贼子"惧怕的拨乱反正之书，董仲舒以王道为《春秋》的中心，都强调《春秋》与现实政治实践的密切联系，并不是将《春秋》视为仅仅是孔子之志的表现；何休仅以《春秋》为孔子之志，将其与孔子之行相对，这就忽略了《春秋》与现实政治的密切联系。正是这一认识，使何休对《春秋公羊传》的解诂不再是以现实的政治问题为主，而是重在《春秋》所蕴涵的伦理观念的探究。

第二，传《春秋》的数家之学，只有《春秋公羊传》得孔子真传，但春秋公羊学面临着内外两个方面的挑战。孔子作《春秋》的背景是在春秋乱世的特殊历史背景下，因而不可能像成周太平盛世时，直言不讳地表达自己的思想，《春秋》中就存在按照常理不可解的异义与可怪之论，如正常情况下是礼乐征伐自天子出、叔嫂有别，而《春秋公羊传》则从《春秋》发挥出实与诸侯专封、专讨，善郑娄叔术妻嫂等说，并由此引起了解说者对经传的疑惑，而出现"倍经任意"、"反传违戾"的种种现象，为了弥合经传，解说者不得不广引各自说法，而导致烦琐的章句之学，但即使是用了百万字的篇幅，也未能弥合经传之说，反而导致了春秋公羊学更加混乱，以致时有"加酿嘲辞，援引他经，失其句读，以无为有"的现象出现。训解《春秋公羊传》的经师本来是为了维护《春秋》的正义，反而使《春秋》的理论越来越淆乱，令人感到可怜又可笑。春秋公羊学的缺失，致使古文经学的《左传》乘虚而入，以致出现贾逵企图以《左传》取代《公羊》的情况，而有《左传》义长于《公羊》的异说。春秋公羊学的经师常常既不能矫正自己的误说，又往往惑于《左传》义长之论，所谓"多随二创"①，而使东汉末年的春秋公羊学面临这两个方面的威胁，这使何休长期焦虑于心。

---

① 徐彦疏"恨先师观听不决，多随二创"："此先师，戴宏等也。凡论义之法，先观前人之理，听其辞之曲直然，以义正决之。今戴宏作《解疑论》而难《左氏》，不得《左氏》之理，不能以义决之，故云'观听不决。''多随二创'者，上文云'至有背经、任意、反传违戾'者，与《公羊》为一创；又云'援引他经、失其句读'者，又与《公羊》为一创。今戴宏作《解疑论》多随此二事，故曰'多随二创'也。而旧云公羊先师说，《公羊》义不著，反与《公羊》为一创，贾逵缘隙奋笔夺之，与《公羊》为二创，非也。"徐彦对"二创"的疏解不确，二创当如所谓旧云公羊先师说，包括内外两个方面，一方面指春秋公羊学存在的理论缺失，另一方面指《左传》对《公羊》义短的贬斥。

　　第三，《春秋公羊经传解诂》就是何休面对内外的挑战，为维护春秋公羊学的正义而著作的。尽管何休谦言"何休学"，说自己的著述是受学于李育等先师，但他也充满自信地说自己的著作多得《春秋公羊传》之正，并相信通过自己的著作，可以一方面矫正春秋公羊学自身的缺失，另一方面可以有力回击《左传》对《公羊传》的攻击。所以《解诂》既是正面阐发其义的著作，也是批评春秋公羊学的缺失与批判《左传》义长的著作。

　　从西汉立五经博士以来，春秋公羊学皆董仲舒一系，而自汉宣帝立严、颜两家博士，东汉各以家法教授，至何休时，《春秋》被立于学官，作为董仲舒后学的严、颜两家大行其道。而严、颜之学及其后传，在何休看来都多违经反传之说，都成为他批评的对象。或许正是这个原因，何休在"序"中没有谈到董仲舒，而只是说"略依胡毋生《条例》，多得其正"。因此，何休对《春秋公羊传》的解诂，较为重视例的发明。而对例的发明，固然从理论的条理上说明《春秋》之义，有着积极的意义。但若将例固定化，就会失去《春秋》"无通辞"的精神，这是何休春秋公羊学理论的系统化的表现，但也是《春秋公羊传》重视灵活性精神的衰退。所以，何休的以例解经既受到历史上许多经学家的极高评价，同时也遭到不少经学家的激烈批评。

（三）由《解诂》看何休的学派

　　何休早年曾师从春秋公羊学博士羊弼，研治春秋公羊学。春秋公羊学有严（彭祖）、颜（安乐）两家，何休属何家？《后汉书·儒林传》等无说。据夏侯湛《羊太常辛夫人传》[1] 记载，泰山羊氏家族与胡毋氏为姻亲，或许羊弼的公羊学可以溯源于西汉的胡毋生。但羊弼属何家，并不能以此孤证为断。在以家法教授的东汉，从何休解诂《公羊传》所用的版本来说明何休的学派，应该是一个可行的方向。

　　东汉经学十四家之学，各有其经典版本，严、颜两家同为公羊学，其版本也大致相同，但也有相异之处。据惠栋的《九经古义考》说：

---

　　① 此据宋李昉等《太平御览》卷八百一十五，所引《夏侯湛集·羊太常辛夫人传》，河北教育出版社 1994 年版，第 585 页。

　　《公羊》有严、颜二家，蔡邕《石经》所定者《严氏春秋》也，何邵公所注者《颜氏春秋》也。何以知之？以《石经》知之，《石经》载《公羊》云：桓公二年，颜氏有所见异辞、所闻异辞云云，是《严氏春秋》已见于隐元年，于此不复发传也，今何本有之；又云，卅年，颜氏言君出则已入，此僖三十年传也；又云，颜氏无"伐而不言围者，非取邑之辞也"，今何氏本亦无，以此知何所注者盖《颜氏春秋》也。郑康成注三礼引隐五年传云"登戾之"，又引桓十一年《传》云"迁郑焉而鄙留"，又引隐二年《传》"放于此乎"，与《石经》同，与何氏异，盖所据者严氏本也。《艺文志》云《公羊》颜氏记十一篇，后汉张伯饶又减定为二十万言，颜氏说经以襄公廿一年之后孔子生讫，即为所见之世，又以为十四日日食，周王为天囚之类，倍经违戾，皆何邵公所不取。①

依照惠栋之说，何休所用《公羊传》系颜氏一派的本子，所以，何休之学应该是颜氏之学，他的老师羊弼也应该是颜氏一派。

　　但是，王国维在《书〈春秋公羊解诂〉后》认为，何休是兼采颜、严两家：

　　　　余以《汉石经校记》考之，知何氏实兼用严、颜两家本也。《汉石经·公羊校记》每称颜氏，盖用严氏本，而以颜氏异同附之。犹其《诗经校记》中，有韩、齐字，乃用《鲁诗》，而以齐、韩异同附之也。今其《校记》见于《隶释》者四条：其一曰：《传》桓公二年，颜氏有所见异辞、所闻异辞下阙；其三曰，卅年，颜氏言"君出则已入"，今何氏本于桓二年、僖卅年，皆有此文；又其二曰，"何以书？记灾也"，此上当阙"颜氏言"三字，又此条下空一格，有卅年字，此条当为僖二十年《传》："西宫灾。何以书？记异也"之校语，校语既出"何以书？记灾也"之异文，则其本文"灾"当作"异"，《唐石经》作"灾"，与颜氏合，宋十行本作"异"，则与颜氏合；其四云，颜氏无"伐

<hr />

①　阮元、王先谦编：《清经解、续清经解》第3册，凤凰出版社2005年版，第2858页。

而不言围者，非取邑之辞也"，何本有此十二字，亦从严而不从颜。然则邵公之本，实兼采严颜两家。与康成注《礼经》、《论语》体例略同，知后汉之季，虽今文家学亦尚兼综。①

王国维之说，不仅据《石经》，而且参考东汉末年的经学风气，说明何休的本子兼采严、颜两家，更有说服力。

对何休《公羊解诂》依据的版本，在惠栋、王国维之说外，还有另一种说法，出于冯登府的《石经考异》，他认为《解诂》的本子是胡毋生的本子。江藩也持此说，今人段熙仲先生在《春秋公羊学讲疏》中，赞同冯登府与江藩的看法，并根据《春秋繁露》、《汉书·五行志》、《公羊解诂自序》、徐彦疏、汉熹平《石经》残石的材料，进行了详细的论说，以说明《解诂》的本子既不是颜氏本、也非严氏本，也不同于《石经》本，并提出不同于董仲舒之说的七证，断言何休是胡毋生的本子。其中第八证，对比《解诂》与《石经》的经文相异有 23 处，传文相异有 6 处之多，以说明《解诂》不同于《石经》。②

而钱穆提出了自己的独到的看法：

> 今考何氏之学所由与严颜不同者，由其能"精研六经"，不颛颛守文，拘博士一家之法也。李育亦然。范书谓育少习《公羊春秋》，博览书传，深为同郡班固所重。颇涉猎古学。尝读《左氏传》，虽乐其文采，然谓不得圣人深意。后拜博士。建初四年，与诸儒论五经于白虎观，育以《公羊》义难贾逵，往返皆有理证，最为通儒。是李育为学，亦兼通古今，不颛颛一家章句，故能与贾逵相往复也。《班固传》称固博贯载籍，九流百家之言无不穷究，所学无常师，不为章句，举大义而已。其重李育，亦因其学能博涉贯通故也。则江藩疑李育《公羊》乃胡毋子都之传者，疑亦失之。其实严、颜两家何尝全是董仲舒之传统。若两家能守仲舒传统勿失，则《公羊》有董氏可矣，何乃有严、颜？博士

---

① 王国维：《观堂集林》第一册，中华书局 1999 年版，第 167—168 页。
② 参见段熙仲：《春秋公羊学讲疏》，南京师范大学出版社 2002 年版，第一章第三节所附"《春秋公羊经传解诂》所据本考"。

章句，皆所谓末师耳。岂得以末师之章句上推先师之微言大义，以为果如是哉？严、颜非尽董氏学，李育、何休亦非尽胡毋氏学也。①

钱穆之说，最为通论。以何休之说与董仲舒的异同，及其《解诂》与《春秋繁露》、《石经》文字的异同，而断何休为颜氏、还是严氏，为董仲舒一派，还是胡毋生一派，固然都能提出各自的某些依据，但是，都不可能令人信服。不能简单地以董仲舒、胡毋生、颜氏、严氏之学，来推断何休之学，自然以何休《解诂》的版本为胡毋生本、颜氏或严氏本，都难以令人信服。

尽管何休说自己著《解诂》是"往者略依胡毋生《条例》，多得其正"，《春秋公羊传》也是胡毋生在汉景帝时著于竹帛，但胡毋生除有学生公孙弘外，在《汉书》中再没有其他学生的记载。胡毋生在汉景帝时，以博士身份将《公羊传》著于竹帛后，其书当成为国家认可的版本。董仲舒之学虽然与胡毋生不同，但二人皆治春秋公羊学，更多的是"同业"。而董仲舒及其后学都并没有著录《公羊传》的记载，所以，董仲舒及其后来立为博士的颜、严之学，所用的《公羊传》版本，应该就是胡毋生的本子。这个本子是齐学春秋学的通用版本。许敬宗《文馆词林》卷六百九十九的《李固祀胡毋先生教一首》有言："胡毋子禀天淳和，沉沦大道，深演圣人之旨，始为《春秋》造章句，是故严、颜有所祖述，后生得以光启，斯所谓法施于人者也。"②李固在这里不恰当地将胡毋生的《春秋公羊传》，与后来的章句之学混为一谈，但却明白无误地说明了严氏、颜氏的《春秋公羊章句》是以胡毋生的《公羊传》为原本的。段熙仲先生虽然引用了这一段话，却没有注意到"严、颜有所祖述"一语。《旧唐书·经籍志上》载，《春秋公羊传》五卷，也以"公羊高传，严彭祖述"③为说，这说明五代时经学界还承认董仲舒后学的颜氏与胡毋生的《公羊传》之间的联系。

---

① 钱穆：《东汉经学略说》，天津《益世报》1936年9月24日，载《读书周刊》第67期。
② 转引自段熙仲：《春秋公羊学讲疏》，南京师范大学出版社2002年版，第一章第三节所附"《春秋公羊解诂》所据本考"，第23页。
③ 刘昫：《经籍志上第二十六》，《旧唐书》卷四十六，《四库全书》本，上海古籍出版社1987年版。

　　《汉书·艺文志》载有《公羊颜氏记》十一篇,《隋书·经籍志》载有严彭祖所撰《春秋公羊传》十二卷。两家的本子固然出于胡毋生,但在句读、章句的分合上,及其文字上都存在差异,具有各自的特点,否则很难成为一家之学。从汉宣帝立颜、严博士之后,公羊学通行颜、严两家,国家承认的是二家的章句之学。西汉经学能够成为一家之学的,必须有自己的章句版本,① 特别著名的如《论语》的《张侯论》。到何休时,颜、严之学流行已经有近百余年的时间,这期间出现的经有数家、家有数说的分裂,导致的今文经学烦琐化,而引发的删定章句(如樊儵等人删定《公羊严氏春秋章句》)等原因,都可能导致二家后学对文本的某些新改动。到东汉末年,根本不可能有胡毋生所定《公羊传》的原本,就是颜氏或是严氏之学的本子,也不可能是西汉宣帝时的原本。所以,何休作《解诂》所能看到的版本,只可能是东汉公认的颜氏、严氏学派的本子,已经不是汉宣帝时的原本,更不可能是所谓胡毋生的原本。段熙仲先生提出的何休采胡毋生本的所谓八证,不是以可信的胡毋生本来对照《解诂》得出的结论,而是以其不同于董仲舒、《石经》来判定的,实际上只是旁证,根本不能说明问题。至于李固说自己"尝学《春秋》胡毋章句"②,由于东汉的春秋公羊学,通行的只有严、颜两家,李固读的《春秋章句》只能是严氏或颜氏本,可能因李固以严、颜本皆出于胡毋生,而有此说。且胡毋生之章句,在西汉人的论说与西汉的史料中并没有其他旁证,章句之学的兴起是在经学有一定发展时才出现的。胡毋生、董仲舒之时,并不存在后来才出现的章句之学。段熙仲先生曲解李固之意,以证何休《解诂》本为胡毋生原本,同样是不能成立的。

　　综合这些不同意见,吸取其合理的成分,可以认为何休《解诂》的版本,应该兼采东汉时颜氏、严氏两家的本子。所以,从何休的《解诂》中,可以看到有与颜氏不同的地方,也有与严氏不同的条目。而何氏《解诂》的兼采两家,并不是没有主次之分的,而是以颜氏为主,兼采严氏。故惠栋只看到其颜氏之同,而王国维的四条证明材料有三条是与颜氏相同。段熙仲

────────────────

　　① 粟振风在《西汉早期〈论语〉学研究》中说:汉代经学的"家法有赖于章句","家法与章句确实相对应"。(《哲学研究》2011 年第 3 期)

　　② 转引自段熙仲:《春秋公羊学讲疏》,南京师范大学出版社 2002 年版,第一章第三节所附"《〈春秋公羊解诂〉所据本考",第 23 页。

的证明与《石经》不同，也说明《解诂》是以颜氏本为主，因为《石经》据严氏本为历代名宿大师所公认。徐彦疏《解诂序》的"至有倍经、任意、反传违戾者"，也是据颜氏本为说，颜氏本为十一卷，《隋书·经籍志》著录何休的《解诂》也是十一卷，这些都可以证明《解诂》确实是以颜氏本为主。但何休又没有完全拘泥于颜氏本。何休这样做是希望提供一个超越颜氏、严氏派别之争，又高于二者的权威版本。在具体解说时，何休也没有完全谨守颜氏学。这说明何休并不是死守家法的人，这是何休的《解诂》能够具有里程碑意义的一个原因。这与他在"序"中表示的，要消除春秋公羊学内部的纷争，来共同面对古文经学的意愿是相一致的。在东汉末年，郑玄是综合今古文经学的大师，而何休则是一统春秋公羊学内部纷争的主将。

严、颜之学皆出董仲舒，何休在《解诂》中尽管没有提到董仲舒，但无论是从汉代春秋公羊学的发展来看，还是从何休《解诂》的内容来说，何休的思想都与董仲舒有密切的联系。赵伯雄先生的《春秋学史》说："何休的《解诂》……对西汉另一位《公羊》大师董仲舒，何氏只字不曾提及。但从《解诂》的内容来看，与《春秋繁露》颇多一致之处，而且董、胡二位曾经'同业'，可能原本也没有什么大的分歧，因此也未尝不可以说《解诂》继承了董氏《春秋》学的统绪。"①段熙仲先生在《春秋公羊学讲疏》中，为了证明自己的观点，援引江藩的《公羊先师考》："今之《公羊》，乃齐之《公羊》，非赵之《公羊》也。"而认为"何君之学本之子都"②，而非董仲舒之所传。《春秋》有齐学、鲁学之分，并无所谓齐、赵之分，董仲舒与胡毋生之学皆属齐学，故《汉书》称二人"同业"。历史上的论著与现代相关何休的研究成果也表明，何休思想与董仲舒思想有密切联系。③关于这一点连最推崇何休的刘逢禄也说："窃尝以为先汉以《公羊》断天下之疑，而专门学者，自赵董生、齐胡毋生而下不少概见，何氏东汉之季独能隐括两家，使就绳墨，于圣人微言奥旨，推阐至密。"④在《解诂》中，也常常看到何休对董仲舒原文的引用，如"《春秋》变一谓之元"出《重政》，"以元之深正

---

① 陈澧：《东塾读书记》卷十，《续修四库全书》第1160册，上海古籍出版社2002年版，第596页。
② 段熙仲：《春秋公羊学讲疏》，南京师范大学出版社2002年版，第14页。
③ 赵伯雄：《春秋学史》，山东教育出版社2004年版，第222页。
④ 刘逢禄：《刘礼部集》，《续修四库全书》第1501册，上海古籍出版社2002年版，第72页。

天之端，以天之端，正王者之政"出《二端》等等，而徐彦皆以出《春秋说》疏之，没有确切地说明出自董仲舒。[①] 而《春秋说》在东汉后，常常是《春秋纬》的别名，徐彦疏以《春秋说》来疏解董仲舒的《春秋繁露》，不仅犯了将经解著作与纬书混为一谈的错误，而且掩盖了何休对董仲舒思想的继承，过分地夸大了胡毋生与董仲舒之学的分歧，否认何休与董仲舒的联系。

正是何休之学与董仲舒一脉相承，以至于有人以为何休为董仲舒的四传弟子。宋代的章如愚在《群书考索》卷六，论及《公羊传》的传授时就说：

> 子夏传之公羊高，高传其子平，平传其子地，地传其子敢，敢传其子寿，至汉景时寿乃与弟子胡毋子都著以竹帛，其传董仲舒，以《公羊》显于朝。又四传至何休，为经传集诂，其书遂传。

这里的引言所说，子夏至胡毋子等语本于戴宏序《公羊传》之言，董仲舒出自胡毋生则是徐彦之说，而四传至何休则为章如愚所提出。阮元校刻《十三经注疏》时，在《春秋公羊传注疏校勘序》中也引以为说："何休为胶西四传弟子。"[②]董仲舒曾为胶西王之相，此处胶西指代董仲舒无疑。但是，此说如同《公羊传》在先秦传授的说法不可信一样，也是值得怀疑的。即使以董仲舒卒于公元前104年，到何休出生时已经有两百多年。董仲舒的再传弟子眭弘，在汉昭帝时被杀，而严、颜两家之学，皆出于眭弘，严彭祖、颜安乐是董仲舒的第三代弟子，何休若是董仲舒四传，也就是开宗立派的严彭祖、颜安乐的弟子。颜、严之学皆立于宣帝，宣帝即位在公元前73年，即以何休出生在公元129年，也有一百五十余年的时间了，何休绝不可能成为严彭祖、颜安乐的弟子。所以，说何休为董仲舒四传是缺乏时间观念的误说。阮元为著名汉学家，汉学以考据为尚，刊刻《十三经》为当时最神圣之事，竟也出现人云亦云，将章如愚的天大误说不加考辨地引用，真是一时疏忽。但这也说明一个问题，就是阮元等人肯定何休与董仲舒思想的一

---

① 参见陈澧：《东塾读书记》卷十，《续修四库全书》第1160册，上海古籍出版社2002年版，第596页。

② 阮元：《十三经注疏》下册，中华书局1982年版，第2192页。

致性，否则，绝不会出现如此误说。只说何休与胡毋生之学的关系，而否认其与董仲舒的联系，是不顾基本事实的误说。就其《解诂》的内容来说，何休在经学上与董仲舒是一脉相承的。

第二节　何休与东汉今古文之争

东汉是经学今古文之争的时代。何休生活在这样的时代，对今古文之争有着深切的体会，他从墨守春秋公羊学的今文经学立场出发，以维护今文经学的权威为使命，不仅对今文经学进行门户的清理，更对兴起的古文经学进行针砭。这些都体现于何休所有的著述之中，可以说何休的著作都带有东汉今古文之争的印记。

一、东汉初年今古文之争的继续

不必说何休的《解诂》、"三阙"，就是《春秋汉议》也是有关今古文之争的著作。从书名看，此书好像只是对汉代一些事件的评说，但实际上这部书不仅是对汉事的评说，也是对《春秋公羊传》经义的发明，故《后汉书·儒林传》说"妙得《公羊》本意"，带有用春秋公羊学来指导汉代政治的意义。而古文经学家胡虔则针锋相对地著成《春秋汉议驳》二卷，郑玄也有《驳何氏汉议》二卷，另外有无名氏的《驳何氏汉议叙》一卷，皆见于《隋书·经籍志》。章如愚说："何休尝以《春秋》驳汉事六百余条，妙得《公羊》本意，服虔又以《左传》驳何休之所驳汉事六十条。"[1]这说明，何休的驳汉事与胡虔的反驳，虽然以汉事为说，同时也是今古文经学之争的反映。这方面的史料现在难觅，因此，难以作出深入的讨论。

被汉儒誉为"三阙"的三部书，则直接体现了东汉的今古文经学之争。阙的含义指宫殿、祠庙或陵墓前的楼台，何休的三部书被称之为"三阙"，是一种誉称，说明这三部书在当时的巨大影响。它不仅是东汉末年今古文之争的集中反映，也是东汉初年今古文之争的继续与发展。在东汉初年，就有围绕《左传》为中心的古文经典是否应该被立于学官的论争，光武帝时有

---

① 章如愚：《群书考索》卷六，《四库全书》本，上海古籍出版社 1987 年版。

古文经学的陈元与博士范升围绕《左传》的论争，汉章帝时有古文经学家贾逵为争立《左传》而附会谶纬，因此得到皇帝的格外青睐而最为显贵，但贾逵也遭到了公羊学家李育等人的顽强反击。《后汉书·儒林传下》载：

> 李育字符春，扶风漆人也。少习《公羊春秋》。沉思专精，博览书传，知名太学，深为同郡班固所重。固奏记荐育于骠骑将军东平王苍，由是京师贵戚争往交之。州郡请召，育到，辄辞病去。常避地教授，门徒数百。颇涉猎古学。尝读《左氏传》，虽乐文采，然谓不得圣人深意，以为前世陈元、范升之徒更相非折，而多引图谶，不据理体，于是作《难左氏义》四十一事。建初元年，卫尉马廖举育方正，为议郎。后拜博士。四年，诏与诸儒论《五经》于白虎观，育以《公羊》义难贾逵，往返皆有理证，最为通儒。

由于李育在经学上的造诣高于贾逵，是当时公认的"通儒"，他驳难贾逵"皆有理证"，所以，尽管贾逵的附会最得汉章帝的青睐，但《左传》也没有得以立于学官。而何休的"三阙"之作正是"追述李育意"，攻难贾逵与二传，所以，这是继李育之后对古文经学的再次反击，是东汉光武帝、章帝以来今古文之争的延续。故王应麟《玉海·艺文·春秋》说：

> 何休作《墨守》以距《长义》，以强义为《废疾》以难《穀梁》，造《膏肓》以短《左氏》。

所谓《长义》是指贾逵的《左氏长义》，即《后汉书·贾逵传》说的"帝善逵说，使发出《左氏传》大义长于二传者"，贾逵上书中也有《左氏》"义长"之语。可见《公羊墨守》之作，直接针对的是贾逵，是为了反驳贾逵的《左氏》义长于《公羊传》的说法。并由此证明《公羊》义理深远，不可驳难，如墨翟之守城。故《公羊墨守》虽然佚失，但可以肯定是针对贾逵等人而发，具体内容应该是针对贾逵所谓的《公羊》不如《左传》之说，来阐发《公羊传》的圣人正义。所谓强义是说《公羊》之义强于《穀梁》，并以此证明《穀梁》之失，如人有废疾一般，这是何休《穀梁废疾》之名的含义，这是自西汉以来今文经学内部之争的继续。膏肓一词，出自《左传》成公十年的医缓之语："疾不可为也，在肓之上，膏之下，攻之不可，达之不及，药不至焉，不可为也。"病在膏肓喻疾病已经深入到了药物无法医治的地方，何休以《左氏膏肓》命名，是批评《左氏》之说如同疾病的不可救药，毫无可取。从何休著作这三部书的动机与书名中，可以看出何休的这三部书，主要是东汉今古文经学之争的产物，也是经学史上第一次系统论说三传优劣的文献。

何休的三部书，也遭到郑玄的批评：

> 时任城何休好《公羊》学，遂著《公羊墨守》、《左氏膏肓》、《穀梁废疾》；玄乃发《墨守》，针《膏肓》，起《废疾》。休见而叹曰："康成入吾室，操吾矛，以伐我乎!"初，中兴之后，范升、陈元、李育、贾逵之徒争论古今学，后马融答北地太守刘瑰及玄答何休，义据通深，由是古学遂明。①

郑玄对何休的批评，并不是完全站在古文经学立场对今文经学的批评。郑玄批评何休的依据尽管是以古文经学为主，但也杂采三传，兼取古今，这是需要说明的。不能因为何休是今文经学，批评何休就一定都是古文经学反对今文经学。同时，也不可否认，郑玄采古文经学驳斥何休的内容，是可以作为今古文经学的异义来处理的。较为公允地说，汉代今古文经学都各有其价值，三传对《春秋》亦各有发明，各囿其说，都有所蔽。郑玄胜于两汉其他经学家的地方就在于能够不分今古，吸收各家之说。故范晔称许郑玄说他"括囊大典，网罗众家，删裁繁诬，刊改漏失，自是学者略知所归"②。而他不拘一家之说对"三阙"的批评，自然被范晔许为"义据通深"，也得到何休的入室操戈之叹。何休与郑玄的争论是东汉也是整个经学史上的重大事件，不仅在当时而且对整个经学史的发展都有深远的影响。遗憾的是何休的

---

① 范晔：《张曹郑列传第二十五》，《后汉书》卷三十五，《四库全书》本，上海古籍出版社1987年版。

② 范晔：《张曹郑列传第二十五》，《后汉书》卷三十五，《四库全书》本，上海古籍出版社1987年版。

"三阙"与郑玄针对"三阙"而作的著作，都没有完整保存下来，只有后人辑佚的很少部分。虽然不能从中窥见何休之说的全部，但也能见豹之一斑。

二、墨守、废疾与膏肓

今存辑佚的《发墨守》仅有四条材料。其中"孝子祭祀惟致其诚信与其忠诚而已，不求其为"一条，[①] 与"隐为摄位，周公为摄政，虽俱相幼君，摄政与摄位异也"一条，都只知郑玄之义，而何休之义不明。另外两条，可见何休之义。一条是何休申论《公羊传·鲁桓公十一年》的"古者郑国处于留"，涉及郑国地理变迁的问题。郑玄否认何休之说，惠栋的《九经古义》卷十三认为何休之说是正确的。此条无关经学大义，不过是训诂考据之争。

另一条涉及《公羊传·鲁僖公二十四年》，甘公子带作乱，周襄王出居于郑。何休据《公羊》"王者无外"之义，认为这一记载是贬斥周襄王不孝母亲惠后："不能事母，罪莫大于不孝，故绝之言出也，下无废上之义，得绝之者，明母得废之，臣下得从母命。"郑玄则杂取《公羊》与《左氏》之说[②]，认为周襄王虽然有不能事母的不孝，但《春秋》书"天王出居于郑"，并不是针对这一点，而主要是指责他的自绝于周："今襄王实不能孝道，称惠后，教而乱作，出居于郑，自绝于周，故孔子因自绝而书之。"何休的说法不仅是战国齐学的说法，也是战国鲁学的看法。《公羊传》在"王者无外，此其言出何？不能乎母也"，阐明齐学的观点后，还引有鲁子曰："是王也，不能乎母者，其诸此之谓与？"而鲁子是《公羊传》对鲁地儒生的泛称，这是齐学引鲁学互证其说。这条材料表明，在论说《春秋》的义理上，何休比较重视伦理道德的评判，是以对周襄王的不孝母亲行径，以周襄王与惠后的母子关系，以子应当孝母为大前提，来评判周襄王；而郑玄则主要是以周襄王的出居于郑的事实，来指责周襄王的自绝于周。这正好说明公羊学的训解《春秋》时较为重视义理，而郑玄此处采左氏学，重视的是史实。经学界绝大多数都肯定《公羊》长于义，而《左氏》长于史，是合于事实的，

---

① 本节论何休"三阙"所引文字皆出于《四库全书》本的《发墨守》、《起废疾》、《箴膏肓》辑佚本，故下面的相关引文不再注明。

② 参见《春秋公羊传注疏·鲁僖公二十四年》徐彦疏。

何休与郑玄之争也表明了这点。

就辑佚的《起废疾》四十条来看，何休废疾《穀梁》的多数内容，在批评《穀梁传》的自相矛盾、义相反对、不别其义等理论的缺失。其中指责《穀梁传》的不守其例有数条之多，如《春秋》记事有书日与不书日之别，《公羊传》与《穀梁传》皆以为孔子的书日不书日为《春秋》之例，其中隐含圣人之义。但何休认为《穀梁传》在书日与不书日的解说中，多前后相违，矛盾百出。《穀梁传》以"大夫日卒，正也。不日卒，恶也"①为例，但于公子益师与公子牙、季孙意同为有恶行者，记载其卒却有书日与不书日的不同；《穀梁传》以盟会书日为美，不书日为恶，齐桓公信著于天下的柯之盟却不书日，而威信衰落的葵丘之盟却书日，如此等等，这些都存在自相矛盾的情况，受到何休的指责。何休在做类似批评时，常常将《穀梁传》前后对类似事件的自相矛盾判定相比较为说，如：

> 泓之战，即宋公身伤，当言公不当言师，成十六年楚子败绩是也；又成十六年《传》曰不言师，君重于师也。即成十六年，是二十二年虚言也；即二十二年，是十六年非也。

泓之战发生在鲁僖公二十二年（前 638 年），是宋国与楚国之间的一次战争。在这次战争中，宋襄公受伤兵败，《穀梁传》作"宋师败绩"；但鲁成公十六年（前 575 年），晋国与楚国之战，楚王也受伤，《穀梁传》却称"楚子败绩"。这两次战争都有国君受伤的情况，而《穀梁传》却一称师，一称君，这存在明显的不一致，何休认为《穀梁传》两处的记载是相互矛盾的。这实际上是以形式逻辑的同一律来批评《穀梁传》，的确，在《穀梁传》中对同一性质的事件，前后的表述用语不同的情况是存在的，而且这种现象比较多。揭示《穀梁传》的这些矛盾并进行批评，构成《穀梁废疾》的大部分篇目。何休在批评《穀梁传》的类似失误时，常常以"自相反矣"、"义相违"、"其事一也，义异何也"等语，或是反诘"何以明之"、"何以别乎"等来说明，这是何休评判《穀梁传》自相矛盾的经典用语。

---

① 《穀梁传·隐公元年》。

同时，何休批评《穀梁传》更注意从理的角度进行，如说"《穀梁》以苞人民为轻，斩树木坏宫室为重，是理道之不通也"；"《春秋》以执之为罪，不以释之为罪，责楚子专释宋公，非其理也"。何休所说之理，既包括常识之理，但主要是《公羊传》所说的义理。《公羊传》的义理不是别的，就是孔子在《春秋》隐含的大义。所以，评判《穀梁传》的训释《春秋》不得圣人大义，成为何休评判的最重要内容：

> 何休曰："宁喜本弑君之家，献公过而杀之，小负也，鱄以君之小负自绝，非大义也，何以合乎《春秋》？"

卫定公为宁喜所杀，卫献公即位背约，而杀宁喜，卫献公的弟弟鱄是宁喜的弟子，因宁喜被杀，而出奔晋。《穀梁传·襄公二十七年》（前572年）评说此事"鱄之去，合乎《春秋》"，何休在《公羊解诂》则批评鱄"守小信而忘大义，拘小介而失大忠"①，认为鱄的行为不合《春秋》大义。围绕是否合于《春秋》大义，比较三传优劣是何休"三阙"的中心所在。

何休批评《穀梁传》的内容，多数较有理据，但也存在个别误说。如"王人子突救卫"，《穀梁传》以为"子突"为王人的字，而"何休以为，称子则非名也"。将子突两字分开，以子为爵称。其实，如郑玄《起废疾》所批评，子突为王人之字："王人贱者录则名可，今以其衔命救卫，故贵之，贵之则子突为字，明矣。此名当为字误耳。"当然，何休此说也被叶梦得所认可，并成为叶梦得批评《穀梁传》的根据。② 但平心而论，若子为爵号，就不应该是《公羊传》所说的"微者"，既为微者，当指没有爵位的人，而不可能是有子爵身份的人。何休、叶梦得将王人子突与宋子哀同等看待，说王人子突的子是指爵位，是根本不能成立的。《春秋》有晋侯、齐侯、宋子等记载，其中的子、侯为该国国君的爵位，是将爵位书在国号之后，绝没有将子等爵号书于王人、楚人之后，所以，叶梦得的维护何休在《春秋》中是没有根据的。又如，鲁宣公十年，《春秋》书"齐崔氏出奔卫"，《穀梁

---

① 阮元：《十三经注疏》下册，中华书局1982年版，第3212页。
② 叶梦得说："子突犹言宋子哀，称子则字矣，非名也，何休之言是矣。"（《春秋穀梁传谳》卷三）。

传》说："氏者，举族而出之之辞也。"何休批评说："氏者，讥世卿也，即称氏为举族而出，尹氏卒，宁可复以为举族死乎？"尹氏卒见于《春秋·鲁隐公三年》，是记载周朝大夫尹氏的去世，只针对尹氏大夫一人，而宣公十年的崔氏奔齐是崔氏家族的迁徙，《穀梁传》的解释是正确的。绝不能以《穀梁传》的这一解释运用到尹氏卒，非难《穀梁传》有尹氏"举族死"之义，而《穀梁传》的作者也不可能有将尹氏一人去世视为尹氏家族去世。

何休对《左传》的批评则十分苛严。他认为《左传》对《春秋》的误解，犹如病入膏肓，毫不可取，所以，何休批评《左传》的用语常常十分严厉。今存辑佚的《箴膏肓》二十余条，常见何休以"于义《左氏》为短"、"《左氏》为短"等语，直言不讳地指责《左传》的缺失。短与长相对，何休一再直言《左传》为短，这是直接针对贾逵的《左氏》义长而发。就批评的内容而论，何休批评《左传》，虽然也有从自相矛盾等来批评《左氏》的内容，如他诘问《左氏》"以宰渠伯纠父在，故名；仍叔之子何以不名？又仍叔之子以为父在称子，伯纠父在何以不称子"？但绝大多数是指斥《左传》的不合礼制，违背圣人之道，这与批评《穀梁传》主要在例的自相矛盾、理论前后相违背有很大区别。这种不同是因为《公羊》与《穀梁》之争，是今文经学的内部之争，而《公羊》与《左传》之争则是今古文经学之争。

何休批评《左传》的不合礼制，涉及君主的承继、婚娶、丧礼等古代重要的礼制。试举何休对《左传》所载鲁文公年间的数起涉及丧礼的批评，以见何休批判《左传》的一斑。《左传·鲁文公元年》，"穆伯如齐，始聘焉，礼也。凡君即位，卿出并聘，践修旧好，要结外授，好事邻国，以卫社稷，忠信卑让之道也"。丧礼有三年的时间规定，鲁文公元年（前626年）无疑在三年之丧的时间内。《左传》不以为非，还许为合礼，何休批评说："三年之丧，使卿出聘，于义《左氏》为短。"《左传·鲁文公五年》（前622年），鲁国为僖公的母亲成风举行葬礼，"王使荣叔归含且赗，召昭公来会葬"，《左传》以"礼也"予以肯定，成风原本为鲁庄公之姜，并非夫人，所以，何休认为《左传》不仅犯了尊卑不分的错误，也违背了礼不兼二的原则："礼尊不含卑，又不兼二礼，《左氏》以为礼，于义为短。"鲁文公九年（前618年），《春秋》载"秦人来归僖公、成风之襚"。《左传》亦以为合礼，何休认为秦人在鲁僖公去世后九年、成风去世后四年才送上丧礼，时间过晚，是不敬，又一使兼二丧，所以不合于礼："礼主于敬，一使兼二丧，又于礼既缓，而《左氏》以为礼，非也。"这些批评《左氏》义短的说法，都是以《左氏》不合礼制为断的。

礼的特点是讲尊卑等级之分，而体现于名与相应的物上，故孔子特别重视名与器，何休认为《左传》的不合于礼，也往往表现在对名器的滥用上。他在批评《左传》的赐郑国大夫大路时说："天子之车称大路，诸侯车称路车，大夫称车，今郑子侨诸侯之大夫耳，当与天子士同，赐其车而名之曰大路，非正也。孔子曰：'惟器与名不可以假人，名不正则言不顺。'于义《左氏》为短。"何休对《左传》的这些批评都紧紧围绕着礼制，这是汉代今古文的经学之争的重心。许慎的《五经异义》一书，记录汉代今古文经学之争也以礼制为主要内容，晚清的廖平能够提出以礼制平分今古文经学的论点，以《五经异义》为根据，何休的《左氏膏肓》一书再次证明了汉代的今古文经学之争的中心在礼制的这一特点。

经学论辩常常打着孔子的旗号，以维护圣人之道的纯洁性相标榜。何休的批评《左传》，也往往据孔子的思想来批评《左传》。如《左传》载子产论伯有为鬼的言论，何休就批评说："孔子不语怪力乱神，以鬼神为政，必惑众，故不言也。今《左氏》以此，令后世信其然，废仁义而祈福于鬼神，此大乱之道也。子产虽立良止以托继绝，此以鬼赏罚，要不免于惑众，岂当述之？"何休这一反对假鬼神为政的批评，是合于孔子的思想的。但是，经学家理解的圣人之道无不带有时代的烙印，何休也不时用汉代经学形成的某些观念来批评《左传》。如他批评《左传》载鲁昭公四年（前563年）申丰论雨雹时说："《春秋》书雹，以为政之所致，非由冰也。若今朝廷藏冰，亦不于深山穷谷，何故或无雹。天下郡县皆不藏冰，何故或不雹。若言有之，于古必有验于今，此其不合于义，失天人相与之意。"申丰论雹与藏冰之道的关系固然不科学，不能正确地说明雹的形成，但何休用天人感应的观念，将雹说成是政治原因造成的，完全是汉代天人感应的思想，而不是孔子的思想。正是历代经学家将各自的思想观念加入经典的解释中，加在孔子身上，才使孔子的圣人之道日新不已，同时也与孔子思想的本来面目相去愈远。所以，经学的解释，固然受到经典文本的制约，但从来就不是完全忠实于经典、忠实于孔子思想的原貌来进行，而带有解释者的时代与个人的印记。

不仅如此，何休在批判《左传》时，也有对《左传》的曲解。如《左传》载鲁襄公十一年（前562年），"作三军，三分公室，而各有其一"，是说三家始专兵甲，卑公室之意，但何休却误解为尊公室之义，而批评说："《左氏说》云：尊公室。休以为与舍中军义同，于义《左氏》为短。"《左传》这里并没有尊公室之说，何休犯了自己所批评的"以无为有"的错误。

何休是在谶纬神学十分泛滥的时代攻难二传，以此来维护春秋公羊学的经学权威。所以，他的三部著作不仅都受到谶纬神学的深刻影响，而且是以谶纬神学作为评判的最高准绳。在残存的数十条何休的"三阙"中，就可以看到如下引用谶纬神学为说的材料：

> 《感精符》云："立推度以正阳，日食则鼓用牲于社，朱丝萦社，鸣鼓胁之。"《左氏》云："用牲非常。"明《左氏》说非夫子《春秋》，于义《左氏》为短。
>
> 蠡犹众也，死而队者，象宋群臣相残害也。今《穀梁》直云"茅茨尽矣，著于上，见于下，谓之雨"，与谶违，是为短。
>
> 《运斗枢》曰："夏不田。"《穀梁》有夏田，于义为短。

这里不仅直接引用谶纬神学的著作，作为判断是非得失的根据，还明确地将不合谶纬神学的说法，划入"非夫子《春秋》"的范围，不仅直接将谶纬神学与圣人之道相等同，而且以违谶与义短相提并论。反映了东汉谶纬神学高踞于经学之上的现实。这不仅表现在何休的经学中，郑玄反诘何休"三阙"的著作，同样也是如此，仅在残存的《箴膏肓》中，郑玄就数次据谶纬以驳难何休：

> 箴曰："用牲者不宜用，《春秋》之通例，传说正阳朱丝鸣鼓，岂说用牲之义也，谶用牲于社者，取经宛句耳。
>
> 箴曰："狂狡临敌拘于小仁，忘在军之礼，讥之，义合于谶。"
>
> 郑《箴膏肓》云："刺襄公不度德不量力，引《考异邮》至襄公大

辱，师败于泓，徒信不知权谲之谋，不足以交邻国，定远疆也。此是讥
师败也，《公羊》不讥，违《考异邮》矣。"

东汉围绕《春秋》三传长短的论辩，无论是维护《公羊》，还是袒护《左
传》，都无不以谶纬为标准，谶纬成为判断是非得失、经学正义的最高准绳。
汉光武帝、汉章帝时的今古文之争是如此，何休与郑玄的论辩也是如此，这
说明谶纬神学对东汉经学的侵蚀是何等深入，也使东汉的经学染上了浓厚的
神秘主义色彩。

第三节 《解诂》的以例说经

《春秋公羊经传解诂》是何休最重要的经学著作，这部书的出现是对汉
代春秋公羊学两百多年发展的总结，也是春秋公羊学发展史上最重要的典
籍。如果说《公羊传》在春秋公羊学的发展中起到了奠基作用，《春秋繁
露》对春秋公羊学首次作出系统的阐发，那么《春秋公羊经传解诂》则是
春秋公羊学理论的集大成，这三部著作是春秋公羊学发展史上的三个里
程碑。

一、何休经学的特色

在春秋公羊学中，何休是第一位以例解经著称的经学大师。以例说经是
何休解诂《春秋公羊传》的最大特色。何休说例集中存于《文谥例》，《隋
书·经籍志》载有何休撰《春秋公羊谥例》一卷，南北朝梁仍存有何休
《春秋公羊传条例》一卷，即徐彦疏所说《文谥例》。但此文原本早佚，今散
存于徐彦疏中。徐彦疏引《文谥例》："此《春秋》五始、三科、九旨、七
等、六辅、二类之义，以矫枉拨乱，为受命品道之端，正德之纪也。"①毛奇
龄论《春秋》之例可与徐彦疏相互参照：

---

① 朱彝尊的《经义考》卷一百七十二引："徐彦曰何氏作《文谥例》有五始、三科九旨、七等、
六辅、二类、七缺之义。"较今本《十三经注疏》多七缺。

《春秋》义例不一，无一是处，大抵此白彼墨，前三后四，必不能画一，而前人相传科指，又极其旁赜。如所云二类（天灾、人事）、三体（正例、变例、非例）、五情（一微而显、二志而晦、三婉而成章、四尽而不污、五惩恶而劝善）、五始（一元年、二春、三王、四正月、五即位）、六辅（公辅天子、卿辅公、大夫辅卿、士辅大夫、京师辅君、诸夏辅京师）、七缺（一夫道缺、二妻道缺、三父道缺、四子道缺、五君道缺、六臣道缺、七周公礼缺）、九旨（一故宋、二新周、三新王、四所见异词、五所闻异词、六所传闻异词、七内其国、八内诸夏、九外夷狄），诸所流衍，皆猥劣不足道。①

这里所批评的无一是处的《春秋》义例，在徐彦疏之外，毛奇龄还提到所说三体、五情、七缺。其中五情的微而显、志而晦、婉而成章、尽而不污、惩恶而劝善，出于《左传》，非春秋公羊学的义例。而正例、变例、非例的三体义例，则为赵汸等人对《春秋》义例的归纳。所以三体、五情的义例，无何休说的明证，故不能将其作为何休的义例来讨论，② 论何休义例当据《文谥例》之说。而晁说之、朱彝尊都以七缺出于何休，因此，七缺也将作为何休的义例来说明。

春秋公羊学所谓例，是与阐发圣人的微言大义联系在一起的，例中有义，义以例明，故又称为义例、义法。③ 何休的以例说经，在《春秋》与《公羊传》中是有依据的。司马迁有孔子著《春秋》的笔削之说，《公羊传》也重视《春秋》的书法，常常从所谓书与不书来探求《春秋》之义，讲书法就有规则；《礼记·经解》有《春秋》"属辞比事"之说，词、事类

---

① 毛奇龄：《春秋毛氏传》卷一，《四库全书》本，上海古籍出版社 1987 年版。
② 葛志毅在《〈春秋〉例论》一文中，就已经对此发表过相关的意见，参见《管子学刊》2006 年第 3 期。
③ "义法"一词，出自司马迁《史记·十二诸侯年表》："是以孔子明王道，干七十馀君，莫能用，故西观周室，论史记旧闻，兴于鲁而次春秋，上记隐，下至哀之获麟，约其辞文，去其烦重，以制义法，王道备，人事浃。"杨向奎亦喜用义法来说明义例。如《论何休》说："何休的《公羊传解诂》是比较完备的公羊学派义法的总结。"（杨向奎：《译史斋学术文集》，上海人民出版社 1983 年版，第 163 页）"自战国到汉末，公羊学有许多发展和变化，积累了许多公式和义法。但后来的公羊学随着社会的演变和发展，违背了过去的义法，过去的义法也脱离了当时的现实，何休有时未免进退失据，因而歪曲事实，曲解历史。"（同上书，第 172—173 页）但较为普遍的是用义例一词来说明。

的归纳都需要一定的准则，这些都属于《春秋》的例。《说文解字》："例，比也。"段玉裁注："《释文》例本作列，盖古比、例字只作列。"①葛志毅先生说："例本作列，列应为例之初文，故二字义本通。"②列在《左传》、《国语》、《汉书》、《太玄》等古籍中有次、位、序等含义，③ 故例的本义是序列相类的事物，以求得其中规则、法则。皮锡瑞说：

> 《礼记·经解》引孔子曰："属辞比事，《春秋》教也。"又曰："《春秋》之失乱。"《经解》引此为夫子自道，是犹孟子两引孔子之语，皆圣人自发其作《春秋》之旨，最可凭信。古无例字，属辞比事即比例，《汉书·刑法志》师古曰："比，以例相比况也。"《后汉书·陈宠传》注："比，例也。"夫子以《春秋》口授弟子，必有比例之说，故自言属辞比事为《春秋》教，《春秋》文简义繁，若无比例以通贯之，必至人各异说，而大乱不能理，故曰《春秋》之失乱。乱由于无比例，是后世说经之弊，夫子已预防之矣。何休《公羊解诂序》曰："往者略依胡毋生《条例》，多得其正。"是胡毋生以《公羊传》著于竹帛，已为之作《条例》。董仲舒曰："《春秋》无达例。"则董子时《公羊春秋》已有例可知，胡毋生《条例》，散见《解诂》，未有专书，何休《文谥例》，仅见于疏所引，《公羊传条例》，见于《七录》，今佚，刘逢禄作《公羊何氏释例》以发明之。④

胡毋生著《条例》，虽然无见原本，但《公羊传》中确有例的说明，见僖公元年："春王正月，公何以不言即位？继弑君，子不言即位。此非子也，其称子何？臣子一例也。"这是《公羊传》言例的明文。而《公羊传》言书、不书等规定，其实都是例的体现。段熙仲说："然则何者书？何者不书？书固例，其不书亦例也。"⑤并在该书的第四编"释例"的第一章中，将《公羊

---

①　段玉裁：《说文解字注》，中华书局 1981 年版，第 381 页。

②　葛志毅：《〈春秋〉例论》，《管子学刊》2006 年第 3 期。

③　参见阮元：《经籍籑诂》下册，上海古籍出版社 1989 年版，第 956 页。

④　皮锡瑞：《论春秋必有例刘逢禄、许桂林释例大有功于〈公羊〉、〈穀梁〉，杜预释例亦有功于〈左氏〉，特不当以凡例为周公所作》，《经学通论》卷四，中华书局 1982 年版，第 53 页。

⑤　段熙仲：《春秋公羊学讲疏》，南京师范大学出版社 2002 年版，第 228 页。

传》之例主要归纳为时、月、日例、灾异例、名例、内外例等十二类。董仲舒的《春秋繁露》没有例一词，也没有"《春秋》无达例"一说，皮锡瑞此说是误记《精华》的"《春秋》无达辞"而来。但绝不能以此否认董仲舒有例的思想，及其在解《春秋》时的以例解经，董仲舒所说的常辞、变辞，从例而言，就是后人所说的《春秋》正例、变例，[1] 只不过董仲舒既注重辞的原则性，又不忽略辞的灵活性，没有将例视为一成不变。可见，在何休之前公羊学已经存在以例解经，并且是公羊学解经的重要方法，但不存在以例说经的普遍化、固定化，而何休的《解诂》则将以例解经普遍化、固定化，一切皆纳入例的说明中，如"会葬皆同例"[2]、"朝聘会盟，例皆时"[3]、"故从小国例"[4]、"弑未逾年君，例当月"[5] 等等，以例解经的普遍化、固定化是何休春秋公羊学的最大特色。清代刘逢禄的名著《春秋公羊经何氏释例》，对何休的以例解经归纳为 30 例，是其系统的总结说明。从刘逢禄由《解诂》所归纳出的义例，可见何休言例之烦琐。

二、"二类"诸例

"二类"、"五始"、"六辅"、"七等"、"七缺"、"三科九旨"等是何休以例说经的大纲，由于"三科九旨"是何休公羊学的核心内容需要特别论述，这里仅对"二类"等以例说经进行讨论。为了论说的方便，可以将这些义例按其内容分为三部分："五始"为一部分，是何休关于"正本贵始"的说明；"二类"与"七缺"为一部分，是何休关于政治缺失与灾异的内容；"六辅"与"七等"为一部分，是何休对维护君主专制的中央集权的制度设计。

（一）"五始"

据徐彦所引何休《文谥例》，"五始"是指元年、春、王、正月、公即位。在何休著作《解诂》前，谶纬神学就很重视五始说，纬书还给它穿上

---

① 如段熙仲说："《春秋》之常辞，即其正例。"（段熙仲：《春秋公羊学讲疏》，南京师范大学出版社 2002 年版，第 227 页）

② 阮元：《十三经注疏》下册，中华书局 1982 年版，第 2199 页。

③ 阮元：《十三经注疏》下册，中华书局 1982 年版，第 2202 页。

④ 阮元：《十三经注疏》下册，中华书局 1982 年版，第 2209 页。

⑤ 阮元：《十三经注疏》下册，中华书局 1982 年版，第 2252 页。

了十分神秘的外衣，在残存的纬书中，至少有三段与"五始"说相关的材料：

> 《春秋·公①诚图》曰："黄帝立五始，制以天道。春者，四时之始；王者，受命之始；正月者，政教之始；公即位者，一国之始。五者同日并见，相须而成。"②
>
> 《春秋·元命包》："黄帝受图，立五始：元者，气之始；春者，四时之始；王者，受命之始；正月者，政教之始；公即位者，一国之始。元年者何？元宜为一，谓之元何？曰君之始元也。"③
>
> 《春秋·保乾图》："黄帝坐于扈阁，凤凰衔书至帝前，其中得五始之文焉。"④

这三段材料皆以"五始"说是天神授予黄帝，再由黄帝传自人间。天神至高无上，黄帝是最受推崇的圣王，将"五始"说的发明归于天神，传于黄帝，可见"五始"说的神圣。据黄道周说："《春秋》五始，一元年，二春，三王，四正月，五公即位，以此五始配得五帝之德，为天下万物纲纪，黄帝所授施于仲尼，以为《春秋》二百四十二年文万七千余言，每言一义不可增损。自公、榖、左氏皆为此说。"⑤这里不仅认为黄帝将"五始"说授予孔子，孔子将其著于《春秋》，还认为"五始"说是三传的共同观念。三传未必皆有"五始"说，但可见"五始"说在春秋学中的地位。何休将"五始"说作为《公羊传》的重要义例，明显受到谶纬神学的影响。

《春秋》在记录国君即位第一年，一般都有"元年春，王正月，公即位"这样九个字，将这九个字拆开来，就是所谓"五始"。但《公羊传》并没有将这九个字解释为"五始"，董仲舒"贵元重始"，实际上已经提出了"五始"说："是故《春秋》之道，以元之深，正天之端，以天之端，正王

---

① 《春秋纬》有《握诚图》，而无《公诚图》，疑"握"误为"公"。

② 转引自段熙仲：《春秋公羊学讲疏》，南京师范大学出版社 2002 年版，第 436 页。但孙毂的《古纬书》无此条材料。

③ 孙毂：《古微书》卷六，《四库全书》本，上海古籍出版社 1987 年版。

④ 孙毂：《古微书》卷十二，《四库全书》本，上海古籍出版社 1987 年版。

⑤ 黄道周：《榕坛问业》卷十四，《四库全书》本，上海古籍出版社 1987 年版。

之政，以王之政，正诸侯之即位，以诸侯之即位，正竟内之治，五者俱正，而化大行"①。汉宣帝时的王褒在《圣主得贤臣颂》中，所引"《记》曰"也有"《春秋》法五始之要"② 一说。但后来为人们所公认的"五始"说，则见于何休如下一段话：

> 即位者，一国之始，政莫大于正始，故《春秋》以元之气，正天之端；以天之端，正王之政；以王之政，正诸侯之即位；以诸侯之即位，正竟内之治。诸侯不上奉王之政，则不得即位，故先言正月，而后言即位；政不由王出，则不得为政，故先言王，而后言正月也；王者不承天以制号令，则无法，故先言春，而后言王；天不深正其元，则不能成其化，故先言元，而后言春。五者同日并见，相须成体，乃天人之大本，万物之所系，不可不察也。③

不可否认，何休的"五始"说是董仲舒"贵元重始"说的发挥，但论说更为精密。何休的"五始"说是将从世界本原到一国境内之治的宇宙秩序，分为五个层次，五个层次不同，但又互为整体、密不可分。这五个层次之间存在相互隶属的关系，低一层次受高一层次制约，高一层次决定着低一层次。"五始"虽然有层次分别，但无时间的先后之分，所谓"五者同日并见，相须成体"。这是董仲舒"五始"说所没有的说法。强调五者的整体性、同时性是何休"五始"说的特点。

何休"五始"说的五个层次可分为气、天、人三大层次，其中元属气，春、王属天，正月、公即位为人的层次，而不是只有天人两个层次。这是何休与董仲舒"五始"说的不同之处，董仲舒的"五始"说以天为最高范畴，而何休则以天之上还有一个元气的本原。他说：

① 董仲舒：《二端第十五》，《春秋繁露》卷六，钟肇鹏：《春秋繁露校释》（校补本）上册，河北人民出版社 2005 年版，第 338 页。

② 王褒：《圣主得贤臣颂》，祝穆：《古今事文类聚·别集》卷八，《四库全书》本，上海古籍出版社 1987 年版。

③ 阮元：《十三经注疏》下册，中华书局 1982 年版，第 2196 页。

变一为元，元者，气也，无形以起，有形以分，造起天地，天地之始也，故上无所系而使春系之也。不言公，言君之始年者，王者诸侯皆称君，所以通其义于王者，惟王者然后改元立号。……明王者当继天奉元，养成万物。①

何休的王者改元立号等说，董仲舒早有其说，何休的新观念是以气释元。何休的以气释元与中国哲学在汉代的发展有密切联系，自西汉末年出现谶纬神学以来，以气为世界本原的哲学思潮也开始发展起来，到东汉的王充就已经提出了系统的元气自然论。② 何休以气释元的观念就出于纬书，徐彦疏：

《春秋说》云："元者，端也。气泉。"注云："元为气之始，如水之有泉，泉流之原，无形以起，有形以分，窥之不见，听之不闻。"宋氏云："无形以起，在天成象；有形以分，在地成形也。"然则有形与无形，皆生乎元气而来，故言造起天地，天地之始也。③

这里的《春秋说》，即《春秋纬·元命苞》之文，见孙毂所辑《古纬书》卷六。何休将元年之元独立开来，并借用纬书的以气释元，认为元在天地之前，是天地形成的根源，这就使元处于天之前、天之上的位置。气之始的元是无形与有形的统一，无形之天与有形之地，皆由元气而生成，这一说法为春秋公羊学的理论增添了形而上的哲学色彩。但在《公羊传》与董仲舒的思想中，元绝没有气的含义。何休以气释元，是对西汉末年以来哲学发展新成果的吸收。但这也遭到后人的批评，齐召南说：

董仲舒曰："《春秋》谓一元之义，一者，万物之所从始也。元者，辞之所谓大也，谓一为元者，视大始而欲正本也。"按董子解经明白纯粹如此，何有于有形、无形上无所系云云，如何氏所说乎？刘敞《春秋权衡》纠何氏之谬曰："元年者，人君也，非太极也。以一为元气，

---

① 阮元：《十三经注疏》下册，中华书局 1982 年版，第 2196 页。
② 参见黄开国：《王充元气自然论简析》，《浙江学刊》1985 年第 1 期。
③ 阮元：《十三经注疏》下册，中华书局 1982 年版，第 2196 页。

何当于义？其过在必欲成五始之说，而不究元年之本情也。上无所系，文势当然耳。"此论最当。①

　　刘敞与齐召南的批评是很有道理的，也道出了何休以气释元的目的，是为了"五始"说制造根据。这就是以气释元，五始说的气之始才有成立的根据。但是，元之气只是虚悬一格，因为何休"五始"说真正有决定意义是天命。

　　春与王皆为"五始"说的天之始的内容，分别是从天的自然属性与具有无上权威的天命观为说。春为一年四时之始，这是从自然属性言天之始。《春秋·元命苞》说："春者，神明推移，精华结纽，春含名蠢，位东方，动春气，明达六合，俱生万物受节，五行并起。"②天有四时的变化，由四时而一年具，从春开始四季顺序变化，反映了万物生发、成长、成熟、收藏的完整过程。春原本只是表示四时之始，但在何休的"五始"说中，春又绝不仅仅是自然属性的历象，而是与新王改制的元年相联系的，是改制后新王元年之春。何休"五始"说的核心是王为受命之始，这是从天命言始，也是"五始"说得以成立的根本。所谓受命之王，并不是《春秋》最先记载的鲁隐公，也不是历代周王，而是指的周文王：

　　　　以上系王于春，知谓文王也。文王，周始受命之王，天之所命，故上系天端。方陈受命制正月，故假以为王法。③

以"王正月"之"王"为周文王，原出于《公羊传》，董仲舒亦有论说。但是，王为何就是文王，《公羊传》无说，董仲舒是从新王改制的角度来论说的，何休则将其作为"五始"说的内容，作为"五始"说的一个环节。从文句说，王的位置在春之后，而春为天，按照经学的理念，能够与天相配的，只能是受命于天的圣王，而周始受命之王是文王，通过这样的论证，何休就从文字学上，替王为文王之说提供了证据。在"五始"说中受命之王固然上系天端，继天奉元，与天意相沟通，但同时又是天意在人类社会的落实者，

　　① 齐召南：《春秋公羊传注疏考证》卷一，《四库全书》本，上海古籍出版社1987年版。
　　② 孙毂：《古微书》卷六，《四库全书》本，上海古籍出版社1987年版。
　　③ 阮元：《十三经注疏》下册，中华书局1982年版，第2196页。

处于贯通天人的地位。通过这个环节，"五始"说就成为贯通天人的学说了。

以文王释"王正月"之"王"，后来成为春秋公羊学的重要观念之一。但也遭到后人的批评，如刘敞说：

> 王者孰谓？谓文王也。亦非也。《公羊》言王者正受命是矣，其言文王则非矣。春、秋者王政之本，故假王以正万事，置之春正之间者，明天子受命于天，诸侯受命于君，不但指文王也。又《公羊》以谓黜周、王鲁，即指文王，非黜周也。又《公羊》以谓王道三统，即指文王，非三统也。此其自相背也。①

刘敞的这一批评最有代表性，以王为文王，不但与何休以鲁为王的王鲁说相冲突，也与何休承认的通三统之说相矛盾。以鲁为王，"王正月"之"王"就不可能是文王，反之亦然；以通"三统"说而论，《春秋》当新王之王，无论是谁，有一点可以确定的就是这个王绝对不可能是文王，而只能是取代周代赤统的新王。当然，何休与董仲舒一样，将"王正月"之"王"说成是文王，与他们的重始理念是有密切关系的，是为"五始"说的正本寻找的根据。

正月的政教之始，则是说天命的落实始于春季的第一个月。古代历法皆以一年的第一个月为正月，但公羊学的正月绝不仅仅只是表示一年之始，更重要的还在于这是受命于天的新王改制的重要标志，所谓"方陈受命制正月"②。董仲舒早就指出，新王受命于天，为了表示受命于天，而不是受命于人，必须有改正朔、易服色等形式上的变化，而正月就是新王正朔的标志，故《春秋》以王正月为说，是表示新王改制，新的政教得以实行的开始。公为一国之君，公即位为一国之始，是王命在一国得到落实的开始。故正月、公即位说到底不过是天命在人间的落实。这是五始说所要追求的目的。五始说的气是虚悬一格的，其实是以天人关系为核心的，所以，何休以"五始"为"天人之大本，万物之所系"，这是对"五始"说实质的自道，也是五始说在公羊学中地位的说明。这与董仲舒是一致的，但何休的"五

---

① 刘敞：《春秋权衡》卷八，《四库全书》本，上海古籍出版社1987年版。
② 阮元：《十三经注疏》下册，中华书局1982年版，第2196页。

始"说与董仲舒还是有区别的，董仲舒的贵元重始重视的君主，何休则特别重视伦理对政治的作用，他说："《春秋》正夫妇之始也。夫妇正则父子亲，父子亲则君臣和，君臣和则天下治，故夫妇者，人道之始，王教之端。"①将三纲中夫妇的伦理纲常视为人道之始、王道之端，这是董仲舒所没有的说法。

何休除从"元年春，王正月，公即位"这九个字中，发明了"五始"说外，还论及"大一统"。《公羊传》最早由"王正月"三个字，发明所谓孔子的大一统思想，其后董仲舒对此也颇有发挥。何休也对"大一统"作出自己的解释：

> 统者，始也，总系之辞。夫王者，始受命改制，布政施教于天下，自公侯至于庶人，自山川至于草木昆虫，莫不一一系于正月，故云政教之始。②

何休的大一统说，以始训统，是要强调大一统的重始之义；而以"总系之辞"为说，是要说明大一统是包括人类社会从公侯到庶人的各个阶层，自然界从山河到草木禽兽的万物，无所不统。何休的这一"大一统"说与"五始"说是互通的。无"五始"则无"大一统"，"大一统"必于"五始"而见。无论是何休的大一统，还是五始说，都十分重视正始的意义，正始也是正本，这是《公羊传》、董仲舒重始思想的发展。相对而言，大一统在何休的学说中，没有在董仲舒学说中那么高的地位，更没有《公羊传》对大一统的重视，何休的大一统实际上是从属于五始说的，这是公羊学发展中理论的变化。这一变化或许可以从两个方面来说明，一方面，大一统的政治在汉代已经变为现实，而董仲舒已经为其合理性作出了详细的论说；另一方面东汉末年的宦官、外戚当政，又造成了对君主专制大一统的严重损伤，针对这一现实，要防患于未然，强调"五始"说的重始之义就显得更为重要。

何休的"五始"说后来受到两个方面的评说。有的认为"五始"说是

---

① 阮元：《十三经注疏》下册，中华书局 1982 年版，第 2202 页。
② 阮元：《十三经注疏》下册，中华书局 1982 年版，第 2196 页。

读懂《春秋》的首要关键，如家铉翁说："元年春，王正月，公即位，《传》者所谓五始也。然是五者，或因鲁史之旧文，或出圣人之新意，书元年鲁史之旧文也，书春王正月、公即位，夫子特笔，所以垂王法于后代，读《春秋》者所当首辨也。"①还有的将"五始"说视为长治久安的法宝，说"法五始要，垂万世基"②。但"五始"说更多的是遭到人们的批评，如叶梦得说："（何休）为五始之论，盖全本于谶纬，上强取天之端，而下附益以竟内之治，此亦岂《公羊》之意哉？"③刘敞说："王在春正之间，明天子受命于天，诸侯受命于天子，不但指文王也。《公羊》又谓黜周、王鲁，若即指文王，非黜周也。《公羊》又谓：王道三统，若即指文王，非三统也。此其自相背也。"④齐召南说："天子称元年于天下，诸侯称元年于其国，《春秋》本是鲁史自书，鲁君之年若晋《乘》、楚《梼杌》，自书晋君、楚君之年，《史记·十二诸侯年表》起自共和，齐、晋、秦、楚诸国，各记年份，此可为古诸侯得纪元于其国之明证也。若如何氏说，则周本王也，孔子黜之，鲁本侯也，孔子王之，是《春秋》为伤败名教，颠倒是非之尤，何氏说经妄诞如此。"⑤这些批评表明，"五始"说的理论来源是谶纬神学，以王为文王不仅非《公羊传》的本意，也与三统说自相矛盾，还极其有害名教。萧楚则从书法质疑五始说非圣人之旨：

> 或曰："书即位者，正人君之始也，故《春秋》谨五始之文。"曰："此学《公羊》者之妄也。信如其说，则书即位者得其正也，则桓之弑兄、宣之篡嫡，可谓正欤？又定以元年六月，昭公之丧，然后始得即位，亦可谓正欤？盖《公羊》之学有黜周、王鲁之说，故取五始之义，唱其端者，胡毋、董氏之说，非圣人之旨也。"⑥

---

①　家铉翁：《明五始》，《春秋集传详说·纲领》，《四库全书》本，上海古籍出版社1987年版。
②　谢维新：《君道门·登极》，《古今合璧事类备要后集》卷二，《四库全书》本，上海古籍出版社1987年版。
③　叶梦得：《春秋考》卷四，《四库全书》本，上海古籍出版社1987年版。
④　转引自齐召南：《春秋〈公羊传〉考证》卷一，《四库全书》本，上海古籍出版社1987年版。
⑤　齐召南：《春秋〈公羊传〉考证》卷一，《四库全书》本，上海古籍出版社1987年版。
⑥　萧楚：《即位辨》，《春秋辨疑》卷一，《四库全书》本，上海古籍出版社1987年版。

按照公羊学的"五始"说，凡书"公即位"，就表示一国政教始得其正，但鲁隐公、鲁文公分别被公子挥与襄仲所弑，鲁桓公、鲁宣公都是在弑君的乱臣贼子没有被依法铲除时就即位为君的，属于不合法的继弑君而立，但他们的元年，皆有"公即位"之语。鲁定公即位在鲁昭公去世前，《春秋》书鲁定公即位在鲁昭公去世后的元年六月，这些都是"五始"说的"书即位正人君之始"所不能解释，这是从书法的角度来批评"五始"说的自相矛盾。虽然何休还以变礼为说为鲁定公即位辩解，说是对"五始"的重视："内事详录，善得五日变礼，或说危不得以逾年正月即位故日，主书者，重五始也。"①但何休的辩解也在两可之间，连自己都不能理直气壮。也有的学者将五始说还原为史书之例，而剥取其神圣的外衣。刘贲说：

> 圣人文乎鲁史，志乎周道，笔削隐显，有权有义，一正于周制而已，权焉；故有讳国恶、避世祸，矫事以变文也，义焉；故有例，典礼贬僭乱，尊王以行法也，彰明五始，上禀班朔布象之本，则公旦礼经，列国群史，悉得书之矣。②

"五始"之例并不是孔子的《春秋》独有的，是各国史书都有的义例。这就剥去了"五始"说的神圣外衣，将其还原为史书之例，既然是史书的通例，也就没有谶纬神学与何休所说的神秘之义。但说"五始"说为史书本有之例，也是不可信的臆说。

（二）"二类"与"七缺"

"二类"与"七缺"都是何休批评政治缺失的义例。何休谈得最多的是"二类"，指人事与灾异，这是何休对《春秋公羊传》记载内容的例的归纳。在谶纬神学、天人感应盛行的东汉，人事往往与灾异联系为说，何休论说灾异也无不与人事联系为说。

《春秋》除了记载弑君、奔走不得保社稷等人事外，还记载了某些不常见的自然变化，《公羊传》将这些变化依轻重的不同，而分别称之以灾异。

---

① 阮元：《十三经注疏》下册，中华书局 1982 年版，第 2334 页。
② 刘贲：《春秋释例序》，《左传释例》，《四库全书》本，上海古籍出版社 1987 年版。

但《春秋》并没有将人事与灾异联系为说，《公羊传》在总体上也没有将人事与灾异联系为说，[①] 可以说在《春秋》与《公羊传》中，绝大多数的灾异与人事并不存在对应的关系，更不存在一一对应的联系。董仲舒开始将灾异与人事相附会，将自然界发生的灾异说成是人事影响的反应，并提出了系统的天人感应思想。他说：

> 臣闻天者群物之祖也。故遍覆包函而无所殊，建日月风雨以和之，经阴阳寒暑以成之。故圣人法天而立道，亦溥爱而亡私，布德施仁以厚之，设谊立礼以导之。春者天之所以生也，仁者君之所以爱也；夏者天之所以长也，德者君之所以养也；霜者天之所以杀也，刑者君之所以罚也。由此言之，天人之征，古今之道也。孔子作《春秋》，上揆之天道，下质诸人情，参之于古，考之于今。故《春秋》之所讥，灾害之所加也；《春秋》之所恶，怪异之所施也。书邦家之过，兼灾异之变；以此见人之所为，其美恶之极，乃与天地流通而往来相应，此亦言天之一端也。[②]

董仲舒认为《春秋》所记灾异，都是人君失德、政治混乱的表现，灾异有大小之别，灾小异大；天降灾异有先后之别，先灾后异，而天降灾异是要谴告人君，所谓"天地之物，有不常之变者谓之异，小者谓之灾。灾常先至而异乃随之……国家之失乃始萌芽，而天出灾害以谴告之，谴告之而不知变，乃见怪异以惊骇之"[③]；国家将有失道之败，而天乃先出灾害以谴告之，

---

① 《公羊传》只有两条材料有类似天人感应的观念。一条见于解释僖公十五："晦者何？冥也。震之者何？雷电击夷伯之庙者也。夷伯者，曷为者也？季氏之孚也。季氏之孚则微者，其称夷伯何？大之也。曷为大之？天戒之，故大之也。何以书？记异也。"另一条见于解释宣公十五年："未有言蝝生者，此其言蝝生何？蝝生不书，此何以书？幸之也。幸之者何？犹曰受之云尔。受之云尔者何？上变古易常，应是而有天灾，其诸则宜于此焉变矣。"

② 班固：《董仲舒传第二十六》，《春秋毛氏传》卷五十六，《四库全书》本，上海古籍出版社1987年版。

③ 此段文字原在《春秋繁露·必仁且智》中，钟肇鹏的《春秋繁露校释》（校补本）将其移在《二端》。

不知自省，又出怪异以警惧之，尚不知变，而伤败乃至"①。在《汉书·五行志》中载有董仲舒论说《公羊传》所载灾异与人事相互感应的记录达到近七十条之多。何休是继承董仲舒之说而来，但是在谶纬神学泛滥的历史背景下来论说灾异的，所以，较之董仲舒有过之而无不及，《公羊传》所记灾异，何休无不一一附会为说。据汪高鑫先生的统计，何休在《解诂》中言灾异达三百余条之多②，是董仲舒言说灾异的四倍以上。诚如齐召南所批评："汉儒于《春秋》所书灾异必事事而为之说，穿凿附会，以求其合。"③

　　与董仲舒一样，何休也认为灾异有大小之别，灾小而异大，但他对灾异的出现及其意义的解释与董仲舒的说法不同。董仲舒认为先出灾后现异，灾异都是由人君的失误而引发的，是上天对人君的爱护。何休则认为灾与异虽然都是天意的体现，但灾异与人事的感应是有区别的。关于灾，他说："灾者有害于人物，随事而至者。"④灾的出现在人事之后，也就是说灾是人君政治错乱之因而导致的结果，是天对人君政治混乱的诚告。如隐公五年（前718年）的蝗虫出现，是由隐公"张百金之鱼、设苛令急法以禁民之所致"；⑤桓公元年（前711年）的秋天大水，是由"先是桓篡隐，百姓痛伤，悲哀之心既蓄积，而复专易朝宿之邑，阴逆而与怨气并之所致"；⑥桓公五年（前707年）的大雩之灾，是因"先是桓公无王行，比为天子所聘，得志益骄，去国远狩，大城祝丘"⑦所致；桓公十四年（前698年）的御廪火灾，是因"先是龙门之战，死伤者众，桓无恻痛于民之心，不重宗庙之尊，逆天危先祖，鬼神不飨，故天应以灾御廪"⑧。庄公七年（前687年）的秋大水无麦苗之灾，起因于"先是莊公伐卫纳朔，用兵踰年，夫人数出淫泆，民怨之所生"⑨；庄公二十一年（前673年），齐国大灾，"与宋大水同义。

①　班固：《董仲舒传第二十六》,《春秋毛氏传》卷五十六,《四库全书》本,上海古籍出版社1987年版。

②　汪高鑫：《何休"人事与灾异""二类"说论》,《中州学刊》2004年第2期。

③　齐召南等：《春秋公羊传注疏考证》卷三,《四库全书》本,上海古籍出版社1987年版。

④　阮元：《十三经注疏》下册,中华书局1982年版,第2208页。

⑤　阮元：《十三经注疏》下册,中华书局1982年版,第2208页。

⑥　阮元：《十三经注疏》下册,中华书局1982年版,第2213页。

⑦　阮元：《十三经注疏》下册,中华书局1982年版,第2216页。

⑧　阮元：《十三经注疏》下册,中华书局1982年版,第2221页。

⑨　阮元：《十三经注疏》下册,中华书局1982年版,第2228页。

疠者，邪乱之气所生，是时鲁任郑瞻，夫人如莒淫泆，齐侯亦淫诸姑姊妹，不嫁者七人"①；僖公二十年（前640年），西宫灾，是由"时僖公为齐所胁，以齐媵为嫡，楚女废在西宫而不见恤，悲愁怨旷之所生也"②；文公二年（前625年），连续八月不下雨的大旱之灾，"此禄去公室，政在公子遂之所致也"③等等。何休关于天灾的解释，无不将人君的政治失误等人事因素，作为天灾出现的原因。所以，何休论灾常以"先是"为起文，以说明灾的起因所在，这是何休论灾书法的典型用语。灾的诫告有两层含义，一是戒罚人君，二是将天意告诉人君。如僖公二十年的西宫灾，就含有"天意若曰：楚女本当为夫人，不当系于齐女"④之义。这些说法与董仲舒基本上没有多大区别，但是何休讲得更为精细。同董仲舒一样，何休讲灾也大谈天人相与之类，如他论鲁庄公十一年（前683年）的鲁、宋大水之灾时："故明天人相与报应之际，甚可畏之。"⑤这是两汉经学家讲灾异的特点。

何休论异，与董仲舒不同。他说："异者，非常可怪，先事而至者。"⑥异是上天对人的预警，带有天意预言的性质。异的出现不在相关的人事之后，而在相关人事出现之先。所以，何休论异常以"是后"为起文，以证明异的事后灵验。以"先是"为起文言灾，以"是后"为起文言异，是何休言灾异的用语特点。灾是上天对人君政治败坏等人事的事后诫告，异则是对未来将要发生的事变的预警。事后的诫告是被动的，事先的预警是主动的，这就修正了董仲舒的灾异说只是上天谴告人君的不足，还加入了上天事先主动预警的新内容。灾异不仅有事后与事先的区别，也有教化与刑罚的不同。何休说："异者所以为人戒也，重异不重灾，君子所以贵教化而贱刑罚也。"⑦灾出现于人犯罪或犯错之后，相当于上天对人犯罪或犯错的刑罚，异则是对未来事件的预警，预警带有上天教化人的含义，而君子贵教化贱刑罚，所以，何休认为在灾异之间，应该重视异，而不应该重视灾。这也带有

① 阮元：《十三经注疏》下册，中华书局1982年版，第2236页。
② 阮元：《十三经注疏》下册，中华书局1982年版，第2256页。
③ 阮元：《十三经注疏》下册，中华书局1982年版，第2267页。
④ 阮元：《十三经注疏》下册，中华书局1982年版，第2256页。
⑤ 阮元：《十三经注疏》下册，中华书局1982年版，第2232页。
⑥ 阮元：《十三经注疏》下册，中华书局1982年版，第2203页。
⑦ 阮元：《十三经注疏》下册，中华书局1982年版，第2335页。

重视预先防范，注重向前看的意义。

正是出于这样的认识，何休谈异较之论灾，要详细得多，如隐公九年（前714年）的大雨雪之异，为"桓将怒而弑隐之象"①；桓公八年（前704年），雨雪之异，预示"是后有郎师、龙门之战，流血尤深"②；庄公十八年（前676年），秋有蜮之异，"象鲁为郑瞻所惑，其毒害伤人，将以大乱而不能见也"③；庄公三十一年（前664年），久旱不雨之异，预示"斯禄去公室，福由下作"④；僖公十四年（前646年），沙鹿崩之异，预示"此象天下异，齐桓将卒，霸道毁，夷狄动，宋襄承其业，为楚所败之应"⑤；文公三年（前624年）雨螽于宋之异，预示"是后大臣比争斗相杀，司城惊逃，子哀奔亡，国家廓然无人，朝廷久虚"⑥；文公十四年（前613年），有星孛入于北斗之异，预示"桓文迹息，王者不能统政，自是之后，齐、晋并争，吴、楚更谋，竞行天子之事，齐、宋、莒、鲁弑其君而立之应"⑦；成公五年（前586年），梁山崩之异，预示"诸侯失势，王道绝，大夫擅恣，为海内害，自是之后，六十年之中，弑君十四，亡国三十二"⑧；昭公十八年（前524年），宋、卫、陈、郑灾之异，预示"是后王室乱，诸侯莫肯救，故天应以同日俱灾，若曰无天下云尔"⑨；哀公十二年（前483年），螽之异，预示"自是之后，天下大乱，莫能相禁，宋国以亡，齐并于陈氏，晋分为六卿"⑩；哀公十三年（前482年），日在房心之异，预示"诸侯代王治，典法灭绝之象，是后周室遂微，诸侯相兼，为秦所灭，燔书道绝"⑪；等等。在何休的解释中，《公羊传》所载的一切异变，都是预示着某一政治变化的发生，如季氏专政、宋为楚败、齐归于陈、弑君泛滥、秦并六国、焚

① 阮元：《十三经注疏》下册，中华书局1982年版，第2210页。
② 阮元：《十三经注疏》下册，中华书局1982年版，第2219页。
③ 阮元：《十三经注疏》下册，中华书局1982年版，第2235页。
④ 阮元：《十三经注疏》下册，中华书局1982年版，第2241页。
⑤ 阮元：《十三经注疏》下册，中华书局1982年版，第2254页。
⑥ 阮元：《十三经注疏》下册，中华书局1982年版，第2267页。
⑦ 阮元：《十三经注疏》下册，中华书局1982年版，第2273页。
⑧ 阮元：《十三经注疏》下册，中华书局1982年版，第2292页。
⑨ 阮元：《十三经注疏》下册，中华书局1982年版，第2324页。
⑩ 阮元：《十三经注疏》下册，中华书局1982年版，第2351页。
⑪ 阮元：《十三经注疏》下册，中华书局1982年版，第2352页。

书坑儒等。何休讲《春秋》记异与人事的联系，除了所有的记异皆有灵验外，而且还有数学的准确性，如"五石六鹢"之异，就预示"襄公之行，襄欲行霸事，不纳公子目夷之谋，事事耿介自用，卒以五年见执，六年终败，如五石六鹢之数"。以至何休惊叹说："天之与人，昭昭著明，甚可畏也。"①何休关于记异的预警之说，同关于记灾的谴告说一样，完全是画鬼之说，根本不能成立，全都是根据依据后来出现的事件来对应以前所记之异，带有浓厚的主观臆说的特点。这种主观臆说因人而异，同一灾异，因经学家政治立场的不同，经学人品、学识素养的差别，可以作出完全不同甚至是相反的解释，所以，两汉经学家论说灾异的异说层出不穷。

何休讲灾异，与董仲舒的最大不同就在于，董仲舒以灾异皆为上天的谴告，而何休特别强调记异对未来的预警。这一改变，与谶纬神学对孔子与《春秋》的神化有关，在谶纬神学中，孔子不再仅仅是圣人，也是无所不知的天神，《春秋》不再仅仅是经学的经典，还是隐含天意的天书。所以，何休"理所当然"地将《春秋》的记异，一一与后来出现的政治变化联系为说，以此证明孔子的神圣性与《春秋》的天书性质。同时，与他同《左传》的今古文之争也有关系，何休尽管膏肓《左传》，但《左传》讲预占分毫不爽，②而《公羊》无说，为了证明《公羊》义长于《左传》，何休也需要从预言方面证明《公羊》胜于《左传》，于是，将《春秋》的记异说成是无不灵验的预警，也就是其必然的结论了。而从思想本质而论，何休的灾异说不过是董仲舒天人感应说的发展，并没有什么新东西。董仲舒的《春秋繁露》没有对灾异与人事的一一附会，何休的《解诂》对灾异与人事的一一附会，从神秘主义方向发展了春秋公羊学。吕大圭说：

　　……而凡地震、山崩星霣，雨雪，螽螟，彗孛之类，莫不推寻其致变之由，考验其为异之应，其不合者必强为之说，《春秋》纪灾异，初不说其应曾若是之琐碎磔裂乎，若此之类不一而足，凡皆休之妄也。愚观三子之释传，惟范宁差少过，其于《穀梁》之义有未安者，辄曰宁

① 阮元：《十三经注疏》下册，中华书局 1982 年版，第 2255 页。
② 参见黄开国：《诸子百家兴起的前奏》，巴蜀书社 2004 年版，第三章、第五章。

未详，盖讥之也，而何休则曲为之说，适以增《公羊》之过尔。故曰范宁《穀梁》之忠臣，何休《公羊》之罪人也。①

吕大圭批评何休言说灾异为妄，是完全正确的。最能说明这一点的是，何休论说灾异常常据谶纬神学为说，如在论僖公三十三年的"霜不杀草，李梅实"之异时，何休就引纬书为说："周之十二月，夏之十月也。《易·中孚记》曰：'阴假阳威之应也。早霣霜而不杀万物，至当霣霜之时，根生之物复荣不死，斯阳假与阴威，阴威列索，故阳自霣霜而反不能杀也。'此禄去公室，政在公子遂之应也。"②在王充已经对天人感应作出批判，用元气来解释自然现象之后，何休还将本来是与人事无关的自然现象同人事相附会，甚至还从当时的谶纬神学中去寻找理论根据，这是理论上的时代倒退。由于谶纬神学在东汉高于经学，也就为他的灾异说寻找到了最高的理论根据。但结合东汉末年的政治动乱，何休的这一附会之说，无疑带有将天灾归于人祸、批判社会黑暗的现实意义。春秋公羊学借灾异的天人感应之说，来批判社会现实理论，常常是动乱时代人们发泄不满、批判现实的依据，成为中国人的一种心理积淀。

需要指出的是，何休并没有将自己区分灾异的观念贯彻到底，他有时也以异的事前预警来说灾，如哀公四年的"蒲社灾"，何休解释为"象诸侯背天子，是后宋事强吴，齐、晋前驱，滕、薛侠毂，鲁、卫骖乘，故天去戒社，若曰王教灭绝云尔"③。灾当为政治昏乱的事后谴告，这里却以后来的"宋事强吴"为说。有时，何休又以异的事后谴告的灾来说异，如论文公九年（前618年）地震之异，何休说："是时鲁文公制于公子遂，齐、晋失道，四方叛德，星孛之萌，自此而作，故下与北斗之变所感同也。"④这里地震的出现是鲁文公与齐晋的失德所致，而不是以地震之异预警未来的变化。可见，何休虽然重视例，但他自己也未能严格遵守自己所说的例，这是何休以例说经理论的缺失。

① 吕大圭：《春秋五论五》，《吕氏春秋或问》附论，《四库全书》本，上海古籍出版社1987年版。
② 阮元：《十三经注疏》下册，中华书局1982年版，第2264页。
③ 阮元：《十三经注疏》下册，中华书局1982年版，第2346页。
④ 阮元：《十三经注疏》下册，中华书局1982年版，第2268页。

"七缺"是何休根据《春秋》记载的礼崩乐坏，在礼制方面所总结出来的七个方面的缺失。据徐彦疏，"七缺"的具体内容为："惠公妃匹不正，隐、桓之祸生，是为夫之道缺也；文姜淫而害夫，为妇之道缺也；大夫无罪而致戮，为君之道缺也；臣而害上，为臣之道缺也；僖五年'晋侯杀其世子申生'，襄二十六年'宋公杀其世子痤'，残虐枉杀其子，是为父之道缺也；文元年'楚世子商臣弑其君髡'，襄三十年'蔡世子般弑其君固'，是为子之道缺也；桓八年'正月，己卯，烝'，桓十四年八月'乙亥，尝'，僖三十一年'夏，四月，四卜郊不从，乃免牲，犹三望'，郊祀不修，周公之礼缺。是为七缺也矣。"①"七缺"的核心是人际关系的总体缺失，主要表现在夫妇、君臣、父子之道的缺失，也包括祭祀之礼为主的周公礼制的缺失。祭祀之礼与神相关，在春秋及其以前显得特别重要，但随着社会的发展，人们更重视的是与相关人的各种社会规范之礼，董仲舒以君臣、父子、夫妇为王道的三纲，《白虎通义》将其著于法典，何休的"七缺"主要是从三纲高度，来批评春秋时期的政治缺失，反映了人们对礼的认识的时代变化。这些内容散见于《解诂》的相关论说中，易于理解，故无须多说。

（三）"六辅"与"七等"

"六辅"与"七等"都是何休归纳的公羊学理想社会结构制度的义例。"六辅"的具体内容为公辅天子、卿辅公、大夫辅卿、士辅大夫、京师辅君、诸夏辅京师。"六辅"涉及君臣关系和中央与地方的关系，一个辅字，体现了何休"六辅"说维护以皇权为中心的中央集权的特色。"六辅"从权利与义务来说，只有下级辅弼上级、地方辅弼京师的义务，而没有相反的内容。最高的权力在天子，"六辅"的最终所辅在皇帝，"六辅"不过是借助君臣等级制的政治结构以及地方与中央的社会组织，来实现君主专制的政治目标，这是何休对《公羊传》以来尊王思想的发展，这一发展从社会的组织结构方面，为保障君主专制提供了制度的保证。值得注意的是何休的"六辅"说不是就一国而言，而是就天下而言，故有诸夏辅京师之说，所以，"六辅"说实质上是与大一统相通的，或者说"六辅"是大一统的制度保证。

---

① 阮元：《十三经注疏》下册，中华书局1982年版，第2195页。

"七等"即州、国、氏、人、名、字、子七者名号的等级贵贱分别。《春秋》记载：庄公十年，"荆败蔡师于莘"，不称楚而称荆，荆为州名，楚为国名，这是称州不称国，而对战败的蔡，则是以国相称。《公羊传》解释说："荆者何？州名也。州不若国，国不若氏，氏不若人，人不若名，名不若字，字不若子。"这是"七等"义例的出处。《公羊传》借《春秋》这一记载，不仅阐发了与中国不与夷狄的大义，而且对《春秋》运用名号的书法作出了总结，这就是"七等"名号有贵贱之分。《春秋》对"七等"名号的运用，带有孔子褒贬人物的深意。举例说来，所谓州不若国，如言荆不如言楚之类；国不若氏，如言楚不如言潞氏、甲氏之类；氏不若人，如言潞氏不如言楚人之类；人不若名，如言楚人不如言介葛卢之类；名不若字，如言介葛卢不如言邾娄仪父之类；字不若子，如言邾娄仪父不如言楚子、吴子之类。这些都散见于何休《解诂》的具体论说中，其实质就是等级名分的尊卑之分，易于理解。

值得注意的是，何休对"七等"义例与王法联系在一起的解释：

> 《春秋》假行事以见王法，圣人为文辞孙顺，善善恶恶，不可正言其罪，因周本有夺爵称国，氏人名字之科，故加州文，备七等，以进退之，若自记事者书人姓名，主人习其读而问其《传》，则未知已之有罪焉尔，犹此类也。[①]

这里不止是将"七等"视为名号的尊卑之别，而且说成是孔子王法的体现。这是《公羊传》所没有的，董仲舒虽然也重视《春秋》的名号，并有专论，但也没有直接说"七等"就是孔子的王法。何休将其提升到王法的高度，"七等"义例也就成为制度性的法则。而孔子通过名号来进退人物，不是直言不讳地褒贬人物，譬如本来有爵位的诸侯、大夫，因不合礼的行为举止，《春秋》就不称其爵位，而称人，如鲁桓公十五年，邾娄、牟、葛三国诸侯来朝，《春秋》书"邾娄人、牟人、葛人来朝"，这是将三国国君视为夷狄的笔法，因为他们来朝的鲁桓公是十恶不赦的罪人。由于孔子借名号的贬斥人

物，带有隐晦性，所以，即使被孔子所贬斥的诸侯大臣，也"未知已之有罪焉尔"。"七等"义例属于公羊学义例中的名例，何休的解释是孔子重名思想的发挥。

在"七等"义例中，何休以"爵最尊"，而爵例又有异义，故值得特别提出来讨论。周代的爵原本有公、侯、伯、子、男五等之分，但公羊学认为，孔子改文从质，合伯、子、男为一，而在《春秋》只有三等。何休说：

> 《春秋》改周之文，从殷之质，合伯、子、男为一，辞无所贬，皆从子，夷狄进爵称子是也。忽称子，则与《春秋》改伯从子辞同，于成君无所贬损，故名也。名者，缘君薨有降既葬名义也，此非罪贬也。君子不夺人之亲，故使不离子行也。王者起，所以必改质文者，为承衰乱救人之失也。天道本下，亲亲而质省；地道敬上，尊尊而文烦。故王者始起，先本天道以治天下，质而亲亲，及其衰敝，其失也亲亲而不尊；故后王起，法地道以治天下，文而尊尊，及其衰敝，其失也尊尊而不亲，故复反之于质也。质家爵三等者，法天之有三光也。文家爵五等者，法地之有五行也。合三从子者，制由中也。①

以周为文，《春秋》改文从质之说，及其三等爵之说，为春秋公羊学早有的思想。董仲舒在《春秋繁露·三代改制质文》说："《春秋》曰②伯、子、男一也，辞无所贬。何以为一？曰：周爵五等，《春秋》三等。《春秋》何三等？曰：王者以制，一商一夏，一质一文，商质者主天，夏文者主地，《春秋》者主人，故三等也。"清代公羊学者也据以言爵制，廖平还将其作为今文经学的重要礼制之一。

《春秋》合伯、子、男为一，在《公羊传》、董仲舒、何休那里没有异议，但三等是否就是指公、侯、伯子男，人们的理解是有异议的。蒋庆先生以公羊学有天子一爵说，而认为三等爵，当有天子一等，而否认历代以来的

---

① 阮元：《十三经注疏》下册，中华书局 1982 年版，第 2220 页。

② 此"曰"字为衍文。《公羊传》桓公十一年："《春秋》伯、子、男一也，辞无所贬。"这是《公羊传》对《春秋》的解释，而不是《春秋》的原文。《白虎通义》卷一《爵》说："《春秋传》曰：'合伯、子、男为一爵。'"

流行看法：

> 《春秋》三等爵到底为哪三等，公羊家则含糊其辞，极不明白。桓
> 十一年郑忽出奔卫，《公羊传》曰："忽何以名？《春秋》伯、子、男一
> 也。"何注曰："《春秋》改周之文，从殷之质，合伯、子、男为一。"《史
> 记·集解》引郑玄之言曰："《春秋》变周之文，从殷之质，合伯、子、
> 男以为一，则殷爵三等者，公侯伯也。"按《传》文、何注、郑言，《春
> 秋》三等爵中将伯、子、男合为一爵均无异义，至于其余二爵为何，
> 则未予以说明。陈立《公羊义疏》遂推其意以为《春秋》三等爵应为
> 公一等，侯一等，伯、子、男一等。然陈立之说极不应理。孔子改周之
> 爵制，仅将伯、子、男合为一爵，将五等爵机械地减为三等爵有何意
> 义？又孔子改天子为一爵，《春秋》三等爵中如何没有天子？故知《春
> 秋》三等制非如陈立所言为公、侯、伯子男三等，按孔子改周爵制所
> 寓之深意，《春秋》三等爵制应为：天子一等、公侯一等、伯、子、男
> 一等。故孟子言"天子之制地方千里"，《王制》亦言："天子之田方千
> 里"。若天子不为一等，如何会有此天子封地？殷、周时子非爵，"普天
> 之下，莫非王土"，故无封地。今天子有封地，故知天子为三等爵中之
> 一等。由此可见，《春秋》三等爵中有天子甚明。①

其实，陈立之说是董仲舒、何休以来公羊学的通行观念。也不可否认在先秦
两汉的著作中，孟子明确有天子为一爵说。《孟子·万章上》载："北宫锜
问曰：'周室班爵禄也，如之何？'孟子曰：'其详不可得闻也，诸侯恶其害
己也，而皆去其籍；然而轲也尝闻其略也。天子一位，公一位，侯一位，伯
一位，子、男同一位，凡五等也。'"孟子之说，可以说是对周爵五等的异
说。蒋庆先生说孟子的话不是讲周制，而是借周制来言孔子改制，这里说的
周制实是孔子改制。按公羊学说孔子改制，改文从质，在爵制上皆言改五等
为三等，自《公羊传》到何休无异说，若孟子此言孔子改制，为何还要借
周制为说，又为什么还要说五等爵，而不说三等爵？蒋庆先生的说法实难成

---

① 蒋庆：《公羊学引论》，辽宁教育出版社 1995 年版，第 202—203 页。

立。《礼记·王制》说："王者之制禄爵，公、侯以及伯、子、男，凡五等。"《白虎通义》卷一《爵》也说："《王制》曰：'王者之制禄爵凡五等。'谓公、侯以及伯、子、男，此周制也。"可见，五等爵为周制是通行的说法，指公、侯、伯、子、男，天子不在五等爵之类，而孔子改为三等，是将伯、子、男合为一等，三等自然当为公、侯、伯子男，而不可能有所谓天子。孟子以天子为一爵是关于五等爵的异说，不能据孟子之说，而否认通行的说法。在文化史上，一个问题有多种说法，有的为多数人公认的通行说法，有的为个别的异说，如三皇五帝，就有诸多说法，这些说法多数为一家之言，我们不能以此一家之言而否定其他的一家之言，更不能据一人异说而否定诸多典籍公认的通行说法。

何休也有天子为爵称之说：

> 王者，号也。德合元者称皇，孔子曰："皇象元，逍遥术，无文字，德明谥。"德合天者称帝，河洛受瑞可放。仁义合者称王，符瑞应，天下归往。天子者，爵称也，圣人受命，皆天所生，故谓之天子。此锡命称天子者，为王者长爱幼少之义，欲进勉幼君，当劳来与贤师良傅，如父教子，不当赐也。[①]

何休这里说皇、帝、王、天子，皆为王的名号，与孟子说的天子为一爵含义是不同的，孟子之说是以天子为五等爵之一，而何休的天子爵称，是从天子受命于天而言，而非就"爵位"言。何休之说出于《白虎通义》，而《白虎通义》之说出于谶纬。《白虎通义·爵》一开始就说："天子者，爵称也。爵所以称天子者何？王者父天母地，为天之子也。故《援神契》曰：'天覆地载谓之天子，上法斗极。'《钩命决》曰：'天子，爵称也。'帝王之德有优劣，所以俱称天子者何？以其俱命于天，而王治五千里内也。"在这之后，《白虎通义·爵》又言周文法地爵制五等，为公、侯、伯、子、男，殷质法天爵制三等，合伯、子、男为一，并没有将天子视为五等爵或三等爵的内容。所以，在公羊学中，从《公羊传》到董仲舒、何休，及其与公羊学有

---

① 阮元：《十三经注疏》下册，中华书局1982年版，第2293页。

密切关系的谶纬、《白虎通义》都不存在以天子为五等爵之一的说法。蒋庆先生的说法，并没有文献的可靠依据，而只是推论出来的。

何休对"七等"名例的论说，也时有误说，如隐公十年（前713年），"滕侯薛侯来朝"，何休注："称侯者《春秋》托隐公以为始受命王，滕薛先朝隐公故褒之。"齐召南就批评说："按何氏曲说至斯而极，滕、薛之爵为侯周先王之班爵也，滕侯之先薛侯，周礼之定制也。何氏于八年宛来归邴注曰：'甚恶郑伯无尊事天子之心，专以汤沐邑归鲁，背悖当诛。'则亦明著尊王之大义矣；于滕薛来朝又以为王鲁，不又自相矛盾乎？"①僖公五年（前655年），"晋人执虞公"，何休注："虞称公者，夺正爵起从灭也。"刘敞与清人批评说："刘敞曰：'注非也。《春秋》夺者，降爵云乎。岂曰增爵云乎？'臣浩按：虞号正爵是公，何氏未深考耳。"②僖公二十三年（前637年），"杞子卒"，何休注："始见称伯，卒独称子者，《春秋》黜杞不明，又因以见圣人子孙有诛无绝，故贬不失爵也。"齐臣召南批评说："此《传》所无，而何氏以意为说者也。言《春秋》黜杞为伯，理已可疑，又云贬不失爵，则迂曲极矣。"③这说明何休言七等名例，常常受孔子改制、王鲁等说的影响，而出现各种误说，有的则因何休疏于考证，或不顾前后解说之异，而发生自相矛盾。

上述"五始"、"二类"与"七缺"、"六辅"与"七等"的义例，何休在《解诂》中除定公元年提到"重五始"，庄公十年中言及"备七等"外，"二类"、"六辅"、"七缺"的名目都没有见到，何休对这些义例的论说不多，但注中确有相关的不少内容。分散不易为人所把握，用例的形式将其归纳，这就使分散的论述得到提纲挈领的说明，而透过何休所归纳的义例中，可以清楚地看到一个共同的东西，即公羊学对政治的关切，这是何休对以前春秋公羊学的继承发展。其中"六辅"、"七等"基本上是儒家长期以来强调的尊卑等级观念，二类则重在借灾异言天意，向人君发出诫告、预警，以引起人君对政治失误的认识与及时纠正纠偏，"五始"说则表现了公羊学政治重视开始就必须合于所谓圣人之道的美好愿望。尽管这些理论在董仲舒的

①　齐召南等：《春秋公羊传注疏考证》卷三，《四库全书》本，上海古籍出版社1987年版。
②　齐召南等：《春秋公羊传注疏考证》卷十，《四库全书》本，上海古籍出版社1987年版。
③　齐召南等：《春秋公羊传注疏考证》卷十二，《四库全书》本，上海古籍出版社1987年版。

公羊学都已经出现，但董仲舒没有像何休这样作出义例的归纳。何休的义例归纳，是公羊学理论成熟的表现。当然，历史上也有人批评何休的义例，与他墨守是背道而驰的，王应麟就说："尝考公羊氏之传所谓谶纬之文，与黜周、王鲁之说，非公羊之言也。苏氏谓何休《公羊》之罪人，晁氏谓休负《公羊》之学，五始、三科九旨、七等、六辅、二类、七缺皆出于何氏，其墨守不攻而破矣。"①何休自诩墨守《公羊》，就应该忠实于《公羊传》，但他的"五始"等义例，并不都是出自《公羊传》，而是何休的自创，所以，王应麟等人讥讽他的墨守是不攻而破。

何休的以例说经，一方面继承了春秋公羊学以前有关例的思想，另一方面又改造、补充、发展了春秋公羊学之例。② 从而，建立起了系统的借例解释《春秋》，探求圣人之义的治学方法。何休之所以能够将春秋公羊学作出超越前人的系统总结，就在于很好地运用了这一套方法。但何休对春秋公羊学的主要贡献，除了以例解经的方法，还在借其方法所发挥出来的一套理论。

三、"三科九旨"

"三科九旨"无疑是最能代表公羊学理论的义例，人们一般都认为"三科九旨"出于何休。但实际上，"三科九旨"的发明权并不属于何休，而是出于纬书。

（一）"三科九旨"的发明权不属何休

何休言公羊学义例，最重要的是"三科九旨"。徐彦疏：

> 问曰："《春秋说》云：《春秋》设三科九旨，其义如何？"
> 答曰："何氏之意，以为三科九旨正是一物，若总言之，谓之三科，科者，段也；若析而言之，谓之九旨，旨者，意也。言三个科段之内，有此九种之意。故何氏作《文谥例》云：'三科九旨者，新周，故宋，以《春秋》当新王，此一科三旨也'；又云：'所见异辞，所闻异

---

① 王应麟：《公羊》，《困学纪闻》卷七，《四库全书》本，上海古籍出版社 1987 年版。
② 参见赵友林：《何休对〈公羊传〉书法义例的改造与发展》，《聊城大学学报》（社会科学版）2010 年第 1 期。

辞，所传闻异辞，二科六旨也'；又'内其国而外诸夏，内诸夏而外夷狄，是三科九旨也'。"①

值得指出的是，"三科九旨"并不是何休首先提出的，而是出于《春秋说》。《春秋说》这个名称很笼统，凡属论说《春秋》的内容，都可以称之为《春秋说》，但从各种文献引用《春秋说》的情况看，虽然也有董仲舒等人的著作，但主要是纬书的内容。如徐彦疏所引《春秋说》，就多出于《春秋纬》的《演孔图》、《钩命诀》等。陈澧统计《解诂》解说礼制的材料时曾指出，何休引用纬书的材料，如《礼说》"礼天子外屏，诸侯内屏，大夫帷，士帘，所以防泄慢之渐也。礼天子有灵台，以候天地，诸侯有时台，以候四时"；《孝经说》"主状正方穿中央、达四方，天子长尺二寸，诸侯长一尺"等十二条，皆为纬书之文。② 从陈澧所言可见，所谓《礼说》、《孝经说》不过是《礼纬》、《孝经纬》的别名，而《春秋说》也可视为《春秋纬》的别名，由于董仲舒的天人感应与纬书有惊人的一致，徐彦就将董仲舒的著作与谶纬神学视为同类，而归为《春秋说》。徐彦疏表明"三科九旨"的术语不是何休发明的，而是在何休以前的纬书就有的，"三科九旨"的发明权当属纬书，而不是何休。

纬书虽然提出了"三科九旨"，但今天已经难以看到对"三科九旨"的具体论说。"三科九旨"虽然不是何休提出的，但他是最先对"三科九旨"作出说明的经学家。上引一段话就是何休关于"三科九旨"的总体认识，在何休的思想中"三科九旨"不是分散无关的几个部分，而是一个统一的整体。在这个整体中，包含三大方面、九个小方面的内容。何休"三科九旨"三大部分的顺序，有一个内在的先后次序，第一部分是根据"三统"说对《春秋》改制的说明，第二部分是从"三世异辞"来说明孔子著《春秋》的书法，第三部分是从内外之分来说明《春秋》实现拨乱反正的途径。说何休对公羊学作系统总结，是公羊学的集大成，主要就表现在他以"三科九旨"统宗春秋公羊学的理论。

① 阮元：《十三经注疏》下册，中华书局 1982 年版，第 2195 页。
② 陈澧《东塾读书记》，《续修四库全书》第 1160 册，上海古籍出版社 2002 年版，第 596 页。

（二）宋均言"三科九旨"高于何休

在何休之外，徐彦疏还提到宋氏对"三科九旨"的说明。宋氏为谁，徐彦没有说明。东汉有宋均，活动时间主要在汉明帝时，《后汉书·第五钟离宋寒列传第三十一》说：他"以父任为郎，时年十五，好经书，每休沐日，辄受业博士，通《诗》、《礼》，善论难。至二十余，调补辰阳长。其俗少学者而信巫鬼，均为立学校，禁绝淫祀，人皆安之"。此人在《后汉书·循吏列传》等中也有提及，但皆无注纬书的记载。若宋均真注群纬，在谶纬神学盛行的东汉绝不可能没有一点痕迹可循。而且，据《后汉书》的相关记载考辨，宋均当作宗均，历史上赵明诚、顾炎武、王先谦等人均已指出这一点。① 所以，这位误记为宋均的宗均绝不是说明"三科九旨"的人。东汉另有宋衷，《后汉书》无传，《隋书·经籍志》等有宋衷著述的记载，宋衷著有《世本》，后人知晓最多的是他的《周易注》、《太玄注》、《法言注》，由这些著述看，宋衷对扬雄之学多有发明，扬雄不善图谶，宋衷也不会对图谶有兴趣，史书中也没有宋衷关于注解谶纬的记载。在文化史上，宋衷的成就与影响大于误作宋均的宗均，所以，不少著述都以纬书的宋氏注解人为宋衷，连对谶纬神学颇有研究的年轻学者杨权先生在其名著《新五德理论与两汉政治》中也将宋衷说成是《易纬》的注解者。②

在东汉末年另有郑玄的弟子宋均，三国时任魏国的博士，此人著述颇丰，据《隋书·经籍志》载，仅注纬书就包括《诗纬》十八卷、《礼记·默房》二卷、《乐纬》三卷、《春秋纬》三十卷、《孝经·勾命诀》六卷、《孝经·援神契》七卷、《孝经杂纬》十卷，《论语谶》八卷。③《旧唐书·经籍志上》记载与《隋书》略有出入，说宋均注《易纬》九卷、《诗纬》十卷、《礼纬》三卷、《乐纬》三卷、《春秋纬》三十八卷、《论语纬》十卷、《孝经纬》五卷。《新唐书》的记载全同《旧唐书》。但《隋书》同时也对宋均注纬提出疑问：

---

① 相关的详细论述参见李梅训：《宋均生平著述考论》，《山东师范大学学报》2004 年第 4 期。

② 参见杨权：《新五德理论与两汉政治》，中华书局 2006 年版，第 198 页。

③ 《南齐书》卷十八《祥瑞志第十》，还载有："《瑞应图》：'浪井不凿自成，王者清静，则仙人主之。'《孔氏世录》云：'叶精帝道，孔书明巧，当在张陵。'宋均注云：'张陵佐封禅。一云陵，仙人也。'"此处的宋均注多系后人依托，但由此可见宋均注纬书的影响之大，以至后来类似谶纬神学的著作之注，人们往往依托宋均。

宋均、郑玄并为谶律之注，然其文辞浅俗，颠倒舛谬，不类圣人之旨，相传疑世人造为之后，或者又加点窜，非其实录。①

尽管《隋书》等所载宋均注纬书的各种说法不可尽信，但并没有否认宋均注纬书这一基本事实。至少徐彦疏言及宋均对"三科九旨"的解释，还是有一定可信度，因为此说并非"文辞浅俗，颠倒舛谬，不类圣人之旨"，而必须是对春秋公羊学有深刻体认者，才可以总结出来的。

据徐彦疏，宋均对"三科九旨"的说明如下：

案宋氏之注《春秋说》："三科者，一曰张三世，二曰存三统，三曰异外内，是三科也。九旨者，一曰时，二曰月，三曰日，四曰王，五曰天王，六曰天子，七曰讥，八曰贬，九曰绝。时与日月，详略之旨也；王与天王天子，是录远近亲疏之旨也；讥与贬绝，则轻重之旨也。"如是，三科九旨，聊不相干，何故然乎？答曰："《春秋》之内，具斯二种理，故宋氏又有此说，贤者择之。"②

相对而言，宋均对"三科九旨"的说法，较何休更为经典、更为明晰。何休的"三科九旨"实际上只相当于宋均的"三科"——"新周"、"故宋"、以《春秋》当新王，不过是宋均的"存三统"；所见异辞，所闻异辞，所传闻异辞的"三世异辞"，就是宋均的"张三世"；内其国而外诸夏，内诸夏而外夷狄，就是宋均的异内外。此外，宋均"三科"的排列是以"张三世"为第一，何休是以"存三统"为第一，而何休的《解诂》实际上最重"张三世"，而不是"存三统"。何休以"三世异辞"为三科之二，偏重于书法，"张三世"之义不显。就总体论，宋均是以何休的"三科九旨"为"三科"，并在何休"三科九旨"之外，提出一曰时、二曰月、三曰日、四曰王、五曰天王、六曰天子、七曰讥、八曰贬、九曰绝的"九旨"说。宋均的"三科九旨"是明确将春秋公羊学的书法与大义区分开来，"三科"言简意

---

① 魏征：《经籍志第二十七》，《隋书》卷三十二，《四库全书》本，上海古籍出版社1987年版。
② 阮元：《十三经注疏》下册，中华书局1982年版，第2195页。

赅地抓住了春秋公羊学思想内容的大纲，九旨则重在书法的说明，何休的"三科九旨"则将义理与书法混在一起，未能突出"张三世"、"通三统"、"异内外"的三大纲领。特别值得指出的是，宋均不仅第一次提出了"张三世"、"通三统"、"异内外"这三大义例，还在其排列顺序中表现出了他对"三科"在春秋公羊学中地位的一种认识，这就是"张三世"最重要，所以被排在最前面，其次是"通三统"，最后才是"异内外"。宋均关于"三科九旨"的义例归纳，及其"三科"地位的认识后来得到人们的普遍认同。宋均稍后的荀崧言"三科九旨"的"三科"顺序，就采宋均之说，其言"九旨"则不同于宋均。① 人们言春秋公羊学的义例，实际上都是采用的宋均的说法，如刘逢禄总结的春秋公羊学的义例，名义上是以何休学为宗，但刘逢禄两个《释例》的版本，② 都是以宋均的顺序来安排"三科九旨"的。研究春秋公羊学的学者杨向奎、陈其泰、刘家和、蒋庆先生等人，在其论著中论春秋公羊学，无不以"张三世"、"通三统"、"异内外"为说③，刘家和先生说："公羊家以为，'三科'是孔子作《春秋》遵循的'存三统'、'张三世'、'异内外'的三个原则。"④仅就对纬书"三科九旨"的解说而论，宋均高于何休，后人公认并据以为说的是宋均提出的"张三世"、"通三统"、"异内外"等，这是一个不争的历史事实。

这是否说宋均在春秋公羊学上的造诣高于何休呢？不能，因为宋均对"三科九旨"的解释晚于何休，是在何休解诂《公羊传》之后。宋均的老师郑玄与何休曾围绕三传的优劣发生过一场争论，作为弟子的宋均不可能不知道这场争论，也自然会对何休的《解诂》有较深入的了解。而宋均对"三科九旨"的解释，只能是对何休《解诂》的深入体悟中得来，东汉的春秋公羊学大师最有成就的非何休莫属，而且何休的《解诂》是东汉春秋公羊学的杰作，尽管何休解释"三科九旨"，没有用到"张三世"、"通三统"、

---

① 后来，孔广森言三科九旨就采荀崧三科九旨中的九旨部分为说，而去掉了其中的三科说。

② 如收入《续修四库全书》的太清楼本《春秋公羊经何氏释例》、与《刘礼部集》的《春秋公羊释例》都是以张三世、通三统、异内外为最先的三大例，而随后则为宋均所说的九旨。

③ 参见杨向奎《论何休》（《译史斋学术文集》）、蒋庆《公羊学引论》、刘家和《论何休〈公羊解诂〉的历史哲学》（《江海学刊》2005年第3期）、陈其泰《春秋公羊"三世说"：独树一帜的历史哲学》（《史学史研究》2007年第2期）等文章。

④ 刘家和：《论何体〈公羊解诂〉的历史哲学》，《江海学刊》2005年第3期。

"异内外"这些术语，但他的《解诂》中是包含着这些内容，并由此构成何休春秋公羊学的基本构架。这也难怪刘逢禄等人及其现代论说春秋公羊学的著述，都将"三科九旨"的"张三世"等理所当然地作为何休春秋公羊学的最重要内容来论说。但宋均是第一个根据何休的春秋公羊学，用"张三世"等术语来论说"三科九旨"的人，这也是不可否认的。如果何休《解诂》中没有这些内容，宋均也不可能有"张三世"之类的"三科九旨"说，而宋均的"三科九旨"说对准确地把握何休的春秋公羊学有着极大意义，这也是后人论春秋公羊学的"三科九旨"多采宋均说的原因所在。

第四节 "通三统"及其矛盾

宋均以"张三世"为"三科"的第一位，而何休以"新周"、"故宋"、以《春秋》当新王为"三科九旨"的一科三旨，尽管宋均的"三科九旨"说高于何休，但讨论何休的"三科九旨"，还是应该以何休的顺序为准。何休的"一科三旨"，就是宋均概括的"通三统"，而非"张三世"，故讨论何休以"通三统"为先。何休的"通三统"，与董仲舒之说有诸多不同之处，并与"王鲁"说、"孔子为汉制"法存在明显的矛盾。

一、"新周"、"故宋"、以《春秋》当新王

这是董仲舒提出的"三统"说，是说《春秋》的"通三统"，以新王、周、夏为"三统"。何休在《春秋公羊解诂》中，也继承董仲舒之说，几次言及这一点。如《春秋·庄公二十七年》："杞伯来朝。"何休解释说："杞，夏后，不称公者，《春秋》黜杞，新周而故宋，以《春秋》当新王。黜而不称侯者，方以子贬，起伯为黜。"[①]《公羊传·宣公十六年》："成周、宣谢灾，何以书？记灾也。外灾不书，此何以书？新周也。"《解诂》说："新周故分别有灾，不与宋同也。孔子以《春秋》当新王，上黜杞，下新周而故宋，因天灾中兴之乐器，示周不复兴，故系宣谢于成

---

① 阮元：《十三经注疏》下册，中华书局 1982 年版，第 2239 页。

周，使若国文，黜而新之，从为王者后记灾也。"①这些解释完全都可以在《春秋繁露》中看到，基本上是董仲舒说的重复，没有多少新意可言。但何休这里以"示周不复兴"解释"新周"，再次证明春秋公羊学的"新周"，当为"亲"周，而非"新"周。

"新周"、"故宋"、以《春秋》当新王，这是孔子改制的"三统"。董仲舒的"三统"说，还谈到夏、商、周的"三统"，在董仲舒的思想中，"三统"是不断循环的，夏、商、周的"三统"与《春秋》的"三统"是不同的，董仲舒讲夏、商、周的"三统"，是从三代改制的历史来说的，而讲"新周"、"故宋"、以《春秋》当新王，则是就孔子改制而言的，二者的区别在董仲舒的思想中是十分明确的。何休在训解《公羊传》时，也论及夏、商、周三正的"三统"。他在解释隐公三年"春，王二月"时说：

> 二月、三月皆有王者，二月，殷之正月也；三月，夏之正月也。王者存二王之后，使统其正朔，服其服色，行其礼乐，所以尊先圣，通三统，师法之义，恭让之礼，于是可得而观之。②

周的历法以十一月为正月，周的二月即十二月，为商的正月，周的三月即一月，为夏的正月，所以，周历的一、二、三月，是为周、夏、商的"三正"。这个解释本身没有问题，但用来解诂《春秋》就会发生一个问题：《春秋》的"三统"究竟是新周、故宋、以《春秋》当新王，还是因循夏、商、周三正的"三统"？按照春秋公羊学的理论，答案必定是前者。所以，不能用夏、商、周的三正来解诂《春秋》"三统"的"三正"，当何休以夏、商、周的"三正"来说《春秋》的"通三统"时，就与新周、故宋、以《春秋》当新王的"三统"相矛盾。因为孔子著《春秋》，是改周之制，变赤统为黑统，在历法上就应该行夏历，是夏正的建寅与周正的建子、商正的建丑构成"三正"。这是两种不同的"三正"：

---

① 阮元：《十三经注疏》下册，中华书局1982年版，第2287页。
② 阮元：《十三经注疏》下册，中华书局1982年版，第2203页。

周王三统的三正（周历）		《春秋》当新王的三正（夏历）	
赤统	一月	黑统	一月
白统	二月	赤统	十一月
黑统	三月	白统	十二月

周王的"三统"以周历为准，故三正是一、二、三月，此时"三统"的顺序是：赤、白、黑。《春秋》当新王是以夏历为准，三正为一月、十一月、十二月，三统的顺序是黑、赤、白。尽管《春秋》确实实行的是周历，而非夏历，[①] 与春秋公羊学的《春秋》正黑统之说不合，但以春秋公羊学来解《春秋》，就应该以正黑统为说。从正黑统说，《春秋》的历法就应该是孔子说的行夏之时，何休明确讲孔子作《春秋》是"去周之正而行夏之时"[②]。夏正正月为第一个月，则《春秋》每年的一、二、三月，就应为夏历的一、二、三月，而夏历的二、三月绝非"三正"、"三统"之列。只有从周王的行周之时说，一、二、三月才是黑、白、赤的"三正"、"三统"。所以，何休解释《春秋》中王正月、王二月、王三月，以黑、赤、白的"三正"、"三统"为说，这实际上是将周王的"三正"、"三统"与孔子改制的《春秋》新王的"三正"、"三统"相混淆了，也就否认了《春秋》的改正朔，是行夏之时，《春秋》正黑统之说也不能成立。所以，何休的解释与《春秋》当新王、正黑统是不符合的。诚然，从"通三统"而论，《春秋》的"三正"既然为一月、十一月、十二月，就不应该说王二月、王三月，而当说王十一月、王十二月，但《春秋》却无王十一月、王十二月之说，而有王二月、王三月之说。这只能说明《春秋》并没有春秋公羊学所说的"通三统"、"正黑统"云云，而是由董仲舒首创的，并不是《春秋》的固有之义，连董仲舒也没有以"通三统"来论说王正月、王二月、王三月，何休用"通三统"解释王正月、王二月、王三月，必然会陷入理论失误的泥潭。

何休实际上并不重视"通三统"。他不仅对"通三统"论说极少，而且实际上有着与"通三统"不同的观念。这是因为，"通三统"作为一种历史

---

① 参见陈美东：《鲁国历谱及春秋、西周历法》，《自然科学史研究》2000 年第 2 期。

② 阮元：《十三经注疏》下册，中华书局 1982 年版，第 2352 页。

观，在孔子为赤制已经成为定论的东汉，已经是一种不合时宜的理论。"三统"说的实质是不独一姓，一姓不再兴，而东汉刘氏的再受天命，已经打破了"三统"说的理论。所以，东汉很少有人讲"三统"。何休适应东汉的历史背景，在新周、故宋、以《春秋》当新王的"三统"中，只重以《春秋》当新王的解释，这就是何休的"王鲁"说、"孔子为汉制"之说。所以，应该注意的是他的"王鲁"说与"孔子为汉制"说。

二、"王鲁"说

"王鲁"说出自董仲舒，但董仲舒明确讲"王鲁"只有一次，何休则数次言及。在《解诂》中几乎随处可见"王鲁"之说，这是何休着意发挥的义理。如解隐元年（前722年）"公及邾娄仪父盟于眜"时说："《春秋》王鲁，隐公以为始受命王，因仪父先与隐公盟，可假以见褒赏之法。"①解隐公二年（前723年）"公会戎于潜"时说："凡书会者，恶其虚内务，恃外好也。古者诸侯非朝时不得逾竟。所传闻之世，外离会不书，书内离会者，《春秋》王鲁，明当先自详正，躬自厚而薄责于人，故略外也。"②解隐公三年（前724年）"宋公和卒"时说："不言薨者，《春秋》王鲁，死当有王文。圣人之为文辞孙顺，不可言崩，故贬外言卒，所以褒内也。"③解隐公七年（前728年）"滕侯卒"时说："《春秋》王鲁，托隐公以为始受命王，滕子先朝隐公，《春秋》褒之以礼，嗣子得以其礼祭，故称侯见其义。"④解隐公八年（前729年）"宿男卒"时说："《春秋》王鲁，以隐公为始受命王，宿男先与隐公交接，故卒褒之也。"⑤解隐公十年（前731年）"《春秋》录内而略外"时说："不言战者，托王于鲁，故不以敌辞言之，所以强王义也。"⑥解隐公十一年（前732年）"滕侯薛侯来朝"时说："《春秋》王鲁，王者无朝诸侯之义，故内适外言如，外适内言朝聘。"⑦解桓公十年（前702

① 阮元：《十三经注疏》下册，中华书局1982年版，第2198页。
② 阮元：《十三经注疏》下册，中华书局1982年版，第2202页。
③ 阮元：《十三经注疏》下册，中华书局1982年版，第2204页。
④ 阮元：《十三经注疏》下册，中华书局1982年版，第2208页。
⑤ 阮元：《十三经注疏》下册，中华书局1982年版，第2209页。
⑥ 阮元：《十三经注疏》下册，中华书局1982年版，第2210页。
⑦ 阮元：《十三经注疏》下册，中华书局1982年版，第2210页。

年）"齐侯、卫侯郑伯来战于郎"时说："《春秋》托王于鲁，战者，敌文也。王者兵不与诸侯敌，战乃其已败之文，故不复言师败绩。"①解庄公二十三年（前671年）"荆何以称人"时说："《春秋》王鲁，因其始来聘，明夷狄能慕王化，修聘礼，受正朔者，当进之，故使称人也。"②解僖公三年（前657年）"公子友如齐莅盟"时说："《春秋》王鲁，故言莅以见王义，使若王者遣使临诸侯盟，饬以法度。"③解成公二年（前589年）"季孙行父、臧孙许、叔孙侨如、公孙婴齐师师会晋郤克、卫孙良夫、曹公子手及齐侯战于鞍"时说："《春秋》托王于鲁，因假以见王法。明诸侯有能从王者征伐不义，克胜有功，当褒之，故与大夫。大夫敌君不贬者，随从王者大夫，得敌诸侯也。"④董仲舒的"王鲁"是缘鲁以言王义，是说孔子借鲁以言说新王之义，并没有以鲁为王之义，何休的"王鲁"说则直接以鲁为王。除何休明确说《春秋》托鲁隐公为始受命之王外，何休还在解鲁桓公、鲁庄公、鲁僖公的相关文字时，皆以鲁为王说"王鲁"，这说明何休的"王鲁"不仅指鲁隐公而言，也是就鲁国十二公而言。从何休关于"王鲁"的具体论说中可见，他的"王鲁"说实际上是托鲁君为王，假鲁以行王法，如褒奖仪父先与隐公盟以见褒赏之法，战于郎有王者不与诸侯敌之义，称荆为人是对楚慕王化的奖赏，曹公子与诸侯大夫并称是随王者伐不义，这些说法，无不是以鲁君为王、以鲁为王。这样，何休的"王鲁"说就不仅有王义，还有假托之王，这个假托之王就是鲁君。

　　这一说法，是何休的独创。蒋庆先生在罗列了何休"王鲁"说的八条材料后说：这"足以说明在《公羊传》与公羊条例中确实存在着《春秋》王鲁的微言。虽然《公羊传》中没有'王鲁'的字样，但王鲁之说在书法条例中彰彰可考。若《公羊传》无何休所传胡毋生条例必不可解，《公羊传》不可解《春秋》经亦不可解，故知何氏《解诂》于《春秋》之功大矣哉"！⑤ "王鲁"一说，在《春秋》与《公羊传》中都没有痕迹，说《春

①　阮元：《十三经注疏》下册，中华书局1982年版，第2219页。
②　阮元：《十三经注疏》下册，中华书局1982年版，第2237页。
③　阮元：《十三经注疏》下册，中华书局1982年版，第2248页。
④　阮元：《十三经注疏》下册，中华书局1982年版，第2290页。
⑤　蒋庆：《公羊学引论》，辽宁教育出版社1995年版，第112页。

秋》、《公羊传》就有"王鲁"说的条例，这是没有根据的，也否认了春秋公
羊学是一门不断发展、不断充实的理论。这是以迷信孔子与《春秋》为前
提所推出的结论，而不是以可靠的史料与可信的论证为基础的。诚然，孔子
有托诸空言不如见诸实事之说，也确实是借鲁十二公的历史来寄托自己的理
念，但是，是否一定就有"王鲁"的理念，二者并不存在必然的联系。所
以，后人批评"王鲁"说常常指斥何休，而不及《公羊传》。

何休的"王鲁"说，是《春秋》当新王说的具体化。但在理论上与
"文王"说、"孔子为汉制"说是存在矛盾的。如以鲁为王，则王正月之王
当为鲁君，而非文王；"通三统"以《春秋》当新王为鲁，孔子为汉制就不
能成立。同时，在周天子尚存的条件下，以鲁为王，更是对君臣纲常的颠
覆，与孔子重视君臣纲常正相反对。春秋公羊学以鲁为王的"王鲁"说的
形成，当早于何休，只是何休对此作出了详细的论述。据徐彦疏引贾逵
《长义》："隐公人臣而虚称以王，周天子见在上而黜公侯，是非正名而言顺
也。"①表明在贾逵时，春秋公羊学已经有以鲁为王的"王鲁"说，并遭到贾
逵的批评。何休的"王鲁"说更遭到后人的激烈批判。如叶梦得说：

> 《公羊》之学其妖妄迂怪，莫大于黜周、王鲁。以隐公托新王受命
> 之论……《春秋》本以周室微弱，诸侯僭乱，正天下之名分，以立一
> 王之法，若周未灭而黜之，鲁诸侯而推以为王，则启天下乱臣贼子，乃
> 自《春秋》始，孰谓其诬经，敢至是乎？将正《公羊》之失，莫大于
> 此，学者不可以不察……《春秋》托新王受命于鲁，害经之弊莫甚
> 于此。②

晁说之也说：

> 《公羊》家既失之舛杂矣，而何休者又特负于公羊之学，徒勤而功
> 亦不除过矣。五始、三科九旨、七等、六铺、二类、七缺之设，何其纷

---

① 阮元：《十三经注疏》下册，中华书局1982年版，第2196页。
② 叶梦得：《春秋公羊传谳》卷一，《四库全书》本，上海古籍出版社1987年版。

纷邪？其最为害者有三：曰王鲁，曰黜周，曰新周、故宋。无他焉，图纬谶记之所蛊幻，而甘心于巫鬼禨祥，而不自瘳也。既曰据百二十国宝书，而又谓三世异辞，何邪？文宣成襄为升平之时，昭定哀为太平之时，休自谓本诸胡毋生条例，而胡毋生果亲事公羊寿者？宁如是乎？前乎休而贾逵、服虔之徒，亦如是乎？呜呼汉氏之末，而学者之灾也。①

认为"王鲁"说对政治最为有害，是经学的异端邪说，是造成后世乱臣贼子的理论根源。这些批评很有道理，特别是指出"王鲁"等说与谶纬神学的密切联系，则一针见血地指出了何休春秋公羊学的特点。

清代齐召南等人在对《春秋公羊传注疏》进行考证时，也重点批评了何休的"王鲁"说。他们主要批评"王鲁"说不合《春秋》本意，如针对何休论"公及邾娄仪父盟于眛"的"王鲁"说，齐召南就说："《传》言褒之不过以其结好邻国，赞美之云尔，鲁实可为新王乎？仪父以盟新王得褒，滕薛以朝新王得褒，则戎之会潜，知慕声教尤可嘉，尚当进爵为公侯矣。桓公、公子翚之不道，暗奸天位，尤可贬绝，当直斥为庶人矣。"②励宗万也说："顾炎武曰：'邾仪父之称字者，附庸之君无爵可称，若直书其名，又非所以待邻国之君也，故字之，卑于子男而进于变夷之国，与萧叔朝公同一例也。'据此则邾君称字，自是史家常例，褒之之说，已非《春秋》本意，况于王鲁之诬乎？"③在《春秋公羊传注疏考证》卷三，齐召南又说："何氏曲说至斯而极，滕薛之爵为侯，周先王之班爵也，滕侯之先薛侯，周礼之定制也。何氏于八年宛来归邿注曰：'甚恶郑伯无尊事天子之心，专以汤沐邑归鲁，背悖当诛。'则亦明著尊王之大义矣，于滕薛来朝，又以为王鲁不又自相矛盾乎？"在《春秋公羊传注疏考证》卷十，齐召南又批判何休以"公子友如齐莅盟"的"王鲁"说："莅盟对来盟，不过内外异文，《传》以往盟乎彼解莅盟，以来盟乎我解来盟，明白平直，如此何休之说，不亦诬乎？"或从史例来批评何休的屈说，或从何休学说本身的自相矛盾来批评何休"王鲁"说厚诬《春秋》，是清儒批判何休的特色，反映了清代汉学对学

---

① 晁说之：《三传说》，《景迂生集》卷十二，上海古籍出版社1987年版。

② 齐召南：《春秋公羊传注疏考证》卷一，《四库全书》本，上海古籍出版社1987年版。

③ 齐召南：《春秋公羊传注疏考证》卷一，《四库全书》本，上海古籍出版社1987年版。

术的影响。当然，清儒也有从政治危害来批评"王鲁"说的，齐召南就说，何休的"王鲁"说"使后世视圣人，尊王之书，萌悖逆之志者，实为之厉阶焉"[1]；"欺天欺人，以伸其黜周、王鲁之邪说，此则非公羊之过，何休之过也。其黜周、王鲁之邪说，此则非《公羊》之过，何休之过也"[2]；"《公羊》家荒诞不经，莫如以《春秋》当新王，黜周、王鲁之说"[3]。这些批判基本上是叶梦得、晁说之的重复。

但是，前人从君臣伦常来激烈批判何休的"王鲁"说，其实是一个误会。何休的"王鲁"说，与他的"张三世"思想是密切联系在一起的，带有历史观的意义，包含着由鲁的治理扩展到世界太平的思想。而这与孔子的齐鲁论是一致的。《论语·雍也》说："齐一变，至于鲁；鲁一变，至于道。"朱熹曾对孔子这句话作出如下解释：

> 孔子之时，齐俗急功利，喜夸诈，乃霸政之余习。鲁则重礼教，崇信义，犹有先王之遗风焉，但人亡政息，不能无废坠尔。道，则先王之道也。[4]

齐为霸政，晋亦霸政，鲁有王道遗风，重礼教守信义。所以，孔子的齐鲁论实际上是一种历史观，即由齐的霸政进到鲁的重礼教，再由鲁的重礼教进到理想的王道。何休的"王鲁"说在此意义上可以说是孔子这一思想的发展。何休"王鲁"说的实质是以鲁为王道实现的寄托，而非真正的以鲁为王的大逆不道之论，历史上从这一方面对何休的批判都是不恰当的。关于这一点，皮锡瑞有如下精彩的辨析：

> ……不知何氏明言惟王者改元立号，《春秋》王鲁，故得改元，托王非真，故虽得改元，不得改正朔，此等疑义，皆甚易解，后之疑《公羊》与董、何者，大率皆如贾逵、刘炫之说，不知义本假托，而误

---

[1] 齐召南等：《春秋公羊传注疏考证》卷十六，《四库全书》本，上海古籍出版社1987年版。

[2] 齐召南：《春秋公羊传注疏考证》卷一，《四库全书》本，上海古籍出版社1987年版。

[3] 齐召南：《春秋公羊传原目考证》，《四库全书》本，上海古籍出版社1987年版。

[4] 朱熹：《四书章句集注》，中华书局1983年版，第90页。

执为实事，是以所见拘滞。刘逢禄释《三科例》曰："且《春秋》之托王至广，称号名义，仍系于周，挫强扶弱，常系于二伯，何尝真黜周哉？郊禘之事，《春秋》可以垂法，而鲁之僭，则大恶也；就十二公论之，桓、宣之弑君宜诛，昭之出奔宜绝，定之盗国宜绝，隐之获归宜绝，庄之通仇外淫宜绝，闵之见弑宜绝，僖之僭王礼，纵季姬，祸邻子，文之逆祀，丧娶，不奉逆，成襄之盗天牲，哀之获诸侯，虚中国以事强吴，虽非诛绝，不免于《春秋》之贬黜者，多矣，何尝真王鲁哉？"刘氏谓黜周王鲁，非真，正明其为假借之义。陈澧乃诋之曰："言黜周王鲁非真，然则《春秋》作伪软？"不知为假借，而疑为作伪，盖《春秋》是专门之学，陈氏于《春秋》非专门，不足以知圣人微言也。①

皮锡瑞对何休"王鲁"说的辩护，成为晚清春秋公羊学的公认观念，也回应了历史上人们对《春秋》"王鲁"说的批判。

三、孔子为汉制法

孔子为汉制，是何休为公羊学所增加的新理论。这一理论使董仲舒"三统"说的《春秋》当新王得到与汉代现实政治相结合的说明，但这一理论却不是由"三统"说而是由新五德终始说所推出的。

"三统"说的《春秋》当新王，按照董仲舒的说法，新王当为黑统。西汉王朝初期实行的就是"黑统"，而"黑统"曾经是秦王朝的五行之运，《史记·封禅书》说：

> 秦始皇既并天下而帝，或曰："黄帝得土德，黄龙地螾见。夏得木德，青龙止于郊，草木畅茂。殷得金德，银自山溢。周得火德，有赤乌之符。今秦变周，水德之时。昔秦文公出猎，获黑龙，此其水德之瑞。"于是秦更命河曰"德水"，以冬十月为年首，色上黑，度以六为名，音上大吕，事统上法。

---

① 皮锡瑞：《论三统三世是借事明义黜周王鲁亦是借事明义》，《经学通论》卷四，中华书局1982年版，第33—34页。

西汉文帝时，丞相张苍以汉为水德，"以高祖十月始至霸上，因故秦时本以十月为岁首，弗革。推五德之运，以为汉当水德之时，尚黑如故。"①而贾谊、公孙臣以汉为土德，后来公孙臣的说法据说得到验证，而将西汉的德运确定为土德："苍为丞相十余年，鲁人公孙臣上书言汉土德时，其符有黄龙当见。诏下其议张苍，张苍以为非是，罢之。其后黄龙见成纪，于是文帝召公孙臣以为博士，草土德之历制度，更元年。"②杨权先生的《新五德理论与两汉政治》通过考辨证明，汉为土德，在太初改制后，实行了近百年，直到"汉为赤制"说的出现。

　　无论是汉为水德的"黑统"说，还是汉为土德之说，其理论的根据都是邹衍的"五德终始"说，而与董仲舒的"三统"说无关。邹衍的"五德终始"说是以五行相克为说的，秦始皇的秦为黑统就是以五行相克得出的结论。《史记》载秦始皇的一段话，可以如图表示：

　　黄帝（土德）→夏（木德）→殷（金德）→周（火德）→秦（水德）汉初的水德说，是以汉代周而非秦代周推论出来的，其后的土德说，也是以五行相克得出的，只是以秦为水德，土克水，汉代秦，则汉自然为土德。

　　以五行相克的"五德终始"说，与"三统"说虽然都是对历史发展规律的探索，但二者在理论上存在明显的不相同。只要从同一个起点推起，在历史序列中处于第三数位后的任何一个王朝，都会出现在三的循环与五的循环两个序列中的不对等现象。同时，更为重要的是，无论是"三统"说还是"五德终始"说，能否最终得到汉王朝的认同，要看谁能最大限度地满足汉王朝合法性、合理性的论证。由于"三统"说与"汉为土德"说，都不能满足汉王朝的这一政治需要，所以，最终被汉为尧后的火德说所代替。尽管董仲舒的"三统"说，是有见于革命说为汉王朝所忌讳而提出来的，但连对董仲舒较为欣赏的汉武帝也没有真正重视董仲舒的"三统"说，如顾颉刚先生所指出，武帝的太初改制只是在改正朔的历法上承认"三统"

　　① 司马迁：《张丞相列传第三十六》，《史记》卷九十六，《四库全书》本，上海古籍出版社 1987 年版。

　　② 司马迁：《张丞相列传第三十六》，《史记》卷九十六，《四库全书》本，上海古籍出版社 1987 年版。

说，而其他方面都是依据的五德终始说。①

汉高祖起于市井，为了给汉王朝提供统治合理性的血统证明，攀扯古代圣王，就显得十分必要。而汉为尧后就是最合适的说明，这一理论的最早出处，见于西汉昭帝的眭弘之口：

> 先师董仲舒有言，虽有继体守文之君，不害圣人之受命。汉家尧后，有传国之运。汉帝宜谁差天下，求索贤人，禅以帝位，而退自封百里，如殷、周二王后，以承顺天命。②

根据钱穆先生等人的分析，这里的"汉家尧后"之说，不是董仲舒之说，也不是眭弘之说，而是当时公认的观念。③ 杨权先生推断此说"出自于谶纬"④，而他作出此推论的前提是汉昭帝时已经有"谶纬书流传"⑤。诚然，在现存的谶纬书中，有不少关于汉为尧后的说法。尽管有一些学者也赞同此观念，但说汉昭帝时谶纬书的出现，至少从西汉学术的大势看，这是难以成立的。谶书与纬书是有分别的，而且出现的时间有先后之别，先有谶的风靡，后才有附会神学解经的纬。史载谶书出现的时间在汉成帝时，而成帝以尊儒闻名，谶书始出也遭到经学界绝大多数人的反对，并没有市场。向前推到汉昭帝时期，西汉政治还没有明显的危机，并不存在谶纬出现的社会条件，也不存在将纬书的观念作为公认观念的可能性。所以，难以认定汉为尧后之说是纬书之说，更不可能有纬书之说成为公认观念的时代条件。虽然此说的发明权难以确定，但大致可以肯定的是，此说与春秋公羊学有关，所以作这样推论，一是此说出于公羊学大师眭弘之口；二是在后来的纬书中，言汉为赤制，集中见于《春秋》纬书中，而《春秋》纬书与春秋公羊学关系最为密切；三是春秋公羊学是经学中与汉代政治联系最为紧密的学说，而此

---

① 参见顾颉刚：《五德终始说下的政治与历史》，《顾颉刚古史论文集》第三册，中华书局1996年版，第296页。

② 班固：《眭两夏侯京翼李传第四十五》，《汉书》卷七十五，《四库全书》本，上海古籍出版社1987年版。

③ 参见杨权：《新五德理论与两汉政治》，中华书局2006年版，第一章。

④ 杨权：《新五德理论与两汉政治》，中华书局2006年版，第82页。

⑤ 杨权：《新五德理论与两汉政治》，中华书局2006年版，第83页。

条材料正是为汉王朝的合法性作论证的；四是眭孟言汉为尧后时，提到先师董仲舒。正是因为此说与春秋公羊学有关，所以，眭弘作为春秋公羊学的大师，在引用这一学说时就没有也无须说明出处。

汉为尧后说是与五行相生的"新五行终始"说相联系的。"新五行终始"说用五行相生替代五行相克来说明历史的发展，这与西汉王朝的统治者取得天下，汉景帝不准言说革命的政治风向有直接的关系。但这一理论直到刘向才提出，经过他儿子刘歆在《世经》中的改造，历史的帝王一一纳入五行相生的系统。刘歆的《世经》在黄帝之后安排了一个少昊氏，并在五行相生的王朝更替中，安排闰统，如历法的闰月形成秦为闰统，汉为尧后与尧、汉皆为火德的序列，就是汉为赤制的理论。汉为赤制说，既可以满足汉王朝绍休圣统的需要，又可以与西汉早期确实有过的汉为火德制相迎合，① 所以，它成为汉王朝最终所认定的理论。刘歆设置闰统的做法，才使本来是继秦的汉，成为周的继承者。在谶纬中，此说与孔子联系起来，而变为孔子为赤制，《春秋》则成为孔子为汉王朝制定的法典。②

孔子为赤制，为汉王朝的绍休圣统制造了圣人之道的最高依据。但是，此说在西汉末年也成为王莽、公孙述等人代汉的理论根据。如《汉书·王莽传中》说："平帝末年，火德销尽，土德当代，皇天眷然。"《尚书·考灵耀》有"孔子为赤制，故作《春秋》。赤者，汉行也。言孔子作《春秋》断十二公，象汉十二帝"之言，公孙述就据以断言汉王朝当亡，应该由他取而代之，"亦好为符命、鬼神、瑞应之事，妄引谶记，以为孔子作《春秋》为赤制，而断十二公"③。刘秀夺取政权时也制造《赤伏符》，以孔子为赤制，作为其思想武器。但正如叶适批评班固宣扬孔子为赤制时所说：

> 固以相如《封禅》靡而不典，扬雄《美新》典而不实，故作《典引》，其意言自两仪分，莫崇乎尧，越成汤、武，股肱既周，天乃归功

---

① 参见杨权：《新五德理论与两汉政治》，中华书局 2006 年版，第二章"汉初的准火德制"一节。

② 关于新五行终始说的出现及其发展的详细论说，可参见杨权的《新五德理论与两汉政治》一书的第二、第三章。

③ 范晔：《隗嚣公孙述列传第三》，《后汉书》卷十三，《四库全书》本，上海古籍出版社 1987年版。

元首，将授汉刘，先命孔子撰赤制，而高祖、光武兴，谓汉特承尧，是何道理？与今世场屋架缀作经义者无异。固又以此著之《汉书》，而欲垂中正不刊之义，可乎？详其始撰谶者，妄称刘秀为天子，光武宗室单寡，援之立极，如童谣幸中，遂以自神，正与王莽同耳。故桓谭、郑兴皆莫肯信，而固希世傅会，曾无惭耻，盖自昔文士，往往不足凭也。①

刘秀与王莽在利用孔子为赤制上，并没有什么区别，只是成者为王败者为寇，刘秀在西汉末年的逐鹿中取得胜利，才使得孔子为赤制在东汉理所当然地成为最权威的理论。叶适的批评一针见血。孔子为赤制，也理所当然地成为东汉经学最权威的理论，不仅最高统治者津津乐道，古文经学、今文经学家也无不信奉。杭世骏在谈到这一点时说："东汉崇尚纬谶，儒者多非圣无法，动引孔子以实其说，桓谭所谓矫称孔某为谶记，以误人主也。如郅恽云：'汉历久长，孔为赤制。'苏竟云：'孔某祕经，为汉赤制。② 元包幽室文隐事明。'班固云：'蕴孔佐之宏陈。'又曰：'孔猷先命，圣孚也。'其见于纬书者不可殚述。"③

孔子为赤制，具体到典籍，就是五经中的《春秋》。所以，它理所当然地成为东汉春秋公羊学的最重要内容，这是东汉春秋公羊学的新内容，而集中见于《解诂》对西狩获麟的解释中。何休认为《春秋》记载西狩获麟发生在春天，言天王狩于河阳，时间在冬天，其中包含着孔子"行夏之时"的改制："河阳冬言狩，获麟春言狩者，盖据鲁变周之春以为冬，去周之正而行夏之时。"④麒麟为仁兽，有王则至，无王则不至，春秋为乱世，不当至而至，预示孔子将亡之异，同时，也是孔子著《春秋》，预示刘氏汉王朝兴起的天启。何休说："故麟于周为异，《春秋》记以为瑞，明太平以瑞。"⑤这与何休自己说的"吉凶不并，瑞灾不兼"是自相矛盾的。何休作出这一矛盾之说，是要将周亡与汉兴视为五行相生的木生火关系，所以，《公羊传》

---

① 叶适：《后汉书·传》，《习学记言》卷二十五，《四库全书》本，上海古籍出版社1987年版。
② 《后汉书·苏竟杨厚列传第二十上》，原文作："夫孔丘秘经，为汉赤制。"
③ 杭世骏：《三国志补注》，《诸史然疑》，《四库全书》本，上海古籍出版社1987年版。
④ 阮元：《十三经注疏》下册，中华书局1982年版，第2352页。
⑤ 阮元：《十三经注疏》下册，中华书局1982年版，第2352页。

只是被看做"异"的西狩获麟，被何休同时也解释为汉兴之瑞。这样孔子著《春秋》为刘氏王朝立法，也就顺理成章了。刘氏代周，要经历社会的巨大痛苦，孔子已经从图谶中知晓这一切，故泪流满面。何休说：

> 夫子素案图录，知庶姓刘季当代周，见薪采者获麟，知为其出。何者？麟者，木精。薪采者，庶人燃火之意，此赤帝将代周居其位，故麟为薪采者所执。西狩获之者，从东方王于西也，东卯西金象也；言获者，兵戈文也；言汉姓卯金刀，以兵得天下。不地者，天下异也。又先是螽虫冬踊，彗金精扫旦，置新之象。夫子知其将有六国争强，从横相灭之败，秦项驱除，积骨流血之虐，然后刘氏乃帝，深闵民之离害甚久，故豫泣也。①

在何休眼中，孔子在春秋末年就已经知道后世将要发生战国群雄逐鹿、秦始皇焚书坑儒、楚汉相争、西汉东汉王朝的相继建立等等，何休所描绘的孔子完全是纬书中被神化的孔子，这就是《论衡·实知篇》所批判的"儒者论圣人，以为前知千岁，后知万事"。董仲舒说的孔子基本上还是儒学传统的圣人形象，何休的孔子已经变为先知先觉的神了；董仲舒眼中的《春秋》还是经学的五经之一，何休所说的《春秋》已经变为表达神意的天书了。何休的春秋公羊学完全是屈从于谶纬神学的被异化了的经学。

孔子著《春秋》，更是被说得神乎其神。何休说：

> 得麟之后，天下血书鲁端门曰："趋作法，孔圣没，周姬亡，彗东出，秦政起，胡破术，书记散，孔不绝。"子夏明日往视之，血书飞为赤鸟，化为白书，署曰《演孔图》，中有作图制法之状。孔子仰推天命，俯察时变，却观未来，豫解无穷，知汉当继大乱之后，故作拨乱之法以授之。②

---

① 阮元：《十三经注疏》下册，中华书局1982年版，第2353页。
② 阮元：《十三经注疏》下册，中华书局1982年版，第2354页。

何休这一段话的前半部分与《春秋·演孔图》的文字几乎一字不差，仅在"署曰"前少"鸟消书出"四个字。①结合这两段话，可以明显地看出，在谶纬神学风靡的东汉，何休的孔子为赤制说完全是依据谶纬为说。所谓"汉姓卯金刀"，出自"谶记曰：'刘秀发兵捕不道，卯金修德为天子。'"②是为刘秀登上帝位而制造出来的。何休不加分析地引以为证，完全是迷信谶纬神学之说。繁体的刘，由卯金刀构成，西狩获麟的西于五行为金，汉王朝兴起在东方，十二支为卯，获取天下需要兵刀，所以，西狩获麟预示代周的王朝姓氏含有金、卯、刀。而周为木德，采薪者获麟，为刘氏代周之像，血书化为赤鸟为刘氏火德之像。通过何休的论证就"证明"了孔子著《春秋》，完全是为刘氏的汉王朝立法。何休在解释《公羊传》的"制《春秋》之义以俟后圣"时说："待圣汉之王以为法。"③在释《公羊传》的"末不亦乐乎尧、舜之知君子也"时，又说："末不亦乐后有圣汉，受命而王，德如尧、舜之，知孔子为制作。"④都直截了当地将孔子著《春秋》，说成是为刘氏的汉王朝立法。何休还从孔子著《春秋》的时间在春天，来论证孔子为汉制：

> 绝笔于春，不书下三时者，起木绝火王，制作道备，当授汉也。⑤

春于五行为木，孔子著《春秋》绝笔在春，蕴涵木德的周当绝，木生火，汉为尧后，为火，故《春秋》是孔子为汉制的作品。何休的这些论说，将天命、孔子、《春秋》、汉王朝说成是四位一体的密不可分。

汉为火德与汉为尧后说，在谶纬与何休的思想中，是两个密不可分的命题。通过汉为火德的论证，使本来出身市井的刘氏成为高贵的尧的后裔。成熟的汉为火德见于谶纬，何休在注解《公羊传》时，将其纳入春秋公羊学中，这是东汉经学屈从谶纬神学的表现，说《公羊》善谶，用在何休的

---

① 《春秋纬·演孔图》原文为："得麟之后，天下血书鲁端门。曰：趋作法，孔圣没，周姬亡，彗东出，秦起政，胡破术，书记散，孔不绝。子夏明日往视之，血书飞为赤鸟，化为帛，鸟消书出，署曰《演孔图》，中有作图制法之状。"（孙毂：《古纬书》卷八）
② 范晔：《光武帝纪第一上》，《后汉书》卷一上，《四库全书》本，上海古籍出版社1987年版。
③ 阮元：《十三经注疏》下册，中华书局1982年版，第2354页。
④ 阮元：《十三经注疏》下册，中华书局1982年版，第2354页。
⑤ 阮元：《十三经注疏》下册，中华书局1982年版，第2353页。

《解诂》上是十分中肯的。陈澧曾统计何休在《解诂》用纬书解说礼制的情况，并评论说："此等礼制，见于纬书，何邵习而熟之，亦可见其为学海也。"①也可为何休善谶的旁证。何休的引谶解经，受到后人的一致批评，这是春秋公羊学在理论上的倒退。同时，因为何休注被确立为经典，孔子为赤制也就成为经典的内容之一，而发生了极大的影响。不少人还以此作为神化孔子的根据，以至实指血书端门的所在，来坐实孔子为汉赤制，连郦道元在《水经注》中也说："《春秋孔·演图》曰：'鸟化为书，孔子奉以告天，赤爵衔书上，化为黄玉，刻曰孔提命，作应法为赤制。'《说题辞》曰：'孔子卒，以所受黄玉葬鲁城北。'即子贡庐墓处也。"②这是何休注经引谶的负面影响之一。

何休以汉为火德，《春秋》亦为赤制，这不符合董仲舒的"三统"说。在董仲舒的"三统"说中，明确是以《春秋》当黑统，若汉为赤制，孔子著《春秋》为汉制，则《春秋》为赤统，而不是董仲舒所说的黑统了。同时，何休的汉为赤制依据的是五行相生的"新五行终始"说，而不是"三统"说。这说明何休的以《春秋》当新王之说的实际内容，不同于董仲舒的"三统"说，是不能作为"三统"说的内容的。何休实际上否定了董仲舒的"三统"说，这是有着深刻原因的。尽管"三统"说不同于五行相克的"五行终始"说，但理论上的缺陷是明显的，更为重要的是"三统"说不适合汉王朝绍休圣统的需要。春秋公羊学本来就是与现实政治有紧密联系的学说，何休将孔子为赤制纳入春秋公羊学，提出孔子著《春秋》是为汉制法，不仅迎合了汉王朝绍休圣统的政治需要，而且从孔子那里为汉王朝寻找到了合法性。但在东汉末年的政治背景下，还一再说汉王朝是什么"圣汉"，反映了何休眷恋汉王朝的心态，这是春秋公羊学现实批判精神的失落。

特别值得指出的是，何休的"孔子为汉制"说，只是以孔子为先知先觉的神圣，为汉制法，却没有汉代流行的春秋公羊学的"孔子素王"说，没有将孔子说成是受命之王，这是孔子形象的改变。在何休的《解诂》中，凡论孔子皆无与王相联系的论述，这与董仲舒以素王改制来论述孔子的思想

---

① 陈澧：《东塾读书记》卷十，《续修四库全书》第1160册，上海古籍出版社2002年版，第596页。

② 郦道元：《泗水出鲁卞县北山》，《水经注》卷二十五，《四库全书》本，上海古籍出版社1987年版。

是大不相同的。孔子是否为王，对春秋公羊学有极大的意义，王是政治的最高权威，以孔子为王实际上是以孔子的思想作为政治最高裁判标准，也就是以孔子之是非为是非。此说固然具有以孔子制约人君的积极意义，同时，也可以为君主专制提供圣人之道的理论支持。但天无二日，说孔子为王，毕竟为君主所不喜欢，何休根本不讲孔子为王，是春秋公羊学理论向现实政治的屈服。在社会理论与现实之间，理论往往是脆弱的，何休不讲孔子为王，只讲孔子为圣，这是春秋公羊学将孔子由政治的人格变为伦理人格的表现，这也决定了何休讲"张三世"、"太平世"的实现而不关注王道的论述，注重人君的道德进步，将道德的进步视为社会发展的决定因素。所以，不能笼统地说凡公羊学家都有"孔子素王"说之类的孔子为王说，至少在何休的春秋公羊学中没有孔子为王说。

第五节　"三世异辞"与"张三世"

"三世异辞"最早由《公羊传》提出，《公羊传》的"三世异辞"只是就所传闻世、所闻世、所见世的用词不同来论说，董仲舒讲"三世异辞"也主要在三世书法的不同，但董仲舒已经开始将"三世"与社会的发展联系为说，到何休的"三世异辞"则变为关于社会历史观的理论，这就是"三世"说。何休的"三世"说是通过"三世异辞"的书法来阐发的，包含书法与社会历史观两个方面，其中最有价值的是"三世"说的社会历史观，这是何休对春秋公羊学的最大贡献，也是春秋公羊学在东汉的发展中取得的最重要理论成就。

一、"三世异辞"

"三世异辞"首先涉及对"三世"的区分，这是"三世异辞"建立的前提。

（一）何休的"三世"之分

对"三世"第一个作出时段区分的是董仲舒，他以哀、定、昭三世为所见世，共计六十一年；襄、成、宣、文四世为所闻世，共计八十五年；僖、闵、庄、桓、隐五世为所传闻世，共计九十六年。而董仲舒的四传弟子颜安乐提出所见世的时限，应该以孔子出生为断，孔子生于襄公二十一年（前552年），故以此为所见世与所闻世的划分界限。徐彦疏曾提及颜安乐的这一区分及其理由：

> 颜氏以为襄公二十三年"邾娄鼻我来奔"，《传》云："邾娄无大夫，此何以书？以近书也"；又昭公二十七年"邾娄快来奔"，《传》云："邾娄无大夫，此何以书？以近书也"，二文不异，同宜一世，若分两属，理似不便。又孔子在襄二十一年（前552年）生，从生以后，理不得谓之所闻也。颜氏之意，尽于此矣。①

颜氏的"三世"区分，一是根据《公羊传》三世异辞书法的不同，二是根据孔子出生后就有所见，不再是所闻，还是有一定道理的。另外，还有郑玄的说法：

> 九者，阳数之极。九九八十一，是人命终矣，故《孝经·援神契》云："《春秋》三世，以九九八十一为限。"然则隐元年（前722年）尽僖十八年（前640年）为一世，自僖十九年（前639年）尽襄十二年（前561年）又为一世，自襄十三年（前560年）尽哀十四年（前481年）又为一世。所以不悉八十一年者，见人命参差，不可一齐之义。②

郑玄之说，本于谶纬，其划分拘于术数，以迁就九九八十一之数，以所传闻世为八十三年，所闻世为七十九年，所见世为八十年。相对而言，颜安乐的说法有一定道理，郑玄则是迷信谶纬的说法，徐彦疏说"颜、郑之说，实亦有途"③，没有区分，失之笼统。

何休关于"三世"的划分，不同意郑玄的说法，也反对颜安乐的划分。据徐彦疏说：

---

① 阮元：《十三经注疏》下册，中华书局1982年版，第2195页。
② 阮元：《十三经注疏》下册，中华书局1982年版，第2195页。
③ 阮元：《十三经注疏》下册，中华书局1982年版，第2195页。

何氏所以不从之者，以为凡言见者，目睹其事，心识其理，乃可以为见，孔子始生，未能识别，宁得谓之所见乎？故《春秋说》云："文、宣、成、襄所闻之世。"不分疏，二十一年巳后明①为一世矣。邾娄快、邾娄鼻我虽同有以近书之传，一自是治近升平书，一自是治近太平书，虽不相干涉，而漫指此文乎？郑氏虽依《孝经说》文取襄十二年之后为所见之世，尔时孔子未生焉。得谓之所见乎？故不从之。②

在"三世"划分上，郑玄的划分虽然本于谶纬，但以孔子未生的鲁襄公十三年为所见世的开始，何休以"人未生，焉得有见"来批评郑玄之说是有说服力的。何休以目睹其事，心识其理，才可以称之为见，而否定颜安乐的说法，也是有道理的。在"三世"划分上，他基本上同于董仲舒，但又将"三世"之分与血缘的亲疏联系起来："据哀录隐，兼及昭、定，已与父时事，为所见之世；文、宣、成、襄，王父时事，谓之所闻之世也；隐、桓、庄、闵、僖，曾祖、高祖时事，谓之所传闻之世也。"③"所见者，谓昭、定、哀，已与父时事也；所闻者，谓文、宣、成、襄，王父时事也；所传闻者，谓隐、桓、庄、闵、僖，高祖曾祖时事也"④。这是将"三世"说与血缘的亲疏关系相类比，以孔子与父辈之事为所见世，而以祖父辈之事为所闻世，以曾祖、高祖辈之事为所传闻世。这是董仲舒所没有的新说法。同时，何休还从这一类比中为"三世"划分找到了理论根据：

> 所以三世者，礼为父母三年，为祖父母期，为曾祖父母齐衰三月，立爱自亲始，故《春秋》据哀录隐，上治祖祢。所以二百四十二年者，取法十二公，天数备足，著治法式。⑤

《春秋》十二公，取法一年十二月，十二公分为"三世"，取法父母之丧三年

---

① 据《春秋说》之义，当作"非"。
② 阮元：《十三经注疏》下册，中华书局 1982 年版，第 2195 页。
③ 阮元：《十三经注疏》下册，中华书局 1982 年版，第 2195 页。
④ 阮元：《十三经注疏》下册，中华书局 1982 年版，第 2200 页。
⑤ 阮元：《十三经注疏》下册，中华书局 1982 年版，第 2200 页。

之期。这是将经学孝道三年之丧理念作为"三世"划分的根据，三年丧是伦理学的问题，《春秋》记十二公分为"三世"是史学编年的问题，何休将其附会为说，是难以服人的。所以，何休的这一类比遭到后人的批评，齐召南在《春秋公羊传注疏考证》卷一就说："《传》三句（指所见异辞、所闻异辞、所传闻异辞），不过言时有远近，书册不备，不能详尽耳。何休因此遂强为分配高曾、王父、父及己身，既不可通，又妄分治乱、升平、太平名目、尤不可解也。"①

（二）"三世异辞"的说明

《公羊传》虽然推出了"三世异辞"，董仲舒也对其作出"三世"的划分，但对"三世异辞"的作出详尽说明的，在春秋公羊学发展史上，不得不归功何休。何休论"三世异辞"有一段最重要的文字：

> 所以复发传者，益师以臣见恩，此以君见恩，嫌义异也。所见之世，臣子恩其君父尤厚，故多微辞是也。所闻之世，恩王父少杀，故立炀宫不日，武宫日是也。所传闻之世，恩高祖、曾祖又少杀，故子赤卒不日，子般卒日是也。②

"三世异辞"在《公羊传》出现，第一次涉及公子益师卒，第二次涉及鲁桓公与齐侯等的制造宋乱，益师与鲁桓公有君臣之分，故何休有以臣见恩、以君见恩的分别之说。立武宫在成公六年（前585年）二月辛巳日，立炀宫在鲁定公元年（前509年）九月。据《史记·鲁世家》，周公的儿子为鲁公，鲁公的儿子为考公，考公的弟弟为炀公，炀公的儿子为幽公，幽公的弟弟为魏公，魏公的儿子为厉公，厉公的弟弟为献公，献公的儿子为真公，真公的弟弟为武公，鲁炀公在鲁武公前面六代，鲁武公与鲁炀公都是春秋以前的鲁君，鲁武公与周宣王同时。③ 按照周代的礼制，诸侯立五庙，包括二昭二穆与太祖之庙，在此之外都不得立庙，鲁炀公与鲁武公都不在立庙的范围，所以，鲁成公与鲁定公的立武宫与立炀宫的行为都不合于礼，但是，由于鲁成

---

① 齐召南等：《春秋公羊传注疏考证》卷一，《四库全书》本，上海古籍出版社1987年版。

② 阮元：《十三经注疏》下册，中华书局1982年版，第2213页。

③ 见《春秋公羊传注疏考证》卷十七。

公属所闻世，鲁定公属所见世，而有书日与不书日之别，何休在解释鲁定公立炀宫不书日时说："不日者，所见之世讳深，使若比武宫恶愈，故不日。"①子般卒在庄公三十二年（前622年）冬十月乙未，子赤卒在鲁文公十八年（前609年）冬十月，鲁庄公属所传闻世，鲁文公则属于所闻世，何休在论子赤卒不书日时说："所闻世臣子恩痛王父深厚，故不忍言其日，与子般异。"②通过《公羊传》记载同一性质的事例，因"三世"之别用辞也不同的具体分析，何休提出"三世异辞"的原则，这就是以血缘的亲疏、恩的深浅来分判"三世"用辞：亲浓、恩深者在用辞上要有更多的忌讳；反之，就少忌讳或无所忌讳。子赤卒于所闻世，子般卒于所传闻世，子赤相对子般就较为亲近、恩深，《春秋》就直言不讳于子般被弑书日，而子赤卒不书日；鲁成公与鲁定公分属所见世与所闻世，也有亲疏之别与恩的深浅之分，所以，对鲁成公立武宫要书日，而对鲁定公的立炀宫要不书日。何休此说，也是对《公羊传》的定哀多微辞的说明。这是亲近疏远、厚近薄远的原则。同时，"三世异辞"除了亲疏及其相关的恩的厚薄之外，还有义的深浅："异辞者，见恩有厚薄，义有深浅，时恩衰义缺，将以理人伦，序人类，因制治乱之法。"③义的深浅，通过义的显晦表现出来，在所见世为着避害、为尊者讳等原因，就不能直言不讳，故春秋公羊学有定哀多微辞一说；而批评所闻世、所传闻世的人事都不是"现代"的，而是历史的，就可没有多少忌讳，文辞就较为显白。"三世异辞"的亲疏之别与恩的深浅之分、义之深浅不同，而使其在文字出现近详远略的特点，即所见世的记叙详于所闻世、所传闻世的文字略于所闻世。何休的这些说法，较为详细地说明《春秋》"三世异辞"的特点与原因。

"内外异辞"是何休"三世异辞"说的最重要内容。"内外异辞"在《公羊传》中就得到较为详细的论述，董仲舒的春秋公羊学没有多少"内外异辞"的论说，不重视"内外异辞"的发挥，或许这正是董仲舒没有的出"三世"说的理论原因之一。何休在董仲舒之后，对"内外异辞"多所发挥。他明确提出，在所传闻世，《春秋》以鲁国为内，以诸夏为外，而在所

① 阮元：《十三经注疏》下册，中华书局1982年版，第2335页。
② 阮元：《十三经注疏》下册，中华书局1982年版，第2275页。
③ 阮元：《十三经注疏》下册，中华书局1982年版，第2200页。

闻世以诸夏为内，以四夷为外，到所见世则无诸夏、四夷的内外之分。在未到达无内外之分的所传闻世与所闻世，《春秋》用辞都有内外之分。《公羊传》的"内外异辞"，已经有所传闻世鲁国为内，诸夏为外的含义，但没有明确地以鲁为内之说。何休在解诂隐公元年"内之微者也"时，则第一次明确地指出："内者，谓鲁也。微者，谓士也。不名者，略微也。大者正，小者治，近者说，远者来，是以《春秋》上刺王公，下讥卿大夫而逮士庶人。宋称人者，亦微者也。鲁不称人者，自内之辞也。"①这是第一次明确以鲁国为内，诸夏为外。在《解诂》中，何休以所传闻世对鲁国的文字，都视为内辞，而以诸夏的记叙为外辞，在所见世则以诸夏为内辞，四夷为外辞，何休在解释所说这些"内外异辞"时，常常将王鲁、据乱、升平、太平等观念联系为说，成为何休《解诂》的文字依据。何休的"王鲁"说已见于前面的分析，他借"三世异辞"对"三世"说的发明，将在探讨异内外时予以讨论。

何休在《解诂》中，通过"三世异辞"的具体说明，还为《春秋公羊传》归纳出诸多义例。其中最重要的是所谓时、月、日例：

> 于所见之世，恩己与父之臣尤深，大夫卒，有罪无罪，皆日录之，"丙申，季孙隐如卒"是也。于所闻之世，王父之臣恩少杀，大夫卒，无罪者日录，有罪者不日略之，"叔孙得臣卒"是也。于所传闻之世，高祖曾祖之臣恩浅，大夫卒，有罪无罪皆不日略之也，公子益师、无骇卒是也。②

这里所说的"季孙隐如卒"在定公五年（前505年），"叔孙得臣卒"在宣公五年（前604年），公子益师、无骇卒在隐公元年（前722年）与八年（前715年）。何休通过考察《春秋》记载鲁国公子去世，在三世有书日、不书日及其无罪者书日与有罪不书日的不同书法，说明了《春秋》确有日例。《春秋》不仅有日例，还有月例、时例，在《解诂》隐公元年、二年，

① 阮元：《十三经注疏》下册，中华书局1982年版，第2199页。
② 阮元：《十三经注疏》下册，中华书局1982年版，第2200页。

就可以看到何休关于时、月、日例的如下说明："大夫盟例日，恶不信也"，"诸侯不月，比于王者轻，会葬皆同例""微者盟例时""奔例时""朝聘会盟例皆时""入例时，伤害多则月""灭例月""亲迎例月，重录之亲迎例时""内女归例月""侵伐围入例皆时"等等。此外，《解诂》随文可见何休对月、日、时例的归纳，"乞师例时"①，"内杀大夫例，有罪不日，无罪日。外杀大夫皆时"②，"称国以弒者，众弒君之辞。一人弒君，国中人人尽喜，故举国以明失众，当坐绝也。例皆时者，略之也"③，"灭日者，甚恶诸侯不崇礼义以相安，反遂为不仁开道，强夷灭中国。中国之祸，连蔓日及，故疾录之"④，如此等等。可以说，何休是第一个对《春秋》的时、月、日例作出详细归纳的人。

何休总结出这些所谓义例，目的是要从中去探求孔子所谓之义。在何休的解释中，孔子著《春秋》不是随意书时、月、日的，书时、书月、书日，或是当书时、月、日的地方，没有书时、月、日，或是改书时为月之类，都有孔子褒贬的善恶包含其中。在上面的相关论说中，都可以看到这一点。这种将时、月、日例与褒贬、善恶相联系，是何休春秋公羊学的重要特点，在《解诂》中随处可见。如《公羊传》载僖公九年（前651年），"冬，晋里克弒其君之子奚齐"，何休说："弒未逾年君，例当月，不月者，不正遇祸，终始恶明，故略之。"⑤《公羊传》僖公"十年，春，王正月，公如齐"，《解诂》说："月者，僖公本齐所立，桓公德衰见叛，独能念恩朝事之，故善录之。"⑥

在何休以后，不少论著都以时、月、日例作为春秋公羊学最重要的内容之一，宋均以其作为九旨的第一义，刘逢禄后来在《春秋公羊经何氏释例》中，也以时、月、日例为九旨第一义，列为《释例》的第四例，时、月、日例也占了《释例》十卷中整整一卷的篇目，从刘逢禄对时、月、日例排列的次序与所用的篇幅可见，时、月、日例被刘逢禄视为何休最重要的义例

① 阮元：《十三经注疏》下册，中华书局1982年版，第2260页。
② 阮元：《十三经注疏》下册，中华书局1982年版，第2261页。
③ 阮元：《十三经注疏》下册，中华书局1982年版，第2274页。
④ 阮元：《十三经注疏》下册，中华书局1982年版，第2303页。
⑤ 阮元：《十三经注疏》下册，中华书局1982年版，第2252页。
⑥ 阮元：《十三经注疏》下册，中华书局1982年版，第2253页。

之一。以至有人说："时、月、日，具圣人之虑盖深。"①但也有人说："或曰：经之书月、书日岂都无意乎？曰：此史例也，非经意也。"②黄震也指出，何休以所传闻世的卒不书日为例，完全是穿凿之说："远则或不尽知也，以不日起凡例者，凿也。"③齐召南甚至认为，何休的时、月、日例完全是自相矛盾的臆说："僖元年八月会柽，十六年十二月会淮，成二年十一月会蜀，襄十六年二月会溴梁，皆会加月，其他因会而盟而伐者加月尤多，安见桓会皆月之为危之乎？故知以日、月为例皆臆说也。"④的确，何休之说多不能从《春秋》得到证实，如他说所传闻世有罪无罪卒，皆不书日，庄公属所传闻世，但庄公三十二年（前664年），公子牙卒、子般卒却皆书日，"秋七月癸巳，公子牙卒"，"冬十月乙未，子般卒"，与其所传闻世皆不书日自相矛盾，类似不合时、月、日例者在《春秋》中还有不少。这些自相矛盾的出现，是何休自己将《春秋公羊传》的所有说法都企图纳入例中所必然出现的，因为《春秋》《公羊传》都没有刻板地以例说经。

何休在解释"三世异辞"时，也常常从中去发明善恶、褒贬之义。但这些发明，往往拘泥于所谓时、月、日例等，而陷于自相矛盾，附会为说。顾炎武在《日知录》的"所见异辞"条目，提出了他对"三世异辞"的理解，并对何休关于"三世异辞"说的解说进行了批评：

> 孔子生于昭、定、哀之世，文、宣、成、襄则所闻也，隐、桓、庄、闵、僖则所传闻也。国史所载策书之文，或有不备，孔子得据其所见以补之，至于所闻则远矣，所传闻则又远矣。虽得之于闻，必将参互以求其信，信则书之，疑则阙之，此其所以为异辞也。公子益师之卒，《鲁史》不书其日，远而无所考矣，以此释经，岂不甚易而实是乎？何休见桓公二年会稷之传，以恩之浅深，有"讳"与"目言"之异，而以书日不书日，详略之分，为同此例，则甚难而实非矣。窃疑"所见异辞，所闻异辞，所传闻异辞"，此三语必有所本。而齐、鲁诸儒述之，

①　洪咨夔：《春秋说》卷一，《四库全书》本，上海古籍出版社1987年版。
②　赵汸：《春秋师说》卷中，《四库全书》本，上海古籍出版社1987年版。
③　黄震：《黄氏日抄》卷三十一，《四库全书》本，上海古籍出版社1987年版。
④　齐召南等：《春秋公羊传注疏考证》卷四，《四库全书》本，上海古籍出版社1987年版。

然其义有三：阙文，一也；讳恶，二也；言孙，三也。从前之一说，则
略于远而详于近；从后之二说，则晦于近而章于远。读《春秋》者，
可以得之矣。①

顾炎武用时间久远，记载缺失，不可考知，来说明"三世"文辞详近略远，
以三义解释《春秋》"三世异辞"，没有迷信孔子的成分，能够较为合理地说
明"三世异辞"的原因。这也否定了"三世异辞"有恩之厚薄、义之深浅
的说法，说明何休之说不过是附会穿凿之论。

二、"张三世"的渐进社会历史观

《解诂》对春秋公羊学的最大贡献，在于发挥"三世异辞"而提出了
"张三世"的渐进社会历史观。学术界很多人对"张三世"评价甚高，如
陈其泰先生说："公羊学说之所以曾在历史上两次声势显赫，并在思想上
产生了深远的影响，根本的原因即在于它形成了独树一帜的'三世说'
历史哲学。"②其实，春秋公羊学的两次显赫，"张三世"都不是根本原因。
在西汉春秋公羊学十分兴旺之时，还没有明确的历史观的"三世"说，
至于晚清的康有为主要是利用春秋公羊学的孔子改制说，并非是"张三
世"的理论使其显赫。但"张三世"确是春秋公羊学最重要的理论内容
之一。

何休"张三世"的历史观，集中见于如下一段话：

> 于所传闻之世，见治起于衰乱之中，用心尚粗粗，故内其国而外诸
> 夏，先详内而后治外，录大略小，内小恶书，外小恶不书；大国有大
> 夫，小国略称人；内离会书，外离会不书是也。于所闻之世，见治升
> 平，内诸夏而外夷狄，书外离会；小国有大夫，宣十一年"秋，晋侯
> 会狄于攒函"，襄二十三年"邾娄劓我来奔"是也。至所见之世，著治
> 大平，夷狄进至于爵，天下远近小大若一，用心尤深而详，故崇仁义，

---

① 顾炎武：《日知录》卷四，《四库全书》本，上海古籍出版社1987年版。
② 陈其泰：《春秋公羊"三世说"：独树一帜的历史哲学》，《史学史研究》2007年第2期。

讥二名，晋魏曼多、仲孙何忌是也。①

在春秋公羊学发展史上，何休第一次将所传闻世、所闻世、所见世与衰乱、升平、太平联系起来，就使"三世异辞"说由以往的书法意义为主，转变成了一种历史观。这是春秋公羊学长期发展的成果，孟子说孔子成《春秋》使乱臣贼子惧，《公羊传》明确以《春秋》为拨乱反正之作，董仲舒、司马迁将《春秋》视为礼义大宗，都有一个共同的思想，即以《春秋》为孔子治理乱世的著作，都肯定经过《春秋》拨乱反正的治理，社会会进入理想的境界。只不过社会进入的理想境界是什么状态，如何才能实现这一点，在何休之前的春秋公羊学中是没有得到说明的，何休借助"三世异辞"提出了"张三世"，将社会的发展说成是从衰乱到升平、再到太平的渐进过程，从而回答了这些问题。

"张三世"的历史观有三大特点：第一，是将历史的发展分为三个阶段。这是一种三分法的理念，而三分法的理念导源于古代天地人的三才观念，与汉代特别重视数字三的观念有更密切的联系，西汉刘歆的《三统历》、扬雄的《太玄》用三分法构建 81 首，以三段式说明事物发展的规律，这都给何休的"张三世"以影响。第二，"张三世"将社会的发展视为一个不断前进的过程，是由乱到治的变化过程，这是对儒家愈古愈文明的颠覆，表明春秋公羊学对社会历史发展的积极理念。杨向奎先生认为，孔子判定周胜于夏商两代，"这给《公羊》派以启发，公羊的'三世'说受这种说法的影响，它也是何休'三世'说的不祧之祖"②，这是正确的。但是，杨向奎先生又认为："公羊学的历史观是一种季节的和带有循环论的发展史观，因为它究竟是向前看，因而也具有一定当然积极意义，它并非以古代为黄金世界的复古派，也不是向后看齐的倒退的政治理论。"③其实，循环论是董仲舒的"三统"说，何休的"三世"说恰好不是循环论，而是从据乱到太平的上升过程。第三，"张三世"是渐进的社会历史观，它将社会历史的发展视为主要是人的道德的不断进步，与仁义教化在空间的不断扩展过程。其中第

---

① 阮元：《十三经注疏》下册，中华书局 1982 年版，第 2200 页。
② 杨向奎：《论何休》，《译史斋学术文集》，上海人民出版社 1983 年版，第 164 页。
③ 杨向奎：《论何休》，《译史斋学术文集》，上海人民出版社 1983 年版，第 164 页。

二点是"张三世"的价值的集中体现，也是"张三世"能够成为古代最有价值的历史观的根据所在，而第三点则是何休经学精神的体现，具有重视道德在人类社会发展中的作用的可取价值。

"张三世"虽然主张历史是发展的，但本质上是一种渐进的历史观。何休对此有多次说明。他在注《公羊传》隐公元年"仲子，微也"时说：

> 所传闻之世，外小恶不书，书者来接内也。《春秋》王鲁，以鲁为天下化首，明亲来被王化渐渍礼义者，在可备责之域，故从内小恶举也。①

渍，浸染之义。鲁隐公的所传闻世为衰乱世，何休以所传闻世鲁为内，故对鲁国的小恶也要严加批评，以使其接受礼义的浸染。在注《公羊传·襄公二十三年》"夏，邾娄鼻我来奔。邾娄鼻我者何？邾娄大夫也。邾娄无大夫，此何以书？以近书也"时，何休也说：

> 以奔无他义，知以治近升平书也。所传闻世，见治始起，外诸夏，录大略小，大国有大夫，小国略称人；所闻之世，内诸夏，治小如大，廪廪近升平，故小国有大夫，治之渐也，见于邾娄者，自近始也。独举一国者，时乱实未有大夫，治乱不失其实，故取足张法而已。②

鲁襄公以所闻世为升平世，以诸夏为内，诸夏已经得到礼义的熏陶。在这两段话中，何休都用到一个"渐"字，一说"被王化渐渍礼义"，一说"治之渐"。渐在何休的思想中，是指去恶就善的积累发展过程，他说："渐者，物事之端，先见之辞，去恶就善曰进。"③所以，何休所说的"张三世"的发展是一个渐进的过程。渐进的观念在《公羊传》就已经提出，隐公元年在论《春秋》褒邾娄仪父时，《公羊传》就说"此其为可褒奈何？渐进也"，但《公羊传》此说并没有历史观的意义，何休则将其与"张三世"联系起来，

---

① 阮元：《十三经注疏》下册，中华书局1982年版，第2199页。
② 阮元：《十三经注疏》下册，中华书局1982年版，第2309页。
③ 阮元：《十三经注疏》下册，中华书局1982年版，第2199页。

在论"张三世"时，何休多次讲到渐进的观念，才使其具有历史观的意义了。

"张三世"的渐进历史观，也是春秋公羊学历史观在汉代发展的结果。自汉景帝的不许言革命以来，对经学而言，建立起不讲革命，但又符合最高统治者需要的历史观，是一个重要的时代课题。董仲舒提出"三统"说的历史观，虽然讲改制而不言革命，但是，"三统"说的历史观本身有理论缺陷，加之不可能为汉王朝提供需要的理论根据，所以，最终没有得到认可。何休提出的"张三世"，强调渐进的理念，用渐进的历史观取代革命说，这也是何休对董仲舒所未完成课题的回答。汉景帝时提出不讲革命，到何休提出"张三世"的渐进社会历史观，花了大约三百年的时间。何休的"张三世"，尽管不适合社会变革的需要，但适应了取得统治地位的统治者的政治需要，是适合社会平稳发展的历史观。而"张三世"以太平世为孔子的最高理想，则反映了何休面对东汉末年的动乱，企盼社会安宁的希望。最值得指出的是，"张三世"虽然是渐进的历史观，但与儒家以三代为理想盛世倒退的复古历史观，毕竟是一种主张历史是发展、向前进的历史观，这是何休的春秋公羊学在理论上对中国文化的重大贡献。黄朴民先生对何休的发展渐进的历史观曾作出如下评价：

> 由衰乱而升平，由升平而太平的历史进化理论的提出，是何休对《公羊》先师"三世说"观点的创造性发展，它在历史哲学问题上实现了质的飞跃，代表着儒家历史哲学理论的最高成就，体现着何休对人类社会的终极关怀。作为一种美好的理想和理性的启示，何休的"三世说"新义，曾深深地鼓舞了后来追求社会进步的儒生，尤其是启发了清代进步的《公羊》学者，使他们沿着何休的思路，结合当时的实际，从事社会改良活动，在中国近代史上留下了不可磨灭的一页。从这个意义上讲，何休的"衰乱—升平—太平"新"三世说"，实为中国历史上进化观理论方面的不祧之祖。[1]

---

① 黄朴民：《何休历史哲学理论探析》，《求是学刊》1999 年第 1 期。

尽管何休以前并无"三世"说，但黄先生对何休"三世"说的价值与意义的评说是公允的。

第六节 "异内外"与太平世的实现

何休的"张三世"与"异内外"是密不可分的理论整体，要认识何休的"张三世",必须结合他的异内外之说。

一、"异内外"的三方面含义

何休异内外包含三个方面的含义：第一是书法之义，也就是从内外的角度讲"三世异辞"；第二是在"三世"的不同阶段，处理国家与国家、民族与民族的原则规定；第三是讨论从衰乱到太平发展的路径，即如何实现"张三世"归宿的太平世的问题。何休异内外第一个方面的含义属于《春秋》书法的问题，不属于"张三世"的历史观，已经在前面进行过论说，后两个方面的含义则与历史观的"张三世"密切联系。

异内外后两个方面的侧重点不同，第二个方面重点是从空间讲"张三世",第三个方面则是从时间上来讲"张三世"的实现。从空间讲，何休的异内外是讨论如何以鲁国为中心，进而扩展到诸夏，再由诸夏扩展到四夷，最终实现没有国界和民族差别的大一统；从时间说，何休的异内外是讨论如何由据乱世发展到升平世，最后进入"大一统"的"太平世"。所以，何休异内外后两个方面的内容实际上就是从时空两个方面对"张三世"的说明。尽管何休异内外后两个方面的重点不同，但却有一个共同的特点，就是都特别重视道德伦理的作用，这与董仲舒以王道为重心有着明显的差别。强调道德的意义与价值，是何休春秋公羊学的最大特色，也是何休对以往春秋公羊学的发展与补充。这也说明何休的春秋公羊学开始将《公羊传》的重外王倾向转向重内圣。道德与政治从来就是儒学、经学的两大内容，学术界的汉学、宋学之分，不在有无道德说教或有无政治关切，而在于二者的倚重不同，在汉代经学中道德是从属于政治的，宋学则更强调道德的意义与价值。

"张三世"分为三个阶段，但异内外只与前二个阶段有关。因为何休的异内外是相对大一统而言的，他在解诂《公羊传·成公十五年》的"王者欲一呼天下，曷为以外内之辞言之"时，说"据大一统"①。"大一统"在何休的思想中，既是理想的政治制度与社会秩序，同时，也是"张三世"的最后归宿，"异内外"相对于"大一统"而言，只存在鲁与诸夏、诸夏与四夷有所分别的所传闻世、所闻世，而不存在所见世，也就是说异内外是"大一统"的准备，"大一统"是经过两次异内外的必然结果。而异内外的两个阶段及其通过异内外实现的"大一统"，评判的标准都是道德的进步，这是何休在《解诂》中着力发挥的重点。

异内外在所传闻世与所闻世，因空间范围的不同，所要处理的关系也不同。何休在解释《公羊传·成公十五年》（前 576 年）的"言自近者始也"时说："明当先正京师，乃正诸夏。诸夏正，乃正夷狄，以渐治之。叶公问政于孔子，孔子曰：'近者说，远者来。'季康子问政于孔子，孔子曰：'政者，正也。子帅以正，孰敢不正。'是也。"②《公羊传》所谓自近者始，是指圣人之治由近而远的扩展，这是异内外的总原则。先正京师、再正诸夏是所传闻世的法则，先正诸夏、再正四夷则是所闻世的法则，这是何休关于所传闻世、所闻世异内外的不同原则规定。具体说来，就是《公羊传》所说的内其国而外诸夏，内诸夏而外夷狄。

二、所传闻世的内外之异

所传闻世的"异内外"，是内其国而外诸夏，也是以京师为中心的内外之异。但京师不是指周天子所居之地，而是指鲁国。他是将鲁国与诸夏各国看成一个整体、一个国家，而以鲁国为一国的京师，诸夏为京师以外的属地。何休将鲁国喻为京师，与他的"王鲁"说是有直接关系的。"王鲁"说以鲁为王，王之所在即为京师，在何休的理论中是顺理成章的。所以，何休所说的京师与诸夏的关系，实际上就是鲁国与诸夏各国的关系。异内外在所传闻世，就是以京师或鲁国为内，以诸夏各国为外。《公羊传·隐公十年》（前 713 年），有一段关于所传闻世内外异辞的经典说法："《春秋》录内而

①　阮元：《十三经注疏》下册，中华书局 1982 年版，第 2297 页。
②　阮元：《十三经注疏》下册，中华书局 1982 年版，第 2297 页。

略外，于外大恶书，小恶不书，于内大恶讳，小恶书。"何休解释说："于内大恶讳，于外大恶书者，明王者起当先自正，内无大恶，然后乃可治诸夏大恶，因见臣子之义，当先为君父讳大恶也。内小恶书，外小恶不书者，内有小恶，适可治诸夏大恶，未可治诸夏小恶，明当先自正然后正人。小恶不讳者，罪薄耻轻。"①按照"王鲁"说，《春秋》以鲁为王，当所传闻世时，鲁君就应当以王者的身份，首先正己，只有王者己正，以身作则，做到没有大恶，治理好鲁国，才可以去治理好诸夏。君主应该没有大恶，也就是承认君主可以有小恶的，而王鲁之王是孔子的寄托，何休这一解释与董仲舒关于王的解释是不同的。董仲舒讲的君主是具有可与天地媲美德行的人，而不能有一点恶行，这一说法更多的是理想化的说法。何休肯定无大恶有小恶的君主仍然可以治理好国家，虽然没有董仲舒的君主那么光彩照人，但较合于实际。何休解释鲁僖公二十九年"秋，楚人灭隗，以隗子归"时说："不月者，略夷狄灭微国也。不言获者，举灭为重。书以归者，恶不死位。不名者，所传闻世，见治始起，责小国略，但绝不诛之。"②所传闻世既是乱世，也是治理的开始，这时对鲁国以外的小国，即使是有大恶的国君，也是绝而不诛，所以，这里还用隗子的爵称来称呼灭国之君。相对于鲁国的小恶也要贬绝而言，这是严于律己、宽于待人的原则，是所传闻世处理鲁国与诸夏各国的原则。鲁哀公十三年，何休也说："先自正而后正人。"③尽管哀公属于所见世，但何休所说的先正己后正人的原则，是通行于三世的法则，强调的是由己及人，用自己的表率作用去影响他人。

何休将异内外的严于律己原则，提高到继天奉元的哲学高度。他说："《春秋》托新王受命于鲁，故因以录即位，明王者当继天奉元，养成万物。"④鲁为新王，理所当然地应当继天奉元，而继天奉元落实到现实不过是君主专制时代的政治伦理道德原则的实现。所以，何休在所传闻世解释"内外异辞"时，特别重点发明一个观念，就是强调鲁的自正：

① 阮元：《十三经注疏》下册，中华书局1982年版，第2210页。
② 阮元：《十三经注疏》下册，中华书局1982年版，第2260页。
③ 阮元：《十三经注疏》下册，中华书局1982年版，第2352页。
④ 阮元：《十三经注疏》下册，中华书局1982年版，第2196页。

> 内逆女常书，外逆女但疾始不常书者，明当先自详正，躬自厚而薄
> 责于人，故略外也。①

这里说的躬自厚而薄责于人，也就是严于正己、宽以待人之义，这是一种道德自律。何休论鲁襄公九年的宋火时也说：

> 《春秋》以内为天下法，动作当先自克责，故小有火，如大有灾。②

鲁襄公虽然属于所闻世，但这里以内为天下法，是适合于异内外的总原则。凡涉及内外之分，何休都是对内严，对外宽，以内为行为的模范，要求内的一方严于律己，并以此作为整个天下的法则。他在解释《公羊传》的"君子大居正"时说："明修法守正，最计之要者。"③认为统治者最重要的事情就是修法守正。修法是指国家法律政令的制定，守正是指统治者的道德要求。将严于律己作为统治者行为处事的法则，这是何休异内外一再强调的思想。这是一种强调道德自律的精神，是儒家道德主体自觉论④在春秋公羊学中的体现。但是，何休并不只是强调道德自律，因为道德自律只涉及个人的道德修养，何休更重视的是通过道德自律，实现君主身正，由君主的身正来引导整个国家，达到国家治理的目的。而这种引导是由己及人、由近及远的过程，所以，何休特别强调自近者始，这明显是儒家《大学》修齐治平理论在春秋公羊学的反映。但何休也有所发展，就是在处理人己关系上，归纳出来先求己、后求人，严责己、宽待人的两条原则。

何休强调社会治理必须重视统治者的道德素养，也与东汉末年道德沦丧有密切关系。杨慎的《古今风谣》载，后汉桓、灵帝时民间流行"举秀才，不知书；举孝廉，父别居"的民谣；顾炎武《日知录》卷十三的"分居"条目也说："汉桓帝之世，更相滥举，时人为之语曰：'举秀才，不知书；

---

① 阮元：《十三经注疏》下册，中华书局 1982 年版，第 2202 页。
② 阮元：《十三经注疏》下册，中华书局 1982 年版，第 2303 页。
③ 阮元：《十三经注疏》下册，中华书局 1982 年版，第 2205 页。
④ 参见黄开国《试论孔、孟、荀的道德主体自觉论》(《天府新论》1995 年第 4 期) 与《大学中庸的道德主体论》(《四川大学学报》1995 年第 3 期) 二文。

察孝廉，父别居'"①。对整个社会的道德沦丧，何休有深切的体会。所以，他在《解诂》中要一再强调统治者的道德修养，希望用儒家的道德学说来挽救社会的政治危机。

但是，何休的思想还不完全是以道德为本位，政治依然是他关切的内容。由于东汉豪强士族的兴起，人才察举的不实，外戚、宦官的操纵政治等原因，造成了整个社会的政治黑暗，何休自己也遭到党锢的陷害，一大批人才遭到打击，奸小得意于政治舞台。对此何休是十分痛恨的，他发挥《公羊传》的讥世卿的观念，痛斥小人当权，强调选贤任能的意义。他解释《公羊传·隐公三年》（前719年）的"世卿，非礼也"说："礼，公卿大夫、士皆选贤而用之。卿大夫任重职大，不当世，为其秉政久，恩德广大。小人居之，必夺君之威权，故尹氏世，立王子朝；齐崔氏世，弑其君光，君子疾其末则正其本。见讥于卒者，亦不可造次无故驱逐，必因其遇卒绝之，明君案见劳授偿，则众誉不能进无功；案见恶行诛，则众谗不能退无罪。"②他借解说鲁襄公十年（前563年）讥刺齐国的崔氏，说："复见讥者，嫌尹氏王者大夫，职重不当世，诸侯大夫任轻可出也。因齐大国祸著，故就可以为法戒，明王者尊莫大于周室，强莫大于齐国，世卿犹能危之。"③何休对世卿的抨击，对世卿的祸害揭露，实际上也是对东汉末年外戚、宦官当政，贤人流失四野，地方豪强世族横行霸道的现实政治的批判。而他说小人居卿大夫之位，必夺君之威权，不正是对东汉末年宦官、外戚当政，造成皇权的失落的写照吗？

何休讲政治也进一步强化了董仲舒的尊王观念。鲁僖公二十八年（前633年），公子买被杀，《春秋》记载此事："公子买戍卫，不卒戍，刺之。"《公羊传》认为《春秋》不书杀公子买，既有对公子贾不遵君命的讥刺，也有为鲁僖公讳之义。但何休却说："有罪无罪，皆不得专杀，故讳杀言刺之。不言刺公子买，但言不卒戍刺之者，起为上事刺之也。内杀大夫例，有

---

① 据李昉：《太平御览》卷四百九十六的《人事部一百三十七·谚下》引《抱朴子》作："举秀才，不知书；察孝廉，父别居。寒素清白浊如泥，高第良将怯如鸡。"

② 阮元：《十三经注疏》下册，中华书局1982年版，第2204页。

③ 阮元：《十三经注疏》下册，中华书局1982年版，第2283页。

罪不日，无罪日。外杀大夫皆时。"①按照孟子之说，大夫的任命得到周天子的批准，即使有罪被杀，也必须得到周天子的批示，否则，就不合于周礼。何休则认为不论有罪无罪，诸侯都没有专杀的权利，专杀之权仅为君主所有。鲁僖公在春秋鲁国十二君中算是贤君，公子贾不遵君令被杀，是贤君杀有罪，按照《公羊传》的精神，对此类事件应该是文不与而实与，何休却只讲诸侯不得专杀的一面，较之《公羊传》的观念是有很大的不同。但何休的反对专杀与《公羊传》的实与专杀，都是对现实政治的回应。《公羊传》的实与诸侯专杀，是对社会的变化的肯定，何休强调专杀归于君主，是东汉末年皇权的失落下经学家对皇权的维护。鲁宣公十五年（前594年），楚宋交战，宋国到了易子而食、析骸而炊的局面，楚国也弹尽粮绝，楚国的司马子反与宋国的华元两位大夫会面，私下订立和平条约，《公羊传》以"大其平乎已也"，实际肯定了两位大夫的行为，董仲舒更是在《春秋繁露·竹林》中予以极力表彰，称其当仁不让，合于《春秋》大义。而何休仅仅抓住《公羊传》有讥刺"平者在下"之义，而据以发挥尊君之义：

> 言在下者，讥二子在君侧，不先以便宜，反报归美于君，而生事专平，故贬称人等不勿，贬不言遂者，在君侧无遂道也，以主坐在君侧，遂为罪也。②

就是说臣子无论如何，都不能超越君主来行使职权，即使是拯救万民于水火这样的事情，都必须得到君主的指令才可以实现，而且臣子必须将一切归功于君主，即所谓归美于君。何休的这一不问一切，只讲君主的权利与维护君主名声的观念，对君主专制的巩固起到了极大的作用。正是在这一观念的影响下，君臣关系日益变为一种主仆关系，一切成就都是君主英明领导的结果，而一切过失都得由臣下来承担，下级服从上级，地方服从中央，全体服从君主，成为中国君主专制时代的不二法则，这种体制的形成，何休与他的春秋公羊学是难辞其咎的。皇权的绝对化，权力的绝对化，是腐败滋生最为

---

① 阮元：《十三经注疏》下册，中华书局1982年版，第2261页。
② 阮元：《十三经注疏》下册，中华书局1982年版，第2286页。

根本的温床，这一点对中国政治的负面影响极其深远。所以，春秋公羊学的政治哲学，并不都具有积极的正面意义，至少在何休这里其负面的影响是不可低估的。

何休通过所传闻世的异内外的分析说明，只要经过鲁国统治者的修身养性，能够以身作则，通过正己以正人，就可以使鲁国得到治理，并由此而扩展到整个华夏各国，如同京师的政令得以通行全国一样，使乱世得到治理。在空间上，是圣人之道由鲁国向诸夏各国的扩展，在时间上，则是据乱世向升平世的进步，时空同步，社会由此得以渐进发展到一个新高度。

三、所闻世的"异内外"

所闻世的异内外是内诸夏而外夷狄，这个阶段夷狄已经开始被纳入王教，而与华夏各国有了交往的资格。这时的夷狄已经不同于所传闻世的夷狄，最重要的改变在夷狄开始了有礼义的变化。《春秋·鲁文公九年》（前618年）"楚子使椒来聘"，《公羊传》以为这是楚始有大夫的开始，何休说："入文公所闻世，见治升平，法内诸夏以外夷狄也。屈完、子玉得臣者，以起霸事，此其正也。"①其实，在属于所传闻世的鲁僖公二十八年，《春秋》就有"楚杀其大夫得臣"之文，何休曾作出解释："楚无大夫，其言大夫者，欲起上楚人，本当言子玉得臣，所以详录霸事，不氏者，子玉得臣楚之骄蹇臣，数道其君侵中国，故贬，明当与君俱治也。"②所传闻世关于楚国大夫子玉得臣的记载，只是为了贬斥子玉得臣，而并不是说楚国在所传闻世就真有大夫。据《史记》所载，在春秋初年，楚国就有熊通自立为武王之事，虽然按照何休的说法，这是僭越之举。③但楚既有君主，就一定会有大夫等臣子，何休说楚至所闻世才始有大夫，是不合于历史的，这不过是春秋公羊学为其牵合"张三世"、异内外的理论，而对历史的歪曲。春秋公羊学所谓楚有大夫，其含义并不在始设大夫职官，而在于说明楚国已经有了君臣之分

---

① 阮元：《十三经注疏》下册，中华书局 1982 年版，第 2268 页。
② 阮元：《十三经注疏》下册，中华书局 1982 年版，第 2261 页。
③ 《春秋·隐公元年》，"秋七月，天王使宰咺来归惠公仲子之赗"。何休《解诂》："言天王者时，吴、楚上僭称王，王者不能正ān上自系于天也。"（阮元：《十三经注疏》下册，中华书局 1982 年版，第 2198 页）刘敞批评说："非也，周虽微，岂自嫌于吴、楚哉！且理必无自称天王之义，此乃诸侯尊天子之号耳，不如何休言也。"（《春秋公羊传卷一考证》）

的上下等级之礼，开始向华夏文明进步。儒家与经学皆以野蛮民族没有君臣之礼，君臣之礼的出现，是野蛮向文明进步的标志，是夷狄脱离野蛮的表现。其中包含着以礼义判定夷狄与诸夏标准的观念，这一观念是春秋公羊学的宝贵思想。

由于所闻世夷狄已经进入王化，所以，内外的关系就有了空间的变化，成为诸夏与夷狄的关系。这反映在《春秋》对夷狄的记载上，在所传闻世，《春秋》记大夫外奔，皆为华夏各国，如鲁桓公十一年，"郑忽出奔卫"；鲁庄公二十四年，"曹羁出奔陈"，而没有出奔四夷的记载。但《春秋·鲁成公十五年》，载"宋鱼石出奔楚"，有了出奔夷狄的记载，说明夷狄与诸夏的关系已经有了变化，夷狄可以成为出奔的国家，也由此形成了诸夏与夷狄的内外关系。故成公十五年载，"叔孙侨如会晋士燮、齐高无咎、宋华元、卫孙林父、郑公子鳅、邾娄人会吴于钟离"，《公羊传》认为这一记载是"外吴"，也就是以夷狄的吴与诸夏各国为内外关系。而僖公二十一年载，"秋，宋公、楚子、陈侯、蔡侯、郑伯、许男、曹伯会于霍，执宋公以伐宋"，不以楚为外，何休解释说：

> 不殊楚者，楚始见所传闻世，尚外诸夏，未得殊也。至于所闻世可得殊，又卓然有君子之行。吴似夷狄差醇，而适见于可殊之时，故独殊吴。[1]

殊，异也。就是说在所传闻世，夷狄还没有接受教化的资格，所以，没有被纳入王化的范围，异内外只是就鲁国与诸夏而言，这就是在所传闻世未得殊之义。进入所闻世，诸夏与夷狄形成异内外的关系，夷狄已经有了接受王教的资格，而可以与诸夏言殊。譬如一些重要的盟会，原本是夷狄的国家这时都可以得以参与，如鲁宣公十一年（前598年），有"晋侯会狄于攒函"的记载，何休说："言会者，见所闻世治近升平，内诸夏而详录之，殊夷狄也。"[2]夷狄接受王化的程度不一，如楚国的楚庄王有了君子之行，故受到

---

① 阮元：《十三经注疏》下册，中华书局1982年版，第2297页。
② 阮元：《十三经注疏》下册，中华书局1982年版，第2284页。

《春秋》的肯定，不再将其视为夷狄，所以，《春秋》鲁宣公十一年载，"夏，楚子、陈侯、郑伯盟于辰陵"，没有殊楚，也就是没有以楚为诸夏之外。但多数夷狄如吴，接受王化的程度还有限，没有进到诸夏的文明程度，从总体上还属于夷狄，所以要殊吴，也就是以吴为诸夏之外。所闻世的作用，就是要通过诸夏与夷狄的交往，使夷狄接受王化，完成夷狄向诸夏的发展，使所有夷狄被华夏先后同化，而结束诸夏与夷狄的内外之别。

在这个时段，夷狄出于一种尴尬的地位。赤狄潞氏就是一个例证。《春秋·鲁宣公十五年》（前594年），"六月癸卯，晋师灭赤狄潞氏，以潞子婴儿归"。《公羊传》解释："潞何以称子？潞子之为善也。躬足以亡尔，虽然，君子不可不记也。离于夷狄，而未能合于中国，晋师伐之，中国不救，狄人不有，是以亡也。"何休注："疾夷狄之俗而去离之，故称子，未能与中国合同礼义相亲比也，故犹系赤狄，以去俗归义亡，故君子闵伤进之，日者痛录之，名者，示所闻世始录小国也，录以归者，因可责而责之，责而加进之者，明不当绝，当复其氏。"①由于夷狄处于开始脱离夷狄习俗，但又未达到诸夏文明的程度，所以，介于夷狄与中国之间，常常既受到中国的攻击，又得不到夷狄的认同。但是，《公羊传》与何休都肯定夷狄这一变化，认为是脱离夷狄旧俗，而对中国礼义的接受，是向文明的进步。在《公羊传》、董仲舒与何休的思想中，都肯定夷狄向诸夏文明的进步，这是春秋公羊学的一贯思想。春秋公羊学的这一思想观念，对历史上正确解决民族关系有积极意义，中华民族能够成为几十个民族的大家庭，与春秋公羊学的这一思想观念是分不开的。

四、所见世的无内外

何休讲"异内外"的目的不是为了说明鲁国与诸夏、诸夏与夷狄的文明差距，而在于消除这一差距。经过所闻世的"异内外"，就是要达到消除诸夏与夷狄的内外之别，使诸夏与夷狄没有野蛮与文明的差别，全世界都变为太平世道，整个人类进入太平世。这就是所见世的无内外之分。

---

① 阮元：《十三经注疏》下册，中华书局1982年版，第2286页。

何休说:"入昭公,见王道大平,白蛮贡职,夷狄皆进至其爵。"①夷狄皆有爵,也就是夷狄都脱离了野蛮的习俗,与诸夏没有内外的差别。当然,进入所见世并不是太平盛世的马上实现,在一段时间还存在某些值得批评的地方。但所见世的批评对象与所传闻世、所闻世已经完全不同,在所传闻世是责鲁详,所闻世是责大国详,所见世则是责小国详。鲁昭公三年(前 539 年)"北燕伯款出奔齐",何休说:"名者,所见世著治大平,责小国详录,出奔当诛。"②鲁昭公六年(前 536 年)"春,王正月,杞伯益姑卒",何休说:"不日者,行微弱,故略之。上城杞已贬,复卒略之者,入所见世,责小国详,始录内行也。诸侯内行小失,不可胜书,故于终略责之,见其义。"③详责小国,是所见世的原则。同时在书法上,所见世对事件的记载也较所闻世详细,如鲁哀公三年(前 492 年)"冬,十月,癸卯,秦伯卒",何休说:"哀公著治大平之终,小国卒葬,极于哀公者,皆卒日葬月。"④鲁成公十四年记秦伯卒,既无月份的记载,更没有日子的记载,与所见世书卒书葬,皆有日月的详细记载,二者的详略之分是十分清楚的。实际上,详近略远是《春秋》记事的特点,也是所有史书的共同特点,章学诚在《记与戴东原论修志》说:"史部之书,详近略远,诸家类然。"⑤《春秋》的详近略远,并无春秋公羊学那样多所谓微言大义,何休用"三世"说来说明《春秋》详略的不同,是没有根据的。但这是何休春秋公羊学的重要内容,也是春秋公羊学受到人们批评原因之一。

所见世的最终归宿是要达到尧舜盛世的境界。何休解释《春秋》何以终于哀公十四年时说:

> 人道浃,王道备,必止于麟者,欲见拨乱功成于麟,犹尧、舜之隆,凤皇来仪,故麟于周为异,《春秋》记以为瑞,明大平以瑞应为

---

① 阮元:《十三经注疏》下册,中华书局 1982 年版,第 2324 页。
② 阮元:《十三经注疏》下册,中华书局 1982 年版,第 2317 页。
③ 阮元:《十三经注疏》下册,中华书局 1982 年版,第 2318 页。
④ 阮元:《十三经注疏》下册,中华书局 1982 年版,第 2346 页。
⑤ 章学诚:《文史通义》,叶瑛校注《文史通义校注》下册,中华书局 2000 年版,第 879 页。

效也。①

就是说《春秋》以哀公十四年为终，是孔子太平盛世的寄托，人道、王道
到此时都得以淋漓尽致的发挥，如同尧舜之世，这是孔子的最高政治理想，
也是《春秋》所要追寻的目标。所以，何休的太平世不是别的，就是儒家
理想的尧舜盛世：

> 尧、舜当古历象日月星辰，百兽率舞，凤皇来仪，《春秋》亦以王
> 次春，上法天文，四时具然后为年，以敬授民时，崇德致麟，乃得称大
> 平，道同者相称，德合者相友，故曰乐道尧、舜之道。②

太平盛世的特点是人人皆有崇高的道德，社会祥和，以至感动上天，出现麒
麟之类的祥瑞，何休借天人感应之说对太平世的说明，再次证明他的太平世
的理想蓝本就是汉儒所说的尧舜盛世。这里说汉儒，而不笼统地说儒家，是
因为孔子、孟子、荀子等先秦儒家称许尧舜盛世，并不用天人感应的祥瑞说
作论证，而汉儒论尧舜盛世必以所谓麒麟等祥瑞为说。

当到达太平世的时候，"著治太平，夷狄进至于爵，天下远近大小若
一"③。这时没有夷狄与诸夏之分，无论距离远近的国家都进入文明的最高
阶段，而再没有野蛮与文明的区分了；人人普遍都具有高尚的道德情操，恪
守礼义，就没有什么不道德的言行可以批评了。所以，这时唯有二名可讥。
讥二名出自《公羊传》，但《公羊传》的讥二名是从二名不合于礼来说的。
《春秋·鲁定公六年》载"季孙斯、仲孙忌帅师围运"，《公羊传》解释说：
"此仲孙何忌也，曷为谓之仲孙忌？讥二名。二名，非礼也。"④在《公羊传》
中，非礼皆要受到讥刺，这是《公羊传》的书法原则。其实一名、二名并
无所谓合礼不合礼之分，古人质朴，取名多一字，如春秋时的孔丘、老聃、
墨翟，战国的孙膑、孟轲、惠施、庄周、荀卿，到了西汉人们也多以一字取

---

① 阮元：《十三经注疏》下册，中华书局 1982 年版，第 2353 页。
② 阮元：《十三经注疏》下册，中华书局 1982 年版，第 2354 页。
③ 阮元：《十三经注疏》下册，中华书局 1982 年版，第 2200 页。
④ 阮元：《十三经注疏》下册，中华书局 1982 年版，第 2339 页。

名，如刘邦、张良、曹参等。《公羊传》认为一名较之二名，易于忌讳，二名不便忌讳，不合于礼，这完全是无根据的瞎说。齐召南就批评说："二名有何可讥？古人二名者甚多，不始于《春秋》时也。且有二名不偏讳之法，亦何难讳？刘敞曰：孔子之母名征在言征不言在，言在不言征，自孔子不偏讳，况其他乎夫？已不能讳二名，反讥人之二名，岂理也哉？"①并指出《公羊传》的讥二名，后来为王莽改制所本："以仲孙何忌为讥二名，新莽之制盖出于此②。"何休则对讥二名作出新解释：

> 为其难讳也。一字为名，令难言而易讳，所以长臣子之敬，不逼下也。《春秋》定、哀之间，文致太平，欲见王者治定，无所复为讥，唯有二名，故讥之，此《春秋》之制也。③

何休没有像《公羊传》那样从"无礼"的角度来解释讥二名的原因，而是从王者治定，天下太平，人人皆具士君子之德的意义上来说的，这是两种不同的说法。存在可以讥刺的无礼行为的时代，绝不是何休所说的太平世，何休太平世最根本的规定是全体人类的道德进步，这与何休关于从据乱到升平、由升平到太平，依靠从正己推向正人的原则相一致。将道德的进步视为社会渐进发展的根本，是何休历史观的核心内容，也是判定太平世的根本准则。

　　但是，何休"三世"说的历史观，尤其是关于太平世的说法，并不合于春秋社会的实际，而是正相反对的。春秋十二公的总趋势是愈到后来，王室愈益卑下，社会愈加动乱，而不是如"三世"说的渐进发展。何休对这一矛盾有所回答，就是将"三世"说及其太平世等都说成是《春秋》制。所谓《春秋》制，即孔子在《春秋》所定的制度。关于这一点，何休在《解诂》中除讥二名谈到《春秋》制外，尚有四处论及，一见于隐公元年（前722年），何休注"车马曰赗，贷财曰赙，衣被曰襚"时说"此者《春秋》制也"；二见于鲁桓公四年（前708年）"狩无夏苗"，何休也以《春

　　① 齐召南：《春秋公羊传注疏考证》卷二十六，《四库全书》本，上海古籍出版社1987年版。
　　② 齐召南：《春秋公羊传注疏考证》卷二十一，《四库全书》本，上海古籍出版社1987年版。
　　③ 阮元：《十三经注疏》下册，中华书局1982年版，第2339页。

秋》制解之；三见于鲁文公五年（前 622 年），"王使荣叔归含且赗"，何休释 "含" 说："孝子所以实亲口也，缘生以事死，不忍虚其口，天子以珠，诸侯以玉，大夫以碧，士以贝，《春秋》之制也。"四见于鲁成公十七年（前 574 年），何休说："三王之郊一用夏正，言正月者，《春秋》之制也。"应该说，何休所说的孔子改制，都属于《春秋》制。其实，何休所说的《春秋》制并不完全都是出于孔子的《春秋》，如狩无夏苗，就是何休的误说，齐召南在《春秋公羊传考证》卷四说："《左传》谓春搜、夏苗、秋狝、冬狩，与《周礼》合；《穀梁》谓春曰田、夏曰苗、秋曰搜、冬曰狩，名目稍殊，然其为四时之田一也。《公羊》则谓春苗、秋搜、冬狩，而夏时独阙。刘敞曰：'何休言《春秋》之制，非也。'《礼记·王制》亦复阙夏，盖《王制》出自汉时，诸儒皆承《公羊》之谬，不足为据也。此论甚确。"齐召南的批评有理有据，何休的《春秋》制并不完全可信。

正是从所谓《春秋》制的角度，何休说太平世不过是 "文致太平"。徐彦疏对此作出解释：

> 《春秋》定、哀之间，文致太平者，实不太平，但作太平文而已，故曰文致太平也。①

所谓文致太平，并不是指定哀时天下实际已经太平，而只是孔子太平理想在文字上的体现。《春秋·鲁襄公二十三年》（前 550 年）："夏，邾娄鼻我来奔。"《公羊传》："邾娄鼻我者何？邾娄大夫也。邾娄无大夫，此何以书？以近书也。"何休解释说："于邾娄者，自近始也，独举一国者，时乱实未有大夫，治乱不失其实，故取足张法而已。"②何休以为所闻世小国有大夫，也是孔子的《春秋》制，实际上邾娄等小国此时并无大夫，这是孔子制定出新的制度，目的是 "取足张法"。

后来，皮锡瑞将 "张三世" 与现实的悖反，用 "借事明义" 加以解释：

---

① 阮元：《十三经注疏》下册，中华书局 1982 年版，第 2339 页。
② 阮元：《十三经注疏》下册，中华书局 1982 年版，第 2309 页。

　　《春秋》借事明义，且非独祭仲数事而已也，存三统，张三世，亦
当以借事明义解之，然后可通。隐公非受命王，而《春秋》于隐公托
始，即借之以为受命王；哀公非太平世，而《春秋》于哀公告终，即
借之以为太平世。故论《春秋》时世之渐衰，春秋初年，王迹犹存，
及其中叶，已不逮春秋之初，至于定哀，骎骎乎流入战国矣。而论
《春秋》三世之大义，《春秋》始于拨乱，即借隐、桓、庄、闵、僖为
拨乱世；中于升平，即借文、宣、成、襄为升平世；终于太平，即借
昭、定、哀为太平世，世愈乱而《春秋》之文愈治，其义与时事正相
反。盖《春秋》本据乱而作，孔子欲明驯致太平之义，故借十二公之
行事，为进化之程度，以示后人治拨乱之世应如何，治升平之世应如
何，太平世应如何。义本假借，与事不相比附。《公羊》疏注，至所见
之世者治太平，云当尔之时，实非太平，但《春秋》之义，若治之太
平于昭、定、哀也，犹如文、宣、成、襄之世，实非升平，但《春秋》
之义，而见治之升平。然疏之解此，亦甚明矣。昧者乃引当时之事，讥
其不合，不知孔子生于昭、定、哀世，岂不知其为治为乱，《公羊》
家明云世愈乱，而《春秋》之文愈治，亦非不知其为治为乱也。①

皮锡瑞的解释，可以说明《春秋》"张三世"与春秋现实的悖反。而廖平则
以经史之分说，来解释经愈古愈文明与史愈古愈野蛮的矛盾。这些说法较何
休的文致太平说，更为精细，但精神实质并没有什么差别，反映了春秋公羊
学理论的发展。

　　如果肯定有所谓孔子的《春秋》制，何休就应该一切以《春秋》制为
断，但在《解诂》中，却存在既以《春秋》制为说，又主张复古的不协调。
譬如何休的太平世的理念，实际上包含着发展与复古两方面的含义。一方
面，太平世是从据乱世通过升平世的两个阶段的发展，才到达的更高境界，
从这个意义上说，太平世是人类社会发展的归宿，体现着何休的终极关怀，
这是儒家在《礼运》所寄托的大同理想的表现。但在《礼运》中是从大同

---

　　① 皮锡瑞：《论三统三世是借事明义黜周王鲁亦是借事明义》，《经学通论》卷四，中华书局1982
年版，第32—33页。

到小康倒退，大同的理想社会只存在古代的尧、舜、汤、武之时，何休则将其倒了过来，他所说的由据乱到升平、太平的发展，实际上是从野蛮到小康、再到大同的发展。《礼运》的历史观是倒退的，何休的历史观是渐进发展的。按照《春秋》制，就应当不讲复古，而讲渐进的发展。

但是，我们在《解诂》中多次看到何休以古代礼制来评判是非得失，如僖公二十年（前640年），"春，新作南门。何以书？讥。何讥尔？门有古常也。"何休说："恶奢泰，不奉古制常法。"①宣公十五年（前594年），初税亩，何休予以反对，根据就是不合于古代圣人制井田法的十一而税；并将当年冬天生螽之灾归罪于鲁宣公"变易公田古常旧制而税亩，应是变古易常而有天灾螽"；成公元年（前590年），三月，作丘甲，何休也以不合于以甸为单位征军赋的古制予以反对；襄公十一年（前562年），作三军，不合上下两军的古制，何休也以"逾王制"加以否定。类似以古制为标准评判，来论说春秋政治的得失，还有数处，不须一一枚举。何休甚至还以是否遵循先圣的古制，作为判定夷狄的标准，《春秋·僖公十五年》（前645年），"冬，楚人败徐于娄林"，何休解诂说："谓之徐者，为灭杞，不知尊先圣法度，恶重，故狄之也。"这是以徐没有先圣法度，将其判定为夷狄，而先圣法度就是儒家与经学所说的古制。

依此何休的历史观并不完全都是主张渐进发展的，还有主张复古的一面。但何休的复古并不是真复古，如李建军博士所论，"而是让当下的秩序安排向儒家所美化、所构想的古代制度复归……它其实是儒家托名尧、舜、禹、汤、文、武、周公所构建的理想制度。这些制度当中的有些内容可能古代并非如此，也可能古代并没有实行过，但他们统统被儒家托名为圣人制作，垂宪后世……实际上，在何休心目中，复古并不是要当今社会完全照搬古代的典章，而是要当下的君臣民众实行儒家托名古代的理想制度，以匡正时弊、衰世救失"。②的确，何休所谓先圣法度的古制与孔子改制的最高理想是完全一致的，所以，何休的渐进历史观追求的太平世，与他以先圣法度的古制并不是相悖的，而是统一的。

---

① 阮元：《十三经注疏》下册，中华书局1982年版，第2256页。
② 李建军：《进化与复古的双重变奏：何休三世说辨析》，《管子学刊》2007年第1期。

第七节　何休春秋公羊学的评价

在东汉末年今文经学式微的背景下，何休通过解诂《春秋公羊传》所建立春秋公羊学体系，是春秋公羊学在经学解释学的成功运用。何休的解释，综合了西汉春秋公羊学两位先师的优点，一方面吸收了胡毋生重例的优点，前所未有地发挥了以例说经；另一方面又继承董仲舒春秋公羊学的基本理论，作出历史性的发展总结。在这个意义上，何休的春秋公羊学可以说是两汉春秋公羊学的集大成。何休的主观愿望是要建立起春秋公羊学毫无破绽的理论体系，但他的这一主观愿望被历史证明是落空了。无论是何休对胡毋生的例的发挥，还是对董仲舒基本理论的发展，都是有得有失，而不是完全成功的。

何休尽管首次对春秋公羊学的例作出了系统的说明，有助于从例的方面来认识《春秋》，但一切纳入例中，也就使原本充满灵活、变易精神的春秋公羊学，丧失了灵魂。所以，何休的以例说经，在后来得到两种截然相反的评价。有些人信奉其说，将以例说经奉为圭臬，并据以著为专书，最有名当推刘逢禄的《公羊春秋何氏释例》，此书也成为刘逢禄的成名作。刘逢禄也对何休的以例说经予以高度评价："余尝以为，经之可以条例求者，惟《礼·丧服》及《春秋》而已；……求其知类通达，微显阐幽则《公羊传》，在先汉有董仲舒氏，后汉有何邵公氏，《子夏传》有郑康成氏而已。先汉之学务乎大体，故董生所传非章句训诂之学也；后汉条理精密，要以何邵公、郑康成二氏为宗。"①刘逢禄是在清代汉学极度发展时说这番话的，清代汉学最为推崇郑玄，刘逢禄将董仲舒、何休与郑玄相提并论，是对董仲舒、何休的极高评价，而他肯定何休的就是以例说经，所谓条理精密，正是以例说经的特点。及至今日，学术界的春秋公羊学研究，也有不少关于以例说经的成果，张高评在《台湾近五十年来〈春秋〉经传研究综述》中，就谈到周何先生的《公羊摘例》、成玲的《春秋公羊传称谓例释》、林伦安的《春秋公羊传会盟析例》、张惠淑的《公羊传称谓七等研究》、戴君仁先生的

---

① 刘逢禄：《春秋公羊解诂笺序》，《续修四库全书》第129册，上海古籍出版社2002年版。

《春秋辨例》等著述，都是此类研究成果。但何休的以例说经，更多地遭到人们的批评，其相互矛盾、穿凿附会之处已经见于前面论说中。

尽管何休的理论是自《公羊传》以来最完备的春秋公羊学，但诚如杨向奎先生所言"何休实际上结束了早期的公羊学派"[1]。所谓结束包含两方面的含义，一是指何休的春秋公羊学囊括了以往的相关理论，二是指何休给春秋公羊学增添了新成分。囊括主要是指对胡毋生义例的发挥，与董仲舒基本理论的继承，但何休并不是简单地照搬，而是增添了新成分，加入了以前春秋公羊学所没有的内容，主要包括"王鲁"说、"孔子为汉制"说、"三世"说这三大内容。"孔子为汉制"法是何休受谶纬神学影响，从春秋公羊学出发为汉王朝合法性提供的理论依据，发明权不属于何休，但何休在解诂《公羊传》中作出了系统的发挥，这一理论不过是经学神学化的产物，并非《春秋公羊传》本有之义，何休将其引入春秋公羊学是对春秋公羊学理论的神秘化，但是，此说在晚清的春秋公羊学中，被廖平、康有为所发挥为孔子改制说，成为最有利用价值的理论形式，而在晚清发生了巨大的社会反响。"王鲁"说一方面为解释《公羊传》的理论提供了新的根据，开后来春秋公羊学借事言义之传统，对春秋公羊学的发展有不可忽略的理论意义，同时，这也是何休及其春秋公羊学被后人攻击的重要原因，这已见于前面的相关论述中。只有"三世"说是何休对春秋公羊学最有价值的理论贡献，这一历史观既是何休最重要的理论贡献，也是中国古代历史观发展的一个里程碑，在晚清也成为康有为借以言说大同的历史观依据。尽管何休之后一千余年，春秋公羊学一直默默无闻，直到晚清才一度悄然"复兴"，但何休在春秋公羊学发展史上的意义是谁也否认不了的。

何休的理论在后世遭到两个方面的评说，其评说存在明显的阶段性。在晚清以前，人们对何休的评价基本上是贬斥的，多数人认为何休是《公羊》的罪人，他的春秋公羊学多违圣人之义。如晋代的王接说："《公羊》附经立传，经所不书，传不妄起，于文为俭，通经为长。任城何休训释甚详，黜周王鲁，大体乖硋，且志通《公羊》而往往还为《公羊》疾病。"[2]宋代吕

---

① 杨向奎：《译史斋学术文集》，上海人民出版社1983年版，第172页。

② 房玄龄等：《皇甫谧挚虞束皙王接列传第二十一》，《晋书》卷五十一，《四库全书》本，上海古籍出版社1987年版。

大圭说：“故尝以为三传要皆失实，而失之多者莫如《公羊》。何、范、杜三家各自为说，而说之缪者莫如何休。《公羊》之失既以略举其一二，而何休之谬为尤甚……其诬圣人也甚矣。”①苏轼说：“三家之传迂诞奇怪之说，《公羊》为多，而何休又从而附成之，后之言《春秋》者，黜周王鲁之学，与夫谶纬之书者皆祖《公羊》，《公羊》无明文，何休因其近似而附成之。愚以为，何休《公羊》之罪人也。”②朱熹说：“何休注甚谬。”③王应麟说：“何休引纬以汩经。”④家铉翁说：“何休《公羊传》外多生支节，失《公羊》之本旨。”⑤“何休《解诂》，牵合谶纬，穿凿尤多。大圭所论，于三家得失，实属不诬。视诸家之弃《传》谈《经》，固迥然有别。”⑥宋人在评说前人注解三传的优劣时，往往都以何休之说为下。

　　同时，还出现了要废除何休的配享圣人，将《解诂》排除在经典之外的呼声。明嘉靖九年，翰林学士程敏政在《考正祀典疏》中提出：“王弼与何晏倡为清谈，所注《易》，专祖老庄，而范宁追究晋室之乱，以为王、何之罪深于桀、纣，何休则止有《春秋解诂》一书，黜周、王鲁，又注风角等书，班之于《孝经》、《论语》，淫端邪说之流也……臣愚乞将戴圣、刘向、贾逵、马融、何休、王肃、王弼、杜预八人褫爵罢祀，郑众、卢植、郑玄、服虔、范宁五人各祀于其乡。”⑦姜宸英明确提出不仅要将废除何休的陪祀孔庙，甚至要取缔何休的《解诂》一书：“何休之说皆《公羊传》所未有也，其所云黜周、王鲁、为汉制作，岂独诬《春秋》哉，其为《公羊》之累亦已甚矣，况其解传不由传意，凿空立义，辞晦意滞，凡一例而前后矛盾，不可通者，难以枚举使。《春秋》本义若此，学士家犹难于寻觅，彼乱臣贼子非尽读书知文字者也，欲其一见而知惧，理所必无者矣。愚故谓何氏之从祀

　　① 吕大圭：《春秋五论·五》，《吕氏春秋或问》附论，《四库全书》本，上海古籍出版社1987年版。

　　② 苏轼：《论春秋变周之文何休解》，《东坡全集》卷四十一，《四库全书》本，上海古籍出版社1987年版。

　　③ 朱熹：《朱子语类》卷八十三，《四库全书》本，上海古籍出版社1987年版。

　　④ 朱彝尊：《经义考》卷一百七十二，《四库全书》本，上海古籍出版社1987年版。

　　⑤ 朱彝尊：《经义考》卷一百七十二，《四库全书》本，上海古籍出版社1987年版。

　　⑥ 纪昀：《四库全书》上册，上海古籍出版社1987年版，第224页。

　　⑦ 黄训：《名臣经济录》卷三十，《四库全书》本，上海古籍出版社1987年版。

不可不废，而十三经注家唯《公羊》传不可存也。"①雍正二年，"世宗以祫飨庙庭诸贤，有先罢宜复，或旧阙宜增，与祛应祫祀崇圣祠者，命廷臣考议。议上，帝曰：'戴圣、何休非纯儒，郑众、卢植、服虔、范宁守一家言，视郑康成淳质深通者有间，其他诸儒是否允协，应再确议。'"②何休受到的冷落，与春秋公羊学的默默无闻是直接相关的。

当然，也有人对何休给予肯定的评价，如黄震就说："何休详于制度。"③肯定何休《解诂》对制度的发明。朱轼则肯定《解诂》不可废："《公羊》之学，韩愈谓何氏注外不见他书，要渺之义，无自而寻，则休之解诂，未为尽得《公羊》本旨也。况三传互有短长，休直诋为膏肓、为废疾意，所谓党同门，妒道真者，休盖未能免此欤？虽然残经之不亡，实诸专家是赖，自休以来几二千年，其书列于学宫，不可废也。"④明代学者凌云翰在《送黄允迪》一诗中，还称赞何休的独抱遗经："剩有麟经学，何休独抱遗"。⑤到清代春秋公羊学兴起后，何休更是受到信奉春秋公羊学学者的高度评价，《解诂》一书也受到从未有的重视，被刘逢禄所格外推许。其后，讲今文经学者都对何休之学高度肯定，这将在后面的相关讨论中论及。

① 姜宸英：《湛园札记》卷四，《四库全书》本，上海古籍出版社1987年版。
② 赵尔巽：《礼三·吉礼三·志五十九》，《清史稿》卷八十四，中华书局1977年版。
③ 黄震：《读春秋公羊传》，《黄氏日抄》卷三十一，《四库全书》本，上海古籍出版社1987年版。
④ 朱轼：《史传三编》卷二，《四库全书》本，上海古籍出版社1987年版。
⑤ 凌云翰《柘轩集》卷二，《四库全书》本，上海古籍出版社1987年版。

第 七 章

三国至清代中期：春秋公羊学的衰落

东汉末年何休解诂《公羊》，对公羊学作出了具有总结性的理论建树，使公羊学在理论上走向完全成熟。但是，何休的努力并没有引起公羊学的兴盛，相反，倒是自此以后迄晚清公羊学的复兴前，《公羊传》极少有人研究，公羊学也基本上默默无闻。较之《左传》的流行，简直是不可同日而语。皮锡瑞说："《春秋公羊》、《穀梁》，汉后已成绝学。"①就是对这一时期春秋公羊学状况的说明，可以称为公羊学衰落的历史时期。这个历史时期分为两个小阶段：一是从三国迄五代十国的阶段，二是从宋到清中期的阶段。

第一节 从三国迄五代十国的阶段

在这个阶段上，公羊学虽然已经明显衰微，但是，汉代经学的影响还存在，研治《公羊传》的人与著述仍时见于史记，并有《春秋公羊传疏》的成书。

皮锡瑞在其《经学历史》中，以三国魏晋为经学中衰时代。他有一段关于三国魏晋经学的精彩评说：

> 两汉经学极盛，而前汉末出一刘歆，后汉末生一王肃，为经学之大

① 皮锡瑞：《经学历史》，中华书局 1989 年版，第 250 页。

蠹。歆，楚元王之后；其父向，极言刘氏、王氏不并立。歆党王莽篡汉，于汉为不忠，于父为不孝。肃父朗，汉会稽太守，为孙策虏，复归曹操，为魏三公。肃女适司马昭，党司马氏篡魏，但早死不见篡事耳。二人党附篡逆，何足以知圣经！而歆创立古文诸经，汩乱今文师法；肃伪作孔氏诸书，并郑氏学亦为所乱。歆之学行于王莽；肃以晋武帝为其外孙，其学行于晋初。《尚书》《诗》《论语》、三礼、《左氏解》及撰定父朗所作《易传》，皆立学官。晋初郊庙之礼，皆王肃说，不用郑义。其时孔晁、孙毓等申王驳郑，孙炎、马昭等又主郑攻王，断断于郑、王两家之是非，而两汉颛门无复过问。重以永嘉之乱，《易》亡梁丘、施氏、高氏，《书》亡欧阳、大小夏侯，《齐诗》在魏已亡，《鲁诗》不过江东，《韩诗》虽存，无传之者，孟、京、费《易》亦无传人，《公》、《穀》虽在若亡。晋元帝修学校，简省博士，置《周易》王氏，《尚书》郑氏，《古文尚书》孔氏，《毛诗》郑氏，《周官》《礼记》郑氏，《春秋左传》杜氏、服氏，《论语》《孝经》郑氏博士各一人。太常荀崧上疏，请增置郑《易》、《仪礼》及《春秋公羊》、《穀梁》博士各一人，时以为《穀梁》肤浅不足立。王敦之难，复不果行。晋所立博士，无一为汉十四博士所传者，而今文之师法遂绝。①

皮锡瑞所谓经学中衰，是指今文经学的衰落。他接受廖平平分今古的观念，将今文经学师法的被泯灭，首先归罪于郑玄与王肃，同时，也指出了永嘉之乱对今文经学衰落的影响。郑玄的混合今古文经学，及其永嘉之乱等因素，确实对今文经学衰落起到了极大的影响，但是，今文经学衰落的根本原因不在于此，而在于政治的变化与今文经学自身的缺陷。汉代今文经学的出现，是与西汉的政治紧密联系在一起的，而当今文经学完成了为君主专制政治论证的时代任务后，今文经学也就没有了兴盛的社会动力，加上今文经学的神秘化、烦琐化，与古文经学的兴起，今文经学的命运衰落就已经是不可避免。三国魏晋时期政治的动荡，适应这一社会变化的魏晋玄学的出现，更加剧了今文经学的衰落。

---

① 皮锡瑞：《经学历史》，中华书局 1989 年版，第 159—160 页。

正是在这样的大背景下，公羊学的状况是一落千丈。首先，反映在博士的设置上，是《公羊传》经学博士的长期缺失。晋元帝"时方修学校，简省博士，置《周易》王氏，《尚书》郑氏，《古文尚书》孔氏，《毛诗》郑氏，《周官》、《礼记》郑氏，《春秋左传》杜氏、服氏，《论语》《孝经》郑氏博士各一人，凡九人，其《仪礼》、《公羊》、《穀梁》及郑《易》皆省不置"①。荀崧上书说："世祖武皇帝应运登禅，崇儒兴学。经始明堂，营建辟雍，告朔班政，乡饮大射。西阁东序，河图秘书禁籍。台省有宗庙太府金墉故事，太学有石经古文先儒典训。贾、马、郑、杜、服、孔、王、何、颜、尹之徒，章句传注众家之学，置博士十九人。"②《晋书·职官志》："晋初承魏制，置博士十九人。及咸宁四年，武帝初立国子学，定置国子祭酒、博士各一人，助教十五人，以教生徒。博士皆取履行清淳，通明典义者，若散骑常侍、中书侍郎、太子中庶子以上，乃得召试。及江左初，减为九人。元帝末，增《仪礼》、《春秋公羊》博士各一人，合为十一人。后又增为十六人，不复分掌《五经》，而谓之太学博士也。孝武太元十年，损国子助教员为十人。"③参照上面三段文字可知，尽管三国到两晋都置有博士，但多为治古文经学与魏晋玄学的博士，如郑玄、贾逵、马融、服虔及其王弼、何晏等人之学，而《春秋公羊传》在很长一段时间被排斥在外，只是到晋元帝建武四年（321 年）三月，经过荀崧的上书建议，④才增设了春秋公羊学博士："置《周易》、《仪礼》、《公羊》博士。"⑤

---

① 房玄龄：《王湛荀崧范汪刘恢张凭韩伯列传第四十五》，《晋书》卷七十五，《四库全书》本，上海古籍出版社 1987 年版。

② 房玄龄：《王湛荀崧范汪刘恢张凭韩伯列传第四十五》，《晋书》卷七十五，《四库全书》本，上海古籍出版社 1987 年版。

③ 房玄龄：《职官志第十四》，《晋书》卷二十四，《四库全书》本，上海古籍出版社 1987 年版。

④ 荀崧上书建议增立《公羊传》等博士的原文如下："孔子既没，微言将绝，于是丘明退撰所闻，而为之传。其书善礼，多膏腴美辞，张本继末，以发明经意，信多奇伟，学者好之。称公羊高亲受子夏，立于汉朝，辞义清隽，断决明审，董仲舒之所善也。穀梁赤师徒相传，暂立于汉世。向、歆，汉之硕儒，犹父子各执一家，莫肯相从。其书文清义约，诸所发明，或是《左氏》、《公羊》所不载，亦足有所订正。是以三传并行于先代，通才未能孤废。今去圣久远，其文将堕，与其过废，宁与过立。臣以为三传虽同曰《春秋》，而发端异趣，案如三家异同之说，此乃义则战争之场，辞亦剑戟之锋，于理不可得共。博士宜各置一人，以博其学。"（《王湛荀崧范汪刘恢张凭韩伯列传第四十五》，《晋书》卷七十五，《四库全书》本，上海古籍出版社 1987 年版。）

⑤ 房玄龄：《元帝　明帝卷六·帝纪第六》，《晋书》卷六，《四库全书》本，上海古籍出版社 1987 年版。

从著述与人物，也可看出春秋公羊学的衰落。《三国志》无《艺文志》诸志，但是，有清儒侯康谟所著的《补三国·艺文志》，其中载有关于《春秋左传》的著述十余种，而公羊学的著述仅有荀爽问、徐钦答的《春秋公羊传问答》九卷一部，另有魏国大长秋韩益的《春秋三传论》涉及《公羊传》。而侯康所补本于《隋书·经籍志》。《三国志》亦无《儒林传》。但从《三国志》中，可以看出魏、蜀、吴三国的儒学家，绝大多数治《春秋》者是治《春秋左氏传》的，而绝少有研治《春秋公羊传》的。例如《三国志·蜀志》载，蜀国的大儒来敏、尹默、李譔等人都好《春秋左氏传》，而治《公羊春秋》的仅有两人：一是张裔"治《公羊春秋》，博涉《史》、《汉》"①，一为孟光"博物识古，无书不览，尤锐意三史，长于汉家旧典。好《公羊春秋》而讥呵《左氏》，每与来敏争此二义，光常诡诡谨咋"②。吴国则只有一人治《公羊传》的记载："丹杨唐固亦修身积学，称为儒者，著《国语》、《公羊》、《穀梁传》注，讲授常数十人。"③ 而魏国也仅有两人传春秋公羊学，一为赵昱从"处士东莞綦毋君受《公羊传》"④，一是严幹"特善《春秋公羊》。司隶钟由不好《公羊》而好左氏，谓左氏为太官，而谓《公羊》为卖饼家⑤，故数与幹共辨析长短。由为人机捷，善持论，而幹讷口，临时屈无以应。由谓幹曰：'公羊高竟为左丘明服矣。'幹曰：'直故吏为明使君服耳，《公羊》未肯也。'"⑥引《公羊》为说，仅见于《秦宓答王商书》："蜀本无学士，文翁遣相如东受七经，还教吏民，于是蜀学比于齐、鲁。故《地里志》曰：'文翁倡其教，相如为之师。'汉家得士，盛于其世；仲舒之徒，不达封禅，相如制其礼。夫能制礼造乐，移风易俗，非礼所秩有

---

① 陈寿著、裴松之注：《霍王向张杨费传第十一·蜀书十一》，《三国志》卷四十一，《四库全书》本，上海古籍出版社 1987 年版。

② 陈寿著、裴松之注：《杜周杜许孟来尹李谯邰传第十二·蜀书十二》，《三国志》卷四十二，《四库全书》本，上海古籍出版社 1987 年版。

③ 陈寿著、裴松之注：《张严程阚薛传第八·吴书八》，《三国志》卷五十三，《四库全书》本，上海古籍出版社 1987 年版。

④ 陈寿著、裴松之注：《二公孙陶四张传第八·魏书八》，《三国志》卷八，《四库全书》本，上海古籍出版社 1987 年版。

⑤ 后来晚清的龚自珍亦在其诗篇中，以卖饼家称公羊学，而出处在此。

⑥ 陈寿著、裴松之注：《和常杨杜赵裴传第二十三·魏书二十三》，《三国志》卷二十三，《四库全书》本，上海古籍出版社 1987 年版。

益于世者乎！虽有王孙之累，犹孔子大齐桓之霸，《公羊》贤叔术之让。"①
魏蜀吴三国一共仅有五人治《公羊传》者，引用《公羊传》只见于此
处，这与两汉春秋公羊学为显学，凡遇大事皆引《公羊》为说形成鲜明
对照。

《晋书》有《天文志》等，却无《艺文志》。从常熟人丁国钧所著的
《补晋书·艺文志》中，可见有散骑常侍王衍期的《春秋公羊经传》十三
卷，河南太守高龙的《春秋公羊传》十二卷，王接的《公羊春秋注》，庾翼
问、汪衍期答的《公羊论》二卷，孔衍的《春秋公羊传》十四卷，刘义的
《公羊春秋达义》三卷，总计只有6部关于《公羊传》的著述，而关于《左
传》的著述达20部之多，关于《穀梁传》的著述也有16部之多。《公羊
传》著述的数量，较之《左传》的著述不及1/3，甚至比《穀梁传》著述
的数量还要少。此外，另有博士刘兆的《春秋公羊穀梁传》十二卷，江熙
的《春秋公羊穀梁二传评》三卷，王长文的《春秋三传》十二篇，氾毓的
《春秋三传集解》，胡讷的《春秋三传评》十卷、《春秋集三传三师难》三
卷、《春秋集三传经解》十卷，涉及《公羊传》的内容，但非公羊学的专
书。两晋几乎没有专治《公羊》的学者，在《晋书·儒林传》中不见专门
研讨《春秋公羊传》之人，只有数条兼治三传的相关记载：董景道"明
《春秋三传》"；氾敏"合《春秋三传》为之解注，撰《春秋释疑》"；范
隆"博通经籍，无所不览，著《春秋三传》"；刘兆"以《春秋》一经而
三家殊涂，诸儒是非之议纷然，互为仇敌，乃思三家之异，合而通之。《周
礼》有调人之官，作《春秋调人》七万余言，皆论其首尾，使大义无乖，
时有不合者，举其长短以通之。又为《春秋左氏解》，名曰《全综》，《公
羊》、《穀梁》解诂皆纳经传中，朱书以别之"。② 在《儒林传》之外，另有
几位学者也是在兼治三传时，涉及春秋公羊学，且多有批评，如刘寔"尤
精三传，辨正《公羊》，以为卫辄不应辞以王父命，祭仲失为臣之节，举此

---

① 陈寿著、裴松之注：《许糜孙简伊秦传第八·蜀书八》，《三国志》卷三十八，《四库全书》本，
上海古籍出版社1987年版。
② 房玄龄：《儒林列传第六十一》，《晋书》卷九十一，《四库全书》本，上海古籍出版社1987
年版。

二端以明臣子之体，遂行于世。又撰《春秋条例》二十卷"①；王接"常谓《左氏》辞义赡富，自是一家书，不主为经发。《公羊》附经立传，经所不书，传不妄起，于文为俭，通经为长。任城何休训释甚详，而黜周、王鲁，大体乖硋，且志通《公羊》，而往往还为《公羊》疾病。接乃更注《公羊春秋》，多有新义"②。可惜的是王接此书已经不存，不能窥见大略，但从这里介绍的数语，可以肯定的是王接的注与何休的注有很大的不同，何休的王鲁等说，王接不但没有接受，而且是批评的。在总体上，这些经学家对《公羊传》、何休之说多有贬斥，连议政时也有人批评《公羊传》，如"穆帝升平元年，将纳皇后何氏。太常王彪之大引经传及诸故事以定其礼，深非《公羊》婚礼不称主人之义"③。这说明春秋公羊学在三国、两晋时期，已经根本没有汉代的法典地位了。

三国、两晋尽管出现了魏晋玄学，学术风气发生了极大的改变，但在时间上直接于汉代，汉代经学还有较大的影响，因此，我们还可以看到有个别专研《公羊传》的人与著述。但是，这样的人与著述已经很少了，而且，没有著名的人物与有影响的著述。绝大多数人只是在将三传合而研治时，才涉及《公羊传》，而这部分的人较之专研《公羊传》的人要多。皮锡瑞在《经学历史》中说："若汉时，三传各守专门，未有兼采三传者也。"④但在三国两晋时兼采三传已经较为普遍了。自此以后，《公羊传》及其公羊学得以流传，也主要通过兼治三传的形式而得以延续。这是春秋公羊学在流传中一个重大的变化。专研《公羊传》与涉及《公羊传》的人数也远远不如研治《左传》的人数。研治《左传》成为研治《春秋》的主要力量，其著述也十分可观，尤其是杜预的《左传集注》出现后，影响很大，后来还成为了《十三经注疏》之一。史载，杜预"大观群典，谓《公羊》、《穀梁》，诡辩之言。又非先儒说左氏未究丘明意，而横以二传乱之。乃错综微言，著《春

---

① 房玄龄：《魏舒李意刘寔高光列传第十一》，《晋书》卷四十一，《四库全书》本，上海古籍出版社 1987 年版。

② 房玄龄：《皇甫谧挚虞束晳王接列传第二十一》，《晋书》卷五十一，《四库全书》本，上海古籍出版社 1987 年版。

③ 房玄龄：《礼下志第十一》，《晋书》卷二十一，《四库全书》本，上海古籍出版社 1987 年版。

④ 皮锡瑞：《经学历史》，中华书局 1989 年版，第 164 页。

秋左氏经传集解》，又参考众家，谓之《释例》，又作《盟会图》、《春秋长历》，备成一家之学，至老乃成"①。此后，研治《左传》的势头更加旺盛。

南北朝到隋唐是佛教在中国广泛传播并开始中国化的时期。佛教成为统治者的信奉对象，在民间与士人中影响空前。唐王朝在取代隋朝之后，面临重门户家世的时代风气，托老聃为先祖，对道教也给予前所未有的推崇，形成三教并重的局面。这有助于中国古代学术的发展，但也动摇了经学的独尊地位，对经学的发展造成了不小的冲击，春秋公羊学在这样的大背景下，其衰落之势有增无减。

关于南北朝的史籍，无《艺文志》或《经籍志》，但有《儒林传》。《南史·儒林传》载涉及《公羊传》的学者仅有两人，一是崔宁恩"遍习五经，尤精三礼、三传"，著有"《左氏传义》二十卷，《左氏条例》十卷，《公羊、穀梁文句义》十卷"。二是沈文阿"通三礼、三传，为五经博士"。《北史·儒林传》同样没有专治《公羊传》之人，仅有四人兼治三传，对《公羊传》有一定研讨。他们是：李铉撰有《三传异同》；熊安生"从陈达受三传"；房晖远"明三礼、《春秋》三传"；刘炫称"《周礼》、《礼记》、《毛诗》、《尚书》、《公羊》、《左传》、《孝经》、《论语》，孔、郑、王、何、服、杜等注，凡十三家，虽义有精粗，并堪讲授"。可见，南北朝研治《公羊传》的人物较三国两晋又少得多，表明公羊学在南北朝的进一步衰落。

这种情况与当时儒林的大势是相一致的。《北史·儒林传》说："汉世，郑玄并为众经注解，服虔、何休，各有所说。玄《易》、《诗》、《书》、《礼》、《论语》、《孝经》，虔《左氏春秋》，休《公羊传》，大行于河北。王肃《易》，亦间行焉。晋世，杜预注《左氏》，预玄孙坦，坦弟骥，于宋朝并为刺史，传其家业，故齐地多习之。"又说："其《公羊》、《穀梁》二传，儒者多不措怀。"《春秋》通行的是《左传》服氏学与杜预之学，尽管有何休之《公羊传》"大行于河北"之语，但皮锡瑞在《经学历史》中就已经指出此说不可信。而台湾学者陈鸿森先生则通过对北朝诸史的考察，认为："北方明习《公羊》者实繁有徒，特当时学风不尚墨守，故学者多三传兼习，鲜以《公

---

① 陈寿著、裴松之注：《任苏杜郑仓传第十六·魏书十六》，《三国志》卷十六，《四库全书》本，上海古籍出版社 1987 年版。

羊》专门名家耳。"①确实，北方大儒徐遵明的弟子多"能通《春秋》者"②，其中就有兼治《春秋公羊传》的人物。但是，相对研治《左传》的学者及其左氏学的影响而言，春秋公羊学都是微不足道的。

南北朝经学的一个值得注意的现象是受佛教的影响，义疏的兴起。③北方大儒徐遵明就十分重视以义疏教授，《魏书·儒林传》：徐遵明"是后教授，门徒盖寡，久之乃盛。遵明每临讲座，必持经执疏，然后敷陈，其学徒至今浸以成俗。遵明讲学于外二十余年，海内莫不宗仰"；其后"诸儒如权会、李铉、刁柔、熊安生、刘轨思、马敬德之徒，多自出义疏。虽曰专门，亦皆相祖习也"。④义疏的兴起，也促成了各种经学义疏的出现，为唐代《五经正义》的成书做好了理论准备。

《隋书·经籍志》述南北儒林之异同说："南北所治，章句好尚，互有不同。江左《周易》则王辅嗣，《尚书》则孔安国，《左传》则杜元凯。河、洛《左传》则服子虔，《尚书》、《周易》则郑康成，《诗》则并主于毛公，《礼》则同遵于郑氏。大约南人约简，得其精华；北人深芜，穷其枝叶。"这也证明南北朝于《诗》、《书》、《春秋》诸经，皆主古文经学，而《公羊传》所属的今文经学都处于被冷落的地位。这时治《春秋》者，主要是治《左传》的人，与此相应的变化是以前的《春秋》三传之争，这时也变成了主要是《左传》内部的服虔之学与杜预之学的争论，如："（崔）宁恩先习《左氏》服解，不为江东所行，乃改杜义。每文句常申服以难杜，遂著《左氏条义》以明之。时助教虞僧诞又精杜学，因作《申杜难服》以答宁恩，世并传焉。"又如："姚文安难服虔《左传解》七十七条，名曰《驳妄》。（李）崇祖申明服氏，名曰《解谬》。"这一南一北的两条史料都说明，《左传》的服虔之学与杜预之学的争论是十分激烈的。而这种激烈恰好说明了《左传》的兴盛，与《公羊传》衰落的"儒者多不措怀"正形成鲜明的对照。

① 陈鸿森：《北朝经学二三问题》，（台湾）《中研院历史语言研究所集刊》第66本第4分册，1995年版，第1085页。

② 李延寿：《儒林上列传第六十九》，《北史》卷八十一，上海古籍出版社1987年版。

③ 关于这一点，可参见牟润东先生的《论儒释两家之讲经与义疏》一文，《注史斋丛稿》，中华书局1987年版，第239—303页。

④ 李延寿：《儒林上列传第六十九》，《北史》卷八十一，上海古籍出版社1987年版。

《隋书·经籍志》中，除去前代典籍中《艺文志》、《经籍志》所载有关公羊学的著述之外，仅有鲜于公的《春秋公羊解序》一卷，刁氏的《春秋公羊例序》五卷，及潘叔度的《春秋经合三传》十卷和无名氏的《春秋公羊疏》十二卷。而且，到隋代连晋人的有关公羊学的著述也多有失散。在《隋书·儒林传》中，几乎不见有新的研治《公羊传》的学者。倒是对《公羊传》的衰落情况有明确的述说：

> 汉初，有《公羊》、《穀梁》、《邹氏》、《夹氏》，四家并行。……永平中，能为《左氏》者，擢高弟为讲郎。其后，贾逵、服虔并为训解。至魏，遂行于世。晋时，杜预又为《经传集解》。《穀梁》范宁注，《公羊》何休注，《左氏》服虔、杜预注，俱立国学。然《公羊》、《穀梁》，但试读文，而不能通其义。后学三传通讲，而《左氏》唯传服义。至隋，杜氏盛行，服义及《公羊》、《穀梁》浸微，今殆无师说。

晋代的《公羊传》虽然也被立于学官，但是，仅仅是有人诵读，却"不能通其义"；南北朝是"儒者多不措怀"，到了隋代，《公羊传》进一步失落，"今殆无师说"，连其师说也几无流传了。可见，公羊学自汉代以来的每况愈下。

隋唐的科举取士，尽管是对魏晋以来以察举制的否定，为大量的寒士提供了入仕机会，如吕思勉说："科举之制，在取士上，是比较公平的、切实的，这是人人所承认的。"①特别是唐代进士科以诗赋取士，也带来了唐代诗赋的繁荣，但此消则彼长，也导致了对经学的冷落。虽然唐代科举有明经科，但以孔颖达的《五经正义》为标准答案，使经义变为教条；"帖经"的考试方式，也引导人们去死记硬背，而不是贯通大义，这些都窒息了经学的创造力，所以，唐代的经学并没有得到多少发展，反而是愈益衰退。所谓"明经射策，不读正经，抄撮义条，才有数卷"②，就是其写照。《新唐书·选举志上》："《礼记》、《春秋左氏传》为大经，《诗》、《周礼》、《仪礼》为中

---

① 吕思勉：《中国通史》，华东师范大学出版社 1992 年版，第 110 页。
② 董诰：《全唐文》卷十三，上海古籍出版社 1990 年版。

经，《易》、《尚书》、《春秋公羊传》、《榖梁传》为小经。"尽管《公羊传》为小经，文字不多，易于为人们记诵，便于人们"帖经"填充，但这并没有引发人们对春秋公羊学的兴趣。相反，春秋公羊学的衰落更是明显，开元八年，国子司业的李元上疏说："今明经所习，务在出身，咸以《礼记》文少，[1] 人皆竞读。《周礼》经帮之轨则，《仪礼》庄敬之楷模，《公羊》、《榖梁》历代宗习，今两监及州县，以独学无友，四经殆绝。"[2]开元十六年，国子祭酒杨谩上奏说："今之明经，习《左传》者十无二三。若此久行，臣恐左氏之学，废无日矣。臣望请自今已后，考试者尽帖平文，以存大典。又《仪礼》及《公羊》、《榖梁》，殆将废绝，若无甄异，恐后代便弃。望请能通《周（礼）》、《仪礼》、《公羊》、《榖梁》者，亦量加优奖。"[3]两位教学部门的高官都异口同声地指出了春秋公羊学几成绝学的窘况。

在《旧唐书·经籍志》与《新唐书·艺文志》中，除去两书的重复部分以及在以往《艺文志》、《经籍志》中已有的著述，关于《公羊传》的著述在《旧唐书·经籍志》中几乎没有新的著作出现。《新唐书·艺文志》也同样没有一部关于公羊学的专门专著，仅有唐开元时的李氏所著的《三传异同例》十三卷、冯伉的《三传异同》三卷、刘轲的《三传指要》十五卷、韦表微的《春秋三传总例》二十卷，对《公羊》有所言及。另外有刘实作、刘宴注的《春秋公羊违义》三卷，但此书不是正面发挥春秋公羊学的，而是明确批评《公羊传》"违义"之作。唐代是中国著述较盛的时期，儒家典籍的《正义》多成书于此时，而关于《公羊传》竟无一部专门著述的记述，只是在研讨三传异同时，有人涉及《公羊传》，而且即使是这样的著述数量也是少得可怜。这是隋代以来《公羊传》已经"殆无师说"的进一步加剧。

公羊学的这种萧条状况，也可以从《旧唐书》与《新唐书》的《儒林传》中看出来。在《旧唐书·儒林传》中，整篇《儒林传》除了有冯伉一人言三传异同，对《公羊传》有所涉猎外，再没有其他治《公羊传》的任

---

① 此说可疑，《礼记》在十三经中的字数仅次于《左传》，唐代依文字的多少将其与《左传》皆定为大经。

② 王溥：《唐会要》卷七十五，中华书局 1955 年版。

③ 刘昫等：《良吏下列传第一百三十五》，《旧唐书》卷一百八十五下，《四库全书》本，上海古籍出版社 1987 年版。

何人。倒是研治《左传》的著名学者不绝于书。《新唐书·儒林传》的情形也差不多，仅有两条有关的史料。一条是王元感提出三年之丧为三十六月，而张柬之在与其辩论中，曾引《公羊传》与诸经传互证，说明三年之丧应为二十五月，被时人许为"不诡圣人"。一条是啖助著《春秋集传》，引公羊子："乐道尧、舜之道，以拟后圣。"特别值得提及的是唐代啖助、赵匡、陆淳三人，治《春秋》主张以经为主，而不是专守一家之学。他们也承认《公羊》的解经价值，如陆淳的《春秋集传纂例》十卷，《四库全书总目提要》介绍说其书的大旨是："《左传》……序事虽多，释经殊少，犹不如《公》、《穀》之于经为密。"而他们的以经为主，不专一家的治学之风，开启了经学研究的新方向，皮锡瑞在《经学历史》说："唐人经说传今世者，惟陆淳本啖助、赵匡之说，作《春秋纂例》、《微旨》、《辨疑》。谓左氏，六国时人，非《论语》之丘明；杂采诸书，多不可信。《公》、《穀》口授，子夏所传；后人据其大义，散配经文，故多乖谬，失其纲统。此等议论，颇能发前人所未发。惟三传自古各自为说，无兼采三传以成一书者；是开通学之途，背颛门之法矣。"[①]虽然他们三人承认《春秋公羊传》的价值，但并非专治春秋公羊学，而是以兼采三传为归。

唐太宗在贞观二十一年的诏书中，还将公羊高、何休两人诏配孔庙祭享："左丘明、卜子夏、公羊高、穀梁赤、伏胜、高堂生、戴圣、毛苌、孔安国、刘向、郑众、杜子春、马融、卢植、郑玄、何休、王弼、杜元凯、范宁等二十一人，并用其书，垂于国胄。既行其道，理合褒崇。自今有事太学，可与颜子俱配享孔子庙堂。"[②]在诏配孔庙的 21 人中，公羊高与何休两位为公羊学代表人物，可见，《公羊》虽然受冷落，几乎无人专研，但是，官方并没有否定公羊学，《公羊传》还是被视为经典，受到推崇。

第二节　徐彦与《春秋公羊疏》

在这个阶段上有《春秋公羊疏》的成书，这是继何休《解诂》之后，

---

①　皮锡瑞：《经学历史》，中华书局 1989 年版，第 214—215 页。
②　刘昫等：《儒学上列传第一百三十九》，《旧唐书》卷一百八十九上，《四库全书》本，上海古籍出版社 1987 年版。

公羊学的一部最重要的著作。

《春秋公羊疏》的记载，最早出于《隋书·经籍志》，为十二卷，无作者姓名。而《旧唐书》与《新唐书》中皆不见著录。《春秋公羊疏》比较多的被提及是在宋代，宋代较早提及此书是王尧臣的《崇文总目》：

> 《春秋公羊疏》三十卷原释不著撰人名氏，援证浅局，出于近世，或云徐彦撰，皇朝邢昺等奉诏是正，始令太学传授，以备《春秋》三家之旨。①

宋人言《春秋公羊疏》的卷数皆为三十卷，与《隋书·经籍志》不同，也与今存本二十八卷不符。王尧臣没有指出《春秋公羊疏》三十卷的作者是谁，其后，晁公武在《郡斋读书志》加以补充，指出作者就是徐彦，而以此说出自李献民：

> 《春秋公羊疏》三十卷右不著撰人。李献民云徐彦撰，亦不详何代人也。《崇文总目》谓其"援证浅局，出于近世"，以何氏三科九旨为宗。②

李献民生卒年不详，据他所著的《云斋广录》一书，首称皇祐中，中称嘉祐五年，皆为仁宗年号，可以推测与王尧臣差不多同时。而王尧臣、晁公武以《春秋公羊疏》出于"近代"，是指北宋初年，还是五代十国的末年？并无其说。马端临说：

> 近世或云徐彦撰，皇朝邢昺等奉诏是正，始令太学传授，以备《春秋》三家之旨。③

马端临为南宋人，他的生卒年在公元1254—1323年间。据《宋史》的相关

---

①　王尧臣：《崇文总目·春秋类》卷一，《四库全书》本，上海古籍出版社1987年版。

②　晁公武：《郡斋读书志·春秋类》卷三，《四库全书》本，上海古籍出版社1987年版。

③　马端临：《文献通考》卷一百八十二，《四库全书》本，上海古籍出版社1987年版。

记载，邢昺在北宋真宗咸平二年（999 年），受诏与杜镐、舒雅、孙奭、李慕清、崔偓佺等校定《春秋公羊传》等经典，就是经过这次校定后，所谓徐彦疏才正式被列为经典。陈振孙说景德（1004—1007 年）时由邢昺校定传之，时间稍晚几年。在这次校定经典以前，《春秋穀梁传》、《春秋左传》的注疏都已经确定，只有《春秋公羊传》有注无疏，《春秋公羊疏》的确定就是邢昺这次校定所确立，马端临的"以备《春秋》三家之旨"，即是指徐彦疏列入学官后，三传的注疏才以完备。则徐彦疏之疏，最迟在北宋初年就已经存在，并在宋真宗时经邢昺校定经典而得到认可。推马端临之意，《春秋公羊疏》当不晚于北宋初年。

陈振孙也对其书的年代作出推测：

> 《春秋公羊疏》三十卷，不著撰者名氏，《唐志》亦不载，《广川藏书志》云，世传徐彦撰，不知何据，然亦不能知其定出何代，意其在贞元、长庆后也，景德中侍讲邢昺校定传之。①

贞元为唐德宗的年号，在公元 785—805 年，长庆为唐穆宗年号，在公元 821—824 年，《广川藏书志》的这一说法时间跨度太大，其上限是绝不可信的。清儒朱轼说："《公羊》之学，韩愈谓何氏注外不见他书，要渺之义，无自而寻。"②朱轼此说出自韩愈的《遗殷侍御书》："前者蒙示新注《公羊春秋》，又闻口授指略，私心喜幸，恨遭逢之晚，愿尽传其学。职事羁缠，未得继请，怠惰因循，不能自彊……近世《公羊》学废绝，何氏注外，不见他书。圣经贤传屏风而不省，要妙之义无自而尊。非先生好之乐之味于众人之所不味，务张而明之，其孰能勤勤绻绻若此之至，固鄙心之所最急者，如遂蒙开释，章分句断，其心晓然，直使序所注，挂名经端，自托不腐，其又奚辞，将惟先生所以命。"屈守元先生主编《韩愈全集校注》将韩愈此书系于元和十三年（818 年），系韩愈 51 岁的作品，由此可知韩愈 51 岁时，尚无所谓徐彦疏，但有殷侑的《春秋公羊传注》。而《旧唐书》卷一百六十五

---

①　陈振孙：《直斋书录解题·春秋类》卷三，《四库全书》本，上海古籍出版社 1987 年版。

②　朱轼：《史传三编》卷二，《四库全书》本，上海古籍出版社 1987 年版。

列有殷侑之传，却无关于他注《公羊传》的记载，遗憾的是此书后来没有得到流传。据此，徐彦疏当出于韩愈51岁之后，也是可以肯定的。韩愈是唐代儒学的领军人物，如果已经有《春秋公羊疏》一书，韩愈不会有"何氏注外，不见他书"之说。

《春秋公羊疏》被冠名的徐彦著，史无记载，但杜祐在《通典》卷九十五的《为内外妹为兄弟妻服议》与《族父是姨弟为服议》两条礼制争论的记载都有徐彦，与徐彦进行论争的徐众、蔡谟皆为东晋人，可知徐彦为东晋人。而此徐彦是否就是《春秋公羊疏》的作者，一直是有争议的，《辞海》该条说：

> 《春秋公羊疏》作者，或谓唐人，或谓北魏人，即徐遵明。里第生平不详，所撰的书收入《十三经注疏》。①

徐彦为唐人说，出于宋代学者董逌的《广川藏书志》中：

> 世传徐彦，不知时代。意其在贞元、长庆之后。考《疏》中郯之战一条，犹及见孙炎《尔雅注》完本，知在宋以前；又葬桓王一条，全袭用杨士勋《穀梁传疏》，知在贞观以后。中多设问答，文繁语复，与邱光庭《兼明书》相近，亦唐末之文体。

此说虽然时间跨度长，但有所考据，故为《四库全书提要》所接受，并据以发挥说："考《疏》中'郯之战'一条，犹及见孙炎《尔雅注》完本，知在宋以前。又'葬桓王'一条，全袭用杨士勋《穀梁传疏》，知在贞观以后。中多自设问答，文繁语複，与邱光庭《兼明书》相近，亦唐末之文体。董逌所云，不为无理。定为唐人焉。"②将徐彦的时间定在唐代末年。尽管关于唐人徐彦的生平无可稽考，清代以前，徐彦为唐人，系《春秋公羊疏》的作者，基本上无异议。依照此说，东晋的徐彦就绝不是此书的作者。③

---

① 《辞海》，上海辞书出版社2002年版，第240页。
② 阮元等：《四库全书总目提要》上册，中华书局1983年版，第211页。
③ 关于这一点段熙仲在《春秋公羊学讲疏》第25页也有所论及，可参见。

清代考据精密，人们运用考据的成就，多怀疑徐彦为唐人说。皮锡瑞在《经学历史》的《经学分立时代》引其说："洪颐煊引疏司空掾云'若今三府掾是也。''司空掾'亦六朝时有之，至唐以后则无此称矣，此疏为梁齐间旧帖无疑。'姚范云：'隋、唐间不闻有三府掾，亦无三府之称，意者在北齐、萧梁之间乎？'据此二说，则以为徐遵明，不为无见。"①洪颐煊之说见《读书丛录》，姚范之说见《援鹑堂笔记》卷十三。后来严可均在《书公羊疏后》亦据以为说："开卷疏'司空掾'云：'若今三府掾是也。'齐、梁、陈、隋、唐无此官制，惟北齐有之，则此疏北齐人撰也。"②王鸣盛更进一步指出作者为南北朝时的徐遵明，他以《春秋公羊疏》文章似六朝人，不似唐朝文，而得出此结论。但是，从《北史·儒林传》关于徐遵明的记载中，并无徐遵明治《公羊传》的记载，倒是说他早年"受《毛诗》、《尚书》、《礼记》"，曾"居于蚕舍，读《孝经》、《论语》、《毛诗》、《尚书》、三礼，不出门庭，凡经六年。……又知阳平馆陶赵世业家有《服氏春秋》，是晋世永嘉旧写。遵明乃往读之，复经数载，因手撰《春秋义章》，为三十卷"。服氏即服虔，为东汉古文经学家，他曾注《左传》，服氏之学在南北朝与晋代都很受推许。徐遵明治《春秋》应是《左传》，而不是《公羊传》。他的《春秋义章》虽然没有说明是关于《左传》，还是《公羊》、《穀梁》，但是，应该是有关《左传》与服氏学的"义章"，或至少是以左氏学为主，兼采二传。尽管他的《春秋义章》三十卷的卷数与《郡斋读书志》所说的《春秋公羊疏》三十卷的数目一致，然而，一位专精《左传》服氏学的经学家，很难想象会有著作《公羊传》达三十卷之多的疏注来。

清人的《春秋公羊疏》作者为北人的说法，被现代学者潘重规先生在《春秋公羊疏作者考》③中作出系统的发挥，潘先生从徐疏的引书情况与《经典轻文》的比较，徐疏所引经注皆为北朝经学风尚等方面作出详细论证，而得出如下结论："是疏作者不独非唐人，且亦非齐、梁经师所作，而当出于北朝巨儒之手。"这一结论得到诸多学者的认可，赵伯雄先生在其《春秋学史》一书中，关于《春秋公羊疏》作者的讨论，就基本上据潘重规

<hr>

① 皮锡瑞：《经学历史》，中华书局1989年版，第173页。
② 严可均：《铁桥漫稿》卷八，清光绪十一年（1885年）长洲蒋氏刻本。
③ 参见潘重规：《春秋公羊疏作者考》，《志林》1940年第1号。

先生之说立论，但赵伯雄先生不同意潘先生推断此疏的作者为北魏的高允这一最终结论。姜宁博士在《〈公羊疏〉与北朝学风——兼论〈公羊疏〉的成书时代问题》也赞同潘重规先生之说，并初步统计徐疏中引旧说48处，[①]指出旧说中直接疏解何注者有12处，并进一步考辨大多数为北朝之《公羊》旧疏，而得出如下结论："徐疏成书上限不应早于北魏后期宣武、孝明之际（510年左右），其下限则不应晚于北齐末隋初（570—580年间），最有可能为东魏、北齐间燕赵之地的经生所撰。"[②]

　　徐彦疏在卷一中有18个问答，而问答体正是义疏的重要文体，《隋书·经籍志》载三国、晋代已有关于《春秋公羊传》的问答著述，如《春秋公羊传问答》五卷，荀爽问，魏安平太守徐钦答；《春秋公羊论》二卷，晋车骑将军庾翼问，王愆期答。另外，还载有《春秋公羊经传》十三卷晋散骑常侍王愆期注，《春秋公羊传》十二卷晋河南太守高龙注，《春秋公羊传》十四卷孔衍集解，《春秋公羊音》李轨、晋徵士江淳各一卷。故有人怀疑《春秋公羊疏》与王衍期等人有关，则《春秋公羊疏》的作者当为晋人，这与徐彦为晋人说有吻合之处。陈立在论述疏中18个问题的问答时也说："问答语，甚精瞻，必非隋唐人作。或即旧疏人所述与？"[③]认为至少18个问题的问答是隋唐以前的著述。的确，18个问题的问答，对何休之学有如此全面的归纳，深入详细的解说，在时间上不可能据何休太远。

　　在这些说法中，最有理据是《春秋公羊疏》为南北朝的著述。其作者的年代也应该在南北朝。但也不排除唐人吸收前人的成果而成，如孔颖达的《五经正义》。这一推测可以回答《春秋公羊疏》存在的一些问题：第一，疏多引南北朝义疏，是因其原本就采自南北朝义疏；第二，至北宋初才被立于学官，是因其书出于唐代韩愈51岁之后；第三，宋人说出自唐人，与宋在时间上接近，所说较为可信。若一定要说出于南北朝某人之手，就很难解释成于南北朝的著作，为什么连韩愈也未见到，而要到北宋邢昺校定后才为人

---

　　① 潘重规在其文章中，统计"旧解"等为四十余处。姜宁统计更精确，其中称"旧解"9处，"旧说"14处，"旧云"21处，"或云"3处，"一说"1处，总计48处。（参见《古籍整理研究学刊》2010年第4期）但姜宁博士统计也有误差，徐彦疏引"旧说"16次，而不是14次；引"旧云"22次，而不是21次，则徐彦疏引"旧说"之类当在50次以上。

　　② 《古籍整理研究学刊》2010年第4期。

　　③ 陈立：《公羊义疏》卷一，《续修四库全书》第13册，上海古籍出版社2002年版，第4页。

所知，这个时间段未免太长。

尽管所谓徐彦疏之说，尚有疑问，但此疏的出现，还是具有极大意义的：第一，使《春秋》三传的注疏得以完备；第二，为理解何休《解诂》提供帮助。晁公武评徐彦疏说："其书以何氏三科九旨为宗。"①这一评说是公允的。我们从徐彦疏所提出的 18 个问题②就可以清楚地看出来，徐彦疏提出的问题基本上都与春秋公羊学相关，而以何休之说为中心，徐彦疏的回答更是以何休之说为标准答案，在对《解诂》的疏解中，徐彦疏也基本上

---

① 晁公武：《郡斋读书志·春秋类》卷一下，《四库全书》本，上海古籍出版社 1987 年版。

② 这 18 个问题是：1.《左氏》以为鲁哀十一年夫子自卫反鲁，十二年告老，遂作《春秋》，至十四年经成，不审《公羊》之义，孔子早晚作《春秋》乎？2. 若《公羊》之义，以获麟之后乃作《春秋》，何故太史公遭李陵之祸，幽于缧绁，乃喟然而叹曰："是余罪也"，"夫昔西伯拘羑里，演《易》；孔子厄陈、蔡，作《春秋》；屈原放逐，著《离骚》；左丘明失明，厥有《国语》；孙子膑脚，而论《兵法》，此人皆意有所郁结，不得通其道也，故自黄帝始作其文也。"案《家语》孔子厄于陈、蔡之时，当哀公六年，何言十四年乃作乎？3. 若《左氏》以为夫子鲁哀公十一年自卫反鲁，至十二年告老，见周礼尽在鲁，鲁史法最备，故依鲁史记修之以为《春秋》。《公羊》之意，据何文作《春秋》乎？4. 若然，《公羊》之义，据百二十国宝书以作《春秋》，今经止有五十余国，通戎、夷、宿、潞之属，仅有六十，何言百二十国乎？5. 若言据百二十国宝书以为《春秋》，何故《春秋说》云"据周史立新经"乎？6.《六艺论》云："六艺者，图所生也。"然则《春秋》者，即是六艺也，而言依百二十国史以为《春秋》何？7. 案《三统历》云："春为阳中，万物以生；秋为阴中，万物以成，故名《春秋》。"贾、服依此以解《春秋》之义，不审何氏何名《春秋》乎？8.《春秋》据史书而为之，史有左右，据何史乎？案庄七年"星霣如雨"，传云"'不修《春秋》'曰：雨星，不及地尺而复'，君子修之曰'星霣如雨'"；又昭十二年"齐高偃帅师纳北燕伯于阳"，传云：'伯于阳者何？公子阳生也。子曰：'我乃知之矣。'在侧者曰：'子苟知之，何以不革？'曰：'如尔所不知何？《春秋》之信史也，其序则齐桓、晋文，其会则主会者为之，其词则丘有罪焉尔。'"何故孔子修《春秋》，有改之者何？可改而不改者何？9.《春秋说》云："孔子欲作《春秋》，卜得阳豫之卦。"宋氏云："夏、殷之卦名也。"孔子何故不用《周易》占之乎？10. 何氏注《春秋》，始乎隐公，则天之数，不审孔子何以不正于获麟止笔乎？11. 既言始于隐公则天之数，复言三世，故发隐公何？12. 郑氏云："九者，阳数之极"，九九八十一，是人命终矣，故《孝经·援神契》云"《春秋》三世，以九九八十一为限"。然则隐元年尽僖十八年为一世，自僖十九年尽襄十二年又为一世，自襄十三年尽哀十四年又为一世，所以不悉八十一年者，见人命参差，不可一齐之义。又颜安乐以襄二十一年孔子生后，即为所见之世。颜、郑之说，实亦有途，而何氏见何文句，要以昭、定、哀所见之世，文、宣、成、襄为所闻之世，隐、桓、庄、闵、僖为所传闻之世乎？13.《孝经说》文实有九九八十一为限之言，《公羊》信纬，可得不从乎？14《左氏》出自丘明，便题云《左氏》；《公羊》、《穀梁》出自卜商，何故不题曰"卜氏传"乎？15.《春秋说》云"《春秋》设三科九旨"，其义如何？16. 案宋氏之注《春秋说》："三科者，一曰张三世，二曰存三统，三曰异外内，是三科也。九旨者，一曰时，二曰月，三曰日，四曰王，五曰天王，六曰天子，七曰讥，八曰贬，九曰绝。时与日月，详略之旨也；王与天王天子，是录远近亲疏之旨也；讥与贬绝，则轻重之旨也。"如是，三科九旨，聊不相干，何故然乎？17.《文谥例》云："此《春秋》五始、三科、九旨、七等、六辅、二类之义，以矫枉拨乱，为受命品道之端，正德之纪也。"然则三科九旨之义，已蒙前说，未审五始、六辅、二类、七等之义如何？18.《春秋说》云："《春秋》书有七缺。"七缺之义如何？

是以何休之说为宗，故此疏对春秋公羊学没有创造性的新发展，主要是对何休注的解释。由于此疏引用了不少南北朝的义疏，保留了唐以前著述的资料，尤其是何休《文谥例》等直接是与何休经学相关的第一手资料，这对于认识何休的《解诂》具有重要价值。不仅如此，徐彦疏还加强了谶纬与春秋公羊学的联系，何休《解诂》有引谶纬为说的情况，但并不多见，而徐彦疏则大肆引谶纬为说，仅在回答 19 个问题时，徐彦疏就引用了《春秋纬》12 次，《孝经纬》6 次，而在疏解《解诂》时也是常常引谶纬为说。所以说《公羊》善谶，用在徐彦疏上面是最为恰当的。

　　徐彦疏也有与何休相异之处。何休重视《公羊》的家法，膏肓《左传》、废疾《穀梁》，但徐彦疏也时引二家之说，并不完全排斥二家。徐彦疏引《穀梁传》之说共计 20 次，其中鲁隐公 1 次、鲁桓公 1 次、鲁庄公 3 次、鲁僖公 3 次、鲁文公 2 次、鲁成公 1 次、鲁昭公 3 次、鲁定公 1 次、鲁哀公 5 次，在引用《穀梁传》为说时，徐彦常常以"是也"来加以肯定，如鲁庄公十年，"二月，公侵宋"，徐彦疏："《穀梁传》曰：'侵例时。'此其月何也？乃深其怨于齐，又退侵宋以众其敌，恶之，故谨而月之。是也"。这是用《穀梁传》的时、月、日例来解说《公羊传》，说明《穀梁传》与《公羊传》、何休注是一致的。徐彦疏解"西狩获麟"也说："是以《穀梁传》云"其不言来，不外麟于中国也；其不言有，不使麟不恒于中国也"是也。"这不仅是引《穀梁传》为说，而且还以《穀梁传》为是。徐彦疏引用《左传》也达到 16 次之多，其中鲁隐公 3 次，鲁僖公 1 次，鲁文公 1 次，鲁宣公 1 次，鲁成公 2 次，鲁襄公 3 次，鲁昭公 3 次，鲁定公 2 次，徐彦引《左传》并不是如何休只是批判《左传》，而是肯定《左传》也有可取之处。如鲁僖公十四年，夏，六月，季姬及鄫子遇于防，使鄫子来朝。鄫子曷为使乎季姬来朝？徐彦疏说："今此月者，甚恶内也。范氏云：'鲁女无故远会诸侯，遂得淫通，此亦事之不然。'《左传》曰'鄫季姬来宁，公怒止之，以鄫子不朝。遇于防，而使来朝'，此近合人情。何氏以为鄫、鲁相近，信使洪通，男女之情，风流应合，末世无礼，容或有之，若姜氏如莒之流，宁可然问也。"尽管徐彦在这里对比《左传》、范宁《穀梁注》、何休之说，带有明显偏袒何休的倾向，但也不得不承认《左传》之说"近合人情"。徐彦疏更多的是以《左传》来进一步解说《公羊传》、何休注，所以，徐彦疏也常常以"是也"来肯定《左传》之说，如鲁隐公元年，疏何休注"入庙称祢"："即襄十二年《左传》曰：'同族于祢庙'是也"。徐彦疏有时也引用《左传》与《穀梁传》的经文来考辨与《公羊传》的异同，如鲁襄公元年，"夏，晋韩屈帅师伐郑"，徐彦疏就引《左传》与《穀梁》作"韩厥"，说明二者的文异；鲁昭公八年，"杀陈孔瑗"，徐彦疏引《左传》与《穀梁》作"孔奂"，说明《公羊传》的异文。这种现象是何休《解诂》所没有的，它是魏晋以来兼治三传的学风的表现，当然，就其基本取向而论，徐彦疏是忠实于何休注的发明。这也反映了南北朝隋唐时期经学的"注不驳经，疏不驳注，不取异义"①的学风。不可否认，徐彦疏也偶尔也会看出何休注的误说，但并不是批评其误，而是如赵伯雄先生所说，"不过是为何休之误寻找借口"②。但由于徐彦疏没有像何休注那样，在总结前人的理论基础上，又提出自己的新理论，所以，历代对徐彦疏的评价都不高，在春秋公羊学发展史上，此疏的价值在于有助于何休注的理解。缺乏新解，则是其不足，故在春秋公羊学发展史上价值不大。

第三节　从宋到清中期的阶段

在这个阶段上，由于以二程朱熹为代表的新经学的出现，《四书》取代了《五经》的显赫地位，成为经学的主流。而自唐代以来啖助等人主张的"信经不信传"，在宋代影响甚大，清儒江藩在《国朝经师经义目录·春秋》说："至唐，赵匡、啖助、陆淳，始废传谈经，而三传束之高阁，《春秋》之一大厄也。有宋诸儒之说《春秋》，皆啖、赵之子孙而已。"③以至王安石诋《春秋》为"断烂朝报"，致使整个《春秋》三传皆出现了衰微的迹象：

> 宋自孙复以后，人人以臆见说《春秋》，恶旧说之害己也。则举三传义例而废之，又恶《左氏》所载证据分明，不能纵横颠倒，唯所欲

---

① 皮锡瑞：《经学历史》，中华书局 1989 年版，第 201 页。
② 赵伯雄：《春秋学史》，山东教育出版社 2004 年版，第 342 页。
③ 江藩：《汉学师承记》，三联书店 1998 年版，第 173 页。

言也，则并举《左传》事迹而废之。①

在这样的大环境下，使原本已经是式微的公羊学，在这个阶段上更是奄奄一息。

《宋史·艺文志》中载有《春秋》类的著作 240 部，2799 卷，但是，关于公羊学的专门著述，仅有徐彦的《春秋公羊疏》三十卷，及其陈德宁的《公羊新例》，涉及《公羊传》的仅有姜虔嗣的《春秋三传纂要》、王日休的《春秋公羊辨失》一卷、王应麟的《春秋三传会考》三十六卷数书而已。而《宋史·儒林传》仅有杨泰之的《公羊类》一书的记载，《宋史·道学传》没有关于《公羊传》相关的记录。

在《四库全书总目提要》中提到刘敞《春秋传》十五卷，"其褒贬义例，多取诸《公羊》、《穀梁》"，"其经文杂用三传，不专主一家"。孙觉的《春秋经解》（十三卷）"以《穀梁》为本，及采《左氏》、《公羊》、历代诸儒所长"；陈傅良的《春秋后传》，被赵汸的《春秋集传自序》推为宋人说《春秋》者最著称之书，"以《公》、《穀》之说，参之《左氏》，以其所不书实其所书，以其所书推见其所不书，得《春秋》之要"。从这些记载来看，宋代关于《公羊传》的著述，相对宋儒著述的数量而言，其比例远远逊于前代，几乎可以说是没有一部像样的专书，即使言三传涉及《公羊传》，也很少以《公羊传》为主。而像陈傅良那样的著作，能发明《公羊》的"书"与"不书"诸义例，确属凤毛麟角，难能可贵了。

至元代，程朱所表彰的《四书》成为朝廷钦定的科试标准答案。"太宗始取中原，中书令耶律楚材请用儒术选士，从之"②；到皇庆二年十一月，元仁宗又下诏规定考试程式："蒙古、色目人，第一场经问五条《大学》、《论语》、《孟子》、《中庸》内设问，用朱氏《章句集注》。其义理精明、文辞典雅者为中选。……汉人、南人，第一场明经、经义二问，《大学》、《论语》、《孟子》、《中庸》内出题，并用朱氏《章句集注》，复以己意结之，限三百字以上。"③自此以后，《四书》成为利禄的敲门砖。更多的士人对《四

① 纪昀：《四库全书总目提要》上册，中华书局 1983 年版，第 222 页。
② 宋濂：《选举一·志第三十一》，《元史》卷八十一，《四库全书》本，上海古籍出版社 1987 年版。
③ 宋濂：《选举一·志第三十一》，《元史》卷八十一，《四库全书》本，上海古籍出版社 1987 年版。

书》以外的经典不再关心，这更加剧了《公羊传》的失落。在《元史·儒林传》中，仅有程端学的《三传辨疑》，是一部涉及《公羊传》的著述。此外，在《四库全书总目提要》中，有元人郑玉的《春秋经传阙疑》一书，"叙事则专主《左氏》，而附以《公》、《穀》；立论则先以《公》、《穀》，而参之以历代诸儒之说"，应该有对《公羊传》义理的发明。特别值得一提的是，元代的赵汸著有《春秋属辞》一书，是一部在这个阶段上涉及公羊学最重要的著作。对清代庄存与等人治《公羊传》有直接的影响。但是，赵汸的书对《公羊传》的发明不多，因此，庄存与虽然"读赵先生汸《春秋属辞》而善之"，但是，却以《春秋正辞》为其书名。明代沿袭元代，仍以《四书》科举取士。科举的进一步发展，带来的是儒家经学的衰落，连《明史·儒林传》也说：

> 要之，有明诸儒，衍尹、洛之绪言，探性命之奥旨，锱铢或爽，遂启歧趋，袭谬承讹，指归弥远。至专门经训，授受源流，则二百七十余年间，未闻以此名家者。经学非汉唐之专精，性理袭宋元之糟粕，论者谓科举盛而儒术微，殆其然乎？

伴随整个儒术的衰微，一直微弱不振的公羊学更是雪上加霜。明代《艺文志》有《春秋》类的明人著述131部，无一部关于《公羊》的专书，仅有朱睦㮮《春秋诸传辨疑》，可能有关于《公羊传》的论说。但是，即使在这样的时候，仍有人对公羊学有所论及，如朱朝瑛《读春秋略记》就引用了董仲舒、何休两位公羊学大师之说，以明《春秋》。而王介之的《春秋四传质》评价《左传》、《公羊》、《穀梁》及其胡安国《春秋传》，以为"四传各成其说。而断以义，则胡氏精，而《公》、《穀》尤正；质以事，则《左氏》有征可信也"，[1]也承认《公羊传》的独特价值，在其书中时取《公羊传》为说。

清代在科举上几乎完全承袭明代。《清史稿·选举志》说：

　　有清科目取士，承明制用八股文。取《四子书》及《易》、《书》、《诗》、《春秋》、《礼记》五经命题，谓之制义。……《四书》主《朱子集注》，《易》主《程传》、朱子《本义》，《书》主蔡《传》，《诗》主朱子《集传》，《春秋》主胡安国《传》，《礼记》主陈皓《集说》。其后，《春秋》不用胡《传》，以《左传》本事为文，参用《公羊》、《穀梁》义。

因此，在清初主要是程朱的宋学占据统治地位，并有重视音韵、训诂、考据的汉学的出现；随后则汉学占据了统治地位。清代所谓汉学以东汉的贾逵、马融、许慎、郑玄为宗，而贾逵、马融、许慎、郑玄是汉代古文经学或以古文经学为主的代表人物，所以，所谓汉学实际上是以东汉的古文经学为宗。汉学至乾嘉时期达到如日中天的兴盛，以至如梁启超在《清代学术概论》所说："乾嘉以来，家家许郑，人人贾马，东汉学如日中天矣。"当时虽有庄存与研治《公羊传》，却默默无闻，不被社会所认同。江藩在《汉学师承记》中所列《国朝经师经义目录》中述《春秋》说：

　　国朝为《左氏》者，吴江朱氏、无锡顾氏。……宋以后贵文章，《左氏》、《公》、《穀》，竟为绝学。阮君伯元云："孔君广森，深于《公羊》之学。"然未见其书，不敢著录。

因此，正列的清儒8篇关于《春秋》的书目，全是《左传》的著述，只有所附惠士奇的《春秋说》，涉及三传的内容。而江藩此书刻于嘉庆二十三年（1818年）。清代道光九年（1829年），两广总督阮元刻成《皇清经解》，收集人物70余家，著作180余种，除了有庄存与的《春秋正辞》、孔广森的《春秋公羊通义》外，基本上再没有治《公羊传》及其今文经学之书；光绪十四年（1888年），江苏学政王先谦，收罗乾嘉以来的经学名著，并补阮元刻书所遗，刻成《续皇清经解》，收书209部，仅有几部今文经学的著作，如陈乔枞《今文尚书经说考》等。故皮锡瑞从今文经学家的立场批评说：

《皇清经解》、《续皇清经解》二书，于国朝诸家，蒐辑大备，惟卷帙繁富，几有累世莫殚之疑，而其中卓然成家者，实亦无几；一知半解，可置不阅。①

皮锡瑞否认两部《经解》中"卓然成家者，实亦无几"，带有今文经学家的学术偏见，不足为定论。但是，只要不为学术偏见所左右，就应该承认两部《经解》包括了清代经学尤其是乾嘉汉学的最重要著述。要认识清代经学特别是乾嘉汉学，这两部书实具有不可或代的价值。

从东汉以来至清代庄存与出现之前，整个今文经学都绝少有人研究，《公羊》的命运更为可悲，历代许多学者与著作都说自东汉以后《公羊》是默默无闻。清儒孔广森在《春秋公羊经传通义叙》中说："晋唐以来。《公羊》、《穀梁》竟成绝绪，惟《左氏》不绝于讲诵。"但是，《公羊传》一直被列入经典之中，公羊子、何休也被作为配祀孔庙的人物受到统治者的推崇，几乎各个时期都有人研究或涉及《公羊传》，公羊学也时有被人称引的记录。所以，公羊学自东汉以后，虽然少有人关注，但是，它并没有逝去，一旦有适合的社会条件，公羊学就会重新兴起，而在清代晚期就是这样一个时运济会的时代。随着公羊学兴起的带动，今文经学在晚清亦兴盛一时。

第四节　公羊学衰落的意义

公羊学在西汉兴起与晚清的复兴之间，走过了一千多年的衰落，这是公羊学不可避免的历史命运。这一历史命运是社会的发展与公羊学的性质所决定的。

公羊学在儒学中，属于偏重于外王的政治学说。在对《春秋》的解释上，强调以尊王为核心的大一统，严君臣上下之分；关注的是王道，而不是一般意义的人道，这特别适合西汉武帝时期的中央集权的需要，所以，在当时显赫一时。但当着中央集权制巩固之后，政治的大一统已经成为现实，尤其是经过董仲舒从哲学上对大一统作出天命高度的论证后，公羊学就失去了

---

① 皮锡瑞：《经学历史》，中华书局 1989 年版，第 334 页。

当运者王的王者地位，宣帝时出现了以《穀梁》代替《公羊》的趋势，而自东汉《公羊》则再无西汉的风光。其间除了今古文经学消长的影响等多种因素外，与春秋公羊学为君主专制的理论论证已经基本完成有更为直接的联系。

而公羊学其后一千余年的消落，并不在其政治学说，因为，强调尊王及其君臣上下之分，重视王道的粉饰，本是整个君主专制社会所需要的。春秋公羊学一千余年衰落的原因，一是在于由何休最后完成的春秋公羊学的理论形式，具有准谶纬的性质。何休的春秋公羊学是以孔子为汉制为其哲学根据而建立的，孔子为汉制的本意是神化孔子，以为孔子改制立法制造天命论的依据。但是，汉王朝可以说孔子为赤制，其他野心家也可以说孔子是为自己王天下立法，因此，这是具有极大危险性的。正如谶纬在东汉后，再也没有成为社会的统治思想一样，以孔子为汉制为其理论形式的春秋公羊学自然也得不到社会的认可而默默无闻。二是齐学的汤、武革命观念，在西汉早期就受到皇帝的冷落，春秋公羊学在实质上也反对家天下，不承认一姓可以永保天下，甚至按照这一观念提出要汉王室禅让皇位于贤人的公羊学者眭孟，还落得个人头落地的悲惨结局。尽管董仲舒提出改制的观念来取代革命说，并将改制的权力归于天子，但改制的理论本身就包含对现存统治一定程度的否定，这对君主专制说来也是忌讳的，而何休只讲孔子为汉制，将改制说变为仅仅是为汉王朝的合法性的理论，但当汉王朝结束之后，自然也就失去了存在的社会土壤。只有到了社会历史变革的前夕，春秋公羊学的这两大内容才又被利用改造，有了发挥作用的舞台，而晚清公羊学的兴起，正是极好的说明。

第　八　章

清中期至晚清：春秋公羊学的理论复兴阶段

　　清代春秋公羊学的发展有理论复兴与嬗变两个明显的不同阶段。理论复兴阶段从清代乾嘉到晚清前，是在乾嘉汉学的学术背景下，长期被忽略的春秋公羊学开始被一些人关注，出现了相关春秋公羊学的专门著作。这个阶段的春秋公羊学有一个从重大义到重微言的发展过程，重大义以庄存与为代表，重微言以刘逢禄为代表。而无论是庄存与的重大义，还是刘逢禄的重微言，都只是对春秋公羊学已有理论的说明，而无实质的创新，更没有与社会现实的结合。不管是从其出发点，或是从其治学方法而论，这时的春秋公羊学在本质上都属于乾嘉汉学的范畴，它主要是作为一门在历史上存在过的学问，而被一些人所重视。

第一节　清代春秋公羊学的发轫

　　清代最早推重春秋公羊学的学者是庄存与与孔广森。《春秋正辞》一书是学术界认为庄存与讲春秋公羊学的最主要根据，庄存与在《春秋正辞》的卷首一开头就说：

　　　　存与读赵先生汸《春秋属辞》而善之，辄不自量为隐括其条，正列其义，更名曰《正辞》，备遗忘也。以尊圣尚贤，信古而不乱，或庶几焉。

不仅庄存与自认赵汸对自己的影响，孔广森治春秋公羊学也与赵汸有一定联系。皮锡瑞说："元明人之经说，惟赵汸《春秋属辞》义例颇明，孔广森治《公羊》，其源出赵汸。"①又说："赵汸《春秋属辞》为最著，孔广森《公羊通义》本之，谓知《春秋》者惟赵汸一人。"②从孔广森的著作中，可以时常看到肯定赵汸的论说。故要了解清代春秋公羊学的兴起，需要对赵汸及其《春秋属辞》作一略说。

一、赵汸与《春秋属辞》

赵汸，安徽休宁人，字子常，因筑东山精舍并在其中著述多年，人称东山先生，元末明初经学家。《明史·儒林传》说他：

> 生而姿禀卓绝。初就外傅，读朱子《四书》，多所疑难，乃尽取朱子书读之。闻九江黄泽有学行，往从之游。泽之学，以精思自悟为主。其教人，引而不发。汸一再登门，乃得六经疑义千余条以归。已，复往，留二岁，得口授六十四卦大义与学《春秋》之要。后复从临川虞集游，获闻吴澄之学。乃筑东山精舍，读书著述其中。鸡初鸣辄起，澄心默坐。由是造诣精深，诸经无不通贯，而尤邃于《春秋》。初以闻于黄泽者，为《春秋师说》三卷，复广之为《春秋集传》十五卷。因《礼记·经解》有"属辞比事，《春秋》教"之语，乃复著《春秋属辞》八篇。又以为学《春秋》者，必考《左传》事实为先，杜预、陈傅良有得于此，而各有所蔽，乃复著《左氏补注》十卷。③

赵汸经学的大略由此可见，他以程朱理学为宗，但又博闻众家之说，是明代最有成就的经学家，以至明末陈子龙称他，"度越汉、宋诸儒，当为本朝儒林第一"④。

---

① 皮锡瑞：《经学历史》，中华书局 1989 年版，第 284 页。
② 皮锡瑞：《经学通论》卷四，中华书局 1992 年版，第 56 页。
③ 张廷玉等：《儒林一列传第一百七十》，《明史》卷二百八十二，《四库全书》本，上海古籍出版社 1987 年版。
④ 朱彝尊：《经义考》卷一百九十八，《四库全书》本，上海古籍出版社 1987 年版。

赵汸一生用力最多的在《春秋》一经，他关于《春秋》的著作计有《春秋金钥匙》、《春秋师说》、《春秋集传》、《春秋属辞》、《左传补注》五部之多。从赵汸著述来看，他对《春秋》三传都有深入的研究，这与其师黄泽的治学路径是一致的。黄泽主张："说《春秋》当据《左氏》事实，而兼采《公》、《穀》大义。"①但"黄先生论春秋学，以左丘明、杜元凯为主"②。黄泽的以《左传》为主，兼采三传为说，实是自唐代以来治《春秋》的主要趋向。赵汸承继师说，但并没有死守师说，而与黄泽的春秋学又有很大的不同。这就是黄泽以鲁史史法与圣人书法二者并存，而赵汸则将三传一统于《春秋经》，以史实、义理二者皆为孔子笔削的体现。

赵汸这一经学思想集中体现在《春秋集传》与《春秋属辞》两书。赵汸的门人倪尚谊在《春秋集传序》中追记老师之言说：

> 《属辞》时推削笔之权，而《集传》大明经世之谊，必二书相表里，而《春秋》之旨方完。③

这二部书是赵汸经学最重要的著作，全面认识赵汸经学，必须对这二部书进行深入的研究。但庄存与、孔广森受其影响，主要在赵汸的《春秋属辞》一书。从研究春秋公羊学发展史的角度，最值得关注的是《春秋属辞》一书，当然要深入认识《春秋属辞》，也会涉及《春秋集传》一书。赵汸的《春秋属辞》被人评价极高，宋濂在《春秋属辞序》称其书"直探圣人之心于千载之上"④，"发千古不传之秘"⑤。评价之高未免溢美，但也说明此书的影响之大。

《春秋属辞》的取名，本于《礼记·经解》的"属辞比事，《春秋》教也"⑥之语。据笔者的看法，此语当出自春秋公羊学，就其书名而论，此书

---

① 赵汸：《春秋师说》卷下，《四库全书》本，上海古籍出版社1987年版。
② 赵汸：《左传补注序》，《四库全书》本，上海古籍出版社1987年版。
③ 倪尚谊：《春秋集传序》，赵汸：《春秋集传》卷首，《四库全书》本，上海古籍出版社1987年版。
④ 宋濂：《春秋属辞序》，赵汸《春秋属辞》卷首，《四库全书》本，上海古籍出版社1987年版。
⑤ 宋濂：《春秋属辞序》，赵汸《春秋属辞》卷首，《四库全书》本，上海古籍出版社1987年版。
⑥ 《礼记·经解》："属辞比事，《春秋》教也。……《春秋》之失乱。"郑玄注；"属，犹合也。《春秋》多记诸侯朝聘会同，有相接之辞，罪辩之事。失谓不能节其教者也。……《春秋》习战争之事近乱。"孔颖达疏："属，合也；比，近也。《春秋》聚合会同之辞，是属辞；比次褒贬之事，是比事也。《春秋》习战争之事，若不能节制，失在于乱。"

就表现出赵汸对春秋公羊学的青睐。所谓"属辞比事"，即孔颖达在《礼记·经解》疏所说的"聚合会同之辞"，"比次褒贬之事"。属辞比事就得有属、比之例，辞之属、事之比合于例，才能使所属之辞、所比之事不乱，所谓"属辞比事而不乱，则深于《春秋》者也"①。用例来分析说明《春秋》之辞与事，就是属辞比事。这是对属辞比事的正确训解。赵汸以"属辞比事"为治《春秋》的根本，由此决定著他的春秋学主要在于用所谓例来分析归纳《春秋》的文辞与事件，这是赵汸《春秋》学的基本点。

唐代韩愈开始，尤其是宋儒皆喜言道统，言道统者无不以直接孟子为说，赵汸在其著作中也一再自诩直接孟子，他据孟子所言《春秋》"其文则史，其义丘窃取之"来论说《春秋》的性质，认为孔子制作《春秋》并不是凭空编造，而是据鲁国史记而成。他说：

> 乃即鲁史成文，断自隐公，加之笔削，列伯者功过，以明尊天王、内中国之义；贬诸侯、讨大夫、诛其乱臣贼子，以正人心、示王法，盖天之所命也。……故曰圣人经世之书也。②

孔子制作《春秋》是根据鲁史，加以笔削，通过对伯主功过的列举，寓含着圣人所要表达的"义"与"法"，故《春秋》为圣人经世之书。此说既承认《春秋》与鲁史的联系，又认为《春秋》非史书可比，而是可以用来治国经世的法典。就史而言是鲁史有笔无削的实录，就义而言是通过孔子的笔削来体现的。因此，《春秋》就包含着史与义两大方面的内容。

赵汸所谓史，特指策书所载之正史。史有史法，也就是策书之例，孔子是通过对策书进行笔削，而成《春秋》的。所以，要明孔子的笔削，首先应当知晓策书之例，赵汸说："故学者必知策书之例，然后笔削之义可求，笔削之义既明，则凡以虚词说经者，其刻深辨急之说皆不攻而自破。"③以明

---

①　《礼记·经解》此语也被赵汸在《春秋属辞》等书中一再引用申说。深于《春秋》在属辞比事而不乱，则《经解》所谓"《春秋》之失乱"，当指属辞比事之失，即辞不相属，事不相比，而非郑玄、孔颖达注疏所说的是指《春秋》习战争之事。

②　赵汸：《春秋集传序》，《四库全书》本，上海古籍出版社 1987 年版。

③　赵汸：《春秋集传序》，《四库全书》本，上海古籍出版社 1987 年版。

策书之例为治《春秋》之始，是赵汸春秋学的特色，《春秋属辞》以经例属、比《春秋》所记之事与辞，就是由此而来的。策书之例是史官在进行历史记录时所必须遵守的法则，鲁国的史记《春秋》就是完全按照策书之例来著作的。孔子作《春秋》，并不是像史官那样固守策书之例来著作的，而只是存策书之大体。赵汸认为，存策书之大体乃是孔子笔削的首要之义，故他的"笔削之义有八"，列"存策书之大体"为第一，而发明"属辞比事"的"《春秋》教"的《春秋属辞》也首明"存策书之大体"。策书之例是史官之法，而存策书之大体是孔子《春秋》对鲁史的大略保存。但一属于史官之史的范围，一属于圣人之经的范围。所以，赵汸以策书之例为史官之法，而以存策书之大体为孔子笔削之义之一。二者是有所区别的，不能混为一谈。

《春秋属辞》一书，以明存策书之大体为其主要内容。其书分为十五卷，从第一卷到第七卷全为存策书之大体，篇幅占全书的1/2。而《春秋属辞》中赵汸所列存策书之大体的条目达131条之多。而赵汸用来解说这131条策书大体的事件，有的多达百余次，有的仅有一次，多寡不同，相去悬殊。但是，赵汸却几乎将《春秋》所有的史事记叙，全部用到了他的存策书之大体的论说中，这就是所谓"大抵史法相承而一定，故虽详密而可尽"[1]。对存策书之大体，赵汸的确做到了详密而尽，这是赵汸的春秋学受到极高推许的一个重要原因。同时，也是赵汸春秋学受到批评的所在，如《四库全书总目提要》说："目多者失之纠纷，目少者失之强配，其病亦略相等。"[2]而赵汸对存策书之大体的论说，总是先列出策书大体的条例，然后一一列举《春秋》所记同类之事，以说明该条例根据。赵汸以为，不明白存策书之大体，就不可能知道孔子制作《春秋》的原委，自然就不能正确的解说《春秋》，《公羊传》说《春秋》失误的根源也就在于此：

> 为《公羊》者遂以《春秋》为夫子博采众国之书，通修一代之史者，于是褒贬之说盛行，又有以为有贬无褒者，又有以一经所书皆为非

① 赵汸：《春秋属辞叙言》，《四库全书》本，上海古籍出版社1987年版。
② 永瑢：《四库全书总目》上册，中华书局1983年版，第228页。

常，而常事不书者，有谓黜周、王鲁者，有谓用夏变周者，其失在不知有存策书大体之义而已，说经昧其源委一至是哉。①

存策书之大体是孔子《春秋》的重要内容，《公羊传》等不知此义，才有褒贬等种种误说的产生。他认为，只有《左传》及其承继者才对此有所认识，因此，他虽然批评《左传》的不明圣人的笔削之旨，却许为能"博览遗文，略见本末"②。

存策书之大体是《春秋》对史文有选择的笔而不削，经过孔子的笔而不削，策书之大体成为《春秋》的基础，已经不同于原本意义上的史书，而是孔子之义的体现。但是，笔而不削不能完全的体现圣人之义，而有书与不书、变文、特笔等孔子特创笔法，以阐发其义，赵汸统称为笔削之旨。《春秋》之成为圣人经典并不仅仅在于对史文的保存，而恰恰在于与史文的根本不同。正是在此意义上，他批评《左传》于"削笔之旨无所发明，此所谓知不足以知圣人，而又不由《春秋》之教者"③。所以，《春秋属辞》更重笔削之旨的发明。

赵汸所说的孔子笔削之旨，主要包括三大内容：一是所谓书与不书，二是变文，三是特笔。赵汸以书与不书为孔子笔削之义之二，见于《春秋属辞》的第八、第九卷中。赵汸认为，《春秋》的书与不书与史法是正相反对的：在史法当书的地方，孔子往往削而不书；在史法当不书时，孔子又变而书之。如《春秋属辞》卷八，赵汸所列条例之三十五，"王讨篡立者不书，虽杀卿士不书，必杀无罪而后书"，是据襄公三十年夏，"天王杀其弟佞夫"而得出的。《左传》中天王杀篡立者、杀卿大夫的记载，照史法都有所记载，但是，孔子为明杀篡立者是罪有应得，天子无专杀之讥之义，都削而不书；只是在天王滥杀亲人，失亲亲之道时，才书其事，以明亲亲之道不可失。因此，书与不书的笔削，都是由孔子所要说明的义理来决定的，而不同于史例的照录其事、实录其事。书与不书，是孔子作《春秋》对史文的有所取有所不取，并借以表达圣人之义的笔法。

---

① 赵汸：《春秋属辞》卷一，《四库全书》本，上海古籍出版社1987年版。
② 赵汸：《春秋属辞序》，《四库全书》本，上海古籍出版社1987年版。
③ 赵汸：《春秋属辞序》，《四库全书》本，上海古籍出版社1987年版。

变文则是对史文的改变，来寄托孔子之义。变文往往用一两个字的改变，就可以使"是非得失之故，可无辩而自明"，较之笔削能够更好地表现圣人之义。如，庄公元年冬，"王使荣叔来赐桓公命"①，桓公有篡杀之罪，天王不能讨，反而于其薨后赐命宠之，故不称天只称王，变天王为王，以明其失。赵汸认为，用改变一两个字来表明其义的变文，同样是孔子笔削的重要手法，因此，《春秋属辞》的第十、十一、十二卷用了三卷之多来论说变文。春秋公羊学论笔法，常常以褒贬为说，但赵汸论变文，却反对褒贬之说，尤其反对宋以来的有褒无贬之说：

> 然自斯义不明，学者弗能深考，一字褒贬之说盖由是而出焉；夫既以变文为贬矣，而不变者非褒也，由是有贬无褒之说生焉；又其甚者，乃有法书之说焉，……其可以论于《春秋》之旨乎？②

赵汸一再强调变文在明是非、决嫌疑，而非所谓褒贬，这主要是反对春秋公羊学的褒贬等书法之说。由此可见，赵汸所谓变文以示义之义，是不赞同春秋公羊学的褒贬的。

书与不书、变文都是孔子据史文而作的笔削，特笔则完全为圣人所修。笔削、变文都只能在一定程度上反映圣人之义，只有特笔才能完全地表明圣人之义。所以，赵汸以笔削为行权，变文为示义，唯特笔可以正名分。孔子所修的特笔在《春秋》中仅有数条，所占数量不多，但最能体现圣人之义。而特笔的正名分，主要是正君臣父子的尊卑上下的等级名分。赵汸在释"郑伯克段于鄢"时，对此有明确的论说：

> 其曰郑伯克段何？修《春秋》之特笔也。《春秋》笔削不足以尽义，而后有变文，变文不足以尽义，而后有特笔，凡特笔必有正于君臣父子之间也。③

---

① 赵汸：《春秋属辞》卷十，《四库全书》本，上海古籍出版社 1987 年版。
② 赵汸：《春秋属辞》卷十，《四库全书》本，上海古籍出版社 1987 年版。
③ 赵汸：《春秋集传》卷一，《四库全书》本，上海古籍出版社 1987 年版。

以正君臣父子的尊卑上下之分是特笔的独特作用。赵汸对特笔的解释多以此发义，详细的内容可参见赵汸《春秋属辞》的具体论说。

赵汸以为，存策书之大体、书与不书、变文、特笔是孔子笔削以明其义的重要手法。但是，这些种笔削还不能穷尽天道人事，于是有因日、月以明类之例。日、月之法本史官所有，但史官纪事，"事以日决者系日，以月决者系月，逾月者系时"①，只是照实记录。孔子则借日月之法，以示详略变异，与笔削、变文、特笔互为经纬，使《春秋》属辞比事无微不显。以日、月之法与特笔等笔削之法的互为经纬，以明其义，《春秋集传》与《春秋属辞》多有发挥。皮锡瑞曾评说赵汸《春秋属辞》言时、月、日例"为最著"②。

从上可见，赵汸是以鲁史为《春秋》蓝本，孔子著《春秋》是据鲁史笔削而成。鲁史为策书之体，有确定的笔法，仅仅是对历史的实录，而孔子志存拨乱，笔则笔，削则削，对鲁史有所笔削，以寄托其义，因此，《春秋》既存策书之大体，又非鲁史可比，而是圣人之经，寓含着圣人之义。但是，《春秋》又不是孔子毫无根据的所创一家之言，而是依据鲁史而作，在文辞上辞从主人，在内容上存策书之大体。所以，赵汸讲孔子笔削之义以存策书之大体为第一，并且用了一半的篇幅来论说，其日、月之法的纪事恒法，辞从主人，也是对《春秋》与鲁史承继的说明。在赵汸看来，不知《春秋》以鲁史为本的联系，就是"不知其本故"③。他批评《公羊传》、《穀梁传》，肯定《左传》，就常常从这一方面入手。

但是，赵汸只是讲到《春秋》存策书之大体，而没有把《春秋》视为鲁史。他认为《春秋》之成为经典并不在于文与事，而在于义。这又与《左传》的以史解经绝异，正是在此意义上，他称赞《公羊传》、《穀梁传》的从义来阐发《春秋》是得其要，抓住了《春秋》的本质。所以，在《春秋》的性质上，他又接近于《公羊传》、《穀梁传》。故赵汸多次强调"《春秋》经世之旨"④ 的意义。

---

① 赵汸：《春秋属辞》卷十四，《四库全书》本，上海古籍出版社 1987 年版。
② 皮锡瑞：《经学通论》卷四，中华书局 1992 年版，第 56 页。
③ 赵汸：《春秋属辞》卷十五，《四库全书》本，上海古籍出版社 1987 年版。
④ 赵汸：《春秋属辞》卷八，《四库全书》本，上海古籍出版社 1987 年版。

赵汸的这一《春秋》学明显带有综合《春秋》三传的特点。《春秋》三传以《左传》为代表，注重从史实方面来解释《春秋》，以《公羊传》、《穀梁传》为代表，重在发挥《春秋》的微言大义。关于《春秋》的各种解说都主要由此发展而来。在汉代，《左传》为古文经学，《公羊传》与《穀梁传》为今文经学，两派势如水火，互不兼容。赵汸认为三传异说，是造成《春秋》不明的根本原因：

> 然自孟氏以来，鲜有能推是说以论《春秋》者，盖其嗣由三传始。左氏有见于史，其所发皆史例也，故常主史以释经，是不知笔削之有义也。公羊、穀梁有见于经，其所传者犹有经之佚义焉，故据经以生义，是不知其文则史。后世学者三传则无所师承，故主左氏则非公穀，主公、穀则非左氏，二者莫能相一。①

而唐代以来，多有兼治《春秋》三传，综合其说，但是，人们综合《春秋》三传只是兼采其说，还没有真正综合为一。赵汸的春秋学则以鲁史为《春秋》之本，以《春秋》存策书之大体等皆为孔子笔削之义，而把以史解经与以义解经统一在了自己的学说中，这是赵汸春秋学的贡献。所以，他的春秋学才会受到时人的高度推许，被誉为接圣人之心于千载之下。

由于赵汸的春秋学既取《左传》，又取《公羊传》、《穀梁传》，并以《春秋》的性质是经，其文为史，辞从主人，将其统一起来，但是，以史解经与以义解经毕竟是两种完全不同的理论路径，所以，赵汸的春秋学在兼取《春秋》三传时，又往往表现出既不同于《左传》，又不同于《公羊传》、《穀梁传》。这不仅体现在赵汸批评《左传》不知《春秋》之义，而且表现在赵汸对《春秋》之义的解释上，与《公羊传》、《穀梁传》的讲求微言大义常常不相一致。如《春秋集传》释"元年春王正月"，就根本不用《公羊传》的"大一统"说，而《春秋属辞》中也多有批评《公羊传》、《穀梁传》的论述。

仅就赵汸的春秋学与春秋公羊学而论，就有明显的不同。首先，春秋公

---

① 赵汸：《春秋集传序》，《四库全书》本，上海古籍出版社 1987 年版。

羊学是以《春秋》为孔子所著之书，与鲁史没有关系，而赵汸却以为《春秋》是本鲁史而成的，故他批评春秋公羊学以《春秋》为孔子所创的一家之言是"不知其本故"。其次，春秋公羊学发挥《春秋》的微言大义，并不都是以属辞比事来进行，而赵汸的《春秋属辞》、《春秋集传》等书都是以属辞比事来著作的。再次，春秋公羊学最重要的微言大义，如"孔子改制"、"大一统"、"三世"说等，在赵汸的论著中皆没有见到，而且，赵汸解释《春秋》之义，重在异同、嫌疑、是非之辨，反对《公羊传》的褒贬之说，所以，赵汸所发之义许多都不同于春秋公羊学。

既然如此，为什么人们论说清代春秋公羊学时，讲庄存与总要以赵汸为其先导呢？这是因为，自汉以来的春秋学，主要是《左传》研究的盛行，而《公羊传》、《穀梁传》一直没落不振。虽有兼治《春秋》三传，但无不是以《左传》为主，《公羊传》、《穀梁传》实无一点地位可言。赵汸的春秋学虽然实以《左传》为主，但在性质上肯定了《公羊传》、《穀梁传》的重义得《春秋》之要，这在当时是一个极大的突破。这就在《春秋》的性质方面，肯定了《公羊传》、《穀梁传》的胜于《左传》，由此就为从义的方面，而不是从史的方面来论说《春秋》制造了理论依据。将《春秋》的性质是经而非史的观念贯彻到底，就必然会走到《公羊传》以讲求微言大义为主的道路上。正是在此意义上，赵汸的经学起到了承前启后的历史作用。尽管赵汸从义的方面论说《春秋》做得不成功，但是，却为后来庄存与、孔广森讲求《公羊传》，开启了通行的绿灯。其实，不仅庄存与、孔广森受到赵汸的影响，刘逢禄的以例说经，总结何休春秋公羊学的义例，更与赵汸以"属辞比事"说经有更多的相同点。

二、庄存与以《公羊》为主春秋学

赵汸之后，清代的庄存与明确地以承继赵汸之学为任，并著作了《春秋正辞》、《春秋举例》、《春秋要旨》，加以发挥，以至后来才形成了晚清以春秋公羊学为主的所谓今文经学。因此，许多学者认为晚清的春秋公羊学开端于清代中期的庄存与。

（一）庄存与是清代春秋公羊学的开创者

学术界一般都认为，清代春秋公羊学的开创人物是庄存与。如梁启超在

《清代学术概论》中说："当正统派全盛时，学者以专经为尚，于是有庄存与，始治《春秋公羊传》有心得，而刘逢禄、龚自珍最能传其学。"①章太炎也说："始，武进庄存与与戴震同时，独熹治《公羊氏》。"②钱穆在《中国近三百年学术史》说："言晚清学术者，苏州、徽州而外，首及常州。常州之学，始于武进庄存与，字方耕，其学不显于当世，而颇为后之学者所称许。"③

　　但也有异说。同是梁启超却在《中国近三百年学术史》中，以孔广森为清代治春秋公羊学的第一位人物："清儒头一位治《公羊传》者为孔巽轩广森，著有《公羊通义》，当时称为绝学。但巽轩并不通《公羊》家法，其书违失传旨甚多。"刘师培在《经学教科书》第 33 课"近儒之《春秋》学"中也说："治《公羊》者，以孔广森为嚆矢。会通礼制，不墨守何氏之言。"若以孔广森是清儒治《公羊》者的"头一位"、为"嚆矢"，清代春秋公羊学的开创者就应当是孔广森，而非庄存与。梁启超此说被朱维铮先生所发挥，他在《晚清的经今文学》中专门论及"孔广森和庄存与"。并从庄存与的书晚于孔广森的著作等方面，来证明清代春秋公羊学的开创人物应当是孔广森，而不是庄存与。

　　从年龄说，庄存与的年龄长于孔广森 39 岁，二人还存在师生关系。孔广森在《春秋公羊经传通义》中，虽然没有称庄存与为师的记载，但是，他与庄存与之间的师生关系确属事实。庄存与在乾隆三十六年三月曾任会试的副考官，孔广森正好在此年中进士。在科举时代，主考官与录取的考生都有师生关系。阮元在《味经斋遗书·庄方耕宗伯经说序》中，也明确以孔广森为庄存与的弟子。不仅如此，在孔广森的著作中，也明确有受到庄存与影响的自道：

　　　　座主庄侍郎为广森说此经，曰："屈貉之役，《左氏》以为陈侯、郑伯在焉，而又有宋公后至，麇子逃归。《春秋》一切不书，主书蔡侯者，甚恶蔡也。蔡，同姓之长，而世役于楚，自绝诸夏。商臣弑父，罪

① 梁启超：《清代学术概论》，天津古籍出版社 2003 年版，第 12 页。
② 章太炎：《訄书·清儒》，梁涛：《〈訄书〉评注》，陕西人民出版社 2003 年版，第 130 页。
③ 钱穆：《中国近三百年学术史》下册，中华书局 1986 年版，第 523 页。

大恶极，犬彘将不食其余。盖窃位以来，诸侯尚未有与盟会者，蔡庄侯首道以楼上国独与，同恶相济，同气相求，不再传蔡而有弑父之祸。遂使通《春秋》唯商臣与般相望于数十年之间，若蔡庄侯者，所谓用夷变夏者也。"广森三复斯言，诚《春秋》之微旨。[1]

庄存与曾在乾隆四十四年六月任礼部侍郎，此处庄侍郎即指庄存与无疑。从孔广森自谓"三复斯言"，许为"诚《春秋》之微旨"云云来看，他对庄存与之说是十分服膺的。当然，清代"首先研究"春秋公羊学的人就不可能是孔广森，而只能是庄存与。

从孔广森与庄存与著作出版的早晚，来说明孔广森是清代首先治《公羊》更是站不住脚的。孔广森的《春秋公羊经传通义》，出版时间在乾隆四十八年（1783年）。庄存与的《春秋正辞》最早见于《皇清经解》，出版时间不能早于道光五年（1825年）。二者在时间上有50年左右的前后误差，这是事实。但从著述时间论，根据蔡长林的博士论文考证，庄存与"入值上书房，可能早在乾隆二十年左右，而不是《清史稿》所载之乾隆三十三年，也不像阮元、魏源所云，仅仅傅成亲王一人而已"[2]。庄存与的《春秋正辞》在给成亲王等人授课时就已经成书了，其时间当在乾隆二十年（1755年）左右，这较孔广森的《春秋公羊经传通义》大约要早三十来年。判定谁是清代第一位治春秋公羊学的学者，应当以谁的著作在先，而不能以刊刻时间为断。所以，决不能以庄存与著作与当时学术界风气格格不入，而刊刻在后，就说孔广森是清代治《公羊传》的第一人，而否认庄存与是清代春秋公羊学的开创者。

（二）庄存与的独特经学道路

庄存与字方耕，号养恬，江苏常州府武进县人。生于康熙五十八年（1719年），卒于乾隆五十三年（1788年）。生活的主要时间在乾隆年间，尽管庄存与生活在汉学兴盛的时空中，但是，他却走了一条与当时汉学家异趣的道路。

---

[1]　孔广森：《春秋公羊经传通义》卷六，《清经解、续清经解》第5册，凤凰出版社2005年版，第5838页。

[2]　蔡长林：《常州庄氏学术新论》，博士学位论文，台湾大学中国文学研究所，2000年，第122页。

自明末清初以来，江南就是中国文化最为发达的地区，人才辈出，而常州尤为突出。庄存与能够成为清代今文经学的开创者，其后刘逢禄能够系统发挥春秋公羊学，与其庄氏、刘氏都是常州多年来最有名的世家大姓，又是在科举上成绩最显著的书香门第有密切关系。① 诚如艾尔曼先生所指出："庄存与是 18 世纪常州今文经学的奠基人、他的外孙刘逢禄是他的学说在 19 世纪著名的提倡者，这些都意味着常州学派对庄、刘两族的政治、经济及文化资源的依赖。"②刘跃云的《毗陵庄氏族谱序》中称，常州流传有庄氏"兄弟词林"、"兄弟鼎甲"、"三世八进士"、"同榜三进士"等佳话。③而到庄存与出生之时，庄氏家族开始进入兴盛阶段。雍正五年，庄存与的父辈兄弟五人中三人同为进士、一为举人，一副榜，时人为之语："几乎状元及第，也算五子登科。"④庄氏家学在经学上极有造诣，《清稗类钞·经术类·庄大久抱遗经》说："毗陵庄氏之族望，为海内所宗仰，代有闻人湛深经术。"清代以程朱理学为统治思想，庄存与的家世尤其是家学的风气，使他一出生就受到浓厚的宋学义理的熏陶，这从他自署斋中屏联就可见一斑：

> 玩经文，存大体，理义悦心；
> 若已问，作耳闻，圣贤在坐。⑤

这种"存大体，理义悦心"的治学方法与追求，正是日后庄存与的以圣人义理为依归的写照。

庄存与的一生，基本上是一帆风顺。自乾隆二十年（1755 年），擢升为内阁学士兼礼部侍郎后，庄存与三迁内阁学士，入值尚书房、南书房达二十

---

① 关于常州庄氏宗族、刘氏宗族的详细论述，请参见艾尔曼的《经学、政治和宗族——中华帝国晚期常州今文学派研究》一书的第二章。

② 艾尔曼：《经学、政治和宗族——中华帝国晚期常州今文学派研究》，江苏人民出版社 1998 年版，第 27 页。

③ 庄寿承：《毗陵庄氏增修族谱》卷首，清光绪元年。

④ 庄寿承：《毗陵庄氏增修族谱》第 19 卷，清光绪元年。

⑤ 庄勇成：《少宗伯养恬兄传》，《毗陵庄氏增修族谱》第 30 卷，清光绪元年。

余年，① 升迁为礼部左侍郎、礼部右侍郎，直至乾隆五十一年（1786 年）时，以 68 岁高龄退休。在此期间，庄存与还主持过湖北（乾隆十四年）、浙江（乾隆三十六年）的乡试，充任湖南（乾隆十八年）、直隶（乾隆二十一年）、山东（乾隆三十九年）、河南（乾隆三十九年）等地的学政。他的仕途职责主要是做皇家的导师与掌管礼部典礼及其主持地方教育，而无论是教导皇子、掌教地方学子，还是执掌礼部都是以宣扬、维护圣人之道为目标的，这种政治身份与经历，使庄存与大半生都以维护与宣扬圣贤之道为己任，这也是庄存与所追求的。这样，就使庄存与的人生际遇与人生追求实现了有机合一，因此，他的治学之路就只能而且必须以讲求圣贤之道，重视经学义理为其学术指归。

　　清代是由少数民族入主中原而建立的政权。面对着以汉族为主要人口的被统治者，清王朝从一开始就十分重视从思想上来防止人民的不满与反抗，而大兴文字狱，惨烈的文字狱高压迫使广大知识分子纷纷埋头故纸堆，走上了远离社会政治与现实，而专注于古籍的考据与整理工作的道路，龚自珍曾著诗形容，"避席畏谈文字狱，著书都为稻粱谋"②，就是其真实的写照。同时，清王朝也是中国历史上最重视儒学与经学的一个王朝。清王朝一开始就实行"崇儒尊道"，并从康熙十七年（1752 年）诏下开设博学鸿儒科，③ 大力网罗知识分子。自乾隆时，帝王更是亲自极力标榜所谓"稽古右文"④。皮锡瑞曾从经学史的角度将清王朝称为历史上的"经学复盛时代"。他说：

　　　经学自两汉后，越千年，至国朝而复盛。两汉经学所以盛者，由其

---

　　① 阮元在《庄方耕宗伯经说序》中说，庄存与"通籍后，在上书房授成亲王经史垂四十年"。王裕明在《庄存与经学思想渊源简论》（载《学海》1999 年第 4 期）中说：庄存与"先后被乾隆帝任命在直书房、尚书房行走，先生教两王子读书达三十多年"。但是，庄存与是在乾隆二十年（1755 年）擢升为内阁学士兼礼部侍郎的，而在乾隆五十一年退休的，所以，庄存与入值上书房、南书房的时间至多只有三十余年，故阮元的"垂四十年"之说是不正确的。而这期间，庄存与乾隆二十四年闰六月丁父忧，守丧至乾隆二十七年，又于乾隆四十一年六月丁母忧，至乾隆四十四年服阕，减去为父母守丧的六年，庄存与入值上书房、南书房的时间就只有二十余年，故王裕明教两王子读书"达三十多年"之说也是不确切的。而庄存与的入值上书房、南书房二十余年中，不可能都只是教授两位王子。

　　② 龚自珍：《乙酉诗·咏史》，《龚自珍全集》第 9 辑，上海古籍出版社 1975 年版，第 471 页。

　　③ 赵尔巽：《选举四志八十四》，《清史稿》卷一百九，《四库全书》本，上海古籍出版社 1987 年版。

　　④ 永瑢：《四库全书总目·乾隆上谕》上册，中华书局 1983 年版。

上能尊崇经学，稽古右文故也。国朝稽古右文，超轶前代。康熙五十四年（1715 年），御纂《周易折中》二十二卷；乾隆二十年（1755 年），御纂《周易述义》十卷；康熙六十年（1721 年），钦定《书经传说汇纂》二十四卷，钦定《诗经传说汇纂》二十卷，《序》两卷；乾隆二十年，御纂《诗义折中》二十卷；乾隆十三年（1748 年），钦定《周官义疏》四十八卷，钦定《礼记义疏》八十二卷；康熙三十八年（1696年），钦定《春秋传说汇纂》三十八卷；乾隆二十三年（1758 年），御纂《春秋直解》十六卷①；乾隆四十七年（1782 年），钦定《四库全书总目》，以经部列首，分为十类。夫汉帝称制临决，未及著为成书；唐宗御注《孝经》，不闻遍通六艺。今鸿篇巨制，照耀寰宇，颁行学官，开示蒙昧，发周孔之蕴，持汉宋之平。②

皮锡瑞之言虽有称颂清王朝之嫌，但是，所言事实基本上还是属实的。清王朝的"崇儒尊道"，尤其是对经学的推崇，又刺激着知识分子对经学学习的热情。

在这样的软硬两手的文化政策下，清王朝的早中期虽然不是思想家辈出的时代，却也是文献整理成就最为辉煌的时代。而清代以文字训诂、整理典籍为内容的所谓汉学，除了与清王朝的文化专制有直接关系外，③ 在暗中也与中国文化历史发展的趋势相一致。在朱熹集理学之大成以后，经学的发展实际上只有在典籍的整理上才能有所成就。所以，乾嘉汉学的出现及其巨大成就的取得，不能仅仅用也不可能只用清王朝的文化专制等就能解释。余英时先生在《从宋明儒学的发展论清代思想史》与《清代思想史的一个新解释》中批评梁启超等人用外在的因素解释清代汉学的出现，没有注意到汉学发生的"内在理路"。④在他看来，自宋儒复兴儒学以来，虽然"尊德性"

---

① 当做十五卷，参见《四库全书总目提要·经部·春秋类四》上册，中华书局 1983 年版。
② 皮锡瑞：《经学历史·经学复盛时代》，中华书局 1989 年版。
③ 关于此点，钱穆曾在《中国近三百年学术史》中指出："清儒自有明遗老外，即鲜谈政治，何者？朝廷以雷霆万钧之力，严压横摧于上，出口差分寸，即得奇祸，习于积威，遂莫敢谈，不徒莫之谈，盖亦莫之思。精神意气，一注于古籍，本非得已，而习焉忘之，即亦不悟其所以然，此乾嘉经学自所以一趋于训诂考索也。"（钱穆：《中国近三百年学术史》下册，中华书局 1986 年版，第 533 页）
④ 这两篇论文皆载余英时所著《论戴震与章学诚》，三联书店 2000 年版。

成为儒学的主流，但是，思想界仍存在"道问学"的重"文"的"智识主义"，只不过在清代汉学兴起之前，它只是作为一股"伏流"或仅仅是理论层面的存在，当"尊德性"在明代发展到颠峰，"道问学"的"智识主义"也有进一步的发展，"道问学"的汉学就是其"必然归趋"了。

庄存与所生活时代正好是汉学兴盛的时期。他与汉学的许多大师差不多是同一个时代的人，汉学的吴派代表人物惠栋稍早于庄存与，而皖派的代表人物戴震则与庄存与同时。其他如卢文弨、王鸣盛、江声、钱大昕、王兰泉、任大椿、洪榜、汪中等人，皆与庄存与同时。[①]而庄存与生活的常州，又是汉学最兴盛的地方。因此，庄存与自小就生活在汉学考据的学术时空之中。尽管庄存与的汉学造诣很深，但他却没有走乾嘉汉学的道路，而是以专求圣人微言大义为旨归。

对庄存与的经学，阮元有两段十分重要的论说：

> 其于六经，皆能阐抉奥旨，不专为汉宋笺注之学，而独得先圣微言大义于语言文字之外。
>
> 《易》则贯穿群经，虽旁涉天官、分野、气侯，而非如诸儒之专衍术数，比附史事耶。《春秋》则主《公羊》、董子，略采《左氏》、《穀梁氏》，及宋元诸儒之说，而非如何邵公所讥背经任意，反传违戾也。《尚书》则不分今古文异同，而剖析疑义，深得夫子序《书》、孟子论世之意。《诗》则详于变雅，发挥大义，多可陈之讲筵。《周官》则博考载籍有道术之文，为之补其亡阙，多可取法致用。《乐》则谱其声，论其理，可补古乐之阙。《四书说》敷畅本旨，可作考亭诤友，而非如姚江王氏、萧山毛氏之自辟门户，轻肆诋诘也。[②]

阮元这两段话分别从总体与具体著作两个方面，对庄存与的经学作出了说明。他强调了庄存与经学所具有的两个特点：一是以六经为宗，不守门户，贯穿群经，博采群籍，超越汉宋，不分今古文；二是专明微言大义，其发挥

---

① 参见江藩《汉学师承记》相关内容。
② 阮元：《庄方耕宗伯经说序》，《味经斋遗书》卷首，清光绪八年。

深得孔子、孟子之意，而所言多可陈之讲筵，取法致用。庄存与经学的这两大特点正好与乾隆时期的汉学形成极其鲜明的对比。当时的汉学家无不以《说文》、《尔雅》为据，以东汉的贾、马、许、郑为宗，固守东汉之学，而庄存与于《春秋》三传却以西汉盛行的《春秋公羊》为主，并对六经、四书皆有所研究，且皆有所论著。他论学不仅取汉学家之说，而且也取宋学家之说；既取今文经学之说，又取古文经学甚至是伪古文经学之说。① 不分今古文经学，不分汉学与宋学，不分陆王与陈朱，并不是说庄存与对历史上的经学都是毫无保留的一概予以吸收。相反，庄存与对历史上的经学派别更多的是批评。这种对一切经学派别既有所取，又有所批评，使经学历史上的今古之争、汉宋之别等一切门户之分，在庄存与那里都荡然无存。庄存与无论是对历史上的经学派别的肯定，还是批评，都是以是否合于圣人之道为其判定标准的。

以此标准，庄存与主要对七十子、孟子与西汉经学多有肯定，而对汉学的偶像郑玄、宋学的程朱理学集大成者朱熹皆有所批评：

> 新声代变，古乐所以亡，新说代兴，古经不几于丧乎！虽然，孔子曰：天之未丧斯文也。则凡汉季魏晋唐元和以后文士，宋进士科出身人，其好为新说者，亦如孔子之六艺何……彼非圣人而作经，若扬子云、王仲淹，妄人也；新说自郑康成始，莫巧于魏晋人。《五经正义》所笃信，实非《儒林传》诸老先生古义也。若《正义》之变为新经，萌芽于元和，波涛于北宋熙丰、元祐。大抵南人倡之，北人从而和之，卒成于南宋孝光宁之世。朱子之学，宋之郑公也，皆非七十子所受之大义，况微言乎？②

在清代以前，经学主要有汉代经学与宋代经学两大派别。郑玄是汉代经学的

---

① 关于这一点，杨向奎先生在《清代今文经学》中早有论说："这位别为一派的经师不仅混淆汉、宋，而且不分今古。在传统的学术流派中，汉学和宋学本来互相水火，彼此抨击，庄方耕能够兼容并包，这一方面说明他的学风，一方面也适应当时社会的需要。"（杨向奎：《译史斋学术文集》，上海人民出版社1983年版，第328页）

② 庄存与：《四书说》，光绪八年阳湖庄氏藏本，第48—50页。

集大成者，朱熹则代表着宋代经学的最高成就，这里在批评扬雄、王通与魏晋经学家之外，重点批评郑玄与朱熹，以为宋代的朱熹就是汉代的郑玄，一个是破坏经学微言大义的"新说"的创始人，一个是完成者，这无疑带有否定清代以前一切经学的意义。庄存与接着还指责"新说"的"七失"：

> 综而论之，新说再兴，其失有七焉：删乱古今，一也；私易故训，二也；分文析字，三也；援其所不及，烦其所不知，四也；圣人罕言，今童子能言之，五也；自谓笃信圣人，而实疑谤圣人者之说，六也；自谓推原天命，而实则命于天者之辞，七也。凡此七失，皆在新说中。①

所谓"七失"，归结起来就是用各种异端邪说，或是个人私意来变乱圣人之道，危害经学的纯正性。庄存与用所谓"新说"指代自汉以来以郑玄、朱熹为代表的各种经学，指斥其有"七失"，实是对郑玄、朱熹之学的否定。

　　无论是庄存与对七十子之学的肯定，还是对所谓"新说"的各种经学派别的批评，其中都贯穿着对圣人之道的追求。而圣人之道存在于六经之中，所以，庄存与超迈各种经学派别，是要归结到以六经为宗。他认为，孔子去世后，圣人之道就只存在于六经中。舍六经，就无从见圣人之道。而六经有文字与义理之分。义理要通过文字表现出来，文字与义理又是不同的。是重六经的文字，还是重义理，不仅体现出不同经学派别对六经的不同认识与不同的价值取向，也表现不同经学派别治学方法的不同。在庄存与看来，学习六经应该重视的是其中的义理，因为圣人之道就体现于经典的义理中。所以，他在经学著作中都是以明圣人之道的大义为其中心和重点。他在其著作中一再地批评历代的经学，指斥"分文析字"对圣人之道的危害，最根本的原因就在于此。由此决定着庄存与在经学上，走的是专求大义的道路，而与当时重名物训诂的汉学正好完全相反。因此，正是在汉学如日中天之时，庄存与对其表现出极大的不满，他甚至将重名物训诂的清代汉学斥为不足以知圣人之道的肤与末，他说："征事实，传故训者，为肤为末，岂足以

---

① 庄存与：《四书说》，光绪八年阳湖庄氏藏本，第50页。

知之于是乎?"①在汉学一统天下,以《尔雅》、《说文》为其话语标准的时代,庄存与敢于如此激烈地指责汉学,实是以他对维护圣人之道的自许与自信为基础的。

为了维护六经的圣人之道,庄存与甚至不惜对阎若璩已经定性的伪《古文尚书》予以大力维护。在汉学家的眼中,考辨的证据、训诂的得失是判断一切的准则,而庄存与则不管训诂考据如何说,他所肯定的只是合不合乎圣人之道,只要保存有尧、舜三代的大义,即使是已被论定的伪《古文尚书》,也不失其价值,更不能因其伪,而给以否定。他为此竟提出,考辨典籍的真伪不过是"浅近"之术,是学童都可以知晓的,绝不是魁硕大师所追求的。这实带有轻视与否定当时所有汉学家的意味,大有冒天下之大不韪的极大勇气。而在这背后,是以庄存与维护圣人之道的大无畏精神为其支柱的。庄存与这种勇敢的追求经学大义,被龚自珍在《资政大夫礼部侍郎武进庄公神道碑铭》称誉为百千年难有的"自韬污受不学之名",行权"以求济天下"的壮举,庄存与也因此被许为百千年之"一人"的"史之大隐"②。

从经学史来看,庄存与追求经学的微言大义,开启了晚清以春秋公羊学为中心的所谓今文经学,而今文经学自汉代以后就淹没无闻,龚自珍许庄存与百千年来之"一人",是有一定道理的。龚自珍说庄存与的"自韬污受不学之名",是为了"阴济天下",即儒家一直追求的经世致用,这与阮元说庄氏之学"取法致用"是一致的。所以,追求微言大义并不是庄存与经学的目的,他的经学目的在用圣人之道经世致用。这种经世致用的精神,正好是以文字训诂为宗的清代汉学最为缺乏的。而庄存与具有帝王导师的这种特殊身份,使他在其著作中充满着通过帝王践行圣人之道以经世致用的热情说教。

艾尔曼先生在谈到庄存与的今文经学时说:"官位显赫而年迈的内阁学士庄存与与年轻的满洲卫士、受皇帝恩宠有加的和珅之间的对立,在1780

---

① 庄存与:《四书说》,光绪八年阳湖庄氏藏本,第3页。
② 龚自珍:《龚自珍全集》第2辑,上海人民出版社1975年版,第141页。

年代的今文经学复兴中发挥着关键性作用。"①又说："老人晚年政治上失意后转向今文经学，寻找一种战胜现实腐败的武器。他的外孙将把他的学说传播到后和珅时代。"②这一说法不能成立。庄存与偏好今文经学，是不满于乾嘉汉学只讲文字训诂，而忽略圣人之道的大义引发的，而不是与和珅的矛盾。从《清史稿·庄存与传》中，可以看到庄存与是在 68 岁高龄时以衰老退休，而没有看到晚年在政治上的不得意。而庄存与的今文经学著作《春秋正辞》也不著于晚年，所以，艾尔曼先生之说是值得商榷的。的确，庄存与于晚年与和珅发生过矛盾，也将其感慨形于书中，如魏源所说："君在乾隆末，大学士和珅同朝，郁郁不合，故于《诗》、《易》君子小人进退消长之际，往往发慷慨，流连太息，读其书可以悲其志云。"③但艾尔曼先生由此说："魏源上述讨论表明：庄存与与和珅的对立，对他的经学研究是一种推动。"④魏源说庄存与的慷慨叹息，是借阐释经典来表现情志，而非相反是因和珅而发，过分探求和珅对清代尤其是对庄存与今文经学的影响，未免不合于庄存与一直以探求圣人大义为宗的事实，更是过分夸大了和珅的作用。⑤

（三）以《公羊》为主的《春秋正辞》

《春秋正辞》是庄存与最重要的经学著作。由于晚清出现以春秋公羊学为中心的所谓今文经学，与庄存与《春秋正辞》以《公羊》为主有直接的传承关系，而使该书在清代经学史上具有突出的地位，引起后人对其格外关注。

庄存与在著《春秋正辞》时，对历代关于《春秋》的解说有一个总的看法：

①　艾尔曼：《经学、政治和宗族——中华帝国晚期常州今文学派研究》，江苏人民出版社 1998 年版，第 2 页。

②　艾尔曼：《经学、政治和宗族——中华帝国晚期常州今文学派研究》，江苏人民出版社 1998 年版，第 48 页。

③　《魏源集》上册，中华书局 1976 年版，第 238 页。

④　艾尔曼：《经学、政治和宗族——中华帝国晚期常州今文学派研究》，江苏人民出版社 1998 年版，第 77 页。

⑤　王俊义在《庄存与复兴今文经学起因于"与和珅对立"说辨析》（《清史研究》2007 年第 1 期），详细辨析艾尔曼此说的不能成立，文章主要从庄存与同和珅的生平经历看二者并未形成矛盾与斗争，与庄存与之研治经学贯穿一生，亦绝非晚年才转治《公羊春秋》，这两个方面进行了论说。

> 旧典经礼，左邱多闻；渊乎公羊，温故知新；穀梁绳衍，子夏所传；拾遗补缺，历世多贤。①

这是四句并列的话，涉及三传与后贤解《春秋》的著作。在庄存与看来，《左传》有多闻旧典之长，《公羊》可以温故知新，《穀梁》对误说多有弹正，后世贤人对《春秋》的传说注疏可起到拾遗补缺的作用。由此来看，《春秋正辞》实际上对包括汉代以来历代经学家的说法都有所取。同时，庄存与又认为历代解《春秋》者，唯汉代所传三传最有所得，而历代的贤人只是"拾遗补缺"，故《春秋正辞》多取三传为说。在三传之中，庄存与又以《公羊传》为主。朱睸说：

> 义例一宗《公羊》，起应寔述何氏事，亦兼资《左氏》义，或拾补《穀梁》条例。其目属比，其词若网之在纲，如机之在括，义周旨密，博辨宏通，近日说经之文，此为卓绝。②

所谓"义例一宗《公羊》，起应寔述何氏事"，是指《春秋正辞》的篇目排列是按照何休的春秋公羊学来安排的。何休总结春秋公羊学认为，《春秋》以元为天，人君禀元奉天；以鲁为内时，诸夏为外；诸夏为内，四夷为外；圣人之道由内以及外，由近以至远，而有据乱、升平、太平三世。《春秋正辞》以奉天、天子、内辞、二伯、诸夏、外辞、禁暴、诛乱、传疑的顺序来安排篇目，正与何休之说相暗合。不仅在全书的构架上，而且在具体的论说上，也随处可见庄存与对《公羊传》与《公羊》、董仲舒、何休之学的引用。《春秋举例》所举的十条笔法之例，也全取自《公羊传》，《春秋要指》之说，亦一一依《公羊传》与董仲舒、何休为说。而在董仲舒与何休之间，如蔡长林所指出的庄存与更喜援引董仲舒之语，朱睸未及董仲舒，所说稍有欠缺，但总体上是有根据的。

庄存与所以在三传中以《公羊传》为主，是因为他认为《公羊传》最

---

① 庄存与：《春秋正辞·奉天辞第一》卷一，《清经解、续清经解》第3册，凤凰出版社2005年版。
② 朱睸：《春秋正辞序》，《味经斋遗书》卷五，清光绪八年。

得圣人之道。他说：

> 《公羊》奥且明矣，烦烦如繁诸百世之变，尽在《春秋》矣。①
>
> 《公羊》奥且明矣，不可不学；《穀梁》、《左邱》眊乎瞀哉。舍礼
> 服则失本，舍《春秋》则失经。②

在三传中只有《公羊传》"奥且明"，对《春秋》有深刻而全面的理解；《穀梁》与《左传》则"眊乎瞀哉"，对《春秋》的认识模糊不明。故他多次称许春秋公羊学：

> 公羊子之义允哉！允哉！③
>
> 公羊子之义纳、入、立，皆篡也。何休氏传之矣。允哉！允哉！④

认为唯有春秋公羊学所言之义才是公允正确。而对《穀梁传》与《左传》，庄存与从未有这样的称许。

庄存与以《公羊传》为主，但是也不一一固执以为说。而是根据他自己的理解，有选择地运用《公羊传》及其公羊家之说。在他认为《公羊传》或是公羊家之说也不符合圣人之义时，庄存与就有所不取，或是加以否定。如《春秋》桓公六年，"春正月，寔来。"《公羊》说："寔来者何？犹曰是人来也。孰谓，谓州公也。曷谓之寔来？慢之也。曷谓慢之？化我也。"化是齐人之语，指言行有过不合于礼。庄存与则说："州公何以不言朝？天子之三公也。言来则可，言朝则不可，以为化我，公羊氏失其传也。"⑤从庄存与的类似批评来看，他批评《公羊传》的不符合《春秋》之义，较之批评《左传》的语气要宽缓得多，而且所批评的只是就其对某一条经文的具体解释而言，而不是像批评《左传》那样，带有总体上的、基本性质的否定。

---

① 庄存与：《春秋正辞·诸夏辞第五》卷七，《清经解、续清经解》第3册，凤凰出版社2005年版。
② 庄存与：《春秋正辞·诸夏辞第五》卷七，《清经解、续清经解》第3册，凤凰出版社2005年版。
③ 庄存与：《春秋正辞·诛乱辞第八》卷十，《清经解、续清经解》第3册，凤凰出版社2005年版。
④ 庄存与：《春秋要指·诛乱辞第八》卷十，《清经解、续清经解》第3册，凤凰出版社2005年版。
⑤ 庄存与：《春秋正辞·内辞第三中》卷四，《清经解、续清经解》第3册，凤凰出版社2005年版。

庄存与以春秋公羊学为主来解释《春秋》，在《春秋》一书的性质上，他必然认为《春秋》不是单纯记载历史事实的史书，而是圣人之经。这是庄存与在《春秋正辞》中一再强调的观点，也是庄存与对《春秋》的基本认识。他认为史与经之间，存在着事与道的区别。《春秋》僖公五年，"晋人执虞公"，庄存与说："此灭虞也。曷为书执而已，忌也。虞，畿内之国，灭而不忌，是无天子也。虞曰公，王官也；晋曰人，晋侯也。目人以执王官，罪既盈于诛矣，举可诛而人执以不失罪，不书灭而不伤义。故曰：史，事也；《春秋》者，道也。"①按照史书这里只需如实的记述晋侯灭虞，但孔子以晋人称晋侯，以"执虞公"言灭虞，既表示了对晋侯深恶痛绝的诛绝，也肯定了诸侯无权灭国的圣人之道。史书的文辞只是客观的记述历史事件，而《春秋》的文辞则包含着圣人之道，这是《春秋》与史书的根本区别所在。承认《春秋》与史的联系，又承认二者有所不同，这是庄存与与赵汸春秋学的共同点，但是，赵汸更多的是讲求《春秋》存策书之大体的一面，即《春秋》与鲁史等春秋史联系的一面，而庄存与则专门发明《春秋》中所包含圣人之道，也就是孔子的微言大义。

《春秋正辞》所说的圣人之道也就是尧、舜之道。庄存与说：

> 然则《春秋》何以作乎？法文王也，乐道尧、舜之道也。②
> 《春秋》制义，以继王迹。③

《春秋》之义就是承继尧、舜诸圣王之迹，阐发以文王为代表的三代圣人之道。这一圣人之道就其内容而言，不过是规范君臣父子伦理的礼义，故庄存与在《春秋正辞》中，一再声称《春秋》是礼义之大宗：

> 君子作《春秋》，起教于微眇，其奚待流遝荒亡，为诸侯忧，而后讥其重乎？故曰礼义之大宗，所为禁者难知矣。④

---

① 庄存与：《春秋正辞·天子辞第二》卷二，《清经解、续清经解》第 3 册，凤凰出版社 2005 年版。
② 庄存与：《春秋正辞·天子辞第二》卷二，《清经解、续清经解》第 3 册，凤凰出版社 2005 年版。
③ 庄存与：《春秋正辞·禁暴辞第七》卷九，《清经解、续清经解》第 3 册，凤凰出版社 2005 年版。
④ 庄存与：《春秋正辞·内辞第三中》卷四，《清经解、续清经解》第 3 册，凤凰出版社 2005 年版。

诸侯之事，父子君臣之大伦，要在于《春秋》，故曰：礼义之大宗也。①

以《春秋》为礼义之大宗，其说出自西汉的司马迁。而司马迁之说本于董仲舒。② 春秋之时天下大乱，臣弑其君，子弑其父，不绝于书，故《春秋》不是正面的来阐述礼义，而是"所记败乱多矣"③；"罪其君父，所以正本也"④；"《春秋》诛乱贼，义有所辟，辞以诛之，未有但已者"⑤；"《春秋》考成败，录祸福"⑥。《春秋》主要是对当时各种违背礼义言行的批评，通过诛讨乱臣贼子来说明礼义的，故对《春秋》的理解要从孔子所讥来认识，所谓"《春秋》乐道尧、舜之道，察其所讥，尧、舜之道存焉"⑦。孔子正是通过对乱臣贼子的诛讨，而阐明了他所要说明的圣人之道及其君臣父子所应遵守的礼义大宗。所以，庄存与不仅在书中以诛讨乱臣贼子为中心内容，而且专列《禁暴》、《诛乱》二篇，再三强调："为人君父而不通于《春秋》之义者，必蒙首恶之名，为人臣子而不通于《春秋》者，必陷篡杀之名。"⑧要求君臣父子都必须以《春秋》为教科书，从中去体会礼义的规范，领悟圣人之道，才能不失为君臣父子，否则，就将有君臣父子之间的篡杀等种种恶行发生。这种对《春秋》的基本认识，与董仲舒的看法是完全一致的。

《春秋正辞》的基本思想是以《公羊》为主，这是毫无疑义的。汤志钧先生说，庄存与的经学的特点之一是"发挥'微言大义'，取法致用"⑨，春秋公羊学以讲微言大义著称，并特别注重经世致用。这一说法，大体不差。但春秋公羊学的微言和大义是有区别的，在春秋公羊学中大义是其现实的政治主张与道德理论原则，微言则是政治理想及其理论论证。大义明著而确

① 庄存与：《春秋正辞·诸夏辞第五》卷七，《清经解、续清经解》第3册，凤凰出版社2005年版。
② 参见司马迁：《太史公自序第七十》，《史记》卷一百三十，《四库全书》本，上海古籍出版社1987年版。
③ 庄存与：《春秋正辞·诛乱辞第八》卷十，《清经解、续清经解》第3册，凤凰出版社2005年版。
④ 庄存与：《尚书既见》卷一，阳湖庄氏藏本，光绪八年，第2页。
⑤ 庄存与：《春秋正辞·诸夏辞第五》卷七，《清经解、续清经解》第3册，凤凰出版社2005年版。
⑥ 庄存与：《八卦观象解下》，光绪八年阳湖庄氏藏本，第22页。
⑦ 庄存与：《春秋正辞·禁暴辞第七》卷九，《清经解、续清经解》第3册，凤凰出版社2005年版。
⑧ 庄存与：《春秋正辞·诛乱辞第八》卷十，《清经解、续清经解》第3册，凤凰出版社2005年版。
⑨ 汤志钧：《近代经学与政治》，中华书局2000年版，第68页。

定，微言则隐讳而灵活。而春秋公羊学之为春秋公羊学，在微言而不在大义。可以说自汉以来，所谓春秋公羊学的衰落，并不在其大义的失落，而在微言的不被人理解，更无有对其说明与发挥。庄存与的《春秋正辞》对春秋公羊学的微言不仅绝少发挥，而且主要是否定，相反，对大义则是处处竭力论说，不遗余力。这就是庄存与的《春秋正辞》与春秋公羊学的异同所在。

《春秋正辞》对大义的阐发，可以用"务全至尊而立人纪"① 一句话来概括。庄存与所谓至尊，与董仲舒、何休等春秋公羊学家所说的天子，是同一含义的概念，指的是受命于天的君主。所以，他的全至尊、奉至尊并不是一般意义上的尊王，而是尊奉受命于天的君主。他说："王者承天以抚万邦，为生民主"②；"王者，天之继也"③；"天下不可以一日无王者，此之谓天道"④。他的《春秋正辞》首列"奉天"，次列"天子"，正是此意。在整部《春秋正辞》中，庄存与都突出了全至尊这一中心。从庄存与全至尊的论说中，可以看出他的全至尊主要在维护君主与王室的绝对权威，而不在春秋公羊学所说的大一统。尽管庄存与在《奉天辞》也讲大一统，并承认春秋公羊学"大一统"的尊王之义。但是，在最能表达他的全至尊的所有论说中，我们都没有发现他有尊王与"大一统"相关联的论说，这与春秋公羊学的尊王及总是落实于"大一统"是不同的。这是庄存与与春秋公羊学的又一个区别。由于庄存与的全至尊是以至高神圣的天为依据的，所以，全至尊的尊王、维护王室并不是至少主要不是对清王朝的维护，而更多的是庄存与对理想政治的维护。这一对理想政治的追求，一直是古往今来一切深受儒学文化浸润的思想家的共同价值理念。

庄存与所说的立人纪，范围极为广泛，而尊贤、重民、仁义构成其中的重要内容。关于尊贤，他说："《春秋》之义，用贤治不肖。"⑤ "义者宜也，尊贤为大"⑥，尊贤是《春秋》的大义。因此，他对春秋公羊学的讥世卿特

---

① 庄存与：《春秋正辞·天子辞第二》卷二，《清经解、续清经解》第 3 册，凤凰出版社 2005 年版。
② 庄存与：《春秋正辞叙目》，《清经解、续清经解》第 3 册，凤凰出版社 2005 年版。
③ 庄存与：《春秋正辞·外辞第六》卷八，《清经解、续清经解》第 3 册，凤凰出版社 2005 年版。
④ 庄存与：《春秋正辞·外辞第六》卷八，《清经解、续清经解》第 3 册，凤凰出版社 2005 年版。
⑤ 庄存与：《春秋正辞·诸夏辞第五》卷七，《清经解、续清经解》第 3 册，凤凰出版社 2005 年版。
⑥ 庄存与：《春秋正辞·内辞第三下》卷五，《清经解、续清经解》第 3 册，凤凰出版社 2005 年版。

别赞赏，一再引以为说。关于重民，庄存与认为重民同样是《春秋》的大义所在："民者，王者所甚重也，《春秋》重民。"①他甚至在《春秋正辞·内辞中》中提出："民者，君之本也。"②对于春秋时期不顾人民死活的战争，尤其深恶痛绝。在论说尊贤、重民时，庄存与皆涉及了仁义为本的大义。如他说："无故无新，惟仁之亲，尊贤养贤之家法也。"③以亲近仁人，为尊贤的家法。他反对杀民的战争，就因其"不仁甚矣"，而"三王之道，仁义为大"④。因为仁义是一切道德之本，能够解决社会人事的一切问题，而没有仁义，社会国家就会危亡："仁为让本，以仁去利，让为礼本，以让去争，礼为国本，以礼去兵。苟不务仁，不能去利、去兵，无益，亡之道也。"⑤

庄存与由《春秋》所发明的诸大义，虽然说以仁义为本，但是，重点却在全至尊、尊贤、重民上，仁义属伦理学说，全至尊等说是政治理论。因此，庄存与发明的大义是以政治理论为主的，而不是以伦理学说为主。这显然是不合于宋学的言心性，讲性理，以伦理为主，二者恰好形成鲜明的对比。而春秋公羊学在本质上是一种政治学说，因此，庄存与的发明大义与春秋公羊学的是一致。他发明的尊王、尊贤、重民等大义，也是春秋公羊学所特别注重的。但庄存与只重大义，而缺乏微言的发挥，所以，他虽然上以春秋公羊学为宗，但是，并没有得到春秋公羊学的精髓。有的说："庄存与的《春秋》学，是先秦两汉《春秋》公羊学的嫡派。"⑥这是不符合庄存与经学思想的。我们说庄存与是清代春秋公羊学的开创者，也只是就他重在三传中《公羊》的学术倾向而言，正是顺着这一倾向的发展，才有了晚清的春秋公羊学。

庄存与不讲微言，只重大义，与清代经学的发展状况是相应的。朱一新曾说："道咸以来，说经专重微言，而大义置之不讲。其所谓微言者，又多强六经以就我，流弊无穷。"⑦道咸以前经学重大义，是经学的微言还无用武

---

① 庄存与：《春秋正辞·内辞第三中》卷四，《清经解、续清经解》第 3 册，凤凰出版社 2005 年版。
② 庄存与：《春秋正辞·诸夏辞第五》卷七，《清经解、续清经解》第 3 册，凤凰出版社 2005 年版。
③ 庄存与：《春秋正辞·天子辞第二》卷二，《清经解、续清经解》第 3 册，凤凰出版社 2005 年版。
④ 庄存与：《春秋正辞叙目》，《清经解、续清经解》第 3 册，凤凰出版社 2005 年版。
⑤ 庄存与：《春秋正辞·禁暴辞第七》卷九，《清经解、续清经解》第 3 册，凤凰出版社 2005 年版。
⑥ 田汉云：《试论庄存与的〈春秋正辞〉》，《清史研究》2000 年第 1 期。
⑦ 朱一新：《无邪堂答问》卷一，台北世界书局 1963 年版，第 24 页。

之地；而道咸以来"多强六经以就我"的重微言，一则是经学尊尊等大义已成为过时的教条，二则是人们只能借微言来曲折表达新的社会发展要求。可见，以道咸为判的重大义与重微言之分，实是历史发展内在要求在经学上的表现。庄存与的重大义实有历史的内在原因。

以上是就《春秋正辞》的内容而言。如果从讲求书法上，即对《春秋》的阐释说，《春秋正辞》与春秋公羊学的就如出一辙。从书、不书、当书而不书、不当书而书、常所书、偶所书等所谓《春秋》书法中，以推见圣人之义，是春秋公羊学在阐释《春秋》上的特色。庄存与不仅在《春秋举例》与《春秋要指》中论列了这些书法，而且在《春秋正辞》中也是依据这些书法准则来阐明其大义的。在《春秋正辞》里，庄存与一再说《春秋》于常事不书，所书皆非常事，而所书皆有圣人之义。书法要求一定规则，合于规则就是合于书法，在这个意义上，书法又被称之为例。如《春秋》所书有"讥始"、"疾始"之例，见《公羊传》隐公二年、四年；又有贬必于其重者之例，见《公羊传》僖公元年，等等。庄存与不仅在《春秋举例》与《春秋要旨》中对这些书法之例都有精到的论说，而且在《春秋正辞》中也时有论及。借助春秋公羊学的书法、书法之例来发明《春秋》之义，是《春秋正辞》阐发经义的最基本的也是最常用的手法。总之，在庄存与看来，《春秋》的书法，一字一句，都有圣人的褒贬之义，他甚至说："以一字为褒贬，古人不余欺也。"[1]而赵汸是反对《春秋》褒贬说的。这是庄存与与赵汸经学的一个区别。

春秋公羊学所说的书法、书法之例，总是用来发明一定的义理的。但是，二者之间又不完全吻合。因此，董仲舒在《春秋繁露》中提出，"《春秋》无通辞"，要求于"嫌得而见其不得"，善于从辞的灵活性中去把握圣人之道的真谛。这种反对拘于文辞来探求《春秋》之义，才是春秋公羊学讲求书法、书法之例的精髓所在。庄存与对此也有极为深刻的认识，他既承认书法、书法之例的原则意义及其互相间的通融性，也不否认其灵活性。他说："《春秋》辞异则指异，事异而辞同，则以事见之，事不见则文以起之，嫌者使异，不嫌使同"；《春秋》"有单词、有两辞、有复辞、有众辞，众辞

---

[1] 庄存与《春秋正辞·内辞第三上》卷三，《清经解、续清经解》第3册，凤凰出版社2005年版。

可凡而不可凡也，复辞可要而不可要，内辞备矣，可益而不可益也，单辞明矣，可殊而不可殊也”；"以所不书知所书，以所书知所不书"；"以常所书知所偶书，以偶所书知常所不书"；等等。① 庄存与在探求《春秋》之义时，就十分注意这种灵活性的运用。如关于辞与指之间的不一致性，他既看到"齐、文作而春秋有伯"的"实与而文不与"，②也指出了相反的文与实不与；对于同一的众辞，既讲其所包含的共同之指，又揭示其具体场合的不同含义，"凡城之志，皆讥也，而所讥不同；凡盟皆恶志，而所恶不同；凡兵皆不义，而轻重各有主；凡奔皆重其祸，而邪正各有偶"③。尽管在对《春秋》之义的阐释上，他不完全同于《公羊传》或是董仲舒、何休之说，如宣公十有一年，"楚人杀陈夏征舒"一条，董仲舒认为是反对诸侯专杀之义，而庄存与却以为是肯定楚王讨贼之义。但是，庄存与在《春秋》阐释的手法与精神上，与春秋公羊学确有相同之处，则是不可否认的。而这一点，对后来晚清的春秋公羊学有着直接而重大的影响。正是借助于发挥庄存与对《春秋》书法的解释，晚清春秋学才会走到重《公羊传》的微言及其借经以言己说的方向。说庄存与是清代春秋公羊学的开创者，应该从这一意义上去把握。

（四）庄存与经学的意义

在以文字训诂为务的汉学极盛之时，庄存与的经学却以发明大义为主，这无异于独树一帜。所以，他的经学著作遭到许多株守汉者的猛烈指斥。但是，一些能够跳出汉学局限的学者，则持完全相反的看法，对庄存与的经学给予极高的肯定，如董士锡说："其为文，辩而精，醇而肆，旨远而义近，举大而不遗小，能言诸儒所不能言，不知者以为乾隆间经学之别流，而知者以为乾隆间经学之巨汇也。"④在他看来，庄存与的经学为乾隆间经学之巨汇。魏源则指明了庄存与经学与当时的乾嘉汉学的区别所在，他在列举了庄存与的著作后说：

---

① 以上所引皆见《春秋要指》，《清经解、续清经解》第3册，凤凰出版社2005年版。
② 庄存与：《春秋正辞·诸夏辞第五》卷七，《清经解、续清经解》第3册，凤凰出版社2005年版。
③ 庄存与：《春秋要指》，《清经解、续清经解》第3册，凤凰出版社2005年版。
④ 董士锡：《易说序》，《味经斋遗书》卷首，清光绪八年。

　　崒乎董胶西之对天人，醰乎匡丞相之述道德，醰乎刘中垒之陈今古，未尝凌杂瓟析，如韩（婴）、董（仲舒）、班（固）、徐（幹）所讥，故世之语汉学者鲜称道之。呜呼！君所谓真汉学者，庶其在是；所异于世之汉学者，庶其在是。①

董仲舒、匡衡、刘向都是西汉的今文经学家。所谓韩、董、班、徐四子所讥，据魏源所引四子之语，是指韩婴的反对言说天地之灾之类的无用、不急之辨，而主张用心于切磋君臣之义、男女之别；董仲舒的圣人所欲说在仁义，而不在鸟兽；班固的反对后世说经烦琐之风，认为不合古学之道；徐幹的学当以大义、明道为先，名物为后。魏源所说的四子所讥，其实就是乾嘉汉学的弊端所在，又说庄存与的经学有董仲舒的崒，匡衡、刘向的醰，而无四子所讥之弊，这不正是说庄存与的经学不同于乾嘉汉学，而同于西汉董仲舒等人的今文经学吗？魏源是刘逢禄的弟子，深于庄存与之学，而此段话出于庄存与的孙子庄绶甲在刻印庄存与遗书时请魏源所作的序中。这是对庄存与经学精神的正确说明。

　　在雍正、乾隆之时，经学言义理者，还是以程朱理学为主，程朱理学是官方的统治思想，而庄存与则以西汉董仲舒及其春秋公羊学为宗，虽然春秋公羊学的微言并未被庄存与有所发明，但是，他以春秋公羊学的书法为阐释大义的主要手段，发明春秋公羊学所重的大义，却无疑开启了一个新天地。而从重《公羊》、宗西汉，在清代后来社会的发展中，必然会引导到对春秋公羊学微言的重视，及其出现借微言以讥时政，甚至言改制的晚清春秋公羊学。所谓庄存与是清代春秋公羊学的开创者，不过是说晚清春秋公羊学是沿着庄存与的经学方向发展而来的。

　　钱穆先生对庄存与的经学评价独树一帜。他说：

　　　　庄氏为学，既不屑于考据，故不能如乾嘉之笃实，又不能效宋明先儒寻求义理于语言文字之表，而徒牵缀古经籍以为说，又往往比附以汉儒之迂怪，故其学乃有苏州惠氏好诞之风而益肆。其实，清代汉学考据

---

　　① 魏源：《武进装少伯遗书序》，《魏源集》上册，中华书局 1978 年版，第 237—238 页。

之旁衍岐趋，不足为达道。而考据既陷绝境，一时无大智承其弊而导之变，徬徨回惑之际，乃凑而偶泊焉。其始则为《公羊》，又转而为今文，而常州之学，乃足以掩胁晚清百年之风气而震荡摇撼之。卒之，学术治道同趋澌灭，无救厄运，则由乎其先之非有深心巨眼、宏旨大端以导乎夫先路，而特任其自为波激风靡以极乎其所自至故也。①

钱穆此说包含有三层含义：一是庄存与的经学是在乾嘉汉学陷于绝境时出现的；二是庄存与其人不是有深心巨眼的大智者，其经学不过是徬徨回惑、凑而偶泊的产物，而无有宏旨大端；三是庄存与的经学并没有为汉学的困境找到出路，只是惠氏好诞之风的肆虐，所以，由庄存与开创的今文经学虽然在晚清风靡百年，但最终不脱学术治道同趋澌灭的结局。钱穆此说明显带有贬斥庄存与经学之义，否定了庄存与经学出现的必然性及其本有的时代价值。如果说庄存与及其后来的今文经学仅仅是徬徨回惑、凑而偶泊的产物，仅仅是在乾嘉汉学没有出路时，由一批非有深心巨眼、宏旨大端的人一时偶然为之，就不能解释为什么今文经学可以在晚清风靡百年的现象。一种能够在社会上风靡百年的思潮，一定有其历史的合理性及其相应的价值，不可一概否定。

　　但是，钱穆此说却较梁启超等人肯定庄存与经学的观念要深刻得多。梁启超等人的肯定庄存与的经学有其历史必然性，然而，这种必然性所体现的并不是今文经学在清代的必然复兴，而只是在晚清的特定历史转型期，变法革新已经明显成为时代发展的趋势之时，由于全新的代表时代发展的新理论还不具备形成的条件，只有今文经学尤其是其中的春秋公羊学，最为适合这个时期的变法需要，所以，春秋公羊学可以风靡百年。而这个风靡，并不是春秋公羊学在学术上、政治上的辉煌，恰恰相反，从总体上来说是春秋公羊学被弯曲、异化，成为了新学家反对旧制度、旧文化的理论形式，最终则导致了经学的终结与清王朝的灭亡。

---

① 钱穆：《中国近三百年学术史》下册，中华书局1986年版，第525页。

三、孔广森的经学与何休春秋公羊学

承继庄存与的春秋学重《公羊》的倾向，孔广森著为《公羊春秋经传通义》。这部著作在名称上明确以《公羊》为本，较庄存与的《春秋正辞》，从书名上更为接近汉代的春秋公羊学。但是，从其内容而言，《公羊春秋经传通义》的经学基本思想，仍停留在庄存与春秋学的水平上，甚至可以说有某种后退。

（一）标榜发明孔子新意的《公羊春秋经传通义》

孔广森（1752—1786 年），字众仲，又字㧑约，号㧑轩，山东曲阜人，孔子第六十八代孙。他的祖父是袭衍圣公孔传铎，父亲孔继汾是孔传铎的第四子，字体仪，号止堂，以知识渊博，深通经学而著称。《清史稿》本传说他：“聪颖特达，尝受学戴震、姚鼐之门，经、史、小学，沉览妙解。”孔广森才华横溢，但 35 岁时就去世了。尽管英年早逝，却在诸多方面颇有建树。留下了《大戴记补注》十三卷，《礼学卮言》六卷，《经学卮言》六卷，《少广正负术内外篇》六卷，《骈俪文》三卷，《仪郑堂文集》二卷等著作，涉及文词、经学的诸多方面。① 其中《公羊春秋经传通义》一书，孔广森自许“冀备一家之言”②，是其经学的代表作。

孔广森对《春秋》的看法，与庄存与有相同之处。但是，也有许多差异。他说：

> 昔我夫子有帝王之德，无帝王之位，又不得为帝王辅佐，乃思以其治天下之大法，损益六代礼乐文质之经制，发为文章，以垂后世。而见夫周纲解弛，鲁道凌迟，攻战相寻，彝伦或熄，以为虽有继周而王者，犹不能以三皇之象刑，二帝之干羽，议可坐而化也，必将因衰世之宜，定新国之典，宽于劝贤，而峻于治不肖，庶几风俗可渐更、仁义可渐明、政教可渐兴。乌乎托？托之《春秋》。③

---

① 参见徐世昌《清儒学案·㧑轩学案》、江藩《汉学师承记》等。
② 孔广森：《公羊春秋经传通义叙》，《清经解、续清经解》第 5 册，凤凰出版社 2005 年版。
③ 孔广森：《公羊春秋经传通义叙》，《清经解、续清经解》第 5 册，凤凰出版社 2005 年版。

说孔子有帝王之德，而无帝王之位，这是春秋公羊学的孔子"素王"说。孔广森承认孔子为素王，与庄存与仅称孔子为至圣是不同的。所以，孔广森有"《春秋》托王义"之说。[①] 有此不同，在《春秋》一书的性质上，二人就有不同的看法。孔广森就不像庄存与只说孔子著《春秋》是对先圣的继承，而更多的是强调孔子损益六代礼乐文质，其中有为继周之王所立的"新国之典"，包含着孔子的"新意"。对《春秋》一书，孔广森注重的是探求其中所包含着孔子的"新意"，而不仅仅说是对先圣的继承。

所以，孔广森尽管承认《春秋》与列国史的联系，但特别重视的是孔子对列国史的删改。他认为，正是孔子的删改损益，《春秋》才成为寄托有孔子新意的经典，后王的一王大法。他说：

> 《春秋》之制者，君子所托新意，损益周制，以为后王法。[②]

孔子寄托在《春秋》的新意，孔广森统称之为"义"。他认为《春秋》的特点是："贵明义，不贵明事"[③]，主张用事与义的不同来区分史与经的不同。史书的《春秋》主要是历史事件的记录，而孔子修定的《春秋》则以"义"为主。叙事相对于言义，需要较多文词，才能够表述清楚，所以，孔广森又以经文文字少，史书文字多，来区分史与经的不同。但是，文字的多少只是派生出来的，义与事的不同才是经与史的根本区别。孔广森用义与事来区分经与史，与庄存与的用道与事来区分经与史，基本上是相同的，都表现了对《春秋》义理的重视。但是，孔广森讲《春秋》之义是"新意"，是孔子损益周制的成果，这与庄存与强调《春秋》仅仅是先圣的继承是不同的。因此，庄存与强调《春秋》主要是一部继承圣人之道的著作，而孔广森所说的《春秋》则主要是体现孔子新意的体现。以义与事区分经与史，强调《春秋》有新意，是孔广森整个《春秋》学的出发点。

孔广森认为《春秋》的新意，不仅包含所有后王的一切王法，而且也有权衡万事万物的准则。他说："《春秋》记事，皆为后王示法，……经

---

① 孔广森：《公羊春秋经传通义》卷十，《清经解、续清经解》第5册，凤凰出版社2005年版。
② 孔广森：《公羊春秋经传通义》卷十一，《清经解、续清经解》第5册，凤凰出版社2005年版。
③ 孔广森：《公羊春秋经传通义》卷十，《清经解、续清经解》第5册，凤凰出版社2005年版。

变之制，非不包举。"①又说："《春秋》权也，量物之轻重而为之衡者也。"②故他反对汉代春秋公羊学以《春秋》仅仅是为汉王朝立法的说法，而强调《春秋》是一切后王所必须遵循的万世法。同时，《春秋》的新意又具有无常的性格："凡义无常，唯时所当"③。他十分赞同董仲舒的说法，以为"《春秋》无达辞，唯义所适"④，反对拘泥于《春秋》的文辞，主张以灵活的精神，根据"时"的变化，去体会圣人之义。他认为，只有如此才可以真正把握到《春秋》的新意。在这一点上，孔广森与董仲舒是相同的。

孔广森虽然主张用灵活的变的精神来探求《春秋》的新意，但是，无论如何重视变的灵活性，却始终万变不离其宗，这就是儒家经学的义。所以，他所探求的《春秋》新意，名虽为新，其实不过是儒家经学的政治伦理原则。他借何休的"七缺"义例，说明春秋时期的礼崩乐坏，孔子作《春秋》，正是为了矫正春秋时期君臣、夫妇、父子之道及其祭祀诸典礼的缺失，以存先圣的王道，所谓"《春秋》之作，存王道于将绝，垂治法于不朽"⑤。因此，孔广森所谓孔子新意，不过就是对缺失的君臣、夫妇、父子之道的矫正，对周公之礼、文王之法的恢复，以接续熄灭的王道。故他说："王迹熄矣，《春秋》乃以文王之法临之，而托其义。"⑥在释隐公元年春王正月时，又以为王为文王，以《春秋》继文王，是孔子"制《春秋》之本义也"⑦。孔广森虽然讲《春秋》有新意、有王义，但是，同庄存与一样都没有接受春秋公羊学以王鲁等微言为内容的孔子改制说。

是否能够从《春秋》的经文中去发现圣人的新意，是孔广森判定其得失的标准。他特别反对把圣人之经当做史书，用历史事实来论说《春秋》，并把经学史上以史解经的种种观念统统说成是俗儒之论。正是在此意义上，

---

① 孔广森：《公羊春秋经传通义》卷十，《清经解、续清经解》第 5 册，凤凰出版社 2005 年版。
② 孔广森：《公羊春秋经传通义》卷九，《清经解、续清经解》第 5 册，凤凰出版社 2005 年版。
③ 孔广森：《公羊春秋经传通义叙》，《清经解、续清经解》第 5 册，凤凰出版社 2005 年版。
④ 孔广森：《公羊春秋经传通义》卷六，《清经解、续清经解》第 5 册，凤凰出版社 2005 年版。
⑤ 孔广森：《公羊春秋经传通义》卷十二，《清经解、续清经解》第 5 册，凤凰出版社 2005 年版。
⑥ 孔广森：《公羊春秋经传通义》卷二，《清经解、续清经解》第 5 册，凤凰出版社 2005 年版。
⑦ 孔广森：《公羊春秋经传通义》卷一，《清经解、续清经解》第 5 册，凤凰出版社 2005 年版。

孔广森同意西汉今文经学家之说，以为《左传》不传《春秋》。①他甚至指斥《左传》是"末世流俗之见"②。晋代的杜预曾为《左传》作注，对《左传》之学的发展、流传起到了很大的作用。孔广森以为，杜预的注不仅变乱古训，而且对后世危害极大。杜预注以史解经，是将圣人之经降到了史书的地位，同时，造成了《春秋》经义必须依靠《左传》史事，才能得到说明的"大惑"，这是极其有害的。后来对《春秋》的许多误说，以至王安石的断烂朝报之说都源自杜预之说。孔广森不仅批评杜预的以史解经，而且将杜预说成是危害《春秋》经义的罪魁祸首。而自东汉以来，经学界于《春秋》三传，主要是《左传》的通行，用史事来解说《春秋》，成为春秋学的主流，故孔广森哀叹说："世俗莫知求《春秋》之义，徒知求《春秋》之事，其视圣经竟似《左氏》记事之标目，名存而实亡矣。"③所以，他的批评《左传》及其后学，实带有否定一千多年春秋学史的意义。而他著《公羊春秋经传通义》就是要纠正千余年来不知《春秋》之义，只求《春秋》之事，以史作经的失误，来恢复《春秋》经义的本来面目。

但孔广森的注释《春秋公羊传》，常常取文字训诂来代替春秋公羊学微言大义的发明。如隐公元年，据《尔雅》"正，长也"，释"王正月"，为十二月之长，而不同于何休的大一统之说。④ 桓公六年"秋，蔡人卫人陈人从王伐郑"，《公羊》以"得正"为解，何休以"美得正义"说，而孔广森则重在训解以、从的区别："以人从己曰以，以己从人曰从，言从王者，诸侯畏威服义，不召而至，不令而行，有征而无战。"⑤就没有了春秋公羊学所肯定的尊王之义。这些类似的训解，离开了孔广森自己强调的探求《春秋》新意的道路，而接近于乾嘉汉学的文字训诂路数了。所以，孔广森虽然以探

---

① 刘歆在《移太常博士书》提到经学博士皆持此说："谓《左氏》不传《春秋》，岂不哀哉。"但是，汉代也有人认为《左传》是传《春秋》的，《四库全书提要·左传提要》说："刘向、刘歆、桓谭班固皆以《春秋传》出左丘明，左丘明受经于孔子，魏晋以来诸儒更无异议，自唐赵匡始谓左氏非邱明。"

② 《春秋·襄公三十年》，"葬宋共姬"，孔广森曰："宋伯姬之贞信，遭患难而不失其度，年逾闲居而不易其节，故能生致三国之媵，没动诸侯之哀，此《春秋》之所以为劝《广汉》、《行露》之意也。《左氏》顾诡托君子之言，讥其女而不妇，犹渐于末世流俗之见者与？"

③ 孔广森：《公羊春秋经传通义叙》，《清经解、续清经解》第5册，凤凰出版社2005年版。

④ 孔广森：《公羊春秋经传通义》卷一，《清经解、续清经解》第5册，凤凰出版社2005年版。

⑤ 孔广森：《公羊春秋经传通义》卷二，《清经解、续清经解》第5册，凤凰出版社2005年版。

求《春秋》新意为目标，但是，又常常用文字训诂来代替对大义的探讨。这是孔广森的春秋学较多地受到乾嘉汉学影响的表现。此外，孔广森虽然强调《春秋》之义，但常常以史解经，如崔寔所批评："孔广森撰《公羊通义》，援《左氏》之事以乱之，是凿冰求炭也。"①反倒是庄存与的春秋学，比较不受文字训诂与史实的影响，而真正贯穿了探求大义的趣旨。

（二）对历代春秋学的评判

以《春秋》重义这一标准，孔广森对历代春秋学作出了他的评判。他的评判从总体上说，有一个与时间早晚呈反比的现象，就是越早的春秋学越是得到他较多的肯定，越晚出的春秋学则越是遭到较多的否定。会通三传，则成为他评判的归宿。从可靠文献讲，最早对《春秋》有较为详细论说的是孟子。孔广森认为，"孟子最善《春秋》"②，并把孟子关于《春秋》的论说作为评判其他论说的一个标准。孟子之后，出现三传之学，孔广森认为："公羊、穀梁、左丘明并出于周秦之交，源于七十子之党……古之通经者，首重师法，三传要各有得失"，③三传虽未必全合于《春秋》，但源出七十子，都多少保留有先师的师法，而各有得失。孔广森这一说法，突出了汉代经学所强调的师法，对清代经学区分今古文经学及其今古文经学的各家之学有一定影响。

孔广森认为，三传的得失主要表现在《公羊》的知其义而不知事与《左传》的知其事而不知义。事与义并不是完全排斥的，而是相互印证的，可以用《左传》之事来证《公羊》之义。故孔广森主张兼取《左传》、《穀梁》，来补证《公羊》之说，这是一种会通三传的观念。孔广森不仅有三传会通的观念，而且有六经相通的观念。他说："六经皆圣贤之语，曷为不可相通？"并斥责赵匡《春秋》之例不可通于六经之说，是"妄之妄也"。④

在三传中，孔广森又是以《公羊传》为主，因为他以为三传唯"《公羊》家独有合于孟子"⑤。他比较《公羊》与《左传》及其《穀梁》的得失

---

① 崔适：《春秋复始》卷一，《续修四库全书》第 131 册，第 383 页。

② 孔广森：《公羊春秋经传通义叙》，《清经解、续清经解》第 5 册，凤凰出版社 2005 年版。

③ 孔广森：《公羊春秋经传通义叙》，《清经解、续清经解》第 5 册，凤凰出版社 2005 年版。

④ 孔广森：《公羊春秋经传通义》卷六，《清经解、续清经解》第 5 册，凤凰出版社 2005 年版。

⑤ 孔广森：《公羊春秋经传通义叙》，《清经解、续清经解》第 5 册，凤凰出版社 2005 年版。

说："《左氏》之事详，《公羊》之义长，《春秋》重义不重事，斯《公羊传》犹不可废。"①认为在三传中只有《公羊》知《春秋》新意，故他一再称许"《公羊》之说诚得《春秋》微旨"②。

除了《公羊传》在义方面胜于二传，孔广森认为《公羊传》还有两个优点。一是《公羊传》的经文较二传为优。尽管三传同传《春秋》，在经文上基本相同，但是，因其对《春秋》理解不同，经文也有一些差异。如昭公十三年，《公羊传》"楚公子弃疾弑公子比"，而二传经文皆作"杀"。孔广森说："《音义》二家皆作杀。若然，比专得弑君之罪，而弃疾反类于讨贼之人矣，不亦颇乎？此条及晋里克弑其君之子奚齐，《公羊》经文皆特长于《左》、《穀》。"③二是《公羊传》得读经要法，他多次讲《公羊传》的"《春秋》见者不复见"等说，"皆读经之要法也"④，并且在书中常常据《公羊传》所言书法来解说《春秋》之义。在三传中，孔广森对《公羊传》的肯定，较之庄存与更为明显。

自三传出现以后，说《春秋》者基本上不脱三传。孔广森以为，三传以后的春秋学可以说是每况愈下，离《春秋》之义越来越远。何休解诂《公羊》，范宁集解《穀梁》，杜预集注《左传》，是三传的代表性注解，历代被立为钦定的经学教材，影响极大。然而，孔广森却说："方今《左氏》旧学湮于征南，《穀梁》本义汩于武子，……《解诂》体大思精，词义奥衍，亦时有承讹率臆，未能醇会传意。"⑤认为杜预与范宁的注解，变乱贾逵、服虔等汉儒的古训，不仅没有正确的解释《左传》与《穀梁》，反而使其传义被淹汩；虽然何休的《解诂》得到称许，但是也不脱"时有承讹率臆，未能醇会传意"的指责。孔广森对三传的评判是有得有失，而对三家注解仅认为何休的《解诂》有可取之处，其余两家则基本上是予以否定。孔广森的这一评判表明，经过三人的注解解诂，《春秋》及其三传之义不是得到了

---

① 孔广森：《公羊春秋经传通义叙》，《清经解、续清经解》第5册，凤凰出版社2005年版。
② 孔广森：《公羊春秋经传通义》卷六，《清经解、续清经解》第5册，凤凰出版社2005年版。
③ 孔广森：《公羊春秋经传通义》卷十。孔广森对此的解释是"弃疾奉比为王，而己为之司马，比虽不成君，弃疾固君之矣，故经曰，弑公子比。既不与比君之名，仍罪弃疾以弑之实。《春秋》一言，而权衡各当如此。"
④ 孔广森：《公羊春秋经传通义叙》，《清经解、续清经解》第5册，凤凰出版社2005年版。
⑤ 孔广森：《公羊春秋经传通义叙》，《清经解、续清经解》第5册，凤凰出版社2005年版。

明确，而是越来越隐晦混乱。

至于唐宋以来的春秋学，更是遭到孔广森的严厉抨击。他说：

> 啖、赵横兴，宋儒踵煽，加以凿空悬拟，直出于三传之外，浅识之
> 士动为所夺，其訾毁三传，率摭拾本例而肤引，例不可通者，以致
> 其诘。①

> 赵匡好驳先儒，以其说不可通于《易》、《诗》、《书》，则云《春秋》
> 之例，不可通于它经，妄之妄也。②

啖助、赵匡是唐代治《春秋》的代表性人物，他们的经学思想对宋代疑经
的怀疑思潮起到了直接的影响。孔广森以啖、赵横兴，宋儒踵煽为说，是有
道理的。如果说，晋唐以来，《公羊》、《穀梁》几成绝学，唯《左氏》不绝
于讲诵，是《春秋》的大厄，那么，唐宋以来的三传皆遭訾毁，以至《春
秋》经文也被视为断烂朝报，更是春秋学的巨大灾难。三传之后，经过杜
预、范宁、何休的注解，尤其是唐宋儒生的凿空訾毁，《春秋》之义已经淆
乱不堪。

在对历代春秋学的评判中，孔广森认为自三传以后，"唯赵汸最为近
正"，只有赵汸的春秋学值得推许。孔广森极其称赞赵汸据"属词比事"以
论《春秋》：

> 夫唯有例而又不囿于例者，乃足起事同异辞之端，以互发其蕴。
> 《记》曰："属词比事，《春秋》之教也。"此之谓也。十二公之篇，二
> 百四十二年之纪，文成数万，赴问数千，应问数百，操其要归，不越乎
> 同辞、异辞二途而已矣。③

他认为《春秋》千言万语，其要归不出属词比事，"辞不属不明，事不比不

---

①　孔广森：《公羊春秋经传通义叙》，《清经解、续清经解》第 5 册，凤凰出版社 2005 年版。
②　孔广森：《公羊春秋经传通义》卷六，《清经解、续清经解》第 5 册，凤凰出版社 2005 年版。
③　孔广森：《公羊春秋经传通义叙》，《清经解、续清经解》第 5 册，凤凰出版社 2005 年版。

章"①，只要运用属词比事，就可以明白《春秋》之义了，即使是难解的同词异事或是同事异词，也可以通过属词比事得到解答。他还特别赞许赵汸的因日月以明类说，在孔广森看来，只要知道属词比事，再运用日月之例，即使"等衰势分甚严，善恶浅深奇变极乱"，也能够像"如示诸掌"② 一样，明白无误。所以，孔广森在书中多次据赵汸的时、月、日例，来论说《春秋》。庄存与在《春秋正辞》中对赵汸的春秋学只是"善之"，但很少引用赵汸之说，孔广森则极力称许，并且多次引以为说，所以，我们看到的是孔广森的著作与赵汸的著作更为接近。而赵汸的春秋学虽然强调《公羊》之义，但是，实际上主要还是据《左传》的以史解经，庄存与的春秋学才真正转到了以探求《春秋》之义为主的道路上，孔广森对赵汸的推许使他在《春秋》之义的探求上，较之庄存与反而有所倒退。

经学史上的春秋学，除了孟子与赵汸没有遭到孔广森的批评以外，其余的春秋学派都被他斥责。而孔广森在批评历史上的春秋学时，对任何一家都没有完全的否定。即使是他激烈批评的赵匡，有时也会采用其说，如他批评《左传》就引赵匡之语："凡左氏谬释经文，必广加文辞，欲以证实其事"，还许为"信哉！斯言！"③ 所以，《公羊春秋经传通义》一书，从汉代到清代的历代学者，如董仲舒、胡毋生、刘向、刘歆、何休、王祖游、何焯、刘敞、胡康侯、萧楚、徐彦、啖助、赵匡、赵汸、黄道周、惠士奇、戴震、姚大夫、庄存与等人关于《春秋》的论说，都有采获。这也是孔广森在经学上能够博采众家之长的一个优点。

任何一种学术发展到一定阶段尤其是后期，总会有人出来评判以前的学术，总结其是非得失，或求得学术的进一步发展，或是突破旧有的学术，为新的学术形成找到出路。经学发展到清代乾嘉年间，已经快要走到了尽头，孔广森对历代经学的评判，实际上也具有这样的历史意义。孔广森在评判历代春秋学所表现出来的，以《公羊》为主，会通三传、六经，强调经主义、史主事的区别，反对以史解经，在客观上推进了清代经学由文字训诂的汉学向讲求微言大义的今文经学的转变，具有反对乾嘉汉学仅以文字训诂解释经

---

① 孔广森：《公羊春秋经传通义叙》,《清经解、续清经解》第 5 册，凤凰出版社 2005 年版。
② 孔广森：《公羊春秋经传通义》卷二，《清经解、续清经解》第 5 册，凤凰出版社 2005 年版。
③ 孔广森：《公羊春秋经传通义》卷五，《清经解、续清经解》第 5 册，凤凰出版社 2005 年版。

典的历史意义，只是孔广森的以经学微言大义代替文字训诂还做得不彻底罢了。

（三）与何休春秋公羊学之异

孔广森评判历代春秋学，虽然肯定先秦的孟子与元代的赵汸，但是，他的《公羊春秋经传通义》并没有以孟子或是赵汸为主，而是兼采三传，以《公羊传》为主。他肯定三传中唯《公羊》多得圣人之义，称许何休的《解诂》体大思精、词义奥衍，但同时也有许多不同于春秋公羊学的地方，还对春秋公羊学有许多批评甚至否定的内容，这主要集中在对何休《解诂》的批评上。

孔广森认为《解诂》之失有两不通，又称之为"二惑"，他的《公羊春秋经传通义》，就是要"去此二惑，归于大通"①。这是孔广森的春秋学异于何休《解诂》的所在，最能说明他春秋学的特色。

《解诂》不通之一，是不肯援引《穀梁》、《左传》之说。汉代经学讲究师法、家法，今文经学尤重严守师说，故何休《解诂》守《公羊》之说，而不取《左传》与《穀梁》，这本是合于汉代经学的家法原则的。而对于汉代经学的师法原则，孔广森是有看法的。他认为，师法并不完全合乎圣人之义，三传对《春秋》都有得有失。故既要相信师法，又不能固守师法，而应兼采三传。不信三传之师法，就无从知道《春秋》之义，而墨守三传师法，就很可能以失为得，或者丢掉他人独得的圣人经意。愈到后来《春秋》愈是晦涩，就是由于经师的固守各家之学，而没有会通三传。只有会通三传，才可以探求到《春秋》的真义。所以，孔广森的春秋学主张会通三传，而何休的墨守《公羊》，被他认为是《解诂》的一惑，在书中遭到他的严厉批评。如何休释闵公元年，"季子来归"，不信《左传》之说，就被孔广森斥为"支离之说"，不予采用："何氏必不信《左氏》，乃以上传季子至为从家至朝，此经来归为自洛姑归，支离之说，今悉无取。"②这种主张会通三传，甚至引用史籍文字训诂著作以解《春秋》，而不固守《公羊》，是孔广森春秋学的一大特点。

---

① 孔广森：《公羊春秋经传通义叙》，《清经解、续清经解》第 5 册，凤凰出版社 2005 年版。
② 孔广森：《公羊春秋经传通义》卷四，《清经解、续清经解》第 5 册，凤凰出版社 2005 年版。

孔广森所认为《解诂》不通之二是何休的误说。孔广森的春秋学与何休春秋公羊学的差异也主要体现在这上面。嘉庆三年，阮元在扬州为孔广森的《公羊春秋经传通义》所作的《序》，指出孔广森与何休《解诂》的不同之处，就主要是从这一方面来论说的。孔广森以为何休的误说，有一般性与原则性的误说之分。一般性与原则性误说的不同，在于一般性的误说多在一些具体性的解说上，这些误说不会影响到春秋公羊学的基本理论，改变不了春秋公羊学的性质，而原则性的误说涉及春秋公羊学的基本观念。

孔广森对何休误说的纠正重点放在原则性误说的批评上，阮元序中讲孔广森不同于何休的四点中，就有两点属于原则性误说的批评。徐世昌《清儒学案·㑺轩学案》说他："其于《公羊》别立三科，自成一家之言，与武进庄氏、刘氏诸家墨守何氏之说者，宗旨故殊也。"也是就孔广森对何休的原则性批评而言。而孔广森对何休原则性的批评，具体说来主要有二：

第一，否定春秋公羊学的王鲁说诸微言。

阮元说："不同于《解诂》者有数事焉，谓古者诸侯分土而守，分民而治，有不纯臣之义，故各得纪年于其境内，而何邵公狠谓唯王者然后改元立号，经书元年为托王于鲁，则自蹈所云反传、违戾之失矣，其不同一也。"①此据孔广森《公羊春秋经传通义》隐公元年为说。《春秋》于隐公元年，首言"元年春王正月"，《公羊传》据以言大一统，何休以王为王鲁之新王。孔广森以为王当作文王解，是说鲁国守文王之法，而否定"王鲁"说。而何休的"王鲁"说不是孤立之说，而是与"新周"、"故宋"密不可分的联系在一起的，并以此构成春秋公羊学孔子改制说的具体内容，也是何休言三统的具体化。所以，否定"王鲁"说，必定要否定"新周"、"故宋"之说。而"新周"、"故宋"、"王鲁"的孔子改制说，是何休《解诂》发挥的最重要观念。孔广森则认为，这些说法在《公羊传》中是没有依据的。故宋是《穀梁》的说法，桓公二年《穀梁传》云："孔子，故宋也。"范注云："孔子旧是宋人。"此说与春秋公羊学的新周、王鲁是没有关系的。所以，孔广森说："故宋无传文，惟《穀梁》有之，然意犹不相涉。"②而所谓新周，不

---

① 阮元：《公羊春秋经传通义序》，《清经解、续清经解》第 5 册，凤凰出版社 2005 年版。

② 孔广森：《公羊春秋经传通义》卷七，《清经解、续清经解》第 5 册，凤凰出版社 2005 年版。

过是周迁徙于成周之义。孔广森说:

> 周之东迁本在王城, 及敬王迁成周, 作传者号为成周, 犹晋徙于新田, 谓之新绛, 郑居郭邻之地, 谓之新郑, 实非如注解。[①]

孔广森明确否定何休的"王鲁"说, 虽承认有"故宋"、"新周"之说, 但是, 完全是从孔子的家世、东周京城迁徙的历史为说, 这就丝毫没有了何休"新周"、"故宋"、"王鲁"说的微言大义。[②] 皮锡瑞为此批评孔广森说:

> 国朝稽古, 汉学中兴, 孔广森作《公羊通义》, 阮元称为"孤家专学", 然其书不守何氏义例, 多采后儒之说, 又不信"黜周王鲁"科旨, 以"新周"比"新郑", 虽有筚路蓝缕之功, 不无买椟还珠之憾。[③]

在《公羊春秋经传通义叙》中, 孔广森更是十分明确否定何休这些说法, 并指出了这些说法与谶纬神学的联系:"东汉时, 帝者号称以经术治天下, 而博士弟子因瑞献谀, 妄言'西狩获麟', 是庶姓刘季之瑞, 圣人应符为汉制作, 黜周、王鲁、以《春秋》当新王云云之说, 皆绝不见本传, 重自诬其师, 以召二家之纠摘矣。"就此而言, 孔广森的春秋学与其师庄存与的春秋学一样, 都具有否定《春秋》微言的特点。孔广森的春秋学不同于何休之学, 就主要体现在这一方面。而这一特点, 正是清代春秋公羊学兴起之初所具有的特点。[④]

第二, 是自立三科九旨。

孔广森否定春秋公羊学的王鲁诸微言, 必然会否定春秋公羊学的三科九旨, 而导致自立三科九旨。孔广森的三科九旨, 主要是从《公羊传》的书

---

① 孔广森:《公羊春秋经传通义》卷七,《清经解、续清经解》第 5 册, 凤凰出版社 2005 年版。

② 孔广森否定何休的"新周"、"故宋"、"王鲁"说, 也得到一些人的肯定。如陈澧在 1881 年的《东塾读书记》卷十中就据孔广森的以上说法, 来批评何休、刘逢禄之说, 并许孔广森为《公羊》之功臣:"《公羊》新周二字, 自董生以来将二千年, 自巽轩乃得其解, 可谓《公羊》之功臣矣。"然而, 孔广森的以历史解说《公羊》, 与他自己所说的《春秋》重义不重事, 应该注重义理的发挥是背道而驰的。

③ 皮锡瑞:《经学通论》卷四, 中华书局 1982 年版, 第 88—89 页。

④ 参见黄开国:《庄存与春秋学新论》,《哲学研究》2005 年第 4 期。

法方面立论：

> 《春秋》之为书也，本天道，用王法，理人情。不奉天道，王法不正；
> 不合人情，王法不行。天道者：一曰时，二曰月，三曰日。王法者：一曰
> 讥，二曰贬，三曰绝。人情者：一曰尊，二曰亲，三曰贤。——此三科九
> 旨既布，而壹裁以内外之义例，远近之异辞，错综酌剂，相须成体。①

这就是孔广森所立的三科九旨。阮元以此为孔广森与《解诂》相异的第四
点。② 孔广森的"三科九旨"仅仅只是就《公羊传》的褒贬书法立论了，而
没有了何休所说的"张三世"、"通三统"、"异内外"的微言大义，就完全
异于何休的"三科九旨"说。所以，徐世昌《清儒学案·㦻轩学案》说他：
"其于公羊，别立三科，自成一家之言，与武进庄氏、刘氏诸家墨守何氏之
说者，宗旨故殊也。"③这与孔广森否定春秋公羊学的微言是有直接关系，因
为不承认春秋公羊学的微言，就一定会否定何休的"三科九旨"。而孔广森
的"三科九旨"也不是他的创造，他只是取晋人荀崧"三科九旨"中的九
旨为说，但丢掉了荀崧的三科，只是将荀崧的九旨视为"三科九旨"。陈立
在《公羊义疏》中说：孔广森的"三科九旨"是"杂用宋氏"④，是不正确
的。因为孔广森的"三科九旨"并无宋均"三科九旨"的三科，宋均的九
旨也无孔广森的尊、亲、贤。

但是，孔广森讲"三科九旨"虽然不取何休之说，但他的著作除了对何
休"三科九旨"的"新周"、"故宋"、以《春秋》当新王的存三统之说根本
否认外，似乎仍有"三世"说与"异内外"之说。他在书中不仅有内其国而
外诸夏、内诸夏而外夷狄的内外之异之说，而且讲到所传闻世、所闻世、所

---

① 孔广森：《公羊春秋经传通义叙》，《清经解、续清经解》第 5 册，凤凰出版社 2005 年版。

② 阮元在《公羊春秋经传通义序》说："谓《春秋》上本天道，中用王法，而下理人情，天道者
一曰时二曰月三曰日，王法者一曰讥二曰贬三曰绝，人情者一曰尊二曰亲三曰贤，此三科九旨，而何氏
《谥例》云，三科九旨者，新周，故宋，以《春秋》当新王，此一科三旨也，又云所见异辞，所闻异辞，
所传闻异辞，此二科六旨也；又内其国而外诸夏，内诸夏而外夷狄，是三科九旨也，其不同四也。"

③ 徐世昌同书又说：孔广森"于胡毋子都、董仲舒、何邵公条例师法不坠"。未免有所抵牾。至于
说庄存与刘逢禄一样墨守何氏之学，也非其实。对于此点，请参见本书庄存与的论述。

④ 陈立：《公羊义疏》卷一，《续修四库全书》第 130 册，上海古籍出版社 2002 年版，第 4 页。

见世的三世远近之异说，① 然而，孔广森只是从内外之义例、远近之异辞的例与辞为说，没有与"新周"、"故宋"、以《春秋》当新王之说的联系；而何休的"三世"说与"异内外"之说，与"新周"、"故宋"、以《春秋》当新王之说是相联系的。而所谓以《春秋》当新王，是以王鲁的形式来体现的，所以，孔广森的否定"新周"、"故宋"、以《春秋》当新王，同否定"王鲁"说是完全一致的，都是对以孔子改制说为中心的春秋公羊学微言的否定；而"三世"说、"异内外"之说没有与"新周"、"故宋"、以《春秋》当新王之说的相联系，也就只是对《春秋》十二公分为三世，所传闻世以鲁为内、诸夏为外，所见世以诸夏为内、以四夷为外的不同书法原则的说明，根本没有了何休春秋公羊学的孔子改制之义，因为何休的"三科九旨"说不过就是以"王鲁"说等为内容的孔子改制说。

孔广森自立的"三科九旨"，与何休"三科九旨"的根本区别就在于没有了"王鲁"说等春秋公羊学的微言，只是对《春秋》所谓天道、王法、人情的阐发。而所谓时、月、日的天道，在《春秋》中不过就是宋均所说的详略之旨，也就是孔广森所推许的赵汸的日月之法：如所传闻世大夫卒，恒不日，日则有故，如强牙卒日；所闻世恒日，不日者有罪，如得臣、仲遂卒不日；所见世无论有罪无罪，有故无故，皆恒日之类。所谓王法的讥、贬、绝，不过是宋均所说的轻重之旨，是依据身份的不同与过失罪恶的不同而采用不同的文辞，以示讥、贬、绝的程度差别；所谓人情的尊亲贤，不过是尊尊、亲亲、贤贤原则，及其所谓为尊者讳、亲者讳、贤者讳的笔法。因而，孔广森"三科九旨"实际上就是春秋学的褒贬笔法及其由此褒贬笔法所体现的尊尊、亲亲、贤贤诸大义。难怪孔广森即使在引春秋公羊学之时，也会放弃改制诸微言，如隐公三年"春王二月"，《解诂》以改制、存二王后、通三统为说，而孔广森仅以天地人三正的正朔来说三统，只说什么

---

① 如孔广森释三世异辞："世疏者其恩杀，若桓之无王，庄之不复仇，纳鼎归宝，文姜淫佚，皆得质言之，以立其义；移于所见之世，则义有所尊，恩有所讳，定公受国于季氏，不敢名其篡；昭公娶同姓，不忍斥其恶，是以《春秋》正名分，诛乱贼之大用，必托始于乎所传闻之世，而后可以施也；近者微辞，远者目言，以义始之，以仁终之，别其世而不乱期，异其辞而不糅。"（孔广森：《公羊春秋经传通义》卷十二）

"正朔三而改，文质再而复"，"若曰文王所因地布教之月"①，而毫无改制的内容。

稍后的刘逢禄就认为，孔广森所立的"三科九旨"不讲微言，背离了春秋公羊学的基本精神，而在《春秋论》对其作出了激烈的批评：

> 乃其三科九旨，不用汉儒之旧传，而别立时、月、日为天道科，讥、贬、绝为王法科，尊、亲、贤为人情科，如是则《公羊》与《穀梁》奚异？奚大义之与有？推其意，不过以据鲁、新周、故宋之文疑于倍上，治平、升平、太平之例等于凿空。不知《孟子》言《春秋》继王者之迹，行天子之事，知我罪我其惟《春秋》；为邦而兼夏、殷、周之制，既以告颜渊；吾岂为东周，又见于不狃之召；夏、殷、周道皆不足观，吾舍鲁何适，复见于《礼运》之告子游。故曰："我欲载之空言，不如见之行事之深切明著。"又曰："吾因其行事以加王心焉。"忧天悯人，不得已之心，百世如将见之。②
>
> 是故以日月、名字为褒贬，《公》、《穀》所同，而大义迥异者，则以《穀梁》非卜商高弟，传章句而不传微言，所谓中人以下不可以语上与！③

视春秋公羊学的"王鲁"诸说不仅于《公羊传》无据，而且有背上的嫌疑，以春秋公羊学的"三科九旨"为凿空之论，这是孔广森不讲"王鲁"诸说的认识原因。而"王鲁"等说的"三科九旨"恰恰是《春秋》的根本所在，没有了何休的"三科九旨"就不是春秋公羊学。所以，孔广森的《公羊春秋经传通义》，名义上是解《公羊》的著作，却失去了春秋公羊学的根本精神。这只能是春秋学中"传章句而不传微言"的"中人"之学，而与穀梁学没有了区别。所以，刘逢禄对孔广森的《公羊春秋经传通义》中否定《公羊》

---

① 孔广森：《公羊春秋经传通义》卷一，《清经解、续清经解》第5册，凤凰出版社2005年版。
② 刘逢禄：《刘礼部集》卷三，《续修四库全书》第1501册，上海古籍出版社2002年版，第57—58页。
③ 刘逢禄：《刘礼部集》卷三，《续修四库全书》第1501册，上海古籍出版社2002年版，第57页。

微言的许多内容，进行了公开的批评，指责孔广森对春秋公羊学精神的偏离。① 关于这一点，艾尔曼先生也说："孔广森的解释（指对三科九旨的解释）含着一个永恒不变的宇宙图式，在这个图式中，不变的自然、政治、道德现象相互作用。这种解释与董仲舒、何休借《春秋》阐发的充满变化和变革精神的意志主义解说是抵触的。"②但孔广森的"三科九旨"说出于晋代的荀崧，只不过孔广森仅取了荀崧"三科九旨"中的九旨，而去掉了"张三世"、"存三统"、"异内外"的三科。艾尔曼先生在谈到这个问题时，还误以荀崧为何休之前的人。③

孔广森的春秋学同庄存与一样，都具有不讲微言只重大义的特点。而对微言的否定，孔广森较庄存与又显得更为明显。所以，他虽然名义上是以会通《公羊》经传为目标，但是，同庄存与一样只是停留在对春秋学大义的讲求上。他所谓探求《春秋》的新意，也只能仅仅是对《春秋》大义的探讨。孔广森所说的《春秋》新意，其内容自然不脱尊尊、亲亲、贤贤，君臣、夫妇、父子各居其位的那一套。当然，孔广森所言大义还是有一点新内容，这就是他受其师戴震重情观念的影响，将人情与天道、王法并列为三科之一。而且，他还在书中多次发挥此说，如释文公十有五年，"十有二月齐人来归子叔姬"一条说：

> 无罪时，有罪月，子叔姬有罪矣。而犹若不欲其罪。《春秋》有以义治，有以恩治；恩不本义，私恩也；义不本恩，则非公义也。虽有法度不足以一天下，天下唯情出于一，故义者必因人之情而为之制，君臣以义合者也。④

---

① 魏源整理的刘逢禄《广墨守》，就是采取刘逢禄读《公羊春秋经传通义》的条记作为后半部发，其中多是批评的孔广森不合《公羊传》与何休《解诂》。据笔者所见，刘逢禄的批评有五大方面，一是"书爵进退之例，《通义》不如《解诂》者"；二是"《通义》褒贬之例不如《解诂》者"；三是"《通义》卒葬之例不如《解诂》者"；四是"《通义》论灭人日月之例不如何氏者"；五是"《通义》所论礼制之未安者"。其中还说，"孔氏《通义》……皆据误本而为之说"等等。

② 艾尔曼：《经学、政治和宗族——中华帝国晚期常州今文学派研究》，江苏人民出版社1998年版，第160页。

③ 艾尔曼：《经学、政治和宗族——中华帝国晚期常州今文学派研究》，江苏人民出版社1998年版，第161页。

④ 孔广森：《公羊春秋经传通义》卷六，《清经解、续清经解》第5册，凤凰出版社2005年版。

天下只有人情是统一的，义应该因人情而为制，这是对人情地位的极度推崇。他还说："讥、贬、绝不槩施，每就人情所易惑者，而显示之法，而人莫知。"①将人情说成是孔子《春秋》之法的一个原则，此说是庄存与的春秋学、更是以前春秋学所没有的新东西。然而，他既说"天下唯情出于一"，又以尊尊、贤贤、亲亲论人情，就失去了人情所具有的"一"的规定性，将人情仅仅局限于尊尊、贤贤、亲亲的礼义了。

　　从总体上说，孔广森虽然以阐明《春秋公羊传》为目标，但是，并没有严守《公羊传》，遵循董仲舒、何休的春秋公羊学，而是会通三传，杂采史籍与文字训诂的著述，博取历代《春秋》之说。较之庄存与的春秋学，他更加明显的重大义，否定微言，与赵汸的《春秋》学更加接近。孔广森的《公羊春秋经传通义》不仅比庄存与更远离春秋公羊学，而且在理论上也没有庄存与严谨。如梁启超《清代学术概论》、《中国近三百年学术史》所批评，孔广森不通《公羊》家法，但孔广森的著作明确以解释《春秋公羊传》为题目，这对人们关注春秋公羊学还是具有正面意义的。而对刘逢禄、皮锡瑞、梁启超等人据董仲舒、何休之学以批评孔广森，也不应当人云亦云，而应作辩证的分析。从春秋公羊学的发展史看，董仲舒有对《公羊传》的继承，但也有自己的发挥，何休更是加入了不少《公羊传》、董仲舒所没有的新内容，孔广森提出自己的三科九旨说，虽然不合何休、宋均之说，但也是他的一种发挥。

第二节　刘逢禄高扬春秋公羊学

　　真正带有汉代今文经学意义的春秋公羊学的出现，在清代是从刘逢禄开始的。而刘逢禄能够接续董仲舒、何休的公羊学并在一千多年后发扬光大，与其母亲家的家学影响有直接的联系。人们谈到这个问题时，比较多的是讲刘逢禄受母亲与外祖父庄存与的影响，但是，从刘逢禄的思想分析来看，他的堂舅庄述祖对他的影响应该更大。刘逢禄的经学思想不少是直接导源于庄述祖的，庄述祖的经学思想是庄存与到刘逢禄之间的中间环节。

---

① 孔广森：《公羊春秋经传通义叙》，《清经解、续清经解》第5册，凤凰出版社2005年版。

一、庄述祖的经学

庄述祖，字葆琛，居室取名珍艺宧，学者称珍艺先生。生于乾隆十五年（1750 年），卒于嘉庆二十一年（1810 年）。据艾尔曼先生等人的研究，庄存与子侄，因受和珅的排挤，在政治上皆不得意，故多转向学术，并多有造诣，最著名的当推庄述祖。庄述祖的父亲庄培因是庄存与的弟弟，少年就以文章著名，其后考中状元，庄述祖 10 岁时，父亲去世而孤。他在乾隆四十五年（1780 年）30 岁时才为进士，其后也仅做过数年的地方小官。这与他父亲、伯父高居庙堂之上的仕宦经历，形成巨大的反差，也使庄述祖有更多的时间来从事学术研究，而为后人留下了丰富的著述。

如果仅仅从庄述祖的著述名目来看，他的经学似乎与乾嘉汉学家没有什么不同，都是以文字训诂为宗，以考据疏证为内容。然而，庄述祖在这些著述中，虽然有关于古文字的著作，而且是他的重要著述，但是，这些著作所体现的经学思想，却与乾嘉汉学存在很大的区别。从清代公羊学的发展说，庄述祖的经学思想较之庄存与，更带有西汉今文经学的特色，刘逢禄的经学更多的是受到庄述祖的影响。

（一）治学崇汉学

在庄述祖的著述中，有不少属于汉学文字考证，如《五经小学述》、《毛诗考证》、《弟子职集解》、《尚书今古文考证》、《说文古籀疏证》、《石鼓然疑》、《甲乙偏旁条例》、《说文谐声考》、《说文转注》、《钟鼎彝器释文》等。庄述祖曾与许多汉学家如王念孙、段玉裁、卢文弨、江声等都有所交往，而且是很好的朋友，一些有名的汉学家如臧庸还是庄述祖的学生，[①]庄述祖的汉学成就还受到他们的推许。宋翔凤说："同时王给事念孙作《广雅疏证》、段大令玉裁作《说文正义》，每采先生之说，叹为精到。"[②]连王念孙、段玉裁这样的小学大家都叹服庄述祖的小学精到，足见其成就之高。

庄述祖的小学研究以许慎《说文解字》为出发点，然而，经过他的深

---

① 参见蔡长林：《常州庄氏学术新论》，博士论文，台湾大学中国文学研究所，2000 年，第 35、37—38 页。

② 宋翔凤：《庄珍蓺先生行状》，《朴学斋文录》卷三，《续修四库全书》第 1504 册，上海古籍出版社 2002 年版，第 397 页。

人研究之后，又不满意许慎，所以，他要参照《尔雅》、《广雅》，用三代秦汉之文为证来建立他的古文字学说。庄述祖以汉学为根株，是希望通过追溯声音文字的小学之原，来探求圣人经典之"是"与"实"，这是庄述祖研究小学的目的与出发点。在这一点上，庄述祖与当时的汉学家是一致的。但是，在对圣人经典的具体认识上，庄述祖则带有明显的西汉今文经学特色，这又不同于当时的汉学家。

庄述祖的小学研究，求声音文字之原，是要恢复所谓古代的籀文系统。与汉学家的唯《说文》是守不同，他虽然肯定许慎的《说文解字》保留了小篆，对许慎与《说文》也有很高评价，同时，又以为小篆并不是声音文字之原，并指责汉学家死守《说文》"以为不可增损一字"，是"抱残守缺"①。他认为，在小篆之先还有所谓古籀文，应该由《说文》的小篆，去求古籀文之原。从治学方法上看，庄述祖的用钟鼎古文与《说文》相对照进行小学研究，是可取的，不失为较为科学的研究方法。但是，他首先预设有所谓轩辕等古圣贤所造的籀文，以为这才是完美无缺的文字，这就否认了文字的完善是一个不断发展的过程。这是庄氏家学在政治上以三代为最理想的时代而在文字学的表现。庄述祖所谓许慎以前的籀文实际上就是秦汉以前的钟鼎古文，而所谓钟鼎古文本身就存在许多问题，所以，尽管庄述祖有很深厚的经学与小学造诣，他以恢复籀文为目标的小学研究也有不可否认的成就，然而，在总体上他的努力是不成功的。

在许慎以外，郑玄也是汉学家所最推崇的人。庄述祖以汉学为根株，还表现在他的治经以郑玄为宗。他在《郑家法序》中称赞郑玄：

> 郑君独博稽六艺之文，为之注述，剖析众说，兼综百家，略揗误文，推广遗义，揆厥源委，典礼以行。②

许慎的主要著作是《说文解字》，郑玄则以古文经学为主，兼采今文经学，遍注群经，带有综合两汉今古文经学的意义。所以，庄述祖对许慎主要是尊

---

① 庄述祖：《臧和贵小徐说文纂补序》，《珍蓺宧文钞》第 5 卷，道光年间庄氏脊令舫藏板，第 24 页。
② 庄述祖：《珍蓺宧文钞》第 5 卷，道光年间庄氏脊令舫藏板，第 15 页。

其声音文字，而对郑玄则是崇其治经能够博稽六艺，剖析众说，兼综百家。

（二）说经宗西汉

治学以汉学为根株，企图通过恢复所谓古籀文来揭示经典的本义，反映的是在乾嘉汉学及其兴盛的时代，庄述祖在治学观念与方法上受到乾嘉汉学的深刻影响。而对后来经学的发展来说，庄述祖说经宗西汉，才是具有历史发展意义的。马宗霍在《中国经学史》中说："常州学者说经必宗西汉，解经必宗籀文，自庄氏始。"①所言庄氏就是指的庄述祖。正是庄述祖的说经宗西汉，才有随之而来的刘逢禄以《公羊》为宗。

庄述祖的以西汉为宗，较为严格地说是以刘向、刘歆父子以前的西汉经学为宗。因为他认为圣人的经典在刘歆之前基本上没有遭到篡改，但是，自从经刘歆校书中秘以后，就遭到了淆乱。所以，庄述祖在庄氏中最早对刘歆进行了激烈的批评，如他在《书校对逸周书世俘后》中说：

> 谨按《世俘》文颇阙略，成帝时诏校书，刘向等以为周史、记、传、《尚书》家言，值汉中微，王莽专政，向子歆作聪明以乱旧章，自谓古文毕发……其用心亦良苦也。②
> 歆之颠倒五经，其弊可胜言哉？③

庄述祖的批评刘歆在庄述祖的其他著述中也可以经常看到对刘歆的批评。从批评中，我们就可以看到已经包含着刘逢禄及其晚清《公羊》学家批评刘歆的一些重要论点，如刘歆的篡改经典是为了迎合王莽专政，欲立学官，刘歆的篡改颠倒五经，是对圣人经典的全面颠覆。有了庄述祖所开始对刘歆的批评，其后，攻刘歆作伪就成为晚清今文经学家用以否定古文经学的一个重要手法。但是，与后来廖平等人在批评刘歆的作伪同时又批评郑玄的混淆今古文经学不同，庄述祖在批评刘歆的同时，对郑玄虽有批评，但主要是推崇。清代经学对郑玄的态度变化，是清代汉学向今文经学转化的一个标尺。只是到了较为成熟的晚清今文经学，郑玄才完全成为被否定的人物，而在这

---

①　马宗霍：《中国经学史》，上海书店 1984 年版，第 149 页。
②　庄述祖：《书校定逸周书世俘后》，《珍蓺宦文钞》第 5 卷，道光年间庄氏脊令舫藏板，第 31 页。
③　庄述祖：《书校定逸周书世俘后》，《珍蓺宦文钞》第 5 卷，道光年间庄氏脊令舫藏板，第 31 页。

之前带有今文经学倾向的经学家，绝大部分都是称许郑玄或是基本肯定郑玄的。当然，庄存与批评郑玄是较为严厉的，这一点是庄述祖与庄存与在经学上的一个重要差别。

与后来的清代今文经学家批评刘歆就一定要否定整个古文经学不同，庄述祖的说经宗西汉，却仍带有对今古文经学都同样肯定的特点。他著《毛诗考证》，于经书文字与经书说义，就是以古文经的《毛诗》为正，并对今文经学的齐、鲁、韩《诗》多有批评，其批评所依据的也是《毛诗》之说。他治《尚书》也多以西汉的真古文经为据。可见，庄述祖批评刘歆的作伪，只是否定与刘歆篡改有关的古文经，对所谓西汉初年的古文经学还是承认的。而刘逢禄、龚自珍及其晚清的今文经学家都不相信有什么刘歆作伪之前的真古文及其壁中书一类说法，他们认为西汉古文经学的传授是出于刘歆的伪造，根本不能够相信。对古文经学否定的程度，是随着清代今文经学的逐渐发展而日益加强的。从庄存与的不否定古文经学、经庄述祖的部分否定，到刘逢禄的全面否定，及其廖平、康有为的彻底否定，是一个不断加剧的发展过程。

较之庄存与的不分今古文经学，庄述祖已经重视今古文经学的区分，并在总体上带有重视今文经学的倾向。这特别表现在他对《春秋》的看法上，而这一点也是庄述祖对刘逢禄及其后来的今文经学家的最大影响。他说：

> 《春秋》之义，以三传而明，而三传之中，又以《公羊》家法为可说，其所以可得而说者，实以董仲舒综其大义，胡毋生析其条例，后进遵守，不失家法；至何邵公作《解诂》，悉隐括就绳墨，而后《春秋》非常异义可怪之论皆得其正。凡学《春秋》者，莫不知《公羊》家，诚非《穀梁》所能及，况《左氏》不传《春秋》者哉？①

庄述祖不仅严格地区分《春秋》三传的不同，而且于三传最为推许《公羊》，称许《公羊》有家法，特别赞赏董仲舒、胡毋生、何休之说，认为《穀梁》不及《公羊》，甚至提出《左传》不传《春秋》之说，具有明显的

---

① 庄述祖：《夏小正音读考序》，《夏小正经传考释》卷首，道光年间庄氏脊令舫藏板，第5—6页。

贬斥古文经学、推崇今文经学倾向。他还指斥《左传》有刘歆的篡改、杜预的误写：

> 《左氏春秋》经刘歆私改者如"壹戎殷"，改"壹"为"殪"；经杜预误写者如"不飨"读为"不夕食"，此皆不明古义。刘之逞臆虚造，杜之袭陋传讹，其失一也。①

这样严厉地批评《左传》在庄存与的经学思想中是没有的。庄述祖以《公羊》有家法、《穀梁》不如《公羊》，是以微言高于大义。随后刘逢禄对《春秋》三传的看法及其刘歆伪造《春秋左氏传》的说法，正是直接承继庄述祖之说而来的。

庄述祖在论《春秋》时，时常把《春秋》之义与《夏时》之等相比附，认为夏时为孔子所定，而孔子定夏时取夏代四时时令，如同孔子著《春秋》取鲁史一样。因此，夏代四时如鲁史，夏时犹《春秋》。孔子在《春秋》著其义，而在夏时著其等。如夏时大正、小正、王事三等之例，即《春秋公羊》三科之义，《春秋公羊》之三统即夏时之三正。而庄述祖认为，此说是根据何休而来："窃以为夏时之等，犹《春秋》之义也。故准何邵公《公羊春秋》条例，睎隐括就绳墨。"②庄述祖还把这一比附扩大到五经：

> 《易》非卜筮也，《春秋》非记事也，《夏时》非记时也。圣人之于经，所以观三代之道也，天地之德也，圣人之心也。《易》之卦也，《春秋》之义也，《夏时》之等也，一也。③

他认为，《易》的卦、《春秋》的义、《夏时》的等，都是圣人之心的体现，所表现的都是天地之德，三代之道；而《易》六十四卦以未济终，《书》以《秦誓》终，《诗》以《商颂》终，《春秋》终于西狩获麟，《夏时》终于十

---

① 庄述祖：《说文古籀疏证·条例》之一，台北新文丰出版社1985年版。
② 庄述祖：《夏小正经传考释》第1卷，道光年间庄氏脊令舫藏板，第2页。
③ 庄述祖：《夏时说义下》，道光年间庄氏脊令舫藏板，第1页。

二月的陨麋角，都是蕴涵着孔子所要昭戒人们的圣人之道。庄述祖的这些比附，带有以《春秋》之义来贯通五经的观念，而他于《春秋》三传最推许《公羊》，所以，他的以《春秋》之义来贯通五经，实际上是以《公羊》为主。刘逢禄的以《公羊》统宗五经，明显地受到庄述祖这一思想的影响。

而从清代经学发展的轨迹来说，庄述祖的经学思想尽管有既以汉学为根株，又有说经宗西汉的不协调，但是，他的重视今古文经学的区分，推许公羊学的有家法，尊崇董仲舒、何休，以《春秋》之义贯通五经，批评刘歆的作伪等观念，则将清代以公羊学为中心的今文经学大大向前推进了一步。这些思想经刘逢禄的发挥，而形成了以公羊学为宗的经学体系。尤其值得指出的是，庄述祖虽然与庄存与一样都以发挥圣人之义、三代之道为归宿，都推重董仲舒与何休，但是，庄存与是重大义，而轻微言，庄述祖则开始转向对微言的相对重视，这一转变正是刘逢禄经学思想形成的必要资源。

由庄存与开始的偏重《公羊》今文经学的倾向，经过庄述祖的发展到刘逢禄，有了一个巨大的变化，就是刘逢禄建立了一个以公羊学为中心的囊括五经的今文经学体系。刘逢禄的公羊学与之前的庄存与、孔广森、庄述祖相较，所发生的重大变化就在于由重圣人之道的大义的阐发，变为了以讲求"三科九旨"的微言为宗。刘逢禄的以《公羊》统宗五经，实际上就是以"三科九旨"统宗五经。公羊学之为公羊学的特色，不在大义，而在微言。有了刘逢禄的以微言为宗，汉代以董仲舒、何休为代表的公羊学，经过一千余年的消沉，才真正首次得以发扬光大。从此，清代经学才有了可以与汉学相抗衡的今文经学，并由此经过龚自珍、魏源、王闿运、廖平、康有为等人的发展，而成为晚清最有影响的社会思潮。

二、刘逢禄的家世生平与著述

刘逢禄是继何休后近两千年来出现的第一位系统论说春秋公羊学的大师，刘逢禄能够在乾嘉汉学极其兴旺的时空中，独好春秋公羊学并作出巨大的成就，与他的家世、生平密不可分。

（一）家世及生平

刘逢禄，字申受，又字申甫，号思误居士，江苏武进人。乾隆四十一年

（1776 年）六月十二日生，于道光九年（1829 年）六月十八日卒，享年 54 岁。①刘氏家族也是常州的名门望族，刘逢禄的祖父刘纶，更是乾隆年间的著名学者与权贵，官至实授文渊阁大学士兼工部尚书，谥文定公。刘逢禄的父亲刘召扬被乾隆亲置第一，有着美好的仕途。但他却毫不动心，而一心矢志学问。刘召扬的学问十分广博，经、史、子、集，儒家、佛教、道教、诗词、医学、音乐、天文历法，都有所涉及。父亲这种嗜好学术的家学学风，给刘逢禄以直接的影响。

刘逢禄 25 岁时，就以文章而闻名，与同邑李申耆先生齐名，号常州二申。②可是，此后刘逢禄的科举之路并不顺利，到刘逢禄 39 岁时，他第三次入京应试，才得中进士。在仕途上，刘逢禄一直没有什么发展，至 49 岁，才得以补仪制主事，其后十余年不得升迁。刘逢禄的一生，不仅科举与仕途都不顺利，而且家境也不宽裕、人生亦不顺利。他的儿女中，有两儿两女先后夭折，在他 54 岁时，家中更是大故迭起，先是第五个儿子暴卒，接着是夫人去世。在接连的痛失爱子与妻子的打击下，刘逢禄的身体状况急剧下降，在夫人去世后不到两个月，他也在悲伤、痛苦中离开了人世。但是，他在学术上的成就却十分巨大，而且在文学、经学等方面都有所成就，最重要的当推他在经学上的贡献，正是刘逢禄的经学，深深地影响了其后中国一百余年的学术文化。

刘氏家族虽然是书香世家，但是，刘逢禄的学术受到家学的影响却不大，反倒是他母亲的外家之学给他以很深的影响。他的母亲是庄存与的女儿，在娘家时，他的母亲就受到家学的熏陶。刘逢禄的父亲喜欢在外游学，所以，他从幼小时多得母亲的教育。刘逢禄说：“余幼时，先妣诲之，学必举所闻于宗伯公经史大义，以纠俗师之谬。”③刘逢禄在记叙 11 岁与母亲回娘家时，得见外祖父庄存与的情景，对此有一说明：

---

　　①　关于刘逢禄的生卒年，陈鹏鸣先生在《史学史研究》1996 年第 1 期的“史林欧拾”栏目撰《刘逢禄生年及著作考》说，刘承宽在《先君府行述》以刘逢禄生于“乾隆四十年”（所据为思误斋道光十年刘逢禄：《刘礼部集》本），但是，今存刘逢禄《刘礼部集》作“乾隆四十一年”，故李兆洛的《礼部刘君传》说刘逢禄“享年五十有六”，存在计算上的失误。

　　②　参见刘承宽：《君府行述》，《刘礼部集》第 11 卷附，上海古籍出版社 1995 年版。

　　③　参见刘逢禄：《先妣事略》，《刘礼部集》第 10 卷，上海古籍出版社 1995 年版。

乾隆丙午，公予告归里，余年十一，叩其所读贾、董文章，喜谓先
姚曰："而子可教，从何师得之？"应曰："儿弱不好弄，塾师岁时归舍，
女自课之耳。"①

而刘承宽则在《先府君行述》中叙及此事，有庄存与"此外孙必能传吾
学"② 一说。由这些记叙来看，刘逢禄从他母亲那里学习到的学问，一定有
西汉董仲舒的今文公羊学。刘逢禄自己也不止一次地说，他从小就十分喜爱
学习董仲舒、何休的著作，"禄束发受经，善董生何氏之书，若合符节"③。
"余自童子时，癖嗜二君（指董仲舒、何休）之书，若出天性"④。

就庄氏家学的影响而言，舅父庄述祖的经学对刘逢禄以公羊学为宗的今
文经学思想体系的形成影响更大。刘逢禄除了在十多岁时受到庄述祖的指
教，在庄述祖做官回到家乡后，刘逢禄更得以时常请教舅父，受到舅父越来
越大的影响。刘逢禄说：

嘉庆初，先生归自沛南，余始从问《尚书》今古文家法及二十八
篇叙义，析疑赏奇，每发神解。⑤

庄述祖是在嘉庆二年回到家乡的，这一年刘逢禄 22 岁。此后，刘逢禄
经常得以向庄述祖学习，而学习的结果是刘逢禄不仅尽得庄述祖之学，而且
还受到庄述祖认为其可以为师的极高评价。这也可以通过宋翔凤的记叙得到
证实，据宋翔凤说，宋翔凤与母亲（庄述祖之妹）在嘉庆四年去常州，"述
祖教以读书稽古之法，家法绪论得闻其略，尝云：'吾诸甥中，刘申受可以
为师，宋虞廷可以为友。'"⑥从中可见刘逢禄在经学的造诣已经达到极高的
水准，而庄述祖却只许宋翔凤可以为友。从庄述祖一师一友的称评中，可见

---

① 刘逢禄：《记外王父庄宗伯公甲子次场墨卷后》，《先君府行述》，《刘礼部集》第 10 卷，上海古籍
出版社 1995 年版。
② 刘承宽：《君府行述》，《刘礼部集》第 11 册附，上海古籍出版社 1995 年版。
③ 刘逢禄：《春秋公羊经何氏释例叙》，《清经解、清经解续编》第 8 册，凤凰出版社 2005 年版。
④ 刘逢禄：《春秋公羊解诂笺序》，《清经解、清经解续编》第 8 册，凤凰出版社 2005 年版。
⑤ 刘逢禄：《尚书今古文集解·自序》，《清经解、清经解续编》第 10 册，凤凰出版社 2005 年版。
⑥ 宋翔凤：《庄珍艺先生行状》，《朴学斋文录》卷三，第 17 页。

刘逢禄与宋翔凤在治学上的高低差异。对于庄述祖对自己的影响，刘逢禄后来在其著作中曾多次提及。

（二）《春秋公羊经释例》

刘逢禄一生的治学，都是围绕着公羊学这个中心。他的著作也主要是或是与公羊学相关的著作，据张广庆先生的《武进刘逢禄年谱》所述先后，刘逢禄的主要著作有：在 21 岁时，著有《穀梁废疾申何》二卷；27 岁时，以张惠言所撰《虞氏易言》，自"震"卦以下十四卦未成，"其甥董士锡学于先生，以余言《易》主虞仲翔氏，于先生言若何符节，属为补完之"①，而成《虞氏易言补》；28 岁，成《四书是训》十五卷，学政平恕作有后记。②30 岁时，于东鲁讲舍成《春秋公羊经何氏释例》十卷三十篇；34 岁，作《春秋公羊何氏解诂笺》一卷，《发墨守评》一卷；37 岁，成《左氏春秋考证》一卷，《后证》一卷，《针膏肓评》一卷，《论语述何》二卷；46 岁时，著《庚辰大礼记长编》十二卷；49 岁，推舅氏庄述祖未竟之志，撰《尚书今古文集解》三十卷，《书序述闻》一卷，创稿《诗声衍》。此外，刘逢禄还著有《春秋论》、《春秋公羊议礼》及各种序、文、赋颂等，这些著作后来都收入《刘礼部集》，③而多数是有关公羊学的。按刘承宽的说法，刘逢禄关于《春秋》的著作有 11 种之多。蔡长林先生在《刘逢禄春秋学初探》中认为，另有《春秋论》、《春秋公羊议礼》、《读公羊通义条记》、《春秋考异》等，因此他认为刘逢禄的春秋学著作约有 15 种。④ 由此可见，刘逢禄的著述主要是有关春秋学的，而他一生学术的重心完全是在公羊学上。

刘逢禄最重要的代表作当推《春秋公羊经何氏释例》一书。刘逢禄在该书成书后，曾作诗四首，其中第二、三首说：

一月重寻翰墨缘，温城绝业得珠联；

---

① 刘逢禄：《虞氏易言后记·虞氏易言补》，上海古籍出版社 1996 年版。

② 江翰在《四书是训提要·续修四库全书总目提要》中说："其书盖借以逢时，无关著述……颇有挟天子以令诸侯之意。逢禄承其外祖庄存与之学，存与因当时人人诋《古文尚书》，遂著《尚书既见》以图翻案，欲翻案而不能，则借口于尚书房讲授以为说，逢禄或师其智，然而陋矣。"评价不高。

③ 刘逢禄：《刘礼部集》共 12 卷，有道光十年刘氏思误斋刊本，此外，有光绪十二年的重刊本，光绪十八年延釐承庆堂重刻本。

④ 参见姜光辉主编：《经学今诠四编·中国哲学》第 25 辑，辽宁教育出版社 2004 年版，第 482 页。

窥园未免愧前贤，驻景方知绝几编。

天遣幽人在空谷，帝为词客展华年；

拟将中寿安吾分，半世须教万世传。

弱冠精研志不磨，每从家法辨眼讹；

引针难起邱明疾，入室先抄武库戈。

要使日星辉复盎，还将峡石挽颓波；

经神绝业如相待，一瓣心香奉董何。①

第三首诗是说《春秋公羊经何氏释例》，严守《公羊》家法，遵奉董仲舒、何休之说，而使晦涩千余年的公羊学得以发扬光大。第二首诗以《春秋公羊经何氏释例》得董仲舒、何休之真传，可以传之"万世传"，分别说明了刘逢禄经学的精神及其刘逢禄对其著作的自负。

《春秋公羊经何氏释例》一书，后收入《皇清经解》，为十卷本，而《刘礼部集》第四卷有二十四篇本，② 另有太清楼、养一斋本，张广庆先生在《刘逢禄及其春秋公羊学研究》中说，太清楼本与养一斋本皆不见。③ 其实，《续修四库全书》即采用太清楼本，其叙为刘逢禄的手迹。而《续修四库全书》在太清楼本的《春秋公羊经何氏释例》之后，以养一斋本的《申墨守》、《广墨守》、《申膏肓》、《广膏肓》、《申废疾》、《广废疾》各一卷，合为《春秋公羊经何氏释例后录》。

太清楼本与《皇清经解》本的《春秋公羊经何氏释例》均为十卷本，应该出于一脉。十卷本的《春秋公羊经何氏释例》在体例上采用三段式，首列例名，如"张三世例第一"，然后罗列《解诂》关于此例的相关论述；次以"释曰"的形式来论说此例之义。其中体现刘逢禄经学思想的是在各例中的"释曰"部分。此书在体例上与杜预的《春秋释例》较为接近，亦

---

① 刘逢禄：《闰六月三十重度时《春秋释例》成题四章示诸生》，刘逢禄：《刘礼部集》第 11 卷，上海古籍出版社 1995 年版。

② 张广庆在其博士论文《刘逢禄及其春秋公羊学研究》第 24 页，说是 25 篇，其实应为 24 篇。

③ 参见张广庆：《刘逢禄及其春秋公羊学研究》，博士学位论文，台湾师大国文所，1997 年，第 24 页。

与庄存与的《春秋正辞》、赵汸的《春秋属词》相近。《刘礼部集》中此书的名称为《春秋公羊释例》，与太清楼本、《皇清经解》本的经解本不仅在名称上有所区别；而且在体例上也没有何休论述的材料排列，而只是直接阐述其义。此一差异，或许因《刘礼部集》本无何休论述的罗列，所以在名称上就去掉了何氏之名。《刘礼部集》本所列的义例，经解本基本上都有，只是对条例有所重新分合，所没有的只是"王鲁"一例，但是，"王鲁"之说仍见于"通三统"例中。《刘礼部集》本的释三科的"通三统"例与"异内外"例，文字都比经解本要多，论说更为详尽，"张三世"的论说也有差异。① 更为重要的是，《刘礼部集》本突出了"三科九旨"的核心，并直接以"三科九旨"的名目来安排其例，虽然经解本30例的排列也首先列出"张三世"、"通三统"、"异内外"的三科，但是，却无"三科九旨"之名。所以，《刘礼部集》本应该是刘逢禄在经解本的基础上所修改过的本子。而从经解本的30例中可以知道，刘逢禄在30岁时对何休公羊学义例的归纳，从《刘礼部集》本中可见刘逢禄后来对公羊学义例的归纳，具有更为突出三科九旨的特点。所以，《刘礼部集》具有更能体现刘逢禄经学思想的优点。

《春秋公羊经释例》所言之例，包含着公羊学书法之例与其所寓含之义这两种含义。公羊学例的书法，是指书写的规则，如《春秋》记事有时书时、月、日，有时又不书；有时称爵，有时又称人；而是否书时、月、日及其如何称谓的书法，都体现着孔子的褒贬之义，这是例的书法含义。同时，例还有通过书法所体现出来的圣人之义即例的义理所在，这是例的更深含义，也就是公羊学所说的微言大义。公羊学以为，《春秋》的例都有这两种含义。所以，例包含着书法与微言大义两种含义，因而，例也被称为义例。其中微言大义必须通过书法来表现，离开书法，微言大义就无法体现；但是，书法的意义就在于说明微言大义，离开微言大义，书法就毫无意义。公羊学之例虽然都有书法与微言大义的两个方面，而且这两个方面密不可分，但是，不同的例还是有所侧重的。如三科等例，就主要是微言大义的阐发，而九旨等例则重在时、月、日、爵数之等、褒贬的书法

---

① 参见张广庆博士论文：《刘逢禄及其春秋公羊学研究》，第24页。

说明。

同时，微言与大义又是有区分的，微言是指在当时只能通过口头相传的内容，如孔子改制的《春秋》"新王"说、"王鲁"说、"张三世"、"通三统"、"异内外"等，是孔子的政治理想与思想寄托；而大义则是君君、臣臣、父父、子子的尊卑亲疏及其尊贤等政治伦理原则。微言与大义，在刘逢禄之先基本上是没有区分的，人们多混而为一。刘逢禄开始对微言与大义有明确的区分，如他说："微言绝矣，大义能无乖乎？"①以微言绝，则大义乖，这不仅将微言、大义区分为二，而且是视微言较大义更根本的观念。

自董仲舒、何休、赵汸到庄存与、孔广森、庄述祖等，都对《春秋》的例有较多且深入的论述。然而，在对例的论说中，是拘于书法，还是重视微言大义，在微言大义中是重微言，还是重大义，在不同的经学家那里是有所区别的。在刘逢禄的《释例》中，虽有对例的书法归纳分析，但他更重视例所体现的微言大义，在微言大义中又以微言为主，可以说，刘逢禄的《春秋公羊经何氏释例》就是何休之后也是清代第一部以微言为宗的经学著作。

三、对"三科九旨"微言的阐发

刘逢禄的经学以微言为主，这是他与庄存与、孔广森的经学具有划时代意义的区别所在。而他所说的经学微言就是何休所阐发的"三科九旨"，"三科九旨"的经学微言构成刘逢禄经学思想的根核。如刘逢禄所说：不知"三科九旨"就不懂《公羊》，不懂《公羊》就不明《春秋》，不明《春秋》就不晓《春秋》，不晓《春秋》就不能言五经。如今我们更应该说，不明"三科九旨"，就不能懂得刘逢禄的经学思想。

（一）刘逢禄的"三科九旨"说

在历史上，"三科九旨"有何休、宋均、荀崧、孔广森四家之说，加上刘逢禄之说，共有五家。在形式上，何休的"三科九旨"说与孔广森的

---

① 刘逢禄：《讳例第十四》，《春秋公羊经何氏释例》第6卷，《清经解、清经解续编》第8册，凤凰出版社2005年版。

"三科九旨"说接近，即以三科即在九旨中：

	"一科三旨"	"二科六旨"	"三科九旨"
何休	新周，故宋，以《春秋》当新王，此一科三旨也	所见异辞，所闻异辞，所传闻异辞，二科六旨也	内其国而外诸夏，内诸夏而外夷狄，三科九旨也
孔广森	天道者：一曰时，二曰月，三曰日	人情者：一曰尊，二曰亲，三曰贤	王法者：一曰讥，二曰贬，三曰绝

刘逢禄的"三科九旨"说与宋均、荀崧相近，在三科外另立九旨：

	宋均	荀崧	刘逢禄
三科	张三世、存三统、异内外	张三世、存三统、异内外	张三世、通三统、异内外
九旨	一曰时，二曰月，三曰日，为详略之旨；四曰王，五曰天王，六曰天子，为远近亲疏之旨；七曰讥，八曰贬，九曰绝，轻重之旨	季节、月份、日；褒、讥、贬绝；尊、亲、贤	时、月、日；爵、氏、名字；褒、讥、贬绝

　　宋均、荀崧、刘逢禄的"三科九旨"说与何休、孔广森的不同之处，是以三科之外有九旨，而不是以"三科九旨"为一。即使孔广森与何休以"三科九旨"为一，但二者的含义实际上有很大区别，这就是孔广森的"三科九旨"只相当于荀崧的九旨，而没有了宋均、荀崧的三科，这也是刘逢禄、皮锡瑞、梁启超等人所批评的没有"张三世"等经学微言大义。何休之说虽然突出了经学微言大义，但没有给予书法以必要的说明。宋均、荀崧与刘逢禄的"三科九旨"都在三科之外另立九旨，是对春秋公羊学更为全面的纲领性说明，而二者的说法也较为接近。但是，刘逢禄的归纳比宋均、荀崧的九旨要全面得多，如宋均的远近亲疏之旨为王、天王、天子，没有刘逢禄的爵、氏、名字完备，前者只涉及王、天王、天子，没有其他爵位名号，后者的爵、氏、名字则包含所有爵位、姓氏、名号；宋均的讥、贬、绝，都缺乏褒的一面，而孔子的书法不仅有讥、贬、绝的负面的一面，还有

褒的正面的一面。所以，刘逢禄的九旨同宋均的九旨说虽然主要都是就《春秋》书法而言，但只有刘逢禄的九旨说才对《公羊传》的书法有较为全面的说明。所以，在五家"三科九旨"说中，刘逢禄之说最为全面精审。这是春秋公羊学理论不断完善的表现。

《春秋公羊经何氏释例》所言之例最重要的就是"三科九旨"，"三科九旨"的论说最能体现刘逢禄经学的根本观念。从例的书法与义理来说，三科重在微言大义的阐发，九旨则重在书法的说明。当然，这一区分又不是绝对的，如三科的三世划分、异内外的三世异词之类，也属于公羊学的书法，而时、月、日、爵、氏、名字、褒、讥、贬绝九旨的书法，又包含着"张三世"诸微言大义及其《春秋》所肯定的政治伦理原则的说明，离开九旨为主的书法，公羊学"张三世"诸微言大义就无法体现出来。所以，要全面地说明公羊学的例的书法与微言大义，就得既讲以微言大义为主的三科，也讲以书法为主的九旨。刘逢禄言《公羊》本以何休为宗，而何休的"三科九旨"说以九旨即在三科中，三科以外无九旨，可能造成忽略书法的缺陷，刘逢禄的《释例》在三科以外另言九旨，求异于何休，不过是要完善何休之说，克服何休之说的缺点。

（二）阐发三科的经学微言

刘逢禄以为三科的经学微言，是由孔子弟子中的高足如子夏、子游等人所传，而为汉代的董仲舒、胡毋生、何休承继，这是孔子道统的唯一正传。所以，他阐发三科总是据董仲舒、何休为说，并且有着刘逢禄的发展。

何休虽然提出了公羊学的"三科九旨"说，但是，"三科九旨"以何为第一义、三科、九旨间的关系等问题，并不见其论说。刘逢禄在《春秋公羊经何氏释例》中以"张三世"为第一例，也说明了"张三世"是他所言经学微言的第一义。同时，何休在《公羊解诂》中对"张三世"只是在一些训解中有所叙及，而没有专门的集中论说，《春秋公羊经何氏释例》则在罗列何休关于"张三世"的16条材料后，以"释曰"的形式用很长的一段文字，将公羊学的"张三世"说首次作出了总结性的理论说明。

刘逢禄关于《公羊传》"张三世"说的论说，依其顺序，可以分为三层：第一层，主要是对董仲舒、何休"张三世"的归纳说明。第二层，是刘逢禄以《春秋》为治万世之书的论说。刘逢禄不止一次地说，《春秋》是继《诗》而作。《诗经》的二雅以《大雅》结束表示的是王迹的熄灭。而孔子著《春秋》，得西狩获麟之瑞，正是天告孔子是文王的承继者，所以，《春秋》为《诗经》王迹熄灭之后的接续，书中所记虽然仅有242年，却是圣人为治中国万世而立的法典，这就是刘逢禄说的"愀然以身任万世之权，灼然以二百四十二年著万世之治"①。第三层，是刘逢禄从群经对《春秋》三世普遍性的论说：

> 古之造文者，三画而连其中谓之王，《易》之六爻，《夏时》三等，《春秋》之三科是也。《易》一阴一阳，乾变坤化，归于乾元用九，而天下治，要其终于未济，志商亡也。《诗》、《书》一正一变，极于周亡，而一终《秦誓》，一终《商颂》。《秦誓》，伤周之不可复也；《商颂》，示周之可兴也。《夏时》察大正以修王政，修王政以正小正，德化至于鸣隼，而推原终始之运，本其兴曰："正月启蛰。"戒其亡曰："十有二月、陨麋角。"《春秋》起衰乱以近升平，由升平以极太平，尊亲至于凡有血气，而推原终始之运，正其端曰"元年春王正月，公即位"，著其成曰"西狩获麟"。故曰治不可恃，鸣隼犹获麟也，而商正于是建矣；乱不可久，孛于东方，螽于十二月，灾于戒社，京师于吴、楚，犹《匪风》、《下泉》也，而夏正于是建矣。无平不陂，无往不复，圣人以此见天地之心也。②

刘逢禄以大正、小正、王事科的《夏时》三等，《易经》卦的六爻，用来比附王道三世。这些比附本身虽然没有实际的理论意义，但是，从其比附中却反映了刘逢禄思想的矛盾，而由其矛盾中则可见刘逢禄的"张三世"说重视变化的观念。

按照何休的"张三世"说，人类社会应该是一个由乱到治的前进过程，即由据乱到升平、再进到太平的过程，所以，由此应该得出的结论是"乱

---

① 刘逢禄：《张三世例第一》，《公羊春秋何氏释例》第1卷，《清经解、清经解续编》第8册，凤凰出版社2005年版。

② 刘逢禄：《张三世例第一》，《公羊春秋何氏释例》第1卷，《清经解、清经解续编》第8册，凤凰出版社2005年版。

不可久"。刘逢禄谈到这一点，但是，他更为强调的是与此对立的"治不可恃"，所以，他说得更多的是"《易》终于未济，志商亡；《书》终《秦誓》，伤周之不可复也；《夏时》戒其亡，曰十有二月、陨麋角"等。"乱不可久"与"治不可恃"是两个相反相成的观念，都具有物极必反的哲学意义，但是，"乱不可久"是说由乱向治的转变，而"治不可恃"则是说由治向乱的转化。在公羊学的"张三世"说中具有"乱不可久"的观念，却没有"治不可恃"的观念。刘逢禄将"乱不可久"与"治不可恃"都作为"张三世"的内容，这就将何休本来具有渐进发展意义的"张三世"，变为了一乱一治的往复循环了。这是刘逢禄的"张三世"说不同于何休的地方。

此外，何休"张三世"的归宿是太平世，太平世的特点是无诸夏与夷狄之分，世界远近大小若一，也就是所谓大一统，而大一统又与尊王相联系；刘逢禄的张三世则以一治一乱的循环为归，这就没有了何休的大一统的终极目标，同时，也淡化了尊王的意义。所以，我们在刘逢禄的著述中，绝看不出庄存与以尊王为核心的观念。这是刘逢禄与庄存与的一个差别，在庄存与那里，表现了他对清王朝的幻想，而在刘逢禄那里则是清王朝王权衰落的反映。

刘逢禄所以将"张三世"不具有的"治不可恃"，作为"张三世"的重要内容，这反映了刘逢禄对清代社会将从治向乱转变的敏感。清代在嘉庆初年就爆发了遍及四川、陕西、甘肃、河南、湖北五省长达 9 年的白莲教起义，另有长达 12 年之久的湖南、贵州的苗民暴动，在北方的河北、山东、山西还爆发了天理教的起义以及维吾尔人民的起义等。进入道光年间，更是内外交困，而刘逢禄正是生活在这样的一个时代。中国虽然还没有步入近代社会，但已是山雨欲来风满楼了。而真正喜好公羊学的学者，都是一些较为关注社会政治的知识分子。所以，刘逢禄能够感觉到这种历史的微妙变化，而强调"治不可恃"。公羊学的"张三世"是乐观的历史主义，"治不可恃"则是悲观的历史主义，这是刘逢禄不合于公羊学的地方。

后来刘逢禄在《刘礼部集·释三科例上》，对"张三世"又有新的论说：

> 传曰："亲亲之杀，尊贤之等，礼之所生也。"《春秋》缘礼义以致太平，用《乾》、《坤》之义，以述殷道，用《夏时》之等，以观夏道。

等之不著，义将安放？故分十二世以为三等：有见三世，有闻四世，有传闻五世。若是者有二义焉：于所见微其词，于所闻痛其祸，于所传闻杀其恩，此一义也。于所传闻，见拨乱反正；于所闻世，见治廪廪进升平；于所见世，见治太平，此又一义也。由是辨内外之治，明王化之渐，施详略之文。鲁愈微而《春秋》之化愈广，世愈乱而《春秋》之文益治，甚至西狩获麟，于《春秋》本为灾异，而托之以为治定功成之瑞，若是者何哉？子曰："我欲托之空言，不如见之行事之深切明著也。"又曰："吾因其行事，而加吾王心焉。"《春秋》之义犹六书之假借，说《诗》之断章取义，故又曰："知我者其唯《春秋》乎？罪我者，其唯《春秋》乎？"

这段论说中，刘逢禄有两点新内容：第一，明确区分"张三世"的两种含义。以所见微其词，所闻痛其祸，所传闻杀其恩，为一义，此一义所说即三世异辞的笔法；以所传闻见拨乱反正，于所闻世见治升平，于所见世见治太平，为又一义，此一义则是所谓孔子政治理想的经学微言。这实际上是将三世的书法与微言两种不同的含义区分了开来。在这两种含义中，书法是用来说明微言的，微言要通过书法来体现，但是，微言才是公羊学的根核所在，离开微言书法就毫无意义。所以，他在对《公羊》之例的归纳与解释上，也有关于三世异辞书法的论说，但是，重点却在微言的阐发上。这也难怪刘逢禄对《春秋》书法的论说，反而不如庄存与详细。"张三世"的这两种含义，董仲舒、何休之说就已经有了，但是，明确地将其区分开来，刘逢禄还是第一次，这使"张三世"的理论更为细致精密。

第二，明确以《春秋》之义具有假托历史的性质。刘逢禄以为《春秋》之义犹六书的假借，何谓假借？许慎在《说文解字叙》中说："假借，本无其字，依声托事，令长是也。"段玉裁注说："托者，寄也。谓依傍同声而寄于此，则凡事物之无字者，皆得有所寄而有字。如汉人谓县令曰令长，县万户以上为令，减万户为长。令之本义，发号也；长之本义，久远也。县令、县长本无字，而由发号久远之义，引申转展而为之，是谓假借。"①刘逢禄用

---

① 段玉裁：《说文解字注》，中华书局 1981 年版，第 757 页。

六书的假借来说明《春秋》之义，无非是说《春秋》所记的历史，不过是一种假借，《春秋》只是假借其史来阐明其义，即借彼以明此，借彼只是手段，明此才是目的。所以，对《春秋》不应该去关注假托的历史，而应该注意这种假托所寓含的微言，即孔子的"王心"。

这一假借说，是刘逢禄的一个重要观念，他后来也多次论及。如他说："鲁之郊禘非礼也，《春秋》因假以见王义"；"《春秋》托齐桓以为二伯"①，较为集中的见于如下一段话：

> 《春秋》因鲁史以明王法，改周制而俟后圣，犹六书之假借、说《诗》之断章取义，故虽以齐襄、楚灵之无道，祭仲、石曼姑、叔术之嫌疑，皆假之以明讨贼、复仇、行权、让国之义，实不予而文予。《春秋》立百王之法，岂为一事一人而设哉？②

《春秋》是假借鲁史来说明孔子所修的王法，这一王法是改周代之制，为后王所立之法，孔子修王法如六书的假借、说《诗》的断章取义，只是借春秋的齐襄、楚灵、祭仲、石曼姑、叔术等人物及其事件，来隐喻讨贼诸微言大义。而在书法上有时实不予而文予，如楚灵王杀庆封，书"楚子"，这是文与，但是又实不与楚灵王有专讨的权力；有时又实予而文不予，如楚庄王杀夏征舒，贬为"楚人"，这是文不与，但又实与贤君讨伐重罪之臣。孔子就是通过假借史事，以独特的笔法，褒贬是非，建立了百世不易的一王大法。刘逢禄的这一说法，开后来廖平、康有为的孔子托古改制说。只是刘逢禄的假借说，还承认《春秋》有对鲁史的假借，而廖平、康有为则将《春秋》的文字视为孔子微言的符号，根本与鲁史无关。

通过刘逢禄对"张三世"作出的阐发，散见于董仲舒、何休著作的"张三世"说首次得以被详细论说，而刘逢禄的论说又有富于时代意义的新内容。刘逢禄不仅指出了"张三世"的书法与微言的两种不同含义，突出了微言的重要性，肯定了"张三世"是关于社会历史渐进发展的历史观，

---

① 刘逢禄：《公羊解诂笺·僖公篇》，《清经解、清经解续编》第8册，凤凰出版社2005年版。
② 刘逢禄：《春秋论下》，《刘礼部集》第10卷，上海古籍出版社1995年版。

同时，他又给张三世加入了"治不可恃"的悲观色彩，使原本是以大一统的太平世为归宿的"张三世"，变成了一治一乱的治乱循环理论。

"通三统"是刘逢禄认为的公羊学的第二要义。"通三统"与"张三世"虽然都是公羊学的重要理论，但是，二者却是完全不同的，"张三世"是一种渐进的历史发展观，"通三统"则是一种循环的历史观。尽管这是两种不同的历史观，但都是公羊学关于历史发展的观念。刘逢禄论"三科九旨"以它们列为第一、二位，反映了对历史发展规律的探索在刘逢禄的经学思想中占有首要的地位。

刘逢禄对"通三统"，同样有前后论述的不同，在《公羊春秋何氏释例》中，以"曰"为分判，明显分为前后两个部分。前半部分对"通三统"的论说，基本上是董仲舒、何休已有的观念。但是，他强调必"通三统"，治道才能无偏不举，天命授受非独一姓，则同样具有注重变化的观念，否定天命永恒性的哲学意义。而他说《诗经》有所谓"新周、故宋，以《鲁颂》当夏，而为新王"，及其以《诗经》的三颂与三正相比附，以证明五经都贯穿着《公羊》的三统之义，说明五经必明《春秋》，而明《春秋》则在明《公羊》的"三科九旨"，则再次体现了刘逢禄以《公羊》遍说群经的经学特色。

在后半部分，刘逢禄谈到《易》与《春秋》的会通，必明《春秋》才可以明《易》，这是对《春秋》在五经中根本地位的进一步申说。而值得注意的是刘逢禄强调《春秋》包含三统，上贯二帝三王，下治万世者，是治万世之书。这个观念是将《春秋》绝对化的观念，而与"通三统"之说是背离的。按"通三统"说，三统是不断循环的，当新的一统替代旧的一统时，必然有顺应天命的所谓改制之举，改变前一统的制度，建立新一统的制度，以与天命相应，因而，就不可能有一种永恒不变的法典。说《春秋》可以治万世，就否定了三统的循环。"通三统"尽管是一种循环论，但是，循环也是一种有变化的发展，由"通三统"说理应阐发历史发展的观念，刘逢禄却归结到《春秋》治万世，这是对《公羊》强调变化发展观念的偏离。

后来，刘逢禄在《刘礼部集》中关于"通三统"论说也有一些变化，增加了这样一段有新意的话："天下无久而不敝之道，穷则必变，变则必反其本，然后圣王之道与天地相终始。"①董仲舒曾有天不变、道亦不变之说，而刘逢禄在这里却强调道久有弊，天下无不变之道，以"穷则变"为社会发展的法则，这是强调变化发展的观念，是对《春秋》治万世观念的某种修正。

刘逢禄论三科的异内外，前后所论大略相同。只是在《刘礼部集》中增加了一段话，进一步说明了《春秋》所以异内外及其异内外书法的意义，与在《公羊春秋何氏释例》中所论基本一致。结合这两段论说，可以对刘逢禄的异内外说有一个完整的认识。从总体上说，刘逢禄的异内外之说是本于何休的。异内外之例的"《春秋》内其国而外诸夏，内诸夏而外夷狄"之说，出自《公羊传》成公十五年。《公羊传》解释《春秋》为什么要异内外时说："王者欲一乎天下，曷为以内外之辞言之？自近者始也。"只说到异内外是王者王天下，从近者始。何休在《公羊解诂》中对异内外作了详细的说明，他以异内外与张三世相联系，三世不同，内外也不同。在所传闻世，是以鲁国为内，以诸夏为外，即"《春秋》内其国而外诸夏"，何休说："内其国者，假鲁以为京师也；诸夏，外土诸侯也。"②假鲁以为京师，诸夏为诸侯，即是以鲁国为内，以诸夏为外。在"所传闻之世，外离会不书，书内离会者，《春秋》王鲁，明当先自详正，躬自厚而薄责于人，故略外也"③；"于内大恶讳，于外大恶书者，明王者起，当先自正，内无大恶，然后乃可治诸夏大恶，因见臣子之义，当先为君父讳大恶也。内小恶书，外小恶不书者，内有小恶，适可治诸夏大恶，未可治诸夏小恶，明当先自正，然后正人。"④这是对内的要求的具体说明。而在所闻世，则是以诸夏为内，以四夷为外，即"内诸夏而外夷狄"，何休说："见所闻世治近升平，内诸夏而详录之，殊夷狄也。"⑤所以，"《春秋》以内为天下法，动作当先自克责，故小有火，如大有灾"⑥。到所见世则无内外之分了，"见王道太平，百蛮贡

① 刘逢禄：《释三科例中》，《刘礼部集》卷四，上海古籍出版社1995年版。
② 何休：《公羊解诂·成公十五年》，阮元刻：《十三经注疏》下册，中华书局1982年版。
③ 何休：《公羊解诂·隐公二年》，阮元刻：《十三经注疏》下册，中华书局1982年版。
④ 何休：《公羊解诂·隐公三年》，阮元刻：《十三经注疏》下册，中华书局1982年版。
⑤ 何休：《公羊解诂·宣公十七年》，阮元刻：《十三经注疏》下册，中华书局1982年版。
⑥ 何休：《公羊解诂·襄公九年》，阮元刻：《十三经注疏》下册，中华书局1982年版。

职，夷狄皆进至其爵"①。无论三世的内外的变化如何，《春秋》对内外的书法都是详内而略外，内小恶书，外小恶不书。总的原则是王化由内始、从近始，要求躬自厚而薄责于人，先自克责，从正我做起。何休的这些观念都为刘逢禄所归纳。

刘逢禄对公羊学三科的论说，不仅是刘逢禄对公羊学的体认，也是刘逢禄经学思想的根本观念。而他的三科论说，主要是对"张三世"、"通三统"及其相联系的异内外的公羊学微言的论说，尽管也有对公羊学的发挥，还有一些时代变化的理论反映，但是，主要还是对何休为代表的公羊学原有观念的说明，还没有从中发展出与何休有时代区别的理论。然而，较之庄存与、孔广森诸人所讲的公羊学，刘逢禄的公羊学则从其只重大义，转到了对微言的重视。而公羊学最本质的特征在微言，所以，清代公羊学的真正形成，是从刘逢禄开始的。清代公羊学向汉代的回复，也只有在此意义上说才是准确的。

（三）九旨书法的说明

微言大义的发明离不开书法，对书法的重视从董仲舒就开始了。董仲舒重视书法只是借以来阐明其微言大义，虽然对公羊学的书法提出了不少原则性的精到见解，但是，他们对公羊学的书法本身基本上还没有什么分析。何休虽然有"三科九旨"等义例，但其详说不存。其后，宋儒崔子方著《春秋本例》，则"专以日月为例"，②以辨三传得失。但是，《左传》、《穀梁》等著述的言例，皆无《公羊》的微言。赵汸的《春秋属词》，则以存策书之大体，笔削的书与不书、变文、特笔来详细地说明《春秋》的书法，推崇赵汸的庄存与、孔广森等人所言之例，同样主要是公羊学所说的书法，他们虽对公羊学的书法有较为深入的研究，但是，却缺乏对微言的发挥。

刘逢禄所言之例是包括书法的，他也是熟知《春秋》例的书法并深于书法的归纳运用。在《释例》的每一例之先，他所列的《公羊》、何休《解诂》的材料，都是按照一定书法的原则来排列的，而且是公羊学史上第一次从书法方面对《公羊》的例的完整归纳。然而，他在最能表现他的观念

---

① 何休：《公羊解诂·昭公十六年》，阮元刻：《十三经注疏》下册，中华书局 1982 年版。
② 陈振孙：《书录题解》，《四库全书》本，上海古籍出版社 1987 年版。

的"释曰"中，却没有像赵汸、庄存与等人那样对书法本身反复论说，而是重在对书法所含之义的发挥，这是刘逢禄解说《春秋》书法的特点，又是对董仲舒、何休公羊学在解说上的一种回归。

《公羊春秋何氏释例》所言之例就书法而论，最重要的书法就是九旨之例，刘逢禄对九旨书法之义的阐发，则是以礼义、仁义等大义为主。在时、月、日，爵、氏、名字，褒、讥、贬绝的九旨中，时、月、日例被列为第一例。《春秋》在记叙某一件事情时，有的会注明发生的时间，如春、夏、秋、冬的四时，十二月的某一月，一月的某一天，有的则没有这些时间的记录，有无四时记录的笔法称之为时例，有无月份记录的笔法称之为月例，有无日子记录的笔法称之为日例。公羊学以为，孔子的微言大义，就是通过《春秋》中时、月、日的书与不书的书法来表现的。

在《释例》中，刘逢禄对《公羊传》的时、月、日例作了详尽的罗列，仅归纳公羊学的时例，就有朝例时、聘例时、会例时、君大夫盟大信时，微者盟例时，来盟例时，平例时，侵例时，伐例时，围例时，入例时，迁例小国时，取邑例时，献捷例时，救例时、执大夫例时，外大夫奔时、外灾例时等。刘逢禄的这些归纳尽管相当完备，但是基本上是照抄原文，而少有自己的论说。在归纳公羊学的时、月、日例之后，刘逢禄有一段总结性的说明，最能表明刘逢禄的时、月、日例观念。所以，对刘逢禄的时、月、日例，我们应该重视的不是刘逢禄对例的书法材料的归纳罗列，而在总结性的说明上。

从书法而论，时、月、日之例被刘逢禄视为《春秋》辨析社会人事的最重要书法，所谓圣人"以时、月、日为辨"[1]。时、月、日的书法有一个特点，就是"不待褒、讥、贬绝"[2]，而是直接通过时、月、日的书与不书，来体现圣人之义。从这里可见，刘逢禄是把《春秋》的书法分为两个部分，一是不待褒、讥、贬绝直接体现圣人之义的时、月、日之例，一是需要借助褒、讥、贬绝来表现圣人之义的其他义例。而不待褒、讥、贬绝之例，较之

---

① 刘逢禄：《时、月、日例第四》，《公羊春秋何氏释例》卷二，《清经解、清经解续编》第8册，凤凰出版社2005年版。

② 刘逢禄：《时、月、日例第四》，《公羊春秋何氏释例》卷二，《清经解、清经解续编》第8册，凤凰出版社2005年版。

需褒、讥、贬绝之例，犹如"天不言，以三光四时为言，视言相万也"，是一种"视辨相万"① 的不辨之辨。正是基于对时、月、日之例的地位的这种认识，刘逢禄才将其置于九旨最先的位置。

刘逢禄认为，《春秋》中时、月、日之例的功用有二：一在"详略之以理嫌疑"②，即通过时、月、日的书与不书，以明内外之别、有罪无罪之分，这是其辨"嫌疑"的功用；一在"偏反之以制新义"③，即通过时、月、日的书与不书，来体现孔子所寓含之义，这是其"制新义"的功用。而"详略之"与"偏反之"都涉及属辞比事，所以，刘逢禄肯定《礼记·经解》的"属辞比事"，主张学者应该通过"属辞比事"来体悟圣人之道。但是，刘逢禄以为《春秋》的属辞比事，从汉代以后不是被人否定，就是无人真正知晓，连以《属词》命其书名，并对《春秋》时、月、日之例有详细论说的赵汸，也是误说"尤甚"④。如果仅从书法的角度看，赵汸的《春秋属词》一书，对《春秋》的发明是前无古人的。刘逢禄却激烈地批评他误说"尤甚"，说他的胶执于书法，而未能发明孔子的"理嫌疑"、"制新义"⑤。可见，刘逢禄是反对仅仅从书法去谈《春秋》之例，而主张以微言大义为探求《春秋》之例的根本。

爵、氏、名字例在《春秋公羊何氏释例》中称之为"名例"。此例与30例中其他义例一般都只有一段"释曰"不同，而有二段"释曰"的文字。在此例中，在第一段"释曰"前面刘逢禄收集了《公羊》、《解诂》中的25条材料，第二段"释曰"前面收集了133条材料。从刘逢禄在两处所收集的材料来看，前面的25条材料主要是关于爵、氏、名字的一般论述，涉及王、天王、天子、公、侯、伯、子、男、卿大夫、士、庶人、字、名、人、

---

① 刘逢禄：《时、月、日例第四》，《公羊春秋何氏释例》卷二，《清经解、清经解续编》第 8 册，凤凰出版社 2005 年版。

② 刘逢禄：《时、月、日例第四》，《公羊春秋何氏释例》卷二，《清经解、清经解续编》第 8 册，凤凰出版社 2005 年版。

③ 刘逢禄：《时、月、日例第四》，《公羊春秋何氏释例》卷二，《清经解、清经解续编》第 8 册，凤凰出版社 2005 年版。

④ 刘逢禄：《时、月、日例第四》，《公羊春秋何氏释例》卷二，《清经解、清经解续编》第 8 册，凤凰出版社 2005 年版。

⑤ 刘逢禄：《时、月、日例第四》，《春秋公羊何氏释例》卷二，《清经解、清经解续编》第 8 册，凤凰出版社 2005 年版。

氏、国、州等名目；后面的133条材料主要是依据爵、氏、名字的相应的礼义规定，对其不合爵、氏、名字的失礼的讥刺，其中"讥内小恶九十，天王二十，诸侯二十三，凡乙百三十三条"①。所以，相应两段"释曰"的所论也有所不同。

第一段的"释曰"，刘逢禄首先引用孔子的话，说明了正名的政治的作用与意义及其《春秋》对名例的重视："昔子路问为政。子曰：'在正名，名不正，则政事不成，礼乐不兴，刑罚不中。'然则辨名正分，莫著于《春秋》。《春秋》上刺王公，下讥卿大夫，而逮士庶人，则爵等之数，尤所汲汲矣。"②随后，刘逢禄依据董仲舒、孟子等关于民、九皇、五帝、三王，诸侯国的公、侯、伯、子、男三等，王官的公、卿、大夫、士的六等等论说，来说明周代的爵等之数。最后，刘逢禄落脚到《春秋》的名例说。刘逢禄认为，《春秋》的名例所说的爵等之数，本于文王官制，体现着亲亲、贵贵、敬老、尊德等政治道德的含义，同时，也有"通三统"等《春秋》新义。如果《春秋》的名例能够得以实行，就可以实现孔子的正名之道，达到"礼乐行于上，刑罚措于下"③的理想政治。刘逢禄的这些论述说明，他的"名例"第一段"释曰"，基本上是对孔子正名说的阐发，并据他所理解的周代官制，来说明《春秋》关于爵等之数的书法，体现了孔子的正名之道。

爵等之数的规定，是礼义最为重要的内容。所以，刘逢禄在第二段的"释曰"中，完全是从礼义来论说的："司马迁述董生之言曰：《春秋》者礼义之大宗也，主于辨是非。故长于治人，拨乱反之正，非唯禁暴讨贼而已。"我们知道，庄存与的《春秋正辞》的第七、八卷，就是以禁暴、诛乱为题，这两章在《春秋正辞》中也占有很大分量，表明庄存与对《春秋》禁暴讨贼之义的重视调。刘逢禄则强调《春秋》"非唯禁暴讨贼而已"④，带

---

① 刘逢禄：《名例第六》，《公羊春秋何氏释例》卷三。名例的第二段"释曰"所依据的材料全部是《春秋》所讥的记载，从内容上说，应当归属讥例，但是，不知何故，《续修四库全书》所据的太清楼本，却置于名例之中。

② 刘逢禄：《名例第六》，《公羊春秋何氏释例》卷三，《清经解、清经解续编》第8册，凤凰出版社2005年版。

③ 刘逢禄：《名例第六》，《公羊春秋何氏释例》卷三，《清经解、清经解续编》第8册，凤凰出版社2005年版。

④ 刘逢禄：《名例第六》，《公羊春秋何氏释例》卷三，《清经解、清经解续编》第8册，凤凰出版社2005年版。

有对庄存与《春秋正辞》某种修正之义。

正是循着董仲舒的《春秋》为礼义之大宗的观念，刘逢禄认为，"乱之所生，唯礼可以已之"，而《春秋》就是一部据礼义拨乱反正的著作，所谓"纪纤芥之失，反之王道"。所以，他将《春秋》所讥，一概视为不是对礼义之失的某种批评，就是对礼义之失的矫正，故在罗列了《春秋》的各种所讥后，他不是说《春秋》所讥是指斥"君道失也"、"婚礼之失也"、"丧礼之失也"、"祭礼之失也"、"军礼之失也"、"宾礼之失也"、"君臣交失也"、"驭臣之失也"、"驭民之失也"、"臣子之道废也"等等；就是说经《春秋》所讥，能使"王心正"、"世卿之祸正"、"九伐之法正"、"考绩之典正"、"尊卑之分正"、"下交之礼正"、"亲亲之伦正"之类。① 因此，应当通过《春秋》所讥的失礼，一方面去认识春秋的礼崩乐坏，礼之所失；另一方面，去探求应该返回的礼义正道，这个正道就是君臣、夫妇、父子、贤不肖各居其位，各得其所。

《刘礼部集·释例》中的褒、讥、贬绝例，在《公羊春秋何氏释例》中分别为褒例第六、讥例第七、贬例第八、诛绝例第九。从性质上说，褒例是正面的褒奖肯定，讥、贬、诛绝都是负面的贬斥否定，只是在贬斥的程度上有轻重的区分。因此，褒、讥、贬绝例也就是历代治《公羊》者所说的褒、贬。

在《释例》的 30 例中，褒例只占 1 例，而与贬斥相关之例则占 3 例之多。刘逢禄是这样解释的：一方面是春秋的暴乱不绝于书，另一方面是因为春秋的贤者如卫宁、晏子、公孙侨之类的人"绝少概见"，"而诸贤又无殊尤绝异之行，可以为世立教"②。所以，孔子在《春秋》中的褒奖就远远少于贬斥。刘逢禄认为，虽然孔子在《春秋》中所褒不多，但是，却寓含着圣人的举贤之制。同在名例中强调礼义的意义一样，褒例也以礼义作为判定贤者标准。刘逢禄批评后世不知孔子此意，他认为，孔子所褒、《春秋》所贵不在智名勇功，而在于能否秉礼度义。判定一个人是否是贤人，就应该以礼义为标准，否则，就容易造成贤不肖混淆而无所惩劝。所以，应该根据孔子

---

① 以上所引，皆见《名例第五》，《公羊春秋何氏释例》卷三。
② 刘逢禄：《褒例第六》，《公羊春秋何氏释例》卷三，《清经解、清经解续编》第 8 册，凤凰出版社 2005 年版。

的褒例，以礼义判定贤人，给予褒奖与重用。刘逢禄认为，只有这样才算掌握了结人心、厚风俗、存纪纲的"要道"①。

由于讥例第七、贬例第八、诛绝例第九同是对不合礼义的贬斥，而刘逢禄在论爵、氏、名字时，也已经论说了《春秋》所讥的意义，所以，刘逢禄在"讥例"、"贬例"中都只是罗列《公羊》与《解诂》的相关材料，而只在"诛绝例"后面有一大段"释曰"的论述，总论贬绝之义。刘逢禄认为，"贬、绝者，所以诘奸慝，除乱贼也"②。贬、诛、绝与讥一样，都是对违背礼义的贬斥，但是程度较讥要重。诛、绝又重于贬，诛、绝亦有大小的程度之分，"夫诛者小则谴罚之，甚者加之五刑，又甚者焚弃之、辜磔之，先王之典也；绝者轻则放流之，绝其身，重者诸侯则变置之，绝其子孙，卿大夫则绝其小宗"③。尽管《诛绝例》说："《春秋》之善善也长，恶恶也短。"并强调《春秋》是"礼义之大宗"。但是，刘逢禄言褒甚少，而言贬却多得多，尤其是严厉的诛绝例占有的分量，大大地超过了其他义例，并且语言也激烈得多。台湾国立中央大学中文研究所吴龙川硕士的学位论文《刘逢禄〈公羊〉学研究》说："刘氏运用诛绝例的情况比何休多，程度上也比何休严厉。"④这是符合事实的。这背后是刘逢禄对现实不守礼义的深恶痛绝。

刘逢禄关于九旨的论述，基本上看不到庄存与、孔广森对书法的分析，更没有崔子方、赵汸那样的琐碎分解，而主要是对大义的阐发，阐发的中心又在"《春秋》礼义之大宗"的论述上。这个观点，是刘逢禄阐发《春秋》大义的根本观念，所以，在其他义例中也多有论及，如《公终始例》说："故《春秋》禁于未然，礼义之大宗也"；《郊禘例》说："礼之不明，国乃灭亡，乱贼之祸，接迹天下，其以此也"等等。从礼义之大宗来论说《春秋》，这不仅是董仲舒、司马迁等西汉经学家的说法，也是历代包括庄存与、

---

① 刘逢禄：《褒例第六》,《公羊春秋何氏释例》卷三,《清经解、清经解续编》第 8 册, 凤凰出版社 2005 年版。

② 刘逢禄：《诛绝例第九》,《公羊春秋何氏释例》卷四,《清经解、清经解续编》第 8 册, 凤凰出版社 2005 年版。

③ 刘逢禄：《诛绝例第九》,《公羊春秋何氏释例》卷四,《清经解、清经解续编》第 8 册, 凤凰出版社 2005 年版。

④ 吴龙川：《刘逢禄〈公羊〉学研究》（未刊本）, 第二章第五节。

孔广森在内的治《公羊》的学者所共同的观念。讲礼义不仅是公羊学的大义，也是所有儒家经学所言的大义，更是礼学的根本。但是，从公羊学来讲最能表现其学术特色的是微言，而不是大义。所以，刘逢禄的春秋公羊学更值得关注的是对微言的论说。

四、以"三科九旨"为五经之纲

刘逢禄春秋公羊学的核心是"三科九旨"。以"三科九旨"遍说群经，是刘逢禄经学的特色。而其根据，则在以"三科九旨"为贯穿五经之纲。刘逢禄的思想中由三个层次的观念所体现：第一是以《春秋》为五经的纲领，突出《春秋》在五经中的特殊地位；第二是以《公羊》为《春秋》的唯一正义，突出《公羊》在《春秋》中的正宗地位；第三是以"三科九旨"为公羊学的根本，突出"三科九旨"在公羊学中的意义；而在人物上落实到董仲舒、何休之学得《公羊》的真义，突出董仲舒、何休在公羊学中的正统地位。而归结起来，不过是以今文经学为经学的正传，其今文经学又是以董仲舒、何休的公羊学为根本的。

（一）《春秋》者，五经之管钥

经学的原典有六经，一说《乐》本无经，附于《诗》，故称五经。五经所言不同，各有趣旨。《礼记·经解》借孔子之口说："入其国，其教可知也。其为人也温柔敦厚，《诗》教也；疏通知远，《书》教也；广博易良，《乐》教也；絜静精微，《易》教也；恭俭庄敬，《礼》教也；属词比事，《春秋》教也。故《诗》之失也愚，《书》之失也诬，《乐》之失也奢，《易》之失也贼，《礼》之失也烦，《春秋》之失也乱。"认为五经之教各有功用，但若有所失，就会各有弊端，这是儒家关于五经较早的看法，从中看不出以某一经统括五经的观念。《史记·滑稽列传》载孔子之言："《礼》以节人，《乐》以发和，《书》以道事，《诗》以达意，《易》以神化。"亦以五经所言非一，各有旨趣。刘逢禄所推崇的汉代公羊学大师董仲舒，对五经的看法也没有以某一经凌驾于五经之上的思想，他说：

> 君子知在位者不能以恶服人也，是故简六艺以赡养之。《诗》、《书》序其志，《礼》、《乐》纯其美，《易》、《春秋》明其知，六学皆大，而各

有所长。《诗》道志，故长于质；《礼》制节，故长于文；《乐》咏德，故长于风；《书》著功，故长于事；《易》本天地，故长于数；《春秋》正是非，故长于治人。能兼得其所长，而不能遍举其详也。①

董仲舒以为六学皆大，各有所长，所以，六经各有其价值，不能相互代替。后来，儒家对六经依次序的先后基本上形成两种排列，一种是自先秦到西汉流行的《诗》、《书》、《礼》、《乐》、《易》、《春秋》，即以《诗》为首的排列次序；一种是从班固《汉书·艺文志》以来的《易》、《书》、《诗》、《礼》、《乐》、《春秋》，即以《易》为首的排列次序。唐代学者陆德明在《经典释文序》中说，后一种排列是以时间的先后为据，而没有论及前一种排列的意义。当代学者周予同认为，这两种不同的排列与今古文经学对孔子的观念有关，是今古文经学之分的表现。② 但是，都没有说这两种不同的排列体现有某一经可以凌驾于诸经的观念。如果要说有也应该是为首的《诗》、《易》具有较为特殊的地位，也不可能是这两种排列次序都排列在末尾的《春秋》。

刘逢禄的春秋公羊学则特别突出《春秋》在五经中的特殊地位，提出"《春秋》为五经管钥"之说：

> 学者莫不求知圣人，圣人之道备于五经，而《春秋》者五经之管钥也。③

《经籍纂诂》训"管"之义，有"典"、"主"、"包"、"法"、"枢要"诸义，④ 而"钥"为开锁的工具。故管钥一辞，含有典要、主导、包括、法则、关键、开启多种意义，以《春秋》为五经之管钥，就是以《春秋》统辖五经，以《春秋》为五经之主、要，从而，将《春秋》凌驾于五经之上。

---

① 董仲舒：《春秋繁露·玉杯第二》，苏舆：《春秋繁露义证》，中华书局1996年版。
② 《历史研究》2002年第2期载廖名春先生的《六经次序探源》，对此已经有所驳正，故此说不足为据。廖文举先秦法家、道家关于六经的次序排列是以《诗》、《书》、《礼》、《乐》、《易》、《春秋》为序，西汉的贾谊、董仲舒等也是以《诗》、《书》、《礼》、《乐》、《易》、《春秋》的次序排列六经，说明此排列非今文经学的排列，甚有理据。
③ 刘逢禄：《春秋公羊经何氏释例叙》，《清经解、清经解续编》第8册，凤凰出版社2005年版。
④ 参见阮元：《经籍纂诂》下册，成都古籍书店1982年版，第535页。

刘逢禄突出《春秋》在诸经中的特殊地位，是因为他认为"《春秋》则始元终麟，天道浃，人事备，以之网罗众经，若数一二，辨黑白也。"①《春秋》兼有完备的天人之道，不仅天道浃，而且人事备，所以，用《春秋》来网罗众经，就可以像数一、二的数字，分辨颜色的黑白一样容易。

刘逢禄所谓以《春秋》网罗众经，实际上就是以《春秋公羊》的"三科九旨"来说明诸经，如他说：

> 《诗》之言三正者多矣，而尤莫著于三颂。夫子既降《王》为风，而次之《邶》、《鄘》之后，言商、周之既亡，终之以三颂，非新周、故宋，以《鲁颂》当夏而为新王之明证乎？夫既以《鲁颂》当新王，而次之周后，复以《商颂》次鲁，而明继夏者殷，非所谓三王之道若循环者乎？故不明《春秋》，不可与言五经；《春秋》者，五经之莞钥也。②

这是就《春秋》"三科九旨"的"三统说"为说，以《诗经》"三颂"与春秋公羊学的"新周"、"故宋"、"以鲁当新王"的"三统说"相比附，以说明不明《春秋》，就不可以谈五经。刘逢禄以为《公羊》的"三科九旨"是经学微言，而《诗经》也有所谓微言，如他说："《诗》曰：'靡有不孝，自求伊始。'亦微辞也。"③微词即微言。《春秋》与《诗经》一样，都是以经学微言为宗的。

再试举刘逢禄关于《春秋》统括《易》、《诗》、《书》的说明，就可以大致明了他的这一观念。他说：

> 《诗》何以《风》先乎《雅》？著《诗》、《春秋》之相终始也。《风》者，王者之迹所存也；王者之迹息，而采风之使缺，《诗》于是终，《春秋》于是始。《春秋》宗文王，《诗》之四始莫不本于文王；首基之以二南，《春秋》之大一统也；终运之以《三颂》，《春秋》之通

---

① 刘逢禄：《春秋公羊解诂笺序》，《清经解、清经解续编》第 8 册，凤凰出版社 2005 年版。
② 刘逢禄：《释三科例中》，《刘礼部集》卷四，上海古籍出版社 1995 年版。
③ 刘逢禄：《公羊解诂笺·僖公二十五年笺》，《清经解、清经解续编》第 8 册，凤凰出版社 2005 年版。

三统也；《周南》终《麟趾》，《召南》终《驺虞》，《春秋》之始元终麟也；变风始于邶、鄘、卫，《春秋》之故宋；王次之，《春秋》之新周也；变雅始于宣王之征伐，《春秋》之内诸夏而外吴、楚也；《鲁颂》先乎《商颂》，《春秋》之寓王也；《颂》以商为殷者，谓救周之文敝，宜从殷之质也；托夏于鲁，明继周以夏，继夏以商，三王之道若循环，终则又始，《易》终未济之义也。王者因革损益之道，三王五帝不相袭，托王于斯，一质一文，当殷之尚忠，敬文迭施，当夏之教也，是《春秋》之通义也。孔子序《书》，特韫神旨，记三代，正稽古，列正变，明得失，等百王，知来者，莫不本于《春秋》，即莫不具于《诗》。故曰：《诗》、《书》、《春秋》，其归一也，此皆删述大义。①

在刘逢禄看来，《春秋》的"大一统"、"通三统"、"异内外"、"张三世"等圣人之道，无不具于《易》、《诗》、《书》，诸经所言不过是《春秋》之义的发挥，都可以从《春秋》中找到根据，只要懂得《春秋》，才可以明《易》、《诗》、《书》诸经。这样，《春秋》就成为五经的关键所在，具有统宗五经大义的根本地位。由《春秋》的统宗地位出发，以《春秋》贯穿群经，就成为刘逢禄的经学一个重要观念。这在以前研治春秋学中是没有的，即使刘逢禄所尊奉的董仲舒、何休也没有用《春秋》囊括五经的观念。刘逢禄的这一观念，在整个经学发展史上首次将《春秋》提高到凌驾于诸经之上的地位。

而从刘逢禄的具体论述中，可以清楚地看出他所谓以《春秋》网罗众经，实际上就是以《春秋公羊》的"三科九旨"来说明诸经，如他说："《诗》之言三正者多矣，而尤莫著于三颂。夫子既降《王》为风，而次之《邶》、《鄘》之后，言商、周之既亡，终之以三颂，非新周、故宋、以鲁颂当夏，而为新王之明证乎？夫既以《鲁颂》当新王，而次之周后，复以《商颂》次鲁，而明继夏者殷，非所谓三王之道若循环者乎？故不明《春秋》，不可与言五经；《春秋》者，五经之管钥也。"②这是就《春秋》"三科

---

① 刘逢禄：《诗古微序》，《刘礼部集》卷九，上海古籍出版社1995年版。
② 刘逢禄：《释三科例中》，《刘礼部集》卷四，上海古籍出版社1995年版。

九旨"的"三统"说立论，以《诗经》"三颂"与春秋公羊学的"新周"、"故宋"、"以鲁当新王"的"三统说"相比附，说明不明《春秋》，就不可以谈五经。刘逢禄以为《公羊》的"三科九旨"是经学微言，《公羊》以微言为宗，《诗经》等经典也是如此，如他说："《诗》曰：'靡有不孝，自求伊始。'亦微辞也。"①微词即微言。这样，孔子的五经就都是以微言为宗的著述。重微言而不重大义，是刘逢禄的公羊学与庄存与的春秋学的区别所在。

从以上论说可以看出，刘逢禄论说《春秋》统宗五经，五经具《春秋》之义，都是用春秋公羊学"三科九旨"的所谓微言作论证的。因此，所谓《春秋》为五经管钥的《春秋》，实际上是落实于春秋公羊学"三科九旨"的微言。

（二）无《公羊》则无《春秋》

如果说突出《春秋》在五经中的特殊地位是刘逢禄的经学思想第一个层次的观念，那么，突出《公羊》在《春秋》中独特地位，则是刘逢禄经学思想第二个层次的观念，而突出"三科九旨"在公羊学的核心意义，则成为刘逢禄经学思想第三个层次的观念。其中第二个层次是对第一个层次的深化，第三个层次又是对第二个层次的深入，最为核心的是刘逢禄的第三个层次的"三科九旨"说。"《春秋》者，五经之管钥"，是刘逢禄经学思想第一个层次的经典表述；"无《公羊》则无《春秋》"，是他经学思想第二个层次的经典语言；"无三科九旨则无《公羊》"，则是他经学思想第三个层次的精炼说明。而这三个层次都贯穿着"三科九旨"的核心观念。

"无《公羊》则无《春秋》"与"无三科九旨则无《公羊》"之说，都是刘逢禄在《春秋论》批评清代的钱大昕与治《公羊传》的孔广森不信三科九旨时所提出的。从汉代开始，《春秋》就通行有《公羊》、《穀梁》、《左传》三传，三传在汉代有今古文之分，《公羊》、《穀梁》②为今文经学，

① 刘逢禄：《公羊解诂笺·僖公二十五年笺》，《清经解、清经解续编》第 8 册，凤凰出版社 2005 年版。

② 亦有以《穀梁》为古文经学的看法，如崔适在《春秋复始》中就以为《穀梁》为古文经学，此说后来得到古史辨派中钱玄同、张西堂等人的回应。详见蔡长林先生著《论崔适与晚清今文经学》第五章第二节，台湾圣环图书 2002 年出版。

《左传》为古文经学。历代多以三传都传《春秋》，从不同角度对《春秋》作出了解释。刘逢禄的"无《公羊》则无《春秋》"，则突出《公羊》在《春秋》三传中独一无二的地位，以唯有《公羊》得《春秋》之正义，而以为《左传》与《穀梁》都不符合《春秋》之旨，甚至将《左传》排除在解《春秋》之列。

刘逢禄虽然都否定《左传》与《穀梁》，但是对二传的否定是有程度不同的区别的。对《左传》，他是完全否定：

> 《左氏》详于事，而《春秋》重义不重事；《左氏》不言例，而《春秋》有例无达例。惟其不重事，故存什一于千百，所不书多于所书；惟其无达例，故有贵贱不嫌同号，美恶不嫌同词，以为待贬绝、不待贬绝之分，以寓一见、不累见之义。如第以事求《春秋》，则尚不足为《左氏》之目录，何谓游、夏之莫赞也。如第执一以绳《春秋》，则且不如画一之良史，何必非断烂之朝报也。①

刘逢禄认为《春秋》具有"重义不重事"，及其"有例无达例"的特点，而《左传》正好与《春秋》背道而驰，是以史事解《春秋》，又不言例，根本不符合《春秋》之旨。若照《左传》之说，《春秋》不过是史事记录的认识，孔子说游夏之徒不能赞一辞，就无法理解了，这样来衡量《春秋》，孔子就连划一的良史也不如。所以，刘逢禄根本不承认《左传》与《春秋》有什么联系，认为《左传》只是一部与《春秋》无关的史书，与战国时期的百国《春秋》一样，根本与孔子的《春秋》没有关系，是不传孔子《春秋》的，而且经过刘歆的作伪，所以，应该完全否定。

而对今文经的《穀梁》，刘逢禄虽然也承认有一定价值，但也是基本否定的。他在《春秋论下》② 一开首就说：

---

① 刘逢禄：《春秋论上》，《刘礼部集》卷三，上海古籍出版社1995年版。
② 此文也被后人误收入《魏源集》中，名《公羊春秋论》，亦分为上下两篇，但已经有不少论著指出这一点，如蒋康：《〈魏源集〉中〈公羊春秋论〉一文发覆》，《书品》1988年第9期；陈鹏鸣：《刘逢禄生年及著作考》，《史学史研究》1996年第1期；陈其泰：《刘逢禄对公羊学说的出色建树》，《北京师范大学学报》1997年第5期；蔡长林：《刘逢禄春秋学初探》，《经学今诠四编·中国哲学》第25辑；刘兰肖：《〈魏源集·公羊春秋论〉作者补证》，《近代史研究》2003年第4期；等等。

《春秋》之有《公羊》也，岂第异于《左氏》而已，亦且异于
《穀梁》。《史记》言《春秋》上记隐，下至哀，以制义法，为有所刺讥
褒讳抑损之文，不可以书见也。故七十子之徒，口受其传指。《汉书》
言仲尼殁而微言绝，七十丧而大义乖。夫使无口受之微言大义，则人人
可以属词比事而得之，赵汸、崔子方何必不与游、夏同识？惟无其张三
世、通三统之义以贯之，左支而右绌。是故以日、月名字为褒贬，
《公》、《穀》所同，而大义迥异者，则以《穀梁》非卜、商高弟，传章
句不传微言，所谓中人以下不可语上者与。①

刘逢禄认为《公羊传》优于《穀梁》在于有微言大义，而不在《礼记·解
经》所说的"属词比事"。宋代崔子方、元末赵汸皆以属词比事论《春秋》，
而无微言大义，所以，他们的经学左支而右绌，根本无法与子游、子夏相
比。赵汸最重"属词比事"，庄存与是推崇赵汸的，刘逢禄则明确批评"属
词比事"，这不仅是批评赵汸，实际上也是对庄存与的婉转批评。刘逢禄还
据孔子所谓上智、下愚与中人之分，来评说《春秋》三传的高下，而分判
则在有无微言大义。在他看来《穀梁》虽与《公羊》同为今文经学，但是，
《公羊》有微言大义，所以是上智之学，《穀梁》虽也讲褒贬，但无微言大
义，只是不可语上的中人之学。至于《左传》就只能算做下愚之学了。所
以，三传中只有《公羊》得《春秋》之义，失去了《公羊》就无《春秋》
可言了。

正是对《公羊》的推许，使刘逢禄将一千多年原本一直被称为《春秋
公羊传》的《公羊》，改为《春秋公羊经》。《公羊》作为解释《春秋》的著
作，在经学的传统中，一直被视为与经不同的传，就是被列于十三经，也是
称做《春秋公羊传》，而无《春秋公羊经》之称。刘逢禄将其由传改称为经，
这是前所未有的，经、传一字之改，说明刘逢禄心中所谓的《春秋》经，
实际上就是《公羊传》。

（三）无"三科九旨"则无《公羊》

刘逢禄的《春秋》为五经管钥说，无《公羊》则无《春秋》说，其依

---

① 刘逢禄：《春秋论下》，《刘礼部集》卷三，上海古籍出版社1995年版。

据都在公羊学的三科九旨，"无三科九旨则无《公羊》"，就自然成为刘逢禄经学的根本结论。所以，他要批评孔广森的不信"三科九旨"说：

> 又其意以为三科之义，不见于传文，只出何氏《解诂》，疑非《公羊》本义。无论元年、文王、成周、宣榭、杞子、滕侯之明文；且何氏序明言"依胡毋生条例"，又有董生之《繁露》、太史公之《史记自序》、《孔子世家》，皆《公羊》先师七十子遗说，不特非何氏臆造，亦非董、胡独创也。无三科九旨则无《公羊》，无《公羊》则无《春秋》，尚奚微言之与有？①

从现存史料看，在《公羊传》中的确没有所谓"三科九旨"之说，即使董仲舒的思想中有类似"三科九旨"的观念，也没有"三科九旨"的提法，只是到了何休作《公羊解诂》之时，才明确提出有所谓"三科九旨"。但是，刘逢禄认为，"三科九旨"之说是《公羊传》固有的观念，《公羊传》关于元年、文王、成周、宣榭、杞子、滕侯之明文，都是"三科九旨"之说；而且也是《公羊》先师与七十子的遗说，在董仲舒与胡毋生的经学思想中就有了，并不是何休才有的说法。他说："窃尝以为《春秋》微言大义，鲁论诸子皆得闻之，而子游、子思、孟子著其纲，其不可显言者，属子夏口授之公羊氏，五传始著竹帛也。"②只是《公羊》的微言大义因其有"不可显言"者，而在开初只是通过口传的形式，经五传才著于竹帛。正是有"三科九旨"之说，公羊学才成其为公羊学，所以，刘逢禄要说"无三科九旨则无《公羊》"。

由刘逢禄的"奚微言之与有"，可见在刘逢禄的观念里所谓"三科九旨"属于经学微言，这一点从同篇批评《榖梁》的"传章句不传微言"也可以得到证明。尽管刘逢禄在不少地方将微言大义相提并论，并没有明确区分微言与大义的不同，但是，他的经学思想确有区分经学大义与微言的观念，并以"三科九旨"为《公羊》学独有的微言。所以，他评判《公羊》与《榖

---

① 刘逢禄：《春秋论下》，《刘礼部集》卷三，上海古籍出版社1995年版。
② 刘逢禄：《榖梁废疾申何·序》，《清经解、清经解续编》第8册，凤凰出版社2005年版。

梁》的高下，实际上是以有无经学微言来决定的。尽管刘逢禄对经学微言与大义的区分还不自觉，但是，他的经学确实是以微言为根本的，这不仅体现在他以"三科九旨"为《公羊》与《春秋》甚至是整个五经的根本，而且也反映在他的经学思想都是以公羊学的"三科九旨"为核心。刘逢禄重经学微言，改变了庄存与、孔广森重大义而不讲微言的情形，从此，清代的《公羊》今文经学就转向了重微言而不重大义的方向。

刘逢禄的重视经学微言，使清代的公羊学发生了一个重大的历史性变化，而这一变化具有极大的意义。这就是经学的大义所言的尊尊等学说，只能是为君主专制为核心的等级制服务的理论工具，而经学微言则具有政治哲学与历史哲学的特质，在其解说上又有"有例无达例"的灵活性，人们就可以利用其政治哲学、历史哲学所具有的灵活性来为不同的时代需要服务。所以，只是在刘逢禄之后，公羊学才成为可以为时代发展需要的一种理论资源。

（四）董何之言，受命如响

公羊学的"三科九旨"诸微言，在汉代是由董仲舒、何休所阐发的，但是，却被视为"其中多非常异义、可怪之论"，后来一千多年不得其传也与此有密切关系。刘逢禄将其说成是整个经学的根本所在，自然很难使人相信，于是，他一再论说"三科九旨"为孔子的真传，并将其落实到董仲舒、何休之说。

在《春秋论下》中他说"《孟子》言《春秋》继王者之迹，行天子之事，知我罪我其惟《春秋》，为邦而兼夏、殷、周之制，既以告颜渊；吾岂为东周，又见于不狃之召；夏、殷、周道皆不足观，吾舍鲁何适，复见于《礼运》之告子游"等等，① 都是孔子的微言大义。而七十子与孟子的微言大义，经《公羊传》的传授，被汉代的董仲舒、胡毋生、何休所承继。要了解孔子的微言，就得通过董仲舒与何休的公羊学，所以，刘逢禄特别推崇董仲舒、胡毋生、何休，他说：

> 窃尝以为，《春秋》微言大义，鲁论诸子皆得闻之，而子游、子

---

① 刘逢禄：《春秋论下》，《刘礼部集》卷三，上海古籍出版社 1995 年版。

思、孟子著其纲，其不可显言者，属子夏口授之，公羊氏五传始著竹帛
者也。然向微温城董君、齐胡毋生及任城何邵公三君子同道相继，则
《礼运》、《中庸》、《孟子》所述圣人之志，王者之迹，或几乎熄矣。①

孔子弟子中子游等人都闻知孔子的微言大义，但是，孔子微言大义中不能显
言的部分，则由子夏口头相传，这一口传的微言经公羊氏而得以保存，到汉
代则由董仲舒、胡毋生、何休所继承，所以，他认为研治《春秋》，应该以
董仲舒、何休的《公羊》今文经学为指归，这是他在不同时间、许多地方
都一以贯之的观念。以至他在《公羊春秋何氏释例序》中说：

> 先汉师儒略皆亡阙，惟《毛诗》、《礼》郑氏、《易》虞氏有义例可
> 说，而拨乱反正，莫近《春秋》，董何之言，受命如响，然则求观圣人
> 之志，七十子所传，舍是奚适焉？故寻其条贯，正其统纪，为《释例》
> 三十篇，又析其凝滞，强其守卫，为《笺》一卷，《答难》二卷，又博
> 征诸史，刑礼之不中者，为《礼议决狱》，又推原左氏、穀梁氏之失，
> 为申何难郑五卷，用冀持世之志。

认为欲知七十子所传微言大义，得见圣人之道，除了董仲舒、何休之学以
外，别无他途。而他关于《春秋》的一系列著作，都是用来阐发董仲舒、
何休之说的。这是我们理解刘逢禄的著作所必须把握的。而"用冀持世之
志"，则表明了刘逢禄希望用公羊学经世致用的良苦用心。但是，公羊学的
微言，是以改制为核心的，在任何统治相对稳定的时期，言改制都带有大逆
不道的性质，刘逢禄深知其利害，因而马上声明：自己只是对董何之说
"粗有折衷，若乃经宜权变，损益制作，则聪明圣达，天德之事，概乎其未
之闻也已。"经义权变，损益制作是具有天德的圣人之事，他自己绝没有这
样的奢望。由此决定了刘逢禄的发挥董仲舒、何休之说，只能是对其理论的
解说，而难以有用改制的微言来结合现实作理论的创新。

　　对于董何春秋学的优点，刘逢禄有如下论说：

---

① 刘逢禄：《穀梁废疾申何·序》，《清经解、清经解续编》第 8 册，凤凰出版社 2005 年版。

董生有言："《春秋》辨是非，故长于治人。文成数万，其旨数千，万物之散聚皆在《春秋》。"又曰："《诗》无达诂，《易》无达占，《春秋》无达辞，从变从义，而一以奉人。"以是知《春秋》之为道屡迁，而其义必有所专主，其为文周流空贯，不言之眇，皆在深察，一言之发，众例具举，是以说者各任其意，离其宗。何氏之于经，其最密者也，既审决诐淫，判若白黑，而引申触类，离根散叶，贯穿周顾，网罗完具，又虑用之者轻重失伦，源委莫究，辄下宗义以正指归。窃尝以为，先汉以《公羊》断天下之疑，而专门学者自赵董生、齐胡毋生而下，不少概见，何氏生东汉之季，独能橐括两家，使就绳墨，于圣人微言奥旨，推阐至密，惜其说未究于世，故竟其余绪，为成学治经者正焉。①

西汉治《公羊》学者有董仲舒、胡毋生，而世传胡毋生擅长条例，董仲舒多发挥其微言大义，何休则综合两家之长。故刘逢禄一再引用董仲舒关于《春秋》的论说，以说明《春秋》之为道屡迁，却又无所不包，并以为何休于经最密，将《春秋》微言奥旨，推阐至密。从何休的《春秋公羊解诂》对公羊学作出系统的理论总结而言，何休对公羊学的贡献要大于董仲舒，刘逢禄在董仲舒与何休二人之间，似乎更加推崇何休。

可是，刘逢禄在他的著作中对董仲舒基本上没有什么批评，倒是认为何休之说有不足之处，而对其多有纠正批评。他在《春秋公羊解诂笺序》中说："余初为何氏《释例》，专明墨守之学，既又申其条理，广其异义，以裨何氏之未备，非敢云弥缝匡救，营卫益谨，庶几于《春秋》绳墨少所出入云尔。"②所以，我们看到在《申墨守》中，于《解诂》文公十六年："无尊上、非圣人、不孝者，斩首枭之"之条，刘逢禄批评何休是以秦汉以后之法解《春秋公羊》："枭首要斩，秦汉以后法也"；于《解诂》襄公五年"不殊卫者"条，则批评何休约左氏之文解之，而据董仲舒之说以所见世之义正之；襄公二十五年"诸侯同盟于邱"条，刘逢禄用"遍刺诸侯不讨贼"，

---

① 刘逢禄：《主书例第二十九》，《春秋公羊经何氏释例》卷九，《清经解、清经解续编》第 8 册，凤凰出版社 2005 年版。

② 刘逢禄：《春秋公羊解诂笺·序》，《清经解、清经解续编》第 8 册，凤凰出版社 2005 年版。

以纠何休"详录之"之失；定公四年、九年，刘逢禄据王念孙说睨为偞之假借，纠何休训睨为望见之误，并指出其矛盾之说。于《广墨守》中，又有据董仲舒王鲁之义，而批评何休失"大一统"、"张三世"诸义。① 这说明刘逢禄虽然对何休的公羊学十分推崇，但是，他仍认为何休之说有不完备之处，需要进一步的完善，而他的《申墨守》《广墨守》之作，就是对何氏的未备所作的弥缝匡救。

因此，有人认为很难说刘逢禄对董仲舒与何休的评价有什么高低之分，台湾吴龙川在其硕士论文《刘逢禄公羊学研究》中就指出："刘氏对董、何并无明确区分高低之论，只是他的著作较集中在何休方面，如以上所提《释例》《解诂笺》，又《考证》《申何》等用到何休义例之处颇多。不过，《解诂笺》之作，明言补何休之不足。刘氏则几乎没有评到董氏的短处，而且在某些地方如《释例·张三世例》《解诂笺》中，用董氏说驳正何休。不过，总体而言，除'三科九旨'以及对董氏礼、刑问题外，刘氏用董氏说部分，只是零散几条，不如对何休的继承多，倒是事实。然则，刘氏有评何而无批董，继承何休多而董氏少，又无明言谁高谁低，因此综合言之，刘氏对董、何的赞誉其实难分轩轾，两人之作都能'知类通达，微显阐幽'，只是在体例上何休更能突显义例的重要，而义例攸关师法，故为刘氏所重而已。这种看重不表示何休的公羊义理优于董氏，这必须分开而论。"② 不可否认，刘逢禄对董仲舒、何休都是服膺的，但实际上刘逢禄的经学更多的是重视何休之学，并主要是对何休之学的说明，而不是对董仲舒之学的发挥，所以，刘逢禄的春秋公羊学主要的贡献是对何休《解诂》的例的归纳，与"三科九旨"的发明。

通过刘逢禄的经学三个层次及其归结到董、何之学的分析，可以知晓刘逢禄的经学在时代上是以汉代的今文经学为宗，在典籍上是以《春秋公羊传》为据，在人物上是以董仲舒、何休为归，这些最后都落实到"三科九旨"的经学微言。

刘逢禄以《公羊》"三科九旨"统括群经，推尊董仲舒、何休之学，后

---

① 以上所引分别见养一斋校刊本《春秋公羊释例后录·申墨守》第 17 页、20 页、21 页、26 页，《春秋公羊释例后录·广墨守》第 5 页。

② 吴龙川：《刘逢禄公羊学研究》硕士论文，（台湾）国立中央大学中文研究所，第 33 页。

来受到人们从两个方面的不同评论。有的人对其作出了极高的评价，如戴望说：

> 自《公羊》先师邵公而后，圣经贤传蔽锢二千年，徐彦、殷侑、陆佃、家铉翁、黄道周、王正中咸相望数百载，虽略窥悟趣，未能昭揭，迨所闻世，庄侍郎、孔检讨起而张之，至于先生，干城御侮，其道大光，使董、何之绪出而复明，殆圣牖其衷，资謦者以诏相哉？①

以为刘逢禄"三科九旨"的公羊学，使蔽锢两千年的董、何之绪出而复明，"干城御侮，其道大光"，于公羊学之功甚巨。而刘师培、朱一新等人则对其进行了十分激烈的批评，刘师培说：

> 夫六经各有义例，见于《礼记·经解》篇，汉儒说经最崇家法，有引此经以授彼经者，未有通群经而为一者也。……若如近儒之说，则是六经之中仅取《春秋》，而《春秋》三传又仅取《公羊》，凡六经之大义均视为《公羊》之节目，若公孙禄谓刘歆颠倒五经，今即近儒之学观之，真可谓颠倒五经者也。②

所谓近儒即指刘逢禄而言。刘师培认为六经各有义例，不能以一经统括群经，刘逢禄之说是六经只取《春秋》，《春秋》三传又只取《公羊》，把六经都视为《公羊》的节目，这是真正的颠倒五经。而朱一新在答康有为时说："然六经各有大义，亦各有微言，故十四博士各有家法。通三统者，《春秋》之旨，非所论于《诗》、《书》、《易》、《礼》、《论语》、《孝经》也。……刘申受于邵公所不敢言者，毅然言之，卮辞日出，流弊甚大。"③又说：

> 古人著一书，必有一书之精神面目。治经者，当以经治经，不当以己之意见治经。六经各有指归，无端比而同之，是削趾以适履，履未必

---

① 戴望：《谪麐堂遗集·文一》，光绪元年刊本，第23页。
② 刘师培：《刘申叔先生遗书（三）·左盦外集》，江苏古籍出版社1997年版，第1652页。
③ 朱一新：《答康长孺书》，《康有为全集》第一集，中国人民大学出版社2007年版，第1029页。

合，而趾已受伤矣。刘申受、宋于庭之徒，援《公羊》以释四子书，恣其胸臆，穿凿无理。仆尝谓近儒若西河、东原记丑而博，言伪而辨，申受、于庭析言破律，乱名改作；圣人复起，恐皆不免于两观之诛。①

他指责刘逢禄以《公羊》说群经，是违背经学的家法原则的，是削足适履，穿凿附会，对经学危害极大，应该受到"两观之诛"的严惩。这两种截然相反的评论，都带有经学的学派倾向，虽然都不能作为评判刘逢禄公羊学的定论，但却从不同方向表明了刘逢禄《公羊》学对后人的巨大影响。

五、全面开启清代的今古文经学之争

刘逢禄的公羊学不只是《公羊》理论本身的阐发，还有从公羊学的立场，开启清代的今古文经学之争的内容，这见于他的《申墨守》与《广墨守》、《申膏肓》与《广膏肓》、《申废疾》与《广废疾》六书。在这些著作中刘逢禄接续何休，在清代再次挑起三传得失的论辩，而开启了清代的今古文经学之争。

（一）对《公羊》的弥缝营卫

刘逢禄虽说是接续董仲舒、何休的公羊学，但是，他认为：

> 于所见，微其词；于所闻，痛其祸；于所传闻，杀其恩，此一义也，穀梁氏所不及知也。于所传之世，见拨乱致治；于所闻世，见治升平；于所见世，见太平，此又一义也，即治《公羊》者亦或未之信也。②

所以，刘逢禄治《公羊》并不是仅仅"墨守"何休之学，而要在《释例》之外，再著为《申墨守》、《广墨守》两书，以"申其条理，广其异义，以裨何氏之未备"，于公羊学"弥缝匡救，营卫益谨"③。从两部书的内容来看，刘逢禄的申其条理，不仅是肯定何氏之说，更是对《公羊》、何休误说的批

---

① 朱一新：《答康长孺第四书》，《康有为全集》第一集，中国人民大学出版社 2007 年版，第 1045 页。
② 刘逢禄：《春秋论下》，《刘礼部集》卷三，上海古籍出版社 1995 年版。
③ 刘逢禄：《春秋公羊解诂笺·序》，《清经解、清经解续编》第 8 册，凤凰出版社 2005 年版。

评及其依《公羊》对其进行的修正；而所谓广其异义，则是取《穀梁》、《左传》等说来补充《公羊》与何休的不足。

刘逢禄所谓申其条理，是依"三科九旨"为核心的《公羊》微言，来判定《公羊》、何休之说的得失，一方面申何休之说，补其未备，以充实、加强"三科九旨"为核心的公羊学；另一方面则是批评其失，以矫正《公羊传》、何休所出现的偏离"三科九旨"的失误。刘逢禄的修正补充及其批评《公羊传》、何休之说，其出发点与归宿都是为了维护公羊学，使公羊学在理论上更加完善。而他的修正补充及其批评，确有助于《公羊传》与何休之说的完善，起到了"弥缝匡救，营卫益谨"的作用。而对何休自相矛盾的批评，则具有逻辑一致性要求的意义；对何休训诂失误、误引秦汉以后解《公羊》的批评，则具有学术求真的意义。这些批评已经超出了公羊学的范围，具有一般学术批评的意义。

刘逢禄广其异义，是指在对《公羊传》的解释中，采取《左传》与《穀梁》及其他经学之说来修补《公羊传》与何休的说法。刘逢禄本来是最为强调师法的，他肯定公羊学也是因其有师法。而按照汉代的师法原则，言《公羊》就不得取《穀梁》，更不能取《左传》为说。但是，三传皆解《春秋》，于《春秋》各有所得。从师法原则而言，三传异解，不得相互混淆。但是，如果三传仅仅固执其说，就会出现胶柱鼓瑟的现象。所以，各家又不得不采取他家的说法，来修补自己的不足。许慎、郑玄论今古文经学之异，廖平的《今古学考》考辨汉代今古文经学之分，都有今文经学采古文经学，或是古文经学采今文经学，而今古文经学与古文经学所言相同的内容，这说明即使在最为强调今古文经学之分的汉代，也没有今古文经学的完全对立、绝不相干。

而刘逢禄生在乾嘉汉学兴盛之时，汉学的求公是，实事求是，及其所形成的一些科学治学方法，成为学术界的共识。所以，我们看到在刘逢禄稍前的庄存与、孔广森治《公羊》，虽然都批评《穀梁》与《左传》，但是，又都取以为说。刘逢禄受其影响，也在激烈批评《穀梁》尤其是《左传》的同时，也时取《左传》、《穀梁》来补充《公羊传》。

在三传中，《公羊》与《穀梁》为今文经学，《左传》为古文经学。所以，《公羊》与《穀梁》有较多的相通之处，刘逢禄广其异义，主要是取

《穀梁》补充《公羊传》。如刘逢禄认为，桓公三年"春正月"，何休以桓公无王而行之说，就本于《穀梁》，刘逢禄就赞许"何君据经及《穀梁》得之"①。刘逢禄在引用《穀梁》补充《公羊》是不少的，故他常常许《穀梁》"于义为长"。他取《穀梁》重在义理与礼制，主要是从礼、义上对公羊学的修补。这实际上是认为《穀梁》所言的某些义理、礼制胜于公羊学。

而刘逢禄取《左传》说，相对而言要少得多。从所取《左传》的材料来说，刘逢禄或是从训诂（如以大元训）、或是从史事（所谓"于晋情事最合"）来论说，这与取《穀梁》从义理、礼制补充《公羊》，有着性质上的差别，反映了刘逢禄对《穀梁》与《左传》不同价值的认定。

刘逢禄引用《左传》、《公羊》广其异义，从经学的家法原则而言，是不可取的。所以，遭到随后的公羊学者陈立"自乱其家法矣"②的尖锐批评。陈立批评刘逢禄自乱其家法、不信注并不信传，从师法的角度来说有一定道理。守师法就不应该引《穀梁》，更不能引《左传》。刘逢禄以《春秋》为经，以《左传》为史，据《左传》以广《公羊》，就犯下了他自己说的以史言经的错误。但是，说他是逞臆改作，则过于苛责，因为一方面刘逢禄的《申墨守》、《广墨守》基本上还是忠实于公羊学的，是以三科九旨为核心的；另一方面，如果跳出师法的界限来看，刘逢禄引用《穀梁》、《左传》来修补《公羊》，往往是《公羊》、何休之说有疑难之处，而《穀梁》、《左传》之说恰好可以对其疑难给以某种回答。刘逢禄正是看到了这一点，所以引以为说，或是补充其义理，或是正其训诂、明其情事。刘逢禄的广其异义与孔广森的会通三传，其实是相同的，都是一种打破师法、三传互补、以求得公是的治学方法的表现，是汉学学风对他们的影响。这就是王念孙所说的："说经者，期于得经意而已。前人传注不皆合于经，则择其合经者从之。其皆不合，则以己意逆经意，而参之他经，证以成训。虽别为之说，亦无不可。"③由此，刘逢禄的广其异义，实是时代特色的反映。

① 刘逢禄：《申墨守》，《春秋公羊经何氏释例》附，《续修四库全书》第129册，上海古籍出版社2002年版。

② 陈立：《公羊义疏》卷四，《清经解、清经解续编》第8册，凤凰出版社2005年版。

③ 王引之：《经义述闻·序》，江苏古籍出版社2000年版。

（二）对《穀梁》的申何难郑

刘逢禄对公羊学，可以广其异义，在一定程度上打破师法的束缚。但是，他在关于《穀梁》与《左传》的看法上，则表现出了固守《公羊》、何休之学，对其他春秋学坚决排斥的态度，以至提出了根本否定《左传》的观念。

就《穀梁》而论，刘逢禄对历史上何休与郑玄的争辩，完全是站在何休的一面，对何休的《穀梁废疾》申而广之，而对《穀梁》及其郑玄的《起穀梁废疾》则予以斥责。刘逢禄在批评《穀梁》时如何固守《公羊》师法，可从如下事例中得到清楚的说明。隐公元年，"天王使宰咺归惠公仲子之赗"，《穀梁》以仲子为"惠公之母，孝公之妾也"，何休则以为，仲子是桓之母。郑玄主《穀梁》，以驳何休，而刘逢禄则申何休之说，驳难郑说。但是，刘氏在本条最后自注："义与《笺》异，以《笺》为正。"而《何氏解诂笺》是肯定《穀梁》说的。① 看来刘逢禄关于惠公仲子的解说本来是肯定《穀梁》说而否定《公羊》说的。然而，他为了在三传得失的辩论中，以公羊学为是，竟不得不放弃《穀梁》本来是正确的说法，而严守《公羊》师法。由此可见，刘逢禄在关于《穀梁》的批评中，简直就是墨守师法，几乎毫无变通。这样，也使他的某些批评陷入自相矛盾，出现理论的失误，像此条解说既以《公羊》为说，却在注中又否定其说，而以《穀梁》为正。这就真正令人难以适从了。

刘逢禄认为《穀梁》的"废疾"所在，就是没有经学微言，这也是他著作申"废疾"、广"废疾"的缘由。《申穀梁废疾叙》说：

> 穀梁子不传建五始、通三统、张三世、异内外诸大旨，盖其始即夫子所云"中人以下，不可语上"者也，而其日月名字之例、灾变之说、进退予夺之法，多有出入者，固无足怪。玩经文，存典礼，足为《公羊》拾遗补阙，十不得二三焉，其辞同而不推其类者，又何足算焉。兼之经本错迁，俗师附益，起应失指，条例乖舛，信如何所名《废

① 原文如后："《穀梁》得之。不称夫人者，以天王临之而见正焉。如以为桓母于义得称夫人，则隐为桓立，不得尊桓母乎？尊桓母，公意不益成乎？"在《左氏春秋考证》中，刘逢禄也说："惠公仲子，《穀梁》得之。"（《清经解、清经解续编》第 8 册，凤凰出版社 2005 年版）

疾》，有不可强起者。

这段话集中说明了刘逢禄对《穀梁》的基本认识。在刘逢禄看来，穀梁之学与《公羊》的不同，就其大旨而言就在于没有经学微言，是只传章句而不传微言的中人以下的学问，这也是《穀梁》废疾不可强起的根由。而《穀梁》的其他失误谬说，与《公羊》在日月、名字、褒贬论说上的差异，都与此有关。因而，刘逢禄批评《穀梁》是以其缺乏经学微言为根本的。而从刘逢禄所列举出来的经学微言来看，不是"张三世"、"通三统"、"异内外"、"王鲁"、"建五始"等，就是"新周"、"故宋"、"王鲁"以《春秋》当新王、《春秋》托王义等说。所以，刘逢禄所说的经学微言，是以"张三世"之类为其内容的。正是从此出发，刘逢禄在书中多次指责《穀梁》缺乏三科的经学微言。

除了批评《穀梁》没有微言之外，刘逢禄还从其他方面进行了批评。而指责《穀梁》不知礼义，是刘逢禄谈得较多的内容。经学史上，一般认为《穀梁》精于礼，善说礼制，刘逢禄对此予以了坚决反对。如隐公五年，"初献六羽"，《穀梁》引尸子曰为解，并以为天子自诸侯皆八佾。刘逢禄激烈地斥责说："其为尸佼与，则秦相商鞅客也。非尸佼与，不可白也。其言礼乐何其逆也。"[1]说《穀梁》不只是不懂礼义，而且简直是大逆不道。闵公二年，刘逢禄又批评《穀梁》"岂君臣之义乎？"[2]宣公五年，刘逢禄则批评《穀梁》"不著夫妇之别……似是而非"[3]。这些批评从各个方面说明了《穀梁》在礼义的失误，既不明婚礼、祭礼诸礼，也不知君臣、夫妇之义，甚至大逆不道，说明《穀梁》在礼义上的无知与失误，根本谈不上什么精于礼。这与刘逢禄在《申墨守》与《广墨守》中常常许《穀梁》"于义为长"并从礼义方面矫正《公羊》之说形成明显的对立。

刘逢禄在论说《穀梁》"废疾"之时，还不得不面对郑玄对《穀梁》的

---

① 刘逢禄：《广废疾》，《春秋公羊经何氏释例》附，《续修四库全书》第 129 册，上海古籍出版社 2002 年版。

② 刘逢禄：《广废疾》，《春秋公羊经何氏释例》附，《续修四库全书》第 129 册，上海古籍出版社 2002 年版。

③ 刘逢禄：《广废疾》，《春秋公羊经何氏释例》附，《续修四库全书》第 129 册，上海古籍出版社 2002 年版。

维护。他对郑玄维护《穀梁》一一进行了驳斥，其中有两点特别值得注意：一是否定郑玄的《穀梁》出自子夏说，从经学的师法这一根本上否定《穀梁》。郑玄在《起穀梁废疾》中，提出《穀梁》成书的时间接近孔子，而《公羊》成书于六国时，《穀梁》的成书要早于《公羊》，并说《穀梁》传自子夏，试图从成书的早晚与师承上来说明《穀梁》优于《公羊》。刘逢禄则在《申废疾》与《广废疾》中，多次批驳郑玄此说。刘逢禄认为，《公羊》早于《穀梁》，只不过《公羊》开始是用口头流传的方式而已，《穀梁》才是成书于六国时，说公羊子后于穀梁子，《穀梁》传自子夏都是郑玄的个人臆说。在僖公二十二年，批评《穀梁》解"宋公与楚战于泓"之时，刘逢禄又说：《穀梁》"以功利言道，盖战国之学也"①。又从《穀梁》的内容上，将其成书定在崇尚功利的战国之时。二是批评郑玄的所谓"起废疾"，从总体上否定《穀梁》。刘逢禄对郑玄《起废疾》的全面批判，主要见于《申废疾》，他一方面说郑玄对何休的批评都不能成立；另一方面说郑玄对《穀梁》的维护，即使是窃取董仲舒、何休的公羊学来文饰《穀梁》，也都是完全失败的。由此得出的结论自然是，郑玄针对《穀梁废疾》的"起废疾"，是根本不成功的。

（三）对《左传》的攻毁

《左传》与《公羊》在汉代就势不两立。自郑玄以古文经学混合今文经学，特别是杜预注《左传》后，《春秋》三传一直通行的就只有《左传》，《穀梁》与《公羊》则几成绝学。因而，不否定《左传》，就不能确立《公羊》在《春秋》学中的正宗地位。刘逢禄以发扬公羊学为任，除了发挥董仲舒、何休之学，还必须否定《左传》。激烈地批评《左传》与阐发公羊学，成为刘逢禄经学思想的两个同样重要的方面。刘逢禄攻毁《左传》，是经学史上第一次系统地否定《左传》。《左传》不传《春秋》，《春秋左氏传》是刘歆作伪的产物，则是刘逢禄否定《左传》的两个主要观点。

对《左传》与《春秋》的关系，汉代的经学博士就有《左传》不传《春秋》之说，因而，反对将其立于学官。自汉以后，历代都有人怀疑《左传》不传《春秋》，据朱尊彝《经义考》第 169 卷，② 历史上怀疑《左传》

---

① 刘逢禄：《广废疾》，《春秋公羊经何氏释例》附，《续修四库全书》第 129 册，上海古籍出版社 2002 年版。

② 参见《四库全书·史部·目录类》，上海古籍出版社 1987 年版。

不传《春秋》者，如王接、啖助、崔子芳、刘安世、叶梦得、胡安国、林栗、罗喻义、尤侗等。汉代以后对《左传》的怀疑、否定，较早的是晋代的王接，形成一股风气则开始于唐代的啖助、赵匡，而在宋代得到发展，被较多的人所认同。在清代，先于刘逢禄的孔广森、庄述祖都有《左传》不传《春秋》之说。但是，怀疑《左传》的人数在经学界一直是少数，影响不大，学术界多数人的主导观念还是承认《左传》是传《春秋》的。但在刘逢禄之前只是存在怀疑、否定《左传》的零星论点，还没有形成一个由论点所组成的完整思想，在学术界并不占主导地位，这些观点却是刘逢禄否定《左传》的先声。

而刘逢禄否定《左传》思想的直接来源，则是庄述祖否定《左传》的观念。刘逢禄正是在直接承继庄述祖的思想并吸收前人怀疑《左传》的各种论说的基础上，才写了全面否定《左传》的著作，通过辨析《左传》与《公羊》的不同及其《史记》、《汉书》等有关《左传》的记叙，首次系统地提出了《左传》不传《春秋》，《春秋左传》是刘歆作伪而成的思想，而在经学界产生了巨大的反响，更对随后的学术思想产生了重大的影响。

《左传》不传《春秋》是刘逢禄否定《左传》的根本观念，这涉及《左传》一书与作者左丘明两个问题。关于《左传》一书。刘逢禄的看法是，《左氏春秋》与《春秋左传》是两部不同、但又有联系的书。前者是左氏所著的史书，而后者是刘歆的伪作，而刘歆的伪作是依托左氏之书的。就是说《春秋左传》是从《左氏春秋》，经由刘歆的改篡增益而成。在刘歆之前，没有《春秋左传》，只有《左氏春秋》，而《左氏春秋》与孔子所著的《春秋》是毫无关系的。刘逢禄说：

> 《左氏春秋》之名，犹《晏子春秋》、《吕氏春秋》也。太史公《十二诸侯年表》所据旧名如此，故西汉太常博士皆以左氏为不传《春秋》。其改称《春秋左氏传》，盖始于刘歆《七略》，而东汉人以伪传伪，《尚书伪孔传》托于安国，而有称《春秋左氏传》之言，此作伪明证也（原注：太史公从安国问故，岂有史公所见尚是《左氏春秋》，而安国乃先见刘歆所改名之《左氏传》者哉）。且其书不尽邱明之本真，故《汉书·刘歆传》云："初，《左氏传》多古字古言，学者传训诂而已，及

歆治《左氏》，引传文以解经，转相发明，由是章句义理备焉。"而公孙禄议曰："国师嘉信公颠倒五经，毁师法，令学士疑惑。"①

他认为《左氏春秋》与《晏子春秋》、《吕氏春秋》从书名上说是相同的，应该是同一性质的书，《晏子春秋》等名为史书之名，② 所以，《左氏春秋》是一部史书。

刘逢禄否定《左传春秋》，多据太史公的《史记》为说。他以为《史记》成于刘歆之先，没有刘歆的改篡，是可据以为说的信史。故《申墨守》、《广墨守》多据《史记》发挥其说。如他否定《左氏春秋》的主要观念，就来自《史记·十二诸侯年表》的如下一段话："鲁君子左丘明惧弟子人人异端，各安其意，失其真，故因孔子史记具论其语，成《左氏春秋》。"刘逢禄正是依据这段话得出了这样的结论："云鲁君子明非弟子，故不列于仲尼七十二弟子中也；因孔子史记，明在孔子身后，但见鲁史，未尝口授微言之作传也，曰《左氏春秋》，与铎氏、虞氏、吕氏之《春秋》并列，明其为记事之书，非说经之书，故不名《左氏传》也。太史公所见原本如此。……其改称《春秋左氏传》，自刘歆《七略》始。"③左丘明非孔子弟子，其书据史记而成，其名与先秦史书之名相同，《春秋左传》之名出于刘歆之伪，而归结到一点就是《左氏春秋》是不传《春秋》的史书。但是，完整地阅读《史记·十二诸侯年表》的整段话，④ 就可以看出司马迁不仅将《左氏春秋》与铎氏、虞氏、吕氏之《春秋》并列，同时首先讲到孔子著《春

---

① 刘逢禄：《广膏肓·序》，《清经解、清经解续编》第 8 册，凤凰出版社 2005 年版。

② 《晏子春秋》与《吕氏春秋》是不是史书，不仅历史上有不同的看法，在现代也有争议。如对《吕氏春秋》的看法，《四库全书》就被列入杂家，现在有人也以为属杂家，但也有人认为是以儒家为主，而兼采诸家，其说不一。

③ 刘逢禄：《左氏春秋考证》，《清经解、清经解续编》第 8 册，凤凰出版社 2005 年版。

④ 原文如后："是以孔子明王道，干七十余君，莫能用。故西观周室，论史记旧闻，兴于鲁而次《春秋》，上纪隐，下至哀之获麟，约其辞文，去其烦重，以制义法，王道备，人事浃。七十子之徒口受其传指，为有所刺讥褒讳挹损之文，辞不可以书见也。鲁君子左丘明惧弟子人人异端，各安其意，失其真，故因孔子所记具论其语，成《左氏春秋》。铎椒为楚威王傅，为王不能尽观《春秋》，采取成败，卒四十余章，为《铎氏徽》；赵孝成王时，其相虞卿上采《春秋》，下观近世，亦著八篇，为《虞氏春秋》；吕不韦者，秦庄襄王相，亦上观上古，删拾《春秋》，集六国时事，以为八览、六论、十二纪，为《吕氏春秋》。及如荀卿、孟子、公孙固、韩非之徒，各往往捃摭《春秋》之文以著书，不可胜记。汉相张苍历谱五行，上大夫董仲舒推《春秋》义，颇著文焉。"

秋》,在结尾处又有董仲舒推《春秋》义之语,说明司马迁不仅将《左氏春秋》与《吕氏春秋》等并列,同时也与《春秋》、董仲舒的春秋学等并列,如果说与《吕氏春秋》并列就是不解《春秋》,那么,与董仲舒的春秋学尤其是与《春秋》并列,就一定是解《春秋》之作吗?所以,司马迁的本义并没有否定《左传》与《春秋》的联系。刘逢禄的论说,带有先入为主的意向。

但是,《左传》原名《左氏春秋》,确是刘逢禄的一大发明。此说是也有充分的史料依据,在汉代以《左氏春秋》称呼《左传》是一个普遍现象。而《左氏春秋》之名先于《春秋左传》,也是一个不可否认的历史事实。但是,从《左氏春秋》之名是否就可以说《左氏春秋》不传《春秋》,却是另一个问题。

如果只是从《左氏春秋》的书名来论说不传《春秋》,未免不能令人信服。所以,刘逢禄还从《左氏春秋》的文体等方面论证其与《春秋》无关。他指出,《左氏春秋》原文的文体是以"惠之二十四年"、"悼之四年"等来表述的,与孔子的《春秋》不类,而现存与《春秋》日月相比附的文体,是刘歆改篡的结果。刘逢禄曾多次论及这一点说:"左氏后于圣人,未能尽见列国宝书,又未闻口授微言大义,惟取所见载籍,如晋《乘》、楚《梼杌》等相错编年为之,本不必比附夫子之经。"[1]《左氏春秋》原本非传经之体,只是相错编年的史书,与晋《乘》、楚《梼杌》相同,同孔子的《春秋》毫无关系。

而且,《左传》的篇数与传《春秋》的诸传篇数不合,并多有附会的鄙陋之谭。传《春秋》的《公羊》、《穀梁》诸书,都是11篇,而《左传》则有12篇,还有所续孔子《春秋》之后的记载,不仅篇数不合传《春秋》各书的篇数,而且还有《春秋》所无的所谓续经部分。刘逢禄说:《左氏春秋》是左丘明"自为记事之史,故其书自鲁悼赵襄而止,其为不传《春秋》明矣"[2]。他特别指出《左传》的续经背离经意:"孔子生卒,谨书于传记,宜也;而附于经,则经为夫子家乘矣。夫子作《春秋》,游、

---

①　刘逢禄:《左氏春秋考证》,《清经解、清经解续编》第8册,凤凰出版社2005年版。
②　刘逢禄:《左氏春秋考证序》,《清经解、清经解续编》第8册,凤凰出版社2005年版。

夏不能赞一辞，不识后有刘歆之徒狂悖如此。而贾逵、杜预诬及弟子，是深惑于'左氏亲见圣人'之说也。"①刘歆的续经是狂悖之至，而贾、杜相信其说，就不仅附益了《左传》，而且是对孔子弟子的莫大诬蔑，把圣人之经变为了夫子家乘。而《左传》的内容又"多鄙倍之谭，圣门五尺童子所勿道"，如"妄生异说"，"好记琐事"，"好言怪力乱神之事"，②不仅不传圣人微言大义，而且有许多直接与圣人之道相违背。这些都表明《左传》是不传《春秋》之书。

但是，《左传》是否不传《春秋》在历史上就有分歧。在朱尊彝的《经义考》关于《左传》考的部分，除了前引怀疑《左传》的内容外，还有大量历代肯定《左传》传《春秋》的论说，而且这是刘逢禄之前关于《左传》的流行观念，较《左传》不传《春秋》更有影响。刘逢禄的《左传》不传《春秋》，随后也遭到李慈铭、陈澧、朱一新、章太炎、刘师培、叶德辉与今人的批评。③的确，刘逢禄由《左氏春秋》之名，判定其不传《春秋》与汉代经学史的实际是不相合的，尤其是汉代的诸多今文经学家都以《左传》为解《春秋》之书，更是对刘逢禄的《左传》不传《春秋》的反证。然而，刘逢禄的《左传》不传《春秋》乃是由公羊学家的家法出发，而排斥其异己的理论表现，并不是严谨的历史考证，所以，并不能以其不合于经学史的实际，来否定刘逢禄此说的意义。恰恰是有了《左传》不传《春秋》之说，才使刘逢禄的经学更具有公羊学的特色，使他的公羊学成为完备的理论。

刘逢禄还从《左传》的作者左丘明，来否定《左传》与《春秋》的联系。关于左丘明，历史上多有异说。而对左丘明时代与身份的确定，对《左传》的成书与性质认定有着直接的关系。一般都肯定左丘明就是《左氏春秋》的作者，但是，左丘明是否是孔子的弟子，与《论语》中孔子提到的左丘明是不是一个人，却有不同的看法。肯定《左传》传《春秋》的人

---

① 参见刘逢禄：《左氏春秋考证序》，《清经解、清经解续编》第 8 册，凤凰出版社 2005 年版。
② 以上所引皆见《申膏肓》。
③ 路新生先生的《驳刘逢禄〈左氏〉不传〈春秋〉》（《史林》1998 年第 4 期），有详细的论述，可参见。

基本上都认定左丘明是孔子弟子①，还肯定左丘明曾与孔子共观《史记》②；而以《左传》不传《春秋》的人，则认为左丘明非孔子弟子。刘逢禄认为，左丘明不是孔子的弟子，也不是《论语》中提到的左丘明，因此，"无所谓（孔子）与丘明共观史记之说"③，他根据《左传》旧文有"悼之四年"，而断定左丘明是鲁悼公之后的人，"邱明盖生于鲁悼之后"，"鲁君子左丘明非《论语》之左丘明"④，其身份是战国时期的一位良史。

（四）揭露刘歆作伪

刘逢禄认为，原本不传《春秋》的《左氏春秋》变为《春秋左传》，并被认为是解经之书，这一切都出自刘歆的作伪。而刘歆与《左传》的关系，在《汉书》中有两段最重要的记载：

> 及歆校秘书，见古文《春秋左氏传》，歆大好之。时丞相史尹咸以能治《左氏》，与歆共校经传。歆略从咸及丞相翟方进受，质问大义。初，《左氏传》多古字古言，学者传训诂而已，及歆治《左氏》，引传文以解经，转相发明，由是章句义理备焉。……歆以为左丘明好恶与圣人同，亲见夫子，而《公羊》、《穀梁》在七十子后，传闻之与亲见之，其详略不同。……及歆亲近，欲建立《左氏春秋》及《毛诗》、《逸礼》、《古文尚书》皆列于学官。哀帝令歆与五经博士讲论其义，诸博士或不肯置对，歆因移书太常博士，责让之。⑤
>
> 公孙禄曰："国师嘉信公颠倒五经，毁师法，令学士疑惑。"⑥

刘逢禄以为以上两段记载，一正一反，就是"今本《左氏》书法及比年依

---

① 参见杜预：《左传集解》说："左丘明受经于仲尼。"

② 参见刘歆《七略》："仲尼以鲁史官有法，与左丘明观其史，有所褒毁贬捐，不可书见，口授弟子。弟子退而异言，丘明恐弟子各安其意以失其真，故论其本事而作《传》。"对此段的"丘明恐弟子各安其意"的弟子，历代多以孔子弟子为解，而路新生在《驳刘逢禄〈左氏〉不传〈春秋〉》中以为，此弟子是指左丘明的弟子，而非孔子的弟子。然而，根据此段文意，"丘明恐弟子各安其意"，上承孔子口授微言与弟子，弟子退而异言，其弟子皆指孔子弟子，似以孔子弟子为当。

③ 刘逢禄：《左氏春秋考证》，《清经解、清经解续编》第8册，凤凰出版社2005年版。

④ 刘逢禄：《左氏春秋考证》，《清经解、清经解续编》第8册，凤凰出版社2005年版。

⑤ 班固：《楚元王传第六》，《汉书》卷三十六，《四库全书》本，上海古籍出版社1987年版。

⑥ 班固：《王莽传第六十九下》，《汉书》卷九十九，《四库全书》本，上海古籍出版社1987年版。

经饰《左》、缘《左》、增（左》"，为刘歆所伪的"明证"！①

在刘歆作伪的这些方面，刘逢禄谈得最多的是刘歆对《左传》的增篡，这也是他认为刘歆作伪的要害所在。而刘歆的增篡主要是袭用《公羊》的义例，以《左传》与《春秋》进行经传的附会，一方面以造成《左传》解《春秋》的假象，另一方面则是企图"迷"、"乱"《公羊》的义例。②故刘逢禄说刘歆："欲迷《公羊》义例，则多缘饰《左氏春秋》以售其伪。"③仅在《广膏肓》的隐公篇中，刘逢禄就有多次指斥刘歆的"迷"、"乱"《公羊》义例的记录。这些指责涉及公羊学的"张三世"、《春秋》当新王、异内外、疾始、贼不讨不书葬等例，而这些义例都是刘逢禄认为最重要的义例，多属于"三科九旨"或是与其相关的内容。可见，刘逢禄攻刘歆作伪，也是紧紧围绕公羊学的"三科九旨"来进行的。刘逢禄在斥责刘歆的这些地方，还往往以"此类释经皆增饰之游词，不可枚举"，"此类皆袭《公羊》，而昧其义例"等语，来说明刘歆的作伪带有"类"的普遍性。

此外，刘逢禄还较多地指斥《左传》的君子曰、凡例等为刘歆伪造。他说：《左传》"凡引君子之云，皆刘歆所附益，以附会《史记》鲁君子左丘明之语"，这是一个全称判断，将《左传》的所有"君子曰"都视为刘歆的作伪。因其是作伪，所以《左传》的"君子曰者，皆歆所空衍也，不然，何游谈无根若是"。他说："朱子以左氏所述君子曰皆鄙陋"，但惜其"不知皆刘歆所伪托也"。而"凡例皆附益之辞"，"凡例之谬，不胜举也"④，凡例与君子曰一样，都是毫无可取的，应该完全否定。而刘歆臆造的"不赴告，故不书；不行礼，故不书即位之属，使宋以后谓《春秋》第据赴告之文，别无褒贬，则不特邱明之罪人，尤为圣经之蟊贼矣"⑤。不但破坏了《左传》的本来面目，更危害了圣人典籍的正义。"不但疑惑当时学士，而并疑惑万

---

① 参见刘逢禄：《左氏春秋考证》，《清经解、清经解续编》第 8 册，凤凰出版社 2005 年版。

② 据吴龙川的硕士论文《刘逢禄公羊学研究》第二章注 9 的统计，刘逢禄《广膏肓》直接批评刘歆"欲迷"、"欲乱"《公羊》义例的材料有 19 则之多。注 10 则指出，刘歆以《公羊》义例附会《左传》的材料，较为明显的达到 22 条。

③ 刘逢禄：《左氏春秋考证》，《清经解、清经解续编》第 8 册，凤凰出版社 2005 年版。

④ 以上皆见《左氏春秋考证》，《清经解、清经解续编》第 8 册，凤凰出版社 2005 年版。

⑤ 刘逢禄：《左氏春秋考证序》，《清经解、清经解续编》第 8 册，凤凰出版社 2005 年版。

世之学士也"①，造成了汉以后的微言大义不得讲明的严重恶果。

刘歆所以要伪《左传》，刘逢禄认为有两个原因：第一，从学术上说，是使《左传》能够得以依附《春秋》，以求立于学官。第二，从政治上说，则是为新莽篡国制造舆论。刘逢禄这一方面的指责，仅在《广膏肓》中就多次出现，如说："如歆之事莽，真汉之帝族哉"，"歆视余分闰位为正统，宜其为国师嘉新公矣"等等。

刘逢禄不仅以《左传》为刘歆的伪作，还将古文经学在礼制上所依据的经典《周官》，也说成是刘歆的伪作，《申膏肓》就二次言及这一点，"《周官》、《左氏》同出刘歆……而杜氏短丧之说遂以污经蔑礼矣"②，"《周官》亦出刘歆，何氏所不信"③。此外，刘逢禄还以《逸书》16篇亦出于刘歆，"未必出于孔壁，刘歆辈增设之，以抑今文博士耳"④；在《诗古微序》中又否定古文经的《费氏易》等典籍。这说明刘逢禄虽以否定《左传》为中心，但对整个古文经典都是否定的。而《左传》为代表的古文经学在汉代兴起，尽管刘歆是一个关键人物，但是，也与东汉初年的一批古文经学家的努力有密切关系。为了彻底地否定《左传》，刘逢禄在讲刘歆作伪之时，也将东汉初年治《左传》的代表性人物郑兴、贾逵等说成是刘歆的后继者，说他们也对《左传》有所附益。如说："自刘歆等妄附书法，而郑（兴）、贾（逵）、服（虔）、杜（林）纷纷聚讼"；"今《左氏》书法、凡例之属，（郑）兴亦有所附益矣"；"自贾逵以后，分经附传，又非刘歆之旧，而附益改篡之迹益明矣"⑤。

由刘逢禄的这些论说来看，他攻刘歆作伪，实带有否定整个古文经学的含义。在汉代的今文经学之争都是围绕着《公羊》、《左传》而展开的，刘逢禄以《公羊》否定《左传》，既开启了清代的今古文经学之争，更由此引发了此后以否定《左传》为重点的疑古辨伪思潮的兴起。刘歆之人在历史上

---

①　刘逢禄：《左氏春秋考证》，《清经解、清经解续编》第8册，凤凰出版社2005年版。

②　刘逢禄：《申膏肓·文公元年》，《续修四库全书》第129册，上海古籍出版社2002年版。

③　刘逢禄：《申膏肓·昭公二十六年》，《续修四库全书》第129册，上海古籍出版社2002年版。

④　刘逢禄：《释礼制中》，《刘礼部集》卷四，《续修四库全书》第129册，上海古籍出版社2002年版，第77页。

⑤　以上皆见《左氏春秋考证》。

被视为不忠不孝的代表人物,① 刘逢禄以刘歆作伪为说,对于否定古文经学无疑可以使更多的人易于接受。此后,攻古文经学之人,无不以刘歆作伪为说,说明刘逢禄否定《左传》在晚清的巨大影响是不可否认的。

艾尔曼先生在论及清代的今古文之争时说:"18 世纪常州今文经学家再次掀起今古文之争时就意识到,他们触及的不是一个无关痛痒的文献学课题,他们是在重建一种学术性的,实质上又是政治性运动的前途,这场运动曾为其他学术运动所取代。"②这是一种很深刻的见解,但需要作进一步的细化说明。这一说法用在廖平、康有为的身上无疑是十分正确的,却不适合刘逢禄。刘逢禄的重启汉代今古文经学之争,还没有所谓"政治性"的含义,而主要是学术之争,当然,不排除学术之争会涉及政治问题,但就刘逢禄的主观意愿来说,绝没有借今古文经学之争来影射中国古代政治、文化的不合理、不合法。否则,后来廖平、康有为的今文经学就没有意义了。所以,刘逢禄尽管也有对春秋公羊学大一统的论说等内容,但这些内容都是春秋公羊学的本有之义,刘逢禄是从恢复春秋公羊学的本义为目标的,所以,他的这些阐发,并不具有多少政治含义。庄存与、刘逢禄的家世,决定了他们对清王朝的维护,而二人身份的差异,也会引起对解说春秋公羊学的主观动机的差别,庄存与会更多地倾向于用理想政治来引导君主,而刘逢禄则对以家法来说明春秋公羊学更感兴趣,所以,对刘逢禄经学的论说,不宜一定将其大一统等说与政治联系为说,更不能以此为刘逢禄经学的特点、实质,而进行不必要的渲染。汤志钧先生说:

> 清代今文经学的复兴者之所以讲《公羊》,是因为它存在《春秋》大义;而这些"微言",又重在"大一统"。那么,他们实际是为了"大

---

① 刘歆以刘氏宗室成员的身份迎合王莽篡汉是为不忠,其立说、行事处处与刘向立异是为不孝。宋人洪迈斋《容斋随笔·刘歆不孝》说:"事亲孝,故可移忠于君,是以求忠臣必于孝子之门。刘歆事父,虽不载不孝之迹,然其议论每与向异同,故向拳拳与国家,欲抑王氏以崇刘氏,而歆乃力赞王莽,倡其凶逆,至为之国师公,又改名秀以应图谶,竟亦不免为莽所诛,子棻、女愔皆以戮死。使天道每如是。不善者其知惧乎?"(洪迈斋:《容斋随笔》,上海古籍出版社 1996 年版,第 116 页)

② 艾尔曼:《经学、政治和宗族——中华帝国晚期常州今文学派研究》,江苏人民出版社 1998 年版,第 5 页。

一统"，而找《春秋》为依附，又发挥《春秋》"微言"，以维护"大一
统"的。①

这一说法过分地强调了清代初期今文经学与政治的联系，是不合乎实际的。

六、以《公羊》说《论语》

以《公羊》的"三科九旨"为整个经学的根核，是刘逢禄经学的要义。
他将这一观念运用于《论语》，著为《论语述何》，用何休的公羊学解说《论
语》，不仅是刘逢禄以《公羊》的微言大义论说群经的具体化，更在论语学
发展史上开创了《论语》的《公羊》义理化的风气。循其路径，其后宋翔
凤有《论语说义》、戴望有《戴氏注论语》、刘恭冕有《何休论语注训述》、
王闿运有《论语训》、俞樾有《何邵公论语义》、廖平有《论语发微》与
《论语汇解凡例》、康有为有《论语注》等。② 因此，《论语述何》也是刘逢
禄对后世有较大影响的一部作品。

刘逢禄以《公羊》说《论语》的依据，在于所谓何休有《论语注训》，
而何休之学以《公羊》微言为宗，所以，刘逢禄认为何休的《论语训注》
也应该是对《公羊》微言的阐发。刘逢禄还据前人之说找到了一条所谓何
休《论语注训》的材料，但刘逢禄所说的何休条目，实为马融之说，为何
晏作《论语集解》时所采入，故刘逢禄遭到人们郢书燕说的批评。而有一
点却是可以肯定的，就是刘逢禄的《论语述何》是用何休的公羊学来解说
《论语》，是《公羊》义理在《论语》的推论，体现了刘逢禄以"三科九旨"
的微言为经学根核的观念。

《论语》是孔子弟子与再传弟子记述孔子言行的著作，虽成书于战国，
但反映的却是春秋时期的内容，而《春秋》是据春秋各国的史记而成，两
书从时间上说都是有关春秋时期社会的著作；从两书的作者来说，一是孔
子，一是孔子弟子与再传弟子，同属儒家学派；从两书所反映的思想来看，
无论是孔子所作，还是孔门弟子记叙孔子的言行，都应该有孔子思想的反

---

① 汤志钧：《近代经学与政治》，中华书局 2000 年版，第 77—78 页。
② 如叶德辉在《翼教丛编》卷六就说："《公羊》家以《论语》证《春秋》，始于何休之传注，近
儒如刘申受、宋于庭、戴子高竭力开通，几于《论语》、《春秋》可以存一废一。"

映。所以，两书在内容上一定有相通之处，以《公羊》说《论语》，或是以《论语》说《公羊》都有一定的依据。所以，一些学者都肯定《公羊》与《论语》是可以互证的，如清人钱大昕说：

> 盖宣尼作《春秋》，其微言大义多见于《论语》，西京去古未远，犹有传其学者；今所存惟东汉诸儒之说，而《春秋》之微言绝矣。①

钱大昕本是刘逢禄所批评的人物，尚且以《论语》存有《春秋》的微言大义，足见此说非门户之见。当代著名学者钱穆先生在《孔子与春秋》一文，也列举十余例（如以"周监于二代"章，接近《公羊》的三王异统说之类），说明《论语》与《公羊》若合符节，由《论语》以证《公羊》自有其来历。② 他们都承认《春秋》与《论语》的相通，而不排斥二书可以互解互证。但是，《公羊》与《论语》可以互解互证，是有一定限度的，这只限于二者可以相通的部分，而不能将《论语》视为仅仅是阐发《公羊》义理的著作。

《论语述何》既是刘逢禄以《公羊》之义阐说《论语》之作，更是他用《论语》以证《公羊》微言大义之书。《论语述何》所证《公羊》微言大义，在形式上是先引《论语》的文字，而后申其己说。从所证的内容上说，归结起来主要有二大方面：

第一，证明孔子著《春秋》是作而非述，可垂法万世。

刘逢禄的这一证明，是从作、述之分来区分《春秋》与《诗》、《书》、《礼》、《乐》的不同。刘逢禄认为，孔子确有删定六经，但其中的《易》、《诗》、《书》、《礼》、《乐》五经是古已有之，孔子只是对其进行删定整理，是述古之作，至于《春秋》则是孔子一人所作，是孔子有见于春秋的礼崩乐坏，集尧、舜三代圣人之道的大成，而为后世所立的万世法。故孔子删定《易》等经典，文辞可与弟子同，至于著《春秋》却笔则笔、削则削，连子夏这样的高足也不能赞一辞。因而，《春秋》与《易》诸经，一为述，一为

---

① 钱大昕：《潜研堂文集·答问六》，《潜研堂集》卷九，上海古籍出版社 1989 年版。
② 钱穆先生的《孔子与春秋》，收入《两汉经学今古文平议》（商务印书馆 2001 年版）。相关的详细论说请参见张广庆：《刘逢禄与常州今文学》第七章第三节。

作；一是述古，一是垂万世法，二者是不同的。述不如作，述古不如垂法万世，这一作述之分，述古与垂法之别，将《春秋》提高到了其他经典之上的地位。

刘逢禄还从天命论来论说孔子作《春秋》的至高无上性。《论语述何》多次论及此点，如《论语·子罕》："子曰：'凤鸟不至，河不出图，吾已矣夫！'"刘逢禄解释说："此言盖在获麟之后，获麟而死，天告夫子以将没之征，周室将亡，圣人不作。"①以凤鸟河图之叹与《公羊传》的西狩获麟相印证，说明孔子有受命之征。西汉公羊学讲孔子受命制作《春秋》，又称之为素王改制，刘逢禄虽讲孔子受命制作《春秋》，甚至讲到颜渊为素臣，素臣相对素王而言，有素臣则应有素王，颜渊为素臣，孔子就理所当然的是素王。而且，刘逢禄在《论语述何》中也明确说到《春秋》有孔子"王心"的寄托。但是，刘逢禄却没有孔子素王说，也没有素王改制的说法，凡说到孔子只言是受命的圣人，而从无素王之称；讲孔子作《春秋》从来都只是说"制作"，而绝无改制之说。只有在《刘礼部集》的《论语述何》中解《论语·八佾》载仪封人之语时，刘逢禄提到素王："封人以夫子不有天下，知将受命制作，素王万世。"但是，在《清经解》本中"素王万世"却被删除了。从《刘礼部集》本与《皇清经解》本的行文看，《清经解》本当是刘逢禄所改定的版本，从他关于孔子的所有论述看，他是不讲孔子"素王"说的。而他《清经解》本要去掉素王之说，也表明刘逢禄即使有孔子"素王"说，但也是有所忌讳而不敢公开明言的。梁启超在《清代学术概论》中，没有注意到刘逢禄没有孔子受命改制之说，而笼统地说刘逢禄："凡何氏所谓非常异义可怪之论，如张三世、通三统、黜周王鲁、受命改制诸义，次第发明。"②这是不准确的。

与庄存与、孔广森相较，刘逢禄的经学尽管已经从重大义转向了重微言。但是，由于时代的限制，当时的清王朝的余威尚在，触目惊心的文字狱仍使人心有余悸，社会变革的要求还没有摆到迫切的地位，所以，刘逢禄讲孔子作《春秋》，只是说制作，而不说改制；只说孔子是受命的圣人，而不

---

① 刘逢禄：《论语述何》卷一，《清经解、清经解续编》第8册，凤凰出版社2005年版。
② 梁启超：《清代学术概论》，天津古籍出版社2003年版，第67页。

说孔子是素王；即使已经有了于素王相对的素臣之说，也没有敢于称孔子为素王的胆量。像西汉董仲舒与后来廖平、康有为等公羊学者，那样明确公开的言说孔子改制、孔子为素王，在刘逢禄的公羊学中还没有出现，所以，他对孔子作《春秋》还仅仅是停留在孔子是集尧、舜三代圣人之道大成这一点上，只是说孔子"以《春秋》继二帝三王之统也"①；"《春秋》宪章文王……礼乐制度，损益三代，亦文王之法也"②。就这一点来说，刘逢禄与庄存与、孔广森的经学没有什么区别。而如果说《春秋》只是承继文王为代表的尧、舜三代之道，无论将其说得如何天花乱坠，《春秋》实际上也只能是一部"述古"之作，而不可能是一部"改制"之作。所以，刘逢禄的公羊学虽然已经从庄存与诸人的重大义转到了重微言，但是，他的公羊学也还不是对汉代公羊学理论的政治实践性的发挥，也还只是书本理论的发挥。只有当从公羊学中说出了孔子改制说、孔子素王说，才接触到了公羊学的微言的要义，并且只有把孔子改制与时代需要相结合，来阐发出具有实践性的新的时代内容时，公羊学才获得其生命力。这正是刘逢禄的公羊学所缺乏的，然而，刘逢禄重微言的公羊学，却是以孔子改制为核心的晚清公羊学出现先声。

《论语》既有孔子著《春秋》的诸多证据，自然也有《春秋》微言大义的阐发，这在刘逢禄的思想中，是一而二的问题。而刘逢禄所说的《论语》阐《春秋》之微言，是与整个六经的大义相联系的，他说：

> 《论语》总六经之大义，阐《春秋》之微言。③

刘逢禄的这一说法把《论语》说成了理解六经的关键，大大地拔高了《论语》在诸经中的地位，这是前所未有的。《论语》出于孔门弟子，在开初并不具有经的地位，所以，六经不包括《论语》，后来《论语》虽然被置于经的地位，但无论是在以六经为主要典籍的汉唐时代，还是在以四书为主要经典的宋元明清时期，《论语》都不具备刘逢禄说的"总六经之大义"的地

---

① 见刘逢禄：《论语述何》卷二，对《论语·尧曰》"谨权量，审法度"的解释。
② 见刘逢禄：《论语述何》卷一，对《论语·子罕》"文王既没，文不在兹乎"的解释。
③ 刘逢禄：《论语述何》卷二，《清经解、清经解续编》第8册，凤凰出版社2005年版。

位。刘逢禄如此抬高《论语》，并不是要真正地将《论语》置于六经之上，而是要借以证明他的《公羊》为六经之根本的说法。因为在刘逢禄的经学思想中，《论语》所以能够"总六经之大义"，就在于《论语》是阐《春秋》微言的。他说："凡《论语》与《春秋》相表里者，皆圣人口授之微言，不著于帛者也。"①《论语》与《春秋》相表里，是因存有孔子的微言。而依刘逢禄的说法，《春秋》微言仅见于《公羊》，所以，《论语》与《春秋》相表里，实际上是说《论语》与《公羊》相表里。《论语》阐《春秋》微言，其实就是阐《公羊》之微言。

第二，证明《论语》有公羊学的"三科九旨"诸义。

刘逢禄所说的《论语》微言，其主要内容就是《公羊》微言之要的"三科"，这也是《论语述何》所述的基本内容。经过刘逢禄的牵强附会的论证，他就从《论语》中发现了春秋公羊学的"张三世"、"通三统"、"异内外"，《论语》也完全成为仅仅是阐发《公羊》义理的著作了，《论语述何》也名副其实地成了述说何休的"三科九旨"之作了。但刘逢禄得出这些结论都明显带有牵强附会的痕迹，牵强附会在理论上总是难以自圆其说的，而且往往会矛盾百出。这些矛盾百出，在刘逢禄的具体论证中处处可见。

所以，从理论的逻辑性、一致性诸要求来说，《论语述何》根本算不上是一部严谨的学术著作，故朱一新批评说："刘申受于邵公所不敢言者，毅然言之，卮辞日出，流弊甚大。"②周中孚则将其书视为"《易》外别传"："然究不免穿凿附会，惟离却《公羊》之旨，自为立说，稍可节取耳。此与宋虞廷《大学说》俱非经之本旨，学者第作《易》外之别传视之可也。"③

但是，此书亦是刘逢禄公羊学的重要著作之一，突出地体现了刘逢禄治学方法的特色，也正是发挥刘逢禄此书牵强附会的方法，后来的廖平、康有为才借以从孔子的经典中发现了所谓治中国、治全球的万世法及其西方的民主、自由、立宪、共和等时代内容。所以，《论语述何》自有其价值与历史影响。如胡楚生先生的《刘逢禄论语述何析评》，就特别指出："设就清季学

① 刘逢禄：《刘礼部集》卷二，上海古籍出版社 1995 年版。
② 朱一新：《佩弦斋文存》，《拙庵丛稿》卷上，台北文海出版社 1968 年版，第 13 页。
③ 周中孚：《郑堂读书记》卷十三，《续修四库全书》，上海古籍出版社 2002 年版，第 279 页。

术演变言之，则《论语述何》一书，其中关切于时务者，较之《公羊何氏释例》，虽颇少见，然而，学士大夫，能不囿于当时之风气，假托故籍，别制新义，进求致用，则其所显现之开创精神，亦自有难能而可贵者在也，其于思想史上，实当有其应具之地位存焉。"①而这一方面的意义，远远超出了《论语述何》牵强附会的不足。

七、刘逢禄春秋公羊学的历史地位

无论是刘逢禄对公羊学的正面阐述，还是刘逢禄的以《公羊》解说《论语》、遍说群经及其对背离"三科九旨"的人物（如孔广森、钱大昕）、著述（主要是《左传》、《榖梁》）的激烈批判，都是以公羊学的"三科九旨"为其最终的依据，所以，刘逢禄经学是以"三科九旨"为核心的经学体系。而"三科九旨"正是今文公羊学的重心，人们说刘逢禄的经学是向西汉今文经学的回复是有道理的。但是，刘逢禄的这一经学思想，又绝不仅仅是西汉今文《公羊》学的简单回复，而是清代社会发展变化与乾嘉汉学盛极而衰的物极必反的表现，适应了社会发展变化需要新的理论出现的时代要求，具有极其重要的历史意义。

清代在乾隆年间达到鼎盛的局面，但在乾隆后期就开始了由盛转衰的历史变化。如果说庄存与生活的乾隆时代由盛转衰还不明显，刘逢禄所主要生活的嘉庆时期，尤其是道光初年，这种变化就显得较为清楚了。历史的变化总会在思想文化上表现出来，刘逢禄的经学可以说就是这一世运变化的反映。清代乾嘉汉学到刘逢禄的时候，也可以说是其成熟而灿烂的时期。在刘逢禄出生（1776 年）前后，吴学与皖学的代表人物惠栋（1667—1758 年）与戴震（1723—1777 年）都相继去世，段玉裁、王念孙等一辈人也已经名声显赫。乾嘉汉学已经是如日中天，人皆汲汲于声音、文字、训诂、考据、典章、制度、辑佚，成为风行的时尚，同时汉学不重义理，脱离现实，不讲求国计民生，不谈经世致用的弊端，也暴露出来。而社会走向衰败的现实，也促使人们不得不对汉学作出反思，迫使在汉学之外去寻求挽救衰败的新理论。伴随着清王朝统治的削弱，清王朝的文字狱在嘉庆时也被逐渐淡化，使

---

① 胡楚生等：《清代学术史研究续编》，台湾学生书局 1994 年版，第 36 页。

人们有了在汉学、宋学之外另寻理论出路的政治、文化空间。① 所以，乾嘉汉学开始受到包括一些汉学家在内的批评与怀疑，而出现了与文字训诂不同的新趋向。被称为乾嘉汉学集大成的戴震，晚年其实也已经不满于汉学的文字训诂，而以批判理学的以理杀人、阐发义理为其学术的最后归宿，以达其"正人心"、"施政利民"之用。所以，他著为《孟子字义疏证》并自许："仆生平著述之大，以《孟子字义疏证》为第一，此以正人心之要。"②戴震在晚年对汉学的反省，表现了对乾嘉汉学斤斤于文字训诂的不满，而希望用一种可以有利于国计民生的学说来取代乾嘉汉学，以满足时代的经世致用的需求。

但是，从汉学的文字训诂本身是不可能产生出这样的学说的，而以心性学说为中心的宋学也不可能开出这样的学说，历史也缺乏产生出新时代的新理论的社会条件，所以，人们只能在以往的学术中去寻求新理论的资源，而西汉的公羊学无疑成为最适合的理论来源。正如朱一新所说：汉学家既"琐碎而鲜心得，高明者又悟其非，而又炫于时尚；宋儒义理之学，深所讳言。于是求之汉儒，惟董生之言最精；求之六经，惟《春秋》改制之说最易附会。"③朱一新之说有欠准确，因为以改制附会为说的是在晚清的廖平、康有为，而在清代公羊学发展的刘逢禄之时，并没有用改制说附会为说的现象，而且这恰好是刘逢禄所忌讳的，刘逢禄的著作基本上不言孔子为素王，无一讲孔子改制，就是最好的证明。但是，朱一新之说道出了公羊学在嘉庆、道光年间得以发展的原因，一方面是学术界对汉学的不满；另一方面是在传统学术中董仲舒、何休为代表的公羊学是最适合的理论需要。因为公羊学本为汉学的一家之学，此学重义例的发挥，以义理为主，这既可以不至引起重家法、重条例汉学的反对，又可补汉学之失，也可以与宋学的重义理相协调，但同时又是与乾嘉汉学、宋学不同的"新"理论。刘逢禄的公羊学

---

① 清代从一开始，就有不少研习宋学的学者。宋学与汉学尽管不同，相互攻讦，但又被许多人认为是可以并存的。黄宗羲的"说经则宗汉儒，立身则宗宋学"，惠士奇在红豆山房手书的楹联"六经尊服郑，百行法程朱"，就最清楚的说明这一点。乾嘉汉学的学者包括著名汉学家在内，尽管不承认宋人的经学成就，但还是肯定宋学对人性修养、立身做人的功用。

② 戴震：《孟子字义疏证·与段若膺书》，中华书局1982年版，第186页。

③ 朱一新：《无邪堂答问》卷一，中华书局2000年版，第25页。

正是在这样的历史背景下，而适应着时代学术风气的变化要求而出现的。正如钱穆先生说："值时运世风之变，而治经之业乃萃于《春秋》，治《春秋》又折而趋于《公羊》焉。"①

如梁启超、钱穆等人所说，从经学史的发展来看，刘逢禄的公羊学是沿着庄存与、庄述祖而来的，但是，刘逢禄的公羊学不仅与庄述祖有较大的不同，更与庄存与有所区别。正是有了刘逢禄的公羊学，以尊奉《公羊》为主的常州学派才得以形成，并为晚清的公羊学的风行提供条件。汤志钧先生说：经过刘逢禄对庄氏之学的发展，"今文经学才卓然成家，称为'常州学派'了"②；"清代今文经学到了刘逢禄，对儒家各经有了比较全面的阐述，也有了比较系统的理论，刘逢禄可说是清代今文经学的奠基者"③。刘逢禄可以说是清代公羊学形成的关键性人物，如果没有刘逢禄的公羊学，从上而言，庄存与与庄述祖所讲的公羊学绝不可能发展为带有体系性的完整学说，公羊学也不可能发展为与汉学相抗衡的学术；从下而言，就不可能有较为现成的公羊学，为龚自珍、魏源乃至廖平、康有为所发挥附会，而使之成为风行一时的显学。这也说明刘逢禄所建立的公羊学，的确适应了时代要求变化理论的需求，否则，刘逢禄的经学绝不可能在后来发生那样大的社会反响，公羊学也不可能一度成为思想文化的主流。刘逢禄的公羊学反映清代学术的转变，标志着清代常州公羊学派的形成，实现了清代公羊学从重大义向重微言的转变，这一转变对清代公羊学具有关键性的承先启后的历史意义。

学术界通常把清代以常州学者为主所建立的公羊学，称之为常州公羊学派。一般都以庄存与为其开创者，而以刘逢禄为其形成的关键人物。的确，由庄存与开端的重视公羊学的倾向，在刘逢禄的手中才真正得以形成一个学派。所谓常州公羊学派，因其初创、形成的代表人物庄存与、庄述祖、刘逢禄都出于清代常州地区，又以《公羊传》为其主要经典而得名。公羊学在经学上为今文经学，故又称常州《公羊》今文学。在刘逢禄之先，庄存与、庄述祖都以重《公羊》而闻名于世，另有曲阜的孔广森亦治《公羊传》，但是，他们既没有抓住公羊学的本质特点，更没有以公羊学为中心建立起今文

---

① 钱穆：《中国近三百年学术史》，中华书局1986年版，第528页。
② 汤志钧：《近代经学与政治》，中华书局2000年版，第71页。
③ 汤志钧：《近代经学与政治》，中华书局2000年版，第74页。

经学的体系，所以，他们至多只是部分的参与为此学派的建立作出了贡献。

说常州公羊学到刘逢禄时才得以形成，主要是从如下两个方面而言：第一，刘逢禄建立起了以"三科九旨"微言为中心的公羊学，真正抓住了公羊学的本质特点，实现了清代经学由东汉古文经学向西汉今文经学的回复。第二，以公羊学统宗群经，形成可与乾嘉汉学相抗衡的今文经学体系，并通过对《左传》的否定而开启了清代的今古文经学之争。但是，刘逢禄的经学还没有做到与现实政治相结合，诚如赵伯雄先生所说："刘逢禄在学术上虽然可以称得上是一位巨人，但在政治思想方面，他却是一个矮子，他缺乏政治理想，经世的意识淡薄，也缺乏改革政治现实的胆识，也许历史还没有走到这一步，还没有向他提出这方面的要求，他的尊今文抑古文，纯粹属于经学家派上的主张。"①

今文经学体系的形成在清代经学史上是由刘逢禄的公羊学首次实现的。刘逢禄的著述不仅以《公羊》为主，刘承宽称其父"凡为《春秋》之书十有一种"，都是与公羊学有关的著述。另外关于《周易》、《尚书》、《诗经》等儒典的著作，也都贯穿着公羊学的三科九旨。而且刘逢禄多次明确地说，《公羊》为《春秋》唯一正传，《春秋》为五经的管钥，他是十分明确有意识的以公羊学为宗，来建立其一个系统的今文经学体系，而且取得了巨大的成功。正是有了刘逢禄的系统的今文经学体系，清代经学才算有了能够与乾嘉汉学相抗衡的今文经学。

由于刘逢禄的经学实现了向今文经学的回复，形成了以公羊学为中心的今文经学体系，从此，清代的今文经学逐步取代乾嘉汉学而逐步成为清代最有影响的学术。因此，刘逢禄无可怀疑地成为清代公羊学的一代宗师，其经学则具有承前启后的重要地位，刘逢禄的公羊学不仅在清代经学史上具有重要的地位，而且具有深远的影响。一方面，刘逢禄的春秋公羊学传给龚自珍、魏源，后来通过廖平、康有为的发展，而成为晚清与近代最有影响力的学说；另一方面，对后来的否定古文经学及其借以怀疑两千年来的传统文化有直接的深刻影响。刘逢禄的否定《左传》，攻击刘歆作伪，在当时就引起了巨大的反响。而对后来的影响更是大大超过当时，可以与刘逢禄公羊学对

---

① 赵伯雄：《春秋学史》，山东教育出版社 2004 年版，第 719 页。

后世的影响相提并论，甚至有过之而无不及。继刘逢禄之后，思想界形成了一股否定以《左传》《周礼》为代表的古文经学及其借以怀疑两千年来的传统文化的思潮，其代表人物龚自珍、魏源、崔适、廖平、康有为诸人，无不受到刘逢禄否定《左传》的影响，及至近代以顾颉刚为代表的古史辨伪派也极其推崇刘逢禄否定《左传》。

刘逢禄能够在清代经学史上居于重要地位，他的经学能够对后世产生深远影响，都与他的公羊学实现了从大义向微言的转变有直接关系。这一转变使公羊学的微言成为经学的主要内容，人们开始重视微言的阐发，而不是大义的论述。大义确定而无变化，属于两千多年基本没有实质改变的陈词滥调，经学的大义无论如何也不可能成为近代社会可供利用的思想养料。微言不仅具有灵活性，也具有包容性，同一微言人们可以有不同的解释，当着人们将微言与现实的政治需要结合起来时，就可以从中发挥出全新的时代内容，所以，经学的微言可以成为近代社会的思想养料。尽管刘逢禄的微言阐发还停留在忠实于公羊学的本有理念上，没有与当时社会的发展联系起来，但是，他的重微言却奠定晚清公羊学的发展方向。正是在此意义上，我们说刘逢禄的春秋公羊学主要是东汉刘逢禄之学的发明，还不是西汉与现实政治密切联系的董仲舒之学的回复。

刘逢禄是在以乾嘉汉学为话语权的时代来讲春秋公羊学的，所以，无论是他的《释例》，还是考辨《左传》不传《春秋》，都带有乾嘉汉学治学方法的烙印。诚如艾尔曼先生在论刘逢禄攻毁《左传》时说："刘逢禄运用考据学尺度考察《左传》的不可靠性，这反映出汉学及其研究方法已在今文学派身上打上了深深的印记。刘逢禄意识到，今文经学如果没有系统的论证方法，就将难以得到学术界的队可，这大概是鉴于其祖庄存与声名不彰的教训。庄存与的研究就缺乏阎若璩、惠栋、戴震考订研究倡导的严格实证方法，刘逢禄还充分吸收了庄述祖的学术经验和教训，刘的研究迫使许多学者重新考察《左传》作为《春秋》正统注释的可信度。"①其实，不唯刘逢禄的《左传》研究如此，对《春秋公羊传》的研究也是如此。可以说，晚清

---

① 艾尔曼：《经学、政治和宗族——中华帝国晚期常州今文学派研究》，江苏人民出版社1998年版，第172页。

的所有今文经学家在治学方法上，都带有汉学治学方法的特征，从庄存与到康有为无一例外。

第三节　凌曙、陈立对《公羊传》的整理发明

刘逢禄的春秋公羊学，对清代后来经学的发展有两个方面：一方面是以汉学的方法来整理《公羊传》,这主要是将《公羊传》作为一门历史存在过的学术来研究整理，这属于汉学的范畴；另一方面，若将春秋公羊学的微言作为理论形式，在其中灌注现实社会需要的内容，春秋公羊学才真正获得生命，这才是西汉春秋公羊学精神的真正复活。从前一方面发展刘逢禄学说的是凌曙与陈立，从后一方面发展刘逢禄学说的则是廖平与康有为。

一、凌曙与春秋公羊学

凌曙生于乾隆四十年（1775 年），卒于道光八年（1828 年），字晓楼，江苏江都人。凌曙早年贫穷，但一心向学，先对郑玄之学、四书学有深入体悟，后来得闻刘逢禄的春秋公羊学而好之。《清史稿·儒林传》说：

> 曙好学根性，家贫，读四子书未毕，即去乡，杂作佣保，而绩学不倦。年二十为童子师……后闻武进刘逢禄论何氏《公羊春秋》而好之。及入都，为仪征阮元校辑《经郛》,尽见魏、晋以来诸家《春秋》说。深念《春秋》之义，存于《公羊》,而《公羊》之学，传自董子。董子《春秋》繁露，识礼义之宗，达经权之用；行仁为本，正名为先；测阴阳五行之变，明制礼作乐之原；体大思精，推见至隐，可谓善发微言大义者。然旨奥词赜，未易得其会通，浅尝之夫，横生訾议，经心圣符，不绝如线。乃博稽旁讨，承意仪志，梳其章，栉其句，为注十七卷。又病宋、元以来学者空言无补，惟实事求是，庶几近之，而事之切实无过于礼，著《公羊礼疏》十一卷，《公羊礼说》一卷，《公羊问答》二卷。家居读礼，以丧服为人伦大经，后儒舛议，是非颇谬，作《礼论》百篇，引申郑义。阮元延曙入粤课诸子，曙书与元商榷，乃删合三十九篇为一卷。

尽管凌曙与刘逢禄同时，其生卒年较刘逢禄还都早一年。但在春秋公羊学的发展史上，凌曙是在得闻刘逢禄的春秋公羊学，而由早年的喜好汉学转向今文经学的春秋公羊学的，两人未必有一些学者所说的师生关系，但凌曙是承继刘逢禄之学而来的，却是可以肯定的。凌曙对春秋公羊学发展的主要贡献有两点：一是注释《春秋繁露》，二是以礼解说《公羊传》。

《春秋繁露注》一书，尽管一直流传，但在春秋公羊学衰落的时代，这部著作很少有人进行认真的整理，凌曙是第一位对其书作注的学者。他之所以要注释《春秋繁露》，有一段话是最好的说明：

> 昔仲尼志在《春秋》，行在《孝经》。《春秋》为拨乱反正之书，圣德在庶，修素王之文焉。……盖自西狩获麟，为汉制法，知刘季之将兴，识仲舒之能乱，受授之义，岂偶然哉！……原书亦皆失次，然就其完善者读之，识礼义之宗，达经权之用，行仁为本，正名为先，测阴阳五行之变，明制礼作乐之原。体大思精，推见至隐，可谓善发微言大义者已。①

从关于"识礼义之宗"等语来看，凌曙之所以要注释《春秋繁露》，是因为其书善发微言大义，深得孔子的心法。凌曙在其《公羊问答序》中也强调了这一点：

> 《春秋》乃明义之书，非记事之书，若云记事，一良史之才已足，何至游夏之徒一辞莫赞。……舍《公羊》而求义，是水行而弃舟楫也，……然则《公羊》治经之航梯也，吾以为治是经者，由声音训诂而明乎制度典章，以进求乎微言大义。②

出于这样的认识，凌曙就应该以发挥《春秋》的微言大义为主，而不能拘于声音训诂。凌曙在《凡例》也中说："是书所引《春秋》，皆《公羊》家

---

① 凌曙：《春秋繁露注序》，中华书局 1975 年版，第 611—613 页。
② 凌曙：《公羊问答序》，《续修四库全书》第 129 册，上海古籍出版社 2002 年版，第 437 页。

言，故两传不敢羼入。"①他确实是依经学的家法原则，只取《公羊》为说。而治经当守家法，出于凌曙早年得包世臣之教："年二十为童子师，问所当治业于泾包世臣，世臣曰：'治经必守家法，专法一家，以立其基，则诸家渐通。'"②守家法既是汉代经学的原则，也是乾嘉汉学的法则。乾嘉汉学以整理古代文献为重要任务，讲求实事求是，以恢复典籍原貌为治学的追求，治理汉代典籍，尤其是经学典籍就必须忠实于家法。但是，凌曙的守家法与刘逢禄的守家法是不同的，凌曙只是将守家法作为治《公羊传》与春秋公羊学的法则，但从学术的本质说，他还不是一位今文经学家，甚至谈不上是真正懂得春秋公羊学的经学家，所以，凌曙从形式上似乎较刘逢禄还笃守家法，不像刘逢禄还引《穀梁传》补《公羊传》之不足，但是，凌曙并没有像刘逢禄那样把握到春秋公羊学的实质，他的《春秋繁露注》并没有得董子的精髓。故苏舆评价凌曙的《春秋繁露注》说：

　　此书……大体平实，绝无牵傅。惟于董义，少所发挥，疏漏繁碎，时所不免。③
　　惜其称引繁博，义蕴未究。④

认为凌曙对董仲舒微言大义少有发挥，这是准确的。苏舆举例说明凌曙的注不得董子之旨，却拘于文献与史事的考辨："如'子曰'、'呜呼'之类，并为详释。《王道篇》'吴王夫差行强于越，臣人之主，妾人之妻'，见《越世家》，而误云'以楚人之王为臣，楚人之妻为妾'。《观德篇》'诸夏灭国首无骇'，见于隐二年，而以为首齐师灭谭。《三代改制篇》'存尚肝'云云，与《明堂位》异，不知是今文异说，而以为误文。斯类不胜枚举。"⑤但这些批评都是属于以为乾嘉汉学标准的批评，同样没有从微言大义的缺乏来批判凌

①　凌曙：《春秋繁露注凡例》，《续修四库全书》第150册，上海古籍出版社2002年版，第21页。
②　赵尔巽：《儒林三列传二百六十九》，《清史稿》卷四百八十二，《四库全书》，上海古籍出版社1987年版。
③　苏舆：《春秋繁露义证·例言》，中华书局1996年版，第3页。
④　苏舆：《春秋繁露义证·自序》，中华书局1996年版，第1页。
⑤　苏舆：《春秋繁露义证·例言》，中华书局1996年版，第3页。

曙，这是苏舆批评凌曙的不足。康有为则从凌曙注缺乏微言大义来批评："近惟得江都凌氏曙为空谷足音，似人而喜，然缘文疏义，如野人之入册府，聋者之听钧天，徒骇玮丽，不能赞一辞也。"[①]这就抓住了凌曙注缺陷的根本。

当然，也有人对凌曙注评价极高，如梁启超说："晓楼传庄、刘之学，谙熟《公羊》家法，故所注独出冠时，与段氏《说文》同功矣。"[②]《清儒学案》卷一百三十一也说："嘉庆、乾隆之际治公羊学者，以顨轩孔氏、申受刘氏为大师，皆谨守何氏之说，详义例而略典礼训诂，晓楼亦好刘氏学者，而溯起源于董子，既为《繁露》撰注，又别为《公羊礼疏》、《礼说》、《问答》等书，实为何氏之功臣。桌人传其师说，钩稽贯穿，撰《义疏》一书，遂集《公羊》之大成矣。"但这其实是不明凌曙之学的拔高之论。关于这一点，杨向奎先生的《清代的今文经学》一文、陈其泰先生的《清代公羊学史》中都有论说。凌曙的《春秋繁露注》不仅没有董仲舒思想的精髓，而且在清代的历史背景下，还津津乐道汉代的天人感应等迷信观念，所以，此书对春秋公羊学义理的发挥并没有多少可取之处。

凌曙对清代春秋公羊学发展最有意义的是他以礼解《公羊传》。凌曙在叙及他关于以礼解《春秋》的著作时说：

> 撰《公羊礼疏》十有一卷，正徐氏解礼之失，破诸儒持论之偏，引据经史，疏通而证明之，复撰《礼论》三十篇，都为一卷，又有绪论未著于篇，而不尽涉乎礼者，撰《公羊问答》两卷……冀成一家之学。[③]

对于凌曙以礼解说《公羊》的著作，陈其泰先生在《清代公羊学》中说："通观凌曙所撰《从公羊礼疏》、《公羊问答》诸书，公羊义法者实在很难觅得。舍其本而求其末，舍其大而得其小，是凌氏学术的特点。"[④]陈其泰

① 康有为：《春秋董氏学自序》，《春秋董氏学》，中华书局1990年版，第2页。
② 梁启超：《中国近三百年学术史》，天津古籍出版社2003年版，第269页。
③ 凌曙：《公羊问答序》，《续修四库全书》第129册，上海古籍出版社2002年版，第436—437页。
④ 陈其泰：《清代公羊学》，东方出版社1997年版，第127—128页。

先生此说是对杨向奎先生对凌曙学术评介的发挥，① 这一批评是有道理的。我们只要看一看《公羊问答》一书的问题，就可以看刘逢禄与凌曙的差别。凌曙所列的问题有"乘马"、"三老五更"、"岱宗"、"国氏"、"星陨"、"纪季"、"博戏"、"分陕"、"九命"、"三公"等名目，而根本没有刘逢禄所发明的张三世等名目。可见，刘逢禄注重的是《公羊传》的微言大义，而凌曙注重的是文字训诂与史实考辨。凌曙自己也有自知之明，说只是"然穷其枝叶，而未及宗原"②。这从《春秋公羊礼疏》与《公羊问答》两书都可以看出来，凌曙疏《公羊》与何休注，常常不是去发挥春秋公羊学的义理，而是堆砌许多相关的史料，作乾嘉汉学的考辨。

但从另一个角度看，凌曙的以礼说《公羊》，却开启了礼说《公羊》的新途。而凌曙是将以礼说《公羊》作为创立一家之学的努力来做得，所谓"唯笃嗜《公羊春秋》，覃精竭思，力索有年"③。他的外侄刘文淇称凌氏学术"独理何氏，方诸前贤，如合符契"④，虽然不免溢美，但凌曙以礼解《公羊》，无疑是沿着刘逢禄以《公羊》说群经的路径发展而来。诚如陈其泰先生所言，凌曙的《春秋公羊礼疏》一书存在"罗列众说，缺乏断制"⑤的缺点。但该书对何休《公羊解诂》所言礼制的考辨，可以说是古往今来的第一书，何为古代礼制，何为汉代时礼，书中都一一考辨，并还纠正了徐彦疏《公羊》时对礼的诸多误解，这对全面、准确认识《公羊解诂》所涉及礼制问题具有重要意义。

二、陈立的《公羊义疏》

陈立，生于嘉庆十四年（1809 年），卒于同治八年（1869 年），字卓人、默斋，江苏句容人。为道光二十一年（1841 年）进士，做过刑部主事、郎中等，少年客居扬州，陈立曾向凌曙、刘文淇问学，"受《公羊春秋》、

---

① 杨向奎先生在《清代的今文经学》说：凌曙"改变了刘申受的学风而注意于《公羊》的礼制，多卑微不足道，可谓'不贤者识其小'"（《译史斋学术文集》，上海人民出版社 1983 年版，第 351 页）。
② 凌曙：《公羊问答序》，《续修四库全书》第 129 册，上海古籍出版社 2002 年版，第 437 页。
③ 凌曙：《公羊问答序》，《续修四库全书》第 129 册，上海古籍出版社 2002 年版，第 437 页。
④ 刘文淇：《公羊问答序》，《续修四库全书》第 129 册，上海古籍出版社 2002 年版，第 435 页。
⑤ 陈其泰：《清代公羊学》，东方出版社 1997 年版，第 123 页。

许氏《说文》、郑氏《礼》,而于《公羊》致力尤深"①。陈立学问广博,著述宏富,就思想史而言,最重要的有《公羊义疏》、《白虎通疏证》两书。

据梁启超的研究,陈立有意撰注此书最早的时间在他20岁时,这部书是陈立耗费三十多年时间完成的一部巨著。关于此书的形成,《清史稿·儒林传》说:

> 文淇尝谓:"汉儒之学,经唐人作疏,其义益晦。徐彦之疏《公羊》,空言无当。近人如曲阜孔氏、武进刘氏,谨守何氏之说,详义例而略典礼、训诂。"立乃博稽载籍,凡唐以前《公羊》古义及国朝诸儒说《公羊》者,左右采获,择精语详。草创三十年,长编甫具。南归后,乃整齐排比,融会贯通,成《公羊义疏》七十六卷。初治《公羊》也,因及汉儒说经师法,谓莫备于《白虎通》,先为疏证,以条举旧闻、畅隐扶微为主,而不事辨驳,成《白虎通疏证》十二卷。②

陈立著《公羊义疏》,为什么先疏证《白虎通》? 据陈立上刘孟瞻先生书说:

> 窃思徐氏作疏,只知疏通字义,于《公羊》家法昧乎未闻。近儒孔巽轩专治《公羊》,为汉学家专门之学,然三科九旨,语稍立异,非复邵公之家法矣。大约《公羊》一经,多言礼制,而礼制之中,有周礼,有殷礼,以孔子有舍文从质之说,故言礼多舍周而用殷,殷、周典制既迥然不同,故欲治《公羊》,必先治三礼,而《白虎通德论》一书实能集礼制之大成,且书中所列,大抵皆《公羊》家言,而汉代今文古文学之流别亦见于此书。昔人有言,非通全经不能治一经,若《白虎通德论》者,诚可谓通全经之滥觞矣。立欲治《公羊》,拟先治此书,将古代典章制度疏通证明,然后从事于《公羊》,则事半功倍,不知夫

---

① 赵尔巽:《儒林三列传二百六十九》,《清史稿》卷四百八十二,《四库全书》,上海古籍出版社1987年版。

② 赵尔巽:《儒林三列传二百六十九》,《清史稿》卷四百八十二,《四库全书》,上海古籍出版社1987年版。

子以为何如？①

陈立先治《白虎通》，是因为他认为《公羊》多言礼制，而《白虎通》为集礼制大成。很显然，这是陈立受凌曙的影响，是沿着凌曙的路子来研究《公羊传》的。但是，此书在《公羊传》的文献整理上，成就大大超过凌曙。从董仲舒、何休、徐彦到庄存与、孔广森、刘逢禄、凌曙关于《公羊传》的解释，及其相关的文献皆被陈立纳入其中，由于该书引证宏富，涉及文献及其广泛，所以，达76卷之多，《续修四库全》也因其文字太多，而占了第130册整整一册。

陈立以"义疏"命名，表明其书是以发明义理为宗的。而他也确实在形式上做到了以董仲舒、何休之说为宗，并严格地遵守了经学的家法原则，以至如刘逢禄这样全面发挥春秋公羊学的人，也因在解《公羊传》时，采用《穀梁传》之说，而遭到陈立自乱家法的批评。《公羊传》隐公元年，有"母以子贵"一语，刘逢禄在《公羊解诂笺》中，对涉及的惠公仲子，不采《公羊》说，而采《穀梁传》之说，以仲子为惠公之母，鲁孝公之妾，并认为"母以子贵"为俗师所伪。按照经学的家法原则，春秋公羊学不得采《穀梁传》为说，刘逢禄采《穀梁传》为说，自然不合家法原则。陈立为此批评说：

> 《春秋》改文从质，所以母以子贵必《公羊》经师所传。刘氏反谓其俗师篡改，而牵涉《谷梁》之说，是自乱其家法矣。②

就讲家法而论，陈立较刘逢禄严谨。但是，是否守家法就是今文经学家，这是两个不同的问题，在汉代与清代，是要区分为说的。汉代守今文经学家法者，必定为今文经学家，这是没有疑问的，这是门派内部人物对门派法规的遵守。但清代的守公羊学的家法凌曙、陈立等人，并不是今文经学家，因为他们并不是今文经学门派的人物，而是将家法作为整理《公羊传》的治学

---

① 转引自黄世豪：《陈立公羊义疏研究》，硕士学位论文，台湾中国文化大学中国文学研究所，2002年，第19页。

② 陈立：《公羊义疏》卷一，《续修四库全书》第13册，上海古籍出版社2002年版，第15页。

原则，他们并不是什么今文经学家，即使刘逢禄也不非严格意义上的西汉今文经学家，虽然刘逢禄治学以《公羊》为宗，但缺乏西汉今文经学家的经学理论与社会现实相结合的精神。但是，我们不能以此否定他们对清代今文经学发展的意义。就陈立的《公羊义疏》而言，可以说是春秋公羊学文献的宝典，《公羊传》每一文句，历代学者对其训解的内容，都可以从该书得到相关的详解。该书最大的价值在史料的丰富，举凡与春秋公羊学相关的资料，陈立都纳入其中。要了解《公羊传》的文句及其清代晚期以前春秋公羊学的各种解说，此书无疑是最有史料价值的著作。梁启超在《中国近三百年学术史》中，以"登峰造极"等语来评价陈立此书：

> 卓人为晓楼弟子，继师志以成此书，此书严守"疏不破注"之例，对于邵公只有引申绝无背畔，盖深知《公羊》之学专重口说相承，不容出入也，其所征引，自董仲舒、司马迁以下凡汉儒治《公羊》家言者殆网罗无遗，清儒自孔、庄、刘以下，悉加甄采而施以严正的裁断。礼制一部分，则多采师（凌）说而笃宗郑氏；于程易畴、金辅之驳正最多。其于《公羊》家三世九旨诸说，邵公所谓"非常异议可怪之论"者，阐发无余蕴，不独非巽轩所梦见，即方耕、申受亦逊其精锐，在《公羊》学里头，大约算登峰造极的著作了。①
>
> 而陈卓人立费毕生精力，成《公羊义疏》七十六卷，实为董、何以后本传第一功臣。②

从史料学、文献学的角度来说，梁启超的评价是公允的。

陈立的"义证"主要是董仲舒、何休之说，凡与董仲舒、何休之说，特别是对何休《解诂》所阐发的"三科九旨"、"五始"、"王鲁"、"六辅"、"七缺"等微言大义皆有疏证，而不合何休之说的孔广森的"三科九旨"等说，则遭到陈立的批评，这是陈书的一大特点。如何休的"《春秋》讬新王受命于鲁"一说，曾遭到刘敞等人激烈的批评，陈立就在书中一再疏证此

---

① 梁启超：《中国近三百年学术史》，天津古籍出版社 2003 年版，第 218 页。
② 梁启超：《中国近三百年学术史》，天津古籍出版社 2003 年版，第 225 页。

说为《春秋》之义，并指责批评"王鲁"说的各种议论为"不知《春秋》"的误说：

> 《三代改制质文》云："《春秋》上绌夏，下存周，以《春秋》当新王。《春秋》当新王者奈何？曰：王者之法必正号，绌王谓之帝，封其后以小国，使奉祀之；下存二王之后以大国，使服其服，行其礼乐，称客而朝；故同时称帝者五，称王者三，所以昭五端，通三统也。"又云："《春秋》作新王之事，变周之制，当正黑统，而殷、周为王者之后，绌夏，改号禹谓之帝，录其后以小国，故曰：绌夏、存周，以《春秋》当新王。"不能见之空言，故托之于鲁，所以见之行事也，所谓托新王受命于鲁也。托王于鲁，非以鲁为王，夫子以匹夫行褒贬之权，不可无所藉，故托鲁为王，以进退当世士大夫，正以载之空言，不如行事之深切著明也。……俗儒不察，猥以王鲁之说集矢于《公羊》，此不知《春秋》者也。①

同样，对春秋公羊学"三科九旨"为主要内容的各种说法，陈立都详引董仲舒、何休、刘逢禄的著述，来加以证实。

但是，陈立与他老师一样，在疏解董仲舒、何休之说时，常常没有重点去发挥微言大义的含义，而更多的是从文字训诂、典章制度等方面去作所谓"义证"。如疏解何注，"统者，始也，总系之辞。夫王者，始受命改制，布政施教于天下，自公侯至于庶人"：

> 《礼记·祭统》郑《目录》云："统，犹本也。"《易·乾彖传》云："乃统天。"《释文》引郑注："统犹本也。"本有"始"义。《汉书·倪宽传》："统摄群元。"臣瓒曰："统犹总览也。"《文选·笙赋》："统大魁以为笙。"注："统，总也。"《周礼·太宰》："以八统记王驭万民。"注："统，所以合率以等物也。"凡统领统率，皆与总系义近，故云总摄之辞也。王者受命制正月，凡一切政令，无不奉以为始，故统兼两义，即下注所

---

① 陈立：《公羊义疏》卷一，《续修四库全书》第13册，上海古籍出版社2002年版，第4页。

云是也。

何休注的重点在讲五始的微言大义，而陈立的疏则以对"统"字的训诂为说。又如疏解何休注，"夫王者始受命改制，布政施教于天下，自公侯至于庶人自山川至于草木昆虫莫不一一系于正月，故云政教之始"：

> 宋本"夫"作"天"，《校勘记》："监、毛本同，误也。宋鄂州官本、元本、闽本'天'作'夫'，成十五年琉、定元年疏引此注同，当据以订正。"《繁露·观德》云："百礼之贵，皆编于月。"《史记·历书》云："正不率天，又不由人，则凡事易坏而难成矣。王者易姓受命，必慎始初，改正朔，易服色，推本天元，唯承原意。"《汉书·董仲舒传》："《春秋》大一统者，天地之常经，古今之通谊也。"师古曰："一统者，万物之统皆归于一也。"故何氏包自公侯至庶人、自山川至草木昆虫言之，见天地人物无不系之正月矣。云"政教之始"者，旧疏云："正以传不言始，故足之。"①

何休注的重点在说明大一统，而陈立则重点以考辨"天"、"夫"二字，作文字学的校勘。这种特色在陈立的书中随处可见，如《公羊传》的"寔来"之"寔"，当作"是"，还是作"实"解，陈立就广引各种说法，予以考辨：

> 《左传》云："书曰：寔来。"《诗正义》云：《春秋》桓六年寔来，《左传》作实来。惠氏栋云：寔当作实，《石经传》作寔，宋本误也。按惠氏说误。陈氏树华云：传解经不容立异，《公》、《穀》皆作寔来，寔训为是，杜注乃云寔，实也，《诗正义》似未足据。《公羊问答》云：左氏注寔，实也，其训可从否？曰非也。实者，指虚实而言也。《诗》："实墉实壑。"郑笺云："实当作寔，赵魏之东，实寔同声。寔，是也。按《尔雅》云：'寔，是也。'郑盖本雅训。"《公羊传》曰："寔来者何？犹曰是人来也。"实训是不可从。《说文》："寔，正也。"段氏玉裁注

---

① 陈立：《公羊义疏》卷一，《续修四库全书》第13册，上海古籍出版社2002年版，第9页。

云：“《召南·毛诗传》曰：寔，是也。韩奕笺寔，是也。”《公羊》寔来犹曰是人来也。《穀梁传》寔来者，是来也。按许云正者是也。《诗》“湜湜其止”，《郑笺》尚以持正释湜，而古多以实为寔。《韩诗》“实命不犹”，即寔命不犹也；《大雅·韩》“奕实墉实壑”，即寔墉寔壑也；《周语》“咨于故实”即故寔，故韦云故事之是者也。实、寔音义各殊，由赵魏间实、寔同声，故相假借。若注《春秋》曰寔，实也。则非。①

不得不敬佩陈立对文献掌握的广博，及其对文字训诂的娴熟，这是陈立此书的成就。同时，也是“义疏”的不足之处，说明陈立对何休所发明的春秋公羊学的“义证”做得并不成功。所以，从思想史、哲学史的角度看，此书的价值远远不如刘逢禄的著作。诚如杨向奎先生所说：

> 何休是东汉末为《公羊》作总结的人，陈立则是清末试图为《公羊》作总结的人。《公羊》不同于《左传》，不是记事书，何休因之总结《公羊》的义理，虽不免“非常异义可怪之论”，但在以后发挥了作用，这是《公羊》学应有的传统。陈立虽然没有“非常异义可怪之论”，但无发挥无判断，因之我们说他没有本领为《公羊》作总结。但他有比较丰富的材料，如果我们要翻检有关《公羊》的材料，他的书可以提供方便，仅此而已。然而即此已经超过凌曙的成就了。②

说它是“一如集解而不是义疏”③，是恰如其分的。

---

① 陈立：《公羊义疏》卷十三，《续修四库全书》第 13 册，上海古籍出版社 2002 年版，第 123 页。
② 杨向奎：《清代的今文经学》，《译史斋学术文集》，上海人民出版社 1983 年版，第 355 页。
③ 杨向奎：《清代的今文经学》，《译史斋学术文集》，上海人民出版社 1983 年版，第 355 页。

第　九　章

晚清：春秋公羊学的嬗变阶段

经过千余年的寂寞，春秋公羊学在清代中期开始引起人们的注意，并通过刘逢禄等人对春秋公羊学理论的发掘，到晚清廖平、康有为利用春秋公羊学与现实社会相联系所引起的巨大社会轰动，春秋公羊学在历史上第二次引起了巨大的社会反响，成为时代的显学。

刘逢禄之后，以龚自珍、魏源为中介，在西方入侵日益加剧的晚清，国势危如累卵的时代背景下，春秋公羊学进入嬗变阶段。在这个阶段上春秋公羊学与现实结合的精神被复活，出现了以廖平、康有为为代表的两类思想家，他们从两个不同方向利用春秋公羊学的理论形式，来构建自己的思想理论，试图从春秋公羊学来寻求到解决晚清古今中西社会矛盾的药方，而使春秋公羊学在历史上出现再度的"辉煌"。但这只是日落前的余晖，是经学终结的回光返照，而不是经学再度兴起的信号。所以，无论是廖平的以孔经治理世界的幻想，还是康有为借孔子的旗号来实现变法维新的努力，都以无情的失败而告终。廖平、康有为的春秋公羊学带有近代古今中西之争的特点，已经不是原本意义上的春秋公羊学了，是汉代春秋公羊学在近代的历史嬗变。西汉的春秋公羊学为经学统治地位的确立敲响了锣鼓，廖平、康有为的春秋公羊学从不同方向为经学的终结拉下了黑色的帷幕。

第一节　从文字训解到与现实结合的转变

清代春秋公羊学的发展经过了两次转变的发展过程。第一次是刘逢禄从重大义向重微言的转变，第二次是廖平、康有为由训解春秋公羊学的微言，到将微言与现实社会发展的需要相结合，变为改制、变法的理论武器。第二次转变的实现是以龚自珍、魏源为其中间环节的。

1950 年 12 月《燕京学报》第 39 期发表了齐思和先生的《魏源与晚清学风》一文，对晚清的今文经学有如下评论：

> 自魏源以后，今文学家又分两派。一为经生派，如陈乔枞之辑《三家诗》，精审远出魏源上。陈立之疏《公羊礼》，疏《白虎通》，纯以乾嘉诸老之方法，明西京诸儒之微言。而皮锡瑞实事求是，不尚武断，尤集清代今文学之大成。此派学者，其工作之细密，态度之矜慎，绝不在乾嘉诸老之下，确能发扬绝学，张皇幽渺。此一派也。一为政论派，如康、廖、梁、谭，其提倡今文之宗旨，在于倡导变法维新。盖至咸、同以后，累败之余，国势益危，有识之士，知非变法不足以救亡，非维新不足以固存。而顽固愚昧者流，犹挟其"祖宗之法"、"圣人之道"以抵制之，《公羊》三世三统之说，质文改制之论，适足为变法之论据。遂以孔子为教主，为变法大家。孔子以前之历史，尽属寓言，孔经之宗旨，皆在改制（即变法）。其说华辨而不穷，浩瀚而无际，荒渺不可得而原也。此等思想，当时风靡一世，在政治上发生极大的作用，而其学术上之价值盖微。盖其经术，实政论也。①

这一关于晚清今文经学分派的说法，已经成为学术界的流行观念，一些关于晚清今文经学研究的论著都据以为说。但是，此说实有值得推敲之处。今文经学出自西汉，西汉的今文经学家无不以经议政，并无经生派、政论派之

---

① 齐思和：《魏源与晚清学风》，杨慎之、黄丽镛编：《魏源思想研究》，湖南人民出版社 1987 年版，第 42—43 页。

分，只从学术讲经学，而不与政论相结合的经学家，绝不是今文经学家。西汉的今文经学家具有两个特点：一是在经学上谨守今文经学的家法，二是将经学理论与社会现实相结合。今文经学家与讲今文经学的经学家是两个不同的观念，自汉以后，有讲今文经学的经学家，但却没有一个真正的今文经学家。三国至清初不用说，即使以清代刘逢禄、凌曙、陈立等人而论，他们虽然能够严守春秋公羊学的家法，但其治学方法都深受乾嘉汉学的影响，而且都没有将今文经学理论与社会现实相结合；而将今文经学理论与现实社会相结合的廖平、康有为，都不是信守今文经学家法的人，在他们所谓的今文经学中，并不只是春秋公羊学，而是融合了古今中西各种学说的近代思想成分。尽管梁启超在其名著《清代学术概论》中，提出清代有所谓今文经学运动，此运动从庄存与、孔广森开始，经过龚自珍、魏源，到王闿运、廖平、康有为、崔适，而以康有为为此运动的中心。但是，他们没有一个人可以称得上是真正的今文经学家。如果连本来意义上的一个今文经学家都没有，是否存在今文经学运动，就是一个值得怀疑的说法。梁启超的这一说法，可以带来论说的方便，说明的便利，但并不符合清代今文经学的实际。长期以来，关于清代今文经学的研究论著，多据梁启超的《清代学术概论》为说，在今文经学的名目下，过分的以今文经学的话语来论说治春秋公羊学的各位人物，重其同，而略其异，所以，难以对清代的今文经学学者作出合于各自特点的准确分析。

经学经过宋明理学的发展，义理发明的阐发已经殆尽，无论是今文经学还是古文经学，也不管是汉学还是宋学，在清代绝没有成为"运动"的社会条件与历史可能性。清代有讲今文经学的经学家，康有为利用今文经学作为理论形式也确实发起了一场变法维新运动，但绝不是今文经学的运动，就是参加变法维新的人，也并不都讲今文经学。而康有为以前讲今文经学的，不仅在社会上人数极少，而且影响甚微，更不可能形成所谓今文经学的运动。没有今文经学的运动，自然就不可能有所谓今文经学家，所以，说清代有今文经学家，并在其中分所谓经生派、政论派是难以成立的。

尽管清代无所谓今文经学家的经生派、政论派之分，但经生派、政论派的分法确是有意义的，可以用它来说明清代春秋公羊学发展的两个不同的阶段。这两个阶段讲春秋公羊学的人虽然不能说是今文经学家，但各自恰好具有经生派、政论派的特点。在龚自珍、魏源以前，讲今文经学的学者都可以说是经生派，他们的共同特点是运用乾嘉汉学的治学方法，以春秋公羊学为主，又兼采《左传》、《穀梁传》，杂采古今，不分汉宋。龚自珍、魏源以后，出现了以廖平、康有为为代表的政论派，他们的特点是借助经学的微言，以孔子为旗帜，贩卖改制、变法维新的社会变革政治主张。尽管他们在形式上都讲春秋公羊学，但具有不同的时代内容与学术特点，却是不可否认的。从他们治学特点与精神实质来说，刘逢禄等人属于乾嘉汉学家的范围，廖平、康有为则是带有近代古今中西之争时代特点的近代经学家。而从刘逢禄到廖平、康有为，龚自珍、魏源是转折的过渡人物。

第二节　龚、魏之学的意义

在晚清经学发展史上，龚自珍与魏源都是刘逢禄的学生。学术界普遍认为，龚自珍、魏源发扬刘逢禄的今文经学，开始以经议政，具有讥切时政的特点。龚自珍、魏源的确都有对刘逢禄今文经学的继承，也有批评现实，对社会现实的关切，但是，他们是否是用春秋公羊学的理论来说明、批评社会现实，却是另外一个问题。在龚自珍、魏源相关的春秋公羊学著作中，我们看不到所谓讥切时政的内容，而他们批评社会现实、强调经世致用的内容，却又不出于今文经学、更非春秋公羊学的著述。只是他们有今文经学的著作，而他们两位都是刚踏入近代门槛的最著名思想家，一位以社会批判而闻名于世，一位以讲求经世致用而著称于世，加上他们与刘逢禄的师生关系，后来又出现了廖平、康有为借春秋公羊学的孔子改制说，宣扬改制、变法维新，在社会上引起巨大反响，要说明清代今文经学从刘逢禄到廖平、康有为的发展过程，将龚自珍、魏源视为以经议政的开创人物，晚清今文经学的发展就有了一条看似合理的合"逻辑"发展。这一看法自梁启超提出以来，几乎成为牢不可破的"公论"，但是却难以有坚实的证据证明。

一、龚自珍与春秋公羊学

龚自珍生于清乾隆五十七年（1792年），卒于清道光二十一年（1841年），浙江仁和（今杭州）人。龚自珍名号甚多，据他自己的记述、师友与后人的回忆、逸闻、年谱等的记载，龚自珍幼年名阿珍，初名自暹，后名巩祚、自珍、易简，始字爱吾，后字尔玉、璱（或作瑟）人、伯定、尔玉；早年别号碧天怨史、曼倩后身，后号定庵、定公、定庵道人、羽琌山人、羽琌山民；晚年学佛后名观实相之者、苦恼众生、大心凡夫，号怀归子。自称龚子，人称龚大、羽琌先生①，俗称龚呆子；署其所居曰羽琌山馆、宝燕阁、定龛、礼龙树斋、奢摩它室。名号的众多变化，反映了龚自珍思想的复杂性、多变性。

龚氏为杭州的世族。杭州在南宋时已经是一座拥有百万人口的大都市，为全国政治、经济、文化的中心，从南宋起一直是人才辈出与人文荟萃的地方，明、清两代也一直是南方经济、文化最发达的城市，晚清能够产生龚自珍这样的思想家绝不是偶然的。龚自珍的父亲龚丽正，29岁时（1795年）就考取举人，一年后中进士，授内阁中书，官至江苏按察史，晚年主讲杭州紫阳书院十余年，著有《三礼图考》、《国语注补》、《两汉书质疑》、《楚辞名物考》等。龚自珍的母亲是当时著名汉学大师段玉裁的女儿，是一位能诗文的才华横溢的才女。父母亲的文化修养及其自小得到外祖父的教育等因素，为龚自珍的成长提供了良好的家庭条件。

龚自珍从小就表现出做学问的天才，同时也显露出不同于世俗的叛逆性格。他28岁到北京首次参加会试时，见到刘逢禄，对刘逢禄的讲求微言大义感到格外新奇。龚自珍的一首诗，表现出了他初次接触公羊学的欣喜之情：

> 昨日相逢刘礼部，高言大句快无加；
> 从君烧尽虫鱼学，甘作东京卖饼家。②

他把刘逢禄的春秋公羊学誉为令人"快无加"的"高言大句"，并表示从今

---

① 羽琌的得名因龚氏在江苏昆山有一别墅，名羽琌山馆。陈铭的《龚自珍评传》（南京大学出版社1998年版）第46页说，"龚自珍在苏州昆山原有一所别墅"，以其为龚自珍所有。其实昆山别墅为龚自珍父亲之业，非龚自珍别墅。龚自珍《与吴虹生书十二》说得很清楚："幸老人有别业在苏州府昆山县城。"（《龚自珍全集》，上海人民出版社1975年版，第353页）

② 龚自珍：《杂诗·乙卯自春徂秋，在京师作，得十四首》，《龚自珍全集》，上海人民出版社1975年版，第441页。

以后要完全摒弃以前所学的文字训诂，而改从春秋公羊学。以至龚自珍晚年还在《己亥杂诗》第 59 首诗中还说：

> 端门授命有云初，一脉微言我敬承。
> 宿草敢袱刘礼部，东海绝学在毗陵。①

表示依然信奉刘逢禄的春秋公羊学。他对刘逢禄也十分尊敬，在著《春秋决事比》说："其本之于礼部主事武进刘君者凡七事，大书刘礼部曰以别之，如公羊子称沈子、女子、北宫子曰故事。"②龚自珍的自道表明，他的学术受到刘逢禄的今文经学影响是毫无疑义的。但是，就龚自珍的全部经学而论，刘逢禄的影响只是其中的一部分。

（一）《春秋决事比》

龚自珍的《春秋决事比》集中体现了春秋公羊学对他的影响。在汉代春秋公羊学里，就有以《春秋》断狱之说。《春秋公羊》大师董仲舒还著有《公羊治狱》16 篇，被列入《汉书·艺文志》的"六艺"中的《春秋》类。以《春秋》断狱，是以《春秋》为律法的最高依据，其讼狱刑罚的判定都以其为准绳，这是经学成为法定统治思想在汉代的反映，也是春秋公羊学在司法领域实践的运用，是今文经学经世致用观念在司法领域的具体体现。龚自珍的《春秋决事比》基本上是依《春秋公羊》家法，仿效董仲舒之例，对《春秋》治狱理论所作的归纳与发挥。此书共引经传 120 事，但多已遗失，仅存其自序、目录与第六至第十篇所附的答问。③ 所以，难以得知该书的详细内容，但是，从中所存的部分来看，龚自珍此书的基本观念还是清楚的，这就是据《春秋公羊》之义以解《春秋》。

龚自珍以为孔子著《春秋》为治万世之法，在后世却被湮灭无闻，他著作《春秋决事比》，就是要发明《春秋》治狱万世通行的微言大义，以经

---

① 龚自珍：《龚自珍全集》，上海人民出版社 1975 年版，第 514 页。
② 龚自珍：《龚自珍全集》，上海人民出版社 1975 年版，第 234 页。
③ 《龚自珍全集》不恰当地将自序、目录收在第三辑，而将其余几篇问答收在第一辑，使本是一书的内容被分割在了两处，分别见书中第 55—64 页与第 233—234 页。可能是编辑者为了机械地照顾以类相从，而造成此分割。

世致用。他说：

> 民生地上，情伪相万万，世变徙相万万，世变名实徙相万万，《春秋》文成才数万，指才数千，以秦、汉后事，切劘《春秋》，有专条者十一二，无专条者十八九，又皆微文比较，出没隐显，互相损益之辞。公羊氏所谓"主人习其读，问其传，未知己之有罪者也"。斯时通古今者起，以世运如是其殊科，王与霸如是其殊统；考之孤文只义，而得之乎出没隐显之间，由是又欲竟其用，遂援其文以大救裨当世，悉中窾理。竹帛烂，师友断，疑信半，为立德、适道、达权之君子，若此其难也。①

春秋公羊学不仅是对圣人微言大义的阐发，而且能够经世致用。正是出于这样的认识，尽管龚自珍也认为春秋公羊学已是"竹帛烂，师友断，疑信半"，但他仍要迎难而上，著作《春秋决事比》，来发明《春秋》治狱的微言大义。

《春秋决事比》之义，就是以春秋公羊学所言的《春秋》决狱法则，来比断一切。龚自珍说得十分明白：

> 自珍既治《春秋》，鳃理罅隙，凡书弑、书篡……书变始之类，文直义简，不俟推求而明，不深论。乃独好刺取其微者，稍稍迂迴赘词说者，大迂迴者，凡建五始，张三世，存三统，异内外，当新王，及别月日时，区名字氏，纯用公羊氏；求事实，间采左氏；求杂论断，间采穀梁氏，下采汉师。②

就是说对《春秋》的常辞所讲明的一般律法原则，龚自珍是不加深论的，而他着重发明的是"张三世"、"存三统"、"异内外"等春秋公羊学所说的微言。龚自珍特别声明，他发明《春秋》决狱的微言，是"纯用公羊氏"，

---

① 龚自珍：《龚自珍全集》，上海人民出版社1975年版，第233页。
② 龚自珍：《龚自珍全集》，上海人民出版社1975年版，第233—234页。

只是在辨析事实、求杂论断时，才兼采《榖梁》、《左传》与汉师之说。而龚自珍的采汉师，也主要是春秋公羊学大师董仲舒之说：

> 独喜效董氏例，张后世事以设问之。……后世决狱大师，有能神而明之，闻一知十也者，吾不得而尽知也，就吾所能比，则真如是。每一事竟，忾然曰：假令董仲舒书完具，合乎？否乎？为之垂三年，数驳之，六七绁译之，七十子大义，何邵公所谓非常异义可怪，恻恻乎权之肺肝而皆平。①

由这段论述可见，龚自珍著作《春秋决事比》一书，是以董仲舒为准的。而经过著作过程中的反复驳难绁译，他不仅自以为追寻到了七十子的大义，而且连何休所说的非常异义可怪之论，龚自珍也从心底加以折服。

就《春秋决事比》而论，龚自珍的经学体现了鲜明的春秋公羊学特色。但是，《春秋决事比》只是龚自珍经学的著作之一，并不是龚自珍经学的全部。从龚自珍的整个经学思想来看，他还有更多非春秋公羊学与非今文经学的观念，所以，由《春秋决事比》信守《春秋公羊》家法，绝不能推论出龚自珍的整个经学就是今文经学，就是春秋公羊学。对《春秋决事比》的信守春秋公羊学，与其仅仅从春秋公羊学的今文经学来定位，还不如从清代经学治经的信守家法，讲求实事求是来说明。龚自珍解说《春秋》的守《春秋公羊》家法，有其师刘逢禄的直接影响，同时，也是惠栋为代表的吴学一派治经重家法学风的体现。他在诗句中数次讲到经学的家法问题，如《自春徂秋，偶有所触，拉杂书之，漫不诠次，得十五首》说："儒家守门户，家法毋徇纵。"②《己亥杂诗》说："经有家法夙所重。"③而且，《春秋决事比》还有批评《春秋公羊》与批评何休、刘逢禄的内容，并不是对春秋公羊学的完全信守。

这部书论及《春秋》治狱，龚自珍的说法全同于春秋公羊学，不仅有

---

① 龚自珍：《龚自珍全集》，上海人民出版社 1975 年版，第 234 页。
② 龚自珍：《龚自珍全集》，上海人民出版社 1975 年版，第 486 页。
③ 龚自珍：《龚自珍全集》，上海人民出版社 1975 年版，第 515 页。

"《春秋》当新王"①、"公羊氏受《春秋》改制大义"② 等说，而且有批评
"穀梁子不受《春秋》改制大义"③ 之说。龚自珍这种对《春秋》治狱的论
说，完全是春秋公羊学的说法。虽然龚自珍只是从治狱方面来论说《春
秋》，但是，以《春秋》是作，是孔子万世法的观念确是十分清楚的，而这
正是春秋公羊学对《春秋》的基本认识。尤其是龚自珍明确提出《春秋》
是孔子改制之作，突出改制之说，与这之前清代言春秋公羊学者如庄存与、
刘逢禄、宋翔凤皆不敢讲改制明显不同，龚自珍的改制说具有明确的政治
性。从这个意义说，龚自珍更接近汉代的春秋公羊学。后来的廖平、康有为
正是借助春秋公羊学的孔子改制说来建构自己的思想体系的。要说龚自珍的
春秋公羊学对后来的影响，最应该重视的是他对春秋公羊学的孔子改制说的
强调。

（二）《五经大义终始论》

龚自珍的春秋公羊学还见于《五经大义终始论》。这部书集中体现了龚
自珍的经学思想，书中借助春秋公羊学"三世"说的理论形式，将五经大
义视为人类社会发展的一种理论，从而提出了自己的社会历史发展观。龚自
珍以"五经大义终始论"来表述自己所要阐发的经学思想，是因为他以五
经大义是圣人有终有始的一以贯之：

> 昔者仲尼有言："吾道一以贯之。"又曰："文不在兹乎？"文学言游
> 之徒，其语门人曰："有始有卒，其惟圣人乎！"诚知圣人之文，贵乎知
> 始与卒之间也。圣人之道本天人之际，胪幽明之序，始乎饮食，中乎制
> 作，终乎闻性与天道。民事终，天事始，鬼神假，福祺应，圣迹备，若
> 庖牺、尧、舜、禹、稷、契、皋陶、公刘、箕子、文王、周公是也。④

圣人之道的一以贯之，不但在贯通天人之际，洞晓幽明之序，而且在其可以
通行于社会发展的全过程。

---

① 龚自珍：《龚自珍全集》，上海人民出版社 1975 年版，第 56 页。
② 龚自珍：《龚自珍全集》，上海人民出版社 1975 年版，第 64 页。
③ 龚自珍：《龚自珍全集》，上海人民出版社 1975 年版，第 64 页。
④ 龚自珍：《龚自珍全集》，上海人民出版社 1975 年版，第 41 页。

　　始、中、终是龚自珍用来说明社会发展三个阶段的用语，又称之为三世法。在《五经大义终始论》中，春秋公羊学的据乱、升平、太平的"三世"说，常常成为始、中、终的三个不同阶段的同义词。但是，龚自珍的"三世"说虽然在名义上采用的是春秋公羊学，实际上却有很大不同。其不同之处主要有：

　　第一，据乱、升平、太平的"三世"说为春秋公羊学独有，龚自珍却认为"三世"说不仅仅只是《春秋》之法，而是贯穿于整个五经之法，不但《春秋》，就是《尚书》《诗经》等都无不有三世说："问：三世之法谁法也？答：三世，非徒《春秋》法也。"①他以《五经大义终始》为阐发其义的篇名，就是以五经皆有三世的终始大义观念的最好说明。

　　第二，公羊学的"三世"说，无事事言"三世"之说，龚自珍却以为事事皆可言三世。《五经大义终始答问八》说：

　　　　问：《礼运》之文，以上古为据乱而作，以中古为升平，若《春秋》之当兴王，首尾才二百四十年，何以具三世？答：通古今可以为三世，《春秋》首尾，亦为三世。大桡作甲子一日亦用之，一岁亦用之，一章一蔀亦用之。②

古今是三世，一部《春秋》也是三世，正如天干地支的甲子可以用来标记历法的一日、一年，也可标记历法的 19 年（一章）、四章（为一部）。这是把三世看成与历法的干支一类的东西，而干支也具有今天数字所说的意义。数字可用于计算任何历法，三世也可用来说明一切事物的不同阶段。龚自珍的"三世"说有两层含义，一是指整个社会发展的三个不同阶段，一是指每一个阶段各个事项所包含的三世。前者可称之为大三世，后者可称之为小三世，故龚自珍所说的三世有大三世与小三世之分，大三世是由无数的小三段所构成的。他这一观念可能是受到佛教思想的影响。龚自珍对佛教有很深的修养，他论佛教的一与无量说："立一切数，一切数摄无量数，无量数入

---

①　龚自珍：《龚自珍全集》，上海人民出版社 1975 年版，第 46 页。
②　龚自珍：《龚自珍全集》，上海人民出版社 1975 年版，第 48 页。

一数。"①三世可以说是一数，而其中每一段的许多小三段则是无量数，无量数构成一数，一数摄含无量数，三世摄含无数小三段，无数的小三段才构成整个社会发展的大三段。

第三，也是最为重要的是龚自珍的"三世"说在内容上不同于春秋公羊学。他的"三世"说的内容主要是据《尚书·洪范》的八政，分配于三世，而论说整个社会发展的三个不同阶段，也就是所谓"始乎饮食，中乎制作，终乎闻性与天道。"《五经大义终始答问一》说：

> 《洪范》八政配三世，八政又各有三世。愿问八政配三世？曰：食货者，据乱而作。祀也，司徒、司寇、司空也，治升平之事。宾师乃文致太平之事，孔子之法，箕子之法也。②

《尚书》的八政原本是人主施政于民的八个方面，龚自珍则将其与春秋公羊学的"三世"说相配，并对八政作出了与郑玄、孔颖达的不同解释，而视为社会发展的三个不同阶段。这三个阶段代表着人类社会发展高低的不同，具有各自的独特内容。

龚自珍借用春秋公羊学的"三世"说，以始、中、终的三段与据乱、升平、太平的三世相配合，并以《洪范》中原本是为政的八个方面，分配于三世，从而提出了一个以食货为开始，以祭祀、司空等为中，以宾师为终的社会发展理论。不可否认，龚自珍的"三世"说在术语上，在关于太平世的论说上，都采用了春秋公羊学之说。但是，从总体上说，龚自珍的"三世"说是以食货的经济为基础的社会发展理论。春秋公羊学的"三世"说，以三世的发展主要是伦常道德由内及外的扩充，龚自珍的"三世"说却是从食货、各种制度与生产科技、道德文化几个层面来表述社会发展的，其中经济为基础，各种制度与生产科技是进一步的发展，道德文化的进步则是其归宿。所以，龚自珍的"三世"说较春秋公羊学的"三世"说有更为丰富的内涵，不能简单地把龚自珍的"三世"说成就是春秋公羊学的"三

---

① 龚自珍：《龚自珍全集》，上海人民出版社1975年版，第357页。
② 龚自珍：《龚自珍全集》，上海人民出版社1975年版，第46页。

世"说，并以此论证龚自珍的"三世"说有进步的社会发展观念。龚自珍的社会发展理论的进步，并不在于承继了春秋公羊学的"三世"说，而在于他的"三世"说有春秋公羊学所不具有的相关内容，这就是对经济、制度与生产科技、文教的重视，看到了制度与生产科技、道德文化的进步都必须以经济的发展为前提，而这些都是春秋公羊学所没有的。

正统儒学与经学，都是以伦常道德为第一位，在义利之间总是重义轻利，食货的经济常常被视为利甚至是害义的邪恶，得不到起码的承认。龚自珍的"三世"说却肯定食货的正当性，以能够供给百姓饮食的人为聪明的帝王，这是与经学的正统观念不同的。货是商品经济，龚自珍以食、货并提，表现了对商品经济的肯定，是当时中国商品经济发展在龚自珍经学上的曲折反映。龚自珍将食货为基础的始中终的"三世"说，视为五经共有的大义，而不是如庄存与、孔广森等人从五经中去发现尊尊、亲亲等大义，这是对经学的大义的新解释。这一新解释与龚自珍的"思所以撙简经术"以"通古近，定民生"① 是一致的。从此也可以看出龚自珍《农宗》对农的重视及其对社会其他经济问题的重视，绝不是偶然的。而他对五经大义的新解释，不仅是为了给他重视农业等社会经济问题提供经学的依据，而且也是为他的社会批评、社会改革理论制造经学的根据。所以，龚自珍的五经大义始、中、终的"三世"说，与其说是春秋公羊学的"三世"说，还不如说是龚自珍是借用春秋公羊学的"三世"说的理论形式来阐发自己的社会发展理念。而春秋公羊学的"三世"说所以能够被龚自珍利用，这不但与"三世"说本身包含着社会从低级到高级发展的观念有联系，而且同龚自珍早年就有以三世、三时论社会变化的理论有关，可以说是龚自珍早年社会变化理论的发展。

（三）龚自珍经学的定位

从《春秋决事比》与《五经大义终始论》中，我们确实可以看到龚自珍的经学有春秋公羊学的内容，但是，是否可以说龚自珍的经学就属于今文经学，完全是刘逢禄经学的传承？根本不能。从龚自珍的一生及其全部著述来看，龚自珍根本算不上是什么今文经学家。全面地考察龚自珍的全部著

---

① 龚自珍：《龚自珍全集》，上海人民出版社 1975 年版，第 49 页。

述，就会发现，龚自珍的著述，属于今文经学的部分，只是一小部分，龚自珍的大部分著作都属于乾嘉汉学的作品。龚自珍自小受到外祖父段玉裁的影响，一直主张以字解经，即使在他晚年，也是主张坚守朴学的，他在所著《己亥杂诗》第 58 首诗中说："张杜西京说外家，斯文吾述段金沙。导河积石归东海，一字源流奠万哗。"自注云："年十有二，外王父金坛段先生授以许氏部目、是平生以经说字、以字说经之始。"①第 302、第 303 首诗说："虽然大器晚年成，卓荦全凭弱冠争。多识前言畜其德，莫抛心力贸才名。""俭腹高谈我用忧，肯肩朴学胜封侯。五经烂熟家常饭，莫似而翁啜九流。"不仅对文字训诂的价值给予充分肯定，还带有对自己"啜九流"的后悔，希望儿孙"肯肩朴学"。

就龚自珍的思想而论，他在有关经学的诸多重要问题上的许多观念就不是今文经学，而且是与今文经学相反对的。在六经的著作权问题上，今文经学主张六经皆出于孔子，龚自珍受章学诚的影响，讲六经皆史，认为六经早于孔子，孔子只是述而不作，不承认孔子著六经：

> 孔子之末生，天下有六经久矣。庄周《天运篇》曰："孔子曰：'某以六经奸七十君而不用。'"记曰："孔子曰：'入其国，其教可知也。'有《易》、《书》、《诗》、《礼》、《乐》、《春秋》之教。"孔子所睹《易》、《书》、《诗》，后世知之矣，若夫孔子所见《礼》，即汉世出于淹中之五十六篇；孔子所谓《春秋》，周室所藏百二十国宝书是也。是故孔子曰："述而不作。"司马迁曰："天下言六艺者，折衷于孔子。"六经、六艺之名，由来久远，不可以臆想增益。②

这就否定了孔子的著作权。在经史关系上，今文经学皆以经高于史，绝不能经史不分，更不能将经置于史之中，龚自珍却提出尊史说，③ 认为史外无经之说，经为史之大宗：

---

① 龚自珍；《龚自珍全集》，上海人民出版社 1975 年版，第 514 页。
② 龚自珍：《龚自珍全集》，上海人民出版社 1975 年版，第 36—37 页。
③ 参见黄开国：《龚自珍的尊史说》，《中华文史论丛》2011 年第 2 期。

> 夫六经者，周史之宗子也。《易》也者，卜筮之史也；《书》也者，记言之史也；《春秋》也者，记动之史也；《风》也者，史所采于民，而编之竹帛，付之司乐者也。《雅》、《颂》也者，史所采于上大夫也；《礼》也者，一代之律令，史职藏之故府，而时以诏王者也；小学也者，外史达之四方，瞽史谕之宾客之所为也。今夫宗伯虽掌礼，礼不可以口舌存，儒者得之于史，非得之宗伯也；乐虽司乐掌之，乐不可以口舌存，儒者得之于史，非得之司乐也。故曰：五经者，周史之大宗也。①

这是将经置于史的范围。今文经学家就一定会反对古文经学，龚自珍则主张今古文经学只是文字上的差别，提出今古文经学同源说，他甚至不怕人们的非议，竟然肯定王莽之说，以此来证明古文经学与今文经学并不是对立的：

> 龚自珍曰：王莽说《明堂位》之天子为周公，说《康诰》之王若曰亦为周公。此今文、古文大师所同。非宋儒胸臆所窥测也。朝诸侯则称天子，摄王则称王，何嫌何忌？朝野皆称王，史官书王，何嫌何忌？岂避王莽哉？公自公，莽自莽，又不仍系乎称王不称王。马融、郑玄受杜林漆简，《酒诰》之首，固曰成王若曰，成王也，在史臣区别之词，可谓一字千金也。然则《书序》何以慨属之成王，成王有统有年，周公无统无年。②

同时，龚自珍治经不分汉宋、古今，对汉宋、古今皆有所取，也皆有批评，这也非今文经学的特点。龚自珍的这些观念，就遭到今文经学家皮锡瑞的激烈批评，皮锡瑞在《经学历史》中就说："如龚氏言，不知何以解夫子之作《春秋》？是犹惑于刘歆、杜预之说，不知孔子以前不得有经之义也。"③所以，就龚自珍的全部著述与思想而论，绝不能说龚自珍就是今文经学家，只能说龚自珍有今文经学的著作与观念，但它们在龚自珍的思想中并不是全

---

① 龚自珍：《龚自珍全集》，上海人民出版社 1975 年版，第 21 页。
② 龚自珍：《龚自珍全集》，上海人民出版社 1975 年版，第 245 页。
③ 皮锡瑞：《经学历史》，中华书局 1989 年版，第 39 页。

部，而只是部分，甚至不是主要部分。

就龚自珍思想的发展而论，在与刘逢禄见面之前，龚自珍基本上没有春秋公羊学的观念，这是一个不可改变的事实。但有些论著为了说明龚自珍早有春秋公羊学的"三统"说等观念，不惜曲解龚自珍早年著作的含义，牵强附会，硬说龚自珍早年就有春秋公羊学的思想观念。汤志钧先生在《近代经学与政治》就提出三点论据，来证明春秋公羊学的观念为龚自珍早年的思想。汤志钧先生的第一点论据是：

> 第一，龚自珍同时期的人和受他影响较深的人都强调他"好今文"。魏源说他"于经通《公羊春秋》"。梁启超说："段玉裁外孙龚自珍，既受训诂学于段而好今文，说经宗庄（存与）、刘（逢禄）"以为他是"今文学派的开拓者"。夏曾佑赠梁启超诗也说："瑛人（龚）、申受（刘）出方耕（庄），弧绪微茫接董生（仲舒）。"即所学与之殊科，学宗古文的章太炎，也说龚自珍"亦治《公羊》，与魏源相称誉"，承认他和今文经学的关系。①

的确，魏源、梁启超、夏曾佑、章太炎都说过龚自珍治《公羊》之类的话。但是，如何理解这些话，是值得讨论的。况且，这些论说只是讲到龚自珍与今文经学的关系，而没有说龚自珍早年就有今文经学的观念。所以，依据魏源、梁启超等人的这些说法，根本证明不了龚自珍早年就有今文经学。

汤志钧先生的第二点论据是：

> 第二，公羊学的特点是援"三统"、"三世"以言变革，它每易为殷优国事、期待变革的人所接受。龚自珍年轻时即有"经世之意"，不会不读《春秋》，不会不接触《公羊》，在他28岁以前的著作中也有迹象可寻。如《乙丙之际著议》第七，根据夏、商、周三代"夷、兴"指出："我祖所以兴，岂非革前代之败耶？前代所以兴，又非革前代之败耶？"有夏、商、周因革损益的微义。《乙丙之际著议》第九"吾闻深

---

① 汤志钧：《近代经学与政治》，中华书局2000年版，第91—92页。

于《春秋》者，其论史也，曰：书契以降，世有三等，三等之世，皆观其才。才之差，治世为一等，乱世为一等，衰世别为一等。"谈到"三世"，不能不说它和《公羊》它无渊源。①

这里说龚自珍早年有经世之意，就一定会读《春秋》、读《公羊》，明显是带有推测的说法。历史上讲经世致用的人很多，这些人未必信《春秋》、信《公羊》，王安石主张变法，不可怀疑是讲经世致用的人，但他诋《春秋》为"断烂朝报"。至于《乙丙之际著议》讲三代损益，此说出于孔子，历代受儒学影响的思想家讲三代多有其说，但未必就是春秋公羊学；其讲世有三等，龚自珍说得很明确是指治世、乱世、衰世之别，与春秋公羊学的据乱、升平、太平渐进发展的"三世"说，二者的差异是一目了然的，将其说成是春秋公羊学的观念，是不能令人信服的。

汤志钧先生的第三点论据是：

> 第三，乾隆、嘉庆年间，今文经学异军突起，庄存与揭橥于前，刘逢禄、宋翔凤推衍于后，形成"常州学派"。庄、刘久宦京师，里第也与龚自珍相迩，龚自珍于十一岁随父到京，此后屡来京、苏，对"复兴"的今文学和庄、刘行事应有所闻。一八一七年，当龚自珍二十六岁时，写有《江子屏所著书序》："《传》不云乎？三王之道若循环，圣者因其所生据之世而著作。不以文家废质家，不用质家废文家，长悌有序，胪以听命，谓之存三统之律令。"有其讲三统循环论的迹象，他还批判崇古文的江藩为"非其任"。同年冬至，看了江藩的《汉学师承记》后，认为以清代经学为"汉学"，"名目有十不安"，其中一条；"本朝别有绝持之土，涵泳白文，创获于经，非汉非宋，亦惟且是而已矣，方且为门户之见者所摈。"宜指清代经今文学的开创者庄存与而言。他对"创获于经"的"绝待之土"是有所知的。就在遇到刘逢禄的前一年，庄存与之外孙缓甲馆于龚家，为龚自珍"言其祖行事之美"，龚自珍即拟为写碑铭。次年，从刘逢禄受公羊学，并识宋翔风。如果他对今文经

---

① 汤志钧：《近代经学与政治》，中华书局 2000 年版，第 92 页。

学毫无品味，不会一遇到刘逢禄，即从之受学。也正由于他从小有"经世之意"的思想基础，从而甫经遇刘，即从之受学，誉今文经学为"开天下知古今之故"之学，并在自己的著作中，显露了今文的"微言"、《公羊》的"奥义"了。①

这里说龚自珍对庄存与、刘逢禄之事、之学"应有所闻"，皆为推测之语，同样不可为据。而所谓"三王之道若循环"，出于司马迁的《史记·高祖本纪》，并非出自《公羊传》，董仲舒无说，何休《解诂》也无说，刘逢禄的著述也无此说。董仲舒讲三统循环，也讲文质递变，文质递变与三统循环是不相应的，绝不是"三统"说，而文质之说始于孔子，据此说龚自珍有"讲三统循环论的迹象"，也是不能成立的。以龚自珍后来接受了春秋公羊学来证明早年就有其学，更是颠倒了时序。

汤志钧先生的看法也是学术界对龚自珍的流行认识。龚自珍早年的著述中，本来没有什么春秋公羊学的观念。为什么相关论著多曲以为说？学术界之所以要坚持这一误解，出于所谓龚自珍有以经议政的观念。而这一说法出自梁启超的名著《清代学术概论》。梁启超在《清代学术概论》第二、二十二节几次论及龚自珍、魏源与今文经学的联系：

> 当正统派全盛时，学者以专经为尚，于是有庄存与，始治《春秋公羊传》有心得，而刘逢禄、龚自珍最能传其学。②
> 段玉裁外孙龚自珍，既受训诂学于段，而好今文，说经宗庄、刘。自珍性跌宕，不检细行，颇似法之卢骚；喜为要眇之思，其文辞傲诡连犿，当时之人弗善也。而自珍益以此自熹，往往引《公羊》义讥切时政，诋排专制……然今文学派之开拓，实自龚氏。夏曾佑赠梁启超诗云："瑟人（龚）申受（刘）出方耕（庄），孤绪微茫接董生（仲舒）。"此言"今文学"之渊源最分明。拟诸"正统派"，庄可比顾，龚、刘则阎、胡也。③

---

① 汤志钧：《近代经学与政治》，中华书局 2000 年版，第 92—93 页。
② 梁启超：《清代学术概论》，天津古籍出版社 2003 年版，第 12 页。
③ 梁启超：《清代学术概论》，天津古籍出版社 2003 年版，第 67 页。

　　近人祖述何休以治《公羊》者，若刘逢禄、龚自珍、陈立辈，皆言改制。①

　　今文学之健者，必推龚魏，龚、魏之时，清政既渐陵夷衰微矣。举国方沉酣太平，而彼辈若不胜其忧危，恒相与指天画地，规天下大计。考证之学，本非其所好也，而因众所共习，则亦能之；能之而颇欲用以别辟国土，故虽言经学，而其精神与正统派之为经学而治经学者则既有以异。自珍、源皆好作经济谈，而最注意边事。自珍作《西域置行省议》，至光绪间实行，则今新疆也，又著《蒙古图志》，研究蒙古政俗而附以论议（未刻）。源有《元史》，有《海国图志》。治域外地理者，源实为先驱。故后之治今文学者，喜以经术作政论，则龚、魏之遗风也。②

　　梁启超关于清代学术的论述，从总体上说确为经典之论，但是，在一些具体论述上却多有值得斟酌的地方。如说从刘逢禄到陈立皆言改制，就与实际不合，至少刘逢禄绝无改制一说，梁启超此说容易造成一个与实际不符的印象：就是清代讲春秋公羊学的人，从庄存与到康有为所讲的内容都大同小异，都对春秋公羊学的微言大义一样的重视。其实，庄存与只重大义，而不重微言；刘逢禄才开始发挥"三科九旨"的微言，但无孔子改制之说；龚自珍开始讲孔子改制，但还没有利用孔子改制讲出时代变革需要的新内容，到廖平、康有为才利用孔子改制说，而将西方的民主、君主立宪等附会为孔经的内容。他们之间有一个发展过程，不同阶段人们对春秋公羊学的注重点是有时代印记可寻的。

　　但梁启超对龚自珍的论述，却成为人们论说龚自珍的不刊之论。现在关于龚自珍的论著也都异口同声地说，龚自珍是今文经学，他的经学的特点是以经议政。而龚自珍批评时政，批评现实政治，主要见于早年的著作，时间在龚自珍见到刘逢禄，接受春秋公羊学之前，但梁启超既然说龚自珍以经议政，人们存有今文经学与政治密切联系的观念，清代讲今文经学的主要是春

---

①　梁启超：《清代学术概论》，天津古籍出版社 2003 年版，第 71 页。
②　梁启超：《清代学术概论》，天津古籍出版社 2003 年版，第 69 页。

秋公羊学，所以，龚自珍的以经议政，理所当然的是以春秋公羊学的观念来讥切时政。而在龚自珍春秋公羊学的著述《春秋决狱》、《五经大义终始论》中，却看不到龚自珍的讥切时政，批评现实政治的内容，于是就在龚自珍的早年著作中去"寻找"春秋公羊学的观念线索，既然龚自珍早年有春秋公羊学的观念，早年又有讥切时政的内容，龚自珍的以经议政不就得到证明了吗？而有了龚自珍的以经议政，似乎其后廖平、康有为今文经学与政治的紧密联系才有一个合理的中介。

龚自珍在晚清经学史上的意义，并不在所谓以经议政，他的今文经学著作没有批评时政的内容，他批评时政的内容又不出于今文经学的著述，二者还没有结合在一起。龚自珍的今文经学对晚清今文经学的影响主要有两点：第一，强调孔子改制的观念，这是刘逢禄等人没有提及更没有重视的观念，龚自珍特别强调此观念，对其后廖平、康有为的影响不可忽略，廖平、康有为正是利用孔子改制说，来构建自己的今文经学体系，宣扬其政治理念的。不同的是，龚自珍的孔子改制说是对春秋公羊学本有内容的强调，廖平、康有为的孔子改制说是对孔子旗号的利用。第二，是利用"三世"说所建立的社会历史观，这说明龚自珍已经开始摆脱了从庄存与到刘逢禄的对春秋公羊学只是发明而无发挥的阶段，而开始利用春秋公羊学的观念来建构自己的思想，廖平、康有为正是寻着龚自珍的这一方向，利用春秋公羊学的观念，而建立其各自带有近代古今中西之争特点的思想体系的。

就龚自珍的整个思想而论，龚自珍对晚清思想的最大影响在社会批判，而不在经学。梁启超说："晚清思想之解放，自珍确与有功焉。光绪间所谓新学家者，大率人人皆经过崇拜龚氏之一时期。初读《定庵文集》，若受电然，稍进乃厌其浅薄。"①这用在龚自珍的社会批判上是完全正确的，晚清进步的思想家喜好龚自珍的不是他的经学内容，而是他批判社会现实的成分。

二、魏源与西汉今文经学

魏源是与龚自珍齐名的思想家，又是志同道合的挚友。魏源在龚自珍去世后还生活了15年，亲历了西方资本主义国家入侵中国的鸦片战争，感受

---

① 梁启超：《清代学术概论》，天津古籍出版社2003年版，第67页。

了太平天国对清王朝的沉重打击，内忧外患的强烈刺激，救亡图存的历史使命感，这一切都给魏源的思想以极其深刻的影响，使他成为中国近代史上第一批开眼看世界的学者之一。如果说龚自珍是给封建专制唱起"衰世"挽歌的人物，主要是一位旧世界的批评家，魏源则是带有世界眼光，践行改革弊端，力求为近代中国发展找到出路的经世思想家。

魏源生于乾隆五十九年（1794 年），咸丰七年（1857 年）三月初一卒于杭州，享年 64 岁。湖南邵阳金潭（一作金滩，属湖南省隆回县）人，原名远达，字默深。默深取意"默好深湛之思"，据说魏源的一方印鉴就镌刻有此数字。① 而魏源"默好深湛之思"的思，不是当时汉学家脱离现实的文字训诂之"思"，而是与天下安定、国家富强、抵御外敌、人民福祉联系在一起的经世之思。魏源一生著述颇丰，2005 年出版的《魏源全集》,达 20 册之多。

魏源的经世思想的形成，就受到当时学术思想界的这种变化的深刻影响。他在京城所师事的学者，无论是治宋学者，还是治汉学者，多有务实、讲求经世致用的观念。如除胡承珙、董桂敷等人之外，魏源所接触到的陶澍、贺长龄等人都对魏源经世思想的形成起到了很大的作用。陶澍、贺长龄都是湖南籍的经世派代表人物，冯天瑜、黄长义的《晚清经世实学》认为："从理学中付诸经世实学，是湖南籍经世派学风的特色。"②程朱理学为主的宋学对魏源经世思想的形成影响最大。

有的论著认为，晚清的经世实学有三种路向，而以今文经学为其第一种路向，魏源的经学源于刘逢禄的今文经学，所以，魏源的经世实学属于今文经学的路向。将魏源的今文经学与经世致用联系为说，这也是一般研究魏源的论著的共同认识，在相关的论著中随处可见。而对此说的论证，所依据的主要是梁启超关于清代今文经学与魏源的论说。梁启超的论说在指明清代学术发展的大势方面，的确高于其他人的见解，从晚清学术发展的大势来说，是不刊之论。但是，如果作具体的分析，就难以用梁启超之说来统说了。这里有一个值得注意的问题，就是西汉的今文经学有经世致用的观念，但是清

---

① 参见黄丽镛：《魏源年谱》,湖南人民出版社 1985 年版，第 19 页。
② 冯天瑜：《晚清经世实学》,上海社会科学院出版社 2002 年版，第 118 页。

代讲今文经学的人，他们的经世致用观念是否一定与其今文经学相联系，这是两个不同的问题。我们不能以西汉今文经学有经世致用，就认为清代言今文经学者都讲经世致用观念。西汉今文经学讲经世致用，在于经学与现实社会政治的相结合，将经学作为治理国家、解决社会问题的宝典，并将其理论运用于现实的社会政治生活中。要判定清代讲今文经学的人是否有经世致用的观念，不在于他们讲今文经学，也不在于他们承认西汉今文经学有经世致用观念，而在于是否用今文经学的理念去说明现实、批判现实，寻求解决社会危机的出路。以此来衡量清代的今文经学，我们就不得不承认它在其开初，并没有什么经世致用的观念，不用说庄存与，就是刘逢禄、宋翔凤两人，他们的今文春秋公羊学、论语学也只是在学术上对西汉今文说的回复；以龚自珍、魏源而论，龚自珍有激烈的讥切时政的观念，但是，这些论著多数都写于他从刘逢禄学习春秋公羊学之前，并不与他的今文经学相联系，在他相关的今文经学著作中，是难以觅见其讥切时政的内容的；他的今文经学著作有经世致用观念的论说，但至多只是作为西汉今文经学的观念而提及，是对历史既成事实的承认，从经世致用作为一种力求解决现实社会问题的观念而论，龚自珍的今文经学著作是没有这样的观念的，所以，龚自珍虽然有经世致用观念，却与今文经学没有必然的联系。魏源也有经世致用的观念，而且有长时间的实践，但是，如果就魏源今文经学的著作而言，也只是停留在发明西汉今文经学的微言大义上，同样没有结合现实政治与社会问题的经世致用，故钱穆论及魏源今文经学的主要著作的《诗古微》、《书古微》说："仍不脱家法观念之作祟，仍落考据窠臼，非能真于微言大义经术政事处见精神也。"①并不认为有所谓今文经学的经世致用的观念。钱穆的这一看法是有充分依据的，也是符合魏源的思想实际的。从魏源思想的形成与发展实际来看，魏源的经世致用观念的形成与实践，与其说是由今文经学而来，不如说是来源于现实的刺激。

不可否认，乾嘉以来的学术思想的转型，一方面是汉学、宋学的自我反省，而以务实的经世致用来弥补其不足；另一方面则是在汉学、宋学之外，寻求新的理论资源，以春秋公羊学为主的今文经学就是其体现。今文经学本

---

①　钱穆：《中国近三百年学术史》下册，中华书局 1986 年版，第 529 页。

身就强调经世致用，所以，尽管就清代的今文经学本身而言，实际上直到魏源都没有与现实结合的经世致用观念，即使言经世致用也是作为历史上今文经学的固有观念来论及，但是，一言清代今文经学人们就会将讥切时政、经世致用，与龚自珍、魏源等人的今文经学相联系。后来廖平、康有为等人宣传孔子改制，将今文经学与现实的社会变革结合起来，才真正恢复了今文经学的经世致用，而从清代今文经学的发展来说，刘逢禄、龚自珍、魏源的今文经学无疑是其先路①，这更容易使人相信凡讲今文经学者，就一定会有经世致用的观念，经世致用的观念也一定与今文经学相联系。加上梁启超有此论说，所以，一讲清代今文经学，论及庄存与、刘逢禄，人们无不以经世致用为说，至于龚自珍、魏源更是如此。这其实是不符合清代今文经学发展的实际情况的。

魏源先后在贺长龄、陶澍幕下为其出谋划策。在贺长龄幕下时，编辑了在晚清具有"经世宣言书"②意义的《皇朝经世文编》。自此书刊行以来，数十年间，风行全国，"凡讲求经济者，无不奉此书为矩矱，几于家有其书"③。魏耆的《邵阳魏府君事略》说：魏源因此"遂留意经济之学"④。这是魏源所撰著的第一部经世著作，魏源也因这部著作而名气大震。《皇朝经世文编》第一次较为集中地体现了魏源的经世思想。书中八纲六十五目分别归属于"学"、"治"两大部分，由此可见魏源晚年《默觚》的先声。但是，与晚年"学"重于"治"不同，此时的魏源特别重视"治"的部分，而对"治"的重视又主要在具体的实政上，足见魏源对现实社会经济、政

---

① 关于此点，钱穆在《中国近三百年学术史》说："常州言学，既主微言大义，而通于天道人事，则其归必转而趋于论政，否则何治乎《春秋》，何贵乎《公羊》？亦何异于章句训诂之考索？故以夫言常州学之精神，其极必趋于轻古经而重时政。"钱穆所谓论政、重时政也就是今文经学经世致用的体现。但是，钱穆以龚自珍为常州学派由重微言大义转为重时政的"眉目"，却值得商榷，因为龚自珍的重时政并不与常州今文经学有联系，他的重时政并不是从今文经学诱发出来的。清代今文经学与重时政联系在一起是在龚、魏之后的廖平、康有为等人。难怪钱穆在同书又说：常州今文经学"其先特为考据之反动，其终汇于考据之赜流，魏、龚皆其著例。"（钱穆：《中国近三百年学术史》下册，第532页）的确，清代今文经学直至龚、魏，都只是作为考据学的反动而出现，这本身蕴涵着经世致用的诉求，但是，直到龚、魏的今文经学都仅仅是以异于考据学的学说而出现的，而不是像西汉今文经学那样，运用经学以经世致用。

② 冯天瑜：《晚清经世实学》，上海社会科学院出版社2002年版，第118页。

③ 俞樾：《皇朝经世文续编序》，转引自《晚清经世实学》，上海社会科学出版社2002年版，第560页。

④ 魏源：《魏源集》下册，中华书局1976年版，第848页。

治治理的关注。魏源为陶澍幕僚的时间最长，参与了陶澍推行的漕务、河工、盐政三大政的改革活动。陶澍的改革取得成就，魏源是功不可没的。魏源在给陶澍做幕僚期间，先后写作了有关漕运、河工、盐政改革的一系列著作，如《筹漕篇》上、下篇；代陶澍作《复蒋中堂论南漕书》，议永行海运；代陶澍序《东南七郡水利略》，议涉水利；及其《海运全案序》、《海运全案跋》、《道光丙戌海运说》、《淮北票盐记》、《淮北盐法轻本敌私议》、《明代食兵二政录》等，《魏源集》中还载有代陶澍所作的《东南七郡水利略叙》等多篇关于水利问题的著作，反映了魏源在参与陶澍的大政改革期间的经世致用思想。①

在陶澍去世的第二年，爆发了中国近代史上第一次鸦片战争，中国也由此拉开了近代史的序幕。魏源也基本上结束了以前的幕僚生活，虽然曾一度充当过裕谦的幕僚，但是，数月就辞归了。② 鸦片战争给了魏源以深深的刺激，从此，魏源的经世思想发生了重大的转变。他所关注的重点不再是漕运、河工、盐政之类的国计民生，而是转到了如何认识、抵御西方资本主义的侵略上，他的经世思想开始放眼世界，有了近代的内容成分。这是魏源经世思想的一个飞跃。《海国图志》是这个阶段魏源经世思想的集中体现，也是魏源经世思想最重要的代表作。魏源提出的最为著名、也是最有历史影响的"师夷之长技以制夷"，就出自这部名著。这是一部全面介绍西方社会的划时代意义的巨著，不仅在中国近代史上，而且对日本等国都产生过相当大的影响。

对于魏源的"师夷之长技以制夷"的巨大意义与影响，不少论著已经作出了充分的论说。但是，我们也不能脱离历史、脱离魏源的思想，来过分地夸大魏源此说的价值，以至用所谓"现代化"的构想等评价魏源此说。

---

① 高海燕在《魏源经世思想的历史定位》一文中对魏源的经世思想作出了很好的分析，但是对魏源以上著作时间的述说却于史实多有所出入：魏源"在1825—1826年间所写的《筹漕篇》上下篇、《海运全案序》、《海运全案跋》、《道光丙戌海运说》、《复魏制府询问海运书》、《复蒋中堂论南漕书》及1832年左右写的《淮北票盐记》、《淮北盐法轻本敌私议》，及其后所著《筹鹾篇》（1839年）、《筹河篇》（1842年）、《钱槽更弊议》（1846年）等文章。"（《江苏社会科学》1998年第3期）如《筹漕篇》下篇是著于1827年，而不是1826年；《复蒋中堂论南漕书》，成于1828年，而不是1825—1826年；《海运全案序》、《海运全案跋》、《道光丙戌海运说》等书，也不是成于1825—1826年间，而只能在海运实行的1826年之后等。

② 参见黄丽镛：《魏源年谱》，湖南人民出版社1985年版，第117页。

魏源自己说得很清楚，《海国图志》的"师夷"是为了"制夷"，目的是要实现所谓"一喜四海春"、"一怒四海秋"、"四夷来王"①，"四海既均，越裳是臣"②，"自西北而东南，将中外一家耶"③的天朝一统。魏源此说无疑是儒家大同观念在近代的反映。尽管鸦片战争以后，魏源的经世思想并没有多大的变化，《海国图志》依然强调的是"去伪，去饰，去畏难，去养痈，去营窟"，以去"人心之寐患"；"以实事程实功，以实功程实事"，以去"人材之虚患"④。但是，由于《海国图志》提出了前所未有的"师夷"之说，具有放眼看世界的近代元素，所以，它是魏源经世思想的发展高峰。

在青年时代，魏源在京城见到刘逢禄，并接受了今文经学。尽管魏源、龚自珍都从刘逢禄学《春秋公羊》，但是，龚自珍并没有以今文经学为其经学归宿，魏源则明确地在经学上以今文经学为宗。因此，刘逢禄对魏源的《诗古微》等给予了极高评价，刘逢禄著作的整理工作，也主要是由魏源完成。所以，魏源与龚自珍相较，魏源才是真正能够传承刘逢禄之学的人。但魏源传承刘逢禄的经学，并不在春秋公羊学，而是在《尚书》、《诗经》的研究中。由于魏源很长一段时间过着幕僚的生活，没有时间来从事今文经学的研究，所以，他的两部最有名的经学著作《诗古微》与《书古微》都成书于晚年，这两部书体现了魏源的今文经学观念。因为魏源的这两部书，皆以发挥西汉经学的微言大义为宗，无论是发挥《诗》的"古微"，还是发明《书》的"古微"，魏源皆采西汉经学为说，并以此为断。他所说的"古微"不是别的，而是西汉以今文经学为主的经学理论。

魏源在经学上有一个基本的观念，就是以时间的早晚来判定其得失。《诗古微》说：

> 语征实，则东汉不如西汉，西汉不如周秦；语知道，则众人之见不可以测贤人，则贤人之事不可以论圣人。⑤

---

① 魏源：《圣武记序》，《魏源集》上册，中华书局1976年版，第167页。
② 魏源：《海国图志叙》，《魏源集》上册，中华书局1976年版，第208页。
③ 魏源：《海国图志》百卷本卷首。
④ 魏源：《海国图志叙》，《魏源集》上册，中华书局1976年版，第208页。
⑤ 魏源：《豳风三家诗发微中》，《诗古微》卷三，《清经解续编》第五册卷千二百九十四，上海书店1988年版，第673页。

《书古微》也说："说经以近古为得实。"①认为越是接近七十子的经学，越得孔子之真传。这是他经学治经宗西汉的思想原因。由于西汉盛行今文经学，所以，魏源主要采今文经学之说，以今文经学为宗，但是，对西汉的古文经学，魏源也是肯定的，如《毛诗》为古文经学，但出于西汉，所以，魏源在《诗古微》中一再说：

> 齐、鲁、韩、毛，同轨合辙。②
> 齐、鲁、韩、毛，亦各有所得也。③
> 毛、韩并行不悖之义，可兼取并备焉。④
> 四家《诗》皆传夫子大义。⑤

魏源并不因为《毛诗》为古文经学，齐、鲁、韩三家《诗》为今文经学，而贬低《毛诗》。相反，由于四家诗皆出于西汉，魏源都承认各有其价值。所以，魏源在经学上，确切地说是宗西汉而不是仅仅宗今文经学。

梁启超论清代学术说：

> 综观二百余年之学史，其影响及于全思想界者，一言蔽之，曰"以复古为解放"。第一步，复宋之古，对于王学而得解放；第二步，复汉唐之古，对于程朱而得解放；第三步，复西汉之古，对于许郑而得解放；第四步，复先秦之古，对于一切传注而得解放。夫既已复先秦之古，则非至对于孔孟而得解放焉不止矣。然其所以能著奏解放之效者，

---

① 魏源：《通释禹贡》，《书古微四》，《清经解续编》第五册卷千二百八十三，上海书店1988年版，第613页。

② 魏源：《四始义例篇三》，《诗古微》卷二，《清经解续编》第五册卷千二百九三，上海书店1988年版，第667页。

③ 魏源：《诗古微》，岳麓书社1989年版，第56页。转引自李传书：《魏源今文〈诗〉学评述》，《长沙理工大学学报》（社会科学版）2004年第4期。

④ 魏源：《大雅答问下》，《诗古微》卷十四，《清经解续编》第五册卷千三百五，上海书店1988年版，第748页。

⑤ 魏源：《周南答问》，《诗古微》卷七，《清经解续编》第五册卷千二百九三，上海书店1988年版，第698页。

则科学的研究精神实启之。①

魏源的经学可以说是复西汉之古的最好说明。在清代讲今文经学的学者中，魏源的经学最好地贯彻了以西汉为宗的原则。而魏源对后来今文经学发展的影响，也就在以西汉为宗。《诗古微》与《书古微》尽管对开拓今文经学的阵地有巨大作用，在发明西汉今文经学方面作出了超迈前人的贡献，书中也涉及春秋公羊学，但它们都不是春秋公羊学的著作。研究晚清今文经学的发展，应当对其进行认真研究，但若只是研究春秋公羊学，就可略而不论，更不应当作过分的发挥。

　　魏源也有春秋公羊学研究的专书，这就是《董子春秋发微》七卷。② 这部书"以本书（指《春秋繁露》）为主，而以刘氏《释例》之通论大义近乎董生附诸后，为《公羊春秋》别开阃域，以为后之君子亦将有乐于斯"③。魏源说：

　　　　《汉书·儒林传》言，董生与胡毋生同业治《春秋》，而何注但依胡毋生条例，于董生无一言及；近日曲阜孔氏、武进刘氏皆《公羊》专家，亦止为何氏拾遗补缺，而董生之书未之详焉。若谓董生疏通大诣，不列经文，不足颉颃何氏，则其书三科九旨灿然大备，且弘通精森，内圣而外王，蟠天而际地，远在胡毋生、何邵公章句之上。盖彼犹泥文，此优柔而餍饫矣，彼专析例，此则曲畅而旁通矣。故抉经之心，执圣之权，冒天下之道者，莫如董生。④

可见，魏源于春秋公羊学并不推重何休之学，而是重视董仲舒之学，他也不满意刘逢禄等人的以何休学为主的发明春秋公羊学，而要以董仲舒为宗。所

---

①　梁启超：《清代学术概论》，天津古籍出版社 2003 年版，第 13 页。
②　在《魏源集》中，有《公羊春秋论》上下两篇，许多学者在相关论著已经考辨证明，这两篇文章非魏源所著，而是他老师刘逢禄的作品，故不能将其作为魏源的思想来研究。朱文亮、李斌在《〈默觚·学篇〉与魏源的修身治学思想》（《求索》2007 年第 3 期）指出，魏源还有《公羊春秋发微》一书，但察魏源著述并无此书，不知何据。
③　魏源：《魏源集》上册，中华书局 1976 年版，第 135 页。
④　魏源：《魏源集》上册，中华书局 1976 年版，第 135 页。

以如此，是因为他认为董仲舒得内圣外王之全，这与魏源是一位著名的经世思想家有密切关系。但魏源此书不存，今天只见其《序》。所以，魏源尽管有与刘逢禄不同的春秋公羊学思想，但目前却无法窥见其详细内容，从春秋公羊学发展史的角度，对魏源也就无法作更多的论述了。如果要说魏源有以经议政的经学内容，或许就存于《董子春秋发微》。而刘逢禄的重何休，与魏源的重董仲舒，在一定意义上说，反映了清代春秋公羊学从仅仅是"学"的发明，到学与治的结合的转变。

特别值得一提的是，魏源提出"以经术为治术"的观念：

> 道形诸事谓之治；以其事笔之方策，俾天下后世得以求道而制事，谓之经；藏之成均、辟雍，掌以师氏、保氏、大乐正，谓之师儒；师儒所教育，由小学进之国学，由侯国贡之王朝，谓之士。士之能九年通经者，以淑其身，以形为事业，则能以《周易》决疑，以《洪范》占变，以《春秋》断事，以《礼》、《乐》服制兴教化，以《周官》致太平，以《禹贡》行河，以《三百五篇》当谏书，以出使专对，谓之以经术为治术。曾有以通经致用为诟厉者乎？①

魏源此说道出了西汉今文经学的真精神，也是春秋公羊学的灵魂。此说出于《默觚》，据李汉武先生考辨，《默觚》成书于魏源33岁之前。②可见，魏源对西汉今文经学的认识，较之刘逢禄更能从其精神上来把握。所以，尽管魏源的《诗古微》、《书古微》还没有做到以经术为治术，在《诗古微》、《书古微》中看不到魏源将经学与现实相结合的内容，而只有对西汉今文经学微言大义的发明，但他已经认识到了西汉今文经学尤其是春秋公羊学的精神，而魏源的重视经世致用，及其身体力行的践行经世致用，显然受到西汉今文经学精神的影响。

王国维论清代学术说：

---

① 魏源：《默觚上·学篇九》，《魏源集》上册，中华书局1976年版，第23—24页。
② 参见李汉武：《魏源传》，湖南大学出版社1988年版，第67页。

我朝三百年间，学术三变：国初一变也，乾嘉一变也，道咸以降一变也。顺康之世，天造草昧，学者多胜国遗老，离丧乱之后，志在经世，故多为致用之学。求之经史，得其本原，一扫明代苟且破碎之习，而实学以兴。雍乾以后，纪纲既张，天下大定，士大夫得肆意稽古，不复视为经世之具，而经史小学专门之业兴焉。道咸以降，涂辙稍变，言经者及今文，考史者兼辽金元，治地理者逮四裔，务为前人所不为，虽承乾嘉专门之学，然亦逆睹世变，有国初诸老经世之志。故国初之学大，乾嘉之学精，道咸以降之学新。……道咸以降之学，乃二派之合，而稍偏至者，其开创者仍当于二派中求之焉。……道咸以降，学者尚承乾嘉之风，然其时政治风俗已渐变于昔，国势亦稍稍不振，士大夫有忧之而不知所出，乃或托于先秦西汉之学以图变革一切，然颇不循国初及乾嘉诸老为学之成法，其所陈夫古者，不必尽如古人之真，而其所以切今者，亦未必适中当世之弊。其言可以情感，而不能尽以理究。如龚瑟人、魏默深之俦，其学在道咸后虽不逮国初、乾嘉二派之盛，然为此二派之所不能摄，其逸而出此者，亦时势使之然也。①

其中论道咸之学，以龚自珍、魏源为说，认为他们有承继乾嘉汉学的一面，但面对千古未有的局势变化，又讲求经世致用，有对顺治、康熙时期重视经世致用之学的回归，故说是"二派之合"的"新"学。这是对道咸以降学术的准确说明，但说道咸以来才讲今文经学，则不合于史实，只不过在这之前言今文经学的人，都没有龚自珍的社会批判、魏源的经世致用观念，尽管龚自珍、魏源还没有真正做到以经议政，将今文经学与社会政治联系起来，但魏源对春秋公羊学真精神的认识，他们本身的社会批判、经世践行，却给后来讲求春秋公羊学的人以启示，对春秋公羊学从精神实质上恢复西汉之学，即将经学与现实政治结合起来起到了引领作用。

钱穆在他的《中国近三百年学术史》中，对龚自珍、魏源的经学有深刻的论述：

---

① 王国维：《沈乙庵先生七十寿序》，《观堂集林》卷二十三（《王国维遗书》本），转引自赵伯雄：《春秋学史》，第721—722页。

> 常州之学，起于庄氏，立于刘、宋，而变于龚、魏，然言夫常州学
> 之精神，则必以龚氏为眉目焉。何者？常州言学，既主微言大义，而通
> 于天道、人事，则其归必转而趋于论政，则何治乎《春秋》？何贵乎
> 《公羊》？左氏主"事"，《公羊》主"义"，义贵褒贬进退，西汉公羊家
> 皆以经术通政事也，亦何异于章句训诂之考索，故以言夫常州之精神，
> 其极必趋于轻古经而重时政，则定庵其眉目也。①

这里所谓常州学精神，实际上指的是西汉今文经学的精神，故以"西汉公
羊家皆以经术通政事"为据。钱穆此说区分开了清代言春秋公羊学的两个
阶段，龚自珍、魏源以前，尚无将经术与政论相结合的经学家，龚自珍、魏
源开始批评时政、践行经世致用，虽然还没有所谓以经议政，但他们又都讲
春秋公羊学，这就为后来以经议政指出了方向。正是在这个意义上，本书将
龚自珍、魏源定性为清代春秋公羊学发展中由刘逢禄等经生派向廖平、康有
为的政论派转变的中间环节。

第三节　廖平尊孔尊经的春秋公羊学

自道光二十年（1840 年）以来，中国开始步入近代社会。在原有的新
旧矛盾之外，又出现了中西之间的矛盾，龚自珍、魏源之后，古今中西的矛
盾日益加剧。如同中国在西方列强的入侵下节节败退，中国文化也受到空前
的挑战。千古未有的大变局，救亡图存的课题，给中国文化以深刻的刺激，
并引起了前所未有的变化，而出现了以融合古今中西为时代特点的新变化。
讲求春秋公羊学的也出现了一个重大的变化，这就是不再只是"照着讲"
春秋公羊学，只是发明历史上春秋公羊学早有的理论，而是"接着讲"，有
选择地发挥或利用春秋公羊学的某些观念，主要是孔子改制说的观念，结合
近代救亡图存的需要，来建立自己的经学理论。这方面的代表人物就是廖平
与康有为，他们是从不同方面来发挥、利用春秋公羊学的。春秋公羊学的生
命力本来就存在于现实的政治土壤中，所以，到廖平、康有为时，春秋公羊

---

① 钱穆：《中国近三百年学术史》下册，中华书局 1989 年版，第 532 页。

学才真正获得了生命力，也才能够在晚清产生重大的社会影响，成为一股社会思潮。如果没有廖平、康有为利用春秋公羊学来建立自己的思想理论，晚清的今文经学最多只能作为乾嘉汉学整理古籍、发明汉代今文经学的附属而存在。

从春秋公羊学的理论而言，晚清廖平、康有为重视的是孔子改制说，而这之前的刘逢禄重视的是"三科九旨"，这是廖、康与刘逢禄春秋公羊学的时代区别之一。孔子改制说与"三科九旨"在春秋公羊学中的意义不同，"三科九旨"是孔子改制的具体内容，经过董仲舒、何休的解释发挥，"三科九旨"已经具有特定的内容，成为春秋公羊学的基本观念，但孔子改制说则是可以据时代变化而作出相应解释的理论形式，譬如董仲舒讲孔子改制是以《春秋》当新王，并无孔子为汉制，何休则直接以孔子为汉制来附会孔子改制。所以，"三科九旨"是春秋公羊学中业已形成的理论内容，而孔子改制说则是可以根据时代变化作相应发挥的理论形式，重"三科九旨"就脱离不了春秋公羊学本有内容的束缚，而讲孔子改制说则有助于借孔子改制的形式，旧瓶装新酒。

廖平是晚清第一位大讲春秋公羊学的孔子改制说，并运用来建立自己尊孔尊经的经学体系的人。而廖平的春秋公羊学又与王闿运有关。[①] 所以，在讨论廖平之前，需要对王闿运的春秋公羊学有一个简略的了解。

一、王闿运的春秋公羊学

王闿运，字壬秋，湖南善化人。自署所居曰"湘绮楼"，自称湘绮老人。生于清道光十二年（1833 年），卒于民国五年（1916 年 10 月 20 日），享年85 岁。王闿运自小就对经学有浓厚兴趣，据他儿子所著的《湘绮府君年谱》说，王闿运 9 岁就"毕诵五经"，12 岁"益厉志于经史词章，昕夕不辍"，19岁"有志于习礼，……欲通经致用，非尽诂训词章而已"；24 岁"始治'三礼'，以礼经难读，先自礼经始，作《仪礼演》13 篇，分章节，正句读，

---

① 梁启超在《中国近三百年学术史·清代学者整理旧学之总成绩（一）》中，就明确以王闿运传廖平、廖平传康有为说。

实为注经之始"①。王闿运的经学著作有 19 种之多。②

张之洞督学四川，在成都设立尊经书院，王闿运以其学术声望，被邀担任山长，主讲经学。廖平为尊经书院的学生，廖平受王闿运经学的影响就发生在此时。在经学上，王闿运是古今兼采，以今文经学为主，他对廖平的影响主要在今文经学。刘少虎博士说："王闿运经学研究之重点在今文经学，于《春秋》用力甚深，且宗《公羊》。他的春秋学思想主要体现在其遍注的经学著作之中，尤其是《穀梁申义》、《春秋公羊传笺》、《春秋例表》。"③其中最重要的当推《春秋公羊传笺》（又名《春秋公羊何氏笺》）一书。这部书完稿于 1877 年，是王闿运在尊经书院讲授的内容之一，尊经书局在清光绪十一年（1885 年）有其刻本，此书今存于湖南图书馆。

王闿运的《春秋公羊何氏笺》，共计 11 卷，在体例上是先列《春秋》经文，次列《公羊传》，再列何休《解诂》，最后是王闿运的笺注。重点在发明何休之说，主要是发明"王鲁"说、"三世"说等。连何休的《解诂》没有"王鲁"说、"三世"说的地方，王闿运也在笺注中刻意发挥，如：

> 《春秋》经：（隐公三年）春，王二月，己巳，日有食之。
>
> 《公羊传》：何以书？记异也。
>
> 《解诂》：异者，非常可怪，先事而至者，是后卫州吁杀其君完，诸侯初僭，鲁隐系获，公子翚进谄谋。
>
> 笺曰：异者阴阳之失征象，戒人者也。夏商以来，以日食可算而知不以为异。周公知有消伏之道，而日月食皆有禳焉。《小雅》曰："此日而食，于何不臧？"是周人传训以为异也。食日者，月也；主月之行者，地也。王者治地以治月，则日不食。《明堂月令》神秘之书，盖为是也。世衰德微，不足感天，故日食为常，《春秋》无王，尤无所应，所以记之者，示托王于鲁，鲁即王者，非鲁史也。说者多以日食卅六当

---

① 以上引文分别见王代功：《湘绮府君年谱》，湘绮楼刻本，1923 年、道光二十年、道光二十三年、道光三十年、咸丰五年条。

② 参见刘少虎：《王闿运春秋学思想研究》，博士学位论文，中山大学历史系，2006 年，第二章第一节。

③ 刘少虎：《王闿运春秋学思想研究》，博士学位论文，中山大学历史系，2006 年，第 52 页。

杀君卅六，意或然乎？俗儒又以为验，历法之疏密，则术官之事，非经
典大义也。①

何休解释此条经文与发挥《公羊传》，并无"王鲁"说，而王闿运则认为，
此条日食的记载，最重要的含义就是"王鲁"说，并批评将日食与弑君相
联系的天人感应之说，非经典大义。又如《春秋》经：隐公三年，"三月庚
戌，天王崩"，《公羊传》的解释是："何以不书葬？天子记崩不记葬，必其
时也。"何休的《解诂》也是据经传为说，并无"三世"说，但王闿运却以
"张三世"解说：

　　笺曰：天子，谓托王者也。周衰而王命不行，安能使诸侯不葬乎？
所以张三世，示内有治外之法，法不可见于卒之、葬之，见之，若曰此
皆受治于天子者耳。②

至于何休有关"王鲁"说、"三世"说的发明，王闿运更是加以详细的发
挥。尽管王闿运在发明《春秋公羊传》微言大义方面，精密详细，但并无
王闿运本人的新说，所以，此书被梁启超评价不高。《清代学术概论》说：
"闿运以治《公羊》闻于时，然故文人耳，经学所造甚浅，其所著《公羊
笺》，尚不逮孔广森。"③"王壬秋（闿运）著《公羊笺》，然拘拘于例，无甚
发明。"④这一评说虽然不准确，但有一定道理。
　　王闿运讲经学有一个基本观念，就是经史之别。⑤ 他论《春秋》三
传说：

----

　　① 王闿运：《春秋公羊传笺》卷一，《续修四库全书》第 131 册，上海古籍出版社 2003 年版，第
76—77 页。
　　② 王闿运：《春秋公羊传笺》卷一，《续修四库全书》第 131 册，上海古籍出版社 2003 年版，第
77 页。
　　③ 梁启超：《清代学术概论》，天津古籍出版社 2003 年版，第 69 页。
　　④ 梁启超：《中国近三百年学术史》，天津古籍出版社 2003 年版，第 218 页。
　　⑤ 刘少虎博士在完成关于王闿运《春秋》学的博士论文后，也认识到经史之分是王闿运《春秋》
学的主要观念，而撰有《"经"、"史"之别：王闿运对〈春秋〉的基本态度》一文，载《长沙大学学
报》2006 年第 6 期。

> 余推测经文，本传《公羊》，泛览二传，各得其趣。左氏专于史，离经别行，其体即司马《本纪》之准也。闻驳意殊，不关《春秋》，其有得失，比之迁、固，乃三史之学，非六经之谊。①

认为三传中，《穀梁传》与《公羊传》都是解经的著作，而《左传》是与《史记》《汉书》一样的史记，二者有本质区别。这一观念也是王闿运笺注《春秋公羊传》的原则，以此出发，王闿运对何休《解诂》没有从经而是从史的角度解释《春秋》的一些说法，提出了严厉的批评。如《春秋》经：隐公四年，"戊申，卫州吁弑其君完"，《公羊传》："曷为以国氏？当国也。"何休《解诂》："与段同义。日者，从外赴辞，以贼问例。"认为书日的记载，是从外的赴告之辞。王闿运在《笺》中批评说：

> 列国杀君未有直赴以杀者，若从赴词，何贵作《春秋》乎？篡者亦日，讨贼亦日。日者，《春秋》特设之例，明危重耳。②

在王闿运看来，何休以从外的赴告之辞，来解释此条经文书日的记载，是将《春秋》等同于史书，否认《春秋》为孔子所著经典性质。强调经史之分，一味讲求微言大义，是王闿运笺注《春秋公羊传》的最大特色。后来，廖平讲孔子改制，也特别强调经史之分，并对经史之分作出了详细的论说，这显然与王闿运的春秋公羊学这一特色有关。

王闿运的经学还特别重视通经致用，他在《论通经致用，不通经不足用》一文中说道："因时设教，故六经异用。殊途同归，圣而已矣。依经者谓之圣，非圣者谓之狂，狂则必乱。"③并还认为"致用当通《春秋》"④。王闿运强调通经致用，与通《春秋》联系起来，而他认为《公羊传》最得《春秋》本旨，这是将春秋公羊学的研究与现实相结合的观念。此外，王闿

---

① 王闿运：《穀梁申义·序》，《续修四库全书》第133册，上海古籍出版社2003年版，第1页。
② 王闿运：《春秋公羊传笺》卷一，《续修四库全书》第131册，上海古籍出版社2003年版，第80页。
③ 王闿运：《湘绮楼诗文集》，岳麓书社1996年版，第504页。
④ 王闿运：《湘绮楼诗文集》，岳麓书社1996年版，第504页。

运在掌教成都尊经书院期间，把对院生的明礼之教，作为他的教学重点内容之一。① 这些对廖平经学思想的形成都有一定的影响，廖平经学第一变就是以礼制来区分今古文经学。

蒙文通先生在《廖季平先生传》中曾论及王闿运对廖平的影响：

> 湘潭王氏闿运，以词坛宗盟，治《公羊》何氏学。廖师出于王氏之门，说经之根实深宏过之。②

> 先生既入尊经书院，适湘绮来任山长，湘绮（王闿运）言《春秋》以《公羊》，而先生治《穀梁》专谨，与湘绮稍异，其能自辟蹊径，不入于常州者之流，殆亦在是。《穀梁》解经最密，先生用力于《穀梁》最深，著《穀梁古义疏》、《释范》、《起起废疾》，依经之例，以决范、何、郑氏之违失，而杜后来无穷之辩。植基坚厚，后移之以治《公羊》、《左氏》，皆迎刃自解。③

其实，王闿运对《穀梁传》也有相当重视，他著有《穀梁申义》，认为"穀梁子私淑仲尼，亲研异同，指事立教，必有宏旨……《穀梁》儒者之论，可为世范"④。而《穀梁申义》也著于王闿运主持尊经书院以前，王闿运在尊经书院讲经学，理应有此内容，所以，廖平治《穀梁传》，也可能受到王闿运的影响，而非仅仅是与王闿运无关的"自辟蹊径"。从总体上说，尽管王闿运的经学造诣不高，但王闿运的学生廖平，却受其影响成为近代最著名的经学大师。

二、廖平的经学六变

廖平，四川井研人。生于清咸丰二年（1852 年）二月初九，卒于 1932 年，一生度过了 80 个春秋。初名登廷，字旭陔，又字勖斋，1879 年，改名平，字季平，他自称先后学经六变，自认为每一变都是对孔经微言大义的翻

---

① 参见刘少虎：《王闿运春秋学思想研究》，博士学位论文，中山大学历史系，2006 年，第 226 页。
② 蒙文通：《廖季平先生传》，转引自廖幼平编：《廖平年谱》，巴蜀书社 1985 年版，第 97 页。
③ 蒙文通：《廖季平先生传》，转引自廖幼平编：《廖平年谱》，巴蜀书社 1985 年版，第 98—99 页。
④ 王闿运：《穀梁申义·序》，《续修四库全书》第 133 册，上海古籍出版社 2003 年版，第 1 页。

译，故先后自号四译、五译、六译先生。

（一）经学六变的准备

井研地处四川省偏僻的南部，在清代这是一个闭塞、贫穷、落后的地方。廖平 7 岁时开始在家乡上学，接受的是宋学的内容。而对廖平一生发展有决定性影响的有两个人：一个是张之洞，一个王闿运。可以这样讲，如果没有张之洞的拔识，廖平这块璞玉很可能埋没在山乡，永无出头之日；而他师从王闿运，又决定了他一生治学的基本方向。

尊经书院建成的第二年，廖平以优秀的科试成绩，被牌调尊经书院。张之洞在尊经书院，以纪、阮之学相号召，推广清代的乾嘉汉学。廖平受其影响，由早年的喜好宋学，转向博览考据。在博览考据的基础上，廖平后来又发生了一次重大的思想变化，这就是由博览考据转向专求大义。而促成这一变化的是公羊学者王闿运的影响。王闿运在 1878 年 11 月 27 日抵达成都，第二年的 2 月 2 日，王闿运移居尊经书院，正式就任尊经书院山长。正是受到王闿运的春秋公羊学影响，廖平在王闿运主讲尊经书院的第二年，就在思想上发生了第二次转变。《经学初程》说：

> 庚辰（1880 年）以后，厌弃破碎，专事大义，以视考据诸书，则又以为糟粕而无精华，枝叶而非根本，取《庄子》、《管》、《列》、《墨》读之，则乃喜其义实，是心思聪明至此又一变矣。

按照这段材料，廖平的专求大义当始于 1880 年。专求大义是今文经学的特色，因此，廖平的专求大义也就是改从今文经学。①

---

① 关于这个问题，学术界是有异义的。吴仰湘先生在《论廖平 1880 年并未转向今文经学——"庚辰以后，厌弃破碎，专事求大义"辨析》（《湖南大学学报》（社会科学版）2009 年第 5 期）中，对我的这一说法提出商榷，否认廖平 1880 年向今文经学的转变，认为"在经学上兼采今、古的王闿运，在入川之前，并未专门研治《公羊》微言大义之学，主讲尊经书院期间，也没有专以今文经学诱启院生"，"廖平从 1881 年至 1886 年间一直从事文字训诂之业"。但刘少虎的博士论文指出，王闿运的《春秋公羊传笺》完稿于 1877 年，则王闿运在尊经书院是可能并且应该先生今文经学的。又《廖平年谱》将张之洞对廖平的"风疾马良，去道愈远"之戒，系于 1880 年；《廖平年谱》1881 年，录有廖平《穀梁古义疏序》的"痛微言自久陨，伤绝学之不竞"之语；廖平也从 1880 年开始专治《穀梁》，这些都可以说是廖平转向今文经学的证据。最重要的证据是廖平在 1884 年，就著有《公羊十论》，如果说廖平 1886 年都还是从事文字训诂，就无法解释这些事实。

廖平就读尊经书院发生的两次思想，无论是从喜好宋学向博览考据的转变，还是有博览考据与专求大义的发展，对廖平后来经学六变都有意义，而有决定性影响的是廖平的专求大义。

（二）经学六变略说

廖平的经学六变，第一变名平分今古，以《今古学考》为代表作；第二变为尊今抑古，代表作为《知圣篇》与《辟刘篇》（后改名《古学考》）；第三变是小统大统，代表作有《地球新义》、《周礼新义》、《皇帝疆域图》等；第四变为孔经天学，《孔经哲学发微》是其代表作；第五变称做天人大小，其说见于黄镕的《五变记笺述》；第六变是以五运六气解《诗》、《易》，以《诗经经解》与《易经经解》为代表作。

第一变的平分今古是平分今文经学与古文经学的简称。今文经学和古文经学是汉代经学的两个基本派别，所谓今文指汉代通用的隶书，古文指先秦的文字。汉代儒家经典依文字分为两大类，一类是由战国以来相传至汉初用隶书写成的本子，被称为今文经；一类是先秦古文写成保留到汉代的本子，被称为古文经。今文经学和古文经学即因其研习经典文字的不同而得名。作为两个基本的经学派别，今文经学与古文经学在治学方法、训解典籍、学术宗旨诸方面都存在着区别。东汉许慎著《五经异义》，记载了今文经学与古文经学的不同经说。但郑玄遍注群经，综合两派之说，后代流传的汉代经典主要是郑玄的注本，因而，今文经学与古文经学应如何区分，迄廖平之前多无定说。平分今古之论就是为解决今古之分而发的，其基本思想是：今文经学与古文经学区分的根本在礼制。今文经学所言礼制是以殷礼为主的四代（虞夏、殷、周）之制，集中见于孔子所著的《王制》；古文经学所言礼制为周礼，主要见于《周礼》。周礼本于周公，《王制》为孔子手定，故有古文经学宗周公，今文经学祖孔子等说。廖平认为，今文经学和古文经学虽有不同，但二者如水火相妨又相济，犹行路的水道与陆道不可偏废，排贬今文经学与古文经学都是门户之见，因此，他把经学第一变称为平分今古。这一变解决了经学史上今古之分的重大问题，因而受到很高的学术评价。

第二变的尊今抑古，意谓尊崇今文经学，贬抑古文经学。与平分今古之论正相反对。这一变认为，唯有今文经学才是孔子真传，中国学术从战国到西汉哀平以前，全是今文经学的派别，尊孔子，宗《王制》，无有不同。古文经学则是刘歆在西汉末年作伪的产物，刘歆作伪的主要经典是《周礼》，目的是为了迎合王莽篡汉，手法是攻五经不全与引周公敌孔子。刘歆作伪后，才有所谓古文经学，而今存《史记》、《汉书》中的古文经学记载，实是刘歆及弟子的改篡。这一变的思想在广州为康有为所接受，康有为加以改造发挥而著为《孔子改制考》与《新学伪经考》，产生了强烈的社会反响。

第三变的小统大统说，一反经学第二变之论，认为孔子经说有小统、大统之分。今文经学所宗的《王制》，不过是孔经的小统说，只讲中国治法，适合地域方三千里的小九州，是中外开通以前的小康时代的治法，又称王伯说。古文经学所祖的《周礼》，则是孔经中的大统说，讲的是全球治法，包括地域方三万里的大九州，适合中外交通之后的大同时代，又称皇帝说。小统是大统的准备，大统是小统的推广，大统高于小统。这就把古文经学抬到了今文经学之上，因而比较崇信古文经学的章太炎在为廖平所著的《墓志铭》称："君之学凡六变，其后三变杂梵书及医经、刑法诸家，往往出儒术外，其第三变最可观。"①梁启超则在《清代学术概论》中以廖平经学第三变改变经学第二变之说，是受张之洞贿逼，而自驳前说，这是没有根据的。

第四变的天学人学又认为，经学第三变的大统小统不过是对孔经人学的阐发。孔经人学讲六合之内，是人类社会的治法，适合现时的社会发展。孔经还有高于人学的天学，讲六合之外，适用于整个天体，是数百千亿年以后的治法，见于《诗》、《易》。在这一变廖平提出孔经哲学之论，其说多杂佛、道等说，因而，多受学界之讥。

第五变的天人大小，不过是对第三、第四变的细化。于孔经人学分小统、大统，于孔经天学分神游（相当人学的小统）、形游（相当人学的大统），实无新说，唯有提出孔子造字一说，以证中国文化、学术、治法全出于孔子。第六变以《黄帝内经》所言五运六气，分解《易经》六十四卦，《诗经》三百篇，相互比附，以证《诗》、《易》天学。可以是对经学第四变提出的孔经天学新论证，亦难以说有与前两变的不同观念。因后两变之说更为玄诞，故更受到社会的批评。

概观廖平经学六变，第一变是对汉代今古之分的解决；第二变讲尊今抑

---

① 转引自廖幼平：《廖平年谱》，巴蜀书社1985年版，第94页。

古，以真伪分判今文经学与古文经学，后来又称其知圣的理论是对孔经治中国万世法的人学小统的发挥；第三变是对治全球万世法的孔经人学"大统"说的发明，第四变是对孔经天学的阐发，其后二变不过是对经学第二变以来的孔经理论的充实，并未提出前几变一类的孔经小统、大统、天学的新名目。因此，所谓经学六变是名不副实的。而他学六变归结起来不过三大内容：一是平分今古与尊今抑古，系廖平对汉代经学史的研究；二是孔经人学的小统说、大统说；三是经学第四变以来的孔经天学。

（三）廖平经学的定位

在中国经学史上，廖平的经学以多变、越变越奇而著称。人们对廖平的经学也提出了各种不同的看法。不少人认为廖平是今文经学家，一般论著论清代今文经学，都将其作为重要的代表人物，以至周予同几次在《经今古文学》中，将廖平经学第一变的代表作《今古学考》，作为今文经学的重要典籍来论说。《今古学考》绝不是今文经学的著述，而是讨论汉代今古文经学之分的经学史著作，将《今古学考》作为今文经学的著作，用来论说廖平的今文经学，完全是张冠李戴，而这种张冠李戴在不少论著都存在。说廖平是今文经学家，从廖平专求大义时期和经学第二变来看以及廖平自经学第二变以来，利用讲求微言大义的方式来建构其经学理论来看，这种观点是有某种根据的，它看到了廖平思想的某种特质。此说重在从经学上的今古纷争来确定廖平其人的归属。

然而，这种说法是难以成立的。根据廖平自己研究的结果，今文经学宗《王制》，古文经学宗《周礼》。他的经学第三变却讲《周礼》是孔经大统，《王制》是孔经小统，大统高于小统，而把古文经学的经典抬到今文经学经典之上。所以，偏袒古文经学的章太炎，才会说什么廖平经学六变，第三变最可观。至于廖平经学后三变，一方面坚持经学第三变的观点，另一方面，又将重心放在以《诗》、《易》为重点的所谓孔经天学上，这更与依《王制》立说的今文经学相去甚远了。所以，从廖平的经学六变尤其是自第三变以来的后四变来看，很难以传统经学的今文经学家的标准来评判了。讲今、古文经学的原则，就要严守界畔。但廖平除经学第二变比较恪守今文经学的界畔外，其后四变都根本不守其分界，而是将古今中西的各种学说，信手拈来，为我所用。不要说今文经学与古文经学的界限，就连经学与其他学术的界限，中学与西学的界限，也荡然无存了。这更表明，绝不能囿于今文经学家来判定廖平了。

也有人说廖平是位哲学家。冯友兰先生两卷本《中国哲学史》收有廖平，实首启此说。《中国近代著名哲学家评传》亦列有廖平；郑万耕、张奇伟两位先生还专文论述廖平的"哲学思想"，刘雨涛先生也撰文专讲后三变的哲学，《廖平学术思想研究》亦专章讨论廖平的哲学思想。似廖平为近代哲学家，已成为某些研究者的固定见解。的确，自经学第四变起，廖平就自诩其学说是孔经哲学并以发扬孔经哲学为己任。但是，廖平的自诩是一回事，他的学说是否建立起了一个哲学体系又是另外一回事。二者是完全不同的。《孔经哲学发微》说："哲学名词，大约与史文事实相反。唯孔子空言垂教，俟圣知天，全属思想，并无成事，乃克副此名词。"①由此可见，廖平讲孔经为哲学，与他的经史之分观念是密切相联系的。他的所谓哲学，是泛指与历史事实相对应的思想，主要指他所发明的孔经天学。就廖平的孔经哲学而论，也不具备哲学之为哲学的特点。高度的抽象性、思辨性是哲学的一个特点，而廖平的孔经哲学，则只是对孔子和孔经的神化，这种神化虽也有它自身的一套说法，但缺乏理论的抽象和思辨。佛教有佛教哲学，是因为它有一套抽象、思辨的体系。这是廖平孔经哲学根本不能比拟的。哲学的另一个特点，是有一个以最高范畴为核心的逻辑体系。组成这个体系的，是诸多相联系的概念。但是，廖平的孔经哲学并没有一套相联系的哲学概念，更没有一个以最高范畴为核心的逻辑体系。因而，他尽管借用了"哲学"的美名，实未有哲学的建树。从中国传统哲学讲，是通过天人关系、心性、道器、理气、知行诸范畴的讨论表现出来。廖平也讲天学人学，但只是将其作为孔经的两个组成部分来讨论的，而与古代天人哲学的含义有极大不同。所以，即使用中国古代哲学来衡量，廖平的孔经哲学也难称之为哲学。而从近代哲学的发展来看，他的孔经哲学则只能是一种陈腐、荒唐的梦呓。因而，廖平是不能被称为哲学家的。

无论是从廖平经学六变的内容，还是他用来构建经学体系的素材，都可以看出廖平的经学融入了古今中西的各种学说，所以，应该将廖平定位为近

---

① 廖平：《孔经哲学发微·凡例》，李耀仙主编：《廖平选集》上册，巴蜀书社1998年版，第299页。

代经学大师。近代经学大师，首先强调的是经学大师。廖平一生研治经学，讲经学，在经学史研究中成绩卓著，并用大半生心血从事经学理论建构，无愧于经学大师的称号。但不用今文经学或古文经学来限定廖平，这是因为廖平的经学，已不能单纯地用今文经学或是古文经学来解释了。经学大师主要表现了廖平学术与传统、旧的文化的根深蒂固的联系。在经学大师前面，冠以近代二字，加以限定，是要说明廖平这位经学大师与古代经学大师们的时代区别。这有两个方面的含义：其一，是指明廖平生活的时代的特点，表明廖平是近代社会中的一份子，而不同于古代经学大师们所生活的社会背景；其二，是要说明廖平的经学已非传统的经学，而是具有近代特色，打上时代印记的经学，带有融合古今中西的时代特点。

从廖平已是打上时代烙印的近代经学大师来说，廖平就不仅仅是一个传统的经学家，同时也是一个近代的思想家。廖平的近代经学体系是新的，但骨子却是旧的，其中有一个贯穿始终的主旨，这就是尊孔尊经。诚如他的自道："平毕生学说，专以尊孔尊经为主。"①廖平的经学在形式上是古今中西兼采，在精神实质上却是以尊孔尊经为核心观念。而廖平建立尊孔尊经的经学体系，是以春秋公羊学的孔子改制说为理论依据的，所以，廖平是一位深受春秋公羊学浸染的经学家。由此也决定了廖平的春秋公羊学与以往春秋公羊学有极大的不同，是带有古今中西之争的春秋公羊学。

作为春秋公羊学发展史的研究，不可能全面地研究廖平的经学六变，而只研究廖平经学与春秋公羊学相关的内容，而这部分内容恰好是廖平研究的薄弱环节。②

三、廖平春秋公羊学的特色与范围

有关廖平的研究论著都肯定廖平有春秋公羊学，但对廖平春秋公羊学的看法却存在较大的分歧。不少人认为廖平属于经生派，其春秋公羊学带有注经的特色。如陈其泰先生认为，廖平的春秋公羊学是"以注经的路数对待

---

① 廖平：《孔经哲学发微·凡例》，李耀先主编：《廖平选集》上册，巴蜀书社1998年版，第303页。

② 关于廖平经学的全面论述，可参见黄开国：《廖平评传》、陈文豪：《廖平经学思想研究》。

公羊学说，失去了救亡图强相结合的思想精华，离开了晚清公羊学的主流"①。此说并不合于廖平的经学。廖平的经学变化，对孔子神化的不断扩展，都是以孔经能够经世致用的强烈意识为基础的，是企图从孔经寻求解决古今中西之争及其整个宇宙法则的努力，只是他与康有为的方向相反，康有为是利用春秋公羊学作变法维新的理论外衣，而廖平则是迷信孔经，要用孔经来解决古今中西及其整个宇宙的问题。如《知圣篇》说，廖平发明孔子为中国立万世法是"既风会之所趋，又形势之交迫"②。后来，廖平又认为只讲孔子为中国立万世法，将"使圣经囿于禹城，则字夭教广布，诚所谓以一服八者矣……苟划疆自守，以海为限，则五大洲仅留尼山片席，彼反得据彼此是非之言以相拒，而侵夺之祸不能免矣!"③所以，廖平的春秋公羊学有明确的与现实政治相结合的内容，只不过他认为救亡图强的出路应该到孔经里去寻求。此外，廖平的春秋公羊学主要是借孔子改制说来发挥的，而不是像何休、徐彦以注疏为主，也不像刘逢禄等人谨守董仲舒、何休之学，虽然廖平的《公羊补正》一书是注经的形式，但绝不是谨守何休之学，所以，根本不能说廖平是以注经的路数对待公羊学。在晚清春秋公羊学发展史上，廖平是第一位有意识结合社会现实、以春秋公羊学所说的微言来发挥自己的理论，并试图解决近代社会问题的人。廖平春秋公羊学这一特色，表明廖平已经获得春秋公羊学的真精神，正因其与现实相结合的土壤，也才使廖平的春秋公羊学能够发挥出前所未有的新内容。

就春秋公羊学的范围而论，廖平的经学并非都属于春秋公羊学，如廖平经学第一变的平分今古之论，完全是关于历史上今古文经学之分的讨论，属于经学史的范围，根本不能作为春秋公羊学研究的内容。不仅平分今古之论，凡是廖平涉及经学史的论述，都不能作为春秋公羊学的内容来处理。有的论著因其对廖平春秋公羊学定位的差错，而在《清代公羊学》一书中，竟将廖平平分今古、尊今抑古的经学史的内容作为春秋公羊学的内容，还说

---

① 参见张立文主编，陈其泰、李延勇著：《中国学术思想史·清代卷》，人民出版社 2004 年版，第373 页。

② 廖平：《知圣篇》，李耀先主编：《廖平选集》上册，巴蜀书社 1998 年版，第 204 页。

③ 高承瀛主修：《井研县志·艺文志·地球新义提要》，井研县志办公室 1985 年印刷本，第 163 页。

"是他（廖平）对清代今文经学所作的贡献"①。赵沛先生的博士后出站报告②在讲廖平的春秋公羊学也时引《今古学考》时说，这些都是值得商榷的。廖平的经学六变有经史之分，经学第一变、第二变讲平分今古、尊今抑古属于经学史的研究；后几变以孔子改制说为依据，而发挥出来的孔经人学、孔经天学，则为廖平的经学理论。其中，经学第二变是廖平从经学史研究到经学理论建构的转折点，所以，这一变既有经学史研究的内容，即尊今抑古说，同时，也有所谓"知圣"的经学理论，说孔子改制是为中国立万世法，此说后来被廖平称之为孔经人学的小统说。孔子改制说是春秋公羊学的微言，廖平借孔子改制说所建立的经学理论，都是春秋公羊学的发展，属于廖平春秋公羊学的内容。这部分内容是廖平借助经学微言，结合社会现实，对春秋公羊学在近代的发挥。这是廖平春秋公羊学最重要也是论说最多的春秋公羊学内容，廖平的《春秋公羊学》的这部分内容，是具有时代特点的新内容，绝不只是以往"张三世"、"通三统"、"异内外"之说，廖平即使借用了春秋公羊学的这些概念，但其内容也是带有近代色彩的。此外，廖平在这之前所著的《何氏公羊解诂三十论》（简称《公羊三十论》），是廖平春秋公羊学的另一部分，但是，这一部分只是廖平对历史上春秋公羊学的论述，还不是利用微言来发挥春秋公羊学。这一部分的春秋公羊学在廖平的经学思想中意义不大。

梁启超说："廖季平关于公羊考述尤多，然穿凿过甚，几成怪了。"③说廖平关于《公羊》的考述很多，并不准确。廖平的春秋公羊学著作，据《井研县志·艺文志》只有《公羊补证》、《公羊三十论》、《公羊解诂商榷》、《公羊先师遗说真记》四部，较之廖平关于《穀梁》、《左传》的著述都少。台湾陈文豪先生的硕士论文考辨，廖平关于春秋公羊学的著述有6部，还有《公羊春秋补证凡例》与《校公羊十六条》二书，但前一书存于《公羊补证》中，后一书仅有稿本。④ 其中《校公羊十六条》著作时间不详；《公羊

---

① 陈其泰：《清代公羊学》，东方出版社1997年版，第279页。

② 此报告经过修改后，以《廖平春秋学研究》之名，由巴蜀书社2007年出版。第四章就专门论述廖平的春秋公羊学。

③ 梁启超：《中国近三百年学术史》，天津古籍出版社2003年版，第218页。

④ 参见陈文豪：《廖平经学思想研究》第三章，台湾文津出版社1995年版，第59—61页。

三十论》，前十论著于 1884 年，续十论著于 1885 年，再续十论著于 1886 年；
《公羊解诂商榷》成书的时间在《公羊三十论》的续十论与再续十论之间，
即 1885 年秋天之后与 1886 年的春季之间，廖平在续十论的"序"中表明此
书成于 1885 年的初秋，而再续十论"序"说此书成于 1886 年春季二月，并
有"《解诂商榷》已成"① 一语；《公羊先师遗说真记》一书，已经有廖平
经学第三变的"大统"说，而经学第三变始于 1897 年，② 所以，此书当成
于 1897 年之后；《公羊补正》全名为《公羊春秋经传验推补证》，廖平在著
作《公羊三十论》之后所作，陈文豪先生的学位论文、赵沛先生的博士后
出站报告都以为此书成于 1888 年，但从书中的内容看，多经学第三变的大
统说，故最后的成书时间不会是 1888 年，应该在 1897 年后。廖平这些著作
中的《公羊解诂商榷》、《公羊先师遗说真记》、《校公羊十六条》今皆不存，
但最重要的两部著作保存了下来，其中《公羊三十论》集中代表了廖平在
构建尊孔尊经的经学理论前的春秋公羊学，而《公羊补正》则代表着廖平
构建经学理论之后的春秋公羊学。

四、《公羊三十论》的春秋公羊学

《公羊三十论》集中反映了廖平早期的春秋公羊学理论，为了粗略地了
解三十论，列表如后：

十论（1884 年）	续十论（1885 年秋）	再续十论（1886 年春）
《王制》为《春秋》旧礼传论	嫌疑论	取备礼制论
诸侯四等论	本末论	袭用礼说论
假号论	翻译论	图谶③论
讬礼论	隐见论	衍说论
主素王不主王鲁论	详略论	传有先后论
无月例论	重事论	口授论

---

① 廖平：《何氏公羊解诂三十论》，李耀仙主编：《廖平选集》（下），巴蜀书社 1998 年版，第 164 页。
② 参见黄开国：《廖平经学六变时间略考》，《成都大学学报》1987 年第 1 期。
③ 《廖平选集》下，第 163 页，"谶"误作"识"，今改正。误谶为识，并见该书相关页码，如第
166 页。

十论（1884 年）	续十论（1885 年秋）	再续十论（1886 年春）
子伯非爵论	据证论	参用《左传》论
诸侯累数以见从违论	加损论	防守论
曲存时事论	从史论	用董论
三世论	塗乙论	不待贬绝论

三十论中，最能反映廖平早期春秋公羊学思想的是前二十论。与以前发明春秋公羊学皆笃守何休之论不同，三十论都贯穿着对何休《解诂》误解、臆说《春秋公羊传》的批评。故三十论包含两个方面的内容，一方面是对何休的批评，另一方面是廖平自己对春秋公羊学义例的说明。无论是对何休的批评，还是廖平自己发明的公羊春秋学义例，都是以孔子改制说为其基本观念的。孔子改制说，是廖平三十论的核心。在三十论中，说明孔子改制的论述主要见于"主素王不主王鲁"论、"假号"论、"讬礼"论、"翻译"论等。

（一）孔子改制说

廖平的孔子改制说是"以孔子素王"说为前提的。何为素王？廖平说：

> 素王本义非谓孔子为王。素，空也；素王，空托此王义耳。《论语》曰："如有用我者，其为东周乎？"又曰："其或继周者，虽百世可知。"今之所谓素即此"如有"、"其或"之义，设此法以待其人，不谓孔子自为王，谓设空王以制治法而已。①

素王不是指孔子是帝王，而是说孔子为后王空设了一王之法。孔子为后王所立之法，也就是孔子改制，或称素王改制。廖平认为，素王改制之义就是春秋公羊学的精微所在，而非何休所说的"王鲁"说：

---

① 廖平：《何氏公羊解诂十论·主素王不王鲁论》，李耀仙主编：《廖平选集》（下），巴蜀书社 1998 年版，第 141—142 页。

　　且《春秋》改制作，备四代，褒贬当时诸侯，皆孔子自主，鲁犹在褒贬之中，其一切改制进退之事，初不主鲁，则何为"王鲁"乎？若以为"王鲁"，则《春秋》有二王，不惟伤义，而且即传推寻，都无其义，此可以据经传而断其误矣。又《公羊》精微，具见纬侯，凡在枝节，莫不具陈，而"王鲁"全经大纲，纬书并无其语。而言"素王"与孔子主王法，乘黑运，不下三十四见，此可见本素王，而不王鲁矣。①

　　"王鲁"说出于董仲舒，后来得到何休的详细发挥，刘逢禄将其作为《春秋公羊经解诂三十例》的重要义例之一，在廖平以前，此说已经成为春秋公羊学的重要内容，被研治春秋公羊学的人所信奉。但廖平认为董仲舒的"王鲁"说并非以鲁为王，本义是"素王"说，何休发挥为以鲁为王，是完全错误的。经过何休的误解，不仅混淆了孔子"素王"的本义，而且造成了《春秋》"二王"的局面。所以，他认为《解诂》对《春秋》的理解带有根本性的错误。

　　廖平论证孔子"素王"说，尽管引纬书为说，但他对谶是坚决反对的。他说：

　　　　纬者，失师经说，入于秘府，与图谶并藏。哀、平以来，内学大盛，侈言符命者，猎取纬说，以求信于世，故凡纬说、艺术家言，并为图谶所混。今其书冠以七经名，则纬书之本名也其下之名，则皆图谶及术数家言。如《雌雄图》、《钩命诀》之类是也。其书皆藏于秘府，写者含混写之，遂成定本。然解经者当引纬说，图谶之言，不可用也。②

　　他看到了纬书与图谶的区别，这是有眼光的。不但如此，廖平的孔子改制说还对图谶的神化孔子，孔子为汉制说有所批评：

---

　　① 廖平：《何氏公羊解诂十论·主素王不王鲁论》，李耀仙主编：《廖平选集》（下），巴蜀书社1998年版，第141页。

　　② 廖平：《何氏公羊解诂再续十论·图谶论》，李耀仙主编：《廖平选集》（下），巴蜀书社1998年版，第166页。

何君《解诂》多用纬说，是也。至乃杂引图谶，矜为奇怪，谓孔子为汉制作，逆知秦将燔其书，夫子按图录，知庶姓刘，当代周，见採薪获麟，知为其出。又言"卯金刀，天下雪，书鲁瑞门，圣汉受命"云云，虚诞无理，骇人听闻！盖何君囿于风气，移于俗染，既以献媚时君，并欲求合时尚，坐此之故，见黜庙堂，非不幸也。①

廖平指责何休"献媚时君，并欲求合时尚"，是正确的。但他只反对图谶，而不反对纬书，没有看到图谶与纬书在神化孔子上的相同一面，过分夸大了谶纬相区别的一面。纬书并不只是解经的著作，其中多孔子为汉制说，并非纬书没有神化孔子的奇怪之说。孔子为汉制，本出纬书，被何休《解诂》所发挥后，已经成为春秋公羊学的内容之一。廖平此时的孔子改制说批评何休据图谶为说，尽管不准确，但说明他还在自觉将经学与图谶之学划清界限，没有完全陷入神化孔子的泥潭。这也决定了廖平这时所说的孔子只是政治家、预言家的孔子，而不是为中国、全球制万世法的孔子。

廖平认为，孔子为后王所制之法，著于《春秋》，而集中见于《王制》。三十论的第一论就是"《王制》为《春秋》旧礼传论"，该论说："孔子作《春秋》，存《王制》。《礼记·王制》乃《春秋》旧传，孔子既作《春秋》，复作此篇以明礼制，故所言莫不合于《春秋》。"②如《王制》之二伯，即《春秋》之齐、晋；《王制》之八方伯，即《春秋》之陈、蔡、卫、郑、鲁、秦、楚、吴，如此等等。廖平以《王制》为孔子改制制度的集中体现，对他形成平分今古的经学第一变有直接的影响。经学第一变以今文经学主《王制》，遵孔子改制之说，显然就由此而来。但是，廖平的三十论是对春秋公羊学发挥，平分今古的经学第一变则是借对《王制》的今文经学观念来说明经学史的问题，二者是有不同的。

（二）假托与翻译

《春秋》为孔子改制之作，与《诗》、《书》只是孔子删定的典籍不同，

---

①　廖平：《何氏公羊解诂再续十论·图谶论》，李耀仙主编：《廖平选集》（下），巴蜀书社 1998 年版，第 166 页。

②　廖平：《何氏公羊解诂十论·〈王制〉为〈春秋〉旧礼传》，李耀仙主编：《廖平选集》（下），巴蜀书社 1998 年版，第 135 页。

带有孔子寄托的"王心"。廖平说:"孔子素王作经,与《诗》、《书》删定不同,《春秋》自为终始,未可牵合他家。"①故"《春秋》之书,因行事加王心,加损变化以见制度,不可以时事求之者也"②。所以,绝不能将《春秋》视为旧史,以史实说经,而应该以探求素王之义为根本。

在廖平看来,自董仲舒以来,人们都没有完全正确地探求到《春秋》的经义。如何才能够正确地探求到《春秋》的经义,廖平认为必须懂得假托之义。所谓假托有两义,一是假借名号,二是托礼以为说,假托的共同点在于假借已有名号、礼制,来表达孔子的经义。故假托不是讲史实,而是孔子改制的表现。所以,对《春秋》的假托绝不能以史实来说明,而必须从素王改制的意义上来解读。廖平说:

> 《春秋》之书,因行事加王心,加损变化以见制度,不可以时事求之者也。故齐晋,侯也,而托以为公;吴、楚,王也,而抑以为子;明监者之制,而出单伯、祭仲,不必当时有是制也。明改制之意,而黜杞称子,不必当时有是号也。③

《春秋》称齐桓公、晋文公,实际上齐晋国君的爵位只是侯,称公是孔子的假托;吴、楚之君自称为王,《春秋》改称吴子、楚子,以表达尊中国、抑夷狄之义;单伯、祭仲则是孔子为明监者之制的假托。

为了说明《春秋》的假托,廖平特别辨析了《春秋》的爵制。他说:

> 《王制》有公、侯、伯、子、男之本爵,《春秋》无是也。所见国皆百里,同等爵也。其于同等之中,必有尊卑之别。乃假锡命之,以为立说之准。《传》曰:"天子之三公称公,王者之后称公。"其曰称之,《春秋》称之,以相别异,非本爵公。而当时诸侯,遂无公爵也。又

---

① 廖平:《何氏公羊解诂再续十论·袭用礼说论》,李耀仙主编:《廖平选集》(下),巴蜀书社1998年版,第165页。

② 廖平:《何氏公羊解诂十论·曲存时事论》,李耀仙主编:《廖平选集》(下),巴蜀书社1998年版,第145—146页。

③ 廖平:《何氏公羊解诂十论·曲存时事论》,李耀仙主编:《廖平选集》(下),巴蜀书社1998年版,第145—146页。

曰："其余大国称侯，小国称伯、子、男者。"大小国无分差，其分之为大小，称之以侯、伯、子、男者，《春秋》借侯以定方伯，假子以为七等之首。伯为字，男又子之变文，伯子非爵，则男可知。男犹男子之称，证以讬礼假号之例，则五等之非本爵审矣。①

《春秋》的公、侯、伯、子、男，并非实有其爵。其实是孔子的假托，其中的公是孔子假托来称呼三公与王者之后的名号，而侯是假托来称呼大国的名号，至于伯、子、男不过是小国的名号，所以，《春秋》的公、侯、伯、子、男实际上只是三等。以此，《春秋》的公、侯、伯、子、男之号，绝非实有五等爵，而是"假公以为三公、王后之称，借侯以为方伯之称，假伯、子、男为卒正之称"②，借以定立二伯、方伯、卒正三等的符号。廖平为此而有"子爵非爵论"等说。

廖平认为，孔子改制以假托为手段，"因行事加王心，加损变化以见制度"③。假借已有的名号与礼制，来表达孔子改制之义，是《春秋》最重要的书法。不明假托，就无从知晓孔子改制之义。故廖平在《公羊十论》中一再说："深悟假托之由，方知《春秋》之妙。"④"必知此义，乃足与言《春秋》也。"⑤而如何由假托去发现背后的改制之义？廖平提出翻译说：

> 《春秋》有翻译之例，所以别中外，更所以存王法。⑥
> 其大用足以抑夷狄而尊中国，如吴、楚之君号称王，从其号当称

---

① 廖平：《何氏公羊解诂十论·子爵非爵论》，李耀仙主编：《廖平选集》（下），巴蜀书社1998年版，第143页。

② 廖平：《何氏公羊解诂十论·假号论》，李耀仙主编：《廖平选集》（下），巴蜀书社1998年版，第140页。

③ 廖平：《何氏公羊解诂十论·曲存时事论》，李耀仙主编：《廖平选集》（下），巴蜀书社1998年版，第46页。

④ 廖平：《何氏公羊解诂十论·假号论》，李耀仙主编：《廖平选集》（下），巴蜀书社1998年版，第140页。

⑤ 廖平：《何氏公羊解诂十论·曲存时事论》，李耀仙主编：《廖平选集》（下），巴蜀书社1998年版，146页。

⑥ 廖平：《何氏公羊解诂续十论·翻译论》，李耀仙主编：《廖平选集》（下），巴蜀书社1998年版，第152页。

王，《春秋》则以中国之号号之，若以为吴、楚之称王，如中国之称子者。………何氏于此例少所发明。①

翻译是近代中西文化交流的途径与方法。廖平借以说明孔子改制，并将翻译的目的说成是"存王法"，这是今文经学的观念的表现。按照这一翻译说，在近代要认识孔子改制的经义，就必须通过翻译。中外语言的翻译，以信、达、雅为标准。廖平的翻译却以合乎孔子改制说为准，而孔子改制的内容是什么，仁者见仁智者见智，并没有一个标准。所以，廖平的翻译说，隐含着信口为说的可能性。廖平经学后来沿着"翻译"孔经符号的"真义"发展，愈讲愈怪，此时实已埋下伏笔。

（三）经有从史之例

假托说是要说明《春秋》为经，而非《史记》、《汉书》一类的史书。廖平此说是要强调经史之分，要人们注意经义与史实的差别。但廖平此时的经史之分说，与构建尊孔尊经经学理论时的春秋公羊学不同。廖平此时讲经史之分，虽然也肯定经史的根本不同，但还较为强调经史相互联系的一面，承认《春秋》还有不改的"行事"。他说：

> 不改制则似于史，则经意不明；改之则嫌于乱，而行事不见。改与不改之间，本为相背之势，乃有并行之妙，不相伤而相救，不相近而相起。此其因革沿袭之间，非精思神悟，不足以探其运用之妙。何君《解诂》乃全昧于此，因者不知所以因，革者不求其所以革，蒙昧解之，经义蚀晦久矣。积疑经年，一旦雾澈，必知此义，乃足以言《春秋》也。《春秋》时制皆周制，经义参用四代，今古相近，柄凿不入，得此并行，乃能圆通。②

《春秋》改制为经义，在制度上是参用四代，同时，《春秋》还有因袭时事

---

① 廖平：《何氏公羊解诂续十论·翻译论》，李耀仙主编：《廖平选集》（下），巴蜀书社1998年版，第153页。

② 廖平：《何氏公羊解诂十论·曲存时事论》，李耀仙主编：《廖平选集》（下），巴蜀书社1998年版，第146页。

的一面，在制度上以周礼为说。研治《春秋》，一定要善于区分何为经义，何为因袭时事。廖平提出以四代之制与周礼来区分经史，这是从制度上对经史之分的把握。廖平善说礼制，此时已显露端倪，而在经学第一变得以充分发挥。

肯定《春秋》有从史的一面，是三十论的重要内容，三十论中的《曲存时事论》、《从史论》、《重事论》、《参用左传论》等都是对此义的发挥。廖平说：

> 董子云：《春秋》贵义不贵事，谓不以二伯之行事捂"素王"之义，学者不明斯旨，有异传略行事，欲取《左氏》，又乖师法，故尽去故实，专言经例。……不知本事未明，经义何附？①

> 《春秋》据史而作，笔削之例，专明详略；加损之例，变易事实；正名之例，依物肖形，从史之例，仍而不改。凡《春秋》② 事实，其有史书不然而可起例者，则变之，如许世子弑。归父如京师之类。苟无所起，则仍因旧文，不敢改作，《论语》所谓"阙疑"，又云"述而不作"是也。③

> 盖事实从史，史既不言，则无从指录，虽有闻见，岂可据一己之闻见，改百国之宝书？④

由此可见，廖平并不以《春秋公羊传》只有经义，而无史实。所以，他说："《左传》为古学专门，……而时与《公羊》相同。"⑤这个相同就是指的《春秋公羊传》有从史的内容。要明《春秋》经义，还须明《春秋》之史。此时廖平并不认为经史是完全对立的，而是以经史密不可分，以至说出

---

　　① 廖平：《何氏公羊解诂续十论·重事论》，李耀仙主编：《廖平选集》（下），巴蜀书社1998年版，第156页。

　　② 《廖平选集》下第160页，此处标点误作"《春秋》"，此春秋指春秋时代，非指书名，今改正。

　　③ 廖平：《何氏公羊解诂续十论·从史论》，李耀仙主编：《廖平选集》（下），巴蜀书社1998年版，第160页。

　　④ 廖平：《何氏公羊解诂续十论·从史论》，李耀仙主编：《廖平选集》（下），巴蜀书社1998年版，第160页。

　　⑤ 廖平：《何氏公羊解诂再续十论·参用左传论》，李耀仙主编：《廖平选集》（下），巴蜀书社1998年版，第170页。

"本事未明，经义何附"这样的话。他甚至将先明其事，说成是"《春秋》
之法"："故《春秋》之法，先必明事，事已明矣，而后其言褒贬之所由。
正如事明而案定，不为冤狱不兴，设有非常之义，亦可因缘而见，其功不甚
巨乎？"①这与廖平后来的春秋公羊学讲经史之分，只讲经史之别，完全否认
与史的联系，存在明显的差异。

（四）批评《解诂》

批评何休《解诂》，贯穿三十论的始终。廖平批评《解诂》主要有三个
方面：

第一，批评何休以例说经的失误，这是廖平批评何休的主要内容。

何休解经的最大特点是以例说经，他以例解经总结出的"王鲁"说、
"三世"说等义例，为后来不少讲春秋公羊学的人所信奉，认为是对《公羊
传》的确解。但是，廖平认为何休的以例说经多有缺失：

> 何君所注，大约凡所难通，皆归于"王鲁"、"三世"等例，迷离
> 恍忽，使人入其中，而不能自主。②

"王鲁"说与"三世"说都是何休《解诂》从《公羊传》发明的最重要义
例。对"王鲁"说，历代批评者多从以鲁为王，不合孔子所维护的君臣之
序来论说，指斥其为僭越之论，廖平则从《春秋》褒贬皆出于素王孔子，
而非鲁君，"王鲁"说与"素王"说同存，会造成《春秋》"二王"的相互
矛盾，来说明"王鲁"说之误。这是从未有过的新解，但却甚有理据。至
于何休的"三世"说，本有两义，一是书法之义，二是渐进的历史观，而
渐进的历史观才是何休"三世"说的主旨，但廖平没有从历史观，而只是
从书法的角度来评判何休的"三世"说。他说：

> 《春秋》世变迭变更，书法由之而异。……初治天下，再治诸侯，

---

① 廖平：《何氏公羊解诂续十论·重事论》，李耀仙主编：《廖平选集》（下），巴蜀书社1998年版，
第157页。

② 廖平：《何氏公羊解诂再续十论·衍说论》，李耀仙主编：《廖平选集》（下），巴蜀书社1998年
版，第167页。

再治大夫，继治陪臣，盖无卅年不变之文。……自襄至哀，文辞数变，所谓异辞者。所见与见自异，非于传闻、所闻异也。以推闻与传闻，义亦如此。细变无虑数十，大异约分为九，所见三异，所闻三异，所传闻三异，非谓二百四十年中，文仅三异如《解诂》所云也。……三世为要例，《解诂》所言多不得其意，支离游衍，使人迷炫，此其失也。①

廖平认为，《春秋》书法之异，不仅有三世之分，若细分则有数十，大略分来也至少有九变，即三世每一世皆有三变，何休的书法只讲三世之异，而没有进一步细分，不合《春秋》三世义例。同时，何休将《公羊传》"祖之所逮闻"解释为孔子之祖，不明祖指鲁隐公、鲁桓公，犯了"亲父、祖而薄曾、高"②的错误。廖平尽管批评何休，但并没有否认三世书法之义。他认为："三世之精意，不外'远近'二字，苟得其要，无俟烦言。"③以时间的远近解释三世书法之异，其实是《公羊传》、董仲舒、何休的一贯之说，这说明廖平对三世书法的理解，还是有取于何休之说的。而且，廖平没有看到何休"三世"说最重要的渐进的历史观，一概从书法为说，这样的批评并不能让人信服。而"三世"说的渐进历史观是春秋公羊学最有价值的理论成果，廖平论春秋公羊学何休的"三世"说，没有涉及这一点，说明廖平此时对何休之学的理解是有偏差的。

除对何休的"王鲁"说、"三世"说提出批评，廖平还特别批评了何休的时、月、日例。《解诂》解释《春秋》最喜以时、月、日例为说，但何休的时、月、日例前后不一，相互矛盾，故遭后人批评最多。廖平在详细的分析了《春秋》的时、月、日例后指出：

> 正传言日时例者，二十余条，唯言何以不日？何以时？无以月为正例之文。……大事日，小事时，一定之例也，亦记事之体应如是也。至

① 廖平：《何氏公羊解诂十论·三世论》,李耀仙主编：《廖平选集》（下），巴蜀书社1998年版，第146—147页。

② 廖平：《何氏公羊解诂十论·三世论》,李耀仙主编：《廖平选集》（下），巴蜀书社1998年版，第147页。

③ 廖平：《何氏公羊解诂十论·三世论》,李耀仙主编：《廖平选集》（下），巴蜀书社1998年版，第147页。

于轻事而重之，则变时而月日焉，重事而轻之，则变日而月时焉，事以大小为经，例以日时为正，一望而知者也。而月在日时中为消息焉，凡月皆变例。①

《春秋》的时、月、日例有正变之分，其中日例、时例皆为正例，月例为变例，变例消息于正例之中。廖平此说为历代言时、月、日例者所没有的新说。而何休言时、月、日例，却无正变之分，廖平认为，何休时、月、日例无正变之分，是造成何休言时、月、日例不能自圆其说的原因，并批评何休此论为巨谬："何氏误以月为正例，则正例有三等，无以进退，而于二主之间，又添一主，则正变不明，端委蒙混，治丝而棼，故使人嗤为牵引射覆，此其巨谬也。"②

廖平认为，何休在以例说经上的失误，造成了对《春秋》经义的蒙混。如以"王鲁"说蒙混了素王之义，以时、月、日例皆为正例，不知《春秋》无月例，而造成解说的前后矛盾、左支右绌，"不明五等皆《春秋》之号称，非时王自爵秩，……宜其凡遇五称，皆为实爵也"③，等等。《塗乙论》更批评何休"故其为书，前后违反，刑赏失平；一事之说，彼此不同；一传之解，文义不相贯"④。所以，廖平主张要删改何休《解诂》的义例：

> 今于"王鲁"、"三世"，悉加删改外，凡其节外生枝、无中生有，一切繁词琐义，破碎支离之处，悉为改正，使《传》义复显。⑤

只有去除何休以例解经的种种误说，才能恢复春秋公羊学的本来面目。廖平

---

① 廖平：《何氏公羊解诂十论·无月例论》，李耀仙主编：《廖平选集》（下），巴蜀书社1998年版，第142页。

② 廖平：《何氏公羊解诂十论·无月例论》，李耀仙主编：《廖平选集》（下），巴蜀书社1998年版，第143页。

③ 廖平：《何氏公羊解诂十论·子爵非爵论》，李耀仙主编：《廖平选集》（下），巴蜀书社1998年版，第144页。

④ 廖平：《何氏公羊解诂续十论·塗乙论》，李耀仙主编：《廖平选集》（下），巴蜀书社1998年版，第161页。

⑤ 廖平：《何氏公羊解诂再续十论·衍说论》，李耀仙主编：《廖平选集》（下），巴蜀书社1998年版，第167页。

对何休的批评实际上也是对清代刘逢禄等人以何休为宗的批评。

第二，批评何休不明从史之义。

廖平认为，何休《解诂》之失，除了在义例上的混乱失误，还表现在不明《春秋》有从史之例。廖平说：

> 何君不详事实，未悟从史之例，凡有明文，略为说之，一不发传，则苟此文字。遂使弑君之贼，不足三十，而亡国之数，不及五十。①
>
> 何氏以下，恶言本事，非其胆弱，乃其识昧耳。②

《解诂》重以例解经，故对《春秋》所载事实，尤其是《公羊传》未有论说者，何休皆缺略误说。如《春秋》弑君三十六，亡国五十二，但有从史之例，故对弑君者，如齐国公子阳生弑君等，史无弑君的文字，孔子从史而书，就没有弑君的记载，故《春秋》明文弑君不足三十。廖平认为对这类从史之文，虽然史书没有弑君的记载，但有弑君之实，也应该算在弑君之列。何休不明从史，所以《解诂》中弑君不足三十，亡国不到五十。从这样的认识出发，廖平激烈的批评何休不晓从史之例，不重行事，是"大失《春秋》之旨"③。

第三，批评何休以偏概全。

廖平批评何休解经的以偏概全，基于这样一个理念：

> 六经比之于味声，必以相合为功，不求专一之效。……使一经可以尽天下之学，则六经无容并存矣。此则分门别户之私见，非通经致用之大法。④

---

① 廖平：《何氏公羊解诂续十论·从史论》，李耀仙主编：《廖平选集》（下），巴蜀书社 1998 年版，第 160 页。

② 廖平：《何氏公羊解诂续十论·重事论》，李耀仙主编：《廖平选集》（下），巴蜀书社 1998 年版，第 157 页。

③ 廖平：《何氏公羊解诂续十论·从史论》，李耀仙主编：《廖平选集》（下），巴蜀书社 1998 年版，第 160 页。

④ 廖平：《何氏公羊解诂再续十论·取备礼制论》，李耀仙主编：《廖平选集》（下），巴蜀书社 1998 年版，第 164—165 页。

六经各有功用，相互之间不能替代，更不能以一经囊括诸经。因此，通经致用不能局限于某一经典。廖平此说是一种通达之论，用来反对墨守一家之学是有充分说服力的。廖平认为，何休《解诂》正好犯了墨守一家，以偏概全的失误。廖平说：

> 何君不似兼营别业，乃欲求备一家，观其《解诂》，繁征礼文，广列异制，《传》一有其字，则必详其字。如一堂一阶，必推天子以下；一税一乐，备引史子之文。甚至《传》本不言事，亦附会礼文。①

这里说《解诂》"繁征礼文"云云，确是《解诂》的一个特点，但说"欲求备一家"，却不一定是何休之义。因为廖平的"求备一家"，是指一家之学来代替六经之学的全部，而何休的《解诂》还没有这样的观念。汉代今文经学讲师法，东汉更是各以家法先生，何休在东汉末年，亦以墨守春秋公羊学闻名于世，何休有墨守一家之学的不足是不争的事实，但说何休以《公羊》"尽天下之学"则不合于实际。以《公羊》可以尽圣人之学的不是何休，而是刘逢禄，廖平此批评用在刘逢禄身上才完全合适。尽管廖平的这一批评不合何休之学，但由此也可以看出，此时廖平的春秋公羊学并没有过分推崇春秋公羊学之义，而只是将其视为一家之学。

三十论还通过对胡毋生、董仲舒两位春秋公羊学大师的学说比较，来揭示何休误说的原因。廖平肯定董仲舒为春秋公羊学大师，但又认为他的春秋公羊学也有不足：如"董子说《春秋》，好杂引五行、阴阳家言，并及图谶悠谬之说，如《重政》、《二端》篇之论元年，《官制象天》篇之论十端，《楚庄王》篇之论三世，《名号》篇之论王君，咸非本旨。凡此之类，言之迷误，后生删之，澄清尘雾，不以遗漏为嫌"②。虽然如此，较之胡毋生，董仲舒远胜于胡毋生，所以，三十论专门列有《用董论》。从对董仲舒与胡毋生的不同评价中，可以看出廖平与刘逢禄经学的不同，刘逢禄重胡毋生的

① 廖平：《何氏公羊解诂再续十论·取备礼制论》，李耀仙主编：《廖平选集》（下），巴蜀书社1998年版，第164页。

② 廖平：《何氏公羊解诂再续十论·用董论》，李耀仙主编：《廖平选集》（下），巴蜀书社1998年版，第175页。

以例解经，而廖平则重董仲舒，这个不同折射了春秋公羊学在清代中叶与晚清的变化。

董仲舒高于胡毋生，何休在东汉末年作《解诂》，本应取董仲舒之长，弃董仲舒之短。相反，何休却遗失了《春秋繁露》中许多阐发《春秋》精义的大例：

> 何君于《春秋》大例，多所遗缺，如《繁露》所有，多未尽取。乃独雕绘枝叶，说愈多而愈晦。①
>
> 乃至董子至精要义，则多缺略。②

譬如《爵国篇》论二伯诸例，《考功名篇》论考绩之例等等，何休皆刊落未取。不仅如此，何休还"笃信"董仲舒三世、元年等"迷误"之说，"悉编注中，使人炫惑浮词，不见精切之义，此其误也"③；"《解诂》之浮词衍说，半本于抄袭，而少所征实"④。就是说何休没有继承董仲舒的精义，反而沿袭了董仲舒的误说。

透过以上批评，廖平将春秋公羊学的失落归罪于何休：

> 初治《公羊》，莫不苦于扞格炫惑，而不得经传本旨，甚者，皓首为之，而所去愈远。非经传之诡幻而无实迹，实何氏之衍说，悠忽支离，使人失所依据。今欲大明《公羊》之学，非尽去此游荡无根之说，而一归于平实不可。⑤

---

① 廖平：《何氏公羊解诂再续十论·衍说论》，李耀仙主编：《廖平选集》（下），巴蜀书社 1998 年版，第 168 页。

② 廖平：《何氏公羊解诂再续十论·用董论》，李耀仙主编：《廖平选集》（下），巴蜀书社 1998 年版，第 175 页。

③ 廖平：《何氏公羊解诂再续十论·用董论》，李耀仙主编：《廖平选集》（下），巴蜀书社 1998 年版，第 175 页。

④ 廖平：《何氏公羊解诂再续十论·用董论》，李耀仙主编：《廖平选集》（下），巴蜀书社 1998 年版，第 175 页。

⑤ 廖平：《何氏公羊解诂再续十论·衍说论》，李耀仙主编：《廖平选集》（下），巴蜀书社 1998 年版，第 167 页。

要明春秋公羊学就必须尽除何休的误说。在廖平的眼中，被历代讲春秋公羊学者最尊信的何休，并不是值得崇拜的偶像，反倒是罪魁祸首。这与刘逢禄的《春秋公羊经传释例》以何休之学为宗，有着极大的差别。此一差别，正好说明清代春秋公羊学两个阶段的不同，从庄存与到刘逢禄主要是发明《公羊传》已有的微言大义，而从廖平开始是发挥春秋公羊学从未有的"新义"，所以，刘逢禄崇拜的是以例解经的何休，廖平重视的则是强调《春秋》"无通辞"的董仲舒。

三十论无论是对义例的新发明，还是对何休的批评，廖平之说在总体上都较有理据。即使以廖平发前人所未发的《春秋》无月例、子伯非爵论，如潘祖荫所《公羊补证序》①说："至于月无正例、伯子非爵，……立说虽新，悉有依据，闻者莫不惊骇，观所论述，乃不能难之，及其根本经传，得所依归故也。"②此外，廖平还对春秋公羊学的一些重要史实得出了极有价值的结论，如关于《公羊传》的著于竹帛，公认的看法是由胡毋生在汉初所作，但廖平认为："《汉志》虽有口传之说，犹谓当子夏时，不谓后师不著竹帛，至汉初乃著录也。……戴氏生东汉末，乃伪撰名系，臆造授受，证之《史》、《汉》，其谬自见。董子授《公羊》于赵，与胡毋生不同师，而已遵守《传》文，则《传》文非胡毋生所撰明矣。"③廖平此说虽然不一定为定论，但可以说明为什么赵地的董仲舒与齐人胡毋生的《传》文一致的问题。而三十论最大的意义在于，廖平以孔子改制为核心，以素王为根本，特别强调了《春秋》的假托，与必须通过翻译来认识经义的这些观念，为他后来建立尊孔尊经的经学体系，及其发挥春秋公羊学打下了基础。

五、对春秋公羊学孔子改制说的近代发挥

廖平的三十论尽管颇多新论，但从总体上还是自董仲舒以来春秋公羊学

---

① 潘祖荫此序虽然为《公羊补证》所作，《公羊补证》是廖平构建尊孔尊经的经学体系时的著作，但书中对三十论有所继承，其中的月无正例、子伯非爵论皆为所取，而潘祖荫之论正是对廖平的月无正例等的评论，故也适合三十论的相关内容。

② 转引自高承瀛主修：《井研县志·艺文志·地球新义提要》，井研县志办公室，1985 年印刷本，第 142 页。

③ 廖平：《何氏公羊解诂再续十论·口授论》，李耀仙主编：《廖平选集》（下），巴蜀书社 1998 年版，第 170 页。

的继续，其基本说法没有脱离春秋公羊学的基调。当廖平进入构建尊孔尊经的经学理论后，他的经学仅仅表现为对春秋公羊学的发挥。廖平也再没有像三十论那样的春秋公羊学著作，即使名为《公羊补正》的书，也只是利用孔子改制说来阐发尊孔尊经的经学理论，而不是专门发挥春秋公羊学的著作。所以，在构建尊孔尊经的经学理论阶段，要说廖平的春秋公羊学，只能讲廖平对春秋公羊学的发挥。廖平发挥春秋公羊学主要是孔子改制说，但与三十论的孔子改制说不同，廖平此时的孔子改制说是以神化孔子为前提的。

（一）《知圣篇》神化孔子的素王改制说

廖平神化孔子的孔子改制说，又称素王改制说，最早见于经学第二变的《知圣篇》。[①]在廖平看来，经学有微言与大义之分。所谓微言，就是素王改制；大义则指六经的典章制度、伦常教化。六经的根本不在大义，而在素王改制说的微言。《知圣篇》说："素王一义，为六经之根株纲领，此义一立，则群经皆有统宗，互相启发，箴芥相投。自失此义，则形体分裂，南北背驰，六经无复一家之言。"[②]足见素王改制说在整个经学中具有统宗一切的意义。然而，经学微言隐而不显，较大义难知。孔子弟子中只有宰我、子贡这样的高足，才知素王改制的微言，其他弟子都不明这一点。廖平认为，自西汉刘歆作伪，蒙蔽经学微言两千余年，其害甚于焚坑。中国两千多年学术、政教之害，皆由此而生。因此，他要"辟刘"，更要表彰素王改制的微言。在他看来，这一蒙蔽了两千多年的经学微言，是他了不起的重大发明。有此发明，才能上承孔子弟子，接续经学真传。这明显是一种今文经学家的奇想和自傲。

廖平所"发现"的素王改制说，并不是对春秋公羊学的简单抄袭。在论证的取材、论证的论据、论证的结论上，他都有新的发展。他的素王改制说由四个相关联的论点组成：

第一，孔子是受命于天的素王。这是素王改制说的立论基础。这个说法理论上的依据是传统的天命论。中国古代的天命论肇端于古代社会，随着社会生产力的发展、科学的进步，尤其是西方近代自然科学的传入，在清末的

---

① 廖平的《知圣篇》作于1888年，现存为后来改定的本子，不仅有经学第二变的内容，还有经学第三、四变的内容。详细的考辨见黄开国：《廖平知圣篇考辨》，《四川师范大学》1990年第6期。

② 廖平：《知圣篇》，李耀仙主编：《廖平选集》（上），巴蜀书社1998年版，第175页。

历史背景之下，比较清醒而有近代理论素养的人对天命论已经根本不相信了。在这样的条件下讲孔子是受命于天的素王，不仅是理论上的历史倒退，而且很难令人接受。但廖平却广引经传、子史、谶纬各书，力辩孔子实有受命之符，并认为各种文献"屡言受命、天命，此素王根本也"。廖平说：

> 圣人立身出言为万世法，宜何如慎密！今动以天自拟，又云"其或继周"、"如有王者"，与"凤鸟"、"河图"之叹；专礼乐征伐之权，斥言"天下无道"；取亡国夏、殷与本朝并论、而议其从违；又自负承先皇文王之统，无论道理不合，其有不贾口舌之祸者乎？庸愚皆知畏法，岂有圣人发陇上之叹，与陈涉（胜）、吴广同科，导人以发难乎？子贡以为尧、舜犹贤，南宫适以禹稷相比，子路使门人为臣，仲弓许之南面，宰我轻改旧章，孔门弟子岂皆妄希非分，自居不疑乎？孔子，周之臣子，并非宋君，乃敢以殷礼自用。或以为异书不足信，《孟子》明云："《春秋》天子之事"，"王者之迹熄而《诗》作，《诗》亡然后《春秋》作"。仲尼不有天下，又屡以帝王、周公与孔子并论。①

如果说，天命论本身是经不起检验的，那么，廖平这一大段论证孔子是受命于天的素王的话，确实可以算得上雄辩有力。然而，天是物质的自然，而非有意志的神，已是近代自然科学所实证过的结论。廖平之说虽雄辩，却是根本不能成立的。

孔子在封建社会被尊奉为大成至圣先师、文宣王，享受天子祭祀，这本是封建最高统治者的政治需要的产物。但廖平却以为是孔子受命于天的又一证据，《知圣篇》说："孔庙用天子礼乐，历代王者北面而拜，较古帝陵庙有加，若非天命，岂人力哉！"②《经话甲编》、《家学树坊》等书，也一再重复此论。不可否认，廖平关于孔子是受命于天的圣人的论证，较以前儒学中尊孔思想家们的论说，确要详细得多，但基本精神却毫无二致，都是利用天命论的迷信观念来做论证的。

---

① 廖平：《知圣篇》，李耀仙主编：《廖平选集》（上），巴蜀书社 1998 年版，第 192 页。
② 廖平：《知圣篇》，李耀仙主编：《廖平选集》（上），巴蜀书社 1998 年版，第 188 页。

第二，孔子著六经改制说。这是素王改制说的核心论点。《知圣篇》开首就说："孔子受命制作，为生知，为素王，此经学微言，传授大义。帝王见诸事实，孔子徒托空言，六艺即其典章制度。"①就是说孔子作为有德无位的素王，不能像帝王那样将自己的理想付诸现实，只能将其理想制度，托诸空言，著于六经。因而，廖平一再强调，六经皆孔子改制之作，是孔子所创"一王大法"。

六经与孔子的关系，历代就有两种不同的说法：一种说法认为，六经为孔子所作；另一种说法认为，六经是孔子述旧。孔子自己亦屡言作、述之辨，明说自己是"述而不作"，故学界多持后说。廖平要说明孔子著六经之说，则力辩孔子作而非述。廖平说：

> 孔子唯托空言，故屡辨作述。盖天命孔子不能不作，然有德无位，不能实见施行，则以所作者存空言于六经，托之帝王，为复古反本之说。与局外言，则以为反古；与弟子商榷，特留制作之意。总之，孔子实作也，不可径言作，故托于述。所云"述而不作"，自辩于作也；"不知而作，无是"，"天下有道，则庶人不议"，自任乎作也。意有隐显，故言不一端，且实不作，又何须以述自明乎？②

廖平认为，孔子著六经以改制，曾明白告诉他的弟子，如告颜渊兼用四代，与子张论百世可知，自负"斯文在兹"。只是因刘歆作伪，以六经全归周公，为述旧之书，才有孔子述而不作的异端邪说孤行千余年之久。

第三，孔子托古改制说。这是用于说明孔子改制的方式的论点。廖平说："盖经传制事，皆有微显、表里二意。孔子制作，里也，微也；托之文王，表也，显也。自喻则为作，告人则云述，以表者、显者立教，以改作之意为微言。"③为什么孔子改制必须从形式上依托文王等古人呢？廖平解释说："盖天生之语，既不可以告涂人，故须托于先王，以取征信。"④因此，

---

① 廖平：《知圣篇》，李耀仙主编：《廖平选集》（上），巴蜀书社 1998 年版，第 175 页。
② 廖平：《知圣篇》，李耀仙主编：《廖平选集》（上），巴蜀书社 1998 年版，第 176 页。
③ 廖平：《知圣篇》，李耀仙主编：《廖平选集》（上），巴蜀书社 1998 年版，第 175 页。
④ 廖平：《知圣篇》，李耀仙主编：《廖平选集》（上），巴蜀书社 1998 年版，第 175 页。

六经中的文王等人，并非历史上的文王，而是孔子假借来寓意改制的名目、符号。廖平认为，善于讲求微言，就要从六经的文王等符号中，去探寻素王改制的本旨。说孔子托古改制，把六经文字看成某种符号，这不过是廖平要借素王改制说来建立他的尊孔尊经理论的手法。因为，六经文字既为某种符号，廖平自可根据他的需要，对素王所改之制作出适合他的需要的解释。廖平的托古改制说，是三十论假托说的发展，但三十论的假托是对实有的名号与真实的史实的假借、假托，而此时的托古改制说所托之古并不具备历史的真实性。

第四，孔子改制为中国立万世法。这是素王改制说中对孔子改制内容具体说明的论点。廖平说：孔子改制"明明参用四代，祖述尧、舜，集群圣之大成，垂万世之定制"；又说：孔子改制"酌定一尊，垂法百世，以为永鉴"；又说："《春秋》之功，全在定一王之制，以为万世法。"①就是说孔子在两千多年前作六经，就已经为中国后来的发展确立了永恒法则，中国的一切历史进程早已在六经中被规定好了。因此，廖平批评汉代春秋公羊学的素王改制说只讲孔子为汉制法，远未穷尽素王改制的义蕴。他认为，孔子为汉制法既是为汉制法，也是为唐、宋、元、明、清制法，亦是为清以后制法，是定万世于一尊的一王大法，只有这样来讲素王改制，才是合于经学微言的。这与三十论还批评何休的为汉制说的观念是完全不同的，此时廖平不仅肯定了何休之说，还极度发展了何休之说，将孔子为汉制，神化为中国万世法。三十论的孔子只是政治家的孔子，而《知圣篇》孔子已经成为神化的孔子。

第五，廖平的孔子改制说，还有一个特点，就是肯定改制为孔子一人所有，古往今来任何人都没有权利也没有资格可以言改制。他说："或云：'自孔子后，诸贤各思改制立教。'最为谬妄！制度之事，惟孔子一人可言之，非诸贤所得言也。"②而康有为在讲孔子改制说的同时，也讲诸子改制，认为改制并非为孔子一人的特权。这是廖平与康有为言孔子改制说的区别之一，这个不同恰好反映了廖平与康有为对孔子的不同态度。这就是极度迷信

---

① 廖平：《知圣篇》,李耀仙主编：《廖平选集》（上），巴蜀书社 1998 年版，第 178 页。
② 廖平：《知圣篇》,李耀仙主编：《廖平选集》（上），巴蜀书社 1998 年版，第 178 页。

与利用的不同。

《知圣篇》的孔子改制说就其本质说，无疑是汉代春秋公羊学的发展。但是，"知圣"不是简单地重复公羊学的素王改制说，讲什么孔子为赤制，而是强调孔子著六经集群圣之大成，垂万世之定制，是治中国的万世法。根据这一理论，近代中国古今矛盾的解决就只能到孔经中去寻找。"知圣"是近代古今矛盾的刺激及解决这一时代矛盾的愿望在廖平身上的反映。诚如廖平在《知圣篇》所说，"既风会之所趋，又形势之交迫"。难怪廖平一再反对文字训诂的小学，主张通经致用："近贤论述，皆以小学为治经入手，鄙说乃易以《王制》，通经致用，与政事为近。"①但是，廖平企图从孔子、六经去寻求解决中国近代的古今之争，是完全找错了方向。

在廖平的尊孔尊经理论中，"知圣"的孔子改制说，只是将孔子神化为中国立万世法的教主，属于孔经小统说。面对西方列强的侵略，而提出的救亡图强的近代历史课题，又使廖平感到只讲为中国立万世法，将"使圣经囿于禹城，则字夭教广布，诚所谓以一服八者矣……苟划疆自守，以海为限，则五大洲仅留尼山片席，彼反得据彼此是非之言以相拒，而侵夺之祸不能免矣！"②要救亡图强，就得把孔子神化为全球之圣，将六经说成全球万世法，才能除西方的侵夺之祸，解决中西矛盾。正是基于这样的感受和认识，廖平又提出了他的孔经大统说。尽管廖平的孔经人学的小统说、大统说，带有强烈的关注现实的精神，但孔经作为古代文化的经典，绝不可能有解决近代古今中西之争的药方，所以，他的孔经人学根本得不到社会的承认，于是，廖平又进一步神化孔子，提出孔经天学的理论，说《诗》、《易》中有孔子为整个宇宙天体立法的内容。为了与所谓孔经天学相区别，以前的孔经小统说与大统说则被称之为孔经人学。无论是廖平尊孔尊经经学理论的孔经人学，还是孔经天学的提出，都是以孔子改制说为依据的，是将孔子的神化从中国到全球再到宇宙的推广。

尽管廖平的尊孔尊经理论都是从春秋公羊学的孔子改制说出发来建构的，但难以将廖平尊孔尊经的经学理论作为春秋公羊学来讨论。因为，廖平

---

① 廖平：《知圣篇》，李耀仙主编：《廖平选集》（上），巴蜀书社1998年版，第183页。
② 高承瀛主修：《光绪井研县志》，井研县志办公室1985年印刷本，第163页。

在建立尊孔尊经的经学理论时，根本没有墨守春秋公羊学的家法，以《公羊传》为说，而是将古今中西的各种典籍、学说，都用作尊孔尊经的经学理论的素材。其中绝大多数内容与春秋公羊学都没有丝毫的联系，尤其是孔经天学部分更是与《公羊传》毫不沾边。如果要将这些内容作为春秋公羊学来讨论，那什么学说都可以说是春秋公羊学。

（二）《公羊补正》对春秋公羊学的近代发挥

廖平构建经学人学时，著有《公羊补证》一书。① 此书借"补证"《公羊传》，至少在形式上与名称上，可以说是对春秋公羊学的发挥。《公羊补证》全名为《春秋公羊经传验推补证》，11卷。该书初创于1888年，而最后完成在1903年，刊刻于1903年。这部书卷首有四部分：《素王制作宗旨三②十问题》、《春秋公羊验推补证三十三凡例》、《春秋公羊经传验推图》，其后为正文部分，是廖平对《春秋公羊传》的补证，最后有廖平作于"光绪二十九年立秋后一日"的《后记》。此书收入《重订六译馆丛书》，于1921年由成都存古书局出版。

从书名看这本书完全应该归于春秋公羊学，也确有春秋公羊学的内容成分与术语。这部书在1888年初创时，是沿着三十论的基调来解释《公羊传》的，但是，在后来的修订中，廖平不断用孔经小统说、大统说的内容，冲刷掉了三十论的内容，所以，这部解说《春秋公羊传》的著作与三十论的基调不同，根本不是按照传统春秋公羊学对《公羊传》的阐发，而是借解释《公羊传》，引入古今中西的各种学说，重点发挥出孔经有治理全球的万世法的孔经大统说。所以，廖平此书已经不是本来意义上的春秋公羊学，而是春秋公羊学在近代的发挥。所以，如果还要按照所谓"张三世"、"大一统"、"通三统"之类的概念，用以前春秋公羊学关于"张三世"等概念的内容，来论说廖平的春秋公羊学，就没有抓住廖平春秋公羊学的时代特点，而将春秋公羊学的理论视为自董仲舒以来就是"张三世"等几个概念的不断重复。

《公羊补正》以补正或补正为名，包含二义，一是对以往春秋公羊学解

---

① 《公羊补证》的书名，据由高承瀛主修，并经过廖平审定并作序的《光绪井研县志》而定。

② 原文误作四十。

释《公羊传》都不知孔经人学的补充或矫正，二是借助古今中西的各种学说对孔经人学进行证明，以说明廖平的孔经人学才是对《春秋公羊传》的正确翻译。该书提要说：

> 信乎可以汰除中国庠序之积弊，环瀛循轨改良，由乱世进太平者，不外是也。其书择精取长，包罗万象，不惟经学明，子史、政治、掌故、舆地、外交、修身、伦理别有简要，可引刃而解，保存国粹。……凡入学堂者，不可不先读此书，以为中学西学之根底。①

这完全是对廖平孔经人学理论的无根据的吹嘘，但也由此可以看出《公羊补正》发挥春秋公羊学的大致内容，主要有如下几点：

第一，孔子改制有全球万世法。《公羊补正》认为，孔子著《春秋》不仅有治理中国的万世法，也隐含着中外交通后治理全球的万世法：

> 《传》曰："《春秋》拨乱世，反诸正。"正今之世界。……《公羊》借方三千里之禹迹，以寓皇帝规模，正与当今世界情形巧合，拨乱反正，大小相同，欲考全球学术、政治，莫切于《公羊》也。②

廖平的孔经人学以皇帝为治全球的大统说，以王伯为治中国的小统说，这里的皇帝规模即指大统说。孔子生于两千多年前，怎么会有近代的全球观念？为了证明这一点，廖平借用对《公羊传》的所谓翻译与对以前春秋公羊学的发挥，作出了极其牵强附会的论证。如他说：

> 《春秋》二伯，北见齐晋，南见楚吴，齐如英，晋如美，俄如秦，德如楚，法如吴。③
>
> 《春秋》鲁在正东，今中国亦在正东，《春秋》据鲁而作，以鲁容

---

①　廖平：《春秋公羊经传验推补证提要》，成都存古书局1921年版。
②　廖平：《公羊验推补证凡例二》，《春秋公羊经传验推补证》，成都存古书局1921年版。
③　廖平：《春秋公羊经传验推补证·文公九年》，成都存古书局1921年版。

天下，如大统《春秋》亦当中国为主，进退天下。①

《春秋》的二伯等大国，就是近代中国人视野中的美国、英国、俄国、德国，法国；《春秋》以鲁为主，鲁在中国东方，蕴涵有中国在位居全球东半球，中国在全球居于"为主"的地位，决定天下进退的孔子大统说。在这些发挥中，廖平不仅常常用到西方近代地理学的知识，② 还时常利用西方的政治学说、政治组织等，来附会所谓孔经大统说，如解"季孙行父如齐"，就说："此如今中使适海邦，交涉往来，属外务部，于孔教为言语科，圣门以交邻驭外属言语。"③春秋公羊学自董仲舒以来有改文从质说，廖平则说："中国无所谓质家，所云亲亲尚白，凡事与中制相反者，唯泰西为然，故以中西比文质，又泰西文明程度与中国春秋以前政教风俗相同，诸国会盟征伐，尤为切合《春秋》。"④改文从质的文质，是指中西而言，而不是以质救其文弊。廖平这些说法完全是附会之说，所以，常常前后不一，如论《春秋》二伯时说齐如英国，有时又说秦如英国："郑如今日世界中国，秦如英国，各统六国。"⑤廖平构建的尊孔尊经经学理论被公认为具有牵强附会的特点，确是不争的事实。

在廖平的孔经人学中，《春秋》只是孔子为中国立万世法的小统说，但同时认为大统说不过是小统说的推广，可以由小统说推知大统说："今日世界，但以发中国小统旧法，施罩全球，进退维谷，其基础不外《公羊》矣。"⑥《公羊传》、《齐诗》早就有对大统说的认识："《公羊》、《齐诗》多主纬侯，详皇帝大一统治法。"⑦大一统本是《公羊传》的重要观念，但是以尊王为前提的中国一统，而廖平的大一统是指所谓大统说的全球大九州的大一

---

① 廖平：《春秋公羊经传验推补证·宣公十年》，成都存古书局1921年版。
② 关于廖平利用西方地理学知识来论证孔经大统说的详细论述，可参见黄开国：《廖平评传》第5章第3节。
③ 廖平：《春秋公羊经传验推补证·宣公十年》，成都存古书局1921年版。
④ 廖平：《公羊验推补证凡例五》，《春秋公羊经传验推补证》，成都存古书局1921年版。
⑤ 廖平：《春秋公羊经传验推图·定哀内六相外都鄙十二诸侯国第六图》；《春秋公羊经传验推补证》，成都存古书局1921年版。
⑥ 廖平：《公羊验推补证凡例五》，《春秋公羊经传验推补证》，成都存古书局1921年版。
⑦ 廖平：《公羊验推补证凡例三》，《春秋公羊经传验推补证》，成都存古书局1921年版。

统，含义不同。经过廖平不厌其烦的论证，《春秋公羊传》就不再仅仅是解释《春秋》的著作，而是一部蕴涵孔子为治理全球所预先著作的法典。

在论证所谓大统说时，廖平不仅将《春秋公羊传》以外的经籍、诸子、史书、集部的相关内容，而且还将自己所知道的西方各种学说都纳入其中。特别值得一提的是，廖平在三十论中明确的区分谶、纬，反对以谶为说，但在《公羊补证》中，他对谶纬是不作区分的，还认为谶纬皆孔经大统说的微言："谶纬之说，专为微言，俟圣之作，不能不言符应，所有诸谶，皆为百世以下全球皇帝言之。"①在谶纬中，符应源出于谶，廖平这里虽然谶纬连称，但真正重视的是谶，故他强调的是诸谶皆为皇帝之学。在三十论中被他极力批判的图谶，现在不仅被他纳入了经学的范围，还推崇为孔经人学大统说的皇帝之学。春秋公羊学本来就与谶纬有紧密的联系，但经学与谶纬毕竟是不同的学术，经学本质上是人文的，而谶纬则是以天命为核心的迷信。在春秋公羊学发展史上，以谶解经出于何休，这是何休之学受到后人激烈批评的一个重要方面。然而，何休的以谶解经是在东汉以谶纬为内学，谶纬神学成为决策的最高依据的时代风气下，趋附时尚的表现，廖平的以谶解经则是在晚清步入近代，符应迷信早已被扔进历史的垃圾堆的历史背景下，为神化孔子、孔经而向神秘主义的倒退。

第二，经中无史的经史之分说与翻译说。在三十论中，廖平已经有经史之分说，既讲经主义，史主事的不同，但更主要是强调经有从史的一面，承认经与史的相互联系。而在《公羊补正》中，廖平讲经史之分则以根本否认经与史有联系为说：

> 经与史不同，史以记事，经以立义。②
> 使经果为史，但尧、舜之时，天下未平，兽蹄鸟迹之道交于中国，当时疆域皆不出千里，茅茨土阶，大羹元酒，死陵葬陵，死壑葬壑，桐棺三寸，服丧三月，果以史为经，实录其事，草昧简略，适起后人轻薄古帝之心。③

---

① 廖平：《公羊验推补证凡例十五》，《春秋公羊经传验推补证》，成都存古书局1921年版。
② 廖平：《春秋公羊经传验推补证·昭公十九年》，成都存古书局1921年版。
③ 廖平：《春秋公羊经传验推补证·定公元年》，成都存古书局1921年版。

经言义，史言事的经史之分，在刘逢禄、孔广森的春秋公羊学中早有其说，但是，廖平的说法与他们有很大的不同。孔广森的经史之分，并不否定《春秋》对史记的因袭，刘逢禄讲《春秋》假借史实，也不得不说"《春秋》因鲁史以明王法"①。而廖平此时的经史之分，根本不承认经史的联系，而只讲经史之别。他说："自有孔经而古事不传。"②孔经中的尧、舜汤禹文武周公，都不是古代的历史人物，孔经中根本没有史的成分。至于孔经的其他名词术语，与尧、舜等名号一样，都是孔经用来表达政治理想的符号，根本不能作为已有的历史来看待。

为证此说，廖平还引用作为"天下公理"的近代历史观为说。这个公理就是："古蛮野，后文明，天下公理。"③但孔经言三皇五帝、三王五伯之说，则是五帝不如三皇，三王不如五帝，五伯不如三王，是一个不断退化的过程，与历史的发展是文明不断进步的过程这一天下公理相反。认可历史的发展是一个不断向前的进步过程这个公理，就得否认孔经的说法；承认孔经的说法，就得否定天下公理。廖平以尊孔尊经为宗，他绝不可能用天下公理来否定孔经的绝对真理性；同时，他毕竟又是近代的经学家，有着近代的文化素养，又不得不表示对天下公理的肯定。他抬出天下公理，绝不是为了否定孔经，而是用古野蛮后文明的历史观，来反对以六经的尧、舜、禹、汤、文、武、周公为古史之说，批判六经皆史的观念，说明六经皆史是与天下公理背道而驰的，以证明他的经史之分，说明经无史的成分。

既然经中无史，就不能将孔经中的尧、舜、禹、汤、文、武、周公作为史实来看待：故经"不可徒以事说，……其中所有人名地名皆用翻译例，故文王非姬昌，周公非姬旦，鸟以名官，黄鸟即西皇，二鸠即二伯"④。孔经中的尧、舜、禹、汤、文、武、周公等，并不是孔子的假借古史为说，而是孔子借以言义的符号，是孔子为后世所立之法："孔子前由皇帝而王伯，此侯后法，谓孔子后由伯而王而帝而皇，古今不能两大，以后之实，知前之

① 刘逢禄：《春秋论下》，《刘礼部集》卷三，上海古籍出版社1995年版。
② 廖平：《春秋公羊经传验推补证·昭公三十一年》，成都存古书局1921年版。
③ 廖平：《春秋公羊经传验推补证·宣公十二年》，成都存古书局1921年版。
④ 廖平：《春秋公羊经传验推补证·襄公二十八年》，成都存古书局1921年版。

为诡辞。"①所以，《公羊补证》的经史之分再也不讲托古改制了，因为托古改制还有经对古史的假托，而此时的经史之分的经与史没有一点关系可言。

《公羊补证》认为，明经史之分是解读孔经的必要前提。人们之所以不明孔经微言大义，就在于不明经史之分，以史的眼光错读了孔经。要明孔经的微言大义，就得用读经的方法，这个方法廖平称之为倒影法："古蛮野，后文明，天下公理，《传》中文理似尊古抑今者，当以倒影法读之。"②孔经的尧、舜、禹、汤、文、武、周公是孔子为后世立法的符号，所以，孔经的越古越文明，并不是历史的真实记载，不过是古野蛮后文明的天下公理的倒影，是孔子改制的体现，与天下公理的历史观实质是一样的。

而要领会到孔经中倒影的真实内容，就得用翻译。廖平说："雅言即翻译，翻译即改制（廖平自注：述而不作掩其制作之意，故以述自居，翻如西人以拉丁文译古书）。"③翻译在中国古代文化中有深远的传统，《礼记·王制》就已经有翻译的职官："中国、夷、蛮、戎、狄，皆有安居、和味、宜服、利用、备器，五方之民，言语不通，嗜欲不同。达其志，通其欲，东方曰寄，南方曰象，西方曰狄鞮，北方曰译。"《周礼》中的"象胥"，据历代注释就是四方译官之总称。汉代扬雄著有《輶轩使者绝代语释别国方言》，简称《方言》，是中国语言学史上第一部翻译各地语言的方言学著作。佛教的传入中国，大量佛经也是经过翻译梵文，才变为汉文文本的。翻译作为语言交流的工具或手段，在近代中西文化的冲突与融合中，更是起到了极大的作用，廖平所说的翻译就包含近代中西语言交流的翻译。但廖平的翻译还有更重要的经学含义，这就是以翻译说《春秋》，论改制。可见，廖平的所谓翻译，绝不是科学意义上的翻译，而是他借以发明孔子改制的微言大义的手段。正是借助所谓翻译，廖平才从孔经中先后"发现"了前人所没有发现的人学、天学诸尊孔尊经经学理论。

第三，廖平对孔经的所谓翻译。《公羊补证》正是借助所谓翻译，对春秋公羊学作出了近代的新发挥。在廖平的尊孔尊经经学理论中，《公羊补证》重点发明的是孔子改制有治全球的万世法，也就是廖平所说的孔经大

---

① 廖平：《春秋公羊经传验推补证·隐公四年》，成都存古书局 1921 年版。
② 廖平：《春秋公羊经传验推补证·宣公十二年》，成都存古书局 1921 年版。
③ 廖平：《素王制作宗旨三问题第十五》，《春秋公羊经传验推补证》，成都存古书局 1921 年版。

统说。其主要观念可归纳为如下几点:

其一,中高于西说。廖平从孔经发明所谓人学大统说,是要从经学的角度来回答中西之争。迷信孔子、孔经的坚定立场,决定了他评价中西高低的基调。从社会发展的文明程度说,廖平认为近代的西方列强发展还只在中国的春秋阶段。他说:

> 春秋时,中国如今之泰西,人人自以为天子,一视平等,无尊祖敬宗之义。[1]
>
> 泰西重民轻君,结为无君党,弑君杀相,……此乱世事,春秋时,中国臣民实亦如此。[2]
>
> 卫宣有纳子妇事……当时初立草昧,文明程度尚不及今西人,周本无婚冠诸礼,事虽有因,乱伦重罪,实为人面禽行。[3]

中国的春秋时期,与近代的西方处于相同的历史阶段,其特点是文明未开,野蛮之风盛行,无上下尊卑之分、男女亲疏之别,都有不敬祖宗,弑君杀相,父纳子妇等现象的发生。由于近代西方与中国春秋处于同一历史发展阶段,故其信仰完全一致。如:

> 西人专奉天,不祀别神,是一本之说也。中国当圣人未出之先,亦同泰西,以天为主,即六经宗旨亦仍主天,……是主天之义,中西所同,不能以是傲中人也。[4]

从宗教信仰讲,西方信奉天主教,尊奉天主,与中国春秋及其时代的信奉天命,尊天为最高主宰是相同的。也就是说西方的天主教之类,不过是中国春秋及其以前早就存在的信仰。一定阶段有一定的信仰,西方的天主教信仰,与中国春秋时期人民的信仰一致,这是廖平论证近代的西方与中国春秋时期

---

① 廖平:《春秋公羊经传验推补证·隐公八年》,成都存古书局1921年版。
② 廖平:《春秋公羊经传验推补证·隐公十年》,成都存古书局1921年版。
③ 廖平:《春秋公羊经传验推补证·桓公十二年》,成都存古书局1921年版。
④ 廖平:《春秋公羊经传验推补证·桓公十四年》,成都存古书局1921年版。

处于同一历史发展阶段的有力论据。而自孔子改制后，中国就在圣人的治法下发展，且有两千多年的历史，廖平据此认为中国处于远远高于西方发展的历史阶段。明明当时的中国还处于君主专制的帝制时代，西方已经进入资本主义的发展阶段，面对强大的西方列强，中国节节败退，一再签订丧权辱国的不平等条约，廖平还如此高调的说中高于西，这完全是近代迷信孔子的经学家不明局势的痴狂之论。

其二，西学为《春秋》所统。面对中西近代之争的现实，当时的许多人都认识到了中西方的差距，而主张向西方学习。廖平则从经学家的奇想充分，反对以夷变夏，认定不是西学胜于中学，而是西学根本不能与孔经相提并论。在他看来，西学的许多学说都是《春秋》就已经提出的：

> 今西人种学以为凡血气相同，所生子女常有废疾愚昧，久必绝灭，即《左传》所谓男女同姓，其生不殖，《春秋》于两千年前已禁同姓相聚，并禁娶母党。①
>
> 立君以为民，若酷虐以害民，则许臣下得仇之，孟子所谓寇仇，《春秋》所以许报仇，泰西民权，与《春秋》之义同。②
>
> 考《王制》养老之言，八十以上者有事问诸其家，盖养老之言即议院之制，养国老于上庠，养庶老于下庠，即所谓上下议院。③

西方的优生学、民权说、议会制等等，无不是《春秋》及其传《春秋》礼制的《王制》早就提出的，并不值得中国惊奇，视为先进。廖平甚至说："今西人本为墨学，久有定论，《洪范》九畴，即九州之法度，子家九流实即大九州治术。"④而墨家与诸子九流之学皆为《春秋》之流变：

> 《春秋》六艺外兼九流之学，大统道家，王伯主于仁义，如孟荀出于文学，为儒家；侵伐为司马九伐之职，杀奔为司寇五刑之职，是为法

---

① 廖平：《春秋公羊经传验推补证·僖公二十五年》，成都存古书局 1921 年版。
② 廖平：《春秋公羊经传验推补证·襄公三十一年》，成都存古书局 1921 年版。
③ 廖平：《春秋公羊经传验推补证·定公十三年》，成都存古书局 1921 年版。
④ 廖平：《春秋公羊经传验推补证·隐公八年》，成都存古书局 1921 年版。

家；正父子君臣夫妇之名分，是为名家；民以食为天，书"有年"，记虫灾饥旱，是为农家；敬天明鬼，重工程，博爱弭兵，是为墨家；排难解纷，奉使不辱君命外交，是为纵横家；杂记依文琐事，言近指远，是为小说家；一经之中，兼有众学，是为杂家。……都为《春秋》所统。①

诸子九流皆统于《春秋》，西学不过出于墨家之学，说到底，西学不过是《春秋》流变之一义，也为《春秋》所统。这是近代的西学源出中学说，在廖平春秋公羊学中的表现。虽然说到底西学统于《春秋》，但却根本不能与孔经相提并论，即使以西学中最为著名的思想家而论，他们的学说与孔经相较也不能望其项背：

> 泰西政教失所依据，每以私议奉为国典，如鲁果士、西亚虎歌等公法，百国通行，如宪法、政治、法律、财政出于卢梭、倍根、笛卡尔、康德、达尔文、斯宾塞尔私议。然诸氏精神、范围，不过数年、数十、百年，数国、数十、百国，若通古今，括地球，详世界，分合之局度，为性情向背字转输，独归生知。②

所谓"生知"，是廖平借汉儒神化孔子的言论指代孔子。西方那些最著名的法律、政治、哲学等全都只是适合于一定阶段、某些国度的理论，只有孔经才是治理全球万世的唯一宝典。以至廖平说："孔子至圣前知，先天后天，迥非一材一艺所及，天文学西学合千万年数，百国之推测，不过得其仿佛。"③孔经如包含万有的绝对真理，西学如沧海一粟，还仅得其仿佛。这样的说辞，在近代只有极度迷信孔经的廖平才说得出来。

其三，孔经高于西学在纲常名教。这是廖平《公羊补证》的核心观念。晚清的廖平、康有为都讲孔子改制，但他们二人所说的孔子及其改制的内容却有本质的不同，廖平是从经学家的迷信出发，对孔子的神化，他的孔子改

---

① 廖平：《春秋公羊经传验推补证·襄公二十四年》，成都存古书局 1921 年版。
② 廖平：《春秋公羊经传验推补证·隐公十一年》，成都存古书局 1921 年版。
③ 廖平：《春秋公羊经传验推补证·隐公十一年》，成都存古书局 1921 年版。

制的内容，虽然也有对西学民主等内容的附会，但强调的是以三纲五常为核心的纲常名教，而对西方平等、自由等资本主义的进步思想观念给予了坚决的否定。

《公羊补证》认为，在孔子以前，中国处于与近代西方一样的野蛮阶段，是孔子改制，订立了治理中国、全球的万世法，才使社会步入向文明发展的轨迹。而孔子改制的核心是纲常名教：

> 古之帝王除大难，兴大利，专言生聚富强之术，饱食暖衣，逸居无教，孔子忧之，乃设为人伦之序，五常之教，自《春秋》始。①
>
> 春秋以前，名号仪节，上下混同，《春秋》定新制，乃始严为等差，决嫌疑，别同异。②
>
> 唯圣人立教，于天外别立等差统制之法……创为三本之教，推广天主之义而说之曰：君为臣天，父为子天，妇为夫天。③
>
> 《春秋》严上下之分，决嫌疑，别同异，等威仪节无一混同，不似西人君臣上下制度典章无甚区别。④

这些说法都在论证一个思想：孔经改制的实质要害就是创立纲常名教，这也是孔经与西学的根本区别。廖平此说无意指出了君主专制与资本主义两个历史时代的意识形态的本质差别。从历史的发展来看，资本主义以平等、自由等观念为内核的思想，较之维护君主专制的三纲五常思想，是历史的进步，代表着先进的文化发展。但廖平却认为"纲常名教为文明之极轨"⑤，"《春秋》之纲常名教典章制度，即百世不变，亦中外所同"⑥，是文明社会最高法则，具有永恒的价值，西学的平等、民主、自由等根本无法比拟。这完全是一种颠倒的认识。

出于这样的经学空想，尽管面对近代中国被西方列强瓜分的残酷现实，

① 廖平：《春秋公羊经传验推补证·襄公十六年》，成都存古书局 1921 年版。
② 廖平：《春秋公羊经传验推补证·隐公四年》，成都存古书局 1921 年版。
③ 廖平：《春秋公羊经传验推补证·桓公十四年》，成都存古书局 1921 年版。
④ 廖平：《春秋公羊经传验推补证·隐公十年》，成都存古书局 1921 年版。
⑤ 廖平：《春秋公羊经传验推补证·定公四年》，成都存古书局 1921 年版。
⑥ 廖平：《春秋公羊经传验推补证·宣公十二年》，成都存古书局 1921 年版。

廖平却能够理直气壮的贬低西学，说什么西方学说的平等等学说，只能适合野蛮阶段的社会发展，若是将西方的理念用在中国，不仅不会对救亡图强产生积极的作用，反而将会导致天下愈来愈乱：

> 开辟之初，不能不尚平等，行之既久，祸乱频兴，结党专擅，自相屠杀，人人欲平权自由，天下愈乱而不可治。①

所以，廖平在《公羊补证》中，对西方的平等、自由等政治观念，进行了激烈的批评，说什么"自由流弊甚大，何能久行"②！"若以自由为宗旨，一入国，反以不迷者为迷，倒行逆施，学人之大患"③；"今之主持民权平等者，皆一时之言，不足与议长久也"④ 等等。在他看来，西方所说的平等、自由、民权等公法、公例，都是被孔经早已否定了的："凡《春秋》所讥，皆为当时公法、公例，直与今泰西相同。"⑤ 从这里可见，廖平虽然对西方的各种政治学说，有一定程度的认识，但他对西方资本主义的价值观念是完全否定的，这与康有为借孔子改制来宣扬变法维新，承认近代西方的民主、平等、自由的价值，完全是相反的。这也是廖平与康有为的春秋公羊学具有不同的社会反响的原因所在。

其四，世界大一统的归宿在孔经人学大统说。春秋公羊学以大一统为最高政治理想，廖平借助其说，以世界大九州的大一统为追求，并认为大一统的实现只有依赖孔经人学的大统说，这是《公羊补证》一书的结论。为此，廖平激烈反对批判纲常名教的旧学，反对主张向西方学习：

> 盖见西国强胜，遂谓三纲弱我，平等强西，不知美法民主强，俄西专制亦强，我用绿营败，购器仿操亦败，西方诸雄角立，常虑危亡，自强以救亡，其强也在于忧勤简朴，日求其新，我偏处自大，粉饰蒙蔽，

---

① 廖平：《春秋公羊经传验推补证·襄公十六年》，成都存古书局1921年版。
② 廖平：《春秋公羊经传验推补证·闵公二年》，成都存古书局1921年版。
③ 廖平：《春秋公羊经传验推补证·闵公二年》，成都存古书局1921年版。
④ 廖平：《春秋公羊经传验推补证·宣公十一年》，成都存古书局1921年版。
⑤ 廖平：《春秋公羊经传验推补证·僖公三十一年》，成都存古书局1921年版。

日进衰微，正当尊君亲上，众志成城，方今不致鱼溃，全赖纲常维持。①

廖平尽管也反对顽固派的不知日求其新，但更反对否定纲常名教的价值，将西方的强盛归于西学的新学，他斥责那些持有这种新思想的人，不过是"少年内无所主，叱西说新奇"②，"舍长学短"③的幼稚行为。他说：

> 天下治乱原于经术，西人言自由，以心想、身体、宗教立三纲，师心自用，无所依归。④

治理天下只能依赖孔经，西方的言论自由、思想自由、人人平等的理念，只会导致人心涣散，所以，面对西方列强的虎视眈眈，中国不仅不应该放弃纲常名教，而是更应该依赖纲常名教。

纲常名教存于孔经，与反对纲常名教相联系，近代主张向西方学习的人们还提出废经之说。廖平对此进行了坚决地反对：

> 近来学派，守旧派空疏支离，时文深入骨髓，尤难涤拔，维新派变本加厉，废经非圣，革命平权，三纲尊尊不便其私，尤所切齿。⑤

这里将守旧派、维新派一起指责，似乎廖平既不同于守旧派，也不同于维新派。其实，廖平以维护纲常名教为宗，与守旧派并没有什么本质的区别。尽管廖平在政治上不同于封建顽固派，反对顽固派的墨守祖宗之法，甚至也说什么"中国欲强，必先变法"⑥之类的话，但在思想上，他的尊孔尊经、维护纲常名教，与守旧派在实质上并无二致。而在这里廖平所说的维新派，实

---

① 廖平：《春秋公羊经传验推补证·隐公十一年》，成都存古书局 1921 年版。
② 廖平：《春秋公羊经传验推补证·闵公二年》，成都存古书局 1921 年版。
③ 廖平：《公羊验推补证凡例三十二》，《春秋公羊经传验推补证》，成都存古书局 1921 年版。
④ 廖平：《春秋公羊经传验推补证·闵公二年》，成都存古书局 1921 年版。
⑤ 廖平：《公羊验推补证凡例三十二》，《春秋公羊经传验推补证》，成都存古书局 1921 年版。
⑥ 廖平：《春秋公羊经传验推补证·昭公三十一年》，成都存古书局 1921 年版。

际上指的是革命派，因为维新派并不真正讲革命平权，他是将革命派与维新派混为一谈了。但有一点很清楚，就是廖平虽然也反对守旧派，但他最反对的还是革命派：

> 外国群雄角立，瓜分中国，尤虑其难制，而别求新法。二三少年逞其血气，遂欲流血以成大事，同类相杀，伏尸百万，蹂躏其乡邦，祸延于宗社，计其结局，小则如唐才常，大则如拳匪，况外国虎视眈眈，承继其后，初敌官军，继战外国，万无胜理，徒速国亡，既以热心祖国为题，自当计成败，图终始，一身不足计，覆宗灭族，断送国家，何苦为之。①
>
> 近有《新中国》②、《浙江潮》③ 等报，"以为非革命不足以存中国，……拳匪情形本与革命相同，血流漂杵，究竟何益？为今计当法藤辟博文诸人之智深勇沉，各于乡邦兴学造士，换欺诈私心，除浮嚣气习"。④

他辱骂义和拳为拳匪，将革命派与之相提并论，耻笑他们血流漂杵，也万无胜理，指责他们祸害个人、宗族、国家。这充分说明了尊孔尊经的近代经学家，在政治上的守旧与保守。

无论是革命派、维新派还是守旧派，都不可能有拯救中国、促进世界进步的药方。近代中国的出路，也不在向西方学习，而在孔子改制的《春秋》。廖平说：

> 《春秋》如良药，中国病已愈，则药可废，故中外有废经之议，不

---

① 廖平：《春秋公羊经传验推补证·襄公二十八年》，成都存古书局1921年版。

② 《新中国》是保皇会1903年在檀香山创办了机关报，为了迷惑人民，保皇派也在口头上讲革命，说什么"中国固始终不能免于革命"，但"必当先经立宪君主，而后可成立宪民主"。廖平不明其假革命，真保皇的实质，故也与《浙江潮》相提并论，这也是廖平误以维新派有革命平权主张的原因。

③ 《浙江潮》由中国留日学生浙江同乡会于1903年2月创办，每期约8万字。以"汹涌革命潮"为主旨，宣传反清的民族革命思想，揭露帝国主义对中国的侵略，批判改良派的"和平立宪"主张，鼓吹革命造反，积极传播西方社会政治学说。

④ 廖平：《春秋公羊经传验推补证·襄公二十八年》，成都存古书局1921年版。

知留《春秋》以医外证，昔止一人服之，今则 99 人专望此药，非唯不可废，且当广行。①

不仅孔经不可废，而且在中西交通的近代更是世界各国特别需要的法宝。只有通过《春秋》对全球各国的治理，才可以使全球思想大一统，共享大同乐利："万国非各执一《春秋》，不能上下相安，享于大同之乐利。"②

为证西方列强必须接受孔经的教化，廖平还将西方列强的入侵中国，说成是西方接受孔经教化的机缘，孔经大统说实现的开端。他说：

旧祆教不奉祖先，今传教者不禁人奉天、地、君、亲、师，此西人欲中人奉其法，而先改从中法，是师而后教，……此西人教以合中法之实证也。③

欧美文明最盛，必先遣人受经，然后推之南北，更由侯绥以推要荒。④

西方列强入侵中国，也是西方接受圣人教化的开始，他还将传教士不禁中国人敬奉天、地、君、亲、师，作为西方接受孔经教化的事例，予以论证。廖平甚至充满信心地说，只要西方各国接受孔经教化，就可以进入大一统的大同世界，人类就可以免除战争的祸害，共享和平幸福："大同之世，唯以德化，不尚征伐，造舰铸炮，即蚩尤造兵之事，不及五百年，必绝迹于地球矣。"⑤到了大同之世，中国与西方就会都到达高度的文明，夷狄的西方也会变为中国：

又《公羊》进夷狄为中国，以吴、楚为伯牧，《公羊》并非袒中恶外，鄙夷狄不得等于人类，乃后儒自邪说……尧、舜以前中国皆夷狄，

---

① 廖平：《公羊验推补证凡例二十三》，《春秋公羊经传验推补证》，成都存古书局 1921 年版。
② 廖平：《春秋公羊经传验推补证·宣公十二年》，成都存古书局 1921 年版。
③ 廖平：《春秋公羊经传验推补证·桓公十二年》，成都存古书局 1921 年版。
④ 廖平：《春秋公羊经传验推补证·闵公二年》，成都存古书局 1921 年版。
⑤ 廖平：《春秋公羊经传验推补证·隐公二年》，成都存古书局 1921 年版。

今亚洲皆中国，《春秋》中国之则中国之，将来大统亦皆为中国。①

廖平以前的春秋公羊学讲夷夏之辨，是讲中国与四周少数民族国家的关系，廖平的《公羊补正》则以发挥中国与西方各国的关系为说，将中国喻华夏，以西方列强为夷狄。与以前春秋公羊学的以文明高低分夷夏、夷夏的关系是可以转化的不同，《公羊补正》所说的夷夏关系在中国与西方之间则是固定的，没有相互间的转化，只是一味地反对以夷变夏，认为只有西方接受孔经的教化才能够步入文明，进入大同。

第四，廖平春秋公羊学的近代特点。廖平论述他的孔经人学大统说不仅发挥春秋公羊学的大一统、夷夏之辨，还以"三科九旨"、"三统"说等为说，但廖平的说法带有明显的近代特点。如他关于"三世"的划分，就与以前的春秋公羊学都不同：

> 今审定三世例，隐、桓为一世，定、哀为一世，自庄至昭为一世。②

所以，《春秋公羊经传验推图》第五图的《襄昭晋楚夹辅邦国二伯八方伯七卒正图》，将哀公划分在升平世，而不是太平世："此为升平世，南北虽通，未能如太平世之一统，大小远近若一"③。廖平这样划分，是要与他的孔经大统说相呼应。他说：

> 九旨例则于有伯百八十年中，分为七等，以前后皇帝、王伯为经，隐、桓为古三皇世，庄为古五帝世，僖为古三王世，文为古二伯世，宣18年为所立世，成为侯后伯世，襄为侯后王世，昭为侯后帝世，定、哀为侯后皇世，九世异辞为全经大纲。④

---

① 廖平：《春秋公羊经传验推补证·襄公二十八年》，成都存古书局1921年版。
② 廖平：《公羊验推补证凡例十九》，《春秋公羊经传验推补证》，成都存古书局1921年版。
③ 廖平：《春秋公羊经传验推图·襄昭晋楚夹辅邦国二伯八方伯七卒正第五图》，《春秋公羊经传验推补证》，成都存古书局1921年版。
④ 廖平：《公羊验推补证凡例十九》，《春秋公羊经传验推补证》，成都存古书局1921年版。

《公羊传》及其董、何的春秋公羊学有"三世异辞"，而无"九世异辞"，廖平创为此说，并与九旨例相附会，这是不合春秋公羊学传统之说的。但是，廖平却以此论证了他的孔经大统说，附会出了皇帝王伯的人学的发展过程。

对"三统"说，廖平也作出与春秋公羊学所不同的新解：

> 又三统循环之说，本谓后王法夏、法商、法周而王，于孔子所改制外，别立三等，如学校、养老、明堂之类，皆孔子所改，而立三等之制，非古代有此循环变通之法。①

"三统"说出自董仲舒，以夏、商、周为三统的代表，而廖平则说三统②是孔子改制，是指后王法夏、法商、法周而言。从廖平的这些发挥中，尽管也用到了春秋公羊学的术语，但其内容已经不同于以前的春秋公羊学了。而廖平的发挥，完全是服从于他的孔经大统说的，根本不是对春秋公羊学的忠实阐发，除了牵强附会、令人感到怪诞之外，在理论上毫无价值可言。关于这一点，梁启超在评介廖平的经学时已经指出：廖平"蚤岁实有心得，俨然有开拓千古、推倒一时之慨"，后来"至乃牵合附会，撷拾六经字面碎文只义，以比附泰西之译语，至不足道"。③ 但是，这是有意义的，他反映了近代深受今文经学浸染的经学家，面对西方列强入侵带来的民族危机，企图用孔经来挽救社会危机的思想努力。尽管方向是不正确的，结果也是可想而知的，但其精神还是不可一概否定。而六经中也确实有中华民族赖以存在、发展的文化根源，但这绝不是与民主、自由、平等完全对立的纲常名教，而是重视伦理道德价值、关切人民等基本内核。

正是出于对孔子、孔经的极度迷信，廖平一再强调"知圣"的重要性："故学者必先知圣，然后可以言学，必先知经，然后可以言政。"④廖平还提出以孔子为纪年的提议：

---

① 廖平：《春秋公羊经传验推补证·隐公元年》，成都存古书局1921年版。
② 关于廖平对"三统"说的近代发挥的具体内容，可参见黄开国：《廖平评传》第五章第四节。
③ 梁启超：《论中国学术思想变迁之大势》，上海古籍出版社2001年版，第128页。
④ 廖平：《春秋公羊经传验推补证·闵公二年》，成都存古书局1921年版。

窃以为中国纪年，当以孔子降生，与国号改元并行，但言纪元，则前后不一，中国教化由孔子一人而定，先孔子而圣者，为孔子讬辞，后孔子而王者，非孔子无所法。[①]

如同廖平的尊孔尊经经学理论没有得到近代社会的认可一样，他的以孔子为纪年的提议虽然被某些尊孔尊经的人所肯定，但并没有得到社会积极响应。

六、廖平春秋公羊学与经学的终结

继《公羊补证》的孔经大统说，廖平还通过对春秋公羊学孔子改制说的进一步发挥，制造出孔经天学，讲灵魂漫游六合以外，人人成佛成仙，形神遨游天际，将对孔子与孔经的神化，从全球扩展到天上。而廖平的孔经天学，主要是据《诗》、《易》为说，与春秋公羊学的联系更少，所以，可以不纳入春秋公羊学的研究范围。

廖平的尊孔尊经的经学理论，从本质说是脱离社会发展的陈旧理论。但这并不是说廖平的春秋公羊学就毫无意义了。恰恰相反，一切最为荒诞的理论，都深含着某种内在的意蕴。廖平的尊孔尊经的春秋公羊学，也有着极为深刻的历史意义。如果说，西汉的春秋公羊学为经学统治地位与君主专制的确立和巩固，起到了重要的作用，那么，廖平对春秋公羊学的近代发挥，在理论上彻底失败的命运，则从维护经学的角度，宣示了经学终结的历史命运的必然性，是任何人的任何努力都无法改变的。

经学是以孔子为偶像，奉六经为经典的封建社会占统治地位的意识形态，它赖以生存的根基是封建的经济与政治。而到了廖平生活的近代中国，中国由封建社会步入半封建半殖民地社会，资本主义经济新因素的出现和发展，封建中央集权政治的没落，使经学所赖以生存、发展的根基开始崩溃。在思想领域兴起的资产阶级新学和从外面传入的西学，又从不同方向猛烈地冲击着经学，使经学所具有的传统统治地位日益衰落，面临着"无可奈何花落去"的历史命运。

---

① 廖平：《春秋公羊经传验推补证·襄公二十一年》，成都存古书局 1921 年版。

在近代中国，经学的衰落是一个不容否认的客观事实。但是，能认识到历史的客观发展趋势的，在历史转折时期的初年，这只是极少数人。由于旧传统一度还占有优势，倒是很多人认不清这一点，甚至个别的人还为维护已经没落的东西而不遗余力，并对此怀着真诚的信心。廖平对经学的态度，就是如此。

他从对孔子和孔经的迷信出发，不但看不到经学终结的历史必然性，反而把经学衰落的原因归结为经学微言大义不明所造成。而天真的坚信，只要由他廖平将孔经的微言大义阐明，经学就不仅不会衰落，反而会被中西各国奉为绝对真理顶礼膜拜。正是带着这种狂想，廖平俨然以圣人的代言人自居，一再声称他的经学理论不是他个人的私见，而是对孔经中固有微言大义的"翻译"，他晚年自号六译，就是自认为他的经学六变都是对孔经微言大义的"翻译"。

自西汉武帝时，经学取得法定的统治地位以来，经两千多年历代经师的注解、发挥，传统的经学实已得到极度的发展，要在传统经学的基础上作出新的发展，已势不可能。近代中国经学衰落的历史命运，又使经学成为人们不感兴趣的陈词滥调了。因此，要唤起人们对孔子和孔经的昔日的迷信心理，就不能一味沿袭旧说，而必须根据变化了的时代另辟蹊径。对这一点，廖平是知道得很清楚的。社会的存在决定人的观念，如何另辟蹊径则与近代中国社会的特点相联系。近代中国处在古今中西的交汇点上，从思想领域看，经学作为封建的正统意识，与资产阶级新学形成古与今的矛盾，经学作为中国传统文化的主要形态，又与西学形成中和西的矛盾。廖平要维系经学的传统地位，就必须面对西学和新学的挑战。因此，近代社会的古今中西之争不可避免地要通过廖平的经学理论表现出来，由此决定着他通过讲求微言大义的经学理论，具有与传统经学所不同的时代内容。

经学作为业已过时的社会意识，在近代中国的古今中西之争中，根本不能与新学或西学抗衡。当一种理论不能与另一种理论相匹敌时，常常用附会的手法，把对方的理论说成是自己早有的，借以贬低论敌，抬高自己。佛教在中国盛行后，道教编造"老子化胡说"，论证佛出于道。哥白尼的"日心说"在中国广为流行后，阮元等封建士大夫就自吹，什么这不过是我们古代圣人周公、孔子、曾子早就有过的东西。这种现象在中国思想史上屡见不鲜，在近代中国尤为突出，以至"西学中源"论泛滥于各方面。廖平可以说是一个典型，他面对新学和西学的冲击，也采用附会的手法，借助春秋公羊学的孔子改制说，把古今中西的各种学说都纳入经学，说成是孔子改制，以图建立一个能与新学和西学相对抗的经学体系。

这样，廖平所建立的尊孔尊经的春秋公羊学理论，从形式上讲是传统经学的，但在具体建构素材上却是古今中西的各种学说。从而使廖平的春秋公羊学理论在形式与内容上，存在不可解决的内在矛盾。这一内在矛盾体现在廖平春秋公羊学理论一系列的二律背反上。廖平春秋公羊学的二律背反，几乎在他理论的各个方面都表现了出来。主要表现在：

第一，廖平的春秋公羊学是以维护经学为出发点的，但同时又将经学史上的经学派别一一作出否定的评判。从廖平的孔经人学、天学中可以看出，廖平的春秋公羊学是把孔经看成无所不包的永恒大全，而历史上并不存在这样的经学形态。因此，历史上的一切经学派别，在他看来都没有领悟到经学的真谛，而受到他的否定批评。他批判今文经学囿于中国，不知六艺广大，统括中外；古文经学先是被他斥为刘歆作伪的产物，后来虽提升为孔经的大统说，但又认为算不上正宗；宋学动言心性，被斥为先天后人，颠倒了孔经先人后天的次序；清代汉学则一直被斥为是糟粕、是枝叶；常州公羊学派也受到廖平的贬斥。

第二，廖平春秋公羊学理论是以尊孔尊经为宗旨的，但同时孔子和孔经又被他作了最随心所欲的改造。孔子是经学的偶像，这个偶像是有特定含义的。廖平讲孔子，是借素王改制来说的。他的春秋公羊学讲孔子为中国立万世法，将先秦至西汉哀平间的一切学术皆归入其中；他讲孔子为全球立万世法，则主要是依据西方近代地理学以及中国古代邹衍的大九州说，纬书中的有关地理知识，从而附会出了孔经中早有五大洲、南极和北极、东西两半球、经与纬、赤道诸近代地理学的观念，论证了孔经不仅早有地球之说，而且比西方近代地理学高明精密数千倍；他讲孔子为天体立法，又借助西方的近代天文科学和中国古代的天文学知识，建立起了所谓以太阳系、昴星、西宫、三垣为中心的天学皇、帝、王、伯四等制度，并借道教、佛教的灵魂不死、成仙成佛的学说，制造出了天学的神游说与形游说；最后，又借《黄帝内经》的五运六气理论，论证了《诗》、《易》天学中有天、地、人合一的绝对法则，如此等等。

春秋公羊学依据的经典是《春秋公羊传》，按照汉代今文经学的家法原则，与历代注疏的原则，都要求据《春秋公羊传》为说，这是一个基本原则。但廖平的春秋公羊学，却不限《春秋公羊传》，甚至不限于六经，而是取材于古今中西的各种著作。他先后把《老子》、《庄子》、《列子》、《尹文子》、《申子》、《公孙龙子》、《韩非子》、《吕氏春秋》、《淮南子》、《逸周书》、《山海经》、《楚辞》、《穆天子传》、《史记》、《汉书》以及纬书、堪舆、术数、道藏、佛典、诗赋等古代相关书籍，以及近代西方传入的宗教、自然科学和社会人文学科的图书，都一一纳入孔子改制之中，甚至说成是孔子改制的内容。

第三，廖平是借助于孔子改制说来建立自己的尊孔尊经经学理论的，孔子改制说为今文经学的春秋公羊学之说，依据经学史上的家法原则，讲《公羊》就应该信守春秋公羊学，恪守其家法。但廖平不仅打破了春秋公羊学与穀梁学、左传学的界限，而且今、古文经学乃至经学与其他学术的界限，在他的经学理论中都荡然无存，以至古今中西的各种著作，都变成他所谓孔经的传注师说。这样，春秋公羊学与其他今文经学的界限，今文经学与古文经学的界限，经学与其他学术的界限，在廖平的春秋公羊学中都消失殆尽。

第四，廖平的春秋公羊学以迷信孔子和孔经为基本观念，正如《四益馆杂著·尊孔篇》所说："书著百种，而尊孔宗旨前后如一。"但同时，廖平又对历史的客观发展有清醒的正确认识，一再讲历史的发展是文明日开的进步过程，并把这一过程看成不可逆转的，这种观念显然是科学的。使迷信与科学相互交织在一起。

对以上的二律背反，廖平是没有自觉意识的。在他看来，对经学史上各种学派的批判、否定，对孔子和孔经所作的随意改造和解释，打破经学与其他学术的藩篱，对历史发展客观性的科学认识，这一切同他以尊孔尊经基本观念为核心的春秋公羊学，并不存在冲突。廖平没有意识到这一冲突，并不等于这一冲突就不存在了。恰恰相反，它使廖平春秋公羊学的二律背反得到了极度的扩张。一方面，他的春秋公羊学从把孔子神化为中国万世之圣，到把六经神化为天、地、人合一的绝对法则；另一方面，他又用近代的古今中西各种学说，从内容上对传统经学的内容作了空前的否定，冲决了经学的一切藩篱。

在廖平这一充满二律背反的春秋公羊学中，包含着经学终结的客观内容。就其二律背反的一个方面来看，对历史上各种经学派别的否定，用古今中西的各种学说来随意改造孔子和孔经，打破经学与其他学术的界限，承认历史的发展是不可逆转的不断进步过程，这一切都意味着对经学事实上的否定。既然历史上的经学派别都在否定之列，经学还有何存在的价值？既然经学的偶像与经典，可由廖平的春秋公羊学随意改造、解释，这样的偶像和经典不过是一个任人打扮的玩偶，还有何神圣性可言？既然经学和其他学术的界限已荡然无存，还有什么不变的经学可谈？既然历史是不可逆转的进步过程，就不可能存在永不过时的时代偶像与学说，作为封建时代的正统意识的经学自然应该随着时代的进步而遭到否定。

但是，廖平的主观愿望是维护经学，他所意识到并努力去进行的，是建立一个无所不包的春秋公羊学体系。因此，廖平从未意识到他春秋公羊学中经学终结这个方面的意义。虽然循此发展，是完全可以走到自觉否定经学，建立一个近代思想理论体系的高度，可是，廖平始终没有走到这一步。相反，倒是尊孔尊经的基本观念死死束缚住了廖平，使经学终结的历史必然性，在廖平的春秋公羊学中只能通过反面的形式表现出来。

所谓从反面体现经学的终结，是说廖平的春秋公羊学从维护经学的主观愿望出发，结果却建立了一个彻底失败的春秋公羊学。经学作为封建的正统意识，具有历史形成的内容，而被廖平用作尊孔尊经春秋公羊学的古今中西的各种学说，则存在时间、地域、性质、民族、文化类型诸方面的差异。不可否认，古今中西的各种学说在一定条件下，是有某种程度的有机融合的可能性的，但是，在廖平的春秋公羊学中它们都被作为尊孔尊经的思想材料，而被纳入经学的范围，来附会他所发现的所谓孔经的微言大义。因此，廖平虽把古今中西的各种学说引进了他的春秋公羊学，但并没有把古今中西的各种学说有机地统一起来；相反，倒是使他的春秋公羊学漏洞百出，左右抵牾，甚至违反起码的历史常识。比如，经学形成于汉代，诸子出于先秦，廖平却以诸子为经学流派；佛、道与经学异趣，廖平却说成是孔经天学的流派；西学本是西方近代社会的产物，廖平却说是孔学的流变，种种奇谈怪论无异于天方夜谭。因此，廖平的春秋公羊学必然要被人们视为怪诞，而得不到社会的承认。但是，廖平却从对孔子和孔经的固执迷信出发，坚信他最终能建立一个被全世界人们所公认的孔经体系，这无异于要实现一个根本无法实现的幻想，从而，迫使他学经数变。但由于他始终摆脱不了尊孔尊经的理论形态，因而，他的经学越往后变，就越是不伦不类，荒诞不经。

尽管廖平耗尽大半生心血，前后数变，不断地完善、发展他的春秋公羊学，但始终没有得到社会的承认。廖平春秋公羊学的结局，不仅宣告了廖平春秋公羊学的破产，也宣告了一切在近代中国维护经学的主观企图的破产。但同时，廖平的春秋公羊学也不自觉地给我们指明了，如何摆脱传统经学的束缚，而步入近代中国文化的道路，在这一点上，廖平的春秋公羊学很有些像黑格尔的哲学，我们完全可以借用恩格斯在《路德维希·费尔巴哈和德国古典哲学的终结》中，评说黑格尔哲学的一段话，来说明廖平的春秋公羊学：

> 总之，哲学在黑格尔那里完成了，一方面，因为他在自己的体系中以最宏伟的方式概括了哲学的全部发展；另一方面，因为他（虽然是不自觉地）给我们指出了一条走出这些体系的迷宫而达到真正地切实地认识世界的道路。①

廖平的春秋公羊学的意义虽然不在哲学上，但在经学上却有这样的双重意义：一方面，它否定了传统经学，用否定的形式包容了一切经学的发展；另一方面，它又不自觉地指出了摆脱经学的现实道路，这就是从古今中西的文化冲突中，去寻求解决现实矛盾的时代理论。这可以说是廖平春秋公羊学的独特历史意义，在这一点上近代文化史上的任何人都不可能取代廖平。

第四节　康有为对春秋公羊学的利用

康有为是继廖平之后，借助春秋公羊学，来寻求解决近代中国古今之争

---

① 《马克思恩格斯选集》第4卷，人民出版社1995年版，第220页。

的思想家。与廖平从维护经学的立场，来发挥春秋公羊学不同，康有为是从变法维新的需要来利用春秋公羊学。两人春秋公羊学的不同皆源于此。这也决定了廖平尽管有对现实的关注，也提出了解决近代中西古今之争的药方，但却始终停留在经学理论上，没有走出尊孔尊经的范围；而康有为则利用春秋公羊学，借助孔子改制的旗号，将春秋公羊学作为变法维新的理论形式，而宣扬其变法维新的政治主张，真正将春秋公羊学与现实政治联系起来，使其在晚清近代思想史上引起了巨大的反响。

一、康有为生平概略

康有为，广东南海人，又名祖诒，字广厦，号长素。① 生于咸丰八年戊午（1858 年），卒于 1927 年。他是近代中国最具历史性影响的政治活动家与思想家。他的一生大致可以分为四个阶段，一是青少年在家乡学习的阶段，二是从事变法维新的理论宣传准备与政治活动的阶段，三是戊戌变法失败后的流亡国外阶段，四是结束流亡生活回国后的晚年阶段。

从康有为出生到 30 岁，是康有为的青少年阶段。康有为的这一阶段以 19 岁为界分为两段，在 19 岁以前的阶段，对康有为少年成长影响最深的是做过学政的祖父康赞修。

康赞修笃守程朱之学，从康有为出生时就贯注了极高的期望，并为悉心培育康有为付出了全部心血。尽管康氏家族以理学传家，但康有为并没有局限于宋明理学的范围，也没有堕入宋明理学的空谈义理一途，而是关注时事，重视古今掌故的了解，历史典籍的学习，将读书与关注时局结合起来，此时已经形成了康有为关注时事的精神。特别值得一提的是康有为在 17 岁时，在广州还阅读到了有关介绍西方情况的书籍，"始见《瀛寰志略》、《地球图》，知万国之故，地球之理"②。从中学习到了西方的社会科学与自然科学知识，并对西方社会有了一定程度的了解。这种不拘一格，古今中西各种书籍无所不读，不仅大大丰富了康有为的知识，也极大的开阔了康有为的眼界。康有为的世界已经完全不同于传统知识分子的只知道中国，而不知道海

---

① 关于康有为名号及其意义的辨析，参见马洪林：《康有为评传》，南京大学出版社 1998 年版，第 29—30 页。

② 康有为：《我史》，江苏人民出版社 1999 年版，第 6 页。

外，康有为的世界是包括海外各国的世界。

从 19 岁到 30 岁，康有为由一个勤奋博学的少年变为学问广博的青年，并形成了一生的基本思想。这里首先要提及的是，康有为向大儒朱九江的学习。朱九江是康有为家乡的名儒，而导致康有为拜朱九江为师的直接原因，则是康有为 19 岁时参加乡试的失败："是年应乡试不售，愤学业之无成。邑有大儒朱九江先生，讳次琦，号子襄者，先祖之畏友，频称之者，乃请从之学。"①

这里有一个问题，就是康有为从 14 岁开始参加童生试，次次都名落孙山，童生试不合格，如果没有取得荫监生之类的功名，就没有资格参加乡试。他 19 岁时，究竟是以什么样的身份乡试的？研究康有为很有成就的学者马洪林先生，在《康有为评传》中说，康有为因其祖父康赞修在连州训导任上，遇水灾以身殉职，康有为因享受清王朝的优抚而获得荫监生。② 但是，康赞修去世是在康有为参加乡试后的第二年即光绪三年的 5 月③，如果说康有为是因祖父以身殉职才获取的功名，就只能发生在康有为 20 岁之后，而不可能在 19 岁取得参加乡试的资格。可谓千虑一失。据朱维铮、汤志钧二位先生的考证，康有为在应乡试时，是以监生的身份应考的，所以，康有为至少在 19 岁乡试前就应该取得了监生的资格。但是，马洪林先生说康有为自名祖诒，含有纪念祖上荫德之意，却是正确的。从康有为的名祖诒，他的监生资格得来，可能与其官至江西布政使、升护理巡抚的叔祖公康国器有关，只有这位高官才可能替康有为在 19 岁前，搞到一个荫监生的资格。据《清史稿·选举志》，清代监生分为恩监、荫监、优监、例监四种，④ 这四种人都可以称之为监生，而在这四种人之外，是无所谓监生的。所以，从康有为自名祖诒来看，康有为在 19 岁前取得的监生资格，应该是马洪林先生所

---

① 康有为：《我史》，江苏人民出版社 1999 年版，第 6 页。

② 参见马洪林：《康有为评传》，南京大学出版社 1998 年版，第 29 页。

③ 《我史》光绪三年（1877 年）载："五月，连州公以连州水灾，及于难。吾少孤，自八岁依于大父，饮食教诲，耳提面命，皆大父为之，亲侍十余年，闻而哀毁，三日水浆不入口，百日内食盐菜。及从父扶柩还，既卒哭而葬于象冈，以堪舆家言，既殡而不下窆也。即停山上，与诸父结庐棺前，缞经白衣不去身，不肉食，终是岁。于时读丧礼，因考三礼之学，造次皆守礼法古，严肃俨恪，一步不逾，人咸迂笑之。久之，宗族乡党，莫不敬惮焉。少年刚毅，执守大过多如此。是冬，葬连州公。"（《我史》，第 7 页）

④ 参见《二十五史》第 14 册，新疆青少年出版社 1999 年版，第 721 页。

说的荫监生，他以监生资格参加乡试，应该就是荫监生。根据康有为以监生名义参加乡试，就断然否定康有为取得的是荫监生或是荫生，① 这是以为在四种监生之外，还有一种所谓监生，而这样的监生是并不存在的。

康有为尽管对朱九江的学问极其推崇，但是，朱九江之学是以程朱理学的道问学为主，而康有为则以陆王心学为重。梁启超说："又九江之理学，以程朱为主，而间采陆王。先生则独好陆王，以为直捷明诚，活泼有用，故其所以自修及教育后进者，皆以此为鹄焉。"②陆王之学重主观觉悟，其后学更是流于狂禅。所以，康有为在朱九江门下学习，尽管日有新思，却又以宋学、乾嘉汉学无用，而从类似禅学的静坐中去寻找出路，结果只能是求道而不得。在朱九江处没有找到出路的康有为仅学习了两年多的时间，只好在23岁时回到家乡，并一头扎进佛、道中，而处于忽哭忽笑、苦笑无常，枕石卧窟、恣意游思、诸魔杂沓、诸梦皆息的精神状况。

正在苦思冥想之际，康有为在西樵山遇到了对他后来影响至深的另一位人物——张鼎华编修。从张鼎华那里，康有为得以"尽知京朝风气，近时人才，及各种新书，道、咸、同三朝掌故"③。而张鼎华对康有为的称许，则使康有为声名鹊起。康有为曾将张鼎华与朱九江相提并论："吾自师九江先生，而得闻圣贤大道之绪，自友延秋先生，而得博中原文献之传。尝有诗怀之曰：'南望九江北京国，拊心知己总酸辛。'实录也。"④康有为所说的由张鼎华而得以博中原文献之传，并不仅仅是指文本类的文献，而主要是指与京朝风气、近时人才、三朝掌故相关的各种新书，是有关当代史与世界的文化知识。正是在与张鼎华结交后，康有为的思想发生了一个重大的变化，从对所谓道的探求，转向了开始以拯救民生、经营天下宏大志向的追求。

从这时起，康有为也开始系统的向西方学习。据马洪林先生的《康有为大传》，康有为最早游历香港就在他22岁时，他最早得到西学书籍就来自这次的香港之行。随后几年中的广泛涉猎西学，及其再次的游观香港、上海等地，则使康有为对西方世界有了更加深入的了解。如25岁，应顺天乡试

① 朱维铮：《中国现代学术经典·康有为卷》，河北教育出版社1996年版，第3页注②。
② 梁启超：《康南海先生传》，《我史》，江苏人民出版社1999年版，第243页。
③ 康有为：《我史》，江苏人民出版社1999年版，第9页。
④ 康有为：《我史》，江苏人民出版社1999年版，第9页。

后，康有为"道经上海之繁盛，益知西人治术之有本。舟车行路，大购西书以归讲求焉。十一月还家，自是大讲西学，始尽释故见"①。26 岁，"购《万国公报》，大攻西学书，声、光、化、电、重学及各国史志，诸人游记，皆涉焉。于时，欲辑万国文献通考，并及乐律、韵学、地图学"②。通过西人治理的香港、上海租界的实地考察，及其对西学的学习，康有为认识到西人治国有法度、治术有本，先进于中国，需要改变把西人视为夷狄的陈旧观念，而应该向西方学习。西学自此成为康有为思想的重要内容，与传统仅知经史子集的知识分子相较，康有为已经是一位中西文化具备，并具有相当西学素养的近代知识分子了。

从 28 岁到 30 岁这三年中，康有为开始了运用自己所具备的西学与中国固有学说的融合与创造来建立自己的思想体系。他早期的两部最重要的著作《人类公理》③ 与《康子内外篇》，就成于这三年。④ 康有为的思想这时已经有了明确的救世志向，所谓"日日以救世为心，刻刻以救世为事，舍身命而为之"⑤。这一救世志向在《人类公理》与《康子内外篇》中都有明确地表示，可以说后来康有为的思想与政治活动都可以从这两本书中得到某种说明。所以，尽管直到 30 岁时，康有为还没有步入社会政治的舞台时机，但是，青少年时期形成的思想，尤其是他所接触到的西方社会科学与自然科学的知识，为他后来的政治活动提供了思想资源。

从 31 岁上皇帝万言书为开始，康有为从此步入了社会政治舞台，成为

---

① 康有为：《我史》，江苏人民出版社 1999 年版，第 10 页。

② 康有为：《我史》，江苏人民出版社 1999 年版，第 10 页。

③ 此书又名《公理书》，或名《实理公法全书》。

④ 《我史》二十八岁载，"从事算学，以几何著《人类公理》。既而张延秋招游京师，二月将行，二十三日头痛大作，几死。日读医书，既而目痛不能视文字，医者束手无法，惟裹头疗吟于室。数月不出，检视书记遗稿，从容待死，乃手定大同之制，名曰《人类公理》。以为吾既闻道，既定大同，可以死矣。"二十九岁载 "是岁作《内外康子篇》，内篇言天地人物之理，外篇言政教艺乐之事。又作《公理书》，依几何为之者。又著《教学通议》成。著《韵学卮言》，既而弃之。"三十岁载 "是岁编《人类公理》，游思诸天之故，则书之而无穷也。作《内外篇》，兼涉西学，以经与诸子，推明太古洪水折木之事。"但是，茅海建先生《"康有为自写年谱手稿本"阅读报告》却以为，康有为的《人类公理》与游思诸天之说，当为后来的添加："从康有为添加修改的内容来看，其一，似无"人类公理"、"公理书"之作，并可知《民功篇》起草时间为光绪十三年；其二，大同思想似属后来之添加，特别是关于"诸天"的论述。"（《近代史研究》2007 年第 4 期）

⑤ 康有为：《我史》，江苏人民出版社 1999 年版，第 12 页。

中国近代史上最有影响的人物。光绪十四年戊子（1888年），31岁的康有为5月来到北京参加当年的乡试。北京是全国政治的中心，康有为在这里深切感受到了内忧外患对社会的冲击，开始步入政治舞台。他借当年九月皇室祖陵的崩塌，以一介布衣，"发愤上书万言，极言时危，请及时变法"①。为了使上书上达皇帝，康有为拜访了多位大臣，但除了翁同龢之外，康有为在其余的人那里得到的只是各种各样的讥讽；翁同龢虽然重视康有为的上书，但也因各种原因，没有将其进呈皇帝。② 政治黑暗给满腔热情报国的康有为带来的不是希望，而是灰心失意。所以，康有为在上书不达后，在京城竟以研治金石度日。

与此相应的是，康有为此时甚至萌生了先生著书终结一生的想法。但是，康有为并没有走向对时事政治的漠不关心。相反，他在直接进入政治舞台无望的情况下，转入了通过学校教育，灌输新思想，培养新人才，为政治活动准备人才的活动，在广州开办长兴学舍。梁启超在《康南海传》中说："先生以为欲任天下之事，开中国之新世界，莫亟于教育，乃归讲学于粤城，岁辛卯，于长兴设黉门焉。……先生以孔学、佛学、宋明学为体，以史学、西学为用。其教旨专在激励气节，发扬精神，广求智慧，中国数千年，无学校，至长兴学舍，虽其组织之完备，万不达泰西之一，而其精神则未多让之。"③康有为上书皇帝虽然没有上达，但由此也声名鹊起，他在广州办学，很快得到当时的进步青年的响应，陈千秋、梁启超等人先后投入康有为门下。两年后，学校规模扩大，更名"万木草堂"，本十年树木，百年树人之意，要为变法维新培养成千上万的人才。从1891年开办长兴学舍到1898年戊戌变法后万木草堂被清王朝取缔，前后历时八年。

从学校开办之日，康有为就将"救中国"作为办学的目标，他说：

> 始开堂于长兴里，讲学，著《长兴学记》，以为学规。与诸子日夕

---

① 康有为：《我史》，江苏人民出版社1999年版，第14页。
② 关于康有为的第一次上书及其上书的遭遇，可参见汤志钧：《康有为"上清帝第一书"新探——翁同龢摘抄手迹读后》，《学术月刊》2000年第7期。
③ 梁启超：《梁启超全集》第二卷，北京出版社1999年版，第484页。

讲业，大发求仁之义，而讲中外之故，救中国之法。①

而讲学的内容则是融合古今中西的学说，带有近代教育的时代特点。康有为除了把他所接触到的西学纳入教学的内容，还在《长兴学记》中将学习的科目归于"德育"、"智育"、"体育"三个方面，在中国教育史上第一次提出了以德为首，德、智、体三方面共同发展的教育思想。梁启超以长兴学舍为中国第一所近代学校是名副其实的。

在这几年的教育活动中，康有为一方面向青年学子灌输以西学为主的新思想，既为变法维新培养了人才，也制造了变法维新的社会舆论，同时，康有为还与陈千秋、梁启超等高足一道，完成了《新学伪经考》、《孔子改制考》两部在近代史上发生了重大影响的著作。这两部书作为变法维新的理论根据，也使康有为遭到顽固派的一再攻击，以至先出的《新学伪经考》被清廷三次下令禁毁，受到封建顽固派的激烈攻击。后来，苏舆还将攻击"两考"的言论汇编成书，取名《翼教丛编》，并在序说："邪说横溢，人心浮动。其祸实肇于南海康有为……其言以《新学伪经考》、《孔子改制考》为主，而平等、民权、孔子纪年诸说辅之。伪流经，灭圣迹也；托改制，乱成宪也；倡平等，堕纲常也；申民权，无君上也；孔子纪年，欲人不知有本朝也。"②

在教学、著书为变法维新做人才、思想准备的同时，康有为更积极地投身变法维新的政治活动中。中日甲午战争中中国的惨败，与随之而来的割地赔款，给中国各界以前所未有的巨大震动。1895 年 4 月，割地赔款的消息传到北京，京城上下群情激奋，反对与日本签订不平等条约。在京的举人在康有为及其弟子的带领下，踊跃的加入这一运动。康有为"以士气可用，乃合十八省举人于松筠庵会议，与名者千二百余人，以一昼二夜草万言书，请拒和、迁都、变法三者"③。这就是近代史上康有为所发动的震惊全国的"公车上书"。这次"公车上书"尽管同样没有送达光绪皇帝，但却使康有为再次成为全国知名的人物。鲁迅先生说："广东举人很多，为什么康有为独

① 康有为：《我史》，江苏人民出版社 1999 年版，第 18 页。
② 苏舆：《翼教丛编》，中研院文哲所（台湾），2005 年版，第 57—58 页。
③ 康有为：《我史》，江苏人民出版社 1999 年版，第 24 页。

独那么有名呢？因为他是公车上书的头儿，戊戌政变的主角，趋时。"①从此，康有为成为近代史上变法维新的知名人物。

就在"公车上书"的次日，会试发榜，康有为被录为进士，授予工部预衡司主事的六品职官。但是，康有为并没有上任就职，而是继续他的变法维新活动。他不仅积极地向翁同龢等高官宣传变法维新的观念，还在京城多次组织会议，以开会的形式宣传变法维新。同时，康有为还在 1895 年 6 月创办《万国公报》，宣传西方的政治文化，康有为也再次遭到守旧派的攻击，只得离开北京，到外地去寻求变法维新的支持。不久，康有为来到上海，成立了强学会。康有为给强学会规定的宗旨是："专为中国自强而立。以中国之弱……（在）政法不举。今者鉴万国强盛弱亡之故，以求中国自强之学。"②强学会一成立，就在国内外引起了极大的反响："自强学会开后，海内移风，纷纷开会，各国瞩目。"③其后，随着形势的发展，康有为在 1898 年又在北京成立了以保国、保教、保种为宗旨的保国会。在保国会的带动下，各地的保川会、粤学会、保浙会等如雨后春笋纷纷涌现。在中进士后到戊戌变法的前夕几年中，康有为从学堂教学、创办报纸、组织学会等多方面④，齐头并进，有力地推进了变法维新思潮在全国的发展，康有为也因变法维新的日益风行而名满全国。

中日甲午战争及其列强对中国侵略的加剧，国内愈发高涨的反对侵略、要求变革的呼声，终于迫使清王朝不得不作出表示变革的姿态。光绪皇帝在光绪二十四年四月二十三日（1898 年 6 月 11 日），发布了"明定国是"诏，宣布变法。康有为这时已经是公认的变法维新的领袖，就在光绪皇帝发布诏书的第六天，光绪皇帝亲自召见了康有为。但是，康有为等人的变法维新触及了以慈禧太后为首的顽固派的利益。慈禧太后终于按捺不住，于光绪二十四年八月初六（1898 年 9 月 2 日）发动政变，经过 103 天的"百日维新"就这样夭折了。康有为、梁启超等人纷纷出逃到海外，谭嗣同等六人则为戊戌

① 鲁迅：《趋势与复古》，《鲁迅全集》第五卷，人民文学出版社 1973 年版，第 594 页。
② 鲁迅：《上海强学会章程》，《鲁迅全集》第二卷，人民文学出版社 1973 年版，第 196 页。
③ 康有为：《我史》，江苏人民出版社 1999 年版，第 30 页。
④ 马洪林先生在《康有为评传》中说："据调查统计，从 1895 年到 1898 年，维新派在国内外成立的学会、学堂、报馆共计 352 所，其中包括学会 103 个，学堂 185 所，报馆 64 个。"（第 64—65 页）

变法献出了生命。戊戌变法虽然失败了，但是，却在中国近代史上留下了光辉的一页，对激励中国人的救亡图存、学习先进的西方文化产生了极其深刻的影响。

变法维新失败后，康有为开始了约十五年的流亡国外的生活。他先后流亡日本、英国、加拿大、新加坡、美国、印度、缅甸、瑞典、墨西哥等地，在国外的流亡生活中，康有为念念不忘的是保皇，希图通过各种手段来保护光绪皇帝，让光绪皇帝重掌大权，以实现变法维新的政治目的。他认为，"惟我皇上圣明，乃能救中国"①，将保皇与救中国联系在一起。他不遗余力地在各国成立保皇会，号召世界各地的华人营救光绪皇帝。而以慈禧太后为代表的清王朝则通过各种渠道，来迫害流亡国外的康有为。康有为并没有被清王朝的迫害所吓倒，他在宣传保皇的同时，还激烈地批评慈禧太后等顽固派，更为可贵的是，康有为还在世界各国认真的学习西方的政治、科技、文化的知识，为有朝一日的报效祖国之用。康有为许多近代资本主义的建国观念，如关于"以工立国"与"以商立国"等思想，就是在流亡国外，考察西方各国的经济发展而提出来的。②

辛亥革命后，清王朝被推翻，康有为也于 1913 年回到祖国。一直坚持只有君主立宪才能救中国观念的康有为，在海外听说辛亥革命推翻了满清王朝，建立起了共和的中华民国，他连忙撰写了 10 篇系列论文，反对在中国现在实行共和③，宣传其君主立宪的政治主张。继续保皇与提倡尊孔读经是康有为晚年最重要的政治活动。他积极地鼓吹尊孔读经，并创立孔教会，做上了孔教会的会长，出版《不忍》杂志，发表尊孔读经的文章。但是，对袁世凯的假借共和，行君主专制之实，康有为却表现出坚决反对的态度。袁世凯为了利用康有为的名声，多次拉拢康有为，结果却遭到了康有为的拒绝，不仅如此，康有为甚至还积极地参与了倒袁运动。但是，康有为的倒袁并不是要反对君主立宪，所以，当张勋复辟打着拥戴清王朝的旗帜时，对光

---

① 汤志钧：《康有为政论集》，中华书局 1981 年版，第 407 页。

② 参见马洪林：《康有为评传》，南京大学出版社 1998 年版，第八章。

③ 所以说是"反对在中国现在实行共和"，是因为康有为并不是完全否定共和制，只是认为共和制不是中国当前可以实行的制度，中国现在只能实行君主立宪，从历史的发展说，康有为并不以为君主立宪就是最好的社会制度。所以，他在《大同书》中，以理想的太平世"无帝王、总统位号"（《大同书》华夏出版社 2002 年版，第 132 页）。

绪皇帝感恩戴德的康有为就毫不犹豫地投入其中。张勋复辟失败后，康有为基本上退出了政治舞台，但在 1919 年的五四运动中，康有为激烈反对北洋军阀的卖国行为，表现出了一个爱国者的政治热情。[①] 1927 年 3 月 31 日，康有为病逝于青岛。

康有为的一生著述十分丰富，关于经学的著作，主要有《新学伪经考》、《孔子改制考》、《大同书》、《孟子微》、《春秋董氏学》、《论语注》等。其中涉及春秋公羊学的著作主要是《春秋董氏学》与《孔子改制考》。

二、康有为今文经学思想的形成

研究康有为的春秋公羊学，有一个必须首先解决的问题，就是康有为今文经学思想的形成，究竟完全是康有为自己思想的发展，还是受到廖平经学思想的影响？这是近代思想史的一件争论百余年的公案，是康有为春秋公羊学的研究必须解决的问题。

（一）康有为早年的著作没有今文经学的思想内容

据康有为自己在他的著述中说，他的今文经学完全是自己早有的思想，但此说是不可信的。从康有为早年的学习历程看，无论是从他师从的各位老师，还是他结交的朋友看，都没有与今文经学有关的记载，康有为自然也不可能有今文经学的思想观念。但康有为自己却在自编年谱的 1888 年中说：

> 时徙居馆之汗漫舫，老树蔽天，日以读碑为事，尽观京师藏家之金石凡数千种，自光绪十三年以前者，略尽睹矣。拟著一金石书，以人多为之者，乃续包慎伯为《广艺舟双楫》焉。既不谈政事，复事经说，发古文经之伪，明今学之正，既大收汉碑，合之《急就章》，辑《周汉文字记》，以还《苍颉篇》之旧焉。[②]

据《广艺舟双楫·叙目》所言，其书完成于光绪十四年（1888 年）的除夕。现存书中，也确有攻击刘歆作伪的内容，甚至书中还谈到《新学伪经

---

① 参见马洪林：《康有为评传》，南京大学出版社 1998 年版，第二章第九部分。
② 康有为：《我史》，江苏人民出版社 1999 年版，第 15 页。

考》："古文为刘歆伪造，杂采钟鼎为之（余有《新学伪经考》辨之已详）。"①也就是说，康有为至少在与廖平会面前两年，就已经有今文经学的思想了。有的研究者还据此认定"康有为写《广艺舟双楫》时，《新学伪经考》已经初具雏形"，并且还"从《新学伪经考》中寻觅到相关信息"，证明"康有为此时已经有了刘歆作伪经的思想"②。

康有为讲春秋公羊学的今文经学有一个特点，就是绝不是作纯学术的研究，而是利用春秋公羊学来为其变法维新服务。康有为作《广艺舟双楫》，是在第一次上皇帝书无果灰心失意的情况下进行的。这时的康有为对政治十分失望，还有"将先生著书以终焉"③的想法。而《广艺舟双楫》所治金石，主要是书法中的碑学，根本不涉及今古文经学的经学问题，所以什么"发古文经之伪，明今学之正"，完全是康有为后来的增纂。据张伯桢所编《万木草堂丛书目录》载，《广艺舟双楫》在光绪十五年（1889 年）脱稿，但初刻于光绪辛卯年（1891 年），所以，今存康有为此书加添了一些与廖平会面后的思想观念，在时间上是完全可能的。康有为的好增纂，已经为康有为研究的诸多有价值的著述所公认，所以，尽管许多人早就看到《广艺舟双楫》中数处关于今古文经学的不类语言，但都没有将其作为康有为早有今文经学观念的证据。至于据康有为的"余有《新学伪经考》辨之已详"，来证明康有为在1888 年就有《新学伪经考》的雏形，更是没有一点可信性与史料的根据。康有为此说只是说《新学伪经考》对刘歆作伪有详细辩说，并没有说此时就已经有《新学伪经考》的雏形，且如果是雏形就不可能"辨之已详"。所以，据《广艺舟双楫》以证康有为早有今文经学观念，是根本不能成立的。甚至康有为的《我史》在1887 年，就有"推孔子据乱、升平、太平之理，以论地球"④一说，据乱、升平、太平是春秋公羊学三世说的专门术语，以此康有为的春秋公羊学观念更在著《广艺舟双楫》前一年就已经形成。但这样明显的增纂，对康有为稍有研究的人都不会将其作为康有为早有春秋公羊学的证据来使用。

　　① 康有为：《原书第一》，《广艺舟双楫疏证》卷一，中华书局 1979 年版，第 17 页。
　　② 苏全有、王申：《康有为剽窃廖平说质疑》，《信阳师范学院学报》（哲学社会科学版）2009 年第3 期。
　　③ 康有为：《我史》，江苏人民出版社 1999 年版，第 17 页。
　　④ 康有为：《我史》，江苏人民出版社 1999 年版，第 14 页。

　　不少研究者还以康有为早年的《教学通义》① 一书，来证明康有为早就存在春秋公羊学的今文经学思想。这同样是不能成立的。严格地说，《教学通义》并不是一部专门论说经学的著作，从其书名来看，不过是一部探讨教学问题的著述。早就满怀济世救民、立志经纬世宙的康有为为什么要探讨教学问题？他说得很清楚，这就是所谓"先圣教学之原，王者经世之本，生民托命之故"②。在康有为看来，先圣教学的本原也就是王者经世的根本，与万民安身立命的所在。所以，先圣教学之原乃是治理天下的大经大法，他所说的教学并不仅仅是教育学意义上所说的教与学，而是探求经世之本的重大问题。

　　作为经世之本的大经大法具有超越时代的价值，它不仅适用于古代，而且也适用于当今。康有为追寻今天下不治的根源，就归结为教学不修："今天下治之不修，由教学之不修也"③；而教学不修又在于"不师古也"④，尽管天下在礼制、文辞诸方面皆以古为尚，但是，这只是形式上的师古，是"师古之糟粕，不得其精意也"⑤。因为"善言古者，必切于今；善言教者，必通于治"⑥。真正师从先圣教学之"古"，就一定会体现在当今天下的治理上。康有为在《叙目》中的这番议论说明，他是为着治疗天下不治之病，现实的治世安民需要，来探究经世之本这一疗病之方的。立足于社会现实，来探讨王者经世之本，这可以说是康有为《教学通义》一书的基本思想。

----

　　① 多数康有为著作的选编都作《教学通议》，如《中国文化研究集刊》第 3 辑所录，《中国现代学术经典·康有为卷》、《康有为经典文存》等，而关于康有为研究的论著也几乎以《经学通议》相称。甚至康有为本人、梁启超亦作《教学通议》（梁启超时作《政学通议》）。而《康有为全集》第 1 集的题为《教学通义》，从该书扉页所收"《教学通义》手稿"的书影看，题名应以《教学通义》为是。刘巍在《〈教学通义〉与康有为的早期经学路向及其转向——兼及康有为与廖平的学术纠葛》一文中，对此有所辨析，认为当作《教学通义》，其说可从。（《历史研究》2005 年第 4 期）

　　② 康有为：《教学通义·从今》，刘梦溪主编：《中国现代学术经典·康有为卷》，河北教育出版社 2004 年版，第 81 页。

　　③ 康有为：《教学通义·叙目》，刘梦溪主编：《中国现代学术经典·康有为卷》，河北教育出版社 2004 年版，第 31 页。

　　④ 康有为：《教学通义·叙目》，刘梦溪主编：《中国现代学术经典·康有为卷》，河北教育出版社 2004 年版，第 31 页。

　　⑤ 康有为：《教学通义·叙目》，刘梦溪主编：《中国现代学术经典·康有为卷》，河北教育出版社 2004 年版，第 31 页。

　　⑥ 康有为：《教学通义·叙目》，刘梦溪主编：《中国现代学术经典·康有为卷》，河北教育出版社 2004 年版，第 31 页。

这一基本思想是康有为在论述相关问题包括经学时所一直贯穿的一条主线。因而，首先必须承认的是，《教学通义》并不是一部经学的专书，而是一部探寻经世之本的著述。这实际上是康有为在 22 岁时就已经形成的"经营天下"之志在思想上的反映。就书中所涉及的经学而论，康有为在书中所表现出来的经学思想，也是为着天下治理或"经营天下"而发的。由此所决定，经学派别的是非得失绝不是康有为此书所讨论的问题，囿于经学的今古文派系之争，甚至以康有为与廖平经学的异同，来判断康有为此书的经学思想，就容易背离康有为的基本思想，容易造成对康有为早期经学思想认识的偏差。所以，前贤拘于经学来讨论《教学通义》的旨趣与归属，尽管众说纷纭，但无论是以此时康有为的基本倾向是古文经学之说，还是认为此书存在今古学之间的矛盾之说，极其重视《教学通义》中的今文经学思想与日后专宗今文的相互联系之说，都难以对《教学通义》的经学思想作出令人信服的结论。

梁启超在谈到其师早年的经学思想时曾说："有为早年，酷好《周礼》，尝贯穴之著《政学通议》。后见廖平所著书，乃尽弃其旧说。"①梁启超在这里是以近代的今古文经学之分的观点，来论说康有为早年的经学思想的，而这里很清楚地说明康有为的酷好《周礼》，见于《教学通义》一书。在《论中国学术思想变迁之大势》中，梁启超亦说康有为后来的《公羊》今文学源出于廖平。可以说，从晚清近代的今古文经学之分来论说康有为早年的经学思想，并定性于好古文经典的《周礼》，此说实开启于梁启超，并成为许多人论述康有为《教学通义》的基本论调，如汤志钧先生说："《周礼》是古文经典，周公是古文经学家崇拜的偶像，康有为讲《周礼》官守，周公权威，并从周公'有德有位'着眼，恰恰是古文经师的立论所在；至于今文经学家则是尊《公羊》、崇孔子的。"②

梁启超此说正确地指出了康有为早年崇周公、尊《周礼》这一取向，这可以在《教学通义》中找到充分的依据。在《教学通义》中，康有为对周公的推崇达到了无以复加的高度，而周公治理天下的制度存于《周礼》。

① 梁启超：《清代学术概论》，天津古籍出版社 2003 年版，第 69 页。
② 汤志钧：《近代经学与政治》，中华书局 2000 年版，第 158 页。

由尊周公，必然推论出崇《周礼》，这是一而二、二而一的问题。故康有为崇《周礼》，在语句上都与尊周公的话语极其相似，如他有周公"极其美备"之说，于《周礼》也说"范围后世而尊之无穷者，诚美备也"①。所以，虽然康有为有"诸经皆出于周公"②之说，但是，他最为推崇的却是《周礼》。可以毫不夸大地说，周公是《教学通义》最为推崇的人物，而《周礼》一书则是康有为推崇周公的根据所在。

尊周公、崇《周礼》这一取向，从经学的今古文之分来说，显然应该归属于古文经学。但是，康有为尊周公、崇《周礼》并不与经学的今古之分有直接的联系，而是以《周礼》一书体现了周公的教学制度，而周公的教学制度乃是天下治理的渊薮所在，他的尊周公、崇《周礼》不过是为了求得早已丧失的王者经世的教学之法。所谓"道法备于周公，教学大备。官师咸修，盖学之极盛也"③。因此，梁启超将其与今古文经学之分联系在一起，这是不恰当的。因为，经学的今古文之分是一个经学史的学术问题，而康有为探求的周公教学制度则是一个隐含现实性的政治问题。学术史的问题面对的是历史，政治问题面对的是现实；前者是依据史料说话，后者是从社会需要立论。康有为的依据《周礼》为说，并不具有今古之分中的古文经学依据《周礼》的意义，所以，尽管从经学的今古文之分来看，《周礼》确为古文经学所持的重要经典，但是，康有为的《教学通义》并没有将其视为是与今文经学相对立的古文经学典籍，而是视为周公教学制度，为王者经世的治理天下之法的体现。若将《教学通义》所论《周礼》视为今古之分的古文经学经典，那就远离了康有为此书的基本思想。也正是梁启超的这一论说而导致了后人在讨论《教学通义》常常囿于今古文之分的误区。

在康有为看来，周公的教学之法自春秋以来就丧失了，两千多年中国政治一直得不到治理，学术文化不断落后的根本原因就在于此。这是康有为论说西周以后学术的出发点，也是他关于经学的全部认识的基点。认识康有为

---

① 康有为：《教学通义·六艺上》，刘梦溪主编：《中国现代学术经典·康有为卷》，河北教育出版社2004年版，第86页。

② 康有为：《教学通义·春秋》，刘梦溪主编：《中国现代学术经典·康有为卷》，河北教育出版社2004年版，第69页。

③ 康有为：《教学通义·失官》，刘梦溪主编：《中国现代学术经典·康有为卷》，河北教育出版社2004年版，第59页。

早年的经学思想必须以此为准。从此出发，康有为对后世经学的基本态度就只能是以批评为主，他对孔子、六经、儒学的论说都可以证明这一点。孔子自汉武帝独尊儒术以来，其地位被日益神圣化，以至非圣列于无法之先，非圣之罪大于无法。在康有为的时代，孔子依然具有无可怀疑的神圣地位，即使如周公也没有孔子所具有的尊崇地位。在周公与孔子的关系上，都以孔子不仅承继了周公，而且是集先圣之大成。《教学通义》则给予周公以至高无上的地位，虽然也说"孔子未尝不如欲周公之为万民百业计也"①，但在实际上，康有为认为孔子与周公是无法相提并论的，而且远逊于周公。

在六经的问题上，康有为更是表现出与他后来的今文经学倾向所完全不同的态度。他认为经典绝不是与民生无关的空谈阔论：

> 夫圣人之作经，犹生民之立君，非以称尊，以便民也。若徒陈黄屋、左蠹之制，深居九重，不与民事以为尊，是刻木为神，被组为衣，翼之以泥隶，而责其治民也，莫用此尊为哉？②

经典以民生的治道为尊，而不是神化其说的神道设教。离开治民的内容，就不是什么经典，更不值得尊崇。所以，经典本质上不过是王者经世之法的体现："先王典章，故称为经。经者，经纶之谓，非有所尊也。"③经就是先王典章，并不含有神圣的尊崇之义，其含义就是指的王者经世之法，凡是王者经世之法的典章都是经典，这与儒家以经典在于蕴涵有圣人之道的传统看法是有重大区别的。以对经典的这样理解为前提，康有为认为经典主要就是指《周礼》一书，而不是后来儒家所传的六经。他认为六经本为周公教学之法的王者经世的极小部分，而且只是周公教学之法的百官之学一部分，并非无所不包的神圣典籍。六经虽然职掌于不同的职官，但皆不出六官之学的范围，六官之学出于周公，则六经皆为周公所有，而与孔子无关。故康有为

---

① 康有为：《教学通义·六经》，刘梦溪主编：《中国现代学术经典·康有为卷》，河北教育出版社2004年版，第64页。

② 康有为：《教学通义·六艺上》，刘梦溪主编：《中国现代学术经典·康有为卷》，河北教育出版社2004年版，第92页。

③ 康有为：《教学通义·六经》，刘梦溪主编：《中国现代学术经典·康有为卷》，河北教育出版社2004年版，第64页。

说："道法备于周公，教学大备。官师咸修，盖学之极盛也。"①教学大备、学之极盛无疑包括有六经之学。若是周公教学之法得以保存，就不可能有所谓六经出于孔子之说："若使礼文完备②，则人习之，奚为六艺皆出于孔子哉？"③将儒家六经归结为周公的百官之学的一部分，就从六经的来源上彻底否定了孔子对六经的著作权。这是继孔子为布衣无制作资格后对孔子著六经的进一步否定。这一观念是康有为早年在孔子与六经关系问题上的基本看法，是康有为早年经学思想的重要观念。与康有为后来的孔子改制说是完全相反的。评判康有为早年有关孔子与六经的关系，都应该以此观念为基准。

康有为虽然否定孔子对六经的著作权，但承认孔子对六经有传承之功。而孔子传六经，也只是周公百官之学的残破，并不是完整的六经。不仅如此，康有为更指责孔子传六经之始，就带有只重六经、不传六艺的偏差，而使儒家经学蜕变为无用之学。经过孔子之后，六经以空文相传，就丧失了周公百官之学有关国计民生的实学内容，失去了周公百官之学的精神。孔子所传之经，不过是周公"经纶之迹"，而非周公原本的百官之学。所以，孔子的六经已非周公教学之法的六经，只能够作为教士的教学之用，而不可作为王者为治之具，正是在此意义上，康有为以六经全为孔子之学。周公之学与孔子之学的区别，就在于周公教学之法即王者经世之法，而孔子的六经仅为言道之学：一为无实的空文，一为虚实兼备的经世之法；一只可用于教士，一可用于治国安民。这一孔子六经不言治的观念，与康有为后来言孔子之经可以治万世，是两种完全不同的观念。

康有为的《教学通义》是借助所谓周公教学之法的论说，来表述自己的基本思想。具体说来就是在哲学上主张道不离器，道器皆备，反对离器言道；在学术上主张虚实兼备，反对脱离现实的空洞言道；在政治上主张为现实服务，反对师古而不知今；在教学上主张道德伦理与农工商贾之学并举，反对仅以义理为唯一的教学内容，而中心是实现王者经世，达到治国安民的

---

① 康有为：《教学通义·失官》，刘梦溪主编：《中国现代学术经典·康有为卷》，河北教育出版社2004年版，第59页。

② 此处"完备"误作"完贝"，《康有为经典文存》的《教学通义》此处同误。

③ 康有为：《教学通义·失官》，刘梦溪主编：《中国现代学术经典·康有为卷》，河北教育出版社2004年版，第59—60页。

目的。所以，《教学通义》尽管对经学的诸多基本问题诸如六经的性质与来源、周公、孔子与六经的关系等都有所论述，但严格地说绝不是一部经学著作，而是一部言治术的政治学著作。《周礼》根本不是作为古文经学的经典，而是作为王者经世之法的典籍受到康有为的推崇；周公也不是作为经学的始祖偶像，而是作为王者经世之法的制定者，受到康有为的尊崇。孔子以来的儒家经学无论是今文经学还是古文经学，无论是汉学、宋学，还是清学，全都是作为王者经世之法的对立面被列入批判之列。离开康有为早年的基本思想去谈什么《教学通义》有今文经学或是古文经学的观念，都是不著题的空谈。同时，对康有为后来的思想与早年思想的关系也不可能作出正确的评说。从康有为早年的基本思想看，康有为后来的思想实际上是早年思想合逻辑的发展，都是对王者经世之法即解决中国社会问题方案的探讨。康有为根本不是一位经学家，而是一位近代的思想家、政治活动家，经学与其他学术在康有为的思想中，都是被他利用来论证其变法维新的政治理念的思想材料，并不是他思想的实质所在，而只是其思想的形式。所以，对康有为的思想研究绝不能囿于经学来论说，而应该更注意在经学形式下所体现的思想实质。只有这样，才可以对康有为的思想作出合理的评价。

　　《教学通义》尽管对儒家经学的评价是负面的，但与后来的尊崇今文经学的态度，在骨子里实际上是相通的。他早年否定经学，是因经学不合于周公王者经世的教学之法，而他后来《孔子改制考》尊崇今文经学，则是以今文经学有所谓孔子改制所制定的救世法宝，二者的出发点与归宿都是王者经世的落实。《教学通义》对历代儒家经学的评说，实际上已经包含着对两千多年的传统文化的批判否定，这与后来的《新学伪经考》的基本思想是一致的。康有为在接收西学并肯定西学可以救治中国之弊以来，就已经形成了对两千多年传统文化的基本否定的观念，《教学通义》是较早的体现，而《新学伪经考》是较为成熟的理论阐发。只要不被《孔子改制考》的今文经学的外貌及其《新学伪经考》的攻古文经学、攻刘歆的形式所迷惑，就可以知道康有为的思想在变中其实有着一条不变的发展线索。当然，从经学看此时的康有为与后来还是有一定区别的，后来康有为是肯定今文经学，而《教学通义》则否定包括今文经学在内的所有经学派别。因而，梁启超说康有为后来受廖平影响，尽弃旧说，是不明其师早年基本思想的误说。后人囿

于梁启超此说，多仅仅从经学来论说康有为早年的思想，而造成了许多年来
《教学通义》一直得不到正确评说及其在康有为早年思想与后来思想的异同
上的各种误说。

同时，《教学通义》以"春秋"为分判的前后部分，则存在明显的不
同，前半部分几乎全是康有为早年基本思想的发挥，而后半部分则多与其基
本思想相抵牾。如康氏早年是以王者经世之法为探讨的对象，"春秋"以后
则多囿于经学史问题的讨论；康氏早年强调的是服务于现实，"春秋"以后
则大讲与现实无关的今古文经学区分的学术史问题；康氏早年主张学术必须
有用，"春秋"以后多探索原本被认为无用、无实的经学；康氏早年以自孔
子开始就失落了周公教学之法，而"春秋"以后则以变乱于汉歆；康氏早
年极尊周公，而"春秋"以后多尊孔子；康氏早年以六经皆出于周公，而
"春秋"以后则以"春秋"出于孔子；康氏早年以孔子为无制作资格的布
衣，而"春秋"以后多言孔子改制、素王改制；康氏早年认为孔子及其经
学是脱离实际的无用虚学，"春秋"则以为中国历史甚至日本之治皆为孔
子、经学之功；康氏早年对朱熹及其《大学章句》多有批评，"春秋"后则
以"尊朱"为说。如此等等，不一而足。所以，"春秋"以后尽管仍有康氏
早年思想的内容，但也存有康氏后来的经学思想。绝不能将"春秋"以后
的篇章与前面的内容等量齐观。今存《教学通义》的这两个部分，就其经
学的差异而言，是十分明显的。

"春秋"以后所明显表现出来的与康氏早年基本思想不相符合的情况，
说明《教学通义》一定有康有为后来的修改。对廖平经学稍有研究的人，
就不难发现康有为这些修改部分的内容与廖平的经学存在明显的一致，有的
地方甚至连语言也惊人的相似，廖平经学思想的影响对《教学通义》的修
改有直接联系。但有的论者没有看到《教学通义》中所存在的前后不同，
而被康有为所蒙蔽，根本不承认康有为后来有对《教学通义》的修改，认
为康有为早年就有《孔子改制考》等书的经学思想，有的甚至曲解《教学
通义》的某些文字，否认《教学通义》有前后思想不一致之处，而不承认
廖平对康有为的影响。

康有为在《教学通义》的"春秋"、"六艺上"中所表现出来与早期思
想不相符合的内容，不仅有廖平经学第一变的影响，也有经学第二变甚至是

经学第三变的影响。但是，康有为不仅不承认廖平经学对他的影响，反而在1917 年的《重刻伪经考后序》一文中公然加以否认说：

> 今世亦有好学深思之士，谈今古之辨，或简有合者。惜其一面尊今文而攻古文，一面尊信伪《周官》以为皇帝王霸之运，矛盾自陷，畛畛自乱，其他所在多有脉络不清，条理不晰，其为半明半昧之识，与前儒杂糅今古者无异。何以明真教而导后士？或者不察，听其所言，则观其尊伪《周礼》一事，而知其道不相谋，翩其反而也。①

这里的"好学深思之士"即指廖平而言，所谓"谈今古之辨"指的是廖平的经学第一变，而"尊今文而攻古文"则是指经学第二变，"皇帝王霸之运"则是指经学第三变。康有为能够准确地用几个字将廖平经学前三变的内容概括出来，足见康有为对廖平经学前三变有相当了解，所以，他才能够在《教学通义》中很容易的掺杂入这些内容。至于说廖平一面尊今文，一面信《周礼》，是自相矛盾，这是囿于经学的今古之分来立论，对此梁启超也有廖平"受张之洞贿逼，复著书自驳"② 一说。其实，尽管从经学的今古之分说，廖平的经学第三变以尊周公的古文经学为孔经大统说，尊孔子的今文经学为小统说，与经学第二变的以今文经学为孔子真传，古文经学出于刘歆的作伪，二者的看法是完全相反的，但从廖平尊孔尊经的基本思想来看，却是合逻辑的发展，是将对孔子、六经的尊崇由中国推广到世界。梁启超之说是不明廖平经学思想发展逻辑的误说，不足为据。③ 康有为则是刻意的误说。所谓与廖平道不同不相谋，不过是要掩盖受到廖平经学影响的事实。而事实是掩盖不了的，尤其是形之于文字的东西。

　　《教学通义》的基本思想表现为借所谓王者经世之法，来论说周公教学之法，利用周公、《周礼》的思想材料，来追寻中国两千年不得治理的根源，提出虚实兼备、道不离器的医治药方，以解决近代中国社会的政治问

---

　　①　康有为：《新学伪经考》，中华书局 1988 年版，第 380—381 页。

　　②　梁启超：《清代学术概论》天津古籍出版社 2003 年版，第 69 页。

　　③　参见黄开国：《廖平经学六变的发展逻辑》（《四川大学学报》1992 年第 2 期）、《驳廖平经学思想转变的贿逼说》（《四川师范大学学报》1987 年第 5 期）。

题。由于康有为早年的变法维新思想还不成熟，他所接受到的主要是清代汉学与宋学的内容，在他当时的学问构成的引导下，他选择了以周公、《周礼》为说。但这绝不是从经学的角度来讨论周公与《周礼》，根本谈不上与今古文经学有任何联系。梁启超等人说康有为早年信从古文经学，反对今文经学，那是风马牛不相及，而有些学者说《教学通义》是今古文兼同样难以成立。

当然，承认康有为基本思想的前后一致性，绝不能推出其经学上的前后无矛盾，否认康有为在经学上前后的不同说法。正如廖平经学的基本思想前后并无实质的变化，都以尊孔尊经为根核，但经学第二变尊今抑古，经学第三变又以古文经学为孔经大统说，高于今文经学之说，这又是不同的。从经学的角度来看，康有为早年尊周公、崇《周礼》，无疑合于古文经学的观念，而康有为后来的"两考"明确反对古文经学，而以今文经学春秋公羊学的孔子改制说为说，但是，康有为并不是以经学为其思想的根本，经学只是他的思想材料，是他借以来反对封建制度文化，宣传资本主义的变法维新的表现形式，资本主义的变法维新的观念才是康有为"两考"所要表达的基本思想。无论是早年的尊周公，还是"两考"的否定古文经学，以今文经学春秋公羊学为说，都只是康有为为阐发其基本思想而所利用的思想材料，只是论证其基本思想的论据。从这一方面说，康有为前后异说、相互矛盾是不可否认的事实。所以有这一改变，是因为在近代中国的历史条件下，孔子改制说的理论形式，较之尊周公、崇周礼的形式，是一种最适合用来宣传资本主义变法维新的理论形式。从《周礼》一书，康有为尽管可以据自己的理解，将其解释为王者经世之法，但是，从《周礼》一书固有的内容很难发挥出一套系统的变法维新理论，而孔子改制说依托孔子的神圣权威，具有最便于发挥的灵活性，最适合于康有为利用托古改制的形式，来宣传资本主义的变法维新思想的需要，它自然会成为康有为重新利用的思想材料。而攻击刘歆及其古文经学，则是否定两千年的文化专制的最好形式。所以，康有为由早年的尊周公、崇《周礼》，变为后来的攻击以《周礼》为根本典籍的古文经学，讲今文经学的变化，只是利用材料的变化，论据的变化，谈不上有什么基本思想的改变。而康有为利用思想材料发生的这种变化，又是由其基本思想所决定的。因此，看到康有为经学上的前后异说是必要的，但更重要的是要注意到基本思想的先后一致性。

总之，必须分开康有为的基本思想与对经学及其历史上思想材料的利用这两个方面，给予分别的评说，既肯定其基本思想的前后一致性，又承认前后利用经学等历史上的思想材料的不同，才可能对康有为的《教学通义》作出公允的评价，也才可能对《教学通义》杂糅后来的经学思想有一个清醒的认识，而不至于将后来杂糅的内容来作为《教学通义》本有的观念来处理。遗憾的是截至目前人们都囿于经学的立场，着眼于今古文经学之分的方向，来讨论康有为的《教学通义》的思想及其与后来思想的联系，所以，有的虽然肯定康有为前后思想的一致性，但却错误地从经学上牵强附会地去论说这一致性，误将康有为后来杂糅的内容作为其论据；有的则较为清楚地看到康有为的窜入，指出康氏在经学上的前后矛盾，但却看不到康有为前后基本思想的一致性，只讲康有为思想的前后异说，这两种观念都不是对康有为的正确认识。这是带有研究方法论意义的问题，值得好好重视。[①]

（二）康有为与廖平的羊城之会

康有为在 1890 年前并没有今文经学的思想观念。他讲春秋公羊学的孔子改制说，是在与廖平的羊城之会以后。康有为与廖平的羊城之会，发生在 1890 年年初。廖平去广州，是因为 1888 年上京应礼部试前，接到张之洞电召，要他去广州参加《国朝十三经疏》的编纂工作。据廖平之孙廖宗泽的《廖平年谱》稿本载，1889 年年初恩科会试后，廖平就启程前往广州。自张之洞离川后，廖平每有新作，总是先送张之洞，此次到广州廖平所带的新著是《知圣篇》和《辟刘篇》。廖平这两部书写于 1887 年，各仅一卷，与后来据以改定的《知圣篇》、《古学考》相较，当为初创，尚未写定，篇幅不多。陈其泰先生在《清代公羊学》中否定康有为看到过廖平的"两篇"，认为廖平此时的"两篇"并未成书，理由是廖平没有将"两篇"给俞樾、张之洞等人看，[②] 从廖宗泽的《廖平年谱》看，陈其泰先生的说法是没有根据的。

廖平此次的行程是，先与同学张祥龄一道离京，先经天津，拜访了原尊

---

① 关于康有为《教学通义》的详细论述，参见黄开国：《从〈教学通义〉看康有为的早年思想》（《四川大学学报》2009 年第 5 期）、《〈教学通义〉中所杂糅的康有为后来的经学思想》（《近代史研究》2010 年第 1 期）。

② 参见陈其泰：《清代公羊学》，东方出版社 1997 年版，第 281 页。

经书院的老师王闿运，经苏州时，廖平访问了当时的经学大师俞樾。俞樾是章太炎的老师，他曾看过廖平的《今古学考》一书，谈话中称赞该书为"不刊之作"。但当廖平将《知圣篇》和《辟刘篇》向俞樾请教时，俞却"不以为然"。张祥龄到苏州任所后，廖平与张分手，一人径往广州。到广州后，廖平住广雅书院。他把《知圣篇》、《辟刘篇》给张之洞阅后，被张之洞斥"大有流弊"。因为张之洞是推重古文经学的，而廖平的新作讲今文经学才是孔子之真，古文经学起于刘歆作伪，应该予以根本否定，这自然引起了张之洞的不快。① 所以，廖平的著作并不是如陈其泰先生所说没有给俞樾、张之洞看过的。而且，《知圣篇》的序就作于 1888 年，廖平上京途中黄陵峡，最后出版的《知圣篇》也是廖平据四川射洪县杨卿秀才在广雅书院的抄本而定稿。《知圣篇提要》也说道："平客广州，欲刊此本，或以发难为嫌。东南士大夫转相抄录，视为枕中鸿宝，一时风气为之改变。湘中论述，以为素王之学，倡于井研，此也。"②所以，廖平的"两篇"在到广州以前早已成书，是不可否定的。

据恩科会试后，按例要参加 1890 年 4 月的殿试，因此，廖平在广州编纂了《左传疏》几个月后，又返回北京。根据他在途中去苏州看望张祥龄夫妇，回京还需要休息几天来推算，廖平离广州的时间大约是 1890 年 2 月底左右。康有为在 1889 年年底从北京回到广东，1890 年春住在广州安徽会馆。因此，在 1890 年一二月，廖平和康有为都在广州，而他们的交往也就发生在这段时间。

这两次会见，先是康有为邀黄季度一同道广雅书院拜见廖平的，几天后，廖平又到安徽会馆回访，因黄季度卧病，此次会见只有廖与康两人。这次交往康有为之所以主动拜访廖平，可能是因为廖平是张之洞所看重的高足，想通过廖平得到张之洞的支持。同时，康有为在 1888 年与 1889 年间，从沈子丰那里得到过廖平的《今古学考》，而将廖平引为知己，这是康有为访问廖平的另一个原因。此外，廖平来广州后，《知圣篇》、《辟刘篇》被广为传抄，形成了一定社会影响，康有为从北京回到广州后也有所闻，这可能

---

① 以上据廖宗泽《廖平年谱》稿本，1889 年部分所记。
② 廖师政编：《家学树坊》，李耀先主编：《廖平选集》（下），巴蜀书社 1998 年版，第 604 页。

是康有为首先拜会廖平的又一个原因。关于这两次会见，廖平后来曾记叙说："广州康长素，奇才博识，精力绝人，平生专以制度说经，戊己间从沈君子丰处得《学考》（即《今古学考》），谬引为知己。及还羊城同黄季度过广雅书局相访，余以《知圣篇》示之；驰书相戒近万余言，斥为好名骛远，轻变前说，急当焚毁，当时答以面谈，再决行止，后访之城南安徽会馆，黄季度病未至，两心相协，谈论移属昝。明年闻江叔海得俞荫老（即俞樾）书，而《新学伪经考》成矣。"[1]

这次会面后，康有为之所以马上接受廖平的思想，是因为当时从北京归来的康有为正为寻求变法维新的思想武器而苦思冥想，而廖平的两部书正好为他提供了最合适的理论形式：借助否定古文经学，以否定君主专制的意识形态，借助孔子改制的大旗，来贩卖变法维新的理论内容。所以，康有为与廖平此次会见后几个月，就写成了《新学伪经考》。《孔子改制考》虽成书晚一些，但当1890年陈千秋、梁启超来学时，康有为就告以孔子改制之意。不容否认，康有为这两部著作同廖平的著作，在内容实质、所代表的阶级内涵等方面都有根本不同，但从经学史的角度来看，《辟刘篇》与《新学伪经考》都是攻击古文经学的，《知圣篇》与《孔子改制考》都是神化孔子和六经的，而且他们之间在许多重要观点上都相一致。康有为在这之前原是相信古文经学的，如果不是受廖平思想的影响和启发，那是不可能很快写出这两部著作的。

尽管康有为始终不承认与廖平的这段渊源，但却有各方面的证据证明，这是不可否认的一段历史事实。今列十一证如下：

其一，廖平本人提供的证据。1894年，康有为的弟子龙泽厚入川，送给廖平《新学伪经考》和《长兴学记》两书。廖平给康有为写信说："昔年在广雅，足下投书相戒，谓《今古学考》为至善，以攻新莽为好名"，又说："吾两人交涉之事，天下所共闻之……然足下深自讳避，致使人有向秀之谤。每大庭广众中，一闻鄙名，足下进退不能自安。浅见者又或以作俑驰书归咎鄙人，难于酬答，是吾两人皆失也。"[2]1896年，廖平又在《经话甲编》

---

① 廖平：《经话甲编》，李耀先主编：《廖平选集》（上），巴蜀书社1998年版，第447页。

② 廖平：《四益馆文集·致某人书》，成都存古书局1921年版。

中说："外间近述之《改制考》即祖述《知圣篇》,《伪经考》即祖述之《辟刘篇》。"明确指出康有为的《孔子改制考》源于《知圣篇》,《新学伪经考》出于《辟刘篇》。这个时期,廖平对康有为拒不提及他们二人的关系,颇为不快,"天下为是说者惟吾二人,声气相求,不宜隔绝,以招谗闻"①,希图康有为能与他同声相应,同气相求,并在《经话甲编》中称康有为的《孔子会典》"卓然大备","有益经济"②。

戊戌变法失败后,康有为被清王朝目为乱党头子,《新学伪经考》与《孔子改制考》被列为禁书,人人唯恐避之不及,这时的廖平仍公然承认他和康有为的关系说:"此编(指《知圣篇》)初成于戊子(1888 年),东南士人当时拟刊,或以发难为嫌,乃有用其义者著书立说,至形之奏牍。"③这无异引火烧身,但更加有力地证明了廖平所言确系事实。而廖平又竭力分辨他与康有为的思想有正邪之分,"窃以为心术学问,古分两途。正人端士,使为今学,正也;古学,亦正也。金人宵小,使有今学,邪也;古学,亦邪也"④。并指责康有为违反了公羊学的本义,是借《公羊》乱法。上述材料表明,虽然由于时间和情况的不同,廖平对康有为的看法和态度也有不同,但直言不讳地承认康有为与他的关系,却是始终如一的。廖平也因为这个关系,在戊戌变法失败后受到贬斥,从成都尊经书院被贬到州县。

同年,廖平在《古学考跋》中亦说:"康长素因《古学考》(即《辟刘篇》)而别撰《伪经考》,牵涉无辜,持论甚固。"在《左氏三十论序》中说:"近人攻《左》者承袭郝、刘之误,将左氏传说,下同杜、郑训诂,以耳为目,未探本原。或乃以上蔡之罪,归狱兰陵,变本加厉,原于作俑。但彼既深讳其本根,余何若强引为己咎。"类似说法还见于廖平他书,不须一一列举。廖平著作无伪篡之迹,《今古学考》、《古学考》等凡引用他人之说包括康有为之说皆一一注明,廖平多次言及与康有为的羊城之会,前后一致,是可以相信的。

其二,廖平弟子黄镕、胡冀等人的证据。章太炎在《亚东报》第十八

---

① 廖平:《四益馆文集·致某人书》,成都存古书局 1921 年版。
② 廖平:《经话甲编》,李耀先主编:《廖平选集》(上),巴蜀书社 1998 年版,第 425—426 页。
③ 廖师政编:《家学树坊》,李耀先主编:《廖平选集》(下),巴蜀书社 1998 年版,第 609 页。
④ 廖师政编:《家学树坊》,李耀先主编:《廖平选集》(下),巴蜀书社 1998 年版,第 622 页。

号，发表了《今古学辨义》一文，其中对廖平学说多有评说，如说廖平
"欲以尊崇孔子，而适为绝灭儒术之渐，可不惧与？"①廖平的弟子黄镕、胡
冀在读后，给报社写了《致菿室主人书》一文，其中说："窃四译（廖平经
学第四变后自号四译）先生，养晦闭藏，潜心撰述。海内言学者家有其书，
东南学人私相祖述，著书立说，天下震惊，风气为之一变。"②所指即康有为
受廖平"两篇"的影响，著为"两考"的事实。

其三，廖平老师张之洞的证据。当湖南维新派宣传素王改制说，借孔子
旗号宣扬变法思想时，时任湖广总督的张之洞在给湖南学政江标的电文中
说："《湘学》卷首即有素王改制云云，嗣后两见，此说乃近日《公羊》家
新说，创始于四川廖平，而大盛于广东康有为。"③张之洞是廖平之师，他对
廖平的学术是最清楚的，而且廖康之会，张之洞正在广州，对二人思想渊源
有相当了解，所言尤其可信。

其四，康有为弟子梁启超的证据。梁启超参加了《新学伪经考》和
《孔子改制考》两部书的编写工作，他不止一次地指出康有为受廖平影响这
一事实。他在《中国学术思想变迁之大势》中说："康先生之治《公羊》，治
今文也，其渊源出自井研（即廖平），不可诬也。"④王闿运"其弟子廖季平
关于公羊考述尤多，然穿凿过甚，几成怪了。康先生有为从廖氏一转手而归
于醇正，著有《春秋董氏学》、《孔子改制考》等书，于新思想之发生，间接
有力焉"⑤。他又在《清代学术概论》里指出："有为早年，酷好《周礼》，
尝贯穴之《教学通议》。后见廖平所著书，乃尽弃其旧说……然有为之思想
受其影响，不可诬也。"⑥

其五，俞樾和章太炎的证据。俞樾曾看到过廖平的《知圣篇》与《辟
刘篇》。康有为《新学伪经考》成书后，他曾致书江叔海告知此事，对康有
为与廖平这段关系是了解的。章太炎是俞的学生，因此得以知道此事，后来

① 章太炎：《今古文辨义》，傅杰编：《章太炎学术史论集》，中国社会科学出版社1997年版，第384页。
② 廖师政编：《家学树坊》附《致菿室主人书》，李耀先主编：《廖平选集》（下），巴蜀书社1998年版，第621页。
③ 许同莘：《张文襄公年谱》卷六，商务印书馆1946年版，第116页。
④ 梁启超：《论中国学术思想变迁之大势》，《梁启超全集》第二册，北京出版社1999年版，第616页。
⑤ 梁启超：《中国近三百年学术史》，天津古籍出版社2003年版，第218页。
⑥ 梁启超：《清代学术概论》，天津古籍出版社2003年版，第69页。

他在《清故龙安府先生廖君墓志铭》中说："君之学凡六变……而康氏所受于君者，特其第二变也。"并借李斯与荀卿、都虑与郑玄的师徒关系，却又人品大异的历史典故来说明廖平与康有为的关系："（李）斯也播经，不可以罪孙卿；（都）虑也劫后，不可以诬高密（郑玄）。"

其六，皮锡瑞的证据。《师伏堂未刊日记》1897 年 12 月记载说："梁卓如送来《新学伪经考》，又从黄麓泉假廖季平《古学考》、《王制订》、《群经凡例》、《经话甲编》，康学出于廖，今观其书，可以考其源流矣。"皮氏与廖平、康有为同研今文经学，又参加湖南维新运动，推尊康有为。他的说法是实事求是的。①

其七，叶德辉的证据。叶德辉是极力反对廖平、康有为之学的，对康有为与廖平的学术也是很清楚的。他多次讲到康有为之学出于廖平的事实，《经学通诰》说："至廖平、康有为虚诞陋儒，托经书以祸天下，此乃亡国之妖孽。"并指斥廖平、康有为为"亡国之文妖"。②将廖平与康有为相提并论。在《叶吏部答友人书》一文也说："近日无知之夫，乃欲依附康门，表章异学，似此无父无君之学，天下之人皆得而攻之。……闻其徒众在学堂时，恒以微言大义之说高自标举。尝考康有为之学出于蜀人廖平，而廖平为湘绮楼下弟子，湘绮尝言，廖平深思而不好学。渊源所自，咸有闻之，乃或因其流毒而转咎湘人，则是李斯灭学，罪堕荀卿；庄生毁经，狱归子夏，揆之情理，夫岂其然？"③

其八，顾颉刚的证据。顾颉刚对近代疑古思想的发展有深刻影响，他领导了古史辨伪的学术运动，对《古学考》、《新学伪经考》都是推重的，并曾一度点校《古学考》。他对康有为与廖平的学术关系是有了解的。他在与刘节、侯愕三人联名悼念廖平的《祭文》中说："叩阍知圣，枕戈辟刘，播之珠江，南海分流"④，明白指出廖平《知圣篇》、《辟刘篇》对康有为的影响。

其九，钱穆的证据。他说："长素书出于季平，长素自讳之。"⑤《新学

---

① 参见马洪林：《康有为大传》，辽宁人民出版社 1988 年版，第 152—153 页。

② 叶德辉：《经学通诰》，湖南省教育会 1915 年发行，第 2 页。

③ 苏舆编，蒋秋华、蔡长林校订：《翼教丛编》，（台湾）中研院文哲所，2005 年，第 367 页。

④ 《廖平追悼录》未刊本。

⑤ 钱穆：《中国近三百年学术史》下册，中华书局 1986 年版，第 651 页。

伪经考》本于廖平《辟刘篇》，"继《新学伪经考》而成责，有《孔子改制考》，亦季平之绪论，季平所谓《伪经考》本之《辟刘篇》，《改制考》本之《知圣篇》也"①，并在此段话后的自注中说，顾颉刚曾在康有为家看到过《知圣篇》原本。

其十，其他人的证据。当廖平去世后，在 1933 年的全国一些报刊的文章以及大量的祭文、祭诗中，都指出了康有为的"两考"源于廖平"两篇"这一事实。详见《廖平追悼录》一书。可以说，自《新学伪经考》问世以来到 20 世纪 30 年代，人们都普遍认为康有为转向今文经学是受廖平的影响的。

其十一，康有为的欲盖弥彰。事实是掩盖不住的，康有为不承认与廖平的学术关系，反而为社会上越来越多的人所谈论。对此，康有为极力掩盖事实真相。他在《自编年谱》光绪十四年（1888 年）中说："即不谈政事，复事经说，发古文经之伪，明今学之正。"②将他古文经学之伪的观点的形成提前两年多，查其年著述及稍后著述，实无确证。他这样作伪，无非是要表明他的否定"新学伪经"，是在与廖平相会两年之前就有的，而非源于廖平。但结果却适得其反。在《新学伪经考》1891 年夏四月的序中，康有为并无写作此书起因的说明。可是在 1917 年的《后序》中，却大谈此书的源起。说了一大段"吾居西樵山之北银塘之乡，读书澹如之楼"，发现古文经学为刘歆之伪的话。③ 关一于此点，钱穆先生已在《中国近三百年学术史》中，指出康有为作《新学伪经考》是在广州，而不是西樵山。《后序》还有一大段话说：

> 今世亦有好学深思之士，谈今古之辩，或暗有相合者，惜其一面尊今文而攻古文，一面尊信伪《周官》，以为皇帝、王霸之运，矛盾自陷，界畛自乱，其它所在，多有脉络不清，条理不晰，其为半明半昧之识，与前儒杂糅今古者无异。何以明真教而导后士！惑者不察，听其所言，

---

① 钱穆：《中国近三百年学术史》下册，中华书局 1986 年版，第 652 页。
② 康有为：《我史》，江苏人民出版社 1999 年版，第 15 页。
③ 参见康有为：《重刻伪经考后序》，《孔子改制考》，中华书局 1988 年版，第 379—380 页。

则观其尊伪《周礼》一事，而知其道不相谋，翩其反而也。①

康有为明明受廖平经学第二变影响，却用廖平"尊《周礼》"的经学第三变的观点说明"道不相谋"，手法是不高明的。既讲不相合，又讲廖平与其说暗合，自相矛盾，左支右绌。并将相信康有为受廖平影响的人一律斥责为"惑者"，未免有些霸道气味。真是欲盖弥彰、一看即破的自供状。

三、《春秋董氏学》对《春秋繁露》的发明

在与廖平羊城之会后，康有为接受了廖平"两篇"的经学思想。他很快就写出《新学伪经考》，七年后又推出了《孔子改制考》一书。这两部书一破一立，从两个不同方向表现了康有为旧瓶装新酒的变法维新思想。《新学伪经考》是借批判刘歆，揭露新学伪经来批判旧文化、旧思想，《孔子改制考》则是打着孔子的旗号，来正面宣传变法维新的观念。就春秋公羊学的发展史而论，他的《新学伪经考》与春秋公羊学理论无直接联系，而《孔子改制考》宣扬变法维新的观念，则是利用春秋公羊学的孔子改制说来完成的。

（一）《春秋董氏学》的成书

在《孔子改制考》之外，康有为还有一部讲春秋公羊学的著作，这就是《春秋董氏学》，此书与"两考"一样，都是康有为与弟子梁启超等人共同编纂完成的。据茅海建先生在《从甲午到戊戌：康有为〈我史〉鉴注》中研究，该书初创于光绪二十年（1894 年）②，而成书于光绪二十三年（1897 年），当年冬由上海大同译书局刻印，第二年重印有康有为自序所署时间为光绪二十三年十月朔日，但民国刻印《万木草堂丛书》，此书康有为自序的时间已经改为光绪十九年七月，汤志钧先生称之为倒填日月。③

这里有一个奇怪的现象，就是《春秋董氏学》与《孔子改制考》两书的写作时间有相当的一段重合，而刻印时间却相同，为什么康有为不是完成一部后再写另一部，而是同时进行二部书的写作？这可能与康有为本人不熟

---

① 康有为：《重刻伪经考后序》，《孔子改制考》，中华书局 1988 年版，第 380—381 页。
② 参见茅海建：《从甲午到戊戌：康有为〈我史〉鉴注》，三联书店 2009 年版，第 54 页。
③ 参见茅海建：《从甲午到戊戌：康有为〈我史〉鉴注》，三联书店 2009 年版，第 282 页。

悉春秋公羊学有关。他虽然从廖平处得知孔子改制说，但要以此来构建一套今文经学的理论，这绝不像批判刘歆作伪，著作《新学伪经考》那样只要有当时人们熟知的考据、辨伪的工夫就行了，而必须对春秋公羊学有一定程度的了解。考据、辨伪的工夫在晚清是绝大多数读书人的基本功，康有为之所以在会见廖平后很快著成《新学伪经考》，而不是《孔子改制考》，与此有密切联系。要用孔子改制说的春秋公羊学理论来构建一套理论，这对于以前没有春秋公羊学素养的康有为来说，必须通过学习来实现。董仲舒是春秋公羊学最著名的大师，《春秋繁露》是阐发春秋公羊学最有理论性的著作，通过该书学习春秋公羊学，无疑是一条最适合的捷径。《春秋董氏学》其实是康有为学习春秋公羊学的成果，否则，编成一部较《新学伪经考》篇幅小得多的著作，在有梁启超等高足参与的情况下，还花费几年工夫，是难以理解的。正是由于这个原因，康有为开始写作《孔子改制考》，虽然可能始于光绪十五年①，但由于不懂春秋公羊学，而不得不去学习董仲舒的《春秋繁露》，在写作《孔子改制考》几年后，又开始编纂《春秋董氏学》，也就是学习春秋公羊学。

这部以发明董仲舒春秋公羊学的著作，共计 8 卷。据李宗桂先生的研究统计，全书列有康有为摘录《春秋繁露》的语录共 187 条，康有为写有 159 条按语。其中，卷 1《春秋旨》4 条，卷 2《春秋例》8 条，卷 3《春秋礼》11 条，卷 4《春秋口说》45 条，卷 5《春秋改制》10 条，卷 6《春秋微言大义》74 条，卷 7《传经表》只有卷首导言，卷 8《董子经说》7 条。其中"口说"和"微言大义"，这两个部分的按语条目数量加起来一共 119 条，接近康有为所写 159 条按语总数的 75%。② 这说明发明口说与微言大义，是康有为此书的重点所在。口说与微言大义相较，微言大义是根本，口说只是微言大义得以保存与流传的途径，而无论是口说还是微言大义，核心都是孔子改制说，这与《孔子改制考》的主旨是一致的。

《春秋董氏学》是以《春秋繁露》为文本，这就必然受到《春秋繁露》文本的制约。《孔子改制考》则是以春秋公羊学的观念，去历史中寻找相关

---

① 参见茅海建：《从甲午到戊戌：康有为〈我史〉鉴注》，三联书店 2009 年版，第 281 页。

② 李宗桂：《康有为〈春秋董氏学〉杂议》，《中山大学学报》（社会科学版）2005 年第 4 期。

的史料作附会，是以预设的孔子改制观念为出发点的，故《春秋董氏学》对春秋公羊学的发明，与《孔子改制考》对春秋公羊学的利用不同，还能够较为忠实《春秋繁露》文本，来发明春秋公羊学之义。当然这种忠实只是相对的，康有为对董仲舒春秋学的发明，也带有为其变法维新制造理论根据的主观企图。

（二）孔子之传在董仲舒

经学以发明孔子之道为宗，讲孔子之道就离不开六经。但六经之间与孔子之道的关系如何，不同时期、学派的经学家有不同的认识。董仲舒的看法是："《诗》、《书》序其志，《礼》、《乐》纯其美，《易》、《春秋》明其知，六学皆大，而各有所长。《诗》道志，故长于质；《礼》制节，故长于文；《乐》咏德，故长于风；《书》著功，故长于事；《易》本天地，故长于数；《春秋》正是非，故长于治人；能兼得其所长，而不能遍举其详也。"①他虽然重《春秋》，讲《公羊》，但并没有将《春秋》凌驾于诸经之上，更没有以《公羊》统六经的观念。

康有为在《春秋董氏学》中，却不顾董仲舒关于六经与《春秋》关系的论说，而作出如下解释：

> 苟非毛羽爪角之伦，有所行，必有道焉；有所效，必有教焉。无教者，谓之禽兽；无道者，谓之野人。道教何从？从圣人。圣人何从？从孔子，孔子之道何在？在六经。六经粲然深美，浩然繁博，将何统乎？统一于《春秋》。《诗》、《书》、《礼》、《乐》并立学官，统于《春秋》有据乎？据于孟子。孟子述禹、汤、文、武、周公而及孔子，不及其他书，惟尊《春秋》。《春秋》三传何从乎？从公羊氏。有据乎？据于孟子。孟子发《春秋》之学曰："其事则齐桓、晋文，其文则史，其义则丘取之矣。"《左传》详文与事，是史也，于孔子之道无与焉，椎《公羊》独详《春秋》之义。孟子述《春秋》之学曰："《春秋》，天子之事也。"《穀梁传》不明《春秋》王义，传孔子之道而不光焉。惟《公羊》

① 董仲舒：《春秋繁露·玉杯》，钟肇鹏：《春秋繁露校释》（校补本）上册，河北人民出版社 2005 年版，第 57 页。

详素王改制之义，故《春秋》之传在《公羊》也。①

这里以孔子之道在六经，六经统于《春秋》，《春秋》大义在《公羊》，本是刘逢禄的春秋公羊学早就提出的观念，但刘逢禄以"三科九旨"为根本，而康有为以孔子改制为根本，这又是不同的。以孔子改制为六经的根本，出自廖平的《知圣篇》。所以，就其理论本身而言，康有为此说是综合刘逢禄与廖平之说而成，而以孔子改制说为六经的核心。

《公羊传》为传《春秋》的一家之学，写于竹帛也在西汉初年，班固在《汉书·艺文志》说，仲尼没而微言绝，七十子丧而大义乖。按照班固之说，《公羊传》怎么可能有孔子微言大义？康有为则认为班固之说不可信，并将后世经学微言大义迷乱的原因归咎于此："莫惑乎仲尼没而微言绝，七十子丧而大义乖之言也。孔子虽没，既传于弟子矣，则微言何能绝乎？七十子虽丧，既传于后学矣，则大义何能乖乎？"②孔子之道传于七十子，七十子传于后学，并没有所谓终绝乖异。而《春秋》微言大义之所以得以保存，应归功于口说。康有为说："《春秋》言微，与他经殊绝，非有师师口说之传，不可得而知也。"③因此，康有为十分重视口说，以至他说：

《春秋》之义，不在经文，而在口说。④

在经学上，经是典籍，传记注疏皆出于经，是对经的解释或再解释，一切经义皆源于经，这是一个基本认识，康有为却说《春秋》之义，不在经文，而在口说。皮之不存，毛将焉附？如果连经文都无经义，那里还有什么经学可言？康有为这一颠覆性的说法是前所未有的，这恰好表明康有为对经学经典的态度绝不是相信，更不是像廖平那样的迷信，而只是利用经典来为其变法维新服务。而在《春秋董氏学》中，康有为据以断定为口说的内容，不过是以《穀梁传》、刘向说，主要是何休注为依据，也就是汉代今文经学之

① 康有为：《春秋旨第一》，《春秋董氏学》卷一，中华书局1990年版，第1页。
② 康有为：《春秋微言大义第六上》，《春秋董氏学》卷三，中华书局1990年版，第123页。
③ 康有为：《春秋旨第一》，《春秋董氏学》卷一，中华书局1990年版，第1页。
④ 康有为：《春秋口说第四》，《春秋董氏学》卷四，中华书局1990年版，第95页。

说，并不是什么新东西。

《公羊传》在汉初被胡毋生著于竹帛，依此事实来说，先秦先师的口说就典籍而论，当存于《公羊传》；就人而论，当传于胡毋生。康有为却认为，口说仅存于董仲舒，董仲舒是汉初第一个承继先师口说的人，也是唯一全面承继了先秦《公羊》口说的大师："荟萃其全者，莫如《春秋》家，明于《春秋》者，莫如董子。自元气阴阳之本，天人性命之故，三统三纲之义，仁义中和之德，治化养生之法，皆穷极元始，探本混茫"①；"《公羊》家早出于战国，犹有避讳，不敢宣露，至董子乃敢尽发之"②。他的结论是：

> 然则欲学《公羊》者，舍董生安归。③
> 若微董生，安从复窥孔子之大道哉！④

要学《公羊》，要明孔子之道，只有通过董仲舒的春秋公羊学。唯有董仲舒之学，才是"《春秋》之大宗，今学之正传"⑤。无论是《春秋》之义，还是《春秋》之例、《春秋》之礼，⑥ 都必须也只有通过董仲舒和董氏春秋学来认识。不仅《春秋》，而且包括六经在内的经典，都只有通过董仲舒来认识，故康有为说："因董子以通《公羊》，因《公羊》以通《春秋》，因《春秋》以通六经，而窥孔子之道本。"⑦董仲舒之说，也理所当然地成为判定是非的标准，如《礼记·经解》以"属辞比事"论说《春秋》，这是历代经学家论说《春秋》的基本认识，但康有为却依据《春秋繁露》的《春秋》无达辞之说，判定其为误说："董子发无达辞之例，知属辞比事之说非。"⑧这实际上是以董仲舒断是非。

为此，康有为对董仲舒给予极高的评价：

---

① 康有为：《春秋微言大义第六上》，《春秋董氏学》卷三，中华书局1990年版，第123页。
② 康有为：《春秋口说第四》，《春秋董氏学》卷四，中华书局1990年版，第96页。
③ 康有为：《春秋董氏学自序》，《春秋董氏学》，中华书局1990年版，第1页。
④ 康有为：《春秋董氏学自序》，《春秋董氏学》，中华书局1990年版，第2页。
⑤ 康有为：《春秋礼第三》，《春秋董氏学》卷三，中华书局1990年版，第40页。
⑥ 参见康有为：《春秋董氏学》，中华书局1990年版，第26、40页。
⑦ 康有为：《春秋董氏学自序》，《春秋董氏学》，中华书局1990年版，第2页。
⑧ 康有为：《春秋例第二》，《春秋董氏学》卷二，中华书局1990年版，第35页。

夫孔子之大道在《春秋》，两汉之治以《春秋》。自君臣士大夫，政事法律言议，皆以《公羊》为法，至今律犹从之。由元明以来，五百年治术语言，皆出于朱子，盖朱子为教主。自武、章终后汉，四百年治术言议，皆出于董子，盖董子为教主也。二子之盛，虽孟、荀莫得比隆。朱子生绝学之后，……仅如西蜀之偏安而已。……而董子之精深博大，得孔子大教之本，绝诸子之学，为传道之宗，盖自孔子之后一人哉！①

亚圣孟子，于经学传承最有功绩的荀子，四书学的集大成者朱熹，都不能而且是远远不能与董仲舒相提并论。

（三）以孔子改制统《春秋》微言大义

康有为对董仲舒给予前所未有的极度推崇，不过是要突出孔子改制，所谓"孔子制作之本源次第，藉是可窥见之"②，通过董仲舒的春秋公羊学，才可以对孔子改制为核心的孔子之道有全面的认识。《公羊传》并无孔子改制之说，董仲舒是第一个提出孔子改制说的经学家。康有为认为，孔子改制说虽然不见于经传，但确为孔子之道的根本所在："董子为《春秋》宗，所发新王改制之非常异义，及诸微言大义，皆出经文外，又出《公羊》外。然而，以孟、荀命世亚圣，犹未传之，而董子乃知之。"③因此，康有为讲春秋公羊学的微言大义，不是据《春秋》，也不是以《公羊传》为说，而是以董仲舒的孔子改制说为核心，他还将其譬喻为解《春秋》的金钥匙：

《春秋》专为改制而作，……幸有董子之说发明此义……此《春秋》之金锁匙，得之可以入《春秋》者。夫《春秋》微言久绝矣，今忽使孔子创教大义如日中天，皆赖此推出。然则，此为群书之瑰宝，过于天球河图亿万无量数矣。④

---

① 康有为：《春秋传经表第七》，《春秋董氏学》卷七，中华书局1990年版，第209页。
② 康有为：《春秋微言大义第六上》，《春秋董氏学》卷三，中华书局1990年版，第123页。
③ 康有为：《春秋口说第四》，《春秋董氏学》卷四，中华书局1990年版，第95页。
④ 康有为：《春秋改制第五》，《春秋董氏学》卷五，中华书局1990年版，第110页。

在康有为发挥的春秋公羊学中，孔子创教与孔子改制是同一观念的不同表述。出于这样的认识，《春秋董氏学》对《春秋》微言大义的发明，全都是围绕着孔子改制说来论述的。

康有为与董仲舒一样都强调圣人的代天立法：

> 孔子创教皆起自天数，盖天不能言，使孔子代发之，故孔子之言，非孔子言也，天之言也；孔子之制与义，非孔子也，天之制与义也。①

将孔子改制视为代天立法，孔子改制就不仅具有政治意义，同时也含有哲学意义。但董仲舒讲孔子改制是指孔子著《春秋》，为继周的后王立一王大法，康有为则以孔子改制具有时空的绝对性："孔子所以为圣人，以其改制，而曲成万物、范围万世也。……《繁露》所以宜专信者，为孔子改制之说在也。能通《春秋》之制，则六经之说莫不同条而共贯，而孔子之大道可明矣。"②曲成万物是指空间的无所不包，范围万世则是指时间的永恒不变。这与董仲舒之义是有差别的。在经学中，圣人是道德的最高理想人格，康有为以改制为圣人的根本规定，恰恰说明了他所说的圣人绝不是道德的人格，而是政治改革家的人格，这样的解释完全是为其变法维新制造历史的根据，以说明他的变法维新不过是取法圣人。在有浓厚崇圣文化气氛的中国，康有为对孔子的这一打扮，可以为他的变法维新博得更多人的认可。

《春秋董氏学》以孔子改制为核心，对董仲舒所阐发的春秋公羊学的微言大义，几乎无遗漏的一一予以罗列，但重点发挥则在"三统"说、"三世"说。关于"三世"说，康有为说：

> 三世为孔子非常大义，托之《春秋》以明之。所传闻世为据乱，所闻世托升平，所见世托太平。乱世者，文教未明也；升平者，渐有文教小康也；太平者，大同之世，远近大小如一，文教全备也。大义多属小康，微言多属太平。为孔子学，当分两类乃可得之，此《春秋》第

---

① 康有为：《春秋改制第五》，《春秋董氏学》卷五，中华书局1990年版，第111页。
② 康有为：《桂学答问》，《康有为全集》（二），上海古籍出版社1990年版，第52—53页。

一大义。①

康有为以文教的进步来区分三世，基本上合于春秋公羊学。但是，董仲舒并无"三世"说，明确提出"三世"说的是何休，康有为不顾事实，张冠李戴，不过是为了贯彻他由董子以通《春秋》的观念。康有为还借《礼记·礼运》的大同小康之说，附会"三世"说，以小康喻升平，以大同喻太平，其实大同小康之说与春秋公羊学的"三世"说是不对称的，大同小康讲人类社会的发展只有两个阶段，而"三世"说有三个阶段。但这并不妨碍康有为还据以发展出一套大统说，著为《大同书》。而"张三世"也被康有为视为孔子改制的第一大义，梁启超曾评价康有为的治《公羊》喜言改制、三世：

> 康先生之治《公羊》治今文也，其渊源出自井研，不可诬也。然所治同，而所以治之者不同。畴昔治《公羊》者皆言例，南海则言义。惟牵于例，故买椟而还珠；惟究其义，故藏往而知来。以改制言《春秋》，以三世言《春秋》者，自南海始也。改制之义立，则以为《春秋》者，黜君威而申人权，夷贵族而尚平等，去内竞而归统一，革习惯而遵法制。此南海之言也。②

以改制言《春秋》始于董仲舒，以三世言《春秋》出于何休，并非始于康有为，但康有为借其说目的是宣扬变法维新的人权、平等之义，确实是始于康有为，梁启超的评说一针见血。梁启超在《康有为传》中还说："先生独发明《春秋》三世之义，以为文明世界，在于他日，日进而日盛。盖中国有创意言进化学者，以此为嚆矢焉。"③这又揭示了康有为讲"三世"说的用心在宣扬进化的历史观，以为其变法维新制造历史观的依据。

　　"通三统"是董仲舒发明春秋公羊学最多的内容，康有为对"通三统"的发明也较多。他说：

---

①　康有为：《春秋例第二》，《春秋董氏学》卷二，中华书局1990年版，第28—29页。
②　梁启超：《论中国学术思想变迁之大势》，《梁启超全集》第二册，北京出版社1999年版，第616页。
③　楼宇烈整理：《康南海自编年谱（外二种）》，中华书局1992年版，第253页。

　　《春秋》虽为孔子所托，而运之三代，夏、殷无征，遍见《礼运》、《中庸》、《论语》，此夏、殷、周之礼，安所从来？盖五复、九复，亦孔子所托而已。制则或文或质，法则或阴或阳，姓则或子或女，法则或天或地，形则或圆或方或长，统则或白或赤或黑，虽有异同，然皆推算之法，故知出自一手。盖圣人胸有造化，知天命之无常，虑时势之多变，故预立三统以待变通。①

康有为运用近代西方的数学知识，将孔子的"三统"说说成是数学以三为数的大公式，可以穷尽天下局势的无数变化。并声称自孔子创立"三统"说之后，历史就是在"三统"说的公式中发展变化的：

　　《汉书·张敞传》："顾得备皂衣之数。"则汉服尚黑，《春秋》之制。国朝天青褂，亦是尚黑，盖亦《春秋》制也。……此则三统之后，犹为折衷者，惜其详说不可见。而今即其略说，已见圣人之范围无外，②由三统推之，四复、五复、九复，穷变通久，至万千统可也。天下安其所习，蔽于一统，若见圣人三统之运量，如闻钧天，其有不悲忧眩视者，将别见天地之大矣。③

汉至清，皆守孔子三统之变，不仅历史如此，未来也是如此。也就是说，古往今来一切变化，都是孔子"三统"说所规定好的。其实，董仲舒的"三统"说作为历史观，存在诸多理论的不足与缺陷，何休已经不重视"三统"说了，康有为对"三统"说的推崇，完全是无根之谈。

　　康有为还用中医的药方，来譬喻"三统"说、"三世"说：

　　孔子创义，皆以三数，以待变通，医者制方，犹能预制数方，以待病之变，圣人是大医王，而不能乎？三统、三世，皆孔子绝大之义。每

---

① 康有为：《春秋改制第五》，《春秋董氏学》卷五，中华书局1990年版，第119—120页。

② 中华书局1990年本，于"范围"下断句，虽然于文义亦通，但与康有为的孔子之道无所不包之义不合，故不从。

③ 康有为：《春秋改制第五》，《春秋董氏学》卷五，中华书局1990年版，第120页。

一世中，皆有三统，此三统者，小康之时，升平之世也。太平之世别有三统。①

医生可以预设药方，用来治疗各种发生的疾病，圣人的"三统"、"三世"的药方，为人类社会的发展预定下了最美妙的方案。在董仲舒、何休的经学中，"三统"说、"三世"说是春秋公羊学的历史观，康有为则将其与治病的药方相譬喻，认为只要按照孔子的"三统"、"三世"来治理国家，就会取得巨大的成就，"三统"说、"三世"说就不仅是历史观，同时也是社会治理的法则。康有为借春秋公羊学以言维新变法不是昭然若揭吗？

贵元重始是董仲舒春秋公羊学的重要内容，② 但他的元概念并不是元气之义，也没有本体论的意义，康有为却以何休的以元气释元之说，来附会董仲舒的元观念，予以极力表彰其说。他说：

> 孔子之道，运本于元，以统天地，故谓为万物本、终始天地。孔子本所从来，以发育万物，穷极混茫，如繁果之本于一核，萌芽未启；如群鸡之本于一卵，元黄已具，而核卵之本，尚有本焉，属万物而贯于一，合诸始而言其大，无臭无声，至精至奥。不得董子发明，孔子之道本殆坠于天地矣。③

孔子之道，早就有以元统天地，为万物之本的本体论，这一本体论"穷极天人之本，今之化学家岂能外之哉"④，也就是说董仲舒发明的微言大义，不仅包括政治伦理等社会科学内容，而且还包括化学等自然科学，可谓百科全书。

此外，举凡《春秋繁露》所发明的"王鲁"说、"素王"说、仁义等道德观念，各种礼制，康有为皆视为董仲舒发明的孔子之道的"精奥之

① 康有为：《春秋改制第五》，《春秋董氏学》卷五，中华书局 1990 年版，第 120 页。
② 参见黄开国：《董仲舒贵元重始说新解》，《哲学研究》2012 年第 4 期。
③ 康有为：《春秋微言大义第六上》，《春秋董氏学》卷三，中华书局 1990 年版，第 124 页。
④ 康有为：《春秋微言大义第六上》，《春秋董氏学》卷三，中华书局 1990 年版，第 128 页。

论"①，予以罗列说明，连只言片语也不放过，以至有的显得极为琐碎。而服务于变法维新的需要，则是康有为发明微言大义的目的，如下一段话最好地说明了这一点："孔子之道，其本在仁，其理在公，其法在平，其制在文，其体在各明名分，其用在与时进化，……夫主乎太平，则人人有自主之权；主乎文明，则事事去野蛮之陋；主乎公，则人人有大同之乐；主乎仁，则物物有得所之安。主乎各明权限，则人人不相侵害；主乎与时进化，则变通尽利。"②所以，《春秋董氏学》从形式上看，是康有为依据《春秋繁露》，分章摘句，依类编排，对董仲舒春秋公羊学的说明，但实际上是康有为从其变法维新的政治需要出发，而对董仲舒之学的发挥利用，并不完全符合董仲舒的春秋公羊学。

四、《孔子改制考》对春秋公羊学的利用

马克思说："人们自己创造自己的历史，但他们这种创造工作并不是随心所欲的，并不是在由他们自己选定的情况下进行的……一切死亡先辈的传统，好像噩梦一般，笼罩着活人的头脑。恰好在人们仿佛是一味从事于改造自己和周围事物，并创造前所未闻的事物时，恰好在这样的革命危机时代，他们怯懦地运用魔法，求助于过去的亡灵，借用他们的名字、战斗口号和服装，以便穿着这种古代的神圣服装，说着这种借用的语言，来演出世界历史的新场面。"③这种借助亡灵来宣传新思想的喜剧，曾在中国历史上不断上演。康有为的变法维新政治活动所借助的历史资源，就是春秋公羊学的孔子改制说，这集中见于《孔子改制考》一书。

（一）发现春秋公羊学的孔子改制说

《新学伪经考》之所以攻击刘歆、否定古文经学，康有为认为是因为刘歆伪造的古文经学掩盖了经学的微言大义，这个所谓微言大义的中心就是孔子改制说。他说：

---

① 康有为：《春秋微言大义第六上》,《春秋董氏学》卷三，中华书局1990年版，第126页。

② 康有为：《春秋笔削大义微言考序》,汤志钧编：《康有为政论集》（上），中华书局1981年版，第470页。

③ 《马克思恩格斯选集》第1卷，人民出版社1995年版，第603页。

夫两汉君臣、儒生，尊从《春秋》，拨乱之制而杂以霸术，犹未尽
行也。圣制萌芽，新歆遽出，伪《左》盛行，古文篡乱。于是削移孔
子之经而为周公，降孔子之圣王而为先师，《公羊》之学废，改制之义
湮，三世之说微，太平之治，大同之乐，暗而不明，郁而不发。我华我
夏，杂以魏、晋、隋、唐佛老词章之学，乱以氐、羌、突厥、契丹、蒙
古之风，非惟不识太平，并求汉人拨乱之义亦乖剌而不可得，而中国之
民遂二千年被暴主、夷狄之酷政。耗矣，哀哉！①

这里说两汉君臣、儒生遵从《春秋》，没有区分开两汉经学的不同。准确地
说，康有为实际上是认为西汉君臣、儒生能够按照孔子改制说来行事的，而
刘歆作伪之后，孔子的六经被错置于周公名下，孔子素王的地位被降为先
师，春秋公羊学关于孔子改制的理论，如"三世"说、太平、大同的理想，
都被古文经学所掩盖，加之后来佛教、道教、词章之学的进一步掩蔽，连孔
子改制说中初级的拨乱之义也无人知晓，而造成了中国遭受暴君酷政两千年
荼毒的严重后果。②康有为哀叹，至今的中国因为没有孔子改制说的阳光照
耀，还处在昏暗的黑夜："大昏也、博夜也，冥冥汶汶，雾雾雰雰，重重锢
昏，皎日坠渊。万百亿千缝掖俊民，跂跂脉脉而望，篝灯而求明，囊萤而自
珍，然卒不闻孔子天地之全、太平之冶，大同之乐。悲乎！"③
　这一历史与现实的悲哀终于可以结束了，因为，康有为终于找到这一根
由，认识到了孔子改制的经学微言大义：

　　天哀生民，默牖其明，白日流光，焕炳莹晶，予小子梦执礼器而西
行，乃睹此广乐钧天，复见宗庙百官之美富，门户既得，乃扫荆榛而开
途径，拨云雾而览日月，别有天地，非复人间世矣。不敢隐匿大道，乃
与门人数辈朝夕钩撢，八年于兹，删除繁芜，就成简要，为《改制考》

①　康有为：《孔子改制考叙》，中华书局1988年版，第2页。
②　西汉通行的是今文经学，刘歆作伪之后，东汉已经造成了孔子之道不明，经学微言大义的丧失，
古文经学才得以盛行。这一基本观念的提出者是廖平，集中见于廖平的经学第二变，康有为此说是对廖
平之说的发挥。
③　康有为：《孔子改制考叙》，中华书局1988年版，第2页。

三十（二十一）卷。同邑陈千秋礼吉、曹泰箸伟，雅才好博，好学深思，编检尤劳，墓草已宿。然使大地大同太平之冶可见，其亦不负二三子铅椠之劳也夫！①

只要人世间认识到了孔子改制，为世界制定了大同的太平之法，并将其推行到现实的政治生活中，历史上的悲哀都可以结束，而带来大同的太平盛世："若夫圣人之意，窈矣，深矣，博矣，大矣。世运既变，治道斯移，刚始于粗粝，终于精微。教化大行，家给人足，无怨望忿怒之患，强弱□□之难，无残贼妒疾之人。民修德而美好；被发衔哺而游，毒蛇不螫，猛兽不搏，抵虫不触，朱草生，醴泉出，凤凰麒麟游于郊陬，囹圄空虚，画衣裳而民不犯。则斯制也，利用发蒙，声色之以化民，末矣。"②

康有为发现的孔子改制说，从理论上说，不过是两千年前以唯心论的天命论为基础的神怪之说：

天既哀大地生人之多艰，黑帝乃降精而救民患，为神明，为圣王，为万世作师，为万民作保，为大地教主。生于乱世，乃据乱而立三世之法，而垂精太平，乃因其所生之国而立三世之义，而注意于大地远近大小若一之大一统。乃立元以统天，以天为仁，以神气流形而教庶物，以不忍心而为仁政。合鬼神山川、公侯庶人、昆虫草木一统于其教，而先爱其圆颅方趾之同类，改除乱世勇乱争战角力之法，而立《春秋》新王行仁之制。其道本神明，配天地，育万物，泽万世，明本数，系未度，小大精祖，六通四辟，无乎不在。此制乎，不过于元中立诸天，于一天中立地，于一地中立世，于一世中随时立法，务在行仁，忧民忧以除民患而已。《易》之言曰："书不尽言，言下尽意。"《诗》、《书》、《礼》、《乐》、《易》、《春秋》为其书，口传七十子后学为其言。此制乎，不过其夏葛冬裘，随时救民之言而已。③

---

① 康有为：《孔子改制考叙》，中华书局 1988 年版，第 2 页。
② 康有为：《孔子改制考叙》，中华书局 1988 年版，第 1 页。
③ 康有为：《孔子改制考叙》，中华书局 1988 年版，第 1 页。

在这段话中，康有为采用谶纬神学、春秋公羊学及其庄子等对孔子的评说，对孔子其人作出了以天命论为归依的神化。孔子为黑帝之精，受天命为救民而降临人间，本是谶纬神学对孔子的描绘。在历代的正统儒学大师那里，虽然有对孔子的极度推崇，但绝没有谶纬神学那样的神化；就是在董仲舒、何休这样的春秋公羊学大师的思想中，也没有公然直接将孔子等同于神的话语，而只是将孔子视为担当天命的圣人。可以说，谶纬神学对孔子所作的神化，在儒学界也是没有认同的。而且，自东汉以后谶纬神学就逐渐销声匿迹。康有为以此作为发现经学微言大义的根本，实在不是新东西，更不是有时代价值的新理论，而是过时的陈旧的荒诞之说。

康有为的孔子改制说来自廖平，在论证孔子改制的手法上也与《知圣篇》基本上一致，但也有自己的新东西，就是特别突出孔子教主的地位。他将孔子所创的儒学称之为儒教，视为与佛教、道教及其西方基督教等类似的宗教。中国从唐代开始，鉴于佛教、道教的风行，社会上也流行儒学称之为儒教之说，但是，历史上少有人真正将儒学视为与佛教、道教同一性质的宗教，更没有视为与西方基督教等相同的宗教，这是康有为对孔学的新解释，也是康有为一直努力要建立孔教的思想根源所在。

《孔子改制考》批判刘歆作伪的危害，就特别地强调对孔子教主地位的湮没，而其发挥经学微言大义也特重孔子教主的说明：

> 伪《周官》谓儒以道得民，《汉·艺文志》谓儒出于司徒之官，皆刘歆乱教、倒戈之邪说也。汉自王仲任之前，并为儒、墨，皆知孔子为儒教之主，皆知儒为孔子所创。伪古说出，而后智塞掩蔽，不知儒义。以孔子修六经，仅博雅高行，如后世郑君、朱子之流，安得为大圣哉！章学诚自以集大成为周公，非孔子。唐贞观时，黜孔子为先师，乃谓特识，而不知为愚横狂悖矣。神明圣王，改制教主，既降为一抱残守缺之经师，宜异教敢入而相争也。尽发明儒为孔子教号，以著孔子为万世教主。①
>
> 刘歆以《左氏》破《公羊》，以古文伪传记攻今学之口说，以周公

---

① 康有为：《儒教为孔子所创考》，《孔子改制考》卷七，中华书局1988年版，第164—165页。

易孔子，以述易作，于是孔子仅为后世博学高行之人，而非复为改制立法之教主圣王，只为师统而不为君统，诋素王为怪谬，或者以为僭窃，尽以其权归人主，于是天下议事者引律而不引经，尊势而不尊道，其道不尊，其威不重，而教主微。教主既微，生民不严不化，益顽益愚，皆去孔子素王之故。①

这里一再称孔子为儒教之主、改制教主、万世教主、教主，将教主等同于春秋公羊学的素王，这是历史上的春秋公羊学所没有的。所以，康有为表面上是打着春秋公羊学的旗号，以发明孔子改制说为说，但他的孔子改制说并不完全是历史上原汁原味的春秋公羊学，而是加入了康有为自己的思想元素的。康有为以孔子为教主，带有以儒教对抗西方的基督教的意义，也是变法维新期间他的"保教"与"保种"并重的思想基础。梁启超曾论说康有为此说的意义："有为谓孔子之改制，上掩百世，下掩百世，故尊之为教主；误认欧洲之尊景教为治强之本，故恒欲侪孔子于基督，乃杂引谶纬之言以实之；于是有为心目中之孔子，又带有神秘性矣。"②这一评价是公允的。

追寻历史上对孔子的观念，康有为认为即使像朱熹这样的大师，也没有对孔子思想的正确认识：

朱子生于大统绝学之后，揭鼓扬旗而发明之。多言义而寡言仁，知省身寡过而少救民患，蔽于据乱之说而不知太平大同之义，杂以佛老，其道觳苦。所以为治教者，亦仅如东周、刘蜀、肖詧之偏安而已。③

其他更没有对孔子的正确认识，如"以心学家论孔子，仅见本数之端倪，以考据家论孔子，仅见末度之一二"；"以《论语》见孔子，仅见庸行，以《春秋》见孔子，仅见据乱之制"④。我们知道，《春秋》是《公羊传》所依凭的经典，春秋公羊学是由训解《公羊传》而形成的，康有为却说从《春

① 康有为：《孔子为制法之王考》，《孔子改制考》卷八，中华书局1988年版，第195页。
② 梁启超：《清代学术概论》，天津古籍出版社2003年版，第71页。
③ 康有为：《孔子改制考叙》，中华书局1988年版，第2页。
④ 康有为：《六经皆孔子改制所作考》，《孔子改制考》卷十，中华书局1988年版，第264页。

秋》中只能得到据乱之制，也就是说训解《春秋公羊传》的春秋公羊学没有太平、大同等说，甚至连升平的孔子改制说也没有。这不是与康有为要从春秋公羊学发明孔子改制的微言大义相矛盾吗？这些说法暴露了以发明春秋公羊学为"己任"的康有为，其实并不真正懂得春秋公羊学。但是，康有为却敢于判定自汉代以后的儒家学派，没有一家懂得教主的孔子，以至连治《春秋》的学派自然也包括春秋公羊学在内至多也只是知道孔子改制的拨乱之制。

从儒家找不到全面懂得孔子的人，康有为却从道家的庄子那里看到了对孔子的最全面、最准确的评说。《庄子·天下篇》说："古之人其备乎！配神明，醇天地，育万物，和天下，泽及百姓，明于本数，系于末度，六通四辟，小大精粗，其运无乎不在。其明而在数度者，旧法世传之史尚多有之，其在于《诗》、《书》、《礼》、《乐》者，邹鲁之士、搢绅先生多能明之。《诗》以道志，《书》以道事，《礼》以道行，《乐》以道和，《易》以道阴阳，《春秋》以道名分。"对庄子这段话，康有为作出了如下解释：首先，他以为庄子这里讲的古人不是指别人，就是指孔子，"云邹鲁之士、搢绅先生多能明之。缙绅是儒衣，邹鲁是孔子后学，则古人非孔子而何？"[1]其次，依据这一训解，康有为将庄子称赞古人的话语，都视为对孔子的赞扬，"所以尊孔子者云配神明，配天地，育万物，和天下，泽及百姓，明于本数，系于末度，六通四辟，小大精粗，其运无乎不在"。最后，康有为得出结论："自古尊孔子、论孔子，未有若庄生者。虽子思称孔子'洋洋乎发育万物，峻极于天。上律天时，下袭水土'，不若庄子之该举。子贡、有若、宰我所称，益不若子思矣。"[2]唯有从庄子这段话才可以得到对孔子的全面认识："有庄生之说，乃知孔子本数末度、小大精粗无乎不在。"[3]其实，庄子所谓古人并不是指孔子，而是庄子的理想人格，孔子在庄子的思想中绝不是理想人格。从"其明而在数度者，旧法世传之史尚多有之，其在于《诗》、《书》、《礼》、《乐》者，邹鲁之士、搢绅先生多能明之"这句完整的话来看，庄子认为儒家只是得到古人道术的数度，而不是全部，也就是世传之史，即《诗》、

---

① 康有为：《六经皆孔子改制所作考》，《孔子改制考》卷十，中华书局 1988 年版，第 264 页。
② 康有为：《六经皆孔子改制所作考》，《孔子改制考》卷十，中华书局 1988 年版，第 264 页。
③ 康有为：《六经皆孔子改制所作考》，《孔子改制考》卷十，中华书局 1988 年版，第 264 页。

《书》、《礼》、《乐》。所以，康有为以此推论古人就是指的孔子，这是站不住脚的。古人既然不是指孔子，说这段话是对孔子的称赞，自然就是无根之论。

庄子为道家之学，这是历史的常识，要说儒家没有对孔子的全面认识，反倒是道家的庄子有对孔子的深切体认，这是难以令人信服的。康有为对此作出解释：

> 庄子学出于田子方，田子方为子夏弟子，故庄生为子夏再传，实为孔子后学。其《天下篇》论当时学术，自墨子、宋钘、田骈、慎到、关尹、老聃、惠施，庄周亦自列一家，而皆以为耳目鼻口，仅明一义，不见纯体而裂道术。……固由庄生之聪辩，故一言而举其大，一由庄生曾为后学，能知其深也。①

庄子之学出于田子方，其说出自韩愈的《送王秀才序》一文中说："盖子夏之学，其后有田子方，子方之后，流而为庄周。故庄周之书，喜称田子方之为人。"②但韩愈之说出自唐代，距先秦时间已经甚远，又没有什么旁证，所以并没有得到人们的认同，而近代郭庆藩、章太炎与今人郭沫若、钱穆、李泽厚等则据《庄子》对孔、颜渊等人的评说，认为庄子即使与儒家有联系，也应当源于儒家八派中的颜氏之儒。两相比较，后说显然较有理据。康有为不加分析的采用韩愈之说，是要将庄子与子夏联系起来，将庄子说成是子夏的后学，而春秋公羊学是明确以子夏为祖师的，这样就可以将庄子与春秋公羊学联系起来，以证明庄子之说源于子夏。但是，庄子尽管与儒家有渊源，也难以说庄子之说就是有关孔子评说最正确、最纯正的儒家之说。

于是，康有为又以庄子对六经的说明，来证明庄子是最懂孔子的人：

> 云"《诗》以道志，《书》以道事，《礼》以道行，《乐》以道和，《易》以道阴阳，《春秋》以道名分"，朱子谓其以一字断语如大斧斫下，

---

① 康有为：《六经皆孔子改制所作考》，《孔子改制考》卷十，中华书局 1988 年版，第 264 页。
② 屈守元、常思春：《韩愈全集校注》第五册，四川大学出版社 1996 年版，第 2776 页。

非知之深安能道得。六经之大义，六经次序，皆乃庄生传之。①

康有为以为言六经的次序及其六经之义，庄子的论说是最为深得孔子改制之义的。只是"特庄生阅世过深，以为浊世不可以庄语，故危言、寓言、重言。故为曼衍，遂千年无知庄生者"。②不过，康有为终于发现了庄子。但是，庄子并没有说六经是孔子所作，而是以六经为旧法世传之史，是古人关于数度的著作，所以，即使庄子对六经有精深的辨识，也未必与孔子相关。

庄子的思想尽管可能与儒家有联系，但是，从他思想的基本观念来看，庄子绝不属于儒家，而应当属于道家。庄子有称赞孔子的语言，也有诽谤孔子的言论，说庄子最得孔子改制之义，这是历史上的春秋公羊学所绝对没有的说法。康有为的这一说法，也表明他所谓依春秋公羊学发明微言大义，并不纯正。

（二）孔子素王说

孔子素王说，这原本是春秋公羊学有关孔子特殊身份的说明，以论证孔子改制的合法性、合理性。此说是以天命论为基础的，康有为亦以天命为孔子素王说的依据：

> 孔子为万世制法之主，所谓素王也。《论语》曰："天生德于予。""天之未丧斯文也，匡人其如余何！"所谓不空生，必有所制也。《左传》仲子有文在手曰"为鲁夫人"，《十六国春秋》刘渊左手有文曰"渊"，彭神符有文在手曰"神符"，《东观汉记》公孙述自言手文有奇瑞，数移书中国，上赐书曰："瑞应手掌成文，亦非吾所知。"僭伪之人尚应符瑞，况制作之圣治万世乎？③

孔子是秉承天命，为制万世法而降临的，故孔子以天命自居，著《春秋》有得麟、瑞门之应。抛开其中天命说的神怪色彩，春秋公羊学的素王之义，实际是说孔子乃有德无位的君主，因其无位，孔子的理想在当时的社会得不

---

① 康有为：《六经皆孔子改制所作考》，《孔子改制考》卷十，中华书局1988年版，第264页。
② 康有为：《六经皆孔子改制所作考》，《孔子改制考》卷十，中华书局1988年版，第265页。
③ 康有为：《孔子为制法之王考》，《孔子改制考》卷八，中华书局1988年版，第196页。

到实现，于是只好将其意愿寄托于六经，这就是所谓素王之业在六经。这一说法强调的是孔子与六经的联系，说明六经的超越意义，而不是要重点说明孔子为"王"的含义。康有为的孔子素王说，其基本精神是春秋公羊学的，但又有其发挥，并将重点转移到孔子为"王"的论证上，而表现出与春秋公羊学的诸多不同。

康有为的孔子素王说，从训解"王"的字义入手：

> 何谓之王？一画贯三才谓之王，天下归往谓之王。天下不归往，民皆散而去之，谓之匹夫，以势力把持其民谓之霸，残贼民者谓之民贼。夫王不王，专视民之聚散向背名之，非谓其黄屋左纛，威权无上也。①

这一对"王"的字义训解，出于董仲舒，是春秋公羊学对帝王带有理想成分的规定。康有为还依据《古纬书·论语纬》："子夏曰：仲尼为素王，颜渊为司徒。"认定"孔子为素王，乃出子夏等尊师之名。素王，空王也。佛亦号空王，又号法王。凡教主尊崇，皆取譬于人主"。② 素王是有德无位之王，也就是没有实际帝位的空王，这基本上是春秋公羊学的说法。但是，纬书之说是不可信的。儒家第一个讲孔子是素王的并不是子夏，而是董仲舒。他在《天人三策》中说："孔子作《春秋》，先正王而系万事，见素王之文焉。"③但素王之说最早不是出于儒家，而是出于道家的庄子。《庄子·天道》："夫虚静、恬淡、寂漠、无为者，万物之本也。明此以南乡，尧之为君也；明此以北面，舜之为臣也。以此处上，帝王天子之德也；以此处下，玄圣素王之道也。"庄子在这里所说的素王指谁而言，并没有明说，郭庆藩的《庄子集释》疏认为："有其道而无其爵者，所谓玄圣素王，自贵者也，即老君、尼父是也。"④据王先谦的《庄子集解》，郭庆藩疏出于成玄英。素王不仅指孔子，也包括老子，是对有道无爵之人的泛称，这应该是比较符合庄子本意的解释。春秋公羊学者吸取道家的素王一词，将素王视为孔子的专有名词，以

---

① 康有为：《孔子为制法之王考》，《孔子改制考》卷八，中华书局 1988 年版，第 195 页。
② 康有为：《孔子为制法之王考》，《孔子改制考》卷八，中华书局 1988 年版，第 200 页。
③ 班固：《董仲舒传第二十六》，《汉书》卷五十六，《四库全书》本，上海古籍出版社 1987 年版。
④ 郭庆藩：《庄子集释》卷五中，中华书局 1985 年版，第 461 页。

高扬孔子作六经的意义。康氏也以为素王仅指孔子，并据以推论："庄生为老学，然亦称孔子为素王，盖素王之名遍天下矣。"①康有为还据《淮南子·主术训》卷九："孔子之通，智过于苌宏，勇服于孟贲，足蹑郊菟，力招城关，能亦多矣。然而勇力不闻，伎巧不知，专行孝道，以成素王，事亦鲜矣。"断论"《淮南》出自伍被之流，为杂家。称孔子之讳而亦尊为素王，可知王号为天下达尊"②。将孔子为素王之称说成是先秦到西汉的普遍流行之说。

春秋公羊学的孔子素王说以孔子为有德无位之王，即有其名无其实的空王。但是，康有为却将孔子说成是不仅有其名，而且是有其实的君主，他说：

> 然今中国圆颅方趾者四万万，其执民权者二十余朝，问人间归往孔子乎？抑归往嬴政、杨广乎？既天下义理制度皆从孔子，天下执经释菜俎豆莘莘皆不归往嬴政、杨广，而归往大成之殿、阙里之堂，共尊孔子。孔子有归往之实，即有王者之实，有王之实而有王之名，乃固然。然大圣不得已而行权，犹谦逊曰假其位号，讬之先王，讬之鲁君，为寓王为素王云而。③

这里的论证不合于逻辑与事实，一目了然。然而，康有为牵强附会的目的却很清楚，就是要以此说明历代君主如秦始皇、隋炀帝等人，并不是真正的帝王，真正的帝王是孔子，孔子具有帝王之实，理所当然地应称呼孔子为王。康有为还引用先秦到两汉的文献，考辨出先秦至两汉的学者无不以孔子为王："逎上古昔，尚勇竞力，乱萌惨黩，天闵振救，不救一世而救百世，乃生神明圣王，不为人主，而为治法主。天下从之，民萌归之，自战国至后汉八百年间，天下学者，无不以孔子为王者，靡有异论也。"④由这里区分人主与治法主的不同，说明康有为的以孔子为王，是从治法之主也就是制法之王

---

① 康有为：《孔子为制法之王考》，《孔子改制考》卷八，中华书局1988年版，第200页。
② 康有为：《孔子为制法之王考》，《孔子改制考》卷八，中华书局1988年版，第201页。
③ 康有为：《孔子为制法之王考》，《孔子改制考》卷八，中华书局1988年版，第195页。
④ 康有为：《孔子为制法之王考》，《孔子改制考》卷八，中华书局1988年版，第194—195页。

的意义上来说的。

对孔子为"王"的论证，康有为可以说古往今来第一个作出多方面论说的人，其名目之繁多，为春秋公羊学历代所未闻，除素王之外，康有为还讲出了新王、先王、后王、文王、圣王、继周之王等种种名目。而这些名目都包括在所谓制法之王的名目之下，在《孔子为制法之王考》中康有为引用儒家、道家、谶纬、历代史记及其有关孔子为王的论述，认为新王、先王、后王、文王、圣王、继周之王等都是对孔子为王的不同说法。其中有的说法，确实与春秋公羊学之说有关联，但是，多数都难以成立。如以孔子为新王，本于董仲舒的《春秋》立新王之制，在《春秋繁露》的《三代改制质文》、《楚庄王》等篇中，"《春秋》为新王，凡五见，亲周、故宋、王鲁，凡再见，先王受命改制数见。孔子为继周之王，甚明。"①但是，董仲舒在这些地方没有一处明确说孔子就是新王，而只是说孔子作《春秋》是代新王立法，是就《春秋》包含有所谓继周的新王之法来说的。康有为实际上是看到了这一点，故他说："董生更以孔子作新王，变周制，以殷、周为王者之后，大言炎炎，直著宗旨。孔门微言口说，于是大著，孔子为改制教主，赖董生大明。"②同样，继周之王，也与董仲舒的孔子作《春秋》，是为继周之王著一代大法有关。但同样的春秋公羊学的继周之王也不是指孔子，而指的依"三统"说继承周代的新一代之王；而且孔子卒于公元前479年，孔子去世后230年东周灭亡，孔子根本不可能成为继周之王。可见，春秋公羊学的新王、继周之王，都是就孔子作《春秋》为后王立法来说的，并不是直接以孔子为新王、继周之王。康有为的说法过于夸诞。

其他关于孔子为王之说，就更多康有为的附会为说。如孔子为文王说，在《公羊传》、董仲舒、何休的著作中，都找不到以孔子为文王的明说。最早说孔子为文王的是晋人王愆期。这里涉及文王是否称王的问题，张守节《史记·周本纪正义》中引《易纬》文，有主张文王称王说："文王受命，改正朔，布王号于天下。"郑玄亦以文王在世时就已改正称王。孔颖达驳斥说："天无二日，民无二王，岂得殷纣尚在而称周王哉？若文王身自称王，

---

① 康有为：《孔子为制法之王考》，《孔子改制考》卷八，中华书局1988年版，第199页。

② 康有为：《孔子为制法之王考》，《孔子改制考》卷八，中华书局1988年版，第198页。

已改正朔，则是功业成矣，武王何得云大勋未集，欲卒父业也？《礼记·大传》云：'牧之野，武王之大事也。既事而退，追王大王亶父、王季历、文王昌。'是追为王，何以得为文王身称王，已改正朔？《春秋》'王正月'谓周正月也，《公羊传》曰：'王者孰谓？谓文王。'其意以正为文王所改。《公羊传》汉初俗儒之言，不足以取正也。"①《公羊传》以王正月的王即指文王，但文王并没有称王，这是一个矛盾，面对这个矛盾，王愆期在注《公羊传》时，于是提出了文王为孔子的"新说"。孔颖达在《尚书正义》的《周书·太誓》疏中就指出王愆期之说不可信、非其实：

> 晋世有王愆期者，知其不可，注《春秋公羊》以为《春秋》制，文王指孔子耳，非周昌也。……呼文王为"王"，是后人追为之辞，其言未必可信，亦非实也。②

孔颖达认为，文王本来是武王灭商以后追封其父的谥号，历史上并不存在文王，所以，用文王来解释王正月的王，本身就是错误的。王衍期以孔子为文王，更是错上加错。康有为却依然认为王衍期之说是可信的："孔子质统为素王，文统则为文王。孔子道致太平，实为文王。法生不法死，则此文王是孔子，非周文王益见矣。王衍期谓文王即孔子，盖有传授也。"③为证孔子即文王、文王即孔子，康有为发出了不少牵强之论：

> 文王所以为文，即孔子也。孔子之道，纯粹不可以已。④
> 以文王为师，孔子之法也。文王既没，文不在兹，则师文王而师孔子也。⑤

若孔子之法是以文王为师，孔子可以被看做文王的继承人，师文王必须通过

① 阮元刻：《十三经注疏》上册，中华书局 1982 年版，第 180 页。
② 阮元刻：《十三经注疏》上册，中华书局 1982 年版，第 180 页。
③ 康有为：《孔子为制法之王考》，《孔子改制考》卷八，中华书局 1988 年版，第 201 页。
④ 康有为：《孔子改制法尧、舜文王考》，《孔子改制考》卷十二，中华书局 1988 年版，第 298 页。
⑤ 康有为：《孔子改制法尧、舜文王考》，《孔子改制考》卷十二，中华书局 1988 年版，第 298 页。

师孔子来实现，这是可以说得通的，但将文王说成就是孔子，则是万万不通的。至于说什么文王所以为文，在于孔子，这岂不是说若无孔子，就没有文王了吗？

康有为还将孟子、荀子等人著作中所言的先王、后王一一说成是孔子，他说："凡孔子后学中引礼，皆孔子之礼，所称先王皆孔子，非三代王也。"① "孔子之道讬之尧、舜，故孟子必称之。凡孟子之尧、舜，即孔子也。"② "凡荀子称后王者，皆孔子也。"③孔子已经言及三代之礼，更有"吾从周"④ 的感叹，说什么七十子及其后学所引礼，皆为孔子之礼，实在令人难以相信。至于以先秦儒家所言先王、后王如尧、舜、文王等都是指孔子，同样是无根之论。对先秦儒学稍有研究的人都知道，孟子的先王，荀子的后王，都是指尧、舜禹、汤、文、武等儒家的理想君主，而与孔子无关。孟子、荀子在各自的著作中，都多次论及孔子并引用孔子之说，但是，从没有以孔子为先王、后王之类的说法，更没有将孔子等同于尧、舜、文王等骇人听闻之说。

将先秦两汉文献言王的文字，一一说成是对孔子素王说的表述，这是自刘逢禄以来以《春秋公羊》遍说群经的进一步泛滥。康有为这种不分今文经学的派系，不分古文经学的不同，不分经学与其他学术的差异，而以孔子素王说囊括一切关于王的言辞，将素王、圣王、改制之王、先王、后王、文王的各种关于王的名目，都贴在孔子的脸上，已经不是严格意义上的春秋公羊学说，而是康有为的孔子素王说。这与廖平对孔子的神化，杂引古今中西的各种学说是完全相同的。而康有为这样不顾事实、不顾文意地将一切言王的材料都说成是孔子的称号，不过是要将孔子的身份说成是真正的王，为孔子改制的身份制造合法性。

（三）孔子改制的证明

《荀子·不苟》有一段话："故千人万人之情，一人之情是也；天地始者，今日是也；百王之道，后王是也。君子审后王之道而论于百王之前，若

---

① 康有为：《孔子为制法之王考》，《孔子改制考》卷八，中华书局1988年版，第204页。
② 康有为：《孔子改制法尧、舜文王考》，《孔子改制考》卷十二，中华书局1988年版，第294页。
③ 康有为：《孔子为制法之王考》，《孔子改制考》卷八，中华书局1988年版，第206页。
④ 孔子：《论语·八佾》，杨伯峻：《论语译注》，中华书局1990年版，第28页。

端拜而议。"是说万千差异之物有所同一，故天地之始与今日无异，百王之道亦即后王。这里根本没有谈到孔子，康有为却认为荀子是用以解释孔子改制的意义，"今日为天地之始"的含义是指孔子改制方有人道："孔子改制为人道之始，故谓今日为天地之始。"①姑不说荀子根本没有这样的意思，此说更是与孔子的言论与历史事实严重的不符。说孔子之前无人道可言，这何以解释孔子对周礼的称赞："周监于二代，郁郁乎文哉！"②并以文王、周礼的继承者自居。而出土文物与古籍中都可以证明，中国有文字记载的文明史在孔子之前一千多年就已经开始出现。如果将人道理解为人与动物相区分的特质，则中国历史上人道的出现就更早。康有为的这一说法，可以说是不值一驳。而《孔子改制考》关于孔子改制的诸多论说，尤其是康有为自己所发明的内容，几乎都是这样不顾原著之义、不顾历史事实的牵强之说。就此而言，以"考"为名的《孔子改制考》同《新学伪经考》一样，都是严重的名不符实。但这并不妨碍康有为对孔子改制的如下考证：

第一，上古茫昧无稽说。

人道始于孔子，成为康有为证明孔子改制说的逻辑起点。康有为由此而提出上古茫昧无稽说。康有为所说的古代，是指孔子之前的时代，此说的基本观念是认为孔子作六经之前是没有文字记载的可信历史的。他说：

> 大地人道皆蓝蒌于洪水之后。……然六经以前，无复书记，夏、殷无征，周籍已去，共和以前，不可年识，秦汉以后，乃得详记。③

康有为根据他所知道的世界文明出现的传说，认定整个世界的文明都出现在洪水之后。就中国而论，他认为在孔子作六经以前，是没有可信的文明史的。但是，康有为也不得不承认中国古代没有纪年的历史是在西周自共和④

---

① 康有为：《孔子为制法之王考》，《孔子改制考》卷八，中华书局1988年版，第205页。
② 孔子：《论语·八佾》，杨伯峻：《论语译注》，中华书局1990年版，第28页。
③ 康有为：《上古茫昧无稽考》，《孔子改制考》卷一，中华书局1988年版，第1页。
④ 西周从公元前841年开始后的十四年，号共和。共和的年号历史上有两说：1. 厉王出奔，召公、周公二相共同执政。《史记·周本纪》："召公、周公二相行政，号曰'共和'。"2. 厉王出奔，诸侯共伯和代理政事。《汉书·古今人表》"共伯和"唐颜师古注："共，国名也；伯，爵也；和，共伯之名也。共，音恭。而《迁史》以为周召二公行政，号曰共和，无所据也。"

元年（前841年）之前，而孔子出生在公元前551年，也就是说孔子出生的三百年之前就已经有纪年的历史，所以，说六经以前无复书记，完全是自相矛盾之说。

中国古代有三皇五帝、三王五霸之说，以说明古代历史的悠久。康有为认为，在孔子之前的历史都属于不可信的，其人物也是虚无缥缈的。三皇之说汉代已经有异说①，多数以伏羲为三皇之首。《庄子》最早言及伏羲，司马迁作《史记》两次言及伏羲作八卦，《易纬·辨终备》更推说伏羲至汉的年数："自伏羲以来，汉永和元年，凡四十万九千三百八十九岁。"伏羲其人虽然带有不少神话色彩，但是，可以肯定伏羲是中国历史上某一发展时期的代表，康有为则以为伏羲不过是孔子所假托之人：

> 大约开辟之初，传闻有伏羲其人，如泰西之称亚当，孔子系《易》，讬为人元，而亚当于埃及古音，即为"人"之称。则伏羲究为如何，亦不得而知。②

亚当是《圣经》中所说的人类始祖，他是上帝在伊甸园所造的第一个人。中国古代传说的伏羲就如同《圣经》的亚当，只是传闻的人物，是孔子作《易经》时所假托的人类始祖，绝不是真实的历史人物。所以，有关伏羲画八卦等说，都是不可相信的。伏羲不可信，三皇的其余二皇更是不可信。

五帝之说，历史上也多有异说，但最有影响的是司马迁的说法，以黄帝为五帝之首，见于《史记·五帝本纪》。在《新学伪经考》中，康有为是相信《史记》的，并用以作伪判定刘歆作伪的依据。但是，在《孔子改制考》中《史记》所载的以黄帝为首的五帝，康有为是完全否定的。他认为，黄帝及其儒家所最推崇的尧、舜等五帝如同三皇一样，皆为孔子与诸子的依托：

---

① 汉代三皇之说有五：1.《尚书大传》为燧人、伏羲、神农。《礼·含文嘉》、《春秋命历序》亦同，但以燧人居中。2.《春秋·运斗枢》为伏羲、女娲、神农。3.《礼号谥记》为伏羲、祝融、神农。《孝经·钩命决》引《礼》同此，但以神农居中。4.《白虎通》说为伏羲、神农、共工。5. 西汉末的《世经》为伏羲、神农、黄帝。

② 康有为：《上古茫昧无稽考》，《孔子改制考》卷一，中华书局1988年版，第4页。

黄帝之言，皆百家所讬。荐绅为孔子后学，茫昧之说故难言之。东
西南朔言黄帝、尧、舜风教皆殊，盖事迹已远，皆百家所讬，故言人人
殊。韩非所谓尧、舜不可复生，谁使定尧、舜之真也。见于他说，皆百
家所讬。其实黄帝、尧、舜之事，书缺有间，茫昧无稽也。[①]

康有为这段话是针对《史记·五帝本纪》如下一段话而发的："百家言黄
帝，其文不雅驯，荐绅先生难言之。孔子所传宰予问五帝德及帝系姓，儒者
或不传。余尝西至空桐，北过涿鹿，东渐于海，南浮江淮矣，至长老皆各往
往称黄帝、尧、舜之处，风教固殊焉，**总之不离古文者近是。予观《春
秋》、《国语》，其发明五帝德、帝系姓章矣，顾弟弗深考，其所表见皆不虚。**
书缺有间矣，其轶乃时时见于他说。"这本是一段完整的话，可是康有为却
将其分为两段来引用，而且引用时，还将黑体字加下划线的部分略去。经过
康有为的引用，一段话变成了两段话，康有为所依据"辨伪"的史料也由
一变为二，有数量上的倍增，这就给人以假象，似乎康有为"考辨"有丰
富的史料依据。更值得注意的是，康有为在引用时，竟将不利于自己论点的
文字全数删去，完全是根据自己的需要断章取义。从康有为没有引用的文字
看，司马迁是肯定有五帝系统的，而他的《五帝本纪》不仅来源于《左
传》、《国语》等先秦史书，而且来自各地长老的传说。特别是司马迁谈到孔
子有五帝德的论说，说明孔子也是相信五帝之说的，五帝在孔子那里绝不是
什么假托。没有康有为删除不利于自己论点的文字，人们从此只能得出与康
有为相反的结论。这种断章取义的引用文献是康有为引用古籍以证己说的典
型手法之一，它与考证的精神是完全相背的。像这样引用材料所得出的结
论，具有多大的可信性，实在值得怀疑。

五帝之后为夏、商、周三代，孔子多次论及三代，先秦著作也多有三代
的描述，司马迁的《史记》分别有夏、商、周三代本纪之作。而康有为认
为，所谓三代也是孔子所托：

①　康有为：《上古茫昧无稽考》，《孔子改制考》卷一，中华书局1988年版，第5页。

三代文教之盛，实由孔子推托之故。①

说三代的文明之盛有孔子与儒家理想的寄托，这是合于事实的。但是，绝不能由此推导出三代的历史也是虚假不可靠的，康有为正是如此。他认为，三代渺茫如同上古，茫昧无征：

太古之事已灭，若存若亡，若觉若梦，可为上②古茫昧之据。……泰西之述亚当、夏娃，日本之述开国八神，亦同此义，皆茫昧不可考也。其云三王之事亿不识一，③ 亦可为三代无征之证。④

康有为曾用夏娃的神话来说明伏羲的不可信，这里又加上日本开国八神的神话，来说明三代的茫昧无征。夏娃、开国八神出于神话，而关于伏羲、黄帝尤其是三代，在中国古代虽然带有一些神话的色彩，但这些记载都是作为历史传说来述说的，神话与历史有相互影响，但是，二者是却不可以用来互证的。所以，康有为引用西方的神话来证明中国自孔子之前都是茫昧无征的，实际上是将神话与历史传说混为一谈，根本不能成立。这种时常引用一些西方与日本的文史知识，来为自己的论点作似是而非的论证，在绝大多数人对西学还十分陌生的时代，常常会给人以极大的迷惑。

但是，康有为毕竟是对历史有了解的知识分子，所以，他在否认孔子以前历史的真实性时，有时又承认某些历史的事实。如《汉书·律历志》说："寿王及待诏李信治黄帝《调历》，课皆疏阔，又言黄帝至元凤三年六千余岁。丞相属宝、长安单安国、安陵栖育治《终始》，言黄帝以来三千六百二十九岁，不与寿王合。寿王又移《帝王录》，舜、禹年岁不合人年。寿王言化益为天子

---

① 康有为：《上古茫昧无稽考》，《孔子改制考》卷一，中华书局 1988 年版，第 1 页。
② 原文作"三"，据本卷标题及此段上下文文义，疑当作"上"，康有为多言"上古"、"三代"，而无言"三古"。
③ 康氏所据出于《列子·杨朱》："太古之事灭矣，孰志之哉？三皇之事，若存若亡；五帝之事，若觉若梦；三王之事，或隐或显，亿不识一；当身之事，或闻或见，万不识一；目前之事或存或废，千不识一。太古至于今日，年数固不可胜纪。但伏羲已来三十余万岁，贤愚、好丑、成败、是非，无不消灭；但迟速之间耳。"
④ 康有为：《上古茫昧无稽考》，《孔子改制考》卷一，中华书局 1988 年版，第 3 页。

代禹，骊山女亦为天子，在殷、周间，皆不合经术。"康有为评说：

> 武帝时孔学已一统，然旧说尚存，可以参证。夏后有化益为天子，寿王述黄帝历必非杜撰。此如后世王莽、武后更世易朝，大统虽为汉、唐，朝代实易新、周。孔子裁成三代以为三统，又恶阴乘阳，女为天子，故去之。其实王莽、武后后世尚有之，况太古乎。至黄帝纪年各不相同，共和以上无得称焉，况结绳之后，草昧荒荒？今欲考美洲以前，秘鲁古事，已是极难，何疑于上古？合比考之，三代文明，皆藉孔子发扬之，实则茫昧也。①

这里最后的结论依然是三代茫昧无征，但又承认寿王所述黄帝历非杜撰，并认可寿王所说的古代有化益为天子代禹、女为天子的史实，还以后世的王莽、武则天为证，这不是承认黄帝的历史真实性吗？这里又一次讲到共和以上无称，也就是承认共和以后就有可信的历史，这也是对孔子之前有真实历史记载的承认。谈到三代，康有为面对周代的诸多文献，有时也不得不对三代茫昧无征之说，修正为夏、殷无征，如康有为就据《史记·三代世表》的："五帝、三代之记，尚矣②。自殷以前诸侯不可得而谱，周以来乃颇可著。"认为"殷以前不可得而谱，盖孔子时，夏、殷无征，非惟五帝，则夏、殷之事茫昧无稽可见"。③ 只说夏、殷无征，而没有包括三代的周。

第二，周秦诸子托古改制。

康有为否定孔子之前历史的真实性，是要为他的诸子与孔子改制制造理论前提，以说明孔子的儒家与诸子著作中的伏羲、燧人、神农、黄帝、颛顼、尧、舜、夏禹、商汤、文武、周公等人物，及其所描述的黄帝、神农、三代的盛况，都不过是诸子与孔子的托古改制。所以，上古茫昧无征成为康有为孔子改制的理论起点。

与廖平只承认孔子改制不同，康有为既讲孔子改制，也讲诸子改制。他据《史记·外戚世家第十九》说："秦以前尚略矣，其详靡得而记焉。"而得

---

① 康有为：《上古茫昧无稽考》，《孔子改制考》卷一，中华书局1988年版，第6页。
② 康氏引此条材料只注明出《史记》，未注明篇目。
③ 康有为：《上古茫昧无稽考》，《孔子改制考》卷一，中华书局1988年版，第4页。

出诸子改制说：

> 秦前尚略，其详靡记，与《孟子》"其详不可得闻，诸侯去籍"
> 同。然则周制亦茫昧矣。此条最为确据。惟其不详，故诸子得以纷纷假
> 托，或为神农之言，或多称黄帝，或法夏，或法周，或称三代，皆由书
> 缺籍去，混混茫茫，然后诸子可以随意假托。①

康有为在这里实际上包含有两种不同的说法，一是认为周代制度不详，是因
书简有缺，而非周代本身的不真实；二是认为周代茫昧无征，本身就不可
信。康有为没有看到这两种说法的不同，他的本义是主张后一种说法，并以
此作为诸子改制的出发点。这就是因其上古茫昧无征，故诸子得以根据各自
的需要，或假托黄帝、或假托神农、或法夏、或法殷、或法周，以言改制。

这一诸子改制说的高明之处在于，它看到了历史的文明进步是一个长期
的发展过程。康有为通过诸子改制皆在周秦时期的论说清楚的表述了这
一点：

> 人类之生在洪水之后，故大地民众皆蕳萌夏禹之时。积人积智，二
> 千年而事理咸备。于是才智之尤秀杰者，蠡出挺立，不可遏靡，各因其
> 受天之质，生人之遇，树论语，聚徒众，改制立度，思易天下。惟其质
> 毗于阴阳，故其说多偏蔽，各明一义，如耳目鼻口不能相通。然皆艰苦
> 独行之力，精深奥伟之论，毅然自行其志，思立教以范围天下者也。外
> 国诸教亦不能外是矣。当是时，印度有佛婆罗门及九十六外道并创术
> 学，波斯则有祚乐阿士对创开新教，泰西则希腊文教极盛，彼国号称同
> 时七贤并出，而索格拉底集其成。故大地诸教之出，尤盛于春秋战国
> 时哉。②

康有为认为中国古代从夏禹开始，到孔子、诸子出现的周秦时代，中间经历

---

① 康有为：《上古茫昧无稽考》，《孔子改制考》卷一，中华书局 1988 年版，第 5 页。
② 康有为：《周末诸子并起创教考》，《孔子改制考》卷二，中华书局 1988 年版，第 9 页。

了一个两千年的"积人积智"，而到达了一个"事理皆备"的发展时代。这一个时代出现了管子、晏子、孔子、老子、墨子、孟子、庄子、列子、荀子等一大批文化巨人，是中国文化史上的黄金期。不仅中国如此，印度、波斯、希腊等外国也无不如此。这一说法与德国哲学家雅斯贝尔斯在1949年出版的《历史的起源与目标》中提出的"轴心时代"说①，有惊人的一致，但比雅斯贝尔斯早了半个多世纪。当然，《孔子改制考》不是一部文化哲学的著作，当时的康有为也没有雅斯贝尔斯那样的世界历史眼光，而不可能作出雅斯贝尔斯那样的文化成果。但是，不可否认的是康有为作为追随时代发展的思想家，能够以敏锐的眼光看到中国与世界各国最伟大思想家多出现在春秋战国时代，指出了"大地诸教之出，尤盛于春秋战国"，而这正是"轴心时代"说的重要内容之一。

康有为的诸子改制说，将古籍中言及的春秋战国时期的许多人物，如子桑伯子、原壤、棘成子、管子、晏子、少正卯、许行、志莫、白圭、陈仲子、老子、关尹子、庄子、鹖冠子、杨朱、列子、尸子、邓析、林既、申不害、慎到、商鞅、韩非、李斯、公孙龙、惠施、彭蒙、宋研、尹文、邹衍、张仪、苏秦、吴起、孙武、孙膑等，《黄帝内经》以至秦汉的《吕氏春秋》、《淮南子》等著作，都纳入改制之中。康有为在论说诸子改制时，所引用的材料不少出于《汉书》，如述及墨家、道家、法家、名家、阴阳家、纵横家、兵家改制，多取《汉书·艺文志》，并在最后以《汉书·艺文志》的论九流十家作为诸家创教的"绪论"。《新学伪经考》曾以《汉书·艺文志》为刘歆之伪，给以最激烈的批判，《孔子改制考》为了证明诸子改制之义，康有为又引以为说，这是自相矛盾。同时，也表明康有为对史料真伪的辨别，根本没有原则，而只是以服务于自己的理论需要。

由于康有为的诸子改制说并不是由史料考辨出来的可信结论，而是预先

---

① 根据百度百科词条介绍，所谓"轴心时代"的内容大致是："公元前800至公元前200年之间，尤其是公元前600至前300年间，是人类文明的轴心时代。轴心时代发生的地区大概是在北纬30度上下，就是北纬25度至35度区间。这段时期是人类文明精神的重大突破时期。在轴心时代里，各个文明都出现了伟大的精神导师：古希腊有苏格拉底、柏拉图、亚里士多德，以色列有犹太教的先知们，古印度有释迦牟尼，中国有孔子、老子……他们提出的思想原则塑造了不同的文化传统，也一直影响着人类的生活。而且更重要的是，虽然中国、印度、中东和希腊之间有千山万水的阻隔，但它们在轴心时代的文化却有很多相通的地方。在那个时代，古希腊、以色列、中国和印度的古代文化都发生了'终极关怀的觉醒'。"

设定了周秦诸子皆改制这样一个大前提，然后推论出其人物、著作皆改制的结论。所以，康有为的诸子改制说，只要能够在先秦汉代的著作找到某人的一两句材料，他就会将其与改制联系起来，而得出所谓某人改制的结论。如他的原壤创教说，所依据只是《礼记·檀弓》的如后一小段："孔之之故人原壤，其母死，夫子助之沐椁，原壤登木曰：'久矣，予之不托于音也。'歌曰：'狸首之班然，执女手之卷然。'夫子为弗闻也者而过之。"这里只是说原壤是孔子的故旧，母亲去世，孔子去悼念，原壤很高兴，于是唱歌来取悦孔子。到底原壤在这里有什么改制、创教，康有为没有一点说明，也不可能有什么说明，就得出这是所谓原壤创教。又如，《说苑·善说》："林既衣韦衣，而朝齐景公。齐景公曰：'此君子之服也？小人之服也？'林既逡巡而作色曰：'夫服事何足以端士行乎？昔者，荆为长剑危冠，令尹子西出焉；齐短衣而遂偞之冠，管仲、隰朋出焉；越文身鬋发，范蠡、大夫种出焉；西戎左衽而椎结，由余亦出焉。即如君言，衣狗裘者当犬吠，衣羊裘者当羊鸣，且君衣狐裘而朝，意者得无为变乎？'"这段记载是说林既穿皮衣见齐景公，齐景公提出这是君子还是小人的服饰问题，林既则严肃的回答，服饰并不能作为区分君子小人的依据，并列举各国贤大夫服饰皆有不同，而不失为贤人。林既还讥讽齐景公的说法，衣狗裘者犬吠，衣羊裘者羊鸣，您齐景公衣狐裘是不是应当狐鸣呢？很显然，林既是反对以服饰来评价人品的高低的。但是，康有为却在引用这段话时，将"昔者"后面的一大段文字全部删去，又一次断章取义的得出林既改制的结论：

> 按朝觐之服本有一定，林既衣韦衣而景公以君子小人疑之，可知林既所衣之衣，必自为改制，异于常人矣。制华子作华山冠以自表，庄子衣儒服以见楚王，战国诸子纷纷改制，大率如此。[①]

林既明明反对以服饰取人，认为服饰对于人而言，只是外在的东西，并不重要。康有为却以此来论说林既的创教，这是不顾事实的臆说。至于说什么华子戴华山冠，庄子衣儒服都是诸子创教，并肯定诸子改制"大率如此"。若

---

① 康有为：《诸子创教改制考》，《孔子改制考》卷三，中华书局 1988 年版，第 44 页。

创教、改制不过是穿戴奇装异服，这样的改制、创教岂不是太平庸、太容易了吗？如果康有为的诸子创教说都如论述原壤、林既一般，是绝不会得到社会的承认的。

在辨析其他著述与有较多史料保存的人物创教时，康有为还能提出一些似是而非的论述，将其相关的学说一概作为其创教改制的内容。如关于墨子改制的论说，康有为在引《墨子·明鬼》等篇后说：

> 按此《墨子》诸篇，皆墨子特创之制也。……但总诸篇之旨，《节葬》、《非命》、《非乐》、《非儒》，皆与孔子为敌，又其声名徒众与孔子相比，故述孔子者必力攻之。①

认为墨子非命、非乐、节葬、明鬼、尚同等说，都是墨子为创教改制而提出来的。康有为关于先秦诸子创教改制的论说，虽然依诸子思想的不同而有所不同，但在论证方式上却完全一致，都是先引用某人相关的史料或思想资料，然后将其指为某人的创教改制。所以，康有为关于诸子创教改制的论说虽然不少，但并没有什么值得关注的新内容，不过是将先秦的思想家都打扮成创教的教主、改制的政治家，将其思想观念作为创教改制的内容。其说虽新，可眩人耳目，但却将思想家的建立学说、政治家的政治改革、宗教家的创立宗教混而不分，合三为一了。

与他的上古茫昧说相应，康有为将诸子中有关古代的述说，一概视为诸子为改制而作出的依托，提出所谓诸子托古改制说。先秦诸子的著作喜言伏羲、神农、黄帝、尧、舜、禹、汤、文、武、周公等，康有为认为这些人物都不是真实的历史人物，而是诸子为改制所作的托古："神农之治法、黄帝诲颛顼之言，安得可考？皆讬古之言。"②其中被诸子言说最多的莫过于黄帝与尧、舜，康有为将其一一辨析为诸子的托古改制。他一再说："百家多称黄帝，故讬黄帝之言尤多"③；"百家皆称黄帝，可见讬古之盛。"④认为先秦

---

① 康有为：《诸子创教改制考》，《孔子改制考》卷三，中华书局 1988 年版，第 36—37 页。
② 康有为：《诸子改制讬古考》，《孔子改制考》卷四，中华书局 1988 年版，第 91 页。
③ 康有为：《诸子改制讬古考》，《孔子改制考》卷四，中华书局 1988 年版，第 91 页。
④ 康有为：《诸子改制讬古考》，《孔子改制考》卷四，中华书局 1988 年版，第 50 页。

诸子各家关于黄帝的论说都是托古的表现，如他在引《管子·五行》"昔者黄帝得蚩尤而明于天道，……五曰黑钟隐其常"一大段话之后，得出管子的六官说是托黄帝而作出的改制："六官之始出管子，而亦讬之黄帝。"①凡是诸子著作中每一个关于黄帝的论说，都是被康有为如此辨析为托黄帝以言改制的材料。

不仅诸子所言黄帝等人是托古，连庄子的寓言也是托古改制。康有为说：

> 《庄子》一书所称黄帝、尧、舜、孔子、老聃皆是寓言。……此实战国诸子之风，非特庄子为然，凡诸子皆然。……寓言于谁？则少年不如耆艾，今人不如古人；耆古之言则见重矣。耆艾莫如黄帝、尧、舜，故讬于古人以为重，所谓重言也。凡诸子讬古皆同此。②

庄子以寓言的形式讲黄帝、尧、舜、孔子、老子，都是托古改制的表现。不仅如此，"庄子寓言，无人不讬"③，像《庄子·大宗师》所说的南伯子葵、副墨之子、诸洛诵之孙、瞻明、聂许、需役、讴、玄冥、参寥、疑始等人物，及其各篇寓言中所称谓的种种人物，都是庄子的托古，"盖随意假讬，非真实有其人"④。而庄子的寓言托古，不过是当时风气的体现，并不奇怪，"庄子寓言人皆知之，不知当时风气实如此"⑤。连庄子的寓言都被说成是托古改制的表现，先秦学术著作所言的人物还有什么不是托古改制呢？

诸子托古创教改制的内容，这才是康有为论说托古改制的真实意图所在。而这一真实意图并不是直接呈现在表面的，就康有为大量关于诸子托古改制的论说来看，他不得不受到引用诸子著作的限制，而将诸子学说的观念说成是托古改制的内容，如他关于老子、墨子的托古改制的论说，就大量的引用《老子》、《墨子》书中的各种观念，如以非命、非乐、非攻、尚同、尚

---

① 康有为：《诸子改制讬古考》，《孔子改制考》卷四，中华书局 1988 年版，第 87 页。
② 康有为：《诸子改制讬古考》，《孔子改制考》卷四，中华书局 1988 年版，第 49 页。
③ 康有为：《诸子改制讬古考》，《孔子改制考》卷四，中华书局 1988 年版，第 71 页。
④ 康有为：《诸子改制讬古考》，《孔子改制考》卷四，中华书局 1988 年版，第 70 页。
⑤ 康有为：《诸子改制讬古考》，《孔子改制考》卷四，中华书局 1988 年版，第 70 页。

贤、兼爱、明鬼等为墨子托古改制的主张，这一类说法基本上是将先秦思想家的思想观念作为改制的内容，但这并不是康有为托古改制说值得人们关注的。他的托古改制所重视的是将诸子著作与近代资本主义的经济、政治、文化思想相附会①，而得出来的一些带有近代资本主义价值的说法，如他从《管子》中发现的所谓创轻重开阖矿学、创议院等：

> 管子创轻重开阖矿学，亦讬于禹、汤、伊尹、黄帝。②
> 管子创议院，亦讬先王。③

这些类似说法，不过是康有为的牵强附会，不需明眼人就能够一眼看穿的。虽然这些说法在理论上是无根之论，但是，却是康有为托古改制说所要表达改制的真实内容，而这些内容也正是中国近代社会发展进步所需要的。这正是《孔子改制考》一书能够在社会上产生巨大影响的所在。但是，诸子改制并不是康有为所完全肯定的，所以，他尽管将一些西方近代的政治制度与诸子改制相比附，但这样的比附还是很少的。

在康有为的托古改制说中，诸子托古改制说只是其开场鼓，他最终要宣扬的是孔子托古改制。所以，诸子的托古改制不过是孔子托古改制的陪衬。从康有为比较诸子与孔子改制不同的诸多论说，就可以清楚地看出这一点。如他说：

> 墨子少条理，以孔子多条理为别，因以其制讬于先王。④
> 刑名、法术、纵横之术，施之于一时，而不能行于后世者，以其权术逐末，如乌喙、天雄，非可常服。治天下大本，事之恒常，可博闻而

---

① 当然，这并不是否定康有为从诸子著作中所发明的托古改制说，没有附会出君主专制的成分。如《诸子创教改制考》引《尹文子·大道》："故古之为国者，无使民自贫富，贫富皆由于君，则君专所制，民知所归矣。"康有为就由此附会出君主专制出于尹文子的改制，并影响到中国后世："君专所制，开后世君主之风。"（《孔子改制考》卷三，中华书局1988年版，第42页）
② 康有为：《诸子改制讬古考》，《孔子改制考》卷四，中华书局1988年版，第85页。
③ 康有为：《诸子改制讬古考》，《孔子改制考》卷四，中华书局1988年版，第88页。
④ 康有为：《诸子改制讬古考》，《孔子改制考》卷四，中华书局1988年版，第60页。

世传者，儒道也。①

孔子改制有条理，墨子及其诸子的改制无条理，这是从理论上论说孔子改制的优越性；孔子改制的主张是可以通行无阻的，而诸子改制的主张如不可常服的乌喙、天雄，这是从可行性上论说孔子改制的优越性。孔子改制优于诸子改制还在于顺乎人情：

> 至理精言，凡不可乎人情者，必不能大行。佛说微妙而不能尽人从之，儒术以人治人，故人人可从。②

不仅如此，康有为实际上还经常将诸子与孔子的托古改制，说成是中国古代制度与近代资本主义制度的区别，如他在引《慎子·威德》的"士不兼官，则职寡；职寡，则易守。故士位可世"这段话后说：

> 世官为诸子之制，可见选举实为孔子创制。③

世官即世卿世禄的封建制度，选举则是指西方近代的选举制度。这明显是以两种不同时代的新旧制度分属孔子改制与诸子改制。而在康有为为代表的维新派眼中，选举高于世卿世禄，西方近代的政治制度优于中国古代的封建制度。

这些关于诸子改制与孔子改制不同的论说，归结到一点，不过是要说明孔子改制的十全十美："积诸子之盛，其尤神圣者，众人归之，遂范万世。……天下咸归孔子，大道遂合，故自汉以后无诸子。"④孔子改制集诸子改制的大成，又克服了诸子的不足与缺陷，而成为万世通行的永恒法则。所以，当天下全归孔子后，诸子就不复存在了。其实，汉代以后无诸子之说是不符合事实的，康有为不顾事实，不过是要为他的神化孔子制造历史的

---

① 康有为：《诸子争教互攻考》，《孔子改制考》卷五，中华书局 1988 年版，第 110 页。
② 康有为：《诸子争教互攻考》，《孔子改制考》卷五，中华书局 1988 年版，第 111 页。
③ 康有为：《诸子创教改制考》，《孔子改制考》卷三，中华书局 1988 年版，第 42 页。
④ 康有为：《周末诸子并起创教考》，《孔子改制考》卷二，中华书局 1988 年版，第 9 页。

根据。

第三，孔子托古改制。

康有为的孔子托古改制说，是以孔子素王说为前提的。如前面的论述所表明，康有为的孔子素王说不过是春秋公羊学的旧说，是以天命论为基础的神化孔子的学说，但是，春秋公羊学的孔子素王说只是其理论的表现形式，而变法维新的资本主义主张才是其理论的实质所在。所以，康有为的孔子托古改制说包含着这两方面的内容。

六经为孔子所作，是康有为孔子托古改制的最重要论点。这一论点出于春秋公羊学，但与传统春秋公羊学的论说不同，康有为的论证带有新特点，这就是从儒墨的对立来论证六经出于孔子。他说：

> 亲亲、尊贤、丧服、亲迎，皆六经礼义之大者，所谓三代同之。而墨子一则曰儒者曰、再则曰其礼曰、三则曰儒者迎妻，攻之为逆、为伪、为大奸。然则亲亲、尊贤、丧服、亲迎，皆孔子所创，而非先王之旧，最为明据矣。墨子固动引禹汤文武，若是先王之旧，墨子岂敢肆口谩骂。至景公与田常、白公前后不同时，诬不待辨。至攻及褫衣酤酒，等于市人角口，益为异教攻诬，所见墨子倒戈叛逆，轻薄恣肆而已。[①]

这是用《墨子·非儒》攻击儒学来证明六经为孔子所作。所谓亲亲、尊贤、丧服、亲迎等项内容，为墨子攻击儒学的主要内容，康有为认为这些内容就是六经的主要内容，尽管这些内容孔子多托古于先王，但绝不是先王的事迹。他的理由是：若这些内容真是先王的制度，墨子是崇尚先王的，绝不会也绝不敢对其进行攻击，更不用说激烈的攻击了。既然墨子攻击的是六经所托的先王，就说明六经为孔子所作，而非孔子之前的旧典。这一论说似是而非，也与康有为自己的托古改制说不相合，按照康有为的托古改制说，孔子、墨子的先王都是托古，因此，所说的先王都不过是历史上的古代帝王，依照上古茫昧之说，也不存在所谓古代帝王。所以，墨子的推崇先王也不是历史的先王，而是墨子托古改制的先王，墨子对六经所言先王礼义的攻击，

---

① 康有为：《儒教为孔子所创考》，《孔子改制考》卷七，中华书局1988年版，第176页。

也是对儒家托古改制先王的攻击，而非对历史先王的攻击。将墨子的先王视为历史上的禹、汤，说墨子攻击的六经中的先王是什么"非先王之旧"，这与康有为自己的墨子托古改制说是矛盾的。

在《孟子·滕文公上》中，有一则墨者夷子与孟子辩论的记载，其中记载了夷子的如后一段言论："儒者之道，古之人若保赤子，此言何谓也？之则以为爱无差等，施由亲始。"康有为针对这段话说：

> "古之人若保赤子"，是《书·康诰》之言。墨子亦称说《诗》、《书》，何夷子①以属之儒者，于墨无关，何哉？此亦绝异之论。盖六经为孔子所定，以为儒书。墨子所称之《诗》、《书》，乃墨子自定，别是一书。《庄子·天下篇》所谓苦获、已齿、邓陵子之属，俱颂墨经是也。盖《诗》、《书》是旧典，孔、墨改制皆托先王，并用其名，其徒俱尊为经，而实各行其道，各成其书，故夷子以《康诰》为儒者之道，则为孔子之书，非先王之书可见。若真是《康诰》，则墨子日称文武，岂肯独让儒者哉？藉异端之口以证六经为孔子之作，又见于《孟子》之书，此条最为明显。②

夷子以"古之人若保赤子"为儒家之言，此语其实出于《尚书·康诰》，墨子议论也称说《诗》、《书》，夷子不以此语出于《诗》、《书》，而只说是"儒者之道"，康有为认为这是六经为孔子所作的最有力的证明。他由此推论，《诗》、《书》为旧名，孔子、墨子托古改制皆用其旧名，而名同实异，孔子沿袭的旧名制作六经，墨子沿袭旧名改制，但与六经不同。所以，从名称说，儒家、墨家都有《诗》、《书》，但两家的《诗》、《书》是完全不同的，儒家的《诗》、《书》是六经，墨家的《诗》、《书》仅为墨家的一家之言。康有为说："惟《诗》、《书》、《礼》、《乐》、《易》、《春秋》六艺为孔子所作，故得谓之经。如释家佛所说为经，禅师所说为论也。……六经文辞虽孔子新作，而书名实沿袭旧俗之名，盖无征不信，不信民弗从，欲国人所共尊而易信从

---

① 原文作"夷之"，据《孟子》之文，当作"夷子"。
② 康有为：《儒教为孔子所创考》，《孔子改制考》卷七，中华书局1988年版，第177页。

也。"①六经出于孔子，《诗》、《书》、《礼》、《乐》、《易》、《春秋》只是孔子著六经时所借用的名目。

但是，夷子称"古之人若保赤子"为儒家之言，是就这一观念的学派归属来论说，而不是探寻此语的出处，所以，夷子并没有此语不是出自《尚书》的意思。康有为之说偷换命题，根本不符合夷子本意。于是，他又提出以下内证：

> 《仲虺之告》、《太誓》之言，皆《墨子》之书，绝不言命，与今《书》不符，可知皆出于讬也。②

> 墨子攻孔子立命之说，引《书》为证。③而今《书》则频称天命，足见墨子之《书》亦墨子删改而成，其言皆讬古，墨子之《书》而非三代之《书》。其《明鬼》篇称引《大雅》"其命维新"，则安得谓十简无之？益已见其假托也。《墨子》以《书》十简以上皆无命，可征《书》之言命者折之。④

的确，孔子与儒家多信天命，见于六经，墨子则"非命"，这是儒墨的一大区别。康有为说："命为孔子一大义。"⑤这有一定依据。但是，儒家所信的天命，与墨子批评的"暴王作之"的天命论说是有区别的，不能混而不分。说儒家的六经只有言命的内容，也并不确切。《书》言天命，也有天命无常的敬德保民之说；《诗》有天命的内容，也有怀疑、否定天命的论说。六经中除《春秋》为孔子所作外，其余都是先王旧典，在先秦为诸子百家所共同信奉，皆引其说，只是各取所需罢了。至于所谓《书》十简以上皆无言

---

① 康有为：《六经皆孔子改制所作考》，《孔子改制考》卷十，中华书局1988年版，第244页。
② 康有为：《诸子改制讬古考》，《孔子改制考》卷四，中华书局1988年版，第65页。
③ 见《墨子·说命上》："于先王之书《仲虺之告》曰：'我闻于夏人矫天命，布命于下，帝式是恶，用厥师。'此语夏王桀之执有命也，汤与仲虺共非之。先王之书《太誓》之言然，曰：纣夷之居，而不肯事上帝，弃阙其先神而不祀也，曰：'我民有命，毋僇其务。'天不亦弃纵而不葆。此言纣之执有命也，武王以《太誓》非之。有于《三代不国》有之，曰：'女毋崇天之有命也。命三不国，亦言命之无也。'于召公之执令于然，曰：'敬哉！无天命。惟予仁人，而无造言，不自降天之哉得之。'在于商、夏之诗书曰：命者，暴王作之。"
④ 康有为：《诸子改制讬古考》，《孔子改制考》卷四，中华书局1988年版，第65—66页。
⑤ 康有为：《墨老攻儒尤甚考》，《孔子改制考》卷十五，中华书局1988年版，第356页。

命者，出于《墨子·非命下》："昔纣执有命而行，武王为《太誓》、《去发》以非之。曰：子胡不尚考之乎商、周、虞、夏之记？从十简之篇以上皆无之，将何若者也？"十简之篇以上无言命的记载，怎么能据以说《诗》、《书》都没有言命的记载，这完全是以偏赅全。所以，从有无言命的内容，来论说有墨子与孔子的两种《诗》、《书》，是完全不能成立的。尽管康有为说法不能成立，但他还是按照自己的意见，将《泰誓》等篇硬说成是墨子之《书》："《泰誓》、《禹誓》、《汤说》、《周诗》皆《墨子》之《诗》、《书》也，与孔子《诗》、《书》同而删定各异，以行其说。仅《伪古文》采用之人忘之矣。"①康有为如此不顾事实、不顾逻辑地一而再、再而三地不厌其烦地论证《诗》、《书》有儒墨之别，不过是要认定今存六经皆孔子所作，是孔子托古改制的作品。但是，这并不是康有为的发明，而是春秋公羊学已有的观念，只不过康有为的论说没有春秋公羊学的直接明了，显得迂曲不通罢了。

与《春秋董氏学》相应，《孔子改制考》对"三统"说等内容也作为孔子改制说的重要观念多有发挥，如他论《诗经》说：

> 王降为风，夷于诸侯，盖孔子大义。《诗》云："赫赫宗周，褒姒灭之。"周道亡于幽厉，自是孔子以《春秋》继周，改周之制，以周与宋同为二王后。故《诗》之三颂，讬王鲁、新周、故宋之义，运之三代，传至口说，著之《公羊》、《穀梁》，大发明于董子。太史公、刘向、何休皆无异义。示周不兴，孔子乃作，何邵公所谓非常异义，太史公所谓不可书见，口授弟子也。②

风诗本为各诸侯国诗，王城之诗不应列入，但《诗经》却列入其中，这就是所谓"王降为风"。而颂本为王室祭祀先祖之诗，鲁为诸侯国，其诗当列入风，但三颂中却有鲁颂，这是升风为颂。对这一升一降，按照常规这些都难以解释。公羊学认为，前者的降说明孔子改制是继周、改周之制，表示在新制中周已经失去天子的地位，而与商一道成为新王之前的二王，故周王城

---

① 康有为：《诸子改制托古考》，《孔子改制考》卷四，中华书局 1988 年版，第 58 页。
② 康有为：《孔子为制法之王考》，《孔子改制考》卷八，中华书局 1988 年版，第 198 页。

之诗就应当被降为风。后者则说明孔子改制是托鲁国以言素王之义，以鲁代表新王，就与周、殷构成新的三统循环，这就是"王鲁"、"新周"、"故宋"之义，鲁为新王，其诗就不应当在列入风之中，而应升为王者的颂。这是春秋公羊学的孔子改制的"三统"说，康有为完全沿袭了这一观念。不仅上段话中有总体的论说，康有为还多次分别论及这一观念，如说："《孟子》大义云，民为贵。但以民义为主，其能养民、教民者则为王，其残民、贼民者则为民贼。周自幽厉，威灵不能及天下，已失天子之义，孔子因其实而降为风，夷为列国。……盖自周至幽、厉，孔子以为周亡，《春秋》天子之事作，刘向、淮南、董生所谓《春秋》继周也。《孟子》传孔子微言。"①这是从王降为风来论说"三统"说。"《诗》有三颂，《周颂》、《鲁颂》、《商颂》，孔子寓新周故宋王鲁之义。不然，鲁非王者，何得颂哉？"②这又是从颂有《鲁颂》来论说"三统"说。

对春秋公羊学的"三世"说，康有为也完全采用其说，如说：

> 《春秋》乱世讨大夫，升平世退诸侯，太平世贬天子。③
> 孔子为制作之圣，大教之主，人道文明，进化之始，太平大同之理，皆孔子制之以垂法后世，后世皆当从之。④

这一观念认为孔子改制，蕴涵着人类历史由乱到治、由据乱到太平也就是大同的发展过程，所以，孔子改制后人类只要遵循孔子改制的规定，就可以最终实现人类的大同。"三世"说是一种渐变的历史观，属于近代以前的历史观，但康有为在其中加入了进化的观念，这就使其带有进化论的近代色彩，所以，康有为关于孔子改制的说法，虽然沿袭了春秋公羊学的种种说法，但是，并不是以前春秋公羊学说的简单抄袭，而是带有近代思想色彩的新学说。他更在《大同书》中，提出去国界合大地、去级界平民族、去种界同人类、去形界保独立、去家界为天民、去产界公生业、去乱界治太平、去类

---

① 康有为：《孔子为制法之王考》，《孔子改制考》卷八，中华书局 1988 年版，第 196—197 页。
② 康有为：《孔子为制法之王考》，《孔子改制考》卷八，中华书局 1988 年版，第 208 页。
③ 康有为：《孔子为制法之王考》，《孔子改制考》卷八，中华书局 1988 年版，第 212 页。
④ 楼宇烈整理：《孟子微　礼运注　中庸注》，康有为：《孟子微》卷一，中华书局 1987 年版。

界爱众生、去苦界至极乐的"大同"说，对春秋公羊学"三世"说的太平世与《礼运》的"大同"说作出了近代的系统发挥。

与诸子托古改制说相应，康有为认为孔子改制也是通过托古的形式来实现的。他认为六经中的尧、舜文武等先王都是孔子托古改制的名号："改制者，孔子之隐志，法先王者，《春秋》之讬词。"①"缘鲁以言王义"，也是一种依托：

> 缘鲁以言王义，孔子之意专明王者之义，不过言讬于鲁以立文字。即如隐、桓，不过讬为王者之远祖，定哀为王者之考妣，齐宋但为大国之譬，邾娄、滕侯亦不过为小国先朝之影，所谓其义则丘窃取之也。②
> ……盖《春秋》之作，在义不在事，故一切皆讬，不独鲁为讬，即夏、商、周之三统，亦皆讬也。③

按照春秋公羊学的说法，《春秋》其文则史，其义则丘窃取之，所谓"缘鲁以言王义"，不过是孔子借鲁国史为中心的春秋史，通过笔则笔、削则削的笔法，来寄托孔子的微言大义。也就是说《春秋》尽管为六经之一，包含着孔子的微言大义，但也是真实的以鲁国为中心的春秋史。所以，春秋公羊学的"缘鲁以言王义"，并不否认《春秋》所载的历史真实性。康有为的托古改制说所说的托古，则完全是一种历史的假托，不具备历史的真实成分。他以"缘鲁以言王义"，如同夏、商、周三统一样，都是孔子的托古改制，这就完全否定了《春秋》中以鲁史为中心的春秋史的成分，梁启超曾评价《孔子改制考》说："有为之治《公羊》也……定《春秋》为孔子改制创作之书，谓文字不过其符号，如电报之密码，如乐谱之音符，非口授不能明。"④这是对康有为托古改制的准确说明。

康有为的孔子托古改制说，在理论上尽管都可以在以往的春秋公羊学与廖平的《知圣篇》找到类似的说法，但实质却有差异，如梁启超说：

---

① 康有为：《孔子改制讬古考》，《孔子改制考》卷十一，中华书局1988年版，第270页。
② 康有为：《孔子为制法之王考》，《孔子改制考》卷八，中华书局1988年版，第208页。
③ 康有为：《孔子为制法之王考》，《孔子改制考》卷八，中华书局1988年版，第208页。
④ 梁启超：《清代学术概论》，天津古籍出版社2003年版，第71页。

　　近人祖述何休以治《公羊》者，若刘逢禄、龚自珍、陈立辈，皆言改制，而有为之说，实与彼异。有为所谓改制者，则一种政治革命、社会改造的意味也，故喜言通三统。三统者，谓夏、商、周三代不同，当随时因革也。喜言张三世，三世者，谓据乱世、升平世、太平世，愈改而愈进也。有为政治上变法维新之主张，实本于此。[①]

　　这里讲刘逢禄等人皆言改制，不合事实，但却准确地说明康有为的孔子改制说带有变法维新的政治意义，其"通三统"、"张三世"等内容，是为变法维新服务的理论。所以，绝不能说康有为的《孔子改制考》就是春秋公羊学，而只能说是对春秋公羊学的利用。

　　第四，孔子改制的近代新说。

　　在春秋公羊学中，孔子素王说及其改制的"三统"说、"三世"说等，虽然都是春秋公羊学最重要的理论说辞，但是，这一套说辞在春秋公羊学家那里，从董仲舒到刘逢禄的理论中都可以看到，是春秋公羊学的基本内容。要表现一个春秋公羊学家或是借春秋公羊学为说的思想家的时代特点，并不在对这些基本内容的相同论说，而在其对孔子改制内容的具体论说，所以，对康有为的《孔子改制考》而言，最能表明康有为思想特色是书中对孔子改制具体内容的论说。但是，这也需要分析，因为康有为是以"考"的形式来证明孔子改制，所以，关于孔子改制的内容，既有面对大量的史料与已有的成说，而不得不将大家公认的孔子某些观念，说成是孔子改制的内容，就这一方面而论，只是康有为的沿袭已有之说，并不能代表康有为思想的实质。真正能代表康有为思想实质，并具有时代特点的是康有为根据时代发展的需要，而提出的孔子思想中没有的具有近代思想特征的所谓孔子改制的新内容。

　　从数量上说，康有为关于孔子改制的内容多数还是从孔子及其儒学的思想而来。如他说：

---

　　① 梁启超：《清代学术概论》，天津古籍出版社 2003 年版，第 71 页。

孔子之道，务民义为先，亲亲为大，尧、舜之道也。①

盖三年丧为孔子新改定之制，期丧盖是旧俗，宰我故据旧制与孔子论之。今泰西自罗马外，各国及日本服期，用宰我之说也。②

什一是孔子改定之制，当时实未能行。孟子传教发明之。③

孔子大义微言，条理万千，皆口授弟子。若传之于外，导引世人，大率以三年丧、亲迎、立命三者。……故墨子力翻孔案，有意攻难，必先此数义。④

孟子无君子莫治野人，无野人莫养君子，上下有等，孔子之义也。⑤

孔子之道在仁，孝弟也者，其为仁之本，故尧、舜之道，孝弟而已。⑥

仁、孝弟、三年之丧、什一而税、爱有等差等确实都是公认的孔子与儒学的重要观念，康有为将其视为孔子改制的内容，基本上还是合乎实际的。但康有为不恰当的将其思想观念说成是改制的改制内容，并对其作出了带有近代资本主义的新解释，如孔子最核心的仁观念，就被康有为一再申论，但孔子的仁是以等级名分的礼制为内在规定的，而纵观康有为这一时期的思想，他所谓仁观念则是近似资产阶级的博爱观念。梁启超曾在《康南海传》中指出："先生之哲学，博爱派之哲学也。先生之论理，以仁字为唯一宗旨……其哲学之大本，盖在于是。"因此，康有为以仁为孔子改制的内容，实是作了资产阶级观念的改造，与孔子所说的仁名同而实异。

最能体现康有为孔子改制实质的，是他将西方近代资本主义政治制度附会成孔子改制的成果。民主、自由、平等等观念是西方近代资本主义的最重

---

① 康有为：《孔子改制法尧、舜文王考》，《孔子改制考》卷十二，中华书局1988年版，第294页。

② 康有为：《孔子改制弟子时人据旧制问难考》，《孔子改制考》卷十二，中华书局1988年版，第302页。

③ 康有为：《孔子改制弟子时人据旧制问难考》，《孔子改制考》卷十二，中华书局1988年版，第309页。

④ 康有为：《墨老攻儒尤甚考》，《孔子改制考》卷十五，中华书局1988年版，第352页。

⑤ 康有为：《儒攻诸子考》，《孔子改制考》卷十七，中华书局1988年版，第397页。

⑥ 康有为：《孔子改制法尧、舜文王考》，《孔子改制考》卷十二，中华书局1988年版，第294页。

要观念，康有为将其都说成是孔子改制的结晶，如关于民主的观念，康有为就多次论证是孔子改制的重要方面：

> 尧、舜为民主，为太平世，为人道之至。①
>
> 孔子拨乱升平，讬文王以行君主之仁政，尤注意太平，讬尧、舜以行民主之太平。②
>
> 六经中之尧、舜、文王，皆孔子民主君主之所寄托。所谓尽君道，尽臣道，事君治民，止孝止慈，以为轨则，不必其为尧、舜文王之事实也。③
>
> 《春秋》、《诗》皆言君主，《尧典》特发民主，自"钦若昊天"后，即舍嗣而巽位，或四岳共和，或师锡在下，格文祖而集明堂，辟四门以开议院，六宗以祀，变生万物，象刑以期刑措，若斯之类，皆非常异义讬焉，故《尧典》为孔子微言，素王之钜制，莫过于此。④

在孔子与儒家的观念中，尧、舜是最为理想的君主，尧、舜的政治是最清明的政治，尧、舜之世被描绘成最理想的太平盛世，康有为认为六经中关于尧、舜的这些说辞，其实都是孔子关于民主制度的安排，其中《尚书》的《尧典》就是孔子对民主制度最完备的制定，这一民主之义为孔子改制的最重要钜制。这些论说的牵强附会一目了然，但透过其中康有为的政治目的与用心也就十分清楚了。

不仅如此，康有为还不顾基本的事实，将尊重妇女说成是孔子改制内容：

> 孔子之道，造端夫妇。《诗》存《葛覃》、《桃夭》。言可许嫁，盖婚姻以时，所以慎乎情欲。若旧制尊男抑女，……孔子改制而重女学也

---

① 康有为：《孔子改制法尧、舜文王考》，《孔子改制考》卷十二，中华书局 1988 年版，第 283 页。
② 康有为：《孔子改制法尧、舜文王考》，《孔子改制考》卷十二，中华书局 1988 年版，第 284 页。
③ 康有为：《孔子改制法尧、舜文王考》，《孔子改制考》卷十二，中华书局 1988 年版，第 285 页。
④ 康有为：《孔子改制法尧、舜文王考》，《孔子改制考》卷十二，中华书局 1988 年版，第 288 页。

如此。①

孔子曾以小人与女子为难养，儒家的三纲五常在夫妻关系上，是夫为妻纲，说孔子、儒学反对尊男抑女，这与事实正相反对。然而，在解释子见南子时，康有为又说：

> 孔子立男女远别之制，著于六经，与门人讲论熟矣。而见南子……盖当时旧制，见国君必见夫人，如今泰西诸国皆然。②

认为孔子到卫国拜见卫国国君的夫人南子，是当时通行的旧制，而男女有别才是孔子所做的改制。所谓男女有别在孔子与儒家那里，不过是男主外女主内的那一套，它是绝不允许夫人面见外宾的，这恰恰是以男尊女卑为其原则的，而不是对妇女的尊重，如果说孔子改制是制造男女有别，就应该说孔子改制是讲男尊女卑，这与孔子与儒家的思想倒是符合的，然而，却与康有为讲孔子改制重女学，尊重妇女之说相矛盾了。这种自相矛盾是康有为将孔子改制与西方的政治制度等相比附，又要关照到六经的具体内容而不得不出现的现象。在六经中根本找不到所谓西方近代资本主义的思想观念，康有为硬要说孔子改制有这些观念，一旦他依照文字对六经作出较为平实的评说时，就只能得出与近代资本主义观念相反的结论，而不得不出现自相矛盾。而对六经作出公允的评说，是由他的书以"考"命名有必然联系的，"考"就得多少遵循"考"的精神，而不能处处附会为说，所以，《孔子改制考》关于孔子改制的主要论说，多是就孔子与儒家的思想观念立论，而不是完全附会西方资本主义。

　　尽管附会西方资本主义的说法，在孔子改制的论说中不占多数，也常常与孔子改制的其他说法自相矛盾，但是，这一部分的内容才是康有为讲孔子改制的实质所在，这就是假借孔子的名义，以宣扬他的变法维新观念：

---

　　① 康有为：《孔子改制弟子时人据旧制问难考》，《孔子改制考》卷十二，中华书局 1988 年版，第303 页。
　　② 康有为：《孔子改制弟子时人据旧制问难考》，《孔子改制考》卷十二，中华书局 1988 年版，第303 页。

> 后世风俗，法密如网，天下皆挽首奉法，无敢妄作者。……今揭诸
> 子改制之说，诸子改制明，况大圣制作之孔子，坐睹乱世，忍不损益，
> 拨而反之正乎？知我罪我，惟义所在，固非曲士夏虫所能知矣。①

大圣如孔子在春秋末年改制，也不得不假借先王，托古改制。在"法密如
网"的专制时代，康有为更不得不借孔子改制的形式，来宣扬自己的变法
维新主张。这就是康书一再强调的避祸心理："布衣改制，事大骇人，故不
如与之先王"，"世多是古而非今，故不得不托先王以明权，且以远祸矣。"②
说到底，孔子改制不过是康有为打着孔子的旗号，实行变法维新改制的自我
道白。梁启超评介康有为的孔子改制说："虽极力推挹孔子，然既谓孔子之
创学派与诸子之创学派，同一动机，同一目的，同一手段，则已夷孔子于诸
子之列。所谓别黑白定一尊之观念，全然解放，导人以比较的研究。"③

第五，"改制"的失败与经学的终结。

康有为是继廖平之后，又一个系统论说孔子改制说的人。但是，二人的
思想有着实质的不同。廖平的孔子改制是以三纲五常、纲常名教为核心，是
对春秋公羊学的发挥；而康有为的孔子改制以西方的民主、自由等价值观念
为实质内容，是对春秋公羊学的利用。梁启超曾在《清代学术概论》中一
针见血地指出：康有为讲的孔子改制，"则一种政治革命、社会改造的意味
也"④。正是康有为利用春秋公羊学，为变法维新提供了新思想、新观念，
才使这部刊刻于戊戌变法当年年初的著作⑤，成为最有时代影响的著作，以
至梁启超在《清代学术概论》中，曾以飓风、火山大喷火来形容。⑥ 但康有
为利用春秋公羊学进行的变法维新，在政治改革上的失败，同廖平经学具有
相同的历史意义，这就是经学的终结。只不过廖平是从理论上，康有为则是
从政治上，来表现经学终结的。

---

① 康有为：《诸子创教改制考》，《孔子改制考》卷三，中华书局 1988 年版，第 34 页。
② 康有为：《孔子改制托古考》，《孔子改制考》卷十一，中华书局 1988 年版，第 267 页。
③ 梁启超：《清代学术概论》，天津古籍出版社 2003 年版，第 72 页。
④ 梁启超：《清代学术概论》，天津古籍出版社 2003 年版，第 71 页。
⑤ 据康有为《孔子改制考序》所署时间，为光绪二十四年，即戊戌年。
⑥ 《清代学术概论》说："有为第二部著述，曰《孔子改制考》。其第三部著述，曰《大同书》。若
以《新学伪经考》比飓风，则此二书者，其火山大喷火也，其大地震也。"（第 71 页）

第一，春秋公羊学在康有为的思想中只是被利用的理论形式。

梁启超曾以"今文学运动之中心"[1] 来评价康有为在近代经学史上的地位。此说虽然早已经成为学术界论说康有为经学的权威说法，但这是一个不合于康有为思想的错位评价。康有为根本不是今文经学家，而是近代资本主义变法维新的思想家，他的孔子改制说，也只是在形式上吸收了春秋公羊学的理论，在内容实质上则贯注进了资本主义民主等时代的新内容，从而使他所说的孔子和六经都被做了根本改造，披上了资产阶级的服饰，他的孔子改制说自然就成了资产阶级变法维新的理论根据。当时，封建势力攻击康有为的孔子改制说，"假素王之名号，行张角之秘谋"[2]，"其貌似孔，其心则夷"[3]，"明似推崇孔教，实则自申其改制之义"[4]，等等，正从反面说明了这一点。

从康有为思想的发展看，他在早年的思想是尊周公、崇周礼的，尽管康有为的尊周公、崇周礼不是古文经学意义上的尊周公、崇周礼，而是为了解决中国现实的政治问题，而从古代文化所寻找到的救世方药。但是，这一救世方药在理论上有很大的缺憾，作为历史人物的周公，虽然一直受到儒家的称许，可是，关于周公的可信史料毕竟太少；而《周礼》一书，固然有人将其盛赞为周公致太平之书，可是，也有人斥为阴谋之书，并在宋代以来被人怀疑为伪书。历史上，王莽、王安石等人利用《周礼》实行社会改革，都以失败而告终，王莽在中国历史上的形象是篡位夺权的野心家、阴谋家，王安石也遭到正统思想家的诟病，所以，利用周公、周礼，很难得到社会尤其是知识精英的认可。舆论在社会发生重大历史转变时，常常起着引导的巨大作用，知识分子是舆论的主体，没有知识分子的认同，是很难发生影响的。所以，康有为在与廖平接触后，敏锐地感受到今文经学的孔子改制说才是最适合变法维新的理论形式，马上改从今文经学，利用孔子的旗号与六经

---

① 梁启超：《清代学术概论》，天津古籍出版社 2003 年版，第 69 页。

② 叶德辉：《长兴学记驳议》，苏舆：《翼教丛编》（杨菁点校，蒋秋华、蔡长林校订），（台湾）中研院文哲所，2005 年，第 204 页。

③ 叶德辉：《与刘先端黄郁文两先生文》，苏舆：《翼教丛编》（杨菁点校，蒋秋华、蔡长林校订），（台湾）中研院文哲所，2005 年，第 344 页。

④ 文悌：《严参康有为折》，苏舆：《翼教丛编》（杨菁点校，蒋秋华、蔡长林校订），（台湾）中研院文哲所，2005 年，第 63 页。

的名义，来宣传自己的变法维新主张。

就经学的眼光来看，《孔子改制考》以孔子改制为尽善尽美，为中国立万世法，孔子改制考的真谛为今文经学所承继，按照今古文经学的区分来看，康有为这一套理论，固然应该属于今文经学的春秋公羊学。但是，经学中的今古文经学之争是争正统、争高低、争谁得圣人之道的真传。康有为的"两考"虽然也说什么"发奸露覆，雪先圣之沈冤，出诸儒于云雾者，岂圣制赫暗有所待邪！不量绵薄，摧廓伪说，犁庭扫穴，……冀以起亡经，翼圣制，其于孔氏之道，庶几御侮云"①，却不是站在今文经学的立场，去批评古文经学，与古文经学争正统、争高低，而是要借孔子之名，来宣传变法维新。康有为曾经向光绪皇帝透露了自己写作《孔子改制考》的"苦衷微意"："守旧者不欲变法"，"动引孔孟程朱以箝人口"，"古先圣人莫大于孔子"，而"发明孔子变法大义，使守旧者无所借口，庶于变法自强，能正其本。区区之意在于是"。② 康有为的自道最好的说明这一点。也难怪康有为的《孔子改制考》明明以捍卫圣人之道、孔子真传为旗号，但却被当时反对变革的守旧派斥为"实则自申改制之意"③。康有为本人与旁人的说法，都证明了一个事实，就是康有为不是讲今文经学，而只是利用今文经学的形式。

第二，康有为对西汉以后的经学进行了全面的批判。

如果要真正维护经学，就应该维护经学的权威性，而不能否定、批判经学。康有为却对东汉以后的经学作出全面的否定、批判，认为东汉以后的经学都是刘歆作伪的"新学"。《新学伪经考》不必说，就是《孔子改制考》也明确地表达了对东汉以后经学的全面否定与批判，郑玄、朱熹都在指名道姓的批判之列：

　　　圣制萌芽，新歆遽出，伪《左》盛行，古文篡乱。于是削移孔子

---

① 康有为：《新学伪经考·叙目》，中华书局 1988 年版，第 2—3 页。
② 康有为：《杰士上书录》，故宫博物院藏内府抄本，转引自李华兴：《中国近代思想史》，浙江人民出版社 1988 年版，第 174 页。
③ 文悌：《严参康有为摺》，蒋秋华、蔡长林点校，苏舆撰：《翼教丛编》，（台湾）中研院文哲所，2005 年，第 62 页。

之经而为周公，降孔子之圣王而为先师，《公羊》之学废，改制之义湮，三世之说微，太平之治，大同之乐，暗而不明，郁而不发。……朱子生于大统绝学之后，揭鼓扬旗而发明之。多言义而寡言仁，知省身寡过而少救民患，蔽于据乱之说而不知太平大同之义，杂以佛老，其道觳苦。所以为治教者，亦仅如东周、刘蜀、肖詧之偏安而已。①

郑玄是两汉经学的集大成，朱熹是宋学的集大成，汉学与宋学是经学的两个主要派别，它们都遭到康有为的否定、批判，还有什么经学可言。

在今存十三经注疏中，不少都与郑玄有关，《诗》为郑玄笺，《周礼》、《仪礼》、《礼记》皆郑玄注。所以，康有为在郑玄与朱熹之间，对郑玄的批判尤其激烈，他多次指斥郑玄：

> 而郑玄挟其硕学、高行、老寿，适丁汉微，经籍道熄，康成揉合今古，而实得古之传以行之，遂为天下所宗。②
>
> 譬之经国，马融为文王，三分有二，郑玄为武王，乃能革殷受命也。故融于伪古之功，实与贾逵并驱，世称"贾马"，亦曰"马郑"，犹之宋曰"周、程"，亦曰"程朱"，一也。③
>
> （经郑玄混合今古文，而实以伪古文为宗）于是天下执经言学者，无有出郑氏者。……魏之王肃、王粲，吴之虞翻、蜀之李譔盛妒攻之，然是数子，亦古学之余绪也。……郑学既行，后世咸奉刘歆之伪经而孔子之学亡。故康成者，刘歆之功臣，孔门之罪人也。④

郑玄又是清代汉学最为推崇的人物，所以，对郑玄的批判实际上也是对清代汉学的批判。尽管康有为的《孔子改制考》不是要评价历史上的经学，但通过论及的对郑玄、朱熹的批判，可以很清楚地看出，康有为对东汉以来的经学是持完全否定的态度。凡是存在的都有其历史合理性，既然经学自东汉

---

① 康有为：《孔子改制考序》，中华书局 1988 年版，第 2 页。
② 康有为：《伪经传于通学成于郑玄考第八》，《新学伪经考》，中华书局 1988 年版，第 168 页。
③ 康有为：《伪经传于通学成于郑玄考第八》，《新学伪经考》，中华书局 1988 年版，第 182 页。
④ 康有为：《伪经传于通学成于郑玄考第八》，《新学伪经考》，中华书局 1988 年版，第 188 页。

以来就已经是"新学伪经"的天下，说明康有为所肯定的今文经学已经被历史否定了两千年，这样的经学还有什么存在的历史价值？

第三，经学成为被康有为利用的批判君主专制的理论武器。

经学具有两面性，一方面，经学所依托的六经作为中国古代文化原典，有中华文化的许多根源性的要素，这是一直活在中华民族的发展长河中的；另一方面，从经学的产生与发展来看，长期被君主专制的中央集权利用来做理论论证，一直是维护君主专制的理论武器。就前一方面而论，六经及其经学在经学终结后，依然可以作为传统文化的原典，供人研究、解释，并从中发掘其合理的价值，做当代的转换改造，对社会的发展起到积极的作用；但就后一方面而言，经学只能存在于经学理论所服务的时代，并作为官方的意识形态而居于统治地位。当经学被利用来变成批判封建君主专制的理论武器时，经学也自己否定了作为统治思想所赖以存在的社会政治基础。本书的经学终结就是在此意义上来使用的。

康有为的考证孔子改制，表面上是阐发春秋公羊学的学说，实质上康有为真正要批判的政治制度，则是封建君主专制。《新学伪经考》说：

> 阅二千年岁、月、日、时之绵暧，聚百千万亿衿缨之问学，统二十朝王者礼乐制度之崇严，咸奉伪经为圣法，诵读尊信，奉持施行，违者以非圣无法论。……六经颠倒，乱于非种；圣制埋瘗，沦于雾雾，天地反常，日月变色。……且后世之大祸，曰任奄寺，广女色，人主奢纵，权臣篡盗，是尝累毒生民、覆宗社者矣，古无有是，而皆自刘歆开之。是上为圣经之篡贼，下为国家之鸩毒者也。[1]

《孔子改制考》说：

> 我华我夏，杂以魏、晋、隋、唐佛老词章之学，乱以氐、羌、突厥、契丹、蒙古之风，非惟不识太平，并求汉人拨乱之义亦乖剌而不可

　　得，而中国之民遂二千年被暴主、夷狄之酷政。耗矣，哀哉！①

　　康有为虽然将中国政治的一切黑暗皆归罪于刘歆，但是，指斥"二十朝王者礼乐制度"、"二千年被暴主、夷狄之酷政"，则很清楚地表明了他的政治指向，是要批判中国两千年的政治制度，也就是以"暴主"为代表的君主专制。而以君主专制为实质内容的封建中央集权政治制度的理论依靠的理论就是被异化了的经学，现在，康有为反倒要批判君主专制。既然君主专制已经成为批判的对象，作为统治地位的经学也自然失去了赖以存在的基础，也应该成为否定的对象。不可能一种为某种政治制度服务的理论，当其政治制度已经失去存在的历史条件时，所依附于它的理论还能继续存在。

　　第四，康有为借经学的形式，所要实现的政治目的是近代资本主义制度。

　　康有为在《孔子改制考》中，除了批判封建君主专制，还明确地提出了他的政治主张，这就是实行资本主义制度。如在《孔子改制法尧、舜文王考》中，康有为多次依托尧、舜文王而盛赞西方资本主义的民主制度："尧、舜为民主，为太平世，为人道之至。"②"孔子拨乱升平，讬文王以行君主之仁政，尤注意太平，讬尧、舜以行民主之太平。"③"六经中之尧、舜、文王，皆孔子民主君主之所寄托。"④尽管《孔子改制考》是将西方资本主义制度与孔子改制附会为说的，但是，其思想表述是十分清楚的。

　　如果再参考康有为发挥孔子改制说的其他著述⑤，我们就可以看出，康有为所希望实行的西方资本主义制度，包含有丰富的内容。《孟子微》卷一说："人人独立，人人平等，人人自主，人人不相侵犯，人人交相亲爱。"又说："一切政法，以下议院为与民共之。"《论语注·公冶长》说："大发自由之旨，盖孔子极深之学说也。"《万木草堂口说·洪范》说："今西人有上议

　　① 康有为：《孔子改制考叙》，中华书局1988年版，第2页。
　　② 康有为：《孔子改制法尧、舜文王考》，《孔子改制考》卷十二，中华书局1988年版，第283页。
　　③ 康有为：《孔子改制法尧、舜文王考》，《孔子改制考》卷十二，中华书局1988年版，第284页。
　　④ 康有为：《孔子改制法尧、舜文王考》，《孔子改制考》卷十二，中华书局1988年版，第285页。
　　⑤ 如《大同书》、《孟子微》、《论语注》、《万木草堂口说》等书都有孔子改制说的利用，但最能体现康有为利用春秋公羊学的是《春秋董氏学》、《孔子改制考》两部著作，这也是本书论述康有为对春秋公羊学利用，主要以这两部书为据的原因。

院、下议院，即孔子之制。"《春秋笔削大义微言考》卷十一说："《春秋》始于据乱，立君主；中至升平，为立宪，君民共主；终至太平，为民主。"总之，西方资本主义的民族、自由、议会制、君主立宪制等，无不出于孔子。说出于孔子，是康有为的臆说，但是，却表明了康有为想要在中国实现的是资本主义的新制度，而不是经学所赖以存在的封建君主专制。诚如萧公权先生所言：

> 康有为所处之世，正值社会与政治的大变化，并迫使彻底重估儒家传统，以及极力欲使大清帝国在思想和制度上适应新的情况。他的解释群经乃是当时为适应时代而作的最严肃的努力。武断与牵强乃因儒家并不能预先知道近代的问题。康氏为了弥补漏洞，经常不得不违背已被大家所接受的解释，乃引申经文以便将平等、自由、共和政体和宪政诸义注入儒学。他的做法乃是善意地使中国的道德遗产现代化以保存之，使清廷的思想基础合时以挽救它的危亡。①

这种在经学的形式下，注入资本主义的新时代内容，实际上也就是以经学否定了封建君主专制的合理性、合法性，经学从维护封建君主专制变成了否定它的理论武器，也就走向了经学的反面，而康有为借助经学所希望实现的政治目的，却以百日维新的失败而终结，这也标志着以经学的形式来宣传资本主义，是根本行不通的，是从政治方面宣告了经学的终结。这就是康有为经学的历史意义。

康有为煞费苦心的利用春秋公羊学，与廖平极尽夸大之能事的发挥春秋公羊学，尽管在其出发点、实质内容、归宿等方面都存在本质上的差别，但都具有经学终结的意义。廖平与经学的终结，体现在他从尊孔尊经的立场出发，学经六变，耗费了大半生的精力，构建出一个包容古今中西各种学说的近代经学体系，结果却不仅没有挽救经学衰落的历史命运，反而是越变越怪、不知所云、每况愈下。廖平走的是学术为主的道路，而康有为则是以经学为其利用的理论形式，作为变法维新的思想武器，与现实的政治变革结合

---

①　萧公权：《近代中国与新世界：康有为与大同书研究》，江苏人民出版社 1997 年版，第 81 页。

起来，但是，同样以百日维新的短命结局，从政治实践说明了经学虽然是可以利用的理论形式，但却是失败的理论形式，而这一理论形式的内容所包含的新思想、新观念，则不仅是对经学的颠覆，而且是对经学统治地位赖以存在的君主专制的社会土壤的否定。

当然，经学的终结不是说经学的消灭、消失，而是指经学作为官方意识形态地位的失去，这是与官方意识形态地位的经学赖以存在、发展的君主专制制度的衰亡所必然伴随的结果。两千年前，以春秋公羊学为主的今文经学为君主专制的中央集权，提供了合于时代发展的理论武器。两千年后，廖平、康有为的春秋公羊学则从维护、利用经学的正反方面，分别从理论上、政治上宣告了经学的终结。开始与谢幕，都带有与社会现实相结合的强烈经世精神，都在中国文化史、思想史上造成了巨大的反响，但西汉的春秋公羊学是旭日的辉煌，而晚清近代的春秋公羊学则是落日的余晖，不可同日而语。但是，包括春秋公羊学在内的经学，作为传统文化的核心，依然存在于今天，活在中国社会中，我们应该有分析地继承其中的合理成分，造福于在公开、公平、公正基础上的社会和谐。

主要参考文献

［1］《四库全书》,上海古籍出版社 1987 年版。

［2］《续修四库全书》,上海古籍出版社 2002 年版。

［3］《四库全书总目》,中华书局 1983 年版。

［4］阮元刻:《十三经注疏》,中华书局 1982 年版。

［5］阮元、王先谦编:《清经解、清经解续编》,凤凰出版社 2005年版。

［6］《百子全书》上册,浙江古籍出版社 1998 年版。

［7］《二十二子》,上海古籍出版社 1988 年版。

［8］《国语》,上海古籍出版社 1982 年版。

［9］董仲舒:《春秋繁露》,钟肇鹏:《春秋繁露校释》(校补本),河北人民出版社 2005 年版。

［10］司马迁:《史记》,《四库全书》本,上海古籍出版社 1987 年版。

［11］刘向:《说苑》,上海古籍出版社 1982 年版。

［12］王充:《论衡》,黄晖:《论衡校释》第四册,中华书局 1996 年版。

［13］班固:《汉书》,《四库全书》本,上海古籍出版社 1987 年版。

［14］班固:《白虎通》,陈立:《白虎通疏证》,中华书局 1994 年版。

［15］荀悦:《申鉴》,上海古籍出版社 1990 年版。

［16］刘知几:《史通》,浦起龙:《史通通释》,江苏广陵古籍刻印社

1991 年版。

　　［17］刘知几:《校雠通义》,王重民:《校雠通义通解》,上海古籍出版社
1987 年版。

　　［18］范晔:《后汉书》,《四库全书》本,上海古籍出版社 1987 年版。

　　［19］房玄龄等:《晋书》,《四库全书》本,上海古籍出版社 1987 年版。

　　［20］孔鲋:《孔丛子》,浙江古籍出版社 1998 年版。

　　［21］刘勰:《文心雕龙》,周振甫:《文心雕龙注释》,人民文学出版社
1981 年版。

　　［22］陆德明:《经典释文》,上海古籍出版社 1984 年版。

　　［23］啖助:《春秋集传纂例》卷一,《四库全书》本,上海古籍出版社
1987 年版。

　　［24］欧阳修:《新五代史》卷十,《四库全书》本,上海古籍出版社
1987 年版。

　　［25］洪迈:《容斋随笔·容斋续笔》,《四库全书》本,上海古籍出版社
1987 年版。

　　［26］郑樵:《通志》,《四库全书》本,上海古籍出版社 1987 年版。

　　［27］朱熹:《朱子语类》,《四库全书》本,上海古籍出版社 1987 年版。

　　［28］朱熹编:《二程遗书》,《四库全书》本,上海古籍出版社 1987
年版。

　　［29］朱熹、吕祖谦:《近思录》,《四库全书》本,上海古籍出版社
1987 年版。

　　［30］啖助:《春秋集传纂例》,《四库全书》本,上海古籍出版社 1987
年版。

　　［31］欧阳修:《新五代史》,《四库全书》本,上海古籍出版社 1987
年版。

　　［32］洪迈:《容斋随笔》,《四库全书》本,上海古籍出版社 1987 年版。

　　［33］赵汸:《春秋属辞》,《四库全书》,上海古籍出版社 1989 年版。

　　［34］章学诚:《文史通义》,叶瑛校注:《文史通义校注一》,中华书局
2000 年版。

　　［35］顾炎武:《日知录》卷四,《四库全书》本,上海古籍出版社

1987 年版。

［36］庄存与：《春秋正辞》，《清经解、续清经解》第 3 册，凤凰出版社 2005 年版。

［37］庄存与：《味经斋遗书》，清光绪八年版。

［38］李兆洛：《养一斋文集》，《四部备要》本，中华书局 1989 年版。

［39］孔广森：《春秋公羊通义》，阮元、王先谦编：《清经解、续清经解》第 5 册，凤凰出版社 2005 年版。

［40］刘逢禄：《春秋公羊经何氏释例》，《清经解、清经解续编》第 8 册，凤凰出版社 2005 年版。

［41］刘逢禄：《春秋公羊解诂笺》，《清经解、清经解续编》第 8 册，凤凰出版社 2005 年版。

［42］刘逢禄：《左氏春秋考证》，《清经解、清经解续编》第 8 册，凤凰出版社 2005 年版。

［43］刘逢禄：《刘礼部集》，上海古籍出版社 1995 年版。

［44］戴望：《谪麐堂遗集》，上海古籍出版社 1995 年版。

［45］李慈铭：《越缦堂读书记》，中华书局 2006 年版。

［46］李兆洛：《养一斋文集》，《四部备要》本，中华书局 1989 年版。

［47］唐晏：《三国两汉学案》，中华书局 1986 年版。

［48］朱彝尊：《经义考》，《四库全书》本，上海古籍出版社 1987 年版。

［49］汪中：《述学》，《清经解》第五册，上海书店 1988 年版。

［50］段玉裁：《说文解字注》，中华书局 1981 年版。

［51］江藩：《汉学师承记》，三联书社 1998 年版。

［52］方东树：《汉学商兑》，三联书店 1998 年版。

［53］赵翼：《陔馀丛考》卷二，上海古籍出版社 1995 年版。

［54］徐世昌：《清儒学案》，中国书店 1959 年版。

［55］阮元编：《经籍籑诂》，成都古籍书店 1982 年版。

［56］龚自珍：《龚自珍全集》，上海人民出版社 1975 年版。

［57］魏源：《魏源集》，中华书局 1976 年版。

［58］谭献：《复堂日记》，河北教育出版社 2001 年版。

［59］俞樾：《诸子平议》，上海书店 1985 年版。

［60］李耀仙主编：《廖平选集》（上下册），巴蜀书社 1998 年版。

［61］苏舆：《春秋繁露义证》，中华书局 1996 年版。

［62］皮锡瑞：《经学通论》，中华书局 1982 年版。

［63］皮锡瑞：《经学历史》，中华书局 1989 年版。

［64］康有为：《孔子改制考》，中华书局 1988 年版。

［65］康有为：《春秋董氏学》，中华书局 1990 年版。

［66］康有为：《大同书》，上海古籍出版社 2005 年版。

［67］康有为：《我史》，江苏人民出版社 1999 年版。

［68］康有为：《大同书》，辽宁人民出版社 1994 年版。

［69］梁启超：《清代学术概论》，天津古籍出版社 2003 年版。

［70］梁启超：《中国近百年学术史》，东方出版社 1996 年版。

［71］朱一新：《无邪堂答问》，台北世界书局 1963 年版。

［72］刘师培：《经学教科书》，陈居渊：《经学教科书注》，上海古籍出版社 2006 年版。

［73］章太炎：《国学讲演录》，华东师范大学出版社 1995 年版。

［74］王国维：《观堂集林》第一册，中华书局 1999 年版。

［75］苏舆：《异教丛编》，台湾台北中研院文哲所古籍整理丛刊（9），2005 年。

［76］蒙文通：《古学甄微》，巴蜀书社 1987 年版。

［77］顾颉刚：《古史辨》第 5 册，上海古籍出版社 1982 年版。

［78］蒋伯潜：《十三经概论》，上海古籍出版社 1983 年版。

［79］钱穆：《中国近三百年学术史》，中华书局 1986 年版。

［80］钱穆：《国学概论》，商务印书馆 1997 年版。

［81］徐复观：《两汉思想史》，华东师范大学出版社 2001 年版。

［82］徐复观：《中国经学史的基础》，台湾学生书局 1990 年版。

［83］徐复观：《徐复观论经学史两种》，上海书店出版社 2005 年版。

［84］汪荣祖：《康章合论》，北京新星出版社 2005 年版。

［85］余英时：《论戴震与章学诚》，三联书店 2000 年版。

［86］［美］艾尔曼著，赵刚译：《经学、政治和宗族——中华帝国晚清常州今文学派研究》，江苏人民出版社 1998 年版。

［87］韦政通：《中国十九世纪思想史》，台湾东大图书公司 1991 年版。

［88］杨向奎：《译史斋学术文集》，上海人民出版社 1983 年版。

［89］杨向奎：《杨向奎学术文选》，人民出版社 2000 年版。

［90］段熙仲：《春秋公羊学讲疏》，南京师范大学出版社 2002 年版。

［91］林庆彰主编：《清代经学国际研讨会论文集》，"中央研究院"中国文哲研究所筹备处，1995 年。

［92］胡楚生：《经学研究论集》，台湾学生书局 2002 年版。

［93］李威熊：《董仲舒与西汉学术》，文史哲出版社 1978 年版。

［94］张寿安：《龚自珍学术思想研究》，文史哲出版社 1997 年版。

［95］张广庆：《武进刘逢禄年谱》，台湾学生书局 1977 年版。

［96］蔡长林：《常州庄氏学术新论》，博士论文，台湾大学 2000 年。

［97］张立文主编，陈其泰、李延勇：《中国学术思想史·清代卷》，人民出版社 2004 年版。

［98］冯天瑜：《明清文化史散论》（第二版），华中理工大学出版社 1998 年版。

［99］冯天瑜：《晚清经世实学》，上海社会科学院出版社 2002 年版。

［100］廖幼平编：《廖季平年谱》，巴蜀书社 1985 年版。

［101］陈鼓应、辛冠洁、葛荣晋主编：《中国实学简史》，中国社会科学文献出版社 1994 年版。

［102］周桂钿：《董学探微》，北京师范大学出版社 1989 年版。

［103］陈其泰：《清代公羊学》，东方出版社 1997 年版。

［104］黄朴民：《何休评传》，南京大学出版社 1998 年版。

［105］马洪林：《康有为评传》，南京大学出版社 1998 年版。

［106］王葆玹：《今古文经学新论》，中国社会科学出版社 1997 年版。

［107］朱维铮：《中国现代学术经典·康有为卷》，河北教育出版社 1996 年版。

［108］朱维铮编：《周予同经学史论著选集》（增订本），上海人民出版社 1996 年版。

［109］汤志钧：《近代经学与政治》，中华书局 2000 年版。

［110］姜广辉主编：《中国经学思想史》第一、二、三、四卷，中国社

会科学出版社 2003、2010 年版。

　　[111] 姜广辉主编:《经学今诠四编·中国哲学》第 25 辑, 辽宁教育出版社 2004 年版。

　　[112] 吴雁南等:《中国经学史》,福建人民出版社 2005 年版。

　　[113] 沈家本:《历代刑法考》,中华书局 1985 年版。

　　[114] 金春峰:《汉代思想史》,中国社会科学出版社 1987 年版。

　　[115] 赵伯雄:《春秋学史》,山东教育出版社 2004 年版。

　　[116] 赵生群:《春秋经传研究》,上海古籍出版社 2000 年版。

　　[117] 梁涛:《〈魋书〉评注》,陕西人民出版社 2003 年版。

　　[118] 蒋庆:《公羊学引论》,辽宁教育出版社 1995 年版。

　　[119] 马学强:《从传统到近代》,上海社会科学院出版社 2002 年版。

　　[120] 段超:《陶澍与嘉道经世思想研究》,中国社会科学出版社 2001 年版。

　　[121] 黄丽镛:《魏源年谱》,湖南人民出版社 1985 年版。

　　[122] 吴熙钊:《南海康先生口说》, 中山大学出版社 1985 年版。

　　[123] 沈茂骏主编:《康南海政史文选》, 中山大学出版社 1988 年版。

　　[124] 朱义禄:《康有为评传——时代的弄潮儿》, 广西教育出版社 1996 年版。

　　[125] 邓红:《董仲舒的春秋公羊学》,中国工人出版社 2001 年版。

　　[126] 陈苏镇:《汉代政治与春秋学》,中国广播电视出版社 2001 年版。

　　[127] 杨权:《新五德理论与两汉政治》,中华书局 2006 年版。

索　引

人　名　索　引

关键词索引

T

X

后　记

　　奉献给大家的是我 2007 年承担的国家社会科学规划项目，原计划在 2011 年 6 月完成，但由于春秋公羊学的总体研究基本上还没有开展，不少相关研究需要在阅读、消化原著的基础上，做开拓性的探索，才可得出真正有价值的见解，这就推迟了一年多时间。

　　我做这个课题的时间尽管只有五年多，但从发表与春秋公羊学相关的学术论文算起，这一研究实际上历时二十余年。研究问题，必读原著，这是我几十年研究中国哲学史、思想史的一个原则，虽然这是一个费力未必讨好的笨方法，但却是一个最可靠的方法。正是通过认真阅读原著，在春秋公羊学发展史的研究中，我才能够在研究中不是人云亦云，或只是将别人的已有的研究成果加以"综合"，而是依据大量的第一手史料，得出自己的独到见解，并对长期以来的一些流行观念，提出言之有理、持之有据的不同商榷意见。譬如，何休以孔子改制行夏之时，但解《公羊传》王正月、王二月、王三月，却据周历为说，两千余年无人指出其相互矛盾；徐复观等人以元气释董仲舒的元观念，成为许多人的共识，却根本不合董仲舒本意，如此等等。正是有了这些新认识，本成果才能够从把握春秋公羊学整个发展史内在发展逻辑的高度，全面的论述春秋公羊学从产生到终结的整个发展进程，揭示其发展各个发展阶段与重要经学家的理论特质，阐明其理论的独特价值与不足。

衷心感谢在我三十年来学术研究中，给予我各种帮助的各位师友、多家学术刊物的责任编辑，尤其是对本成果作出公正评价的各位评委。衷心感谢人民出版社方国根等位老师对本书出版所付出的劳动。

任何研究都是相对的，本成果也一定存在某些误漏与不足，恳请各位学界先生、同仁批评赐教。

2012 年 10 月 22 日黄开国谨记

策划编辑:方国根

责任编辑:李之美　夏　青　段海宝

封面设计:肖　辉

版式设计:肖　辉　周方亚

图书在版编目(CIP)数据

公羊学发展史/黄开国 著. -北京:人民出版社,2013.3

(国家哲学社会科学成果文库)

ISBN 978－7－01－011724－9

Ⅰ.①公…　Ⅱ.①黄…　Ⅲ.①《公羊传》-发展史-研究-中国-古代

Ⅳ.①K225.04

中国版本图书馆 CIP 数据核字(2013)第 027189 号

公羊学发展史

GONGYANGXUE FAZHAN SHI

黄开国　著

人民出版社 出版发行

(100706　北京市东城区隆福寺街 99 号)

北京中科印刷有限公司印刷　新华书店经销

2013 年 3 月第 1 版　2013 年 3 月北京第 1 次印刷

开本:710 毫米×1000 毫米 1/16　印张:48.75

字数:780 千字　印数:0,001-3,000 册

ISBN 978－7－01－011724－9　定价:138.00 元

邮购地址 100706　北京市东城区隆福寺街 99 号

人民东方图书销售中心　电话 (010)65250042　65289539